简在帝心照汗青

早期帝国的
真理史和权力史

（上册）

雷戈◎著

上海三联书店

目　录

中编　奏诏模式（上）

序　言

上篇　惟皇作极之皇权秩序

一、理性设计

人不光走路,还修路。有些路是走出来的,就像山路;有些路是修出来的,比如驰道。由此产生两种思路。前者关注传统和习惯,后者专注设计和规划。有些路一旦修成,不但规定了人们往哪里走,还规定了人们怎么走;不但规定了人们的行走路线,还规定了人们的行走方式、行走时间、行走者的身份等。走在这条路上,人等于身不由己地走上了一个表演的舞台,一个封闭的隔离带,一个强大惯性的传送带。本质上,这是一种命运。

皇权异于王权之关键在于它完全是一种自觉的理性设计之产物。秦始皇创制的最大特点,首先是"自号为皇帝,子弟为匹夫"的皇权体制;其次是"外攘夷狄,内尊天子"的帝国体系。可见,皇权政体建构过程中,理论和观念发挥了前所未有的决定性作用。

皇权秩序具有自然性、自发性、自觉性、自明性。自然性是指,它像自然界的四季循环,每一个朝代都要经历重建秩序、稳定秩序、扩展秩序、破坏秩序、摧毁秩序几个常态阶段。自发性是指,它是经由王权形态、君权形态必然发展而来的新型政治形态。自觉性是指,它包含有强烈的意图性设计和目的性建构,其意识形态导向极为明显。自明性是指,它的一些基本制度、名号以及理念都具有非常显著的直观性效果。

王权是等级,皇权除了等级,还有平等。这种平等除了观念,还有制度和法律。皇权下的平等构成了皇权专制的社会基础。当然,很大程度上,这种社会基础并非自然形成,而是皇权体制的理性建构。

皇权秩序包含两个平等,一是皇帝面前人人平等,这属于世俗性的身份平等;一是皇帝之下诸神平等,这属于宗教性的信仰平等。人人平等意味着无人能高于皇帝,诸神平等意味着没有神能高于皇帝。诸神在皇帝面前平等,既是政教合一的直接体现,也是皇权高于教权的直观体现。就其本质,它体现了皇权秩序对思想空间的特殊设计和分层安排。所谓分层安排,实乃皇权重思想而轻宗教。故此,思想专制和宗教宽容并行不悖,相得益彰。

皇权体制无疑是一种理性设计的产物,但这不等于各种制度和措施都能相互适应。只有等到持续磨合之后,各种制度和规则才能高度匹配,严丝合缝,就像齿轮一样紧紧咬合。由此形成皇权秩序的巨大稳定。但它同时也是脆弱的,很容易因偶然而崩溃。

二、秩序扩展

(一)

皇权秩序的空间有多大,取决于皇帝心胸有多大。只要皇帝愿意做的事情,迟早都会成为皇权秩序的一部分。这决定了皇权秩序具有动态性和开放性两个特点。

皇权秩序是一种动态的权力体系,始终都会有新因素的加入,并时常面临着新事态的威胁。皇权秩序具备强大的社会资源动员能力和不同阶级、族裔的身份整合能力。

皇权秩序是一个开放性的政教架构。它包含有皇帝和民众结合的内在要求。从汉代各种名号的征辟、荐举到魏晋的九品中正制,再到隋唐的科举制,可以看出,无论人才选举还是官员选拔,均具有面向民众开放的皇权秩序特征。这个趋势不仅具有越来越大的开放性,这种开放性还越来越具有规范性和制度性。

(二)

严格说,至少秦汉以降,中国历史上没有贵族政治,只有权贵政治。贵族如果不担任实际官职,就没有任何政治作用。

真正的贵族政治是以贵族身份参与政治和影响政治。可见,贵族政治实质是一种身份政治,贵族制即身份制。这种身份决定了贵族与权力之间的联系具有天然合法性和制度必然性。据此定义观察秦汉后的政治生态,面相迥然相异。一个显而易见的事实是,秦汉后的贵族不外乎皇族、外戚或权贵。所谓贵族政治本质上只是皇权政治的延伸,而且这种延伸同样需要一个官僚政治的外壳。如此,贵族政治实乃权贵政治。比如,皇室成员要发挥政治影响力,必须具备相应的官位名号,成为官僚一员。显然,此种政体架构和制度格局绝无贵族政治的生长空间和立足之地。

(三)

皇权体制下,朝廷和地方的关系是,中央到县是"硬管",县到乡里是"软管"。软硬之间或有对接性缝隙,但并无结构性断裂。所以,朝廷和地方的权力架构,虽非自上而下的绝对垂直型,却也是偏离不远的大体垂直型。

皇权下乡至少有三个途径,一是郡县官吏的行政督导;一是朝廷大员或监察官的例行巡视;一是皇帝诏书的广而告之。至于人才举荐选拔、经学考试等渠道,同样属于皇权下乡的具体形式。

与其说县以下由乡绅管理,不如说由乡吏管制。乡吏是郡县体制的一部分,是皇权之延伸和扩展,而非皇权之切割或断裂。

把郡县乡里拦腰斩断,似乎皇权仅限于县,皇权不下乡。这绝对误判。皇权不但下乡,而且还进村,甚至大张旗鼓地进村。应该说,皇权进村虽非静悄悄的,但确有"润物细无声"之效。静静进村的皇权,表现之一就是皇帝画像开始出现于民间。

(四)

大一统不仅是观念,更是制度。此制度之核心在于朝廷和地方之结构性关联。以此观之,科举制之寓意在于,整合社会人力资源为国家所用。表面看,察举制和科举制似乎都是选官,但所选之官必有其来源。此来源正在于社会和民间。循此逻辑,正是通过征辟、察举和科考,民间和社会的贤能士人得以源源不断地进入朝廷,成为官僚阶级的最新成员。这一完整过程之终极意义,在于国家和社会、朝廷和民间之间的高度融合和深层互动。由此,大一统得以在一个更为广阔和深厚的基础上有序展开。大一统架构之展开,恰是皇权秩序之历史性扩展的必然体现。

对古人来说,大一统的对立面是分治,而非分裂。"宋魏以降,南北分治。"几乎所有的国史研究者皆有意无意地夸大了"统一"之意义。帝国时代并不存在真正意义上的"统一"。换言之,**有统合而无统一**。面对"分治","统合"亦无多少特殊价值。其分分合合作为一种近乎周期性的历史趋势,毫无现代意义上的统一和分裂之含义。其历史实态是统合和分治。

中国没有民间自治的传统,也没有政治分权的惯例,但有政权分治的时期。就是说,同一时间,并存着多个相互对抗和竞争性的国家,这些国家有时还是多民族的性质。

(五)

皇权秩序包含双重建构,外部是国际关系,内部是君臣关系。国际关系或战或和,战分两类,一是主动开打,一是被动挨打;和则具有多种表现,和亲、贸易、朝贡、归化、内迁等。君臣关系有两种状态,常态和变态。所谓常态就是权在皇帝,乾纲独断;所谓变态就是权在他人,大权旁落。相对而言,常态下的皇权秩序由于法统的连续性,所造成的政治矛盾和社会矛盾似乎少些。变态下的皇权秩序显得更为脆弱,缺乏必要的政治稳定性。

在汉朝,皇权秩序的双重功能是,对内是专制统治,对外是维系周边各国的朝贡体系。在魏晋,一方面,列国交聘,纵横捭阖;另一方面,各自为政,各为正统。国家内部的专制统治似乎更大程度地受制于列国争霸的国际局势。在唐朝,皇权统治的高效和强大已成为东亚的楷模和中心。基于礼制成型的周边国际体系已隐然而制度化和规范化。概言之,皇权秩序拓展出了某种超国家的能力和规模,而具有了某种特殊的国际性。

皇权秩序下的朝代更迭和国际关系有内在的逻辑。皇帝制度是帝国体系的核心,帝国体系是国际关系的核心。

(六)

人们在君臣关系的演化脉络中,陷入了一个复杂怪圈。人们有一个误判,似乎君臣关系最初是一个小范围的私人关系,战国以后渐渐演化成一种公共关系。于是,君臣之间需要借助某种媒介和仪式来达成和确认这种新型的君臣关系。这种看法无视君臣关系是一种普遍的社会关系,绝非一种狭义的政治关系。至少春秋就很成熟了。战国时代的官僚制通过一种客观而规范的形式,已将君臣关系完全制度化和国家化。任何人皆可凭借军功或文才或其他技能做官为吏,即便他从未见过君主一面,也能成为官僚队伍一员,获得实质性的君臣关系。这样,他成为正式的食君之禄者。这意味着,君主有恩于他,他做官即是回报君恩。于是,君主官僚制有了奇妙的双重效应。君主设官以施恩,官员做官以报恩。官员一经为官,等于承认君主有恩自己,报恩成为义务。由此生发出忠君的绝对要求和神圣信念。秦汉皇权把这推向极端。皇帝制度通过官员来管理全国民众,等于把全体官员变成了自己的直接臣子,进而又将天下百姓变成了自己的直接臣民。如此一来,遍洒雨露君恩成为皇权秩序的常规。与此同时,皇恩浩荡也成为皇帝的自我期许和民众的广泛期待。

(七)

天下只有一个皇帝是皇帝,天下同时有好几个皇帝是土皇帝。无论皇帝还是土皇帝均认同皇权秩序。土皇帝之所以是土皇帝,是因为他还想进一步做皇帝。土皇帝之间没必要分别真假,谁是正统,谁是僭伪。土皇帝不是皇权秩序的变态,而是常态。

有了皇帝,中国历史就成了一部皇帝和土皇帝轮番统治的历史。秦汉五代间有一半时间是土皇帝统治,这就是所谓的分合或治乱。治乱分合,看似对立,皆是皇权秩序的应有之义。魏晋南北朝,皇权秩序经受考验;五代十国,皇权秩序再次经受考验。此后,皇权秩序再无此类乱世败局之威胁。

南北朝的国家交往不同于春秋,也不同于战国,还不同于两汉。各国都想托大,不托大,不足以显示自己是正朔所在,震慑他国。与此同时,这种故作姿态的自我托大又不能表演过火,否则国家间的正常交往无法进行,只能动辄诉诸威胁和武力。

(八)

秦汉至隋唐,帝国基本都在应付内部的破坏性力量。一般说,帝国内部的破坏性力量主要有两股,一是体制内的反叛力量,比如军阀、诸侯;一是体制外的叛乱势力,即性质各异、规模不等的民间造反。不过,到了唐五代,似乎解决了帝国内部的体制性破坏这个问题。宋以后,来自帝国外部的破坏性力量越来越具有了压倒性的支配性趋势。元明清,再无此类麻烦。

前一千年,皇权基本解决了分合问题;后一千年,皇权致力于解决华夷问题。

(九)

中国历史的总体形态好似一个双葫芦形状。先秦是一个略扁的小葫芦,秦汉至明清是一个圆圆的大葫芦。大葫芦更像一个太极图。阴阳两半对应于汉唐和宋明。汉唐为阳,宋明为阴。

自东晋始,南方的阴柔性逐渐渗透中华文明和中华帝国。经过唐朝三百年的蛰伏,终于在宋代爆发出来,整体性地支配了中华文明和中华帝国。

（十）

表面看,晚清立宪是对皇权的抗衡和制约,实际上却是对皇权的适应和延伸。因为立宪整个过程都是在皇权体制的框架中进行的。立宪以承认皇权至尊为先决条件。客观言之,立宪确实是对皇权做的一次史无前例的限制。就主观意图而言,立宪的确也想对皇权做出一种有限的平衡和制约。但恰是这种皇权和立宪之间的博弈和协调,使二者之间似乎达成了某种默契和妥协。人们一般强调立宪对专制的颠覆性和革命性,却不太关注立宪对皇权的认同性和适应性。这其实形成了一种潜在的传统。即立宪和皇权之间的曲折镶嵌,本身构成了后皇权时代的一种政治过渡。这种政治过渡为此后很快到来的个人独裁和一党专制奠定了现代基础,使极权政治得以可能借助某种宪法框架而推行实质性的绝对专制。

晚清政治的特点之一是,政体和国体产生分裂。帝制依然强悍,帝国却虚弱不堪;帝制依然完整,帝国却被撕裂。典型举措就是,躬自燔除"庚子挞伐之诏"。不妨说,在辛亥革命推翻帝制之前,帝国已经处于坍塌状态。可见,帝制亡于国人之手,帝国却毁于西人之手。

辛亥革命只是推翻了实体意义上的帝制,但象征意义的帝制依然存在于紫禁城中。里面有皇帝、大臣、后宫、太监,宛若一个小朝廷。其实,它和历史上那些禅让制下的前朝封国一样,保留着自己的正朔、徽号、称谓、礼制、仪式等。不同的是,历史上改朝换代之际,新旧朝在兴亡时间上或许有所出入,但由于制度连续,这个时间差异可忽略不计。民国推翻帝制,紫禁城中仍有个小皇帝。严格说,溥仪被驱赶出宫,才标志着帝制的彻底灭亡。从这个角度看,辛亥革命后,帝制又延续了十三四年。这十几年中,帝制对中国人来说,依然具有感召力,尽管只是一种象征。这种象征性只是被后世忽视。但在当时部分人眼中,皇帝的确还在。所以,帝制依然有其不可取代的价值和魅力。正因此,无论袁世凯复辟,还是张勋复辟,均有一种内在逻辑。

三、统治方式

"主上不自由,诏命出左右。"这意味着,皇帝自由即是皇帝专制,皇帝专制即是诏命由己。如果不能诏从己出,皇帝就不能实施专制。可见诏书直接关乎专制。严格说,皇帝制诏不等于皇权专制。它需要并依赖于一个正当性的权力机制。这就是奏诏模式或奏诏体制。客观上,奏诏体制不直接等于皇权专制,它只是服务于且有助于皇权在更大范围内实现最大限度的专制统治。就二者关系看,奏诏是手段,专制是目的。但就皇帝专制和皇权秩序而言,专制亦是手段,秩序才是目的。奏诏模式→皇帝专制→皇权秩序,既是皇权主义的政治逻辑,也是皇权帝国的统治方式。

统治方式可以表述为,**统治者与被统治者的共存形式**。统治方式不但能改变某种生产方式,甚至还能创造出某种生产方式。

统治方式是把所有不同的事物、力量和人组合到一起构成种种各异的权力体系的机制。统治方式在结构上是等级式的,在功能上是网络式的。前者使其最大限度地保持权威,后者使其最大限度地吸收各种力量。

在统治方式的理论中,统治阶级将得到新的理解和规定。统治阶级是一个独立阶级,是一个垄断并行使权力的职业集团。统治阶级不等于任何历史阶段上的所谓主导阶级,如地主阶级、资产阶级。

统治方式是与每一个人直接相关的事情。个人从来都是统治方式的最终目标。国家统治社会,社会统治民众,民众统治个人。从统治方式角度看,无论国家社会,还是政党团体,统治目标最终都要落实在具体的个人身上。就是说,统治只有与个人发生联系才有效力,才是真正意义上的统治。统治是把所有人变成每个人、同时把每个人变成所有人的关系化过程。可见,统治关系是一种根植于人内心世界的异常可怕而又残酷的力量。

永不满足于现有权力,贪得无厌地攫取更大权力,是统治方式制造出来的一种循环效应。它不局限于某部分人,而属于所有人。每一个人都是统治方式的一部分。当我们从个人视角去思考统治方式的复杂性和恐怖性时,才能真正体会到个人的卑微和弱小以及权力的强大和无所不在。统治方式的奥秘在于把人创造出来的一切因素统统转换成一种用来统治人的权力形式。人与人有关的一切东西都成为统治方式充分利用有效条件。人本身以及无数身外之物,不管这些身外之物是人的创造物还是自然物,都被视为有可能对人施加进一步统治的权力形式。

皇权秩序是指以绝对皇权为核心的统治方式。它是中国人唯一认同、接受和习惯的统治方式。皇权的演化就是统治力量的变化和统治方式的变化。

四、君民之际

得民心者得天下是假的,得丘民者为天子是真的。孟子不欺。"得乎丘民而为天子;得乎天子为诸侯;得乎诸侯为大夫。"古来人们总是过度解读"民为贵,社稷次之,君为轻"的本义,却有意无意地忽略了"得乎丘民而为天子"的真实分量。其实,这句话更关键。孟子第一次凸显了天子和民众之间的直接关系。这诚然是理论层面。因为在封建制下,天子和民众之间不可能发生直接联系,在秦汉郡县制下却已成现实。皇帝君临天下,万民皆为子民。百官只不过是皇帝用于管理百姓的在编临时工。所以,皇帝和民众之间第一次呈现出直接对应性。"反贪官不反皇帝"的民本思想并非民众的一厢情愿,而是有着实实在在的制度保障。皇帝是天,百姓是地,天地之间有距离,无障碍。官僚顶多算个梯子。依此逻辑,再看"民为贵,社稷次之,君为轻"的排列顺序,会发现,"君"(即诸侯)地位最低,不光低于民众,还低于国家,这个"君"在皇权体制下和官僚一般无二。于是,"民贵君轻"的理论演化成"民贵官轻"的观念。得民为君,得君为官。所以,君民关系优先君官关系。

孟子将天子和民众直接联系起来,认为天子的权威来自民众的存在。这样,理论上第一次确认了最高权力和民众存在的实质性关系。逻辑上,它隐含着天高皇帝近的观念指向。古代政治思想中始终有一种寻求天子和民众直接结合的传统。一个制度,如果缺乏统治者和民众相结合的自觉意识,如果没有形成统治者和民众直接结合的有效机制和渠道,不能算是成熟,更谈不上稳定。

中国历史上绝无任何自治传统和观念。所谓乡村自治或地方自治,皆非真正自治,充其量是一种**自理**。即在官府不管之处,自我管理,目的是配合官府控制民众。所以,这种乡间自理或民间自理既无抗衡朝廷的能力,亦无制约官府的权力,只有配合国家的义务。自理机制的运作由于不吃俸禄,降低了朝廷管理社会的成本;同时,由于它们是自觉组织起来协助地方政府管制民众的半官方机构,故而能够延伸国家权力,并扩大皇权的影响。天高皇帝近正是通过这一民间的自理机制而得以可能。所以,理解天高皇帝近这一皇权秩序的本质,民间自理机制是一个必不可少的途径。

皇权秩序主要关注的是,皇权体制支配下的社会结构层面上的民众生活、观念、话语的日常状态。它不可能超出或逃离皇权体制的一般控制,但也并非一味处于消极沉默状态。它有自发性一面,也有自觉性一面。总体而言,皇权秩序对皇权体制是适应和协调的。皇权固然支配社会,但社会如何反应,同样需要考虑。

对百姓来说,林子大了,什么鸟都有;对皇帝来说,鸟大了,什么林子都有。表面看,是官僚在管理社会、统治民众,同时,皇权也以某种超越性方式与民众保持联系,实施控制。这种能力是皇权的超越性。它超越官僚对民众的行政管制,而与民众之间稳定保持着某种政治-观念性联系。特点是,深入人心,根植民望。

皇帝固然代表了官僚阶级利益,可官僚也是皇帝的代表。"反贪官不反皇帝"表明民众习惯于将皇帝和官员区别看待。但民众不知皇帝和官员都是官家中人。面对民众,官家是一家人。官家的内部矛盾构成皇权社会矛盾系统的内在结构。相形之下,官民矛盾倒显得外在一些。

皇权实现了对人身的全面控制和人际关系的整体规划。编户民、杂户民、乐户民等,使民众各就各位,获得了自身的特定身份和待遇。这种人身名分的总体安排表明了皇权支配人身的强大能力和强烈欲望。

"编户齐民"的双重效用。首先把民众切割成孤立的个人,同时又把孤立的个人统合为一个整体。但民众之间并不能自然发生相互的结合,并形成民间的政治有机体,而只能被国家权力强制整合为一个组织严密的对象实体。这从体制上保证了不可能从社会中产生任何独立于或游离于皇权之外的政治团体。不论形式和手段如何,皇权对人身的管控和支配,必须服务于这一终极目标。

编户齐民并未使百姓获得一种统一性的自觉阶级意识。虽然国家把民众捆绑到了一根绳上,但他们照样不关心同类死活,他们对他人生活苦难依然漠视。相反,编户齐民某种程度上还阻隔了百姓之间的沟通和交往。本质上,编户齐民只是朝廷用来全面控制百姓的制度设计,目的并不在于给百姓提供相互认同的手段和彼此交往的渠道。

其实,皇权秩序也不允许地主坐大。豪族大姓始终是皇帝重点打击和遏制的对象。从这个角度看,除了将中小地主进行编户齐民的强力行政控制外,对那些随时随地滋生起来的豪强地主,皇权还要时不时地以各种理由严防严打。一般说,皇权控制中小地主多凭借制度力量,打压大地主多借助运动手段。所以,在皇权体制下,地主阶级始终难以真正坐大。大地主的消失正是皇权极力打压的必然结果。

皇权是个粉碎机,功能强大,能把大石头变成小石头,把小石头变成粉末。所以,世族大家的消失不是一个自然过程,而是皇权粉碎机强力打压的结果。

五、华夷关系

(一)

皇权整合了诸子,整全了诸夏,整治了诸胡,由此生成一统天下的中华气象。"天地之际既交,华夷之情允洽。"虽然夷夏之辨在古代始终存在,但从正史角度看,"中国"已然成为一个大体稳定的政教共同体。有南有北,有汉有胡,涵盖东西,兼容华夷。"华夷臣妾内,尧舜弟兄中。"它标志着中国概念是超越地域、民族和文化的政教统一体。意思是,虽然不是同一个政权,但各个国家皆遵守相同的政治规范和权力规则。可见皇权秩序涵括和容纳了不同地域、民族和文化的国家和政权。

汉外有汉,胡外有胡。两晋之际,五胡突起,成为中原的历史主体。直接结果是胡人称帝。胡人曾经建功立业,但能否称帝,还是一个不小的思想困境。这涉及两个问题:胡人对自己称帝的心理认定,以及汉人对胡人称帝的观念认同。

汉中有胡,胡中有汉。自南北朝始,胡人皇帝和汉人皇帝逐渐整合在一起,成为一个整体形象,为所有中国人接受。

如果说直到北魏还是"入中国则中国之",蒙元以后则是"入中国则非中国之"。所谓"华夷相混合,宇宙一羶腥"。这表明,"中国"和"中国人"之间已发生实质性裂变。

北魏认为让自己变得和中国人一样,才有资格统治中国人,即先成中国人,再治中国人。在这种观念中,"中国"和"中国人"含义一致。蒙元不同。蒙古人根本不在乎自己是否中国人,反而认为只有不是中国人,才能统治中国人。当蒙古、色目、汉人、南人四个等级确立为法律后,隐含的政治逻辑是,国人没有资格统治中国,只有外人有资格统治中国;中国人只有在蒙古人统治下,才能成为中国人。

满清严禁满汉通婚,刻意保持自己民族习俗,逻辑亦然。满人无需成为汉人,也能很好统治汉人;进而,满人只有作为满人,才能更好统治汉人。一旦汉化,满人将失去统治汉人的能力和权威。基于这种理念,"中国"和"中国人"之间发生了分裂。它意味着,异族和外国统治中国可能比中国人统治中国更合适。这样,作为政治实体的中国和作为统治主体的中国人之间不再必然统一。

(二)

南北相争实质是胡汉竞争。所谓"索虏"、"岛夷",皆有其故。这种竞争深刻决定了隋唐历史走向,特别是唐帝国的历史命运。

不光南北之争是胡汉之争,东(魏)西(魏)之争亦是胡汉之争。胡占优势,却被汉(杨隋)取代,最后又被有胡人血统的李唐取而代之。经李唐之消化与融合,创造出赵宋这一高度纯粹的汉文明。结果遭遇胡人强势崛起,直接灭宋。

这表明,纯粹的汉文明终究脆弱,难以抵挡杂胡的野蛮暴击。元明清的连续性更迭表明,汉文明已逐渐沦为一种弱势文明。

南北朝表面看是北灭南,实际是胡灭汉。隋唐五代一直延续了胡汉时代格局。直到宋朝才真正恢复了汉人优势。就在汉人刚刚得势之际,北边又崛起了更为强悍的胡人集团。两宋的历史结局如出一辙,皆亡于胡人之手。经过百年的蒙元种族歧视和政治荼毒,汉人元气在明代得以复苏,但旋又遭胡人摧毁。直至近代,汉化旧胡又被洋化新胡所灭。旧胡新胡即是中夷西夷。中西关系实乃胡胡关系或夷夷关系。因为中早已非纯粹之中华,而是杂融之华夷。

可见,胡族蛮性亦为文明进化之动力。中国史即是一部胡汉史。**华夏史就是一部华夷史**。华夏文明本质上是华夷双方的相互启蒙和深度提升。所谓"汉月经时掩,胡尘与岁深"。

(三)

秦至五代,皇权秩序对华夷之辨尚能保持在一个可控的限度内,特点是"外强中干"。应对外敌相当成功,蛮夷对中华文明的损害不很致命。与此同时,管制内部不甚成功,隔三差五的诸侯叛乱、军阀割据、独立王国,使得分合问题持续困扰着中华帝国体系。相形之下,宋元明清则是"外干中强"。皇权政体已经发展出一套颇为有效的内部管控机制,那种动辄分崩离析式的区域政权不再出现。与此同时,应付外敌的种种措施越来越笨拙和无效,致使中华礼乐几近灭绝。

五胡扛鼎,两京胡羯。中国的一半历史都来自于边疆压力所致。边疆压力主要来自于两个方向,即西北和东北。它构成了两个时代,即边疆压力的西北时代和东北时代。安史之乱标志着西北时代向东北时代的逐渐转移。两宋之后开始了正式的东北时代。巧合的是,边疆压力方向和政治中心区域正好大体一致。西北时代的长安和东北时代的北京,代表着这种重合。当然,这中间还交叠着以洛阳为中心和以南京、杭州为中心的中原-东南时代。东汉至魏晋六朝,乃至两宋,基本上属于这个带有某种过渡性质的中原-东南时代。在此意义上,中原-东南时代在中国历史上似无独立地位。

西北时代和东北时代的区别是,前者对皇权秩序只有局部影响(限于中原),后者对皇权秩序则有全局影响(扩及江南)。二者的共同点是,皆无法从根本上改变皇权秩序。因为中华政治体系本质上属于内陆文明,它有足够的空间和能量容纳和消化草原文明或另外一处陆地文明。就是说,只有来自海疆的大洋文明才能真正颠覆中华政教体系。等到这一时刻来临,中华帝国和皇权秩序已经到了解体之时。

（四）

普世皇权在数百年的时段上，且数百万平方公里的区域内，保持连续、有效的统治，同时对周边国家和政权形成一种可以广泛效法的统治模式和政治标准。王权之所以缺乏普世性，是因为王权对周边国家和政权缺乏强大的示范效应，同时限于技术条件，未能建构起一种持久的朝贡体制。

东亚秩序和朝贡体系的制度架构是中华帝国，中华帝国的本质是中华专制主义。中华专制主义的特征是，先有皇权体制，后有帝国体系。由此构成内外兼修的中华政治文明秩序。值得注意的是，晚清后，虽然中华帝国崩溃，中华专制主义却保留下来。显然，这种外壳解体、内核犹存的状态很可能与帝制在先、帝国在后的历史过程有关。怪异的是，人们欢呼帝制终结，却愤懑帝国解体。但人们很快发现，民国建立易，民主建设难。

下篇　皇化惟新之专制进化

一、皇权专制

（一）

皇权政治本质上是皇帝一个人的政治。皇权就像斧钺，天下就是森林。皇帝可以砍伐任何一棵树。如果他愿意，他甚至可以砍光天下的树。砍光了树，就会改变生态和气候。就此言，天子亦能改变天气，营造天象。

皇帝手中的斧钺就是皇权。横扫一切的皇权令人敬畏。因为皇权杀伐决断之时，也在创造事物。这即是专制。专制企图掌控一切时，一切成为政治。专制政治把专制和政治变成一回事。在专制政治中，一切都是政治，也只有一种政治，这就是专制。专制既是政治本身，也是唯一的政治。这不仅是专制政治的逻辑学，也是专制政治的语言学。

人们不会对龙椅下跪，一旦有人坐上，就会顶礼膜拜。刻意区分皇帝肉身和皇权本身，如同想找一条无眼之龙。皇帝之于皇权，宛若画龙点睛。皇帝和皇权仿佛鸡和蛋。人们尽可各取所需，得出不同结论。

皇权专制并非仅指皇帝个人专制，而是指皇权体制中的权力本身皆为专制。它包含两层意思。一是皇帝大权旁落，不管何人窃取，宦官、权臣也好，外戚、皇室也罢，其行使的权力皆为专制权力；一是每种权力在自己地盘上，对下而言，皆为专制权力。

准确说，皇权旁落更像是臣子借权，而非窃权或篡权。东魏孝静帝闻知权臣高澄死讯，不禁喟叹，"威权当复归帝室矣。"就隐含着这个意思。权臣（或宦官、外戚）手中的皇权因为"借自于"皇帝，故所有权仍属于皇帝。只是暂时不在皇帝手中而已。对皇权的真正主人，无论皇权的行使者是谁，都心知肚明，不言而喻。至于窃权和篡权，本质则不同。它不属于皇权旁落范畴。因为它最终目的是要改变皇权的真正所有权，即称帝。可见，皇权旁落只是僭越，而非篡位。当然，有时二者之间的界限确实模糊和游离，颇有重合之处，难以明确分割。大体说，只要不称帝，其行使的皇权就是借的，而不能视为窃权或篡权；反之，只要称帝，其行使的皇权就是偷的或抢的，而不能视作借权。总之，借权是指，在不改变现有的皇权隶属关系的前提下行使皇权，即无需更改皇权所有权就能行使皇权。自己不称帝，也能当皇帝。这种情况相当普遍。比如，赵高、吕后、窦太后、霍光、梁冀、董卓、曹操、司马昭、桓温、高欢、侯景等。至少从曹操到侯景，这类人物有了一个标志性名号——"相国"。当时人就说，相国不可轻易加封。只有非常之人才能使用。还有一种也很常见的情况，先借权，后篡权。借着借着就把皇权当成了自己的东西。比如，王莽、刘裕、杨坚等。

凡此，皆属于皇权行使中的种种不同情态。这使皇权的专制性显得尤为复杂。关键是，分析皇权的专制性质时，需分辨正当与正常两个概念。任何人窃取皇权，其行使的权力皆具正当性；尽管如此，它却非皇权的正常状态。换言之，皇权有常态，有变态，不论何种样态，皇权本身的行使皆属正当。

"天下之事无小大皆决于上"，"事皆决于赵高"，"天下事皆决于高后"，"天下事皆决于张汤"，"政事壹决于霍光"，"事无小大，因石显白决"，"莫府事壹决于陈汤"。这些句子表达的意思完全一致。除了皇帝，不是宦官就是外戚，不是权臣就是能吏。除了陈汤，其余皆用于皇帝及皇帝身边的人。可见皇权的行使过程并不限于皇帝本人，而是难以预料地随机扩展到皇帝身边的某个人，宦官、外戚、权臣，或交替或同时，皆有可能。这表明，皇权的运作更像一种自然发散的过程，充满偶然和不确定。就其本质，不管谁行使皇权，皆为合法皇权。区别在于，皇帝行使皇权是皇权本身，其他人行使皇权是皇权延伸。某种意义上，这种延伸皇权更像是对皇权的窃取。尽管如此，它依然是合法皇权，虽然不是正当皇权。是可知，皇权在行使过程中会自然产生正当性和合法性的微妙差异。显然，这种区分不是对立性质，而是边际状态。即由于皇权行使主体的身份差异,会产生某种性质弱化,乃至效应递减的趋势。

皇权体制不但是一种权力架构,还是一套游戏规则。对权力游戏来说,谁玩都一样。玩家身份和来源并不重要,重要的是能否遵守游戏规则。

(二)

现代人看皇权越来越走样了。皇帝是否专制也变得游移不定了。透过狐疑的目光,在人们挑剔的舌尖上,口吐莲花地冒出"士人政府"、"儒家民主"、"官僚理性"、"专制考古"、"以道制君"、"以天抑君"、"皇权有限"、"君臣共治"、"共有天下"等一堆令人炫目的名词泡沫,五光十色,煞是好看。

君主专制不等于君主独治。这个道理古人也懂。但君主专制显然是个大道理,君臣共治只是个小道理,所以古人首先强调的是君权独尊,乾纲独断,然后才说君主不能独治天下,需要选贤任能以作协理。可见这个政治理念和制度逻辑非常明确和清晰。**君主专制是目的,君臣共治是手段,君臣共治为君主专制服务**。没有君主专制,就无需君臣共治;反之,没有君臣共治,也无法实现君主专制。一言之,君主专制说的是权力来源和性质,君臣共治说的是权力运行的过程和状态。

如果人们不承认皇帝专制,那就看皇帝用权是否合法受限;即便人们不愿以此标准判断皇帝是否专制,那就再看皇权是否逐渐变大,呈现出连续扩张的进化趋势。这应该是一个最具客观性的尺度。因为不论皇权是否专制,一种无限扩大的皇权对民众和社会来说,绝对是一种灾难和噩梦。事实上,无限扩大的权力本身就是一个巨大的牢笼。它将社会和民众全部关进去。这种客观状态,无论是否专制,都是一种绝对的恐怖。

其实,我们可以尝试使用"君臣关系紧张度"替换"君主专制程度",或许更能准确观察和描述中国历史实态的复杂演进。一般说,人们承认,明清时期君主专制明显强化,较之汉唐,明清属于典型的君主专制体制。至于两汉唐宋是否属于君主专制体制,人们有所争议。若使用"君臣关系紧张度"这一概念,一是具有更大的涵盖力,可以解释更多的复杂现象;二是避免纠缠于君主专制的事实认定和细节分歧,而专注于对更加广泛的政治共识和政治生态的细致分析和深入观察。因为即便不同意对两汉唐宋君主专制的定性,也不能不承认两汉唐宋的君臣关系渐趋紧张的历史实态。

"君主专制"和"君臣关系紧张度"的区别是,前者是一个价值判断概念,后者是一个事实描述概念;或,前者是一个静态的结构性概念,后者是一个动态的功能性概念。二者的关系是,"君臣关系紧张度"一般受制于"君主专制程度"。

君主专制程度越高,君臣关系自然越紧张。同理,透过君臣关系紧张度的变化,便能更为真切地透视君主专制的具体演变。

君臣关系紧张程度虽然受到许多复杂因素的影响、限制和推动,但仍有一个重要的技术因素不容忽视。一些物质材料的发明和书写条件的进步,使君臣之间有了更多的话语交流和情感表达。君臣间的书信往来、诗文唱和、书画合作、娱乐表演等方式,都为君臣关系的融合和扩展提供了新的渠道,从而缓和了君臣关系的紧张程度。客观上,技术进步直接扩大了君臣交往空间,给君臣关系的紧密维持提供了物质基础。

虽然人们认为"王者无私",但君臣之间仍有某种多样化的私交。至少两汉唐宋时期的君臣私谊并不乏见。明清很少有了。可以说,君臣关系紧张度很大程度上取决于君臣之间是否保持密切的私交,乃至真诚的私谊。

(三)

皇权总是以皇帝为中心,以皇帝为始点,在其周围不断流转。或宦官,或外戚,或权臣,当最后回到皇帝手中时,必将开始新一轮的加强皇权过程。

皇权旁落给人一种不合理的暗示和意味。本质上,皇权转移是权力游戏的一种形式。它是以皇帝为中心,朝臣、外戚、宦官都参与其中的一种高风险、高难度、高智商的权力游戏,代表着权力游戏的最高水平。

不管皇权是否被窃取,不管皇权被谁窃取,最终结果都是导致强化皇权。权臣、宦官、外戚窃取皇权的结果,非但没有削弱皇权,更不要说限制皇权了,反而将皇权推向一种最为暴戾的极端。

(四)

有关皇权,人们最关心的问题并不是"皇权是什么",而是"皇权有多大"。人们都知道皇权很大,但到底有多大,没人能说清。所以古人常把皇权比作天,至大无外,无边无界。所谓王者无疆。但这并不等于皇权真的没有界限。无论古今,皆有人言之凿凿,皇权有限,天、道、礼、祖、史等在不同程度上构成了对皇权的客观制约。这诚然不是向壁虚构,但过于夸张,也失于不当。这些因素对皇权虽有所制约,作用终究有限。说到底,它们均是皇权的一部分。天道王命、礼制典章、祖宗成法、史书修撰,哪一样不是皇权的体现?哪一样不是最终服务于皇权?天道虚无缥缈,落实下来便是皇命王道。天人合一即是天皇合一,天人感应实乃天子感应。既然天道礼祖史均和皇权一体,无法制衡皇权便是情理之中的事情。逻辑上,天道礼祖史只是构成了皇权的边际条件,而非边界约束。

二者区别是,边际条件是一个模糊地带,无法形成皇权的硬性限制。皇权在这个地带依然行使自由意志。只不过行使时可能会遇到某种阻力。但这种阻力并非刚性。

理论上,皇权和任何事物一样,不可能没有界限。但在许多时候,皇权的运作过程和历史实态又确实显得无法无天。准确说,皇权是有界无限。由此产生的一个相关特点是,**皇权所在相对,皇权所用绝对**。换言之,皇权行使身份并不固定,皇权使用方式多能确定。因为,皇权未必一定在皇帝手里,但无论在哪里,都能像皇帝一样合法使用皇权。对那些不是皇帝却行使皇权者,人们向来只是质疑其名分,而非权力本身。虽然权力和名分有关,但有时亦可脱离。孔子的"正名"主张和"君君臣臣"要求,说的只是权力和名分结合的状态,而没考虑到权力和名分分离的状态。春秋礼坏乐崩就是权力和名分分离的典型状态。孔子的思路却是反其道行之,表现出吊丝逆袭的正义姿态,全力以赴地投身于恢复周礼的理想追求中,所以未能对权力和名分相分离的现实状态作出有效的思想分析。秦汉以降,权力和名分相分离亦不鲜见,甚至一定时期成为常态。因为由于种种原因,皇权并不始终握在皇帝手中,而是以皇帝为中心、在皇帝身边的人手里传来传去,其偶然性和必然性相混杂和交织的状态颇似击鼓传花,谁也不知道下一步花落谁家。但从名分看,皇帝是皇权唯一的合法持有者。皇权只能掌握在皇帝手里,这是人们谴责那些窃取或篡夺皇权者的最大理由。不论这个理由被重复多少次,抨击者的真实意图始终如一,除了皇帝,谁也无权行使皇权,但皇权本身不受质疑。皇权该多大,还是多大。如此一来,皇权的每一次旁落,客观上均造成了皇权的膨胀。如果说皇帝扩张皇权多出于自觉,权臣、外戚、宦官等扩张皇权则多属于不自觉。

(五)

古中国不可能有真正限制君权、解构专制的观念和思路。周初封建,面对空前广阔的疆域,因为统治技术所限,加上还要对组建灭商联盟的各族邦论功行赏,不得不封邦建国,客观上形成了王权体系内部的有限分权态势。但这既非事先规划和自觉设计,亦非真正的分权体制。姑且不论周王对诸侯拥有礼法上的最高权威,周王和诸侯对各自直属的地盘皆有毋庸置疑的绝对权力。这种绝对权力即是专制。春秋战国的"礼乐征伐自诸侯出"和"礼乐征伐自大夫出",本质上皆是专制君权在各自地域的扩大。秦汉皇权只是将周朝理论上和礼制上的专制权力真正落实到了法律和制度上。这使整个皇权时代,都不可能产生任何分权的意识和观念。相权的各种变化并非官僚制对皇权的限制,分封的各种措施和设想更非对皇权的分割和制约。就其本质,无论重新封建,还是强调相权,既不可能、亦无意于约束皇权。

即便真正的封建,只是削弱了大一统,无法解构专制。专制的本质不在于版图大小,而在于疆域之内行使权力的统治方式。所以,没有大一统,也会有专制。大一统往往强化专制。

无论大一统的治世还是小一统的乱世,最高权力者的绝对权力丝毫不曾被削弱。人们只知东晋南北朝皇权萎缩,却不知皇权秩序恰在此时空前扩展。比如,虽然东晋皇权下沉,北方皇权却依然强悍有力,一味强调南北朝皇权削弱的人皆是见南忘北。本质上,重南轻北是中华正统观的狭隘表现。

二、专制进化

(一)

权力是历史的核心因素,权力进化是历史演化的关键条件。权力就像抽水机,吸光了全国的财富,故而有能力超过一般历史而优先进化。权力进化的速度不但快于历史,还引导了历史,甚至决定了历史。

权力进化的速度超过了历史进步的速度,这使历史显得停滞不前。这与其是一种观察,不如说是一种感觉。但它并无大错。很大程度上,它是对的。更重要的是,由于权力进化超过了历史进步,这使权力看起来也毫无变化。以至于人们通常可以正确无误地根据权力演化的阶段性特点来判断历史的时代性特征。

一旦权力进化超过历史进步,直观上,历史显得正在倒退,这使权力进化和历史退化之间存在一种因果关系。客观上,正是权力进化导致了历史退化,这意味着,历史的进化和退化需要确立一套新标准,以便对历史进化的真实内含和历史退化的实质意义作出更为深刻的思想判断。当一种权力越来越强大和恐怖,以致令人窒息时,它统治的社会到底能产生哪些进步,还能否使用一种历史进步的通常定义来评价它,已成为一个可疑的历史问题。

(二)

礼乐征伐自天子出到礼乐征伐自诸侯出,进而,礼乐征伐自大夫出,这是权力下移。权力下移也就是权力进化。权力进化在中华专制主义的谱系中就是专制进化。

专制进化的必然结果是越来越专制。诚如梁启超所云:"专制权高一度,愈积愈进。"直接表现是,皇帝权力越来越大,统治效率越来越高。所谓统治稳定、政府高效、社会有序其实都是权力进化产生的错觉,视权力扩大为政体优良。

专制进化强调专制变化的内在动力机制。专制进化和奏诏模式皆有历史动力功能。专制进化是皇权秩序的内在动力,奏诏模式是皇权秩序的基本动力。

从权力进化看,秦汉粗放式皇权和明清精致化皇权显然有了很大区别,很难简单说二者是同一种皇权体系。

权力扩张的极限是,首先保证不把自己弄死,其次保证不把所有人弄死。不能满足前者,权力扩张没有意义;不能满足后者,权力本身也不存在。

以权力扩张权力,所以,权力越来越大,由此构成了中华专制主义的绝对秘密。

(三)

制度是历史所有因素中唯一刚性的存在。制度是历史的骨骼。它决定了历史长成什么样子,也规定了思想像什么样子。

政治,权力,制度,三个词很大程度上一个意思。政治是行使权力,权力是支配他人的能力,这种能力大多体现为制度。制度变迁即是权力进化。权力进化分两种方式,一是朝理性、文明、发散方向进化,一是朝非理性、暴力、垄断方向进化。无论前者还是后者,均表现为越来越强大。前者的强大是权力越来越人性化,后者的强大则是权力越来越野蛮。

制度皆有理性,但并非总有人性。制度有两种,有人性的和无人性的。制度有人性,才会有自由和真理。

既然制度是人创设的,为何有不合人性的制度? 其实,不合人性本身也是人性的一种或人性的一部分,就是说,不论有无人性,均是人性的应有之义。所以,好制度和坏制度都和人性有关。一旦坏制度和人性恶相互匹配,并高度适应后,制度和人性的关系便会发生变化。坏制度直接成为人性恶本身,反之,人性恶也直接成为坏制度本身。如此,就形成了某种一体性循环。究竟坏制度导致人性恶,还是人性恶产生坏制度?

稳定的制度总是和人性相匹配。如果一种制度突然发生改变,其引发的人性反弹往往可能比制度本身更为强烈。这样,一旦制度重回老路,很容易得到人性的支持。这使制度的变革和创新不但经常出现反复,而且每次反复带来的震荡都会比上一次剧烈和持久。

至于皇权扩张中的人性变化,显然是一个更棘手的问题。至少可以用三种思路进行观察和描述。A. 从理想人格角度看人性在皇权下的压抑、扭曲和变形;B. 从人性恶角度看皇权专制如何利用、强化和膨胀人性邪恶的一面;C. 从自然人性角度看人性如何适应皇权体制,并与皇权政治互动而发生复杂变化,进而深刻影响皇权秩序变动。

(四)

古人不知皇权扩张到什么程度,今人不知极权会扩张到何种地步。可见,古人的时代局限即是我们的时代局限。就此言,我们和古人处在同一认识水平上。

皇权至大无外的特征使其扩张的原动力只能来自自身,准确说,来自皇权专制的强大需要。某种意义上,专制是皇权的永动机。

广义的皇权秩序包括皇权体制,直接成为皇权"肉身"。换言之,正是在皇权秩序中,才有权成肉身的可能。狭义上,皇权体制是骨架,皇权秩序是皮囊。从历史长期走势观察,二者均呈扩张和扩展态势。不过,皇权体制有时会有某种收缩现象,皇权秩序则始终处于扩展状态。这是因为,皇权体制受制于更多的人为操控,皇权秩序则呈现出更强的自然演化过程。当然,二者也多有交合和重叠。比如,宗教在社会上的蔓延和渗透,以及受到朝廷的热捧和打压,皆可看出二者的复杂交织。

表面看,皇权没变,只有官制在变。可官制之变的内在动因却是皇权所致。即皇帝与官僚之矛盾致使官制不断趋向于成为皇权专制的粗暴工具。既如此,每一次官制之变,其意图和效果,必定有利于皇权专制之实现。官制的每一次变动,实际上都强化和扩大了皇权专制之力度和范围。

(五)

一种权力究竟有多大能量,无法计量。但没有一种权力是在自身能量全部耗尽之后才消亡的。

权力体系之间的取代,其实是一种吸收。即后来居上者总是从此前的权力中获取了更多的能量和经验。因为旧有的权力即便被取代,仍然保存有相当庞大的能量。这样,新的权力体系得以拥有更为巨大的能量,成为令人畏惧的超级权力。

（六）

皇权体制是以皇帝为中心，并使皇权无限扩张的权力体系。皇权扩张是皇权秩序扩展的原动力。皇权扩张直接引发和促使帝制社会各种关系发生变化乃至变形。可以说，皇权扩张正是通过不断改变君臣关系进行的。

皇权作为最高权力，并不特别禁止某一种政治力量分享皇权，但绝不允许任何一种政治势力分割皇权。因为，分享皇权的同时也加强了皇权的权威，而分割皇权只会削弱皇权。事实上，皇权秩序的扩展过程，就是皇权将越来越多的政治力量整合起来，给予其一席之地，使之成为皇权秩序的一部分而合法存在。这个过程既是皇权秩序的进化，也是皇权秩序的扩展。这使皇权体制变得越来越强大了。皇权体制的强大，意味着皇权专制的加强。就是说，皇权越来越专制，这是皇权政体发展的必然，而不等于皇权必然衰落或解体。

（七）

不论大一统还是小一统，有秩序就有专制。人们一般把权臣、宦官、外戚视作对皇权的削弱、破坏。从皇权历史看，他们又以另一种方式强化了皇权秩序。慈禧垂帘听政，对晚清朝局的强力掌控，谁能说是破坏皇权？同时，兴办洋务，设总理衙门，对外通商，并未妨碍慈禧专权。这就是专制进化的逻辑。因为皇权专制并不依赖国力强弱。

人们往往相信专制国家只会在虚弱时崩溃，其实，专制政权在强大时也会灭亡。总之，专制制度既会因弱而亡，也会因强而亡。

（八）

扩展皇权秩序主要有三对基本矛盾，即官家矛盾、官民矛盾、胡汉矛盾。其中，官家矛盾更具支配性。从制度角度看，胡汉矛盾仅次于官家矛盾。问题是，官民矛盾对中国历史的推动性，为何没有发展出相应的制度创造？每次农民起义之后，新朝的通常做法是，调整经济政策，缓和社会矛盾，大多集中于土地制度。至于政治制度则无所触及。它本质上是一种行政化的官制架构。官制的首要考量是行政效率和结构平衡。虽然郡县行政需要考虑管制民众的高效和力度，但地方政治制度在皇权历史中似乎很少实质性改革和变化。

在事实层面，直接推动制度变革的是官家矛盾，而非官民矛盾。编户、里甲这些直接控制民众人身的基层管制方式两千多年都没大的变化。至于胡汉矛盾对皇权体制的影响，也很有限。长期以来，无论周边蛮夷小国，还是入主中原

的胡人,文明程度均低于中国,中华始终是其仿效对象。他们的基本制度构架
多是模仿汉人的产物,有的干脆是汉人帮助建立的。元朝在地方创立行省制、
清朝在中央创设军机处,它们本质上都是为了有效管控日趋复杂的政治事务而
采取的新措施,与胡人的族裔无关。或许只有清朝对蒙藏边疆事务的管理有些
许创意,不过这与皇权体制的演进和官僚制的变革并无关系。唯有到了晚清,
由于西方的逼迫和压力,使朝廷不得不进行了一系列制度改革,比如,设总理衙
门、废除科举、筹备宪政等,对皇权的分割和限制可谓史无前例。客观言之,这
是对皇权体制做的第一次手术。这样,胡汉矛盾转换为中西矛盾。是可知,中
西矛盾不是传统意义上的民族矛盾,而是本质意义上的文明冲突和制度冲突。
从古至今,三对矛盾只是由胡汉矛盾转换为中西矛盾。和官家矛盾、官民矛盾
一样,胡汉矛盾的发展和激化,最终结果都是强化了皇权专制的程度和扩大了
皇权秩序的规模。和胡汉矛盾本质不同,也和官家矛盾、官民矛盾不同,中西矛
盾直接削弱了皇权体制的效力,并限制了皇权专制的能力。

三、进化路径

(一)

路径依赖与历史惯性皆与传统有关。路径依赖是自觉为之,历史惯性是自
然所之。

政体超越性即制度惯性,亦即隐形的历史路径。在人看不见的时候,却将
人们引向既定的路线。

政体超越性的一个历史态势是,它很容易在历史转折关头将人们带回历史
老路。表面看,这是一种历史惯性,深层看,更是一种冥冥之中的超验力量。

历史传统越强大,现实可供选择的空间越小。因为历史经验教训已经强力
排斥和压制了更多尝试的可能,从而将思路有意无意地压缩在一个似乎早已确
定的隐性框架中。这样,历史路径往往成为制定新方案的首要考量和主要
参照。

如果把王权主义视作中国历史整体(确实有些勉强),不妨细化,在此基础
上,重建中国历史-现实之统一。如此,有了由王权→君权→皇权→极权的不同
形态构成的中国历史的总体脉络和长程走势。其中,一以贯之的是中华专制主
义的政体超越性。但它并非一种简单的历史式的路径依赖,而是一种历史-现
实的本体结构以及由此形成的最大边际线。

(二)

政体超越性之定义：A. 存在时间超长；B. 跨越多个社会形态而长期存在；C. 古今一以贯之，从未中断。政体超越性表明，某种政体内部存在着一种持续进化的自我机制和强大动力。

汉承秦制意味着，以帝制为核心的秦制超越了一朝一代，而具备了贯穿历朝历代的政体意义。

道一变，至于天。故而董仲舒才说"天不变道亦不变"。

一种政体存在三千年，虽有形态变化，但本质依旧，且权力进化得更加强大。无论如何，这都需要一种历史观的整体解释。最有效的解释应该是中华专制主义的政体超越性。

从中华专制主义的政体超越性看，"三千年未有之变局"依旧未有大的变局。政体既有历史性，更有超越性。政体之历史性，人人得以见之，政体超越性，无人见之。政体超越性既是道统，也是政统，还是法统。所谓"通三通"是也。

帝制虽亡，专制犹存。可见，专制超越帝制，自有其内在逻辑。换言之，帝制仅仅是专制之一环。专制则展现出环环相扣的政体超越性。

(三)

中华专制主义政体超越性的最大边际线随时都会中断。即便中断，它可能还会断断续续地以分隔线(﹍)的形式出现。﹍和﹍如同《周易》中乾坤的卦象。似乎暗示了中华文明在专制主义政体超越性之边际线上的永恒命运，即先是乾卦﹍，继而坤卦﹍。

从权力进化看，中国历史上的权力体系转换不存在任何断裂。连续性是中国权力体系的显著特征。

在历史真正成形之前，中华专制主义的政体超越性已潜在规划好了中国历史的现实走向。就是说，中华专制主义的政体超越性对中国历史整体有一种内在的预定性。

中华专制主义的长程走势不会稀释恶，只会聚集恶。越往后，这种恶越具有集大成性。

中华专制主义政体超越性的最大边际线是一个完整概念。中华专制主义是本质，政体超越性是动力，最大边际线是趋向，它显示出历史转折关头的最大选择空间和弹性尺度。

（四）

树木也会改变土壤。剪断树枝,砍断树根,均不能完全根除古树对土壤的全方位影响。盘根错节的树根,根深叶茂的树干,还有千年落叶层积生成的早已和土壤融化一体的特殊成分和气味,已成为土壤和空气的一部分。在这种近乎无法完全消除和改变的整体环境中,移植新树,培植新苗,确实很难。因为古树早已渗透土壤和遍布空气,从而对任何一棵新树的正常生长产生种种难以估量和消除的后患和影响。

政体超越性就像左撇子,左撇子尽管知道自己和别人不一样,但一动手还是习惯性地使用左手。虽然左撇子也能试着和别人一样用右手,可总是不太顺手。强制矫正不是不行,但须有定力和恒心,否则万难。反复几次,左撇子会觉得还是左手趁手。

（五）

社会变了,政体依旧。社会形态的变迁并未改变专制政体。可见,某一政体可能会跨越诸多不同的历史阶段和社会形态。此即为政体超越性。它是指某一文明和某一民族内部独具的某种政治选择能力和政治调控机制。文明古国均有这种政体超越性。它意味着,对文明古国来说,它奠定的政治架构延续至今,不管这个过程中产生多少曲折复杂之变化,有一些最基本的政治特质始终保持一致。

中华专制主义的政体超越性是说,任何一个历史阶段皆无法摆脱专制政体。这是因为专制政体凭借其超重质量而拥有了一种超强引力,由此在中国历史舞台上造成了一个无形的重力场。它使在此场域产生和建立的各种政体都会向它倾斜,并受其控制。久而久之,每一种新制度均会渐渐变成专制政体的新形式。这样,专制政体自然获得一种与时俱进的进化能力,而变得越来越强大。

导 论

话语史建构的双重逻辑

引　子

令人目眩神摇的"九天阊阖开宫殿,万国衣冠拜冕旒",其实是一种奏诏仪式,接下来自动进入奏诏程序中的另一个常规环节。"朝罢须裁五色诏,佩声归向凤池头。"①在这华丽盛大的场景背后,则是"几回奏事建章宫,圣主偏知汉将功。身著紫衣趋阙下,口衔丹诏出关东"②这种奏诏机制的实际运作。至于普通的帝国官员,观感可能更为琐碎庸常。"旧年同是水曹郎,各罢鱼符自楚乡。重著青衫承诏命,齐趋紫殿异班行。"③日常政务之余,难免滋生狂想。"我是清都山水郎。天教懒慢带疏狂。曾批给露支风勅,累奏留云借月章。"④

对天宫奏诏的想象,在司马光这里,变成了建议来访友人认真上书的俗世愿景。

> 司马温公作相日,亲书榜稿揭于客位,曰:"访及诸君,若睹朝政阙遗,庶民疾苦,欲进忠言者,请以奏牍闻于朝廷,光得与同僚商议,择可行者进呈,取旨行之。若但以私书宠谕,终无所益。若光身有过失,欲赐规正,即以通封书简分付吏人,令传入,光得内自省讼,佩服改行。至于整会官职差遣、理雪罪名,凡于身计,并请一面进状,光得与朝省众官公议施行。若在私第垂访,不请语及。"⑤

---

① 王维《和贾舍人早朝大明宫之作》,《全唐诗》卷128。电子版《四库全书》。(以下简称《四库全书》)
② 韩翃《送王光辅归青州兼寄储侍郎》,《全唐诗》卷245。《四库全书》。
③ 张籍《同将作韦二少监赠水部李郎中》,《全唐诗》卷385。《四库全书》。
④ 朱敦儒《鹧鸪天·西都作》,周必大《文忠集》卷177。《四库全书》。
⑤ 洪迈《容斋随笔》卷4,"温公客位榜",上海古籍出版社,1978年。(以下简称《容斋随笔》)

1

值得注意的是,对奏诏仪式的描写,小说和史书毫无二致。《水浒传》第一回开篇写道:

> 话说大宋仁宗天子在位,嘉祐三年三月三日五更三点,天子驾坐紫宸殿,受百官朝贺。……当有殿头官喝道:"有事出班早奏,无事卷帘退朝。"只见班部丛中,宰相赵哲、参政文彦博出班奏曰:"目今京师瘟疫盛行,伤损军民甚多。伏望陛下释罪宽恩,省刑薄税,祈禳天灾,救济万民。"天子听奏,急敕翰林院随即草诏:一面降赦天下罪囚,应有民间税赋悉皆赦免;一面命在京宫观寺院,修设好事禳灾。

至少在奏诏体制上,确实文史不分。这是否意味着,作为皇权帝国制度化和程序化的运作方式和动力机制,奏诏过程早已成为国人的日常经验和普通常识?从庙堂到江湖,从朝廷官员到民间艺人,说起奏诏无不信手拈来,且信而有征,近乎人人可见可知,不言自明。

若说诏书在民间的效应,《儒林外史》第一回亦有生动描写。明太祖征辟王冕,"朝廷果然遣一员官,捧着诏书,带领许多人,将着彩缎表里,来到秦老门首,……秦老让到草堂坐下。那官问道:'王冕先生就在这庄上么?而今皇恩授他咨议参军之职,下官特地捧诏而来。'……秦老献过了茶,领那官员走到王冕家,推开了门,见蟏蛸满室,蓬蒿满径,知是果然去得久了。那官咨嗟叹息了一回,仍旧捧诏回旨去了。"这是一个皇帝诏命下达民间,并和民众发生联系的形象例子。

作为一个决绝而纯粹的遗民,顾炎武内心依然潜伏着通过奏诏模式直达天听影响朝局的强烈激情。"安贫称待诏,清风播林野。"[1]"西游到咸阳,上书寤英主。"[2]"殊方传尺一,不觉泪频流。"[3]"诏令屯雷动,恩波解泽流。"[4]

可见,秦汉至明清,人们一直存在有通过奏诏表达心声的强烈愿望。奏书和诏书不仅成为人们合法的言论形式,也构成人们一般的思想边界。历史实态是,有没有思想,人们都要说话。这不是说思想和语言无关,而是说二者有一个共同本质。这就是互为本质。[5] 如果研究历史和思想不关注言语的界限和表

---

① 《哭归高士》,《顾亭林诗文集》第 392 页,中华书局,1983 年第 2 版。(以下简称《顾亭林诗文集》)

② 《有叹》,《顾亭林诗文集》第 391 页。

③ 《闻诏》,《顾亭林诗文集》第 267 页。

④ 《感事》,《顾亭林诗文集》第 260 页。

⑤ 互为本质即思想史之本质。思想史写得只剩下思想了,这很可怜;可思想史写得越来越没思想了,这更可笑。如何保持"有思想"和"无思想"之平衡,不仅取决于思想史的正当路径,它涉及一个更本质的东西,怎样才能给创造历史—改变现实提供一种更有力的思想资源?

达的边界,显然无法抵达本质。① 这意味着,研究思想史需要勘定言论边界,进而确定言说形式,最后审视话语实践。② 三者合一,即是奏诏模式。是可知,在奏诏模式中,话语史、真理史、权力史一回事。

奏诏模式不仅贯穿二千年皇权帝制,而且贯通"二十四史"。所谓"二十四史"不过是《秦始皇本纪》和《李斯列传》这一纪一传的复制和重写。读懂了这两篇,也就打通了全部正史。中国历史的政治密码和思想基因都在这里。③《秦始皇本纪》和《李斯列传》这对君臣的纪传固然是奏诏模式,但它首先是奏诏叙事模式。奏诏叙事模式后来居上,反而优先奏诏模式。由此构成话语史逻辑。

这是一个真正的问题,也是一个大问题。④ 虽然笼统说问题不以大小论,但人们仍然对那些大问题以更大的重视和更高的评价。有思想的历史著作往往和大问题联系在一起。⑤ 大问题有时隐含有大陷阱,甚至可能产生大谬误。大问题的价值不在于学术。任何学术都有价值,但并非任何学术都有价值判

---

① 本质就是语境。比如,思想史只是历史的一部分,思想史的语境却是整个历史。语境和背景有所不同。以树为喻。如果树在门前,房子是背景;如果树在林中,森林是语境。是可知,思想史的语境是包含思想史的一种东西。它意味着,思想史的语境是直接影响思想史变化和走向的一种整体态势。以船为喻,河岸上的景观是背景,流动的河水是语境。

② 以思想史的名义进行知识猎奇,虽有其合理性,却不会产生有深度的思想问题,更不可能触及思想史的复杂本质。有些人拒斥思想史的简单本质,且无知于思想史的复杂本质,便失去了思想史的方向感。他们无力辨析思想史的整体感和整体主义。整体主义往往指一种简单本质,整体感更多指一种复杂本质。这不意味着二者有一种因果关系。相反,二者可能毫无关系。就是说,整体感是一种直接的东西,它完全可以自我建构。许多时候,人们是因为有了整体感之后,才能分辨整体主义,并将二者区分开来。比如,你可以指出骨头太单一,可抽出了这根骨头,你就是一堆腐肉。骨肉分离导致有些思想史有骨无肉,有些思想史有肉无骨。不触及皇权主义的所谓思想史,皆是一堆白花花的肥腻腥肉。

③ 这里即是当下。**千年之史思在当下。**当下意味着历史-现实之一体两面性。

④ 我们试图探讨问题,却被困在了问题中,最终成为问题的空洞回声。我们似乎听到自己的声音,却不知那是问题的回音。不停地从一个房间转入另一个房间,房间就成了迷宫。这时人们会想,为什么我不走出房间?走出房间后,却发现,原有的困惑都留在了房间里。是可知,当我们成为问题的一部分,最需要做的不是急于解决问题,而是赶紧抛弃问题。对问题弃之不顾,往往是处理问题的最好方式。不纠缠问题,不陷入问题,不被问题迷惑,不被问题困扰,其实是一种更高明的思想策略。真正的思想既非主义式的,亦非问题性的。思想不应让问题窒息。太多的问题,让思想变成了工具,似乎思想只是一种解决问题的实用工具。这反而丧失了思想的奥义。思想既不应该被问题牵着走,也不应绕着问题走,更不应该推着或背着问题走,而应该走在问题前面,比问题先行一步,使思想吸引问题,而非被问题吸住。思想之为思想,不在解释问题,不在解决问题,甚至不在发现问题,而在创造问题和制造问题。真正的思想必须是问题的制造者和创造者。

⑤ 好的历史著作,即便谈论一件小事,后面一定有一个大问题;即便研究一个小问题,背后一定有一个大理论。问题是,从大量的史实、细节、常识中发现这样一个有价值的小问题并不容易。它既是巧合,也是运气。其本质则是天意。

断。真正的学术乃至最高的学术境界必然包含价值判断。①

第一节 建 构 话 语 史

一、话语

（一）话语即实践

一件事胜过千言万语，一个事件更是产生了万语千言。另一方面，语言也在制造事实，也能创造事件。这即是语言与事实之循环。此循环是话语史之本质。它凸显语言之于事实之优先性。据此，观念塑造存在，语言制造事实。事实是语言，也是解释。所以，事实是一个语言学概念，也是一个解释学概念。某种意义上，语言学也是解释学。不经解释，不成事实。

《尚书》记言，言者，以言做事也；《春秋》记事，事者，因言成事也。② 可见，言事不分，或，言事不二。"君无戏言"属言，"君举必书"属事。但君主之言与君主之行在奏诏模式的话语实践中早已不分轩轾。所谓言事二分实乃言事合一。进言之，语言和言语在奏诏模式中已转化为话语。奏书不是新闻，只报道事实；诏书不是政论，仅表达观点。奏诏皆是话语。话语即实践。所以，奏书只关心能否采用，诏书只关心实行效果。一部《史记》，进而整个"二十四史"，如果删除了各类话语，便不成其书，更无法卒读。某种意义上，正史乃至史书，话语史也。

话语是联系，也是边界。君臣之间既通过话语建立联系，也通过话语确立分际。如果君臣之间没有话语，自然也谈不上其他关系。正是话语扩展和规范了皇权秩序的边界。

话语是实践，也是秩序。由此构成话语的二重性。实践是本质，也是过程；秩序是目的，也是状态。通过话语，建构秩序，恰是实践之意图和本质。实践要求效果，这使话语成为一种具有支配力，并能产生预期效果的语言。

---

① 比如，如何评估话语的真实性？如果话语不能反映言者的真实想法，它是否等于谎言？谎言没有语言价值，但有话语价值，更有话语史价值。不过，话语史关心的不是说谎，也不是为何说谎，而是说谎的真实语境以及在此语境中谎言的真实意义和复杂效果。这样，话语史得以抵达人心，并触及人性。

② 《论语》记言，但其言皆行与事。比如，人们耳熟能详的"吾日三省吾身"、"有朋自远方来，不亦乐乎"，说的都是一个行动或一件事情，以及人们对这件事的直接反应。

语言有真假,话语无真假。语言有对错,话语无对错。话语只分有效无效。所谓假话或谎言只存在于语言中,而不在话语中。所谓话语,就是实践。但话语实践并非同义反复,而自有其意义。话语实践亦可表述为**话语-实践**。

话语实践的目的不是要求如何把话说好,而是力求使言生事,即产生一个可预期的结果。这样,早期帝国的话语实践有了一种特殊意义。简单说,秦汉人如何说话?无论据事而论,还是有感而发,均有可能引发相应事态。只要它触发诏书这种话语机制,必然产生直接行动。[①]

正因此,话语实践体现了言行合一的本质。因为奏诏模式中,令出必行,诏令必达。所谓言必行,行必果。言即是行。尽可能系统展示秦汉人的说话方式、说话内容、说话权利、说话场合、说话逻辑、说话规矩、说话意图。总之,这是一部话语史,也是一部话语实践史。广义上,真理史和权力史都是话语史,也是话语实践史。因为二者不是话语实践,就是**话语再实践**。

话语史不是指话语的历史,也不是指话语描述或呈现的历史,而是话语建构和创造的历史。话语史由此成为一个"语言世界"。语言世界的特点是,语言是世界的界限,也是历史的界限。[②] 语言统一了世界和历史,从而使自身成为话语史。话语史考察:古人如何说话?如何使说话产生意义?如何使说话成为一个行动?如何使说话变成一个结果?人们只知历史是人做的事,不知历史首先是人说的话。这样,人如何说话决定了他如何做事。

(二) 公议覆盖私语

任何时代都有公共言论和私人言论,限于史料,早期帝国似乎只有公共言论,而无私人言论。因为,纯粹的私人言论不可能进入史书。保守一点说,早期帝国的私人言论非常有限。这是一种公共言论空间过大、私人言论空间偏小的不平衡状态。早期帝国,日常语言最无价值,文学语言稍有价值,政治语言最有价值。之所以如此,是因为早期帝国几乎找不到真正的日常语言材料。

早期帝国的公私标准是以言说主体和对象为准,而非依据言说场合和议

---

① 从奏诏叙事模式看,"这个文本中有多少种语言,它就有可能分解为历史中发生的多少种行动。"([美]波考克《德行、商业和历史——18世纪政治思想与历史论辑》第18页,生活·读书·新知三联书店,2012年)

② 语言世界赋予历史人物的"言说"以意义。"他所处的语境越复杂、甚至越矛盾,他所能采取的言说行动就越丰富、越带有歧义,这些行动就越有可能作用于语境本身,使其内部发生修正和变化。如此一来,政治思想史就变成了言说和话语的历史,变成了'语言'与'言说'之间的互动史;因此可以主张,它的历史不仅仅是话语史,而且正因为它变成了话语,它才具有历史。"([美]波考克《德行、商业和历史——18世纪政治思想与历史论辑》第9页,生活·读书·新知三联书店,2012年)

题。王者无私，天子燕语亦为公论。个人诗赋文章倘若呈献皇帝，亦为奏疏，属公共言论。比如，私人言语、私人书信、个人诗文（著作）如果纳入奏诏机制，便化私为公，成为上书言事的一种形式。是可知，公议不是公之于众的言论，而是呈之于帝的话语。

理论上，私人言论皆有意义，实际上，只有进入奏诏模式的私人言论才有公共意义。早期帝国鼓励公议，禁忌私言。[①] 故而，早期帝国的公共言论尺度比私人言论尺度更大。同样一句话，置于公议范畴，或许不算事，置于私言范畴，就是大过，甚至大罪。尽管如此，无论公议还是私言，都有可能因言获罪。就是说，言论罪是早期帝国言论史的宿命。

（三）皇帝知情权

为了保障皇帝知情权，必须让人说话，但又不能让人随便说话。奏诏模式同时满足了这两点。这样，奏诏模式成为言论表达的合法形式。早期帝国的言论空间和奏诏模式的言论尺度一回事，都是一个描述概念。言论自由是一个分析概念。早期帝国的话语实践始终处于一种动态平衡。这意味着，不能用"言论自由"和"思想专制"这种现代的两极式概念去判断话语实践在皇权政治中的性质、界限和效果。

奏诏模式的言论尺度不仅关乎说什么，也涉及怎么说。人们天天言说，却不知自己言论界限在哪里。说完全不知也不确，人们心里还是有数的。早期帝国的言论空间究竟有多大？没有人认真思考过这个最重要的问题。

人们都知道国家有地理空间，却不知国家也有言论空间。有的国家疆域面积很大，言论空间却很小。没有足够言论空间的国家，如同没有充沛雨量的荒漠。基于这个思路，早期帝国的言论空间有多大，以及早期帝国言论空间的界限在哪里，是一个真正的问题。

帝国言论空间的界限就是皇帝的底线。何谓皇帝的底线？中上意，不触怒皇帝，不冒犯皇权，不违逆皇命。安帝的恐吓稍显含蓄。"朝廷广开言事之路，故且一切假贷；若怀迷不反，当显明刑书。"[②]武帝的威胁更为直白。"今朕得周鼎，群臣皆以为然，（吾丘）寿王独以为非，何也？有说则可，无说则死。"[③]意思是，众人皆是唯你非议，说出道理饶了你，说不出道道弄死你。这里的前提是，皇帝先

---

① 并行不悖、相辅相成的是另一套做法，鼓励公战，禁止私斗。
② 范晔《后汉书·来歙列传》，中华书局，1965 年。（以下简称《后汉书》）
③ 班固《汉书·吾丘寿王传》，中华书局，1962 年。（以下简称《汉书》）

得让你说。你不说，皇帝也无从判断你说的到底如何。可见皇帝的底线是让人说话，再由皇帝自己判断说得对不对。这里的关键是，言论界限由皇帝划定，越界与否也由皇帝裁决。臣子只有在遵守这个规矩的前提下，才能谈得上说话和表达。

设立奏诏机制的目的不仅是让皇帝能听到各种不同的声音，也是让所有人都把话说给皇帝听，以供皇帝选择和采用。这样，皇帝得以拥有对天下臣民想法的最大知情权，皇帝也成为唯一知晓、获悉、掌握所有人言论的人。[①] 在此意义上，不妨将皇帝想象成一个容纳天下人言论的巨量水库。早期帝国言论传播的最大特点是，与其说只有纵向流通，没有横向流传，不如更准确地说，鼓励纵向流通，控制横向流传。虽说士大夫之间的书信诗文往来不可能完全禁止，但终究充满政治风险。因为这种文字交往难免包含或牵涉某种政治议题或信息，这就容易引来杀身之祸。比如杨恽，这是典型的文字狱。相较而言，在奏疏的纵向流通中出现文字狱的几率更小一些，士大夫之间书信的横向流传中更容易造成文字狱。

（四）言说的恐惧

相较孔子对善行不敌言语的悲观，老子对言与死有着令人恐怖的观察。"聪明深察而近于死者，好议人者也。博辩广大危其身者，发人之恶者也。"[②]人怕死，更怕死于言说。人言可畏是其小，"《春秋》笔法"是其大。"一字之褒荣于华衮，一字之贬深于斧钺。"足见语言对人心的威慑力，以及所造成的道德恐惧感。人最怕的不是怎么死，而是怎么说。惧怕言语甚于害怕死亡。话语史揭示出国人内心最脆弱的部位就是发声器官。出声、发言预示着不祥、灾难和恐慌。

[①] 奏诏机制不仅造成信息的高度集中，而且必然造成信息高度集中于皇帝一人。结果是："受监视与控制的臣民被分裂和个别化了。每一个大臣和高级官员都要给皇帝写奏折，其中关于其他官员和地方状况的秘密监视只对皇帝公开。这确保了官员之间的相互监视，使他们不能彼此联络、结成同盟，也确保了针对官僚体制与全国各地的从中心自上而下的监视。"这是一种精心设计的全方位的权力之眼。"向内递进的奏折提供了对于官员和国家状况的观看窗口，以及自上而下的监视：他们构成皇帝对外部世界的凝视。以此为基础，皇帝的批示以同样的方向向外并向下发送，到达官僚机构和帝国各处。向内奏书与向外批示的双向交通，共同构成从内向外、从中心指向边缘的皇帝单向的权力之眼。"某种意义上，它构成了一种信息机密性"彻底中心化与垂直化了全景式的凝视与控制"。同时，它也构造出了一个"更高、更大的凝视金字塔，从位于顶端的皇帝投向帝国的广阔的社会地理空间"。总之，奏诏机制正常运行时，"皇帝能够收集到有关官僚体系和国家状况的详细的和第一手的情报。……皇帝高高在上，获得了对于他的臣民和他的国家的全景式凝视，并且能够从顶端非常轻松地坚持自己的权力与控制。"（朱剑飞《中国空间策略：帝都北京［1420—1911］》第222、245页，生活·读书·新知三联书店，2017年）

[②] 司马迁《史记·孔子世家》，中华书局，1959年。（以下简称《史记》）

祸从口出是经验之谈,言多必失是生存之道。[①] 一言之,话语史是恐惧史。

言论恐惧是中国历史的悠久传统。"贤哲钳口,小人鼓舌"始于周朝,贯穿皇朝。

> 厉王虐,国人谤王。邵公告曰:"民不堪命矣!"王怒,得卫巫,使监谤者,以告,则杀之。国人莫敢言,道路以目。王喜,告邵公曰:"吾能弭谤矣,乃不敢言。"邵公曰:"是障之也。防民之口,甚于防川。川壅而溃,伤人必多,民亦如之。是故为川者决之使导,为民者宣之使言。故天子听政,使公卿至于列士献诗,瞽献曲,史献书,师箴,瞍赋,矇诵,百工谏,庶人传语,近臣尽规,亲戚补察,瞽、史教诲,耆、艾修之,而后王斟酌焉,是以事行而不悖。民之有口,犹土之有山川也,财用于是乎出;犹其原隰之有衍沃也,衣食于是乎生。口之宣言也,善败于是乎兴,行善而备败,其所以阜财用、衣食者也。夫民虑之于心而宣之于口,成而行之,胡可壅也?若壅其口,其与能几何?"王不听,于是国莫敢出言,三年,乃流王于彘。[②]

这段史实对语言政治功能和价值的认识超过先秦诸子有关语言本质和作用的千言万语。[③]"国人谤王","国人莫敢言","流王于彘"。这是语言和王权关系的三段式。厉王不许国人批评自己,结果自己丢了王位。可见语言对王权秩序的正常存在功莫大焉。厉王用卫巫"使监谤者,以告,则杀之",这是最早的言论罪。打压力度不可谓不大,直接结果是短时间内谤言消失了。"国人莫敢言,道路以目。"不过短短三年,"乃流王于彘。"这个最终结果是厉王死也想不到的,当然也是他做梦也不愿想的。但最有价值的还是邵公对民意的认识。他认为民众有权表达对政治的意见:"民之有口,犹土之有山川也,财用于是乎出;犹其原隰之有衍沃也,衣食于是乎生。口之宣言也,善败于是乎兴,行善而备败,其所以阜财用、衣食者也。"民众说话是天下财富来源。民众言论就像山川资源,直接关系国家命脉。"防民之口,甚于防川",危莫大焉害莫深焉。正因此,理应为

---

① 二世被杀前,责问身边宦者,"公何不蚤告我?乃至於此!"宦者说:"臣不敢言,故得全。使臣蚤言,皆已诛,安得至今?"《史记·秦始皇本纪》

② 《国语·周语上》,上海古籍出版社,1978 年。

③ 诸子对语言皆有言说。孔子整理《诗》《书》,可以视为对语言书写形式和教化功能的重视;韩非看到了语言的可怕和危险,尤为关注语言和权力之关系,即语言在政治事务和君臣关系中的特殊功能和复杂作用;老庄说得最透,体会到语言的不可能,通过用最美的文字写出语言的极致,来揭示语言本质的精微性和不可言性。如果说道家说的是语言之体,那么儒家说的是语言之形,韩非子说的是语言之用。这是语言结构的三角形。在早期帝国的奏诏模式中,呈现出来的是儒法的语言之形和语言之用,与此同时,却消解了道家的语言之体。因为,在实际的政治事务和天威难测的君臣关系中,唯有语言之形和语言之用可见可用,而语言之体不可见不可用。或许可以说,政治实践和君臣关系本身就是难见难用之语言之体。

民意表达提供一个合理平台,使所有人都能有机会把自己的想法和意见直接倾诉给天子。"为民者宣之使言。"这样,天子便能倾听到天下所有人的不同声音。"天子听政,使公卿至于列士献诗,瞽献曲,史献书,师箴,瞍赋,蒙诵,百工谏,庶人传语,近臣尽规,亲戚补察,瞽、史教诲,耆、艾修之,而后王斟酌焉,是以事行而不悖。"这是一种百业万民齐聚京师,献策天子的壮观场景。按照这种设计,天子听政便拥有最广泛的民众建议和最广大的民意基础。悖谬的是,"观民所言,以知得失"①的理想,却成了"道路以目"的现实。②

　　"防民之口,甚于防川"和"兼听则明,偏信则暗"是古代两句最有名的经验之谈。二者皆关乎言论,都是警示统治者需理性对待不同声音。同时,二者又有递进关系。"防民之口,甚于防川"要求统治者允许民众畅所欲言,"兼听则明,偏信则暗"要求统治者善于从臣子言论中吸取合理成分。前者是真正的民意,后者是广义的民意。重视民意直接关乎施政效果和统治稳定。民意表达需要言论开放。长治久安依赖更少禁忌的言论环境。古代政治智慧少有正面价值,高度重视言论的政教功能则是其中之一。人们一直关注言论和政治的关系,并据此对统治者的政治素质和执政能力提出了更高要求。尤其对待批评性言论的态度更是划分出了君主的上智下愚之界限。

二、早期帝国

（一）帝制与帝国合一

　　王权时代由朦胧而渐渐清晰,进而冷酷和恐怖。③虽然并未完全脱轨,依旧沿着原有的大体路径,但早期帝国的风貌和气韵已然迥异。早期帝国就像一个人的青春时光,活力四射,生机勃勃,每个细胞都在燃烧,每个毛孔都在发光,

---

① 《国语·周语上》,韦昭注。
② 道路以目意味着,目光也是一种反抗的力量。人仅凭目光就可以反抗压抑沉闷的言论环境。即便侧目而视,也与言论生态有关。早期帝国出现的"众畏其口,见之仄目"(《汉书·息夫躬传》)之类现象,似乎和专制权力无关,但它同样造成了权力压迫的结果。不让人说,和只让某人说,以及只让人说能说的,都会凝聚目光的勇气和力量。本质上,这是凝视的权力。一边封口,一边制造"疯口",皆是口之于目产生的威胁、禁忌和伤害。这时,人们只能用凝视捍卫自己的权力,用视线守护自己的底线。在此,生存再一次暗示出其洞察力源于历史。说到底,当凝视挑战言语,当目光质疑言论时,它同样是言论造成的结果。归根结底,它表明了话语实践的复杂性。
③ "王"字的出现标志着真正意义上的王权产生。进而,它形成了以王为中心的整套国家权力体系,如此,王国诞生。它最初是一种简单的小型王国,随着王国之间的战争愈演愈烈,产生了体量和能量更大的大型王国。大小王国之间在整体结构上逐渐形成了支配性和臣服性的双重关系。这时的大型王国其实是王朝。一言之,王权演化的顺序是,王权→王国(一国之主)→王朝(天下共主)。

浑身散发出不可遏制的野心和想象力。它野性十足,却又不乏细腻。它的血腥激发出人的嗜血本能,同时也令人想入非非,幻想出惹人怜爱的曼妙殷红。它总是野蛮之余不经意地显露出一丝温柔。恰这一丝柔情让人忘记了它曾经的残暴,而一厢情愿地投入它的怀抱,尽享自艾自恋的美感与乡愁。早期帝国的政治形象和政治意象便是如此妙不可言和令人遐想。

春秋特别是战国,普遍形成了一种国家权威。这种国家权威的核心是新型君臣关系。作为殷周王权的合理进化,它使君主直接等于国家。① 秦朝的建立,则使一种空前强悍和高效的国家权威成为现实。② 这种国家权威的核心是皇权帝制。这样,国家直接成为帝国。③ 帝国的诞生,使中国拥有了一种新的形象和能力。④ 周王分割天下为国,秦皇切割天下为家,由此完成了王权封邦建国到皇权编户齐民的专制进化。⑤ 帝国统治的疆域越来越大,帝国统治的单位越来越小。这在两个层面同时实现了中国和天下合而为一。中国变得更大

① 至于以"朝廷"和"国家"指称君主的语言习性正式形成于早期帝国。这不说明语言对现实的延迟反应,只表明语言对政治的深刻建构。其实,皇帝制度在早期帝国的历史演进已证明,建构主义的历史观确有其合理性。一味强调人类历史的自然演化未必妥当。

② 不管秦朝之前中国怎么样,秦朝以后,中国就没怎么变样了。

③ 这个帝国不完全是西方意义上的帝国。在西方语境中,"'帝国'一词源自罗马术语'统治权'(imperium),后者即使在具体的罗马背景中也很难翻译,但它总是带有支配和控制的含义。通常认为帝国是通过征服形成的,这很有道理,因为这个词本身就有某种族、集体或核心区域单位支配其他的种族、集体或区域单位的含义。"在这里,"征服"是一个关键词。通过暴力灭掉其他国家,实现对异族或同族的强力控制,是谓帝国。至于帝国首脑是个体还是机构,是世袭还是选举,并不重要。"'帝国'的原本意义是指一种人对其他人(通常是族群、地区或者共同体)所进行的特殊主义式的支配,共和时期的罗马帝国就是如此。"([英]塞缪尔·E.芬纳《统治史》卷1[修订版],第8—9、595页,华东师范大学出版社,2014年第2版)显然,早期帝国并非如此。它是指皇帝对中国的独占和独裁,即绝对控制。一言之,皇帝统治国家,国家即为帝国。就此,帝国帝制二合一。或许,国力超强,权力超大,人口超多,民族超杂,是中西帝国的共同点,但二者的使用对象明显有异。

④ 始皇刻石展示出一种令人敬畏的睥睨天下雄视万古的霸气。"六合之内,皇帝之土。……人迹所至,无不臣者。功盖五帝,泽及牛马。"(《史记·秦始皇本纪》)表面看,这沿袭了"溥天之下,莫非王土。率土之滨,莫非王臣"(《诗·北山》)的说法。倘若细品,感觉迥异。它不再是诗意的想象,而是现实的宣言。"海内为郡县,法令由一统,……五帝所不及。"(《史记·秦始皇本纪》)至于汉人,同样自信。"议者多以为古今异制,汉自天下之号下至佐史皆不同于古。"(《汉书·朱博传》)

⑤ 专制进化是权力进化的典型形态,既符合"进化律",也合乎"权力律"。因为,"国家权力通常会随组织、集权以及社会控制力度的加强而增加。"专制进化不仅存在于王权向皇权之转换,也发生在皇权形态内部的演化过程。比如,"通过赋予权相以多于一般宰相的权力,通过将自身权力授予权相,皇帝制造了一个强大到足以在国家机器中行使高度组织化、集权化权力的个体,这就意味着国家权力总量的巨大增长。当权相死亡或去职后,国家权力总量的这一增长仍然保留。此外,如果皇帝将权相的所有权力转给自己,他自己的权力或者说朝廷权力总量也可得到相应的增长。"([美]刘子健《中国转向内在:两宋之际的文化转向》第80页,江苏人民出版社,2012年)

更强,甚至更暴更酷。① 至此,中华专制主义完全成形,乃至定型。② 如此,王权的家国一体正式成为皇权的天下一家,进而,终为天下一人。天下一盘棋,天下人皆棋子。皇帝是棋子,也是棋手。"王者无敌,莫敢当也。"③皇帝只能自己跟自己下棋。由此开启了帝国的权力游戏。**游戏规则即是帝国的自然法则。**

"帝国"即"皇帝立国",④亦即皇帝之国,皇帝统治之国。⑤ 皇帝独尊,帝国至上。伴随着皇帝权威的建立,帝国对周边政权和异域国家之权力也随之形成。⑥ 这使皇帝不仅在中国是唯一的,在其他国家也是独一的。⑦ 即,中国之外

---

① 福山的说法可以参考。"早熟形成的国家,如果缺乏法治和负责制,能对百姓实施更为有效的暴政。物质条件和技术的每一项进步,落在不受制衡的国家手中,便意味着国家更有能力为自身目的而严格控制社会。"([美]弗朗西斯·福山《政治秩序的起源:从前人类时代到法国大革命》第317页,广西师范大学出版社,2012年)

② 由于统治技术的原因,再加上分封制,这决定了王权体制对各地诸侯以及各级权力缺乏强大而有效的管控能力,进而直接导致王权体制缺乏应对统治危机的必要能力。正因此,王权体制不能长久维系,只有经过短暂的君权体制而最终发展为稳定的皇权体制,中华专制主义的经典政治形态才算正式定型下来。作为中国最成熟的专制政治形态,皇权体制拥有极其强大的自我调控能力和秩序恢复能力。致使无论经历多少次分治状态,最后都能逐渐重新统合起来,成为一个新的大一统帝国。相形之下,王权体制仅仅出现了一次分治局面便元气大伤,再也无法起死回生。

③ 《公羊传》成公元年。

④ 李斯《绎山刻石》,《全秦文》,严可均《全上古三代秦汉三国六朝文》,河北教育出版社,1997年。(以下简称《全秦文》或《全汉文》)

⑤ 古汉语没有"帝国"概念,偶尔会用"某帝国",意思是某帝之国,国附属于帝,帝乃之主体。这种用法凸显了帝对国的主宰和独占。

⑥ 在西人眼中,中国是一个"没有邻居的帝国",甚至根本不是一个国家,"而是初创时期的文明社会的管理者;皇帝也不是列国中的一国之统治者,而是天与地之间的调人、宇宙中的重要坐标、文明的顶峰、天下独一无二的人。换言之,皇帝不仅仅是现世的政治统治者,而且是宇宙空间中的一个角色。他所行之礼或者人们向他所行之礼,不是特例,而是具有普世性的意义。"([美]马克·曼考尔《清代朝贡制度新解》,[美]费正清编《中国的世界秩序——传统中国的对外关系》,中国社会科学出版社,2010年)

⑦ 不谋而合,罗马皇帝也这么想。"一个国王不能是世界的君主,因为有许多国王;皇帝必然是世界的君主,因为从来只有一个皇帝。"([英]詹姆斯·布赖斯《神圣罗马帝国》第103页,商务印书馆,2016年)当然,他背后有一个基督教的神圣理念。"因为只有一位上帝,一个最高的存在,所以也只能有且仅有一位皇帝。"([英]J. H. 伯恩斯主编《剑桥中世纪政治思想史》上册,第70页,生活·读书·新知三联书店,2009年)西方将皇帝的独一性和上帝的唯一性直接联系起来,将后者视作前者的绝对根据。天国的唯一上帝决定了尘世只能有独一皇帝。相形之下,中国古代并无严格的皇帝独一性理论,只是在实践中存在独一皇帝的权力要求。换言之,人们首先关心的是皇帝独尊,这涉及皇权的实际运作。至于能否确保皇帝独一,人们并不过度关心或苛求。所以,西汉陆贾可以要求南越尉佗去掉帝号,光武帝却无力改变公孙述称帝这一事实。深究下来,倘若人们提出皇帝独一性的要求,理由有三。一是皇权来源的正统观念,一是政治实力的大国观念,一是定鼎中原的地域观念。概言之,中原大国才有资格称帝。显然,这些理据纯属俗世观念,毫无任何超越性的宗教意识。有趣的是,西方中世纪的皇帝虽然名不副实,却不影响他们坚守皇帝独一性的执念。"中世纪的特色是要求有一个皇帝,不管他是谁,或者他如何当选,只要他是正式就职过的;他们并不为这种无限的权力与实际上的微弱无力的对照所震动。在世界史上没有任何时代拥有这样的理论,始终妄想控制实际,(转下页)

无皇帝。① 唯其如此,才能确保中国皇帝成为名正言顺的天下共主。中国有皇帝,其他国家不得有皇帝。这样才能保证皇帝的独尊和帝国的威严。就此而言,"帝国"是一个国际关系范畴或国际政治概念。② 单独一个国家不成其为"帝国"。③

如果将中华帝国简称"中国",那么"中国"实有"三变"。即,早期的**秦汉华夏之国**,中期的**唐宋华夷之国**,晚期的**明清新华夷之国**。④ 就是说,秦汉乃早期帝国,唐宋乃中期帝国,明清乃晚期帝国。⑤ 至于介于三者其间的诸个朝代可以视为过渡和衔接。从技术角度看,任何事物都存在进化甚至革命的可能。唐宋皇权较之秦汉皇权可能更为完善和发达,明清皇权较之唐宋皇权可能更为高效和复杂? 既如此,为何唐宋明清不能比两汉延续时间更长? 这说明,技术因素不是影响历史走向的唯一因素。

形式上,早期帝国和秦汉帝国的时空界限完全一致。但早期帝国并非习惯的"秦汉",亦非"秦朝两汉",而是"秦(西)汉新(东)汉"。"早期帝国"这个概念强调的是一种历史整体感。⑥ 如果以秦汉帝国为主题,容易给人一种感觉,秦汉帝国仅仅是秦汉帝国,即是一个具体朝代,和历史上的其他古代皇朝一样,经

(接上页)却和实际完全脱离。"([英]詹姆斯·布赖斯《神圣罗马帝国》第 118 页,商务印书馆,2016年)一望而知,这种徒有虚名的基督皇帝、罗马帝国和中国皇帝、中华帝国大相径庭,不可同日而语。一方面,中西帝制的产生过程和中西帝国的演进路径迥然相异;另一方面,西方的皇帝理念和帝国理想某种意义上在早期帝国似已完满实现。可见,皇帝之梦只有在中国才能梦想成真。

① 皇帝在哪里,中国就在哪里。恰如罗马帝国的那句格言,"皇帝在哪里,罗马就在哪里"。([英]詹姆斯·布赖斯《神圣罗马帝国》第 27 页,商务印书馆,2016 年)

② 近代中西接触后,西人称呼中国为"中华帝国",正是着眼于国际关系。以西人身份,这种视角也很正常。

③ 帝制是建起来的,帝国是打出来的。帝制是体,对内;帝国是用,对外。故,帝制即专制,帝国即中国。是可知,帝制、专制、帝国、中国四词可通用。不过,帝国是相对的,只能在相互关系中存在。中国、外国、帝国皆为关系性概念,具有相同的结构性含义。

④ 换言之,早期帝国是纯华夏的单一体制,中期帝国是胡汉混合的二元体制,晚期帝国是胡汉融合的一统体制(或新一元体制)。

⑤ 早期帝国实乃中华帝国之原型。早期帝国之于中晚期帝国,不单是时间上的早,还是结构和理念上的根。可以说,早期帝国包含了后世皇朝的所有基本问题。天人关系、古今关系、君臣关系、官民关系、政教关系、华夷关系是谓皇权秩序的六大关系。六大关系的最高境界和终极目标皆是"定于一"。天人一心,古今一脉,君臣一体,官民一家,政教一色,华夷一统。六大关系在早期帝国不但全部出现,而且极具特色。后世帝国只是在不同阶段更加突出地发展了某一二个方面。比如,"天人感应"、"五德终始"绵延不绝,农民起义史不绝书,禅让革命隔三差五。农民起义说到底是一个官民关系,禅让革命属于君臣关系,三教之争自然是政教关系,正统之争是古今关系,也是天人关系,还可能是政教关系。至于宋元,核心问题还是华夷关系。清显得复杂一点。先是以夷治华,继而以华制夷。可见,华夷关系分内外界面。**胡汉并主**或**胡为共主**都会引发君臣关系的相机调整,与此同时,天下秩序包括朝贡体制也会发生变化。随之而来的便是官民关系和政教关系的改变,最终波及天人关系和古今关系的变动。可见皇权秩序的六大关系有一种内在逻辑。这个逻辑构成了早期帝国的原型结构。

⑥ 只有历史整体感才能产生真正的历史感。

历了大同小异的兴衰始末。结束就结束了,过去就过去了。至少字面上看不出秦汉帝国和后世皇朝之间的内在联系。"早期帝国"这个概念,则不存在这个问题。它使人自然联想到帝国的早期和中晚期之间复杂而深刻的联系。我始终相信,历史概念不应简单沿用或套用历史朝代的自然名词,而应创造和使用一种能让人仅从形式上就直观到相互联系的史学概念。

　　早期帝国的独特性在于**皇朝天下**与**皇权帝国**的二重性。[①] 皇朝天下意味着,皇帝不仅拥有天下,还直接统治天下。即,皇帝之于天下,既有所有权,又有统治权。皇权帝国意味着,**因皇帝而成帝制,因帝制而成帝国**。[②] 质言之,帝制是帝国之前提,有皇帝才有帝国。[③] 故而,帝国盛衰直接取决于帝制强弱。帝制强,帝国盛;帝制弱,帝国衰。正因此,中国历史上所有对外扩张最成功最见效的时代,几乎都有一个强悍的皇帝在乾纲独断运筹帷幄。反之,一旦皇权旁落,往往都是帝国衰落之时。总之,不究帝制,侈谈帝国,是谓言不及义。不明帝制,高谈帝国,实乃舍本求末。舍帝制而论帝国,终为无本无根之学。[④]

　　在帝制-帝国的体系建构中,还有天下在。提及天下,首先应该意识到其**皇朝性质**;提及帝国,首先应该意识到其**皇权本质**。概言之,早期帝国既是中华帝国的早期阶段,也是中西两大帝国的另外一极。纵向看,周秦之变,王权进化为皇权;[⑤]先秦只是专制,秦汉则是专制主义;专制政体的理想在秦汉真正成为现实,中华专制主义由此进入经典时代。[⑥] 横向看,中西皇帝名同

---

① 由此构成中华政治的双帝性或两帝性。内帝制而外帝国。内决定外。帝制决定帝国。皇帝制度决定帝国体系。对内宰制民众,对外支配夷国。

② 寻求内帝制而外帝国的结构性平衡。治政治史者多知帝制而不知帝国,治思想史者多知帝国而不知帝制。更有研治官僚政治者,既不知君臣,又不知官民。可谓全盲。

③ 先有帝制,后有帝国。没有帝制,就没有帝国。这个因果关系意味着,帝制比帝国更重要,更具决定性。无论逻辑还是历史,均是如此。虽然帝制与帝国构成因果关系,但二者并非简单的手段与目的之关系。唯有通过帝制,聚敛财富,凝聚国力,才能影响外部世界,提升对国际事务的支配能力。需要注意的是,帝制之于帝国构成的驱动性客观逻辑,并不表明建立帝制就是意图建立帝国。

④ 帝制与帝国之关系类似皇权与官僚之关系。于是,皇权帝制和官僚帝国之间有了本质性的形态建构。当人们关注官僚管理国家的能力和成效时,切莫忘记皇帝制度的全权性支配。"制度"古今含义不同。古人言制指官制,今人言制指帝制。帝制决定官制。所以,今人制大,古人制小。重官制轻帝制,因小失大。见帝国不见帝制,知其一不知其二。帝制和官制,帝制为本,官制为末。本末倒置是其弊。帝制和帝国,帝制是体,帝国是用。体用不明是其病。不察帝制和官制之关系是为内病,不辨帝制和帝国之关系是为外症。

⑤ 殷周之变是王权形态内部之变,唐宋之变是皇权形态内部之变。二者皆不及周秦之变深刻。

⑥ 王权是皇权的理想,皇权是王权的现实。王权构想的一切都在皇权得到了实现。专制的逻辑是,必须掌控一切,否则一切都不能掌控。不管出于什么意图,当一种权力能够控制一切时,就会变得无比邪恶。中华专制主义是最坏制度的最好状态。本质上,最坏制度的最好状态就是设计理念和实践能力之间的矛盾。吊诡的是,这个矛盾却在历史合理主义的逻辑中得以消解。古代只能有皇(转下页)

实异。① 秦汉帝制是一家天下，②罗马帝制是共和天下；③秦汉帝国血缘姓氏的单一性像一根冰糖葫芦，由众多姓氏和家族乃至不同民族前后统治的罗马帝国，则像一棵枝叶繁茂的大树，每个树枝并不相连；中国皇帝观念一以贯之，千年不移，罗马皇帝观念在中世纪却呈分化曲折之势；④中国皇帝拥有"君亲师"之全权，罗马皇帝只有有限责任；⑤中国皇帝除了政治责任，还承担独特的礼仪职责，罗马皇帝的事务相对简单一些；⑥中国皇帝喜欢标榜自己圣明，罗马皇帝热衷炫耀自己武功；⑦中国皇帝和罗马皇帝对待平民的态度皆有真真假假的两

(接上页)帝→应该有皇帝→最好是皇帝。这是皇权主义到皇权合理主义乃至皇权优越主义的逻辑三段式。这个逻辑往往使人滋生一种致命的思想幻觉：人们常把专制进化视为向民主转化。这种浅薄的乐观主义完全缺乏历史洞察力，它根本看不透中华专制主义政体超越性的黑暗奥秘。中华专制主义政体超越性的存在意味着，专制进化仍在进行，专制仍在聚集着更大的能量。除非专制能量完全耗竭，专制进化不会彻底终结。

① 西方帝王并存，互不隶属。皇帝最多的是罗马帝国和神圣罗马帝国(中世纪德国)。大体而言，这两国皇帝具有显而易见的四个特点。第一，罗马皇帝自称"帝国第一公民"，皇帝和公民在法律权利上没有本质区别；第二，皇权世袭受到很大制约，罗马皇帝多由军人推举，并经元老院认可(尽管徒具形式)；第三，罗马皇帝虽非世袭，却不改国号，依然沿用罗马帝国的国号；第四，德国皇帝原则上由选举产生，拥有人民选举的形式。与此不同，中华皇帝要么马上得天下，要么马下让天下；而且一旦改姓，必然改正朔。好比，房子主人变了，一定要除旧布新。

② "帝王之尊，与天同位，是以家天下，臣父兄，四海之内，皆为臣妾。"(陈寿《三国志·吴书·吴主五子传》，中华书局，1982年第2版。[以下简称《三国志》])

③ 中国皇帝所说即是法，罗马皇帝所说只能通过法律表达出来。中世纪英格兰亦有"无法律则无国王"、"无法治则王无权"之说。([美]沃格林《政治观念史稿》卷5，《宗教与现代性的兴起》第124页，华东师范大学出版社，2009年)

④ 罗马帝国治下，"对皇帝的崇拜是唯一通行于整个罗马世界中的崇拜。"([英]詹姆斯·布赖斯《神圣罗马帝国》第26页，商务印书馆，2016年)西罗马灭亡，帝国废墟埋没了皇冠碎片，皇帝消失于欧洲历史黑洞。数百年后，重新亮相的皇帝形象判若两人，流行于世的皇帝观念已非昔比。对盎格鲁-萨克逊人来说，"皇帝的称号是对其王权的一种荣耀的和起强化作用的尊称，这种强化作用超越了民族的界限。"对法兰克人而言，"皇帝的权力绝非总是必然以古罗马或通用的措辞来表达，而是常被视为对多个不同民族的统治。"所以，"查理曼虽然是一个皇帝，但并不专是罗马的皇帝；他的称号不是因为教皇加冕而得到的，那是由在他统治下、承认他权力的各族人民所赋予的。一位法兰克编年史家写道：'因他遵从了上帝的意志，于全体信仰基督教的人民的请求下，获得了皇帝的称号。'"([英]J. H. 伯恩斯主编《剑桥中世纪政治思想史》上册，第221—222、315页，生活·读书·新知三联书店，2009年)

⑤ 与其说罗马皇帝统治被动，毋宁说中国皇帝统治全能。

⑥ 在中国，"阴阳平衡和天、地、人之间的完美和谐都无一例外地取决于皇帝的行为。中国皇帝角色的巨大作用远非罗马所及。"作为"最高祭司"，罗马皇帝固然要主持"对罗马传统神灵的祭祀活动"，但他不可能像中国皇帝那样"终日忙于各种各样的仪式"。([英]塞缪尔·E. 芬纳《统治史》卷1[修订版]，第512、564—565页，华东师范大学出版社，2014年第2版)

⑦ 秦皇汉武的一统霸业和不世之功并非古人评价皇帝的理想境界，罗马人心目中的好皇帝则以"勇敢为第一义"。所以，"罗马皇帝总喜欢在自己的名号中加上'日耳曼的征服者'、'非洲的征服者'或'不可被征服的'等徽号。"(邢义田《天下一家：皇帝、官僚与社会》第212页，中华书局，2011年)

面性,但路径截然相反;①秦汉帝国给百姓提供的福祉似乎远逊罗马帝国;②秦汉是专制主义帝国,罗马是帝国主义专制;③秦汉帝制性强于帝国性,罗马帝国性强于帝制性;④秦帝国结束了封建,帝国乃**后封建**之产物,罗马帝国解体产生了封建,封建乃**后帝国**之产物;⑤汉承秦制,百代皆行秦政制,⑥可见秦汉帝国具有强大的延展性和循环能力,罗马帝国则独一无二,罗马帝国在西人心中和秦汉帝国在国人心中的含义绝不一样,秦汉之后有"秦汉",罗马之后无罗马,⑦故而,秦汉帝国是寂灭,罗马帝国是绝灭。⑧

---

① 中国皇帝不管原来出身如何,即便真是平民,一旦称帝,绝不再以平民自居,而是通过各种礼仪、制度拉开和百姓的距离,同时还要让百姓感到皇帝并不遥远。罗马皇帝不管原来出身如何,哪怕是真正的贵族,一旦登基,依然要保持自己的平民姿态,表明自己仍是民众中的一员。"奥古斯都的穿着服饰、家庭生活、头衔称呼、社会职能,全都维持一个罗马平民的形象。"([英]爱德华·吉本《罗马帝国衰亡史》[修订版]第5卷,第2231页,吉林出版集团有限责任公司,2014年)

② 在罗马,"受益者的范围和他们所享受的法律保护比以前任何大国都要广泛得多。……和罗马帝国的受益者群体比起来,汉帝国无法望其项背。"([英]塞缪尔·E.芬纳《统治史》卷1[修订版],第597—598页,华东师范大学出版社,2014年第2版)

③ 这种帝国主义专制性贯穿了罗马帝国和神圣罗马帝国。它迥异于中华专制主义。"虽然这里笼罩着一个专制主义的影子,但它不是武力的专制主义而是法律的专制主义,它本身臣属于中世纪思想家的确认为表达了正义上帝之意愿的自然法则;不是一种冷酷而有害的专制主义,而是一种至少在德意志是善意看待城市自由,并到处尽力提倡学问、宗教、智慧的专制主义;它不是一种世袭的专制主义,而是一种经常在理论上保持谁最适当谁来统治这一原则的专制主义。"([英]詹姆斯·布赖斯《神圣罗马帝国》第401页,商务印书馆,2016年)

④ 当然,罗马帝国自身也有一个前后演化过程。罗马帝国晚期"变得越来越像"汉帝国。"皇帝开始公开地以独裁者的身份出现。"皇帝被高高抬起,"变得遥远而神圣,成为法律的唯一源头。他是宫廷的中心,而宫廷也成为迷宫般的官僚机构的中心。"([英]塞缪尔·E.芬纳《统治史》卷1[修订版],第600、603页,华东师范大学出版社,2014年第2版)

⑤ 帝国与封建之关系在西方极为复杂。大体言之,西罗马之后,"帝国先是被部落王国取代,后来又为区域王国所取代。"随着对外征服,有别于罗马帝国的法兰克帝国逐渐成型。"帝国的霸权统治,即由皇帝统治多个民族和王国的概念,是直接起源于公元8世纪西方的政治体验。在较长时期里,权力逐渐发展成为能够长期存在的王国,不再需要区分民族身份,也不再以掠夺和纳贡为经济基础。这就让王国具有了地区性和社会性实体的新意义,贵族阶级与国王一起共享权力、共担责任。帝国的概念从其民族根源中分离开来,获取了一种罗马-基督教的普遍性。"([英]J.H.伯恩斯主编《剑桥中世纪政治思想史》上册,第251、285—286页,生活·读书·新知三联书店,2009年)

⑥ "凡可以变古者,莫不假秦之柄,奋其恣睢之心而为之。……当更化而不更化,当改制而不改制,一切缘秦之故。"(胡翰《慎习》,程敏政编《明文衡》卷9。《四库全书》)

⑦ 秦汉帝国作为改朝换代的通行模式,在后世轮回般地反复复制,虽无秦汉之名,却有秦汉之实。相形之下,中世纪的神圣罗马帝国有名无实,徒成笑料。

⑧ 比较而言,罗马帝国更像一种公天下。罗马帝国的皇帝不属于一家一姓,某种意义上可以说是全体罗马人的国家。这种感受相当持久和强烈,致使罗马帝国灭亡之后,被西方人视为最具震撼性的历史事件。

（二）以诏治国

早期帝国的政治特征是，暴力建国，制度立国，诏书治国。皇帝的统治方式是，一靠诏令，二靠律令。此谓之"二令制"或"二令政治"。早期帝国已逐渐实行了皇权体制正常运作的双轨制，即皇帝诏书和皇权制度相互支撑和补充。诏令既有律令权威，还有大于律令的合法权力。[1] 所以，以诏治国既是法治，也是人治，首先是文治。

早期帝国的初始动力是什么？寻找帝国初始动力的意义？帝国初始动力是否等于皇帝的第一道诏书？我们能否找到早期帝国的原初动力？找到了原初动力，就等于揭开了帝国政体的原始密码。

如果诏书是帝国政治运行的基本动力，那么，第一道诏书应该就是帝国政治运行的初始动力。基于这个判断，始皇称帝诏书无疑就是早期帝国的初始动力。它推动并决定了帝国政治的整体运行和根本走向。早期帝国乃至此后的整个中华帝国都受制于它的结构性制约。

整个皇帝制度都是严格按照始皇帝的规划和构想建立起来的。"议帝号"表明，始皇帝要求的不是"议王号"，亦非泛泛的"议名号"，而是一种全新的"帝号"。可见始皇帝对未来的帝国政体有一种非凡的想象和设计。"议帝号"作为始皇帝的自我决断，开启了一项史无前例的制度创新工程。就其本质，"议帝号"实乃帝国政体正式启动的原动力或第一推动力。正是基于这一原动力，庞大的帝国机器才得以真正开启和高效运行。某种意义上，早期帝国的所有问题几乎都可以归结于"议帝号"这一皇权政体正式启动的原动力。有了"议帝号"，就有了皇帝制度；有了皇帝制度，就有了皇权秩序，就有了帝国体系。而"议帝号"恰恰出自始皇帝个人的自由意志和自我独断。

"秦取天下多暴。"汉取天下同样暴力。即便不是更暴力，暴力固然也是一种权力，但秦帝权力之大，更多源自皇帝制度的强力赋予。始皇帝无论做什么，既正当又合法。始皇帝颁布任何诏令，无不令行禁止，畅通无阻。不管战海还是斗山，不论多么荒唐的决策，都能贯彻执行。唯一的反对意见，或许来自太子扶苏对坑儒的不满。即便如此，也未能真正阻止坑儒的大规模实施。

对古人而言，无论皇帝做什么或不做什么，均不涉及有权无权，或法律限

---

[1] 诏书本具权威，自不待言。但人们依然创造出崇拜和神化诏书的诸多仪式和符号。比如，朝廷设计和制作有供颁诏官员穿著的专用官服。它具有礼服性质，起到彰显诏书权威，以及震慑百官、威慑百姓的仪式作用。刘裕讨伐桓玄，袭京口，使何无忌伪称敕使，"城开，无忌服传诏服，称诏居前。义众驰入，齐声大呼，吏士惊散，莫敢动。"（沈约《宋书·武帝本纪上》，中华书局，1974 年）

制,最多受到先王之道或祖宗之法的规范,抑或受到天命的警示或礼制的约束或史书的教训。皇帝亲自审案,不等于干涉司法,这是他的应有权力;皇帝实施教化,不等于愚弄百姓,这是他的应尽职责;皇帝为所欲为,不等于行为专制,这是他权力的固有之义;皇帝封杀言论,不等于思想专制,这是他职权的必然要求。简单说,皇帝做什么,就有权做什么,就有做什么的权力。因为皇帝即皇权本身,皇权本身即权力之源。就其本质,皇权意味着,不专制就不称职,只有专制才符合皇帝的名号规定。皇帝专制有时表现为日理万机的勤勉,有时表现为事必躬亲的认真,有时表现为倾听民意的开明,有时表现为关心民瘼的仁政,有时表现为令行禁止的高效,但说到底,本质上皆是专制的不同形式。

不管皇权专制如何千变万化,它必须具备一个合法程序,即奏诏模式。奏诏模式保障了皇权专制的合法、合理、合情。凭借奏诏模式,皇帝诏令成为帝国最具权威的政令、法令、军令,[①]进而创造出一种军事行政体制高度一体化的统治方式。特点之一,文武不分。朝官直接领兵,郡守直接为将军;反之,军事将领随时转为朝官或地方官。[②] 特点之二,通过行政系统能够达到军事动员的效果,同时,在平时也能够按照军事目标设置和规划社会资源,对民众和各个阶层的社会力量进行不可抗拒的军事化整合和调动。就是说,即便和平时期,朝廷也能像战时体制一样,随时征用民间资源。换言之,官府对民间财富拥有任意调拨的类似战时需要的绝对权力。这样,打不打仗,国家都具有对全社会人员和资源的强制性支配和控制能力。这种体制表面看是高效的行政化,其本质则是高度的军事化。某种意义上,这是一种隐形的军国体制。

(三)奏诏程序即皇权秩序

"君举必书"在早期帝国的表现是"君举必诏"。意思是,皇帝言行必然具有诏书性质和权威,即皇帝一举一动皆需下诏,或落实为诏书。对臣子而言,即是"君无戏言",具有强力的规制性;即便君是戏言,臣子亦不可戏之;即便臣子戏谑,亦需合乎奏诏规制,以示言行正当,不敢欺君。[③] 所谓"天子无戏言,忠臣无

---

① 极而言之,皇权帝国的行政风格是,无诏不成令。

② 一方面,"文武官的分类管理,已相当清晰;文官转任武官、武官转任文官,则没有隔阂,可以互迁。"另一方面,"在秩级安排上,文官使用'正秩',如二千石、千石、六百石、二百石;军官则被置于'比秩',大将军以下营五部,部校尉比二千石,军司马比千石,军候比六百石,屯长比二百石。"(阎步克《中国古代官阶制度引论》第 411 页,北京大学出版社,2010 年)似有重文轻武之迹象。

③ 举两例。一是,伏日赐肉,东方朔拔剑割割肉而去。第二天,武帝诏问:"昨赐肉,不待诏,以剑割肉而去之,何也?"东方朔辩解说:"朔来!朔来!受赐不待诏,何无礼也!拔剑割肉,壹何壮也!割之不多,又何廉也!归遗细君,又何仁也!"武帝大笑,"使先生自责,乃反自誉!"(《汉书·东方朔　(转下页)

妄对",固然是奏诏模式的理想状态,但也并非毫无根据,不切实际。①

在漫长的帝制时代,依靠奏诏模式,皇权秩序得以正常维系、积极推进和强力扩展。辩证地看,早期帝国恰恰因其早期,奏诏体制反而得以充分发育。上书是帝国臣民的普遍权利,下诏则是皇帝独有的最高权力。早期帝国给民众保留了一种直接上书皇帝的基本权利,它通过奏诏机制得以实施和保障。奏诏模式体现了一种高明的设计理念。

早期帝国的核心问题之一是如何保持皇帝和臣民之间直接而密切的联系。这个问题同时也是皇权运行机制中的关键所在。它可以在奏诏模式中获得本质性解释。就是说,早期帝国的君民关系和官民关系之特性结构性地受制于奏诏模式。基于此,帝国中后期反倒出现了某种历史性倒退,特别是君民关系似乎出现了某种疏离倾向。当然,这并不影响皇权对民众身心控制的进一步强化。

不少天才的艺术家处女作往往就是代表作,即早年的作品达到了一生的最高艺术成就。如果把中华帝国比作一个艺术家,早期帝国的政治运行机制达到了中华帝国的最高水准。理论上,早期帝国时期,那些没有机会进谏皇帝的臣子,也有过奏事的经历。所有人(不分官阶高低,不论身份贵贱)均可上书皇帝,甚至觐见皇帝。这是晚期帝国不可想象的事情,也是中期帝国难以想象的。② 清朝甚至规定了官员写奏折的官品和级别。至于普通民众,根本没有资格给皇帝上书。

如果官员上疏经常性、频繁性地被皇帝"不省",表明君臣关系出现了问题,即君臣沟通出现了障碍。这将导致官员内心的严重焦虑和挫折感,丧失改良朝

(接上页)传》)二是,柳永(初名三变)"喜作小词,然薄于操行。当时有荐其才者,上(宋仁宗)曰:'得非填词柳三变乎?'曰:'然。'上曰:'且去填词。'由是不得志。日与伎游倡馆酒楼间,无复检率。自称云:'奉圣旨填词。'"(阮阅《诗话总龟·后集》卷32。《四库全书》)另有一说,似乎多少冲淡了二人言语的游戏性质。"仁宗诞辰,太史奏老人星见,永为《醉蓬莱》词以献,语不称旨。曰:'此人不宜仕宦,且去填词。'因自称'奉旨填词'。"(郑方坤《全闽诗话》卷2。《四库全书》)

① 举两例。一是,御史大夫周昌"尝燕入奏事,高帝方拥戚姬,昌还走。高帝逐得,骑昌项,上问曰:'我何如主也?'昌仰曰:'陛下即桀纣之主也。'于是上笑之,然尤惮昌。"(《汉书·周昌传》)二是,南燕皇帝慕容德大宴群臣,笑问自己"可方自古何等主"。"青州刺史鞠仲曰:'陛下中兴之圣后,少康、光武之俦也。'德顾命左右赐仲帛千匹。仲以赐多为让,德曰:'卿知调朕,朕不知调卿乎!卿饰对非实,故亦以虚言相赏,赏不谬加,何足谢也!'(中书侍郎)韩范进曰:'臣闻天子无戏言,忠臣无妄对。今日之论,上下相欺,可谓君臣俱失。'德大悦,赐范绢五十四。自是昌言竞进,朝多直士矣。"(房玄龄等《晋书·慕容德载记》,中华书局,1974年。[以下简称《晋书》])

② 作为奏诏模式的一种具体形态,唐朝书仪政治确使君臣关系达到了一个前所未有的密切程度,但其开放程度远不及汉朝。人们艳称唐帝国的开放与包容,固然有其依据,但它更多偏向吸纳域外事物。至于奏诏模式容纳民众参与的开放空间,明显萎缩。

政的信心,从而加速官场腐败和朝廷崩溃。东汉后期大量的"书奏不省"表明,正直官员对朝廷政局已无能为力。他们的道德和勇气已经没有左右帝国走向的能力。朝政已不可逆转地败坏下去,直至完结,即早期帝国的彻底终结。

人们可能夸大了汉末乱局的无序性,却忽视了时人对皇权秩序的尊重和依赖。礼坏乐崩、改朝换代,只是政权的无序化,不等于政治的无组织化。它是一个大的政治组织分裂成多个小的政治组织,每个政治组织内部依然高度组织化,否则它无法在各个政治团体之间保持强大竞争态势。研究者显然低估了皇权秩序在帝国末世表现出来的强大惯性和顽强生命力,以及人们维护皇权秩序的真诚意愿和道德力量。

(四) 奏诏游戏

早期帝国历史表明,中国就是一个超级官场。官员之间的阴谋往往体现为他们在皇帝面前的阳谋。这并非说,他们对皇帝开诚布公,实话实说,而是说,他们必须通过有说服力的文字和精妙的修辞取信皇帝乃至取悦皇帝,让皇帝采纳自己的主张,搞掉对手。可见,官员的动机和意图在皇帝面前确实无法做到完全隐瞒和伪装。在此意义上,官员的阴谋在皇帝面前就成了阳谋,这使皇帝成为有能力化阴谋为阳谋的唯一者。当然,皇帝并不讨厌阴谋,而是同时容纳阴谋和阳谋。或者说,皇帝超越并支配着官场的阴谋和阳谋。皇权政治就像阴谋和阳谋合二为一的太极图,皇权秩序构成了二者的共有边界。

官场如猎场,官争似狩猎。官员互为猎人和猎物。他们射向对方的弓箭其实就是他们呈给皇帝的奏书,他们射中猎物其实就是让皇帝批准他们的奏章。所以,官场的射箭不是直线,而是曲线它受制于皇帝的引力。因为皇权就像一个引力场。在皇权引力场,一切都会变形和弯曲。所谓正直,一定是因为距离太短,或距离皇帝太远。官员的刚正不阿不是绝对没有,而是非常有限。其结局往往取决于不同皇帝形成的不同气场。这气场是臣子的气数,也就是臣子的命数或命运。[①]

---

① 皇权和命运的关系可分三个层次。第一层次,皇权占据上风;第二层次,命运击败皇权;第三层次,皇权就是命运。(这仿佛"正反合"的辩证法,亦可表述为"山是山水是水,山不是山水不是水,山还是山水还是水"。)以邓通为例。文帝使其富,景帝使其贫。所谓成也皇权,败也皇权。表面看,邓通结局受制于冥冥之中早已注定的神秘命运;实际上,这命运就是一目了然的绝对皇权。文帝认为邓通的命运在自己手里,这是皇帝的自信,也是皇权的傲慢。表面看,景帝打破了文帝对邓通的许诺,实际上,景帝行使了和文帝相同的皇权。可见,邓通的贫富悬殊完全取决于皇帝父子各自的一己之念,如此,皇帝的自由意志决定了臣子的必然命运。

（五）皇权帝国的扩张与包容

皇权帝国意味着帝制性优先且超越帝国性。这使皇权政体成为华夷共同体，也使皇权秩序得以超越华夷之争、胡汉之别。[1] 胡汉关系从胡人角度看是征服，从汉人角度看是同化，从皇权秩序角度看是扩展。可见皇权秩序之于胡汉关系具有真正的超越性。中华帝国的每一阶段，周边几乎无一例外地存在着一、二个强大的蛮族政权与其对峙，其活动均对该时期的历史走向产生了持久乃至支配性影响。源于北方的胡族政权无论在管控民众的官僚制方面，还是管理周边国家的外交体制方面，均有不俗改进和完善，但终极目的和最终效果却实实在在地强化了皇权政体的统治架构，并提高了皇权政治运行的总体效率。可见，在中华帝国的历史谱系中，胡人和胡帝同样构成了专制进化的一股历史合力。[2]

帝制性创造出皇权官僚制，帝国性创造出中华帝国体系。[3] 皇权官僚制属于主内的统治方式，中华帝国体系属于主外的统治形态。所以，秦汉唐宋亦为帝国体制，它和元清这种内亚边疆帝国体制并无本质不同。[4] 某种意义上，所谓内亚边疆帝国体制只是中华帝国的扩张性延伸。这种延伸的特质是，中华帝国的扩张很大程度上是对内亚边疆胡族政权崛起的回应性策略所构成的总体态势。所以，这个扩张过程使中华帝国适应并接受了边疆胡族政权的某些体制特性，并对其做了系统性完善，而使之成为日趋复杂和庞大的中华帝国统治体系的一部分。简言之，这个扩张过程的本质是，它属于中华帝国的扩张性吸收。不管中华帝国征服边疆政权，还是被边疆胡族政权所征服，中华帝国里里外外都发生了很大变化。但不管变化多大，核心未变。即，皇权的至高无上和官僚制的日益精密，以及由此构成的高度发达的专制统治模式。所以，问题不在于秦汉明清是否"中国"贯穿其中，而在于皇权一以贯之。皇权秩序的开放性和扩

---

[1] 有人稍显夸张地评论道，"通过发明'中国/游牧民族的对立'这样一个概念，中国第一次呈现出一个统一体的面貌，这种两极概念在后代中华文明中仍旧是核心内容。"（[美]陆威仪《早期中华帝国：秦与汉》第 139 页，中信出版集团，2016 年）

[2] 毋庸置疑，胡族统治"对中国皇帝的专制化和残暴化也有推波助澜的作用"。一方面，"金人和南方宋朝对三省制的破坏，都使得宋以后的皇权少有限制，而代表金主直接控制的行台尚书省制为元、明所继承，成为明清行省制的先河。"另一方面，"就残暴化而言，盛行于元明朝廷的廷杖，即对朝臣加以笞辱的办法，在契丹和女真的部落习俗中可以找到渊源，杖笞官员原是契丹和女真的家常便饭，女真入主中国，将这个习惯一并带来。"（邢义田《天下一家：皇帝、官僚与社会》第 31 页，中华书局，2011 年）总之，"每一次少数族人主，都强化了中国专制主义。"（阎步克《中国古代官阶制度引论》第 438 页，北京大学出版社，2010 年）

[3] 二者合力创造出现代中国。帝制性是中国的历史基因，帝国性是中国的传统底色。

[4] 辽金夏和元清有所区别。前者是小天下的区域帝国，后者是大天下的一统帝国。

展性,使某些边疆胡族政权通过种种漫长而曲折的暴力方式成为皇权秩序的恢复者和重建者。这个过程使国人深刻感受到,**不是中国未变,而是皇权依然**。当然,有皇帝这点不会使人意外。唯一令人难堪和焦虑的是,皇帝竟然是外人。不过,随着时间推移,外人也变成了内人。不管谁当皇帝,只要能管好中国人,都是中国的好皇帝。可见,中华专制主义的皇权秩序,其真正的关键不是中华帝国体制的所谓"内亚性",而是胡汉之间转化的所谓"内人性"。即,不是边疆政权的胡人整体性,而是胡人称帝的个体性。

胡人称帝的事实,彻底否定了对胡人称帝的所有质疑,并使反对胡人称帝的一切言行变得毫无意义。内人性特征是,人们不在乎胡人皇帝代表的整体族性是否压迫和歧视汉人,却在意胡人皇帝个人的政治言行是否符合儒学价值观和历史正统论。这样,内亚边疆胡族政权入主中原后,随即面临着尽快转换身份,即由外人迅速转换为内人的心理焦虑和统治压力。由此造成的政治态势,自然构成决定新朝现实格局和历史走向的主导力量。

帝国时代的华夷关系大体可分两个阶段。先是"夷狄**入**中国则中国之"①,继而"夷狄**亡**中国则中国之"。不妨用"陆海"一喻。中原像堤坝,草原像海洋。草原上似乎流动着永不枯竭的蛮族巨浪。它们一波又一波地从北方冲击着中原的帝国大堤。② 所谓北狄"真中国之坚敌"③这是一个时废时建以及修修补补的起伏过程,经历了二千多年的数次轮回,直至真正的滔天巨浪由海向陆,席卷帝国。由此形成了一个全新的华夷格局。

三、真理史

(一) 认知逻辑

真理史不是真理的总和,甚至不是一个具体的真理。真理史不是真理的自

---

① "夷狄入中国则中国之"有三义:夷狄入中国以中国自居;夷狄入中国像中国人那样行事;中国人视夷狄为中国人。

② 学者认为,"中国与北方诸民族的冲突常常是生死之战,这种关系对中国人形成对外关系观和世界秩序观所产生的影响远远超过她与其他邻国的关系所产生的影响。"中国历史上"许多内部政策和改革措施,都是为有效地抗击北方民族而制定的。"(〔日〕铃木中正《中国与内亚的关系:匈奴和西藏》,〔美〕费正清编《中国的世界秩序——传统中国的对外关系》,中国社会科学出版社,2010 年)这使中华皇朝"对外政策的焦点"始终是"中亚而非关系稳固的东南亚,至少到 19 世纪初以前是这样"。(〔美〕马克·曼考尔《清代朝贡制度新解》,〔美〕费正清编《中国的世界秩序——传统中国的对外关系》,中国社会科学出版社,2010 年)

③ 《汉书·匈奴传下》。

由展开和自我实现。真理史是一种逻辑,即认知逻辑。[①] 可见,真理史和真理无关,只不过碰巧和真理同名,由此二者发生了某种交集。真理史虽然和真理重名,却不和真理重合。既然真理史和真理无关,为何要借真理之名?其实这不是一个问题。因为真理史和真理毕竟还有某种关系。这就是真理之于生存的意义,其本质在于认知逻辑对发生逻辑的优先性。换言之,认知逻辑优先发生逻辑就是真理。所以,真理史和真理虽无关,亦有关。由此构成真理史和真理之平衡。就是说,真理史和真理之平衡才是二者关系之本质。如此,真理史成为去真理化的存在。

真理当然受制于权力,但我们只能通过真理认识权力。这就是真理史优先权力史的方法论。不是从权力到真理,而是从真理到权力。通过真理史进入权力史,而非相反。这个规定具有方法论性质。

人们只知有权力史,不知有真理史,更不知真理史优先权力史。这样,人们对历史的了解始终是单向度和单一维度的,即平面化的。所谓真理史,是指"历史-学"的认知逻辑。真理史之于历史-学,不是为什么,也不是要什么,而是有什么。所以,"历史-学"的真理史本质上是一种思考历史的立体化眼光和结构性意识。历史是行,史学是知。前者行难知易,后者知难行易。这是两种标准,也是两套逻辑。历史是发生逻辑,史学是认知逻辑。二者平行而不相交。

发生逻辑肯定先有历史,后有史书。但认知逻辑必须先辨析史书的材料来源和编写过程,进而才能确认内容的真伪,最后揭示历史的意义。这样,历史学就成为历史的前提。真理史也自然成为权力史的前提。

真理史优先权力史之理由:A. 认知逻辑先于发生逻辑;B. 奏诏叙事模式先于奏诏模式。在人们对历史有所认识之前,已经有了一套真理史意识和眼光。真理史不光包含相应的历史事实和历史知识,同时还有一整套有关真假是非的判断标准。

真理史本质上是一种认知逻辑。真理史眼光首先不是指汉人看《史》《汉》

---

① 福柯的缠绕性说法庶几近之,可以参考。"人们通常所设法研究的是一种与禁令历史相联系的谬误史,我要建议的则是研究与权利历史相联系的真理历史。真理历史当然不是指通过消除谬误或改正谬误来重构真实事物的起源;真理的历史也不是构建某些历史地相继的合理性,真理历史不是通过意识形态的改正或消除而建立起来的。这种真理史是对孤立的、自主的真理体系的描述。它涉及的是真言化体制的谱系,也就是说从权利的境况出发来分析某种真理权利的建立,来分析优先体现在话语之中的权利和真理的关系,权利和可真可假的一切都在这种话语中得到明确表现;因此,真言化体制不是某种真理的律法,而是一组规则,这些规则可以使一个既定的话语确定出哪些陈述在其中可能被刻画为是真或假。"一言之,"这不是关于真实的历史,这不是虚假的历史,这是具有政治重要性的真言化的历史。"(〔法〕米歇尔·福柯《生命政治的诞生》第30—31页,上海人民出版社,2011年)

的态度和方式,而是指后人看历史的观念和逻辑。重要的不是《史》《汉》和汉人的关系,而是《史》《汉》和我们的关系。

人通过认知逻辑认识世界。认知逻辑包括:认识工具、认识材料、认识语言等。习惯上,人有个幻觉,以为研究事物能够直接触及到事物。其实不然。人必须借助某种东西才能接触事物。这样,在研究事物之前,必须对所借助之物本身进行一番考察。这样,认知逻辑永远先于发生逻辑。如果没有认知逻辑,也不可能发现发生逻辑,甚至不可能意识到有发生逻辑。因为没有认知能力,就不会发现因果关系,更不可能建立因果律。可见,没有认知力,就不存在因果律。

人总是在有了真的意识和信念之后才去认识事物的。即,确信为真之意念和标准是人认识事物的前提。所以,人们总是从真理史走向权力史的。人不可能在一无所知的情况下认识历史,更不可能在对真毫无意识和标准的前提下研究历史。可见,真理眼光是人们看待一切的正常眼光。

对个人来说,无不先学说话,后学做事,即先言后行。这是真理史优先权力史的生存论逻辑。每个人在真正进入社会即成人之前,首先被灌输并接受了一整套有关社会和人生的"正确道理"。这套"正确道理"成为一个人很长时间甚至终其一生看待社会评判事物的信念和标准。对一个人的成长过程来说,他信以为真的这套"正确道理"所产生的效果就是真理史效应。就是说,每个人都是从真理史中走向真历史的。如果他只生活在真理史中,他就永远不会成熟。只有走出真理史,才能获得真历史。真历史意味着他不光能认识历史,还能创造历史。

真理史意味着,认知逻辑和发生逻辑之间存在深刻断裂,永远不可能完全一致。真理史是历史复杂性的概念,历史复杂性超出人类理性。人类理性无法探知和抵达历史复杂性的边界。这意味着,人类对历史永远需要保持谦卑。修辞、叙事、笔法、体例、观念所制作出来的史书强力支配和规范着人们探知历史真相的全部努力和整个过程。

结论是,第一,真理史之于认知主体,先于权力史;第二,真理史之于个体生存,先于真理。

(二) 史书信仰

史书包含的认知逻辑、价值标准以及它产生的阅读期待和综合效应,就是真理史。史书像一条河,河流所过,自然形成流域面积。真理史指的就是史书这条河构成的总体效应。总之,史书,认知逻辑,真理史,相互关联,一回事。

人们赋予史书以某种整体意义,以及史书产生的综合效应,就构成了真理史。真理史是一种历史认知模式和机制。真理史不是对历史的信仰,而是对史书的信仰。只是人们弄不清二者的区别,总是把史书写的视作历史。不光接受史书所写史实,还接受史书所作解释,以及史书产生的阅读效应。这就是真理史。

思想、观念是描述概念,真理是分析概念,真理史是更具针对性的分析概念。它强调史家写史时试图传递并力求人们相信的那种真理效应。所以,真理史是一种史家和读者合力营造出来的对"正史"深信不疑的真理效应。一旦人们相信史书所写,史书内容就不再是一种普通真实,而是一种必须信仰的真理般的历史存在。这样,真理史效应就产生了。

真理有是非,真理史除了是非,还有善恶,还有人性、利益、效果、时机、条件、权衡、得失、权术等诸多因素。所以,真理史是一种解构真理和超越真理的过程。真理消失在真理史。真理史不是真理展开的过程,而是真理消亡的过程。真理史让人看到了远比真理更多的东西。所以,真理史有意义,真理无意义。

人们不光使用史书-史料研究历史,还对史书-史料天然充满信任。**这种信任感就是一种对真理的态度**,或这种态度本身就是一种**真理式的**。当然,信任不等于没有怀疑,就像真理不等于没有谬误一样。

习惯上,人们素来相信自己从史书看到的是历史,甚至是真实的历史。虽也有人意识到史书或史料对人们认识历史造成的某种限制,却没有深刻理解史书-史料之本质为何。他们总以为史书-史料真实或错误记载了历史,却根本不知史书-史料对历史的真实或错误记载本质上是一种**真理建构**和**真理叙事**。就是说,人们从史书-史料中看到的历史并非本真之历史,亦非真实之历史,而是真理之历史。所谓真理之历史,是一种系统建构的历史。意思是,它并非一般建构,而是体系建构、整体建构、观念建构。它有真有假。它有真实,却大于真实,不限于真实,甚至超越真实。它把真假也就是真实和不同于真实的东西作为一个整体建构成一个充满想象的思想谱系和知识体系。所以,通过史书-史料看历史,等于通过真理看历史。这意味着,**在看历史之前,人们首先看到了真理。真理先于历史成为人们的历史观**。即,真理构成人们观察历史和洞察历史的观念框架和基本视域。人们通常是不假思索地**接受了史书-史料这一真理体系的权威性和信仰**,然后才去研究历史和评价历史。总之,只有把史书-史料视作既定真理和自明真理,才能真正理解真理史先于权力史之本质,进而真正理解奏诏叙事模式先于奏诏模式之逻辑。

真理史不是求真过程,而是写真活动。意思是,史家有意识地将自己所写之史视为一种完全真实的历史向世人公开,并要求人们相信和传播。就是说,历史是写出来的,历史真实也是写出来的。这样,写出来的真实历史就是真理史。

写史在古代向来是一种具有庄严性乃至神圣性的工作。其所着力表彰的道德人格和君子风范无疑具有最高的价值判断。这本身就具有真理史的意味。同时,人对史书尤其是正史的真实性有一种天然的信任感和尊重。这就是真理史情结。真理史情结是,某种史书不光记载了真实历史,还贯穿了正统理念或科学理论。它本身就成为一种评判历史事件和人物言行的客观标准和权威根据。

真理史涉及史家的生存状态和写史过程,以及史书的体例安排和话语形式,还有读者的阅读心理和价值期待。如果人们认为史书写的历史是真的,那么这就是真理史。

(三) 真理主义

史书和诏书就是真理和权力。所谓真理史和权力史,就是以诏书为中心的权力运行体系之实践和以诏书为核心的史书编纂体例之完成。显然,二者具有结构性的对称和匹配特征。虽然权力运行体系决定史书编纂体例,但正因此,我们可以从史书编纂体例逆推出权力运行体系。这样,史书具有了一种直观的真理形式。通过真理,我们得以揭示权力。换言之,真理向人们呈现出其固有的权力本质。

奏书和诏书是史书的骨架,人物身世和事迹是史书的皮肤。将奏书和诏书写成史书,就成了真理史。通过真理史,揭示出皇权运行机制,就成了权力史。

先看史书上怎么写奏书和诏书的,再看从奏书和诏书看皇权如何运作,还是反过来,先从奏诏模式看皇权如何运行,再看史书怎么写奏诏模式的。这是两种完全不同的思考方式和思维路径。换言之,由我及人,还是由人及我? 从主观到客观,还是从客观到主观? 后者貌似客观主义,前者却并非主观主义,而是真理主义。所谓真理主义,即真理优先,真理先行。它是一种超越主观主义和客观主义的方法论。它有其认识论根据。这就是,历史首先是史学的。

(四) 真理史的强制性

对话和叙事是史书改写奏书和诏书的两种常见手法。这样,史书中的对话和叙事就具有一种客观的真理形式。它要求人们必须别无选择地接受这种形式,因为真理无不具有强制性。所谓真理就是强迫人们接受的东西,真理史就是强迫人们接受的过程,就是人们别无选择必须接受的历史。

理论可以接受,也可以不接受,如果一个理论必须接受,而且还必须接受这个理论的自我解释,这就是真理。诏书在古人心中就是这种真理。人们对待诏书的态度就是真理意志。

真理有一种强制性,它要求人们必须相信某种东西,必须对某种东西保持信以为真的态度。真实则不然,真实似乎具有一种**自在的客观性**。① 可见,真理和真实之区别,不在于真理高于真实,还是低于真实,而是异于真实。真理和真实是完全有别的两种东西。真实就在这里,它不要求人们必须认同它、相信它。真理不在那里,而在这里,真理要求人们信奉它。可见真理本身即是一种权力。真实显然不具有这种权力性和强制性,即不是一种强制力量。

真实就是真实,很大程度上,它是一种近似自然的状态。真理不然。真理要求人们相信它,认可它。可见,真理具有某种强制性。所谓真理史就是要求人们相信的历史。这样,真理史就有了一种信仰的性质。奏诏叙事模式展示出来的皇权主义和皇权秩序,就是要求人们由衷信仰和日常践行的东西。史书本身不是真理,也不是真理史。它通过创造的奏诏叙事模式,制造出一种真理史效应。人们阅读史书,自然就能感受到皇帝权威,并对皇帝的神圣性产生一种直观想象。所以,史书尤其是《史》《汉》这类正史对人们发生的影响绝不限于知识和观念层面,还有或许更为重要的生活和人格层面。

"制诏"在汉简上和史书上有不同写法。汉简上"制诏"之间留有空格,两汉《书》上"制诏"却是连写。这种差异正体现出真实和真理之别。汉简是真实,史书是真理。史书向人们展示出来的恰是一种话语实践制造出来的真理。可见,真理是比真实更主观的东西。真理史的建构意味着它不是一种完全真实的东西。直接把两《汉书》视作对两汉史的真实记载,是一种真实主义。如果没有真理史意识,就会把权力史直接视为客观历史。可见,真理主义是防范人们堕入真实主义陷阱的有效屏障。真理主义并非低于真实主义,而是强调其建构性质和人为因素。习惯上,人们把真实视作天经地义的客观存在。所谓真实主义,就是不假思索地视某事某物为理所当然。

(五) 诏书与史书

把诏书写入史书,把诏书写成史实,由此完成了权力史向真理史的体制性

---

① 人在研究历史之前,无不先行具有了一种有关历史真实性的信念。他不会相信全部历史,至少会相信一部分历史。这不是理论问题。这是真理意识。也就是对历史真实性的本能信念。历史学家相信历史是真实的,他的工作是让历史成为客观的存在。

转换。如果人们把正史、官史、国史视为历史正统的权威性叙述,那么权力史→真理史就实现了高度整合和双重建构。

　　史书记载一件事貌似寻常,实际上,这件事之所以发生是诏书的要求,即实施诏书的结果。表面看,这件事是自然发生的,其实,它受制于皇帝的操控和推动。我们阅读这些史书,往往不加深思地将其视作单纯的史家叙述(这是一种表象客观),而没有考虑到这种叙述本身隐含的皇权政治秩序和皇权主义逻辑(这是一种深层客观)。就此而言,正确理解早期帝国,必须将真理史置于权力史之前。通过真理史而理解权力史。因为真理史不是关于真理的自我叙述,而是有关权力的客观叙事。真理史和真理的区别在于,真理是自我的,真理史是超自我的。是可知,真理史超越真理。

　　如果行动意味着诏令,那么史书就是根据诏书写成的。史书呈现出来的不仅是事件的发生和历史的进程,同时也是推动事态演化和走向的权力机制和动力机制。在这个意义上,权力和动力是一回事,也就是说,皇权政治的运行规则就是最高权力即最大动力。

　　史书向人展示出来的皇帝权限,其奥妙之处在于,既不是皇帝能做哪些事,也不是皇帝不能做哪些事,而是人们根本无从想象哪些事是皇帝想做而不能做的。意思是,看了皇帝所做的事,人们已想象不出皇帝还有什么不能做。因为,皇帝所做的事已足以表明其权力无限,人间已没有任何力量能够限制其权力。这里有必要区分"不能做"和"做不到"。比如,皇帝想长生,想寻仙,但做不到。皇帝想废太子,没废成,但不等于皇帝不能做。

　　如果"制诏御史"是诏书的标准格式,那似乎可以推测,通常情况下,诏书应该是以制诏御史的方式下达的,只不过史书把它们大部分都删掉了,只保留了诏书内容,或直接引文,或转换叙事。按照这个推测,一旦制诏权转移到尚书手里,必然会有"制诏尚书"这种格式和套语。史书之所以没有出现此类套语,只是因为史家没有记载之故。显然,史书的现存形态为人们提供了一种客观的真理形态。这种真理形态意味着,它之于我们是一种客观存在,是一种不可改变的历史记载。我们只有首先承认它的真实存在,才能在此基础上,并通过它而洞悉历史奥秘和真义。这就是通过真理史进入权力史的方法论逻辑。

(六) 皇权真理

　　权力和真理已成为俗不可耐的二流话题。真正本质的是权力史和真理史。比如,"议帝号"是一个从真理到权力的经典过程。帝号的产生是一个真理产生的过程,也是一个权力产生的过程。又如,"前主所是著为律,后主所是疏为令。"所谓"当时为是",就是说,前后君主所制的律令对当朝臣子来说,皆为权力和真理。而且在这个过程中,权力和真理并非以纯然客观和封闭的形式出现,而是呈现出一种开放的张力。它需要臣子的自觉选择和主动参与,由此构成一种完整的权力史和真理史。杜周先为廷尉史,"奏事中意,任用。"意思是,"以奏事当天子之意旨,故被任用也。"等他做到廷尉,更是"善候司",即"观望天子意。"所有案件一律以皇帝态度为主。"上所欲挤者,因而陷之;上所欲释,久系待问而微见其冤状。"有人指责他,"不循三尺法,专以人主意指为狱。"① 其实,非但"狱者固如是",所有事情皆如是。

皇权政治的最高权力也是最高真理,它产生权力的同时也产生真理。同样,人们对皇权的认同也是如此,接受其权力,亦即接受其真理。皇权政治机制无时无刻不在制造一种真理效应。对广大臣民来说,最可信、最权威的真理就是昭示天下的皇帝诏书。即便儒学经典也要通过诏书的确认和引用才得以发挥其教化性。所以,经学真理固然是至高权威,但仍有待于皇帝诏书的重新诠释。可见,诏书对经学拥有一种更高的解释权。这种解释权确保了皇帝诏书的最高真理性。

皇帝诏书展示出来的真理,首先是实践性的,其次才是认识性的。换言之,皇帝诏书包含的真理性,首先具有实践功能,其次具有认知功能。因为,皇帝诏书必须有一个可见的具体结果,这个结果只有通过一个客观行动才能得以实现。人们实施这个行动的过程,以及这个过程必然产生的直接结果,往往促使人们对皇帝诏书权威性的进一步信仰,这种信仰的本质是皇权真理。

四、制诏权

(一) 事决于上

诸子有关君主专制的所有言说均不及太史公评论始皇帝的一句话来得深刻和形象。"天下之事无小大皆决于上"直观展现出制诏权的本质。这本质是"奉一人"而"决于上"。② 一方面"丞相诸大臣皆受成事,倚辨於上",③ 一方面

---

① 《汉书·杜周传》,颜注。(引文有正文有注,则注前加逗号;引文只有注,则注前无逗号。前四史及《通鉴》引文脚注凡例如此。)

② 马端临云:"秦废封建,而始以天下奉一人矣。"(马端临《文献通考》第 1 册,第 28 页,中华书局,2011年。[以下简称《文献通考》])以天下"奉一人",以天下事"决于上"。二者构成一种意图和行动之间的因果关系。为了"奉一人",必须"决于上"。

③ 《史记·秦始皇本纪》。

"虽有郡县吏,皆总于上"。① 无论"倚辨於上",还是"皆总于上",实质都是"事决于上"。"事决于上"的本质就是制诏权。它通过奏诏模式展示出皇帝支配帝国体制正常运作的神圣权威和神奇力量。② 始皇不下诏,公卿一事无成,守令百无聊赖。静候诏命,遵奉诏命,落实诏命,是臣僚唯一能做的事。可见,始皇诏令之于群臣百官若大旱之望云霓、禾苗之仰雨露。③ 始皇刻石宣称,"皇帝并宇,兼听万事,远近毕清。……贵贱并通,善否陈前,靡有隐情。"它要求奏诏模式确保皇帝充分知情权的同时,优先保证皇帝诏书的绝对权威。始皇帝"听事,群臣受决事"④表明,专制依赖奏诏模式。皇权政治独尊皇帝,故而必须事事皇帝独断。所谓"事决于上"意味着奏事于上上决之。显然,这是一个标准的奏诏程序。⑤ 奏诏程序出皇权。皇权只有置于奏诏模式中才能得到实质性理解。这样,皇权直接成为制诏权。⑥

　　"制诏权"概念意味着,较之皇权,制诏权是一种更为内在的东西。如果说

---

① 马端临《文献通考》第 1 册,第 24 页。

② "事决于上"的奏诏模式在理念上,不但实现了韩非子"事在四方,要在中央;圣人执要,四方来效"的政治理想,也保证了这种理想状态能够长久延续,稳定存在,所谓"二世三世至于万世"。它在技术上,"使天下如身之使臂,臂之使指,远近迟疾轻重强弱各得其平焉。此之谓平天下之要道,絜矩之义也。后世郡县之法,是以治国之道而平天下,令天下为一国,无远近之等,无轻重之权。"此谓"天下一家中国一人之道"也。(柯尚迁《周礼全经释原》卷 9。《四库全书》)

③ 这种状态和感觉仿佛森然肃立的秦俑军团整装待发,只待始皇帝的一声令下,便一跃而起,势不可挡地席卷天下。凝固的秦俑宛若沉默的秦军,浑身包裹着横扫六合的征尘。他们曾是秦帝国的立国之本,现在又守候在始皇帝身边,蓄势待发,始皇帝的一个眼神,一个手势,都会令他们瞬间爆发出碾压任何强敌的雷霆震怒。某种意义上,秦俑方阵恰是奏诏模式的高度写实的形象展示和艺术创造。

④ 《史记·秦始皇本纪》。

⑤ 从"天下事皆决于上"这个角度看,始皇三十年"无事"(《史记·秦始皇本纪》),即是说该年始皇帝没有下发一道诏书。同样,惠帝三年"无事"(《史记·吕太后本纪》),亦须作此理解。既然不下诏,说明没有大事发生。所谓"无事",并非真的什么事都没有,而是没有可记之事。既然无事可记,即为"无事"。可见,"无事"不是指的历史实际状态,而是指的史书记事标准。这个标准就是以诏书为准。有诏则记,无诏则省。但要说偌大帝国皇帝整整一年不下一道诏书,绝对不可思议。据统计,唐代诏令六千篇,平均一年二十篇;汉代诏令六百余篇,平均一年一篇半。显然这两个数字皆不合乎实际。因为它们数量太少,完全不符汉唐这种大型帝国政治的实际运作状态。合理推测,皇帝本纪中的事情,即便不明言诏书,实则亦为诏书,只不过将诏书改为叙事体而已。

⑥ 大庭脩认为制诏有三种类型。这种"类型说"仅限于对诏书作程序、主体和功能的界定。它没有真正理解诏书对于皇帝的意义,也就是制诏权和皇权的关系,即必须把诏书置于奏诏模式中才符合历史实态。比如,皇权的无限性和绝对性使得君无戏言成为必然和现实。所以,诏书就和皇权一样,无处不在,无事不在。皇帝如天,诏书如命。皇权是皇权时代和皇权帝国的天命。更重要的是,它没有意识到奏诏模式之上还有一个奏诏叙事模式。就是说,必须把奏诏模式置于奏诏叙事模式之中理解,必须把奏诏模式置于奏诏叙事模式前提下解读。如果就诏书论诏书,只能作出一些类型化的形式分析和格式评判,不明诏书实质,不得制诏权要领,不懂制诏权之于皇权之意义。简言之,诏书和奏诏模式,奏诏模式和奏诏叙事模式,构成一个连环套。诏书在奏诏模式中,奏诏模式在奏诏叙事模式中。逻辑上,只能从奏诏叙事模式着手,进入奏诏模式。这就是从真理史到权力史的路径。

皇权是机体,制诏权就是骨骼。① 皇权和制诏权的关系,不能简单理解为,只有皇帝有制诏权,应该理解为,谁有制诏权,谁就真正行使皇权,就是说,皇权是绝对的,也是动态的。② 制诏权表明,皇权本质上是一个开放性体系。历史表明,③天下事既可"皆决于上",亦可"皆决于(赵)高"、"皆决于(吕)后"、"皆决于(审食)其"、"皆决于(张)汤"、"皆决于(霍)光"等。④ 这里的"决"不仅是决断,本质上首先是对奏书作出裁决,也就是制诏。⑤

制诏如皇极,为民立极,为臣立命。⑥ 就是说,制诏创制立法,既是立法权,又是行政权,还是司法权。总之,制诏权是三权合一。因为,诏书既是行政命令,又是刑法律令。**皇权帝国的原动力不是皇帝肉身,也不是抽象皇权,而是皇帝话语。**⑦ 皇帝话语就是诏书,诏书本质上是制诏权。有制诏权才有实际皇权。换言之,皇权即制诏权,皇权政治即奏诏政治。这个定义把皇权政治的本质直观化和形式化,使之成为一种可以客观展示的程序过程和话语实践。它制

---

① 就此言,对皇权的研究,可以从形体描述阶段进入机理解剖阶段。如此,"皇权解剖学"成为可能。

② 理论上制诏独属皇帝之权,实际上,出于各种原因,那些代行皇权或僭越皇权者,同样有权制诏,其颁发之令均被臣民普遍认可为具有诏书性质。可见即便假传圣旨,也是在分享皇权,所颁诏命同样具有合法权威。这和伪诏不同。伪诏不是诏书。就像偷来的钱还是钱,伪币就不是钱。

③ 当然,这首先是一种奏诏叙事模式。正因此,史书上也有"事无小大皆决於(嫪)毒"(《史记·秦始皇本纪》)、"政无巨细皆断於(齐)相"(《史记·田儋列传》)这类说法。

④ 扩展言之,这种专擅皇权之行为还可以进一步延伸。"大将军(王)凤奏以为从事中郎,莫府事壹决于(陈)汤。"(《汉书·陈汤传》)就行使权力的性质看,天下事尽决于张汤和莫府事壹决于陈汤并无二致。不妨说,张汤是在直接行使皇权,陈汤是在延伸行使皇权。换言之,张汤是"大号陈汤",陈汤是"小号张汤"。由此构成臣子行使皇权的"二汤模式"。

⑤ 以制诏权为视角,皇权的变化机制似乎有一条线索可寻,那就是,不断将身边掌管诏书的机构和人员转换为正式的朝廷中枢和政要。西汉尚书到东汉尚书台如此,魏晋中书到隋唐中书省如此,明内阁如此,清军机处如此。凡此机构最初皆由皇帝身边掌管诏令书写和制作的机要人员上位而来。这说明,通过拟定、制作、颁布、保存诏书的整个流程,这些亲侍们熟悉了诏书的种种格式、词语,以及处置朝政、国务、军情、人事的诸多技巧、规则、程序、方法等,成为皇帝决策信任和依赖的得力人员,故而凭借书写和制作诏书之机构和机会得以逐渐上位于朝廷的权力中枢,进而完全掌控帝国权力之运转。

⑥ 朱熹云:"'皇极',如'以为民极'。……皇,谓君;太极,如屋极,阴阳造化之总会枢纽。极之为义,穷极至,以上更无去处。"(李道传编,徐时仪、潘牧天整理《朱子语录》第 131 页,上海古籍出版社,2016年。[以下简称《朱子语录》])

⑦ 崇拜皇帝从神化皇帝的声音始。所谓"天子称朕,固不闻声。司马贞《索隐》云:"一作'固闻声'。言天子常处禁中,臣下属望,才有兆朕,闻其声耳,不见其形也。"(《史记·秦始皇本纪》)王念孙云:"小司马说是也。《李斯传》记高之言曰:'天子所以贵者,但以闻声,群臣莫得见其面,故号曰朕。'是其证。《潜夫论·明闇篇》赵高要二世曰:'天子称朕',固但闻名。'即本于《史记》。"(王念孙撰,徐炜君等校点《读书杂志》第 1 册,第 194 页,上海古籍出版社,2015 年)既不见形,又不闻声,殊不可解。度之情理,必是不见其形,只闻其声。正因此,赵高才唆使二世隐身幕后,不以面目示人,以便神秘其事,威慑百官。其实,垂帘听政也是基于这个逻辑。

度性地规范了人们的一切。怎么做,怎么说,怎么想,皆受制于奏诏模式的约束。

制诏权直接体现皇权的存在。① 因为只有发号施令,皇帝才能感觉自己存在。皇帝制诏之外,还有太后(或太上皇)称制和臣子承制。它是制诏权的扩展和延伸。在制诏权概念中,“称制”有其实指含义,即有制诏权。② 同样,“承制”亦如此。区别在于,称制是直接行使皇权,承制是授权代行皇权。这样,称制和承制无形中扩大了制诏权的范围。制诏权也可以理解为决策权。从奏诏模式角度看,决策权只有体现为制诏权,才有客观效果和实际意义。制诏之人往往参与机要,权力中枢亦即制诏中心。③

在行使制诏权的具体过程中,往往会出现各种复杂的情况。首先,禅让过程中的上书是一种特殊形态的奏诏模式。因为上书和批复之间不构成一种严格的君臣关系。批复上书者尚非真正意义上的皇帝,但又行使着客观意义上的实际皇权。故而其对臣民上书的表态,就显得颇为怪异。不是诏书,又像诏书。没有诏书的名义,却有诏书的效力。更重要的是,人们对其批复的态度就像对待皇帝诏书一样,或立即实施,或令行禁止。其次,按照诏书需要,随时派遣钦使,同时,根据执行诏令的权责,可以把钦使分为两种类型。④ 一是专项钦差,即执行某项专职任务,如司马相如出使巴蜀,终军巡视河北等。另外,侍御史“出有所案,则称使者焉。”⑤亦属此类。一是专职钦差,即在固定时间周期性地巡视地方,督察和考核地方官各个方面的工作政绩,如刺史和司隶校尉。⑥ 无论专项钦差,还是专职钦差,皆任务明确,职能专一,即不能擅自更改诏书规定的使命和目标。否则即为违诏。“承制”不同。它是皇帝主动授权臣子在某段时间某些方面拥有颁诏之权。所谓“常称王命,专行不报”。⑦ “承制”意味着官

---

① 制诏权的应有之义是,制诏者必须拥有全面知情权和绝对知情权。即制诏者有权获悉一切他想获取的信息。如果有人隔绝奏书于制诏者,无疑是欺瞒圣上,蒙蔽圣聪,属欺君之罪。比如,御史大夫赵绾和郎中令王臧“坐请毋奏事太皇太后”,惹怒窦太后,二人旋即“下狱,自杀”。这件事的严重性在于,“欲绝奏事太后”的实质是剥夺窦太后的制诏权,故窦太后怒而杀之。(《汉书·武帝纪》,颜注)
② 太后临朝称制展示出的奏诏机制是,“群臣奏事东宫,太后省政。”(《汉书·夏侯胜传》)
③ 大体说,秦汉制诏之权在尚书,魏晋隋唐宋元制诏之权在中书,明清制诏之权在内阁和军机。
④ 钦差或使臣属于持诏行事。他们受到诏书的严格限制,不能随便逾越,擅自作主,恣意妄为。携带诏书既是他们行动的根据,也是他们行事的约束。此可见皇帝诏书对官员行为的直接性因果关系。这种因果关系表明皇权对官僚的强力支配和控制。由此展示出一种皇权主义的强大逻辑。
⑤ 《后汉书·孝和孝殇帝纪》,李贤注。
⑥ 部刺史“奉使典州,督察郡国吏民安宁。”(《汉书·朱博传》)司隶校尉则被称作“天子奉使命大夫”,所谓“奉使刺举大臣”,不仅“以督察公卿以下为职”,(《汉书·翟方进传》)还要行县三辅,按察郡县守令。尤其司隶校尉“以奉使之权”而享“尊官厚禄”,(《汉书·盖宽饶传》)更是风头十足,一时无两。
⑦ 《汉书·王莽传上》。

员有权根据形势变化,发布相应诏书。承制和钦差之别在于,钦差可以代表皇帝处置事宜,但不能颁发诏令。承制则可以暂时性地全权处置事态,相机行事,下令如诏,即发布具有诏书性质的行政命令。对其他官员来说,接到这类命令,如同接到诏书,必须无条件执行。如果说钦差属于皇权的延伸,承制则暂时代行皇权。钦差大臣是皇权时代的制度创设。委派钦差是皇帝灵活处理地方事务的一种常规做法。钦差秉承诏命,如同皇帝亲临。

"发号施令,常称王命。"①王命即诏命。诏命即凭借制诏实现皇帝意志。制诏权意味着皇帝可以对任何一件事情发号施令,通过诏令掌控朝局走向,推动帝国政治,支配天下万民。② 制诏权由此成为皇权的本质。唯一能表征皇权的就是皇帝独有的制诏权。"主上不自由,诏命出左右。"③这句话反证了皇帝和诏书关系之本质。即皇帝自由,诏命由己。诏书必须出自皇帝的自由意志。唯其如此,既符合皇权本质,也符合制诏权本质。可见,皇帝和诏书之关系构成一种双重本质。以此为基轴,全面探讨奏诏模式下的皇权秩序(行政机制)、帝国政治(政治动力)和话语形式(言论环境)这一复杂结构。

(二)分享制诏权

皇权合法性与其说体现在皇帝本人,不如说体现在皇帝的制诏权。权臣固然可以决策、下令、立法,但只有以诏书形式发布,才能名正言顺,具有权威性和合法性。可见制诏权是皇权合法性的正当形式。

皇权是绝对统治权和最高行政权,相权是实际行政权和充分行政权。秦朝汉初,行政权和制诏权尚未统一。因为,丞相虽有实际行政权和充分行政权,制诏权却不在丞相手里。从武帝开始,逐渐形成了内外朝官并列的格局。这样,内朝官便拥有了某种程度的制诏权。内朝官之所以重要,在于它拥有的实际上的制诏权。如此,内朝官和制诏权就结合在一起。沿着这条路径,武帝后期至昭宣之际,逐步形成了尚书制诏的正式机构。尽管如此,西汉后期,丞相、御史大夫仍然举足轻重,掌控朝政,拥有充分行政权。可见此时,行政权和制诏权仍不统一。另一方面,尚书因拥有制诏权而获得了越来越大的行政权。至东汉,尚书台将实际行政权完全掌控在自己手里。于是,尚书六曹实现了制诏权和行政权的高度统一,在继续保有制诏权的同时,又有了实

---

① 《汉书·王莽传上》。
② 其实,罗马帝国亦是如此。"帝国的政制是皇帝通过法令、敕令和书信发布命令。"(〔英〕克里斯托弗·罗、马尔科姆·斯科菲尔德主编《剑桥希腊罗马政治思想史》第588页,商务印书馆,2016年)
③ 《三国志·魏书·贾诩传》,裴注。

际行政权即相权。以丞相为代表的三公被彻底架空。这样,尚书权力之大在东汉登峰造极。

悬置三公,事归尚书。皇帝更乐意和千石官吏打交道,却不愿和万石三公打交道。皇帝撇开公卿,直接制诏尚书,操控朝政。皇帝和官员之间的空间急剧萎缩,近乎平面。这使整个官僚集团的压力空前增加,导致皇帝和官僚之间的矛盾陡然升级。难怪皇帝脾气暴涨,直接出手施暴,对官员动辄拳打脚踢棍棒交加。① 只有从君臣空间逼窄致使君臣关系恶化这个角度,才能合理解释东汉皇帝频频暴揍官员这一反常行为。它显然不能从皇帝个人的性格和素质来解释。正因皇帝偏爱使用台阁,从而拉低了君臣冲突的门槛,使皇帝施暴成为人人自危的官场常态。② 否则很难想象,经学高度发达的东汉帝国怎么会出现皇帝亲手殴打官员这种不堪行为和恐怖现象?

(三)制诏权之权威

皇帝权力是天生的,皇帝权威则未必。那么,皇帝权威是如何建立起来的?一言之,通过制诏权。制诏权不仅塑造了诏书权威,也制造了诏书信仰。可以批评皇帝,但不能非议诏书。因为诏书代表着皇帝不可更改不可收回的最终决定。臣子对皇帝的批评和劝谏,一般仅限于皇帝那些尚未成行尚未决定的言行。一旦皇帝作出决定,成为正式诏书,任何官员都无权说三道四评头论足。否则即被视为对皇帝的不敬和诬罔,必然遭到严惩。总之,严禁非议诏书,表明诏书有一种超越皇帝的更高权威。汉人可以公开抨击皇帝行为,却少有批评皇帝诏书。诏书是皇帝之言,也是皇帝之行,更是皇帝言行合一之体现。至于皇帝有些言行,则可以被正当批判。皇帝允许人们批评自己的某些言行,但严禁人们非议自己的诏书。这点,或许可以看作皇权政治言论限度的一个基本标准。

"君举必书"主要指史官所书,同时,相当一部分则是皇帝诏书。③ "君举必

---

① 值得注意的是,皇帝殴打的对象均是中下官员,多为郎官,未见三公或公卿挨揍。比如,"明帝性褊察,尝以事怒郎乐崧,以杖撞崧。崧走入床下,上怒甚,疾言曰:'郎出! 郎出!'崧曰:'天子穆穆,诸侯皇皇,未闻人君,自起撞郎。'"(华峤《汉后书》卷3,周天游辑注《八家后汉书辑注》,上海古籍出版社,1986年。[以下简称《八家后汉书》])

② 联系明朝废丞相,设内阁,廷杖百官,难免产生一种惊人巧合的历史遐想。

③ "君举必书"最早出自《左传》庄公二十三年。"君举必书。书而不法,后嗣何观?"(杜预《春秋左传集解》,上海人民出版社,1977年。[以下简称《左传》])《汉书·艺文志》亦云:"古之王者,世有史官,君举必书,所以慎言行,昭法式也。"显而易见,这类说法均着眼于史书撰写及其对君主言行的规范。其实,"君举必书"还有另外一层更为深刻的含义,即对君主政治实际运作的制度规定和程序(转下页)

书"和"君无戏言"合观,则知君主言行往往转化为引发军政要事的行动诏书。另外,"君无过举"的意思是,君主之言往往落实为诏书,诏书则必须执行。既然执行,就不能认为有过错。尤其是,皇帝不能自己否定自己的诏书。即便诏书有错,也要将错就错,一错到底。即不能用后来的诏书否定以前的诏书,不能自我纠错。但可以通过颁布新诏改变做法。改变做法并不表明皇帝做错了。因为皇帝不可能犯错。

(四)奏诏程序维系君臣关系

诏书展示出来的皇帝形象貌似一个谦谦敦厚之长者,甚至像一个姁姁温柔之君子。毫无暴虐之相、暴戾之气,甚至没有丝毫冷漠之感,表现出一种心怀天下、情系黎民的圣王气象。言之淳淳,悲天悯人。应该说,这正是汉帝诏书给人留下的深刻印象。这种印象完全符合汉帝诏书的意图预设和想象期待。事实上,它也是汉帝诏书的制作目的之一。就是说,除了首先考虑行政操作的实际功能之外,汉帝诏书还要预设一种面对天下吏民的普适性期待。它传递出的是一种集权力与真理于一体的文本形态和话语体系。意思是,人们面对诏书,不仅是被动接受一种权力规范,同时也是主动迎合一种真理教化。

面对皇帝诏书,一般有两种直观的接受方式。一是官员的看,一是百姓的听。官员自然有机会亲眼目睹皇帝诏书。绝大多数百姓只能聆听皇帝诏书。这是官民接受皇帝诏书的两种不同方式。同时,它也体现出两种不同姿态。这两种姿态都是有意义的。因为,它呈现出不同的意义。一方面,看与听表明官民两个身体和皇帝之间确有客观的远近差异;另一方面,它象征着官民两种身份皆为皇帝之臣而拥有同样亲近皇帝的心理需求。总之,看诏书意味着官员主动接近皇帝,听诏书意味着民众被动远离皇帝。这种远近是一种难以消除的现实距离,但它有时似乎又能被某种亦真亦幻的想象和感觉所弥补和填充。

君臣关系靠什么维系? 即,君臣之间的联系主要体现为什么? 简单说,就是诏书。"诏书引上殿,奋舌动天意。"[1]"郡人未识闻谣咏,天子知名与诏

(接上页)要求。可见,"君举必书"体现了君主政治的至高原则。君主的所有行动都必须有文字记载,君主的所有行为都必须有文书确认。这正是"君举必书"之二义。一是君主一举一动都被记录在案,一是君主一举一动都须下诏保障。简言之,前者指史书,后者指诏书。(并非巧合的是,这二者完全符合先秦史官既掌"邦国之志",又掌"书策王命",即兼记书官和政务官于一身之特征。)一般说,人们仅注意到了前者。其实,后者或许更为关键。因为,它直接关系到君主政治的运作方式和基本动力。

[1] 杜甫《送从弟亚赴安西判官》,《全唐诗》卷 217。《四库全书》。

书。"①"尺一诏书天上降,二千石禄世间荣。"②俗语"金口玉言""口含天宪",不外乎说皇帝对臣子的任何表示,都是指示和命令,即皆是诏书。君臣关系有各种形式,除了例行的工作关系,还有种种私密的、亲昵的、燕乐的、文学的等诸多形式,绝大多数情况下,都会通过诏书表现出来。就是说,君臣关系往往要落实为一个需要臣子执行或付诸行动的命令。这样,大多数时候,君臣关系都会产生一道诏书。

对臣子而言,来自皇帝的任何表示,无论文字,还是物品,皆具有诏书性质。比如,皇帝和官员之间某些纯属私事或情感的书信交流(包括后世皇帝和官员的诗文唱和或书画合作),也都属于诏书范畴。意思是,这是皇帝对臣子发出的一道指示,表示的一个姿态。它要求臣子必须迅速作出某种相应的表态和回应。对这类内容的诏书,官员往往表现出一种高姿态。即,高调拒绝皇帝的恩赐和赏品。这种场合的不奉诏,一般不被视作抗旨或违逆。皇帝的态度也相对宽容。不管真情还是假意,君臣之间往往要有几个来回。皇帝要给,官员不要。君臣间的这种半推半就颇似情人间的投怀送抱。这种君臣游戏无疑加深了双方的感情和信任。③ 皇恩随即转化为忠诚。这是一种权力能量的正反馈。

皇帝权力主要体现为制诏。制诏权也就是用人权。皇帝用你,你是人物;皇帝不用你,你是废物。尽管如此,士大夫对待诏书的态度依然保留某种选择权甚至否决权。官员奉诏,即谓遵旨;不奉诏,即谓抗旨。拒诏和矫诏皆是大忌乃至大罪。但确实也有臣子可以堂而皇之地不奉诏而又不受惩罚。汉代常有官员拒绝皇帝赏赐和士人拒绝朝廷征聘,亦可视作臣子不奉诏。

(五) 信息充足与真相缺乏

奏诏模式有两个经典场面。一是始皇帝钟表般的计量批奏过程。始皇帝在奏诏模式中的工作状态达到了非常严格的定量化水平。④ 史称,"天下之事无小大皆决於上,上至以衡石量书,日夜有呈,不中呈不得休息。"⑤这里说得很

---

① 刘禹锡《酬乐天见贻贺金紫之什》,《全唐诗》卷 360。《四库全书》。

② 彭蟾《贺邓璠使君正拜袁州》,《全唐诗》卷 546。《四库全书》。

③ 这是皇权政治中人性的一部分。皇权政治并未完全泯灭人性,只是强力扭曲人性。

④ 明朝皇帝处理奏章也有计量要求,相较始皇,标准之低,几可忽略不计。朱元璋规定朝会奏事不能超过 185 件,英宗朝规定朝会"以呈报 8 件事情为限,而且要求在前一天以书面的方式送达御前"。此后,遂成定制。至于朝会之外,皇帝也会批复奏折。皇帝每天批阅的"几十件奏章",一般先由秉笔太监阅读和汇报,皇帝对大部分奏章"只需抽看其中的重要段落、注意人名地名就足够了"。([美]黄仁宇《万历十五年》,第 7、19—20 页,生活・读书・新知三联书店,1997 年)

⑤ 《史记・秦始皇本纪》。

清楚,秦始皇每天定时定量看的书并非它书,就是奏书,且仅是奏书。从奏诏模式角度看,秦始皇工作量着实惊人。一天看一百二十斤奏书,一个月看三千六百斤奏书,一年看四万三千二百斤奏书。换算成字数,一天看四五十万字奏书,[1]一个月看一千二三百万字奏书,一年看一亿四五千万字奏书。换个算法,进一步细化。一个小时看五斤奏书,一斤奏书四千字,即二万字。剔除生理所需的基本时间及上朝理政等必须时间,以十二个小时计,秦始皇每小时需看十斤奏书,即四万字。[2] 这种计算即便有些粗疏,这些数字即便打个折扣,比如,十斤奏书二三万字,也绝对令人震惊,不,绝对令人恐怖。可见,"工作狂"或"工作机器"之类俗语实不足以形容秦始皇。他就是一个"工作超人",帝国的"最强大脑"。这表明,一个空前庞大的新型帝国的建立,向"天下之事无小大皆决於上"的始皇帝的政治能力和行政效率提出了至高要求。[3] 秦始皇和秦帝国之关系,如同支点、杠杆和地球之关系。秦始皇的权力像支点,秦始皇的能力像杠杆,秦帝国像地球。当一个国家的正常运转高度依赖于一个人的权力和能力时,这种权力不可能不趋于无限集中和绝对专制。这是皇权专制的内在逻辑。秦始皇的非凡之处在于,他一手创建了皇权帝国,亲手创造了皇帝权力,躬身遵循着专制逻辑。始皇帝最终使自己成为一个历史传奇。

一是,赵高对二世朝会富有创意的戏剧性操控过程。焚书坑儒是愚民,指鹿为马是愚官。指鹿为马只说明一点,绝对皇权可以荒谬到朝堂之上公然侮辱人们的常识,可以令人恐惧到大庭广众之下完全无视常识。可见常识并不重要。即便重要,也可以被视而不见和随时抛弃。如果把常识比作光线,皇权就

---

[1] 秦朝的"书同文"似乎没有包括书写材料的统一规格。出土秦简长短不齐,一枚竹简所写字数自然也多少不一。保守估算,一枚秦简约有 25—30 字。折算一枚秦简的重量,再折合秦朝计量单位的古今差异,同时刨去秦简的空白,可以粗略估算出一百二十斤竹简的字数。

[2] 即便一目十行的速度也跟不上。姑且不说还要对奏书中涉及的千头万绪迅速作出判断和裁决,并在最短时间内拟定最佳处置方案。这一切都要闪电般地完成。这要求秦始皇必须对全国各地以及朝廷机构的情况及变化都要了如指掌。秦始皇的工作状态如同一辆朝着一个既定目标风驰电掣的超级赛车。他一分钟都不能停,一秒钟都不敢耽搁。

[3] 参照王莽批阅奏章的低效率,以及行政风格的枝蔓牵扯,可见始皇帝夜以继日势所必然。"莽意以为制定则天下自平,故锐思于地理,制礼,作乐,讲合《六经》之说。公卿旦且暮出,论议连年不决,不暇省狱讼冤结,民之急务。县宰缺者数年守兼,一切贪残日甚。中郎将、绣衣执法在郡国者,并乘权势,传相举奏。又十一公士分布劝农桑,班时令、按诸章、冠盖相望,交错道路,召会吏民,逮捕证左,郡县赋敛,递相赇赂,白黑纷然,守阙告诉者多。莽自见前顓权以得汉政,故务自揽众事,有司受成苟免。诸宝物名、帑藏、钱谷官皆宦者领之;吏民上封事,宦官、左右开发,尚书不得知,其备左臣下如此。又好变改制度,政令烦多,当奉行者,辄质问乃以从事,前后相乘,愦眊不渫。莽常御灯火至明,犹不能胜。尚书因是为奸,寝事,上书待报者连年不得去,拘系郡县者逢赦而后出,卫卒不交代者至三岁。"(司马光《资治通鉴》卷 38,中华书局,1956 年。[以下简称《资治通鉴》])

是引力,显然,在皇权的作用下,常识必将扭曲。这意味着,越接近皇权中心,常识扭曲得越严重。这也意味着,皇权中心正是常识最稀缺之地。"赵高欲为乱,恐群臣不听,乃先设验,持鹿献於二世,曰:'马也。'二世笑曰:'丞相误邪? 谓鹿为马。'问左右,左右或默,或言马以阿顺赵高。或言鹿,高因阴中诸言鹿者以法。后群臣皆畏高。"①单凭赵高牵出的这头鹿,就足以震惊天下惊艳历史。可见赵高绝对是一个玩弄权术和制造恐惧的专制政治大师。

第二节　书写权力史

一、奏诏定义

(一) 诏书本质

理论上,有君臣的地方就有奏诏,想追溯多远就能追溯多远。无论商周奏诏,还是战国奏诏,皆是另外一个问题。和我们讨论的主题无关。严格说,它也不是奏诏模式意义上的奏诏。奏诏固然可以有一个很古很老的起源,但奏诏起源这个问题完全不等于奏诏模式本身。因为奏诏起源无论有何特点,均不能和奏诏模式相提并论。简言之,奏诏起源只是一种宽泛意义上的奏诏,根本不同于奏诏模式的奏诏。

奏诏模式有两个特点,从空间看,它是以皇帝为中心的话语场域。蔡邕曰:天子"巡狩天下,所奏事处皆为宫。在长安则曰奏长安宫,在泰山,则曰奉高宫,唯当时所在。"②从过程看,奏诏模式是皇权帝国君臣之间的话语实践。所谓"君以审令为明,臣以奉令为忠"。③它构成皇权政治的问答逻辑。从效果看,诏书权威性在帝国可谓无远弗届。皇帝旨意"经由层层官僚组织带到郡县的每一个角落"。④ 所谓"守令承奉诏条,违犯者鲜;虽在蛮荒,无不安

---

① 《史记·秦始皇本纪》。
② 《史记·卫将军列传》。
③ 崔寔《政论》,《全后汉文》卷 46。
④ "一位曾任职南陆安地方、官不过治狱的小吏死后,小心翼翼将自己用过的法律文书置于墓中陪葬。他的墓中有一篇被称为《为吏之道》的小册子,教人如何做一位帝国的好官吏。好官吏的第一个要件就是'中(忠)信敬上'。而他保存的一份南郡太守的文告,也不断告诫地方的小吏要如何谨守'圣王'制作的法度。这些楚地的文书,不禁令人感受到发自咸阳宫中、无远弗届的赫赫帝威。"(邢义田《天下一家:皇帝、官僚与社会》,第 8 页,中华书局,2011 年)

泰"。① 这使奏诏模式本质上成为一种强有力的话语-实践体系。从奏书到诏书,亦即从话语到行动。诏书的本质不在于它由皇帝发布,或以皇帝名义颁布,而在于它必定产生一个行动。因为,它不是一个简单的句子,而是一个指令。这个指令涉及相关人事,并对相关人事产生直接影响。这影响有好有坏,但皆属必然,且不可抗拒。因为,诏书表征着皇帝向天下展示一种不容置喙的权力和不容置疑的真理。天下人必须服从且信奉之。

皇帝远在天边,诏书近在眼前。"彤襜江上远,万里诏书催。"②"诏书下柴门,天命敢逡巡。"③"故里惊朝服,高堂捧诏书。"④这使人们不难直观和洞察皇帝的统治方式。皇帝如何统治国家? 或,皇帝通过什么方式统治帝国? 简单说,通过皇权;具体说,通过官僚。这些说法都不错。但要说得更为确凿,则是通过诏书。虽然皇帝是皇权之根本,⑤皇帝可以独断专行,却不能独自一人行使皇权;皇帝需要依靠官员,却不能空口白话地让官员相信自己的权威。皇帝必须有所凭借,**这凭借其实是一种凭证**。这就是诏书。**皇帝据此使自己拥有了支配和役使臣民的绝对权力。**由此形成了现实意义上的普世皇权。诏书对帝国政治事务和实际事态的掌控和支配远超想象。即便不是无所不在、无孔不入,也是近乎全方位、全覆盖。

诏书是皇帝的声音,也是皇帝的心声。早期帝国的众声喧哗中,最具穿透力、最具辐射性、最具覆盖面的声音无疑是皇帝的声音。人们需要有倾听、捕捉、辨析皇帝声音的能力,以及闻声起舞的本能。对百姓来说,诏书是一种无形的声音,所以它是民众日常最有可能普遍感觉到的皇帝存在。

诏书是皇帝的命令,或以皇帝名义发布的最高指示,都是要人坚决贯彻执行的。即便皇帝手诏,虽然它主要出于感情交流和私人抚慰目的,但其中体现的皇恩性质,依然使其具有特殊的权威性。

诏书是皇帝对天下人作出的承诺和保证。它是皇帝和臣民之间达成的单方面协议和契约。就皇帝这方来说,它是皇帝将自己的最新决定和当下意向主动公布于众;就臣民这方来说,却很难对此内容进行任何直接观察和有效核实。

诏书是皇权时代以皇帝名义公布于世的最常见最普遍的文本。虽然皇帝(尤其唐宋以后)也写诗、编书,但诏书仍是最能直接反映皇帝意志和皇权理念

---

① 韩愈《潮州刺史谢上表》,马其昶校注《〈韩昌黎文集〉校注》卷 8,上海古籍出版社,2014 年第 2 版。
② 刘长卿《奉送裴员外赴上都》,《全唐诗》卷 147。《四库全书》。
③ 高適《答侯少府》,《全唐诗》卷 211。《四库全书》。
④ 刘长卿《送许拾遗还京》,《全唐诗》卷 148。《四库全书》。
⑤ 展开说,皇帝是皇权之本,皇权是皇帝之根。

的权威文体形式。本质上,诏书自成一种**皇权话语体系**。

(二) 奏诏关系即言行关系

奏诏模式形式上是言,本质上是事。有事必奏,有奏必报,是为理想的奏诏模式。[①] 始皇帝的高效庶几近之。一般情况下,有事上奏,有奏诏报,是为常态。这意味着,朝廷的所有事务皆离不开奏诏模式的规范,都是在奏诏模式中展开的。奏诏模式下的君臣关系,近则口语,远则书语。[②] 总之,君臣关系不离奏诏模式。整体上,早期帝国(秦朝除外)的君臣关系不如后世那般紧张。很大程度上,这或许和奏诏模式的开放性有关。因为相对宽松的言论环境,自然缓和了剑拔弩张的君臣关系。"两汉之世,事无小大,必谋之于众人,……然亦有持以藉口掩众议者。"[③]尽管如此,奏诏模式对君臣关系的调节和优化依然不容低估。

君臣关系决定了官员对皇帝的任何言语均属奏事范畴,反之,它也决定了皇帝对官员的任何话语皆具诏令性质。[④] 如此,君臣关系必然体现为奏诏模式。"王言之大,动入史策,其出如绋,不反若汗。是以淮南有英才,武帝使相如视草;陇右多文士,光武加意于书辞:岂直取美当时,亦敬慎来叶矣。"[⑤]理想的君臣关系皆隐含一种奏诏模式。"可怜夜半虚前席,不问苍生问鬼神"[⑥]形象表明奏诏模式在君臣关系中的无时不在、无处不在。一言之,奏诏模式是君臣间

---

① 秦律规定,"有事请殹(也),必以书,毋口请,毋羁(羁)请。"(睡虎地秦墓竹简整理小组《睡虎地秦墓竹简》第 105 页,文物出版社,1978 年)这是一种自上而下的强制规定。但它符合奏诏模式的本质。其本质是文书治国,其特征是帝国的大小事宜皆需以文字为据。所谓无文不成命,无书不成事。包括地方官府"上古开始就借助文字来办事",迟至明代,"整个地方政府和乡民沟通的方式,在很大程度上是依赖文字的,地方政府在集市、庙宇等公共场所立碑或是贴公告来与普通民众进行交流。王朝依托文字来实现地方行政和司法仲裁的功能,使自身与乡村生活发生了联系。"(刘永华《时间与主义》,第 234 页,北京师范大学出版社,2018 年)

② "上书言事是臣下贡献意见之最主要方式。即使是亲近官员,常有机会面见皇帝,但在皇帝周围,尚有他人,而气氛严肃,难于畅所欲言,且所言事或甚为复杂,口头不易解释清楚;不如用文字详细书写,然后上奏。所以亲近之官员亦有上书皇帝者;如大夫入侍宫中,可以亲见皇帝,仍有上书言事者。"(廖伯源《汉代大夫制度考论》,《秦汉史论丛》(增订本),中华书局,2008 年)

③ 《容斋随笔》卷 13,"汉世谋于众"。

④ 是可知,不仅君无戏言,君臣皆无戏言。

⑤ 刘勰《文心雕龙·诏策》。周振甫注释《〈文心雕龙〉注释》,人民文学出版社,1981 年。(以下简称《文心雕龙》)

⑥ 文帝和贾谊之间这种相谈甚欢的君臣之交,似乎也体现在秦穆公和五羖大夫、秦孝公和商鞅身上。究其实则不然。因为,这两对君臣是一种双向选择。文帝和贾谊却是一种单向选择。文帝可以选择贾谊,贾谊却不能选择文帝。君可择臣,臣不可择君。这是皇权时代臣子的宿命,也是君臣关系在奏诏模式上的直接体现。比如,奏诏模式中只有奏书违规,没有诏书违规。就像只有官员违法,没有皇帝违法一样。

的天人关系。谋事在人、成事在天说的正是奏诏模式中体现的君臣关系。①

进一步,奏诏模式把君臣关系规范为言行关系。言行关系又有深浅两层。浅言之,皇帝和臣民之间的主要联系就是文字。这文字体现为臣民上书和皇帝下诏。如此,文字构成了皇权秩序得以正常维系的纽带。深言之,皇帝之责在于辨别臣子言语,臣子之责在于践行皇帝言语。《尚书·舜典》云:"敷奏以言,明试以功。"汉帝诏书将其展开为,"敷奏以言,则文章可采;明试以功,则政有异迹。"②逻辑更为显豁。这不是听其言观其行,而是**听其言令其行**。可见,言行关系本质上是一种奏诏关系。意思是,言行关系首先是一种权力意志。具体说,言行关系是受制于奏诏模式之规范并得以实现的话语效果。话语的两个特点即实践和效果都需要奏诏体制的权力保障。这使奏诏本身成为一种既普遍又特殊的言行结构。

官员奏言虽然是官员自身作出的一种行动,但它仍属于言语范畴,它无法产生一个更大范围内的行动结果。它只有通过皇帝公开宣布的诏书之言才能正式转换为一种合法性的实际行动和有效措施。可见,诏书虽然具有言语形式,但实际上属于行事范畴。因为,它需要且能够产生一个相应的客观结果。这样,诏书和结果之间也构成一种言行关系。简言之,从奏书到诏书,再到结果,构成了双重的言行关系。无论奏书还是诏书,皆是亦言亦行。呈现出从低到高的走势。即,奏书是弱势的言行,诏书是强势的言行。同时,这种双重的言行关系,也是一种双重的因果关系。奏书引发诏书,诏书引发行动。即,奏书→诏书→行动。不过,奏书和诏书的因果关系还需要更细致地推敲一下。理由有二。一是,并非所有奏书都能引发相应诏书;二是,并非所有诏书都起因于奏书。有的奏书在皇帝那里泥牛入海不见下文,有的诏书完全出于皇帝的自我意志圣心独照。

(三) 奏诏程序规范皇权秩序

笼统说,在皇权帝国,能影响皇帝行政和决策的因素很多,天象人文、政经民情,鸡鸣狗盗,性格癖好,实在繁剧难计。问题是,所有这些因素,都需要通过一种合法管道才能绵绵不绝地汇集于皇帝面前,以供皇帝抉择和判断;同时,皇

---

① 它决定了"留取丹心照汗青"只是一方面,甚至不是主要的一面,真正本质的是"简在帝心照汗青"。只知留取丹心,不知简在帝心,对中国历史和中国史学,都是知其然,不知其所以然。无论奏诏模式还是奏诏叙事模式,简在帝心显然更为本真。

② 《后汉书·孝章帝纪》。

帝也只有凭借这个制度架构才能发号施令,掌控政局,实施统治。这就是"皇代永制"①的奏诏模式。

皇权政治的核心层是宫廷政治,边缘层是官场政治,外围层是黑箱政治。每个民众都被安置在一个黑格子里,处于封闭状态。同时,黑格子中的每个人又能上书皇帝,和皇帝之间保持直通管道。就像黑暗中的一道光线,给民众提供了生存的希望。应该承认,这是一种理性的制度设计。它是皇帝驾驭官僚、皇权超越官权的表征。② 据现有文献,民众直接给皇帝上书,大多能引起皇帝重视,进而导致皇帝下诏。可见,皇权政治运作中,始终存在着一条留给民众发表意见的直通管道。其存在毋庸置疑,其效果也显而易见。但其抒发对象却仅限于权力终端的皇帝。

习惯上,人们总觉得官场争斗、君臣相残是一种缺乏道德约束的不讲规则的丛林状态,却忽视了它根本是一种合规合法且正当的堂而皇之的竞争过程。官场游戏和君臣博弈并非不讲规矩的无序状态,而是一种文明的政治秩序。官场游戏和君臣博弈本身不仅是皇权秩序的应有之义,而且是它的核心内容。之所以如此,是因为它有一个各方认可和接受的操作平台,这就是奏诏模式。奏诏模式既是皇权秩序的创造,又是政治文明的体现。

虽说官场游戏和权力博弈多是难上台面的幕后交易,但终究需呈现在御前。可见,皇览即皇帝视角才是奏诏模式欲竭力实现的无死角的全方位视野。奏诏模式的设置意图就是要让皇帝扮演上帝角色,充当一种无所不知甚至无所不能的神圣权威。

奏诏模式是一个无形网络,笼罩着硕大无比的皇权帝国。每一个皇帝子民都置身其中和其他人发生着种种联系,并言说着和其他人有关的种种话语。所有这些联系和话语,最终汇集于皇帝一身,使皇帝拥有了一种上帝般的全能视角。既可以说奏诏模式使皇帝成为上帝,也可以说皇帝在奏诏模式中就是真实的上帝。

(四) 奏诏模式规定言论边界

奏诏模式是行政机制,也是政治动力,还是言论空间。它规定了言论表达的尺度、方式和界限。通过奏诏模式实施统治国家的一般程序,是谓行政机制;通过奏诏模式产生推动社会变化的直接行动,是谓政治动力;通过奏诏模式规

---

① 《晋书·慕容俊载记》。
② 中国如果有超越者,那就是皇帝,且只能是皇帝。就连圣人也不能算是真正的超越者。

范臣民言论表达的内容和方式,是谓言论空间。

奏诏模式不仅是行政运行机制,还是言论统一管制。奏诏模式要求言论统一管理(廷议),严禁言论自由传播(私议)。奏诏模式允许言论的纵向传播,不许言论的横向传播。即,所有言论只能定向汇集于皇帝一人,不能在臣子间私下扩散。言论的这种流动方式和方向就是《国语》中所说的全国各个阶层的人士都环绕在天子周围、直接向天子汇报和倾诉的理想的君臣言谈模式。这可以很好解释,为何一方面鼓励人们直言犯谏,一方面却严惩人们私议朝政。

奏诏模式展示的言论表达方式是一种绝对垂直式的。这和皇权秩序的权力架构完全一致。这绝非偶然巧合。本质上,奏诏模式既是言论表达渠道,也是言论管控机制。奏诏模式规范了人们言语,进而规制了人们思想,最终规训了人们行为。[①] 当然,不应把它想象为一个逻辑过程。因为它完全可能同时发生。一言之,奏诏模式规定了人们能说什么、能想什么、能做什么。

作为一种政治运行机制,奏诏模式同时也是一种思想对话过程。某种意义上,君臣间的思想对话正是皇权政治运行机制的一个内在特征。奏诏模式就像皇帝和臣民双方进行的无穷对话。没有始终,只有循环。奏书是一对一,从臣子个人到皇帝个人。对皇帝而言,天下臣民的奏书都是写给他一人的。如此,他成为天下臣民奏书的唯一读者。反之,皇帝下发的诏书虽出自一人之手,却是面向天下所有读者。[②] 奏诏之间的关系是,一方面,所有作者只为一个读者写奏书;一方面,一个作者向所有人写诏书。

奏诏模式是皇权政治的语言逻辑和语法结构。皇朝君臣皆需通过奏诏模式正常交流,皆需按照奏诏模式的规则进行言说。所以,**官场生态也是一种言论生态,官场游戏也是一种语言游戏,以至于皇权主义的政治权术就是语言艺术**。[③] 其特点是,官员言行类似表演,其中,言又重于行。奏书更是衍生出意味深长的"书写仪式"。历朝历代,花样翻新、华而不实的言辞、诗赋、文章、奏书蔚

---

① 言语和思想容易理解。其实行为更容易理解。奏主上书都是为了奏书被用,自然会自觉按照奏书所说行事。一旦下诏,诏书就会成为指导人们行事的指令。可见,奏诏模式确实有力规训了人们行为。

② 这里只是笼统言之,并不涉及特定的人事诏书和军情诏令,亦不包括皇帝出于某种特殊意图下达的手诏或密诏。

③ 进言之,奏诏模式塑造了皇权帝国的文章写作风格和文学创作传统。即便不是奏章,其思想主题亦不离奏诏模式规范,其言论边界亦和奏诏模式大体一致。隐约间,二者似乎有一种心照不宣的默契和约定。下笔之前,作者们心知肚明,哪些能写,哪些不能写,能写到什么程度,其间的分寸拿捏本身就是写作技巧的一部分,它考验着作者们的文章才华和文学天赋。那些脍炙人口的经典作品无不具有这种奏诏模式熏陶出来的特殊品质。

为壮观,叹为观止,既装饰着腐朽朝廷的不堪颜面,又润滑着帝国机器的沉重运转。

奏诏模式支配的皇权政治中,每个官员原则上都必须会写奏章,也都有权上书皇帝。这使文学才能成为官员的特殊天赋,也使有尺牍之才者在官场上很容易脱颖而出,受到皇帝赏识简拔。客观上,这也造成了官员们的绝大多数文章都是写给皇帝阅读的奏章。同时,官场又充满诸多有形无形的言语禁忌。韩非《说难》实乃为官之道的不刊之论。"韩非知说之难,为《说难》书甚具,终死於秦,不能自脱。"①韩非作《说难》,"而死于说难,盖谏说之难,自古以然。至于知其所欲说,迎而拒之,然卒至于言听而计行者,又为难而可喜者也。"②君臣关系中,臣子说比做、言比事更重要。韩非是最早意识到这点,也是唯一对此作出论述的思想家。韩非《说难》既是对既往谏说经验之总结,又是对未来谏说危险之警告。③

(五) 奏诏模式的开放性

奏诏模式的开放性主要表现为两点。从官民角度看,不论身份贵贱,包括民女、隶卒、刑徒,皆可上书。皇帝可能也习惯了频频收到民众上书,④这是他和子民之间保持直接联系的正当途径。⑤ 某种意义上,"皇帝与一般庶民之间,至少在表面上存在着以上书为媒介的'开放的关系'。"⑥从官员角度看,不论官职大小,官场中人,哪怕弄臣、俳儒亦可上书。比如,俳儒遇到皇帝能当场上谏,东方朔身为郎官,"陛戟殿下"却能"辟戟而前"进谏,大呼"董偃有斩罪三",⑦非但没有惹恼武帝,还得到武帝的赞许和首肯。

奏诏模式之开放性近乎无界性,即几乎没有什么明确界限。就是说,在奏诏模式中,臣民几无不可说之言和不可说之事。既然在奏诏模式中,不存在任

---

① 《史记·韩非列传》。

② 《容斋随笔》卷 13,"谏说之难"。

③ 韩非"见韩之削弱,数以书谏韩王,韩王不能用。……悲廉直不容於邪枉之臣,观往者得失之变,故作《孤愤》、《五蠹》、《内外储》、《说林》、《说难》十馀万言。"(《史记·韩非列传》)

④ 比如,魏明帝所受民众上书,每月都有上百封。(《三国志·魏书·明帝纪》)

⑤ 中俄两国历史上都有民众给最高统治者写信的传统。"俄国农民传统上就喜欢给沙皇写信,或者为其祈福,或者向其控诉主人的罪行。"(金雁《倒转"红轮"——俄国知识分子的心路回溯》第 331 页,北京大学出版社,2012 年)相较而言,除了告状、告密、建议、辩护,中国民众写给皇帝的还有对父母官的感激、拥戴和祈请。在早期帝国,这既是官民关系,也是君民关系。

⑥ [日]尾形勇《中国古代的"家"与国家》第 128 页,中华书局,2010 年。

⑦ 《汉书·东方朔传》。

何言论禁忌和限制,那它为何不是言论自由?[①] 此其一。其二,既然奏诏模式为人们提供了一种近乎无限制的言论表达环境,为何早期帝国没能产生出媲美战国百家争鸣的更加多元化的思想? 这是否表明,拥有充分话语权和言论自由度的奏诏模式并不能保障多姿多彩的新思想的产生? 其实,二者毫无关系。就是说,奏诏模式提供的言论空间再大,也不能创造出任何新思想。因为这压根不是奏诏模式的设计意图所在。就其根本,设置奏诏模式只是为了便于皇帝行政和实施统治。按照这种设计理念和架构逻辑,奏诏模式仅仅是为了满足皇帝专制需要。显然,这个目的和创造新思想之间截然对立。道理很简单,为利于皇权专制而设置的奏诏模式怎么可能产生出新思想? 它只能有利于压制和禁锢新思想的出现。

在古代的言论观中,人们所说的鼓励直言、放言、进言、谏言,本质上都是奏诏模式中的奏书范畴。换言之,允许人们说话就是允许人们上书、奏言。所谓言论,即是奏书。既是奏书,只能上奏于皇帝。这样,所有言论都对臣民开放,同时,所有言论又都汇集于皇帝面前。可见,言论开放就是对皇帝开放。一方面,臣民什么话都可以对皇帝说,也只能对皇帝说;另一方面,皇帝有权知道和掌握全国臣民的心里话。既然所有言论只能通过奏诏模式表达,那么奏诏模式对言论的开放本身就是一种强力管制。奏诏模式这种制度性设置,其观念和构想在《国语》中已显端倪。它是以天子为中心,将天下士农工商所有言论层层上达于天听的话语平台。

是可知,奏诏模式之本质在于控制一切言论,限制一切发声的东西。具体说,奏诏模式之实质就是将所有言论强制纳入官方管道。如此,奏诏模式之开放性同时也限制和规范了帝国臣民的言论和思想。人总要说话,说话总要发生作用。它取决于言说环境、身份尤其是权力。这一切皆需一种客观形式。这就是奏诏模式。奏诏模式是让人说话,却不让人随便说话。

理论上,奏诏模式要求所有臣民都能直接向皇帝发表自己的政见。实际上,早期帝国确实在相当程度上实现了这点。奏诏模式要求的言论开放性是一个有效且成功的制度设计。其特点在于一种充分保障的话语实践。奏诏模式的言论开放性也可以理解为制度性的开放言论。但言论开放不等于言论自由,

---

① 它虽然不是现代意义上的言论自由,却近似古希腊意义上的言论自由。公元前 5 世纪,人们发明了一个"希腊语新词 isegoria,其意思是言论自由,但它的意思,与其说是我们通常否定意义上的免受审查,不如说是更加重要的,在所有公民的集会上就最重要的问题拥有发言权。"([英]M. I. 芬利《古代世界的政治》,第 177 页,商务印书馆,2013 年)

就是说，皇权秩序对言论的规定是开放而非自由。不能什么都说，能说的则可以尽兴说。其间的尺度和分寸，不是一个法律明言的行为规则，而是一种自我约束且心照不宣的心理习惯。

奏诏模式的制度开放性，使得"书奏天子"①成为皇权政治常态。与此同时，"语言薄罪"②依然是一个轻忽不定令人畏惧的罪名，致使"有策不敢犯龙鳞"③反成另一种官场故态。宰相之子杨恽"少显朝廷"，先是以"晻昧语言见废"，继而因同样理由被杀。④ 这显然构成一个客观的现实悖论。一方面，允许人们自由上书；一方面，因言获罪又比比皆是。这种深刻分裂不仅是皇权主义的本质，也是早期帝国的现实。

（六）生活透明与真相黑洞

奏诏模式是专制政治的标配。有专制政治，就有奏诏模式。一方面，虽然奏诏模式最大限度开辟了人们言事议政的渠道和空间，但隐瞒和欺骗处处都在。专制政治的特点之一是瞒和骗，而且是相互瞒骗、上下瞒骗。官民之间瞒骗，君臣之间瞒骗。这从频频颁布的灾异诏书中亦可看出几分端倪。反复声称要人们上书"各以诚对，毋有所讳"⑤，固然可以看作一种常规的诏书格式，但也可以视为一种对奏诏模式中充斥过度虚言浮辞的警告。皇帝下诏的目的就是为了了解真相，但也恰恰永远了解不到真相。辩证意义上，奏诏模式本身就在日复一日地制造真相黑洞，奏诏模式本身就是对真相的遮蔽和掩盖。⑥ 另一方面，正是奏诏模式，使张汤濯足、颜异动唇、张敞画眉这类难以进入常人眼帘的隐秘细节和隐私活动不仅为皇帝充分掌握，也成为皇帝嘴里的嬉戏谈资。

官民的隐私和燕语如果进入奏诏模式，成为奏书的材料和证据，意味着理论上和法律上帝国臣民只有普通意义上的日常生活，而没有真正意义上的私生活，即他们对皇帝将不再有任何秘密可言。皇帝有权力也有能力随时掌控天下

---

① 《汉书·刑法志》。
② 《汉书·萧望之传》。
③ 李白《猛虎行》，《全唐诗》卷165。《四库全书》。
④ 《汉书·杨敞传》。
⑤ 《汉书·于定国传》。
⑥ 奏诏模式并不能从根本上堵塞皇权帝国的真相漏洞。伴随着奏诏模式的逐渐失效和失灵，皇权帝国的真相漏洞会越来越大，直至成为一个无底黑洞。一旦奏诏模式无法获悉任何事实真相，帝国便正式进入灭亡的倒计时。这时，皇权秩序解体，帝国体系崩溃。最终，朝代完结。中国历史开启新一轮改朝换代模式。

臣民的一切言行。如此,天高皇帝远同时变得天高皇帝近。高高在上的皇帝就像俯视芸芸众生的上帝,拥有了一种近乎不受限制的全方位视角,时时关注着自己治下的皇权世界和子民们的内心世界。对皇帝而言,这似乎是一种自己独有的妙不可言的享受和体验。从想象的角度看,人们的隐私和燕语成为奏诏模式的普遍内容,无疑使皇权帝国变成一个没有界限且透明的巨大政治黑洞。所以,我们必须探问,官民的隐私和燕语全部纳入奏诏模式,将对皇权秩序和政治生态产生何种影响?

一旦进入奏诏模式,臣子的希望和命运都交到了皇帝手里,听凭皇帝的任意决断和终极裁决。如果不进入奏诏模式,并不等于可以摆脱皇权控制,只能说你放弃了发声的机会,或不愿言说,这样,你就展示出一种顺其自然、听天由命的姿态,任凭皇帝的恣意妄为。可见,奏诏模式是一种唯一能够影响皇帝言行和决策的制度管道和合法途径。

二、诏书分类

可以对诏书进行多种多样的分类。广义上,皇帝言语皆为诏;狭义上,皇帝发出的指令性话语才算诏书。狭义之诏又有口诏和书诏两种。

从奏诏程序看,一是对廷议讨论进行裁决,可者即为"制曰可",是谓"裁决性诏书";一是皇帝对官员呈报上来的奏议作出裁决,或以"制曰可"的形式作为诏书转发下去,是谓"批复类诏书";虽然原则上所有诏书都需要皇帝的亲自决断,但毕竟有些诏书从起意到成文,一出御手,即为"独断性诏书"。一般说,独断类诏书的内容更为宽泛多样,既有涉及各种社会军政问题者,更有带有全局指导性和长期政策性的内容。批复类诏书多为官员针对一些具体的政经文教等问题的解决方案或意见对策。批复类诏书体现了君臣相得,同心同德,甚至表明君圣臣能。比如,汉文帝因缇萦上书而废除肉刑就是一例。它不仅反映出皇帝获取民意的广泛性,也反映出皇帝施政的灵活性。帝国早期历史上最具影响力的两道诏书,"焚书令"和"尊儒诏"皆属此类批复性诏书。它表明皇帝对官员建议的完全认同。同样,它也说明,批复类诏书的原初建议者有各种身份。既有众卿之首的丞相,也有百官之一员,甚至还可能有一般士人或普通百姓。

从成书过程看,诏书主要有三种类型,即因事下诏、无事下诏和例行下诏。其中,因事下诏又可分为两种情况。A. 事态→诏书模式(事→诏模式);B. 奏事→诏书模式(奏→诏模式)。所谓无事下诏,并非完全没有发生任何事情,只是说事态不明显,或史书上没有相关事态的记载,这使得皇帝下诏就成为一种事由不明的诏书,即表面看来像是一种独断性诏书。至于例行性诏书,和因事下诏和无事下诏交相重叠。有时事由明显,有时事由不明。特点是具有某种规则性或习惯性。至少有三件事属于例行性诏书范畴。即,即位、大赦、改元。① 所谓例行诏书,是指作为惯例,这类事情必须下诏宣布和确认。此外,则是不确定的随机性诏书,即因事下诏。这类诏书范围广泛,无所不包。它直观地展示了皇帝的无处不在和无所不能。

从议题性质看,奖赏任免的行政命令,制定或修订的刑典律令,讨伐征战的军事指令,礼仪规范的条例规定,制度设置的政策条令,各种事态的临时指示,是诏令的六种类型。

从涉及内容看,诏书可以分为多种类型。事务性诏书(诸如官员任免、奖惩,军事行动、作战指令,突发事件、灾难应对等),制度性诏书,政策性诏书,法律性诏书。当然,制度、政策、法律三者往往高度重叠,密切相关。但终究有些侧重。

---

① 比如,改元必下诏书。这是因为,唯有皇帝有权创制时间和规划时间。此外,还有一个非常重要的技术因素。每次改元,势必要求朝廷和官员按照新年号来书写公文,包括各种文书、材料、数字、案件、奏疏等成文的东西,都需要按照新年号来标注和统计。否则时间顺序一乱,所有政府公文便都成了混乱不堪的无头账。所以,改元必须由诏书正式宣布,告知天下所有臣民。因为百姓上书也不能搞乱时间,用旧年号说新年号的事情。不过,这里还有一个问题。许多改元常在年中某月。这样,改元之前,人们还是用旧年号记事上书。一旦改元,对地方尤其边郡而言,本年度的各项记事时间有了两个年号之差。而且两个年号皆不足月。新旧年号混用亦属常态。由此造成的时间冲突乃至记事混乱、公文矛盾在所难免。时间一久,麻烦更大。"传授增加,文书纷纠,前后错缪,毁誉浑乱。"(《汉书·楚元王传》)如果遇到重大事变,需要清理和追溯以前的朝廷公文和本部门文书,必然问题重重,不胜繁剧。围绕改元还有两个问题。一是无年号改元。直接后果就是记时重复,进而导致行政冲突。既如此,为何还要反复制造这种无年号改元的混乱和灾难?帝国君臣并不荒唐,更不愚蠢。为何却热衷这种非理性的时间游戏?无论皇帝下诏还是官员上书,乃至其他行政文书的上传下达,皆需标明时间。无年号改元使朝野上下皆面临帝国文书出现大量相同年份之困扰。同一个年份,却有诸多不同的诏书指令和文书内容。这对整个帝国的官员和百姓来说,无疑会造成巨大混乱,非但难以执行,甚至令人无所适从。对这种无年号改元的灾难性后果,帝国君臣难道毫无意识?如果有所意识,为何还会反复进行无年号改元?帝国君臣是否想过如何避免这种灾难后果?或许,年号之创造正是解决这种无年号改元之弊端的关键技术。二是近人一般认为,出土的简牍诏书上的时间都是地方官吏添加上的。或许如此。但要说只有策书有时间,"制书、诏书、戒敕没有具文时间"便说不通了。这显然夸大了四书之间的差异。其实这正是秦诏叙事模式造成的视觉误差和阅读效应。事实上,史书上许多诏书都有时间。不能将此时间全部视作"首次转下此诏的行下之辞中的行文时间"。因为,今人所见汉简诏书同样是抄件,并非"诏书原式"。(参见汪桂海《汉代官文书制度》第206—207、209—210页,广西教育出版社,1999年)如果考虑到西北边塞的地域特性和内容种类,应该懂得它不能完全呈现汉帝国的所有诏书格式。

三、政治动力

（一）原动力

有关中国历史的研究完全丧失了基本的动力意识。① 人们早已不知道如何寻找以及到何处寻找历史动力。唯物史观作为一种经典的动力论历史观模式，似乎已被悄然放弃，我们该如何观察和分析皇权秩序演化模式？即，皇权秩序的历史演进受到哪些力量的推动？什么力量推动了皇权秩序的复杂演化？② 换言之，皇权政治如何运行，以及皇权运行机制依靠什么推动？就是一个真正的历史动力问题。

皇权能否自动运行？如何启动皇权？这是皇权帝国的首要问题。如果说第一动力是皇帝，这个应该没什么争议。但皇帝并非毫无凭借，这个支点就是诏书。换言之，诏书是皇帝推动皇权高效运行的支点。比如，"始皇称帝诏"是中国皇帝的第一道诏书，也是皇权中国最重要的一道诏书。有的诏书可能在某个朝代很重要，但从整个皇权历史看，"始皇称帝诏"无疑是最重要的一道诏书。这是中国历史上统治者向天下公开宣布新制度建立的第一道诏书。此前，无论王权还是君权，均是一种长期的自然演化。只有皇权，是通过一种最具权威性的诏令形式，向全民公布了一种覆盖天下的新型政体的诞生。③

国家作为最复杂最精密的政治体，其运行绝非自然而然，必定有其内在动力使然。如果把国家比作一部机器，它是如何发动起来的？把汽车发动起来，把机器开动起来，这需要指令。诏书之于皇权政治的正常运作，类似发动汽车、开动机器的指令。如果把皇权政治比作一台机器或电脑，它如何启动？它要有一个指令。这个指令就是诏书。即，诏书是皇权政治正常运作的唯一指令。

---

① "阶级斗争史观"又称"阶级分析方法"，被学界冷落了四十年。现在看来，它至少有一个优点被忽视了。这就是其思考历史问题的力度。这个深度主要体现在观察历史演进的推动力量。现在有关中国历史的研究，无论切片式的横向描述，还是专题式的纵向勾勒，抑或碎片式的现象罗列，即便小题大做的精细论述，甚至宏观专史的通贯阐释，皆未能注意到历史演化的动力因素。人们已无心亦无意考察不同层面和领域的历史动力问题。由此造成一种奇异景观，大大小小的历史线索似乎越来越明晰，但历史何以如此的内在原因却模糊不清。历史过程、历史因果都很重要。但在历史进程中，是否还有一种更为具体和程序化的力量在支配和左右着历史如此发展？

② 或许，考察这些问题，恐怕还离不开对"两官矛盾"（即官家矛盾和官民矛盾）的深层思考。官家矛盾是统治阶级的内部矛盾，它构成改变中国历史形态的基本动力；官民矛盾是统治阶级和被统治阶级的矛盾，它构成塑造中国历史面貌的主要动力。

③ 我们至今尚不知晓这道"始皇称帝诏"以何种方式和途径传达给各地民众。就是说，百姓究竟通过什么方式知道国家统治者不再称王，而是一个全新的名号"皇帝"？

政治是有组织行为。它的启动和运行,必须有一个指令。这个指令决定了政治系统和程序的正常运作。一个正常的政治实体一定是个有序的组织或有效的系统。这意味着,政治组织或政治系统的操作或运行,显然不取决于每个人的意愿或行为,而取决于某个人的意志或指令。这是皇帝诏书和帝国事务之间关系的基本政治原理。

奏诏模式是政治动力,诏书则是原动力。原动力和制诏权联系起来,意味着,有制诏的权力,就有推进政治的能力。换言之,诏书是主动力,奏书是辅动力。奏诏模式构成了皇权政治的动力体系。但就某一方面看,奏诏模式这套动力体系具有显而易见的形式性特征。奏诏模式体现出的不光是程序之展示,更是动力之展开。程序本身即为一种自动运行之动力。人人皆可参与其中,实现自己意图。这使奏诏模式必然具有了某种似乎更为内在的实质性内容,即追逐权力。所有人都追逐权力,最终促成了皇权的空前强大。就此言,皇权是所有人的言论共识和行动合力,即最具正当性和神圣性的公权力。

(二) 皇权的动力性

如果要在古籍上找出一句话形容皇权,那就是"天下之事无小大皆决于上"。[1] 可以说,皇权的所有制度规则和运行方式以及价值规范,皆围绕着"天下之事无小大皆决于上"这一基本目标而建立。据此观之,史书上记载的绝大部分事件皆非自然发生,而是人力推动。这个人就是皇帝。[1] 当然,任何一个

---

[1] 皇权政治中,没有什么是随意的。除非皇帝个人任意。皇帝之任意即皇权之意志。它有规则,有逻辑。但其规则和逻辑并不高于皇权本身。皇权制定规则,同时改变规则。一切取决于永恒不变的专制逻辑。"天下事无小大皆决于上。"太史公貌似轻描淡写的这句话可谓画龙点睛。它使人得以洞见皇权政治之奥秘。因为"天下事无小大皆决于上"在皇权政治运行中具有本质性。它不仅意味着帝国的大小事务皆需皇帝一人决断和决定,更意味着皇帝的乾纲独断必有一个可以确认的直观形式。就是说,皇朝的每一个行动都是出自皇帝的决策,皇帝决策的直接凭证就是诏书。总之,"天下事无小大皆决于上"即决于始皇之制诏,决于始皇之诏令。可见,一件事意味着一道诏。此所谓无诏不成事。所有事件的发生既非自然,亦非偶然,而是诏书使然。它是由皇帝亲自裁决并付诸实施的必然结果。至于"天下尽决于(赵)高""天下尽决于(张)汤""天下尽决于(霍)光"之类的说法,正确的理解是,赵高、张汤、霍光等人基于种种机缘,而暂时且有限地行使了皇权。所谓暂时是说,他们绝对不可能超过一代人。一代人指的是权臣自身,而非他所操控的皇帝。霍光执政二十年,跨越昭宣二帝,他一死,旋遭灭族。所谓有限是说,他们不能封禅,不能祭天,不能修陵。所以,不能将权臣或外戚窃取皇权的现象视为皇权的削弱或衰落,只能视为皇权的变异和延伸。理由是,权臣以皇帝名义颁布的诏书,依然具有皇权的权威性和合法性。

[1] 这决定了史书特别是正史的体例宗旨和叙事本质。据此可以对史书叙事进行全新的观察和解读。至于正史的体例和叙事并非全然出自史家的天才创造,而是源自皇权政体的客观启示。由(转下页)

朝代,总有些基层的、边缘的、偶然的事态并非皇帝所能掌控。有些属于体制惯性使然的官场日常事务,有些属于体制弊端造成的反体制行为。这些自然不需要皇帝专门下诏。但事态扩大到一定规模或范围,肯定需要皇帝下诏才能得到有效解决,或局部解决,或至少表面解决。可见,皇帝诏书有时为了解决问题,有时则制造出问题,有的诏书本身就是问题。无论如何,只要问题存在,一定和皇帝摆脱不了干系。为此,皇帝只能通过不停地下诏来解决问题和制造问题。在二者难以分辨的相互纠缠中,皇权逐渐推动着历史进程,并改变着历史走向。

对皇权政治的性质判断已不是问题,关键是皇权政治运行的动力始终没有得到人们关注,并获得确认。在皇权运行层面,诏书是动力,但从更深层看,推动皇权长期演化的本质力量则是专制本身构成的**专制理性**和**专制激情**。这使中华专制主义的长程走向很难从外部直接打断。它拥有应对各种事态和危机的丰富经验和超常机制。它趋向于越来越专制,直至被自身的专制毁灭。

如果皇权运行的力量主要来自皇帝推动,这不仅表明皇权的专制性,也说明皇权专制本身具有一种自我推动的能力,即,皇权因专制而自我生成一种体系性的推动力量或动力机制。从另一个角度看,皇权运行的自我进化功能和内在动力性质构成了皇权专制的结构性基础。是可知,皇权专制和皇权的自我动力功能之间具有内生性和互动性两个特点。

皇权政治的绝对要求是,必须确保皇帝对一切事务的知情权和决断权。所谓"天下事无小大皆决于上"是也。这使得帝国所有事务一律纳入了皇帝诏书敕令范畴。即,皇帝诏令覆盖了皇权政治的方方面面。这样,诏书便对皇权运行机制起到了一种直接推动力的作用。一方面,诏书本身是皇权运行机制的一部分,另一方面,诏书又直接推动着皇权政治的正常运行。

皇权政治依靠皇帝意志推动,皇帝意志的直接体现是诏书。诏书是推动皇权政治运行的力量。若进一步追问,什么因素构成了诏书成文的深层力量?则不外乎形势变化、朝政变局、臣子上书,或皇帝独断意念等直接原因导致诏书制作和颁布。尽管如此,虽说诏书也是皇帝根据各种事态、官员奏疏而作出的决定,但最终取决于皇帝个人的判断。即制诏最终取决于皇帝意志。是可知,皇帝诏书确实是皇权政治的直接动力。

(接上页)此构成了本书的思考路径和写作逻辑。即,权力→真理史→权力史。通过真理史揭示权力史。但真理史的前提是权力的绝对存在。其实,它有一个更深刻的本体论结构,即,现实→史书→历史。在这两个"公式"中,"权力"和"现实"都可以打上括号。因为之于认识论,本体论往往处于隐匿的中立状态。

(三) 诏书政治

由官制、礼仪、法律构成的制度可谓皇权政体的硬件,诏书则是启动、激活、推进皇权政治正常运作的软件。原则上,凡诏皆需立即执行。由此构成了推动皇权秩序得以正常运行的核心力量。从皇权政治运行的实际历史看,诏书不仅是力量,还是动力。这是言语具有的最大可能性,也是话语产生的最大历史效应。

皇权政治的推动力来自皇帝。皇帝统治的推动力来自自由意志。皇帝的自由意志主要体现在诏书。诏书体现的自由意志属于皇帝的自我决断,而非自我发明。总之,诏书是皇帝自由意志的直接体现,故构成了皇权的核心。这种核心具有动力的性质。

诏书是推进皇权政治的动力。换言之,皇权政治的正常运行主要靠皇帝诏书推动。这是因为专制政治只能依靠人治维持。[1] 所谓专制,就是一切事务皆依赖于专制者随时变化的个人意志。这样,专制政治的正常运作完全依靠专制者的个人推动。它具体体现为专制者任意发出的大量指令。这就是皇帝诏书对皇权政治运行的总体性支配功能。[2] 这也是皇权政治运行只能依靠皇帝诏书维系并推动之原因。它直接造成兴邦丧邦完全系于一人一言。[3] 一人兴邦,一人丧邦,此一人即为皇帝;[4]一言兴邦,一言丧邦,此一言即为诏书。[5] 此谓"一言得而天下服,一言定而天下听"。[6]

皇权政治靠皇帝推动,皇帝靠诏书推动。所以,皇权政治即是诏书政治。每一件事后面皆有诏书之推动。朝廷做的每一件事,都不是自然发生的。它一定有其力量推动。这力量即是诏书。就是说,朝政的每一种变化,都来自诏书

---

[1] 推而广之,现代极权政治盛行和迷信文件治国,也是基于同一个逻辑。

[2] 皇帝并不在政治之外操控政治。皇帝操控政治的过程本身就使政治成为一种政治化过程。换言之,只有皇帝能使政治真正成为政治,只有皇帝能使一切成为政治,只有皇帝能使一切事物成为政治化存在。

[3] 黄帝问力黑,"唯余一人兼有天下,滑(猾)民将生。……请问天下有成法可以正民者?"力黑曰:"吾闻天下成法,故曰不多,一言而止。……夫百言有本,千言有要,万【言】有蓯(总)。万物之多,皆阅一空。"(《十六经》,《马王堆汉墓帛书〔壹〕》,文物出版社,1980 年)一空即一孔,一孔即一言。一言可谓大矣。微言有大义,一言更有大义。天下兴亡系于一言一身,可不慎乎! 古人观感源于历史经验,相距历史实态不远。

[4] 这就是"道法自然"的皇权主义。皇帝只服从自己的意志,听从自己的意愿。即,皇帝按照自己的意志行事,就是皇权主义。

[5] 如果董仲舒上的"天人三策"不被汉武帝认同,成为颁行全国的诏书,不过是董仲舒一人之事,一旦变为诏书,则成为此后整个汉朝之事,以及汉帝国所有人之事。如果董仲舒奏对不变成汉武帝诏书,就只是一篇普通文章,只有董仲舒个人的思想学术价值,一旦成为诏书,就有了汉代政治史和思想史之价值,乃至中国政治史和思想史之意义。

[6] 《管子·内业》。

的直接推动。

一句话，皇权政治靠什么推动？非诏莫属。对诏书的研究表明，**皇帝诏令对皇权社会的变化和演进有着全面、直接的支配性影响，对皇权秩序的建构和扩展发挥着总体性的推动作用。**

四、行政机制

（一）奏诏模式是统治方式

在最高层面上，奏诏模式就是统治方式。[①] 统治方式的含义是，实施统治展现出来的基本形式。总之，凭借什么进行统治是统治方式这一概念的本质。统治方式的关键不是被统治者，而是统治者。统治者决定了统治方式。统治者决定采用何种统治手段和统治技术。另一方面，统治方式并非自上而下单向度地支配和控制，而是互动式的认同和互补式的合作。[②]

正因此，我们发现皇权政治最根本的特征竟然是最普通不过的书和会。文书和会议成为皇权政治须臾不离的东西。二者结合为奏诏模式。奏诏模式的核心是诏书。诏书既是皇权之统治技术，又是皇帝之统治方式。一言之，以诏治国。三尺剑取天下，一尺诏治天下。

从皇帝角度看，奏诏模式是发号施令和掌握天下人想法的主要途径。从臣子角度看，奏诏模式是把自己想法合盘呈给皇帝，以便影响或左右皇帝决策的主要渠道。[③] 可见，奏诏模式对皇帝有双重功能，对臣子是单一功能。不过，辩证看，奏诏模式下，君臣皆有双重职能。皇帝是兼听议论，且乾纲独断；官员是上书议政，并依诏行政。

理论上，所有人都能给皇帝上书，自然，所有官员也能随时给皇帝上书。这意味着，处理各种议题和内容的上书便成为皇权体制中最重要的机构设置，也是皇权政治中最重要的日常工作。这是一项非常繁重而庞杂的行政事务。正

---

① 重要的不是生产方式，而是统治方式。因为只有统治方式展示出支配臣民的现实力量。这一现实力量即是诏书，且只能是奏诏模式中的诏书。本质上，奏诏模式之外，无奏亦无诏。

② 奏诏模式表明，大多数情况下，虽然君臣关系本质上是一方主宰一方依附的主奴关系，但大多数情况下，似乎仍以合作为主，双方的矛盾并不占有主导性。这不仅是皇帝统治的稳定需要，也是君臣双方的心理需求。

③ 判断皇权政体是否专制政体，一个关键指标是看它的决策机制能否容纳不同意见，以及异见能否不受阻挠地进入最高决策层。这一切直接关乎奏诏模式的正常运行。就是说，只有在奏诏模式中才能准确判断皇权是否专制权力。

所谓"以文书御天下"。萧何入关，"收拾文书，汉所以能制九州者，文书之力也。"①所谓文书，即是朝廷公文。包括林林总总的奏书、诏书、律令、簿册、档案和官府公函，以及地方官发布的各种条教令文。文书治国的本质是诏书治国。汉帝制诏更是亲力亲为。② 此诚所谓"一尺诏"或"三尺诏"治国。③

　　秦汉帝国行政在形式上多体现为照章行事，依法行政，④由此形成一套成熟的文书处理机⑤尤其处理常规文书，诸如礼仪典章、上计材料（户口和赋税）、

---

① 王充《论衡·别通篇》。北京大学历史系《论衡》注释小组《〈论衡〉注释》，中华书局，1979年。

② 惠栋曰："汉诏令皆人主自亲其文。"（王先谦《〈后汉书〉集解》卷13，中华书局，1984年）

③ 冨谷至认为，"书写材料在相当程度上规定着行政体系，一旦书写材料发生变化，行政制度就会受到影响，从逻辑上讲，它甚至最终影响到国家政治的变化。在简牍的基础上展开的汉帝国的行政，与纸张时代的唐代的政治之间，必然是有区别的。"倘若过度强调简牍对纸张的行政优越性，并无理据。"收录起来的令文并非不能追加、变更的典籍，而是未完成的卷宗性的编纂物。也就是说，它不是闭合的典籍，而是开放着的卷宗。"可以说，"简牍所具备的文档功能，纸无法全部继承，即便通过'纸连'、'缝印'的方法将纸连结在一起，与简牍的编缀在功能上不可能完全相同。"（[日]冨谷至《木简竹简述说的古代中国——书写材料的文化史》，第138、140页，人民出版社，2007年）冨谷至的结论主要有两点。一是凸显"视觉简牍"的材料优势。"根据书写内容，以简牍长度的划分等级，使人一看到简牍就能认识到简牍内容的重要程度，这实际上给简牍附加了一种感官（视觉）的效用。由此，简牍不再单是一种用来书写文字的材料，其外在形态也拥有了重要的功能。"比如，"1尺1寸中多出的1寸，是为了让皇帝书诏书中'制曰可'的'制'字高出，突显其作为皇帝旨意的权威性。"这种形制，"在视觉上昭示出命令的威严，同时也有助于维系一种恪守规范的意识。"二是简牍文书决定汉朝兴衰。"支撑着汉帝国的是彻底化的简牍文书行政。书写材料的演变催化了汉代文书行政的终结，汉帝国亦随之解体。"长达四百余年的汉帝国，延续时间最长，"也是最为强大的中央集权制国家。"唐宋明清多在"帝国中期趋于衰弱，中央集权逐渐解体。汉帝国则长久支撑着集权国家的架构，……使之得以实现的力量正是完备的文书行政，以及依靠文书确立起来的人员与物品流动管理检查体系。"诚然，后世也存在这种"以帝王诏令为首的各种命令文书以及簿籍和通行文书。但像汉代那样"延伸至末端机关的文书行政、文书检阅、往复于官署之间的公文，一丝不苟的副本制作等等，至少目前尚未得到确认。"（[日]冨谷至《文书行政的汉帝国》，第344、28、37、353—354页，江苏人民出版社，2013年）尽管如此，从书写材料的技术角度看，简牍和纸张显然不可同日而语。简牍的优点都能被纸张替代，简牍的缺点都能被纸张弥补。简牍的"视觉效果"远不如纸张醒目和有效。纸张的颜色纹饰更能体现出不同文书等级和种类所需的特殊权威和特定意图。夸大简牍对纸张的材料优势，并不合乎一般性的技术常识。进而，将汉帝国的成败归结于简牍文书的兴衰，更显浮泛表面。

④ 近人认为，"秦汉时代的官僚行政是在极为细密的法令规章之下运作的，居延、敦煌出土的大量文书就是最好的证明。边防军队的任何方面几乎都牵涉到极为繁复的文书作业。……其中有很多格式和程序是固定的，日常行政通常是依据颇为固定的形式和程序在进行。"这使官员们"对法律及行政中的用语极为注意。许多行政程序和行政机构之间的等级尊卑关系，往往就由公文使用的惯用语来表现。"比如，"用'如律令'、'如府记律令'、'如诏书律令'、'如诏书'、'如故事'等简单化的语句来简化一份文书。以上这些措词的用意，原本应有不同，如'府记'和'诏书'当然不同。但这些一旦成为惯用语，原本严格的界限有时即可能趋于模糊。例如'律'和'令'原本不同，各有所指，可是一旦连用，成为惯用语，它的意义就变得十分宽泛，可以泛指一切法令规章。"（邢义田《治国安邦：法制、行政与军事》，第512—513页，中华书局，2011年）

⑤ 秦汉公文运转有三个特点。第一，"中央公文运转环节相对简洁。中央公文主要由皇帝与三公直接处理，不必经九卿绕行，而九卿在其职权范围内也可以独立处理公文。"尚书参政后，"协助（转下页）

司法卷宗、朝议记录，更是行之有效。一般都是按照既定程序和现有规定，被分门别类，纳入官僚体系的各个职能部门，有的需要作出相应处理，有的则被归档，很少有机会进入皇帝视野。因为，一旦进入皇帝视野，往往就会落实为诏书，下发有关机构，或颁发全国，成为新法令和新规章。除非有紧急情况或突发事态，或重大案件，需要立即呈报皇帝，以便相机行事。这样，最有可能引发皇帝下诏的就是官员奏疏甚至民众上书。可见，在奏诏模式支配的帝国行政机制中，常规文书反而可能不是最重要的。

"尚书"、"中书"之命名，显然和"书"有关。这些书并非典册书籍，而主要是公函文书。换言之，尚书和中书最初都是负责皇帝诏书的制作、管理和保存。它表明奏诏模式对皇权政治和官僚政治的深刻影响。正因此，尚书和中书这些官员和机构才会在漫长的皇权历史上发挥如此重要的作用。另外，汉代选拔官吏要求"善史书"，不仅是对书法字体的要求，也是对文字写作能力的要求。其中一个很重要的原因是为了便于官员上书奏事。钦差或使臣返京回朝，都须向朝廷详细汇报自己的出使过程、完成任务情况等。这类上疏虽有格式规定，却无字数限制。这对那些"善史书"的官员来说，无疑提供了一个充分展示自己政绩、能力、才干的机会。史书上有关他们行状事迹的记载之所以包含诸多令人惊奇的细节和对话，应该来自于他们自己的上书奏事。

公文行政使皇权政治形成了一种见字如面的信任传统和欣赏习惯。它要求公文书写必须字体端庄规范，[1]文字考究严谨，如果具备高超的文学叙事技巧和艺术修辞能力自然更妙。"言必弘雅，辞必温丽，垂于后世，列于典经。"[2]许多上书奏章竟然成为美文华章。以至于文学史很大程度上竟然是一部公文史。[3] 进

(接上页)皇帝处理公文，在某种程度上加快了处理速度。"第二，"地方行政机构有较多的公文处理权。大量的公文运转在郡一级就完成了。"第三，"公文格式相对简单。"（卜宪群《秦汉公文文书与官僚行政管理》，《历史研究》1997年第4期）

[1] 刘邦手书给太子刘盈，"吾生不学书，但读书问字而遂知耳。以此故不大工，然亦足自辞解。今视汝书，犹不如吾。汝可勤学习。每上疏，宜自书，勿使人也。"（《手敕太子》，《全汉文》卷1）估计刘盈的字太难看，甚至错字太多，所以刘邦才督促他勤学练字，把字写好。

[2] 《后汉书·周荣列传》。

[3] 不仅如此，思想史某种程度上也是一部奏疏史。姑且不论大部头的《明经世文编》和《皇朝经世文编》，一些著名的思想作品亦不脱奏疏结构和风格。比如，黄宗羲的《明夷待访录》和李觏的《周礼致太平论》虽是著作，其内容和一般官员的奏疏内容并无二致，连标题都很相似。《明夷待访录》除了"原君"、"原臣"、"原法"三篇略有形上性之外，"置相"、"学校"、"取士"、"建都"、"方镇"、"田制"、"兵制"、"财计"、"胥吏"、"奄宦"诸篇皆属具体的政经问题。《周礼致太平论》中的"内治"、"国用"、"军卫"、"刑禁"、"官人"、"道教"、"明堂"、"五宗"、"富国"、"强兵"、"安民"，同样也是经邦治国的基本问题。这类篇章连同内容，稍作变化其实就是一篇中规中矩的奏议。这种写作方式和文风表（转下页）

而,奏书还发展出一种包罗万象的奏章文化。①

　　东汉特别是汉魏之际,人们评价文人的才华,很大程度上并非因为其诗赋灿烂文采斐然,而是其擅长政府公文、军情战报乃至战争檄文的写作和修辞。比如,曹丕《典论》据此评论陈琳、阮瑀等人奏章论议写得好。从更广阔的视野看,人们对文人和文章的这种评价视角显然从属于一种更为本质性的制度模式和政治机制,即以奏诏为核心的皇权运行机制。② 在这种政教传统和文治氛围中,人们评价奏章有时并不依据其内容和观点,而是欣赏其文采和修辞。③ 这样,奏章或上书的文学性和抒情性便占有更大的分量,至于其中的事实真假和逻辑是非似乎并不为人看重。

　　早期帝国尚文,由此形成一种古今一脉的独特且超越的政治文明。古代文书政治→现代文件政治,其中一以贯之的是文治传统。④ 它包括文德、文教、文风、文体、文字、文献、文化等诸多相关因素和特性。⑤ 文治是人治的典型形态。擅作表面文章或官样文章是文治的普遍特征。由此发展出绝对的道德主义。强调政治主体的道德力量是谓德治,强调政体架构的运行机制是谓文治。

(二) 皇权专制的合法程序

　　即便皇权专制再随心所欲,它也一定有章可循。比如,皇帝制诏就受到诸

（接上页）明,作者心中有一个明确的潜在读者设定。他们都是为了一个理想的皇帝而写。他们的写作状态,往往下意识地给自己设定出这样一个令人神往的场面,仿佛有位圣王或明君在认真倾听他们的泣血倾诉。

① 奏章文化扩展到宗教领域,引发了某些宗教仪式或符号的相应变化。比如,道士告天的奏章称作赤章。沈约遭梁武帝斥责,因惧而病。"梦齐和帝以剑断其舌。召巫视之,巫言如梦。乃呼道士奏赤章于天,称禅代之事,不由己出。"(姚思廉《梁书·沈约列传》,中华书局,1973 年)可见,道教告天的祝祷仪式完全仿照官员上书的奏诏模式。

② 人们笃信,"只有通过代朝廷立言的方式,……'文章'才具有了'体国经野'的化成力量。"(陆扬《清流文化与唐帝国》,第 244 页,北京大学出版社,2016 年)

③ 最经典的事例莫过于武则天因激赏骆宾王的《讨武曌檄》,而为此申饬丞相失职,流失人才。

④ 从文治角度看,现代人开会要么学文件,要么下文件,要么二者兼有之。所谓下文件,就是将会议内容和决策形成文字。一般地,上级会议文件自然是下级会议学习的内容,有时下级部门也会根据本地区本单位具体情况,将上级会议文件提出的指导性原则和任务目标进一步细化,制定出更为细密和便于操作的规则计划。

⑤ 某种意义上,中西文治,各有千秋。"在中国,日益官僚化的文化完全依赖书面文件,相应地其教育体制也完全以读写为中心,而从来没有关注过演说的艺术。……因为中国的官员根本没有必要通过雄辩去讨好或说服皇帝之外的其他人。"在古希腊罗马,演说术作为"广场式政体的必需伴随物","在民主制时期的雅典达到高峰"并非偶然。简言之,"宫廷体制是文书命令体制,而广场体制是演讲游说体制。"([英]塞缪尔·E. 芬纳《统治史》卷 1[修订版],第 383 页,华东师范大学出版社,2014 年第 2版)可见,中西文治之别不在书面语还是口头语,而在言说与演说之分。由此形成了言说/演说两套迥异的有关主体、对象、场域、意图的规则设计和标准要求。

多规范。通过秦汉皇帝诏书的制作、颁布、实施,便可观察到皇帝凭借自由意志推动帝国正常运转的完整过程。

从"焚书令"可以看出皇帝诏书的制作过程。这里的关键是,**诏书的形成必须有一个合法的程序**。"焚书令"是有关帝国体制和朝廷大政公开辩论的产物,从内容到语气,都体现出辩论的风格和特点。皇帝的作用仅在于评估、判断和裁决,即对官员们的辩论观点发出认可或否决的指令。"制曰可"既是对咸阳宫这场大辩论的最高裁决,也是对这份诏书内容的肯定。

始皇帝颁布"焚书令"之后,我们不知道各地官府执行情况和实施效果,但可以从伏生藏书于壁的做法和刘邦侥幸自己不读书的态度想象一二。这种想象缺乏更多的历史细节,但仍足以令人印象深刻。近在咫尺的宫廷博士伏生赶紧把自家收藏的古文《尚书》藏到墙壁中间,[1]远在千里之外的沛县亭长刘邦不禁窃喜:幸亏我这辈子不读书,否则脑袋不保。[2] 从咸阳到沛县,这段数千里的距离使人们对焚书令的结果有了一个想象的巨大空间。

除了定期朝会以及规模不等的廷议那种面对面的公开辩论外,大部分的朝廷政局都是在官员上疏→皇帝裁决→颁布诏书→产生效果这样一系列相关环节中形成并展开,进而借此推动朝局变化和政治演进。

赵高封锁始皇帝死亡真相,让人扮演始皇帝,制造出奏诏模式的逼真场景。汉武帝见到汲黯,因为没正衣冠,只好躲在帷幕之后,和汲黯隔空问答。这显然是一种非正式的奏诏模式场景,可见朝廷上的君臣奏诏有多种场景。赵高忽悠二世,使其隐居幕后,令朝臣奏事不见其面,这就造成了朝会上正常奏诏模式的严重扭曲。君臣相隔,互不相见,遥闻其声,由此构成奏诏模式的另类场景。

奏诏模式并不只有实用性的行政运作功能,还有仪式性的礼制展示功能。就像皇帝登基、太子加冕、诸侯封王、三公任职这些帝国层面的重大礼仪,贯穿其中的始终是一种体现奏诏模式的基本程序。

人常说,制度是死的,人是活的;或,法是死的,人是活的。都说明一个事实,人可以根据需要,摆脱制度的约束和法律的限制。这是古人重诏令轻律令的观念逻辑。人们注意到,没有诏书,有些制度也会惯性运行,同时,有些制度则永远不会出现。

在奏诏模式中,议是奏之一种。不管规模多大的朝议,最终都须皇帝的裁

---

① 秦燔书禁学,伏生"独壁藏之"。又有孔腾(一说孔鲋)"畏秦法峻急,藏《尚书》、《孝经》、《论语》于夫子旧堂壁中。"(《汉书·艺文志》,颜注)可见藏书者不止一人。
② 刘邦后来回忆,"吾遭乱世,当秦禁学,自喜,谓读书无益。"(《古文苑》卷10,"汉高祖手敕太子")

决。可见,没有诏书的决断,任何朝议都是议而不决的空洞议论,如同清议一般,根本不可能实施或执行。

不管官员个人独奏,还是官员集体奏议,就像不同渠道的水流,都必须经过皇帝诏书这个水龙头才能流出。皇帝是否拧开水管,拧开多大,何时拧开,最终取决于皇帝本人的考量和意愿。当然,这个比喻仅限于皇帝诏书和官员奏疏之间的关系。它并不否认皇帝完全能够依据自我意志制定某些独断性诏书。因为我们很难想象所有那些诏书都是皇帝针对官员上书的批复,这绝对低估了皇帝对皇权政治的决定性作用。事实上,皇帝在皇权政治的正常运行中始终居于主动和主导的地位和态势。

所谓"议",即一种集体讨论、达成共识的行政实践和文本形式。任何一种"议"之集体讨论,要想成为一种有效的政治行动和法律措施,都须取决于皇帝的独断之诏。议诏本质上是奏诏模式之一种形式。

各种"议"本质上都是"奏议"。即,"议"实乃奏书之一种。事实上,除了集体性、公开性的"议",还有数量更多的单独的奏书。那些以官员个人名义上奏之"书",较之官员集体之"议",或许构成了奏诏模式的更为基本的形态。[1] 其实,那些对汉帝国影响深远的国策皆出自官员个人之手。典型如李斯之"焚书策"、晁错之"削藩策"、董仲舒之"尊儒策"、公孙弘之"立学官"。值得注意的是,这几篇著名奏书,除了晁错的"削藩策"出现一些波折,其余均被皇帝迅速采纳,立即成为帝国的政策法律。是可知,无论个人之"奏",还是集体之"议",只有通过诏书的确认,才能变成实际行动或措施。就是说,"奏"或"议"都是在皇帝诏书的推动下,而变成正式的制度或法令或行动的。

(三) 诏书指导行政

诏书对制度的作用是多方面的。具体说,诏书对现有制度有五大功能:完善,补充,调节,改造,创设。换言之,完善旧制度,创设新制度,同时,根据新形势,对现有制度进行局部调整和改进。

诏书和制度相辅相成。制度是硬件,诏书是软件,二者并不完全一致,发生冲突时,现有制度往往屈从当下诏书的最新要求。是可知,对皇权政治的正常运作而言,诏书具有更为直接和有效的支配性。

诏书和制度、法律的关系是,一方面,制度和法律一般会自行运作,但诏书也会随时改变、中止甚至废止某些规章和条例;另一方面,诏书对相关人事只是

---

[1] 尽管它们构成奏诏模式的两种基本形态。

给出一个结论和决定,至于如何执行,以及执行时需要遵循什么程序,甚至可能会改变某些既定程序和规定,这不是皇帝下诏时需要考虑的。无论皇帝下诏对臣子是奖是惩,是破例还是常规,皇帝一旦下诏,臣子们就必须无条件地执行,由此产生的繁琐程序,乃至需要对某些程序规章作出相应调整,都会有条不紊地进行,直至完全落实皇帝诏书提出的要求。但史书上从未记载过这类过程和细节。这样,给人的感觉是,从下诏到落实,似乎是一个很快捷很简单的过程。但据常理,其实不然,尤其是那些引发争议或反对意见的诏书,实施并不容易。

制定法律和颁布法律都需要时间,它是一种相对稳定的东西。诏书的拟定和发布却可能很快。所谓"连发十二道金牌",虽属极端,亦可见诏令之频繁和密集。某种意义上,诏书就是官员每天需要阅读和掌握的新闻报道。在没有报纸的时代,诏书就是官员们的报纸。对诏书的及时学习和反复领会成为官员们的日常功课。官员需要通过皇帝时时发布的诏书来理解皇帝的意图和心思,从而投其所好地表态和上书,以求赏识。可见,通过对诏书内容的揣摩,上书皇帝,迎合上意,成为公卿百官的邀宠门道和升迁捷径。许多官员包括一些口碑极佳的循吏和清官并不是因为做事,而是因为上书而升官。事实上,中国向来有一种言事得官的传统。这样,皇帝下诏无形中发挥了一种调动官员积极性、发现人才、调节官员心态、凝聚官员向心力的多重作用。对官员来说,皇帝每次颁诏,都是新闻。这对他们的正常行政往往产生一种重新调整和定向的特殊功能。没有诏书,官员肯定也会按部就班地从事日常业务。有了诏书,官员们的正常工作就会发生某些可预期的变化、调整,甚至产生某种深刻改变和彻底扭转。就此而言,皇帝诏书如同百官的行政指南。[①]

(四)权臣制诏

权臣制诏的实质是臣子操控奏诏模式,合法实现自己的隐秘意图。其复杂和多样远超想象。比如,王莽为确保自己女儿选为平帝皇后,以退为进,奏请退出"与众女并采"之竞聘。"太后以为至诚,乃下诏曰:'王氏女,朕之外家,其勿采。'庶民、诸生、郎吏以上守阙上书者日千余人,公卿大夫或诣廷中,或伏省户下,咸言:'明诏圣德巍巍如彼,安汉公盛勋堂堂若此,今当立后,独奈何废公女?

[①] 身为长安市场基层官吏,第五伦"每读诏书"暗示着诏书和他本职工作之间可能存在着某种密切联系。这种联系似乎表明皇帝诏书对其市场管理具有某种可以预期的工作指导效果。否则,第五伦为何要经常拜读诏书?这种经常性的阅读,显然隐含有他对诏书内容的反复揣摩和深刻领会,以便将此体会有效转化为对自己本职工作的"理论指导"。

天下安所归命！愿得公女为天下母。'莽遣长史以下分部晓止公卿及诸生，而上书者愈甚。太后不得已，听公卿采莽女。"①可见，如果权臣深谙物议奥秘，善于操控奏诏模式，完全可能营造出一种自己需要的普天同赞的舆论公议。比如，围绕给王莽制九锡礼，先是王莽铁杆甄邯等白王太后，太后诏曰："唯公功德光于天下，是以诸侯、王公、列侯、宗室、诸生、吏民翕然同辞，连守阙庭，故下其章。诸侯、宗室辞去之日，复见前重陈，虽晓喻罢遣，犹不肯去。告以孟夏将行厥赏，莫不骧悦，称万岁而退。……究于前议，其九锡礼仪亟奏。"于是，"公卿大夫、博士、议郎、列侯（富平侯）张纯等九百二人皆曰：……奏可。"②

　　王莽是权臣制诏的典型。其诸多做法堪称老辣。"风俗使者八人还，言天下风俗齐同，诈为郡国造歌谣，颂功德，凡三万言。莽奏定著令。""定著令"属制诏权，"奏定著令"表明臣子分享制诏权。王莽作为一个精通奏诏流程的权谋大师，"色厉而言方，欲有所为，微见风采，党与承其指意而显奏之，莽稽首涕泣，固推让焉，上以惑太后，下用示信于众庶。"他通常先"帅群臣奏言"，继而"又令太后下诏"。"莽既说众庶，又欲专断，知太后厌政，乃风公卿奏言，……令太后下诏。"有时更为直接，不加掩饰。"莽母功显君死，意不在哀，令太后诏议其服。"③可见权臣制诏之行事风格和典型做派。表面上，它完全符合奏诏程序；实际上，它明显破坏了奏诏体制；客观上，它又确实提高了奏诏效率。④ 当然，其效果也只是满足了权臣专朝的野心和私欲。事情的吊诡性在于，权臣制诏固然架空了皇帝、僭越了皇纲、挪用了皇权，与此同时，从某个角度或长期看，它也可能有利于皇权秩序或帝国利益。如果皇权表征着帝制时代某种共识性的政治公义和理想诉求，我们似乎也应承认某些时候，权臣制诏亦非毫无可取之处。⑤

　　这个判断自然是因为我们超越了皇朝天下的一家一姓，而立足于现代意义上的历史主义。概言之，从实际效果看，权臣奏书基本等于诏书，或权臣之奏诏

---

① 《汉书·王莽传上》。

② 《汉书·王莽传上》。

③ 《汉书·王莽传上》。

④ 王莽上书，"奉承太后圣诏，宜之于下，不能得什一；受群贤之筹划，而上以闻，不能得什伍。……陛下不忍众言，辄下其章于议者。臣莽前欲立奏止，恐其遂不肯止。今大礼已行，助祭者毕辞，不胜至愿，愿诸章下议者皆寝勿上，使臣莽得尽力毕制礼作乐事。事成，以传示天下，与海内平之。"诏曰"可"。（《汉书·王莽传上》）

⑤ 本书原有"权臣弄权与奏诏体制"和"宦官专权与奏诏机制"两章。这里仅就宦官专权破坏奏诏机制稍举一例。"天下所以有逆不止者，各由黄门常侍张让等侮慢天常，操擅王命，父子兄弟并据州郡，一书出门，便获千金，京畿诸郡数百万膏腴美田皆属让等，至使怨气上蒸，妖贼蠡起。"（《三国志·魏书·董卓传》，裴注）

合二为一。奏书即诏书。自奏自批。左手上奏,右手下诏。批的快,执行的也快。这是奏诏模式之变形。秦汉之赵高、霍光、王莽、窦宪、梁冀皆如此,蜀汉之诸葛亮、明朝之张居正亦如此。从行政效率看,权臣奏书效果最好。权臣奏书应该是奏诏模式的最佳状态。这似乎是一个悖论。一方面,它破坏了奏诏模式的本质;另一方面,它却符合奏诏模式的程序。是可知,它以破坏奏诏模式本质的方式,实现了奏诏模式的最大效果。

(五) 乱世制诏

从控制论角度看,奏诏模式是一种典型的信息→指令模式。按照这种模式,如果官员奏章经常遭到皇帝"不省",那就意味着官员提供给皇帝的信息没有得到重视或相应反馈。在这种情况下,只能认为,这种信息反馈机制出了问题。因为,皇帝无法对眼前事态作出正常反应。久而久之,奏诏模式的失灵必然导致以皇帝为中心的皇权统治方式逐渐趋于崩溃。显然,这正是朝代末出现的政治常态。每个朝代概莫能外。早期帝国后期(桓灵时期)这种状态尤为明显。

某种意义上,奏诏模式失效和皇权秩序解体是同一个历史过程。"诏命隔绝,王路险远,贡使往来,动弥年载。"①一方面,由治转乱;一方面,乱中有序。人们在火中取栗的同时,也创造出了奏诏模式的新形式。这就是"挟天子以令诸侯"。它和权臣制诏本质不同。一般意义上的权臣制诏出现于治世,它压制的主要是公卿百官的汹汹舆论和言辞抨击;"挟天子以令诸侯"只能出现于早期帝国末世,它慑服的主要是各地军阀的狼子野心和蠢蠢欲动。

汉魏之际,人们预测和评价曹操将得天下的主要理由就是他具有"挟天子以令诸侯"的道义优势。"挟天子以令天下"这个"令"就是诏令。所谓"令天下"就是诏令天下。它意味着,令天下的关键是有权颁诏。谁能颁诏谁就能令天下。因为,令天下和天下人普遍认可的只有诏令。挟持天子是为了把持天子手里的颁诏之权,让天子按照自己的意愿诏命天下。②

---

① 《晋书·慕容廆载记》。

② 正常情况下,天子令天下。反常情况下,天子不成天子,天下不成天下。这样,便有了挟天子以令天下。倘若人们不需要天下秩序,不相信天子权威,也不会有挟天子以令天下的局面。可见,挟天子是介于天子和无天子之间的异常状态。其实这就是礼坏乐崩的乱世。只不过它尚未乱到极致。如果乱到极致,那就根本不需要天子,也无所谓天下。有权即是天子,地盘即是天下。于是,天子林立,各自为政。某种意义上,挟天子和无天子就像五十百步之间。区别是,天子尚有形式权威,即(转下页)

第三节　创造真理史

一、两个逻辑

（一）认知逻辑优先发生逻辑

你得先看史书怎么写历史，才能知道历史可能是什么。先看怎么写，再看写什么。好比，A 关涉 B，B 构成 B。人们总是跳过 A，就 B 论 B。这是一种因果链断裂的思维恶习。知道 B 是什么，然后再看怎么写 B；知道怎么写 B，然后才看 B 是什么。前者符合一般常识，后者符合史学常识。因为 B 是什么并非独立于怎么写 B，而是在怎么写 B 中成为 B 是什么。AB 关系就像"自然法"和历史之关系。"自然法"产生出来的史书，是理性所能建构出来的最合乎历史本来状态即历史本真面目的历史知识体系。

人都知道，要了解历史，得看史书怎么写。这是常识。人却不知，常识其实是一种真理史的意识和观念。因为人们对史书素有一种莫名的信任和天然的敬畏。虽然史书写的并非都是真的，但人们本能地相信史书写的是真的。历史有什么，史书就写什么；史书写什么，历史就是什么。这是一种不言而喻甚至天经地义的信念。但前者只是假设，且不可证实；后者却是心理，只能自我印证。

研究历史必须尊重常识。只有通过奏诏叙事模式，才能了解奏诏模式。所以，奏诏叙事模式成为奏诏模式的前提。这是因为，发生逻辑不能脱离认知逻辑。换言之，认知逻辑决定发生逻辑。从发生逻辑看，先有奏诏模式，后有奏诏叙事模式；从认知逻辑看，只有通过奏诏叙事模式，才能获知奏诏模式。具体

（接上页）可利用价值。一旦天子丧失所有利用价值，那就人人可为天子，人人自为天子。这便是皇权秩序的彻底崩溃。这时，人们不相信一切传统权威，只接受现实权力。其本质是，现行实力决定一切。所谓"县官不如现管"。另一方面，"挟天子以令天下"往往成为真天子号令天下。"挟天子以令天下"表明，即便天下四分五裂，人们依然需要一种正统性的维系。人们或许畏惧某种现实强权，但其内心肯定敬畏那种历史正统。毫无疑问，一个被挟持的天子拥有的正统性，依然高于挟天子的权臣或霸主拥有的强权性。某种意义上，这种历史正统就像河底的淤泥，现实强权则像河流泛起的泡沫。显然，"挟天子以令天下"之所以被认同，不是因为其合法性或正当性，而是因为其正统性。就是说，人们接受并服从一个有名无实的天子的发号施令，只是因为人们内心依然尊重并敬畏那种其所代表的数百年来沉淀而成的历史正统性，而非骤然崛起的新兴霸主所行使的现实强权性。它构成了历史高于现实，并支配现实的道义基础和价值维度。

说,先有奏诏,后有史书,属于发生逻辑;先是史书,后是奏诏,属于认知逻辑。人们总是按照认知逻辑认识事物,这既是先入为主的心理习惯,也是由真理到权力的认知逻辑。问题是,历史学的知识构造显然不是遵循历史的自然发生顺序,而是受制于认知的因果关系。因为,历史学本质上是逆历史的。所谓历史主义,从来都是反历史的。

人认识事物不光是预先带有相关事物的观念和知识去认识事物,而且往往就是认识这些相关事物的观念和知识。就是说,相关事物的观念和知识既是人认识事物的根据和工具,也是认识事物的对象。只是人们大多数时候既不自觉,又无意识。比如,一个人追溯自己的记忆,能追溯多远?换言之,一个人能把自己的记事最早追溯到几岁?不管追溯到五岁还是三岁,此前的亲身经历都不算是他的直接经验。他只能通过他人(比如父母兄姐)的解说、叙述获得一知半解。如果说人接受教育的过程是一种认知逻辑优先发生逻辑的顺向例证,那么人追溯自己的童年记忆则是一种认知逻辑优先发生逻辑的逆向例证。

(二)历史和史学相互平行的双重逻辑

在历史问题上,似乎存在着一种双重缠绕的复杂纠葛。透过史书看历史,史书又是历史造成的,可历史只能通过史书来了解。这样,历史和史书之间构成双重关系。这种双重关系的本质是,史书之于历史的优先性,亦即真理之于权力的优先性。基于这种优先性,真理史决定了人们对权力史的认识。一般说,这是一种认识论建构本体论的做法。不过,还有一种隐形的本体论,这就是现实。它始终未曾进入通常认识论和本体论的话语体系。

史书不是对历史的简单模仿和直接复制,而是通过一种创造性的方式把历史叙述为一个有序的文本。常说的历史离不开史书。但史书之前的东西更为本质。从直观角度看,这种本质似乎隐藏于史书之中。它有待于揭示,一旦揭示出来,仿佛成了先于史书存在的客观历史。这种认知逻辑并不稀奇。但须警惕。因为它恪守学术研究的金科玉律而表现得过于自信,致使历史学的认识论主义根本意识不到现实主义的历史本体。①

人们常把认知逻辑和发生逻辑混为一谈,或认为认知逻辑能够还原发生逻辑。这两种常见的误区都没有明确区分两种逻辑,将认知逻辑视为一种独立于

---

① 史书之前有历史,历史之前有现实。现实即是历史本身。这是历史-学概念的规定。显然,它迥异于历史学的认识论主义。

发生逻辑的自在体系。确认这一点,才能确保认知逻辑优先发生逻辑。[①] 这种优先性是历史-学的本质。基于此,奏诏叙事模式必然优先奏诏模式(这决定了全书的结构布局),话语再实践优先话语实践(这决定了本书的论证顺序)。

奏诏叙事模式的本质是认知逻辑的优先性和真理史的原型建构。表层言之,"前四史"据奏诏而成,故有奏诏叙事模式,因奏诏叙事模式而得以揭示奏诏模式。深层言之,历史-学的本质在于认知逻辑优先发生逻辑。这是奏诏叙事模式优先奏诏模式之双重根据。

发生逻辑为历史→史书,认知逻辑为史书→"历史"。两套逻辑重叠起来,人们就会习惯性地省略史书,将两个历史(历史和"历史")画上等号,认为"历史"就是历史。实际上,两个历史之间非但不能画等号(历史="历史"),只能画分隔号(历史/"历史")。

从发生逻辑看,先有历史,后有历史学;从认知逻辑看,先有历史学,后有历史。换言之,从历史角度看,先有历史,后有历史学;从历史学角度看,先有历史学,后有历史。在这里,历史和发生逻辑一个意思,历史学和认知逻辑一个意思。把这些意思统一起来,就是"历史-学"概念的双重性本质。

历史-学蕴含历史和史学相互平行的双重逻辑。核心是在尊重历史发生逻辑的前提下,确保史学认知逻辑的独立性。历史-学的本质是一种复合结构。第一层,认知逻辑优先发生逻辑,真理史优先权力史;第二层,奏诏叙事模式优先奏诏模式,话语再实践优先话语实践。[②]

历史-学的两个逻辑并不一致,也不必一致。这是历史-学的独立性和自足性本质,也是历史-学的正当性价值。历史的发生逻辑和历史-学的认知逻辑之间肯定不能完全统一,故而时时存在着内在张力。这使历史-学就像走钢丝,必然寻找自我平衡。这种平衡本身也是高度脆弱和岌岌可危,故而充满深刻的不确定性和永恒质疑。

历史-学有三层含义。A. 历史和历史学是两种东西;B. 只能通过历史学来了解历史;C. 所谓历史只能是历史学意义上的历史。人们一般都会觉得无论人物还是事件,西汉比东汉更精彩更有意思。这种感觉本质上源于《汉书》好看和耐读。倘若将两位史家置换一下,班固写东汉,范晔写西汉,人们的感觉会不

[①] "优先"有别于"先于"。先于是时间因素,优先是理性因素。发生逻辑说的是自然顺序,认知逻辑说的是观念秩序。认知逻辑之目的不是为了重建发生逻辑,而是为了展示自我存在秩序。即便要重建发生逻辑,也需通过展现认知逻辑来实现。故,认知逻辑优先性不言而喻。

[②] 双重逻辑是一个整体。它包含一系列相关的双重逻辑。A. 历史-学;B. 史书-史料;C. 认知逻辑-发生逻辑;D. 真理史-权力史;E. 奏诏叙事模式-奏诏模式。

会发生逆转？完全可能。可见，历史的精彩源于史书的出彩。① 一言之，没有历史学，就没有历史，所以，所有历史都是历史学的历史。② 历史-学不仅区分了历史和历史学之差别，而且强调认识论层面的历史只能是历史学意义上的历史。这意味着，认知逻辑优先发生逻辑。比如，人在有能力认识世界之前，已被灌输了一套有关世界的知识和观念。又如，人在真正进入社会之前，已被传授给了一整套判断社会的价值观和评价体系。

（三）奏诏叙事模式的自循环

历史是依靠奏诏模式推进的，史书是按照奏诏叙事模式展开的。奏诏模式和奏诏叙事模式构成一个循环。这个循环给人提供一个似乎任意的选择。其实不然。通常说来，首先，人们并不认为奏诏模式之外还有一个奏诏叙事模式；其次，人们也不认为奏诏模式和奏诏叙事模式之间构成一个循环；最后，人们即便认为二者存在一种循环，也会无一例外地选择将奏诏模式置于优先地位。

人们通常认为奏诏模式重要，奏诏叙事模式不重要，奏诏叙事模式改变不了甚至影响不了奏诏模式，奏诏叙事模式的特点无助于对奏诏模式的理解。这种看法在"历史本体论"层面上或许能够成立，在"历史认识论"层面上却毫无道理。因为，奏诏模式恰恰存在于奏诏叙事模式之中。就是说，奏诏模式根本离不开奏诏叙事模式。

奏诏叙事模式不是奏诏模式的叙事化，而是一整套话语体系。如果说奏诏

---

① 研究历史，先研究写史。很大程度上，对早期帝国的研究完全依赖于人们对几部史书的研究。想象一下，如果历史上没有一首完整的诗歌，没有一篇完整的小说，只有支离破碎的诗歌句子和小说片段，该怎么写文学史？还能否写出文学史？这说明，完整的文学作品才是文学史的主体，文学碎片不可能构成文学史。进言之，把文学作品视为文学史料，同样不着文学史的真谛。因为，具有完整结构和系统思想的作品才是文学史的真实内容和真正基础。这个道理同样适用于史书和历史的关系。毋宁说，这个道理正是史书和历史之关系的应有之义。这意味着，我们必须确立史书对历史-学的中心性和主体性。这个原则同样适用于现代历史学。因为判断现代历史学的存在价值和进步，也必须依据现代历史著作提供的思想和内容而定。就是说，一个时代如果没有诞生伟大的历史著作，这个时代的历史就是苍白的，这个时代的历史学则是空白。

② 史学常识是，**历史是写成这样的，而非现成这样的**。所谓"现成"，可以置换为"真是"、"就是"、"原本"，这几个词表达了一个意思，历史是史书写出来的，即历史是史书意义上的历史。历史不是史书之外的历史。史书之外的历史固然存在，但对史学没有意义。所谓历史，只能和史书联系在一起。就是说，历史是史书写成的。所谓史书，并非简单的记载历史，而是把历史写成人们愿意相信的样子。为何人们对正史代表的古代经典史书有一种整体上的天然信任？这种信任其实就是真理史意识。人们总是在具备了一定的真理标准之后，才去认识历史的。史书的真实性不是真理，史书的权威性才是真理。真理史是指人们对史书权威性的天然认同。人们对史书不但相信其事实，还接受其观点。这样，史书就具有了真理史效应。即史书对人直接产生一种思想教化力量和道德规范功能。

模式是话语实践,奏诏叙事模式就是话语再实践。话语再实践创造了话语实践。就是说,奏诏模式是由奏诏叙事模式写出来的。这个常识意味着我们必须习惯从奏诏叙事模式看奏诏模式。我们因此有了一个貌似反常的逻辑和结构,这就是从奏诏叙事模式到奏诏模式,而非相反。即便人们认为奏诏模式决定了奏诏叙事模式,也需要从奏诏叙事模式中了解它是如何被奏诏模式决定的,即**必须通过奏诏叙事模式本身来说明它自己**。

如果先奏诏模式,后奏诏叙事模式,这种结构安排,难免不给人一种印象:奏诏模式是"实体",奏诏叙事模式是"影子";奏诏模式是"主体",奏诏叙事模式是"附属";奏诏模式是"主干",奏诏叙事模式是"枝叶"。换言之,奏诏模式是"真实",奏诏叙事模式是对"真实"之记载和描述;奏诏模式是"历史",奏诏叙事模式是对"历史"的叙述和编写。基于这个逻辑,奏诏叙事模式或许失真、不确,但奏诏模式完全真实,始终存在。总之,先奏诏模式,后奏诏叙事模式,给人的感觉是,似乎奏诏模式是独立于奏诏叙事模式的一种客观存在和真实记载,其存在无关奏诏叙事模式,呈现出某种真实存在的特性。显然,这种感觉并不正确。反之,先奏诏叙事模式,后奏诏模式,则意味着,第一,我们通过奏诏叙事模式,进入奏诏模式;第二,奏诏模式完全是在奏诏叙事模式下展开和呈现的;第三,奏诏叙事模式这一真理史决定了奏诏模式这一权力史;第四,真理史是历史真理,权力史是历史真际;第五,所谓历史真际,只是历史真理的创造,即历史真理的产物。一言之,**所有历史真际,只有在历史真理层面上才有意义**,只有在历**史真理意义上才有意义**。

二、一个概念

(一) 史书-史料

研究历史就是分析史料。这句话也可以表述为,历史研究必须借助史料。但意思明显不同。这种差异体现在一种问题意识。即,史料在何种程度上限制了人们的历史研究? 这个问题需要引入"史书-史料"这一新概念。那么,"史书-史料"在多大程度上影响、限制和支配了人们对历史的认知和想象? 这种影响哪些是被自觉意识到的、哪些尚未被明确意识?

"史书-史料"是一个真理史概念。它可能改变人们对史料的简单认识。任何史料,无论《尚书》《春秋》,还是《史记》《汉书》,最初均是纯正的史书。就是说,在它们成书过程中,皆包含某种写作意图,皆蕴含价值判断,即都是有观念、有思想的,而非无预设的中立立场和客观叙事。因为,说及史料,人们习惯上总是默认史料是一种"无思想的"中性描述和"不含观念的"客观记载。某种意义上,这恰是现代人的史学陋习和现代史学的职业偏见。显然,作为一个严格的专业概念,古人对"史料"可谓闻所未闻。古人不会用现代人的史料眼光去看待和使用正史之类的经典史书。当人们将史书首先看作史料时,已经不自觉地扭曲了史书的基本性质。这种扭曲不但严重损害人们对史书内容的合理解释,还会深刻破坏人们对史书整体的准确把握。这一切皆因为人们把史书简单视作史料。如果引入"史书-史料"概念,可以使人时刻意识到史料原本是史书的原始性质和原初状态,从而对史料编写的复杂性和思想性有一种自觉和警惕,在分析史料时可以尽量避免对史料记载的盲目和轻信。

把史书史料化是历史学的一个悖论。对现代人来说,古代所有史书都是史料。这个常识却使人们忘记了它首先是史书。这样,人们往往把史书看作单一性的史料,将其完全等同于碑刻、墓志或档案一类的所谓原始史料。基于这种认知,人们相信,史书距离对象越近,史料价值越高。如此,汉人写的汉代历史,就比唐人写的汉代历史更可信。选择史料时,人们更乐意使用前者,而非后者。按照这个逻辑,清人写的汉代历史,自然不如唐人写的汉代历史。但人们并不因此认为,现代人编写的汉史更不可信,更无价值。相反,人们大多相信,现代人对汉代历史的认识已经超过古人,甚至超过汉人自己。因为这体现了历史知识的增长和历史观念的进步。之所以如此,是因为人们基于某种史学标准或学术规范。这种看待现代史学的眼光和人们看待古代史料的眼光之间,显然隐含着一种逻辑悖论。这个悖论的特点是,史料越古越有价值,史学越新越有价值。但人们没有意识到,所谓史料首先是史书。① 作为史书,不能单单以史料价值判断,还必须考虑到史学性质。意思是,唐人写的汉史同样有其独特价值,这种价值并不低于汉人写的汉史,甚至可能更高。否则,就不存在历史知识的积累和历史观念的进步,历史学也没有存在的必要,现代人的历史研究也毫无意义。这意味着,使用正史(也包括"三通")这类史料时,应时时意识到其复杂的史书性质。这种史书性质要求人们,不能简单以朝代为限,或拘泥于单纯的时间界限,以为越古越好。**如果说原始史料的特性是逆时针,史书-史料的特性就是顺时针**。总之,史书-史料的价值不能直接用原始史料来评价。**评价史书-史料必须使用史书和史料双重标准,而不能使用单一的史料标准**。

---

① 这句话有具体含义,须放在上下文语境中理解。它主要是指古代以正史为代表的庞大史书系统。

（二）史书-史料-历史

史书异于史料者有四：观念之系统性，叙事之完整性，体例之严谨性，语言之独特性。把史书仅仅视作史料，破坏了史书结构的完整性，把史书弄成了史料碎片。研究历史不是尽可能忘记史料，而是始终意识到史料。人们相信，史料中隐含一种历史真相和本质，人能透过表象看本质，发现历史真相，史料对认识历史真相只是提供帮助，并无任何限制。可见，人们不明史料本质，不知史料和历史之关系。人对史料的乐观来自于人对历史的盲目。

表面看，人对史料很尊重，实则轻看史料。人们相信得意忘言，认为弄清了历史真相和本质，史料就没用了，变得多余了，可以把史料扔掉。其实，我们扔不掉史料。史料不但是我们首先着手的东西，也是伴随我们始终的东西。这样的东西不是轻易利用之后可以随便丢弃之物。史料对我们认识历史有一种先天性的根本限制。

人们一般把史书视作史料，进而把史料看作平面的。① 平面的意思是，史料是对历史的"真实"而"客观"的记载，甚至"直接"观察和"现场"记述。就此而言，史料特别是第一手史料或原始史料往往被视为类似档案。就是说，史料被看作单一性质的历史文献。本质上，单一性质的历史文献并不存在，至少极为罕见。因为绝大部分历史文献是一种复合型或立体型的史书-史料。所谓史书-史料不是对史料单一性质的无谓叠加，而是对历史文献性质的重新定义，即它是一种立体结构。史书-史料改变了史料的平面性。它要求人们用复合性的史书-史料意识代替单一性的史料意识，时刻意识到任何史料都是一种观念和想象的语言形式和修辞实践。古人有"言为《尚书》，事为《春秋》"之说。这是人们公认的中国最古的两部经典史书，现代却被视为单纯的史料。表面上，它打破了古人对《尚书》和《春秋》的经学迷信，实际上却视之以"断烂朝报"，完全不考虑其蕴含的复杂观念和精致修辞。正当的做法是，将《春秋》、《尚书》和《史记》、《汉书》视为一种史书-史料的复合结构或立体结构。这种立体结构既非古代经学之复活，亦非现代史料学之简化，而是一种更为合理的史书-史料观念和眼光。无论史书还是史料均是一种历史学概念，史书-史料则是一个真理史概念。意思是，第一，没有单纯的史料，只有复合的史书-史料；第二，就传世文献看，先有史书，后有史料，史书和史料的关系有一个前后演变过程；第三，史书-史料这一概念要求人们使用史料时首先具备必要的史书-史料意识，因为这一

---

① 史料平面化的极致是，完全无视史料和历史之间的本质差异，下意识地将二者等同视之。

意识凸显了其中隐含的复杂观念对史书-史料的整体价值有一种深刻规范。①

质言之,史书是史料,但史料首先是史书,故而修辞和叙事成为一个结构性前提。此谓史书-史料之二重性。它既要说明历史,又要说明自己,还要说明历史如何产生自己,以及自己如何叙述历史。这样,**史书-史料便被置于"历史-学"中心**。这使真理史必然具有某种优先性。

人们从史书-史料中剥离出"历史",进而相信"历史"是一种独立于史书-史料之客观存在,再以"客观存在"之"历史"判断史书-史料之真实价值。如此,有了**史书-史料-历史**概念。② "史书-史料-历史"这一概念结构决定了真理史的优先性。它首先意味着人们总是根据一种共识性的真理标准来书写历史。同样,"史书-史料-历史"这一概念结构决定了奏诏叙事模式的优先性。它意味着奏诏模式首先是奏诏叙事模式叙述的结果。

(三) 史书意识

史书和历史关系之深广之密切,远超人们想象。③ 但这并非两个东西的比较。因为它毫无意义。唯一有意义的是,它是同一种东西的比较,即一种东西自身内部的比较。所以,史书和历史之关系,其实就是史书和史书之关系。这就是历史-学的规定和逻辑。

历史-学意味着,历史和历史学一回事。历史即历史学。历史-学解释史料,尽管它触及不到史料"背后"的历史实际(不可知),但仍可以发展出一种独特的历史洞察力(历史本身可以理解),它表现为对现实的理解和把握。换言之,历史-学的洞察力不是别的,仅仅是对现实的理解和把握。④

---

① 如果把史书-史料仅仅视作史料,就会习惯性地用出土文物来考证传世文献之是非得失,而且往往会依据出土文物来判定传世文献之价值高下。但这恰是一种思维陋习。因为它无视史书-史料是一种观念整体之产物,它有着自己一套叙事逻辑。这套逻辑或许可以兼容出土文物,却不因此而改变。比如,人们喜用出土的诏书片段来考证甚至纠正或补充史书上的诏书内容,岂不知史书上的诏书本是奏诏叙事模式之结果,而非直接抄录诏书原件。既如此,再去考证史书抄的对错便是无的放矢,因为问题关键不是抄的对错,而是写得如何。何况出土诏书亦非诏书原件,只是抄件,这种比较姑且不论性质不伦,硬要比较也是五十步笑百步。可见"二重证据法"亟需慎重。

② 同时,我们还有了"历史→史料→史学"这一并行不悖的三段式。它包含两套逻辑。历史→史料是发生逻辑,史料→史学是认知逻辑。二者并行,却不能重合。有点类似平行宇宙。

③ 与之类似,还有史书和真实之间的关系。这有点像皇帝和天命之间的关系,属于一种循环论证。某人成为皇帝,是因为他有天命;他之所以有天命,是因为他是皇帝。同样,某些事之所以被载入史册,是因为它是真的;它之所以是真的,是因为它被载入史册。

④ 从时间看,现实是历史的延续,现代史是古代史的延续。从历史看,现实和历史无关,历史本身和历史实际无关。作为现实的历史本身只与个体生命的瞬时存在有关。个人的一生长度构成(转下页)

"历史-学"和"史书-史料"两个概念构成了历史核心问题的二重性。首先，历史-学逻辑本身是双重逻辑。从奏诏模式到奏诏叙事模式，是发生逻辑（亦称生成逻辑）；从奏诏叙事模式到奏诏模式，是认知逻辑。两种逻辑是一种并行关系。但我们却不能任意选择，只能遵循认知逻辑。如果违背认知逻辑，意味着不能正常认识事物。就是说，只有通过认知逻辑，才能进入发生逻辑。人们常说，一旦揭示出事物的结构和奥秘，事物就像原本这个样子呈现出来，所以，人们只能按照事物的原本样子去描述事物。其实，这不合逻辑。因为它无视认知逻辑的存在，认为人们可以不假认知逻辑而能直接进入事物的发生逻辑。事实上，人们不可能撇开或跳过认知逻辑直接进入发生逻辑。具体到历史-学就是，借助史书-史料，人们得以研究历史。这样，史书-史料的性质和特点内在规定了历史面貌的呈现。这就是奏诏叙事模式优先奏诏模式的历史-学逻辑，也就是真理史优先权力史的历史-学逻辑。其次，史书-史料本身同样具有双重二重性。既是史书，又是史料，此谓一重之二重性；史书-史料既是历史-学之研究对象，又是历史-学之研究工具，此谓双重之二重性。换言之，史书-史料有两重职能，既要说明自己，又要说明他人。人们的习惯是，对史书-史料要么不说明自己，要么置于次要位置。总之，人们看重的是，史书-史料怎么说明他人。可见，人们压根不知史书-史料之双重职能和性质。根据史书-史料之本质，它必须先说明自己，再说明他人。

历史学家用史料这根金箍棒在历史大地上为自己画了一个圆圈。历史学家本人也不能随便走出史料之圆。所有历史只能存在于史料圈子之内。毫无疑问，史料圈外也有历史。但它对历史学家没有意义。是可知，所谓历史只有在史料圈内才是历史。人们介绍某段历史或某国历史时，往往会先介绍一些有关这部分历史的相关史料。这种做法给人一种感觉，历史就像一个客观存在的物件，史料就像描述这个物件的文本。虽然文本并不完整，但也足以使人了解物件的大致轮廓。二者关系就像存在于同一个时空中。史料只是对历史的反映，它影响不到历史的存在。没有史料，历史依然存在。历史就像一道光，照到史料，人们就看到了史料，照不到史料，人们还能看见历史。显然，这种感觉完全错误，尽管它是一个常识。比如，人们面对每一种史书-史料，都是

（接上页）了现实的半径。历史-学的视野和边界不可能超出现实。它对史料作出的所有解释无不根源于现实的深层逻辑，同时，无不局限于现实的最大边界线。就是说，历史-学解释史料本质上皆是现实自我反思的直接表现。无论历史-学把史料解释成何种样子，皆属于现实本身自我期待的合理反应。

从真实中剔除虚假的,即从真实中找出更真实的。这是一种正常的历史研究状态。

重要的不是方法,是做法。研究历史的两种做法,一是以现在的研究为基础,或是为线索,到历史上找出自己想要的东西,它的工作就是翻材料;一是回到最原始的状态,看古人如何写史,梳理其脉络,然后研究自己的问题。前者眼中只有破碎的史料,后者眼中则有一部完整的史书;前者看到的是历史的碎片,后者看到的是历史的整体。直观看,二者之别仅在于谁看到的是史料、谁看到的是史书。常识上,史料和史书原本没有那么大的区别,但在我们看来,二者具有本质性区别。因为把史书首先看作史书,是一种真理史的眼光。真理史的眼光把史书看作历史的建构。或许现代或后现代,人们也把史书视作建构历史,可一旦具体研究历史,又会将史书简单看成史料,毫无史书意识。① 可见,史书意识是一种真理史意识。确认这点,我们的思路就有了一个立足点。

三、奏书、诏书与史书

(一) 史书源于奏诏

皇帝依诏治国,史家据诏治史。为何史书主干来自诏书,而非其他文献?因为即便来自奏议,也要得到皇帝批准实施,才能成为正式法律或真实行动。哪怕只有简短的"制曰可"三个字,也表明这道奏疏已成诏书,而非原始奏议。

现代人治史皆有的常识,即言必有据,验之于古代史书却未必。因为古代史书的许多记述(包括对话和叙事)皆不知其史料来源,也无从推断其原始出处,但人们却大多相信其真实性。

古代史书叙事往往具有高度简洁和浓缩的特点。其实,一经展开,则大多蕴含有极为复杂的历史内容。但这些内容经过古代史书之叙事手法的含蓄处理,便成了近乎格式化的常态性表述和文字。这使得人们很难从中感知到和辨析出隐没于字里行间的历史实态和含义。

把诏书改写为叙事,最直观的感觉就是,一道命令不经任何过程地直接变成了一个结果。即,本来是有待执行的命令,或有待实施的政策,却直接成了一个已经完全的结果。于是,人们不再考虑是否有必要进一步追究其落实的具体

---

① 顺便说一句,中国现代史学的弊端之一是用考史取代了写史,用证史代替了著史。这样,历史的整体感只能凭借历史观来支撑。很大程度上,历史的整体感已经变得虚幻不实了。

效果或真实效应。因为它已经是一个客观结果。在这种叙事体诏书中,阅读效应具有惊人的心理暗示作用。它诱导人们有意识地忽视从命令到结果之间的充满诸多可能性和变数的复杂过程和环节,而仅仅关注一道简单诏令的颁布,而这道诏令又直接等同于一个同样简单的结果。叙事体诏书一方面使历史书写变得简练和经济,一方面又使历史实态变得简单和粗疏。

如果人们问古代史书是怎么写成的,其实是想弄清古代史书是依据什么写成的,即材料来源。对奏诏模式展现出来的皇权运行机制的考察,同时也是对古代史书编纂体制的研究。它本质性地构成了权力史和真理史的双重维度。

透过奏诏叙事模式揭示出奏诏模式,以及奏诏模式的运行机制,进而观察这种机制对中国历史的支配和影响。皇权帝国怎样运作? 这种运行模式如何被叙事? 这种叙事如何建构汉人的历史观和国家观,使之成为汉人普遍认同和信仰的真理史? 这个思路意味着必须以真理史为前提,提出奏诏叙事模式这一概念,进而建立奏诏叙事模式的分析框架,通过奏诏叙事模式,揭示奏诏模式的皇权运行机制。

无诏不成书,书即史书,故无诏不成史。从皇权运行看,无诏不成事;从皇权书写看,无诏不成史。无诏书即无史书。史书是对诏书的编纂性改写和叙事性编辑。

“君举必书”在汉代是常态。至少皇帝的每一个决定都必须形诸文字,记录在册。所谓“君举必书”之举,并非简单的一举一动,而是每一举措都必须落实为诏书,付诸实施。唯其如此,才有可能在文献中保留下许多的生动细节。

有的君臣对话,仔细品味,貌似口对,实则书对。即,貌似当面问答,实则奏疏之语。因为,口头对答不会如此有条理,出语成章,雄辩滔滔,显然属于文章技巧、修辞风格。当然,还有一个可能,即,史家将官员口语和奏章糅合起来,创作而成。这有点像史家代作的回答。

因灾异而诏百官上书言事,史书通常只记载一篇或两篇。显然,这是史家对众多上疏精心选择的结果。一般情况下,都会有多篇,甚至多达十几篇乃至几十篇奏疏,但史书只有限地保留了一两篇。当然,即便这一两篇也并非全文照录,而是节选或概略。

史载,并非每次日食,皇帝都下诏。或者,每次日食皇帝都下诏,只是并非每次都有值得记载的奏疏,故而史书没有相关描述。这两种情况非常不同。因为,它反映了诏书制度的不同运作方式。

(二) 制度实践与史料来源

制度实践决定了史料来源,史书编纂反映了体制运作。早期帝国的档案,主要由奏书和诏书构成。史书基本是对奏书和诏书的编辑和改写。① 古文长于抒情,短于论理,古人奏书同样如此。功夫多用于营造情绪,调动情感,大量篇幅都是引经据典的华丽铺陈,真正言事的实质内容不过寥寥数语。

史书上收录那些没有被采用的奏书,更别说记载那些并无实用价值的诗赋文章,其意图显然不是着眼于是否在历史上产生某种实际作用,而是为了教化之目的。按照这种文教理念,写史不光为了记事,也是为了彰德,即彰显臣子德行。基于这个目的和标准,即便那些没被采纳的奏书,也有其独特价值,虽然没有产生实际的政治作用,却有某种不可替代的道德价值和教化作用,也需要载入史册。这种观念类似文学。因为小说不光写发生或可能发生或不可能发生的事,还要写什么事都没发生的种种心理活动。古代史书不光写了有影响的事,也写了没有影响的事。这是中国史学观念的一个显著特点。②

史书的资料来源主要是"三令",即,皇帝诏令、官吏功令(政绩考核档案)和官府律令(罪犯司法卷宗)。其中,诏令是根本,功令和律令是枝叶。"三令"构成了一个庞大绵密的史料网络。正史中所有那些令人不可思议和难以置信的人物对话和过程细节,其实皆有所本。并非史家空穴来风和捕风捉影。③ 对"前四史"为代表的经典史书的这个史源定性,将改变人们惯有的读史方式。

公孙弘在"学官策"中,要求把博士弟子及其他生员的录取、考核、任职等规定"著功令"。太史公也表示,"余读功令,至於广厉学官之路,未尝不废书而叹也。"《索隐》谓,"学者课功著之於令,即今学令是也。"④给人一种错觉,似乎"功令"只是一种学籍管理或学校制度。其实不然。"功令"是一种涉及每个官员仕途升降的档案记录及管理制度。⑤ 可见,它实为官僚制之基础。太史公之所以能对笔下每个官员的籍贯、出身、功过得失,乃至诸多细节和话语描写得详实且

---

① 比如,《新唐书》"好用韩柳文"、"详载章疏"。(赵翼著,王树民校证《〈廿二史札记〉校证》卷18,中华书局,1984年。[以下简称《廿二史札记》])
② 从纯粹的历史叙事角度看,史书上那些篇幅巨大的奏疏、文章、诗赋、书信其实并无多大必要。但史家之所以不吝笔墨,予以记载,乃是源于一种更为深厚和久远的文教传统。所谓文教传统,即是强调以文教化。对史家来说,除了记事,还需褒贬。褒贬即属文教。文教传统和礼乐政治基本是一体两面的关系。
③ 这并不否认史家撰写历史时依然有可能进行某些合理想象和文学修饰。
④ 《史记·儒林列传》。
⑤ 联系到考核和记录官吏政绩的"功曹"一职,不难理解"功令"之性质和功能。所谓功曹,即掌管记录和保管功令之曹。一言之,功曹即功令之曹。

真切,完全有赖于他对官员"功令"的细致阅读和全面了解。某种意义上,诏书和功令构成了太史公的主要史料来源。

四、秦汉四史

(一) 化言为事

人们对一部史书真实性的认可和信赖心理是怎么建立起来的? 基于何种因素和条件,人们相信一部史书是真实的? 比如,在阅读和接受《史记》《汉书》时,汉人并没有其他更多的材料佐证,又是如何判断其真实性的? 既然无从判断《史记》《汉书》的真实性,汉人对其权威性认同又是如何形成的?

《史记》、《汉书》、《后汉书》、《后汉纪》谓之"秦汉四书"或"秦汉四史"。此外,还有《通鉴》的"秦纪"和"汉纪",亦可与"秦汉四书"相参。至于荀悦《汉纪》因改编《汉书》而成,在奏诏叙事模式上不具有代表性,可忽略不计。从字数看,"秦汉四史"显然言多于事。所谓言,有奏疏,有诏书,有书信,有对话,有诗赋,有碑文,有墓志,有谶语,有梦话,有形形色色的言语。这还不算那些数量庞大的据奏诏改写的叙事文字。

《尚书》提供了一幅上古三代历史的画面。展示出言语和事态之间的紧密互动。所谓"记言"是也。司马迁经过自己的考辨和分析,将《尚书》的叙事模式和主要内容写入《史记》,使之成为他心中的中国历史的最重要的一部分。这种重要性在于,它构成了中国历史的开端。因为,作为十二本纪之首的《五帝本纪》,开篇就通过尧舜二帝之间的对话,呈现出历史事态的进展和结果。

刘邦的"大丈夫当如此",项羽的"彼可取而代也",刘秀的"仕宦当作执金吾,娶妻当得阴丽华",这些言语倘非写进史书,如果不是写入正史,而是写在其他文体的文章中,恐怕不会被人不假思索地视为历史或历史事实。这就有了一个问题,史书中那些大量的生动细节和传神语言,究竟是其来有自(或史书,或档案,或传说),还是史家个人的纯粹想象和创造? 从发生角度看,无从确知;从接受角度看,确然无疑。这也是真理史先于权力史的逻辑。首先将其视作真理,然后揭示其蕴含之权力。

太史公发明了**一种化言为事**的写史技巧。即将诏书改写成事实,将诏书文字改写成史实叙述。于是,产生了一种特殊的阅读效果。历史由主观期待变成了一种客观存在。历史真实性由此得以确立。人们阅读《史记》时,从未意识到这是太史公的一种特殊写史技巧。通过将诏书内容的叙事转换,完成了历史过程的体系性建构。即使历史成为一种通过阅读而得以想象的直观存在。应该说，太史公撰写秦汉史部分基本采用了这种化言为事的写史模式。随之，班固撰写《汉书》，如法炮制，同样借用了这种写史模式。

以尉佗称帝为例。尉佗的同一封奏疏，《史》《汉》两书所记迥然有异。次序上，《史记》将奏书置于尉佗下令去帝号之前，《汉书》则将奏书置于尉佗下令去帝号之后。据历史实态看，《汉书》叙事更胜一筹。"陆贾至，南粤王恐，乃顿首谢，愿奉明诏，长为藩臣，奉贡职。于是下令国中曰：……因为书称：……。"①从阅读效果看，《史记》叙事技高一筹。②"陆贾至南越，王甚恐，为书谢，称曰：……乃顿首谢，原长为藩臣，奉贡职。於是乃下令国中曰：……。"③陆贾"为书谢"，说明尉佗这番话并非当面对陆贾说的，而是交由陆贾转呈的一封给文帝的奏书，但在太史公笔下，感觉却是一种生动的现场对话。不过，有一点不容否认，班《书》记载的尉佗奏书更符合奏诏模式的规定。姑且不论文字更多，内容更丰富，就连格式也非常地道。开头是"蛮夷大长老夫臣佗昧死再拜上书皇帝陛下"，结尾是"昧死再拜，以闻皇帝陛下"。④

虽说《汉书》已有所本，比如《史记》中的汉初部分，或许还可以加上班彪的某些遗稿，尽管如此，《汉书》总体上还是依据西汉原始文献写成的。原始文献的主体是奏诏。所以，《汉书》完全是通过对奏诏的系统选择和精心考量撰写而成。《后汉书》不然。它主要根据《东观记》、八家《后汉书》、袁宏《后汉纪》之类成文史书写成。它并未直接接触到东汉原始文献，所以不能对奏诏有所凭借和利用。这使得两汉《书》呈现出的奏诏叙事风格和水平差异显著。大体而言，范《书》缺乏班《书》那种对奏诏模式的细腻描写和生动叙述。平铺直叙太多，过于单一和平面。范《书》展现出的奏诏模式就像一片树林，缺乏纵深和意蕴；班《书》展现出的奏诏模式则像广袤的森林，色彩斑斓，魅力十足。

（二）编纂奏诏的叙事模式

史学史对揭示历史本质具有特殊价值。《尚书》和《春秋》隐含的言事分离，

---

① 《汉书·两粤传》。
② "《史记·卫青传》：'校尉李朔、校尉赵不虞、校尉公孙戎奴，各三从大将军获王，以千三百户封朔为涉轵侯，以千三百户封不虞为随成侯，以千三百户封戎奴为从平侯。'《前汉书》但云：'校尉李朔、赵不虞、公孙戎奴，各三从大将军，封朔为涉轵侯、不虞为随成侯、戎奴为从平侯。'比于《史记》五十八字中省二十三字，然不若《史记》为朴赡可喜。"（《容斋随笔》卷1，"文烦简有当"）
③ 《史记·南越列传》。当然，我们还可以站在太史公的角度另作忖度。比如，尉佗因恐惶而作书致歉，将其交给陆贾，然后又下令去帝号。
④ 《汉书·两粤传》。

似乎产生了一个更为深远的传统,这就是秦汉以降的正史编写中,格外重视言论话语对历史进程的复杂推动作用。这既表现为官员奏疏文章的篇幅之多异乎寻常,也表现为皇帝诏书在各种历史事件中出现的频率和密度之高令人惊叹。似乎可以说,每个事件后面都有一道诏书的存在。每个行动都意味着一道诏书。

《史记》的秦汉部分,《汉书》《后汉书》和《后汉纪》,半数以上的文字,非奏即诏。① 包括史书表志的主体结构亦为奏诏模式。②

为了避免叙事风格的单一和叙述效果的枯燥,不致使史书体例变成诏书汇编,太史公采取了诏书原文和诏书改写交替进行的写史手法。太史公自觉尝试和创造了一种以诏书为中心的历史叙事模式。这种叙事模式把诏书作为历史主导线索和历史主体架构。在这种叙事模式中,诏书呈现出多层次的复杂变形。有许多已经根本看不出诏书的原有面目,而像是太史公天才创作的神来之笔。

太史公使用诏书约有四种手法:变诏书为对话,变诏书为叙述,节选诏书文字,照录诏书文字。太史公甚至以诏书为标准记事,《秦始皇本纪》和《吕太后本纪》各有一处明确记载本年"无事"。③《三王世家》的撰写和取舍完全是因诏书"文辞烂然"。事情本来不重要,只因诏书文采可观,而得入史。"燕齐之事,无足采者。然封立三王,天子恭让,群臣守义,文辞烂然,甚可观也,是以附之世家。"④ 由此带来的弊端也很明显,越是采用奏诏原文,可读性越差。正因此,《史》《汉》乃至所有史书都习惯性地倾向于采用各种方式和创造各种手法来改

① 袁宏曾简略说过《后汉纪》的材料来源。"其所缀会汉纪、谢承书、司马彪书、华峤书、谢忱书、汉山阳公记、汉灵献起居注、汉名臣奏,旁及诸郡耆旧先贤传,凡数百卷。"(袁宏撰,周天游校注《〈后汉纪〉校注》"原序",天津古籍出版社,1987年。[以下简称《后汉纪》])这里明确提及奏书和诏书是《后汉纪》的主要史料来源之一。
② 这也是蔡邕撰写表志时的考虑和设计。蔡邕表志曰:"永平初,诏书下车服制度,中宫皇太子亲服重缯厚练,浣已复御,率下以俭化起机。诸侯王以下至于士庶,嫁娶被服,各有秩品。当传万世,扬光圣德。臣以为宜集旧事仪注本奏,以成志也。"(《后汉书·舆服志下》,刘昭注)
③ 通常认为这是因为该年没有发生值得记载的大事,其实更有可能是因为该年皇帝没有颁布重要诏书。显然,这不是奏诏模式的实际状态,而是奏诏叙事模式的写史需要。用奏诏叙事模式解析史书,展示出来的奏诏结构和实际的奏诏结构不能直接画等号。比如,汉将不可能在对匈作战中使用所谓诏书,史书中却是以"诏"书字样来指称汉匈关系,似乎汉将向匈奴送交的军事檄文竟然是诏书。史书这种写法却为汉人普遍接受和认可。汉人阅读史书时,从不怀疑这种写法,反而视为天经地义。
④ 虽不能说每次封王,或封每一个王,均是严格按照《史记·三王世家》中的奏诏程序进行,至少可以从中看出每次册封都需要经过反复的奏诏程序才能完成。这就是奏诏模式的实际功能。这也可以看出,其他册封之所以被叙述的过于简略,就是因为史家已将此类奏诏程序大部分删除。据此可知,史家在编写过程中,不知删掉了多少奏诏。这个数字无从估计,若要说成千上万亦不为过。

写奏诏。①

秦汉四史之所以载有大量文章,不仅因为它们大多言及朝政国事,更是因为它们往往引发诏书,是皇帝下诏的一个必要环节,或者说,官员上疏构成了皇帝诏书的一部分,是诏书政治的有机组成。② 皇帝下诏即便起因于官员上书,亦须改奏为诏,即将奏书格式和语句统一修改为标准的诏书格式和语气,然后才能正式下发。这样做的目的既是为了体现皇帝诏书的权威性,同时也是因为节省诏书篇幅,便于官员和民众理解和执行。从简化手续、提高行政效率角度看,也实无必要下诏时,也将官员或民众奏书一并下发。这是因为官民奏书的主要内容已经变为皇帝诏书公布于众了。

四史之外,《通鉴》的奏诏编辑技巧也很有特点。《通鉴》不仅是史料,首先是史书。作为史书,不论《通鉴》对历史事件和历史人物如何叙述,其价值首先不在于是否真实,而在于是否独特。比如,袁《纪》中的汉献帝部分和《通鉴》汉纪中的汉献帝部分,叙事视角明显不同。简单说,袁《纪》以献帝为主体,故叙事简略;《通鉴》以曹操为主体,故叙事详细。原因在于,袁《纪》是断代,奉汉献帝为正统;《通鉴》乃通史,以曹魏为实际正统。是可知,依据某条史料的只言片语来判断《通鉴》对某事件或人物所作之评价,失之肤浅,显然不妥。总之,司马光是在写史书,不是在编史料。他对所有史料的选择和考订,都是为了表达他对历史的整体看法。所以,司马光选用何种史料根本不是问题。关键是他对问题的解释是否合理。

《通鉴》中有些年头,记事寥寥,文字简陋,类同《春秋》,反倒是记言长篇大论。哪怕这些文章仅是空文,并未产生相应行动,即被皇帝搁置不用,没有下诏付诸实施,司马光也照样连篇累牍地刊载。这既可以理解为司马光对言语在政治中作用的重视,也可以理解为司马光试图借此立言而警示后世,正因为这些批评谏议被弃置不用,才导致朝政不堪,社稷崩坍。

以《通鉴》为代表的编年体史书,基本就是以官员奏书和皇帝诏书为主线编纂而成。换言之,奏疏和诏书构成了编年体的主体编纂模式和基本叙事结构。即便那些隔三差五出现的灾异,也属于此类范畴。因为,有灾异就有奏疏,有奏

---

① 这使人们自然生出疑问,"《史记》与《汉书》所引用的史料,对原始史料忠实到何种程度? 班固在写《汉书·刑法志》的废除肉刑诏时是怎样使用资料的,对资料是如何整理排列的?"([日]大庭脩《秦汉法制史研究》第 245 页,中西书局,2017 年)

② "今于史书中所见之群臣论议结果之奏章,当经史家删削修饰,非复奏章之原本。如谓某官某人等若干人持何论议,当不如史书之仅举一人之官职(或爵号)姓名,而是所有持此意见者之官职(或爵号)姓名皆胪列清楚。"(廖伯源《秦汉朝廷之论议制度》注释,《秦汉史论丛》(增订本),中华书局,2008 年)

疏就有诏书。不管是灾害的官府救济,还是对灾异的朝廷反应,皆需启动一套行之有效的制度程序,即官员奏报和皇帝颁诏。这样,官方的救济行动和官员对朝政的批评以及相关人才的自我举荐就开始有条不紊地逐一实施和展开。不过,《通鉴》和《汉书》有关灾异的修辞技巧有个特点,有的灾异只写灾异,没写朝廷反应和相关措施。"秋,陨霜杀菽,关东大饥,蝗。"①但依照前后惯例,此类灾异一定有奏疏和诏书产生的后续工作。这种后续工作可以视为一种自动的程序化的奏诏行动模式。

---

① 《汉书·王莽传下》。

上编

奏诏叙事模式

第一章

奏诏叙事模式与奏诏模式

第一节 奏诏叙事模式之理论阐释

一、奏诏叙事模式之定义

奏诏叙事模式是对奏诏模式的选择和重构。它有一个基本原则，它会无视某些奏诏，但不会伪造奏诏；它可以改写某些奏诏，但不会篡改奏诏。这是因为，我们迄今没有发现哪一道奏书或诏书是史家编造的。事实上，这也是无法证明的东西。因为人们素来有一个不言而喻的常识，史书上的奏诏都是真实的，基本是原件抄录。尽管有些奏诏可能有残缺和不确。

奏诏叙事模式按照纪传体编纂的整体需要，完成了对奏书和诏书的筛选、审核和甄别。不计其数的奏书和诏书都被有意省略和舍弃。大量奏诏得到重新编辑和改写。最终，按照史家的意图和构想，重组和再建了奏诏模式。比如，改元皆下诏，史书记载的改元诏却少之又少。又如，每次灾异，必有无数臣民上书，但真正进入史书的却寥寥可数。可见，奏诏叙事模式的基本功能不外乎如何写奏书、如何写诏书。

简单说，奏诏叙事模式是对奏诏模式的史书处理手法。即便两《汉书》中某些列传完全按照奏诏模式写成，但也不是对奏诏模式的直接复制，而是按照奏诏叙事模式的需要做了重新书写。换言之，**史书中的奏诏模式是奏诏叙事模式想象性建构的结果**。可见，奏诏叙事模式和奏诏模式的实际情景之间，固然有某种联系，但这种联系并非必然。比如，大赦必下诏。① 但史书却非有赦必录，不是每次大赦，都会载入史册；即便记载大赦，也不会每次都记载诏书。这样，赦令以及同时颁布的诏令，便以叙事体形式，成为奏诏叙事模式的一部分。举一例。"立皇后郭氏，皇子彊为皇太子，大赦天下，增卿、谒者秩各一等。"② 又如，皇帝下诏采用某封奏书，史书可以不写这件事，但不会写成皇帝下诏不采纳某封奏书。反之亦然。尽管如此，一旦写入史书，终究需要不同的修辞技术。是可知，奏诏叙事模式和奏诏模式之间似乎存在一种充满张力的对应关系。这种对应关系既非一一对应，亦非直接对应。二者更像是一种并行关系。③ 奏诏模式存在于历史，奏诏叙事模式存在于史书。史书和历史之间实际上是一个充满变数的模糊地带。按照某种"理想型"，我们可以通过奏诏叙事模式了解奏诏模式。但这正像通过史书了解历史一样，只是一个逻辑的可能性。

二、奏诏概念含义

"奏诏"作为核心概念，需要作出四点说明。

第一，并非有奏必有诏。因为皇帝不会对每封奏书都作出回应，这样就使奏诏程序出现一种不完整的状态，即有奏无诏。

第二，并非一定先奏后诏，即奏→诏。因为有些诏书完全出自皇帝的自由意志，是为独断性诏书，它无需朝议，直接作为帝国政令或律令立即实施。当然，有些事情由皇帝发起动议，官员们再将廷议结果奏请皇帝裁决，这样就由奏→诏两个环节变成诏→奏→诏三个环节。

第三，许多奏诏都不是只有一个回合，即一奏一诏，而是两个乃至多个回合，即奏→诏→奏→诏。这些皆是奏诏模式的应有之义。但奏诏叙事模式并非有闻必录，而是有所选择。所以，不论奏诏程序出现几个回合，奏诏叙事模式或详或简，皆有自己的考虑。比如，始皇帝命朝臣"议帝号"，却并未说明为何要"议帝号"，倒是李斯们在奏书中说出了这个理由。据常理，始皇帝下诏"议帝号"应该有些说明，哪怕它是冠冕堂皇的说辞。但太史公却以"议帝号"一语略

---

① 诏曰："汉兴二百载，历数开元。皇天降非材之佑，汉国再获受命之符，朕之不德，曷敢不通！夫基事之元命，必与天下自新，其大赦天下。以建平二年为太初元将元年。号曰'陈圣刘太平皇帝'。"（《汉书·哀帝纪》）

② 《后汉纪》卷4。

③ 这就像公路和铁路，或陆路和水路。人的致命性在于，他只能别无选择地走一条道，这样，另一条道之于他必然是一种想象。

之,反倒给李斯们的奏书留下了更大篇幅。显然,这正是奏诏叙事模式对奏诏模式的正当处理手法。这种详略对比的写法,无疑有太史公的特殊考量。对这类奏诏现象,我们不会计较先有奏书(奏→诏)还是先有诏书(诏→奏),或奏诏之间出现几个回合,为行文简便计,我们通常以"奏诏"概括之。除非事情之复杂需要专门说明,一般不予展开。

第四,虽说"奏诏"是一个完整概念,但无论奏诏模式还是奏诏叙事模式,奏诏之间的地位并不平等,奏诏之间的作用也不平均。诏书之于奏书具有更为本质的意义。这意义既在于奏诏模式,也在于奏诏叙事模式。但我们只能通过奏诏叙事模式而揭示出这一意义。这是一种真理史的视角。这一视角在于凸显认知逻辑之于发生逻辑的优先性。

三、话语再实践

奏书和诏书既然是史书的主要史料来源,①如何合理编辑奏书和诏书就成为史书成功处理史料的关键。肇其大略,不外乎将奏书和诏书"改写"为对话体和叙事体。所谓改写,不应简单理解为一种再编,置于奏诏叙事模式之中毋宁说更像是一种"创造"。这使奏诏叙事模式中的对话和叙事天然具有一种"文学气质"和"艺术风格"。一般说,对话体奏诏生动,叙事体奏诏简洁。这是史家常用的两种基本手法。当然,交替使用或混合使用亦不出这两种基本手法。

习惯上,人们都是通过史书-史料研究史料。但史书-史料怎么写成,人们一般不太关心。因为人们向来觉得史书-史料的书写方式对人们理解历史和解释史料并不十分关键。虽然在某些细节上或枝节上可能有所帮助,但不具有整体性的决定作用。如果人们深入了解史书-史料的书写方式,许多问题可能会有完全不同的新的理解。

这里的关键不是奏诏模式,而是奏诏叙事模式,也就是用奏诏叙事模式解析史书编撰结构。奏书和诏书都是话语,这使奏诏模式某种程度上已成为一种开放的话语体系。所谓话语体系,意味着话语在奏诏模式中已非普通言语,而

---

① 两《汉书》中的有些列传几乎是由奏疏和诏书构成,直观上看,好像就是史家对奏诏的原始编辑。以班《书》为例,不计"赞",只统计引文奏诏。《董仲舒传》全文 8668 字,策书 1184 字,占全文 14%,奏书 6510 字,占全文 75%,奏诏合计占全文 89%;《赵充国传》全文 7130 字,诏书 753 字,占全文 11%,奏书 3118 字,占全文 44%,奏诏合计占全文 55%。两传奏诏字数均占全文大半以上。两传奏诏比在两《汉书》中并非最高,90%以上者亦非个例,最高者竟达 98%。(参见上编第四章第一节列表)可见,《董》《赵》二传虽不具有很大的涵盖面,但也足以说明一些问题。

成为一种真正的话语实践。可见，奏诏模式和奏诏叙事模式之关系，不是一种将话语转换为叙事的过程，而是一种从话语实践到话语再实践的过程。话语再实践并非简单重复话语实践，而是重新创造一种话语形式，即创造一种新的话语体系。本质上，话语再实践就是话语再创造。因为，奏诏叙事模式本身就是一种通过重新创造话语而实现"创造历史"的活动。这使得奏诏叙事模式之话语再实践对历史观念和历史想象具有一种强大的塑造能力。所以，不仅奏诏模式的话语具有实践性，奏诏叙事模式的话语同样具有实践性。虽然这是两种不同的实践形态，却有相同的实践性质。

就是说，**真理史的话语和权力史的话语本质上都是一种历史实践**。更为本质的是，真理史之于权力史具有某种优先性。这样，我们就不局限于权力史的单一纬度，而同时拥有了真理史和权力史的双重纬度。一个全新的立体分析框架就此搭建起来。它同时展示出两个层面的路径，不仅奏诏模式的话语实践在奏诏叙事模式中发展成一种话语再实践，而且奏诏叙事模式之优先性使得我们必须依据话语再实践去透视话语实践。这不是一种循环，而是一种**逆循环**。逆循环恰是历史-学逻辑之本质。

第二节 诏 书 格 式

一、四书制度

诏书代表皇帝意志，是皇帝意志的直接体现。"皇帝御宇，其言也神。渊嘿黼扆，而响盈四表，唯诏策乎？"[1]所以，诏书有一套相应体制，即诏书制度或诏令体制。古人对诏书的定义大同小异。蔡邕曰："制书，帝者制度之命也，其文曰'制'。诏，诏书。诏，告也。"[2]徐广曰："诏，答闻也，如今制曰'闻'矣。"[3]无论诏"告"还是诏"答"，均体现了君之于臣那种居高临下的权威姿态和自上而下的支配性质。这是诏书合法性和神圣性之来源。

先秦无诏书。[4] 所谓"诏"是一种臣言，而非君言，即是一种臣下报告天子

---

[1] 《文心雕龙·诏策》。

[2] 《史记·秦始皇本纪》，三家注。

[3] 《史记·酷吏列传》，三家注。

[4] 先秦记载天子之言的文体主要集中于《尚书》，所谓"典谟训诰誓命"六体。另有《周书》。刘向云："周时诰誓号令也，盖孔子所论百篇之余也。"（《汉书·艺文志》，颜注）

的用辞。《周礼》曰'师氏诏王',明诏为轻也。"①自秦始,"诏"之含义发生逆转,"唯天子独称之"②,变成皇帝独有的语言形式,成为一种号令天下的言语形态。③"今诏重而命轻者,古今之变也。"④是可知,真正意义上的诏书体制始于秦朝。张守节云:"制诏三代无文,秦始有之。"⑤刘勰云:"远诏近命,习秦制也。"⑥可见诏令制度是皇帝制度的一部分,是始皇帝的创造。始皇下令"议帝号"。丞相王绾、御史大夫冯劫、廷尉李斯等人建议使用"泰皇",并对始皇帝的话语实践作出了规范。"命为'制',令为'诏',天子自称曰'朕'。"始皇否定了前者,接受了后者。"去'泰',着'皇',采上古'帝'位号,号曰'皇帝'。他如议。"⑦所谓"他如议"意味着,始皇帝行使皇权和展示权威的话语实践有了法律保障,这成为严格意义上的奏诏模式的起源。因为,单有臣子的奏书而无皇帝的诏书,显然不能构成实质性的奏诏模式。

依照汉制,皇帝诏书分为四类。《汉制度》曰:

> 帝之下书有四:一曰策书,二曰制书,三曰诏书,四曰诫敕。策书者,编简也,其制长二尺,短者半之,篆书,起年月日,称皇帝,以命诸侯王。三公以罪免亦赐策,而以隶书,用尺一木,两行,唯此为异也。制书者,帝者制度之命,其文曰"制诏三公",皆玺封,尚书令印重封,露布州郡也。诏书者,诏,告也,其文曰告某官云[云],如故事。诫敕者,谓敕刺史、太守,其文曰有诏敕某官。它皆仿此。⑧

策书、制书、诏书、敕书可谓诏令体制之"四书"。⑨刘勰对此四书之功能作了解释。"敕戒州部,诏诰百官,制施赦命,策封王侯。策者,简也。制者,裁也。诏者,告也。敕者,正也。"⑩除了功能对象,四书之别主要表现在形制格式。尤值

---

① 《文心雕龙·诏策》。

② 《汉书·高帝纪下》,颜注。

③ "诏"之演变类同"朕"之演化,均是从众人皆用之臣言升格为一人独占之君言。

④ 《文心雕龙·诏策》。

⑤ 《史记·秦始皇本纪》,三家注。

⑥ 《文心雕龙·诏策》。

⑦ 《史记·秦始皇本纪》,三家注。

⑧ 《后汉书·光武帝纪上》,李贤注。

⑨ 除了这些规范性术语外,皇帝诏书还有"诏条"、"宽大书"等各种名称。不过,这类名称应该是奏诏叙事模式的创作词语,不是奏诏模式的制度用语。就像武帝诏书亦被称作"茂陵书"一样。(《汉书·百官公卿表上》,颜注)此外,诏书还被泛泛称作"文书"。(参见蔡邕《陈太丘碑》。转引自邴撰,王利器校注《〈风俗通义〉校注》,第252页,中华书局,1981年。[以下简称《风俗通义》])

⑩ 不仅如此,刘勰还对四书渊源作了历史追溯。"其在三代,事兼诰誓。誓以训戎,诰以敷政,命喻自天,故授官锡胤。《易》之姤象,'后以施命诰四方'。诰命动民,若天下之有风矣。降及七 (转下页)

注意的是,策书最讲身份,最为贵重特殊。^①《释名》曰:"策,书教令于上,所以驱策于下也。"^②策书在策命诸侯王时,必须在开头标明时间。拜官三公,亦用策命。"大夫初拜,策曰:'惟五凤三年正月乙巳,御史大夫之官。皇帝延登,亲诏之曰:"御史大夫其进,需受朕言。……于戏御史大夫,其帅意尽心,以补朕阙。……天下之众,受制于朕,以法为命,可不慎与? 于戏御史大夫,其诚之。"'"^③但在传世文献中,并非所有策命诸侯王或三公之诏书,皆符合策书格式。好多策书开头并无干支。比如,哀帝策命董贤为大司马卫将军,"册曰:'朕承天序,惟稽古建尔于公,以为汉辅。往悉尔心,统辟元戎,折冲绥远,匡正庶事,允执其中。天下之众,受制于朕,以将为命,以兵为威,可不慎与!'"^④王莽"策大司马逯并曰:'日食无光,干戈不戢,其上大司马印韨,就侯氏朝位。太傅平晏勿领尚书事,省侍中诸曹兼官者。以利苗男訢为大司马。'"^⑤这固然可以解释为奏诏模式中实际颁行的策书不甚严谨,不合规矩,数百年间的制诏过程中总有草率行事之时,但同样可以解释为这是奏诏叙事模式的修辞使然。^⑥ 两种可能性皆有。但哪种解释更为合理,殊难判断。因为,奏诏模式和奏诏叙事模式之间的关系恰是真理史的核心。真理史的逻辑是,奏诏叙事模式规范着人们对奏诏模式的认知。基于此,我们更倾向于认为,既然奏诏模式已经奏诏叙事模式"过滤",既然只能通过奏诏叙事模式"观察"奏诏模式运作,我们只能相信有关四书用法的特点和差异的种种可能,皆源于奏诏叙事模式之"创作"。就是说,这一切都是奏诏叙事模式"建构"的结果。它并无奏诏模式意义上的实质意义,只有奏诏叙事模式意义上的修辞意义。这应该成为我们判断四书体制的

(接上页)国,并称曰命,命者,使也。秦并天下,改命曰制。汉初定仪则,则命有四品。……《诗》云'畏此简书'。《易》称'君子以制数度'。《礼》称'明神之诏'。《书》称'敕天之命'。并本经典以立名目。"(《文心雕龙·诏策》)

① 比如,百官之中,唯独三公任免才可使用策书。故而,"策免"或"策罢"只能用于三公,绝不会用于其他官员。比如,司徒郭丹"坐考陇西太守邓融事无所据,策免"。(《后汉书·郭丹列传》)"太尉施延以选举贪污,策罢。"(刘珍等撰,吴树平校注《〈东观汉记〉校注》卷3,中华书局,2008 年。[以下简称《东观汉记》])虽说"策免"或"策罢"多出现于史书叙事中,但它确实具有严格的身份限制,从未用于其他官员罢免。

② 《资治通鉴》卷 20,胡注。

③ 卫宏《汉官旧仪》卷上,孙星衍等辑,周天游校注《汉官六种》,中华书局,1990 年。(以下简称《汉官六种》)

④ 《汉书·佞幸传》。

⑤ 《汉书·王莽传中》。

⑥ 比如,史书中"策"亦可写作"册"。"册命"即"策命","册免"即"策免","册文"即"策文","册曰"即"策曰"。因为,"册,即策书也。《说文》:册,符命也。"(《资治通鉴》卷33,胡注)

基本准则。①

除了形制格式,还有尺寸字体。② 策书"制长二尺,短者半之。"三公策免,"用尺一木,两行。"③可见三公的策书尺寸是拜二黜一。依照汉制,策书以篆书之,三公免官之策以隶书之。是可知,诏书中的小篆具有特殊意义,只能用于诸侯王或策拜三公。如果策免三公只能使用隶书。如此,策书中的隶书即以隶书策,有明显的贬斥之义。仅用篆隶两种字体便可直观表征对三公之拜黜。这是一种借助特定字体而表达某种政治身份意蕴和政治态度意向的话语实践。显然,这与隶书之"出身"有关。④ 现今出土的汉简诏书,皆以隶书写成。这是因为汉简诏书皆出自西北边陲,内容皆为地方军政事务,无关诸侯王,自然不用篆书。

此外,策书的颁布场合也值得注意。所谓"于庙授策也。"比如,齐怀王刘闳与燕王刘旦、广陵王刘胥同日庙立,"皆赐策,各以国土风俗申戒焉。"⑤可见,策书多于太庙颁之。

交付有关部门执行曰"制"。如果下诏对象仅为臣子个人,不称"制"。⑥ 所谓制书,必定关乎制度。"帝者制度之命,其文曰'制诏三公',皆玺封,尚书令印重封,露布州郡也。"皇权体制,涉及天下,故须广而告之。《汉官仪》也有类似规定。"凡制书皆玺封,尚书令重封。唯赦赎令司徒印,露布州郡。"⑦这里有一个例子,可以表征皇帝玉玺和尚书令印章的双封诏令体制。光武帝封禅,"上御辇升山,即位于坛南,北面,尚书令奉玉牒检,皇帝以寸三分玺亲封之。藏玉牒已,

———————

① 某种意义上,这似乎可以帮助我们克服刻舟求剑之弊。因为,无视奏诏叙事模式而直奔奏诏模式,本质上就是刻舟求剑。刻舟求剑告诉人们,消失的东西不能单凭固定的符号找到。奏诏叙事模式和奏诏模式是两套"平行的"独立体系。奏诏叙事模式不能使人进入奏诏模式,也不能使人回到奏诏模式,只能使人以循环的方式想象和描述奏诏模式。

② 依胡三省之见,策书尺寸似有三种规格。"策制长二尺,短者半之;其次一长一短。"(《资治通鉴》卷33)

③ 《后汉书·光武帝纪上》,李贤注。

④ 虽然篆书和隶书皆为始皇所造,但隶书更为低贱。"篆书谓小篆,盖秦始皇使程邈所作也。隶书亦程邈所献,主于徒隶,从简易也。"所谓简易,即简便易写。为目不识丁的囚徒奴隶量身定制一种字体文字,固然有始皇用心良苦之技术考量,更有秦帝依法治国之现实需求。"是时始造隶书矣,起于官狱多事,苟趋省易,施之于徒隶也。"(《汉书·艺文志》,颜注)

⑤ 《汉书·武五子传》。

⑥ 但这只是纸面规定,实践中未必完全执行。比如,"孝宣帝下制曰:'颍川太守霸,以宣布诏令治民,道不拾遗,男女异路,狱中无重囚。赐爵关内侯,黄金百斤。'"(《史记·张丞相列传》)虽说下诏常见,下制少见,但也未必是实践中破例,而是史家叙事使然。即"下制"无关奏诏模式之变化,仅关乎奏诏叙事模式之书写。

⑦ 《后汉书·鲍永列传》,李贤注。

复石覆讫,尚书令以五寸印封石检毕,皇帝再拜。"①

值得注意的是,《汉官仪》强调了"唯赦赎令司徒印,露布州郡"。似乎只有"赦赎令"这种恩诏,才需"司徒印,露布州郡"。毕竟大赦天下,属于遍施皇恩之举,有必要大张旗鼓,广告天下。两相对照,无论制书还是赦令,都须告知天下。区别可能是,制书属于行政文书,赦令属于司法文书。或许因此,制书必须两道封印,赦令只需一道封印。而且,制书的两道封印是皇帝玉玺和尚书令官印,代表着政权和实际治权,而赦令的司徒官印,象征的只是一种形式治权。

二、四书特点

《汉制度》说的四书有四个特点。第一,对策书的格式规定的最为明确,涉及材质、尺寸、字体、时间、称谓。可见,策书的干支最为完备和准确。第二,唯独制书最具制度性,即最具创制立法性质,故而特称"制诏"。② 正因此,唯有制书即**制诏之书**才需"玺封"。③ 所谓"皆玺封",是指凡制书皆需使用玉玺加封,此外,还要加盖尚书令印章。④ 这种一玺一印或双印章的加封程序,可见制书的特异性质,亦可见制书的材质应该是帛书,而非简书。第三,诏书主要用于京城朝官。第四,敕书主要用于地方官。这是就《汉制度》的字面解读,可以形式化地理解为奏诏模式的制度性规定。但在奏诏模式的实际运作中,未必如此刻板和拘谨,肯定会或多或少地发生某种变形和游移。比如,策书中的简牍区分是否真的如此严格;除了策书,其他三书未必没有干支(事实上,许多制书和诏书都有干支);除了制书,其他三书未必都不用加印;诏书未必不能用于地方官;

---

① 《后汉书·光武帝纪下》,李贤注。
② 作为常用词,史书上多有"皇后诏"、"太后诏",却无"皇后制"、"太后制"。这是一种史书写作习惯,还是汉代的诏书体制规定?换言之,这是一种奏诏模式,还是一种奏诏叙事模式?不过,在不涉指具体诏书时,人们也会说"太后称制"。比如,"高后欲立诸吕为王,……问〔左〕丞相平及绛侯周勃等,皆曰:'高帝定天下,王子弟;今太后称制,欲王昆弟诸吕,无所不可。'"(《汉书·王陵传》)又如,"汉平帝幼,太皇太后称制,新都侯王莽秉政。"(《汉书·匈奴传下》)所谓"太后称制",表面意思是,太后拥有皇帝一样的权力,可以像皇帝那样行事;实质上是谓太后有制作、颁布诏书之权,即有权下诏。是可知,称制意味着制诏权。不过,按照诏书体制,太后能下诏,亦可用策书。比如,和帝葬后,邓太后赐周、冯二贵人策曰:"其赐贵人王青盖车,采饰辂,骖马各一驷,黄金三十斤,杂帛三千匹,白越四千端。"(《后汉书·皇后纪上》)
③ 用玺即为玺书。制书用玺,制书即玺书。可见玺书确为诏书之一种,即非**一般**之诏书。
④ 这个特征可能仅限于东汉,或者也可能包含西汉后期。

敕书未必不能用于朝官。总之,四书之间的界限相当模糊。① 相互代换和彼此涵盖皆很普遍,②以致戒书亦混称策书。③ 凡此种种,实乃奏诏模式正常运作的实际常态。这种常态正是奏诏叙事模式的客观基础。正因此,我们在两汉《书》中,才会发现诸多诏书格式和使用方式并不符合《汉制度》对四书的严格规定,也就是和《汉制度》对四书的分类标准并不完全一致。

很大程度上,《汉制度》所说四书应该是以东汉诏书体制为基础。④《独断》所云诏书三品,皆以尚书令奏之,恰是东汉诏令体制。⑤ 况且严格意义上的"制诏三公"仅仅出现在东汉。"制诏"是诏书体制中的专用名词。它代表的是一种皇帝独有的制诏权。所以,不能望文生义地将"制诏"字面化地理解为"承制诏之"。比如,更始立,"使使者徇郡国,曰'先降者复爵位'。"寇恂和耿况迎使者,使者"乃承制诏之,况受而归。"⑥班《书》中也有两次类似用法。一次是繇延寿奏称,"侍中谒者良使(丞)〔承〕制诏(萧)望之,望之再拜已。"⑦一次是元帝令王凤"承制诏(京)房,止无乘传奏事"。⑧ 这两处都用了"承制诏"。在这里,"承制"是专有名词,其语法结构是"承制诏(某)"。可见"制诏"不应连读。就是说,这里的"制诏"不是一个专属名词。

四书中,唯有策书最合古式。比如,武帝"敕封拜诸王策文"即源于《尚书》

---

① 在文献书写中,制策常被混淆。"光武即位,拜邓禹为大司徒。制曰:'前将军邓禹,深执忠孝,与朕谋谟帷幄,决胜千里。……封禹为酇侯。'"(《东观汉记》卷9)注者云:《文选》卷58王俭《褚渊碑》李善注"制曰"引作"策曰"。需要提示的是,客观意义上,我们无法从奏诏叙事模式中剥离出一个完整的奏诏模式。所以,奏诏叙事模式的现存状态决定了我们对奏诏模式的一般认知。
② 在人们的话语中,"诏""制"并称无异。比如,陈崇在给王莽的上书中说:"诏文始书,反虏大败;制书始下,反虏毕斩。"(《汉书·王莽传上》)
③ "戒书戒勅刺史、太守及三边营官,被勅文曰:有诏勅某官,是为戒勅也。世皆名此为策书失之远矣。"(蔡邕《独断》上)
④ 虽说西汉皇帝的策书也有特点,但都不像王莽那样刻意追求古风。王莽尤其热衷模仿《尚书》文体发布策书。"各策命以其职,如典诰之文。"他以新朝皇帝名义废平帝为定安公的策书即是典型的大诰体。"莽乃策命孺子曰:'咨尔婴,昔皇天右乃太祖,历世十二,享国二百一十载,历数在于予躬。……封尔为定安公,永为新室宾。于戏! 敬天之休,往践乃位,毋废予命。'"(《汉书·王莽传中》)
⑤ 虽然《史记·三王世家》有云:"御史臣光守尚书令奏未央宫。"这里的关键是御史守尚书令,所以武帝才说"下御史"。尚书这时开始进入奏诏体制,真正起作用的仍是御史。对照蔡邕所说,当有一个前后一致的理解。"诏书者,诏诰也,有三品。其文曰告某官,官如故事,是为诏书。群臣有所奏请,尚书令奏之,下有制曰,天子答之曰可。若下某官,亦曰诏书。群臣有所奏请,无尚书令奏制之字,则答曰已奏,如书本官下所当至,亦曰诏。"(《独断》上)
⑥《后汉书·寇恂列传》。
⑦《汉书·萧望之传》。
⑧《汉书·京房传》。

诸诰。① 这种"诰策"在王莽手里得到了复古式的弘扬。② 依照《汉制度》，策书之格式"起年月日，称皇帝，以命诸侯王"。举三个例子。一是，武帝策封刘闳为齐王。

> 惟元狩六年四月乙巳，皇帝使御史大夫（张）汤庙立子闳为齐王，曰：乌呼！小子闳，受兹青社。朕承天序，惟稽古，建尔国家，封于东土，世为汉藩辅。乌呼！念哉，共朕之诏。……悉尔心，允执其中，天禄永终；厥有愆不臧，乃凶于乃国，而害于尔躬。呜呼！保国义民，可不敬与！王其戒之！③

二是，东平王刘苍薨，章帝亲自致悼词。这样，就有了策书形式的悼词。策曰："惟建初八年三月己卯，皇帝曰：咨王丕显，勤劳王室，亲受策命，昭于前世。……今诏有司加赐銮辂乘马，龙旗九旒，虎贲百人，奉送王行。匪我宪王，其孰离之！魂而有灵，保兹宠荣。呜呼哀哉！"④三是，邓太后策封长安侯刘祜为帝。"惟延平元年秋八月癸丑，皇太后曰：咨长安侯祜：孝和皇帝懿德巍巍，光于四海；大行皇帝不永天年。……今以侯嗣孝和皇帝后。其审君汉国，允执其中'一人有庆，万民赖之。'皇帝其勉之哉！"⑤和武帝的古奥策书比起来，这是一篇中规中矩的策书，文字平易。当然，二者完全符合策书格式。尤其是题头。

在范《书》的《礼仪志》中，对策书的颁诏仪式有过详细记载。

> 拜诸侯王公之仪：百官会，位定，谒者引光禄勋前。谒者引当拜〔者〕前，当坐伏殿下。光禄勋前，一拜，举手曰："制诏其以某为某。"读策书毕，谒者称臣某再拜。尚书郎以玺印绶付侍御史。侍御史前，东面立，授玺印绶。王公再拜顿首三（下）。赞谒者曰："某王臣某新封，某公某初〔除〕，谢。"中谒者报谨谢。赞者立曰："（谢）皇帝为公兴。"（皆冠）〔重坐，受策者拜〕谢，起就位。供赐礼毕，罢。⑥

在这个仪式上，策书和制书同时出现。这似乎显得有些不同寻常。明明是使用策书的场合，却使用了制诏和玉玺这些制书的专属格式和专用对象。联系刘昭注所引文献，策书和制书的混合特征显得更加突出。在"制诏其以某为某"这句

① 《资治通鉴》卷 20，胡注。
② 王莽那篇"依《周书》作大诰"的讨伐檄文，虽非标准策书，但完全合乎策书格式。"惟居摄二年十月甲子，摄皇帝若曰：大诰道诸侯王三公列侯于汝卿大夫元士御事。"（《汉书·翟方进传》）
③ 同日还策封了刘旦为燕王、刘胥为广陵王。只是这两道策书格式有略，不属于严格的奏诏模式，而属于奏诏叙事模式。（《汉书·武五子传》）
④ 《后汉书·光武十王列传》。
⑤ 《后汉书·孝安帝纪》。
⑥ 《后汉书·礼仪志中》。

话下面,刘昭注引用丁孚《汉仪》之"夏勤策文"。"维元初六年三月甲子,制诏以大鸿胪勤为司徒。曰:'朕承天序惟稽古,建尔于位为汉辅。往率旧职,敬敷五教,五教在宽。左右朕躬,宣力四表,保乂皇家。于戏! 实惟秉国之均,旁袛厥绪,时亮天工,可不慎与! 勤(而)〔其〕戒之!'"在"拜诸侯王公之仪"最后,刘昭注又征引"蔡质所记立宋皇后仪"。先由"尚书令臣嚣、仆射臣鼎、尚书臣旭、臣乘、臣滂、臣谟、臣诣"一干人上书,"制曰:'可。'"继而制诏:"今使太尉袭使持节奉玺绶,宗正祖为副,立贵人为皇后。"①前后观之,这足以表明,策书和制书的使用具有高度的相关性和重叠性。换言之,在奏诏模式的实际运作中,策书和制书非但不是泾渭分明,反而浑然不分。非但如此,传世的所有秦汉文献,并未明确显示出《汉制度》中对四书所作的严格区别,反而呈现出相互融合的混用状态。

三、诏书尺寸

有别于严格意义上的策书尺寸,从朝政的实际运作看,皇帝诏书显然是一尺,而非二尺。比如,太常丞范升"为去妻所诬告,坐事系狱,当伏重罪。"其弟子杨政"以车驾出时伏道边,抱升子持车叩头。……政遂涕泣求哀,上即尺一出升。"②所谓"尺一",即诏书,亦即诏版。范《书》云:"尺一选举,委尚书三公。"李贤注,"尺一谓板长尺一,以写诏书也。"③又如,灵帝光和元年,"初置鸿都门,生本颇以经学相引。后诏能为尺牍辞赋及工书鸟篆相课试,至千人。皆尺一敕州郡、三公举用辟召,或典州郡,入为尚书、侍中,封侯赐爵。"④

四、格式化语言

西汉诏书有了一些常见的格式化语言。比如,刘邦诏书首先使用了"布告天下,使明知朕意"⑤这一句式。不过,它第一次出现在诏书中间,后来则成为皇帝诏书的结束语。文帝在自己的遗诏中,也使用了"布告天下,使明知朕意"⑥句式。此后,西汉皇帝多有此类句式。比如,"布告天下,使明知朕

---

① 《后汉书·礼仪志中》。
② 《东观汉记》卷18。
③ 《后汉书·陈蕃列传》。
④ 司马彪《续汉书》卷1,注,《八家后汉书》。
⑤ 《汉书·高帝纪下》。
⑥ 《汉书·文帝纪》。

意。"①"布告天下,使明知朕意。""布告天下,令明知之。"②"布告天下,使明知之。"③有时稍有变通:"布告天下,令明知朕报萧相国德也。"④

东汉诏书延续了这种格式化语言。"布告天下,使明知朕意",⑤"其申勑刺史、二千石,奉顺圣旨,勉弘德化,布告天下,使明知朕意。"⑥它既是一句常见的套语,也表明了皇帝对下诏效果的强烈期待,因为皇恩只能通过落实诏书来实现。

值得注意的是,前后汉的诏书始终贯穿着一种皇帝的特殊要求,即"明知朕意"或"称朕意焉"或"以称朕意"。比如,"申勑四方,称朕意焉。""勉思旧令,称朕意焉。"⑦"务崇宽和,敬顺时令,遵典去苛,以称朕意。"⑧它表明,颁布诏书不光要体现皇帝意志,还需在实际实施中执行皇帝的意志,就是说,皇帝意志必须贯穿诏令始终。从拟诏到行诏,都必须"称朕意焉"。因为朕意即天意,即民意。作为天子,其言行必须天人合一。这既是一种标准,也是一种境界。所谓"称朕意焉",即要求皇帝必须努力将自己的意志变成溥天之下的民意。这民意在天人感应的语境中,同时就是天意。是可知,皇帝通过下诏,将自己一人之心变成了天下人之心,甚至天人之心。天人之心即天人合一之心,亦即天人同心同德之心。这样,天人便能齐心协力,缔造皇权秩序。总之,"奉顺圣旨,勉弘德化,布告天下,使明知朕意"⑨本质上构成了皇帝对诏书的总体要求。

第三节　诏 书 术 语

一、"诏"之用法

奏诏模式中,诏令体制是指策、制、诏、敕之"四书"。但在奏诏叙事模式中,"诏"有诸多变形,史书对"诏"的使用并不严谨,具有相当的随意性。这使得制诏敕令诰没有什么实质性差异。如果有某种区别,也很细微,不具有不可改变

---

① 《汉书·景帝纪》。
② 《汉书·元帝纪》。
③ 《汉书·平帝纪》。
④ 《汉书·萧何传》。
⑤ 《后汉书·孝章帝纪》。
⑥ 《后汉书·孝和帝纪》。
⑦ 《后汉书·孝章帝纪》。
⑧ 《后汉书·孝顺帝纪》。
⑨ 《后汉书·孝和帝纪》。

的制度性含义。比如，"（灵帝）制书引咎，诏群臣各陈政要所当施行。"① 又如，光武东巡，"还经封丘城门，门下小，不容羽盖，帝怒，使挞侍御史，（虞）延因下见引咎，以为罪在督邮。言辞激扬，有感帝意，乃制诏曰：'以陈留督邮虞延故，贳御史罪。'"② 再如，"孝元皇帝策书曰：'礼之至敬，莫重于祭，所以竭心亲奉，以致肃祗者也。'又元和故事，复申先典。前后制书，推心恳恻。"③ 这里有叙事，有诏书，但均未严格区分制、策、诏、诰之间的区别，而是混而用之。

有时，史家出于修辞考量，也会在策、制、诏、敕之间灵活转换。致使四书之间非但没有严格界限，而且派生出"命"、"令"、"赏"、"赐"、"初举"、"使使"等一系列具有诏书功能的字词。④ 这些"字词群落"构成了奏诏叙事模式的"常用词"乃至"关键词"，推动着历史叙事的结构性展开。倘若没有这些频频使用的扩展性诏书字词，整个奏诏叙事模式很难被支撑起来。

反过来说，正是奏诏叙事模式创造了诸如此类的众多诏书词语，从而形成并规范了史书对诏书的习惯性用法。这些诏书字词，虽有字面差异，但含义相同，即皆为诏书。⑤ 某种意义上，这些诏书字词皆为"诏"之省略用法。即每个诏书字词前面皆可添加"诏"，而意思更为豁显。比如，"召"前加"诏"即为"诏召"，"赐"前加"诏"即为"诏赐"，"除"前加"诏"即为"诏除"，"封"前加"诏"即为"诏封"，"罢"前加"诏"即为"诏罢"，"赦"前加"诏"即为"诏赦"，⑥"许之"前加"诏"即为"诏许之"，"从之"前加"诏"即为"诏从之"。⑦

---

① 《后汉书·蔡邕列传》。

② 《后汉书·虞延列传》。

③ 《后汉书·蔡邕列传》。

④ 以"使使"为例，第一个"使"是动词，第二个"使"是名词。字面上，第一个"使"是派遣，第二个"使"是使者；实际上，它是指，使者携带诏书，或使臣传达诏令。这样，所谓"使使"意即下诏。比如，"济南瞷氏、陈周肤亦以豪闻。景帝闻之，使使尽诛此属。"（《汉书·游侠传》）韩嫣"出入永巷不禁，以奸闻皇太后。太后怒，使使赐嫣死。"（《汉书·佞幸传》）

⑤ 有些字本身即义同诏书。比如，"召"往往即"诏"，亦可反证之。光武东巡，"路过小黄，高帝母昭灵后园陵在焉，时（虞）延为部督邮，诏呼引见，问园陵之事。"（《后汉书·虞延列传》）又如，司隶校尉李膺诛杀宦官张让之弟。"让诉冤于（桓）帝，诏膺入殿，御亲临轩，诘以不先请便加诛辟之意。"（《后汉书·李膺列传》）可见，君臣之间的"召""诏"相通，即直接写作"诏"。

⑥ "诏令"。功侯子孙武帝后"靡有子遗"，宣帝"诏令有司求其子孙。"（《汉书·高惠高后文功臣表》）"诏赦"。"邓太后诏赦阴氏诸徙者悉归故郡。"（《后汉书·皇后纪上》）"诏封"。马防为车骑将军。"诏封兄弟二人各六千户。"（《东观汉记》卷12）"诏赐"。伏恭以病乞骸骨，"诏赐千石奉以终其身。"（《后汉书·儒林列传下》）"诏罢"。"诏罢黄门乘舆狗马。"（《资治通鉴》卷28）

⑦ 两汉《书》虽无"诏从之"，却有"下诏从之"。比如，"梁太后临朝，诏以殇帝幼崩，庙次宜在顺帝下。太常马访奏宜如诏书，谏议大夫吕勃以为应依昭穆之序，先殇帝，后顺帝。诏下公卿。（周）举议曰：'……今殇帝在先，于秩为父，顺帝在后，于亲为子，先后之义不可改，昭穆之序不可乱。吕勃议是也。'太后下诏从之。"（《后汉书·周举列传》）

　　总之,史书中的一字一词,多蕴含有奏诏模式。① 比如,"上遣"。匈奴寇边,"敦煌太守曹宗患之,乃上遣行长史索班将千余人屯伊吾以招抚之。"胡注云:"上遣者,上奏而遣之也。"②可见史书的确处处包含有奏诏模式。又如,"上闻"。"上闻河南守吴公治平为天下第一,召以为廷尉。"③所谓"上闻",实乃上闻其奏,它隐含的前提是上奏。如果将"闻"泛泛理解为"耳闻",实乃不察奏诏模式之本质。因为,"治平天下第一"显然不单是朝廷考绩,也是有司给文帝呈报的奏书。总之,这是一种既简洁又准确的叙事视角转换,由官员转为皇帝。此乃奏诏叙事模式之妙用。再如,"诏不听"。④ 字面意思是,皇帝下诏不从。但未免过于胶柱鼓瑟。皇帝不从就不从,何必多此一举专门下诏不从奏书。所以,这里的"诏"实乃"帝",即皇帝。这是一种以诏称人,将诏书人格化和主体化的写法。这里的"诏"既可作名词解,亦可作动词解,词性之歧义凸显了语义和解释之张力。

　　具有诏书性质和功能的常用字词。

(一)"诏"之字

　　1."召"、"迁"、"遣"。"上素闻安国贤,即召以为北地都尉,迁为太司农。闽、东越相攻,遣安国、大行王恢将兵。"⑤

　　2."征"。"征吏民有明当时之务习先圣之术者,县次续食,令与计偕。"⑥

　　3."赐"。"赐天下男子爵,人二级;三老、孝悌、力田三级;鳏寡孤独贫不能自存者粟,人五斛。"⑦

---

① 着笔于臣子者则有"白遣"、"白从"之类。比如,"大将军霍光白遣平乐监傅介子往刺其王。"(《汉书·西域传第上》)"白"即奏,"遣"即诏令采取的行动。可见,"白遣"一词已将皇帝批复奏书以及执行诏书的整个奏诏程序蕴含其中,并呈现出来。又如,罽宾遣使入汉,杜钦劝说王凤,"于是凤白从钦言。"(《汉书·西域传上》)所谓"白从",意即上奏皇帝,或附上杜钦书信,希望皇帝采纳其言。此其一。其二,"白从钦言"暗示出皇帝已采用其言。可见"白从"确有奏诏模式之隐晦痕迹。此外,类似的用法还有"奏徙"、"上立"等词语。比如,"邓遵奏徙逢侯于颍川郡。"张奂"上立左谷蠡王。"意即"张奂上书请立左谷蠡王为单于。"(《后汉书·南匈奴列传》,李贤注)此类奏书未必皆被采纳,但依然符合奏诏模式的基本程序。

② 《资治通鉴》卷50。

③ 《资治通鉴》卷13。

④ "(郑)众又上言:'臣前使匈奴,与单于不和,而今复往,恐其必取胜于臣,臣诚不忍持大汉节信,对毡裘跪拜,令以益匈奴之名,损大汉之强。'诏不听。"(《后汉纪》卷10)

⑤ 《汉书·韩安国传》。

⑥ 《汉书·武帝纪》。

⑦ 《后汉纪》卷9。

4. "使"。"上初礼于学,临辟雍,行大射礼。使天下郡国行乡饮酒礼于学校。"①

5. "召"。"邓太后召(傅)毅及驹騂入东观,与谒者仆射刘珍著中兴以下名臣列士传。"②谢承《书》曰:"上微行夜还,(何)汤闭门不纳,更从中东门入。明旦,召诣太官赐食,诸门候皆夺俸。"③

6. "立"。"立闽越君摇为东海王。"④

7. "发"。"发长安六百里内男女十四万六千人城长安,三十日罢。"⑤

8. "举"。"举民孝弟力田者,复其身。"⑥

9. "省"。"省法令妨吏民者。"⑦

10. "除"。"除挟书律。"⑧

(二)"诏"之词

1. "上议"。"上议曰:'古者先振兵泽旅,然后封禅。'"⑨

2. "招选"。"宣帝循武帝故事,招选名儒俊材置左右。"⑩

3. "诏遣"。"诏遣宗正刘长乐、执金吾刘敢奉策收皇后玺绶,自杀。"⑪

4. "诏召"。⑫"会窦婴言爰盎,诏召入见,上方与错调兵食。"⑬

5. "使使"。"孝武钩弋赵婕妤,昭帝母也,家在河间。武帝巡狩过河间,望气者言此有奇女,天子亟使使召之。"⑭

6. "诏赦"。"下(董)仲舒吏,当死,诏赦之。"⑮

7. "诏报"。耿弇"上书求诣洛阳。诏报曰:'将军出身举宗为国,所向陷

---

① 《后汉纪》卷9。
② 《后汉书·宗室四王三侯列传》。
③ 《后汉书·桓荣列传》,李贤注。
④ 《汉书·惠帝纪》。
⑤ 《汉书·惠帝纪》。
⑥ 《汉书·惠帝纪》。
⑦ 《汉书·惠帝纪》。
⑧ 《汉书·惠帝纪》。
⑨ 《史记·孝武本纪》。
⑩ 《汉书·楚元王传》。
⑪ 《汉书·外戚传上》。
⑫ "诏召"和"召"的区别可能是,诏召是文字诏书,召是传达皇帝口谕,即口诏。口诏也需要现场记录,登记在册,存入档案。否则,皇帝的诸多言语旨意都不再具有根据和权威性。
⑬ 《汉书·晁错传》。
⑭ 《汉书·外戚传上》。
⑮ 《汉书·董仲舒传》。

敌,功暌尤著,何嫌何疑,而欲求征?且与王常共屯涿郡,勉思方略。'"①

8. "诏告"。②"诏告司隶校尉、河南尹、南阳太守曰:'每览前代外戚宾客,假借威权,轻薄谬词,至有浊乱奉公,为人患苦。咎在执法怠懈,不辄行其罚故也。今车骑将军鸷等虽怀敬顺之志,而宗门广大,姻戚不少,宾客奸猾,多干禁宪。其明加检□,勿兼容护。'"③

9. "许之"。"吴楚反。(周)亚夫以中尉为太尉,东击吴楚。因自请上曰:'楚兵剽轻,难与争锋。原以梁委之,绝其粮道,乃可制。'上许之。"④

10. "从之"。丁綝拜河南太守。"及封功臣,帝令各言所乐,诸将皆占丰邑美县,唯綝愿封本乡。或谓綝曰:'人皆欲县,子独求乡,何也?'綝曰:'昔孙叔敖敕其子,受封必求硗埆之地,今綝能薄功微,得乡亭厚矣。'帝从之。"⑤

11. "初算"。"初算商车。"⑥

12. "初举"。"初举孝廉、郎中宽博有谋,任典城者,以补长、相。"⑦

13. "追封"。"和帝追封谥皇太后父梁(松)〔竦〕为褒亲愍侯,改殡,赐东园画棺、玉匣、衣衾〔而葬之〕。"⑧

14. "征拜"。黄香"征拜郎中,诏书召黄香在殿下。"⑨

二、"策"之用法

"策"的用法既严格,又宽泛。⑩ 策诏之间的区别很难说清。奏诏叙事模式对策书和诏书的处理手法并不单一,可作多重解读。有时,诏书和策命会同时出现,似乎在某些情况下,除了诏书,还需要策命才能表明其权威性。比如,太

---

① 《后汉书·耿弇列传》。
② 东汉诏书用词明显有别于西汉,包括"诏告"这类题头词。"诏告"与"诏"的显著区别可能在于某种"跨界性"的直接性和具体性。比如,"诏告光禄勋、汝南太守曰:'⋯⋯故光禄大夫周举,性侔夷、鱼,忠踰随、管,前授牧守,及还纳言,出入京辇,有钦哉之绩,在禁闱有密静之风。予录乃勋,用登九列。'"(《后汉书·周举列传》)这里的"诏告"对象,一者为"司隶校尉、河南尹、南阳太守",一者为"光禄勋、汝南太守"。二者均涉指某些特定的朝官和地方官。
③ 《后汉书·皇后纪上》。
④ 《史记·绛侯周勃世家》。
⑤ 《后汉书·丁鸿列传》。
⑥ 《汉书·武帝纪》。
⑦ 《后汉书·孝章帝纪》。
⑧ 谢承《后汉书》卷2,《八家后汉书》。
⑨ 谢承《后汉书》卷4,《八家后汉书》。
⑩ "策"有时也写作"册"。"图二十八将于云台,册曰:'部符封侯,或以德显。'"(《东观汉记》卷2)

后王政君"下诏曰：'……以莽为太傅，干四辅之事，号曰安汉公。'"王莽"不得已而起受策。策曰：'汉危无嗣，而公定之；四辅之职，三公之任，而公干之；群僚众位，而公宰之：功德茂着，宗庙以安，盖白雉之瑞，周成象焉。故赐嘉号曰安汉公，辅翼于帝，期于致平，毋违朕意。'"①又如，"卫后立三十八年，遭巫蛊事起，江充为奸，太子惧不能自明，遂与皇后共诛充，发兵，兵败，太子亡走。诏遣宗正刘长乐、执金吾刘敢奉策收皇后玺绶，自杀。"②再如，殇帝崩，"引拜（安）帝为长安侯。皇太后诏曰：'……其以祜为孝和皇帝嗣，奉承祖宗，案礼仪奏。'又作策命曰：'惟延平元年秋八月癸丑，皇太后曰：咨长安侯祜：孝和皇帝懿德巍巍，光于四海；大行皇帝不永天年。……今以侯嗣孝和皇帝后。'"③

1. 后妃用策。霍后杀许后事泄，霍显诸人谋反被诛。宣帝"使有司赐皇后策曰：'皇后荧惑失道，怀不德，挟毒与母博陆宣成侯夫人显谋欲危太子，无人母之恩，不宜奉宗庙衣服，不可以承天命。'"④章帝"策书加（贾）贵人王赤绶，安车一驷。"⑤和帝"使司徒鲁恭持节赐（阴）后策，上玺绶，迁于桐宫，以忧死。"⑥

2. 三公用策。成帝欲专任王凤，"乃策（许）嘉曰：'将军家重身尊，不宜以吏职自絫。赐黄金二百斤，以特进侯就朝位。'"⑦司空杨赐薨。灵帝策曰："今使左中郎将郭仪持节追赠特进司空骠骑将军印绶，谥曰文烈侯。"⑧

3. 九卿用策。宋汉卒。顺帝策曰："太中大夫宋汉，清修雪白，正直无邪。……因病退让，守约弥坚，将授三事，未克而终。"⑨

三、"令"之用法

（一）"令""诏"同义

在奏诏叙事模式中，"令"的使用率仅次于"诏"。一方面，多"初令"，少"始诏"，⑩

---

① 《汉书·王莽传上》。
② 《汉书·外戚传上》。
③ 《后汉书·孝安帝纪》。
④ 《汉书·外戚传上》。
⑤ 《后汉书·皇后纪上》。
⑥ 《后汉书·皇后纪上》。
⑦ 《汉书·外戚传下》。
⑧ 《后汉纪》卷25。
⑨ 《后汉书·宋弘列传》。
⑩ "景帝中元五年，始诏六百石以上施车幡，得铜五末，轭有吉阳筩。中二千石以上右騑，三百石以上皁布盖，千石以上皁缯覆盖，二百石以下白布盖，皆有四维杠衣。贾人不得乘马车。除吏赤画杠，其余皆青云。"（《后汉书·舆服志上》）

无"初制（策）"或"始制（策）"；另一方面，多"下诏"，少"下令"和"下制"。虽然"下令"和"下制"即下诏。[①]

"令"之本义乃律令。令在帝国日常生活中几乎随处可见。哀帝还是定陶王时就"好文辞法律"。元延四年入朝，"尽从傅、相、中尉。时成帝少弟中山孝王亦来朝，独从傅。上怪之，以问定陶王，对曰：'令，诸侯王朝，得从其国二千石。傅、相、中尉皆国二千石，故尽从之。'……他日问中山王：'独从傅在何法令？'不能对。"[②]可见法令意识在帝国宫廷是一种普遍意识。范晔评论后妃便着眼于此。"明帝聿遵先旨，宫教颇修，登建嫔后，必先令德，内无出阃之言，权无私溺之授，可谓矫其敝矣。向使因设外戚之禁，编著甲令，改正后妃之制，贻厥方来，岂不休哉！"[③]法令既能约束君臣，自然更能管制民众。宣帝诏曰："令甲，死者不可生，刑者不可息。……其令郡国岁上系囚以掠笞若瘐死者所坐名、县、爵、里，丞相御史课殿最以闻。"所谓"令甲"，据如淳解释，"令有先后，故有令甲、令乙、令丙。"师古补充说："甲乙者，若今之第一、第二篇耳。"[④]但同时，在这道诏书中，又有"其令郡国岁上系囚以掠笞若瘐死者所坐名、县、爵、里"，可见此"令"是一道行政命令即诏令。

直接诏书之"令"即是诏。"其令天下吏民，令到出临三日，皆释服。"师古曰："令谓此诏文也。"[⑤]它同样具有叙事诏书之"令"的诸种含义。诏曰："朕闵劳以官职之事，其务修孝弟以教乡里。令郡县常以正月赐羊酒。有不幸者赐衣被一袭，祠以中牢。"[⑥]诏曰："今百姓多上书触讳以犯罪者，朕甚怜之。其更讳询。诸触讳在令前者，赦之。"[⑦]"除光禄大夫以下至郎中保父母同产之令。令从官给事宫司马中者，得为大父母父母兄弟通籍。"[⑧]武帝曰："令吏民勉农，尽

---

① 《汉书·高帝纪下》云："下令曰：'楚地已定，义帝亡后，欲存恤楚众，以定其主。齐王信习楚风俗，更立为楚王，王淮北，都下邳。魏相国建城侯彭越勤劳魏民，卑下士卒，常以少击众，数破楚军，其以魏故地王之，号曰梁王，都定陶。'"《史记·张丞相列传》云："孝宣帝下制曰：'颍川太守（黄）霸，以宣布诏令治民，道不拾遗，男女异路，狱中无重囚。赐爵关内侯，黄金百斤。'"不仅汉人以制为诏，晋人还在沿用这种制诏不分的写法。《后汉纪》（卷12）云：章帝"始无罪（崔）骃等意，及得（孔）僖奏，下制勿问。"

② 《汉书·哀帝纪》。

③ 《后汉书·皇后纪上》。

④ 《汉书·宣帝纪》。以甲乙丙丁分类事物，是汉人的习惯。律令如此，课士依然。"平帝时王莽秉政，增元士之子得受业如弟子，勿以为员，岁课甲科四十人为郎中，乙科二十人为太子舍人，丙科四十人补文学掌故云。"（《汉书·儒林传》）

⑤ 《汉书·文帝纪》。

⑥ 《汉书·昭帝纪》。

⑦ 《汉书·宣帝纪》。

⑧ 《汉书·元帝纪》。

地利,平繇行水,勿使失时。"①

在奏诏叙事模式中,无论叙事诏书还是直接诏书,"令"和"诏"具有相同的性质和权威性。② "令"多用于概括性的叙事体诏书。平铺直叙,文字简洁,没有皇帝本人的情感性表态和谦卑性语气。相反,那些直接引用的诏书原文,却有着大量和频繁的皇帝个人的忧患性话语。

> 中国初定,尉佗平南越,因王之。高祖使(陆)贾赐佗印为南越王。……贾卒拜佗为南越王,令称臣奉汉约。③

> 孝文即位,欲使人之南越,丞相(陈)平乃言(陆)贾为太中大夫,往使尉佗,去黄屋称制,令比诸侯,皆如意指。④

> 及齐、淮南国废,令太祝尽以岁时致礼如故。⑤

> 山东被河灾,及岁不登数年,人或相食,方二三千里。天子怜之,令饥民得流就食江淮间,欲留,留处。……新秦中或千里无亭徼,于是诛北地太守以下,而令民得畜边县,官假马母,三岁而归,及息什一,以除告缗,用充入新秦中。……车骑马乏,县官钱少,买马难得,乃著令,令封君以下至三百石吏以上差出(牡)〔牝〕马天下亭,亭有畜字马,岁课息。……(桑)弘羊以诸官各自市相争,物以故腾跃,而天下赋输或不偿其僦费,乃请置大农部丞数十人,分部主郡国,各往往置均输盐铁官,令远方各以其物如异时商贾所转(贬)〔贩〕者为赋,而相灌输。……弘羊又请令民得入粟补吏,及罪以赎。令民入粟甘泉各有差,以复终身,不复告缗。……是岁小旱,上令百官求雨。⑥

(二)"著为令"或"具为令"

所谓"著为令"或"具为令"在奏诏模式中不是问题,只有在奏诏叙事模式中才是问题。就是说,奏诏模式中本来有的"著为令"或"具为令",在奏诏叙事模式中因史家修辞需要而产生了变化,有时有有时无。比如,《史》《汉》对文帝的同一道诏书便出现了这种细微差异。"夫刑至断支体,刻肌肤,终身不息,何其

---

① 《汉书·沟洫志》。
② 正因如此,"诏令"连用亦不乏见。比如,"诏令郡国中都官死罪系囚减死罪一等,勿笞,诣军营,屯朔方、敦煌;妻子自随,父母同产欲求从者,恣听之;女子嫁为人妻,勿与俱。"(《后汉书·孝明帝纪》)这其实是一道赦令。赦令即为赦诏。
③ 《汉书·陆贾传》。
④ 《汉书·陆贾传》。
⑤ 《汉书·郊祀志上》。
⑥ 《汉书·食货志下》。

楚痛而不德也,岂称为民父母之意哉! 其除肉刑。"①"夫刑至断支体,刻肌肤,终身不息,何其刑之痛而不德也! 岂称为民父母之意哉? 其除肉刑,有以易之;及令罪人各以轻重,不亡逃,有年而免。具为令。"②显然,《史记》删掉的"具为令",在《汉书》中保存下来。

可见,"著为令"或"具为令"只有置于奏诏叙事模式中,才有探究之意义。因为,"直接诏书"或"引文诏书"和"叙事诏书"并非奏诏模式的分类,而是奏诏叙事模式的分类。这样,通过解析奏诏叙事模式中的"著为令"或"具为令",我们得以了解奏诏模式运行的某些实际特点。"著为令"或"具为令"在奏诏叙事模式中的时有时无,并不能改变它在奏诏模式中的实际性质和功能,只是规范着我们对奏诏模式的认识。

在奏诏叙事模式中,"著为令"或"具为令"成为一种可选择的修辞方式。这是直接诏书有别于叙事诏书的一个显著特点。当然,即便在直接诏书中,"著为令"或"具为令"也是一种有所选择的叙事策略。这样,"著为令"或"具为令"就成为直接诏书之"令"中最特别的一种。可见,"令"有"具为令"之意,但并不必然是。换言之,不是所有"令"都意味着必须下诏"具为令"。③ "具为令"字面含义是"使更为条制"④,即通过颁诏成为正式律令。比如,文帝诏曰:"今岁首,不时使人存问长老,又无布帛酒肉之赐,将何以佐天下子孙孝养其亲? 今闻吏禀当受鬻者,或以陈粟,岂称养老之意哉! 具为令。"师古曰:"使其备为条制。"⑤又如,宣帝诏曰:"前年夏,神爵集雍。今春,五色鸟以万数飞过属县,翱翔而舞,欲集未下。其令三辅毋得以春夏摘巢探卵,弹射飞鸟。具为令。"⑥

有时,也称"议为令"。意即皇帝要求将朝议结果"具为令"或"著为令"。武帝诏曰:"今中国一统而北边未安,朕甚悼之。日者大将军巡朔方,征匈奴,斩首虏万八千级,诸禁锢及有过者,咸蒙厚赏,得免减罪。今大将军仍复克获,斩首虏万九千级,受爵赏而欲移卖者,无所流虺。其议为令。"⑦

---

① 《史记·孝文本纪》。
② 《汉书·刑法志》。
③ 叙事诏书从无"著为令"或"具为令"字样。但这是因为叙事使然,还是原本如此,殊难判断。不过我觉得后者可能性更大一些。
④ 《汉书·刑法志》,颜注。
⑤ "有司请令县道,年八十已上,赐米人月一石,肉二十斤,酒五斗。其九十已上,又赐帛人二疋,絮三斤。赐物及当禀鬻米者,长吏阅视,丞若尉致。不满九十,啬夫、令史致。二千石遣都吏循行,不称者督之。刑者及有罪耐以上,不用此令。"师古曰:"刑谓先被刑也。有罪,在吏未决者也。言八十、九十之人虽合加赐,其中有被刑罪者,不在此赐物令条中也。"(《汉书·文帝纪》)
⑥ 《汉书·宣帝纪》。
⑦ 《汉书·武帝纪》。

　　叙事诏书的显著特点是极少使用"著为令"或"具为令"。① 因为，"著为令"或"具为令"作为一种规范的诏书用语，只能出现于直接诏书中。至于叙事诏书中，常用的都是些更为灵便的简写。比如，"乃置大司马位，大将军、票骑将军皆为大司马。定令，令票骑将军秩禄与大将军等。"②这里的"定令"即为直接诏书中的"具为令"。③ 又如，"车骑马乏，县官钱少，买马难得，乃著令，令封君以下至三百石吏以上差出(牡)〔牝〕马天下亭，亭有畜字马，岁课息。"④这里的"著令"即著为令。其实，"定令"和"著令"即是"定著乎令"之简写。比如，"诏宦官养子悉听得为后，袭封爵，定著乎令。"⑤"定著乎令"即直接诏书中的"具为令"或"著为令"。是可知，直接诏书中的"具为令"或"著为令"在叙事诏书中有了"定著乎令"和"定令"、"著令"三种变形。换言之，"定令"和"著令"表面上是叙事诏书中"定著乎令"之简写，实际上是直接诏书中"具为令"或"著为令"之简称。

　　"定著令"有多重含义，未必一定是立为法律之意，也可能是表达某种褒奖之意，即对诏书对象的勉励。比如，"文王(吴)芮，高祖贤之，制诏御史：'长沙王忠，其定著令。'"邓展云："汉约非刘氏不王，而芮王，故著令中，使特王也。或曰，以芮至忠，故著令也。"师古云："寻后赞文，或说是也。"⑥可见，"定著令"实乃表彰长沙王也。

　　另一方面，"具为令"的内容并非都是了不得的军国大事，反而有些属于似乎不甚起眼的事情。比如，宣帝诏曰："前年夏，神爵集雍。今春，五色鸟以万数飞过属县，翱翔而舞，欲集未下。其令三辅毋得以春夏摘巢探卵，弹射飞鸟。具为令。"⑦又如，元帝即位，成帝为太子。"初居桂宫，上尝急召，太子出龙楼门，不敢绝驰道，西至直城门，得绝乃度，还入作室门。上迟之，问其故，以状对。上大说，乃著令，令太子得绝驰道云。"⑧是可知，对"定著令"或"具为令"不可作过

---

① 和"著为令"或"具为令"相近的还有"论如律"。不过，二者性质有别。"著为令"或"具为令"意思是制定新法，"论如律"意思是重申旧律。比如，诏曰："民有嫁妻卖子欲归父母者，恣听之。敢拘执，论如律。"(《后汉书·光武帝纪上》)可见诏书的功能多多。有的诏书修改了法律，有的诏书废除了法律，有的诏书完善了法律。

② 《汉书·霍去病传》。

③ 班《书》中的注也有一条材料，提及定令。如淳曰："高后时定令，敢有擅议宗庙者，弃市。"(《汉书·霍光传》，颜注)

④ 《汉书·食货志下》。

⑤ 《后汉书·宦者列传》。

⑥ 《汉书·吴芮传》，颜注。

⑦ 《汉书·宣帝纪》。

⑧ 《汉书·成帝纪》。

分解读。

(三)"令"之对象

　　"令"之对象包括所有人。虽然可能以民众居多。"令民告缗者以其半与之。"①"罢榷酤官,令民得以律占租,卖酒升四钱。"②"令吏民得买爵,贾级千钱。"③"遣使循行郡国,禀贷被灾害不能自存者,令得渔采山林池泽,不收假税。""初令郡国以日北至案薄刑。"④"令郡国遇灾者,减田租之半;其伤害十四以上,勿收责。""令天下系囚罪未决,入缣赎。"⑤"令天下亡命赎,各有差。""令罪死囚徒非大逆无道,减死一等,徙戍边。"⑥"令天下系囚减罪一等,死罪徙边戍。""除诸禁固不得仕者,令得仕。""初令妇人怀胎者,当以二月赐谷三斛,复夫勿算一岁。"⑦

　　"令"也用于百官。"令群臣得奏封事,以知下情。""复高皇帝功臣绛侯周勃等百三十六人家子孙,令奉祭祀,世世勿绝。""令内郡国举贤良方正可亲民者。"⑧"以民疾疫,令大官损膳,减乐府员,省苑马,以振困乏。""令诸侯相位在郡守下。""令三辅都尉、大郡都尉秩皆二千石。"⑨"令诸侯王、公、列侯、关内侯亡子而有孙若子同产子者,皆得以为嗣。"⑩"令公卿以下至郡县黄绶吏,皆保养军马,吏尽复以与民。"⑪"令(汲)黯以诸侯相秩居淮阳。"⑫"初令侍中、给事黄门侍郎员各六人。"⑬

(四)"令"之功能

　　叙事诏书之"令",其功能有三,即政令、律令、军令,且多为叙事体。
　　所谓军"令"。"匈奴入杀辽西太守,虏略渔阳二千馀人,败韩将军军。汉令

---

① 《汉书·武帝纪》。
② 《汉书·昭帝纪》。
③ 《汉书·成帝纪》。
④ 《后汉书·孝和帝纪》。
⑤ 《后汉书·孝灵帝纪》。
⑥ 《后汉纪》卷10。
⑦ 《后汉纪》卷12。
⑧ 《汉书·宣帝纪》。
⑨ 《汉书·元帝纪》。
⑩ 《汉书·平帝纪》。
⑪ 《汉书·食货志下》。
⑫ 《汉书·汲黯传》。
⑬ 《后汉书·孝献帝纪》。

将军李息击之，出代；令车骑将军青出云中以西至高阙。"元朔五年，"汉令车骑将军青将三万骑，出高阙，卫尉苏建为游击将军，左内史李沮为彊弩将军，太仆公孙贺为骑将军，代相李蔡为轻车将军，皆领属车骑将军，俱出朔方；大行李息、岸头侯张次公为将军，出右北平：咸击匈奴。"①"令扶风、汉阳筑陇道坞三百所，置屯兵。"②

所谓政"令"，即广义上的行政命令，多由皇帝下诏直接成为律令和礼制，所以政令、律令和礼制往往混而不分。"秦始皇帝令倮比封君，以时与列臣朝请。"③"令郎中有罪耐以上，请之。民产子，复勿事二岁。""令士卒从军死者为椟，归其县，县给衣衾棺葬具，祠以少牢，长吏视葬。""令吏卒从军至平城及守城邑者能坚守（也）〔者〕。皆复终身勿事。""令诸侯王皆立太上皇庙于国都。""令丰人徙关中者皆复终身。""令士卒从入蜀、汉、关中者皆复终身。"④"令郡诸侯王立高庙。"⑤"初令郡国举孝廉各一人。"⑥值得注意的是，大酺皆用"令"。"令天下大酺，明年改元。"⑦"令民大酺五日。""令天下大酺五日，腠五日，祠门户，比腊。"⑧"令天下酺五日。"⑨

第四节　奏诏叙事模式与奏诏模式之差异

奏诏叙事模式和奏诏模式之别，一言之，奏疏不用，这是奏诏模式；虽不用却被记载下来，这是奏诏叙事模式。其间差异固然蕴含有史家之选择和倾向，更重要的是，它体现了奏诏叙事模式之整体性本质。这使得奏诏叙事模式之于奏诏模式，根本上就是一种独立之"创作"。就是说，奏诏叙事模式"先天"限定了我们谈论奏诏模式的边界。我们不可能超出奏诏叙事模式去分析奏诏模式。这样，**奏诏叙事模式和奏诏模式之差异便成了史书内部之事**。深

---

① 《史记·卫将军列传》。
② 《后汉书·孝顺帝纪》。
③ 《史记·货殖列传》。《汉书·货殖传》亦云："秦始皇令赢比封君，以时与列臣朝请。"这句话照抄《史记》。联系下文，"始皇以为贞妇而客之，为筑女怀清台。"这句话的内容和格式同上句话一样，都是始皇帝之"令"。
④ 《汉书·高帝纪下》。
⑤ 《汉书·惠帝纪》。
⑥ 《汉书·武帝纪》。
⑦ 《汉书·文帝纪》。
⑧ 《汉书·武帝纪》。
⑨ 《汉书·昭帝纪》。

入其中,不难发现二者差异多多,有形制,有类型,有叙事,有名号,有结构,有时间,有意图。

(一) 四书

如果过多纠缠制诏四书之别,恐怕不着真谛。因为我们所见诏书,除了少量出土汉简,其余全是出自史书。史家写史显然拥有相当的自由度。他们并非一板一眼,如同现代人抄录档案一般。许多时候史家都颇为随意。比如,石庆"自沛守为太子太傅,七岁迁为御史大夫。"[1]御史大夫张欧"老病笃,请免。于是天子亦策罢,以上大夫禄归老于家。"[2]石庆和张欧均曾任职御史大夫,虽一任一免,太史公的叙述方式却不同。无形中模糊了四书之界限。又如,"哀帝为定陶王时,(萧)由为定陶令,失王指,顷之,制书免由为庶人。"[3]制曰:"其敬举觞,太常择吉日策告宗庙。"[4]班《书》和范《书》都不是按照四书体制来使用"制"的。这表明,史家亦无意凸显四书之别。这样,我们只能根据奏诏叙事模式来判断制诏四书之殊异。奏诏叙事模式往往取决于史家修辞。所以,当人们谈论制诏四书时,其实说的是奏诏叙事模式中的制诏用法,而非实际运作中的奏诏模式。

(二) 分类

从奏诏模式看,诏书分类主要以形式、性质和功能为标准。所谓形式分类,有手诏、玺书等。所谓性质分类,有赦诏、恩诏、罪己诏、密诏、明诏、遗诏等。所谓功能分类,分为例行诏书和随机诏书。所谓例行诏书,即属惯例性的固定诏书。有事即有诏,到时即下诏。比如,"自上即位至于是年,颇有水旱之灾,百姓饥馑,每岁遣使者开仓赈饥民。"[5]例行诏书有登基、逊位、加冠、册封、立后、立太子、灾异、改元、行春、大赦、恩诏、拜官、策免、征辟等。所谓随机诏书,即无例可循或应对突发事态的诏书。比如,"令将军以下至六百石,遣子诣太学试受业,满岁课试,以高第五人补郎,次第五人太子舍人。"[6]随机诏书有战争、设官、立法等。

---

[1]《史记·万石君列传》。
[2]《史记·张欧列传》。
[3]《汉书·萧望之传》。
[4]《后汉书·孝明帝纪》。
[5]《后汉纪》卷16。
[6]《后汉纪》卷20。

从奏诏叙事模式看,诏书分类主要以形式为标准。这种形式又可分为两类,一是着眼于时间因素,即干支诏书和无干支诏书;一是着眼于修辞手法,即直接诏书和叙事诏书。其实,这两类同时存在着广泛的交叉。干支诏书和无干支诏书皆同时使用了直接诏书和叙事诏书两种手法。不仅如此,干支诏书和无干支诏书还同时使用了引文诏书和叙事诏书的混合手法。[①]

(三) 修辞

奏诏叙事模式通常融合奏诏为叙事。比如,"宣帝即位,褒赏大臣,(杜)延年以定策安宗庙,益户二千三百,与始封所食邑凡四千三百户。诏有司论定策功,大司马大将军(霍)光功德过太尉绛侯周勃,车骑将军安世、丞相杨敞功比丞相陈平,前将军韩增、御史大夫蔡谊功比颖阴侯灌婴,太仆杜延年功比朱虚侯刘章,后将军赵充国、大司农田延年、少府史乐成功比典客刘揭,皆封侯益土。"[②]官员的行为、仕途和命运都不是官员自己的事。它需要皇帝裁决。它把奏书和诏书都变成叙事。可见,奏诏叙事模式实际上是一种隐性的奏诏模式。"成帝初,征为光禄大夫,迁左曹中郎将,至执金吾。始武贤与赵充国有隙,后充国家杀辛氏,至庆忌为执金吾,坐子杀赵氏,左迁酒泉太守。岁余,大将军王凤荐庆忌'前在两郡著功迹,征入,历位朝廷,莫不信乡。质行正直,仁勇得众心,通于兵事,明略威重,任国柱石。父破羌将军武贤显名前世,有威西夷。臣凤不宜久处庆忌之右。'乃复征为光禄大夫、执金吾。数年,坐小法左迁云中太守,复征为光禄勋。"[③]依照上文格式以及常规程序,"数年"云云亦应有奏书和诏书,故此处实乃隐性奏书和诏书。

(四) 时间

文帝十七年,"得玉杯,刻曰'人主延寿'。于是天子始更为元年,令天下大酺。"据"索隐","秦本纪惠文王十四年更为元年。又《汲冢竹书》魏惠王亦有后元,当取法于此。"[④]文景改元产生的"后元"之"后"、"中元"之"中",被认为是史

---

① 比如,"十月壬子,幸辟雍,初行养老礼。诏曰:'……三老李躬,年耆学明。五更桓荣,授朕《尚书》。……其赐荣爵关内侯,食邑五千户。三老、五更皆以二千石禄养终厥身。'"(《后汉书·孝明帝纪》)
② 《汉书·杜周传》。
③ 《汉书·辛庆忌传》。
④ 《史记·孝文本纪》,三家注。

家为记事方便而添加上去的,亦即人为制造出来的。① 如果确真如此,这恰是奏诏叙事模式和奏诏模式之间差异的一个绝佳例证。但这里仍有一些关键性的技术细节不易解释。倘若"后元"之"后"、"中元"之"中"仅是奏诏叙事模式所为,而无关奏诏模式,那么在皇权政治的实际运行中,大量的奏书和诏书必然会因年份相同而产生种种混淆,致使汉帝国的各级官吏无从辨析,难以措手。这种奏诏困境无疑会使行政效率极其低下。因为奏诏模式正常运行的一个基本条件是具体而又明确的时间因素。就是说,奏书和诏书都需要有具体干支(年干支和日干支,简称年月日)。这是奏诏格式的基本要求。即每封奏书、每道诏书后面都会有干支落款。② 就像古人的书信一样。广义上,奏诏模式是一种特殊的文字交流。所以,奏诏模式必然符合文字交流的一般原则,必须在文书上留下标识时间的符号。无论奏书还是诏书,必须有明确的干支,否则需要时不易查找核实。试想一下,如果皇帝在位期间出现了完全相同的二个、三个乃至四个"元年"、"二年"、"三年"等,成千上万的帝国官吏们该如何执行他在不同年头颁发的不同内容的诏书? 特别是那些远离京城和朝廷的边疆官吏和偏远的基层小吏,他们信息闭塞,一旦有事需要翻找以前的诏书时,如何可能从成堆的卷册中准确辨别相同年份的不同诏书? 因为,任何政策、法令、条规的实施和执行都有一个连续性问题。如果政策、法令、条规出现调整、修正、补充、废除等常见情况时,需要对照和参考不同年头诏书的前后变化。这样,诏书上相同的"元年"或"二年"或"三年"等,却是实际上的不同年份。其间的矛盾和变化,对帝国的各级官员来说,绝对是一个难以克服的行政障碍和时时都可能遇到的巨大麻

---

① 据说先秦早已有过此类做法。秦惠文君"十四年,更为元年"。(《史记·秦本纪》)不过,此后的二年、三年、五年,皆无"后""中"以示区别。"正义"引《六国年表》云"秦惠文王后元九年",按《史记·六国年表》原文为秦惠文王"初更元年"。这和文帝十七年"天子始更为元年"(《史记·孝文本纪》)意思相同。至于《卫康叔世家》和《郑世家》倒是有"后元"字样。"献公后元年,诛甯喜。"(《史记·卫康叔世家》)"出公后元年,赏从亡者。"(《史记·卫康叔世家》)"厉公突后元年,齐桓公始霸。"(《史记·郑世家》)

② 司马光似乎不明奏诏体制,对奏书格式亦不甚了了。一是不知奏书必有落款时间,二是奏书对所言之事发生时间皆需标明。既如此,范《书》有关敦煌长史索班被杀时间自相抵牾,"《班勇传》:'元初六年,曹宗遣索班屯伊吾。后数月,北单于与车师后部共攻没索班。'按《本纪》,'永宁元年,车师后王叛,杀部司马。'《车师传》亦曰:'永宁元年,后王军就及母沙麻反畔,杀后部司马及敦煌行事。'"应该不是奏书本身之疏漏,而是史之之疏忽。此乃奏诏叙事模式异于奏诏模式之所致。这样,《考异》断言,"盖班以去年末屯伊吾,今春见杀,或今春奏事方到也,"(《资治通鉴》卷50)就显得不合情理。司马光觉得,既然奏事时间不明,奏书时间不清,只能依据奏书到达朝廷时间来推测事件发生时间。虽说对《春秋》、《左传》中出现的类似干支问题,人们一般归结于东周列国的史官书法使然,但若将此惯例套用于早期帝国的奏诏体制,恐属不妥。简单说,这只是史书的事。**不能把奏诏叙事模式的问题都归咎于奏诏模式。二者分属两套不同规则。**

烦。如果考虑这点,人们还会轻易相信"后元"之"后""中元"之"中"是史家添加上去的吗?① 尤其费解的是,武帝已经实行正式年号制度一二十年后,为何重新使用"后元"?② 即便有人相信,武帝"后元"是史家所为。③

当然,人们公认,武帝的第一个年号"建元"是后人追溯添补的。④ 依赵翼所说,年号就是为了记事。"自汉武帝创置年号,便于记事,诚万世不易之良法。然后世有不用年号者。《周书·崔宣猷传》'明帝即位,依周礼称天王,不建年号。宣猷请仍用以纪事,乃从之。'"⑤这种解释完全着眼于写史,即奏诏叙事模式的需要。再举一个例子,足见奏诏叙事模式和奏诏模式之差异有详有略。如果说文景"中元""后元"增之以详,光武"中元"则省之以略。光武"中元"年号实为"建武中元"。袁《纪》、范《书》"从简易"而书之以"中元"。⑥ 不仅年号,月号

---

① 据廖伯源说:"汉文帝改十七年为元年,盖欲去旧就新,为之更始也。史家以其在位期间有二纪年,为便于分辨,乃名之为前元与后元。景帝且两次重新纪年,故史家以前元、中元、后元分别名其纪年。武帝以多次重新纪年不便行政,乃创造年号,以年号纪年,既达更始之目的,又用佳名美字为年号,以饰其治。""天子、诸侯王、列侯各自纪年,天子君临天下之威仪不彰。武帝为突显天子天下一人之尊,与诸侯王、列侯大为不同,乃自为创制年号,诸侯王与列侯则仍用旧制,以见天子与王侯之差别。"(廖伯源《说新》,《秦汉史论丛》(增订本),中华书局,2008 年)

② 近人谓,武帝征和以后,"改行新元,可能是由于一时没有找到满意的吉祥名目,又曾一度倒退回到太初元年以前先改元、后追记年号的做法。"(辛德勇《建元与改元——西汉新莽年号研究》第 73 页,中华书局,2013 年)武帝多次改元,找到一个吉祥名号并非难事,何况此前的几个年号也是颇为普通。再说长达两年时间,竟然找不到一个中意年号,于理不合。可见后元另有缘故,当另作解释。王先谦云:"武帝改元,凡十有一,未有无年号者。在元鼎之前,未有年号,尚加追改,最后二年,何独无之!……疑征和四年之明年,改称征和后元年,史公阙略,故但书后元年,不复有'征和'字耳。光武以建三十一年为建武中元元年,其以建武冒于中元之上,则似用征和故事也。"宋莒云,学者删建武,存中元,《武帝纪》"实大类此"。王祎云:"武帝沿文景故事,复为后元,……非史官追书之。"王先谦补充说:"王说是也。武帝元鼎以后,既皆用字冠之,则'后元'二字亦其年号,必无单称后元年之理。"(王先谦《〈汉书〉补注》,第 305—306 页,上海古籍出版社,2012 年。[以下简称《〈汉书〉补注》])

③ 在年号问题上,人们普遍相信,史家介入过深,甚至大摆乌龙。先是以无为有,把文景改元增改为"中元""后元";继而以有为无,把光武帝建武中元删减为"中元"。似乎这是一种历史叙事的普通策略或常规手法。其实,武帝之"后元"、光武之"中元",并不能充分证明文景"后元""中元"一定出自史家之手。

④ 刘攽云:"自元鼎以前之年,皆有司所追命;其实年号之起在元鼎,故元封改元则始有诏书也。"(《资治通鉴》卷 17,胡注)可见第一道有年号的改元诏书始于元封。但有一个问题,武帝统治的最初二十多年,非但没有年号,还在反复改元,这种近乎儿戏的政治举措,难道不会引发帝国行政的严重困扰?

⑤ 《廿二史札记》卷 15,"魏末周初无年号"。

⑥ 胡三省云:"洪氏《隶释》曰:成都有汉蜀郡太守何君造《尊楗阁碑》,其末云'建武中元二年六月'。按范《史》《本纪》,建武止三十一年,次年改为中元,直书为中元元年。观此所刻,乃是虽别为中元,犹冠以建武,如文、景中元、后元之类也。又《祭祀志》载封禅后敕天下诏,明言云'改建武三十二年为建武中元元年'。《东夷倭国传》,'建武中元二年,来奉贡',证据甚明。宋莒公《纪元通谱》云:'《纪》、《志》俱出范《史》,必传写脱误,学者失于精审,以意删去。梁武帝大同、大通俱有"中"字,是亦宪章于此。司马公作《通鉴》,不取其说。'余按《考异》,温公非不取宋说也,从袁、范书中元者,从简易耳。"(《资治通鉴》卷 44)

亦然。比如,汉王元年,"正月,项羽自立为西楚霸王,王梁、楚地九郡,都彭城。"颜师古云:"凡此诸月号,皆太初正历之后记事者追改之,非当时本称也。以十月为岁首,即以十月为正月。今此正月,当时谓之四月也。他皆放此。"[①]

(五)称谓

同一道诏书中,称谓官员的方式却有差异。一者有名有姓,一者有名无姓。这种现象不能简单解释为这道诏书的主题是为了褒奖官员而特意去其姓氏,亦不能解释为称呼前官员需有名有姓,称呼现任官员则可以有名无姓。事实上这种现象只有两种可能。一是诏书原文如此,一是史家改写所致。前者意味着奏诏模式,后者意味着奏诏叙事模式。比如,成帝欲立赵飞燕为后,王太后难之。淳于长"主往来通语东宫。岁余,赵皇后得立,上甚德之,乃追显长前功,下诏曰:'前将作大匠解万年奏请营作昌陵,罢弊海内,侍中卫尉长数白宜止徙家反故处,朕以长言下公卿,议者皆合长计。首建至策,民以康宁。其赐长爵关内侯。'"[②]

(六)叙事

从奏诏模式看,任免三公,必有诏书。从奏诏叙事模式看,有的写明诏书,更多的则不写明诏书,而是直接写某某人为某官。这意味着,那些三公九卿和郡国守相的任免记载,即便不写明诏书,其实也是诏书。只不过将诏书改写成一般叙事。袁《纪》凡例,三公任免必录。《通鉴》亦如此。

(七)场景

所谓场景,主要指奏诏叙事模式如何描写奏诏模式中那些程序性环节和礼仪性场面,使之成为一种更具画面感的完整图像。典型如"尚书对"。它是奏诏模式中的一个特殊环节。如果有些奏书比较重要,或皇帝还有疑惑,就会命官员进行"尚书对",即对尚书进一步陈述自己的观点,然后由尚书转述给皇帝。这就是字面上的"尚书对"含义。实际情况往往是,官员进行"尚书对"之言并非简单的当场"口试",而是向尚书呈递自己事先写好的奏书,同时再以奏书为基础对尚书作出口头陈述。这里的关键是奏书。但奏诏叙事模式往往将奏书直接转换为"口语"。至少给人的感觉是,在"尚书对"中,官员所说没有奏书和口

---

① 《史记·高祖本纪》。
② 《汉书·佞幸传》。

语之别,其实也是史家刻意淡化二者差异,以便呈现出一种浑然一体的完整画面。

举一例。顺帝时,灾异屡见,公车征郎𫖮,"𫖮乃诣阙拜章。""今选举牧守,委任三府。长吏不良,既咎州郡,州郡有失,岂得不归责举者?而陛下崇之弥优,自下慢事愈甚,所谓大网疏,小网数。三公非臣之仇,臣非狂夫之作,所以发愤忘食,恳恳不已者,诚念朝廷欲致兴平,非不能面誉也。臣生长草野,不晓禁忌,披露肝胆,书不择言。伏锧鼎镬,死不敢恨。谨诣阙奉章,伏待重诛。"书奏,顺帝"复使对尚书",即"使就尚书更对"。郎𫖮便再奏七事,一陵园,二兑卦,三天道,四皇子,五灾异,六还是灾异,七改元。"谨条序前章,畅其旨趣,条便宜七事,具如状对。"可见奏对和通常上书之显著区别在于,上书像自主命题,奏对像命题作文。奏对必须紧扣题目,按照皇帝或代表皇帝的尚书提出的具体问题奏答,也就是必须详细回答皇帝关心的问题。在这种奏诏程序中,尚书代表皇帝向上书者提问,上书者则将事先准备好的奏章现场陈述。这就是史书向人们呈现出来的场面。实际情景可能相反,这种"尚书对"就是走个过场,尚书和奏对者不会长篇大论地折腾很长时间,只是奏对者将自己事先写好的奏章呈给尚书。因为很难想象,奏诏模式的实态果真是官员当场奋笔疾书,一挥而就地写下洋洋洒洒的上千言乃至数千言。我们显然不能将"尚书对"或策问想象成后世的殿试。酌情而论,"尚书对"更像是老师检查学生交上来的作业。作业显然不是当场做的。因为作业早就提前布置好了。老师收缴作业,检查学生作业是否做完、做对。这个过程就像"尚书对"的场景。史家的创意在于,将这个场景习惯性地写成一种生动而紧张的现场考试,也就是将奏书或奏书之陈述描写成一幅有问必答、侃侃而谈的现场论辩或当场发言。这就是奏诏叙事模式的书写效果。"台诘𫖮曰:'对云"白虹贯日,政变常也"。朝廷率由旧章,何所变易而言变常?又言"当大蠲法令,革易官号"。或云变常以致灾,或改旧以除异,何也?又阳嘉初建,复欲改元,据何经典?其以实对。'"这番描写给人的感觉是,尚书听完了郎𫖮的奏对,或当场看完了郎𫖮的奏书,然后根据其文中或话中的词句继续提问或深究,这使得郎𫖮必须继续进一步阐发自己的观点。这有点像现在的论文答辩。郎𫖮针对尚书的疑惑又作了论述。最后说道,"臣𫖮愚蔽,不足以答圣问。"[1]这句话很堪玩味。明明回答尚书的问题,却要说回答"圣问",可见郎𫖮心里清楚,尚书不论说啥,都是"圣问"。因为在奏诏程序的这个"尚书对"环节,尚书就是皇帝的化身,他的发问就是皇帝的"圣问"。所以,郎𫖮才必须如

---

[1] 《后汉书·郎𫖮列传》。

君亲临一般,毕恭毕敬地回答尚书提出的每一个问题。他知道,尚书的提问以及他的回答很快都会完整地汇集到皇帝手里。这类似于"祭神如神在"的心理。皇帝虽不在现场,却又时时在场。某种意义上,奏诏叙事模式正是要通过臣子的言谈话语精心营造出一种皇帝时刻在场的敬畏之感。

(八) 观念

奏诏模式在中外关系中有其特殊意义。它象征着华夷之间的君臣名分。匈奴及其他蛮夷作为臣服于汉帝国的藩属,送交给皇帝文书都属于以下奉上的奏书,同时,汉朝皇帝对匈奴等蛮夷发送的文书也具有了相应的以上制下的诏书性质。就是说,在实际的华夷关系中未必都是真的君臣关系,但在奏诏叙事模式中却建构起一种普适性的君臣关系。可见,奏诏叙事模式已经多少改变了奏诏模式的真实含义,而赋予其一种期待的理想意义。史家通过奏诏叙事模式,塑造出一种理想的华夷秩序。在这种华夷秩序中,中国皇帝是天下共主,是所有蛮夷必须尊崇的圣明天子。就其本质,奏诏叙事模式重构华夷秩序的意义即在于此。比如,"匈奴争立,日逐来奔,愿修呼韩之好,以御北狄之冲,奉藩称臣,永为外扞。天子总揽群策,和而纳焉。乃诏有司开北鄙,择肥美之地,量水草以处之。驰中郎之使,尽法度以临之。制衣裳,备文物,加玺绂之绶,正单于之名。于是匈奴分破,始有南北二庭焉。"[1]

奏诏叙事模式和奏诏模式之间的张力,正是史书叙事制造的阅读效果。一方面,史书上虽偶有胡汉之间的文书往来,双方君主之间亦以尊号相称;另一方面,只有汉帝下诏给蛮夷,却不见蛮夷下诏给汉帝。值得注意的是,奏诏模式和奏诏叙事模式之间的张力,同样体现在刘秀和公孙述之间。照说,二人各自称帝,光武在书信中亦称对方为"公孙皇帝"。史书只记载光武帝制诏公孙述,却不载公孙述制诏光武帝。比如,光武帝"制告公孙述,署曰'公孙皇帝'。"[2]"制告"即制诏。光武帝给公孙述下诏,却称对方为皇帝。这使光武帝的诏书充满悖论,既对等又不对等。其本质在于,制诏体现的是正统性,而非合法性。正因如此,太史公写战国,只对秦国用"诏",这和设立"秦本纪"是一个道理,都是据秦朝而上溯秦国,以表征秦国对六国之正统性。这也是《汉书·王莽传上》时不时地将王莽下诏刻意写成王莽下书的原因。可见,太史公写战国和班固写新朝,拥有一个共同目的和观念,要么凸显正统性,要么否定正统性。奏诏叙事模

---

[1] 《后汉书·南匈奴列传》。
[2] 《东观汉记》卷1。

式精心凸显的制诏权,其意义即在于此。

(九) 想象

奏诏叙事模式中的想象功能支配着史家对祥瑞和奇迹的选择和叙述。比如,宣帝诏曰:"'盖闻天子尊事天地,修祀山川,古今通礼也。间者,上帝之祠阙而不亲十有余年,朕甚惧焉。朕亲饬躬齐戒,亲奉祀,为百姓蒙嘉气,获丰年焉。'明年正月,上始幸甘泉,郊见泰畤,数有美祥。"[①]"明年"云云,即是执行诏书的结果。据现代人的知识和经验,这种记载显然违背自然,不合常理。但这种写法却符合汉人对诏书功能的想象。这种想象属于奏诏叙事模式的功能之一。又如,"二十九年二月丁巳朔,日有蚀之,在东壁五度。东壁为文章,一名娵訾之口。先是皇子诸王各招来文章谈说之士,去年中,有人上奏:'诸王所招待者,或真伪杂,受刑罚者子孙,宜可分别。'于是上怒,诏捕诸王客,皆被以苛法,死者甚多。世祖不早为明设刑禁,一时治之过差,故天示象。世祖于是改悔,遣使悉理侵枉也。"[②]这段叙述可谓一波三折。先是通过日食昭示暴政,继而又点出光武因此天谴而改弦更张。既见天象之客观存在,又见天象之真实作用。再如,"(窦)武母产武而并产一蛇,送之林中。后母卒,及葬未窆,有大蛇自榛草而出,径至丧所,以头击柩,涕血皆流,俯仰蚌屈,若哀泣之容,有顷而去。时人知为窦氏之祥。"[③]还有,刘陵为长沙安成长。"先时多虎,百姓患之,皆徙他县。陵之官,修德政,逾月,虎悉出界去,民皆还之。"[④]最厉害的还是刘昆。他做江陵县令时,县连年火灾,刘昆"辄向火叩头,多能降雨止风。"后来他做弘农太守,感化老虎。"先是崤、黾驿道多虎灾,行旅不通。"刘昆"为政三年,仁化大行,虎皆负子度河。(光武)帝闻而异之。……诏问昆曰:'前在江陵,反风灭火,后守弘农,虎北度河,行何德政而致是事?'昆对曰:'偶然耳。'左右皆笑其质讷。帝叹曰:'此乃长者之言也。'"[⑤]叩头灭火,化虎度河,虽违背常理,却为汉人所信,是汉人观念中的一部分。从民间到朝廷,人皆信之。虽然光武"闻而异之",刘昆也自谦"偶然",但范《书》津津乐道地描述,已暗示其真实性。无论"左右皆笑其质讷"的周围反应,还是"此乃长者之言"的皇帝喟叹,都将各自隐隐约约的狐疑心照不宣地转化为一种心悦诚服的赞美。范《书》通过这些细节引导着人们

---

① 《汉书·郊祀志下》。
② 《后汉书·五行志六》。
③ 《后汉书·窦武列传》。
④ 谢承《后汉书》卷4,《八家后汉书》。
⑤ 《后汉书·儒林列传上》。

进入汉人的观念和逻辑。这些奇迹不但真实不欺,而且还必须归因于官员的仁政教化。

再举三例。一是,京师旱,邓太后"亲幸洛阳寺录冤狱。有囚实不杀人而被考自诬,羸困舆见,畏吏不敢言,将去,举头若欲自诉。太后察视觉之。即呼还问状,具得枉实,实时收洛阳令下狱抵罪。行未还宫,澍雨大降。"①二是,"太白入(北)斗,洛阳大水。时(杨)统为侍中,厚随在京师。朝廷以问统,统对年老耳目不明,子厚晓读图书,粗识其意。邓太后使中常侍承制问之,厚对以为'诸王子多在京师,容有非常,宜亟发遣各还本国'。太后从之,星寻灭不见。又克水退期日,皆如所言。"②三是,陈宣"隐处不仕。光武即位,征拜谏议大夫。建武十年,雒水出造津,城门校尉欲〔筑〕〔奏〕塞之。宣〔谏〕曰:'……如为灾异,人主过而不可辞,塞之无益。昔东郡金堤大决,水欲没郡,令、吏、民散走,太守王尊(亡)〔止〕身救以住立不动,水应时自消。尊,人臣,尚修正弭灾,岂况朝廷中兴圣主,天所挺授,水必不入。'言未绝,水去。上善其言。"③这些记载只有借助天人感应理论才能理解。以现代常识看,此类事情完全不可能发生。史家显然深信不疑。就是说,奏诏模式中原本不存在的事情,却被奏诏叙事模式写成了合情合理的现象。显然,这不能简单归咎为常说的时代局限或"封建迷信"。本质上,这是奏诏叙事模式对奏诏模式的改造,也是奏诏叙事模式的创造。史家通过奏诏叙事模式,改变了奏诏模式的某些原有状态,使之成为一种史家期待发生的充满道德教化寓意的"历史存在"。正常条件下,史家可能会写自己不喜欢的东西,但不会写自己不相信的东西。就是说,史家只会写自己相信的东西。而史家所信亦非完全的独立判断,很大程度上取决于时代的一般认知水平和思想背景。

(十) 缝隙

所谓缝隙是正史(主要指"前四史"和《通鉴》)中独有的一种存在于正文和注释之间的话语空间。某种意义上,古代史书的古人注释无意中为我们提供了奏诏模式的可靠线索。对照正文和注释,按图索骥,就能发现许多叙事背后都包含有奏诏模式,进而,我们可以通过这种奏诏叙事模式进一步揭示出皇权运行机制中的奏诏模式。另一方面,或许更值得注意的是,史书和注释之间存在

---

① 《后汉书·皇后纪上》。
② 《后汉书·杨厚列传》。
③ 谢承《后汉书》卷4,《八家后汉书》。

一个奏诏叙事模式的空间。就是说,透过注释,我们就能对史书展现的奏诏叙事模式有一个更为清晰的认识。比如,对照班《书》和颜《注》,可以直观看出某些诏书被改写的痕迹。这些痕迹其实就是奏诏模式转换为奏诏叙事模式的线索。何武"以射策甲科为郎,与翟方进交志相友。光禄勋举四行,迁为鄠令。"师古曰:"元帝永光元年诏举质朴、敦厚、逊让、有行义各一人。时诏书又令光禄岁以此科第郎从官,故武以此四行得举之也。"[1]又如,合观《通鉴》和胡注,可见奏诏模式和奏诏叙事模式之差异。"上欲令丁、傅处爪牙官,是岁,策免左将军淮阳彭宣,以关内侯归家,而以光禄勋丁望代为左将军。"胡注云:"上策宣曰:'前有司数奏言:诸侯国人不得宿卫;将军不宜典兵马,处大位。朕惟将军任汉将之重,而子又前娶淮阳王女,婚姻不绝,非国之制,其上左将军印绶。'"[2]

---

[1]《汉书·何武传》。
[2]《资治通鉴》卷 34。

第二章

叙事与诏书

第一节　诏　书　叙　事

一、诏书叙事的整体结构

"诏书叙事"和"叙事诏书"是两个完全不同的概念。诏书叙事是指以诏书为中心的叙事结构。叙事诏书相对于引文诏书或直接诏书。显然,诏书叙事是一个大概念,叙事诏书是一个小概念。当然,历史叙事是一个更大的概念。

历史叙事之本质在于,把历史变成叙事,把貌似杂乱无章混乱无序的历史变成一种可以叙述的过程和可以言说的对象。由此产生了一种秩序,一种逻辑,一种因果关系,一种知识体系。历史叙事之功能在于,将无限之复杂、种种之曲折、无数之线索,整合为一个有机整体,从而体现出某种历史必然性和历史目的。历史叙事之魅力在于,通过一种充满想象力的文字创造出一幅完整的历史画面。历史叙事之价值在于,使用语言创造了一个有意义的历史世界。

基于此,奏诏叙事模式成为可能。奏诏叙事模式和奏诏模式并非直接对应的关系。它本质上是一个独立的历史体系和独特的历史空间。在这一空间,历史变得可以理解和阐释。这一切其实都是借助种种必要的写作技巧和修辞技术得以完成。哪怕一句话,也包含诸多事态和诏书以及实施效果。比如,"帝以二千石长吏多不胜任,时有纤微之过者,必见斥罢,交易纷扰,百姓不宁。"[①]

下诏,直接写出实施结果。中间省去多少环节,牵涉多长时间,这种写法实

[①]《后汉书·朱浮列传》。

际是压缩历史过程的结果。它不是奏诏模式,而是奏诏叙事模式。或者说,它是叙事化的奏诏模式。奏诏叙事模式和奏诏模式之间差别究竟多大,很难说清。至少有一个特点很明显,历史无形中变得简化和简单了。比如,"诏曰:'梁王、城阳王亲慈同生,愿以邑分弟,其许之。诸侯王请与子弟邑者,朕将亲览,使有列位焉。'于是藩国始分,而子弟毕侯矣。"①又如,"诏曰:'夫张官置吏,所以为人也。今百姓遭难,户口耗少,而县官吏职所置尚繁,其令司隶、州牧各实所部,省减吏员。县国不足置长吏可并合者,上大司徒、大司空二府。'于是条奏并省四百余县,吏职减损,十置其一。"②诏书之后直接就是实施效果,二者之间并无时间痕迹。

诏书叙事有一个好处就是,能够自然地将诏书的实施效果一同包含进来。这不仅使奏诏模式更为完整,也延伸和丰富了奏诏模式的内容。这就是奏诏叙事模式的价值所在。它将皇帝批准奏疏建议,进而下诏实施的诸多步骤展示为一个有条不紊的叙事化历史过程。因为,奏诏模式一般不可能立竿见影地收到实施效果。有时,这个过程可能要延续数年乃至十余年。奏诏叙事模式却能将其收归一炉,将诏书产生的直接结果和持续结果整合为一,呈现出一幅完整而清晰的画面。

置大司马位,大将军、票骑将军皆为大司马。定令,令票骑将军秩禄与大将军等。自是后,(卫)青日衰而(霍)去病日益贵。青故人门下多去事去病,辄得官爵,唯独任安不肯去。③

(儿)宽表奏开六辅渠,定水令以广溉田。收租税,时裁阔狭,与民相假贷,以故租多不入。后有军发,左内史以负租课殿,当免。民闻当免,皆恐失之,大家牛车,小家担负,输租襁属不绝,课更以最。上由此愈奇宽。④

收天下田亩十〔钱〕(岁),以治宫室。州县送材及石,贵戚〔因〕缘贱买入己,官皆先经贵戚然后得中。宫室连年不成,天下骚扰,起为盗贼。⑤

汉既通西南夷,开五郡,欲地接以前通大夏,岁遣使十余辈出此初郡,皆闭昆明,为所杀,夺币物。于是天子赦京师亡命,令从军,遣拔胡将军郭昌将以击之,斩首数十万。后复遣使,竟不得通。⑥

① 《汉书·武帝纪》。
② 《后汉书·光武帝纪下》。
③ 《汉书·霍去病传》。
④ 《汉书·儿宽传》。
⑤ 《后汉纪》卷25。
⑥ 《资治通鉴》卷21。

上以法制御下,好尊用酷吏,而郡、国二千石为治者大抵多酷暴,吏民益轻犯法;东方盗贼滋起,大群至数千人,攻城邑,取库兵,释死罪,缚辱郡太守、都尉,杀二千石,小群以百数掠卤乡里者,不可胜数,道路不通。上始使御史中丞、丞相长史督之,弗能禁;乃使光禄大夫范昆及故九卿张德等衣绣衣,持节,虎符,发兵以兴击。斩首大郡或至万余级,及以法诛通行、饮食当连坐者,诸郡甚者数千人。数岁,乃颇得其渠率,散卒失亡复聚党阻山川者往往而群居,无可奈何。于是作沈命法,……其后小吏畏诛,虽有盗不敢发,恐不能得,坐课累府,府亦使其不言。故盗贼寖多,上下相为匿,以文辞避法焉。①

历史固然少不了时间因素,完整的历史画面更是要求具备一个时间跨度的要素。唯其如此,叙事诏书连同实施效果才有可能一并进入史书。在史家看来,只有这样才能使历史成为一个可以理解的必然过程。就是说,如果只有诏书,而看不到相应的实施效果,就缺乏诏书的另一面,这种历史就是残缺的、片段的,缺乏自足性,不足以构成一个可以理解的完整对象。所以,将诏书和结果综合为一种具有连贯性的整体叙事,便成为历史写作的常见形式。

二、叙事中的诏书意识

奏诏叙事模式的功能之一,就是有意识地改变了奏诏模式的原有形态,使之变成一种叙事中的话语,或官员履历。这使得列传中描述的那些内容,如同官员仕途行状。标准的官员行状应该是这样,爰延"拜五官中郎将,转长水校尉,迁魏郡太守,征拜大鸿胪。"②字里行间没有一个"诏"字,但"拜""转""迁""征拜"无一不是诏书所为。这是一种彻底抹去诏书痕迹,直接呈现官员历史的写法。相形之下,还有一种凸显诏书的写法。公孙弘的仕途履历步步离不开诏书。"有诏徵文学,菑川国复推上公孙弘。弘让谢国人曰:'臣已尝西应命,以不能罢归,原更推选。'国人固推弘,弘至太常。太常令所徵儒士各对策,百馀人,弘第居下。策奏,天子擢弘对为第一。召入见,状貌甚丽,拜为博士。"③二者之区别不在于奏诏模式,而在于奏诏叙事模式。即二者是两种不同的写法。一者直接抄录行状,貌似更为真实;一者增添某些细节,更为生动有趣。关键是,透

---

① 《资治通鉴》卷 21。
② 《后汉书·爰延列传》。
③ 《史记·平津侯列传》。

过二者的这种差异,应该看到背后的诏书存在。就是说,不管官员仕途简单还是曲折,皆受制于诏书之推动。

这是一种读史必备的奏诏意识。奏诏意识即是意识到奏诏叙事模式,意即意识到自己始终在奏诏叙事模式中谈论奏诏模式,永远都是透过奏诏叙事模式观察奏诏模式。这里再举几例。一是,马宫"以射策甲科为郎,迁楚长史,免官。后为丞相史司直。师丹荐宫行能高絜,迁廷尉平,青州刺史,汝南、九江太守,所在见称。征为詹事,光禄勋,右将军,代孔光为大司徒,封扶德侯。光为太师薨,宫复代光为太师,兼司徒官。"①二是,赵禹"用廉为令史,事太尉周亚夫。亚夫为丞相,禹为丞相史,府中皆称其廉平。……武帝时,禹以刀笔吏积劳,迁为御史。上以为能,至中大夫。与张汤论定律令,作见知,吏传相监司以法,尽自此始。"②三是,鲁丕"迁东郡太守。丕在二郡,为人修通溉灌,百姓殷富。数荐达幽隐名士。明年,拜陈留太守。视事三期,后坐禀贫人不实,征司寇论。"③四是,宋汉"举茂才,四迁西河太守。永建元年,为东平相、度辽将军,立名节,以威恩著称。迁太仆,上病自乞,拜太中大夫。"④

如果这些内容仅仅来自官员行状履历,只会有任职时间和所任官职,而不会有如此多的关键细节,诸如由谁推荐任职、代替谁任某职、德行、事迹、口碑等。显然,这些极具意味的细节只能来自官员奏疏和皇帝诏书。可谓没有诏书痕迹,实则诏书所致。某种意义上,事事皆诏书,句句皆诏书。当然,这类相似内容也不能完全排除另有来源。比如,东汉初,"诏书令功臣家各自记功状,不得自增加,以变时事。或自道先祖形貌表相,无益事实。复曰齿长一寸,龙颜虎口,奇毛异骨,形容极变,亦非诏书之所知也。"⑤功臣事迹的来源之一就是功臣家的家谱之类的文书。只有这类文书内容才会有祖宗相貌和历代功名行状记载。这道诏书的有趣之点在于,皇帝论功行赏的第一道程序竟然是要求各位功臣不得虚报战功,篡改事实,自我吹嘘,务必将自己和祖先的功德如实写出来,作为朝廷封官晋爵的根据之一。显而易见,其中自然出现了形形色色的浮夸和虚构。所以皇帝诏书才会表示,"或自道先祖形貌表相,无益事实。复曰齿长一寸,龙颜虎口,奇毛异骨,形容极变,"实在荒诞不经,令人匪夷所思。"亦非诏书之所知也。"

---

① 《汉书·马宫传》。
② 《汉书·酷吏传》。
③ 《后汉书·鲁恭列传》。
④ 《后汉书·宋弘列传》。
⑤ 校注者云:"不知此为何帝诏书。"从内容看,"此诏书可能出自东汉初期。"(《东观汉记》卷22)

史家对诏书的引用多少有某种随意性。这是因为奏诏叙事模式不会照抄奏诏模式，而需要重新组织和编辑皇帝诏书。何况不同史家也有高下之分和风格之殊。这样，表现形式便显得多姿多彩。一是，史书记载诏书，不再严格避讳，这已经改变了诏书原貌。比如，"宣帝微时与（陈遂）有故，相随博弈，数负进。及宣帝即位，用遂，稍迁至太原太守，乃赐遂玺书曰：'制诏太原太守：官尊禄厚，可以偿博进矣。妻君宁时在旁，知状。'遂于是辞谢，因曰：'事在元平元年赦令前。'其见厚如此。"师古云："史皇孙名进而此诏不讳之，盖史家追书故有其字耳。"①二是，同一道诏书中的句子在不同史书中不会完全一样，多多少少都会有些差异。比如，东观《记》云："此以慰种光、马贤等亡魂也。"②范《书》云："洗雪百年之逋负，以慰忠将之亡魂。"③显而易见，《后汉书》将《东观汉记》的诏书改得更为对称，更具骈文之美感。

三、读史意识

如何从叙事中辨析和确认诏书，不仅是编撰史书的正常写法，也是阅读史书的正确方法。这意味着，阅读史书必须具备奏诏模式的基本意识，即时刻意识到诏书无处不在，诏书对历史事态始终发挥着一种全局性的支配作用，进而通过诏书而将片断性的历史环节完整地勾连起来，使之成为一个有机的历史线索。

这样，人们就能进入奏诏叙事模式的语境，准确辨析出奏诏叙事模式和奏诏模式之间的细微差异，从而更为深刻地体悟历史。比如，改元必下诏；皇帝派遣使臣或钦差，必定携带诏书。但许多时候，史家都略而不书，直接叙事。这样写法的好处是，省略篇幅，显得简洁，同时，便于保持叙述文字的流畅性和连贯性。但读者必须具备诏书时刻在场的读史意识。读史意识是一种从历史叙事中准确分辨出诏书的能力。举几个例子。一是，项籍使季布将兵，"数窘汉王。及项羽灭，高祖购求布千金，敢有舍匿，罪及三族。"④所谓"高祖购求布千金"，实际上是高祖诏令以千金购求布。此谓奏诏模式转换为奏诏叙事模式之一例。二是，"高祖已破豨归，至，闻信死，且喜且哀之，问曰：'信死亦何言？'吕后道其

---

① 《汉书·游侠传》。
② 《东观汉记》卷 17。
③ 《后汉书·段颎列传》。
④ 《史记·季布列传》。

语。高祖曰：'此齐辩士蒯通也。'召欲亨之。通至自说，释弗诛。"①所谓"召欲亨之"，即下诏通缉。三是，"宣帝即位，（金）赏为太仆，霍氏有事萌牙，上书去妻。上亦自哀之，独得不坐。"②所谓"上亦自哀之，独得不坐"，意思是，宣帝恩诏，金氏得以免祸。四是，"（杜）周中废，后为执金吾，逐捕桑弘羊、卫皇后昆弟子刻深，上以为尽力无私，迁为御史大夫。"③这段貌似波澜不惊的叙述，其实是对一道道诏书所作的极度简化和概括。是可知，这种读史意识的本质要求人们必须洞察历史叙事的奥妙和历史事变的奥秘。亦可知，读史意识的功能是双重性的。**这种双重功能是一种互动结构**。这里不能习惯解释为通过史书-史料澄清历史事实或揭示历史真相，因为史书-史料内在限制了历史事实的范围和历史真相的界限。与此同时，人们建构起一种可以称作历史理论的东西，并将其变成一种历史知识体系。它能让人们添加更多的内容，并产生更多的想象，赋予更多的意义。

读史意识对解读奏诏叙事模式有深刻作用。叙事体诏书使人产生了一种特有的阅读心理，皇权无所不在，无所不能。特点是，频频使用能够代表皇帝行为和意志的字眼，诸如"使使"、"诏使"、"诏许"、"某皇帝使"等。"杨熊走之荥阳，二世使使者斩以徇。"④"诏使（王）褒等皆之太子宫虞侍太子，朝夕诵读奇文及所自造作。""后方士言益州有金马碧鸡之宝，可祭祀致也，宣帝使褒往祀焉。"⑤"太傅邓彪以老病上还枢机职，诏许焉，以睦代彪录尚书事。"⑥

按照礼制或官制，需要皇帝下诏的事情，不论是否有相关的任免诏书，皆属下诏结果。有时只不过省略诏字，改写为普通叙事而已。比如，"太尉宋由以窦氏党策免，自杀。癸丑，以大司农尹睦为太尉。"⑦"方征（张）堪，会病卒，帝深悼惜之，下诏褒扬，赐帛百匹。"⑧

即便一切看上去都是臣子的行为乃至功绩，但它之所以发生，其实际推动力来自皇帝意志的直接体现，即诏书使然。比如，"南越杀汉使者，屠为九郡；宛王杀汉使者，头县北阙；朝鲜杀汉使者，实时诛灭。"⑨又如，苏武返汉回京，"诏

① 《汉书·韩信传》。
② 《汉书·金日磾传》。
③ 《汉书·杜周传》。
④ 《史记·高祖本纪》。
⑤ 《汉书·王褒传》。
⑥ 《资治通鉴》卷48。
⑦ 《资治通鉴》卷48。
⑧ 《后汉书·张堪列传》。
⑨ 《汉书·苏建传》。

武奉一太牢谒武帝园庙,拜为典属国,秩中二千石,赐钱二百万,公田二顷,宅一区。常惠、徐圣、赵终根皆拜为中郎,赐帛各二百匹。其余六人老归家,赐钱人十万,复终身。"①

叙事体诏书比直接诏书更能表明史家的态度和认知。一切行动都离不开皇帝诏书的决策。不管实施结果好坏,均需要皇帝下诏推动。"是岁汉兵之出击匈奴者不得言功多少,功不得御。有诏捕太医令随但,言贰师将军家室族灭,使广利得降匈奴。"②

所有的事情汇集到皇帝身边,由皇帝亲自决断,下诏实施。这种过程每时每刻都在自然发生,正常进行。看上去,所有这些事情就像构成皇帝下诏前的一个个必然环节。它们存在的唯一价值似乎就是为了增加皇帝决定下诏的决心。

官方的任何行动都不是无缘无故的,往往来自皇帝的旨意;皇帝的任何诏命都不是没有理由的,往往源于臣子的奏言。"方士多言古帝王有都甘泉者。其后天子又朝诸侯甘泉,甘泉作诸侯邸。""方士有言'黄帝时为五城十二楼,以候神人于执期,命曰迎年'。上许作之如方,命曰明年。"③

有时,只写臣子奏书,不写皇帝下诏,却有相关行动。说明这些行动是执行皇帝诏书的结果,也是将诏书和行动合二为一改写为叙事体的结果。比如,"公孙卿曰:'仙人可见,而上往常遽,以故不见。今陛下可为观,如缑氏城,置脯枣,神人宜可致。且仙人好楼居。'于是上令长安则作蜚廉桂观,甘泉则作益延寿观,使卿持节设具而候神人,乃作通天台,置祠具其下,将招来神仙之属。于是甘泉更置前殿,始广诸宫室。"④又如,"有司奏,以为夏至则微阴起,靡草死,可以决小事。"⑤不见下诏,实则以奏为诏。

第二节　诏书叙事的综合手法

一、叙事体诏书

太史公作史,客观上创立了奏诏叙事模式的典范。

---

① 《汉书·苏建传》。
② 《史记·匈奴列传》。
③ 《史记·封禅书》。
④ 《史记·孝武本纪》。
⑤ 《后汉书·孝和帝纪》。

天子从封禅还,坐明堂,群臣更上寿。於是制诏御史:"朕以眇眇之身承至尊,兢兢焉惧弗任。维德菲薄,不明于礼乐。脩祀泰一,若有象景光,窭如有望,依依震於怪物,欲止不敢,遂登封泰山,至於梁父,而后禅肃然。自新,嘉与士大夫更始,赐民百户牛一酒十石,加年八十孤寡布帛二匹。复博、奉高、蛇丘、历城,毋出今年租税。其赦天下,如乙卯赦令。行所过毋有复作。事在二年前,皆勿听治。"又下诏曰:"古者天子五载一巡狩,用事泰山,诸侯有朝宿地。其令诸侯各治邸泰山下。"①

这种情况,既可以理解为一道诏书,也可以理解为两道诏书。史书对诏书的处理,是奏诏叙事模式的重要内容和表现形式。

诏书的叙事和话语,似乎更加强化和凸显了皇帝的绝对权威。因为事态的一切发展都按照皇帝的计划进行。皇帝就像一个全知全能者,谋划一切,掌控一切。历史成为皇帝意志的直接体现和最终实现。皇帝在无人对话的语境中,其话语呈现出某种独白的性质。这种独白更像是一种政治宣示。它是对大功告成的军事行动的嘉许,也是对凯旋而归的将领们的褒奖。所以,汉武帝的独白性言语便具有了昭告天下的诏书意义。事实上,它就是诏书。只不过史家将其以话语形式记载下来,使整个历史场面呈现出一种更为切身的现场感。

(霍)去病与合骑侯(公孙)敖俱出北地,异道。博望侯张骞、郎中令李广俱出右北平,异道。广将四千骑先至,骞将万骑后。匈奴左贤王将数万骑围广,广与战二日,死者过半,所杀亦过当。骞至,匈奴引兵去。骞坐行留,当斩,赎为庶人。而去病出北地,遂深入,合骑侯失道,不相得。去病至祁连山,捕首虏甚多。上曰:"票骑将军涉钧耆,济居延,遂臻小月氏,攻祁连山,扬武乎觻得,得单于单桓、酋涂王,及相国、都尉以众降下者二千五百人,可谓能舍服知成而止矣。捷首虏三万二百,获五王,王母、单于阏氏、王子五十九人,相国、将军、当户、都尉六十三人,师大率减什三,益封去病五千四百户。赐校尉从至小月氏者爵左庶长。鹰击司马破奴再从票骑将军斩遬濮王,捕稽且王,右千骑将〔得〕王、王母各一人,王子以下四十一人,捕虏三千三百三十人,前行捕虏千四百人,封破奴为从票侯。校尉高不识从票骑将军捕呼于耆王王子以下十一人,捕虏千七百六十八人,封不识为宜冠侯。校尉仆多有功,封为辉渠侯。"②

史书和诏书之间具有高度的同构性。史书的体例和叙事就像是用另外一

① 《史记·孝武本纪》。
② 《汉书·霍去病传》。

种方式重新编写了诏书。整部史书展现出,历史就是以诏书为中心,在诏书的推动下,逐渐发展和变化的。在这个过程中,虽然有些事情超出了诏书的掌控范围,但它们背后依然有着诏书的影子。

不管史书内容多么复杂曲折,其基本结构却是以诏书为中心展开叙事、编织情节、塑造主题、强化意义。即,任何一段文字,都是围绕诏书,或从诏书派生而来。简言之,史书上的叙事体诏书,皆有原始诏书所本。[①] 比如,"张步畔,还琅邪,(陈)俊追讨,斩之。(光武)帝美其功,诏俊得专征青、徐。"华峤《书》曰:"赐俊玺书曰:'将军元勋大著,威震青、徐,两州有警,得专征之。'"[②]又如,"天子嘉(耿)况功,使光禄大夫持节迎况。"袁山松《书》曰:"使光禄大夫樊宏诏况曰:'惟况功大,不宜监察从事。边郡寒苦,不足久居。其诣行在所。'"[③]再如,马融"因兄子丧自劾归。(邓)太后闻之怒,谓融羞薄诏除,欲仕州郡,遂令禁锢之。"据《马融集》云:"时左将奏融(道)〔遭〕兄子丧,自劾而归,离署当免官。制曰:'融典校秘书,不推忠尽节,而羞薄诏除,希望欲仕州郡,免官勿罪。'禁锢六年矣。"[④]

叙事体诏书之意义,在于如何将诏书合理而又不失真地改写为史书之叙事?某种意义上,叙事体诏书最为本质地呈现了史书和诏书之关系。

二、有"诏"与无"诏"

奏诏模式的关键是诏而非奏。只有"诏"的用法,才能区分出奏诏模式和奏诏叙事模式。比如,"汉下诏"这一用法在奏诏模式中的下诏主体肯定是汉帝,在奏诏叙事模式中下诏主体却成为汉廷。就是说,"汉下诏"这一用法只能属于奏诏叙事模式,而非奏诏模式。这是因为汉初的分封格局,诸侯王之于汉廷拥有某种相对的独立性。比如,"会事发觉,汉下诏捕赵王及群臣反者。於是赵午等皆自杀,唯贯高就系。是时汉下诏书:'赵有敢随王者罪三族。'"[⑤]无论叙事

---

① 原始诏书不等于诏书原件。人们所能追溯到的极致就是原始诏书,而非诏书原件。原件虽不可得,但原始诏书依然有其不可取代的绝对价值。没有诏书原件,原始诏书可以视为最接近诏书原貌的文本,或,最符合诏书原始面貌的文本形式。这个判断既包括文物(比如出土的简牍诏书),也包括文献(比如《史》《汉》中的诏书)。

② 《后汉书·陈俊列传》,李贤注。

③ 《后汉书·耿弇列传》,李贤注。

④ 《后汉书·马融列传》,李贤注。

⑤ 《史记·田叔列传》。

诏书还是引文诏书,太史公均明确书之以"汉下诏"。[①]汉帝和赵王之间,虽有君臣之分,却非汉帝和汉官之间那种一般性的君臣关系。同理,凡是汉廷和诸侯王之间,史书都会把行诏主体以"汉"表之。比如,"公孙诡、羊胜说王求为帝太子及益地事,恐汉大臣不听,乃阴使人刺汉用事谋臣。及杀故吴相爰盎,景帝遂闻诡、胜等计划,乃遣使捕诡、胜,必得。汉使十辈至梁,相以下举国大索,月余弗得。"[②]

诏书叙事关键不在于有无"诏"字,而在于是否"诏曰"。比如,"诏内郡国举文学高第各一人。"[③]这句话完全可以视作直接诏书,只因它"诏"后无"曰"。是可知,"诏"后无"曰",一般可理解为叙事体诏书。在叙事体诏书中,"诏"有时亦被称作"书"。比如,"诏郡国系囚减死罪一等,勿笞。唯谋反大逆,不用此书。"[④]所谓"唯谋反大逆,不用此书"一句,据文义,这里的"书"应该是诏书原文语气。

其实,从现代标点习惯看,"诏"后面点上冒号和引号,也很顺畅。[⑤]许多情况下,"诏曰"和"诏"之间并无明确界限,可以任意转换。无论文字内容还是文体语气,并无差别。单纯的"诏"即为普通叙事。至于去掉"诏"字,似乎是一种更彻底的历史叙事,却亦不难看出原有的诏书痕迹。比如,"赐天下男子爵,人二级;鳏寡孤独贫不能自存者粟,人五斛。"[⑥]可见,改诏书为叙事很简单。不言"诏",即为叙事。因为所叙事即为诏书内容。观其行文,基本上照抄诏书。其实,有"诏"亦为叙事。事实上,许多叙事前面都可加上"诏"字。这既不影响文字含义,也不影响对内容的理解。

叙事体诏书有两种形式。一是有"诏"字,一是无"诏"字。总之,有"诏"无"诏"皆是诏。我们可以通过三种方式证明这点。首先,《史》《汉》对照,可见叙述同一件事恰在于有"诏"无"诏"之差异。太史公云:"大将军以其得尚平阳长

---

① 详绎文义,史公《记》这里似乎有两道诏书,但班《书》却将其处理成一道叙事诏书。"会赵午、贯高等谋弑上,事发觉,汉下诏捕赵王及群臣反者。赵有敢随王,罪三族。"(《汉书·季布传》)
② 《汉书·韩安国传》。
③ 《汉书·宣帝纪》。
④ 《后汉书·孝桓帝纪》。
⑤ 现代标点不但创造了现代句式,也在某种程度上改变了句子性质。这就是冒号尤其是引号在现代人阅读古典文献时所起的作用。它直接产生了引文与叙事之差异。其实,二者区别有时并不很大,甚至毫无区别。稍举一例以明之。顺帝"遗诏无起寝庙,敛以故服,珠玉玩好皆不得下。"(《后汉书·孝顺帝纪》)顺帝"遗诏:'无起寝庙,衣皆以故,珠玉玩好皆不得下。'"(《后汉纪》卷19)可见,现代标点有时徒增文本歧义,而与文义无涉。
⑥ 《后汉纪》卷8。

公主故,长平侯伉代侯。"①班固云:"青既尊贵,而平阳侯曹寿有恶疾就国,……上乃诏青尚平阳主。"②其次,先举两个普通例子。一是,文帝三年,"是岁夏,匈奴右贤王寇侵上郡,诏丞相灌婴发车骑士八万五千人诣高奴,击右贤王走出塞。其秋,济北王兴居反,使大将军讨之,皆伏诛。"后六年,"先是发车骑材官屯广昌,是岁二月复发材官屯陇西。"③此处前句有"诏",后两句无"诏"。两种形式的叙事体诏书皆已齐备。二是,"赐天下男子爵,人二级;三老、孝弟、力田,人三级;鳏寡孤独不能自存者粟,人二斛。上以天下无事,俗颇奢靡,乃诏有司申旧章,整车服。"④与上例相反,这里的两道诏书是前无"诏"后有"诏"。最后,再举两个特异例子。一是,"诏公卿至六百石各上封事。大疫,使中谒者巡行致医药。"这两句在现在通行的标点本中,被分置两行。从奏诏模式角度看,像是两件不相干的事。但从奏诏叙事模式角度看,却存在着某种奇妙的联系。第一句,有"诏"是诏。"诏公卿至六百石各上封事。"第二句,无"诏"亦是诏。"大疫,使中谒者巡行致医药。"这里以"使"代"诏",它完全可以用"诏"代"使"。二是,"诏诸儒正《五经》文字,刻石立于太学门外。封河间王建(孙)〔子〕佗为任城王。"⑤同上文一样,这两句在现在的标点本中,被分置两行。这样,同样产生了某种奏诏模式和奏诏叙事模式之间的微妙差异。这种差异不会造成任何的阅读障碍或不适之感。它仅仅是史家所作的修辞性变化而已。第一句,有"诏"是诏。"诏诸儒正五经文字,刻石立于太学门外。"第二句,无"诏"亦是诏。"封河间王建(孙)〔子〕佗为任城王。"这里以"封"代"诏",它完全可以用"诏"代"封"。一般说来,这种简单的修辞变化,既不增加文学价值,也不减少史料价值。可以说,毫无意义。

当然,有些时候会出现某些技术性的麻烦。比如,诏书转换为叙事时,已经很难分辨是一道诏书还是二道诏书。就像这里的赦诏和随后的免租诏之间的关系就很模糊。中元元年四月,"大赦天下。复梁父、奉高、嬴勿出今年田租。"⑥还有些突兀起来的叙事诏书,没有征兆,没有迹象,没有上书,却以记录性的史实形式出现。比如,建武二十六年正月,"增吏俸,自三公至于佐吏各

---

① 《史记·卫将军列传》。
② 《汉书·霍去病传》。
③ 《汉书·五行志中之上》。
④ 《后汉纪》卷10。
⑤ 《后汉书·孝灵帝纪》。
⑥ 《后汉纪》卷8。

有差。"①

三、诏书的写法

对史家而言,对诏书进行叙事处理时,除了首先考虑保真史实之外,费尽心思的则是斟酌行文的曲折变化。比如,从实际行政程序看,先下诏,后执行。这里的史书叙事却把同一件事拆分为二,将诏书穿插其中。"立皇后傅氏。诏曰:'《春秋》"母以子贵",尊定陶太后曰恭皇太后,丁姬曰恭皇后,各置左右詹事,食邑如长信宫、中宫。'追尊傅父为崇祖侯、丁父为褒德侯。封舅丁明为阳安侯,舅子满为平周侯。追谥满父忠为平周怀侯,皇后父晏为孔乡侯,皇太后弟侍中光禄大夫赵钦为新成侯。"②又如,把同一道诏书拆开,先是原文抄录,继而改为叙事体。这样,便增加了文体的变化。举一例。贰师将军李广利破宛,西域诸国"皆使其子弟从入贡献"。

> (武帝)下诏曰:"匈奴为害久矣,今虽徙幕北,与旁国谋共要绝大月氏使,遮杀中郎将江、故雁门守攘。危须以西及大宛皆合约杀期门车令、中郎将朝及身毒国使,隔东西道。贰师将军广利征讨厥罪,伐胜大宛。赖天之灵,从浡河山,涉流沙,通西海,山雪不积,士大夫径度,获王首虏,珍怪之物毕陈于阙。其封广利为海西侯,食邑八千户。"又封斩郁成王者赵弟为新畤侯;军正赵始成功最多,为光禄大夫;上官桀敢深入,为少府;李哆有计谋,为上党太守。军官吏为九卿者三人,诸侯相、郡守、二千石百余人,千石以下千余人。奋行者官过其望,以适过行者皆黜其劳。士卒赐直四万钱。③

从诏书内容看,它是对跟随李广利出征将士的集体嘉奖,理应属于同一道诏书。班固却花开两朵,一事二书,将李广利从受奖将士的集体名单中独立出来,凸显了其主帅作用。按照武帝对李广利的褒奖,可以推知武帝对其他将领的诏谕中也会有类似赞语。

如果处理一系列的相关性诏书,也可以采用类似方法。以尽量避免其以单一形式出现。所以,直接诏书和叙事诏书并用,在史书上非常普遍。它有显而易见的优点。避免了叙述风格的单一,阅读更为流畅;同时,也节省了篇幅,更为简洁。比如,"丞相(王)嘉下狱死,御史大夫贾延免。(孔)光复为御史大夫,

---

① 《后汉纪》卷8。
② 《汉书·哀帝纪》。
③ 《汉书·李广利传》。

二月(复)〔为〕丞相,复故国博山侯。上乃知光前免非其罪,以过近臣毁短光者,复免傅嘉,曰:'前为侍中,毁谮仁贤,诬愬大臣,令俊艾者久失其位。嘉倾覆巧伪,挟奸以罔上,崇党以蔽朝,伤善以肆意。……其免嘉为庶人,归故郡。'"①从罢免傅嘉诏书看,御史大夫贾延被免必定下诏,史书在这里却无相关诏书,仅用叙事代之。其实,丞相下狱、任命御史大夫,这些都不可避免地伴随有诏书。所以,这段文字就是一种将叙事诏书和直接诏书交替并用的手法。

但即便叙事诏书和引文诏书相交替,也有其变化。比如,

> 令郡国无来献。施惠天下,诸侯四夷远近驩洽。乃修代来功。诏曰:"方大臣诛诸吕迎朕,朕狐疑,皆止朕,唯中尉宋昌劝朕,朕(已)〔以〕得保宗庙。朕(已)〔以〕得保宗庙。已尊昌为卫将军,其封昌为壮武侯。诸从朕六人,官皆至九卿。"又曰:"列侯从高帝入蜀汉者六十八人益邑各三百户。吏二千石以上从高帝颍川守尊等十人食邑六百户,淮阳守申屠嘉等十人五百户,卫尉足等十人四百户。"封淮南王舅赵兼为周阳侯,齐王舅驷钧为靖郭侯,故常山丞相蔡兼为樊侯。②

这段文字在奏诏叙事模式中很有特点。先是叙事体诏书,继而是两道诏书的直接引文,而且这两道诏书内容有别(先褒奖自己王国的臣子,后褒奖朝廷官员),最后又是叙事体诏书。

不过,奏诏叙事模式有时也会完全采用直接诏书的形式。"诏曰:'方春和时,草木群生之物皆有以自乐,而吾百姓鳏寡孤独穷困之人或阽于死亡,而莫之省忧。为民父母将何如? 其议所以振贷之。'又曰:'老者非帛不暖,非肉不饱。今岁首,不时使人存问长老,又无布帛酒肉之赐,将何以佐天下子孙孝养其亲? 今闻吏禀当受鬻者,或以陈粟,岂称养老之意哉! 具为令。'"③按照奏诏程序,皇帝下诏要求官员"其议所以振贷之",应该还有官员上奏讨论结果。比如,武帝诏曰:"今大将军仍复克获,斩首虏万九千级,受爵赏而欲移卖者,无所流贶。其议为令。"随之,"有司奏请置武功赏官,以宠战士。"④这里直接写皇帝诏书内容,而且要求"具为令"。可见这是一个地道的奏诏叙事模式。奏诏叙事模式的基本特点就是省略一些奏诏环节。所以,这里的"诏曰"和"又曰"之间就是省掉官员奏章环节,以图保持诏书叙事的紧凑性和连贯性。

当然,还有一种可能。"诏曰"和"又曰"之间可能仅仅是一种修辞需要。

---

① 《汉书·孔光传》。
② 《汉书·文帝纪》。
③ 《汉书·文帝纪》。
④ 《汉书·武帝纪》。

比如,

> 诏曰:"乃者,龙见于东莱,日有蚀之。天著变异,以显朕邮,朕甚惧焉。公卿申敕百寮,深思天诫,有可省减便安百姓者,条奏。所振贷贫民,勿收。"又曰:"关东比岁不登,吏民以义收食贫民、入谷物助县官振赡者,已赐直,其百万以上,加赐爵右更,欲为吏补三百石,其吏也迁二等。三十万以上,赐爵五大夫,吏亦迁二等,民补郎。十万以上,家无出租赋三岁。万钱以上,一年。"①

这里的"诏曰"和"又曰"之间前后内容一致,应该为同一道诏书。既如此,为何硬性割裂,拆分为二?难道仅仅出于史家的修辞考虑和文字变化?

还有一种特殊用法。"诏郡国系囚减死罪一等,勿笞。唯谋反大逆,不用此书。又诏曰:'比起陵茔,弥历时岁,力役既广,徒隶尤勤。顷雨泽不沾,密云复散,傥或在兹。其令徒作陵者减刑各六月。'"②所谓"不用此书",即"不用此诏书"。可见,这段文字前半截是叙事诏书,后半截是直接诏书。观其内容,前后应是一道诏书。范《书》一分为二,居中拆开,前段改编为叙事,中间以"又诏曰"形成转折,引出直接诏书,使整段文字产生层次感。

遣词造句上,用"诏"与否尤为讲究。比如,以新汉之际的政治格式,东西二帝如双峰对峙,两国文书往来自然是对等相称。所谓"用敌国之仪"③是也。所以,光武写给公孙述的信函属于外交文书,而非指令性的诏书。范《书》却称,"帝必欲降之,乃下诏喻述曰:'往年诏书比下,开示恩信,勿以来歙、岑彭受害自疑。今以时自诣,则家族完全;若迷惑不喻,委肉虎口,痛哉奈何!将帅疲倦,吏士思归,不乐久相屯守,诏书手记,不可数得,朕不食言。'"④光武口称诏书,大话称朕,这种写法显然属于奏诏叙事模式,而非奏诏模式的历史实态。在这里,范《书》将公孙述置于光武帝之下,尽管公孙述是客观存在的蜀汉皇帝,但仍然通过"下诏"这个动词暗示出公孙述之于光武帝的臣属地位,以及光武帝给公孙述"开示恩信"的怀柔之德。奏诏叙事模式如此扭曲历史事实,却被视为理所当然。可见奏诏叙事模式之目的不在于如实记载历史真相,而在于合理表达史家的政治意图和正统史观。"下诏"一词将原本对等的两国关系精心编造成一种君之于臣的支配关系,从而彰显出光武帝的正统性。同样,汉官对匈奴,居高临下,亦用"诏"。这属于华夷之辨中体现汉人优越感的一种《春秋》笔法。即通

---

① 《汉书·成帝纪》。
② 《后汉书·孝桓帝纪》。
③ 《后汉书·隗嚣列传》。
④ 《后汉书·公孙述列传》。

过象征皇权之"诏"表征汉君对胡臣的支配权。就历史实态而言,此情此景肯定未必用"诏",史家却用"诏"字寓意和暗示匈奴对汉人的臣服。比如,单于击车师,耿恭遣兵救之,皆没,匈奴攻金蒲城。范《书》云:"恭乘城搏战,以毒药傅矢。传语匈奴曰:'汉家箭神,其中疮者必有异。'"①司马光改写为,"恭以毒药傅矢,诏匈奴曰:'汉家箭神,其中疮者必有异。'"②"传语匈奴"改成"诏匈奴"。一字之差,面貌全非。

相反,有些场合史书却习惯性地省去"诏"。通篇不见一诏字,却处处不离诏书痕迹。特点是,以奏代诏。少府陈咸"与翟方进有隙。方进为丞相,奏'咸前为郡守,所在残酷,毒螫加于吏民。主守盗,受所监。而官媚邪臣陈汤以求荐举。苟得无耻,不宜处位。'咸坐免。顷之,红阳侯立举咸方正,为光禄大夫给事中,方进复奏免之。后数年,立有罪就国,方进奏归咸故郡,以忧死。"③又如,"前太尉张延为宦官所谮,下狱死。"④"宦官所谮"可能是口奏,但三公下狱必有诏书。显然,"下狱死"省略了"诏"字。就是说,这句话完全可以表述为,"诏下狱,死。"这种改诏书为叙事的手法,客观上减轻了皇帝的责任。因为这种历史叙事删除了皇帝的在场,使皇帝成为无关一方。于是,皇帝不必为自己的任何愚蠢决定承担责任。但它在阅读效果上看,似乎又显得非常客观。某种意义上,大凡改诏书为叙事的记载,都使皇帝成为历史现场的隐匿存在者。如此一来,皇帝的权威、责任乃至过错、罪恶均已不见,而被一种有意无意的混合写法抹掉。改诏书为叙事的好处很明显。首先,它保持了叙事的连续性和完整性,有助于产生一种阅读的流畅感和愉悦感。其次,它节省了篇幅,使文字更简洁紧凑。

桓谭"上疏陈时政所宜",这么一大篇奏书,核心要点就是最后两句。"法令决事,轻重不齐,或一事殊法,同罪异论,奸吏得因缘为市,所欲活则出生议,所欲陷则与死比,是为刑开二门也。今可令通义理明习法律者,校定科比,一其法度,班下郡国,镯除故条。如此,天下知方,而狱无怨滥矣。"⑤其实,这两句完全可以直接转换为书下发。尤其"今可令通义理明习法律者,校定科比,一其法度,班下郡国,镯除故条"一句,其用词用语和诏书一般无二。为了说明这点,前面敷陈数百上千言。变成诏书,其实只有一两句。这就是奏诏的区别。

---

① 《后汉书·耿弇列传》。
② 《资治通鉴》卷 45。
③ 《汉书·陈万年传》。
④ 《资治通鉴》卷 58。
⑤ 《后汉书·桓谭列传》。

四、诏书在历史叙事中的作用

诏书就像史书叙事的骨骼架构,支撑着整个历史叙事的脉络走向。一系列的诏书构成的叙事过程,流畅而连贯,紧凑而生动,无疑会产生一种完美的阅读体验。比如,"孝文帝元年,初镇抚天下,使告诸侯四夷从代来即位意,喻盛德焉。乃为佗亲冢在真定,置守邑,岁时奉祀。召其从昆弟,尊官厚赐宠之。诏丞相陈平等举可使南越者,平言好畤陆贾,先帝时习使南越。乃召贾以为太中大夫,往使。"①

通常的叙述体诏书,是几乎所有史书的基调,在史书中占有最大的分量,可谓比比皆是。它是人们最习惯的阅读风格。"布告天下,使明知之"本是皇帝诏书的标准化用语,却被太史公改写为自然而流畅的历史叙事,毫无违和之感。"天子乃思卜式之言,召拜式为中郎,爵左庶长,赐田十顷,布告天下,使明知之。"②可见,人们早已熟悉了这种历史叙事方式,故而从不将其视为史书对诏书的改写,只是将其视作一种真实的历史记载。就是说,人们的阅读心理早已适应了这种平常不过的将诏书转换为旁观叙事的史书写作。比如,这两条文字还能看出诏书痕迹。"帝加惠:令诸侯毋入贡,弛山泽,减诸服御狗马,损郎吏员,发仓庾以振贫民,民得卖爵。"③"赦天下。乙巳,赐民爵一级。五月,除田半租,为孝文立太宗庙。令群臣无朝贺。匈奴入代,与约和亲。"④至于以下几条史料,诏书色彩便淡化多了。

> 右丞相平徙为左丞相,太尉勃为右丞相,大将军灌婴为太尉。诸吕所夺齐楚故地,皆复与之。⑤

> 后六年冬,匈奴三万人入上郡,三万人入云中。以中大夫令勉为车骑将军,军飞狐;故楚相苏意为将军,军句注;将军张武屯北地;河内守周亚夫为将军,居细柳;宗正刘礼为将军,居霸上;祝兹侯军棘门,以备胡。数月,胡人去,亦罢。⑥

> 天子为诛晁错,遣袁盎谕告,不止,遂西围梁。上乃遣大将军窦婴、太

---

① 《史记·南越列传》。
② 《史记·平准书》。
③ 《史记·孝文本纪》。
④ 《史记·孝景本纪》。
⑤ 《史记·孝文本纪》。
⑥ 《史记·孝文本纪》。

尉周亚夫将兵诛之。六月乙亥。赦亡军及楚元王子蓺等与谋反者。封大将军窦婴为魏其侯。立楚元王子平陆侯礼为楚王。立皇子端为胶西王,子胜为中山王。徙济北王志为菑川王,淮阳王馀为鲁王,汝南王非为江都王。①

中元年,封故御史大夫周苛孙平为绳侯,故御史大夫周昌左车为安阳侯,四月乙巳,赦天下,赐爵一级。除禁锢。②

或许本纪上的诏书叙事不如列传生动有趣,而显得较为枯燥单一。比如,"赦罪人。二月癸未,令民除秦社稷,立汉社稷。施恩德,赐民爵。蜀汉民给军事劳苦,复勿租税二岁。关中卒从军者,复家一岁。举民年五十以上,有修行,能帅众为善,置以为三老,乡一人。择乡三老一人为县三老,与县令丞尉以事相教,复勿繇戍。以十月赐酒肉。"③如果整段话皆由诏书构成,如果我们将诏书视作皇帝之言,那么本纪基本属于皇帝的独白。每个皇帝的本纪就是其一生的独白。

同为叙事体诏书,从结构角度看,也有连续性和间断性之分。连续性的叙事体诏书不胜枚举。

兵皆罢归家。诸侯子在关中者复之十二岁,其归者复之六岁,食之一岁。④

赵相贯高等事发觉,夷三族。废赵王(张)敖为宣平侯。是岁,徙贵族楚昭、屈、景、怀、齐田氏关中。⑤

诏赐郦侯父追谥为令武侯。(吕)太后遂断戚夫人手足,去眼,煇耳,饮瘖药,使居厕中,命曰"人彘"。居数日,乃召孝惠帝观人彘。⑥

(吕)太后欲废王陵,乃拜为帝太傅,夺之相权。王陵遂病免归。乃以左丞相(陈)平为右丞相,以辟阳侯审食其为左丞相。左丞相不治事,令监宫中,如郎中令。⑦

高帝以长子肥为齐王,而以(曹)参为齐相国。以高祖六年赐爵列侯,与诸侯剖符,世世勿绝。⑧

① 《史记·孝景本纪》。
② 《史记·孝景本纪》。
③ 《汉书·高帝纪上》。
④ 《史记·高祖本纪》。
⑤ 《史记·高祖本纪》。
⑥ 《史记·吕太后本纪》。
⑦ 《史记·吕太后本纪》。
⑧ 《史记·曹相国世家》。

孝惠帝元年,除诸侯相国法,更以参为齐丞相。①

旱,干封少雨。天子乃使汲仁、郭昌发卒数万人塞瓠子决。于是天子已用事万里沙,则还自临决河,沈白马玉璧于河,令群臣从官自将军已下皆负薪窴决河。②

山东被水菑,民多饥乏,于是天子遣使者虚郡国仓廥以振贫民。犹不足,又募豪富人相贷假。尚不能相救,乃徙贫民于关以西,及充朔方以南新秦中,七十馀万口,衣食皆仰给县官。③

二十馀年,竟并天下,尊主为皇帝,以斯为丞相。夷郡县城,销其兵刃,示不复用。使秦无尺土之封,不立子弟为王,功臣为诸侯者,使后无战攻之患。④

四年春正月,行幸甘泉,郊泰畤。三月,行幸河东,祠后土。赦汾阴徒。赐民爵一级,女子百户牛酒,鳏寡高年帛。行所过无出租赋。⑤

汉王即帝位,赐益(灌)婴邑三千户。以车骑将军从击燕王(臧)荼。明年,从至陈,取楚王(韩)信。还,剖符,世世勿绝,食颍阴二千五百户。⑥

上废太子,诛栗卿之属。上以绾为长者,不忍,乃赐绾告归,而使郅都治捕栗氏。既已,上立胶东王为太子,召绾拜为太子太傅,迁为御史大夫。五岁,代桃侯舍为丞相,朝奏事如职所奏。然自初宦以至相,终无可言。上以为敦厚可相少主,尊宠之,赏赐甚多。⑦

景帝立,以(冯)唐为楚相。武帝即位,求贤良,举唐。唐时年九十余,不能为官,乃以子遂为郎。⑧

(霍)去病自四年军后三岁,元狩六年薨。上悼之,发属国玄甲,军陈自长安至茂陵,为冢象祁连山。谥之并武与广地曰景桓侯。子嬗嗣。嬗字子侯,上爱之,幸其壮而将之。为奉车都尉,从封泰山而薨。无子,国除。⑨

霍光薨后,子禹与宗族谋反,诛。上以(杜)延年霍氏旧人,欲退之,而丞相魏相奏延年素贵用事,官职多奸。遣吏考案,但得苑马多死,官奴婢乏

①《史记·曹相国世家》。
②《史记·河渠书》。
③《史记·平准书》。
④《史记·李斯列传》。
⑤《汉书·元帝纪》。
⑥《汉书·灌婴传》。
⑦《汉书·卫绾传》。
⑧《汉书·冯唐传》。
⑨《汉书·霍去病传》。

衣食,延年坐免官,削户二千。后数月,复召拜为北地太守。延年以故九卿外为边吏,治郡不进,上以玺书让延年。延年乃选用良吏,捕〔系〕〔击〕豪强,郡中清静。居岁余,上使谒者赐延年玺书,黄金二十斤,徙为西河太守,治甚有名。五凤中,征入为御史大夫。延年居父官府,不敢当旧位,坐卧皆易其处。是时四夷和,海内平,延年视事三岁,以老病乞骸骨,天子优之,使光禄大夫持节赐延年黄金百斤、(牛)酒,加致医药。延年遂称(疾)〔病〕笃。赐安车驷马,罢就第。后数月薨,谥曰敬侯,子缓嗣。①

戾太子据,元狩元年立为皇太子,年七岁矣。初,上年二十九乃得太子,甚喜,为立禖,使东方朔、枚皋作禖祝。少壮,诏受《公羊春秋》,又从瑕丘江公受《谷梁》。②

武帝末,卫后宠衰,江充用事。充与太子及卫氏有隙,恐上晏驾后为太子所诛,会巫蛊事起,充因此为奸。是时,上春秋高,意多所恶,以为左右皆为蛊道祝诅,穷治其事。丞相公孙贺父子,阳石、诸邑公主,及皇后弟子长平侯卫伉皆坐诛。③

(刘)旦壮大就国,为人辩略,博学经书杂说,好星历数术倡优射猎之事,招致游士。及卫太子败,齐怀王又薨,旦自以次第当立,上书求入宿卫。上怒,下其使狱。后坐臧匿亡命,削良乡、安次、文安三县。武帝由是恶旦,后遂立少子为太子。④

昭帝初立,益封(刘)胥万三千户,元凤中入朝,复益万户,赐钱二千万,黄金二千斤,安车驷马宝剑。及宣帝即位,封胥四子圣、曾、宝、昌皆为列侯,又立胥小子弘为高密王。所以褒赏甚厚。⑤

收(梁)冀财货,县官斥卖,合三十余万万,以充王府,用减天下税租之半。散其苑囿,以业穷民。录诛冀功者,封尚书令尹勋以下数十人。⑥

间断性的叙事体诏书常见于纪传体中的本纪。以《史记·高祖本纪》为例。"大赦罪人。……汉王之出关至陕,抚关外父老。……令除秦社稷,更立汉社稷。……立为太子,大赦罪人。""大赦天下。……即立太尉卢绾为燕王。使丞相哙将兵攻代。……高祖乃尊太公为太上皇。心善家令言,赐金五百斤。……

---

① 《汉书·杜周传》。
② 《汉书·武五子传》。
③ 《汉书·武五子传》。
④ 《汉书·武五子传》。
⑤ 《汉书·武五子传》。
⑥ 《后汉书·梁统列传》。

乃伪游云梦,会诸侯于陈,楚王信迎,即因执之。是日,大赦天下。……封韩信为淮阴侯,分其地为二国。高祖曰将军刘贾数有功,以为荆王,王淮东。弟交为楚王,王淮西。子肥为齐王,王七十馀城,民能齐言者皆属齐。乃论功,与诸列侯剖符行封。徙韩王信太原。"

不妨想象一下,我们可以将这些断断续续的诏书之间视作一个个有待填空的空白。显然,这并非史书原有的形式,而是为了凸显诏书的存在,将诏书视为历史叙事的坐标而产生的抽离形式。这样,经过淡化处理其他内容和细节之后,断断续续的诏书就像一个个的叙事节点,被醒目地呈现出来,连接着历史进程的来龙去脉。诏书之间发生的所有事情,在诏书的规范和推动下,构成了一个曲折丰富的历史叙事整体。这是一种以正史为中心的古典历史叙事学。其功能在于,以奏诏模式为历史叙事的基本结构,进而凸显诏书在整个历史脉络中的主导性和支配性作用。

五、叙事诏书的种种手法

化诏书为叙事的例子多之又多,举不胜举。东观《记》载,诏曰:"博园匽贵人履高明之懿德,资淑美之嘉会,与天合灵,笃生朕躬,'欲报之德',诗所感叹,今以贵人为孝崇皇后。"[1]范《书》云:"尊博园匽贵人曰孝崇皇后。"[2]有时,一字之差就完成了叙事体诏书的书写。比如,范《书》云:"起四百尺观于阿亭道。"[3]东观《记》则多一字。"帝起四百尺观于阿亭道。"[4]一个"帝"字具有关键性意义。它表明这是出自诏书,意思是,"帝命起四百尺观于阿亭道。"又如,"西羌寇张掖、陇西、金城,护羌校尉傅育将兵击之。"[5]这条叙事其实是"西羌寇张掖、陇西、金城,诏护羌校尉傅育将兵击之。"

综括起来,叙事诏书有多种手法。一是,整段叙事至少包含了两封奏书和两道诏书。而且,这段叙事还交代了奏书的问题缘由,以及诏书的实施结果。由此构成一种有奏有诏的完整叙事模式。"旧交址七郡贡献转运,皆从东冶泛海而至,风波艰阻,沉溺相系。弘奏开零陵、桂阳峤道,于是夷通,至今遂为常路。……时岁天下遭旱,边方有警,人食不足,而帑藏殷积。弘又奏宜省贡献,

---

① 《东观汉记》卷6。
② 《后汉书·孝桓帝纪》。
③ 《后汉书·孝灵帝纪》。
④ 《东观汉记》卷3。
⑤ 《后汉纪》卷12。

减徭费,以利饥人。帝顺其议。"①

一是,在诏书原文之后,史家将相关的一些诏书集中在一起,加以综合叙事。这些诏书,内容相近,时间相继。"诏曰:'长沙王兴、真定王得、河间王邵、中山王茂,皆袭爵为王,不应经义。其以兴为临湘侯,得为真定侯,邵为乐成侯,茂为单父侯。'其宗室及绝国封侯者凡一百三十七人。丁巳,降赵王良为赵公,太原王章为齐公,鲁王兴为鲁公。庚午,以殷绍嘉公孔安为宋公,周承休公姬(常)〔武〕为卫公。"②

一是,范《书》对诏书有一种特殊写法,先将诏书内容进行一些简单概括,再摘录诏书原文。

赐天下男子爵,人二级,三老、孝悌、力田人三级,流民无名数欲占者人一级。……诏曰:"……田荒不耕,游食者众。有司其申明科禁,宜于今者,宣下郡国。"③

一是,半诏书半叙事,诏书的实施结果往往以叙事体呈现。"诏曰:'前以用度不足,吏禄薄少,乃自益其俸。'自三公下至佐史各有差。"④

一是,这段叙事两头为诏书,中间为战报奏书。"上遣将军赵破奴击车师。破奴与轻骑七百余先至,虏楼兰王,遂破车师,因举兵威以困乌孙、大宛之属。春,正月,甲申,封破奴为浞野侯。王恢佐破奴击楼兰,封恢为浩侯。"⑤

一是,一道诏书拆开写。先是叙述体,继而引用原文。这使得叙事风格富于变化,避免过于单调和枯燥。比如,"诏振贷鳏、寡、孤、独、穷困之人。又令:'八十已上,月赐米、肉、酒;九十已上,加赐帛、絮。赐物当禀鬻米者,长吏阅视,丞若尉致;不满九十,啬夫、令史致;二千石遣都使循行,不称者督之。'"⑥又如,"诏广增诸祀坛场、圭币,且曰:'吾闻祠官祝厘,皆归福于朕躬,不为百姓,朕甚愧之。夫以朕之不德,而专飨独美其福,百姓不与焉,是重吾不德也。其令祠官致敬,无有所祈!'"⑦

一是,把同一道诏书变成话语、叙事和引文。"时有献千里马者。帝曰:'鸾旗在前,属车在后,吉行日五十里,师行三十里;朕乘千里马,独先安之?'于是还

① 《后汉书·郑弘列传》。
② 《后汉书·光武帝纪下》。
③ 《后汉书·孝明帝纪》。
④ 《东观汉记》卷1。
⑤ 《资治通鉴》卷21。
⑥ 《资治通鉴》卷13。
⑦ 《资治通鉴》卷15。

其马,与道里费;而下诏曰:'朕不受献也。其令四方毋求来献。'"①

一是,把一系列诏书改写为一段完整叙事。"太皇窦太后好黄、老言,不悦儒术。赵绾请毋奏事东宫。窦太后大怒曰:'此欲复为新垣平邪!'阴求得赵绾、王臧奸利事,以让上;上因废明堂事,诸所兴为皆废。下绾、臧吏,皆自杀;丞相婴、太尉蚡免,申公亦以疾免归。"②

六、编年体

在纪传体内部,奏诏叙事模式在纪传和志书上的表现,似乎稍显不同。纪传更显简洁,志书更为完整。各举一例。《汉书·李广传》云:"大将军票骑将军大击匈奴,(李)广数自请行。上以为老,不许;良久乃许之,以为前将军。"《史记·平准书》将设立"平准"的前前后后,乃至长期结果一并叙述,使历史叙事具有了一种更为紧凑的结构性,就是说,志书的奏诏叙事模式通常显得更为紧凑。

> 桑弘羊为治粟都尉,领大农,尽代仅筦天下盐铁。弘羊以诸官各自市,相与争,物故腾跃,而天下赋输或不偿其僦费,乃请置大农部丞数十人,分部主郡国,各往往县置均输盐铁官,令远方各以其物贵时商贾所转贩者为赋,而相灌输。置平准于京师,都受天下委输。召工官治车诸器,皆仰给大农。大农之诸官尽笼天下之货物,贵即卖之,贱则买之。如此,富商大贾无所牟大利,则反本,而万物不得腾踊。故抑天下物,名曰"平准"。天子以为然,许之。于是天子北至朔方,东到太山,巡海上,并北边以归。所过赏赐,用帛百馀万匹,钱金以巨万计,皆取足大农。③

至于编年体较之纪传体,显然更便于改奏诏为叙事。比如,光武"遣使者举冤狱,问鳏寡。庚申,赐天下男子爵,各二级;鳏寡孤独贫不能自存者粟,人五斛。"④又如,"鲜卑寇马城塞,杀长吏,度辽将军邓遵及中郎将马续率南单于追击,大破之。"⑤从奏诏模式角度看,这句话只是省略了"奏""诏"两个字。这种省略并没有改变奏诏模式性质,只是转换成了奏诏叙事模式。它以一种简洁的叙事,叙述了事态(这应是奏书的内容),叙述了官员的军事行动(这属于下诏的要求),叙述了作战的结果(也是执行诏书的结果)。

---

① 《资治通鉴》卷 13。
② 《资治通鉴》卷 17。
③ 《史记·平准书》。
④ 《后汉纪》卷 9。
⑤ 《资治通鉴》卷 50。

有些内容比较明显,就像皇帝言行,一望而知便是诏书。这点在编年体史书中体现得尤为鲜明。尤其是那些连续性的叙事体诏书。比如,"以定策功益封大将军梁冀万户,太尉胡广为安乐侯,司徒赵诫为江南侯,司空袁汤为安国侯。六月,太尉胡广以病〔罢〕(薨)。光禄勋杜乔为太尉。秋七月,立蠡吾侯悝为渤海王;封少府梁不疑为颍阳侯,不疑弟蒙为西平侯,梁冀子胡狗为襄邑侯,不疑子焉为颍阴侯,冀孙桃为城父侯;又封中常侍刘广等为列侯。"①又如,"夏四月,太尉杨赐以寇贼罢,太仆邓盛为太尉。司空张济久病免,大司农张温为司空。初卖官,自关内侯以下至虎贲、羽林入钱各有差。皇甫嵩、朱儁连战失利。遣骑都尉曹操将兵助嵩等。五月乙卯,黄巾马元义等于京都谋反,皆伏诛。"②再如,"夏五月,太尉邓盛久病罢。太仆张延为太尉。六月,以讨张角功封中常侍张让等十二人为列侯。秋七月,车骑将军皇甫嵩征边章、韩约无功免。八月,司空张温为车骑将军讨章、约。九月,特进临晋侯杨赐为司空。"③

编年体似乎比纪传体更能直观地展示出奏诏模式。上书和下诏,皆化为对话体叙事。这样,和后期的执行结果联系起来,显得叙事更为流畅自然。这个特点在编年体中,表现得尤为显著。《通鉴》作为古代编年体史书中的绝对经典,"汉纪"中的例证颇多。举一例。

刘敬从匈奴来,因言:"匈奴河南白羊、楼烦王,去长安近者七百里,轻骑一日一夜可以至秦中。秦中新破,少民,地肥饶,可益实。夫诸侯初起时,非齐诸田、楚昭、屈、景莫能兴。今陛下虽都关中,实少民,东有六国之强族;一日有变,陛下亦未得高枕而卧也。臣愿陛下徙六国后及豪桀、名家居关中;无事可以备胡,诸侯有变,亦足率以东伐。此强本弱末之术也。"上曰:"善!"十一月,徙齐、楚大族昭氏、屈氏、景氏、怀氏、田氏五族及豪桀于关中,与利田、宅,凡十余万口。④

即便不是对话体奏诏,《通鉴》同样注意到叙事的连贯性和完整性,并有意打破严格的时间顺序,呈现出一个详奏略诏的典型结构。比如,

上又好自击熊、豕,驰逐野兽。司马相如上疏谏曰:"臣闻物有同类而殊能者,故力称乌获,捷言庆忌,勇期贲、育。臣之愚,窃以为人诚有之,兽亦宜然。今陛下好陵阻险,射猛兽,卒然遇逸材之兽,骇不存之地,犯属车之清尘,舆不及还辕,人不暇施巧,虽有乌获、逢蒙之技不得用,枯木巧株,

---

① 《后汉纪》卷 21。
② 《后汉纪》卷 24。
③ 《后汉纪》卷 25。
④ 《资治通鉴》卷 12。

尽为难矣。是胡、越起于毂下而羌、夷接轸也,岂不殆哉！虽万全而无患,然本非天子之所宜近也。且夫清道而后行,中路而驰,犹时有衔橛之变;况乎涉丰草,骋丘墟,前有利兽之乐而内无存变之意,其为害也不难矣。夫轻万乘之重不以为安,乐出万有一危之涂以为娱,臣窃为陛下不取。盖明者远见于未萌而知者避危于无形,祸固多藏于隐微而发于人之所忽者也。故鄙谚曰:'家累千金,坐不垂堂。'此言虽小,可以谕大。"上善之。[1]

值得注意的是,《考异》此处专门有所提示。"此多非今年事;因庄助救东瓯及微行始出终言之。"[2]

在展示奏诏叙事模式的完整性方面,《通鉴》的手法可谓丰富多样。比如,它不光把范《书》《光武纪》中的诏书和《郑兴传》中的奏书综合在一起,还把"书奏,多有所纳"这种直接表示奏疏结果的文字省去,代之以某种褒贬圆融的说明性评语。

诏百僚各上封事,其上书者不得言圣。太中大夫郑兴上疏曰:"夫国无善政,则谪见日月;要在因人之心,择人处位。今公卿大夫多举渔阳太守郭伋可大司空者,而不以时定;道路流言,咸曰'朝廷欲用功臣',功臣用则人位谬矣。愿陛下屈己从众,以济群臣让善之功。在晦,先时而合,皆月行疾也。日君象而月臣象;君亢急而臣下促迫,故月行疾。今陛下高明而群臣惶促,宜留思柔克之政,垂意洪之法。"帝躬勤政事,颇伤严急,故兴奏及之。[3]

司马光这句"帝躬勤政事,颇伤严急,故兴奏及之",堪称精妙。"躬勤政事"是褒,"颇伤严急"是贬,抑扬有致,层次分明,真正体现出奏诏叙事模式的史书魅力。它以一种含蓄的方式省略了奏书的具体结果,[4]而使人们的注意力集中在奏疏本身。

《通鉴》还有一个显著特点,有不少年份整年都用诏书写成。虽然隐含一种潜在的奏诏模式,却无一个诏字。[5] 比如,昭帝始元四年,"三月,甲寅,立皇后上官氏,赦天下。西南夷姑缯、叶榆复反,遣水衡都尉吕辟胡将益州兵击之。辟胡不进,蛮夷遂杀益州太守,乘胜与辟胡战,士战及溺死者四千余人。冬,遣大

---

① 《资治通鉴》卷 17。

② 《资治通鉴》卷 17。

③ 《资治通鉴》卷 42。

④ 不同于范《书》的"多有所纳",袁《纪》这篇同年同月的奏书,内容有异,结果也不同。

⑤ 这个特点在袁《纪》中已有体现。比如,安帝元初三年,"春二月,郡国十地震。夏四月壬寅,封皇后父阎畅为北宜春侯。冬十一月丙戌,初听大臣行三年丧。郡国九地震。"(《后汉纪》卷 16)

鸿胪田广明击之。廷尉李种坐故纵死罪弃市。是岁,上官安为车骑将军。"①这类写法中,除了大部分是叙事体诏书,还有少量诏书原文。比如,景帝元年、景帝前五年、武帝建元五年、宣帝元康元年、元帝初元元年。至于其中夹杂奏书原文,更是能够展现出奏诏模式。比如,文帝前十三年、昭帝元凤六年、宣帝元康四年、宣帝神爵元年、宣帝神爵二年。更不必说,长篇大论的奏书原文和诏书原文。比如,

> 晁错言于上。"……夫得高爵与免罪,人之所甚欲也;使天下人入粟于边以受爵、免罪,不过三岁,塞下之粟必多矣。"帝从之,令民入粟于边,拜爵各以多少级数为差。……
>
> 错复奏言:"陛下幸使天下入粟塞下以拜爵,甚大惠也。窃恐塞卒之食不足用,大渫天下粟。边食足以支五岁,可令入粟郡县矣;郡县足支一岁以上,可时赦,勿收农民租。……"
>
> 上复从其言,诏曰:"……吾诏书数下,岁劝民种树而功未兴,是吏奉吾诏不勤而劝民不明也。且吾农民甚苦而吏莫之省,将何以劝焉!其赐农民今年租税之半。"②

《通鉴》的编写手法更合乎奏诏模式,使史书的奏诏叙事模式臻致巅峰。举几例。

上奏,下诏,执行,效果。"初,齐威、宣之时,邹衍论著终始五德之运;及始皇并天下,齐人奏之。始皇采用其说,以为周得火德,秦代周,从所不胜,为水德。始改年,朝贺皆自十月朔;衣服、旄旌、节旗皆尚黑;数以六为纪。"③

拆开奏文,插入叙事。《通鉴》记载郎𫖮奏章时,先引用了奏书原文,"臣书不择言,死不敢恨!"然后叙述道,"因修便宜事。"又详细征用奏书原文。④

这段话有奏,有诏,还有实施效果。"赵中大夫白公奏穿渠引泾水,首起谷口,尾入栎阳,注渭中,袤二百里,溉田四千五百余顷,因名曰白渠;民得其饶。"⑤

涉及用兵或平叛,一般都有固定格式。事态,上奏,下诏,结果。或简化为,事态,下诏,结果。(1)"尉氏男子樊并等十三人谋反,杀陈留太守,劫略吏民,自称将军;徒李谭、称忠、锺祖、訾顺共杀并,以闻,皆封为侯。"(2)"山阳铁官徒苏

---

① 《资治通鉴》卷 23。
② 《资治通鉴》卷 15。
③ 《资治通鉴》卷 7。
④ 《资治通鉴》卷 51。
⑤ 《资治通鉴》卷 22。

令等二百二十八人攻杀长吏,盗库兵,自称将军;经郡国十九,杀东郡太守及汝南都尉。汝南太守严欣捕斩令等。迁欣为大司农。"①(3)"巴郡板楯蛮反,遣御史中丞萧瑗督益州刺史讨之,不克。"②(4)"交趾乌浒蛮久为乱,牧守不能禁,交趾人梁龙等复反,攻破郡县。诏拜兰陵令会稽硃俊为交趾刺史,击斩梁龙,降者数万人,旬月尽定。"③

事态,上奏,下诏。"益州蛮夷愁扰,尽反,复杀益州大尹程降。(王)莽遣平蛮将军冯茂发巴、蜀、犍为吏士,赋敛取足于民,以击之。"④

皇帝发话,官员上奏;皇帝下诏,臣子执行。"上问赵熹以久长之计,熹请遣诸王就国。冬,上始遣鲁王兴、齐王石就国。"⑤

这段话包含上书、下诏、执行、结果一系列环节。"鲜卑大人燕荔阳诣阙朝贺。太后赐燕荔阳王印绶、赤车、参驾,令止乌桓校尉所居宁城下,通胡市,因筑南、北两部质馆。鲜卑吧落百二十部各遣入质。"⑥

省略型叙事体诏书。上奏,下诏。"司徒刘恺请致仕;许之,以千石禄归养。"⑦

第三节　诏 书 话 语

一、话语魅力

历史叙事中的话语往往具有画龙点睛之妙。较之叙事,话语(无论独白还是对话)最能体现人物性格和史家才华。因为言语最能表现史家的想象力。有时,一句话比一件事甚至一个动作或细节更令人印象深刻。常被人称道的有,项羽看见秦始皇,脱口而出,"彼可取而代也。"⑧刘邦看见秦皇帝,张嘴就是,

---

① 《资治通鉴》卷 31。
② 《资治通鉴》卷 57。
③ 《资治通鉴》卷 58。
④ 《资治通鉴》卷 37。
⑤ 《资治通鉴》卷 44。
⑥ 《资治通鉴》卷 49。
⑦ 《资治通鉴》卷 50。
⑧ 《史记·项羽本纪》。

"嗟乎，大丈夫当如此也！"①刘秀看见执金吾，也是情不自禁，"仕宦当作执金吾，娶妻当得阴丽华。"②陈胜振臂一呼，"壮士不死即已，死即举大名耳，王侯将相宁有种乎！"③主父偃袒露心声，"丈夫生不五鼎食，死则五鼎亨耳！吾日暮，故倒行逆施之。"④这些话无人怀疑其真实性，但也从无可能证实其真实性。所以人们才心安理得地相信其真实性。因为，它们太符合人们心中认定的人物性格和身份了。

虽然有些话说得不这么经典，史书中还是有很多言语非常值得琢磨。比如，宣帝令王褒、张子侨等待诏，数从放猎，"所幸宫馆，辄为歌颂，第其高下，以差赐帛。议者多以为淫靡不急，"宣帝说："'不有博弈者乎，为之犹贤乎已！'辞赋大者与古诗同义，小者辩丽可喜。辟如女工有绮縠，音乐有郑卫，今世俗犹皆以此虞说耳目，辞赋比之，尚有仁义风谕，鸟兽草木多闻之观，贤于倡优博弈远矣。"⑤

其实，奏诏叙事模式中的话语也分不同类型。以《史记·留侯世家》为例，下面两段对话明显性质不同，不是一个类型。前者是对话体诏书，后者属真正的对话，虽然这种对话也充满君臣之间的机谋和权术。

汉六年正月，封功臣。良未尝有战斗功，高帝曰："运筹策帷帐中，决胜千里外，子房功也。自择齐三万户。"良曰："始臣起下邳，与上会留，此天以臣授陛下。陛下用臣计，幸而时中，臣原封留足矣，不敢当三万户。"乃封张良为留侯，与萧何等俱封。

上已封大功臣二十馀人，其馀日夜争功不决，未得行封。上在雒阳南宫，从复道望见诸将相与往往坐沙中语。上曰："此何语？"留侯曰："陛下不知乎？此谋反耳。"上曰："天下属安定，何故反乎？"留侯曰："陛下起布衣，以此属取天下，今陛下为天子，而所封皆萧、曹故人所亲爱，而所诛者皆生平所仇怨。今军吏计功，以天下不足遍封，此属畏陛下不能尽封，恐又见疑平生过失及诛，故即相聚谋反耳。"上乃忧曰："为之奈何？"留侯曰："上平生所憎，群臣所共知，谁最甚者？"上曰："雍齿与我故，数尝窘辱我。我欲杀

① 《史记·高祖本纪》。王鸣盛比较刘项二人话语风格，"项之言悍而戾，刘之言则津津然不胜其歆羡矣。陈胜曰：'壮士举大名耳，王侯将相宁有种乎！'项籍口吻正与胜等，而高祖似更出其下。"（王鸣盛《十七史商榷》卷2，"刘项俱观始皇"，中国书店，1987年。[以下简称《十七史商榷》]）单就此语而言，项羽之霸气与刘邦之痞气，确乎高下立判。
② 《后汉书·皇后纪上》。
③ 《史记·陈涉世家》。
④ 《汉书·主父偃传》。
⑤ 《汉书·王褒传》。

之,为其功多,故不忍。"留侯曰:"今急先封雍齿以示群臣,群臣见雍齿封,则人人自坚矣。"于是上乃置酒,封雍齿为什方侯,而急趣丞相、御史定功行封。群臣罢酒,皆喜曰:"雍齿尚为侯,我属无患矣。"

巧妙节选诏书中的文字,使之口语化,可使叙事婉转灵动,怡然可诵。它体现出话语在奏诏叙事模式中之特殊作用。把诏书分开叙述,半截话语,半截叙事,是一种常见的修辞手法。比如,"天子曰'东粤陕多阻,闽粤悍,数反复',诏军吏皆将其民徙处江淮之间。"①

在叙事中,穿插皇帝话语,使史家叙事和皇帝话语融为一体。在这种融合中,话语和诏书皆隐而不彰,通篇呈现出一种自然流畅的叙事美感。"大将军姊子霍去病年十八,幸,为天子侍中。善骑射,再从大将军,受诏与壮士,为剽姚校尉,与轻勇骑八百直弃大军数百里赴利,斩捕首虏过当。"②

时而适当插入一些对话体奏书或诏书,则会陡然增加历史叙事的画面感。比如,上谷太守李广"数与匈奴战。典属国公孙昆邪为上泣曰:'李广材气,天下亡双,自负其能,数与虏确,恐亡之。'上乃徙广为上郡太守。"③班固用一个"泣"字,便使一次普通上奏或一份普通奏书顿时变成了一场身临其境的君臣现场对话。

君臣对话直接引出一句叙事。这句叙事显然是下诏后的实施结果。这使诏书的制作和颁布,化于无形之中。无诏实有诏。因为下文的叙述就是诏书要求的内容。"公孙卿候神河南,言见仙人迹缑氏城上,有物如雉,往来城上。天子亲幸缑氏城视迹。问卿:'得毋效文成、五利乎?'卿曰:'仙者非有求人主,人主者求之。其道非少宽假,神不来。言神事,事如迂诞,积以岁乃可致也。'于是郡国各除道,缮治宫观名山神祠所,以望幸。"④从公孙卿到接下来的行动之间,显然还有一个诏书环节。这是一种从臣子言语到具体实施的叙述性转换。即从臣子言语直接转换为皇帝下诏所要求的具体行动。

至于将君臣对话穿插于皇帝诏书间,在奏诏叙事模式中亦不乏见。比如,"初(卜)式不愿为郎,上曰:'吾有羊在上林中,欲令子牧之。'式既为郎,布衣中跻而牧羊。岁余,羊肥息。上过其羊所,善之。式曰:'非独羊也,治民亦犹是矣。以时起居,恶者辄去,毋令败群。'上奇其言,欲试使治民。拜式缑氏令,缑

---

① 《汉书·两粤传》。
② 《史记·卫将军列传》。
③ 《汉书·李广传》。
④ 《史记·封禅书》。

氏便之;迁成皋令,将漕最。上以式朴忠,拜为齐王太傅,转为相。"①

秦诏叙事模式的一个特点是,话语和叙事往往具有诏书性质。或者说,话语和叙事多是诏书之变形。这样,话语、叙事和直接诏书这三种写法的交叉叠用,既使秦诏叙事模式充满变化,又使史书文本充满张力。

> 东击项籍而还入关,问:"故秦时上帝祠何帝也?"对曰:"四帝,有白、青、黄、赤帝之祠。"高祖曰:"吾闻天有五帝,而有四,何也?"莫知其说。于是高祖曰:"吾知之矣,乃待我而具五也。"乃立黑帝祠,命曰北畤。有司进祠,上不亲往。悉召故秦祝官,复置太祝、太宰,如其故仪礼。因令县为公社。下诏曰:"吾甚重祠而敬祭。今上帝之祭及山川诸神当祠者,各以其时礼祠之如故。"②

秦诏叙事模式有别于秦诏模式的一个显著特点是包含某种心理活动的描写。叙事,话语,心理活动,相互交织,彼此缠绕,重重叠叠。比如,"(田横)既葬,二客穿其冢旁孔,皆自刭,下从之。高帝闻之,乃大惊,大田横之客皆贤。吾闻其馀尚五百人在海中,使使召之。至则闻田横死,亦皆自杀。于是乃知田横兄弟能得士也。"③"大惊,大田横之客皆贤"和"乃知田横兄弟能得士"是刘邦的心理活动,"吾闻其馀尚五百人在海中"是刘邦的言语,"使使召之"是刘邦的叙事体诏命,"高帝闻之"和"至则闻田横死,亦皆自杀"是对刘邦和使臣的叙事。④ 短短的几句话,充满曲折变化之能事。可谓叙事之极妙。又如,王莽"上书固乞骸骨而退"。哀帝下诏,"曲阳侯根前在位,建社稷策。侍中太仆安阳侯舜往时护太子家,导朕,忠诚专壹,有旧恩。新都侯莽忧劳国家,执义坚固,庶几与为治,太皇太后诏休就第,朕甚闵焉。其益封根二千户,舜五百户,莽三百五十户。以莽为特进,朝朔望。"班固随后一句话,别有深意。表面上说的是哀帝宠遇王莽的心理,实则说的是班固略写乞骸骨奏表、详写皇帝诏书的深层思虑。"哀帝少而闻知王氏骄盛,心不能善,以初立,故优之。"⑤再如,"迄孝武世,书缺

---

① 《汉书·卜式传》。
② 《史记·封禅书》。
③ 《史记·田儋列传》。
④ 从书写角度看,"吾闻其馀尚五百人在海中"前应有一"曰"。如果不是原有而漏抄,"吾"字可删。要么加"曰",要么删"吾"。史公修辞可谓"尽美矣,未尽善也"。近人亦云:"按此叙事,非记言,不当云'吾闻',疑'吾'字衍,当删。《御览》卷四百三十八引《史记》无'吾'字,《汉纪三》亦无'吾'字。)"(李人鉴《〈太史公书〉校读记》下册,第1314页,甘肃人民出版社,1998年)再举一例。《史记·萧相国世家》云:"乃益封何二千户,以帝尝繇咸阳时何送我独赢钱二也。"这里的"帝""我"之间因叙事言语相混显得语气不顺。《汉书·萧何传》易为"以尝繇咸阳时何送我独赢钱二也",删"帝",整齐文字为言语。但仍有略微不顺之感。
⑤ 《汉书·元后传》。

简脱,礼坏乐崩,圣上喟然而称曰:'朕甚闵焉!'于是建藏书之策,置写书之官,下及诸子传说,皆充秘府。"①先写皇帝的喟叹和心理,继而以叙事写出皇帝诏书。

照说,权力最大的两位重臣的职位变动本不是一件小事,尤其是起因于一位大臣的主动谋划,而且还牵涉两位大臣之间的复杂关系,更不必说还需要启动正常的奏诏程序。在正常的奏疏中,要将其中的深谋远虑和微妙思虑交代清楚,绝非易事。但在太史公笔下,通过简练的叙事和生动的对话,既说清了谦让大臣的细密心思,也说明了皇帝诏书的翔实内容。显然,这是一种高明的奏诏叙事模式。"孝文帝立,以为太尉(周)勃亲以兵诛吕氏,功多;陈平欲让勃尊位,乃谢病。孝文帝初立,怪平病,问之。平曰:'高祖时,勃功不如臣平。及诛诸吕,臣功亦不如勃。原以右丞相让勃。'于是孝文帝乃以绛侯勃为右丞相,位次第一;平徙为左丞相,位次第二。"②

二、本纪中的皇帝言语

君臣关系和奏诏模式是皇权政治的一对核心概念。二者的关系是,君臣关系是奏诏模式的主体结构,奏诏模式是君臣关系的语言形式。换言之,君臣关系中,臣言为奏,君言为诏。

正因如此,皇帝的说话形式和性质是史书修辞的特别着意处。太史公在这方面确实匠心独运,思虑尤深。比如,他在描写皇帝颁诏时,特别喜欢使用"上曰"。这个特点在《孝文本纪》中表现得尤为显著。③《孝文本纪》中,文帝下诏只用了一次"皇帝曰",还有一次"帝曰"。④ 这里主要看一下"皇帝曰"。

> 皇帝曰:"吕产自置为相国,吕禄为上将军,擅矫遣灌将军婴将兵击齐,欲代刘氏,婴留荥阳弗击,与诸侯合谋以诛吕氏。吕产欲为不善,丞相陈平与太尉周勃谋夺吕产等军。朱虚侯刘章首先捕吕产等。太尉身率襄平侯通持节承诏入北军。典客刘揭身夺赵王吕禄印。益封太尉勃万户,赐金五千斤。丞相陈平、灌将军婴邑各三千户,金二千斤。朱虚侯刘章、襄平侯

① 《汉书·艺文志》。

② 《史记·陈丞相世家》。

③ "文《纪》凡诏皆称'上曰',以其出于帝之实意也。"(王应麟《玉海》卷64,"诏令、诏策",广陵书社,2016年。[以下简称《玉海》])

④ "帝曰:'汉与匈奴约为昆弟,毋使害边境,所以输遗匈奴甚厚。今右贤王离其国,将众居河南降地,非常故,往来近塞,捕杀吏卒,驱保塞蛮夷,令不得居其故,陵轹边吏,入盗,甚敖无道,非约也。其发边吏骑八万五千诣高奴,遣丞相颍阴侯灌婴击匈奴。'"(《史记·孝文本纪》)

通、东牟侯刘兴居邑各二千户,金千斤。封典客揭为阳信侯,赐金千斤。"表面看,这是皇帝之言,实际却是皇帝之诏。当然,皇帝之诏即是皇帝之言。但更为真实的可能是,这本是一道诏书,太史公将其改写为对话性言语。它具有双重效应。一方面,以诏为言;一方面,以言代诏。太史公似乎特别喜欢使用这种修辞技术。

至于《孝文本纪》其他的文帝下诏,太史公一律用"上曰"。比较而言,"皇帝曰"、"帝曰"、"上曰"三者意思相同,含义上却有细微差异。所谓"上曰"如同"今上本纪",给人一种"今上"之感觉,貌似在写当今皇上。① 无形中,凭空拉近了自己和皇帝之间的距离。这种历史的现场感或许正是太史公的刻意追求。就阅读效果而言,"上曰"显得更随意,更活泛,更像日常对话,也更有文学味,更像小说家言。但这每一次"上曰",都是一道正儿八经的诏书。

除了《孝文本纪》,唯有在《高祖本纪》中出现过一次带有诏书性质的"上曰",其余皆为普通对话。"赵相国陈豨反代地。上曰:'豨尝为吾使,甚有信。代地吾所急也,故封豨为列侯,以相国守代,今乃与王黄等劫掠代地!代地吏民非有罪也。其赦代吏民。'"此外,《孝武本纪》中的"上曰"同样也是普通对话。

《汉书》中"上曰"亦有特点,使用率更低。除了《高帝纪下》有一条严格意义上的诏书使用"上曰",②还有一条口诏性质的"上曰",其余几处都是普通的君臣对话。③ 此外,唯独《哀帝纪》有一条"上曰"诏书,《文帝纪》"赞"有一条"上曰"言语。整个《汉书》本纪,"上曰"少得可怜。④ 这和太史公的用法迥然相异。可见,班固有意避免使用"上曰",或许是想以此保持某种"历史距离",以呈现某种"历史客观"。据此看,《史记·孝文本纪》中出现的大量"上曰"应该不是随意

---

① 《集解》云:"《太史公自序》曰'作今上本纪',又其述事皆云'今上','今天子'。"(《史记·孝武本纪》,三家注)

② 其实这条也抄自《史记》。

③ 比如,"帝置酒雒阳南宫。上曰:'通侯诸将毋敢隐朕,皆言其情。吾所以有天下者何? 项氏之所以失天下者何?'高起、王陵对曰:'陛下嫚而侮人,项羽仁而敬人。然陛下使人攻城略地,所降下者,因以与之,与天下同利也。项羽妒贤嫉能,有功者害之,贤者疑之,战胜而不予人功,得地而不予人利,此其所以失天下也。'上曰:'公知其一,未知其二。……'群臣说服。"(《汉书·高帝纪下》)这里还需注意,从历史叙事角度看,"群臣说服"必不可少。班氏添加的这四个字,画龙点睛般的补足了奏诏叙事模式的完整性。太史公只写了刘邦君臣的对话,缺少对话方的现场反应和相关结果,不足以构成完整的奏诏叙事模式。

④ 据如淳解释,"蔡邕云上者尊位所在也。但言上,不敢言尊号耳。"(《汉书·高帝纪下》,颜注)如此说来,班《书》"上曰"是因"讳尊者"之需,可本纪却又少用"上曰",显然矛盾。

而为,属于太史公的有意为之。① 其意图似乎又很难说清。

三、本纪中的诏书修辞

本纪比列传更为直观地显现出,作为皇帝意志的客观体现,诏书的制作和颁布构成了帝国政治日常运转的直接动力。诏书在本纪中占有绝对比例,构成了本纪展开的主体结构。② 本纪诏书和列传诏书的主要区别在于,本纪以诏为主以奏为辅。③《史记》中的《秦始皇本纪》、《高祖本纪》、《吕太后本纪》、《孝文本纪》、《孝景本纪》,两汉《书》中的一系列本纪,都具有这个特点。④ 这使本纪诏书更像是一种出自皇帝个人意志的独断性诏书。较之列传,本纪诏书更为鲜明地体现出皇权政治中乾纲独断的本质特点。这个特点使得本纪写法根本有别于《春秋》那种单纯的编年纪事。⑤ 人们常说,本纪就像《春秋》编年体一样,

---

① 《史记·卫将军骠骑列传》写武帝诏,太史公皆用"天子曰",而非"上曰"。尤其是,武帝"天子曰"皆用于汉匈战事。《汉书》一律改为"上曰"。只是《汉书》在相应口中,内容更为丰富。)这里的问题是,为何有关卫青和霍去病的封爵诏书都使用"天子曰"的话语形式,其他人的封爵诏书都是使用叙事手法? 太史公的这种写法,出于何种考虑?

② 比如,《史记》中的秦汉本纪(《项羽》、《孝武》两纪除外)和两汉《书》本纪,约 190117 字,其中,诏书 128158 字,占比 67%。这虽是一个粗略的统计,却也说明一些问题。

③ 至于同一道诏书,有时列传反而比本纪更详细。比如,诛灭霍氏后,宣帝下诏,《宣帝纪》就比《霍光传》简略。《宣帝纪》云:"乃者,东织室令史张赦使魏郡豪李竟报冠阳侯霍云谋为大逆,朕以大将军故,抑而不扬,冀其自新。今大司马博陆侯禹与母宣成侯夫人显及从昆弟冠阳侯云、乐平侯山、诸姊妹婿度辽将军范明友、长信少府邓广汉、中郎将任胜、骑都尉赵平、长安男子冯殷等谋为大逆。显前又使女侍医淳于衍进药杀共哀后,谋毒太子,欲危宗庙。逆乱不道,咸(服)〔伏〕其辜。诸为霍氏所诖误未发觉在吏者,皆赦除之。"《霍光传》云:"乃者东织室令史张赦使魏郡豪李竟报冠阳侯云谋为大逆,朕以大将军故,抑而不扬,冀其自新。今大司马博陆侯禹与母宣成侯夫人显及从昆弟子冠阳侯云、乐平侯山诸姊妹婿谋为大逆,欲诖误百姓。赖(祖宗)〔宗庙〕神灵,先发得,咸伏其辜,朕甚悼之。诸为霍氏所诖误,事在丙申前,未发觉在吏者,皆赦除之。男子张章先发觉,以语期门董忠,忠告左曹杨恽,恽告侍中金安上。恽召见对状,后章上书以闻。侍中史高与金安上建发其事,言无入霍氏禁闼,卒不得遂其谋,皆雠有功。封章为博成侯,忠高昌侯,恽平通侯,安上都成侯,高乐陵侯。"这种差异显然和奏诏模式无关,只能用奏诏叙事模式解释。就是说,奏诏模式中的诏书原文或原始诏书,既非本纪中的诏书,亦非列传中的诏书,甚至不是二者之综合。本质上,它是史家"创作历史"的叙事手法和修辞艺术。

④ 需要说明的是,《史记》中的《项羽本纪》和《孝武本纪》情况有些特殊。人们一般不把《项羽本纪》视作正统的皇帝本纪,至于《孝武本纪》又因主要抄自《封禅书》而颇显怪异。所以,这两篇本纪不应考虑在内。另外,两汉《书》中的本纪在奏诏模式上的差异还是颇为明显的。范《书》本纪中的奏书分量更少。

⑤ 相反,倒是列传中的某些写法更近《春秋》笔法。比如,"明年,薨薨。子怀王文嗣,一年薨,无子,绝。明年,成帝复立文弟平陆侯衍,是为思王。二十一年薨,子纡嗣,王莽时绝。"(《汉书·宣元六王传》)从奏诏模式角度看,这几句句句有奏诏。这是一种极简的奏诏叙事模式,颇具《春秋》之风格。

是一种流水账般的时间叙事。其实不然。仔细分析,本纪和《春秋》区别甚大。这就是,《春秋》确实是简单记事,本纪则记事又记言。所谓言即是皇帝诏书。除了记言体诏书,还有大量记事体诏书。特点是,化言为事,以叙事代之。本质上,它只是一种叙事诏书。本纪诏书有两种类型,四种写法。两种类型是引文诏书和叙事诏书,四种写法是两种类型的诏书中又分为有干支诏书和无干支诏书。可见,诏书才是本纪的主干。当然,如果按照叙事诏书的标准,似乎也可以认为《春秋》记事同样是一种相仿的"叙事诏书"。因为《春秋》之事大多是实施君主意志的结果。泛泛而言,这种说法虽未尝不可,却有混淆之嫌。首先,《春秋》绝对没有本纪叙事诏书中那些常见的"赐"、"赦"、"除"、"立"、"令"、"策"等直接体现皇帝意志的诏书用语。其次,这种不恰当的类比模糊了《春秋》的内在本质。这种本质是,本纪是奏诏模式的产物,是奏诏叙事模式的一部分。《春秋》记事主要在于褒贬历史。最后,本纪还有不少对话和细节。这些都使得本纪具有了皇帝传记的性质和风格。

人们早已注意到,纪传体史书有一种纪传互补、详略相证的特点。本纪简写,列传详述。人们一般将其视作一种普通的写史技巧或修辞手法。倘若从奏诏模式和奏诏叙事模式之差异的视角看,却也有些新的发现。以《史记》为例。《秦始皇本纪》云:"大索,逐客,李斯上书说,乃止逐客令。"这似乎是一个最简练最完整的奏诏叙事模式。相形之下,《李斯列传》记载的更像是奏诏模式。"秦宗室大臣皆言秦王曰:'诸侯人来事秦者,大抵为其主游间于秦耳,请一切逐客。'李斯议亦在逐中。斯乃上书曰:'臣闻吏议逐客,窃以为过矣。……夫物不产于秦,可宝者多;士不产于秦,而原忠者众。今逐客以资敌国,损民以益雠,内自虚而外树怨于诸侯,求国无危,不可得也。'秦王乃除逐客之令,复李斯官,卒用其计谋。"

通常说,奏诏模式都有一个完整程序,史书上尤其本纪中的奏诏叙事模式倒往往不甚完整。比如,《汉书·高帝纪下》云:"上还雒阳。诏曰:'代地居常山之北,与夷狄边,赵乃从山南有之,远,数有胡寇,难以为国。颇取山南太原之地益属代,代之云中以西为云中郡,则代受边寇益少矣。王、相国、通侯、吏二千石择可立为代王者。'燕王绾、相国何等三十三人皆曰:'子恒贤知温良,请立以为代王,都晋阳。'大赦天下。"按照奏诏程序,萧何等人的奏书之后,刘邦还应下一道正式的诏书。但这里只有臣子上奏,而无刘邦下诏。可从结果看,刘邦显然接受了萧何等人的上书建议。可见,这是一种典型的奏诏叙事模式。特点是,省略了某些实际环节,使整个叙事更为简洁紧凑。

这里以《汉书·文帝纪》为例。[①] 我们截取《文帝纪》中四年至十二年的连续记载。[②] 这部分内容,有一个显著特点。除了天象灾异,就是人事诏书。其实,即便灾异,依照汉朝的惯例,往往需要皇帝下诏,有所表示。所以,《汉书》记载的灾异,一般情况下都隐含着一道诏书的颁布。只不过《汉书·文帝纪》将这些灾异诏书略去,只记灾异,同时,又将人事诏书改写成了叙述文字。一来简洁,二显客观。

> (1)四年冬十二月,丞相灌婴薨。(2)夏五月,复诸刘有属籍,家无所与。赐诸侯王子邑各二千户。(3)秋九月,封齐悼惠王子七人为列侯。(4)绛侯周勃有罪,逮诣廷尉诏狱。(5)作顾成庙。(6)五年春二月,地震。(7)夏四月,除盗铸钱令。更造四铢钱。(8)六年冬十月,桃李华。(9)十一月,淮南王长谋反,废迁蜀严道,死雍。(10)七年冬十月,令列侯太夫人、夫人、诸侯王子及吏二千石无得擅征捕。(11)夏四月,赦天下。(12)六月癸酉,未央宫东阙罘罳灾。(13)八年夏,封淮南厉王长子四人为列侯。(14)有长星出于东方。(15)九年春,大旱。(16)十年冬,行幸甘泉。(17)将军薄昭死。(18)十一年冬十一月,行幸代。(19)春正月,上自代还。(20)夏六月,梁王揖薨。(21)匈奴寇狄道。(22)十二年冬十二月,河决东郡。(23)春正月,赐诸侯王女邑各二千户。(24)二月,出孝惠皇帝后宫美人,令得嫁。(25)三月,除关无用传。[③]

天地间的一切只要发生,并为人注意,就有可能成为史家关注的对象。前提是,它首先需要得到朝廷确认,并通过皇帝下诏决定是否采取相应行动。就是说,天人之间的一切事情,不管好坏,皆需得到皇帝的最终确认,并通过诏书获得行动的能力和机会。

从真理史和权力史的角度看,古代的经典史书都能自觉地贴近皇权政治的实际运作过程。就此而言,史书确实就像一面镜子。因为它直观地呈现出皇权运作的真实状态。因为,人们从史书的这些记载内容和编辑手法,就能清晰地

---

① 其实,班固所"赞"文帝的每一件事,都体现为一道诏书。包括文帝之言,应该也是出自诏书之语。"赞曰:孝文皇帝即位二十三年,宫室苑囿车骑服御无所增益。有不便,辄弛以利民。尝欲作露台,召匠计之,直百金。上曰:'百金,中人十家之产也。吾奉先帝宫室,常恐羞之,何以台为!'身衣弋绨,所幸慎夫人衣不曳地,帷帐无文绣,以示敦朴,为天下先。治霸陵,皆瓦器,不得以金银铜锡为饰,因其山,不起坟。南越尉佗自立为帝,召贵佗兄弟,以德怀之,佗遂称臣。与匈奴结和亲,后而背约入盗,令边备守,不发兵深入,恐烦百姓。吴王诈病不朝,赐以几杖。群臣袁盎等谏说虽切,常假借纳用焉。张武等受赂金钱,觉,更加赏赐,以媿其心。"(《汉书·文帝纪》)
② 为了容易辨析,我们将这段连续记载以数字序列相隔和区分。
③ 《汉书·文帝纪》。

观察到皇帝如何推动皇权政治的运作以及如何控制皇权政治的走向。所谓权力史,就是皇帝的自由意志近乎不受限制地构成了皇权政治运行的真实动力;所谓真理史,就是史家创造了纪传体这样一种直观呈现皇帝推动帝国事务正常运行的严格体例。

第三章

叙事体奏诏

第一节　奏诏叙事形态

一、奏诏叙事模式之自足性

从奏诏模式角度看，像秦汉这种庞大的帝国，事务繁剧不难想象。倘若整整一年竟然没有发生任何事情，无论如何也不可思议。多少都会有一定数量的奏书和诏书。比如，始皇"三十年，无事"。①《通鉴》将始皇三十年删掉，直接从二十九年跳到三十一年。始皇三十年成为一个空白。以始皇帝之勤勉，三十年全年"无事"，不下发一道诏书，着实难以置信。又如，吕太后"三年，无事"。② 班《书》在该年填补了一些事。"三年夏，江水、〔汉水〕溢，流民四千余家。秋，星昼见。"③《通鉴》又补充了更多信息。"三年，夏，江水、汉水溢，流四千余家。秋，星昼见。伊水、洛水溢，流千六百余家。汝水溢，流八百余家。"④可见这一年还是发生了一些事。有事就会有相应的奏诏。据此推论，始皇三十年，即便无人事也会有天灾。有天灾必有奏诏。至于高祖十年，"春夏无事。"⑤班《书》此年却有"夏五月，太上皇后崩"。据诸家考辨，"不得有太上皇后崩也。"⑥班《书》误。《通鉴》对高祖十年的编写等于改写了《史》《汉》本年的纪

①《史记·秦始皇本纪》。
②《史记·吕太后本纪》。
③《汉书·高后纪》。
④《资治通鉴》卷 13。
⑤《史记·高祖本纪》。
⑥《汉书·高帝纪下》。

事。太史公云:"七月,太上皇崩栎阳宫。楚王、梁王皆来送葬。赦栎阳囚。更命郦邑曰新丰。"①班固云:"秋七月癸卯,太上皇崩,葬万年。赦栎阳囚死罪以下。"②司马光云:"五月,太上皇崩于栎阳宫。秋,七月,癸卯,葬太上皇于万年,楚王、梁王皆来送葬。赦栎阳囚。"③司马光是把《史》《汉》七月太上皇崩葬一分为二,将"太上皇崩"提前到五月,补充了《史记》"无事"之空白,同时取代了《汉书》"太上皇后崩"之记载;进而,又在七月写了"葬太上皇于万年"。其实,不管春夏死的是太上皇还是太上皇后,只要死人就需要奏诏。④

　　从奏诏叙事模式角度看,太史公的写法并无不妥,班固和司马光的写法也各有各的道理。因为,奏诏叙事模式并非是对奏诏模式的简单复制,而是一种精心选择的编辑重组。由此造成了不同史书对同一条诏书各有所取的大同小异现象。比如,袁《纪》之诏曰:"朕新离供养,罪恶著众,上天降异,止于朕躬,非群司之咎,其咎朕而已。公卿能极谏朕过失者,各举一人,岩穴之德为先,勿取浮华。"⑤范《书》之诏曰:"朕新离供养,愆咎众著,上天降异,大变随之。《诗》不云乎:'亦孔之丑。'又久旱伤麦,忧心惨切。公卿已下,其举直言极谏、能指朕过失者各一人,遣诣公车,将亲览问焉。其以岩穴为先,勿取浮华。"⑥二者文字有所出入,这种差异既造成了奏诏叙事模式的魅力,又构成了奏诏叙事模式和奏诏模式之间的张力。

　　袁《纪》在前,范《书》在后。这不等于说,范《书》源于袁《纪》。所以,袁《纪》和范《书》之异同并无必然因果关系。⑦ 比如,袁《纪》云:"是时诏书令〔麦秋〕得案验薄罪。(鲁)恭上疏谏曰:'诏书忧万民,而郡国〔讬〕(记)言劳来贫民,多为烦扰,逮证一人,有疑罪,延及良人数十人,上逆时气,妨废农功。……《月令》周世所造,而所据皆夏之时也,……可令疑罪皆详议其法,大辟之罪,极尽冬月乃

---

① 《史记·高祖本纪》。

② 《汉书·高帝纪下》。

③ 《资治通鉴》卷12。

④ 其实,九年"春,大旱",(《汉书·文帝纪》)六年"冬十二月,雷,霖雨",中四年"夏,蝗",(《汉书·景帝纪》)建元五年"五月,大蝗",元光五年"八月,螟",(《汉书·武帝纪》)建武六年"夏,蝗",(《后汉书·光武帝纪下》)也属于"无事"一类。如同《春秋》某年"螟"、某年"大雨雹"、某年"大雪"的笔法。记与不记区别不大。看似记了,却无任何具体信息,等于没记。所以,《史记》对此类事情干脆忽略,一字不写。

⑤ 《后汉纪》卷11。

⑥ 《后汉书·孝章帝纪》。

⑦ 沈钦韩的一个看法颇可参证。"袁范各以意刊削,二书相校,同者才十之三,遂不见元本。"(转引《后汉纪》卷18注)

断其狱。其立春在十二月中者，勿以报囚。'诏从之。"①范《书》云："和帝末，下令麦秋得案验薄刑，而州郡好以苛察为政，因此遂盛夏断狱。恭上疏谏曰：'臣伏见诏书，敬若天时，忧念万民，为崇和气，罪非殊死，且勿案验。……'初，肃宗时，断狱皆以冬至之前，自后论者互多驳异。邓太后诏公卿以下会议，恭议奏曰：'……《易》十一月"君子以议狱缓死"可令疑罪使详其法，大辟之科，尽冬月乃断。其立春在十二月中者，勿以报囚如故事。'"②近人云，袁《纪》此段文字，"《月令》周世所造"以下，"乃邓太后诏令公卿会议时恭之奏文，袁纪合二奏为一。"③这话自然可以反过来说，范《书》将袁《纪》一段话分开来写了。但这两种说法都有问题。前者似乎暗示范《书》在袁《纪》之前，后者若要拆分奏书，必得更多史料，否则不易合理叙事，反而破裂叙事脉络。可见二者皆有不妥。既如此，究竟孰是孰非，永无定论。是可知，袁《纪》之合和范《书》之分并无干系。因为，二者很可能并无一个原始文本，而是来自不同史源。这表明奏诏叙事模式完全是一种独立于奏诏模式的自足体系。

再以君臣对话方式为例。同一段话在不同史书上有不同记载，但这既不表明二者有渊源关系，亦不表明一真一假，更不表明二者皆真或皆假。应该说，这是奏诏叙事模式的两种手法，也就是两种不同的叙事方式。④

同理，同一道诏书，有文字出入，两本史书虽有先后，但这不能简单认为存在某种渊源关系。⑤ 举几例。一是，东观《记》云，诏曰："高祖功臣，萧、曹为首，有传世不绝之谊。曹相国后容城侯无嗣，朕甚愍焉。望长陵东门，见二臣之墓，

---

① 《后汉纪》卷16。

② 《后汉书·鲁恭列传》。

③ 《后汉纪》卷16，注。

④ 当然，这并不否认有关同一时代的不同史书之间仍有诸多相同处。比如，廉范为老师辩诬一事在范《书》和袁《纪》中几乎完全相同。廉范事博士薛汉。"会薛汉坐楚王事诛，故人门生莫敢视，范独往收敛之，吏以闻，显宗大怒，召范入，诘责曰：'薛汉与楚王同谋，交乱天下，范公府掾，不与朝廷同心，而反收敛罪人，何也？'范叩头曰：'臣无状愚戆，以为汉等皆已伏诛，不胜师资之情，罪当万坐。'帝怒稍解，问范曰：'卿廉颇后邪？与右将军褒、大司马丹有亲属乎？'范对曰：'褒，臣之曾祖；丹，臣之祖也。'帝曰：'怪卿志胆敢尔！'因赏之。"（《后汉书·廉范列传》）"会薛汉坐楚事诛，故人门生莫敢哭视，范独往收之。吏以闻，帝大怒，召入，诘责曰：'楚王无道，狡乱天下。范，公府掾，不与朝廷同心，而反收敛罪人，何邪？'范叩头曰：'臣无状，以谓汉等皆已伏诛，故不胜师资弟子之情，当万死。'上怒稍解。问范：'为廉颇后邪？'范对曰：'臣本赵人廉颇之后，大父丹为王莽大司马。'上乃曰：'怪范能若此！'因释之。"（《后汉纪》卷9）

⑤ 史书之间的渊源关系非常复杂，不能简单以成书早晚为标准判断事情。比如，东观《记》和范《书》记载同一件事，前者无干支，后者有干支，而且后者更为翔实。"大将军窦宪潜图弑逆，幸北宫，诏收捕宪党射声校尉郭璜，使谒者宪大将军印绶，遣宪及弟笃、景就国，到皆自杀。"（《东观汉记》卷2）"窦宪潜图弑逆。庚申，幸北宫。诏收捕宪党射声校尉郭璜，璜子侍中举，卫尉邓叠，叠弟步兵校尉磊，皆下狱死。使谒者仆射收宪大将军印绶，遣宪及弟笃、景就国，到皆自杀。"（《后汉书·孝和帝纪》）

生既有节,终不远身,谊臣受宠,古今所同。遣使者以中牢祠,大鸿胪悉求近亲宜为嗣者,须景风绍封,以彰厥功。"①范《书》云,诏曰:"高祖功臣,萧、曹为首,有传世不绝之义。曹相国后容城侯无嗣。朕望长陵东门,见二臣之垅,循其远节,每有感焉。忠义获宠,古今所同。可遣使者以中牢祠,大鸿胪求近亲宜为嗣者,须景风绍封,以章厥功。"②二是,东观《记》云,诏曰:"朕以不德,谪见于天,零陵言日食,京师不觉。"③范《书》云,诏曰:"朕秉政不明,灾眚屡臻。典籍所忌,震食为重。今日变方远,地摇京师,咎征不虚,必有所应。群公百僚其各上封事,指陈得失,靡有所讳。"④三是,东观《记》云,诏司隶:"蝗水为灾,五谷不登,令所伤郡国皆种芜菁,以助民食。"⑤范《书》云,诏司隶校尉、部刺史曰:"蝗灾为害,水变仍至,五谷不登,人无宿储。其令所伤郡国种芜菁以助人食。"⑥四是,东观《记》云:"汉阳率善都尉蒲密因桂阳太守文砻献大明珠。诏曰:'海内颇有灾异,而砻不推忠竭诚,而喻明珠之瑞,求媚烦扰,珠今封却还。'"⑦袁《纪》云:"汉阳都尉献大珠。诏曰:'海内有灾,太官减膳。都尉不宣扬本朝,而献珠求媚,今其封还。'"⑧

相同奏诏在不同史书上的繁简,是奏诏叙事模式的普遍现象。比如,同一道叙事体诏书,范《书》云:"禁沽酒。"⑨东观《记》云:"诏禁民无得酤卖酒曲。"⑩其实,奏书亦是如此。同样一句话,在前后两部史书上一详一略。一般说,某些内容先成的史书详而后成的史书略正常,反之,则不正常。比如,樊宏病困,"车驾临问其所欲言,宏顿首自陈:'无功享食大国,愿还寿张,食小乡亭。'上悲伤其言而不许。"⑪樊宏病困,"车驾临视,留宿,问其所欲言。宏顿首自陈:'无功享食大国,诚恐子孙不能保全厚恩,令臣魂神惭负黄泉,愿还寿张,食小乡亭。'帝悲伤其言,而竟不许。"⑫

奏诏叙事模式关注的问题不是史料学或史源学的问题。不是史料原始出

---

① 《东观汉记》卷 2。
② 《后汉书·孝和帝纪》。
③ 《东观汉记》卷 3。
④ 《后汉书·孝顺帝纪》。
⑤ 《东观汉记》卷 3。
⑥ 《后汉书·孝桓帝纪》。
⑦ 《东观汉记》卷 3。
⑧ 《后汉纪》卷 18。
⑨ 《后汉书·孝顺帝纪》。
⑩ 《东观汉记》卷 3。
⑪ 《东观汉记》卷 12。
⑫ 《后汉书·樊宏列传》。

处,不是不同史书之间的源流关系。比如,李云上书桓帝,在东观《记》、袁《纪》、范《书》中详略不同。这种现象既普遍又正常,人们一般也不会多想。这固然可以解释为东观《记》残缺不全,不过就李云上书的这段文字之语气脉络看,还是很完整,看不出有遗文断简等不连贯之处。或许,史书越写越详细,越写字越多,倒不失为一个似乎更合理的解释。[1] 东观《记》云:

> 孔子曰:"帝者,谛也。"今官位错乱,小人谄进,财货公行,政令日损,是帝欲不谛乎?[2]

袁《纪》云:

> 故大将军梁冀虽持权日久,今得诛之,犹召家臣殪而杀也。而猥封谋臣万户,高祖闻之,得无见非? 西北列将,得无不事? 孔子曰:"帝者,谛也。"今官位错乱,小人日进,财货公行,政治日消,是帝欲不谛乎?[3]

范《书》云:

> 臣闻皇后天下母,德配坤灵,得其人则五氏来备,不得其人则地动摇宫。比年灾异,可谓多矣,皇天之戒,可谓至矣。高祖受命,至今三百六十四岁,君期一周,当有黄精代见,姓陈、项、虞、田、许氏,不可令此人居太尉、太傅典兵之官。举厝至重,不可不慎。班功行赏,宜应其实。梁冀虽持权专擅,虐流天下,今以罪行诛,犹召家臣搤杀之耳。而猥封谋臣万户以上,高祖闻之,得无见非? 西北列将,得无解体? 孔子曰:"帝者,谛也。"今官位错乱,小人谄进,财货公行,政化日损,尺一拜用不经御省。是帝欲不谛乎?[4]

表面看,这里的问题是,我们不能根据这三段文字的异同就断定它们之间存在一种单一性的前后源流关系。即,不能确定袁《纪》源于东观《记》,更不能确定范《书》源于袁《纪》。其实,这并非关键。真正的问题是,**奏诏叙事模式别具意向,另有所图**。

就其本质,奏诏叙事模式关心的是,不同史书对相同奏诏的处置方式即叙事特点。举几例。一是,东观《记》之奏书,在袁《纪》中改为叙事。"上之临丧,赵王良与张邯相逢城门中。道迫狭,敕邯旋,车倾。良怒召门候岑遵困辱之。司隶校尉鲍永奏良'大不敬'。"这句叙事,在东观《记》中有鲍永之奏原文。"召侯岑尊诘责,使前走数十步。按良诸侯藩臣,蒙恩入侍,知尊帝城门候吏六百

---

[1] 某种意义上,这似乎算是一种"层累造成古史"的延伸现象。
[2] 《东观汉记》卷17。
[3] 《后汉纪》卷21。
[4] 《后汉书·李云列传》。

石,而肆意加怒,令叩头都道,奔走马头前,无藩臣之礼,大不敬也。"①二是,范《书》的叙事体奏书和诏书,在东观《记》中则是奏书和诏书原文。范《书》用七个字"(梁)松等列奏,乃许焉",概括了东观《记》的百十余字。东观《记》为东汉朝廷所修,有条件摘录奏书和诏书原文,但可能来不及推敲文字,修饰词句。东观《记》曰:"群臣奏言:'登封告成,为民报德,百王所同。陛下辄拒绝不许,臣下不敢颂功述德业。河雒谶书,赤汉九世,当巡封泰山,凡三十六事,傅奏左帷。……'上曰:'至泰山乃复议。国家德薄,灾异仍至,图谶盖如此!'"范《书》云:"诏(梁)松等复案索河雒谶文言九世封禅事者。松等列奏,乃许焉。"②三是,一道诏书在东观《记》中为叙事,"其以汉中郡南郑之西乡户千封超为定远侯。"③在范《书》中则被原文摘引,"其封超为定远侯,邑千户。"④四是,东观《记》有一道276字的章帝诏书,在司马彪《续汉书·祭祀志中》被简化为,"山川百神,应祀者未尽。其议增修群祀宜享祀者。"近人云:"此诏与司马彪书所载章帝元和二年诏当是同一诏文,只不过《东观汉记》所录较详,而司马彪书多所删节。"⑤

史书编写时,如果大量或频频删掉诏书原文,改为对相关行动或结果的普通叙事,所产生的阅读效应是,人们一般会习惯性地接受和认可这种似乎显得客观的叙事内容。与此同时,人们一般也不会关注或深思导致这些行动背后的基本动因。比如,东观《记》云:"诏冯异军鴈门。"⑥范《书》删掉诏书,只保留诏书产生的直接行动,东观《记》却保存了相关诏书。这表明,任何重大的军事行动皆受制于诏书的强力支配和规范。但范《书》的这种编写方式,在某种程度上或多或少地影响到人们对这次军事行动的全面性理解。

二、奏诏模式的叙事完整性

从历史实态看,奏诏模式的实际运行并非一个显而易见的完整过程,特别是有些复杂的军国政务,牵涉面广,头绪纷繁,缠绕不断,或动静大,或周期长,或次数多,非一蹴而就可得。但写入史书,奏诏模式往往呈现为一个完整结构。

---

① 《后汉纪》卷6,注引。
② 《后汉书·祭祀志上》,刘昭注。
③ 《东观汉记》卷16。
④ 《后汉书·班梁列传》。
⑤ 《东观汉记》卷5,注。
⑥ 《东观汉记》卷1。

可见，奏诏模式的完整性许多时候都是史家建构的结果。比如，李斯上书唆使二世行"督责之术"。"明主能行督责之术以独断于上，则权不在臣下，然后能灭仁义之涂，绝谏说之辩，荦然行恣睢之心而莫之敢逆。如此，群臣、百姓救过不给，何变之敢图！"二世于是"行督责益严，税民深者为明吏，杀人众者为忠臣，刑者相半于道，而死人日成积于市；秦民益骇惧思乱。"①又如，尚书仆射虞诩上疏，"孝武皇帝及光武筑朔方，开西河，置上郡，……而遭元元无妄之灾，众羌内溃，郡县兵荒二十余年。……今三郡未复，园陵单外，而公卿选懦，容头过身，张解设难，但计所费，不图其安。宜开圣德，考行所长。"书奏，顺帝"乃复三郡。使谒者郭璜督促徙者，各归旧县，缮城郭，置候驿。既而激河浚渠为屯田，省内郡费岁一亿计。遂令安定、北地、上郡及陇西、金城常储谷粟，令周数年。"②下诏后的实施效果，非短时可见，史书将延续数年的整个过程综合叙事，这样就使奏诏模式成为完整结构。

还有一种写法，史家将某人的多封奏书集中叙述，尽管主题不同，时间不一。同时，史家又将皇帝对这些奏书的处理方式集中叙述。形式上看似一次具体的奏诏程序，实际上是一系列跨度很大的奏诏程序。从而凸显出奏诏模式的完整性和质感性。以贡禹和元帝之间的奏诏过程为例。

> 禹以为古民亡赋算口钱，……宜令儿七岁去齿乃出口钱，年二十乃算。又言古者不以金钱为币，专意于农，故一夫不耕，必有受其饥者。……又言诸离宫及长乐宫卫可减其太半，以宽繇役。又诸官奴婢十万余人戏游亡事，税良民以给之，岁费五六巨万，宜免为庶人，廪食，令代关东戍卒，乘北边亭塞候望。又欲令近臣自诸曹侍中以上，家亡得私贩卖，与民争利，犯者辄免官削爵，不得仕宦。禹又言："……今欲兴至治，致太平，宜除赎罪之法。相守选举不以实，及有臧者，辄行其诛，亡但免官，则争尽力为善，贵孝弟，贱贾人，进真贤，举实廉，而天下治矣。……"天子下其议，令民产子七岁乃出口钱，自此始。又罢上林宫馆希幸御者，及省建章、甘泉宫卫卒，减诸侯王庙卫卒省其半。余虽未尽从，然嘉其质直之意。禹又奏欲罢郡国庙，定汉宗庙迭毁之礼，皆未施行。……禹卒后，上追思其议，竟下诏罢郡国庙，定迭毁之礼。③

贡禹这些奏书显然不在一个时间上奏，班固却把它综合在一起叙述。有叙事有

---

① 《资治通鉴》卷8。
② 《后汉书·西羌传》。
③ 《汉书·贡禹传》。

引文。紧接着,班固又把元帝处理这些奏书的态度作了综合叙事。这种写法的好处是,在多封奏书中,突出某一封奏书;同时,实现了对多重主题和绵延时间的有机整合,从而使得通过奏诏模式展开的持续博弈在一个节点上得以完整展示。

在秦汉的所有列传中,《汉书·王莽传》明显写法不同,最为特殊。既不同于本纪,也不同于其他列传。最显著的一点,班固像是失去了写作的耐心,急于结束这段历史的叙事。班固长篇大论地征引王莽的奏书和诏书原文,同时对其奏书和诏书中提及的各项政策、制度和法律,更多采用一种相当简便的方式将其改写为直白性的叙事和对话式的排列。比如,"莽曰"、"莽又曰"、"策曰"、"又曰"。相对其他纪传,总感觉有些粗疏。值得注意的是,班《书》多以评论的形式叙述了王莽诏书的实施效果。班固似乎已不在意过于强烈的褒贬态度对历史叙事是否可能造成某种损害或影响。

以奏诏模式为基础,产生了一种非常隐晦的叙事手法。举两例。一是,表面上有奏无诏,其实是以诏书结果含蓄表示。赵王刘彭祖"好为吏。上书愿督国中盗贼。常夜从走卒行徼邯郸中。诸使过客,以彭祖险陂,莫敢留邯郸。"①这里不见武帝下诏,从刘彭祖接下来的所作所为看,似乎武帝同意了他的请求,允许他像一般的汉朝地方官那般行事,即日夜巡查王国境内。这是一种新的写法,只叙述下诏的缘起之由,匿去皇帝诏书的具体内容,同时以史家的旁观视角叙述后续的发展事态。二是,史家在改编奏书和诏书时,也顺带改变了原有的奏事态度以及价值倾向。"是时(马)廖为卫尉,(马)防为城门校尉,(马)光为越骑校尉。廖等皆好施爱士,藉以名势,宾客争归之,言事者多以为讥,虽天子亦不善也。"②

至于"上书献之,世祖善焉"也是一种奏诏模式。所谓"善焉"也是一种表态。但这种表态很可能只是一种口头表示。因为对官员呈上的著作表示肯定就算完成了口诏程序。它无需下诏实施某种行动,最多指令皇宫图书馆收藏这部作品。"(桓)谭著书言当世行事二十九篇,号曰《新论》,上书献之,世祖善焉。"③

保持奏诏模式的完整性,是奏诏叙事模式的一个基本特点。比如,王尊"数上书言便宜事,事下丞相御史。"④其中的起伏转折却不容忽视。比如,"大司农

---

① 《汉书·景十三王传》。
② 《后汉纪》卷 11。
③ 《后汉书·桓谭列传》。
④ 《汉书·王尊传》。

中丞耿寿昌奏设常平仓,上善之,(萧)望之非寿昌。"①简短的一句话,曲折回环,充满张力。耿寿昌奏议得到宣帝认可,却遭到萧望之的非议。这使一个原本简单的奏诏程序产生变数。史家这里并不关心奏诏模式的实际结果,即宣帝的最终决定是什么,而是在保持奏诏模式完整性的同时,通过点明萧望之的态度,使奏诏叙事模式展示出开放性的想象空间。

有时,哪怕诏书只是一种形式,只有简单至极的二三个字。比如,"匡衡奏言:'……案卫思后、戾太子、戾后园,亲未尽。孝惠、孝景庙,亲尽,宜毁。及太上皇、孝文、孝昭太后、昭灵后、昭哀后、武哀王祠,请悉罢勿奉。'奏可。"②又如,"有司议曰:'……皇帝年十有四岁,宜以礼敛,加元服。'奏可。"③"奏可"和"制曰可"意思差不多,都是皇帝对臣子奏书表示认可。不过,"制曰可"似乎更正式些,"奏可"更随意些。当然,正式也好,随意也罢,既是史家之修辞,亦有奏诏模式之痕迹。据历史实态,所谓"制曰可"或"奏可",应该没什么区别。但就史书修辞而言,产生的阅读效应还是有所不同。"制曰可"更接近奏诏模式的"原型","奏可"虽纯属史家叙事,却不失相关之联想。人们完全可以想象,所谓奏可,即以奏为诏,将奏书改写为诏书,直接下发。

奏诏模式的连续性展开,表现为三种叙事结构。一种是时间序列的延展性叙事结构。特点是奏书话语加诏书叙事。这种写法客观上凸显了奏书对事态的推动性作用,从而将臣子置于历史进程的主动一方。太史公在一段不太长的文字中,连续使用这种修辞技巧,使人对方术之士操控皇权的过程印象深刻。

> 其明年,赵人新垣平以望气见上,言"长安东北有神气,成五采,若人冠绕冕焉。或曰东北神明之舍,西方神明之墓也。天瑞下,宜立祠上帝,以合符应"。於是作渭阳五帝庙,同宇,帝一殿,面各五门,各如其帝色。祠所用及仪亦如雍五畤。其明年,新垣平使人持玉杯,上书阙下献之。平言上曰:"阙下有宝玉气来者。"已视之,果有献玉杯者,刻曰"人主延寿"。平又言"臣候日再中"。居顷之,日卻复中。於是始更以十七年为元年,令天下大酺。平言曰:"周鼎亡在泗水中,今河溢通泗,臣望东北汾阴直有金宝气,意周鼎其出乎? 兆见不迎则不至。"於是上使使治庙汾阴南,临河,欲祠出周鼎。④

---

① 《汉书·萧望之传》。
② 《资治通鉴》卷 29。
③ 《汉书·平帝纪》。
④ 《史记·封禅书》。

一种是隐晦性的复合型叙事结构。特点是奏诏模式不甚显豁,需要具备奏诏叙事模式的阅读意识,才可分辨和解析。比如,"大将军王凤闻其能,荐(薛)宣为长安令,治果有名,以明习文法诏补御史中丞。"①"治果有名"既是第一轮奏诏程序的结果,继而又构成了下一轮奏诏程序的前提。又如,朱穆为冀州刺史。"中常侍赵忠丧父,敛为玙璠玉匣。穆下郡考正,乃至发墓视尸。其家称冤自诉,穆坐征诣廷尉,髡输左校。后得原归家。顷之,朝臣多为穆冤,由是征命议郎、尚书。"②这段叙事包含了两次奏诏,它是对奏诏模式的反复运用。第一次奏诏,"其家称冤自诉,穆坐征诣廷尉,髡输左校。"第二次奏诏,"朝臣多为穆冤,由是征命议郎、尚书。"一种是更为复杂和更具层次感的复合型叙事结构。特征是不仅展示出多层次的奏诏模式的事态转折,也对奏诏叙事模式的节奏有很好的掌控,更重要的是,它自然而又巧妙地传递出史家的态度和评价。

　　诏遣谒者冯禅说降汉阳散羌。(段)颎以春农,百姓布野,羌虽暂降,而县官无廪,必当复为盗贼,不如乘虚放兵,埶必殄灭。夏,颎自进营,去羌所屯凡亭山四五十里,遣田晏、夏育将五千人据其山上。羌悉众攻之,厉声问曰:"田晏、夏育在此不?湟中义从羌悉在何面?今日欲决死生。"军中恐,晏等劝激兵士,殊死大战,遂破之。羌众溃,东奔,复聚射虎谷,分兵守诸谷上下门。颎规一举灭之,不欲复令散走,乃遣千人于西县结木为栅,广二十步,长四十里,遮之。分遣晏、育等将七千人,衔枚夜上西山,结营穿堑,去虏一里许。又遣司马张恺等将三千人上东山。虏乃觉之,遂攻晏等,分遮汲水道。颎自率步骑进击水上,羌溃走,因与恺等挟东西山,纵兵击破之,羌复败散。颎追至谷上下门穷山深谷之中,处处破之,斩其渠帅以下万九千级,获牛马驴骡毡裘庐帐什物,不可胜数。冯禅等所招降四千人,分置安定、汉阳、陇西三郡,于是东羌悉平。凡百八十战,斩三万八千六百余级,获牛马羊骡驴骆驼四十二万七千五百余头,费用四十四亿,军士死者四百余人。更封新丰县侯,邑万户。颎行军仁爱,士卒疾病者,亲自瞻省,手为里创。在边十余年,未尝一日蓐寝。与将士同苦,故皆乐为死战。③

对范《书》这段文字,可以将其分成四个层次。第一层,"诏遣谒者冯禅说降汉阳散羌。颎以春农,百姓布野,羌虽暂降,而县官无廪,必当复为盗贼,不如乘虚放兵,埶必殄灭。"后一句显然是段颎的奏书,即对诏书的答复。第二层,"颎自进

---

① 《汉书·薛宣传》。
② 《后汉纪》卷22。
③ 《后汉书·段颎列传》。

营,去羌所屯凡亭山四五十里,遣田晏、夏育将五千人据其山上。……凡百八十战,斩三万八千六百余级,获牛马羊骡驴骆驼四十二万七千五百余头,费用四十四亿,军士死者四百余人。"这段描述包含了诏书对段颎奏书的批复,以及段颎依据诏书采取的军事行动。关键是,有关这次军事行动以及它的重大收获之信息,显然源自段颎事后之奏疏。第三层,"更封新丰县侯,邑万户。"这是褒奖段颎战功的叙事性诏书。第四层,"颎行军仁爱,士卒疾病者,亲自瞻省,手为里创。在边十余年,未尝一日蓐寝。与将士同苦,故皆乐为死战。"这既是范晔对段颎此次军事行动的细节性补充,也是对他漫长军事生涯的总结性评价。可见范氏对段颎德行之欣赏和赞叹。

三、奏诏叙事与奏诏模式

一般说,奏书数量肯定远远多于诏书,但诏书的频密程度依然令人惊讶。比如,"宣帝时,诏丞相御史求问萧相国后在者,得玄孙建世等十二人,复下诏以酂户二千封建世为酂侯。"①依靠诏书掌控朝政,处置危机,改变事态,决定国策,是皇权政治的显著特征。尤其是重大的军事行动,更是处处可见依靠诏书作出部署、推进战局、解决战事之痕迹。比如,朱祐"围秦丰于黎丘",秦丰降。"佑轞车传丰送洛阳,斩之。大司马吴汉劾奏佑废诏受降,违将帅之任,帝不加罪。"②又如,"隗嚣死,其将王元、周宗等复立嚣子纯,犹总兵据冀,公孙述遣将赵匡等救之,(光武)帝复令(冯)异行天水太守事。攻匡等且一年,皆斩之。"按照李贤注,东观《记》曰:"时赐冯异玺书曰:'闻吏士精锐,水火不避,购赏之赐,必不令将军负丹青,失断金。'"③

皇权时代即便一些貌似不起眼的细枝末节,也需要皇帝下诏。略举几例。一是,武帝直接给关卡官吏下诏。"诏关都尉曰:'今豪杰多远交,依东方群盗。其谨察出入者。'"④二是,成帝征召定襄太守班伯回京。"伯上书愿过故郡上父祖冢。有诏,太守都尉以下会。"⑤可见官员被征回京路线都是固定的,不能随便改变。所以,官员要想更改上京路线,必须事先上书皇帝,求得批准。三是,

---

① 《汉书·萧何传》。
② 《后汉书·朱祐列传》。
③ 《后汉书·冯异列传》。
④ 《汉书·武帝纪》。
⑤ 《汉书·叙传上》。

锺离意辟大司徒掾，"诏送徒诣河内。"①四是，尚书郎乐崧"尝独直宿台上，无被枕，食乃糟糠。明帝〔每〕入台，辄见崧，问〔其故〕而嘉之。〔帝推被与之〕。〔自此诏给帷被皂袍〕，〔给太官食〕。"②某种意义上，几乎所有正式的官方活动，都是奏诏模式正常运作的产物。比如，文帝下诏，"今列侯多居长安，邑远，吏卒给输费苦，而列侯亦无繇教训其民。其令列侯之国，为吏及诏所止者，遣太子。"所谓"诏所止，特以恩爱见留者。"③正因此，蔡邕说明自己编写《汉记》"十志"的原则和方法时，特别强调必须依据奏书和诏书来选择和取舍材料。"经典群书所宜捃摭，本奏诏书所当依据。"④前一句是材料来源，后一句既是材料来源，又是选择材料依据。毋庸置疑，这体现了蔡邕对皇权政治中奏诏模式的深刻认识。这使他不顾自己身为"朔方髡钳徒"的罪臣身份，"稽首"上书皇帝，恳求灵帝开恩，"愿下东观，推求诸奏，参以玺书，以补缀遗阙，昭明国体。"蔡邕最后希望灵帝恩准自己再入东观，对朝廷保存的所有奏诏作出进一步的搜集、核实和分析。他甚至说，如果灵帝能看到自己这封奏章，"虽肝脑流离，白骨剖破，无所复恨。"⑤意思是，如果灵帝明白奏诏对自己撰写这部汉史的重要性，就没有遗憾了。总之，在蔡邕心中，东观奏诏是《汉记》"十志"的关键。

回过头来，不妨以昌邑王被废为例，一窥奏诏模式的具体形态。霍光指责昌邑王荒唐不堪的证据之一是，"诏太官上乘舆食如故。食监奏未释服未可御故食，复诏太官趣具，无关食监。太官不敢具，即使从官出买鸡豚，诏殿门内，以为常。……祖宗庙祠未举，为玺书使使者持节，以三太牢祠昌邑哀王园庙，称嗣子皇帝。受玺以来二十七日，使者旁午，持节诏诸官署征发，凡千一百二十七事。"⑥这些话未免有夸诞之处，其体现的奏诏程序却明白无误。尤其"受玺以来二十七日，使者旁午，持节诏诸官署征发，凡千一百二十七事"一语，虽然触目惊心，却很实在。因为它相当吻合奏诏模式。人们一般认为，刘贺不足一月就做了这么多"坏事"，可能性不大，是霍光的污蔑。27 天干了 1127 件非礼之事，平均一天干 41.7 件，绝不可能。从奏诏模式角度看，刘贺一天颁布 40 道诏书，却完全可能。同时，这也表明，皇帝做的每件事皆需下诏，也就是以诏行事，这样，皇帝的言行必然留下翔实记载。否则，刘贺在短短 27 天做的事也不可能被

---

① 华峤《汉后书》卷 2，《八家后汉书》。
② 华峤《汉后书》卷 2，《八家后汉书》。
③ 《汉书·文帝纪》。
④ 《后汉书·律历志下》。
⑤ 《后汉书·律历志下》。
⑥ 《汉书·霍光传》。

统计得如此精确。

刘贺虽未能进入《汉书》本纪，但其短暂的皇帝生涯竟然创造了每天颁诏42次的惊人记录。这无疑是对奏诏模式的完美诠释。以此解读史书，就会发现奏诏模式无处不在。有的明显，有的隐晦。有的完整，有的残缺。残缺者，要么奏书要么诏书，①总有一丝奏诏模式的线索可寻。总之，史书上的叙事都是有来历的。比如，霍光死后，宣帝迅速采取了一系列削权措施。每一个措施都意味着一道诏书。皇帝意志就体现在诏书。皇帝大权独揽也体现在制诏，这就是制诏权。

> 徙光女婿度辽将军未央卫尉平陵侯范明友为光禄勋，次婿诸吏中郎将羽林监任胜出为安定太守。数月，复出光姊婿给事中光禄大夫张朔为蜀郡太守，群孙婿中郎将王汉为武威太守。顷之，复徙光长女婿长乐卫尉邓广汉为少府。更以禹为大司马，冠小冠，亡印绶，罢其右将军屯兵官属，特使禹官名与光俱大司马者。又收范明友度辽将军印绶，但为光禄勋。及光中女婿赵平为散骑骑都尉光禄大夫将屯兵，又收平骑都尉印绶。诸领胡越骑、羽林及两宫卫将屯兵，悉易以所亲信许、史子弟代之。②

有时，一句平常的话也包含丰富的奏诏内容。通过一种同史异书的比照，叙事背后的奏诏模式隐然浮现。以《后汉书》和《东观汉记》为例。（1）范《书》云："赵相奏（刘）干居父丧私娉小妻，又白衣出司马门，坐削中丘县。"东观《记》曰："干私出国，到魏郡邺、易阳，止宿亭，令奴金盗取亭席，金与亭佐孟常争言，以刃伤常，部吏追逐，干藏逃，金绞杀之，悬其尸道边树。相国举奏，诏书削〔中丘〕。"③（2）范《书》云："（刘）仁以春陵地势下湿，山林毒气，上书求减邑内徙。"东观《记》曰："考侯仁于时见户四百七十六，上书愿减户徙南阳，留子男昌守坟墓，元帝许之。"④（3）光武帝叔父赵王刘良"尊戚贵重"，司隶校尉鲍永"以事劾良大不敬"。这句简短的叙事背后便有一段长长的奏疏。东观《记》曰："永劾奏良曰'今月二十七日，车驾临故中郎将来歙丧还，车驾过，须臾赵王良从后到，与

---

① 这里各举叙事奏诏一个例子。先看叙事奏书。范《书》中的叙事，在袁《纪》中则是奏疏。"（耿）弇以父丧上谷，本与彭宠同功，又兄弟无在京师者，自疑，不敢独进，上书求诣洛阳。"（《后汉书·耿弇列传》）"（耿）弇上疏曰：'大兵未会，臣不能独进。且臣家属皆在上谷，京师无骨肉之亲，愿得还洛阳。'"（《后汉纪》卷4）再看叙事诏书。范书中的叙事，在袁纪中则是诏书。"诏（陈）俊得专征青、徐。"（《后汉书·陈俊列传》）"赐（陈）俊玺书曰：'将军元勋大著，威振青、徐，两州有警，实得征之。'"（《后汉纪》卷5）

② 《汉书·霍光传》。

③ 《后汉书·宗室四王三侯列传》。

④ 《后汉书·宗室四王三侯列传》。

右中郎将张邯相逢城门中,道迫狭,叱邯旋车,又召候岑尊诘责,使前走数十步。案良诸侯藩臣,蒙恩入侍,〔宜〕知尊帝城门候吏六百石,而肆意加怒,令叩头都道,奔走马头前。无藩臣之礼,大不敬。'"①(4)太尉徐防"以灾异寇贼策免,就国。"东观《记》曰:"郡国被水灾,比州湮没,死者以千数。灾异数降。西羌反畔,杀略人吏。京师淫雨,蝗贼伤稼穑。防比上书自陈过咎,遂策免。"②再以《后汉书》和司马彪《续汉书》为例。比如,范《书》云:"定封为东光侯。"司马彪《书》曰:"上令诸侯就国,纯上书自陈,前在东郡案诛涿郡太守朱英亲属,今国属涿,诚不自安。制书报曰:'侯前奉公行法,朱英久吏,晓知义理,何时当以公事相是非!然受尧舜之罚者不能爱己也,已更择国土,令侯无介然之忧。'乃更封纯为东光侯也。"③再以《后汉书》和谢承《后汉书》为例。范《书》云,安帝"复诏公车赐策书,征英及同郡孔乔、李昺、北海郎宗、陈留杨伦、东平王辅六人,唯郎宗、杨伦到洛阳,英等四人并不至。"谢承《书》曰:"安帝诏公车征,策文曰:'郎宗、李昺、孔乔等前比征命,未肯降意。恐主者玩弄,礼意不备,使难进易退之人龙潜不屈其身。各致嘉礼,遣诣公车,将以补察国政,辅朕之不逮。'青州被诏书,遣宗诣公车,对策陈灾异,而为诸儒之表。拜议郎,除吴令。"④表面看,这是两部史书对同一件事有详略不同的处理方式,实际上,它印证了史书上记载的每一件事都有出处。这出处非奏即诏。可谓事事有奏,句句有诏。总之,每句普通的叙事背后都隐含一段相当复杂的奏诏过程。

极致者,四句话,四道诏。"元帝即位,以(韦)玄成为少府,迁太子太傅,至御史大夫。永光中,代于定国为丞相。"⑤至于一句话包含了奏诏模式的更不在少数。比如,梁皇后崩,"群臣奏谥曰顺烈皇后,合葬宪陵。"⑥这句话有奏书,还有奏书的结果,可见它既是一种隐性诏书,也是一种隐性的奏诏模式。本质上,这就是一种奏诏叙事模式。又如,"皇甫嵩上言,四姓权右,咸各敛手也。"⑦奏书的效果取决于诏书。如果奏书有效,即便不提诏书,也是下诏的结果。再如,"桂阳黠贼李研等群聚寇钞,陆梁荆部,州郡懦弱,不能禁,太尉杨秉表球为零陵太守。球到,设方略,期月间,贼虏消散。"⑧这段话中,"桂阳黠贼李研等群聚寇

---

① 《后汉书·鲍永列传》。
② 《后汉书·徐防列传》。
③ 《后汉书·耿纯列传》。
④ 《后汉书·方术列传上》。
⑤ 《汉书·韦贤传》。
⑥ 司马彪《续汉书》卷1,《八家后汉书》。
⑦ 《东观汉记》卷17。
⑧ 《后汉书·陈球列传》。

钞,陆梁荆部,州郡懦弱,不能禁"是上奏前的事态,"太尉杨秉表球为零陵太守"既是奏又是诏,"球到,设方略,期月间,贼虏消散"则属于下诏后产生的直接效果。

据接下来的事态发展,应能推断出丞相上奏之内容。事态发展则表明这正是皇帝下诏之结果。比如,"丞相御史条奏(石)显旧恶,及其党牢梁、陈顺皆免官。显与妻子徙归故郡,忧满不食,道病死。诸所交结,以显为官,皆废罢。少府五鹿充宗左迁玄菟太守,御史中丞伊嘉为雁门都尉。"[①]

四、叙事化的奏诏结构

臣子上书和皇帝诏书皆为叙事体是奏诏叙事模式中最常见的一种写法。比如,"太子(刘)丹与其女弟及同产姊奸。江充告丹淫乱,又使人椎埋攻剽,为奸甚众。武帝遣使者发吏卒捕丹,下魏郡诏狱,治罪至死。彭祖上书冤讼丹,愿从国中勇敢击匈奴,赎丹罪,上不许。久之,竟赦出。后彭祖入朝,因帝姊平阳隆虑公主,求复立丹为太子,上不许。"[②]

把一系列相关的奏疏和诏书转换为叙事体,具有简洁明了之效。比如,杜业"言宜为恭王立庙京师,以章孝道。时高昌侯董宏亦言宜尊帝母定陶王丁后为帝太后。大司空师丹等劾宏误朝不道,坐免为庶人,业复上书讼宏。前后所言皆合指施行,朱博果见拔用。业由是征,复为太常。岁余,左迁上党都尉。会司隶奏业为太常选举不实,业坐免官,复就国。"[③]用一种综合叙事手法将相关的奏疏和诏书,集中叙述,更为简练。比如,王霸"凡与匈奴、乌桓大小数十百战,颇识边事,数上书言宜与匈奴结和亲,又陈委输可从温水漕,以省陆转输之劳,事皆施行。"[④]

叙事体奏诏是史书的基本结构,此例甚多。比如这段文字,几乎句句离不开奏诏。"(刘隆)复封为扶乐乡侯,以中郎将副伏波将军马援击交址蛮夷征侧等,隆别于禁溪口破之,获其帅征贰,斩首千余级,降者二万余人。还,更封大国,为长平侯。及大司马吴汉薨,隆为骠骑将军,行大司马事。隆奉法自守,视事八岁,上将军印绶,罢,赐养牛,上樽酒十斛,以列侯奉朝请。三十年,定封慎

①《汉书·佞幸传》。
②《汉书·景十三王传》。
③《汉书·杜周传》。
④《后汉书·王霸列传》。袁《纪》几乎完全一致,关键处只有一字相异,"后皆施行。"(《后汉纪》卷6)

侯。中元二年，卒，谥曰靖侯。子安嗣。"①

　　有关军事或战争行动的奏诏叙事模式，大多有一些共性。比如，战争进程或场面的诸多细节性描写，应该来自作战将领的奏报，当然，也有可能来自"随军书记员"乃至监军的军情记录或军情密奏。这样，它才会和随后的朝廷嘉奖组织成一个完整的叙事结构。不可否认，皇权秩序存在的大一统时期，州郡牧守的工作奏报依然是朝廷了解和掌握地方叛乱和战事的主要渠道。比如，"剧贼毕豪等入平原界，县令刘雄将吏士乘船追之。至厌次河，与贼合战。雄败，执雄，以矛刺之。时小吏所辅前叩头求哀，愿以身代雄。豪等纵雄而刺辅，贯心洞背即死。东郡太守捕得豪等，具以状上。诏书追伤之，赐钱二十万，除父奉为郎中。"②虽然东郡太守完全可能通过审讯贼人获得相关讯息，但他同样需要有掾吏的口头或文字报告。这既是佐证，也是程序。当然，还有更为复杂的情况。这就是郡县守令死亡，只能由掾吏奏知朝廷。比如，"鲜卑数百余骑寇渔阳，太守张显率吏士追出塞，遥望虏营鞭火，急趣之。兵马掾严授虑有伏兵，苦谏止，不听。显蹙令进，授不获已，前战，伏兵发，授身被十创，殁于阵。显拔刃追散兵，不能制，虏射中显，主簿卫福、功曹徐咸遽〔起〕〔赴〕之，显遂堕马，福以身拥蔽，虏并杀之。朝廷愍授等节，诏书褒叹，厚加赏赐，各除子一人为郎中。"③下诏的前提是，地方官给朝廷禀报有关详情。在这里，功曹徐咸可能是唯一知道详情的人。正是他给朝廷报告了前后经过，朝廷才可能下诏褒奖兵马掾严授和主簿卫福。与之类似的是另一个例子。"武陵蛮六千余人寇江陵，荆州刺史刘度、谒者马睦、南郡太守李肃皆奔走。肃主簿胡爽扣马首谏曰：'蛮夷见郡无儆备，故敢乘间而进。明府为国大臣，连城千里，举旌鸣鼓，应声十万，奈何委符守之重，而为逋逃之人乎！'肃拔刃向爽曰：'掾促去！太守今急，何暇此计。'爽抱马固谏，肃遂杀爽而走。帝闻之，征肃弃市，度、睦减死一等，复爽门闾，拜家一人为郎。"④在这里，桓帝的信息恐怕不是来自刺史刘度、谒者马睦、太守李肃三人的上书，虽然也可以理解为这是来自审讯三人的司法奏疏。但从情理看，桓帝先已闻之，才会处置这三人。显然，这是一种不露丝毫痕迹却又更加激发想象力的奏诏叙事模式。它可能隐含一种我们至今一无所知的奏诏渠道。

---

① 《后汉书·刘隆列传》。
② 《后汉书·独行列传》。
③ 《后汉书·独行列传》。
④ 《后汉书·南蛮列传》。

五、倒叙法

叙述奏诏模式也可以使用倒叙手法。先写实施效果,再写奏诏缘由。这种手法有的简单,一目了然。比如,"毁太上皇、孝惠皇帝寝庙园,用韦玄成等之议也。"①"罢雍五畤及陈宝祠,皆从匡衡之请也。"②这种简单的倒叙结构就是颠倒了一下句子顺序。还有一种稍微复杂点的倒叙结构。比如,"鲜卑寇辽东。度辽将军李膺击破之。……初为蜀郡太守,威德并行。后转护乌桓校尉,会匈奴攻云中,杀略吏民。膺亲率步骑,临阵交战,斩首二千级,羌寇远退,边城安静。后以公事免官。天子贤刘陶之言,而嘉膺之能,迁度辽将军。"③

有时记载诏书也采用倒叙手法。先概括诏书主要内容,再征引诏书原文。比如,

> 十月乙丑,罢祖宗庙在郡国者。诸陵分属三辅。以渭城寿陵亭部原上为初陵。诏曰:"安土重迁,黎民之性;骨肉相附,人情所愿也。顷者有司缘臣子之义,奏徙郡国民以奉园陵,令百姓远弃先祖坟墓,破业失产,亲戚别离,人怀思慕之心,家有不安之意。是以东垂被虚耗之害,关中有无聊之民,非久长之策也。《诗》不云乎?'民亦劳止,迄可小康,惠此中国,以绥四方。'今所为初陵者,勿置县邑,使天下咸安土乐业,亡有动摇之心。布告天下,令明知之。"④

又如,"十月壬子,幸辟雍,初行养老礼。诏曰:'……三老李躬,年耆学明。五更桓荣,授朕尚书。……其赐荣爵关内侯,食邑五千户。三老、五更皆以二千石禄养终厥身。其赐天下三老酒人一石,肉四十斤。'"⑤在这种描述中,下诏既是为了推行养老礼,同时又成为对实施养老礼的权威解释。反过来,"初行养老礼"实际成为史家对这道诏书议题的概括。所以,"初行养老礼"和这里的诏书一回事。"初行养老礼"意味着颁布"养老诏"。如果没有下文的诏书内容,所谓"初行养老礼"就成为一种单纯的叙事体诏书。总之,对史家的这种倒叙手法,不能错误理解为,先实施养老礼,然后再颁诏。再如,"九月甲午,试儒生四十余人,上第赐位郎中,次太子舍人,下第者罢之。诏曰:'……今耆儒年踰六十,去离本

① 《资治通鉴》卷29。
② 《资治通鉴》卷30。
③ 《后汉纪》卷21。
④ 《汉书·元帝纪》。
⑤ 《后汉书·孝明帝纪》。

土,营求粮资,不得专业。结童入学,白首空归,长委农野,永绝荣望,朕甚愍焉。其依科罢者,听为太子舍人。'"①从内容看,这里应该是史家有意颠倒了发生顺序。一般说,先下诏书,再试儒生。这里却倒置过来,先说事,后下诏。而且诏书还是摘录,不是全文。

倒叙的奏诏模式是一种更富变化的奏诏叙事模式。常见的有先写诏书,后写奏疏。比如,"初令郡国举孝廉各一人,从董仲舒之言也。"②还有一种倒叙叙事。先说事实,再写奏诏,使人得知前面所写事实,正是来自奏诏。比如,"省关都尉,复置护羌校尉官。时班彪议,宜复其官,以理冤结。帝从之,以牛邯为护羌校尉,都于陇西令居县。"③先写实施结果,再写官员上书和皇帝下诏。这是一种倒叙结构的奏诏叙事模式。又如,"干私出国,到魏郡邺、易阳,止宿亭,令奴金盗取亭席,金与亭佐孟常争言,以刃伤常,部吏追逐,干藏逃,金绞杀之,悬其尸道边树。国相举奏,诏书削中丘。"④范《书》写法不同。"封干二弟为亭侯。是岁,赵相奏干居父丧私娉小妻,又白衣出司马门,坐削中丘县。"⑤直接以叙事代奏诏。这是一种更为常见的写作手法。

当然,还有一些复杂的倒序结构。举几例。一是,严延年为河南太守。

> 黄霸在颍川以宽恕为治,郡中亦平,娄蒙丰年,凤皇下,上贤焉,下诏称扬其行,加金爵之赏。延年素轻霸为人,及比郡为守,褒赏反在己前,心内不服。河南界中又有蝗虫,府丞义出行蝗,还见延年,延年曰:"此蝗岂凤皇食邪?"义又道司农中丞耿寿昌为常平仓,利百姓,延年曰:"丞相御史不知为也,当避位去。寿昌安得权此?"后左冯翊缺,上欲征延年,符已发,为其名酷复止。延年疑少府梁丘贺毁之,心恨。会琅邪太守以视事久病,满三月免,延年自知见废,谓丞曰:"此人尚能去官,我反不能去邪?"又延年察狱史廉,有臧不入身,延年坐选举不实贬秩,笑曰:"后敢复有举人者矣!"丞义年老颇悖,素畏延年,恐见中伤。延年本尝与义俱为丞相史,实亲厚之,无意毁伤也,馈遗之甚厚。义愈益恐,自筮得死卦,忽忽不乐,取告至长安,上书言延年罪名十事。已拜奏,因饮药自杀,以明不欺。事下御史丞按验,有此数事,以结延年,坐怨望非谤政治不道弃市。⑥

---

① 《后汉书·孝献帝纪》。
② 《资治通鉴》卷17。
③ 《后汉书·光武帝纪下》。
④ 《东观汉记》卷7。
⑤ 《后汉书·赵孝王良传》。
⑥ 《汉书·酷吏传》。

这种倒叙结构的复杂之处在于,史书叙事的史源需要借助某种倒叙法才能获得。即,从人物或事件的后来结果来推断其史料来源。比如,这里有关严延年言行的叙述应该主要来自"府丞义"上奏的"罪名十事",部分来自朝廷对其的审讯记录,所谓验证查实"正其罪"。^① 二是,"诏兖、豫、徐三州禀赡饥民。上问司徒鲍昱:'何以消复旱灾?'对曰:'陛下始践天位,虽有失得,未能致异。臣前为汝南太守,典治楚事,系者千余人,死未能尽当其罪。夫大狱一起,冤者过半。又,诸徙者骨肉离分,孤魂不祀。宜一切还诸徙家,蠲除禁锢,使死生获所,则和气可致。'帝纳其言。"^②据上下文,应该是章帝首先询问了司徒鲍昱的建议,然后才下诏"禀赡饥民"。这个行动正是"帝纳其言"的结果。在这种写法中,史书首先以叙事体方式写了诏书的内容,继而才写了皇帝和官员之间的对话,最后又写了皇帝对官员建议的态度。这种写法,将官员奏言置于叙事中间的位置,就其阅读效果,反而凸显了官员奏事的中心地位。就是说,如果没有官员的这些话语,就不会皇帝的决策和下诏,自然也就没有伴随诏书而来的直接行动。三是,

> 诏:"二千石勉劝农桑;罪非殊死,须秋按验。有司明慎选举,进柔良,退贪猾,顺时令,理冤狱。"是时承永平故事,吏政尚严切,尚书决事,率近于重。尚书沛国陈宠以帝新即位,宜改前世苛俗,乃上疏曰:"臣闻先王之政,赏不僭,刑不滥;与其不得已,宁僭无滥。往者断狱严明,所以威惩奸慝;奸慝既平,必宜济之以宽。陛下即位,率由此义,数诏群僚,弘崇晏晏,而有司未悉奉承,犹尚深刻;断狱者急于箠格酷烈之痛,执宪者烦于诋欺放滥之文,或因公行私,逞纵威福。夫为政犹张琴瑟,大弦急者小弦绝。陛下宜隆先王之道,荡涤烦苛之法,轻薄垂楚以济群生,全广至德以奉天心!"帝深纳宠言,每事务于宽厚。^③

在这种写法中,诏书其实是对奏书的反应,史书却将诏书置于奏书之前。这样,奏书起到了对诏书内容进行解释的作用。四是,

> 武帝末,郡国盗贼群起,暴胜之为直指使者,衣绣衣,持斧,逐捕盗贼,督课郡国,东至海,以军兴诛不从命者,威振州郡。胜之素闻(隽)不疑贤,至勃海,遣吏请与相见。不疑冠进贤冠,带櫑具剑,佩环玦,褒衣博带,盛服至门上谒。门下欲使解剑,不疑曰:"剑者君子武备,所以卫身,不可解。请

---

① 《汉书·酷吏传》,颜注。
② 《资治通鉴》卷 46。
③ 《资治通鉴》卷 46。

退。"吏白胜之。胜之开合延请,望见不疑容貌尊严,衣冠甚伟,胜之躧履起迎。登堂坐定,不疑据地曰:"窃伏海濒,闻暴公子威名旧矣,今乃承颜接辞。凡为吏,太刚则折,太柔则废,威行施之以恩,然后树功扬名,永终天禄。"胜之知不疑非庸人,敬纳其戒,深接以礼意,问当世所施行。门下诸从事皆州郡选吏,侧听不疑,莫不惊骇。至昏夜,罢去。胜之遂表荐不疑,征诣公交车,拜为青州刺史。[①]

表面看,这段文字只是一个倒装的奏诏模式,即先下诏,任命"暴胜之为直指使者",后上奏"表荐不疑"。暴胜之所言督课郡国过程和细节,其实来自他"表荐不疑"的奏章。如果仔细分析,则发现这段文字头尾皆隐含一个奏诏模式的环节。所谓"郡国盗贼群起",看似一种地方治安态势的客观叙事,实则地方官的上报奏章。这才有了武帝下诏。至于"胜之遂表荐不疑,征诣公交车,拜为青州刺史",显然构成了另一个奏诏模式的环节。

六、廷议的写法

通常说,人们对历史上那些公认的权威性正史有着近乎天然的信任和敬重,认为它们写的内容往往能最大程度地符合历史,甚至能和历史事实画等号。这种态度和心理,属于从历史主义派生出来的史料主义。它表现为因迷信历史而迷恋史料。它试图努力缩小史料和历史之间的差异,通过史料还原历史。迄今为止,这种观点依然占据统治地位。关键是,人们不假思索地乐意接受这种统治。

我们无需过多讨论这种统治性理论的方方面面,只需举一个如何描写廷议或朝议的例子就足够了。简单说,廷议虽然有多种可能,诸如从众议、不从众议、廷议不决,但绝不会出现结果不明者。不论廷议结果如何,不会没有一个具体结果。因为没有结果也是一种结果。所以,廷议结果不明不会是历史实态,只能是史书叙事。比如,"北单于遣使贡献,求欲和亲,诏问群僚。议者或以为'……今若遣使,恐失南虏亲附之欢,而成北狄猜诈之计,不可'。"班固则认为,"宜依故事,复遣使者,上可继五凤、甘露至远人之会,下不失建武、永平羁縻之义。……不若因今施惠,为策近长。"[②]范《书》此处未写廷议结果,因为志不在

---

① 《汉书·隽不疑传》。
② 《后汉书·班彪列传下》。

此,而在于展示班固在廷议上的独树一帜。①

　　一般说,廷议上都会众说纷纭,所谓"今廷议者或言可击,或言可守,或欲弃之,其指各殊。"②史书却不会面面俱到地罗列廷议中的各家观点,只会有选择地记载那些代表性的意见。细致区分,廷议也有不同写法。最干脆的写法是,不写臣子议论,只记皇帝诏令。比如,"日有食之。(和)帝引见公卿问得失,令将、大夫、御史、谒者、博士、议郎、郎官会廷中,各言封事。诏曰:'……有司详选郎官宽博有谋才任典城者三十人。'"③粗略一点的写法是,完全无视其他议论,只记被采用的奏议。举三例。一是,"是时陈事者,多言郡国贡举率非功次。……有诏下公卿朝臣议。(韦)彪上议曰:'……士宜以才行为先,不可纯以阀阅。然其要归,在于选二千石。二千石贤,则贡举皆得其人矣。'(章)帝深纳之。"④二是,敦煌太守张珰上书陈西域三策,"朝廷下其议。尚书陈忠上疏曰:'……臣以为敦煌宜置校尉,案旧增四郡屯兵,以西抚诸国。庶足折冲万里,震怖匈奴。'(安)帝纳之。"⑤三是,"桓帝欲褒崇大将军梁冀,使中朝二千石以上会议其礼。特进胡广、太常羊溥、司隶校尉祝恬、太中大夫边韶等,咸称冀之勋德。……(黄)琼独建议曰:'……冀可比邓禹,合食四县,赏赐之差,同于霍光,使天下知赏必当功,爵不越德。'朝廷从之。"⑥

　　大体说,叙事手法都有些通用模式。即按照最后被采用也就是被皇帝认可的说法来重构廷议的争论过程和先后顺序。比如,"匈奴用赵信之计,遣使於汉,好辞请和亲。天子下其议,或言和亲,或言遂臣之。丞相长史任敞曰:'匈奴新破,困,宜可使为外臣,朝请於边。'汉使任敞於单于。"⑦显然,这个顺序并非廷议的实际发生过程。它是史家根据廷议的最终结果而精心编织出来的想象性历史画面。在这幅画面中,奏议被采用的官员是唯一的主角和绝对的中心。一切事态都围绕其话语逐步推进和层层展开,由此呈现出一个雄辩滔滔、舌战

---

① 范《书》这种写法还体现在朝会。比如,"鲜卑击破北匈奴,而南单于乘此请兵北伐,因欲还归旧庭。时窦太后临朝,议欲从之。(宋)意上疏曰:'……今若听南虏还都北庭,则不得不禁制鲜卑。鲜卑外失暴掠之愿,内无功劳之赏,豺狼贪婪,必为边患。今北虏西遁,请求和亲,宜因其归附,以为外扞,巍巍之业,无以过此。若引兵费赋,以顺南虏,则坐失上略,去安即危矣。诚不可许。'会南单于竟不北徙。"(《后汉书·宋均列传》)宋意的观点与众不同,但也未见采用,只不过碰巧南单于自己放弃了原来的要求,事情便不了了之。
② 《汉书·贾捐之传》。
③ 《后汉书·孝和帝纪》。
④ 《后汉书·韦彪列传》。
⑤ 《后汉书·西域传》。
⑥ 《后汉书·黄琼列传》。
⑦ 《史记·匈奴列传》。

群儒的士大夫形象。举一例。邓太后召开廷议,讨论西域战略。邓太后特诏班勇"诣朝堂会议。先是公卿多以为宜闭玉门关,遂弃西域"。班勇坚持"复置护西域副校尉,居于敦煌,如永元故事。又宜遣西域长史将五百人屯楼兰,西当焉耆、龟兹径路,南强鄯善、于寘心胆,北扞匈奴,东近敦煌。如此诚便。"①针对班勇的主张,公卿百官纷纷进行诘难。

尚书问勇曰:"今立副校尉,何以为便?又置长史屯楼兰,利害云何?"勇对曰:"……今鄯善王尤还,汉人外孙,若匈奴得志,则尤还必死。此等虽同鸟兽,亦知避害。若出屯楼兰,足以招附其心,愚以为便。"

长乐卫尉镡显、廷尉綦母参、司隶校尉崔据难曰:"朝廷前所以弃西域者,以其无益于中国而费难供也。今车师已属匈奴,鄯善不可保信,一旦反复,班将能保北虏不为边害乎?"勇对曰:"……今置校尉以扞抚西域,设长史以招怀诸国,若弃而不立,则西域望绝。望绝之后,屈就北虏,缘边之郡将受困害,恐河西城门必复有昼闭之儆矣。今不廓开朝廷之德,而拘屯戍之费,若北虏遂炽,岂安边久长之策哉!"

太尉属毛轸难曰:"今若置校尉,则西域骆驿遣使,求索无猒,与之则费难供,不与则失其心。一旦为匈奴所迫,当复求救,则为役大矣。"勇对曰:"……置校尉者,宣威布德,以系诸国内向之心,以疑匈奴觊觎之情,而无财费耗国之虑也。且西域之人无它求索,其来入者,不过禀食而已。今若拒绝,执归北属,夷虏并力以寇并、凉,则中国之费不止千亿。置之诚便。"②最后,"从勇议,复敦煌郡营兵三百人,置西域副校尉居敦煌。"③

对廷议各方的争论,史书少有平均分配的客观叙述,通常是以被皇帝采纳的主张为主线,有选择性地记载其他各家相关意见。而且,相对于被采用的主张之翔实铺排,那些不同观点的记载非常有限和简略。

校书郎杨终上疏曰:"间者北征匈奴,西开三十六国,百姓频年服役,转输烦费;悉困之民足以感动天地,陛下宜留念省察!"(章)帝下其章,第五伦亦同终议。牟融、鲍昱皆以为:"孝子无改父之道,征伐匈奴,屯戍西域,先帝所建,不宜回异。"终复上疏曰:"……今伊吾之役,楼兰之屯兵久而未还,非天意也。"帝从之。④

---

① 《后汉书·班超列传》。
② 《后汉书·班超列传》。
③ 《后汉书·班超列传》。相形之下,袁《纪》对这次廷议的描写,更为简洁,是一种非常粗疏的写法。完全无视他人,只写了班勇的奏议。最后用"公卿皆从勇议",(《后汉纪》卷16)结束了这次廷议的叙述。
④ 《资治通鉴》卷46。

即便只有两种观点，往往也是详略悬殊、对比鲜明，将两种不同观点写成"正反两面"，对"反面意见"一笔带过，不做具体说明，使之成为陪衬，以突出被采用的"正面主张"。[①] 比如，戊己校尉关宠上书求救，章帝诏公卿会议。司空第五伦"以为不宜救"。司徒鲍昱议曰："可令敦煌、酒泉太守各将精骑二千，多其幡帜，倍道兼行，以赴其急。匈奴疲极之兵，必不敢当，四十日间，足还入塞。"章帝然之。[②] 又如，"关陇扰攘，发役不供。司徒崔烈欲弃凉州，议郎傅燮进曰：'斩司徒，天下乃安！'有司奏燮廷辱大臣。有诏问本意，对曰：'……无凉州则三辅危，三辅危则京都薄矣。若烈不知忧之，是极弊也；知而欲弃，是不忠也。二者择而处之，烈必有之。'遂从燮议，亦不罪烈。"[③]

当然，等量齐观的写法也有。[④] 最为经典的就是对马邑之战伏击方案的激辩。班《书》这段描述呈现出很强的现场感和目击感。虽然武帝最终"从恢议"，但从韩安国反对王恢的第一句话开始，二人唇枪舌剑地使用"不然"驳斥对方。而且每一回合的最后一句都是"臣故曰击之便"、"臣故曰勿击便"。给人感觉就象是辩论会上的正反双方的你来我往。一般情况下，廷议人员十几人到几十人都很正常。所以，参加廷议的肯定不止王恢和韩安國二人，但《汉书》仅记载了二人之间的辩论。这是因为，班固将二人的正反论辩作为这场廷议的主线，省略其余，由此营造出一种叙事中的廷议全景。堪称奏诏叙事模式中描写廷议的经典场面。第一回合。

> 大行恢对曰："……今以陛下之威，海内为一，天下同任，又遣子弟乘边守塞，转粟挽输，以为之备，然匈奴侵盗不已者，无它，以不恐之故耳。臣窃以为击之便。"御史大夫安国曰："不然。臣闻高皇帝尝围于平城，匈奴至者投鞍高如城者数所。……孝文皇帝又尝壹拥天下之精兵聚之广武常谿，然

---

① 不仅廷议，策问中也有这种写法。珠崖叛，贾捐之反对出兵。元帝询问丞相、御史。"御史大夫陈万年以为当击；丞相于定国以为'前日兴兵击之连年，护军都尉、校尉及丞凡十一人，还者二人，卒士及转输死者万人以上，费用三万余，尚未能尽降。今关东困乏，民难摇动，捐之议是。'"元帝从之。《汉书·贾捐之传》这里叙述的倾向性显而易见。只记载了丞相于定国对贾捐之对策的赞成及理由，对御史大夫陈万年的反对意见却一笔带过。这是因为，元帝最终采纳了贾捐之的提议。这样，元帝的下诏不但使朝廷撤销珠崖郡最终成为事实，也使得史书必须从这一结果出发梳理这一事件的基本线索，从而确立了以贾捐之的对策为主线的叙事方式。

② 《后汉书·耿弇列传》。

③ 《后汉纪》卷25。

④ 顾炎武在一封谈论修史的书信中特别指出，"惟是奏章是非同异之论，两造并存。"（《顾亭林诗文集》第55页）其实，不待顾氏提示，《史》《汉》正史早已如此实践。尤其在有关朝议的描写中，"奏章是非同异之论"何止"两造并存"，常常是"多造并存"。因为，"奏章是非同异之论"在朝议中体现得最为集中和鲜明。

终无尺寸之功。……此二圣之迹,足以为效矣。臣窃以为勿击便。"
第二回合。

> 恢曰:"不然。……今边竟数惊,士卒伤死,中国槽车相望,此仁人之所隐也。臣故曰击之便。"安国曰:"不然。……匈奴,轻疾悍亟之兵也,至如猋风,去如收电,畜牧为业,弧弓射猎,逐兽随草,居处无常,难得而制。今使边郡久废耕织,以支胡之常事,其势不相权也。臣故曰勿击便。"

第三回合。

> 恢曰:"不然。……今以中国之盛,万倍之资,遣百分之一以攻匈奴,譬犹以彊弩射且溃之痈也,必不留行矣。若是,则北发月氏可得而臣也。臣故曰击之便。"安国曰:"不然。……今将卷甲轻举,深入长敺,难以为功;从行则迫胁,衡行则中绝,疾则粮乏,徐则后利,不至千里,人马乏食。兵法曰:'遗人获也。'意者有它缪巧可以禽之,则臣不知也;不然,则未见深入之利也。臣故曰勿击便。"

第四回合。

> 恢曰:"不然。……今臣言击之者,固非发而深入也,将顺因单于之欲,诱而致之边,吾选枭骑或绝其后,单于可禽,百全必取。"①

此外,对廷议叙事的另一种策略,也不应完全无视。举两例。一是,"武陵太守上书,以蛮夷率服,可比汉人,增其租赋。议者皆以为可。尚书令虞诩独奏曰:'……先帝旧典,贡税多少,所由来久矣。今猥增之,必有怨叛。计其所得,不偿所费,必有后悔。'(顺)帝不从。其冬澧中、溇中蛮果争贡布非旧约,遂杀乡吏,举种反叛。"②在这里,众人皆表赞同,唯独虞诩反对。顺帝从众,结果证明虞诩正确。范晔省略众议,独载虞诩奏议,由此将顺帝的错误选择,以及随之造成的历史灾难紧密衔接起来,通过历史叙事将"帝不从"和"澧中、溇中蛮果争贡布非旧约,遂杀乡吏,举种反叛"两件事之间建立起因果联系,从而制造出一种直观的历史效应。这种效应显然为范晔精心营造并含蓄期待。二是,鲜卑寇边,灵帝议遣夏育和田晏"并力讨贼"。史称,"大臣多有不同,乃召百官议朝堂。"范《书》仅记载了议郎蔡邕的奏议。这篇长达千余字的奏章(1042 字),却未被采纳。"夫恤民救急,虽成郡列县,尚犹弃之,况障塞之外,未尝为民居者乎!守边之术,李牧善其略,保塞之论,严尤申其要,遗业犹在,文章具存,循二

---

① 《汉书·韩安国传》。
② 《后汉书·南蛮列传》。

子之策,守先帝之规,臣曰可矣。"①这种写法虽不多见,却也可以看出廷议叙事的多样性和灵活性。廷议叙事作为奏诏叙事模式的一个具体环节,正表明史家写史意图中蕴含的忧患意识。这种忧患意识恰恰基于历史的走向和结果而自觉选择的叙事策略。"帝不从。遂遣夏育出高柳,田晏出云中,匈奴中郎将臧旻率南单于出雁门,各将万骑,三道出塞二千余里。檀石槐命三部大人各帅众逆战,育等大败,丧其节传辎重,各将数十骑奔还,死者十七八。"②由于灵帝错误地拒绝了蔡邕的正确建议,致使"三军败绩"。③ 这正是范晔试图向人们传达出的叙事意图。所以,范晔对这次廷议的各种观点忽略不计,仅详载蔡邕的长篇奏疏,目的在于引发人们读史时应产生的道德感应和价值判断以及历史信念。**所有的历史灾难都是人为选择的结果。皇帝的愚蠢是导致所有人间苦难的终极原因。**

七、官员任免的奏诏叙事特点

按照汉朝的史官体制,公卿任免都必须被完整和准确记载。"凡三公居位或不书,史失之也。"④至于记载方式是直接摘录诏书还是普通叙事,虽然效果各异,但叙事显然更为简洁经济。所以,大部分情况下,无论编年还是纪传,任免官员多为叙事。这就是奏诏模式向奏诏叙事模式的转换。比如,"太尉施延以选举贪污免。""太常桓焉为太傅,大鸿胪朱宠为太尉,长乐少府朱伥为司徒。"⑤"太尉许郁〔坐〕辟召错谬罢,太常杨赐为太尉。"⑥任免公卿下诏,却不言诏书。这似乎是袁《纪》的凡例。其实,《通鉴》亦是如此。"于定国为丞相,封西平侯。太仆沛郡陈万年为御史大夫。"⑦是可知,对三公九卿的任免诏书,史书之所以大都将其改写成一般性叙事,是因为其显而易见的好处,即有助于保持叙述风格的连续性和流畅性,便于阅读。

一般说来,史书对此类人事任免诏书,都习惯于采用叙事体。以张敏为例。"拜司隶校尉。视事二岁,迁汝南太守。清约不烦,用刑平正,有理能名。坐事

---

① 《后汉书·鲜卑列传》。袁《纪》亦是如此写法,仅载未被采用的蔡邕奏书。

② 《后汉书·鲜卑列传》。

③ 《后汉纪》卷24。

④ 《后汉纪》卷18。

⑤ 《后汉纪》卷18。

⑥ 《后汉纪》卷24。

⑦ 《资治通鉴》卷27。

免。延平元年,拜议郎,再迁颍川太守。〔永初元年〕,征拜司空,在位奉法而已。视事三岁,以病乞身,不听。"①在这里,张敏仕途的每一次升降起伏,都隐含着奏诏模式的一个必要环节。即,有奏有诏才算完成了官员仕途变迁的一个规范程序。总之,官员任免不仅需要诏书,而且往往需要奏书。因为,官员任免必须遵从规范的奏诏模式。比如,策免张敏的诏书云:"今君所苦未瘳,有司奏君年体衰羸,郊庙礼仪仍有旷废。鼎足之任不可以缺,重以职事留君。其上司空印绶。"②范《书》将此改写为一个简单的叙事句子。"行大射礼,陪位顿仆,乃策罢之。"③

三公任职当天,是否都会上书,并不确定。但史书却有意制造出这种印象。以《通鉴·汉纪》为例。它在三公任职当天,随之就写三公上书。这种写法,似乎不能说是随意而为。应该有其特殊用意。至少表明,三公任免意味着奏诏模式的正常运行。比如,"以大司农沛国徐防为司空。防上疏,……上从之。"④"以长乐卫尉鲁恭为司徒。恭上言,……朝廷皆从之。"⑤

第二节　奏诏叙事词句

一、史书奏诏结构分解

史书中的好些文字几乎完全用奏诏模式改写而成,由此构成了奏诏叙事模式。我们这里试用详略不同的两种方式对此加以解读。我们首先尝试一种简略的方式。即以［奏］［诏］表示文中属于奏诏的内容。

元帝初即位,［诏］遣使者征贡禹与(王)吉。吉年老,道病卒,［诏］上悼之,［诏］复遣使者吊祠云。初,吉兼通五经,能为《驺氏春秋》,以《诗》、《论语》教授,好梁丘贺说《易》,令子骏受焉。骏以孝廉为郎。［奏］左曹陈咸荐骏贤父子,经明行修,宜显以厉俗。［奏］光禄勋匡衡亦举骏有专对材。［诏］迁谏大夫,使责淮阳宪王。［诏］迁赵内史。吉坐昌邑王被刑后,戒子孙毋为王国吏,故骏道病,［诏］免官归。［诏］起家复为幽州刺史,［诏］迁司

---

① 《后汉书·张敏列传》。
② 《东观汉记》卷16。
③ 《后汉书·张敏列传》。
④ 《资治通鉴》卷48。
⑤ 《资治通鉴》卷49。

隶校尉,[奏]奏免丞相匡衡,[诏]迁少府。八岁,成帝欲大用之,[诏]出骏为京兆尹,试以政事。先是京兆有赵广汉、张敞、王尊、王章,至骏皆有能名,故京师称曰:"前有赵、张,后有三王。"[诏]而薛宣从左冯翊代骏为少府,会御史大夫缺,[奏]谷永奏言:"圣王不以名誉加于实效。考绩用人之法,薛宣政事已试。"上然其议。[诏]宣为少府月余,[诏]遂超御史大夫,[诏]至丞相。[诏]骏乃代宣为御史大夫,并居位。六岁病卒,[诏]翟方进代骏为大夫。数月,[诏]薛宣免,[诏]遂代为丞相。众人为骏恨不得封侯。骏为少府时,妻死,因不复娶,或问之,骏曰:"德非曾参,子非华、元,亦何敢娶?"骏子崇以父任为郎,[诏]历刺史、郡守,治有能名。建平三年,[诏]以河南太守征入为御史大夫数月。是时成帝舅安成恭侯夫人放寡居,共养长信宫,[诏]坐祝诅下狱,[奏]崇奏封事,为放言。放外家解氏与崇为昏,哀帝以崇为不忠诚,[诏]策诏崇曰:"朕以君有累世之美,故瑜列次。在位以来,忠诚匡国未闻所緜,反怀诈谖之辞,欲以攀救旧姻之家,大逆之辜,举错专恣,不遵法度,亡以示百僚。"[诏]左迁为大司农,[诏]后徙卫尉左将军。平帝即位,[诏]王莽秉政,[奏]大司空彭宣乞骸骨罢,[诏]崇代为大司空,封扶平侯。岁余,[奏]崇复谢病乞骸骨,皆避王莽,[诏]莽遣就国。岁余,为傅婢所毒,薨,[诏]国除。①

然后,我们再用一种更为细密的方式来分解史书,以便直观展示出奏诏模式的文字叙事结构。奏书为A,其中又分为引文明奏(Aa)、叙事暗奏(Ab)和言语口奏(Ac);诏书为B,其中又分为引文明诏(Ba)、叙事暗诏(Bb)和言语口诏(Bc)。这既是一种奏诏模式分析法,也是一种奏诏叙事模式分析法。二者一回事。因为,它通过对奏诏叙事模式的分析,使之展示出一种直观的叙事结构,从而显现出奏诏模式的客观运作。

1. 这段文字很有特点。先是暗诏,继而明诏;接着长篇上言,即口奏;随之又是暗诏。

（栾布）使於齐,未还,汉召彭越,责以谋反,夷三族。已而枭彭越头於雒阳下,诏曰:"有敢收视者,辄捕之。"布从齐还,奏事彭越头下,祠而哭之。吏捕布以闻。上召布,骂曰:"若与彭越反邪?吾禁人勿收,若独祠而哭之,与越反明矣。趣亨之。"方提趣汤,布顾曰:"原一言而死。"上曰:"何言?"布曰:"方上之困於彭城,败荥阳、成皋间,项王所以不能西,徒以彭王居梁地,与汉合从苦楚也。当是之时,彭王一顾,与楚则汉破,与汉而楚破。且垓下

---

① 《汉书·王吉传》。

之会,微彭王,项氏不亡。天下已定,彭王剖符受封,亦欲传之万世。今陛下一微兵於梁,彭王病不行,而陛下疑以为反,反形未见,以苛小案诛灭之,臣恐功臣人人自危也。今彭王已死,臣生不如死,请就亨。"於是上乃释布罪,拜为都尉。[①]

Bb. 汉召彭越,责以谋反,夷三族。

Ba. 已而枭彭越头於雒阳下,诏曰:"有敢收视者,辄捕之。"

Ab. 布从齐还,奏事彭越头下,祠而哭之。吏捕布以闻。

Bc. 上召布,骂曰:"若与彭越反邪? 吾禁人勿收,若独祠而哭之,与越反明矣。趣亨之。"

Ac. 方提趣汤,布顾曰:"原一言而死。"

Bc. 上曰:"何言?"

Ac. 布曰:"方上之困於彭城,败荥阳、成皋间,项王所以不能西,徒以彭王居梁地,与汉合从苦楚也。当是之时,彭王一顾,与楚则汉破,与汉而楚破。且垓下之会,微彭王,项氏不亡。天下已定,彭王剖符受封,亦欲传之万世。今陛下一微兵於梁,彭王病不行,而陛下疑以为反,反形未见,以苛小案诛灭之,臣恐功臣人人自危也。今彭王已死,臣生不如死,请就亨。"

Bb. 於是上乃释布罪,拜为都尉。

2. 许多时候,史书叙事显得更为复杂一些。它常常由奏书和诏书交错而成。

(郑弘)奏尚书张林阿附侍中窦宪,而素行臧秽,又上洛阳令杨光,宪之宾客,在官贪残,并不宜处位。书奏,吏与光故旧,因以告之。光报宪,宪奏弘大臣漏泄密事。帝诘让弘,收上印绶。弘自诣廷尉,诏勑出之,因乞骸骨归,未许。病笃,上书陈谢,并言窦宪之短。帝省章,遣医占弘病,比至已卒。[②]

Ab. (郑弘)奏尚书张林阿附侍中窦宪,而素行臧秽;

Ab. 又上洛阳令杨光,宪之宾客,在官贪残,并不宜处位;

Ab. 光报宪,宪奏弘大臣漏泄密事;

Bb. 帝诘让弘,收上印绶;

Bb. 弘自诣廷尉,诏勑出之;

Ab. 因乞骸骨归;

---

① 《史记·栾布列传》。
② 《后汉书·郑弘列传》。

Bb. 未许。

Ab. 病笃,上书陈谢,并言窦宪之短;

Bb. 帝省章,遣医占弘病,比至已卒。

3. 有的整段文字都由诏书构成。只不过以叙事和对话表出。

　　后二十三岁,孝昭始元元年,益州廉头、姑缯民反,杀长吏。牂柯、谈指、同并等二十四邑,凡三万余人皆反。遣水衡都尉发蜀郡、犍为奔命万余人击牂柯,大破之。后三岁,姑缯、叶榆复反,遣水衡都尉吕辟胡将郡兵击之。辟胡不进,蛮夷遂杀益州太守,乘胜与辟胡战,士战及溺死者四千余人。明年,复遣军正王平与大鸿胪田广明等并进,大破益州,斩首捕虏五万余级,获畜产十余万。上曰:"钩町侯亡波率其邑君长人民击反者,斩首捕虏有功,其立亡波为钩町王。大鸿胪广明赐爵关内侯,食邑三百户。"后间岁,武都氐人反,遣执金吾马适建、龙额侯韩增与大鸿胪广明将兵击之。①

Bb. 遣水衡都尉发蜀郡、犍为奔命万余人击牂柯,大破之。

Bb. 姑缯、叶榆复反,遣水衡都尉吕辟胡将郡兵击之。辟胡不进,蛮夷遂杀益州太守,乘胜与辟胡战,士战及溺死者四千余人。

Bb. 复遣军正王平与大鸿胪田广明等并进,大破益州,斩首捕虏五万余级,获畜产十余万。

Bc. 上曰:"钩町侯亡波率其邑君长人民击反者,斩首捕虏有功,其立亡波为钩町王。大鸿胪广明赐爵关内侯,食邑三百户。"

Bb. 武都氐人反,遣执金吾马适建、龙额侯韩增与大鸿胪广明将兵击之。

4. 史书处理诏书的多重手法。改写为对话和叙事,并和其他诏书原文混杂并用。没有下文的制诏御史,武帝上文所说,就是诏书。只不过联系到下文的制诏御史,似乎显得制诏御史更为正式,像是正式诏书。其实,上文所说已经是正式诏书。只不过太史公把它分开来说。因为下文制诏御史说的是其他人,而非卫青。这里有两种可能,也有两种理解。要么卫青和其他人在一道诏书里,要么卫青和其他人分别为两道诏书。

　　天子曰:"大将军青躬率戎士,师大捷,获匈奴王十有余人,益封青六千户。"而封青子伉为宜春侯,青子不疑为阴安侯,青子登为发干侯。青固谢曰:"臣幸得待罪行间,赖陛下神灵,军大捷,皆诸校尉力战之功也。陛下幸已益封臣青。臣青子在襁褓中,未有勤劳,上幸列地封为三侯,非臣待罪行间所以劝士力战之意也。伉等三人何敢受封!"天子曰:"我非忘诸校尉功

①《汉书·西南夷传》。

也,今固且图之。"乃诏御史曰:"护军都尉公孙敖三从大将军击匈奴,常护军,傅校获王,以千五百户封敖为合骑侯。都尉韩说从大将军出窳浑,至匈奴右贤王庭,为麾下搏战获王,以千三百户封说为龙嵒侯。骑将军公孙贺从大将军获王,以千三百户封贺为南窌侯。轻车将军李蔡再从大将军获王,以千六百户封蔡为乐安侯。校尉李朔,校尉赵不虞,校尉公孙戎奴,各三从大将军获王,以千三百户封朔为涉轵侯,以千三百户封不虞为随成侯,以千三百户封戎奴为从平侯。将军李沮、李息及校尉豆如意有功,赐爵关内侯,食邑各三百户。"①

Bc. 天子曰:"大将军青躬率戎士,师大捷,获匈奴王十有馀人,益封青六千户。"而封青子伉为宜春侯,青子不疑为阴安侯,青子登为发干侯。

Ac. 青固谢曰:"臣幸得待罪行间,赖陛下神灵,军大捷,皆诸校尉力战之功也。陛下幸已益封臣青。臣青子在㯾褓中,未有勤劳,上幸列地封为三侯,非臣待罪行间所以劝士力战之意也。伉等三人何敢受封!"

Bc. 天子曰:"我非忘诸校尉功也,今固且图之。"

Ba. 乃诏御史曰:"护军都尉公孙敖三从大将军击匈奴,常护军,傅校获王,以千五百户封敖为合骑侯。都尉韩说从大将军出窳浑,至匈奴右贤王庭,为麾下搏战获王,以千三百户封说为龙嵒侯。骑将军公孙贺从大将军获王,以千三百户封贺为南窌侯。轻车将军李蔡再从大将军获王,以千六百户封蔡为乐安侯。校尉李朔,校尉赵不虞,校尉公孙戎奴,各三从大将军获王,以千三百户封朔为涉轵侯,以千三百户封不虞为随成侯,以千三百户封戎奴为从平侯。将军李沮、李息及校尉豆如意有功,赐爵关内侯,食邑各三百户。"

5. 有些诏书或许因内容相关,被编排在一起。为了避免重复单一,往往会将不同诏书变通处理。有时,前面叙事诏书,后面引用诏书。

元帝竟崩,成帝初即位,擢(史)丹为长乐卫尉,迁右将军,赐爵关内侯,食邑三百户,给事中,后徙左将军、光禄大夫。鸿嘉元年,上遂下诏曰:"夫褒有德,赏元功,古今通义也。左将军丹往时导朕以忠正,秉义醇壹,旧德茂焉。其封丹为武阳侯,国东海郯之武疆聚,户千一百。"②

Bb. 擢(史)丹为长乐卫尉,迁右将军,赐爵关内侯,食邑三百户,给事中,后徙左将军、光禄大夫。

Ba. 上遂下诏曰:"夫褒有德,赏元功,古今通义也。左将军丹往时导朕以

---

① 《史记·卫将军列传》。
② 《汉书·史丹传》。

忠正,秉义醇壹,旧德茂焉。其封丹为武阳侯,国东海郯之武彊聚,户千一百。"

6. 把同一道诏书一分为二。前半截引用原文,后半截改为叙事。

（侯）霸薨,帝深伤惜之,亲自临吊。下诏曰:"惟霸积善清絜。视事九年。汉家旧制,丞相拜日,封为列侯。朕以军师暴露,功臣未封,缘忠臣之义,不欲相踰,未及爵命,奄然而终。呜呼哀哉!"于是追封谥霸则乡哀侯,食邑二千六百户。[①]

Ba. 下诏曰:"惟霸积善清絜。视事九年。汉家旧制,丞相拜日,封为列侯。朕以军师暴露,功臣未封,缘忠臣之义,不欲相踰,未及爵命,奄然而终。呜呼哀哉!"

Bb. 于是追封谥霸则乡哀侯,食邑二千六百户。

7. 如果是两道诏书,说明诏书内容分类严格。即便同时任命父子为官,也需要两道诏书,分别下诏。如果是一道诏书,说明这是史书有意为之的叙事手法。

光武初即位,先访求茂,茂诣河阳谒见。乃下诏曰:"前密令卓茂,束身自修,执节淳固,诚能为人所不能为。夫名冠天下,当受天下重赏,故武王诛纣,封比干之墓,表商容之闾。今以茂为太傅,封褒德侯,食邑二千户,赐几杖车马,衣一袭,絮五百斤。"复以茂长子戎为太中大夫,次子崇为中郎,给事黄门。[②]

Ba. 乃下诏曰:"前密令卓茂,束身自修,执节淳固,诚能为人所不能为。夫名冠天下,当受天下重赏,故武王诛纣,封比干之墓,表商容之闾。今以茂为太傅,封褒德侯,食邑二千户,赐几杖车马,衣一袭,絮五百斤。"

Bb. 复以茂长子戎为太中大夫,次子崇为中郎,给事黄门。

8. 皇帝的行动和诏书相伴而行。皇帝出行不是小事,需要多方准备。所以,肯定有出行诏书。说明出行目的和目的地。因为,这也需要沿途地方官做好相关准备。比如,"章帝行幸,敕御史、司空,道桥所过历树木,今方春月,无得有所伐,辇车可引避也。"[③]"章帝行幸,敕立春之日,京都百官皆衣青衣,令史皆服青帻。"[④]可见,皇帝所行皆有规划和预案。这使得奏诏叙事模式由此产生了两种阅读效应。一方面,完全可以根据皇帝行动逆向反推皇帝下诏;另一方面,史书只记载皇帝行动,既是为了叙事简洁,也是避免叙事枯燥。这样,皇帝所行

---

① 《后汉书·侯霸列传》。
② 《后汉书·卓茂列传》。
③ 《东观汉记》卷2。
④ 《东观汉记》卷5。

所在本身即是诏书。这是一种叙事体诏书的写法。

> 丙辰，东巡狩。己未，凤皇集肥城。乙丑，帝耕于定陶。诏曰："三老，尊年也。孝悌，淑行也。力田，勤劳也。国家甚休之。其赐帛人一匹，勉率农功。"使使者祠唐尧于成阳灵台。辛未，幸太山，柴告岱宗。有黄鹄三十从西南来，经祠坛上，东北过于宫屋，翱翔升降。进幸奉高。壬申，宗祀五帝于汶上明堂。癸酉，告祠二祖、四宗，大会外内群臣。丙子，诏曰："朕巡狩岱宗，柴望山川，告祀明堂，以章先勋。其二王之后，先圣之胤，东后蕃卫，伯父伯兄，仲叔季弟，幼子童孙，百僚从臣，宗室众子，要荒四裔，沙漠之北，鳏领之西，冒昩之类，跋涉悬度，陵践阻绝，骏奔郊畤，咸来助祭。祖宗功德，延及朕躬。予一人空虚多疚，纂承尊明，盥洗享荐，惭愧祇栗。《诗》不云乎：'君子如祉，乱庶遄已。'历数既从，灵耀着明，亦欲与士大夫同心自新。其大赦天下。诸犯罪不当得赦者，皆除之。复博、奉高、嬴，无出今年田租、刍藁。"戊寅，进幸济南。三月己丑，进幸鲁，祠东海恭王陵。庚寅，祠孔子于阙里，及七十二弟子，赐褒成侯及诸孔男女帛。壬辰，进幸东平，祠宪王陵。甲午，遣使者祠定陶太后、恭王陵。乙未，幸东阿，北登太行山，至天井关。夏四月乙巳，客星入紫宫。乙卯，车驾还宫。庚申，假于祖祢，告祠高庙。[1]

Bb. 丙辰，东巡狩。……乙丑，帝耕于定陶。

Ba. 诏曰："三老，尊年也。孝悌，淑行也。力田，勤劳也。国家甚休之。其赐帛人一匹，勉率农功。"

Bb. 使使者祠唐尧于成阳灵台。辛未，幸太山，柴告岱宗。……进幸奉高。壬申，宗祀五帝于汶上明堂。癸酉，告祠二祖、四宗，大会外内群臣。

Ba. 丙子，诏曰："朕巡狩岱宗，柴望山川，告祀明堂，以章先勋。其二王之后，先圣之胤，东后蕃卫，伯父伯兄，仲叔季弟，幼子童孙，百僚从臣，宗室众子，要荒四裔，沙漠之北，鳏领之西，冒昩之类，跋涉悬度，陵践阻绝，骏奔郊畤，咸来助祭。祖宗功德，延及朕躬。予一人空虚多疚，纂承尊明，盥洗享荐，惭愧祇栗。《诗》不云乎：'君子如祉，乱庶遄已。'历数既从，灵耀着明，亦欲与士大夫同心自新。其大赦天下。诸犯罪不当得赦者，皆除之。复博、奉高、嬴，无出今年田租、刍藁。"

Bb. 戊寅，进幸济南。三月己丑，进幸鲁，祠东海恭王陵。庚寅，祠孔子于阙里，及七十二弟子，赐褒成侯及诸孔男女帛。壬辰，进幸东平，祠宪王陵。甲

---

[1]《后汉书·孝章帝纪》。

午,遣使者祠定陶太后、恭王陵。乙未,幸东阿,北登太行山,至天井关。夏四月乙巳,客星入紫宫。乙卯,车驾还宫。

Bb. 庚申,假于祖祢,告祠高庙。

9. 接连数条记载,几乎都直接关乎诏书。但写法完全不同。

三月丙午,隐强侯阴博坐骄溢,胶东侯贾敏坐不孝,皆免为庶人。甲寅,山阳、东平地震。诏三公、二千石举贤良、方正、能直言极谏之士各一人。夏四月丙戌,诏曰:"盖褒德赏功,兴亡继绝,所以昭孝事亲,以旌善人。故仁不遗德,义不忘劳,先王之令典也。故特进胶东侯〔贾〕复佐命河北,列在元功;卫尉阴兴忠贞爱国,先帝休之。今兴子博、复孙敏顽凶失道,自陷刑以丧爵土,朕甚怜之。其封复子邴为胶东侯,兴子员为隐强侯。"秋七月辛亥,诏以上林〔池〕(两)御田赐鳏寡贫穷不能自存者。冬十一月,阜陵王延与子男鲂等谋反。延奢泰骄佚,待下严刻。永平中有上书告延谋反者,辞所连及坐死徙者甚众。有司奏诛延,明帝以至亲不忍,徙阜陵王。延因以见侵怨望,至是复有告延与子男鲂等谋反者,有司〔奏请〕槛车征延诣廷尉,帝不听。诏:"贬延为阜陵侯,赦鲂等罪一切勿治。延在国,谒者一人当监护,不得与吏民通。"①

Bb. 隐强侯阴博坐骄溢,胶东侯贾敏坐不孝,皆免为庶人。

Bb. 诏三公、二千石举贤良、方正、能直言极谏之士各一人。

Ba. 诏曰:"盖褒德赏功,兴亡继绝,所以昭孝事亲,以旌善人。故仁不遗德,义不忘劳,先王之令典也。故特进胶东侯〔贾〕复佐命河北,列在元功;卫尉阴兴忠贞爱国,先帝休之。今兴子博、复孙敏顽凶失道,自陷刑以丧爵土,朕甚怜之。其封复子邴为胶东侯,兴子员为隐强侯。"

Bb. 诏以上林〔池〕(两)御田赐鳏寡贫穷不能自存者。

Ab. 阜陵王延与子男鲂等谋反。延奢泰骄佚,待下严刻。永平中有上书告延谋反者,辞所连及坐死徙者甚众。

Ab. Bb. 有司奏诛延,明帝以至亲不忍,徙阜陵王。

Ab. Bb. 延因以见侵怨望,至是复有告延与子男鲂等谋反者,有司〔奏请〕槛车征延诣廷尉,帝不听。

Ba. 诏:"贬延为阜陵侯,赦鲂等罪一切勿治。延在国,谒者一人当监护,不得与吏民通。"

10.《通鉴》叙事手法更为圆熟。这里举两个例子。

---

① 《后汉纪》卷11。

（1）轵人郭解，关东大侠也，亦在徙中。卫将军为言："郭解家贫，不中徙。"上曰："解，布衣，权至使将军为言，此其家不贫。"卒徙解家。解平生睚眦杀人甚众，上闻之，下吏捕治解，所杀皆在赦前。轵有儒生侍使者坐，客誉郭解，生曰："解专以奸犯公法，何谓贤！"解客闻，杀此生，断其舌。吏以此责解，解实不知杀者，杀者亦绝莫知为谁。吏奏解无罪，公孙弘议曰："解，布衣，为任侠行权，以睚眦杀人；解虽弗知，此罪甚于解杀之，当大逆无道。"遂族郭解。①

Ac. 卫将军为言："郭解家贫，不中徙。"

Bc. 上曰："解，布衣，权至使将军为言，此其家不贫。"卒徙解家。

Bb. 下吏捕治解，所杀皆在赦前。

Ab. 吏奏解无罪。

Ac. 公孙弘议曰："解，布衣，为任侠行权，以睚眦杀人；解虽弗知，此罪甚于解杀之，当大逆无道。"

Bb. 遂族郭解。

（2）冬，有司言："县官用度太空，而富商大贾冶铸、煮盐，财或累万金，不佐国家之急；请更钱造币以赡用，而摧浮淫并兼之徒。"是时，禁苑有白鹿而少府多银、锡，乃以白鹿皮方尺，缘以藻缋，为皮币，直四十万。王侯、宗室，朝觐、聘享必以皮币荐璧，然后得行。又造银、锡为白金三品：大者圜之，其文龙，直三千；次方之，其文马，直五百；小者椭之，其文龟，直三百。令县官销半两钱，更铸三铢钱，盗铸诸金钱罪皆死；而吏民之盗铸白金者不可胜数。于是以东郭咸阳、孔仅为大农丞，领盐铁事；桑弘羊以计算用事。咸阳，齐之大煮盐，仅，南阳大冶，皆致生累千金；弘羊，洛阳贾人子，以心计，年十三侍中。三人言利事析秋毫矣。诏禁民敢私铸铁器、煮盐者钛左趾，没入其器物。公卿又请令诸贾人末作各以其物自占，率缗钱二千而一算；及民有轺车若船五丈以上者，皆有算。匿不自占，占不悉，戍边一岁，没入缗钱。有能告者，以其半畀之。其法大抵出张汤。②

Aa. 有司言："县官用度太空，而富商大贾冶铸、煮盐，财或累万金，不佐国家之急；请更钱造币以赡用，而摧浮淫并兼之徒。"

Bb. 王侯、宗室，朝觐、聘享必以皮币荐璧，然后得行。

Bb. 令县官销半两钱，更铸三铢钱，盗铸诸金钱罪皆死。

---

① 《资治通鉴》卷 18。
② 《资治通鉴》卷 19。

Bb. 于是以东郭咸阳、孔仅为大农丞,领盐铁事;桑弘羊以计算用事。

Bb. 诏禁民敢私铸铁器、煮盐者釱左趾,没入其器物。

Ab. 公卿又请令诸贾人末作各以其物自占,率缗钱二千而一算;及民有轺车若船五丈以上者,皆有算。匿不自占,占不悉,戍边一岁,没入缗钱。有能告者,以其半畀之。

二、奏诏叙事模式的常用词

1. "奏罢"即奏诏。因为有奏无诏,是不可能产生相关行动的。所谓"奏罢",即是皇帝对奏疏所作的肯定性裁决,亦即皇帝接受了官员上书的建议,作出相关的罢黜决定。元帝永光五年,"先是一年有司奏罢郡国庙,是岁又定迭毁,罢太上皇、孝惠帝寝庙,皆无复修。"①

2. "奏杀"即按照奏诏模式来处置。先上奏,等待皇帝下诏批复之后,才能诛杀。绣衣御史暴胜之等"奏杀二千石,诛千石以下"。颜师古曰:"二千石者,奏而杀之,其千石以下,则得专诛。"②

3. "奏置"是一个非常简要的说法。意思是,官员上奏已经得到皇帝诏书批准,可以立即实施。"窦固、耿秉将万余骑师击车师,王请降。于是固奏置西域都护、戊己校尉。陈〔睦〕(穆)为都护,耿恭为戊己校尉,关宠为戊己校尉;恭屯金蒲城,宠屯〔柳〕(折)中城,相去千余里。"③

4. "奏请"意味着所奏之事已被允准。大司马车骑将军王音"奏请(毌将)隆为从事中郎,迁谏大夫"。④

5. "奏令"即是奏诏,亦即是奏诏模式的简化。在形式上却是有奏无诏,也就是以奏代诏。"三公以国用不足,奏令吏人入钱谷,得为关内侯、虎贲羽林郎、五大夫、官府吏、缇骑、营士各有差。"⑤

6. "奏可"即可奏,意同"制曰可"。只不过"制曰可"的话语主体是皇帝,它直接表明了皇帝态度;"奏可"的话语主体形式上看似乎是官员,这样使得皇帝成为不在场的存在,皇帝的意志成为一种间接的表态。"敬武长公主寡居,上令

---

① 《汉书·五行志上》。

② 《汉书·元后传》。

③ 《后汉纪》卷10。

④ 《汉书·毌将隆传》。

⑤ 《后汉书·孝安帝纪》。

（薛）宣尚焉。及宣免归故郡，公主留京师。后宣卒，主上书愿还宣葬延陵，奏可。"①

7. "奉章"即奏章。外国使臣来华，首先要上奏朝廷，经皇帝下诏恩准，才能动身。灵帝熹平三年，夫余王"复奉章贡献"。②

8. "有司奏"实乃简洁而有效的写法。写奏不写诏，等于以奏为诏。如果仅有"有司奏"，而无诏书，等于皇帝应允了"有司奏"，故省略下诏内容。同时也标示出皇帝下诏是应官员上奏所作的批复。"有司奏尊清河王为孝德皇帝，左姬为孝德皇后，宋贵人为敬隐皇后。左姬，犍为武阳人。父坐事，姬与姊妹俱入掖庭。和帝时，诏分宫人赐诸王，以姬〔与〕（为）清河孝王。姬有令色，王绝重之，生孝安帝。"③

---

① 《汉书·薛宣传》。
② 《后汉书·东夷列传》。
③ 《后汉纪》卷 17。

第四章

奏诏叙事模式的诸种写法

第一节 奏诏叙事模式中的列传
人物设置和奏书选择考量

首先,列传人物的入选并非完全着眼于单一的政治权力,即官位大小或官职高低,而是有着更为广阔和多样性的选择标准,即综合考量历史人物的德行、作为、吏才、学识、影响,以及在时代和社会上的客观存在和复杂作用。《史记》和两汉《书》中的类传,诸如《循吏》、《酷吏》、《儒林》、《文苑》、《货殖》、《佞幸》、《滑稽》、《刺客》、《游侠》、《日者》、《龟策》、《列女》、《党锢》、《独行》、《逸民》、《方术》,几乎涵括了各色人物。其次,列传人物的奏书选择并非主要依据实用性考虑,即是否被采纳并产生直接效果;亦非单纯根据文学性原则,即是否具有美学欣赏价值,而是兼顾各种因素,尤其那些非实用且无效果的但具有道德教化意义的"政治正确性"奏书,似乎更能得到史家的重视和青睐。① 比如,贾谊《治安策》是一篇见识卓绝风格卓异的奏书。

臣窃惟事势,可为痛哭者一,可为流涕者二,可为长太息者六,若其它

---

① 赵翼以"《汉书》多载有用之文"为据辨析马不如班。"晋张辅论《史》、《汉》优劣,谓司马迁叙三千年事惟五十余万言,班固叙二百年事乃八十余万言,以此分两人之高下。然有不可以是为定评者,盖迁喜叙事,至于经术之文,干济之策,多不收入,故其文简。固则于文字之有关于学问,有系于政务者,必一一载之,此其所以卷帙多也。今以《汉书》各传与《史记》比对,多有《史记》所无而《汉书》增载者,皆系经世有用之文,则不得以繁冗议之也。"至于《司马相如传》载《子虚赋》、《喻蜀文》、《谏猎疏》、《宜春宫赋》、《大人赋》,《扬雄传》载《反离骚》、《河东赋》、《校猎赋》、《长杨赋》、《解嘲》、《解难》、《法言》,赵翼解释为,"此虽无关于经术政治,而班固本以作赋见长,心之所好,爱不能舍,固文人习气,而亦可为后世词赋之祖也。"(《廿二史札记》卷 2)其实不然。这些大赋不应简单视作文人词赋,而应首先视为士人奏疏。本质上,这些文赋皆是奏诏模式语境下的话语实践和言论表达。

> 背理而伤道者,难遍以疏举。进言者皆曰天下已安已治矣,臣独以为未也。曰安且治者,非愚则谀,皆非事实知治乱之体者也。夫抱火厝之积薪之下而寝其上,火未及燃,因谓之安,方今之势,何以异此! 本末舛逆,首尾衡决,国制抢攘,非甚有纪,胡可谓治! 陛下何不壹令臣得孰数之于前,因陈治安之策,试详择焉!

值得注意的是,班《书》对《治安策》仅录一半。颜师古对此有一个贴切的说明。"谊上疏言可为长太息者六,今此至三而止,盖史家直取其要切者耳。故下赞云掇其切于世事者著于传。"① 又如,邓太后临朝,"俗儒世士,以为文德可兴,武功宜废。"马融"以为文武之道,圣贤不坠",乃上《广成颂》"以讽谏"。② 范《书》全文抄录了这篇长达二千多字却毫无作用的颂谏。相反,安帝宠信宦官、乳母,陈忠"内怀惧懑而未敢陈谏,乃作《搢绅先生论》以讽,文多故不载。"③所谓"文多不载"只是托词。真实原因则是因为它并非奏文。即便奏文,史书亦非有闻必录。比如,"(窦)宪击匈奴,国用劳费,(任)隗奏议征宪还,前后十上。"④但本传却不着一字。可见,史家对奏书有着更为严格的筛选。

其实,班《书》不载《子虚赋》,不是因为其文学价值低,只是因为它不是奏书。虽然"相如特以辞赋得幸",⑤但《司马相如传》所载赋,皆为奏书性质,都具有对皇帝的某种劝谕和规谏意图。就连最后一篇《封禅书》,也是以遗书的形式上奏给武帝,从而具有了遗书兼奏书的双重性质。尽管班固认为"相如封禅,靡而不典",意即"文虽靡丽,而体无古典"。⑥

司马相如赋充满了大量的冷僻古字。这些艰涩文字很难在同时代的其他文章和其他文体中见到,仿佛只属于文赋所有。这使得阅读和欣赏文赋必须具备相当的"古文"水平和特殊的文字技巧。不过,以汉武帝的文字水平和文学素养,很难相信他能真正读懂司马相如的这些华丽文赋。⑦

扬雄"文似相如",班《书》同样是因为扬雄的作品属于奏书性质,而将其录入史书。它既有短篇的箴,比如扬雄作《酒箴》"以讽谏成帝",⑧更有长篇大赋。

---

① 《汉书·贾谊传》。
② 《后汉书·马融列传》。
③ 《后汉书·陈宠列传》。
④ 《后汉书·任光列传》。
⑤ 《资治通鉴》卷17。
⑥ 《后汉书·班彪列传下》。
⑦ 明帝文化水平不会低于武帝,但他看到刘苍所作《中兴颂》,"以其文典雅,特令校书郎贾逵为之训诂。"(《后汉书·光武十王列传》)可见真能读懂汉赋的人实在不多。
⑧ 《汉书·游侠传》。

成帝"郊祠甘泉泰畤、汾阴后土,以求继嗣。……从上甘泉,还奏《甘泉赋》以风。""赋成奏之,天子异焉。"成帝祭后土,"雄以为临川羡鱼不如归而结网,还,上《河东赋》以劝。"十二月羽猎,扬雄"因《校猎赋》以风。"①成帝命人"捕熊罴豪猪虎豹狖玃狐菟麋鹿,载以槛车,输长杨射熊馆。……令胡人手搏之,自取其获,上亲临观焉。是时,农民不得收敛。雄从至射熊馆,还,上《长杨赋》,聊因笔墨之成文章,故藉翰林以为主人,子墨为客卿以风。"②虽然这些赋也是奏书,但二者仍有某些不同。除了显著的形式区别,最主要的应该就是上书者的自由度似乎更大一些。这也涉及上书者的个人动机更为微妙。因为这种诗赋类奏章虽然也具有显而易见的批评性质和讽谏功能,但毕竟没有提出明确而具体的建议和方案。本质上,诗赋类奏书主要通过抒情表意来影响皇帝想法,进而改变皇帝决策和行动。显然,这也决定了皇帝阅读诗赋类奏章的心态和方式迥异于阅览一般性奏书。比如,从文献看,皇帝从未对某篇诗赋类奏章作出直接批复,一般都是情感鲜明而态度暧昧地表达某种文学鉴赏性的评价。"雄以为赋者,将以风也,必推类而言,极丽靡之辞,闳侈巨衍,竞于使人不能加也,既乃归之于正,然览者已过矣。往时武帝好神仙,相如上《大人赋》,欲以风,帝反缥缥有陵云之志。繇是言之,赋劝而不止,明矣。"③诗赋类奏章作用不大,甚至毫无作用。有时反而适得其反。非但没有谏阻皇帝,反而激发出皇帝更大的欲望。"往时武帝好神仙,相如上大人赋,欲以风,帝反缥缥有陵云之志。"问题是,既然史家认为"赋劝而不止,明矣",为何还连篇累牍地记载这些诗赋?其篇幅之大,甚至超过绝大部分奏书。史家这种做法,自然是其写史权力。要说理由,就是道德教化。④ 或者说,这是史家给予文人的一种特殊待遇。

文人、学者、弄臣,本是三类不同的人,但在奏诏模式中获得了一个统一身份,即谏主。其职责在于以自己的方式讽谏皇帝。后世正史中,文人和学者依然存在,弄臣却不见踪影。东方朔这类人物,很难在唐宋后的正史中占有一席之地。东方朔的价值只有从早期帝国的奏诏模式中才能得到准确定位和真实理解。东方朔"不根持论,好诙谐",胡注云:"言其议论无所根据。"然而,"朔亦观上颜色,时时直谏,有所补益。"⑤可见,东方朔代表了汉代政治文化中一种特

---

① 《汉书·扬雄传上》。
② 《汉书·扬雄传下》。
③ 《汉书·扬雄传下》。
④ 当然,可以更宽泛地解释为,史家选择谏书的标准并不在于其是否获得皇帝采用和实施,而在于客观保存这些谏书,以为历史之实录,从而呈现皇权政治的复杂性。正因此,史家才会大量选用那些并未发生实际效用的官员奏疏。这点在东汉尤其显著。
⑤ 《资治通鉴》卷17。

殊的官员类型和人物设置。东方朔这种"弄臣"形象在东汉似乎已经消失,更别说唐宋以后的宫廷中更是渺无踪影。某种意义上,弄臣也属于奏诏模式中的一种特殊存在。"上以朔口谐辞给,好作问之。""朔虽诙笑,然时观察颜色,直言切谏,上常用之。自公卿在位,朔皆敖弄,无所为屈。"可见,东方朔发挥的作用在奏诏模式中自有其独特意义。不过,这种意义亦不宜估计过高。"朔上书陈农战彊国之计,因自讼独不得大官,欲求试用。其言专商鞅、韩非之语也,指意放荡,颇复诙谐,辞数万言,终不见用。朔因著论,设客难己,用位卑以自慰谕。"①

　　这里对两汉《书》中的一些列传文字做了些统计。统计标准是,每篇列传后面均有"论""赞",属于固定的体例化内容,故皆不计入全文字数。这个统计虽然并不十分精确,但也足以说明一些问题。选择标准既有倾向性,又有随机性。它并非完全刻意。统计的内容主要是奏书和全文之比。可以据此判断两汉《书》材料来源之特点。当然这个特点仅仅是特点之一,不能将其绝对化理解。

　　1.《汉书》表

列传	全文	奏书	奏书比
司马相如传	10846 字	8845 字	82%
东方朔传	7549 字	1303 字	17%
严助传	3785 字	2064 字	55%
吾丘寿王传	1182 字	780 字	66%
主父偃传	1822 字	1038 字	57%
徐乐传	770 字	754 字	98%
严安传	1331 字	1304 字	98%
终军传	1590 字	504 字	32%
王褒传	1647 字	1056 字	64%
贾捐之传	2454 字	1156 字	47%
扬雄传	11172 字	5242 字	47%

---

① 《汉书·东方朔传》。

2.《后汉书》表

列传	全文	奏书	奏书比
班彪列传	10786 字	6016 字	56％
张衡列传	7152 字	1194 字	17％
郎顗列传	6299 字	5917 字	94％
襄楷列传	2410 字	1936 字	80％
马融列传	3752 字	2769 字	74％
蔡邕列传	7998 字	3354 字	42％

第二节　奏诏叙事模式对奏诏模式
之反应机制的书写方式

奏诏模式的反应机制是指皇帝对奏书的反馈方式或态度反应。在这里,奏诏模式和奏诏叙事模式之间就出现了差异。奏诏模式的实际情景可能并不简单,奏诏叙事模式则显得更为复杂。奏诏模式一般只有两种结果,即"诏可"("制曰可"、"诏许之"、"诏从之"、"嘉纳焉")或"不省",奏诏叙事模式则出现了三种写法,除了可奏或不纳外,还有态度模糊和结果不明者。比如,

> 广陵王(刘)荆有罪,(明)帝以至亲悼伤之,诏(樊)儵与羽林监南阳任隗杂理其狱。事竟,奏请诛荆。引见宣明殿,帝怒曰:"诸卿以我弟故,欲诛之,即我子,卿等敢尔邪!"儵仰而对曰:"天下高帝天下,非陛下之天下也。《春秋》之义,'君亲无将,将而诛焉'。是以周公诛弟,季友鸩兄,经传大之。臣等以荆属托母弟,陛下留圣心,加恻隐,故敢请耳。如令陛下子,臣等专诛而已。"帝叹息良久。[①]

所谓"帝叹息良久",可作多种解读。一方面,皇帝似乎默认了官员的主张;另一方面,皇帝又态度不明,不置可否。这就是第三种情景。它是奏诏叙事模式的着意所在。因为,它体现了奏诏模式的复杂性、随机性和不可预测性。

我们对奏诏叙事模式的三种写法,都选择了一些篇幅较大的(二百字以上)

---

① 《后汉书·樊宏列传》。

奏书，①目的不仅在于展现奏诏之间的详略对比，更在于凸显奏诏叙事模式对不同情景的修辞技术和处理手法。

这三种写法有一个共同现象，就是同一篇奏书会反复出现在不同的史书上。文字固然大同小异，重要的是，它说明了不同的史家对奏疏有着完全相同的选择标准。

一、采用奏疏

皇帝采纳官员奏言，史书却只记载官员奏疏，而无皇帝诏书，所以人们很难明白诏书的具体内容和修辞。史书上一般都是简单的几个字，诸如"多有所纳"、"敬纳其言"、"嘉纳其言"、"悉纳从之"、"嘉纳之"、"纳其言"、"善其言"、"采其言"、"从之"、"然之"、"纳之"、"善之"等。其实际内容和具体做法并不清楚，字面含义是皇帝接受了官员的奏言。至于如何执行，并未记载。比如，"上内忧黄巾，问掖庭令吕强何以静寇，对曰：'诛左右奸猾者。中常侍丁肃、徐演、李延、赵裕、郭耽，朝廷五人，号为忠清，诚可任用。赦党人，简选举，何忧于贼！'上纳其言。"②不过，通常说来，有这类字眼的，都表明皇帝已经接受了奏书。比如，"上召奉车(骑)都尉韦彪，问以三辅旧事。彪对讫，因言巡省旧都，宜录先帝功臣及其子孙，上嘉纳焉。即封萧何、曹参、霍光后为列侯。"③据此，我们可以大体判断，即便嘉纳其言之后戛然而止，也不难推想皇帝下诏的主要内容。

作为奏诏叙事模式的常用词，史书上频频出现这类词句，自然出于修辞考虑，即简明扼要地保持奏诏模式的完整性。其所预留的想象空间需要人们从奏书文字中延伸开来。皇帝下诏内容和落实效果，均不得而知，我们只能想象。虽然这种想象也是对奏书文字的一种合理解读。总之，这类常用词的特点是语义含蓄。意思是，皇帝重视，却又未必全部采纳。至于如何具体实施，更是不甚了了。

史书没有写具体落实效果，自然不知是否将这封奏书的内容进一步细化为一些相关条例规章，以便执行。从奏诏模式的角度看，这种写法显然并不完整。既不知皇帝诏书怎么写的，也不知诏书被如何执行的。这样，诏书和诏书效果就成为一个空白。这种空白往往正是史书的着意之处。它凸显的正是官员奏

---

① 详见本节列表。
② 《后汉纪》卷24。
③ 《后汉纪》卷11。

疏的教化寓意和道德价值。

二、奏疏不用

对官员上书,皇帝有"不用"、"不省"、"不答"、"不听"、"不纳"、"不报"等反应形式。意思差不多,却有微妙差异。所谓"不省"、"不听",恰恰意味着皇帝已经看过奏书,对奏书中的内容已经有所了解,只是不愿听从奏书的劝谏,或接受奏书的建议,或采纳奏书的方案等等,尽管如此,但皇帝依然需要告知臣子奏书被否决,这就是"报闻"。即皇帝对奏书应该有一个明确态度,即便否定奏书,也要告知臣子,而不能置若罔闻,不理不睬。它是奏诏模式中的一项制度性规定。比如,徐福上疏指控霍氏专横,"书三上,辄报闻。"霍山"坐写秘书,(霍)显为上书献城西第,入马千匹,以赎山罪。书报闻。"师古云:"不许之。"①胡注云:"汉制:上书不行者,辄报闻,罢。"②是可知,所谓"报闻"就是皇帝对奏书的明确否定。但在奏诏叙事模式中,"报闻"常常被代之以"不省"或"不听"等语义明晰的修辞。其所产生的阅读效果,不仅是给奏书画上了一个标准的句号,更是画上了一个醒目的惊叹号。由此形成一种明智之言被武断拒绝的遗憾之感。这是一种常有的读史体验。臣子之明和君主之昏构成鲜明对照,令人痛感历史之无奈和命运之不公。可见,"书奏不省"寓意颇深,蕴含史家对历史态势的价值判断。事实上,凡是冠以"不省"、"不听"之奏书,往往被史家视为充满道义力量的真知灼见。

简言之,官员上疏被皇帝明确拒绝,是谓"书奏不省",甚者尚有"屡寝不报"。对不省奏议的连篇累牍的翔实记载,恰恰表明了史家的政治态度和写作立场。因为,史家通过创造"书奏不省"或"书御不省"这样一句典型的史书语言,向人们暗示出,奏书没有被皇帝采用,也就是官员上书没有产生实际效果。从历史实际看,没有产生历史结果的文章或奏书并无什么价值。但史书之所以记载这类奏章,显然有其特殊意图。那就是对后世君臣的警示和劝诫。希望后世官员能勇于劝谏,同时,希望后代皇帝能善于纳谏。

"书奏不省"或"书御不省"是两汉奏诏模式中频频出现的词语。但两汉却有不同用法。西汉"不省"多为"不明"、"不懂"、"不知"、"不看"、"不见"、"不理"、"不察"、"不考虑"之义。作为奏诏模式的习惯用语,尚未使用"不

---

① 《汉书·霍光传》。
② 《资治通鉴》卷25。

省",更不用说"奏疏不省"之类。比如,主父偃西入关见卫青。"卫将军数言上,上不省。"① 所谓"上不省",意即武帝不见主父偃,并非武帝对卫青上书搁置不理。

至于东汉,"书奏不省"确实成了奏诏模式中的常用词。② 当然,这也可以看作奏诏叙事模式的常用词。但奏诏叙事模式的常用语,应该是对奏诏模式的一般反映。二者的关系是,史家在写史时,对一些关键词和常用语的频繁使用,不会无的放矢,应该有所根据和考虑。这些词语或直接来自奏诏模式的固有词语,或因奏诏叙事模式之需要而创造。有时二者之界限并不容易区分。

东汉"奏议不省"的例子明显比西汉多。但这显然不能简单认为,西汉皇帝更能虚心纳谏,接受批评。或许可以推断,西汉官员奏议的数量不如东汉官员多。而这又是与前后汉书写材料的技术进步直接相关。就是说,西汉依然处于典型的简牍时代,③ 东汉则发生了某种革命性变化,开始了从简牍向纸张的缓慢过渡。④ 大体说,东汉中后期,至少在京师朝廷的官场上层,已经越来越多地使用纸

---

① 《汉书·主父偃传》。

② 二百字以下的"书奏不省"亦颇多。比如,河间男子赵腾"诣阙上书,指陈得失",被收诏狱,杨震上疏,"帝不省,腾竟伏尸都市。"(《后汉书·杨震列传》)安帝废皇太子为济阴王,张皓上疏,"书奏不省。"(《后汉书·张皓列传》)顺帝"委纵宦官",张纲上书,"书奏不省。"(《后汉书·张纲列传》)梁冀子弟等"无功并封",杜乔上谏,"书奏不省。"(《后汉书·杜乔列传》)"是时连月火灾,诸宫寺或一日再三发。又夜有讹言,击鼓相惊。陈蕃等上疏谏曰'唯善政可以已之',书奏不省。"(《后汉书·孝桓帝纪》)窦宪"兄弟放纵",乐恢上疏,"书奏不省。"(《后汉书·乐恢列传》)州有大水,左雄上疏;盗贼数发,左雄和郭虔共同上疏,"书奏,并不省。"(《后汉书·左雄列传》)

③ 马王堆汉墓出土了大量帛书,门类众多,涉及"六艺"、"诸子"、"诗赋"、"兵书"、"术数"、"方技",表明帛书当时是一种相当流行的书写材料。足见汉初在列侯、尤其诸侯王这个级别,帛书并不稀罕。既如此,皇宫应该帛书更多,使用范围更广泛。作为朝廷最重要、最权威、最神圣的文书,皇帝诏书理应使用帛书。因为无论材质还是外观,帛书显然更上档次。当然,它也更昂贵,工艺也更复杂。或许,这限制了帛书的使用范围。但这不意味着皇帝连帛书也用不起。既如此,为何现在人们提及诏书,都只限于竹简、木简这个范围,诸如尺寸、形制、格式、字体、内容等,而毫不涉及帛书?似乎帛书诏书从不存在一样。人们从未认真考虑过这种可能性。这或许因为文献中始终没有帛书诏书的明确记载,加上出土的都是简牍诏书。这给人一个印象,似乎早期帝国只有简牍诏书,绝无帛书诏书。问题是,如果真有帛书诏书,为何出土的只有简牍诏书?显然,这有多种原因。其一,帛书诏书不易保存;其二,诏书不能私藏人家,遑论民间;其三,西北出土的诏书涉及时令改制、政务管理、社会治安或边郡军事经济方面的内容,虽偶有告知某些平叛事件,却无一件涉及宫廷政治或高层内幕的诏书;其四,简牍诏书有些文字潦草,据分析应是诏书抄件。考虑到边郡偏远,官府机构众多,简牍诏书耐用实惠等因素,出土的都是简牍诏书不难理解。但这一切都不能排除事关重大的皇帝诏书完全可能写于帛书。否则怎么会有"玺书"?所谓玺书,绝非加盖在简牍诏书封泥上的印章,而是直接盖在帛书诏书上的皇帝玉玺。何况史有"诏书以朱钩施行"(卫宏《汉旧仪》卷上,《汉官六种》)之语。所谓"朱钩"显然不是竹简上的行习习惯。

④ 有洛阳纸贵,却无洛阳简贵,更无洛阳鼎贵。这说明,书写材料的革命必然产生一种普遍的传播效应。因为,书写材料的奇缺或不便,自然不易短期内制造出庞大的阅读人群。缺少足够的阅读人群,自然不会出现追捧阅读的"热读"效应。

张来书写给皇帝的奏章。虽不能说纸写奏书蔚然成风,确已相当普遍。[①] 这种新材料轻便、美观,便于书写,[②]似乎也激发了官员频频上疏的政治热情和写作冲动。正是在这个时期,出现了真正意义上的官员文集。[③] 在这些官员文集中,数量最多的自然是奏章、上表、政论等公文。某种意义上,这些官员文集基本算是公文集。即便有些诗赋也多为讽谏性质。纯粹的抒情作品和私信文章极少。

三、奏疏无果

上书没有明确结果,等于没有结果。即没有采用。班《书》载,贾谊"数上疏陈政事",[④]皆无下文。倒是史公《记》明说:"贾生数上疏,言诸侯或连数郡,非古之制,可稍削之。文帝不听。"[⑤]

有时,某篇上奏未得到皇帝赞同,而被搁置。这便是有上奏而无下诏。有些官员奏疏,好像皇帝下诏批准了,但又好像没有实施。凡此,皆可归类为详奏略诏。它既可以是省略诏书,也可以是省去诏书。显然,这类情况并非全是历史实态。很大程度上,它是史书叙事产生的自然效果。因为,通常说来,皇帝对奏书的态度不外乎两种,要么"制曰可",要么"不省"。总之,正常说,皇帝对奏书都会有所回应,而不会完全视而不见,置之不理。如果这个推断有相当的合理性,我们就有充分理由认定,史书上出现的许多长篇奏书,之所以上奏之后如泥牛入海,无声无息,不见动静,应该不是皇帝没有看见,或弃之不顾,而是皇帝态度冷淡,不置可否。这样,史书就采取了只记奏书,不载诏书的写法。

总体而言,史书上出现的大量的有奏无诏,本质上是史书叙事的结果,而非历史实态。[⑥] 虽说从史书叙事角度看,有奏无诏是一种残缺的、不完整的奏诏

---

① 这从两方面可见一斑。一是以纸写信。马融《与窦伯向书》云:"孟陵奴来赐书,见手迹,欢喜何量,次于面也。书虽两纸,纸八行,行七字,七八五十六字,百十二言耳。"(《全后汉文》卷18)—是以纸写书。崔瑗《与葛元甫书》云:"今遣奉书钱千为赞,并送《许子》十卷,贫不及素,但以纸耳。"(《全后汉文》卷45)既然纸张能频频用于书信和书籍,自然也能广泛用于奏书。

② 一般说,"至迟到东汉时期,纸已经成为书写的工具。……与笨重、坚硬的简牍相比,轻便、柔软的纸书容易携带,容易把玩,也更具有感性。绢素虽然也有此特点,但纸比起绢素来较为廉价。"(田晓菲《影子与水文:秋水堂自选集》,第59—60页,南京大学出版社,2019年)

③ 书法艺术和书法家出现于东汉,并非偶然。

④ 《汉书·贾谊传》。

⑤ 《史记·贾谊列传》。

⑥ 这类奏书有些采自史书注释,而非正文,其性质和意义还是有所不同,需作区分。比如,天有变气,李合上书(362字)。"臣闻天不言,县象以示吉凶,挺灾变异以为谴诫。……如不承慎,祸至变(转下页)

模式。但无诏并非毫无作为,无所事事。事实上,它有多种形式。这需要从史书的字里行间得以辨析。比如,谏大夫鲍宣上书,痛斥天下有"七亡""七死"。"宣语虽刻切,上以宣名儒,优容之。"①所谓"优容之",是说,哀帝宽容鲍宣奏书的言辞激烈,不予追究,但也不会采用。是可知,"优容之"既是哀帝对鲍宣的态度,也是哀帝处置鲍宣奏书的态度。就是说,哀帝并未对鲍宣奏书正式下诏,却已经明确表明了自己搁置奏书的态度。又如,郎顗上书"荐黄琼、李固,并陈消灾之术",所谓"谨复条便宜四事",并不见顺帝有何反应,史称,"书奏,特诏拜郎中,辞病不就,即去归家。"②观其文义,顺帝对郎顗奏疏不置可否,却仍然"特诏拜郎中"。可范《书》又没有明确写出顺帝诏书。这正是一种性残意全的奏诏叙事模式。

这样,实际的奏诏模式和史书的奏诏叙事模式之间就有了深刻差异。本来完整的奏诏模式,在史家笔下就成了不完整的奏诏叙事模式。其特点是,有奏无诏,即省略诏书。省略诏书使得奏诏叙事模式出现了一个空白。当史书有意制造一种诏书空白的效果时,奏诏模式便转化为奏诏叙事模式。史家通过残缺的奏诏叙事模式呈现完整的奏诏模式。人们阅读奏诏叙事模式时,往往会忘掉奏诏模式的实际状态。

简单说,奏诏叙事模式中的空白就是省略诏书。它表现为两种写法。一种是皇帝同意,省略诏书,等于以奏为诏;一种是皇帝不同意,上奏没有结果,不必写出皇帝反应。这两种写法的具体含义,需要看上下文。比如,"河间王薨,中尉常丽以闻,曰:'王身端行治,温仁恭俭,笃敬爱下,明知深察,惠于鳏寡。'大行令奏:'谥法:"聪明睿知曰献",谥曰献王。'"③在这里,不写皇帝意见,意味着皇帝同意。即,不写就是写。

更为复杂的是,有时即便皇帝对官员呈奏上来的文章或作品表明公开态度,或公开表示赞赏,也可能毫无作用。在这种情况下,史书的认真描写就有了特殊寓意。它并非要表明,奏诏模式仍然具有一种正常运作的形式,而是试图强调奏诏模式本身蕴含的皇权正统性。即只有名正言顺的皇帝才有权支配奏

(接上页)成,悔之靡及也。"(《后汉书·天文志中》,刘昭注)京都大疫,张衡上封事(413字)。"臣窃见京师为害兼所及,民多病死,(上并猥)死有灭户。人人恐惧,朝廷燋心,以为至忧。臣官在于考变禳灾,思(在)〔任〕防救,未知所由,夙夜征营。"(《后汉书·五行志》,刘昭注)日蚀,李合上书(333字)。"宜贬退诸后兄弟群从内外之宠,求贤良,征逸士,下德令,施恩惠,泽及山海。"(《后汉书·五行志六》,刘昭注)

① 《资治通鉴》卷34。
② 《后汉书·郎顗列传》。
③ 《资治通鉴》卷18。

诏模式的运行。

这样,傀儡的皇帝和实际的皇权之间就形成了反差,并构成了张力。皇帝已成傀儡,这种时候官员上奏其实已经没有实际作用。但仍然保留着奏诏模式的外在形式。这样,傀儡皇帝对官员奏疏的态度和处置,已经毫无意义。这使得我们很难按照正常标准来判断上奏的结果。无论皇帝赞成与否,奏疏都不可能通过诏书得以实施。典型如汉献帝时奏诏模式的运作。"时政移曹氏,天子恭己而已。(荀)悦志在献替,而谋无所用,乃作《申鉴》五篇。其所论辩,通见政体,既成而奏之。"献帝"览而善之"。① 一方面,虽说《申鉴》不是真正意义上的奏书,但"既成而奏之",也可以算是奏书。即,不是奏书的奏书。另一方面,被上奏的皇帝也是徒有虚名的傀儡天子。这就使得奏诏模式具有了新的意义。奏方并非真的,诏方亦非实的。就是说,无论采用与否,皆不具有实质意义。所谓"帝览而善之",亦是云云而已。相对《申鉴》,应劭删定律令为《汉仪》,奏之,倒是真正的奏疏。史称,应劭"撰具《律本章句》、《尚书旧事》、《廷尉板令》、《决事比例》、《司徒都目》、《五曹诏书》及《春秋断狱》凡二百五十篇。蠲去复重,为之节文。"献帝善之。② 显然,这虽是一个完整的奏诏模式,却没有实质意义。尽管如此,史家仍然将其制作成一个完整的奏诏叙事模式,从而含蓄地表达出自己对皇权失序的心理惋惜和对皇权秩序的道德敬畏。

四、表格

1. 采用奏书表③

字数	内容	出处
1103 字	李斯阿二世意,上书媚主,"夫贤主者,必且能全道而行督责之术者也。督责之,则臣不敢不竭能以徇其主矣。"二世"督责益严"。④	《史记·李斯列传》

---

① 《后汉书·荀淑列传》。
② 《后汉书·应奉列传》。
③ 列表有五个条件,一是字数够多,二是基本不选对策,三是只选史书正文中的奏书,四是有代表性,五是考虑奏诏模式的完整性。基于此,东观《记》或八家《后汉书》虽有一些数百字的长篇奏书,但由于缺乏皇帝态度的必要环节,故而不具备奏诏模式的完整性要求。比如,东观《记》卷14有两篇杜林上疏,一篇352字,一篇633字。此类奏书字数再多亦不选。(以下两表同)
④ 《通鉴》载此疏,206字。(《资治通鉴》卷8)

续　表

字数	内容	出处
596字	梁王刘胜死,亡子。贾谊上疏,"愿举淮南地以益淮阳,而为梁王立后,割淮阳北边二三列城与东郡以益梁。"文帝"从谊计"。①	《汉书·贾谊传》
700字	成帝即位,匡衡上疏"戒妃匹,劝经学威仪之则"。成帝"敬纳其言"。②	《汉书·匡衡传》
283字	薛宣上书,"吏多苛政,政教烦碎,大率咎在部刺史。……方刺史奏事时,宜明申敕,使昭然知本朝之要务。"成帝"嘉纳之"。③	《汉书·薛宣传》
743字	刘向上书为陈汤辩护。"汤所诛震,虽《易》之折首、《诗》之雷霆不能及也。论大功者不录小过,举大美者不疵细瑕。"成帝赦"汤罪"。	《汉书·陈汤传》
423字	谷永上疏为陈汤辩护。"今汤亲秉钺,席卷喋血万里之外,荐功(宗)〔祖〕庙,告类上帝,介胄之士靡不慕义。以言事为罪,无赫赫之恶。"成帝"出汤"。	《汉书·陈汤传》
491字	耿育上书冤讼陈汤。"汤为圣汉扬钩深致远之威,雪国家累年之耻,讨绝域不羁之君,系万里难制之虏,岂有比哉!"成帝"还汤"。④	《汉书·陈汤传》
389字	谷永上疏,推荐薛宣"材茂行絜,达于从政",可为御史大夫。成帝"然之"。	《汉书·薛宣传》
485字	鲍宣上书,"复征何武、师丹、彭宣、傅喜,旷然使民易视,以应天心,建立大政,以兴太平之端。"哀帝"纳宣言"。	《汉书·鲍宣传》
800字	哀帝立,王嘉"欲匡成帝之政,多所变动。""天子纳而用之。"	《汉书·王嘉传》
249字	成帝老师郑宽中死后,谷永上疏,劝谏皇帝尊师厚礼,"上吊赠宽中甚厚。"	《汉书·儒林传》
527字	张敞上书指控丞相黄霸,编造祥瑞,粉饰政绩。"天子嘉纳敞言。"	《汉书·循吏传》
1800字	贾谊上书,要求重视农业。"今殴民而归之农,皆着于本,使天下各食其力,末技游食之民转而缘南,则畜积足而人乐其所矣。可以为富安天下,而直为此廪廪也,窃	《汉书·食货志上》

---

① 《通鉴》载此疏,379字。(《资治通鉴》卷15)
② 《通鉴》载此疏,436字。(《资治通鉴》卷29)
③ 《通鉴》载此疏,206字。(《资治通鉴》卷30)
④ 《通鉴》载此疏,474字。(《资治通鉴》卷33)

续　表

字数	内容	出处
	为陛下惜之！"文帝"上感谊言,始开籍田,躬耕以劝百姓。"晁错上书,"今募天下入粟县官,得以拜爵,得以除罪。如此,富人有爵,农民有钱,粟有所渫。……夫得高爵与免罪,人之所甚欲也。使天下〔人〕入粟于边,以受爵免罪,不过三岁,塞下之粟必多矣。"文帝"从错之言,令民入粟边"。晁错复奏言,"可时赦,勿收农民租。"文帝"复从其言,乃下诏赐民十二年租税之半"。	
221字	马援上书,"极陈灭(隗)嚣之术",光武帝"召援计事,援具言谋画"。	《后汉书·马援列传》
369字	马严上封事,指责益州刺史朱酺等人"选举不实,曾无贬坐",章帝"纳其言而免酺等官。"	《后汉书·马援列传》
250字	马援于交址"得骆越铜鼓,乃铸为马式",并上表,"臣谨依仪氏䯊,中帛氏口齿,谢氏唇䰄,丁氏身中,备此数家骨相以为法。""有诏置于宣德殿下,以为名马式焉。"	《后汉书·马援列传》
406字	彭宠反于渔阳,光武"欲自征之",伏湛上疏,光武"览其奏,竟不亲征"。	《后汉书·伏湛列传》
227字	阴氏宾客"在郡界多犯吏禁",蔡茂上疏,"欲令朝廷禁制贵戚。"光武"纳之"。	《后汉书·蔡茂列传》
323字	韦彪上疏,"伏见立夏以来,当暑而寒,殆以刑罚刻急,郡国不奉时令之所致也。"明帝"纳之"。	《后汉书·韦彪列传》
268字	朱浮上书,"以国学既兴,宜广博士之选",光武"然之"。	《后汉书·朱浮列传》
424字	朱浮上疏,"今牧人之吏,多未称职,小违理实,辄见斥罢,岂不粲然黑白分明哉！"光武采其言。"自是牧守易代颇简。"①	《后汉书·朱浮列传》
243字	张纯"奏上宜封禅",光武"乃东巡岱宗"。	《后汉书·张纯列传》
459字	郑兴上疏,"今陛下高明而群臣惶促,宜留思柔克之政,垂意洪范之法,博采广谋,纳群下之策。"光武"多有所纳。"	《后汉书·郑兴列传》
290字	窦宪上疏,推荐桓郁入朝教授。"由是迁长乐少府,复入侍讲。"②	《后汉书·桓荣列传》

① 《通鉴》载此疏,212字。(《资治通鉴》卷42)
② 袁《纪》载此疏,237字。(《后汉纪》卷12)

续 表

字数	内容	出处
660 字	窦宪专行威权,丁鸿上封事。"陛下未深觉悟,故天重见戒,诚宜畏惧,以防其祸。……宜因大变,改政匡失,以塞天意。"和帝收窦宪大将军印绶。①	《后汉书·丁鸿列传》
400 字	班彪上言。"宜博选名儒有威重明通政事者,以为太子太傅,东宫及诸王国,备置官属。"光武"纳之"。	《后汉书·班彪列传上》
366 字	宋意上疏劝谏,命诸侯王"各归蕃国"。章帝"纳之"。	《后汉书·宋均列传》
280 字	李膺等纠罚奸佞,"得罪输作。"应奉上疏辩诬,"乞原膺等,以备不虞。"桓帝"悉免其刑"。	《后汉书·李膺列传》
362 字	徐防上疏,"臣以为博士及甲乙策试,宜从其家章句,开五十难以试之。解释多者为上第,引文明者为高说;若不依先师,义有相伐,皆正以为非。《五经》各取上第六人,《论语》不宜射策。"和帝从之。②	《后汉书·徐防列传》
215 字	张酺上疏,"今议者为(刘)缭选严能相,恐其迫切,必不完免,宜裁加贷宥,以崇厚德。"和帝"感酺言,徙缭封,就国而已。"	《后汉书·张酺列传》
280 字	庞参击羌,兵败,"乃称病引兵还,坐以诈疾征下狱。"马融上书请之。"书奏,赦参等。"	《后汉书·庞参列传》
605 字	李膺等"为党事考逮"。窦武疏谏,"近者奸臣牢修,造设党议,遂收前司隶校尉李膺、太仆杜密、御史中丞陈翔、太尉掾范滂等逮考,连及数百人,旷年拘录,事无瞍验。"桓帝诏赦李膺等。③	《后汉书·窦武列传》
672 字	陈龟上疏,"宜更选匈奴乌桓护羌中郎将校尉,简练文武,授之法令,除并凉二州今年租更,宽赦罪隶,埽除更始。"桓帝下诏"除并、凉一年租赋,以赐吏民"。	《后汉书·陈龟列传》
380 字	谢该"以父母老,托疾去官"。孔融上书荐之,"以为可推录所在,召该令还。"书奏,"诏即征还。"	《后汉书·儒林列传下》
240 字	邓太后兄大将军邓骘"以母忧,上书乞身"。班昭上疏,劝告太后应允其"引身自退"。太后"许之"。	《后汉书·列女传》
250 字	虞诩上疏,建议恢复朔方、西河、上郡,顺帝"乃复三郡"。	《后汉书·西羌传》
667 字	班彪上奏,"今南单于携众南向,款塞归命。自以呼韩嫡长,次第当立,而侵夺失职,猜疑相背,数请兵将,归埽北庭,策谋纷纭,无所不至。"光武帝"悉纳从之"。	《后汉书·南匈奴列传》

---

① 袁《纪》载此疏,324 字。(《后汉纪》卷 13)《通鉴》载此疏,251 字。(《资治通鉴》卷 48)

② 《通鉴》载此疏,215 字。(《资治通鉴》卷 48)

③ 袁《纪》载此疏,309 字。(《后汉纪》卷 22)

字数	内容	出处
566 字	杜林上谏,"法简易遵,网疏易从,海内颂政,不胜其喜,宜如旧制。"光武"从林议"。	《后汉纪》卷 6
216 字	陈元上疏,"宜修文武之典,袭祖宗之德,屈节待贤,以示将来,不宜有司察公辅之名也。"光武"善其言"。①	《后汉纪》卷 7
238 字	东平王刘苍上疏,"陛下追考祖祢,思慕无已,诚恐左右过议,以累圣心。"章帝"雅敬苍,从之而止"。	《后汉纪》卷 11
280 字	班昭上书为其兄班超求代。"妾诚伤超以壮年竭力忠孝于沙漠,罢老则使捐弃于旷野,诚可哀怜。"和帝"感其言,乃征超还。"	《后汉纪》卷 14
581 字	左雄上疏,"以为长吏理绩有显效者,可就增秩,勿使移徙,非父母丧不得去官。其不从,王制锢之终身,虽赦令不在齿列。"于是,"复申无故去官之禁"。	《后汉纪》卷 18
200 字	黄琼上疏,希望皇帝"迎气东郊,以应时风"。顺帝"从之"。	《后汉纪》卷 19
456 字	灵帝崩,"有司奏议宗庙迭毁。"蔡邕上议,"宜孝元皇帝世在第八,光武皇帝世在第九,故元帝为考庙,尊而奉之。孝明因循,亦不敢毁。元帝今于庙九世,非宗,亲尽宜毁。……孝安、孝桓〔在〕(孝)昭,孝和、孝灵在穆,四时常陈。孝和以下,穆宗、恭宗、威宗之号,皆宜省去,以遵先典,殊异祖宗不可参并之义。"朝廷"从之"。	《后汉纪》卷 26
221 字	时论者欲复肉刑,孔融谏议,"明德之君,远度深惟,弃短就长,不苟革其政者也。""朝廷善之,卒不改焉。"	司马彪《续汉书》卷 5,《八家后汉书》

2. 奏疏不用表

字数	内容	出处
593 字	严尤谏言,"大用民力,功不可必立,臣伏忧之。今既发兵,宜纵先至者,令臣尤等深入霆击,且以创艾胡虏。"王莽不听。②	《汉书·匈奴传下》

———————

① 《资治通鉴》载此奏书,207 字,并写"帝从之"。(《资治通鉴》卷 42)不过,"善其言"也有善而不用的时候。比如,"祠祭上林苑中长安城旁,费用甚多,然无大贵盛者。"谷永上疏,"唯陛下距绝此类,毋令奸人有以窥朝者。"成帝"善其言"。但据下文,成帝并未采用其奏疏。(《汉书·郊祀志下》)

② 袁《纪》载此疏,209 字。(《后汉纪》卷 8)

续　表

字数	内容	出处
621字	文帝"除盗铸钱令,使民放铸。"贾谊上谏,"铜布于天下,其为祸博矣。今博祸可除,而七福可致也。"文帝"不听"。	《汉书·食货志下》
1674字	营昌陵,数年不成,还归延陵。刘向疏谏,"孝文皇帝去坟薄葬,以俭安神,可以为则;秦昭、始皇增山厚臧,以侈生害,足以为戒。初陵之橅,宜从公卿大臣之议,以息众庶。"成帝"甚感向言,而不能从其计。"	《汉书·楚元王传》
1162字	政由王氏,灾异频仍。刘向上封事,"大将军秉事用权,五侯骄奢僭盛,并作威福,击断自恣,行污而寄治,身私而托公,依东宫之尊,假甥舅之亲,以为威重。……历上古至秦汉,外戚僭贵未有如王氏者也。"成帝思而不用。①	《汉书·楚元王传》
748字	刘向上奏,"今日食尤屡,星孛东井,摄提炎及紫宫,有识长老莫不震动,此变之大者也。"成帝"终不能用"。	《汉书·楚元王传》
2060字	闽越击南越,武帝发兵伐闽越。淮南王刘安上书,"臣安窃恐将吏之以十万之师为一使之任也!"武帝不听,"汉兵遂出。"	《汉书·严助传》
226字	哀帝发武库兵送董贤,毌将隆奏言,"贤等便僻弄臣,私恩微妾,而以天下公用给其私门,契国威器共其家备。"哀帝"不说"。	《汉书·毌将隆传》
1031字	日食,王嘉奏封事,"乱国亡驱,不终其禄,所谓爱之适足以害之者也。宜深览前世,以节(董)贤宠,全安其命。"哀帝"寝不说,而愈爱贤。"	《汉书·王嘉传》
812字	桓谭上疏陈时政,"臣闻国之废兴,在于政事;政事得失,由乎辅佐。辅佐贤明,则俊士充朝,而理合世务;辅佐不明,则论失时宜,而举多过事。"光武"不省"。②	《后汉书·桓谭列传》
440字	光武信谶,桓谭上疏,"陛下宜垂明听,发圣意,屏群小之曲说,述五经之正义,略赖同之俗语,详通人之雅谋。"光武"不悦"。③	《后汉书·桓谭列传》
384字	因结交外戚免官,冯衍上言,"于今遭清明之时,饬躬力行之秋,而怨雠丛兴,讥议横世。盖富贵易为善,贫贱难为工也。疏远垅亩之臣,无望高阙之下,惶恐自陈,以救罪尤。"光武不省。④	《后汉书·冯衍列传》

---

① 《通鉴》载此疏,703字。(《资治通鉴》卷30)
② 袁《纪》载此疏,235字。(《后汉纪》卷4)
③ 袁《纪》载此疏,310字。(《后汉纪》卷4)
④ 袁《纪》载此疏,274字。(《后汉纪》卷8)

字数	内容	出处
705 字	议遣窦宪等击匈奴,鲁恭上疏,"臣恐中国不为中国,岂徒匈奴而已哉! 惟陛下留圣恩,休罢士卒,以顺天心。"和帝"不从"。	《后汉书·鲁恭列传》
1101 字	寇荣先是"陷以罪辟",继而"亡命中上书。""愿陛下匄兄弟死命,使臣一门颇有遗类,以崇陛下宽饶之惠。"桓帝"省章愈怒,遂诛荣"。	《后汉书·寇恂列传》
319 字	第五伦上书,"后族过盛,欲令朝廷抑损其权。"章帝"不见省用。"①	《后汉书·第五伦列传》
221 字	令窦宪击匈奴,诏为其弟"起邸第"。何敞上疏,"宜且罢工匠,专忧北边,恤人之困。"书奏不省。	《后汉书·何敞列传》
603 字	中使伯荣往来甘陵,"负宠骄蹇",地方官趋势逢迎,又雨积河涌,百姓骚动。陈忠上疏,"伯荣之威重于陛下,陛下之柄在于臣妾。水灾之发,必起于此。""书奏不省。"②	《后汉书·陈宠列传》
416 字	陈忠疏谏,大臣行三年之丧。"建武之初,新承大乱,凡诸国政,多趣简易,大臣既不得告宁,而群司营禄念私,鲜循三年之丧,以报顾复之恩者。"安帝寝其奏。③	《后汉书·陈宠列传》
339 字	渤海王刘悝"多不法"。史弼上封事,"臣职典禁兵,备御非常,而妄知藩国,干犯至戚,罪不容诛。"桓帝"不忍下其事"。④	《后汉书·史弼列传》
696 字	安帝亲政,外戚"并用威权"。翟酺上疏,"愿陛下亲自劳恤,研精致思,勉求忠贞之臣,诛远佞谄之党,损玉堂之盛,尊天爵之重,割情欲之欢,罢宴私之好。""书奏不省。"	《后汉书·翟酺列传》
471 字	安帝封乳母王圣女婿为侯,杨震上疏,"今缤无佗功行,但以配阿母女,一时之间,既位侍中,又至封侯,不稽旧制,不合经义,行人喧哗,百姓不安。""书奏不省。"	《后汉书·杨震列传》
1121 字	桓帝时,宦官专朝,灾异尤频。襄楷上疏:"汉兴以来,未有拒谏诛贤,用刑太深如今者也。……案春秋以来及古帝王,未有河清及学门自坏者也。……臣前上琅邪宫崇受干吉神书,不合明听。""书奏不省。"	《后汉书·襄楷列传》)

---

① 《通鉴》载此疏,262 字。(《资治通鉴》卷 45)
② 《通鉴》载此疏,431 字。(《资治通鉴》卷 50)
③ 袁《纪》载此疏,315 字。(《后汉纪》卷 17)
④ 袁《纪》载此疏,301 字。(《后汉纪》卷 22)《通鉴》载此疏,202 字。(《资治通鉴》卷 55)

续　表

字数	内容	出处
474字	太史令上言"客星经帝坐"，桓帝密问爰延，爰延上封事。"惟陛下远谗谀之人，纳謇謇之士，除左右之权，寝宦官之敝。使积善日熙，佞恶消殄，则干灾可除。"桓帝"省其奏"。	《后汉书·爰延列传》
246字	桓帝微行，过河南尹梁胤府舍。杨秉上疏，"诸侯如臣之家，《春秋》尚列其诫，况以先王法服而私出盘游！"桓帝"不纳"。①	《后汉书·杨震列传》
295字	时行三互法，"幽冀二州，久缺不补。"蔡邕上疏，"臣愿陛下上则先帝，蠲除近禁，其诸州刺史器用可换者，无拘日月三互，以差厥中。""书奏不省。"②	《后汉书·蔡邕列传》
672字	梁冀专朝，灾异频见。刘陶上疏，"愿陛下远览强秦之倾，近察哀、平之变，得失昭然，祸福可见。""书奏不省。"③	《后汉书·刘陶列传》
418字	日食，卢植上封事，"案今年之变，皆阳失阴侵，消御灾凶，宜有其道。谨略陈八事：一曰用良，二曰原禁，三曰御疠，四曰备寇，五曰修体，六曰遵尧，七曰御下，八曰散利。"灵帝"不省"。	《后汉书·卢植列传》
220字	日食，皇甫规对策，"今兴改善政，易于覆手，而群臣杜口，鉴畏前害，互相瞻顾，莫肯正言。伏愿陛下暂留圣明，容受謇直，则前责可弭，后福必降。""对奏，不省。"	《后汉书·皇甫规列传》
290字	陈蕃上疏，"今失其劝种之时，而令给驱禽除路之役，非贤圣恤民之意也。"桓帝"不纳"。	《后汉书·陈蕃列传》
270字	杨乔上书推荐孟尝。"尝安仁弘义，耽乐道德，清行出俗，能干绝群。"孟尝"竟不见用"。	《后汉书·循吏列传》
236字	阳球上疏，"愿罢鸿都之选，以消天下之谤。""书奏不省。"	《后汉书·酷吏列传》
559字	灾异频降，审忠上疏，"愿陛下留漏刻之听，裁省臣表，埽灭丑类，以答天怒。""章寝不报。"	《后汉书·宦者列传》
1024字	灵帝"例封宦者"，吕强上书辞让，"帝知其忠而不能用。"	《后汉书·宦者列传》
295字	灵帝敛财，吕强上疏谏，"愿陛下详思臣言，不以记过见玼为责。""书奏不省。"	《后汉书·宦者列传》

---

① 袁《纪》载此疏，239字，且不言桓帝态度。(《后汉纪》卷21)

② 《通鉴》载此疏，232字。(《资治通鉴》卷57)

③ 袁《纪》则云："书奏，上善其言。"(《后汉纪》卷21)不过，《通鉴》采用了范《书》。(《资治通鉴》卷53)

续　表

字数	内容	出处
312 字	郑兴上疏,治政之道有三,"一曰择人,二曰因民,三曰从时。"光武"不从"。①	《后汉纪》卷 6
425 字	荆邯上疏,"臣之愚计,以为宜与汉和亲。不者,当及天下之望未绝,豪杰尚可驱动,急以时悉发国内精兵,令田戎据江陵,临江南之会,筑壁坚守,传檄吴、楚,则长沙以南必随风而靡。"公孙述终不从。②	《后汉纪》卷 6
218 字	宋意上疏,认为"礼宠诸王"不当。"宜割情不忍,以义断恩,发遣康、焉,各归蕃国,令羡等速就便时,以塞众望。"章帝"未及遣"。③	《通鉴》卷 47
208 字	桓帝诏封梁冀等人。杜乔上疏,"梁氏一门,宦者微孽,并带无功之绂,裂劳臣之土,其为乖滥,胡可胜言!"桓帝"不省"。④	《通鉴》卷 53

3. 奏疏无果表

字数	内容	出处
6909 字	匈奴侵边,制度疏阔,诸侯僭制。贾谊"数上疏陈政事"。"臣窃惟事势,可为痛哭者一,可为流涕者二,可为长太息者六,若其它背理而伤道者,难遍以疏举。"	《汉书·贾谊传》
250 字	贾谊上书谏文帝不要"复王"淮南厉王四子。⑤	《汉书·贾谊传》
225 字	成帝"好为微行出游",谷永上谏,"典门户奉宿卫之臣执干戈守空宫,公卿百寮不知陛下所在,积数年矣。"	《汉书·五行志中之上》

---

① 范《书》载此疏,467 字。(《后汉书·郑兴列传》)蹊跷的是,郑兴的同一封奏疏,在袁《纪》、范《书》中不仅内容出入较大,就连上书结果也迥然相异。袁《纪》说不从,范《书》说纳之。《资治通鉴》文字取范《书》,结果从袁《纪》。

② 范《书》载此疏,408 字。但有一关键处不同。"臣之愚计,以为宜及天下之望未绝,豪杰尚可招诱,急以此时发国内精兵,令田戎据江陵,临江南之会,倚巫山之固,筑垒坚守,传檄吴、楚,长沙以南必随风而靡。"(《后汉书·公孙述列传》)《资治通鉴》从范《书》。

③ 袁《纪》无此疏,只说"何敞说宋由曰",(《后汉纪》卷 12)且不言结果。范《书》亦无此疏,仅说何敞"奏记"宋由,"由不能用。"(《后汉书·何敞列传》)唯独《资治通鉴》一分为二。先写"何敞奏记宋由曰",后写"宋意上疏曰",且有"帝未及遣"字样。实不知史源何处。

④ 范《书》载此疏,仅 173 字。(《后汉书·杜乔列传》)另外,袁《纪》载杜乔一疏与此内容相似,文字不类,287 字。(《后汉纪》卷 21)

⑤ 《通鉴》载此疏,213 字,并说文帝"弗听"。(《资治通鉴》卷 14)

字数	内容	出处
1304 字	严安上书,"今郡守之权非特六卿之重也,地几千里非特闾巷之资也,甲兵器械非特棘矜之用也,以逢万世之变,则不可胜讳也。"	《汉书·严安传》
774 字	傅昭仪及子定陶王"爱幸"。匡衡上疏,"愿陛上详览统业之事,留神于遵制扬功,以定群下之心。"①	《汉书·匡衡传》
1112 字	鲍宣上书,"治天下者当用天下之心为心,不得自专快意而已也。"②	《汉书·鲍宣传》
433 字	哀帝即位,"封拜丁、傅。"师丹上书,"天下者,陛下之家也,肺附何患不富贵,不宜仓卒。"	《汉书·师丹传》
298 字	康居入汉贡献,郭舜上言,"康居骄黠,讫不肯拜使者。"成帝"终羁縻而未绝。"	《汉书·西域传上》
394 字	杜诗上疏荐伏湛,"臣诗窃见故大司徒阳都侯伏湛,自行束修,讫无毁玷,笃信好学,守死善道,经为人师,行为仪表。"	《后汉书·伏湛列传》
332 字	光武时权归"刺举之吏",朱浮上疏,"窃见陛下疾往者上威不行,下专国命,即位以来,不用旧典,信刺举之官,黜鼎辅之任,至于有所劾奏,便加免退,覆案不关三府,罪谴不蒙澄察。"	《后汉书·朱浮列传》
432 字	第五伦上疏,"郡国所举,类多辨职俗吏,殊未有宽博之选以应上求者也。"③	《后汉书·第五伦列传》
288 字	窦氏始贵,第五伦上疏,"臣愚愿陛下中宫严勑宪等闭门自守,无妄交通士大夫,防其未萌,虑于无形,令宪永保福禄,君臣交欢,无纤介之隙。"④	《后汉书·第五伦列传》
346 字	臧旻为第五种上书伸冤。"种所坐以盗贼公负,筋力未就,罪至征徙,非有大恶。……愿陛下无遗须臾之恩,令种有持忠入地之恨。"	《后汉书·第五伦列传》
217 字	张奋上疏,建议制定礼乐。"臣累世台辅,而大典未定,私窃惟忧,不忘寝食。臣犬马齿尽,诚冀先死见礼乐之定。"	《后汉书·张纯列传》

---

① 《通鉴》载此疏,645 字。(《资治通鉴》卷 29)
② 《通鉴》载此疏,788 字。(《资治通鉴》卷 34)
③ 《通鉴》载此疏,229 字,且说章帝"善之"。(《资治通鉴》卷 46)
④ 袁《纪》载此疏,204 字。(《后汉纪》卷 11)

字数	内容	出处
517 字	何敞上封事:"虽知言必夷灭,而冒死自尽者,诚不忍目见其祸而怀默苟全。"	《后汉书·何敞列传》
236 字	陈宠上奏,"宜令三公、廷尉平定律令,应经合义者,可使大辟二百,而耐罪、赎罪二千八百,并为三千,悉删除其余令,与礼相应,以易万人视听,以致刑措之美,传之无穷。"	《后汉书·陈宠列传》
517 字	陈忠上疏,"自今强盗为上官若它郡县所愍觉,一发,部吏皆正法,尉贬秩一等,令长三月奉赎罪;二发,尉免官,令长贬秩一等;三发以上,令长免官。"	《后汉书·陈宠列传》
327 字	安帝乳母王圣"缘恩放恣",杨震上疏,"宜速出阿母,令居外舍,断绝伯荣,莫使往来,令恩德两隆,上下俱美。"	《后汉书·杨震列传》
291 字	地震,杨震上疏:"唯陛下奋干刚之德,弃骄奢之臣,以掩訞言之口,奉承皇天之戒,无令威福久移于下。"	《后汉书·杨震列传》
261 字	"青蜺见御坐,"灵帝询问杨赐,杨赐上封事,"臣闻和气致祥,乖气致灾,休征则五福应,咎征则六极至。"	《后汉书·杨震列传》
575 字	时政权移于下,张衡上疏陈事,"窃惧圣思厌倦,制不专己,恩不忍割,与众共威。……愿陛下思惟所以稽古率旧,勿令刑德八柄,不由天子。"①	《后汉书·张衡列传》
605 字	张衡批评"图纬虚妄","宜收藏图谶,一禁绝之,则朱紫无所眩,典籍无瑕玷矣。"	《后汉书·张衡列传》
2388 字	马融上《广成颂》,讽谏朝廷"忽搜狩之礼,阙盘虞之佃"。	《后汉书·马融列传》
2029 字	郎𫖮上书,"荐黄琼、李固,并陈消灾之术。"	《后汉书·郎𫖮列传》
944 字	黄琼"疾笃",上疏谏,"臣至顽驽,世荷国恩,身轻位重,勤不补过,然惧于永殁,负衅益深。敢以垂绝之日,陈不讳之言,庶有万分,无恨三泉。"	《后汉书·黄琼列传》
1072 字	荀悦作《申鉴》五篇,成而奏之。所谓"致政之术,先屏四患,乃崇五政。"	《后汉书·荀淑列传》
441 字	梁统上书,"宜重刑罚,以遵旧典。""宜诏有司,详择其善,定不易之典,施无穷之法,天下幸甚。"②	《后汉书·梁统列传》

① 袁《纪》载此疏,526 字。文字有出入。"勿令刑德大柄,不由天断。"(《后汉纪》卷 19)
② 袁《纪》载此疏,352 字。(《后汉纪》卷 6)

续 表

字数	内容	出处
345字	傅燮抨击宦官专权，"阉竖弄权，忠臣不进。诚使张角枭夷，黄巾变服，臣之所忧，甫益深耳。"①	《后汉书·傅燮列传》
211字	卢植上书，"今《毛诗》、《左氏》、《周礼》各有传记，其兴春秋共相表里，宜置博士，为立学官，以助后来，以广圣意。"	《后汉书·卢植列传》
209字	杜笃认为"不宜改营洛邑"，上奏《论都赋》。	《后汉书·文苑列传上》
415字	孔融上疏荐祢衡。"使衡立朝，必有可观。……若衡等辈，不可多得。"	《后汉书·文苑列传下》
201字	赵飞燕"专宠怀忌"，谯玄上书谏，"愿陛下念天之至重，爱金玉之身，均九女之施，存无穷之福，天下幸甚。"	《后汉书·独行列传》
495字	第五伦上疏荐谢夷吾，"愿乞骸骨，更授夷吾，上以光七曜之明，下以厌率土之望，庶令微臣塞咎免悔。"	《后汉书·方术列传上》
455字	鲁丕对策曰："选举不实，咎在刺史二千石。……吏政多欲速，又州官秩卑而任重，竞为小功，以求进取，生凋弊之俗。"	《后汉纪》卷16
392字	单超等"五侯擅权"，黄琼上表，"陛下诚能行臣所陈，则怀宝抱璞之徒，特将竭力致身，以趋圣世。臣身轻任重，勤不补过，敢以垂死之年，陈不讳之言。"②	《后汉纪》卷21

第三节 详奏略诏

一、详载奏书的立言传统

　　虽说写史记事且记言是先秦史学之传统，"文之将史，其流一焉，固可以方驾南、董，俱称良直者矣。"③但自太史公始，无论记事还是记言，均有了深刻变化。尤其是记言，几乎彻底改变了原有的形式，而创造出一种全新的文体。所

---

① 袁《纪》载此疏，336字。（《后汉纪》卷24）
② 范《书》却云："寻而五侯擅权，倾动内外，自度力不能匡，乃称疾不起。"（《后汉书·黄琼列传》）
③ 刘知幾《史通·载文》。浦起龙《〈史通〉通释》，上海古籍出版社，2015年。（以下简称《史通》）

谓"言成轨则,为世龟镜。"①这就是,史书中已不再满足于像《左传》、《国语》那样,在叙事中穿插人物对话或独白言语,亦不再限于在人物话语中引用《诗》《书》语句,而是开始在列传中整篇整篇地记载文章、诗赋和奏疏。"若韦孟讽谏之诗,扬雄出师之颂,马卿之书封禅,贾谊之论过秦,诸如此文,皆施纪传。"②这些穿插于人物事迹中的长篇大论,构成了"前四史"极具特色的一部分。它不仅丰富了史学内涵,使历史记载由政治史、战争史扩展到文化史、思想史,而且也使史书变得好看,从而提升了史书的欣赏眼光和阅读品味。其独有的价值,已经超出了通常的史书需要和编撰内容,成为古代正史的标志性配置。但这些都不是最重要的。最重要的是,这些文赋奏章并没有产生直接的历史结果,却被史书精心地保存下来。这其中,当然不排除某些技术性的修饰、删改。但就整体而言,载入正史的文赋奏章大体完整地保存了作品原貌。

问题是,司马迁、班固、陈寿、范晔为何要选择和记载这些并没有在历史上产生实际结果的文赋奏章?③"《贾谊》、《晁错》、《董仲舒》、《东方朔》等传,唯上录言,罕逢载事。"④以贾谊为例。"追观孝文玄默躬行以移风俗,谊之所陈略施行矣。及欲改定制度,以汉为土德,色上黄,数用五,及欲试属国,施五饵三表以系单于,其术固以疏矣。……凡所著述五十八篇,掇其切于世事者著于传云。"⑤同样,班《书》对待董仲舒亦是如此。"仲舒所著,皆明经术之意,及上疏条教,凡百二十三篇。而说《春秋》事得失,《闻举》、《玉杯》、《蕃露》、《清明》、《竹

---

① 《史通·载文》。

② 《史通·载言》。刘知幾对这种做法多有批评。"爰泊中叶,文体大变,树理者多以诡妄为本,饰辞者务以淫丽为宗。……若马卿之《子虚》、《上林》,扬雄之《甘泉》、《羽猎》,班固《两都》,马融《广成》,喻过其体,词没其义,繁华而失实,流宕而忘返,无裨劝奖,有长奸诈,而前后《史》、《汉》皆书诸列传,不其谬乎!"他甚至刻薄地说,此种滥觞之泛滥,最终使得史书变成文集。"聚彼虚说,编而次之,创自起居,成于国史,连章疏录,一字无废,非复史书,更成文集。"他认为,"凡今之为史而载文也,苟能拨浮华,采贞实,亦可使夫雕虫小技者,闻文而知徒矣。"(《史通·载文》)刘知幾进而建议,"凡为史者,宜于表志之外,更立一书。若人主之制册、诰令,群臣之章表、移檄,收之纪传,悉入书部,题为'制册'、'章表书',以类区别。他皆放此。亦犹志之有'礼乐志'、'刑法志'者也。"(《史通·载言》)这等于为史书特别是正史提供了一种专门记载和保存奏诏的新体例。倘若实现,不光丰富了古代史书的内容和门类,更有助于人们对奏诏模式在皇权政治中特殊作用的深刻认识。

③ 后司马公也是如此处理奏书的。《资治通鉴》集中叙述贾谊奏书,并不在意它是否在一个时间段。其实,以对历史的实际作用而言,贾谊奏书并不多么重要。"谊以绛侯前逮系狱,卒无事,故以此讥上。上深纳其言,养臣下有节,是后大臣有罪,皆自杀,不受刑。"但胡三省还是指出,"汉人相传以大臣不对理陈冤为故事,多有闻命而引决者;然诣狱受刑者亦多有之,史特大概言之耳。"(《资治通鉴》卷14)是可知,《史》、《汉》、《资治通鉴》之所以不惮长篇罗列,一是因为贾谊本人的思想地位,二是因为贾谊文章中的道德力量。

④ 《史通·载言》。

⑤ 《汉书·贾谊传》。

林》之属,复数十篇,十余万言,皆传于后世。掇其切当世施朝廷者著于篇。"①无论"掇其切于世事者著于传",还是"掇其切当世施朝廷者著于篇",这确实和史家试图表达的教化意图有关。但也似乎不限于此。对那些数量可观,且每篇字数成百上千的文赋奏章,虽未采用,但史书照样不吝笔墨,显然有史家对作者之人格、见识和文采之欣赏因素在。比如,贾谊的《吊屈原赋》和《鹏鸟赋》并非奏书,太史公照录不误。显然有所寄托焉。"贾生既辞往行,闻长沙卑湿,自以寿不得长,又以适去,意不自得。及渡湘水,为赋以吊屈原。""贾生既以适居长沙,长沙卑湿,自以为寿不得长,伤悼之,乃为赋以自广。"②是可知,正因史家对此类文赋奏章及作者有着高度认同和欣赏,才会愿意将其详载入史。更重要的是,史家一般都会在收录这类文章奏疏之后,再多说上两句诸如皇帝没有接受其批评或建议,导致奸臣当道,或宦官专权,朝政溃败,民怨沸腾,天怒人怨等等。如果将这些没有产生实际结果的文赋奏章和后来的历史结局联系起来,不难明了二者之间的某种内在联系,而这就是史家的目的所在。他通过这种安排和布局引导人们作出这种解读和分析,从而造成一种阅读期待的心理效应。这样,人们就会从这些没有被皇帝采用也就是没有进入实际政治事务的文赋奏章和后来实际发生的历史结果之间得出自己的判断,从而希望后来的皇帝和士大夫能够从这些文赋奏章中获得必要的历史教益,用来作为治国行政的思想资源。如此一来,这类未被采用的文赋奏章的潜在价值就被史家开发出来,成为流传后世的政治智慧和经验教训。

史公《记》、班《书》、陈《志》、范《书》载文的一个特点是恶人善语。一方面不讳其人之恶,一方面不掩其文之善。所谓"实录"是也,所谓"信史"是也。总之,不因人废言。只要说的在理,哪怕他是奸佞之臣或贪官污吏,亦可存其奏章言论。这些人虽罪有应得,死得其所,但并不妨碍史书载其文章奏疏。班固赞曰:"究观淮南、捐之、主父、严安之义,深切著明,故备论其语。世称公孙弘排主父,张汤陷严助,石显谮捐之,察其行迹,主父求欲鼎亨而得族,严、贾出入禁门招权利,死皆其所也,亦何排陷之恨哉!"③虽说其人其事行为不佳,大节有亏,甚至其心可诛,亦不妨载其言,录其文,以为龟鉴。④ 可见,长篇大论的奏书,不管作者身份德行,也不论是否被皇帝采用,都属于史书认可的正面价值的东西,值得

---

① 《汉书·董仲舒传》。
② 《史记·贾谊列传》。
③ 《汉书·贾捐之传》。
④ 当然,这并不排除史家同样以叙事体手法概括那些被皇帝采纳,成为国策或实际行动的权臣奏书。

表彰和传世。即便在汉代没有成为诏书或政策律令,也足以为后世提供镜鉴。

其实,对言语作用之重视,向来是一种古老的政教传统。"三立"之一就是"立言"。所以,推崇圣贤臣子的言论对朝廷政教的正面价值和积极影响早已成为史家的一种独特的语言观。范《书》"论曰":"左丘明有言:'仁人之言,其利博哉!'晏子一言,齐侯省刑。若钟离意之就格请过,寒朗之廷争冤狱,笃矣乎,仁者之情也! 夫正直本于忠诚则不诡,本于谏争则绞切。彼二子之所本得乎天,故言信而志行也。"①或许这是史书特别是正史大量记载官员奏疏文章的理念依据。根据这种理念,古代史家有意识地选刊那些对朝廷政局有针对性的重要文章,以便衬托和对照这些奏章对相关事件、事态、人物的复杂作用。如果考虑到这些奏疏和诏书之间更为广泛的联系,这些奏章对皇权运行机制的特殊作用便不难理解。

正因此,奏诏模式下的历史编纂最深刻之处在于蕴含丰富的道德寓意。姑且不论四百年间因频频灾异而铺天盖地地上书中散发出来的强烈教化气息和警示味道,就连一些貌不起眼的历史细节同样寓意深刻,意味深长。比如,"杨震门下人讼震之冤,天子嘉震之忠,除二子为郎,赐钱二十万。"接下来的记载便超出一般性的奏诏模式,而展示为一种完全符合汉人观念和心理的祥瑞叙事。"以礼改葬之日,有大鸟翼广一丈三尺,集于枢前,低头泪出,众人莫不惊睹,葬毕,飞而冲天。"②由此构成一种充满教化期待和隐喻效果的史书写作。或许,这正是奏诏叙事模式的阅读魅力所在。

二、详载奏书的写史意图

上书有多种叫法。诸如,"上表","上言","上奏","上疏","奏疏","奏书","奏言","奏事","奏劾","劾奏","章奏","条奏","建奏","上便宜","上封事","奏封事"③。此外,上书亦称"说上"。"时民近战国,皆背本趋末,贾谊说上

---

① 《后汉书·寒朗列传》。

② 《后汉纪》卷 17。

③ "奏封事"是宣帝对奏疏体制的重大改革。"宣帝始令群臣得奏封事,以知下情。"(《后汉书·光武帝纪下》)直接动因则是为了扩大言路,打破霍氏对臣民奏书的封锁和压制。某种意义上,"封事"成为宣帝彻底铲除霍氏集团的关键环节。这使得"封事"在奏诏模式中具有了特殊含义。虽说"封事"亦即奏事,是奏疏之一种,比如,"华阴守丞嘉上封事";(《汉书·朱云传》)"时数有灾异,丞相司直何武上封事";(《汉书·辛庆忌传》)"朔方刺史萧育奏封事。"(《汉书·冯奉世传》)从其所奏内容看,应该事涉机密,不欲他人知晓,便用封事上奏。就像霍氏把持朝政时,"上书者益黠,尽奏封事。"(《汉书·霍光传》)可见封事和一般奏疏确实有所区别。这种区别主要表现在所奏事宜较为机密,具(转下页)

曰……。""朝错复说上曰……。"①其中,上书和上疏最常见,又略有区别。上书适用于所有人,上疏则仅用于官员。换言之,上书是所有人的通用语,上疏是官员的专用语。

上书的特点是实名,此外,还有一种匿名上书,就是"飞章"。比如,顺帝时,"所除官多不次,李固奏免百余人。此等既怨,共作飞章,诬固曰:'大行在殡,路人掩涕,固独胡粉饰貌,搔头弄姿,盘旋偃仰,曾无惨怛之心。'"②又如,寇荣"见害于权宠",亡命江湖,上书伸冤。"以臣婚姻王室,谓臣将抚其背,夺其位,退其身,受其执。于是遂作飞章以被于臣,欲使坠万仞之坑,践必死之地,令陛下忽慈母之仁,发投杼之怒。"③

官员文书有时虽未明言上书,其实也是奏书。"蔡邕《幽州刺史议》云:'伏见幽州突骑,冀州强弩,为天下精兵,国家胆核。'《北堂书钞》引作"蔡邕上灵帝书曰"。④

史书用了很大篇幅记载官员上书,与此同时,对皇帝的下诏却一笔带过,过度简单。这种写法可以称之为"略诏"。它有三种形式,即没有下诏、省略诏书和简写诏书。没有下诏虽属奏诏模式的客观结果,但仍有奏诏叙事模式的主观意图。比如,郎𫖮上书,"臣闻天垂诚,地见灾异,所以谴告人主,克己修德也。故应天以诚而不以言,导下以躬而不以刑。"尚书问状,"𫖮对多言术数、占候之事,大旨以三公非其人,将有饥馑、水旱、地震、盗贼之变。其后海贼攻会稽,而青、徐盗贼起,西羌反,明年四月京师地震,其夏大旱,略如其言。"⑤这里的"其后"云云既是为了展示奏书和相关事态的因果性和连续性,更是为了凸显臣子

(接上页)有高度的保密性。"言事而不欲宣泄,重封上之,故曰封事。《汉官》曰:'凡卓表皆启封;其言密事,得用皂囊。'"(《资治通鉴》卷24,胡注)可见封事机密,完全不同于言事公开之"露布",也有别于一般奏书,需要双重密封。即内有启封,外有皂囊。不仅如此,封事格式也有特殊要求。比如,哀帝诏孔光"举可尚书令者封上",孔光的封事最后有"谨封上"三字。(《汉书·孔光传》)可见这是封事的标准格式。因为,我们在一般奏书上尚未见到此类语句。这意味着,封事在奏疏格式和上奏途径上必须严格规定,以便有别于一般奏疏。否则,在纷繁日杂的实际政务中和成千上万的公文奏疏中,很难准确有效地辨析和挑拣出所奏封事。这是因为,既然封事涉及机要,一旦不慎泄露,就会波及官场,惊动朝野,甚至损害皇权。《易》曰:"君不密,则失臣;臣不密,则失身;几事不密,则害成。"这是上奏封事的官员念念在兹之事。比如刘向就提醒成帝,"唯陛下深留圣思,审固几事,览往事之戒,以折中取信,居万安之实,用保宗庙,久承皇太后,天下幸甚。"(《汉书·楚元王传》)同时,皇帝也会因灾异而要求官员上封事大胆直言。比如,日食,和帝"引见公卿问得失,令将、大夫、御史、谒者、博士、议郎、郎官会廷中,各言封事。"(《后汉书·孝和帝纪》)又如,地震,"诏百寮上封事,靡有所讳。"(《后汉纪》卷18)

① 《汉书·食货志上》。
② 司马彪《续汉书》卷4,《八家后汉书》。
③ 《后汉书·寇恂列传》。
④ 张璠《后汉纪》,注,《八家后汉书》。
⑤ 《后汉纪》卷18。

奏书之历史预言的真实性和准确性。所谓"略如其言",貌似史书之客观叙事,实乃史家之主观评价。至于省略诏书和简写诏书,则属于标准的奏诏叙事模式之修辞范例。这种情况下,我们只能想象皇帝如何下诏,诏书内容又有哪些,诏书文字如何表述。

史家有意识地省略皇帝话语,而详载臣子言语。"上方招文学儒者,上曰吾欲云云,黯对曰:'陛下内多欲而外施仁义,柰何欲效唐虞之治乎!'上怒,变色而罢朝。"师古曰:"云云,犹言如此如此也。史略其辞耳。"①虽说这是列传的常规笔法,但毕竟体现了史家意图所在。这种意图就是彰显官员的明智和正直。比如,"明帝时,政严事峻,九卿皆鞭杖。(左)雄上言曰:'九卿位亚三〔事〕(等),班在大臣,行有佩玉之节,动有庠序之仪,加以鞭杖,诚非古典。'上即除之。"②"刘据为大司农,以职事被谴,将加捶挞。左雄谏曰:'九卿位亚三公,行则鸣玉。孝明永平始加扑罚,非古制也。'于是始免扑捶。"③对照这两条材料,并非为了佐证其真实性,而是为了表明,不同的史书体裁却有着相同的写作手法。即只写奏疏,省略诏书,然后直接说出下诏效果。由此彰显出名臣的见识和风骨。

实际政治中,奏书数量肯定比诏书数量多,载入史册的奏书篇幅自然也比诏书篇幅更多。这样,详奏略诏便成为史书的一个特点。④

---

① 《汉书·汲黯传》。
② 《后汉纪》卷18。
③ 《八家后汉书》,谢承,《后汉书》卷4。
④ 但这并不绝对。因为史书还有略奏详诏的另外一面。尽管数量不是很多。列传尤其如此。比如,南北匈奴战,"孟云上言:'北虏以前既和亲,而南部复往钞掠,北单于谓汉欺之,谋欲犯塞,谓宜还南所掠生口,以慰安其意。'肃宗从太仆袁安议,许之。乃下诏曰:'……今与匈奴君臣分定,辞顺约明,贡献累至,岂宜违信自受其曲。其敕度辽及领中郎将庞奋倍偿南部所得生口,以还北虏。其南部斩首获生,计功受赏如常科。'"(《后汉书·南匈奴列传》)章帝不从孟云言,却载书,从袁安议,却又不载其奏。这样,章帝诏书**就像镜子**,显现出了袁安奏书的内容。我们不妨以"上疏乞骸骨"(简称"乞骸骨")为例,对略奏详诏现象稍作分析。因为,"乞骸骨"虽非普遍通例,但也颇为普及,具有相当代表性。事实上,官员"乞骸骨"自汉初以来即成传统。贾谊早在《治安策》中即已提醒文帝,"大国之王幼弱未壮,汉之所置傅相方握其事。数年之后,诸侯之王大抵皆冠,血气方刚,汉之傅相称病而赐罢,彼自丞尉以上偏置私人,如此,有异淮南、济北之为邪!"(《汉书·贾谊传》)官员"乞骸骨",皇帝下诏安抚。作为君臣礼仪的历史实态,臣子的"乞骸骨"奏表,自然有其特殊格式和相关内容,但史书并不照录"乞骸骨"奏表,却常常翔实记载皇帝安抚诏书,以示皇恩浩荡。这种写法属于一种典型的略奏详诏。换言之,史书通过对"乞骸骨"奏表的省略和简化,以衬托皇帝恩诏的君臣大义,从而彰显皇帝对臣子的礼遇和优裕。还有一种情况,臣子辞官或辞爵,或请归藩,史书详载皇帝恩诏,同样有着类似略写乞骸骨奏表、详写皇帝诏书的考虑和效果。比如,东平王刘苍"固请归藩"。诏曰:"东平王比上书,愿归藩,上将军印绶,谦让日闻,至诚恳恻。盖'君子成人之美',今其听焉。以骠骑长史为东平王太傅,掾吏为中大夫,令史为王家郎,勿上将军印绶。"(《后汉纪》卷9)是可知,无论"乞骸骨"还是辞爵归藩,不仅是在奏诏模式中正常展开的君臣关系之语言形式和话语实践,而且也是在奏诏叙事模式展示出来的史家对君臣礼仪之理想期待和道德批判。后者或许更为关键。因为这恰是史家叙事中不可忽视的主体视角。

详奏略诏是因为奏章要分析形势的严重性,以及强调事态的必然性。这样,奏书就成为皇帝决策的依据。相形之下,皇帝下诏就显得简单多了。以至于许多时候,史书都是一笔带过。而且往往略去诏书字样,直接替换为叙事。显然,这种写法,客观上凸显了官员在政治事务中乃至历史转折关头发挥的重要作用。当然,这一切都需要皇帝下诏。只有诏书的终极决断,才能最终推动事态变化。应该说,无论纪传体还是编年体,都习惯于采用这种写法。这种写法有效地平衡了权力史和真理史之间的某种冲突。当然,这并不意味着奏书代表真理,尽管诏书确实表征权力。

大量的详奏略诏表明,史家似乎倾向于凸显官员在奏诏模式中发挥的某种主导作用。相形之下,皇帝的职责似乎仅在于对官员奏疏作出了无新意的被动反应。比如,

> 是时长吏、二千石听百姓赎罚者输赎,号为"义钱",托为贫人储,而守令因以聚敛。(虞)诩上疏曰:"元年以来,贫百姓章言长吏受取百万以上者,匈匈不绝,赎罚吏人至数千万,而三公、刺史少所举奏。寻永平、章和中,州郡以走卒钱给贷贫人,司空劾案,州及郡县皆坐免黜。今宜遵前典,蠲除权制。"于是诏书下诩章,切责州郡。赎罚输赎自此而止。①

所谓"诏书下诩章,切责州郡",从奏诏模式看,应该是顺帝下诏直接将虞诩奏书下发给州郡,要求照此办理。但从奏诏叙事模式看,史家显然有意省略了一些关键细节,比如将顺帝诏书的具体文字一概省去,同时却又添加了一句画龙点睛之笔,即"赎罚输赎自此而止"。因为这正是虞诩上书之目的。据此,这段叙述不但呈现出一个完整的奏诏模式,更凸显了以奏疏为中心的奏诏叙事模式特征,进而彰显出贤臣能吏在皇权秩序和帝国治理中发挥的主体功能。又如,"陈蕃、胡广等上疏荐徐稚等曰:'臣闻善人,天地之纪,治之所由也。伏见处士豫章徐稚、彭城姜肱、汝南袁闳、京兆韦着、颍川李昙,德行纯备,著于民听。若使擢登三事,协亮天工,必能翼宣盛美,增光日月矣。'桓帝乃以安车玄𬘓征之。"②再如,明帝将猎河内,骠骑将军、东平王刘苍谏曰:"臣知车驾至约省,所过吏民讽诵《甘棠》之德,虽然,动之不以礼,非示四方规准也。"明帝从之。③ 对诏书要么省略,要么缩写,即便皇帝赞成,史书也往往一笔带过,不予详述。这或许表明,史家更看重官员的奏书内容,而不关注诏书的实施效果。

---

① 《后汉书·虞诩列传》。
② 司马彪《续汉书》卷 4,《八家后汉书》。
③ 《后汉纪》卷 9。

　　史家选择官员奏书常有多重意图。除了所奏内容议题的考虑,还需要突出重点,同时也要在叙事技巧中适当体现出一种详略得当的层次感。有时虽然很难从文字中看出史家是把一篇奏疏拆成两段,以显曲折变化,还是将两篇奏疏合成一封奏疏,以使主题突出。比如,"(王)吉意以为'夫妇,人伦大纲,夭寿之萌也。……'又言'舜、汤不用三公九卿之世而举皋陶、伊尹,不仁者远。……'其指如此,上以其言迂阔,不甚宠异也。"①但这种叙述奏疏的意图还是非常清晰。即便宣帝根本不理睬王吉奏疏,班固还是详细记载,说明其着眼点不仅关注官员奏疏对行政运作可能发生的实际作用,同时关心那些被皇帝摒弃不用的官员奏章所包含的更为丰富的道德教化价值。这些从未进入皇权政治实际运作过程中的官员奏章,便具有了一种超出具体历史事件乃至特定皇朝事态的警示意义。它展示了奏诏模式的另外一种常态。当官员的明智和忠诚得不到皇帝的正常反馈时,再好的建议和方略也无济于事。这样,君主之昏和臣子之明便形成鲜明对比。前者构成了后者难以逾越的天然限制。这种限制恰恰表征出奏诏模式的本质。就是说,官员奏疏的价值不在于自身,而在于皇帝的态度。虽然如此,史家依然以自己的方式赋予这种貌似无实际价值的奏疏另外一种价值。这就是,将这些"其言迂阔"而又"不甚宠异"的奏疏写入史书,使之传世而成不朽。这样,史家让自己多少疏离于皇权的强硬规范。事情的有趣在于,恰是这番努力使史家本人得以获取某种价值以至不朽。

　　总之,详奏略诏或有奏无诏的写法,客观上凸显了臣子的贤明,以及官员对皇帝决策的正面影响。形式上给人一种皇权并非专制权力的现代印象。显然,这并非古代史家的主观意图。如果从这个角度解读,既误解了皇权政治的历史实态,也曲解了古代史家的真实意图。

三、详奏略诏的叙事手法

　　有奏无诏,奏即为诏。这并非奏诏模式的运行常态,只是一种奏诏合一的叙事手法。比如,"三公以国用不足,奏令吏人入钱谷,得为关内侯、虎贲羽林郎、五大夫、官府吏、缇骑、营士各有差。"②以奏代诏,也有详略之别。较为翔实的写法则是将诏书结果统一改写为叙事。比如,京兆尹赵广汉"奏请,令长安游徼狱吏秩百石,其后百石吏皆差自重,不敢枉法妄系留人。京兆政清,吏民称之

---

①《汉书·王吉传》。
②《后汉书·孝安帝纪》。

不容口。长老传以为自汉兴以来治京兆者莫能及。"①直接将官员奏疏改为叙事，虽省略诏书内容，却将下诏实施的效果一并写出，在保持奏诏模式完整性的同时，使整个叙事更显简洁、流畅。又如，有人因日食上书指控杨恽。"章下廷尉案验，得所予会宗书，宣帝见而恶之。"宣帝同意廷尉的判决，便省略诏书，直接将廷尉奏决改写为叙事。"廷尉当恽大逆无道，要斩。妻子徙酒泉郡。谭坐不谏正恽，与相应，有怨望语，免为庶人。召拜成为郎，诸在位与恽厚善者，未央卫尉韦玄成、京兆尹张敞及孙会宗等，皆免官。"②

把一封奏书分开来写，先是以叙事方式将内容概括为一句话，然后再详细记载奏书原文。这种写法似乎产生一种阅读的悬念。比如，阳球"奏罢鸿都文学"这句话之后，再写奏书原文。"今太学、东观足以宣明圣化。愿罢鸿都之选，以消天下之谤。""书奏不省。"③如果没有完整的奏疏原文，很容易给人一种"奏罢鸿都文学"已成事实之感。这样，一次普通的奏诏过程就变得有些起伏变化了。类似的叙事手法还有多例。"时连有灾异，郎中梁人审忠以为朱瑀等罪恶所感"这句话之后，再详写上书原文。"臣为郎十五年，皆耳目闻见，瑀之所为，诚皇天所不复赦。愿陛下留漏刻之听，裁省臣表，埽灭丑类，以答天怒。""章寝不报。"④梁统"上书陈法令轻重，宜遵旧典"之后，才是长达三百多字的正式奏疏。⑤

把多封奏疏集中起来写，也是一种写法。比如，成帝时，"康居遣子侍汉，贡献，然自以绝远，独骄嫚，不肯与诸国相望。都护郭舜数上言：'……空罢耗所过，送迎骄黠绝远之国。非至计也。'汉为其新通，重致远人，终羁縻而未绝。"⑥所谓"郭舜数上言"，显然不止一次上书。所以接下来的上奏内容实际上是对数次上书的提炼和概括，而非某次特定奏章的原文。

以奏书为中心，对诏书略而不书。同时，在奏书之后，以极简炼的文字交待另外一段叙事体奏诏过程。"时诸黄门无功而侯者，大将军窦武上表曰：'……今朝廷日衰，奸臣专政，臣恐有胡亥之难，在于不久，赵高之变，不朝则夕。臣实怀愚，不惮瞽言，使身死名著，碎体粪土，荐肉狐鼠，犹生之年，虽尊官厚禄，不以易之也。谨冒死陈得失之要，凡七十余条，伏惟陛下深思臣言，束骸候诛。'武数

---

① 《汉书·赵广汉传》。
② 《汉书·杨敞传》。
③ 《后汉书·酷吏列传》。
④ 《后汉书·宦者列传》。
⑤ 《后汉纪》卷6。
⑥ 《汉书·西域传上》。

进忠言,辞旨恳恻,李膺等被赦,由武申救之也。"①在这里,窦武的奏书显然没有奏效。所以,接下来说的"武数进忠言,辞旨恳恻,李膺等被赦,由武申救之也"这句显然属于另外的奏诏环节。

即便有奏无诏也是一种残缺的奏诏模式。因为它往往是以奏代诏。此谓无诏即有诏。比如,"傅太后、帝母丁姬皆称尊号。有司奏'新都侯莽前为大司马,贬抑尊号之议,亏损孝道,及平阿侯仁臧匿赵昭仪亲属,皆就国。'天下多冤王氏。"②有时皇帝不用文字下诏,而用行动表示对官员奏疏的认可和接受。"上行幸甘泉,郊泰畤。礼毕,因留射猎。薛广德上书曰:'窃见关东困极,人民流离;陛下日撞亡秦之钟,听郑、卫之乐,臣诚悼之。今士卒暴露,从官劳倦,愿陛下亟反宫,思与百姓同忧乐,天下幸甚!'上即日还。"③这种以行代言的写法,使诏书更为生动,更具画面感。

上书有两种情况,一种是直接提出建议,一种是反驳他人上书。实际情况肯定有先后的时间差,而且也应该是皇帝将其上书交付廷议之后,才会引发不同观点的上书。史书却将其并列叙述,似乎是在同一时间同一场合发生的事情。比如,江冯上言,"宜令司隶校尉督察三公。"陈元上疏,"诚不宜使有司察公辅之名。"至于皇帝意见,通常都放在最后。"帝从之。"④一般说:"从之"二字已将皇帝态度和诏书内容一语概括,⑤可谓极简之笔法。⑥

其实,详奏略诏的写法尚有多多。一种是有头无尾的写法。史书没有写皇帝的态度,其实,不写即是写。晁错上奏景帝,"今吴王前有太子之郄,诈称病不朝,於古法当诛,文帝弗忍,因赐几杖。德至厚,当改过自新。乃益骄溢,即山铸钱,煮海水为盐,诱天下亡人,谋作乱。今削之亦反,不削之亦反。削之,其反亟,祸小;不削,反迟,祸大。"⑦一种是虎头蛇尾的写法。以言语方式表奏,省略皇帝言语。主父偃上书,"原陛下令诸侯得推恩分子弟,以地侯之。彼人人喜得所原,上以德施,实分其国,不削而稍弱矣。"武帝"从其计"。主父偃又说:"茂陵

① 《后汉纪》卷22。
② 《汉书·元后传》。
③ 《资治通鉴》卷28。
④ 《资治通鉴》卷42。
⑤ 与之类似的还有"从其议"三字。比如,耿国上书,光武帝"从其议"。(《后汉书·耿弇列传》)
⑥ 但也有略作赘语者。比如,梁商上表,"窃见度辽将军马续素有谋谟,且典边日久,深晓兵要,每得续书,与臣策合。宜令续深沟高壁,以恩信招降,宣示购赏,明其期约。如此,则丑类可服,国家无事矣。"顺帝"从之,乃诏续招降畔虏。"(《后汉书·南匈奴列传》)"从之"意味着,必然有一道诏书。所以"从之"后的文字,并非多余。
⑦ 《史记·吴王濞列传》。

初立,天下豪桀并兼之家,乱众之民,皆可徙茂陵,内实京师,外销奸猾,此所谓不诛而害除。"武帝"又从其计"。① 一种是明奏暗诏的写法。闽越击南越,南越王尉胡上书朝廷,"两越俱为藩臣,毋得擅兴兵相攻击。今闽越兴兵侵臣,臣不敢兴兵,唯天子诏之。"史称,武帝"多南越义,守职约,为兴师,遣两将军往讨闽越。"②

四、详奏略诏的读史效应

客观的奏诏模式并无详略之分,虽有奏诏间的数量多寡之别。所谓详奏略诏或略奏详诏,本质上属于奏诏叙事模式,与奏诏模式无关。它体现得更多是史家的主观意图,而非历史的客观态势。所以,历史上奏书多于诏书,不等于史书上必然奏书多于诏书。无论详奏略诏还是略奏详诏皆是一种史书写法,而非一种历史现象。某种意义上,详奏略诏似乎比略奏详诏蕴含有更多的写史意图和价值倾向。详奏略诏的写法表明,无论皇帝"从之"还是"不省",均呈现出一种共同的阅读效果。

据历史实态而言,对那些皇帝欣赏却又没有采用的官员奏疏,常见的做法就是留中搁置,既不表态,也不让官员廷议。但史书却有另外一番处理手法。比如,《汉书》对刘向上书的处理就颇具深意。"营起昌陵,数年不成,复还归延陵,制度泰奢。"刘向上疏劝谏,这是一篇洋洋洒洒的奏文。"书奏,上甚感向言,而不能从其计。"此言意味深长。"感向言,而不能从其计",这是《汉书》表达的两层意思。但这种表达本身却体现出第三层意思,这就是表彰刘向奏文之忠诚以及深谋远虑。某种意义上,这第三层意思恰是班固的格外用心之笔。"向睹俗弥奢淫,而赵、卫之属起微贱,踰礼制。向以为王教由内及外,自近者始。故采取《诗》《书》所载贤妃贞妇,兴国显家可法则,及孽嬖乱亡者,序次为《列女传》,凡八篇,以戒天子。及采传记行事,著《新序》、《说苑》凡五十篇奏之。数上疏言得失,陈法戒。书数十上,以助观览,补遗阙。上虽不能尽用,然内嘉其言,常嗟叹之。"③又如,以黄琼上奏行"籍田之礼"为例。"自帝即位以后,不行籍田之礼。琼以国之大典不宜久废,上疏奏曰:……书奏,帝从之。"④一句"帝从之",省去了诏书,也略去了下诏的实施效果。如果按照详诏略奏的写法,这里

---

① 《史记·主父偃列传》。
② 《史记·南越列传》。
③ 《汉书·楚元王传》。
④ 《后汉书·黄琼列传》。

就会写黄琼看到"籍田之礼"荒废，就上书皇帝，建议恢复；皇帝再下诏；然后引用诏书原文。这种写法显然是以诏书为主的写法。[1] 再如，围绕桓谭，史书集中展示了他和光武帝之间的对峙。这种对峙在奏诏模式下，体现为桓谭的奏书三番五次受到光武帝的冷遇。桓谭"因上疏陈时政所宜"，"书奏，不省。"光武帝"方信谶，多以决定嫌疑。又酬赏少薄，天下不时安定。谭复上疏。……帝省奏，愈不悦。"[2]这种冷遇意味着光武帝没有为此颁过一道诏书。这虽属正常，但终究没有反映出奏诏模式的实质作用。但史家的用意显然不在此，而是希望通过桓谭这个具体案例，向人们表明，即便光武帝这种开国明君，同样会排斥不合自己心意的意见和主张。当然，皇帝对官员奏书的冷处理，并不表明奏诏模式的失灵。事实上，奏诏模式依然正常运行。

就史家而言，记载了大量没有被皇帝采用的奏书，肯定有其用意。它试图表明，一种合理的主张，即便不被采用，也有其教化作用。闽越攻打南越，武帝发兵击闽越。淮南王刘安上书谏，"臣安窃恐将吏之以十万之师为一使之任也！"武帝虽未采纳，史家依然详载上书，可见其态度。史家没有直接写武帝对奏疏的明确态度，却通过"汉兵遂出"[3]，表明了武帝诏书的内容。

其实，史家大量记载官员奏疏，还有更为复杂的考量。它并不完全着眼于在当时产生的实际效果，同时也考虑到对后世的警示。哪怕它并未上奏皇帝。比如，陈寿说："予连从荆、扬来者得(陆)凯所谏皓二十事，博问吴人，多云不闻凯有此表。又按其文殊甚切直，恐非(孙)皓之所能容忍也。或以为凯藏之箧笥，未敢宣行，病困，皓遣董朝省问欲言，因以付之。虚实难明，故不著于篇，然爱其指擿皓事，足为后戒，故钞列于凯传左云。"[4]

史书在记载某些奏疏时，似乎还隐含有某种贬君褒臣的对比意图。比如，贾谊上书和贾山上书未必在同一时间，但因奏事相同，便被放在一起叙述，以凸显皇帝反复拒谏的不明智性。"贾谊谏曰：……贾山亦上书谏，……上不听。"[5]无论二贾奏疏多么言辞恳切、言之谆谆，"上不听"三个字就使得其奏疏的千言万语化为泡影。尽管二贾奏疏在历史的长河中波澜不惊，甚至没有激起

---

[1] 比如，大司马严尤"素有智略，非(王)莽攻伐西夷，数谏不从，着古名将乐毅、白起不用之意及言边事凡三篇，奏以风谏莽。及当出廷议，尤固言匈奴可且以为后，先忧山东盗贼。莽大怒，乃策尤曰：'视事四年，蛮夷猾夏不能遏绝，寇贼奸宄不能殄灭，不畏天威，不用诏命，貌很自臧，持必不移，怀执异心，非沮军议。未忍致于理，其上大司马武建伯印韨，归故郡。'"(《汉书·王莽传下》)

[2] 《后汉书·桓谭列传》。

[3] 《资治通鉴》卷 17。

[4] 《三国志·吴书·陆凯传》。

[5] 《资治通鉴》卷 14。

一丝涟漪,却在史家如椽之笔的奋力搅动下平生波澜,在史书上留下浓墨重彩的华美篇章。后世读者读到这些椎心泣血之文,除了对朝政的扼腕叹息外,最直接的当下反应就是对作者们的无上景仰。他们的远见卓识和人格魅力,以及由此产生的道德感召力便在读者心中润物细无声地成长为一种鲜活的历史形象,潜移默化地塑造着读者的历史观和历史感,以及历史洞察力。

值得注意的是,《通鉴》在叙述晁错奏疏时,采用了一种略有差异的相似手法。"时匈奴数为边患,太子家令颍川晁错上言兵事。……帝嘉之,赐错书,宠答焉。"这意味着,文帝赞赏晁错上书的态度,并没有采用其建议。"错又上言。……上从其言,募民徙塞下。"这表明文帝采纳了晁错的建议。但文帝诏书文字究竟为何,却不清楚。既不可能详细如晁错上书,也不可能如史家这般简洁。但它至少呈现出上书到下诏,再到实施的完整过程。不过这个过程恐怕时间不会太长,所以,晁错看到了下诏产生的实际效果,随之才又上书,进一步阐述自己的意见。"错复言:'陛下幸募民徙以实塞下,使屯戍之事益省,输将之费益寡,甚大惠也。'"[①]司马温公将晁错的三封奏疏放到一起叙述,给人一种连续性的感觉,似乎三封奏疏的上奏时间毫无间断。在这里,真实的上书时间已不再重要。相形之下,更为关键的对历史产生实际影响的文帝诏书却被《通鉴》不经意地穿插于晁错的三封奏书之间。虽然这三封奏疏只有一封被皇帝采用,成为国家的政策。但《通鉴》如此编写,显然有其真实意图,它客观上凸显了晁错的作用。最重要的是,这种将臣子们的多封奏疏集中起来统一叙述的写法,可以有效避免历史叙事中常见的支离破碎的断裂现象,非常有助于读史过程中快速形成某种完整的历史画面感,从而帮助人们对历史形势作出一种准确判断。

---

① 《资治通鉴》卷 15。

第五章

对话体的奏诏叙事

第一节　对话体奏诏

一、对话体奏诏之意义

通过话语展示奏诏的前因后果和奏诏模式的大体轮廓,呈现出一种生动的历史画面感和叙事完整性。淮南王刘安召伍被与谋作乱,伍被劝谏说:"(始皇)使尉佗逾五岭攻百越。尉佗知中国劳极,止王不来,使人上书,求女无夫家者三万人,以为士卒衣补。秦皇帝可其万五千人。於是百姓离心瓦解,欲为乱者十家而七。"①这是人物的话语,也是史家的话语。归根结底,是史家书写的人物话语。如此,它使话语具有了双重魅力。以话语叙事,叙事内容又是话语。话语与叙事之间的多重转换,在史家笔下行云流水,浑然天成。

至于对话和奏诏之间的自由切换,更是奏诏叙事模式中的惯用手法。如此,史书上便出现了一种常见的对话体奏诏。仔细区分,有两种情况。一是实际意义上的臣民和皇帝之间的对话,也就是在奏诏模式中真实发生的君臣对话。② 太史公有过两段极生动的描写。"后岁馀,贾生征见。孝文帝方受釐,坐宣室。上因感鬼神事,而问鬼神之本。贾生因具道所以然之状。至夜半,文帝前席。既罢,曰:'吾久不见贾生,自以为过之,今不及也。'"③"大将军(卫)青侍

---

① 《史记·淮南王列传》。
② 比如,戴长乐"尝使行事(隶)〔肄〕宗庙,还谓掾史曰:'我亲面见受诏,副帝(隶)〔肄〕,秺侯御。'"(《汉书·杨敞传》)
③ 《史记·贾谊列传》。

中,上踞厕而视之。丞相(公孙)弘燕见,上或时不冠。至如(汲)黯见,上不冠不见也。上尝坐武帐中,黯前奏事,上不冠,望见黯,避帐中,使人可其奏。"①此可谓君臣口语奏诏的真实场景。再举几例。比如,

> 孝惠帝为东朝长乐宫,及间往,数跸烦人,乃作复道,方筑武库南。叔孙生奏事,因请间曰:"陛下何自筑复道高寝,衣冠月出游高庙?高庙,汉太祖,柰何令后世子孙乘宗庙道上行哉?"孝惠帝大惧,曰:"急坏之。"叔孙生曰:"人主无过举。今已作,百姓皆知之,今坏此,则示有过举。原陛下原庙渭北,衣冠月出游之,益广多宗庙,大孝之本也。"上乃诏有司立原庙。②

又如,

> 建章宫后阁重栎中有物出焉,其状似麋。以闻,武帝往临视之。问左右群臣习事通经术者,莫能知。诏东方朔视之。朔曰:"臣知之,原赐美酒粱饭大飧臣,臣乃言。"诏曰:"可。"已又曰:"某所有公田鱼池蒲苇数顷,陛下以赐臣,臣朔乃肯言。"诏曰:"可。"於是朔乃肯言,曰:"所谓驺牙者也。远方当来归义,而驺牙先见。其齿前后若一,齐等无牙,故谓之驺牙。"③

再如,光武帝"幸南阳、汝南,至南顿,止令舍,大置酒,赐吏民,复南顿田租一岁。吏民叩头言:'皇考居此日久,陛下识知寺舍,每来辄加厚恩,但复一岁少薄,愿复十岁。'上曰:'天下重宝大器,常恐不任,日慎一日,安敢自远期十岁。'复增一岁。"④

一是在奏诏叙事模式中展开的君臣对话。它将原本的君臣奏诏改写成合理的君臣对话。它是史家精心谋划、构思、布局、撰写的综合结果。它具有某种虚拟性质,属于史家的合理想象,其场面也更为生动有趣。尽管如此,有些对话还是难免留下些许痕迹。比如,匈奴扰边,文帝"以胡寇为意,乃卒复问(冯)唐曰:'公何以知吾不能用廉颇、李牧也?'唐对曰:'……臣愚,以为陛下法太明,赏太轻,罚太重。且云中守魏尚坐上功首虏差六级,陛下下之吏,削其爵,罚作之。由此言之,陛下虽得廉颇、李牧,弗能用也。臣诚愚,触忌讳,死罪死罪!'文帝说。"⑤所谓"臣诚愚,触忌讳,死罪死罪"正是标准的官员上奏格式。

不过,还有一种比较特殊的情况,这就是传达皇帝旨意的钦差和官员之间的对话。比如,

---

① 《史记·汲黯列传》。
② 《史记·叔孙通列传》。
③ 《史记·滑稽列传》。
④ 《东观汉记》卷1。
⑤ 《史记·冯唐列传》。

（二世遣使者之阳周，）令蒙恬曰："君之过多矣，而卿弟毅有大罪，法及内史。"恬曰："……今臣将兵三十餘万，身虽囚系，其势足以倍畔，然自知必死而守义者，不敢辱先人之教，以不忘先主也。……凡臣之言，非以求免於咎也，将以谏而死，原陛下为万民思从道也。"使者曰："臣受诏行法於将军，不敢以将军言闻於上也。"蒙恬喟然太息曰："我何罪於天，无过而死乎？"良久，徐曰："恬罪固当死矣。起临洮属之辽东，城壍万餘里，此其中不能无绝地脉哉？此乃恬之罪也。"乃吞药自杀。①

此外，官员和诸侯王之间的对话也是奏诏模式的一种。就像董仲舒和江都王刘非之间的对话，实际上也是由董仲舒给汉武帝的奏疏改写而成。作为诸侯相，董仲舒对诸侯王既是辅佐，也是监管，他有责任随时向朝廷汇报诸侯王的各种可疑动向乃至日常言行。比如，董仲舒相胶西王刘端。刘端乃武帝之兄，"数害吏二千石。"董仲舒"凡相两国，辄事骄王，正身以率下，数上疏谏争。"②据此可见，董仲舒肯定会将他对江都王讲经内容写成奏疏，及时上报朝廷。否则，讲经过程不会如此详细，充满细节感。

仲舒以礼谊匡正，王敬重焉。久之，王问仲舒曰："粤王句践与大夫泄庸、种、蠡谋伐吴，遂灭之。孔子称殷有三仁，寡人亦以为粤有三仁。桓公决疑于管仲，寡人决疑于君。"仲舒对曰："臣愚不足以奉大对。……夫仁人者，正其谊不谋其利，明其道不计其功，是以仲尼之门，五尺之童羞称五伯，为其先诈力而后仁谊也。苟为诈而已，故不足称于大君子之门也。五伯比于他诸侯为贤，其比三王，犹武夫之与美玉也。"王曰："善。"③

至于官员之间的对话，有些其实来自官员奏章。比如，

中郎将任尚将兵屯三辅。怀令虞诩说尚曰："使君奉国威灵，讨捕叛羌，兵出巳久，而未有伏诛者。三州屯兵二十万，民弃农桑，户无聊生。于此上闻，诚窃危之。"尚曰："忧惶久矣，不知所出。"诩曰："……为君计者，莫如罢郡兵，令二十人共市一马，民出数千钱得免甲胄，去行伍，以万骑之众，逐数千之虏，追尾掩截，其道自穷。便民利事，大功必立。"尚从之，大破羌戎，余种悉降。上问："何从发此计？"尚表之受于怀令虞诩。④

由此可见，任尚和虞诩之对话，实乃任尚给安帝的奏表内容。

其实，还有一种更为曲折的现象。臣子之间的对话被写成奏书，史家又将

---

① 《史记·蒙恬列传》。
② 《汉书·董仲舒传》。
③ 《汉书·董仲舒传》。
④ 《后汉纪》卷16。

奏书还原为对话。比如,"所善浩星赐迎说(赵)充国,曰:'众人皆以破羌、强弩出击,多斩首获降,虏以破坏。然有识者以为虏势穷困,兵虽不出,必自服矣。将军即见,宜归功于二将军出击,非愚臣所及。如此,将军计未失也。'充国曰:'吾年老矣,爵位已极,岂嫌伐一时事以欺明主哉!兵势,国之大事,当为后法。老臣不以余命壹为陛下明言兵之利害,卒死,谁当复言之者?'卒以其意对。上然其计。"①显然,这是以对话形式出现的奏书。史家在这里则将奏书还原成了对话。这种还原无疑是一种想象。它体现了奏诏叙事模式的修辞功能。这样,**人们从对话中看出了奏书,而这奏书却是通过史家叙事而展示出来的想象性对话。**

有时官员奏书之后,还会面见皇帝,亲口陈述或阐发奏疏之内容。这样,上奏和口述之间就很容易发生高度重合。比如,朱穆"深疾宦官",上疏,"案汉故事,……"皇帝"不纳"。朱穆"因进见,口复陈曰:'臣闻汉家旧典,……'"皇帝"不应"。② 这种奏诏模式中的历史实态,很容易被史家巧妙改写为多种样式的君臣对话。这也似乎表明,类似的对话或口奏其实都是上书内容。

其实,就史家的叙事手法而言,显然更偏好将奏书以言语形式呈现出来。卫太子为江充谮败,高寝郎车千秋"上急变讼太子冤,曰:'子弄父兵,罪当笞;天子之子过误杀人,当何罪哉!臣尝梦见一白头翁教臣言。'是时,上颇知太子惶恐无他意,乃大感寤,召见千秋。至前,千秋长八尺余,体貌甚丽,武帝见而说之,谓曰:'父子之间,人所难言也,公独明其不然。此高庙神灵使公教我,公当遂为吾辅佐。'立拜千秋为大鸿胪。数月,遂代刘屈氂为丞相,封富民侯。"车千秋"上急变讼太子冤"肯定是上书,这点,已由汉使所言得以证明。"后汉使者至匈奴,单于问曰:'闻汉新拜丞相,何用得之?'使者曰:'以上书言事故。'"③至于"召见千秋。至前,……武帝见而说之"云云,或许确有其事,但当面所说肯定也是上书中的那些话,二者不会有多大出入。从常理看,也就是重复了上书中的话。这样,史家将上书内容选择性地移植到对话场合,也非常合理,而且更加生动。

广义上看,君臣对话都属于奏诏模式。比如,武帝初即位,"富于春秋,(田)蚡以肺附为相,非痛折节以礼屈之,天下不肃。当是时,丞相入奏事,语移日,所言皆听。荐人或起家至二千石,权移主上。上乃曰:'君除吏尽未?吾亦欲除吏。'尝请考工地益宅,上怒曰:'遂取武库!'是后乃退。"④这种君臣间的亲密语

---

① 《汉书·赵充国传》。
② 《后汉书·朱晖列传》。
③ 《汉书·田千秋传》。
④ 《汉书·田蚡传》。

境,消弭了习惯上的臣子奏疏和皇帝诏令,使之变得渺无踪迹。但奏诏叙事模式却将这种本来在奏诏模式中毫无痕迹的场面栩栩如生地呈现出来。

某种意义上,君臣对话在奏诏模式中是不留痕迹的。史家却似乎对此情有独钟。史家着意那些没有结果的君臣对话。当然,没有结果也是一种结果。就像春风吹皱一池春水。层层涟漪之后,又平静如镜。从奏诏模式角度看,没有结果的君臣对话没有价值。从奏诏叙事模式角度看,没有结果的君臣对话可能更有意义。

> 匈奴浑邪王帅众来降,汉发车二万乘。县官亡钱,从民贳马。民或匿马,马不具。上怒,欲斩长安令。(汲)黯曰:"长安令亡罪,独斩臣黯,民乃肯出马。且匈奴畔其主而降汉,徐以县次传之,何至令天下骚动,罢中国,甘心夷狄之人乎!"上默然。后浑邪王至,贾人与市者,坐当死五百余人。黯入,请间,见高门,曰:"夫匈奴攻当路塞,绝和亲,中国举兵诛之,死伤不可胜计,而费以巨万百数。臣愚以为陛下得胡人,皆以为奴婢,赐从军死者家;卤获,因与之,以谢天下,塞百姓之心。今纵不能,浑邪帅数万之众来,虚府库赏赐,发良民侍养,若奉骄子。愚民安知市买长安中而文吏绳以为阑出财物如边关乎? 陛下纵不能得匈奴之赢以谢天下,又以微文杀无知者五百余人,臣窃为陛下弗取也。"上弗许,曰:"吾久不闻汲黯之言,今又复妄发矣。"①

这两次对话,都没有发生汲黯奏言所预期的效果。第一次,"上默然";第二次,"上弗许"。这种君臣对话的奏诏模式,固然体现了普遍的皇权政治实践,但更为深刻的是,它蕴含并寄托了史家通过奏诏叙事模式彰显出来的政治教化意图。虽然武帝既"默然"又"弗许",但这不等于汲黯奏言毫无意义。其意义在于,奏诏叙事模式对奏诏模式具有一种超越性。它不但关心历史上那些"有用的"东西,还关心历史上那些貌似"无用的"东西。它通过一种独创的方式启示人们对历史上各种有用无用的东西进行重新理解。

二、口奏和口诏之叙事

(一) 口奏

从奏诏模式角度看,实质性口奏有三个特点,一是时机,即对突发事件的即

---

① 《汉书·汲黯传》。

兴强谏。这显然属于口谏。对口谏的批奏,一般是皇帝当即改变自己的做法。比如,"宦者赵谈以数幸,常害盎,盎患之。……上朝东宫,赵谈骖乘,盎伏车前曰:'臣闻天子所与共六尺舆者,皆天下豪英。今汉虽乏人,陛下独奈何与刀锯之余共载!'于是上笑,下赵谈。谈泣下车。"[①]又如,"上幸上林,皇后、慎夫人从。其在禁中,常同坐。及坐,郎署长布席,盎引却慎夫人坐。慎夫人怒,不肯坐。上亦怒,起。盎因前说曰:'臣闻尊卑有序则上下和,今陛下既以立后,慎夫人乃妾,妾主岂可以同坐哉!……'于是上乃说,入语慎夫人。"[②]

二是身体,即实质性口奏不会只有官员话语,往往还会伴随有相应的肢体动作。这些动作都是为了表达臣子对皇帝的敬畏和崇拜,具有高度的礼仪性。换言之,如果官员说话同时伴随有仪式性的肢体动作,肯定是实际的口奏,而非史书改写的结果。比如,宣帝打算让张安世之子张延寿为光禄勋。"安世闻指,惧不敢当,请间求见,免冠顿首曰:'老臣耳妄闻,言之为先事,不言情不达,诚自量不足以居大位,继大将军后。唯天子财哀,以全老臣之命。'上笑曰:'君言泰谦。君而不可,尚谁可者!'"[③]又如,"(光武)帝尝轻与期门近出,期顿首车前曰:'臣闻古今之戒,变生不意,诚不愿陛下微行数出。'帝为之回舆而还。"[④]再如,"时诏赐降胡子缣,尚书案事,误以十为百。(明)帝见司农上簿,大怒,召郎将笞之。(钟离)意因入叩头曰:'过误之失,常人所容。若以懈慢为愆,则臣位大,罪重,郎位小,罪轻,咎皆在臣,臣当先坐。'乃解衣就格。帝意解,使复冠而赍郎。"[⑤]再有,"(管)霸入奏,(桓帝)上在濯龙池,霸跪言曰:'云,野泽愚夫;众,郡中小吏,出于狂戆,不足加罪。'"[⑥]是可知,应该将有无某种仪式性动作视为官员真正口奏的标志性的肢体语言。

三是场合,其中又有朝廷之上、公共空间、皇帝身边和官员之家之分。
(1)朝廷之上。

> 吴楚反书闻,兵未发,窦婴言故吴相爱盎。召入见,上问以吴楚之计,盎对曰:"吴楚相遗书,曰'贼臣朝错擅适诸侯,削夺之地',以故反,名为西共诛错,复故地而罢。方今计独斩错,发使赦七国,复其故地,则兵可毋血刃而俱罢。"上从其议,遂斩错。[⑦]

---

① 《汉书·爰盎传》。
② 《汉书·爰盎传》。
③ 《汉书·张汤传》。
④ 《后汉书·铫期列传》。
⑤ 《后汉书·钟离意列传》。
⑥ 《后汉纪》卷 21。
⑦ 《汉书·吴王传》。

(东方)朔前上寿,曰:"臣闻圣王为政,赏不避仇雠,诛不择骨肉。……陛下行之,是以四海之内元元之民各得其所,天下幸甚!臣朔奉觞,昧死再拜上万岁寿。"上乃起,入省中,夕时召让朔,曰:"《传》曰'时然后言,人不厌其言'。今先生上寿,时乎?"朔免冠顿首曰:"……臣朔所以上寿者,明陛下正而不阿,因以止衰也。愚不知忌讳,当死。"①

(张敞)为妇画眉,长安中传张京兆眉怃。有司以奏敞。上问之,对曰:"臣闻闺房之内,夫妇之私,有过于画眉者。"上爱其能,弗备责也。②

(2)公共空间。"车驾幸大学,会诸博士论难于前,(桓)荣被服儒衣,温恭有蕴籍,辩明经义,每以礼让相猒,不以辞长胜人,儒者莫之及,特加赏赐。又诏诸生雅吹击磬,尽日乃罢。后荣入会庭中,诏赐奇果,受者皆怀之,荣独举手捧之以拜。帝笑指之曰:'此真儒生也。'"③(3)皇帝身边。比如,谢承《书》曰:陈宣拜谏议大夫。"后乘舆出,宣列引在前,行迟,乘舆欲驱,钩宣车盖使疾行,御者堕车下。宣前谏曰:'王者承天统地,动有法度,车则和鸾,步则佩玉,动静应天。昔孝文时,边方有献千里马者,还而不受。陛下宜上稽唐虞,下以文帝为法。'上纳其言,遂徐行按辔。"④这属于奏诏模式中的口头言语和肢体行为。又如,明帝幸长安。"历览馆舍邑居旧处,会郡县吏,劳赐作乐。有县三老大言:'陛下入东都,臣望颜色容仪,类似先帝,臣一骊喜。百官严设如旧时,臣二骊喜。见吏赏赐,识先帝时事,臣三骊喜。陛下听用直谏,默然受之,臣四骊喜。陛下至明,惩艾酷吏,视人如赤子,臣五骊喜。进贤用能,各得其所,臣六骊喜。天下太平,德合于尧,臣七骊喜。'"三老这番话更像奏书,而不类口语。但联系下文,"帝令上殿,欲观上衣,因举虎头衣以畏三老。"似乎三老上言和明帝下令之间具有明显的行动连贯性。合理的推测是,三老当面向明帝诵读了自己写的奏章。它兼具口奏形式和书奏实质的双重性。故而明帝曰:"属者所言我尧,削章不如饱饭。"⑤再如,章帝西巡,"以(韦)彪行太常从,数召入,问以三辅旧事,礼仪风俗。彪因建言:'今西巡旧都,宜追录高祖、中宗功臣,褒显先勋,纪其子孙。'帝纳之。"这时的"纳之"也只是一个口头态度。"行至长安,乃制诏京兆尹、右扶风求萧何、霍光后。"⑥(4)官员家里。皇帝派人到官员家里征询国事政局,官员当场

---

① 《汉书·东方朔传》。
② 《汉书·张敞传》。
③ 《后汉书·桓荣列传》。
④ 《后汉书·五行志三》。
⑤ 《东观汉记》卷2。
⑥ 《后汉书·韦彪列传》。

应答，是谓君臣间的口诏和口奏模式。这种模式一般是皇帝派宫中人员传话，有时也派其他官员，甚至高官。有时还会三番五次。"时充国年七十余，上老之，使御史大夫丙吉问谁可将者，充国对曰：'亡踰于老臣者矣。'上遣问焉，曰：'将军度羌虏何如，当用几人？'充国曰：'百闻不如一见。兵难隃度，臣愿驰至金城，图上方略。然羌戎小夷，逆天背畔，灭亡不久，愿陛下以属老臣，勿以为忧。'上笑曰：'诺。'"①此外，官员之家确有一种典型的口奏，这就是带有某种遗嘱性质的官员奏言，由此构成一种特殊意义的君臣对话和君臣燕语。

（丙）吉病笃。（宣帝）上自临问吉，曰："君即有不讳，谁可以自代者？"吉辞谢曰："群臣行能，明主所知，愚臣无所能识。"上固问，吉顿首曰："西河太守杜延年明于法度，晓国家故事，前为九卿十余年，今在郡治有能名。廷尉于定国执宪详平，天下自以不冤。太仆陈万年事后母孝，惇厚备于行止。此三人能皆在臣右，唯上察之。"上以吉言皆是而许焉。②

（王）凤病，（成帝）天子数自临问，亲执其手，涕泣曰："将军病，如有不可言，平阿侯谭次将军矣。"凤顿首泣曰："谭等虽与臣至亲，行皆奢僭，无以率导百姓，不如御史大夫音谨敕，臣敢以死保之。"③

（阴）兴疾病，（光武）帝亲临，问以政事及群臣能不。兴顿首曰："臣愚不足以知之。然伏见议郎席广、谒者阴嵩，并经行明深，踰于公卿。"兴没后，帝思其言，遂擢广为光禄勋。④

（梁）商疾甚，（顺）帝问遗言，对曰："臣从事中郎周举，清慎高亮，不可不任。"拜谏议大夫。⑤

如果不能满足这三个条件的口奏，实际上属于奏诏叙事模式的创作。其实，还有一些形式化因素也可以帮助我们判断是否奏诏叙事模式。比如，二世"令群臣议尊始皇庙。群臣皆顿首言曰：……。"⑥"顿首"既是臣子上书的格式化词语，又是臣子奏事的标准化动作，⑦这里却被太史公用作描写官员口奏的形象动作，平添了一种即时感和现场感。可见，史书上记载的许多貌似口谏的对话，其实是对谏书的改编和重写，即将奏疏和诏书改写成了虚拟的君臣现场

---

① 《汉书·赵充国传》。
② 《汉书·丙吉传》。
③ 《汉书·元后传》。
④ 《后汉书·阴识列传》。
⑤ 司马彪《续汉书》卷4，《八家后汉书》。
⑥ 《史记·秦始皇本纪》。
⑦ "太后曰：'……今皇帝病久不已，乃失惑惛乱，不能继嗣奉宗庙祭祀，不可属天下，其代之。'群臣皆顿首言：'皇太后为天下齐民计所以安宗庙社稷甚深，群臣顿首奉诏。'"（《史记·吕太后本纪》）

对话。比如,"淮南厉王朝,杀辟阳侯,居处骄甚。(爰)盎谏曰:'诸侯太骄必生患,可适削地。'(文帝)上弗许。淮南王益横。谋反发觉,上征淮南王,迁之蜀,槛车传送。盎时为中郎将,谏曰:'……淮南王为人刚,有如遇霜露行道死,陛下竟为以天下大弗能容,有杀弟名,柰何?'上不听,遂行之。"① 所谓谏即谏书。② 即官员上谏许多时候看似口语劝谏,实则文书劝谏。③ 又如,眭孟据大石自立、枯柳复生、虫食成文种种异象,"以为'石柳皆阴类,下民之象,(而)泰山者岱宗之岳,王者易姓告代之处。今大石自立,僵柳复起,非人力所为,此当有从匹夫为天子者。枯社木复生,故废之家公孙氏当复兴者也。'孟意亦不知其所在,即说曰:'先师董仲舒有言,虽有继体守文之君,不害圣人之受命。汉家尧后,有传国之运。汉帝宜谁差天下,求索贤人,禅以帝位,而退自封百里,如殷周二王后,以承顺天命。'"这里的"以为"和"即说"其实都是同一封奏疏中的文字。所以,班固紧接着说"孟使友人内官长赐上此书"。④ 再举两例。光武"将讨高峻,寇恂谏曰:'车驾止长安,陇西足以震惧。且去关东不远,此从容一处而制四方。今士马劳倦,远履险阻,非万乘之固也。前年颍川之役,可以为戒。'上不从。"⑤"桓帝巡狩南阳,以(胡)腾为护驾从事。公卿贵戚车骑万计,征求费役,不可胜极。腾上言:'天子无外,乘舆所幸,即为京师。臣请以荆州刺史比司隶校尉,臣自同都官从事。'帝从之。"⑥

(二) 口诏

口诏即皇帝的口头言语。就此而言,皇帝说话直接等于下诏。"帝曰"即"诏曰",反之亦然。比如,"杨政从代郡范升学。升尝为出妇所告,坐系狱。政乃肉袒,以箭贯耳,抱升子,潜伏道傍,候车驾过,泣涕辞请,有感帝心。诏曰:'乞杨生师邪?'为放出升。"⑦在这种语境中,"诏曰"即"帝曰"。史家以"诏"代"帝",以旁观视角代替了主体视角。可见,在奏诏叙事模式中,"帝""诏"可以互

① 《汉书·爰盎传》。
② 官员的必备素质之一就是写谏书。尤其是直接辅佐太子或诸侯王的师傅。他们的主要工作就是频繁不断地给辅佐对象上谏书。这成为朝廷检查或评估他们工作成绩的主要依据。以至于太子被废或诸侯王失事,朝廷审理该案时,首先需要查验和核实他们身边近臣是否有过谏书,并据此作为审判太子或诸侯王老师罪过轻重的关键证据。
③ 有谏书,一般也应有诏书,至少也有表示态度的简语式的批复性诏书,即可或否。
④ 《汉书·眭弘传》。
⑤ 《后汉纪》卷6。
⑥ 《后汉书·窦武列传》。
⑦ 司马彪《续汉书》卷5,《八家后汉书》。

换。所谓口诏即是皇帝口语。

不过，在奏诏模式中，口诏的含义稍显复杂一些。大体说来，有两种形式。一是广义之口诏，即君臣间的燕语或闲聊，同样被臣子视为皇帝的旨意。比如，"（章）帝雅好文章，自见（崔）骃颂后，（帝）〔常〕嗟叹之，谓侍中窦宪曰：'卿宁知崔骃乎？'对曰：'班固数为臣说之，然未见也。'帝曰：'公爱班固而忽崔骃，此叶公之好龙也。试请见之。'骃由此候宪。宪屣履迎门，笑谓骃曰：'亭伯，吾受诏交公，公何得薄哉？'遂揖入为上客。"①皇帝所言即为口诏，口诏同样需要执行。哀帝指令孔光前去拜访宠臣董贤，也属于这种口诏性质。

一是狭义之口诏，即皇帝在朝堂上发布的口谕性诏书，或，皇帝令近臣向不在朝廷的官员口头传达的诏命，或，皇帝出行随时发出的旨意。可见，皇帝一言一行、只言片语皆为诏。但从奏诏叙事模式角度看，又可分为叙事口诏和口诏叙事两种形式。所谓叙事口诏，就是以叙事形式表示口诏。试举几例。一是，武帝亲自往长陵迎娶同母异父的姐姐。"诏副车载之，回车驰还，而直入长乐宫。行诏门著引籍，通到谒太后。"张守节解释说："武帝道上诏令通名状於门使，引入至太后所。"②二是，李禹"有宠于太子，然好利，亦有勇。……上召禹，使刺虎，县下圈中，未至地，有诏引出之。"③三是，成帝在宣室召见陈汤。"汤击郅支时中寒病，两臂不谇申。汤入见，有诏毋拜。"④四是，光武大会百官，"诏问谁可傅太子者，群臣承望上意，皆言太子舅执金吾原鹿侯阴识可。"⑤五是，郭宪从光武南郊。"宪在位，忽回向东北，含酒三潠。执法奏为不敬。诏问其故。宪对曰：'齐国失火，故以此厌之。'"⑥所谓口诏叙事，就是以口诏形式进行叙事。再举几例。

1. 高帝"贤（贯）高能自立然诺，使泄公赦之，告曰：'张王已出，上多足下，故赦足下。'高曰：'所以不死，白张王不反耳。今王已出，吾责塞矣。且人臣有篡弑之名，岂有面目复事上哉！'乃仰绝亢而死。"⑦

2. "定封（景）丹栎阳侯。（光武）帝谓丹曰：'今关东故王国，虽数县，不过栎阳万户邑。夫"富贵不归故乡，如衣绣夜行"，故以封卿耳。'丹顿首谢。……会陕贼苏况攻破弘农，生获郡守。丹时病，帝以其旧将，欲令强起领郡事，乃夜

---

① 《后汉书·崔骃列传》。
② 《史记·外戚世家》，三家注。
③ 《汉书·李广传》。
④ 《汉书·陈汤传》。
⑤ 《后汉书·桓荣列传》。
⑥ 《后汉书·方术列传上》。
⑦ 《汉书·张耳传》。

召入,谓曰:'贼迫近京师,但得将军威重,卧以镇之足矣。'丹不敢辞,乃力疾拜命。"①

3. "冯勤迁司徒。是时三公多见罪退,(光武)上欲令以善自终,乃因燕见从容戒之曰:'朱浮上不忠于君,下陵轹同列,终以中伤,放逐受诛,虽复追加赏赐,不足以偿不訾之身。忠臣孝子,览照前世,以为鉴戒。能尽忠于国,事君无二,则爵赏光乎当世,功名列于不朽,可不勉哉!'"②

4. 明帝"欲封诸舅,马太后辄断绝曰:'计之熟矣,勿有疑也。至孝之行,安亲为上。今遭变异,谷价数倍,忧惶昼夜,不安坐卧,而欲封爵,违逆慈母之拳拳。吾素刚急,有胸中气,不可不慎。穰岁之后,唯子之志,吾但当含饴弄孙,不能复知政。'"③

5. 邓太后有疾,"左右请祷,以人为代。太后闻之怒,即敕掖庭令:'何故有此不祥之言? 自今已后,但谢过而已,不得复有此言。'"④

至于奏诏叙事模式创作出来的口诏,只是一种修辞意义上的口诏,从阅读效果看,它似乎也具有一种口诏的直观形式。本质上,这是史书出于叙事需要,而将文字诏书改写成了口诏或对话体诏书。这两种情况皎然有别,不难分辨。对史家而言,这是一种便捷而有效的写史手法。

1. "行幸邺。与赵王栩会邺。常山三老言于(明)帝曰:'上生于元氏,愿蒙优复。'诏曰:'丰、沛、济阳,受命所由,加恩报德,适其宜也。今永平之政,百姓怨结,而吏人求复,令人愧笑,重逆此县之拳拳,其复元氏县田租更赋六岁,劳赐县掾史,及门阑走卒。'"⑤

2. "赤眉、延岑暴乱三辅,郡县大姓各拥兵众,大司徒邓禹不能定,(光武)乃遣(冯)异代禹讨之。车驾送至河南,赐以乘舆七尺具剑。敕异曰:'三辅遭王莽、更始之乱,重以赤眉、延岑之酷,元元涂炭,无所依诉。今之征伐,非必略地屠城,要在平定安集之耳。诸将非不健斗,然好虏掠。卿本能御吏士,念自修敕,无为郡县所苦。'异顿首受命,引而西,所至皆布威信。"⑥

3. "(窦)宪恃宫掖声埶,遂以贱直请夺沁水公主园田,主逼畏,不敢计。后肃宗驾出过园,指以问宪,宪阴喝不得对。后发觉,帝大怒,召宪切责曰:'深思

① 《后汉书·景丹列传》。
② 《东观汉记》卷 13。
③ 《东观汉记》卷 6。
④ 《后汉纪》卷 16。
⑤ 《后汉书·孝明帝纪》。
⑥ 《后汉书·冯异列传》。

前过,夺主田园时,何用愈赵高指鹿为马?久念使人惊怖。昔永平中,常令阴党、阴博、邓叠三人更相纠察,故诸豪戚莫敢犯法者,而诏书切切,犹以舅氏田宅为言。今贵主尚见枉夺,何况小人哉!国家弃宪如孤雏腐鼠耳。'宪大震惧,皇后为毁服深谢,良久乃得解,使以田还主。"①

第二节　奏诏叙事模式中的君臣对话和燕语场景

君臣对话和君臣燕语在实际的皇权政治中虽是一种普遍现象,可一旦写入史书便已成为奏诏叙事模式的一部分。某种意义上,君臣对话和君臣燕语可能是奏诏叙事模式中最引人入胜、最具画面感、最多信息量的一部分。比如,元帝为太子时,"见宣帝所用多文法吏,以刑名绳下,大臣杨恽、盖宽饶等坐刺讥辞语为罪而诛,尝侍燕从容言:'陛下持刑太深,宜用儒生。'宣帝作色曰:'汉家自有制度,本以霸王道杂之,奈何纯任德教,用周政乎!且俗儒不达时宜,好是古非今,使人眩于名实,不知所守,何足委任?'乃叹曰:'乱我家者,太子也!'"②或许,需要考虑的是,君臣对话和君臣燕语在奏诏叙事模式中究竟有何意义?关键不在于这种对话的真实性或可信性,而在于它有多大的想象成分和创作成分?

一、叙事话语与君臣燕语

君臣对话和君臣燕语是奏诏模式之一种。"会魏(相)大夫为丞相,数燕见言事。"③所谓"燕见",即为召见,即召见于宫中私密场所。它在君臣关系中具有特殊含义。"数召燕见,问以得失"④、"数召燕见,厚加赏赐"⑤,也就成为奏诏叙事模式的套话。但从奏诏模式的历史实态看,不仅燕见之召为诏,皇帝的燕见之语亦为诏。比如,武帝到窦太主家,"主自执宰敝膝,道入登阶就坐。坐未定,上曰:'愿谒主人翁。'主乃下殿,去簪珥,徒跣顿首谢曰:'妾无状,负陛下,身当伏诛。陛下不致之法,顿首死罪。'有诏谢。主簪履起,之东箱自引董君。董

---

① 《后汉书·窦融列传》。
② 《汉书·元帝纪》。
③ 《汉书·霍光传》。
④ 《后汉书·鲁恭列传》。
⑤ 《后汉书·岑彭列传》。

君绿帻傅韝,随主前,伏殿下。主乃赞:'馆陶公主胞人臣偃昧死再拜谒。'因叩头谢,上为之起。有诏赐衣冠上。偃起,走就衣冠。"①若就奏诏叙事模式的修辞技巧而言,"召""诏"虽为同义,却有着不同的书写变化。这样,动词性的"召"和名词性的"诏"之间,被史家交替使用,从而使奏诏叙事模式有了多样化的形式。概言之,从奏诏模式角度,君臣对话和君臣燕语有着特殊意义。这种意义不仅在于奏诏模式的开放性,更在于它只有通过奏诏叙事模式才能显现出来。可见,君臣对话和君臣燕语往往需要多种多样的叙事手法。

君臣之间的叙事往往有"召"和"对"。换言之,判断是否真正的君臣对话和君臣燕语,有两个关键字,"召"和"对"。无论单纯的叙事,还是有对话的叙事,皆是如此。当然,这不等于说,有"召"必有"对"。举几例。一是,"上召奉车(骑)都尉韦彪,问以三辅旧事。彪对讫,因言巡省旧都,宜录先帝功臣及其子孙,上嘉纳焉。"②二是,"过京师谢恩,帝即引见,并召皇太子诸王宴语终日,赏赐车马衣服什物。仅因言选补众职,当简天下贤俊,不宜专用南阳人。帝纳之。"③三是,"郭宏为郡上计吏,朝廷问宏颍川风俗所尚,土地所出,先贤将相儒林文学之士,宏援经以对,陈事答问,出言如浮,引义如流。"④四是,"神雀五色翔集京师,(明)帝以问临邑侯刘复,不能对,荐贾逵博物。对曰:'昔武王修父之业,鸑鷟鸣于岐山,宣帝威怀戎狄,神雀仍集,此降胡之征也。'帝召贾逵,敕兰台给笔札,使作《神雀颂》。"⑤五是,"肃宗召(鲍)昱问曰:'旱既大甚,将何以消复灾眚?'对曰:'……宜一切还诸徙家属,蠲除禁锢,兴灭继绝,死生获所。如此,和气可致。'帝纳其言。"⑥

其实,"对曰"在君臣对话和君臣燕语的叙事中出现频率更高。再举几例。一是,"诏九卿举武猛,贺独无所荐。帝引问其故,对曰:'臣生自草茅,长于宫掖,既无知人之明,又未尝交知士类。昔卫鞅因景监以见,有识知其不终。今得臣举者,匪荣伊辱。'"⑦二是,"(光武)帝尝问兴郊祀事,曰:'吾欲以谶断之,何

---

① 《汉书·东方朔传》。

② 《后汉纪》卷11。

③ 《后汉书·郭伋列传》。

④ 谢承《后汉书》卷7,《八家后汉书》。"朝廷谓天子也。"(《后汉书·宗室四王三侯列传》,李贤注)

⑤ 《东观汉记》卷15。范《书》文字几乎完全相同,但叙事更为细致、合理。"时有神雀集宫殿官府,冠羽有五采色,帝异之,以问临邑侯刘复,复不能对,荐逵博物多识,帝乃召见逵,问之。对曰:'昔武王终父之业,鸑鷟在岐,宣帝威怀戎狄,神雀仍集,此胡降之征也。'帝勅兰台给笔札,使作《神雀颂》。"(《后汉书·贾逵列传》)

⑥ 《后汉书·鲍永列传》。

⑦ 《后汉书·宦者列传》。

如?'兴对曰:'臣不为谶。'帝怒曰:'卿之不为谶,非之邪?'兴惶恐曰:'臣于书有所未学,而无所非也。'帝意乃解。"①三是,"交趾太守坐赃千金,征还伏法,(明帝)诏以资物班赐群臣。(钟离)意得珠玑,悉以委地,而不拜赐。上怪问其故。对曰:'臣闻孔子忍渴于盗泉之水,曾参回车于胜母之闾,恶其名也。此赃秽之宝,诚不敢拜受。'帝嗟叹曰:'清乎尚书之言!'乃更以库钱三十万赐之。"②四是,杨奇为侍中。"天子所问,引经据义,靡事不对。灵帝尝问:'朕何如桓帝?'对曰:'陛下躬秉艺文,圣才雅藻,有优先帝,礼善慎刑,或未之有。今天下以陛下准桓帝,犹谓尧舜比德者也。'上不悦其言,谓曰:'奇所谓杨震子孙,有强项遗风,想死后又当致大鸟也。'"③五是,"帝游上林苑,从容问(爰)延曰:'朕何如主也?'对曰:'陛下为汉中主。'帝曰:'何以言之?'对曰:'尚书令陈蕃任事则化,中常侍黄门豫政则乱,是以知陛下可与为善,可与为非。'帝曰:'昔朱云廷折栏槛,今侍中面称朕违,敬闻阙矣。'"④六是,"上尝与功臣宴饮,历问曰:'诸君不遭际会,与朕相遇,能何为乎?'邓禹对曰:'臣尝学问,可郡文学。'上笑曰:'言何谦也? 卿邓氏子,志行修整,可掾功曹。'各以次对,至(马)武,曰:'臣以武勇显,可为守尉督盗贼。'帝笑曰:'且不为盗贼,自致亭长,斯可矣。'"⑤

很多时候,即便没有此类字词,看上下文也能辨析出君臣对话和君臣燕语是否具有现场性。现场性表明,这是一种实际上的君臣对话和君臣燕语。区别在于,史家如何叙述这种现场性的君臣对话和君臣燕语。一般说来,这类君臣对话和君臣燕语大多具有某种戏剧性和冲突性。史家往往也都喜欢通过描述这类充满张力的君臣对话和君臣燕语,渲染人物性格,展现君臣关系,从而表达某种特定的政教意图。

> (马援请缨征讨五溪蛮。)(光武)帝愍其老,未许之。援自请曰:"臣尚能被甲上马。"帝令试之。援据鞍顾眄,以示可用。帝笑曰:"矍铄哉是翁也!"遂遣援。⑥

> (光武)上问掾樊显曰:"太守在蜀,谁最能者?"显曰:"渔阳太守张堪昔在蜀最能。堪仁足以惠下,威足以齐奸,清廉无以为比。"上曰:"何以为

---

① 《后汉书·郑兴列传》。

② 《东观汉记》卷16。谢承《书》对这件事有大同小异的记述。除了大司农和库钱之类的细节差异,唯一值得注意的只是"帝嗟叹曰"和"帝笑曰"这两个具有某种历史叙事的词语。(谢承《后汉书》卷3,《八家后汉书》)

③ 谢承《后汉书》卷4,《八家后汉书》。

④ 《后汉书·爰延列传》。

⑤ 《后汉纪》卷7。

⑥ 《东观汉记》卷12。

效？"显曰："当破蜀时，公孙述珍宝山积，卷握之物，足当十世。而堪不以介意，去蜀之日，乘朽辕车，白布破囊而已。"①

（明帝）上亲于辟雍，自讲所制《五行章句》已，复令（桓）郁说一篇。上谓郁曰：'我为孔子，卿为子夏，起予者商也。'又问郁曰：'子几人能传学？'郁曰：'臣子皆未能传学，孤兄子一人学方起。'上曰：'努力教之，有起者即白之。'"②

车驾南郊，（刘）陵参乘。（和帝）上起早，升舆伏，陵恭嗟曰："陛下万乘主，宜立正配天，虽尊神欲寝，不当上为天地灵祇，下为群臣万姓观者乎？"上有愧色，曰："敬受侍中斯言，以为后戒。"③

以上这些君臣对话和君臣燕语，虽有奏诏叙事模式的痕迹，但从内容分析，仍然属于实际发生过的君臣对话和君臣燕语。形式上的君臣对话和君臣燕语源于奏诏，实际上的君臣对话和君臣燕语应该源自史官或尚书的现场记录。比如，光武帝和光禄勋刘昆之间的对话就被光武命人当场记录下来。"诏问昆曰：'前在江陵，反风灭火，后守弘农，虎北度河，行何德政而致是事？'昆对曰：'偶然耳。'左右皆笑其质讷。帝叹曰：'此乃长者之言也。'顾命书诸策。"④可见，此类神奇而有趣之细节、场景及言语，确有所本。即便不是朝廷档案，也应该是某种官方文献。尽管如此，却不能简单认定史家就是直接抄书或罗列材料。因为，任何一部真正的史书都是史家"创作性叙事"的产物。所以，它同样包含有史家想象。

此外，君臣言谈和话语或许还有更为广泛而多样的来源。

富平、定陵侯张放、淳于长等始爱幸，出为微行，行则同舆执辔；入侍禁中，设宴饮之会，及赵、李诸侍中皆引满举白，谈笑大嚣。时乘舆幄坐张画屏风，画纣醉踞妲己作长夜之乐。（成帝）上以（班）伯新起，数目礼之，因顾指画而问伯："纣为无道，至于是虖？"伯对曰："……所谓众恶归之，不如是之甚者也。"上曰："苟不若此，此图何戒？"伯曰："……《诗》《书》淫乱之戒，其原皆在于酒。"上乃谓然叹曰："吾久不见班生，今日复闻谠言！"放等不怿，稍自引起更衣，因罢出。时长信庭林表适使来，闻见之。⑤

---

① 华峤《汉后书》卷2，《八家后汉书》。
② 《后汉书·桓荣列传》，李贤注。
③ 谢承《后汉书》卷4，《八家后汉书》。
④ 《后汉书·儒林列传上》。
⑤ 《汉书·叙传上》。

"时长信庭林表适使来,闻见之"表明它是一种当事人的见闻。这种"闻见之"的对话和叙事经班固之手,写入《汉书》,就成为一种个体记忆中的"历史"。它和奏诏叙事模式中的其他内容,貌似相同,却有实质性区别。

二、史家对君臣对话和燕语的叙事建构

史书上的君臣对话和君臣燕语有两种类型,一是奏诏模式中的君臣对话和君臣燕语,一是奏诏叙事模式中的君臣对话和君臣燕语。前者意味着君臣对话和君臣燕语是实际上发生过的,后者意味着君臣对话和君臣燕语是史家叙事的结果。但问题的复杂性还在于,奏诏叙事模式有时把这二者结合起来,综述成一段完整的叙事情节。既有对奏诏模式的叙事重组,又有君臣对话和君臣燕语的现场叙事。这样,两种奏诏方式之间的自然过渡和流畅叙事便构成了一幅真实画面。

> 显宗怒甚,吏皆惶恐,诸所连及,率一切陷入,无敢以情恕者。(寒)朗心伤其冤,试以(耿)建等物色独问(颜)忠、(王)平,而二人错愕不能对。朗知其诈,乃上言建等无奸,专为忠、平所诬,疑天下无辜类多如此。帝乃召朗入,问曰:"建等即如是,忠、平何故引之?"朗对曰:"忠、平自知所犯不道,故多有虚引,冀以自明。"帝曰:"即如是,四侯无事,何不早奏,狱竟而久系至今邪?"朗对曰:"臣虽考之无事,然恐海内别有发其奸者,故未敢时上。"帝怒骂曰:"吏持两端,促提下。"左右方引去,朗曰:"愿一言而死。小臣不敢欺,欲助国耳。"帝问曰:"谁与共为章?"对曰:"臣自知当必族灭,不敢多污染人,诚冀陛下一觉悟而已。臣见考囚在事者,咸共言妖恶大故,臣子所宜同疾,今出之不如入之,可无后责。是以考一连十,考十连百。又公卿朝会,陛下问以得失,皆长跪言,旧制大罪祸及九族,陛下大恩,裁止于身,天下幸甚。及其归舍,口虽不言,而仰屋窃叹,莫不知其多冤,无敢悟陛下者。臣今所陈,诚死无悔。"帝意解,诏遣朗出。[1]

这段记事分两个层次。先是叙事体奏诏,继而是对话体奏诏。二者共同构成了奏诏叙事模式的复式结构。换言之,叙事和对话皆具有奏诏性质。[2] 奏诏即是君臣对话和君臣燕语。奏诏模式的多功能性决定了君臣对话和君臣燕语的多

---

① 《后汉书·寒朗列传》。
② 君臣现场对话即属口头奏诏。"(光武)诏问(刘)昆曰:'前在江陵,反风灭火,后守弘农,虎北度河,行何德政而致是事?'昆对曰:'偶然耳。'"(《后汉书·儒林列传上》)

样性。比如,"(明帝)上耕于藉田,赐观者食。有一诸生蒙首而言曰:'善哉,太公之遇文王也。'上使人报之曰:'生非太公,予亦非文王。'"①虽然皇帝和士人之间共处于一个特定场合,但君臣双方并未发生直接的言语交际。对士人现场发表的言论,皇帝只是让人传话予以回应。这是一种特殊形式的君臣对话和君臣燕语。其特点在于公共空间的适度距离。所以,它虽是一种君臣对话和君臣燕语,却既非朝堂上君臣面对面的直接对话,亦非皇帝派使臣向官员传达口谕。它其实是一种君臣面对面的间接对话。这表明皇权政治中君臣对话和君臣燕语的公众性和奏诏模式的开放性。

广义上,君臣对话和君臣燕语皆属奏诏模式,均有其特殊意义,故而才被史书记载下来。尽管如此,仍有一些君臣对话和君臣燕语属于严格意义上的奏诏模式范畴。二者在实际的皇权政治中,肯定意义有别。但史家显然有着不同理解。在史家看来,即便并非严格奏诏模式的君臣对话和君臣燕语,也有其不容忽视的教化寓意。或因如此,史书上才会频频出现各种广义上的君臣对话和君臣燕语。这使得我们有必要对此类君臣对话和君臣燕语作出更为贴切的历史解释。

一个常见的现象是,史书上的君臣对话和君臣燕语,往往略君语而详臣言,意图自然是为了彰显官员的忠诚和机智。比如,陈正为太官令。"时黄门郎宿与正有隙,因进御食,以发穿贯炙。光武见发〔怒〕,敕斩正。正已陛见,曰:'臣有当死罪三:黑山出炭,增冶吐炎,燋肤烂肉,而发不销,臣罪一也。拔出佩刀,砥砺五石,亏肥截骨,不能断发,臣罪二也。臣〔朗月书章奏,侧光读五经,且临食〕,与丞及庖人六目齐观,不如黄门一人,臣罪三也。'诏〔赦之〕,敕收黄门。"②

当然,略臣语详君言的情况也有。不过,多限于本纪。比如,"将作大匠窦融上言园陵广袤,无虑所用。(光武)帝曰:'古者帝王之葬,皆陶人瓦器,木车茅马,使后世之人不知其处。太宗识终始之义,景帝能述遵孝道,遭天下反复,而霸陵独完受其福,岂不美哉!今所制地不过二三顷,无为山陵,陂池裁令流水而已。'"③

---

① 《后汉纪》卷 10。
② 姚之骃按:"光武之智岂不如孙权之辨鼠矢,将琐琐者不觉耳,至以发故而戮人,恐暴君亦不尔,谢书过矣。又韩非子载晋文公谴掌人事,与此传大同小异,言事偶相类,因脱胎旧文耶?"(谢承《后汉书》卷 4,《八家后汉书》)似可见秦汉史书写作和先秦诸子寓言亦有某种相通笔法。
③ 《后汉书·光武帝纪下》。

三、幽秘话语与透明叙事

一些极度隐秘的话语被写入史书,并被想当然地视为有关历史的真实记载和客观描述。这就是幽秘话语和透明叙事之悖论。这种悖论之特征在于,它并非抄自档案或采自传说,亦非人们编造或想象,而是史家之**创造性叙事**或**叙事性创作**。此乃历史叙事之本质。它使人相信它是真的,尽管永远得不到证明。换言之,人们似乎没有理由不相信历史叙事的真实性,可人们确实无法证明。事实上,人们从未认真想过要去证明它。这是因为,人们深信它无需证明,因为它就是事实。这种**以信为真**的普遍心理就是真理史情结。**真理史情结是历史叙事之本质**。基于此,历史叙事中的幽秘话语反而成为透明叙事的可信凭证。人们迷恋宫闱内幕和痴迷闺房之语,即是根源于这种幽秘话语和透明叙事之悖论心理。话语越隐秘,可信度越高,越不容置疑,越被视为真实。就是说,越是处于幽暗之地的话语,其叙事之透明性越强。**从其幽秘话语中能够直接看到透明叙事背后的历史场景**。好比日常闲谈,声音越低,说话越隐蔽,内容越重要。这种生活经验和历史叙事一个道理。

历史叙事的来源可能非常多元,相形之下,叙事中的话语却相当单一。相对叙事,对话更具隐秘性,更难推断出处。因为,较之事实真伪,语言更不易确定虚实。比如,人们似乎都知道有过"鸿门宴",但项羽和刘邦在鸿门宴上说的话却难以证实。在人们看来,项刘二人的言谈既符合各自的身份和地位,又符合彼此的性格和心理,还符合他们当下所处之环境。这样,便无任何理由怀疑他们在鸿门宴上言语的真实性。

某种意义上,话语多为史家之创作。所以,对话更能体现史家的才学识。本质上,史书上的对话和小说中的对话一样,具有相同功能,都是为"主题"和"观念"服务的。就是说,它让历史人物说的话都是史家认为有意义的话。一方面,对话在叙事中能起到表现人物个性的独特作用;另一方面,作为奏诏叙事模式中"最有意味的"一部分,君臣对话和君臣燕语最能激发阅读的想象力。

在奏诏叙事模式中,没有孤立和纯粹的对话。很多时候,对话和叙事往往深度重合,难以剥离。最重要的是,这种语境能使人产生一种特殊的阅读心理,叙事似乎大多是为对话服务的。

> 宣帝即位,久之,渤海左右郡岁饥,盗贼并起,二千石不能禽制。上选能治者,丞相御史举(龚)遂可用,上以为渤海太守。时遂年七十余,召见,

形貌短小,宣帝望见,不副所闻,心内轻焉,谓遂曰:"渤海废乱,朕甚忧之。君欲何以息其盗贼,以称朕意?"遂对曰:"海濒遐远,不沾圣化,其民困于饥寒而吏不恤,故使陛下赤子盗弄陛下之兵于潢池中耳。今欲使臣胜之邪,将安之也?"上闻遂对,甚说,答曰:"选用贤良,固欲安之也。"遂曰:"臣闻治乱民犹治乱绳,不可急也;唯缓之,然后可治。臣愿丞相御史且无拘臣以文法,得一切便宜从事。"上许焉。[1]

元帝被疾,不亲政事,留好音乐。或置鼙鼓殿下,天子自临轩槛上,隤铜丸以擿鼓,声中严鼓之节。后宫及左右习知音者莫能为,而定陶王亦能之,上数称其材。(史)丹进曰:"凡所谓材者,敏而好学,温故知新,皇太子是也。若乃器人于丝竹鼓鼙之间,则是陈惠、李微高于匡衡,可相国也。"于是上嘿然而笑。其后,中山哀王薨,太子前吊。哀王者,帝之少弟,与太子游学相长大。上望见太子,感念哀王,悲不能自止。太子既至前,不哀。上大恨曰:"安有人不慈仁而可奉宗庙为民父母者乎!"上以责谓丹。丹免冠谢上曰:"臣诚见陛下哀痛中山王,至以感损。向者太子当进见,臣窃戒属毋涕泣,感伤陛下。罪乃在臣,当死。"上以为然,意乃解。[2]

成帝游于后庭,尝欲与(班)婕妤同辇载,婕妤辞曰:"观古图画,贤圣之君皆有名臣在侧,三代末主乃有嬖女,今欲同辇,得无近似之乎?"上善其言而止。太后闻之,喜曰:"古有樊姬,今有班婕妤。"……赵飞燕谮告许皇后、班婕妤挟媚道,祝诅后宫,詈及主上。许皇后坐废。考问班婕妤,婕妤对曰:"妾闻'死生有命,富贵在天。'修正尚未蒙福,为邪欲以何望?使鬼神有知,不受不臣之愬;如其无知,愬之何益?故不为也。"上善其对,怜悯之。[3]

奏诏叙事模式的一种常用手法是,对话和叙事相互交替,曲折反复。时而对话,时而叙事。对话和叙事相互穿插,交织重叠。

(史)丹以亲密臣得侍视疾,候(元帝)上间独寝时,丹直入卧内,顿首伏青蒲上,涕泣言曰:"皇太子以适长立,积十余年,名号系于百姓,天下莫不归心臣子。见定陶王雅素爱幸,今者道路流言,为国生意,以为太子有动摇之议。审若此,公卿以下必以死争,不奉诏。臣愿先赐死以示群臣!"天子素仁,不忍见丹涕泣,言又切至,上意大感,喟然太息曰:"吾日困劣,而太子两王幼少,意中恋恋,亦何不念乎!然无有此议。且皇后谨慎,先帝又爱太

---

[1]《汉书·循吏传》。
[2]《汉书·史丹传》。
[3]《汉书·外戚传下》。

子,吾岂可违指! 驸马都尉安所受此语?"丹即却,顿首曰:"愚臣妄闻,罪当死!"上因纳,谓丹曰:"吾病寖加,恐不能自还。善辅道太子,毋违我意!"丹嘘唏而起。太子由是遂为嗣矣。①

(灵帝)上置酒麒麟殿,(董)贤父子亲属宴饮,王闳兄弟侍中中常侍皆在侧。上有酒所,从容视贤笑,曰:"吾欲法尧禅舜,何如?"闳进曰:"天下乃高皇帝天下,非陛下之有也。陛下承宗庙,当传子孙于亡穷。统业至重,天子亡戏言!"上默然不说,左右皆恐。于是遣闳出,后不得复侍宴。②

(盖勋)征拜讨虏校尉。灵帝召见,问:"天下何苦而反乱如此?"勋曰:"幸臣子弟扰之。"时宦者上军校尉蹇硕在坐,帝顾问硕,硕惧,不知所对,而以此恨勋。帝又谓勋曰:"吾已陈师于平乐观,多出中藏财物以饵士,何如?"勋曰:"臣闻'先王耀德不观兵。'今寇在远而设近陈,不足昭果毅,秖黩武耳。"帝曰:"善。恨见君晚,群臣初无是言也。"③

对话之后,直接转折为叙事,哪怕二者之间并无联系,亦无违和之感。

(光武)帝后与功臣诸侯燕语,从容言曰:"诸卿不遭际会,自度爵禄何所至乎?"高密侯邓禹先对曰:"臣少尝学问,可郡文学博士。"帝曰:"何言之谦乎? 卿邓氏子,志行修整,何为不掾功曹?"余各以次对,至(马)武,曰:"臣以武勇,可守尉督盗贼。"帝笑曰:"且勿为盗贼,自致亭长,斯可矣。"武为人嗜酒,阔达敢言,时醉在御前面折同列,言其短长,无所避忌。帝故纵之,以为笑乐。帝虽制御功臣,而每能回容,宥其小失。远方贡珍甘,必先遍赐列侯,而太官无余。有功,辄增邑赏,不任以吏职,故皆保其福禄,终无诛谴者。④

---

① 《汉书·史丹传》。
② 《汉书·佞幸传》。
③ 《后汉书·盖勋列传》。
④ 《后汉书·马武列传》。

第六章

独断性诏书

第一节　独断诏书之含义

对诏书分类,还有一种标准,这就是下诏主体。[①] 所谓主体,有两种含义,一是实际主体,一是形式主体。形式主体是指,官员上书,皇帝采用其说,下诏执行。在这种情况下,虽然皇帝依然是诏书主体,但毕竟是对官员上书的接受者和采纳者。实际主体是指,诏书是皇帝乾纲独断、自我决策之产物。易言之,出自实际主体的诏书就是独断性诏书。[②] 它不受官员奏疏影响,断然否决官员奏疏,甚至没有官员奏疏。简言之,没有奏书的诏书,就是独断诏书。有三种诏书堪称典型。即废立太子诏、废立皇后诏和遗诏。[③] 它最为充分地体现出皇帝个人在历史进程中的巨大创造性,并最大限度地展示出皇帝的自由意志对古代历史的全局支配性。

虽然纪传体的纪传志中均有诏书,但本纪中的诏书似乎别具意味。因为它的绝大部分诏书皆属独断性诏书。这种布局安排,显然被史家有意标示为一种直接彰显皇帝自由意志和绝对权威的诏书类型。更重要的是,它体现了皇帝的乾纲独断,即对帝国事务的全权支配和权威控制。其实,虽说列传中的诏书更多通过一种奏诏模式而得以展示,但皇帝意愿和个人倾向仍然对某些议题的产

---

① 对诏书所作的性质、功能、主体之分类,均属于奏诏模式范畴。

② 和所有诏书一样,独断诏书也有引文和叙事之分。文帝下诏,"今祕祝移过于下,朕甚不取。自今除之。"《史记·封禅书》"省法令妨吏民者;除挟书律。"《汉书·惠帝纪》高祖"令贾人不得衣丝乘车,重租税以困辱之。"《史记·平准书》

③ 具体情况可能差异多多,不宜一概而论。有时,废立太子或皇后,也会搅动朝局、引发党争,但最终决断权仍在皇帝手里。或力排众议,或刚愎自用。官员们不可能强加给皇帝一个他不乐意的太子或皇后。除非皇帝是儿皇帝。

生和展开发挥着一种不容置疑的导向性和规范性,这使得皇帝对奏书的裁决成为一种实质性的独断诏书。比如,"肃宗立,降意儒术,特好《古文尚书》《左氏传》。建初元年,诏(贾)逵入讲北宫白虎观、南宫云台。帝善逵说,使发出《左氏传》大义长于二传者。逵于是具条奏之。……书奏,帝嘉之,赐布五百匹,衣一袭,令逵自选《公羊》严、颜诸生高才者二十人,教以《左氏》,与简纸经传各一通。"①章帝个人对《左传》的喜好决定了他对贾逵经学观点的认同,进而诏命贾逵深入阐发《左传》的优点。从东汉经学史趋势看,章帝的态度对今古文之争起到了一个决定性作用。是可知,皇帝意志主导着许多问题的展开和走向。就其本质,独断性诏书鲜明地体现了皇帝旨意对皇权政治的决定性。

无论皇帝的决断还是悔罪,其独断性诏书皆对历史走向产生深远影响。"章帝不欲疲弊中国以事夷狄,乃迎还戊己校尉,不复遣都护,复罢屯田,匈奴因遣兵守伊吾地。"②"汉武灭朝鲜、闽越,开西南夷,通西域,逐北狄,天下骚然,人不聊生,追悔前失,引咎自责,下诏哀痛,息戍轮台,既危复安,幸能觉悟也。"③理论上,所有罪己诏都是独断性诏书。在所有独断诏书中,罪己诏是最具特殊价值的一类。

第二节　独断诏书之多样表现

形式上,只要没有相关奏书,诏书就属于独断诏书。但事情要复杂得多。一是有些诏书虽然在本纪里没有奏书,却能在列传中找到奏书的相应线索。④ 二是有些诏书从内容看,属于例行诏书之类,即属于官僚体制的常规操作。比如,这里所记诏令像是皇帝的独断诏书。从上下文看,它又似乎属于例行诏书。"民有罪,得买爵三十级以免死罪。赐民爵,户一级。""发诸侯王、列侯

---

① 《后汉书·贾逵列传》。
② 杜佑《通典》卷191,中华书局,1988年。(以下简称《通典》)
③ 《通典》卷171。
④ 当然,列传中也有明确的独断诏书。比如,"元始中,修功臣后,下诏曰:'汉兴以来,股肱在位,身行俭约,轻财重义,未有若公孙弘者也。位在宰相封侯,而为布被脱粟之饭,奉禄以给故人宾客,无有所余,可谓减于制度,而率下笃俗者也,与内富厚而外为诡服以钓虚誉者殊科。夫表德章义,所以率世厉俗,圣王之制也。其赐弘后子孙之次见为适者,爵关内侯,食邑三百户。'"(《汉书·公孙弘传》)又如,宣帝即位,"褒赏大臣,[下]诏曰:'夫褒有德,赏有功,古今之通义也。车骑将军光禄勋富平侯安世,宿卫忠正,宣德明恩,勤劳国家,守职秉义,以安宗庙,其益封万六千户,功次大将军光。'"(《汉书·张汤传》)

徒隶二万人城长安。""举民孝弟力田者复其身。"①"诏郡国死罪囚减罪,与妻子诣五原、朔方占著,所在死者皆赐妻父若男同产一人复终身;其妻无父兄独有母者,赐其母钱六万,又复其口算。""诏郡国以公田赐贫人各有差。令司隶校尉、部刺史岁上墨绶长吏视事三岁已上理状尤异者各一人,与计偕上。及尤不政理者,亦以闻。"②严格说来,以上二者不能归入独断诏书之列。

相反,有些诏书起因于皇帝倡议,交付官员讨论后,正式下诏,仍算是独断诏书。典型如始皇命"议帝号",最终有了"皇帝"名号。就此而言,"称帝诏"和"焚书令"属于不同主体的诏书类型。举几例。

一是议庙号。

> (二世)令群臣议尊始皇庙。群臣皆顿首言曰:"……今始皇为极庙,四海之内皆献贡职,增牺牲,礼咸备,毋以加。先王庙或在西雍,或在咸阳。天子仪当独奉酌祠始皇庙。自襄公已下轶毁。所置凡七庙。群臣以礼进祠,以尊始皇庙为帝者祖庙。"③

一是议封王。

> 高祖子幼,昆弟少,又不贤,欲王同姓以镇天下,乃诏曰:"将军刘贾有功,及择子弟可以为王者。"群臣皆曰:"立刘贾为荆王,王淮东五十二城;高祖弟交为楚王,王淮西三十六城。"因立子肥为齐王。始王昆弟刘氏也。④

一是议谥号。

> (宣帝)〔下〕诏曰:"故皇太子在湖,未有号谥,岁时祠,其议谥,置园邑。"有司奏请:"……故皇太子谥曰戾,置奉邑二百家。史良娣曰戾夫人,置守冢三十家。园置长丞,周卫奉守如法。"以湖阌乡邪里聚为戾园,长安白亭东为戾后园,广明成乡为悼园。皆改葬焉。⑤

一是议礼制。

> 诏(张)纯曰:"禘、祫之祭,不行已久矣。……宜据经典,详为其制。"纯奏曰:"……禘祭以夏四月,夏者阳气在上,阴气在下,故正尊卑之义也。祫祭以冬十月,冬者五谷成孰,物备礼成,故合聚饮食也。斯典之废,于兹八年,谓可如礼施行,以时定议。"(光武)帝从之,自是禘、祫遂定。⑥

---

① 《汉书·惠帝纪》。
② 《后汉书·孝明帝纪》。
③ 《史记·秦始皇本纪》。
④ 《史记·荆燕世家》。
⑤ 《汉书·武五子传》。
⑥ 《后汉书·张纯列传》。

一是议举贤。

> 大郡口五六十万举孝廉二人,小郡口二十万并有蛮夷者亦举二人,
> (和)帝以为不均,下公卿会议。(丁)鸿与司空刘方上言:"凡口率之科,宜
> 有阶品,蛮夷错杂,不得为数。自今郡国率二十万口岁举孝廉一人,四十万
> 二人,六十万三人,八十万四人,百万五人,百二十万六人。不满二十万二
> 岁一人,不满十万三岁一人。"帝从之。[①]

其实,奏诏之间的关系还有更复杂的一面。有时,皇帝虽未下诏,却已有某
种意向,那些善于观颜察色或风闻奏事的官员便会投其所好地上书建言,皇帝
便顺势而为地下诏裁决。形式上看,诏书是对奏书的回应,实际上,皇帝只是借
着官员的嘴说出了自己的心里话。有时,皇帝已拿定主意,官员们还是固执己
见地奏言,就会遭到皇帝的断然驳斥。比如,

> (武帝)既悔远征伐,而搜粟都尉桑弘羊与丞相御史奏言:"……臣愚以
> 为可遣屯田卒诣故轮台以东,置校尉三人分护,各举图地形,通利沟渠,务
> 使以时益种五谷。"上乃下诏,深陈既往之悔,曰:"……今请远田轮台,欲起
> 亭隧,是扰劳天下,非所以优民也。今朕不忍闻。大鸿胪等又议,欲募囚徒
> 送匈奴使者,明封侯之赏以报忿,五伯所弗能为也。……当今务在禁苛暴,
> 止擅赋,力本农,修马复令,以补缺,毋乏武备而已。……"由是不复
> 出军。[②]

有时,士人上书暗合皇帝心思,皇帝便顺水推舟。比如,孔僖与崔骃同习《春
秋》,论及吴王夫差,被人上书告发"诽谤先帝,讥刺世事。下有司,骃诣吏受
诘"。孔僖上书申辩。"陛下即位已来,政教未过,德泽有加,天下所共见也,臣
等独何讥刺哉?假使所言是也,则朝廷所宜改;所言非也,亦王者所宜含容。陛
下不推其原,苟肆私忿,臣等即死,顾天下必回视易听,以此窥陛下心矣。"章帝
"始无罪骃等意,及得僖奏,下制勿问。"[③]显然,这两种情况均属独断诏书无疑。

此外,还有一种情况。有些奏书看似主动,实际是对皇帝诏书的反馈。这
样,在官员奏疏中提及的皇帝诏书实际上是一种独断诏书。只不过有的提及,
有的不提。这样,当皇帝再次下诏时,不仅是对官员奏书的裁决,也是对此前独
断诏书内容的重新确认。

> 丞相张苍、御史大夫冯敬奏言:"……陛下下明诏,怜万民之一有过被

---

① 《后汉书·丁鸿列传》。
② 《汉书·西域传下》。
③ 《后汉纪》卷12。

刑者终身不息,及罪人欲改行为善而道亡繇至,于盛德,臣等所不及也。臣谨议请定律曰:诸当完者,完为城旦舂;当黥者,髡钳为城旦舂;当劓者,笞三百;当斩左止者,笞五百;当斩右止,及杀人先自告,及吏坐受赇枉法,守县官财物而即盗之,已论命复有笞罪者,皆弃市。罪人狱已决,完为城旦舂,满三岁为鬼薪白粲。鬼薪白粲一岁,为隶臣妾。隶臣妾一岁,免为庶人。隶臣妾满二岁,为司寇。司寇一岁,及作如司寇二岁,皆免为庶人。其亡逃及有罪耐以上,不用此令。前令之刑城旦舂岁而非禁锢者,如完为城旦舂岁数以免。臣昧死请。"制曰:"可。"①

第三节 独断诏书之复杂形态

独断性诏书有各种形态和表现。从制度的实际运作程序看,无论灾异还是祥瑞,都是官员向皇帝禀报之后,皇帝才会下诏。但从史书记载看,确有很多时候,出现某种事情,皇帝随即下诏,其间并无官员上书,完全出于皇帝一己之念。这样,直观上看,它属于皇帝的独断性诏书。比如,"有芝生殿防内中。天子为塞河,兴通天台,若有光云,乃下诏曰:'甘泉防生芝九茎,赦天下,毋有复作。'"②

密诏性质的诏书,属于典型的独断诏书。其独断性源于其不可告人的隐秘性。以宣帝为例。宣帝即位,"心内忌贺,元康二年遣使者赐山阳太守张敞玺书曰:'制诏山阳太守:其谨备盗贼,察往来过客。毋下所赐书!'"③宣帝叮嘱张敞对这道诏书保密,不要向其他人传达诏书内容。可见其性质上类似后世所谓"密诏"。这也可以看出,皇帝下诏都需要层层传达,广而告之。除非皇帝专门叮嘱,切勿外传。宣帝只要求张敞监视昌邑王刘贺动静,张敞却对昌邑王长相体貌观察得细致入微,连肤色、五官、身高、走路姿态、衣冠、佩饰都向宣帝禀报的一清二楚,唯恐不详不细。

敞于是条奏贺居处,著其废亡之效,曰:"臣敞地节三年五月视事,故昌邑王居故宫,奴婢在中者百八十三人,闭大门,开小门,廉吏一人为领钱物市买,朝内食物,它不得出入。督盗一人别主徼循,察往来者,以王家钱取

---

① 《汉书·刑法志》。
② 《史记·孝武本纪》。
③ 《汉书·武五子传》。

卒，逥宫清中备盗贼。臣敞数遣丞吏行察。四年九月中，臣敞入视居处状，故王年二十六七，为人青黑色，小目，鼻末锐卑，少须眉，身体长大，疾痿，行步不便。衣短衣大绔，冠惠文冠，佩玉环，簪笔持牍趋谒。臣敞与坐语中庭，阅妻子奴婢。臣敞欲动观其意，即以恶鸟感之，曰：'昌邑多枭。'故王应曰：'然前贺西至长安，殊无枭。复来，东至济阳，乃复闻枭声。'臣敞阅至子女持辔，故王跪曰：'持辔母，严长孙女也。'臣敞故知执金吾严延年字长孙，女罗紨，前为故王妻。察故王衣服言语跪起，清狂不惠。妻十六人，子二十二人，其十一人男，十一人女。昧死奏名籍及奴婢财物簿。臣敞前书言：'昌邑哀王歌舞者张修等十人，无子，又非姬，但良人，无官名，王薨当罢归。太傅豹等擅留，以为哀王园中人，所不当得为，请罢归。'故王闻之曰：'中人守园，疾者当勿治，相杀伤者当勿法，欲令亟死，太守柰何而欲罢之？'其天资喜由乱亡，终不见仁义，如此。后丞相御史以臣敞书闻，奏可。皆以遣。"上由此知贺不足忌。①

刘贺虽然被废，但并非罪犯，一举一动却被千里之外的宣帝看得清清楚楚。其日常生活在宣帝面前一览无余。② 本质上，密诏反映了宫廷政治的阴暗性。值得注意的是，由密诏而来的公开诏书，同样是独断性诏书。因为它反映了宣帝本人对张敞奏报的分析和判断。既然这个过程是秘密进行的，宣帝由此作出的决定便属于自我决断。"明年春，乃下诏曰：'盖闻象有罪，舜封之，骨肉之亲，析而不殊。其封故昌邑王贺为海昏侯，食邑四千户。'侍中卫尉金安上上书言：'贺天之所弃，陛下至仁，复封为列侯。贺嚚顽放废之人，不宜得奉宗庙朝聘之礼。'奏可。"③

带有某种阴谋性质的诏书，自然属于独断诏书。王莽妻侍者原碧，"莽幸之。"太子王临"亦通焉，恐事泄，谋共杀莽"。王临后贬为统义阳王，"愈忧恐。"会莽妻病卒，王莽令王临不得会丧。"既葬，收原碧等考问，具服奸、谋杀状。莽欲祕之，使杀案事使者司命从事，埋狱中，家不知所在。赐临药，临不肯饮，自刺死。"然后王莽又策书王临。"迹行赐谥，谥曰缪王。"④

皇帝下诏斥责地方官，或具有隐秘性质的玺书，应该都是独断诏书。比如，

① 《汉书·武五子传》。

② 这使人联想到张敞在京兆尹任上时，和夫人在卧室的亲昵动作竟然被皇帝尽收眼帘，视为笑谈。这不禁使人提出一个问题，早期帝国有无私生活概念？官员私生活的隐秘性是否得到尊重？皇帝又是通过什么手段掌控和了解官员的私生活？

③ 《汉书·武五子传》。

④ 《汉书·王莽传下》。

武帝以吾丘寿王为东郡都尉,"不复置太守。是时,军旅数发,年岁不熟,多盗贼。诏赐寿王玺书曰:'子在朕前之时,知略辐凑,以为天下少双,海内寡二。及至连十余城之守,任四千石之重,职事并废,盗贼从横,甚不称在前时,何也?'寿王谢罪,因言其状。"①又如,邛成太后崩,丞相薛宣治丧仓促,成帝册免薛宣。"君为丞相,出入六年,忠孝之行,率先百僚,朕无闻焉。……三辅赋敛无度,酷吏并缘为奸,侵扰百姓,诏君案验,复无欲得事实之意。九卿以下,咸承风指,同时陷于谩欺之辜,咎繇君焉!有司法君领职解媠,开谩欺之路,伤薄风化,无以帅示四方。不忍致君于理,其上丞相高阳侯印绶,罢归。"②

皇帝因宠臣而贬谪大臣,亦为独断性诏书。比如,哀帝宠幸董贤,为此专门下了一道为董贤辩护的诏书。这道诏书是汉代篇幅最长的诏书之一。可见哀帝对董贤用心之深,用情之专。哀帝舅舅丁明为大司马,"颇害贤宠,及丞相王嘉死,明甚怜之。上浸重贤,欲极其位,而恨明如此,"③于是册免丁明。

> 前东平王(刘)云贪欲上位,祠祭祝诅,云后舅伍宏以医待诏,与校秘书郎杨闳结谋反逆,祸甚迫切。赖宗庙神灵,董贤等以闻,咸伏其辜。……将军位尊任重,既不能明威立义,折消未萌,又不深疾云、宏之恶,而怀非君上。……朕闵将军陷于重刑,故以书饬。将军遂非不改,复与丞相嘉相比,令嘉有依,得以罔上。有司致法将军请狱治,朕惟嚙肤之恩未忍,其上票骑将军印绶,罢归就第。④

随之以董贤取代丁明为大司马卫将军,"常给事中,领尚书,百官因贤奏事。"⑤

皇帝行使决策权是下诏,皇帝行使最高决策权是颁布独断诏书。按照皇权政治的规矩,皇帝决策固然需要从谏如流,可这并不妨碍皇帝常常独断专行,刚愎自用。我们这里无需考虑群臣意见的是非,也无需考察皇帝专制的对错,只需关注皇帝如何通过独断诏书强行实施自己的主张,把自己的意念变成行动,变成结果。这是奏诏模式中皇帝权威的绝对体现。如此一来,皇权政治的实际运作中便充满了形形色色的独断性诏书。独断诏书不仅包含各种内容和议题,有设官,有任官,有灾异,有祥瑞,而且其动机和用意似乎相当合理和理性。特别是元帝对冯野王官职的贬低,以及明帝拒绝官员借祥瑞对自己歌功颂德,其

---

① 《汉书·吾丘寿王传》。
② 《汉书·薛宣传》。
③ 《汉书·佞幸传》。
④ 《汉书·佞幸传》。
⑤ 《汉书·佞幸传》。

至包含了某种不易轻忽的道德感。

第四节　王莽诏书之独断性

　　新朝地位之特殊在整个皇权历史上独一无二。且不论魏晋六朝、五代十国,皆有史书,一个以禅让取天下的大一统帝国,既无一部单独史书,在史书上亦无独立地位。秦朝好歹有一篇《秦始皇本纪》,新朝却只能以列传附骥于《汉书》。这种挖空心思的扭曲写法,使得班固对王莽诏书似有投鼠忌器之嫌,故多以"下书"代替下诏。此谓史家之皮里阳秋,阴阳两面。既可以非诏为诏彰显其正统性,又可以诏为非诏贬斥其正统性。可见正统性实乃用"诏"与否之关键。

　　尽管班《书》刻意抹杀王莽之"诏",却也颇具深意。从内容看,王莽的诸多"下书"皆可视作独断诏书。"莽至明堂,授诸侯茅土。下书曰。"[1]"莽志方盛,以为四夷不足吞灭,专念稽古之事,复下书曰。"[2]"莽见四方盗贼多,复欲厌之,又下书曰。"[3]如果将其置于新朝的整个语境,似不难窥见班《书》试图表达的某种微妙意向。新朝的短祚完全源于王莽的刚愎自用和独断专行。因为,我们很难看见王莽下诏是因他人建议或劝谏所致。相反,王莽下诏无不源自其内心的复古梦想、专制欲望,以及性格偏执、行为乖张。这样,从王莽频仍不止的独断诏书中,已预示着新朝速亡早夭之命运。班固的历史评价和道德批判也呼之欲出,跃然纸上。当然,这一切皆需在《王莽传》的通篇布局、遣词造句和字里行间中细细品味。

---

① 《汉书·王莽传中》。
② 《汉书·王莽传中》。
③ 《汉书·王莽传下》。

第七章

"制曰可"的奏诏叙事意义

第一节 "制曰可"之程序含义

历史上第一个"制曰可"出现在始皇帝对李斯等人"议帝号"的批复。它却是一个明显的失误。这是否太史公本人的疏漏或笔误,不得而知。我们只能根据传世的《史记》文本分析。"丞相绾、御史大夫劫、廷尉斯等皆曰:'……臣等昧死上尊号,王为"泰皇"。命为"制",令为"诏",天子自称曰"朕"。'王曰:'去"泰",著"皇",采上古"帝"位号,号曰"皇帝"。他如议。'制曰:'可。'"此处的"制曰可"突兀而别扭,甚至多余,和上下文缺乏关联性。因为"制曰可"只能是对臣子奏言之表态。这里的"制曰可"却是紧接始皇自己的话,不合情理,且语句不顺。倘若视为由"王曰"而"制曰"的身份转换,更是不明所以的叙事败笔。仿佛是对奏书和诏书之修辞未能做到圆融整合而剩余的文字残留。如果推测一二,或"制曰可"前有脱漏,致使"制曰可"变得无的放矢;或"制曰可"乃后人传抄时误置所致。所以,删去最好。如果不删,据语序,应该置于"王曰"前。这样,"王曰"便显不妥,应改为"制曰"。若改为"制曰",又有违事理。但无论如何,这符合奏诏程序。因为,"制曰可"只是一个表态,然后再具体下诏。所谓"王曰",即"去'泰',著'皇',采上古'帝'位号,号曰'皇帝'。他如议"这句话实乃诏书内容。这样,下文的"追尊庄襄王为太上皇"才显得叙述合理。因为这是又一道奏书(只不过是一道叙事奏书),故而才会引发始皇"制曰"。"朕闻太古有号毋谥,中古有号,死而以行为谥。如此,则子议父,臣议君也,甚无谓,朕弗取焉。自今已来,除谥法。朕为始皇帝。后世以计数,二世三世至于万世,传之无穷。"[1]

---

① 《史记·秦始皇本纪》。

刘邦命人编了一本《天子所服》，第八章记载了一个奏诏程序的具体例子。

> 大谒者臣（襄）章受诏长乐宫，曰："令群臣议天子所服，以安治天下。"
> 相国臣（萧）何、御史大夫臣（周）昌谨与将军臣（王）陵、太子太傅臣（叔孙）
> 通等议："春夏秋冬天子所服，当法天地之数，中得人和。故自天子王侯有
> 土之君，下及兆民，能法天地，顺四时，以治国家，身亡祸殃，年寿永究，是奉
> 宗庙安天下之大礼也。臣请法之。中谒者赵尧举春，李舜举夏，儿汤举秋，
> 贡禹举冬，四人各职一时。"大谒者襄章奏，制曰："可。"①

在这里，无论刘邦下诏，还是萧何等人上奏，均通过襄章之手。这样，皇帝的"制
曰可"显得更合乎奏诏程序。就是说，"制曰可"作为对官员奏疏的原则性表态，
属于奏诏程序的一个中介环节，并非等于皇帝的实际诏书。因为臣子奏书不论
谏议还是方案，不可能对所议之事网罗尽备，况且越是宏大议题，越容易引发争
议，即便"制曰可"，因牵涉事务较多，越需要详细规划。一封奏书显然不可能算
无遗策。另外，即便原则上"制曰可"，也不表示皇帝对奏疏的所有内容都同意。
某些地方作出调整和修改，亦是常态。比如，何武和翟方进联署上书，"请相如
太守，内史如都尉，以顺尊卑之序，平轻重之权。"哀帝"制曰：'可。'以内史为中
尉。"②哀帝虽然对奏疏原则上"制曰可"，却并未照单全收，而是做了相应取舍。
所以，通常情况下，"制曰可"之后，必然还有具体诏书。历史的复杂性在于，是
否每次"制曰可"之后皆需另行颁诏，材料稀缺，不易定论。③ 可以确认的是，在
皇权政治的常规运作中，"制曰可"的确可以使相应奏书具有诏令性质和
功能。④

---

① 《汉书·魏相传》。
② 《汉书·何武传》。
③ 汉简提供了一些证据，奏书之后附以"制曰可"成为一种直观的诏书形式。人们相信，这是诏书的常规格式或颁诏的常见做法。但未免过于简单化了。稍作观察，不难发现，这类奏书并非原文或全文，多为摘要或节录。可见它已经过草诏人员的简单处理。一般说，奏书往往充斥浮辞漫语，草诏官员将其删除之后，尽量使之简洁明晰，方可作为简易诏文下发执行。在此过程中，皇帝和草诏官员显然有所选择和考量。他们对某些无需修改的奏书按照最为便捷的制可方式转换为简易诏书，颁行郡县。还有一种或许更大的可能，这些汉简诏书皆为抄录，为方便转抄，省略一些文辞句式，亦非不可能。比如，"新出王杖诏书令，虽系转抄，不能排除抄录者有所增删的可能。"（武威县博物馆《武威新出土王杖诏令册》，甘肃省文物工作队、甘肃省博物馆编《汉简研究文集》，甘肃人民出版社，1984年）是可知，将汉简诏书形式直接视作汉代诏书格式，实在轻率。
④ 大庭脩通过复原汉简提供了一个实物例证。"公元前61年（元康五年）2月11日发出的诏书。该诏书未见于《汉书》等传世文献，是我利用1930、1931年内蒙古额济纳河流域地湾汉代遗址发掘出土的木简复原而成。诏书册由8枚简构成。第1、2简是御史大夫丙吉的奏文，第3简是皇帝的批准之语'制曰可'。上奏一旦被制可，便作为诏令具有效力，因此这3简就是诏文。第4至第8简是传达、执行该诏书的命令，其顺序为第4简自御史大夫至丞相，第5简自丞相至车骑将军、将军、九卿等中央政府各机构、郡太守、诸侯相，第6简自张掖太守至属国都尉、农都尉、部都尉、肩水仓长、县（转下页）

在一些特定仪式上,由中谒者代表皇帝"制曰可"。比如"拜皇太子之仪"。"读策书毕,中常侍持皇太子玺绶东向授太子。太子再拜,三稽首。谒者赞皇太子臣某,(甲)〔中〕谒者称制曰'可'。"冬至仪式上,诸多环节皆需皇帝亲自"制曰可"。"乘舆亲御临轩,安体静居以听之。太史令前,当轩溜北面跪。举手曰:'八能之士以备,请行事。'制曰'可'。太史令稽首曰'诺'。"接着,"八能士各书板言事。""否则召太史令各板书,封以皁囊,送西陛,跪授尚书,施当轩,北面稽首,拜上封事。尚书授侍中常侍迎受,报闻。以小黄门幡麾节度。太史令前(曰)〔白〕礼毕。制曰'可'。太史令前稽首曰'诺'。"①此外,宴见公卿,"二千石见皇帝称'制曰可'。"②

理论上,皇帝表态的"制曰"结果只有两种,"可"或"不可"。实际上,非但"可"有多种可能,"不可"更是有无数可能,"留中"或"不省"即是其中一种。但作为"制曰可"格式的标准否定形式,似乎不是"制曰否",而是"制曰'弗治'"。比如,史丹奏劾王商,"臣请诏谒者召商诣若卢诏狱。"成帝"素重商,知匡言多险,制曰'弗治'。"③显然,"制曰'弗治'"是"制曰可"的否定用法。它既像皇帝批复,又像史家叙事。它缺乏奏诏模式和奏诏叙事模式双重意义上的规范性。虽然如此,奏诏模式毕竟充满无限可能。比如,"御史臣光守尚书令奏未央宫。制曰:'下御史。'"④这就是走程序。介于可与不可之间。御史收到霍去病"因盛夏吉时定皇子位"的奏书,将其呈奏武帝。武帝说"下御史"。意思是,转给御史大夫,即将奏书转到御史大夫手里,交付廷议。这才有了"下御史书到",然后丞相和御史大夫领衔向武帝奏报廷议讨论结果。丞相庄青翟、御史大夫张汤、太常赵充、大行令李息、太子少傅任安联署上书,将"行宗正事"的廷议结果禀报武帝。在奏疏中,再次抄录霍去病的上书原文,以及武帝对此上书的批复即"下御史";然后,才说到大臣们的奏事内容。⑤可见,这也是此类奏章的常规格式。

有时,史书会在"制曰可"之后,写上一些落实诏书以及诏书产生的相关效应的叙事内容。比如,公孙弘奏请"为博士官置弟子"。史称,"制曰:'可。'自此

(接上页)令长,第7简自张掖肩水都尉至肩水城尉,第8简自肩水候至所属尉、候长。第4简以下是执行命令的套语,反映了诏书是按领属顺序自中央政府下达到西部防御匈奴第一线的。"(〔日〕大庭脩《秦汉法制史研究》,第30—31页,中西书局,2017年)

① 《后汉书·礼仪志中》。
② 御史大夫见皇帝称"谨谢",将军、中二千石、太守见皇帝均称"谢",唯二千石见皇帝称"制曰可",(卫宏《汉官旧仪》卷上,《汉官六种》)颇显怪异,令人费解。
③ 《汉书·王商传》。
④ 《史记·三王世家》。
⑤ 《史记·三王世家》。

以来,则公卿大夫士吏斌斌多文学之士矣。"① 又如,张苍、冯敬奏言废肉刑。史称,"制曰:'可。'是后,外有轻刑之名,内实杀人。斩右止者又当死。斩左止者笞五百,当劓者笞三百,率多死。"②

第二节 "制曰可"之修辞策略

蔡邕对"制曰可"的解释显然基于东汉的诏令制度。"群臣有所奏,请尚书令奏之,下有司曰'制',天子答之曰'可'。"③ 但它确实表明了"制曰可"在奏诏程序中的表态作用。"制曰可"只是皇帝的态度,而非具体诏书。就是说,"制曰可"之后,必须还下一道诏书,对刚刚"制曰可"的臣子奏书作出明确裁决,并将其转换为诏书格式,颁诏天下。如果只是"制曰",后面必定紧跟诏书内容。所以,"制曰"如同"诏曰"。比如,"制曰:'朕闻太古有号毋谥,中古有号,死而以行为谥。'"④ 又如,"日有食之。三公免冠自劾。制曰:'冠履勿劾。灾异屡见,咎在朕躬,忧惧遑遑,未知其方。'"⑤ 这样,"制曰可"成为奏诏叙事模式的经典句式。可见,"制曰可"具有独特的双重性,既是诏令制度的规定,又是史家的叙事手法。⑥ 就是说,史家通过"制曰可"三个字将奏诏模式的复杂过程简化为一种格式化词语。"制曰可"表现出史家书写历史的高度创造力。

标准的奏诏模式都会有皇帝批复或下诏。"可"就是皇帝批复的标准格式,"制曰可"则是史家对皇帝批复奏书这一过程的标准叙事。"制曰可"意味着,皇帝认可官员所奏之事,亦即奏书将被改写为诏书。"便可撰立科条,处为诏文,切勒刺史,严加悫罚。"⑦ 具体程序是,"制曰可"首先表明皇帝的态度,还需另行下诏,诏书内容皆由奏疏而来。这属于常规性的奏诏模式。一旦转换为奏诏叙事模式,则是另外一番修辞效果。虽见到皇帝采用官员建议,并下诏实施,却无具体的诏书内容和文字。不过可以推测,皇帝诏书中应该选取一些官员奏议中

---

① 《史记·儒林列传》。
② 《汉书·刑法志》。
③ 《史记·秦始皇本纪》,三家注。
④ 《史记·秦始皇本纪》。
⑤ 《后汉书·孝明帝纪》。
⑥ 因为,皇帝只会说"我同意",不会说"我说'我同意'"。先是,草诏官员把皇帝之"可"写为"制曰可";继而,史家根据叙事需要把"制曰可"写入史书。在这个过程中,"制曰可"和奏书、诏书之间产生了诸多变形。可见,"制曰可"是一种包含了制诏官员和史家手笔的复合用法。
⑦ 《后汉书·陈宠列传》。

的表述和词句。合理推断,在这种"制曰可"类的诏书中,皇帝和官员之间的词语性关联应该非常密切。即君臣双方具有语言和观念的高度重合。它体现为官员奏议的一些词句直接进入皇帝诏书,或成为诏书主体架构。这样,客观上,皇帝诏书似乎沿袭了或复制了官员奏议的修辞风格。总之,**由奏成诏**或**因奏成诏**在奏诏模式中并非偶见,而是相当普遍。① 对此做法,君臣双方均不陌生。有的官员甚至建议皇帝将自己奏文写入诏书。比如,针对"盗贼并起,郡县更相饰匿"的现象,尚书陈忠希望"宜憝增旧科,以防来事",并提出了三条具体措施,建议安帝"便可撰立科条,处为诏文,切勅刺史,严加憝罚。"至于皇帝,有时直接批复和转发官员乃至民众奏疏,使之具有诏书性质,命令有司执行。② 这既是奏诏模式的通行惯例,也是奏诏叙事模式中"制曰可"的省略写法。

　　灵帝立宋皇后的仪式,将"制曰可"的程序性完整地呈现出来。

> 尚书令臣嚣、仆射臣鼎、尚书臣旭、臣乘、臣滂、臣谟、臣诣稽首言:"伏惟陛下履干则坤,动合阴阳。群臣大小咸以长秋宫未定,遵旧依典,章表仍闻,历时乃听。令月吉日,以宋贵人为皇后,应期正位,群生兆庶莫不式舞。……今吉日以定,臣请太傅、太尉、司徒、司空、太常条列礼仪正处上,群臣妾无得上寿,如故事。臣嚣、臣鼎、臣旭、臣乘、臣滂、臣谟、臣诣愚闇不达大义,诚惶诚恐,顿首死罪,稽首再拜以闻。"制曰:"可。"维建宁四年七月乙未,制诏:"皇后之尊,与帝齐体,供奉天地,祗承宗庙,母临天下。……长秋宫阙,中宫旷位,宋贵人(乘)〔乘〕淑媛之懿,体河山之仪,威容昭曜,德冠后庭。群寮所咨,(人)〔佥〕曰宜哉。卜之蓍龟,卦得承干。有司奏议,宜称绶组,以(临)〔母〕兆民。今使太尉袭使持节奉玺绶,宗正祖为副,立贵人为皇后。后其往践尔位,敬宗礼典,肃慎中馈,无替朕命,永终天禄。"③

---

① 这里提供一个旁证。"张俭乡人朱并,承望中常侍侯览意旨,上书告俭与同乡二十四人别相署号,共为部党,图危社稷。以俭及檀彬、褚凤、张肃、薛兰、冯禧、魏玄、徐干为'八俊',田林、张隐、刘表、薛郁、王访、刘祇、宣靖、公绪恭为'八顾',朱楷、田盘、蘧耽、薛敦、宋布、唐龙、嬴咨、宣襃为'八及',刻石立墠,共为部党,而俭为之魁。灵帝诏刊章捕俭等。"李贤注云:"刊,削。不欲宣露并名,故削除之,而直捕俭等。"可见灵帝诏书就是对朱并上书的简单改写,只不过有改动。即删去朱并名字,将朱并上书语气改为灵帝自己的诏命口吻,直接命令逮捕张俭等党人。范《书》此处虽无"制曰可",但奏诏之间的直接关系确是一目了然。即经过一些技术处理后,奏书直接成为诏书。范晔似乎想要强调这种诏书脱胎奏书的直接性和同源性,所以他又说:"乡人朱并,素性佞邪,为俭所弃,并怀怨恚,遂上书告俭与同郡二十四人为党,于是刊章讨捕。"(《后汉书·党锢列传》)
② 比如,张角"遣弟子八人使于四方,以善道教化天下,转相诳惑。……未及作乱,而张角弟子济南唐周上书告之。……灵帝以周章下三公、司隶,使钩盾令周斌将三府掾属,案验宫省直卫及百姓有事角道者,诛杀千余人,推考冀州,逐捕角等。"(《后汉书·皇甫嵩列传》)
③ 《后汉书·礼仪志中》。

可见，"制曰可"后还需再下一道正式诏书。"制曰可"在这里作为奏诏程序的一个必要环节，其功能在于对官员奏疏的一种态度，它并不就是诏书的实际内容。一旦皇帝对奏书表示认可，按照程序就要随之草拟诏书，再行发布。据此，史书上常有"制曰可"之后却无具体诏书内容，应该就是史家的简写。在史家看来，"制曰可"既然已经表明皇帝的认可态度，那就意味着随即而来的诏书将以官员奏疏为底本而告谕天下，这样，也就无需多此一举另行下诏，即将诏书重复一遍，徒费笔墨，反成累赘。所以，"制曰可"不仅代表皇帝的认可态度，而且暗示皇帝诏书内容就是官员奏书文字。这样，通过"制曰可"而将随后发布的诏书忽略不记或一笔带过，既节省了史书篇幅，又预留了想象空间。

据此可知，史书上如果仅有"制曰可"，我们可以合理推测，"制曰可"后，一切都会按照皇帝旨意有条不紊地实施和进行。"制曰可"意味着历史不再有任何悬念。随后发生的一切都在皇帝的掌控之中。"制曰可"由此构成了历史进程的句号。人们无需期待事情还会有任何变化。唯一的变化就是"制曰可"昭示出来的方向和路径。史书虽然在"制曰可"之后画上句号，但人们完全可以想象，接下来发生的一切必然符合皇帝的意愿。比如，"有司上奏：'孝章皇帝崇弘鸿业，德化普洽，垂意黎民，留念稼穑。……请上尊庙曰肃宗，共进武德之舞。'制曰：'可。'"[1]

第三节　"制曰可"多重变形之叙事意义

"制曰可"是"制"的最典型的用法，[2]也最能体现皇帝的个人意志。它或许暗示，在诏书语境中，唯有"制"能够表示皇帝主体，或成为皇帝主体的自称。在此意义上，"制"等同于"朕"。所谓"制曰可"即"朕曰'可'"。所以，如果不是"制

---

[1] 《后汉书·孝和孝殇帝纪》。

[2] 无论文献还是简牍，在"制曰可"这一句式中，绝无"诏曰'可'"或"策曰'可'"、"命曰'可'"。不过，在废黜刘贺的朝议上，却出现两次"皇太后诏曰：'可。'"（《汉书·霍光传》详绎文义，这里的"诏曰'可'"是和太后这一主体连用的叙事性手法，属于一种史家叙事。"制曰可"从无这种用法。比如"某帝制曰'可'"。可见"皇太后诏曰'可'"不具有诏令制度中的习惯用语和格式套语的历史含义，只有奏诏叙事模式的史学含义。所以，"制曰可"的双重性确实独一无二。这也表明"制"在四书中似乎确有某种特殊含义。冨谷至也注意到这点。"必须要抬高书写的，是表示以下为皇帝命令的'制'字，'曰可'与'诏'则不具备如'制'那样的特殊性和重要性。在文献史料中，'制'和'诏''曰可'的区别已然难见，'制诏'等被作为惯用语而使用。但是在真实保留了文书书写格式的简牍等史料中，其不同之处是可以确认的。"（〔日〕冨谷至《王杖十简》，杨一凡、寺田浩明主编《日本学者中国法制史论著选》"先秦秦汉卷"，中华书局，2016年）

曰可",那就意味着皇帝有了另外考虑。这当然是因人因事而宜。比如,"扬州刺史柯奏(刘)贺与故太守卒史孙万世交通,万世问贺:'前见废时,何不坚守毋出宫,斩大将军,而听人夺玺绶乎?'贺曰:'然。失之。'万世又以贺且王豫章,不久为列侯。贺曰:'且然,非所宜言。'有司案验,请逮捕。制曰:'削户三千。'"①

即便皇帝完全同意臣子某个建议,也未必都是"制曰可",完全可以有其他说法。因为"制曰可"表示的只是一种态度。这种态度可以有多种形式。始皇置酒咸阳宫,淳于越不同意周青臣的颂扬之辞。"始皇下其议。"李斯建议焚书,受到始皇帝的首肯,便有了"制曰可"。②同样,张敞议鼎的过程和结果亦是如此。宣帝没有"制曰可",却说"京兆尹议是"。可见,二者意思相同,都是对官员奏议的直接表态。"美阳得鼎,献之。下有司议,多以为宜荐见宗庙,如元鼎时故事。张敞好古文字,桉鼎铭勒而上议曰:'……此鼎殆周之所以褒赐大臣,大臣子孙刻铭其先功,臧之于宫庙也。……今此鼎细小,又有款识,不宜荐见于宗庙。'制曰:'京兆尹议是。'"③此外,廷臣讨论是否要给武帝立庙,亦属此例。彭宣等五十三人"皆以为继祖宗以下,五庙而迭毁,后虽有贤君,犹不得与祖宗并列。……孝武皇帝虽有功烈,亲尽宜毁"。太仆王舜、中垒校尉刘歆则认为,"孝武皇帝功至著也,为武世宗。……孝宣皇举公卿之议,用众儒之谋,既以为世宗之庙,建之万世,宣布天下。臣愚以为孝武皇帝功烈如彼,孝宣皇帝崇立之如此,不宜毁"。哀帝"览其议而从之。制曰:'太仆舜、中垒校尉歆议可。'"④如果按照始皇帝对李斯奏书的态度,完全可以说"制曰可",哀帝却说"议可",其实就是"制曰可"。因为"制曰可"表示的意思是对官员奏议的认可,即可以实行或同意施行。

"制曰可"简称"制可",⑤异曲同工的还有"奏可"。"奏可"虽和"制曰可"同义,却比"制曰可"更为简洁。它完全脱离了奏诏模式,而成为奏诏叙事模式的标准词语。就是说,"奏可"并非奏诏程序的专门术语,而是史家笔法,即史家对"制曰可"的简写,属叙事性词语。换言之,"奏可"和"制曰可"功能相同,视角不同,**制可着眼皇帝,奏可着眼臣子**。两可并用的修辞手法,呈现出双重主体的叙事张力。尤其是,制可和奏可性质不同。这就是奏诏模式和奏诏叙事模式之别。因为,"制曰可"仍然保存有奏诏模式的痕迹,"奏可"却完全是奏诏叙事模

---

① 《汉书·武五子传》。
② 《史记·秦始皇本纪》。
③ 《汉书·郊祀志下》。
④ 《汉书·韦贤传》。
⑤ "制可"仅见于汉简。比如肩水金关出土的《永始三年诏书》册。

式的创造。在奏诏叙事模式中,"奏可"具有双重效应。一是像"制曰可"一样,起到程序性表态的作用,直接引发具体诏书的制作和颁布;一是使史书的整体叙事更为简练顺畅,并使人对下诏和实施效果产生相应的想象空间。比如,广川王刘齐被有司劾以诬罔,"齐恐,上书愿与广川勇士奋击匈奴,上许之。未发,病薨。有司请除国,奏可。"其子刘去又被指控"燔烧亨煮,生割剥人,距师之谏,杀其父子"。"制曰:'朕不忍致王于法,议其罚。'有司请废勿王,与妻子徙上庸。奏可。"①从武帝对刘齐父子的处置看,所谓"奏可",就是"制曰可"。但它更简练。它相当于"制曰可"的叙事体。又如,孔光和何武奏言,"永光五年制书,高皇帝为汉太祖,孝文皇帝为太宗。建昭五年制书,孝武皇帝为世宗。损益之礼,不敢有与。臣愚以为迭毁之次,当以时定,非令所为擅议宗庙之意也。臣请与群臣杂议。"哀帝"奏可"。② 在这里,"奏可"起到的作用和"制曰可"一样,表明哀帝对孔光、何武要求对宗庙损毁进行廷议有了一个明确态度。

有时,"奏可"亦可写成"可其奏"或"可其书"。语义无二,即允准上书所言,或将奏书内容直接下诏。总之,出于叙事之需,史家许多时候并不会千篇一律地使用"制曰可",反而以叙事手法代之。③ 比如,"清河王上书求上贵人冢,又为外祖母求诣洛阳治病,诏书听之。"④"诏书听之"即"可其奏",亦即"制曰可"。又如,文帝"诏诸侯王公卿郡守举贤良能直言极谏者,上亲策之,傅纳以言。"师古云:"敷陈其言而纳用之。"⑤这可以理解为,皇帝对采纳的奏书稍加修饰润色,就直接制作成诏书颁布全国。"傅纳以言"和"诏书听之"本质如一,却使奏

---

① 《汉书·景十三王传》。
② 《汉书·韦贤传》。
③ 值得注意的是,还有一种形似实异的叙事形式。这就是皇帝对奏书不纳的两种态度反应,"书奏,报"或"书奏,不报"。"报",答也。"上报"即上答,是皇帝对上奏者的一个程序性回复,类似刊物的"退稿通知"。武帝即位,"征天下举方正贤良文学材力之士,待以不次之位,四方士多上书言得失,自衒鬻者以千数,其不足采者辄报闻罢"。师古云:"报云天子已闻其所上之书,而罢之令归。"(《汉书·东方朔传》)宣帝即位,"思进贤良,多上书言便宜。……下者报闻,或罢归田里。"(《汉书·萧望之传》)司马氏云:"下者报闻,罢。"胡三省云:"其言不可用,故报闻而罢归田里也。"(《资治通鉴》卷25)是可知,"报"与"不报"只意味着皇帝对奏者是否愿意给出一个"收到不用"的简单反馈。简言之,"报",有回话;"不报",无回话。比如赵充国"以闻,未报"。(《汉书·赵充国传》)实际上,"报"与"不报"都是搁置不用。"报"只表明皇帝走了一个告知不用的奏书程序。比如,梅福返乡途中,"诣行在所条对急政,"成帝"辄报罢"。(《汉书·梅福传》)从奏诏叙事模式角度看,"报"堪称奏诏模式中的精妙之笔。史家使用"报"和"不报"就把奏诏模式中这种特殊程序的复杂态势简明而精准地表现出来了。有时,史家亦用"诏报"或"报书"表明其意,变化叙事。比如,"(石)庆素质,见诏报反室,自以为得许,欲上印绶。"(《汉书·万石君传》)武帝以刘安"属为诸父,辩博善为文辞,甚尊重之。每为报书及赐,常召司马相如等视草乃遣。"(《汉书·淮南王传》)
④ 司马彪《续汉书》卷1,《八家后汉书》。
⑤ 《汉书·文帝纪》。

诏叙事更加丰富多彩。再如，左雄上言，"请自今孝廉年不满四十，不得察举，皆先诣公府，诸生试家法，文吏课笺奏，副之端门，练其虚实，以观异能，以美风俗。有不承科令者，正其罪法。若有茂才异行，自可不拘年齿。""帝从之，于是班下郡国。"所谓"帝从之"，即"制曰可"的叙事表述。"制曰可"是一种皇帝在场的皇帝视角，"帝从之"是一种皇帝隐身的史家视角。二者皆有一种省略诏书的阅读效果，从而使奏书在想象中直接过渡为诏书。"于是班下郡国。"事实上，无论"制曰可"还是"帝从之"，都只是皇帝的简单表态，它还需要一道真正的诏书。"明年，有广陵孝廉徐淑，年未及举，台郎疑而诘之。对曰：'诏书曰"有如颜回、子奇，不拘年齿"，是故本郡以臣充选。'"①可见应举者熟读诏书，这诏书显然从左雄奏书而来，但又并非照抄奏书，而是在奏书基础上按照诏书格式重新制作了一道新的诏书。这里有一个更为显豁的例子，可以证明"帝从之，于是班下郡国"的具体过程。黄琼上疏，"书奏，引见德阳殿，（顺帝）使中常侍以琼奏书属主者施行。"②这是易奏为诏的典型例子。③ 字面意思是，顺帝令近臣将黄琼奏疏直接下发给相关机构执行。实际上，肯定还有一些必要手续，比如对奏书内容和文字稍加修改和润色，改写为诏书格式，然后才能按照下诏程序颁布。总之，奏诏叙事模式在简化奏诏模式的同时，也呈现出奏诏模式更为复杂的一些面相。

---

① 《后汉书·左雄列传》。
② 《后汉书·黄琼列传》。
③ 易奏为诏的主动权显然在皇帝。还有一种更为特别的君臣合谋的奏诏合一情况。比如，北匈奴"乞和亲"，班彪在奏书中，向光武提供了自己拟定好的"酬答之宜"文稿。这是一份代表皇帝颁给北单于的"报答之辞"，即对北单于请求率领西域诸国入朝贡献的正式答复。这是一封官员直接替皇帝拟诏的奏书，也就是官员在上书中既有自己的奏书，也给皇帝草好了诏书。而且，皇帝还照单全收，直接下发。所谓"悉纳从之"。因为，班彪这封奏书中的诏书语气也完全符合自称"朕"的皇帝身份。

　　报答之辞，令必有适。今立稿草并上，曰："单于不忘汉恩，追念先祖旧约，欲修和亲，以辅身安国，计议甚高，为单于嘉之。往者，匈奴数有乘乱，呼韩邪、郅支自相雠隙，并蒙孝宣皇帝垂恩救护，故各遣侍子称藩保塞。其后郅支忿戾，自绝皇泽，而呼韩附亲，忠孝弥著。及汉灭郅支，遂保国传嗣，子孙相继。今南单于携众南向，款塞归命。自以呼韩嫡长，次第当立，而侵夺失职，猜疑相背，数请兵将，归埽北庭，策谋纷纭，无所不至。惟念斯言不可独听，又以北单于比年贡献，欲修和亲，故拒而未许，将以成单于忠孝之义。汉秉威信，总率万国，日月所照，皆为臣妾。殊俗百蛮，义无亲疏，服顺者褒赏，畔逆者诛罚，善恶之效，呼韩、郅支是也。今单于欲修和亲，款诚已达，何嫌而欲率西域诸国俱来献见？西域国属匈奴，与属汉何异？单于数连兵乱，国内虚耗，贡物栽以通礼，何必献马裘？今赍杂缯五百匹，弓鞬韥丸一，矢四发，遣遗单于。又赐献马左骨都侯、右谷蠡王杂缯各四百匹，斩马剑各一。单于前言先帝时所赐呼韩邪竽、瑟、空侯皆败，愿复裁〔赐〕。念单于国尚未安，方厉武节，以战攻为务，竽瑟之用不如良弓利剑，故未以赍。朕不爱小物于单于，便宜所欲，遣驿以闻。"（《后汉书·南匈奴列传》）

值得注意的是，光武并未指定班彪草诏，班彪作为司徒掾主动上书，向光武提交自己的草诏文稿，得到光武首肯。可见这是一种君臣双向选择的完全开放性的奏诏模式。

"制曰可"一般是对奏议的文字性批复,同时,"制曰可"还有口头形式,诸如"上乃许之"、"上许焉"、"上乃可"、"上曰'善'"之类。[①] 所谓口头形式,其实是史书的叙事形式。它往往显得更口语化,表现为对口奏的肯定性口头答复。凡此,皆意味着皇帝对奏事的应允。各举一例。"孝惠帝曾春出游离宫,叔孙生曰:'古者有春尝果,方今樱桃孰,可献,原陛下出,因取樱桃献宗庙。'上乃许之。诸果献由此兴。"[②]"(韦)贤以昭帝时徙平陵,玄成别徙杜陵,病且死,因使者自白曰:'不胜父子恩,愿乞骸骨,归葬父墓。'上许焉。"[③]"吕后乃令其舍人告彭越复谋反。廷尉王恬开奏请族之。上乃可,遂夷越宗族,国除。"[④]王恢和韩安国在廷议上辩论是否伏击匈奴,武帝最后采纳了王恢的主张。"上曰:'善。'乃从恢议。"[⑤]此外,"(冯唐曰:)'臣诚愚,触忌讳,死罪!'文帝说。"[⑥]这里的"文帝说"和"上乃许之"、"上许焉"、"上乃可"、"上曰'善'"的意思差不多。

第四节 "制曰可"叙事之想象空间

所谓"制曰"就是皇帝曰、皇帝说。有些场合,"制曰"只是一种普通的君臣对话。比如,御史大夫儿宽从武帝封泰山,"还登明堂。"他给武帝祝酒时说:"臣宽奉觞再拜,上千万岁寿。"史称,"制曰:'敬举君之觞。'"[⑦]

尽管如此,围绕"制曰可",史家还是发明了不少叙事形式。在处理陈汤的方案上,丞相、御史大夫和廷尉的意见大同小异。"丞相御史奏'汤惑众不道,妄称诈归异于上,非所宜言,大不敬。'"廷尉增寿对"惑众不道"提出异议。"明主哀悯百姓,下制书罢昌陵勿徙吏民,已申布。汤妄以意相谓且复发徙,虽颇惊动,所流行者少,百姓不为变,不可谓惑众。"成帝认为廷尉"当是"。史称,"制曰:'廷尉增寿当是。汤前有讨郅支单于功,其免汤为庶人,徙边。'"[⑧]史家在这

---

① 就构词法而言,"上曰'善'"应该是最吻合"制曰可"的叙事形式。
② 《史记·叔孙通列传》。
③ 《汉书·韦贤传》。大臣坟墓随在位皇帝。如果父子服侍不同皇帝,这样就有可能造成父子别葬。如果臣子想父子合葬,就需上奏皇帝批准。
④ 《史记·彭越列传》。
⑤ 《汉书·韩安国传》。
⑥ 《汉书·冯唐传》。
⑦ 《汉书·儿宽传》。
⑧ 《汉书·陈汤传》。

里用了一种特殊写法,将"制曰可"和诏书合编在一起,即将"制曰可"之表态和下诏两个程序合二为一,写成一句话,显得没有前后时间差别,像是同一个时间发生的事情。

更多时候,史家似乎更乐意采用某种程式化的叙事手法,即用"制曰可"结束相关奏书的整体叙事。这样,奏诏模式直接转换为奏诏叙事模式。"制曰可"既是奏诏程序,又是史书叙事。由此产生了一种充满张力的阅读效应。在人们的想象中,臣子的奏书自然转换成皇帝随即下诏的内容。事实上,人们无不都是按照这种想象来理解皇帝诏书,并评价其效果。就是说,"制曰可"三个字足以使人们将奏书直接理解为诏书。在这种想象中,奏诏模式由此成为一种历史模式。意思是,奏诏模式随之产生的历史进程和历史结果都成为可把握和可预期的。

1. 李斯提议焚书。制曰:"可。"①

2. 李斯建议"具刻诏书刻石"。制曰:"可。"②

3. "有司请令县常以春月及腊祠社稷以羊豕,民里社各自财以祠。制曰:'可。'"③

4. 申屠嘉上言:"郡国诸侯宜各为孝文皇帝立太宗之庙。"制曰:"可。"④

5. 出土铜鼎,公卿奏请"鼎宜见于祖祢,藏于帝廷。"制曰:"可。"⑤

6、庄青翟等奏请封王。"请令史官择吉日,具礼仪上,御史奏舆地图。"制曰:"可。"⑥

7. 窦融等奏议封皇子。"臣请大司空上舆地图,太常择吉日,具礼仪。"制曰:"可。"⑦

8. 有司奏言为明帝立庙。制曰:"可。"⑧

9. 有司上奏为章帝立庙。制曰:"可。"⑨

10. 顺帝即位,尚书令刘光等奏言:"典章多缺,请条案礼仪,分别具奏。"制

---

① 《史记·秦始皇本纪》。
② 《史记·秦始皇本纪》。
③ 《史记·封禅书》。《汉书》同。
④ 《史记·孝文本纪》。《汉书》同。
⑤ 《史记·孝武本纪》。《史记·封禅书》、《汉书》同。
⑥ 《史记·三王世家》。
⑦ 《后汉书·光武帝纪下》。
⑧ 《后汉书·孝章帝纪》。
⑨ 《后汉书·孝和帝纪》。

曰:"可。"①

11. 有司上奏,和、安、顺、桓四帝"无功德,不宜称宗",恭怀、敬隐、恭愍三皇后"不合称后,皆请除尊号"。制曰:"可。"②

①《后汉书·孝顺帝纪》。
②《后汉书·孝献帝纪》。

第八章

奏诏叙事模式的时间意识

第一节　奏诏叙事模式中的干支坐标

时间意识就是时间符号。没有时间符号，就没有时间意识。古代的时间符号就是干支。分析干支，首先必须区分奏诏模式和奏诏叙事模式两个层面。

皇权政治对时间因素的考量达到了一个新的水平，并产生了一些新的标准。比如，秦始皇对自己工作量的规定，就是以每天为单位计算的，他强制自己每天必须批阅一百二十斤的奏章，以秦简的尺寸、厚度、重量，以及每简的通常字数，可以大体估算出一百二十斤的奏章应不少于五十万字。这是一个惊人的数字。由此可见始皇帝阅读量之大，以及决断力之强。可以推断，秦始皇的高效客观上应该也推动了帝国官员行政效率的提高。又如，秦始皇颁布的焚书令，明确规定全国各地官员必须在一个月内完成朝廷要求的焚烧书籍种类。

推而广之，皇帝行事皆有干支。这既是因为"君举必书"的文书制度和史官体制，也是因为皇帝行动必须符合奏诏模式。比如，皇帝策封诸侯王诏书就必须标明时间。所谓"起年月日，称皇帝，以命诸侯王"。又如，皇帝策问官员的诏书格式同样需要首先表明干支。"惟十有五年九月壬子，皇帝曰：……。"[1]这是文帝亲自策诏晁错时使用的标准句式。

官员行事未必有干支，皇帝行事多有干支。皇帝行事干支显然远多于官员行事干支。这既是因为官员行为本就是皇帝意志之体现，[2]更是因为皇权对时

---

[1] 《汉书·晁错传》。

[2] 三公的任免和死亡都有干支。这不仅因为汉代的史官体制要求如此记事，同时因为此类事情都须皇帝下诏。这意味着，三公的任免和死亡至少需要三道诏书。有诏书就有干支。这样，至少就有三个时间。比如，"司空种弗以地震策免。癸卯，光禄勋淳于嘉为司空。"（《后汉纪》卷 26）

间具有支配性和唯一性。所谓"君举必书",书则记时。"四月,汴渠成。辛巳,行幸荥阳,巡行河渠。乙酉,诏曰:'自汴渠决败,六十余岁。……'因遂度河,登太行,进幸上党。壬寅,车驾还宫。"①"九月,辛丑,幸章陵;十月,己未,进幸江陵;还,幸宛。……十一月,己丑,车驾还宫。"②皇帝的一举一动都关乎时间,甚至搅动时间。这一切都伴随有书写和文字。

皇帝的举动之所以有明确时间,是因为皇帝的行动都有计划,都需要事先安排和准备。显然,这也需要启动奏诏程序。比如,"丁酉,车驾南巡。诏:'所经道上州县,毋得设储跱。命司空自将徒支拄桥梁。有遣使奉迎,探知起居,二千石当坐。'"③可见,皇帝出巡一定事先下诏,各地官员沿途必须准备好接待和保卫皇帝需要的人员和食宿。如果预先不下诏,突然出行,就容易出事。既不利于皇帝个人安全,也不利于地方官仕途发展,更有甚者,直接威胁地方官生命安全。比如,武帝"始巡郡国。东度河,河东守不意行至,不辨,自杀。行西逾陇,陇西守以行往卒,天子从官不得食,陇西守自杀。"④从奏诏模式角度看,这显然不是一种常态。问题是,绝大多数情况下,它都表现为一种隐性的奏诏叙事模式。就是说,在史家叙事中,即便没有出现明显的奏疏或诏书,皇帝行为体现出来的皇权运行机制仍然包含着客观的奏诏体制。

是可知,作为皇权政治运行机制的奏诏模式,干支绝对是一个必备因素。即,任何奏诏皆有干支。这意味着,在奏诏叙事模式中,有干支者,非奏即诏。叙事有干支,是因为奏书或诏书有干支。许多事情之所以有干支,是因为它们都是执行诏书的结果,或诏书要求采取的行动。哪怕它们并无诏书字样。这就是叙事诏书。即,有干支的叙事体诏书。比如,"四月乙亥,司空张敏以久病策罢。太常刘恺为司空。五月丙寅,群吏复秩,赐爵有差。丁卯,封邓禹、冯异等后九人为列侯。六月辛巳,大赦天下。"⑤连续四事皆为诏书内容,却无一个诏字。又如,"阎显兄弟闻帝立,率兵入北宫,尚书(郎)〔郭〕镇与交锋刃,遂斩显弟卫尉景。戊午,遣使者入省,夺得玺绶,乃幸嘉德殿,遣侍御史持节收阎显及其弟城门校尉耀、执金吾晏,并下狱诛。己未,开门,罢屯兵。"⑥

可见在奏诏叙事模式中,有无诏字,或诏书有无干支,均显得颇为随意,并

---

① 《后汉书·孝明帝纪》。
② 《资治通鉴》卷 46。
③ 《资治通鉴》卷 46。
④ 《史记·平准书》。
⑤ 《后汉纪》卷 16。
⑥ 《后汉书·孝顺帝纪》。

无一定规律。而且,这和是否直接诏书或叙事体诏书无关。就是说,无论直接诏书还是叙事诏书,皆有两种可能,既有干支诏书,也有无干支诏书。直接诏书固然多有干支,但叙事诏书干支可能更多。即将诏书改写为叙事,叙事时间即下诏时间。比如,"癸丑,立为长安侯。太后诏曰:'先帝圣德淑茂,早弃天下。朕抚育幼帝,日月有望,遭家不造,仍罹凶祸。朕惟平原王素被锢疾,念宗庙之重,思继嗣之统。长安侯佑禀性忠孝,小心翼翼,年已十三,巍然有成人之体。礼:昆弟之子犹子也。其以佑为孝和皇帝嗣,即皇帝位。'"①这里的"太后诏"时间显然就是立长安侯的干支癸丑。其实,这段直接诏书完全可以改写为叙事,即,太后诏命长安侯即皇帝位。

灾异祥瑞必下诏。即便史书没有记载诏书。② 由此构成了奏诏叙事模式和奏诏模式之间的差异。这样,按照史书的书写惯例,灾异或祥瑞发生时间,应该就是下诏时间。③ 比如,"四月壬辰,青蛇见御座殿轩。癸巳,大风折木。诏群臣各上封事,靡有所讳。"④又如,"壬寅晦,日有食之,既。诏曰:'朕以无德,奉承大业,而下贻人怨,上动三光。日食之变,其灾尤大,《春秋》图谶所为至谴。永思厥咎,在予一人。群司勉修职事,极言无讳。'"⑤在这里,有灾异时间,无下诏时间。按惯例,二者间隔很短,一般都在灾异当天。所以,才不需要重复下诏时间。是可知,如果灾异或祥瑞当天即下诏,那么灾异或祥瑞的时间自然就是下诏的时间。另外,从《汉书》、《后汉书》的书写体例和修辞风格看,如果灾异或祥瑞出现的时间和下诏的时间不一致,史书应该标明下诏的具体时间,否则,灾异或祥瑞的时间之后,紧接着就是诏书内容,很容易使人误解为下诏时间就是灾异或祥瑞时间。所以,为了避免不必要的误解,应该标明下诏时间。比如,

---

① 《后汉纪》卷15。
② "是时醴泉出,京师百姓痼疾饮者皆愈。又有赤草生于泉侧。郡国三十一上言甘露降。有司奏曰:'孝宣帝时,每有嘉瑞,辄为之改元,故有神雀、五凤之号,所以奉答神祇,表彰德信也。'天子拒而不纳,是以史官不得而记焉。"(《后汉纪》卷8)这里有两封奏书。一封是郡国上言甘露,而且还不止一个郡国上言;一封是朝廷有关部门上奏,请求光武帝改元。把"天子拒而不纳"和"史官不得而记"联系起来,既然光武拒绝了郡国上奏祥瑞,也就没有改元之必要,史官自然也无需记载这些祥瑞。尽管如此,光武仍需下诏表明自己对此类祥瑞的怀疑,并严禁史官不得记载。
③ 比如,"二月壬午,日有食之。"东观《记》曰:"史官不觉,涿郡言之。"(《后汉书·孝和帝纪》,李贤注)既然"史官不觉",只是地方官上报,但最终被写入史书,表明朝廷对此次日食的认可。一旦认可,皇帝便会下诏。有时,史官也会提醒皇帝,出现灾异,就应该下诏大赦。试举一例。李固策罢,"下郡收固三子。"李燮姊文姬告其父门生王成曰:"'今委君以六尺之孤,李氏存灭,其在君矣。'……梁冀既诛,而灾眚屡见。明年史官上言,宜有赦令,又当存录大臣冤死者子孙。于是求固后,燮乃以本末告酒家,酒家具车重厚遣之。"(司马彪《续汉书》卷4,《八家后汉书》)
④ 《后汉纪》卷23。
⑤ 《后汉书·孝明帝纪》。

"三月甲寅,山阳、东平地震。己巳,诏曰:'朕以无德,奉承大业,夙夜栗栗,不敢荒宁。而灾异仍见,与政相应。'"①这里明确记载地震和下诏是两个时间。可见,如果没有特别标明下诏时间,合理的理解就是,下诏时间就是灾异或祥瑞时间,所以无需特别标明。②

另外,还有一种确认干支诏书的方式。比如,"辛酉,有司上奏:'孝章皇帝崇弘鸿业,德化普洽,垂意黎民,留念稼穑。文加殊俗,武畅方表,界惟人面,无思不服。巍巍荡荡,莫与比隆。……请上尊庙曰肃宗,共进武德之舞。'制曰:'可。'"③又如,"癸卯,尚书奏请下有司,收还延光三年九月丁酉以皇太子为济阴王诏书。奏可。"④据上下文,应该是奏诏都在同一天。

第二节　干支记事之演变

史书记时的趋势是,时间单位越来越小,时间段被分割的越来越细。"五帝、三代之记,尚矣。自殷以前诸侯不可得而谱,周以来乃颇可著。孔子因史文次《春秋》,纪元年,正时日月,盖其详哉。"⑤在太史公看来,孔子作《春秋》在时间史上具有划时代意义。《春秋》确已有了大量的干支记事。⑥举两例。隐公三年,"春王二月,己巳,日有食之。三月庚戌,天王崩。夏四月辛卯,君氏卒。秋,武氏子来求赙。八月庚辰,宋公和卒。冬十有二月,齐侯,郑伯盟于石门。癸未,葬宋穆公。"桓公十七年,"春正月丙辰,公会齐侯、纪侯盟于黄。二月丙午,公会邾仪父,盟于趡。夏五月丙午,及齐师战于奚。六月丁丑,蔡侯封人卒。秋八月,蔡季自陈归于蔡。癸巳,葬蔡桓侯。及宋人、卫人伐邾。冬十月朔,日有食之。"

---

① 《后汉书·孝章帝纪》。
② 还有一种情况值得辨析。比如,"十月,诏曰:'乃者九月壬申地震,朕甚惧焉。有能箴朕过失,及贤良方正直言极谏之士,以匡朕之不逮,毋讳有司! 朕既不德,不能附远,是以边竣屯戍未息。今复饬兵重屯,久劳百姓,非所以绥天下也。其罢车骑将军、右将军屯兵!'"(《资治通鉴》卷25)九月地震,十月下诏。这个下诏时间有点迟。不过,详绎此诏,只是因震而发,并非直接针对地震下诏。据常理,地震上奏,一般都会随即下诏。
③ 《后汉书·孝和帝纪》。
④ 《后汉书·孝顺帝纪》。
⑤ 《史记·三代世表》。
⑥ 顾炎武认为《左传》"追纪之文"颇多,包括不少干支记事。"此正史家文字缜密处。"(顾炎武著,黄汝成集释《〈日知录〉集释》卷20,"史家追纪月日之法",上海古籍出版社,1985年。[以下简称《日知录》])据此亦可想见《春秋》干支记事渊源实况之复杂。

偶尔也有有干支无月份的现象。比如,僖公二十八年,"冬,公会晋侯、齐侯、宋公、蔡侯、郑伯、陈子、莒子、邾人、秦人于温。天王狩于河阳。壬申,公朝于王所。"这种情况,月份要么原本没记,要么后来漏抄。总之,这种情况非常反常,不合常理。

这里可作探讨的是,既然东周已经有了如此翔实精密的干支记事,为何秦汉之际的干支记事却又变得如此疏阔? 或许因为,周朝史官体制在春秋尚能正常运行,战国争霸,摧毁了原有的史官体制,新的史官体制又尚未建立,于是出现了一个史官体制的空白期,致使秦汉之际记事少有干支。在《史记·秦始皇本纪》中,历史叙事的时间单位呈现出"年记"、"月记"、"日记"的混杂状态。①

在秦始皇的一生中,有两个干支。一是始皇的最后一次出巡,"三十七年十月癸丑,始皇出游。"一是始皇的死亡。"七月丙寅,始皇崩於沙丘平台。"

至于短命的秦二世,只有一个干支。最具意味的是,这个干支出现在一个象征宫廷政治阴谋权术的经典场面,并由此产生了一个成语典故。指鹿为马似乎不是一件大事,但影响深远,可以视作秦朝灭亡的转折点。**指鹿为马的时间进入历史,秦朝灭亡正式进入倒计时,本质上,秦帝国的历史就算真正终结了。**太史公或许正是着眼于此。"三年,八月己亥,赵高欲为乱,恐群臣不听,乃先设验,持鹿献於二世,曰:'马也。'二世笑曰:'丞相误邪? 谓鹿为马。'问左右,左右

---

① 不仅如此,《秦始皇本纪》还有其他一些特点。比如,始皇称帝前后的叙事方式明显有异。有关秦王的记载虽也有少许细节和对话,但总体简略;有关秦帝的记载骤然变得丰富异常,出现了第一次程序完整的廷议,这就是"议帝号"。而此前,在始皇一统天下的过程中,却无一次廷议。这显然不合情理。但我们不能将此解释为秦国变成秦朝时,史官体制和记事体例发生了某种断裂性变化,即秦国史官记事简陋,秦朝史官记事翔实,也不能将之归结于秦朝诏令体制的划时代变化。虽然二者确有某些差异,但不至于泾渭分明,更不可能如此突兀和迥异。事实上,一些制度性的东西,秦朝有,秦国也有。比如,无论秦帝还是秦王都会颁布各种具有制度性和法律性的命令,《秦本纪》中就有秦穆公的誓令,"嗟士卒! 听无哗,余誓告汝。之人谋黄发番番,则无所过。"更有秦孝公颁布的政令。"下令国中曰:'昔我缪公自岐雍之间,修德行武,东平晋乱,以河为界,西霸戎翟,广地千里,天子致伯,诸侯毕贺,为后世开业,甚光美。会往者厉、躁、简公、出子之不宁,国家内忧,未遑外事,三晋攻夺我先君河西地,诸侯卑秦、丑莫大焉。献公即位,镇抚边境,徙治栎阳,且欲东伐,复缪公之故地,脩缪公之政令。寡人思念先君之意,常痛於心。宾客群臣有能出奇计彊秦者,吾且尊官,与之分土。'"始皇称帝前,《秦始皇本纪》却无一条明确的政令或法令,虽然始皇十二年吕不韦死,有过一条"自今以来,操国事不道如嫪毐、不韦者籍其门,视此",但也不是严格的引文律令。因为它没有"王曰"、"命曰"、"令曰"这类相应的标志性字眼。可见这并非历史实态,而是太史公写《秦始皇本纪》时有意选择的叙事策略。就是说,**太史公在描写始皇称帝前后自觉使用了两种迥异的修辞方式**。这不仅是一个简单的前略后详的问题。它貌似平常,实具深意。简言之,《秦始皇本纪》以始皇称帝为标志,使前后呈现出对比鲜明的叙事反差,一方面,为了展现出始皇称帝前后历史进程中出现的某些根本性变化,同时也是为了体现太史公本人对这种历史变化的独特理解和含蓄评价;另一方面,不再拘泥于奏诏模式的历史实态,而是按照奏诏叙事模式的需要,重新编排和书写了始皇帝的历史。就是说,太史公在《秦始皇本纪》中,充分运用了奏诏叙事模式的**"史学创造历史"能力,即"史学创作"能力。**

或默,或言马以阿顺赵高。或言鹿,高因阴中诸言鹿者以法。后群臣皆畏高。"①这个具体日子被太史公记载下来,想必不会没有深意。如果考虑到始皇和二世的诸多大事都没有干支,就对此印象更深了。所谓"后群臣皆畏高",标志着二世完全成为傀儡,朝政已被赵高彻底操控。

第三节 《史记》三"纪"之干支特点

西汉历史叙事第一次出现干支,是在刘邦称帝之日。高祖五年,正月甲午,"乃即皇帝位氾水之阳。"第二次出现干支,是在刘邦死亡之日。高祖十二年,"四月甲辰,高祖崩长乐宫。"审食其入言吕后,"乃以丁未发丧,大赦天下。""丙寅,葬。己巳,立太子,至太上皇庙。"②

在《吕太后本纪》中,将这段时间内发生的一系列事情合并在一天。"高祖十二年四月甲辰,崩长乐宫,太子袭号为帝。"接下来的就是惠帝的死亡之日。惠帝七年八月戊寅,惠帝崩。"九月辛丑,葬。"

吕太后四年,"五月丙辰,立常山王义为帝,更名曰弘。不称元年者,以太后制天下事也。"七年正月,"丁丑,赵王幽死,以民礼葬之长安民冢次。己丑,日食,昼晦。"八年,七月辛巳,"高后崩,遗诏赐诸侯王各千金,将相列侯郎吏皆以秩赐金。"如果遗诏在吕后死亡当天公布,那么吕太后遗诏应该算是汉代第一道具有明确干支的诏书。

此后的铲除诸吕过程,也有了具体干支。"八月丙午,齐王欲使人诛相,相召平乃反,举兵欲围王,王因杀其相,遂发兵东,诈夺琅邪王兵,并将之而西。""八月庚申旦,平阳侯窋行御史大夫事,见相国产计事。……辛酉,捕斩吕禄,而笞杀吕媭。……壬戌,以帝太傅食其复为左丞相。戊辰,徙济川王王梁,立赵幽王子遂为赵王。"

迎接代王登基,也有具体干支。据注家云,十月为岁首,九月则岁终。"时律历废,不知闰,……后九月则闰月。"后九月晦日己酉,代王至长安,"舍代邸。大臣皆往谒,奉天子玺上代王,共尊立为天子。"③

这三篇本纪,透露出的干支信息有四个特点。第一,皇帝死亡皆需记载干

---

① 《史记·秦始皇本纪》。
② 《史记·高祖本纪》。
③ 《史记·吕太后本纪》,三家注。

支。第二,秦朝叙事简单,汉朝叙事逐渐翔实,一些关键事件也都有了具体干支。第三,汉帝登基皆有干支。第四,诏书开始有了干支。

第四节　干　支　诏　书

太史公"自序"中的目录为"今上本纪",且精确统计了全书字数。可见,太史公已经完成了"今上本纪"的定稿。据"今上本纪"之提要,"汉兴五世,隆在建元,外攘夷狄,内脩法度,封禅,改正朔,易服色。"对照班《书》之武帝"赞","汉承百王之弊,高祖拨乱反正,文景务在养民,至于稽古礼文之事,犹多阙焉。孝武初立,卓然罢黜百家,表章六经。遂畴咨海内,举其俊茂,与之立功。兴太学,修郊祀,改正朔,定历数,协音律,作诗乐,建封禅,礼百神,绍周后,号令文章,焕焉可述。后嗣得遵洪业,而有三代之风。如武帝之雄材大略,不改文景之恭俭以济斯民,虽《诗》《书》所称何有加焉!"①二者合观,太史公虽然言语简练,不如班固翔实全面,但也道出大概,勾勒出武帝功业之轮廓。据此亦可推测揣摩"今上本纪"之一二。此一二确非"孝武本纪"之内容。这里的问题是,其一,既然"今上本纪"失传,后人补写"孝武本纪",为何却要敷衍成篇,从"封禅书"中直接抄录植入? 其二,抄录"封禅书"内容也就罢了,为何全然不用既有年号系统记年,使纪年顺序井然有序? 比如,不写"建元"年号,只有突兀的"元年,汉兴已六十馀岁矣",同时,既不写建元六年,也不写六年,却写"后六年"。"后六年,窦太后崩。"总之,"孝武本纪"中记年干支之不伦不类,令人诧异。这使得"孝武本纪"之记年干支毫无价值,根本不足以成为观察两《汉书》本纪干支之特点的参照。

元封元年四月(丁酉朔),乙卯(29日)"令侍中儒者皮弁荐绅,射牛行事。"丙辰(30日)制诏御史,"其赦天下,如乙卯赦令。"②可见这是两天连续下了两道诏书。以干支指称昨天诏书,不会产生任何歧义。对诏书的这种干支称谓即便不是汉武帝的发明,也是史书上同时也是诏书中第一次明确出现的干支诏书。③ 第二次则出现在哀帝诏书中。建平二年八月,诏曰:"六月甲子制书,非赦令也,皆蠲除之。"这指的是两月前,"侍诏夏贺良等言赤精子之谶,汉家历运中衰,当再受命,宜改元易号。"于是哀帝下诏,"夫基事之元命,必与天下自新,

① 《汉书·武帝纪》。
② 《史记·孝武本纪》。
③ 至于史书上同时也是诏书中第一次出现干支奏书,则是东汉章帝时。东平王刘苍上书,章帝诏曰:"丙寅所上便宜三事,朕亲自览读,反复数周,心开目明,旷然发蒙。"(《后汉书·光武十王列传》)

其大赦天下。"①联系上下文，可以推断八月诏书提及的"六月甲子制书"就是这次诏书。② 西汉皇帝诏书中只出现过两次干支诏书。③ 此外，官员奏疏中也出现一次干支诏书。哀帝立，"后数月，司隶解光奏言："其中有云："皆在今年四月丙辰赦令前。"④《通鉴》于此处云："其它饮药伤堕者无数事，皆在四月丙辰赦令前。"《考异》曰："《赵后传》作'丙辰'。按《哀帝纪》，'四月丙午即位，赦天下'。盖传误也。或者即位十日后赦也。"⑤据此，哀帝四月即位，便在丙辰大赦天下。数月后，解光在奏疏中提及"四月丙辰赦令"。西汉这三次干支诏书似乎不多不少，⑥但也不能完全排除某种偶然。⑦ 其可深究之处有三。其一，西汉奏诏中出现的干支诏书皆有明确的时间特征，都是在奏诏中用来指称本年内此前的某次诏书。时间间隔从不足一月到数月之间。这是否表明，使用干支诏书的名称，时间跨度不宜过大，否则就会记忆有误，容易混淆。武帝在四月颁布两道诏书，后诏提及前诏，无需言明月份，只说"乙卯赦令"；哀帝八月下诏提及六月诏书，因为已经跨月，便说"六月甲子制书"；解光奏书提及此前某道诏书，虽是一年之内，却已经数月之久，为明确起见，故需完整标出"今年四月丙辰赦令"。可见，指称干支诏书，时间跨度越大，需要强调的时间因素越多。其二，为何汉帝诏书中有以干支称呼此前诏书的习惯，反而官员上书中罕见此例？或许可以据此推断，在西汉的诏书语境中，干支诏令可能具有某种特殊寓意。即它属于皇帝专用的诏令术语，一般官员不得随便使用。其三，以干支命名诏书，这种方式简单有效，为何在后来的汉史中极少使用？这或许因为在当时的实际政治运作中，

---

① 《汉书·哀帝纪》。

② "六月甲子制书"也出现在居延新简中。"便舍待报在太初元将元年六月甲子赦令前诏书谨到敢言之。"（马怡、张荣强主编《居延新简释校》第115页，天津古籍出版社，2013年）详绎文义，应是摘录诏书之语。

③ 还有一次是班《书》中的叙事。"元帝初元元年，将立王皇后，先以为婕妤。三月癸卯制书曰：'其封婕妤父丞相少史王禁为阳平侯，位特进。'"（《汉书·五行志中之上》）所谓"三月癸卯制书曰"，应该标点为"三月癸卯，制书曰"。所以，"三月癸卯制书曰"不属于真正的干支诏书。这种用法，亦见于袁《纪》。"梁冀欲立幼主而专其权，与太后定策禁中，丙寅诏曰：'……其以绍为孝顺皇帝嗣。'"（《后汉纪》卷20）所谓"丙寅诏曰"，亦可点逗为"丙寅，诏曰"。

④ 《汉书·外戚传下》。

⑤ 《资治通鉴》卷33。

⑥ 事实上，还有一次模糊的说法。宣帝诏，"诸为霍氏所诖误，事在丙申前，未发觉在吏者，皆赦除之。"（《汉书·霍光传》）这里的"事在丙申前"，应该是指一道诏令，即丙申诏令。但因文字过简，不易确定。检索班《书》《宣帝纪》和《霍光传》，皆无丙申诏令。此外，还有一点值得注意，同一道诏书在《宣帝纪》中却无"丙申"二字。"诸为霍氏所诖误未发觉在吏者，皆赦除之。"

⑦ 西汉虽有了具体时间的干支诏书，但这和西晋那种完全格式化的"某某诏书"终究有所不同。显然，在早期帝国，人们尚未形成普遍性的干支诏书的习惯，致使"某某诏"的词语颇不常见。

人们提及诏书，并不关注其颁布时的干支。所以，汉人尚未形成用干支称呼诏书的习惯。汉人话语中直接提及诏令的时候并不多。即便提及，也非常笼统，更是极少具体时间。① 这使史书上记载诏书原文，也不特别在意颁诏的具体时间。② 这样，汉人话语中偶尔出现的干支诏令显得颇为稀奇。

东汉诏书中也偶有干支诏令。比如，中元二年四月丙辰，诏曰："其施刑及郡国徒，在中元元年四月己卯赦前所犯而后捕系者，悉免其刑。又边人遭乱为内郡人妻，在己卯赦前，一切遣还边，恣其所乐。"③ 又如，永建四年正月丙寅，诏曰："其赦天下。从甲寅赦令已来复秩属籍，三年正月已来还赎。"④ 至于官员文章奏书中亦有干支诏令。一是，《汉孔子庙置卒史碑》有鲁相平奏记司徒、司空府一文。"永兴元年六月甲辰朔十八日辛酉，鲁相平，行长史事，下守长擅叩头死罪，敢言之司徒、司空府，壬寅诏书：'为孔子庙置百石卒史一人，掌主礼器，选年四十以上、经通一艺、杂试能奉弘先圣之礼、为宗所归者。'"⑤ 这里提及的壬寅诏书很可能是永兴元年5月壬寅（28日）。因为5月改元永兴，6月18日奏记公府，距离下诏不过20天。这么近的时间不可能搞混，所以奏记提及壬寅诏书双方自然心知肚明。显然，这是一个特例。缺乏必要的代表性。二是，蔡邕《表志》云："建武乙未、元和丙寅诏事，下宗庙仪及斋令，宜入郊祀志，永为典式。"⑥《蔡邕集》中也提及，"光和元年，都官从事张恕，以辛卯诏书，收邕送雒阳诏狱。"⑦ 三是，张衡对策，"自初举孝廉，迄今二百岁矣，皆先孝行，行有余力，始及文法。辛卯诏以能宣章句奏案为限，虽有至孝，犹不应科，此弃本而就末。"⑧ 张衡奏对是在顺帝阳嘉二年，不知他说的"辛卯诏"事在何年。联系蔡邕

---

① 比如，应劭云："文帝下诏书曰：'间者，阴阳不调，日月薄蚀，年谷不登，大遭旱蝗饥馑之害，谪见天地，灾及万民。丞相、御史议可以佐百姓之急。'"（《风俗通义》卷2）又如，宣帝微时和陈遂相得甚欢，"相随博弈，数负进。及宣帝即位，用遂，稍迁至太原太守，乃赐遂玺书曰：'制诏太原太守：官尊禄厚，可以偿博进矣。妻君宁时在旁，知状。'遂于是辞谢，因曰：'事在元平元年赦令前。'"（《汉书·游侠传》）这里提及从前诏书，是以年号标记。

② 大庭脩作过一个推断。"汉代的公文书在开始部分有年号，而从月日开始书写的独立文书恐怕是没有的。如果有始于日月的公文书简，那么在它的前面必然有写有年号的其他文书，彼文书与此文书可复合为一个文书。"（[日]大庭脩《秦汉法制史研究》第470页，中西书局，2017年）

③《后汉书·孝明帝纪》。

④《后汉书·孝顺帝纪》。

⑤ 赵明诚撰，金文明校证《〈金石录〉校证》第251页，广西师范大学出版社，2005年。

⑥《东观汉记》卷5。"诏事"又称"诏书"。"建武乙未、元和丙寅诏书，下宗庙仪及斋令，宜入郊祀志，永为典式。"见司马彪《续汉书·祭祀志下》，刘昭注。（《东观汉记》"补遗"）

⑦《后汉书·蔡邕列传》，李贤注。

⑧《后汉纪》卷18。

之言,不知这个"辛卯诏"和蔡邕说的"辛卯诏书"是否一个。① 四是,太史令虞恭等人奏议,"及光武皇帝数下诏书,草创其端,孝明皇帝课校其实,孝章皇帝宣行其法。君更三圣,年历数十,信而征之,举而行之。其元则上统开辟,其数则复古四分。宜如甲寅诏书故事。"②据上下文,所谓"甲寅诏书"应该是光武、明、章三帝时期颁布的诏令。这是一个六七十年的时段,要确认"甲寅诏书"并非易事。凡此,恰恰说明干支诏这种用法,因简称而滋生不便,即时间一久而不知所云。③

比照前后汉,这十次干支诏令有两个共同点,④一是均具有追溯性质,即后来诏书和奏章提及以前诏书时,使用了干支诏令;二是多为赦令。值得注意的是,和西汉那种有明确指向性的干支诏书不同,东汉的干支诏书除了"中元元年四月己卯赦前",其余皆指向模糊。所谓"甲寅赦令"、"建武乙未、元和丙寅诏事"、"辛卯诏书"或"辛卯诏"、"甲寅诏书",除非只有一个,否则就会引起混乱。事实上,确实可能不止一个。永建四年之前有多少个甲寅赦令,建武年间有多少个乙未诏书,元和年间有多少个丙寅诏书,更不必说六七十年间究竟有多少个"甲寅诏书",显然是一个不易确定的问题。虽然光和元年的辛卯诏书重复率可能要低一些,但也完全可能出现两次以上。相较而言,两次叙事诏书中提及的干支诏令就明确多了。《汉官目录》曰:"建武十二年八月乙未诏书,三公举茂才各一人,廉吏各二人;光禄岁举茂才四行各一人,察廉吏三人;中二千石岁察廉吏各一人,廷尉、大司农各二人;将兵将军岁察廉吏各二人;监察御史、司隶、州牧岁举茂才各一人。"⑤这次最确凿,但也很可疑。史书上的许多叙事诏书都具有这个特点。所以,严格的干支诏书只能出自引文诏书中的君臣话语。"到光和三年癸丑赦令诏书,吏民依党禁锢者赦除之,有不见文,他以模拟疑者谳。于是诸有党郡皆谳廷尉,人名悉入方笥中。"⑥所谓"光和三年癸丑赦令诏书",将范围限于一年。但一年之内也有六次干支轮回。可见,"癸丑赦令诏书"也有六种可能,除非我们确凿认定光和三年只有一个"癸丑赦令诏书"。否则,简称干支诏书,人们怎么知道到底是哪道诏书?

---

① 据常理推断,两个"辛卯诏"并非同一年的概率极高。
② 《后汉书·律历志中》。
③ 或许当时人对此明了,却仍不能排除因时间久远而产生的记忆模糊和错误。而这绝对不利行政。
④ 在史书叙事中,也偶有干支诏书。比如,"甲辰诏"、"甲辰、丙申诏书"。(《后汉书·律历志中》)
⑤ 《后汉书·百官志一》,刘昭注。
⑥ 《后汉书·五行志一》。

值得注意的是,诏书用语中还有一种"年号诏书"。① 比如"建武诏书"。章帝诏曰:"朕思迟直士,侧席异闻。其先至者,各以发愤吐懑,略闻子大夫之志矣,皆欲置于左右,顾问省纳。建武诏书又曰,尧试臣以职,不直以言语笔札。今外官多旷,并可以补任。"②与年号诏书用法相同的就是"年号故事"。比如,桓帝诏曰:"郡县务存俭约,申明旧令,如永平故事。"③"诏以民入山凿石,发泄藏气,敕有司检察所当禁绝,如建武、永平故事。"④无论引文诏书还是叙事诏书,均出现了年号故事。所谓"建武故事"、"永平故事",如同"建武诏书"乃至"甲子制书"、"甲寅赦令"一般,二者的性质和含义非常相似。是可知,在奏诏模式中,"故事"和"诏令"具有相同功能。⑤ 有的诏书也是在这个意义上使用"故事"一词的。比如,"立春之日,下宽大书曰:'制诏三公:方春东作,敬始慎微,动作从之。罪非殊死,且勿案验,皆须麦秋。退贪残,进柔良,下当用者,如故事。'"⑥同样,有的奏书也在这个意义上使用了"故事"一词。比如,西汉名相魏相"好观汉故事及便宜章奏,以为古今异制,方今务在奉行故事而已。数条汉兴已来国家便宜行事,及贤臣贾谊、晁错、董仲舒等所言,奏请施行之。"他奏疏中说:"臣相不能悉陈,昧死奏故事诏书凡二十三事。"⑦如果说将"故事"和诏书相提并论,视为一体,对魏相而言,既是一种政治实践,也是一种行政理念,那么对蔡邕而言,用"故事"指代诏书,则是一种奏书习惯。"元和故事,复申先典。前后制书,推心恳恻。"所谓元和故事,是指章帝元和二年诏书。"山川百神应典礼者,尚未咸秩,其议修群祀,以祈丰年。"⑧是可知,奏诏模式的基本语境,赋予了"故事"以诏书的意义。

第五节　两汉《书》之干支差异

查考两汉《书》,西汉干支诏书明显少于东汉。给人感觉是,西汉干支就像寒冬的枯枝干叶,疏阔至极,不成体统。至于东汉干支则细密有致,宛若盛夏的

---

① 虽然年号亦可以干支相称,但在诏书用语中,早期帝国从未有过干支称年的用法。

② 《后汉书·孝章帝纪》。

③ 《后汉书·孝桓帝纪》。

④ 《后汉书·孝顺帝纪》。

⑤ "故事"亦称"旧事"。比如,"旧事,岁终当缮遣卫士,大傩逐疫。"(《后汉书·皇后纪上》)

⑥ 《后汉书·礼仪志上》。

⑦ 《汉书·魏相传》。

⑧ 《后汉书·蔡邕列传》,李贤注。

茂密枝叶，几无一丝空隙。这是否意味着皇权和时间的关系在前后汉发生了某种微妙的变化？

无论干支诏书，还是干支叙事，范《书》比班《书》都要多得多。这并非简单的历法技术使然。因为两汉的历法水平差不多。主要原因就是史书的时间观念和记时方式产生了某种差异。范《书》虽写于南朝刘宋，其史料来源仍是东观《记》和八家《后汉书》。所以，其干支详略反映的既不是刘宋的历法水平，也不是刘宋的写史特点，只能是东汉和魏晋史书的干支特点。[1]

班《书》本纪上的干支叙事，断断续续，连不成线。这样，时间呈现出断裂的特征。相反，范《书》本纪中的干支叙事，基本连成了线。这样，时间具有了连续性。

班《书》本纪叙事多有奏诏痕迹，提及官员，有名无姓。范《书》本纪叙事则不然，提及官员，有名有姓。相较而言，范《书》本纪叙事更显地道，更接近史书本色。

在汉代文献中，除了最常见的干支记时，还有极个别的数字记日。比如，东观《记》曰：建武十七年，"四月二日，车驾宿偃师。"[2]

---

① 魏晋之际，干支诏书多出现于裴注笔下的史书叙事。比如，《江表传》"汉朝遣议郎王誧奉戊辰诏书曰：'董卓逆乱，凶国害民。'"（《三国志·吴书·孙破虏讨逆传》）又如，《魏书》"载庚申令曰"、《魏书》"载十月乙亥令曰"、《魏武故事》"载公十二月己亥令曰"（《三国志·魏书·武帝纪》）、"《魏书》载庚戌令曰"、"丁亥令曰"、"《魏书》载癸酉诏曰"（《三国志·魏书·文帝纪》）。
② 《后汉书·光武帝纪下》。

第九章

奏诏叙事与奏疏来源

第一节　文集、奏书与史书

刘勰云："言事于王,皆称上书。秦初定制,改书曰奏。汉定礼仪,则有四品:一曰章,二曰奏,三曰表,四曰议。章以谢恩,奏以按劾,表以陈请,议以执异。"可见,某种意义上,奏书几乎涵括了除诏书之外的一切文书。如此,奏书的数量之庞大可想而知。刘勰显然注意到这个现象,不仅据此提出一个问题,还对问题作了解释。"按《七略》《艺文》,谣咏必录;章表奏议,经国之枢机,然阙而不纂者,乃各有故事,布在职司也。"[1]意思是,奏疏按照不同内容和主题,分别保存在相关职能部门,致使难以统一编辑和整理,故而没有引起刘歆和班固的重视,编入《七略》和《艺文志》。刘勰这个说法并不准确。因为,基于《七略》而成书的《汉书·艺文志》确实记载了一些奏疏。但刘勰所说亦非全无道理。这些奏议分别置于不同"家"中。比如,《议奏》四十二篇,"《尚书》家";《封禅议对》十九篇,《议奏》三十八篇,"礼家";《议奏》三十九篇,《奏事》二十篇,"《春秋》家";《议奏》十八篇,"《论语》家";《五经杂议》十八篇,"《孝经》家"。这近似于"各有故事,布在职司"之说。从制度渊源看,似乎吻合三代"学在官府"之制,亦即"诸子出于王官"之义。

不过,考究起来,刘勰显然没有说到点子上。作为奏诏模式的一半内容,奏疏没有在《七略》和《艺文志》中占据一席之地,固然遗憾,却无需起疑。因为,作

---

① 《文心雕龙·章表》。

为奏诏模式的另一半,诏书理应完整保存在宫中,[1]可在《艺文志》中,竟然只有寥寥二十余篇置于"儒家"类。[2] 比如,《高祖传》十三篇,"高祖与大臣述古语及诏策也。"《孝文传》十一篇,"文帝所称及诏策。"可见"各有故事,布在职司"并非奏疏没有成为《七略》或《艺文志》显要内容(单列一类)的主要原因。或许原因多多,或许没有什么原因。如果拉长视线,很容易发现,即便到了唐朝编写的《隋书·经籍志》,依然没有给奏疏和诏书留出相应位置,以体现出奏诏的重要地位。这表明,刘勰的解释并不成立。

虽然奏疏没有成为《七略》或《艺文志》中的一个门类,文集的大量出现,却给奏疏提供了一个更为丰富和可信的保存形式和来源途径。《汉书·艺文志》对西汉文章诗赋的作者和篇数作了一个相对全面的统计和整理。这可以视作西汉人的文集总目。其中,有相当篇幅应该属于奏疏性质或包含部分奏疏内容。比如,李步昌八篇,"宣帝时数言事。"据《艺文志》,陆贾二十三篇,刘敬三篇,贾山八篇,孔臧十篇,贾谊五十八篇,河间献王《对上下三雍宫》三篇,董仲舒一百二十三篇,儿宽九篇,公孙弘十篇,终军八篇,吾丘寿王六篇,虞丘说一篇,庄助四篇,臣彭四篇,桓宽《盐铁论》六十篇,刘向序六十七篇,扬雄序三十八篇,捷子二篇,曹羽二篇,婴齐十二篇,臣君子二篇,楚子三篇,《五曹官制》五篇,周伯十一篇,卫侯官十二篇,于长《天下忠臣》九篇,公孙浑邪十五篇,游棣子一篇,晁错三十一篇,燕十事十篇,蒯子五篇,邹阳七篇,主父偃二十八篇,徐乐一篇,庄安一篇,聊苍三篇,东方朔二十篇,伯象先生一篇,荆轲论五篇,吴子一篇,公孙尼一篇,臣贤对一篇,臣说三篇,解子《簿书》三十五篇,董安国十六篇,尹都尉十四篇,赵氏五篇,氾胜之十八篇,王氏六篇,蔡癸一篇,《封禅方说》十八篇,臣饶《心术》二十五篇,臣安成《未央术》一篇,臣寿《周纪》七篇,虞初《周说》九百四十三篇。

自东京始,官员著作篇什愈加变得庞大起来。比如,刘淑"朝夕建议,谒忠于朝,补救二百余事,悉有篇章。"[3]不仅有了真正意义上的官员文集,对官员文集的编辑、整理和保存也愈加重视和自觉,士大夫之间对那些志同道合者的文

---

① 汉代诏书管理制度不明,汉帝诏书的篇目数量更是不详。据《隋书·经籍志》,萧梁编有《汉高祖手诏》一卷,还编辑"《诏集》百卷,起汉讫宋"。(《隋书》,中华书局,1973年)

② 居延汉简中有一份按年代编排的汉初诸帝诏书目录。(参见陈梦家《西汉施行诏书目录》,《汉简缀述》,中华书局,1980年)可见,出于种种需要和考量,汉人已经着手选编汉帝诏书集。比如,居延汉简中还有武帝、成帝、王莽《诏书辑录》的残册。这表明,"诏书选集"之类的简册应该流行于西汉官场,想必数量亦不会少。不知为何,它未能进入班《书》视野。

③ 谢承《后汉书》卷4,《八家后汉书》。

章也有意识地抄录和传播。① 比如,"(朱)穆著论甚美,蔡邕尝至其家自写之。"②更重要的是,东汉有了一套渐趋完善的文集编辑流程和制度。比如,大臣或诸侯死后,会有人将其生前文章编辑成册,上奏朝廷。③ 以东平王刘苍为例。他一死,章帝便"诏告中傅,封上苍自建武以来章奏及所作书、记、赋、颂、七言、别字、歌诗,并集览焉。"④章帝特别强调"悉封上,不得妄有阙"。⑤ 可见章帝真正想要的是刘苍全集。这是对文集内容全面性的要求。这固然因为章帝对刘苍的敬重和思念,但也似乎表明,东汉的文集编辑已经渐成规模和气候。正因此,才有了日渐庞大的文集数量。⑥ 诸如,桓谭著"赋、诔、书、奏"二十六篇。⑦ 班彪著"赋、论、书、记、奏事"九篇。⑧ 班固著"《典引》、《宾戏》、《应讥》、诗、赋、铭、诔、颂、书、文、记、论、议、六言"四十一篇。⑨ 崔骃著"诗、赋、铭、颂、书、记、表、《七依》、《婚礼结言》、《达旨》、《酒警》"二十一篇。⑩ 崔瑗著"赋、碑、铭、箴、颂、《七苏》、《南阳文学官志》、《叹辞》、《移社文》、《悔祈》、《草书执》、七言"五十七篇。⑪ 崔寔著"碑、论、箴、铭、答、七言、祠、文、表、记、书"十五篇。⑫张衡著"诗、赋、铭、七言、《灵宪》、《应闲》、《七辩》、《巡诰》、《悬图》"三十二篇。⑬葛龚著"文、赋、碑、诔、书记"十二篇。⑭ 马融著"赋、颂、碑、诔、书、记、表、奏、七

---

① 我们并不清楚官员文集的刊布过程和流传情况,但有一点毋庸置疑,官员文集的编辑和面世,必然使其奏书公布于世。这样,奏书内容得以公开化,进而成为人们广泛阅读的公开文本。这不仅意味着奏诏模式的开放程度进一步扩大,甚而可能隐含着某种朝政信息的披露乃至泄密之危险。

② 《后汉书·朱晖列传》,李贤注。

③ 想一想西汉的情景,就能明显感觉到前后汉文集编辑技术和观念的进步。比如,司马相如死前,武帝就派人到他家收集文章诗赋。"相如既病免,家居茂陵。天子曰:'司马相如病甚,可往从悉取其书,若后之矣。'使所忠往,而相如已死,家无遗书。问其妻,对曰:'长卿未尝有书也。时时著书,人又取去。长卿未死时,为一卷书,曰有使来求书,奏之。'其遗札书言封禅事,所忠奏焉,天子异之。"(《汉书·司马相如传下》)

④ 《后汉书·光武十王列传》。

⑤ 《后汉纪》卷 12。

⑥ 据钱大昭《补〈续汉书·艺文志〉》,东汉文集 78 家;姚振宗《后汉艺文志》,东汉文集 93 家。(《二十五史补编》,第 2 册,中华书局,1955 年。[以下简称《二十五史补编》])

⑦ 《后汉书·桓谭列传》。

⑧ 《后汉书·班彪列传上》。

⑨ 《后汉书·班彪列传下》。

⑩ 《后汉书·崔骃列传》。

⑪ 《后汉书·崔骃列传》。

⑫ 《后汉书·崔骃列传》。

⑬ 《后汉书·张衡列传》。这里提及的张衡作品显然没有包括奏书。事实上,《张衡集》中收集了数量可观的奏书。有的是上书修史,有的是上言术数。可见这里所说的张衡著作并不完整。

⑭ 《后汉书·文苑列传上》。

言、琴歌、对策、遗令"二十一篇。① 朱穆著"论、策、奏、教、书、诗、记、嘲"二十篇。② 刘陶"上书言当世便事、条教、赋、奏、书、记、辩疑"百余篇。③ 李固著"章、表、奏、议、教令、对策、记、铭"十一篇。④ 延笃著"诗、论、铭、书、应讯、表、教令"二十篇。⑤ 服虔著"赋、碑、诔、书记、连珠、九愤"十余篇。⑥ 刘珍著"诔、颂、连珠"七篇。⑦ 蔡邕著"诗、赋、碑、诔、铭、赞、《连珠》、箴、吊、论议、《独断》、《劝学》、《释诲》、《叙乐》、《女训》、《篆埶》、祝文、章表、书记"百四篇。⑧ 卢植著"碑、诔、表、记"六篇。⑨ 皇甫规著"赋、铭、碑、赞、祷文、吊、章表、教令、书、檄、笺记"二十七篇。⑩ 张奂著"铭、颂、书、教、诫述、志、对策、章表"二十四篇。⑪ 杨修著"赋、颂、碑、赞、诗、哀辞、表、记、书"十五篇。⑫ 王粲著"诗、赋、论、议垂"六十篇。⑬ 诸葛亮"言教书奏多可观,别为一集。"⑭

根据曹丕对文体的分类,其实也是对汉魏文集的概述,文集内容大体分为四类。"盖奏议宜雅,书论宜理,铭诔尚实,诗赋欲丽。"⑮奏章在文集中所占分量之重可见一斑。显然,文集已成为奏疏的主要来源之一。举四例。一是,《李氏家书》保存了不少司空李合的奏疏。比如,"陛下祗畏天威,惧天变,克己责躬,博访群下。……宜贬退诸后兄弟群从内外之宠,求贤良,征逸士,下德令,施恩惠,泽及山海。"⑯又如,"孝成之时,匡衡奏立南北郊祀,复祠六宗。……建武都雒阳,制祀不道祭六宗,由是废不血食。今宜复旧制度。"⑰再如,"臣闻天不言,县象以示吉凶,挺灾变异以为谴诫。……如不承慎,祸至变成,悔之靡及也。"⑱二是,《马融集》也有不少奏疏。"臣融伏惟方今有道之世,汉典设张,侯

① 《后汉书·马融列传》。
② 《后汉书·朱晖列传》。
③ 《后汉书·刘陶列传》。
④ 《后汉书·李固列传》。
⑤ 《后汉书·延笃列传》。
⑥ 《后汉书·儒林列传下》。
⑦ 《后汉书·文苑列传上》。
⑧ 《后汉书·蔡邕列传》。
⑨ 《后汉书·卢植列传》。
⑩ 《后汉书·皇甫规列传》。
⑪ 《后汉书·张奂列传》。
⑫ 《后汉书·杨震列传》。
⑬ 《三国志·魏书·王粲传》。
⑭ 《三国志·蜀书·诸葛亮传》。
⑮ 曹丕《典论·论文》。
⑯ 《后汉书·五行志六》。
⑰ 《后汉书·祭祀志中》。
⑱ 《后汉书·天文志中》。

甸采卫,司民之吏,案绳循墨,虽有殿最,所差无几。……至边郡牧御失和,吉之与凶,败之与成,优劣相悬,不诚不可。"①三是,《黄香集》保存有黄香奏谏乐成王刘苌"骄淫不法,愆过累积"的上书。《后汉纪》载有"尚书侍郎冷宏议",认为"苌不杀无辜,以遣呵为非,无赫赫大恶,可裁削夺损其租赋,令得改过自新,革心向道。"李贤云:"案《黄香集》,香与宏共奏,此香之辞也。"②四是,《王朗集》载有王朗为大理时举荐主簿张登的奏疏。"昔为本县主簿,值黑山贼围郡,登与县长王隽帅吏兵七十二人直往赴救,与贼交战,吏兵散走。隽殆见害,登手格一贼,以全隽命。又守长夏逸,为督邮所枉,登身受考掠,理逸之罪。义济二君。宜加显异。"③

　　文集保存了奏书,进而奏书又成为史家写史的重要材料。以《张衡集》为例。其中保存了张衡给安帝的两封修史的奏书。先是上疏"请得专事东观,收捡遗文,毕力补缀。"张衡在奏表中表示,"臣仰干史职,敢徼官守,窃贪成训,自忘顽愚,愿得专于东观,毕力于纪记,竭思于补阙,俾有汉休烈,比久长于天地,并光明于日月,焰示万嗣,永永不朽。"继而他又"条上司马迁、班固所叙与典籍不合者十余事"。比如,"《易》称宓戏氏王天下,宓戏氏没,神农氏作,神农氏没,黄帝、尧、舜氏作。史迁独载五帝,不记三皇,今宜并录。"又如,"《帝系》,黄帝产青阳、昌意。《周书》曰:'乃命少皥清。'清即青阳也,今宜实定之。"据范《书》,张衡"又以为王莽本传但应载篡事而已,至于编年月,纪灾祥,宜为元后本纪。又更始居位,人无异望,光武初为其将,然后即真,宜以更始之号建于光武之初。书数上,竟不听。"④可见,张衡上书修史不止两次。据常理,这些奏书也都应该收集在《张衡集》中。再以《马融集》为例。马融"滞于东观,十年不得调。因兄子丧自劾归。(邓)太后闻之怒,谓融羞薄诏除,欲仕州郡,遂令禁锢之。"《马融集》云:"时左将奏融(道)〔遭〕兄子丧,自劾而归,离署当免官。制曰:'融典校秘书,不推忠尽节,而羞薄诏除,希望欲仕州郡,免官勿罪。'禁锢六年矣。"⑤《蔡邕集》更是收录了大量奏书,包含着官场权斗的丰富信息和翔实细节。以蔡邕被诬下狱一事为例。蔡邕与司徒刘合"素不相平",他叔父卫尉蔡质又和将作大匠阳球"有隙"。"球即中常侍程璜女夫也,璜遂使人飞章言邕、质数以私事请托于

①《后汉书·五行志六》。
②《后汉书·孝明八王列传》。
③《三国志·魏书·王朗传》,裴注。
④《后汉书·张衡列传》,李贤注。
⑤《后汉书·马融列传》,李贤注。

合,合不听,邕含隐切,志欲相中。于是诏下尚书,召邕诘状。"①蔡邕上书自陈。

　　臣被召,问以大鸿胪刘合前为济阴太守,臣属吏张宛长休百日,合为司隶,又托河内郡吏李奇为州书佐,及营护故河南尹羊陟、侍御史胡母班,合不为用致怨之状。臣征营怖悸,肝胆涂地,不知死命所在。窃自寻案,实属宛、奇,不及陟、班。凡休假小吏,非结恨之本。与陟姻家,岂敢申助私党?如臣父子欲相伤陷,当明言台阁,具陈恨状所缘。内无寸事,而谤书外发,宜以臣对与合参验。臣得以学问特蒙襃异,执事秘馆,操管御前,姓名貌状,微简圣心。今年七月,召诣金商门,问以灾异,赍诏申旨,诱臣使言。臣实愚赣,唯识忠尽,出命忘躯,不顾后害,遂讯刺公卿,内及宠臣。实欲以上对圣问,救消灾异,规为陛下建康宁之计。陛下不念忠臣直言,宜加掩蔽,诽谤卒至,便用疑怪。尽心之吏,岂得容哉?诏书每下,百官各上封事,欲以改政思谴,除凶致吉,而言者不蒙延纳之福,旋被陷破之祸。今皆杜口结舌,以臣为戒,谁敢为陛下尽忠孝乎?臣季父质,连见拔擢,位在上列。臣被蒙恩渥,数见访逮。言事者因此欲陷臣父子,破臣门户,非复发纠奸伏,补益国家者也。臣年四十有六,孤特一身,得托名忠臣,死有余荣,恐陛下于此不复闻至言矣。臣之愚赣,职当咎患,但前者所对,质不及闻,而衰老白首,横见引逮,随臣摧没,并入坑埳,诚冤诚痛。臣一入牢狱,当为楚毒所迫,趣以饮章,辞情何缘复闻?死期垂至,冒昧自陈。愿身当辜戮,匄质不并坐,则身死之日,更生之年也。惟陛下加餐,为万姓自爱。②

这封奏疏也收录在《蔡邕集》中。据李贤注,他两次引用《蔡邕集》为范《书》中的这封蔡邕奏书作注。一次是,"臣属吏张宛长休百日,合为司隶,又托河内郡吏李奇为州书佐,及营护故河南尹羊陟、侍御史胡母班,合不为用致怨之状。"《蔡邕集》其奏曰:"邕属张宛长休百日,合假宛五日;复属河南李奇为书佐,合不为召;太山党魁羊陟与邕季父卫尉质对门九族,质为尚书,营护阿拥,令文书不觉,合被诏书考胡母班等,辞与陟为党,质及邕频诣合问班所及,合不应,遂怀怨恨,欲必中伤合。"制曰:"下司隶校尉正处上。"一次是,"臣一入牢狱,当为楚毒所迫,趣以饮章,辞情何缘复闻?"《蔡邕集》曰:"光和元年,都官从事张恕,以辛卯诏书,收邕送雒阳诏狱。考吏张静谓邕曰:'省君章云欲仇怨未有所施,法令无此,以诏书又刊章家姓名,不得对相指斥考事,君学多所见,古今如此,岂一事

---

① 《后汉书·蔡邕列传》。
② 《后汉书·蔡邕列传》。

乎?'答曰:'晓是。'吏遂饮章为文书。"①

　　除一般性文集,汉朝已出现了一些专题性奏疏集,算是奏疏类文集。秦朝奏议,"《奏事》二十篇。秦时大臣奏事,及刻石名山文也。"武帝封禅奏议,"《封禅议对》十九篇。"宣帝石渠会议的奏议分类更为详细。《易》"《议奏》四十二篇","《礼》"《议奏》三十八篇",《春秋》"《议奏》三十九篇",《论语》"《议奏》十八篇"。② 东汉初又有了年代性奏议集。比如,东平王刘苍编辑了《建武以来章奏》。③ 汉魏之际或魏晋之际开始编辑一些精选性的奏疏类书籍,即所谓的名臣奏议。有《汉名臣奏》④、《魏名臣奏》⑤,还有一些书名不详者。⑥ 尤其《汉名臣奏》很有特点。它不光时限跨度大,包括前后汉,几乎涵括早期帝国全部,而且题材广泛,既有通常的政教礼制,⑦还涉及天文术数。比如,它征引了蔡邕的天文学文章。"言天体者有三家:一曰周髀,二曰宣夜,三曰浑天。宣夜之学绝,无师法。周髀术数具存,考验天状,多所违失,故史官不用。唯浑天者,近得其情,今史官所用候台铜仪,则其法也。"有《灵宪序》。"昔在先王,将步天路,用定灵轨。寻绪本元,先准之于浑体,是为正仪,故灵宪作兴。"⑧值得注意的是,《汉名臣奏》不光收入了官员奏疏,还附有相应的皇帝诏书。这种编辑方法不仅完全符合奏诏模式,也便于人们直观判断奏书产生的实际效果。"(张文上疏)'宜

---

① 《后汉书·蔡邕列传》。
② 《汉书·艺文志》。
③ 钱大昭《补〈续汉书·艺文志〉》,《二十五史补编》第2册。
④ 又名《汉名臣奏事》,三十卷,"断自新莽。"(顾櫰三《补〈后汉书·艺文志〉》,《二十五史补编》第2册)
⑤ "正始中诏撰群臣上书,以为名臣奏议。"(《三国志·魏书·陈群传》,裴注)值得注意的是,《魏名臣奏》既有官员奏疏,也有皇帝诏书。比如,
　　《魏名臣奏》载安定太守孟达荐(王)雄曰:"……时涿郡太守王雄为西部从事,与臣同僚。雄天性良固,果而有谋。历试三县,政成人和。及在近职,奉宣威恩,怀柔有术,清慎持法。臣往年出使,经过雄郡。自说特受陛下拔擢之恩,常励节精心,思投命为效。言辞激扬,情趣款恻。臣虽愚闇,不识真伪,以谓雄才兼资文武,忠烈之性,逾越伦辈。……臣受恩深厚,无以报国,不胜悾悾浅见之情,谨冒陈闻。"诏曰:"……雄有胆智技能文武之姿,吾宿知之。今便以参散骑之选,方使少年吾门下知指归,便大用之矣。天下之士,欲使皆先历散骑,然后出据州郡,是吾本意也。"(《三国志·魏书·崔林传》,裴注)
这种编排显然是为了完整展示官员奏疏产生的实际效果。基于这个考量,《魏名臣奏》编者在选择名臣奏书时,应该有一个标准,即主要选取那些得到皇帝批准并被有效实施的奏疏。客观上,这种编辑手法也直观呈现出奏诏模式这一皇权运行机制。合理推测,《汉名臣奏》亦应体例一致,有奏有诏。
⑥ 比如,杜恕"奏议论驳皆可观,掇其切世大事著于篇。"此书或名《杜氏新书》。(《三国志·魏书·杜畿传》)
⑦ 《汉名臣奏》有唐林奏文。"《汉名臣奏》唐林请省置吏,公卿大夫至都官稗官各减什三,是也。"(《汉书·艺文志》,颜注)有张禹奏文。"案今丞相奏事,司直持案,长史持簿。"(惠栋《〈后汉书〉补注》,转引《风俗通义》校注本卷4)
⑧ 《后汉书·张衡列传》。

举敦朴,以辅善政。陛下体尧舜之圣,秉独见之明,恢太平之业,敦经好学,流布远近,可留须臾神虑,则(可)致太平,招休征矣。'制曰:'下太尉、司徒、司空。夫瑞不虚至,灾必有缘。……三司任政者也,所当夙夜,而各拱默,讫未有闻,将何以奉答天意,(救)〔粉〕宁我人? 其各悉心思所崇改,务消复之术,称朕意焉。'"①

相较而言,出自应劭之手的《驳议》似乎更具代表性。应劭辑录《驳议》三十篇,属于典型的奏议文集。顾名思义,《驳议》应该是反驳其他臣子奏章,②或批评皇帝诏书的奏疏。应劭编辑这部《驳议》,是为了让汉献帝了解实际政务、增加政治智慧。"是用敢露顽才,厕于明哲之末。虽未足纲纪国体,宣洽时雍,庶几观察,增阐圣听。惟因万机之余暇,游意省览焉。"这部《驳议》"以类相从,凡八十二事"。所谓"八十二事",也就是八十二篇奏议。显然,应劭是有选择的。"其见《汉书》二十五,《汉记》四,皆删敍润色,以全本体。其二十六,博采古今缋玮之士,文章焕炳,德义可观。其二十七,臣所创造。"③可见,《驳议》的来源主要有三。一是官方史书,一是官员文集,一是应劭自己的文章。值得注意的是,这三部分的数量大体平衡,而且编辑标准也有讲究。从史书上编辑奏疏的做法是"删敍润色,以全本体";从文集中选择奏疏的原则是"文章焕炳,德义可观"。

值得注意的是,汉魏之际的一些杂史和别史也保存了不少官员奏疏。比如,《蔡邕别传》中有蔡邕为"昔作《汉记》'十意'"而上的奏疏。

> 臣既到徙所,乘塞守烽,职在候望,忧怖焦灼,无心能复操笔成草,致章阙廷。诚知圣朝不责臣谢,但怀愚心有所不竟。臣自在布衣,常以为《汉书》"十志"下尽王莽而止,光武已来唯记纪传,无续志者。……天诱其衷,得备著作郎,建言"十志"皆当撰录。会臣被罪,逐放边野,恐所怀随躯朽腐,抱恨黄泉,遂不设施,谨先颠踣,科条诸志,臣欲删定者一,所当接续者四,前志所无臣欲著者五,及经典群书[所]宜据掝,本奏诏书所当依据,分

---

① 《后汉书·蔡邕列传》。
② 比如,"安帝时河间人尹次、颍川人史玉皆坐杀人当死,次兄初及玉母军并诣官曹求代其命,因缢而物故。尚书陈忠以罪疑从轻,议活次、玉。(应)劭后追驳之,据正典刑,有可存者。"《驳议》曰:"夫刑罚威狱,以类天之震耀杀戮也;温慈和惠,以放天之生殖长育也。是故春一草枯则为灾,秋一木华亦为异。今杀无罪之初、军,而活当死之次、玉,其为枯华,不亦然乎? 陈忠不详制刑之本,而信一时之仁,遂广引八议求生之端。夫亲故贤能功贵勤宾,岂有次、玉当罪之科哉? 若乃小大以情,原心定罪,此为求生,非谓代死可以生也。败法乱政,悔其可追。"史称,应劭《驳议》三十篇"皆此类也"。(《后汉书·应奉列传》)
③ 《后汉书·应奉列传》。

别首目,并书章左,惟陛下留神省察。①

这封奏书可以和蔡邕的另外一篇"戍边上章"相对照。两篇上书主旨相同,都是表达流放环境中依然不忘著史的名山情怀。只是"戍边上章"文字更多,内容更翔实,包含了诸多细节。应该采自蔡邕文集。

> 朔方髡钳徒臣邕稽首再拜上书皇帝陛下:臣邕被受陛下尤异大恩,初由宰府备数典城,以叔父故卫尉质时为尚书,召拜郎中,受诏诣东观著作,遂与群儒并拜议郎。沐浴恩泽,承答圣问,前后六年。……父子一门兼受恩宠,不能输写心力,以效丝发之功,一旦(披)〔被〕章,陷没辜戮。陛下天地之德,不忍刀锯截臣首领,得就平罪,父子家属徙充边方,完全躯命,喘息相随。非臣无状所敢〔复〕望,非臣罪恶所当复蒙,非臣辞笔所能复陈。……〔邕为〕郡县促遣,遍于吏手,不得顷息,含辞抱悲,无由上达。既到徙所,乘塞守烽,职在候望,忧怖焦灼,无心复能操笔成草,致章阙庭。……臣初欲须刑竟,乃因县道,具以状闻。今年七月九日,匈奴始攻郡盐池县,其时鲜卑连犯云中、五原,一月之中,烽火不绝。不(言四)〔意西〕夷相与合谋,所图广远,恐遂为变,不知所济。郡县咸惧,不守朝旦。臣所在孤危,悬命锋镝,湮灭土灰,呼吸无期。诚恐所怀随躯腐朽,抱恨黄泉,遂不设施,谨先颠踣。……臣初被考,妻子迸窜,亡失文书,无所案请。加以惶怖愁恐,思念荒散,十分不得识一,所识者又恐谬误。触冒死罪,披(散)〔沥〕愚情,愿下东观,推求诸奏,参以玺书,以补缀遗阙,昭明国体。章闻之后,虽肝脑流离,白骨剖破,无所复恨。惟陛下省察。谨因临戎长霍圉封上。臣顿首死罪稽首再拜以闻。②

第二节　史书多源自奏书

奏书是保持君臣关系稳固和密切的有效渠道和合法途径。奏诏模式本身就是君臣关系的话语实践。所以,官员上书多多益善。皇帝从不会抱怨奏书太多。有时皇帝还会特别要求官员尽可能不拘限制,将自己所见所闻多上奏书。比如,马严为五官中郎将,"边境每有事,辄下严处便宜。"章帝初立,"汲汲欲知

---

① 《后汉书·蔡邕列传》。
② 《后汉书·律历志下》。

下情,引纳严,敕有所闻见辄言。"①反之,如果官员上书不及时或疏于上奏,就会受到皇帝斥责。武帝在轮台诏中指出,这种现象在西北边郡相当普遍。"匈奴得汉降者,常提掖搜索,问以所闻。今边塞未正,阑出不禁,障候长吏使卒猎兽,以皮肉为利,卒苦而烽火乏,失亦上集不得,后降者来,若捕生口虏,乃知之。"武帝有两层意思。一是匈奴很注意搜集汉廷的信息和情报,亟需从跑过去的汉人手里获得各种官府文书,所谓"恐其或私赍文书";一是边地汉官不能尽职尽责,管理不善,"边塞有阑出逃亡之人,而(止)〔主〕者不禁。又长吏利于皮肉,多使障候之卒猎兽,故令烽火有乏。又其人劳苦,因致奔亡。"同时,又不向朝廷及时禀报相关情况,所谓"凡有此失,皆不集于所(亡)〔上〕文书,"以至于皇帝对边疆战况民情都缺乏充分掌握,反而需要从跑过来的匈奴人嘴里才能知晓一二。师古曰:"既不上书,所以当时不知,至有降者来,及捕生口,或虏得匈奴人言之,乃知此事。"②

奏疏的内容本就异常丰富。③ 通常说来,国策建言、军情奏报、外国政变、域外风俗、朝政攻讦、监控诸侯、官员告密、士人诽谤、官职任免、腐败弹劾在官员奏疏中占有很大比例。其实,除了"郡国二千石各上进畜马方略补边状"④之类的常规渠道外,还有一种非常渠道。比如,魏相"敕掾史案事郡国及休告从家还至府,辄白四方异闻,或有逆贼风雨灾变,郡不上,相辄奏言之。"⑤这是魏相利用属吏巡查地方以及返乡探亲之际为自己搜寻各地风俗民情、社会治安信息,尤其是那些被郡国守相有意瞒报的情况,都会被魏相仔细收集起来奏报皇帝。又如,青州刺史上奏菑川王刘终古"使所爱奴与八子及诸御婢奸,终古或参与被席,或白昼使(赢)〔嬴〕伏,犬马交接,终古亲临观。产子,辄曰:'乱不可知,使去其子。'"⑥地方官对诸侯王负有秘密监视、随时禀报之责。青州刺史所奏内容应该来自案查郡国时从守相手里搜集的材料。再如,"楼兰国最在东垂,近汉,当白龙堆,乏水草,常主发导,负水儋粮,送迎汉使,又数为吏卒所寇,惩艾不

---

① 《东观汉记》卷12。

② 《汉书·西域传下》。

③ 其中未必全然真实。被删改处恐亦不少。比如,哀帝为给董贤封侯,删改官员奏疏,将董贤弄成告发谋逆的有功之臣。"息夫躬、孙宠等因中常侍宋弘上书告东平王(刘)云祝诅,又与后舅伍宏谋弑上为逆,云等伏诛,躬、宠擢为吏二千石。是时,侍中董贤爱幸于上,上欲侯之而未有所缘,傅嘉劝上因东平事以封贤。上于是定躬、宠告东平本章,掇去宋弘,更言因董贤以闻。"(《汉书·王嘉传》)据此,保存在宫中的公卿奏疏,确实被人篡改过。如此,流传下来的奏书在被写入史书之前,有的可能已被动过手脚。

④ 《汉书·西域传下》。

⑤ 《汉书·魏相传》。

⑥ 《汉书·高五王传》。

便与汉通。后复为匈奴反间,数遮杀汉使。其弟尉屠耆降汉,具言状。"所谓"具言状",表明它说的内容就是前面的那些事情。换言之,上文的经历和细节,包括"楼兰王后妻,故继母也,谓王曰:'先王遣两子质汉皆不还,奈何欲往朝乎?'"①这些对话就来自"具言状"这种上书。二者合观,足见早期帝国奏疏内容之丰富和范围之广泛,着实超出了人们的认知和想象。

我们以两类较为常见的奏书为例,以观奏书内容包含的信息量之大。先看钦差按察奏章。比如,顺帝诏遣八使"分行天下。其刺史、二千石有臧罪显明者,驿马上之;墨绶以下,便辄收举。其有清忠惠利,为百姓所安,宜表异者,皆以状上。"②又如,中郎将皇甫规持节巡边,上书弹劾边郡贪官、酷吏、冗员。"先是安定太守孙儁受取狼籍,属国都尉李翕、督军御史张禀多杀降羌,凉州刺史郭闳、汉阳太守赵熹并老弱不堪任职,而皆倚恃权贵,不遵法度。规到州界,悉条奏其罪,或免或诛。"③再看军情奏报。冯唐曾对文帝说:"臣闻上古王者遣将也,跪而推毂,曰:'阃以内寡人制之,阃以外将军制之;军功爵赏,皆决于外,归而奏之。'此非空言也。"④可见史书中有关战争进展、敌方战术、行军路线、军情变化、作战细节、将领对话,尤其各级将士的战场表现和英勇事迹皆来自此类军情奏报。略举数例。一是,武帝在"轮台诏"中两次提及前线将士给自己的奏书。"曩者,朕之不明,以军候弘上书言'匈奴缚马前后足,置城下,驰言"秦人,我丐若马"'。""重合侯(毋)〔得〕虏侯者,言'闻汉军当来,匈奴使巫埋羊牛所出诸道及水上以诅军。单于遗天子马裘,常使巫祝之。缚马者,诅军事也。'又卜'汉军一将不吉'。匈奴常言'汉极大,然不能饥渴,失一狼,走千羊。'"⑤二是,

> 大将军(卫)青出塞,捕虏知单于所居,乃自以精兵走之,而令(李)广并于右将军军,出东道。东道少回远,大军行,水草少,甚势不屯行。广辞曰:"臣部为前将军,今大将军乃徙臣出东道,且臣结发而与匈奴战,乃今一得当单于,臣愿居前,先死单于。"大将军阴受上指,以为李广数奇,毋令当单于,恐不得所欲。是时公孙敖新失侯,为中将军,大将军亦欲使敖与俱当单于,故徙广。广知之,固辞。大将军弗听,令长史封书与广之莫府,曰:"急诣部,如书。"广不谢大将军而起行,意象愠怒而就部,引兵与右将军食其合军出东道。惑失道,后大将军。大将军与单于接战,单于遁走,弗能得而

---

① 《汉书·西域传上》。
② 《后汉书·周举列传》。
③ 《后汉书·皇甫规列传》。
④ 《汉书·冯唐传》。
⑤ 《汉书·西域传下》。

还。南绝幕，乃遇两将军。广已见大将军，还入军。大将军使长史持糒醪遗广，因问广、食其失道状，曰："青欲上书报天子失军曲折。"广未对。大将军长史急责广之莫府上簿。广曰："诸校尉亡罪，乃我自失道。吾今自上簿。"①

三是，赵充国"以假司马从贰师将军击匈奴，……身被二十余创，贰师奏状，诏征充国诣行在所。"②四是，

> 永平中，窦固击匈奴，班超为假司马，将兵别击伊吾，战于蒲类海，多斩首虏。固又遣与从事郭恂俱使西域，鄯善王广礼敬甚备，后更疏懈。超谓其官属曰："宁觉广志意薄乎？此必有北虏使来也。"召侍胡，诈之曰："匈奴使来数日？安在？"侍胡具服。超悉会其吏士三十六人，酒酣，激怒曰："不探虎穴，不得虎子。当今之计，独有因夜以火攻虏，使彼不知我多少，必大震怖，可殄尽。鄯善破胆，功成事立也。"众曰："善。"遂将吏士往奔虏营。超手格杀三人，斩得匈奴节使屋赖带、副使比离支首及节。明日乃还告郭恂，恂大惊，既而色动。超知其意，举手曰："掾虽不行，班超何心独擅之乎？"恂乃悦。鄯善一国震怖。窦固具上超功，并求更选使使西域。③

五是，

> （耿）恭遣军吏范羌至敦煌迎兵士寒服，羌因随王蒙军俱出塞。羌固请迎恭，诸将不敢前，乃分兵二千人与羌，从山北迎恭，遇大雪丈余，军仅能至。城中夜闻兵马声，以为虏来，大惊。羌乃遥呼曰："我范羌也。汉遣军迎校尉耳。"城中皆称万岁。开门，共相持涕泣。明日，遂相随俱归。虏兵追之，且战且行。吏士素饥困，发疏勒时尚有二十六人，随路死没，三月至玉门，唯余十三人。衣屦穿决，形容枯槁。中郎将郑众为恭已下洗沐易衣冠。上疏曰："耿恭以单兵固守孤城，当匈奴之冲，对数万之众，连月逾年，心力困尽。凿山为井，煮弩为粮，出于万死无一生之望。前后杀伤丑虏数千百计，卒全忠勇，不为大汉耻。恭之节义，古今未有。宜蒙显爵，以厉将帅。"及恭至雒阳，鲍昱奏恭节过苏武，宜蒙爵赏。于是拜为骑都尉。④

其实，官员的事迹行状乃至家谱、族谱同样是奏疏的重要内容。以班《书》孔光传为例。"孔光字子夏，孔子十四世之孙也。孔子生伯鱼鲤，鲤生子思伋，伋生子上帛，帛生子家求，求生子真箕，箕生子高穿。"师古云："名鲤，字伯鱼。

---

① 《汉书·李广传》。
② 《汉书·赵充国传》。
③ 《东观汉记》卷16。
④ 《后汉书·耿弇列传》。

先言其字者,孔氏自为谱谍,示尊其先也。"①可见,班《书》这种写法直接抄自孔光家谱。但孔光家谱并非班固所能窥见,所以,这种尊祖敬宗的特例写法很可能来自孔光奏疏之内容。② 至于官员行状更是有迹可循。这是因为,"贤士大夫"经过多次征召举荐,其"行状年纪"早已在朝廷登记造册。刘邦称帝伊始,便"布告天下",要求公卿从全国网罗人才,"其有意称明德者,必身劝,为之驾,遣诣相国府,署行、义、年。有而弗言,觉,免。"文颖曰:"有贤者,郡守身自往劝勉,令至京师,驾车遣之。"刘邦要求郡守必须身体力行,落实诏书,推广教化。如果有诏不遵有令不行,必将严惩。所谓"有而弗言,觉,免。"值得注意的是,"年老癃病,勿遣。"③这显然是对"贤士大夫"身体状况的要求。这些都属于士人档案的必要内容。客观意义上,这既是帝国的人才资料库,也是官员的履历档案馆。比如,丞相丙吉考虑到,"恐虏所入边郡,二千石长吏有老病不任兵马者,宜可豫视。"便召"东曹案边长吏,琐科条其人。"张晏曰:"琐,录也。欲科条其人老少及所经历,知其本以文武进也。"④可见,举荐人才、任命官员的奏疏,确实离不开这批日益庞大的人力资源。当这些奏书写入史书时,官吏、士人行状就成为史书叙事的主干。

由此可知,史书记载的士大夫的德行学识、吏治政绩、功过履历,同样来自于奏疏。就是说,官吏、士人事迹行状构成了官员上书的重要部分。这些奏书内容之广泛令人吃惊。稍举数例。(1)山阳太守张敞"上书自请"治理勃海、胶东匪患。"臣敞不敢爱身避死,唯明诏之所处,愿尽力摧挫其暴虐,存抚其孤弱。事即有业,所至郡条奏其所由废及所以兴之状。"⑤(2)冯奉世"年三十余矣,乃学《春秋》涉大义,读兵法明习,前将军韩增奏以为军司空令。"⑥(3)辛庆忌"随长罗侯常惠屯田乌孙赤谷城,与歙侯战,陷陈却敌。惠奏其功,拜为侍郎。"⑦(4)西羌寇巴郡,太守王堂"驰兵赴贼,斩虏千余级,巴、庸清静,吏民生为立祠。

---

① 《汉书·孔光传》。

② 联系五代后梁史馆上书,可以佐证《史》《汉》史料来源。"臣今请明下制,敕内外百官及前资士子、帝戚勋家,并各纳家传,具述父祖事行源流及才术德业灼然可考者,并纂述送史馆。……兼以兵火之后,简牍罕存,应内外臣僚,曾有奏行公事,关涉制置,或讨论沿革,或章疏文词,有可采者,并许编录送纳。候史馆修撰之日,考其所上公事,与中书门下文案事相符会,或格言正辞询访不谬者,并与编载。"(薛居正等《旧五代史·梁书·末帝本纪下》,中华书局,1976年。[以下简称《旧五代史》])可见百官家传和臣僚奏章非但以奏书形式呈报史馆,其在官史中的史料价值亦见一斑。

③ 《汉书·高帝纪下》。

④ 《汉书·丙吉传》。

⑤ 《汉书·张敞传》。

⑥ 《汉书·冯奉世传》。

⑦ 《汉书·辛庆忌传》。

刺史张乔表其治能,迁右扶风。"①(5)益州刺史王尊"居部二岁,怀来徼外,蛮夷
归附其威信。博士郑宽中使行风俗,举奏尊治状,迁为东平相。"②(6)中牟令鲁
恭"专以德化为理"。史称,

> 郡国螟伤稼,犬牙缘界,不入中牟。河南尹袁安闻之,疑其不实,使仁
> 恕掾肥亲往廉之。恭随行阡陌,俱坐桑下,有雉过,止其傍。傍有童儿,亲
> 曰:"儿何不捕之?"儿言"雉方将雏"。亲瞿然而起,与恭诀曰:"所以来者,
> 欲察君之政迹耳。今虫不犯境,此一异也;化及鸟兽,此二异也;竖子有仁
> 心,此三异也。久留,徒扰贤者耳。"还府,具以状白安,是岁,嘉禾生恭便坐
> 廷中,安因上书言状,(章)帝异之。③

可见郡县守令的政绩德行需要在基层奏闻的基础上进一步考察核实,并且逐层
上报,最后奏报皇帝。(7)崔寔自述,"仆前为五原太守,土地不知缉绩。冬至积
草,伏卧其中。若见吏,以草缠身,令人酸鼻。吾乃卖储峙,得二十余万,诣雁
门、广武迎织师,使巧手作机及纺,以教民织。具以上闻。"④(8)光禄大夫张纲、
侍中杜乔等八人"同日受诏,持节分出,案行天下贪廉,墨绶有罪便收,刺史二千
石以驿表闻,威惠清忠,名振郡国"。⑤ (9)赵苞迁广陵令。"视事三年,政教清
明,郡表其状,迁辽西太守。"⑥(10)范式受业太学,

> 时诸生长沙陈平子亦同在学,与式未相见,而平子被病将亡,谓其妻
> 曰:"吾闻山阳范巨卿,烈士也,可以托死。吾殁后,但以尸埋巨卿户前。"乃
> 裂素为书,以遗巨卿。既终,妻从其言。时式出行适还,省书见瘗,怆然感
> 之,向坟揖哭,以为死友。乃营护平子妻儿,身自送丧于临湘。未至四五
> 里,乃委素书于柩上,哭别而去。其兄弟闻之,寻求不复见。长沙上计掾史
> 到京师,上书表式行状。⑦

(11)陆康除高成令。"县在边垂,旧制,令户一人具弓弩以备不虞,不得行来。
长吏新到,辄发民缮修城郭。康至,皆罢遣,百姓大悦。以恩信为治,寇盗亦息,
州郡表上其状。"⑧考其文意,"县在边垂,旧制,令户一人具弓弩以备不虞,不得
行来。长吏新到,辄发民缮修城郭。康至,皆罢遣,百姓大悦",应该出自"州郡

① 《后汉书·王堂列传》。
② 《汉书·王尊传》。
③ 《后汉书·鲁恭列传》。
④ 崔寔《政论》,《全后汉文》卷46。
⑤ 司马彪《续汉书》卷4,《八家后汉书》。
⑥ 《后汉书·独行列传》。
⑦ 《后汉书·独行列传》。
⑧ 《后汉书·陆康列传》。

表上其状"。(12)窦武被宦官所杀。窦武府掾胡腾"少师事武,独殡敛行丧,坐以禁锢"。窦武之孙窦辅"逃窜得全"。宦官"捕之急",胡腾带着窦辅逃亡零陵,"以为己子,而使聘娶焉。"建安中,"荆州牧刘表闻而辟焉,以为从事,使还窦姓,以事列上。"①(13)疏广"少好学,明《春秋》,家居教授,学者自远方至。"这句话不像官员行状,像是官员奏疏内容。疏广兄子疏受"以贤良举为太子家令。受好礼恭谨,敏而有辞"。所谓"受好礼恭谨,敏而有辞"②,应该是被举贤良时的奏章文字。(14)田豫迁南阳太守,先时,郡有数千人为盗,"前太守收其党与五百馀人,表奏皆当死。豫悉见诸系囚,慰谕,开其自新之路,一时破械遣之。诸囚皆叩头,原自效,即相告语,群贼一朝解散,郡内清静。具以状上,太祖善之。"③

　　以奏书为材料,敷衍成篇者,不限于官员的吏治政绩,还包括官吏的"业余爱好"。典型如《史记·仓公列传》,即是以淳于意给文帝的奏书为材料写成。淳于意本职是齐太仓长,却少喜医术。后为病家所告,免官居家。对照太史公的描述和淳于意的自述,即能看出《史记》材料来源于淳于意之上书。

　　　　(淳于意)少而喜医方术。高后八年,更受师同郡元里公乘阳庆。庆年七十馀,无子,使意尽去其故方,更悉以禁方予之,传黄帝、扁鹊之脉书,五色诊病,人死生,决嫌疑,定可治,及药论,甚精。受之三年,为人治病,决死生多验。然左右行游诸侯,不以家为家,或不为人治病,病家多怨之者。自意少时,喜医药,医药方试之多不验者。至高后八年,得见师临菑元里公乘阳庆。庆年七十馀,意得见事之。谓意曰:"尽去而方书,非是也。庆有古先道遗传黄帝、扁鹊之脉书,五色诊病,知人生死,决嫌疑,定可治,及药论书,甚精。我家给富,心爱公,欲尽以我禁方书悉教公。"臣意即曰:"幸甚,非意之所敢望也。"臣意即避席再拜谒,受其脉书上下经、五色诊、奇咳术、揆度阴阳外变、药论、石神、接阴阳禁书,受读解验之,可一年所。明岁即验之,有验,然尚未精也。要事之三年所,即尝已为人治,诊病决死生,有验,精良。今庆已死十年所,臣意年尽三年,年三十九岁也。④

不难看出,太史公的文字差不多就是对淳于意上书的改编或编写。唯有最后一句"然左右行游诸侯,不以家为家,或不为人治病,病家多怨之者",是太史公对

① 《后汉书·窦武列传》。
② 《汉书·疏广传》。
③ 《三国志·魏书·田豫传》。
④ 《史记·仓公列传》。

淳于意行迹品德的概括。① 虽颇显突兀,却暗示出淳于意的仕途和命运。关键是,这句概括源于淳于意上书中的大量翔实且坦率的自供。或许这正是太史公对一个医家的治病过程和药方、疗效,乃至病人的身份不惮繁琐无聊而详细记载的主要考虑。② 究其根,这也源于文帝对淳于意的诏问。"意家居,诏召问所为治病死生验者几何人也,主名为谁。"接下来的通篇文字,显然直接抄自淳于意的奏书。因为用语和称谓,都是奏书格式,而非太史公文笔和语气。"诏问故太仓长臣意:'方伎所长,及所能治病者? 有其书无有? 皆安受学? 受学几何岁? 尝有所验,何县里人也? 何病? 医药已,其病之状皆何如? 具悉而对。'臣意对曰……"这是一次特殊的策问。文帝竟然对一个"业余"医家淳于意的医术、药方,以及其所治疗的病人和病状,乃至师承源流和所受门徒无不兴趣盎然,要求淳于意一一道来。我们很难理解文帝这么做的真实用意是什么,却能清晰看出,《仓公列传》的所有材料几乎全部来自仓公本人这封详细入微的奏书。③

不仅一般官员,就连诸侯王、列侯乃至公卿大臣的行状事迹也源于奏书。景帝特此下诏立法规定。"令诸侯王薨、列侯初封及之国,大鸿胪奏谥、诔、策。列侯薨及诸侯太傅初除之官,大行奏谥、诔、策。"谥号和策命自不必说,关键是诔,"述累德行之文。"所谓"德行之文",即是行状奏疏。应劭解释说:"皇帝延诸侯王,宾王诸侯,皆属大鸿胪。故其薨,奏其行迹,赐与谥及哀策诔文也。"不仅如此,"列侯初封及之国"也需要大鸿胪一番相同手续,以及"诸侯太傅初除之官"即"除故官就新官",④同样需要"大行奏谥、诔、策"这样一番手续。可见,这

---

① 淳于意罗列了 25 个病例,也就是他看过的病人。除了 3 人是普通百姓,其余皆是王侯显贵。有齐郎中令、齐王太后、齐中尉、阳虚侯相、济北王、故济北王阿母、济北王侍女、齐北宫司空命妇、齐中大夫、菑川王美人、菑川王、齐王后弟、济北王侍者、齐王侍医、齐王等人。太史公评价淳于意"左右行游诸侯",可谓言之不虚,一语中的。此一细节,足见太史公"实录"之精神。

② 据实而论,淳于意给文帝的这篇行医奏书的篇幅之长,完全不亚于司马相如的那些华丽诗赋。如果我们把《上林赋》等文赋视作奏书之一种的话。

③ 按照文帝的要求,针对文帝关心的问题,淳于意逐条详陈。一方面,他表示,"臣意曰:他所诊期决死生及所治已病众多,久颇忘之,不能尽识,不敢以对。"另一方面,他又尽力回答。"问臣意:'诊病决死生,能全无失乎?'臣意对曰:'意治病人,必先切其脉,乃治之。败逆者不可治,其顺者乃治之。心不精脉,所期死生视可治,时时失之,臣意不能全也。'"最令人称绝的是,至此,太史公戛然而止,直接导入"太史公曰",给予淳于意充分肯定。"老子曰'美好者不祥之器',岂谓扁鹊等邪? 若仓公者,可谓近之矣。"(《史记·仓公列传》)在《太史公自序》中,太史公又曰:"扁鹊言医,为方者宗,守数精神;后世序,弗能易也,而仓公可谓近之矣。"

④ 颜师古对大鸿胪和大行的沿革做了辨析。"大鸿胪者,本名典客,后改曰大鸿胪。大行令者,本名行人,即典客之属官也,后改曰大行令。故事之尊重者遣大鸿胪,而轻贱者遣大行也。据此纪文,则景帝已改典客为大鸿胪,改行人为大行矣。而《百官公卿表》乃云景帝中六年更名典客为大行令,武帝太初元年更名大行令为大鸿胪,更名行人为大行令。当是表误。"(《汉书·景帝纪》)

种文书制度足以充分保障皇亲国戚和公卿百官行状事迹的档案保存和积累。客观意义上,这种文书制度保存的有司奏书提供了巨量丰富的官员行状,使官员的言行政绩得以在史书上真实呈现。

举两个诸侯王和列侯的例子。东海王刘臻"性敦厚有恩,常分租秩赈给诸父昆弟。国相籍褒具以状闻,顺帝美之。"[1]列侯刘敞"丧母至孝,国相陈珍上其行状。"[2]再以宣帝母亲王翁须即王媪(王妪)的历史为例,可见外戚的生平经历大多出自奏疏。

> 初,上即位,数遣使者求外家,久远,多似类而非是。既得王媪,令太中大夫任宣与丞相御史属杂考问乡里识知者,皆曰王妪。妪言名妄人,家本涿郡蠡吾平乡。年十四嫁为同乡王更得妻。更得死,嫁为广望王乃始妇,产子男无故、武,女翁须。翁须年八九岁时,寄居广望节侯子刘仲卿宅,仲卿谓乃始曰:"予我翁须,自养长之。"媪为翁须作缣单衣,送仲卿家。仲卿教翁须歌舞,往来归取冬夏衣。居四五岁,翁须来言"邯郸贾长儿求歌舞者,仲卿欲以我与之。"媪即与翁须逃走,之平乡。仲卿载乃始共求媪,媪惶急,将翁须归,曰:"儿居君家,非受一钱也,奈何欲予它人?"仲卿诈曰:"不也。"后数日,翁须乘长儿车马过门,呼曰:"我果见行,当之柳宿。"媪与乃始之柳宿,见翁须相对涕泣,谓曰:"我欲为汝自言。"翁须曰:"母置之,何家不可以居? 自言无益也。"媪与乃始还求钱用,随逐至中山卢奴,见翁须与歌舞等比五人同处,媪与翁须共宿。明日,乃始留视翁须,媪还求钱,欲随至邯郸。媪归,橐买未具,乃始来归曰:"翁须已去,我无钱用随也。"因绝至今,不闻其问。贾长儿妻贞及从者师遂辞:"往二十岁,太子舍人侯明从长安来求歌舞者,请翁须等五人。长儿使遂送至长安,皆入太子家。"及广望三老更始、刘仲卿妻其等四十五人辞,皆验。宣奏王媪悼后母明白,上皆召见,赐无故、武爵关内侯,旬月间,赏赐以巨万计。[3]

概言之,王翁须的历史完全来自"太中大夫任宣与丞相御史属杂考问乡里识知者",包括"广望三老更始、刘仲卿妻其等四十五人辞",经过反复核实,多方验证,然后上奏宣帝,"宣奏王媪悼后母明白。"可见,王翁须的所有历史都是通过官员的奏疏而进入史书。

至于宫廷秘闻或宫闱隐情同样离不开奏诏模式,尤其是奏书的详情陈述。

---

①《后汉书·光武十王列传》。
②《后汉书·光武十王列传》。
③《汉书·外戚传上》。

以司隶校尉解光弹劾赵昭仪秽乱朝廷、亲灭皇嗣为例。哀帝立,尊皇后赵飞燕为皇太后。司隶解光奏言:

> 臣闻许美人及故中宫史曹宫皆御幸孝成皇帝,产子,子隐不见。臣遣从事掾业、史望验问知状者掖庭狱丞籍武、故中黄门王舜、吴恭、靳严,官婢曹晓、道房、张弃,故赵昭仪御者于客子、王偏、臧兼等,皆曰宫即晓子女,前属中宫,为学事史,通《诗》,授皇后。房与宫对食,元延元年中宫语房曰:"陛下幸宫。"后数月,晓入殿中,见宫腹大,问宫。宫曰:"御幸有身。"其十月中,宫乳掖庭牛官令舍,有婢六人。中黄门田客持诏记,盛绿绨方底,封御史中丞印,予武曰:"取牛官令舍妇人新产儿,婢六人,尽置暴室狱,毋问儿男女,谁儿也!"武迎置狱。宫曰:"善臧我儿胞,丞知是何等儿也!"后三日,客持诏记与武,问"儿死未?手书对牍背。"武即书对:"儿见在,未死。"有顷,客出曰:"上与昭仪大怒,奈何不杀?"武叩头啼曰:"不杀儿,自知当死;杀之,亦死!"即因客奏封事,曰:"陛下未有继嗣,子无贵贱,唯留意!"奏入,客复持诏记予武曰:"今夜漏上五刻,持儿与舜,会东交掖门。"武因问客:"陛下得武书,意何如?"曰:"怛也。"武以儿付舜。舜受诏,内儿殿中,为择乳母,告"善养儿,且有赏。毋令漏泄!"舜择弃为乳母,时儿生八九日。后三日,客复持诏记,封如前予武,中有封小绿箧,记曰:"告武以箧中物书予狱中妇人,武自临饮之。"武发箧中有裹药二枚,赫蹄书,曰"告伟能:努力饮此药,不可复入。女自知之!"伟能即宫。宫读书已,曰:"果也,欲姊弟擅天下!我儿男也,额上有壮发,类孝元皇帝。今儿安在?危杀之矣!奈何令长信得闻之?"宫饮药死。后宫婢六人召入,出语武曰:"昭仪言'女无过。宁自杀邪,若外家也?'我曹言愿自杀。"即自缪死。武皆表奏状。弃所养儿十一日,宫长李南以诏书取儿去,不知所置。许美人前在上林涿沐馆,数召入饰室中若舍,一岁再三召,留数月或半岁御幸。元延二年褱子,其十一月乳。诏使严持乳医及五种和药丸三,送美人所。后客子、偏、兼闻昭仪谓成帝曰:"常绐我言从(宫中)〔中宫〕来,即从中宫来,许美人儿何从生中?许氏竟当复立邪!"怼,以手自捣,以头击壁户柱,从床上自投地,啼泣不肯食,曰:"今当安置我,欲归耳!"帝曰:"今故告之,反怒为!殊不可晓也。"帝亦不食。昭仪曰:"陛下自知是,不食为何?陛下常自言'约不负女',今美人有子,竟负约,谓何?"帝曰:"约以赵氏,故不立许氏。使天下无出赵氏上者,毋忧也!"后诏使严持绿囊书予许美人,告严曰:"美人当有以予女,受来,置饰室中帘南。"美人以苇箧一合盛所生儿,缄封,及绿囊报书予严。严持箧书,置饰室帘南去。帝与昭仪坐,使客子解箧缄。未已,帝使客子、偏、

兼皆出，自闭户，独与昭仪在。须史开户，呼客子、偏、兼，使缄封箧及绿绨方底，推置屏风东。恭受诏，持箧方底予武，皆封以御史中丞印，曰："告武：箧中有死儿，埋屏处，勿令人知。"武穿狱楼垣下为坎，埋其中。故长定许贵人及故成都、平阿侯家婢王业、任嬺、公孙习前免为庶人，诏召入，属昭仪为私婢。成帝崩，未幸梓宫，仓卒悲哀之时，昭仪自知罪恶大，知业等故许氏、王氏婢，恐事泄，而以大婢羊子等赐予业等各且十人，以慰其意，属无道我家过失。元延二年五月，故掖庭令吾丘遵谓武曰："掖庭丞吏以下皆与昭仪合通，无可与语者，独欲与武有所言。我无子，武有子，是家轻族人，得无不敢乎？掖庭中御幸生子者辄死，又饮药伤堕者无数，欲与武共言之大臣，票骑将军贪者钱，不足计事，奈何令长信得闻之？"遵后病困，谓武："今我已死，前所语事，武不能独为也，慎语！"皆在今年四月丙辰赦令前。臣谨案永光三年男子忠等发长陵傅夫人冢。事更大赦，孝元皇帝下诏曰："（比）〔此〕朕不当所得赦也。"穷治，尽伏辜，天下以为当。鲁严公夫人杀世子，齐桓召而诛焉，《春秋》予之。赵昭仪倾乱圣朝，亲灭继嗣，家属当伏天诛。前平安刚侯夫人谒坐大逆，同产当坐，以蒙赦令，归故郡。今昭仪所犯尤诗逆，罪重于谒，而同产亲属皆在尊贵之位，迫近怵惕，群下寒心，非所以惩恶崇谊示四方也。请事穷竟，丞相以下议正法。[①]

这封奏书有情节，有细节，有对话，有时间，俨然一篇生动曲折、惊心动魄的完整故事，甚至像是一篇小说。其开头就是一种倒叙手法。"臣闻许美人及故中宫史曹宫皆御幸孝成皇帝，产子，子隐不见。"一下子吊足了人的胃口，制造出一种引人入胜的阅读快感，吸引人们急于看下去，了解整个事件的来龙去脉和最终结局。奏书的整体风格也是有条不紊地娓娓道来。推动故事展开的其实就是奏书的信息来源。"臣遣从事掾业、史望验问知状者掖庭狱丞籍武，故中黄门王舜、吴恭、靳严，官婢曹晓、道房、张弃，故赵昭仪御者于客子、王偏、臧兼等"，这句话不光透露出奏书内容和司法调查之间的直接关系，也为奏书叙述的全部过程提供了一个可信的证据链。这就是贯穿奏书全文的奏诏模式。这使人们一窥皇权政治在皇帝后宫的神秘运作。我们看到，即便事涉宫闱，皇帝下诏亦非口耳相传的口谕，而是亲笔书写的手诏，这些手诏出现在每一个关键环节，决定着后宫人事的变动。皇帝手诏对后宫事态的方方面面有着广泛而深入的干预和规范。皇帝诏书不但支配着半公开的帝国政治走向，也掌控着完全封闭的后宫事态结局。这从客观上保证了皇权政治运作的可验证性和可核实性。否则，

---

① 《汉书·外戚传下》。

官员们不可能有机会获悉和掌握如此丰富的宫廷政治的信息和细节,从而将其写成一篇趣味盎然的宛如传奇的奏书。或许正因其传奇性和故事性,班固将其写入《汉书》。①

第三节 司法奏书是史书材料主要来源之一

史家编辑奏疏,必须有所选择。我们并不完全知道史家的选择标准。我们只知道史家选的那些,却不知道史家没选的那些。比如,梁统上疏,"丞相王嘉轻为穿凿,亏除先帝旧约成律,数年之间,百有余事,或不便于理,或不厌民心。"李贤云:"案《嘉传》及《刑法志》并无其事,统与嘉时代相接,所引故不妄矣,但班固略而不载也。"②

---

① 和班《书》中记载赵昭仪淫乱宫廷的故事相似,皇甫谧《列女传》中有一篇烈女庞娥亲为父报仇的故事。翔实生动,惊心动魄,一波三折。事情发生在东汉灵帝年间,"凉州刺史周洪、酒泉太守刘班等并共表上,称其烈义,刊石立碑,显其门闾。太常弘农张奂貌尚所履,以束帛二十端礼之。海内闻之者,莫不改容赞善,高大其义。故黄门侍郎安定梁宽追述娥亲,为其作传。"(《三国志·魏书·庞淯传》,裴注)据此,这件事先是由州郡牧守上报朝廷,请求旌表,继而朝廷官员为其作传,予以传播。最终,庞娥亲报杀父之仇的壮举被陈寿写入《三国志》,又被皇甫谧写进《列女传》。可见,一个西北边郡的民间复仇故事之所以进入史书,最初源头还是地方官的奏书。这显示出早期帝国信息流向的复杂的动态过程。这也是一个信息流动由下至上、由边陲至中央,再由中央广布天下的有趣事例。无独有偶,《列女传》还有一篇姜叙之母的故事。"马超攻冀,害凉州刺史韦康。"姜叙姑子杨阜"故为康从事",后见到姜叙之母,商量为韦康复仇。姜叙率先举兵,马超"执叙母,母怒骂超。超被骂大怒,即杀叙母及其子,烧城而去。阜等以状闻,太祖甚嘉之,手令褒扬,语如本传。"所谓本传即陈《志》"杨阜传"。"太祖报曰:'君与群贤共建大功,西土之人以为美谈。……君其剖心以顺国命。姜叙之母,劝叙早发,明智乃尔,虽杨敞之妻盖不过此。贤哉,贤哉!良史记录,必不坠於地矣。'"(《三国志·魏书·杨阜传》,裴注)此处关节点有二,先是杨阜奏表姜叙之母的事迹,继而曹操敕令史官记载此事。于是,姜母事迹正式进入史册。进一步分析,进入史册可能流传于世,却未必广为人知。范《书》《列女传》记载了两个事迹相同的女子。一是曹娥,其父溺死江中,曹娥在江边泣求无获,"遂投江死。"县令度尚使邯郸淳撰写碑文。一是叔先雄,其父溺死失尸。"雄寻至溺处,投水死。"后托梦其弟,"果二尸同浮于江。"赵翼认为,二女事同,叔先雄事迹"更为灵异",曹娥"至今脍炙人口,而叔先雄莫有知其名者,岂非一碑文之力耶,则传不传岂不有命耶。"(《廿二史札记》卷5,"曹娥叔先雄")可见历史流传取决多重因素,有些时候,甚至还有一些似乎说不清的神秘因素影响着后世对历史的接受、演绎和传播。

② 《后汉书·梁统列传》。王鸣盛是范晔之拥趸,力排"尊班抑范"的耳食之见,笃信范《书》所言不虚。(《十七史商榷》卷35,"王嘉数年改刑法百余事")果如此,王嘉于二三年间仅刑法奏疏就有数十上百之多。考虑到身为丞相,王嘉肯定还有不少其他内容的奏疏,其奏章数量恐亦有百余篇。可见王嘉上奏之频繁,三五天一奏当为常态。王嘉应该不算是上奏最多的人(比如皇甫嵩上表多达"五百余事"),但他草拟奏书的勤政效率已相当可观。据此推测,早期帝国官员的奏书工作量即以平均水准,便已颇为惊人。某种意义上,每个勤勉的官员,不是在上奏,就是准备上奏。他们正是通过直接呈给皇帝的奏疏有力保障了帝国机器的高效运转。

　　毫无疑问,班固"略而不载"的奏书肯定很多。比如,师丹"书数十上,多切直之言。"①但这些"切直之言",皆未被班固采用,成为《汉书》一部分。亦可引申绝大多数奏书没有进入史书。具体言之,虽说那些大量的审案卷宗和司法文书,早已湮没无闻,②但我们依然能够根据传世文献中的蛛丝马迹推断出那些载入史书的刑律奏疏。比如,"京房与汉元帝论幽、厉事,至于十问十答。西汉所载君臣之语,未有如是之详尽委曲者。……房初见帝时,出为御史大夫郑君言之,又为张博道其语,博密记之,后竟以此下狱弃市。今史所载,岂非狱辞乎?"③即便诬奏,也需要通过奏诏程序将罪状、供状以及刑讯记录呈奏皇帝。比如,"赵高使其客十馀辈诈为御史、谒者、侍中,更往覆讯(李)斯。斯更以其实对,辄使人复榜之。后二世使人验斯,斯以为如前,终不敢更言,辞服。奏当上,二世喜曰:'微赵君,几为丞相所卖。'"④又如,彭城王刘恭"以事怒子(刘)醋,醋自杀。国相赵牧以状上,因诬奏恭祠祀恶言,大逆不道。有司奏请诛之。恭上

---

① 《汉书·师丹传》。

② 司法卷宗大概是上奏最多的文书。据秦律可以推知。"谪治狱吏不直及覆狱故、失者,筑长城及处南越地。"胡注云:"覆狱者,奏当已成而覆按之也。"(《资治通鉴》卷 7)不仅秦律,汉律亦然。高帝诏曰:"自今以后,狱疑者各谳所属二千石官,二千石官以其罪名当报之。所不能决者,皆移廷尉。廷尉不能决,具为奏,附所当比律令以闻。"(《通典》卷 168)

③ 《容斋随笔》卷 2,"漏泄禁中语"。值得注意的是,张博"密记"京房和元帝之对话,正透显出君臣奏诏进入人们话语和记忆的一种并不意外的特殊渠道。张博"密记"只是因为官场内斗引发的宫廷泄密案而被披露,至于其他人有无类似奏对"密记",不能完全排除。我们有理由相信,类似的奏对"密记"在官员中肯定不在少数。只是在早期帝国,官员这些奏对"密记"无缘进入史书,或流传后世,而湮没无闻。伴随书写材料的革命和传播路径的扩散,官员"密记"的君臣奏诏亦不乏见。比如,康有为在自传中,详细记载了光绪 24 年 4 月 28 日进宫奏对变法事的具体过程。有趣的是,康有为还不乏对光绪神态的细节描述。"上以目睨帝外,""上一笑,""上目送之。"并强调"对逾十刻时矣,从来所少有"。(康有为《我史》第 39—41 页,江苏人民出版社,1999 年)一个更为典型的例子是,光绪 25 年 9 月 2 日,慈禧和光绪召见盛宣怀,"召问奏对的内容涉及卢汉铁路、时局、练兵、筹饷、学堂、矿务、教案等问题。"据整理者云,盛宣怀"回到寓所,马上将召对内容记录下来,"并特别注明,"此本无底稿,幸勿遗失。……勿示外人。"然后交予夫人保存。(高洪兴整理《光绪二十五年九月初二日盛宣怀奏对自记》,上海图书馆历史文献研究所《历史文献》第 7 辑)相对康有为笔下的"上曰"、"吾即言"、"吾即称"、"吾乃曰"的主观色彩,盛宣怀所记的"上问""奏对"呈现出一种旁观立场。观其奏对自记,一问一答,一板一眼,没有额外的文字渲染,没有多余的动作描写,仿佛审案。君臣双方的问答经过,非常类似正史所载的君臣奏对场面。盛宣怀这篇奏对自记,颇似一个称职史官的现场记录。逆向回溯,不禁使人联想,正史中所记那些身临其境的君臣问答过程,应该就是朝廷史官所记,要么现场记录,要么日后根据记忆马上写下来,并且按日归档,以便日后查找,或编写国史时,随时查阅和核对。还有一种可能,就像盛宣怀回家自记一样,应召奏对的官员回家之后,如同写日记,自记下来,或编入文集。这样,再通过某种不为人知的方式流传下来,或进入宫中,成为后人编写国史时的参考材料。据此,我们对"京房与汉元帝论幽、厉事,至于十问十答"和京房"又为张博道其语,博密记之"之关系当有一层更深刻之理解。因为张博"密记"和盛宣怀自记实在是一回事。

④ 《史记·李斯列传》。

书自讼。朝廷以其素著行义,令考实,无征,牧坐下狱,会赦免死。"①可见,诸侯、官员罪状客观上构成了有司上奏的主要内容之一。略举数例。

1. 李广利和刘屈氂的对话内容,显然是案发之后,有司审问的结果。

贰师将军李广利将兵出击匈奴,丞相(刘屈氂)为祖道,送至渭桥,与广利辞决。广利曰:"愿君侯早请昌邑王为太子。如立为帝,君侯长何忧乎?"屈氂许诺。昌邑王者,贰师将军女弟李夫人子也。贰师女为屈氂子妻,故共欲立焉。是时治巫蛊狱急,内者令郭穰告丞相夫人以丞相数有谴,使巫祠社,祝诅主上,有恶言,及与贰师共祷祠,欲令昌邑王为帝。有司奏请案验,罪至大逆不道。有诏载屈氂厨车以徇,要斩东市,妻子枭首华阳街。②

2. 陈汤在官场上的诸多不堪之事和非礼之言都是通过审讯陈汤,将其案件卷宗加以综合叙述,呈奏成帝,再由成帝裁决。可见官员的好事坏事只有进入奏诏模式,才能真正进入历史。

(王商)白汤惑众,下狱治,按验诸所犯。汤前为骑都尉王莽上书言:"父早死,(犯)〔独〕不封,母明君共养皇太后,尤劳苦,宜封竟为新都侯。"后皇太后同母弟苟参为水衡都尉,死,子伋为侍中,参妻欲为伋求封,汤受其金五十斤,许为求比上奏。弘农太守张匡坐臧百万以上,狡猾不道,有诏即讯,恐下狱,使人报汤。汤为讼罪,得踰冬月,许谢钱二百万,皆此类也。事在赦前。后东莱郡黑龙冬出,人以问汤,汤曰:"是所谓玄门开。微行数出,出入不时,故龙以非时出也。"又言当复发徙,传相语者十余人。丞相御史奏"汤惑众不道,妄称诈归异于上,非所宜言,大不敬。"廷尉增寿议,以为"不道无正法,以所犯剧易为罪,臣下(丞)〔承〕用失其中,故移狱廷尉,无比者先以闻,所以正刑罚,重人命也。明主哀悯百姓,下制书罢昌陵勿徙吏民,已申布。汤妄以意相谓且复发徙,虽颇惊动,所流行者少,百姓不为变,不可谓惑众。汤称诈,虚设不然之事,非所宜言,大不敬也。"制曰:"廷尉增寿当是。汤前有讨郅支单于功,其免汤为庶人,徙边。"③

3. 成帝的死亡过程和时间乃至死前的隐秘细节,都是后来从御史对赵合德的审讯中获悉的。皇帝暴死绝对是帝国的惊天大案。审讯的司法案卷必定确凿翔实,经过整理综述后再细细呈奏太后。"帝素强,无疾病。是时楚思王衍、梁王立来朝,明旦当辞去,上宿供张白虎殿。……昏夜平善,乡晨,傅绔袜欲

---

① 《后汉书·孝明八王列传》。
② 《汉书·刘屈氂传》。
③ 《汉书·陈汤传》。

起,因失衣,不能言,昼漏上十刻而崩。民间归罪赵昭仪,皇太后诏大司马莽、丞相大司空曰:'皇帝暴崩,群众谨哗怪之。掖庭令辅等在后庭左右,侍燕迫近,杂与御史、丞相、廷尉治问皇帝起居发病状。'"①

4. 丞相王嘉奏封事荐梁相等人"明习治狱",惹怒哀帝。"召丞相诣廷尉诏狱。"史称,

> 吏诘问嘉,嘉对曰:"案事者思得实。窃见相等前治东平王狱,不以(刘)云为不当死,欲关公卿示重慎;置驿马传囚,势不得踰冬月,诚不见其外内顾望阿附为云验。复幸得蒙大赦,相等皆良善吏,臣窃为国惜贤,不私此三人。"狱吏曰:"苟如此,则君何以为罪犹当?有以负国,不空入狱矣。"吏稍侵辱嘉,嘉喟然印天叹曰:"幸得充备宰相,不能进贤退不肖,以是负国,死有余责。"吏问贤不肖主名,嘉曰:"贤,故丞相孔光、故大司空何武,不能进;恶,高安侯董贤父子,佞邪乱朝,而不能退。罪当死,死无所恨。"嘉系狱二十余日,不食欧血而死。

王嘉死后哀帝才想起来要看他狱中的辩词。"上览其对而思嘉言,复以孔光代嘉为丞相,征用何武为御史大夫。"②可见狱吏审案皆有完整记录。这些记录不但要及时上报皇帝,皇帝也会随时调阅这些司法案卷。

5. 楚王刘英谋反,"阴疏天下善士,及楚事觉,显宗得其录,有尹兴名,乃征兴诣廷尉狱。"史称,

> (陵)续与主簿梁宏、功曹史驷勋及掾史五百余人诣洛阳诏狱就考,诸吏不堪痛楚,死者大半,唯续、宏、勋掠考五毒,肌肉消烂,终无异辞。续母远至京师,觇候消息,狱事特急,无缘与续相闻,母但作馈食,付门卒以进之。续虽见考苦毒,而辞色慷慨,未尝易容,唯对食悲泣,不能自胜。使者怪而问其故。续曰:"母来不得相见,故泣耳。"使者大怒,以为门卒通传意气,召将案之。续曰:"因食饷羹,识母所自调和,故知来耳,非人告也。"使者问:"何以知母所作乎?"续曰:"母尝截肉未尝不方,断葱以寸为度,是以知之。"使者问诸谒舍,续母果来,于是阴嘉之,上书说续行状。帝即赦兴等事,还乡里,禁锢终身。③

6. 党人和狱吏的对话记载的很详细,应该是来自狱吏给朝廷的报告材料。这就是司法部门呈送皇帝的奏疏。

---

① 《汉书·外戚传下》。
② 《汉书·王嘉传》。
③ 《后汉书·独行列传》。

李膺等下狱,狱吏曰:"诸入狱,当祭皋繇以祈福。"范滂曰:"皋繇古之贤君,知滂无罪,将理之于天。如其有罪,祭之何益?"及讯狱,王甫以次诘之。滂年少在后,越次而前。甫曰:"夫合党连群,必有盟誓,其所谋图,皆何等耶?"滂曰:"窃闻仲尼之言,见善如不及,见恶如探汤。欲使善善齐其情,恶恶同其行,谓王政之所思,不悟反以为党。"乃仰天叹曰:"古之修善,自求多福。今之修善,乃陷大戮。死之日,愿赐一幡,埋于首阳山侧,上不负皇天,下不愧夷齐。"尚书霍谞以党事无验,表陈救之。①

第四节　史家编辑奏书的技术考量

史家选录文章除了一般的原则性标准,还有一些技术性考虑。比如"文多不载"。盖勋"著《琴诗》十二章奏之"。② "肃宗始修古礼,巡狩方岳。(崔)骃上《四巡颂》以称汉德,辞甚典美,文多故不载。"③

至于史书存录奏章文赋,是原文照抄,还是概括删改,倒是一个相对简单的技术活。比如,"至成帝时,康居遣子侍汉,贡献,然自以绝远,独骄嫚,不肯与诸国相望。都护郭舜数上言……"④所谓"数上言",显然不是一次上书。所以接下来的上奏内容实际上是对数次上书的提炼和概括,而非某次奏章的原文。

虽说抄录和删节二者皆有,但一般说来,这要取决于文章性质和篇幅长短。"天下初定,制度疏阔。诸侯王僭儗,地过古制,淮南、济北王皆为逆诛。谊数上疏陈政事,多所欲匡建,其大略曰……"⑤似乎表明,有关贾谊的奏章是概略大意。

> 臣窃惟事势,可为痛哭者一,可为流涕者二,可为长太息者六,若其它背理而伤道者,难遍以疏举。进言者皆曰天下已安已治矣,臣独以为未也。曰安且治者,非愚则谀,皆非事实知治乱之体者也。夫抱火厝之积薪之下而寝其上,火未及燃,因谓之安,方今之势,何以异此!本末舛逆,首尾衡决,国制抢攘,非甚有纪,胡可谓治!陛下何不壹令臣得孰数之于前,因陈

---

① 袁山松《后汉书》卷4,《八家后汉书》。
②《后汉纪》卷25。
③《后汉书·崔骃列传》。
④《汉书·西域传上》。
⑤《汉书·贾谊传》。

治安之策,试详择焉!①

史家编辑奏疏时,有意保留了上书者的一些习惯性的格式和体例。常见的有所谓"封奏如左"或"傅奏于左"或"连置章左"。意思是,在正式奏章后面,附上所列材料。这里的关键是"左"。左即文末或章后。这是因为从右至左的简牍书写习惯使然。尽管东汉已有了纸张,已经有了越来越多的人使用纸张书写奏疏,但由右及左的书写和阅读习惯依然如故。所以,人们仍然延续一些简牍的书写语汇和概念。

略举几例。杜笃上奏《论都赋》,"窃见司马相如、杨子云作辞赋以讽主上,臣诚慕之,伏作书一篇,名曰《论都》,谨并封奏如左。"②梁统上疏,"谨表其尤害于体者傅奏于左。"③郎颙上书,"谨复条便宜四事,附奏于左。"④张纲上书,"谨条其(梁冀)无君之心一十五事于左,皆忠臣之所切齿也。"⑤蔡邕上书,"臣不胜愤满,谨条宜所施行七事表左。"蔡邕在东观,"与卢植、韩说等撰补《后汉记》,会遭事流离,不及得成,因上书自陈,奏其所著'十意',分别首目,连置章左。"⑥

"章左"即章后,亦即奏章之后。也就是在奏疏之后,附上篇幅更大的文章诗赋。史书也借鉴了这种写法。显然,这和奏书的写法完全一致。一般说,这种写法适用于篇幅较大或内容庞杂的奏书。⑦ 此类例子颇多。一是,刘向见《尚书·洪范》,"乃集合上古以来历春秋六国至秦汉符瑞灾异之记,推迹行事,连传祸福,著其占验,比类相从,各有条目,凡十一篇,号曰《洪范五行传论》,奏之。"⑧二是,"诏光禄大夫刘向校经传诸子诗赋,步兵校尉任宏校兵书,太史令尹咸校数术,侍医李柱国校方技。每一书已,向辄条其篇目,撮其指意,录而奏之。"刘向卒,其子刘歆"总群书而奏其《七略》"。⑨ 三是,窦武上疏批评宦官乱政,"谨冒死陈得失之要,凡七十余条。"⑩四是,贾逵"尤明《左氏传》、《国语》,为之《解诂》五十一篇,永平中,上疏献之。"⑪五是,杨终"赞颂嘉瑞,上述祖宗鸿

① 《汉书·贾谊传》。

② 《后汉书·文苑列传上》。

③ 《后汉书·梁统列传》。

④ 《后汉书·郎颙列传》。

⑤ 《后汉纪》卷19。

⑥ 《后汉书·蔡邕列传》。《律历志下》写作"分别首目,并书章左"。

⑦ 虽不能一概而论,但这类字数较多的著述或有抄本奏上。比如,虞翻"初立《易》注,奏上曰:'……谨正草副上,惟不罪戾。'"(《三国志·吴书·虞翻传》,裴注)

⑧ 《汉书·楚元王传》。

⑨ 《汉书·艺文志》。

⑩ 《后汉纪》卷22。

⑪ 《后汉书·贾逵列传》。

业,凡十五章,奏上。"①六是,张衡"条上司马迁、班固所叙与典籍不合者十余事。"②

第五节　奏书和诏书的相互援引

奏诏之间存在着多重转引。奏书引用诏书,奏书引用奏书,诏书引用奏书,诏书引用诏书。③

举六例。一是,贾捐之上书援引文帝诏书。"至孝文皇帝,……时有献千里马者,诏曰:'鸾旗在前,属车在后,吉行日五十里,师行(二)〔三〕十里,朕乘千里之马,独先安之?'于是还马,与道里费,而下诏曰:'朕不受献也,其令四方毋求来献。'"④二是,丞相孔光、大司空何武奏言,"(元帝)永光五年制书,高皇帝为汉太祖,孝文皇帝为太宗。(元帝)建昭五年制书,孝武皇帝为世宗。损益之礼,不敢有与。臣愚以为迭毁之次,当以时定,非令所为擅议宗庙之意也。"⑤官员奏疏引用皇帝诏书,表明官员们必须熟悉和牢记以前的皇帝诏书,以便随时查找和征引,作为自己讨论问题的重要依据。三是,张敞在给宣帝的奏书中引用自己以前的上书。"臣敞前书言:'昌邑哀王歌舞者张修等十人,无子,又非姬,但良人,无官名,王薨当罢归。太傅豹等擅留,以为哀王园中人,所不当得为,请罢归。'"⑥引用从前奏书,意味着张敞手里还保存有以前的奏书底稿。四是,不仅先帝的诏书,以前官员的奏书,都是官员们奏事的历史根据和思想资源。所谓"既观国家故事,又观前人所奏便宜之章也。"魏相"好观汉故事及便宜章奏,以为古今异制,方今务在奉行故事而已。数条汉兴已来国家便宜行事,及贤臣贾谊、晁错、董仲舒等所言,奏请施行之。"但在实际的奏疏中,魏相却说"不能悉陈,昧死奏故事诏书凡二十三事",并没有提及贾谊、晁错、董仲舒等人的奏疏,反而只说"故事诏书凡二十三事"。所谓"故事诏书"一个意思。因为故事即是皇帝下诏要求做的事。所以,"故事诏书凡二十三事"实际上就是二十三道诏

---

① 《后汉书·杨终列传》。

② 《后汉书·张衡列传》。

③ 章帝诏曰:"比年阴阳不调,肌馑屡臻。深惟先帝忧人之本,诏书曰'不伤财,不害人',诚欲元元去末归本。"(《后汉书·孝章帝纪》)诏中有诏虽不乏见,诏中有奏却颇为罕见。但罕见并非绝无仅有。比如,成帝非常欣赏谷永对策,"上尝赐许皇后书,采永言以责之。"(《汉书·谷永传》)

④ 《汉书·贾捐之传》。

⑤ 《汉书·韦贤传》。

⑥ 《汉书·武五子传》。

书。不过,从魏相这道奏疏看,二十三事却仅有一事。"(武帝)元鼎二年,平原、勃海、太山、东郡溥被灾害,民饿死于道路。二千石不豫虑其难,使至于此,赖明诏振捄,乃得蒙更生。"这表明,《汉书》记载的这道诏书并不完整,残缺很多。显然被班固有意删掉。值得注意的是,魏相这封奏疏集中罗列了二十三道诏书,目的不外乎为了凸显其重要性。魏相"又数表采《易阴阳》及《明堂月令》奏之。"在这封奏疏中,魏相引用了刘邦和文帝时的各一道奏诏。尤其刘邦时的奏诏过程,出自刘邦之手,为刘邦本人所写,所谓"高皇帝所述书《天子所服第八》。"如淳认为,第八就是"于施行诏书第八"①,意即刘邦拟制并颁布的第八道诏书。这道诏书由奏书进入史书。

> 高皇帝所述书《天子所服第八》曰:"大谒者臣章受诏长乐宫,曰:'令群臣议天子所服,以安治天下。'相国臣何、御史大夫臣昌谨与将军臣陵、太子太傅臣通等议:'春夏秋冬天子所服,当法天地之数,中得人和。……臣请法之。中谒者赵尧举春,李舜举夏,儿汤举秋,贡禹举冬,四人各职一时。'大谒者襄章奏,制曰:'可。'"②

至于文帝的诏书,魏相提出了异议。"孝文皇帝时,以二月施恩惠于天下,赐孝弟力田及罢军卒,祠死事者,颇非时节。御史大夫朝错时为太子家令,奏言其状。臣相伏念陛下恩泽甚厚,然而灾气未息,窃恐诏令有未合当时者也。"③五是,班彪奏书引用宣帝诏敕。"臣闻孝宣皇帝勅边守尉曰:'匈奴大国,多变诈。交接得其情,则㳫敌折冲;应对入其数,则反为轻欺。'"④六是,蔡邕上书引用西汉皇帝的诏书,并提及东汉皇帝的诏书,最后还引用前汉官员奏书,一并用来说明自己的观点。可见奏诏之间的互文性特点。

> 窃见南郊斋戒,未尝有废,至于它祀,辄兴异议。岂南郊卑而它祀尊哉?孝元皇帝策书曰:"礼之至敬,莫重于祭,所以竭心亲奉,以致肃祗者也。"又元和故事,复申先典。前后制书,推心恳恻。……五年制书,议遣八使,又令三公谣言奏事。是时奉公者欣然得志,邪枉者忧悸失色。未详斯议,所因寝息。昔刘向奏曰:"夫执狐疑之计者,开群枉之门;养不断之虑者,来谗邪之口。"今始闻善政,旋复变易,足令海内

---

① 《汉书·魏相传》,颜注。

② 《汉书·魏相传》。此处文字标点有误。应将"相国臣何、御史大夫臣昌谨与将军臣陵、太子太傅臣通等议"后之引号,置于"相国臣何"之前,即改为"'相国臣何、御史大夫臣昌谨与将军臣陵、太子太傅臣通等议"。

③ 《汉书·魏相传》。

④ 《后汉书·南匈奴列传》。

测度朝政。①

东汉官员上书称前汉皇帝诏书为"旧令",但这不意味着它不具有权威性或法律效力。"元初三年有诏,大臣得行三年丧,服阕还职。"陈忠上言,"孝宣皇帝旧令,人从军屯及给事县官者,大父母死未满三月,皆勿徭,令得葬送。请依此制。"②对后汉来说,前汉就是前世。我们虽不知道"前世诏令"以何种方式结集和流传,以及流传范围,③但无论如何,西汉皇帝诏书对东汉官员是一笔重要的政治思想资源。所以,东汉官员奏书中有时就会引用西汉皇帝的诏书,劝谏东汉皇帝。这似乎表明,一是西汉皇帝诏书被保存的很完整,还可能编辑成册,流传甚广;二是官员对西汉皇帝诏书都很熟悉。举一例。马廖上疏长乐宫,"臣案前世诏令,以百姓不足,起于世尚奢靡,故元帝罢服官,成帝御浣衣,哀帝去乐府。"西汉的这两道诏书内容分别是,"齐国旧有三服之官,春献冠帻縰为首服,纨素为冬服,轻绡为夏服。元帝约省,故罢之。"哀帝即位,"诏罢郑卫之音,减郊祭及武乐等人数也。"马廖建议马太后,"愿置章坐侧,以当瞽人夜诵之音。"④即将相关的"前世诏令"置于太后座位旁边,让宫中官员诵读其中的文辞。这似乎是一种朗读皇帝诏书的新做法。所谓"太后深纳之",可以理解为,太后身边经常放置以前的皇帝诏书,并让官员不断朗诵。

东汉著作引用西汉皇帝诏书。这或许因为西汉已经开始编辑皇帝的诏书,即有了皇帝诏书的汇编。比如,记载刘邦言语和诏策的《高祖传》十三篇,记载文帝言论和诏策的《孝文传》十一篇。⑤这些书皆不知其作者或编者,估计应该是史官所为,或御史或尚书所为。其性质属于皇帝之言。令人不解的是,为何只有太祖太宗的诏书汇编?要说因为二帝的昭穆地位,太多勉强。因为武帝世宗、宣帝中宗之功德同样不容抹杀。何况,照常理,西汉中后期,记录和保存皇帝诏书的文书制度理应更完善,⑥保存皇帝诏书数量也会更多,自然也能编辑更多的皇帝诏书。至少像武帝、宣帝对汉帝国的巨大影响,无论如何也应该留下各自的诏书汇编。

---

① 《后汉书·蔡邕列传》。

② 《后汉书·陈宠列传》。

③ 其实,就连东汉诏书的保管和使用,后人也所知无几。唯有应劭对保存尚书文献,贡献良多。辑有《尚书旧事》和《五曹诏书》。这其中自然有不少诏书。(《通典》卷 163)

④ 《后汉书·马援列传》。

⑤ 《汉书·艺文志》。

⑥ 王莽奏书中提及一件事,"前孝哀皇帝建平二年六月甲子下诏书,更为太初元将元年,案其本事,甘忠可、夏贺良谶书藏兰台。"(《汉书·王莽传上》)既然谶书藏于兰台,为此改元的诏书自然也藏兰台。如无意外,诏书原件或原始诏书理应都保存在宫中。

其实，随着《汉书》的成书和流传，西汉皇帝诏书也逐渐广为人知，东汉皇帝自然比一般人知道得更多。所以，东汉皇帝也开始在诏书中援引西汉皇帝诏书。比如，桓帝诏书中这句话，"盖闻天生蒸民，不能相理，为之立君，使司牧之。君道得于下，则休祥著乎上；庶事失其序，则咎征见乎象"，就是对成帝诏书的略写。[1] 当然，成帝诏书未必来自《汉书》，也可能是藏于宫中的诏书原件。

_____

[1]《后汉书·孝桓帝纪》，李贤注。

第十章

奏诏叙事与书写错误

1."丞相绾、御史大夫劫、廷尉斯等皆曰:'昔者五帝地方千里,其外侯服夷服诸侯或朝或否,天子不能制。今陛下兴义兵,诛残贼,平定天下,海内为郡县,法令由一统,自上古以来未尝有,五帝所不及。臣等谨与博士议曰:"古有天皇,有地皇,有泰皇,泰皇最贵。"臣等昧死上尊号,王为"泰皇"。命为"制",令为"诏",天子自称曰"朕"。'王曰:'去"泰",著"皇",采上古"帝"位号,号曰"皇帝"。他如议。'制曰:'可。'追尊庄襄王为太上皇。制曰:'朕闻太古有号毋谥,中古有号,死而以行为谥。如此,则子议父,臣议君也,甚无谓,朕弗取焉。自今已来,除谥法。朕为始皇帝。后世以计数,二世三世至于万世,传之无穷。'"①

按:李斯们的上书包含两层内容。一层是对始皇功德的称颂,可以理解为上书之目的;一层是对始皇名号的具体建议,包括始皇自称和始皇行使权力的方式,即诏书制度。始皇的回答是,除了"皇帝"名号,其他均采用李斯们的建议。所谓"他如议",即表示始皇对李斯奏书的选择性认可。既如此,"他如议"之后又有一个"制曰可",不仅多余,而且古怪,更有甚者,徒增歧义,不知所云。因为"制曰可"意味着始皇对李斯们的建议全盘采用和全面认可。但这与"他如议"显然矛盾。"制曰可"是完全同意,"他如议"是有限同意。简言之,"制曰可"和"他如议"不能同时使用。即便从单纯叙事角度看,"制曰可"的插入也造成整个叙述脉络疙疙瘩瘩别别扭扭。如果删去"制曰可",叙事就会变得通顺流畅。

2."三十五年,除道,道九原抵云阳,堑山堙谷,直通之。於是始皇以为咸阳人多,先王之宫廷小,吾闻周文王都丰,武王都镐,丰镐之间,帝王之都也。乃

---

① 《史记·秦始皇本纪》。

营作朝宫渭南上林苑中。"①

按：这段话颇为混乱。"於是始皇以为咸阳人多,先王之宫廷小"这句是叙事,"吾闻周文王都丰,武王都镐,丰镐之间,帝王之都也"这句是言语。叙事和言语之间一般应该自然衔接。这里却将两句话直接拼接在一起,顿显生硬。关键是,这句言语显然属于独断诏书,所以才会有紧接而来的"乃营作朝宫渭南上林苑中"。整个脉络语气应该是太史公不经意的败笔之一。

3．"丞相臣斯、臣去疾、御史大夫臣德昧死言:'臣请具刻诏书刻石,因明白矣。臣昧死请。'制曰:'可。'"②

按:"丞相臣斯、臣去疾、御史大夫臣德昧死言"属于典型的奏疏文字。太史公本意想改为叙事,但删削不净,"臣"和"昧死"应删而未删,故显得不伦。

4．"(二世)令群臣议尊始皇庙。群臣皆顿首言曰:'古者天子七庙,诸侯五,大夫三,虽万世世不轶毁。今始皇为极庙,四海之内皆献贡职,增牺牲,礼咸备,毋以加。先王庙或在西雍,或在咸阳。天子仪当独奉酌祠始皇庙。自襄公已下轶毁。所置凡七庙。群臣以礼进祠,以尊始皇庙为帝者祖庙。'"③

按:"顿首言曰"不妥,"言曰"可去一字。太史公文字推敲功夫似有不足。比如,"太后曰:'……今皇帝病久不已,乃失惑惛乱,不能继嗣奉宗庙祭祀,不可属天下,其代之。'群臣皆顿首言:'皇太后为天下齐民计所以安宗庙社稷甚深,群臣顿首奉诏。'"④接连两处"群臣顿首",频率过高,颇有重复之嫌。相较而言,班《书》删去一处"顿首",⑤较为合理。

5．"己巳,立太子,至太上皇庙。群臣皆曰:'高祖起微细,拨乱世反之正,平定天下,为汉太祖,功最高。'上尊号为高皇帝。"⑥

按:"高祖起微细"之"高祖"作太史公叙事语可以,作群臣口述语亦可,但此处作群臣口述语则不可。因为这是群臣上奏拟定刘邦庙号之引语。庙号尚未拟定,怎能口称"高祖"？更何况,对照后文正式拟定庙号,已成矛

---

① 《史记·秦始皇本纪》。

② 《史记·秦始皇本纪》。

③ 《史记·秦始皇本纪》。

④ 《史记·吕太后本纪》。

⑤ "诏曰:'……今皇帝疾久不已,乃失惑昏乱,不能继嗣奉宗庙,守祭祀,不可属天下。其议代之。'群臣皆曰:'皇太后为天下计,所以安宗庙社稷甚深。顿首奉诏。'"(《汉书·高后纪》)另外,"其议代之"较之太史公"其代之"不仅有一字之妙,而且意思显豁,衔接更顺。

⑥ 《史记·高祖本纪》。

盾之势。"高祖起微细,拨乱世反之正,平定天下,为汉太祖,功最高。"一句话中竟有前后两个相互矛盾之庙号,岂非怪事! 班《书》易"高祖"为"帝",合理。所谓"帝起细微,拨乱世反之正,平定天下,为汉太祖,功最高。"①

6. "太后称制,议欲立诸吕为王,问右丞相王陵。王陵曰:'高帝刑白马盟曰"非刘氏而王,天下共击之"。今王吕氏,非约也。'太后不说。问左丞相陈平、绛侯周勃。勃等对曰:'高帝定天下,王子弟,今太后称制,王昆弟诸吕,无所不可。'太后喜,罢朝。王陵让陈平、绛侯曰:'始与高帝喋血盟,诸君不在邪? 今高帝崩,太后女主,欲王吕氏,诸君从欲阿意背约,何面目见高帝地下?'陈平、绛侯曰:'於今面折廷争,臣不如君;夫全社稷,定刘氏之后,君亦不如臣。'王陵无以应之。"②

> 按:此处"勃等对曰"不妥。陈平位在周勃之前,何况此段文字,始终都是先平后勃。所以,"勃等对曰"当为"平等对曰"。班《书》改为"皆曰",③显得顺当一些。

7. "孝景皇帝元年十月,制诏御史:'……其与丞相、列侯、中二千石、礼官具为礼仪奏。'丞相臣嘉等言:'陛下永思孝道,立昭德之舞以明孝文皇帝之盛德。皆臣嘉等愚所不及。臣谨议:世功莫大於高皇帝,德莫盛於孝文皇帝,高皇庙宜为帝者太祖之庙,孝文皇帝庙宜为帝者太宗之庙。天子宜世世献祖宗之庙。郡国诸侯宜各为孝文皇帝立太宗之庙。诸侯王列侯使者侍祠天子,岁献祖宗之庙。请著之竹帛,宣布天下。'制曰:'可。'"④

> 按:"丞相臣嘉等言"之"臣"字多余,应删。班《书》不审,沿袭其误。

8. "天子曰:'诸侯各以其国为本,不当相坐。与诸侯王列侯会肄丞相诸侯议。'赵王彭祖、列侯臣让等四十三人议,皆曰:'淮南王安甚大逆无道,谋反明白,当伏诛。'胶西王臣端议曰:'淮南王安废法行邪,怀诈伪心,以乱天下,荧惑百姓,倍畔宗庙,妄作妖言。《春秋》曰"臣无将,将而诛"。安罪重於将,谋反形已定。臣端所见其书节印图及他逆无道事验明白,甚大逆无道,当伏其法。而论国吏二百石以上及比者,宗室近幸臣不在法中者,不能相教,当皆免官削爵为士伍,毋得宦为吏。其非吏,他赎死金二斤八两。以章臣安之罪,使天下明知臣

---

① 《汉书·高帝纪下》。
② 《史记·吕太后本纪》。
③ "高后欲立诸吕为王,……问〔左〕丞相平及绛侯周勃等,皆曰:'高帝定天下,王子弟;今太后称制,欲王昆弟诸吕,无所不可。'"(《汉书·王陵传》)
④ 《史记·孝文本纪》。

子之道，毋敢复有邪僻倍畔之意。'"①

按："列侯臣让等四十三人议"和"胶西王臣端议曰"衍"臣"字，不当。应为奏议中文字。太史公抄录奏议时，漏删"臣"字。班《书》已删"臣"字。"赵王彭祖、列侯让等四十三人皆曰"，"胶西王端议曰"。②

9. "汉王曰：'诸侯王幸以为便于天下之民，则可矣。'于是诸侯王及太尉长安侯臣绾等三百人，与博士稷嗣君叔孙通谨择良日二月甲午，上尊号。"③

按："于是诸侯王及太尉长安侯臣绾等三百人"中"臣绾"之"臣"应为奏疏语，班氏漏删。

10. "五月丙寅，太子即皇帝位，尊皇后曰皇太后。赐民爵一级。中郎、郎中满六岁爵三级，四岁二级。外郎满六岁二级。中郎不满一岁一级。外郎不满二岁赐钱万。宦官尚食比郎中。谒者、执楯、执戟、武士、驺比外郎。太子御骖乘赐爵五大夫，舍人满五岁二级。赐给丧事者，二千石钱二万，六百石以上万，五百石、二百石以下至佐史五千。视作斥上者，将军四十金，二千石二十金，六百石以上六金，五百石以下至佐史二金。减田租，复十五税一。爵五大夫、吏六百石以上及宦皇帝而知名者有罪当盗械者，皆颂系。不入（陛）〔狴〕牢也。上造以上及内外公孙耳孙有罪当刑及当为城旦舂者，皆耐为鬼薪白粲。民年七十以上若不满十岁有罪当刑者，皆完之。又曰：'吏所以治民也，能尽其治则民赖之，故重其禄，所以为民也。今吏六百石以上父母妻子与同居，及故吏尝佩将军都尉印将兵及佩二千石官印者，家唯给军赋，他无有所与。'"④

按：上文无"诏曰"，下文直接说"又曰"，很突兀。要么上文漏掉"诏曰"，要么下文"又曰"应为"诏曰"。最大可能是，"尊皇后曰皇太后"后应增补"诏曰"两字。上文"诏曰"下文"又曰"之例甚多。比如，"诏曰：'故衡山王吴芮与子二人、兄子一人，从百粤之兵，以佐诸侯，诛暴秦，有大功，诸侯立以为王。项羽侵夺之地，谓之番君。其以长沙、豫章、象郡、桂林、南海立番君芮为长沙王。'又曰：'故粤王亡诸世奉粤祀，秦侵夺其地，使其社稷不得血食。诸侯伐秦，亡诸身帅闽中兵以佐灭秦，项羽废而弗立。今以为闽粤王，王闽中地，勿使失职。'"⑤

11. "元年冬十月，诏曰：'盖闻古者祖有功而宗有德，制礼乐各有由。歌

---

① 《史记·淮南王列传》。
② 《汉书·淮南王传》。
③ 《汉书·高帝纪下》。
④ 《汉书·惠帝纪》。
⑤ 《汉书·高帝纪下》。

者,所以发德也;舞者,所以明功也。高庙酎,奏武德、文始、五行之舞。孝惠庙酎,奏文始、五行之舞。孝文皇帝临天下,通关梁,不异远方;除诽谤,去肉刑,赏赐长老,收恤孤独,以遂群生;减耆欲,不受献,罪人不帑,不诛亡罪,不私其利也;除宫刑,出美人,重绝人之世也。朕既不敏,弗能胜识。此皆上世之所不及,而孝文皇帝亲行之。德厚侔天地,利泽施四海,靡不获福。明象乎日月,而庙乐不称,朕甚惧焉。其为孝文皇帝庙为昭德之舞,以明休德。然后祖宗之功德,施于万世,永永无穷,朕甚嘉之。其与丞相、列侯、中二千石、礼官具礼仪奏。'"①

　　按:班《书》将《史记》"制诏御史"改为"诏曰","孝文皇帝临天下"以下抄录《史记》,不料诏书最后一句却出了问题。"其与丞相、列侯、中二千石、礼官具礼仪奏。"所谓"其与丞相"云云,究竟是谁与丞相?这无疑是一个没有制诏主体的怪异说法。它因失去下诏对象,而显得语义不明,不知所云。而《史记》的"制诏御史……其与丞相、列侯、中二千石、礼官具为礼仪奏"之间就意思完整,没有歧义。可见太史公更为严谨。想必班固也没意识到这个丢失诏书主语的关键细节。这也表明,"制诏御史"确有深意,不能随便删改。

12."诏曰:'昭灵夫人,太上皇妃也;武哀侯、宣夫人,高皇帝兄姊也。号谥不称,其议尊号。'丞相臣平等请尊昭灵夫人曰昭灵后,武哀侯曰武哀王,宣夫人曰昭哀后。"②

　　按:所谓"丞相臣平"衍"臣"字,应为"丞相平"。因为"丞相臣平等请尊昭灵夫人曰昭灵后"明显为叙事语。如果将其视为奏书语,则前后不照,语气不通,不合奏诏叙事模式之通例。因为,班《书》从无此种笔法,直接诏书之后紧接着奏书原文。

13."诏曰:'高皇帝匡饬天下,诸有功者皆受分地为列侯,万民大安,莫不受休德。朕思念至于久远而功名不著,亡以尊大谊,施后世。今欲差次列侯功以定朝位,臧于高庙,世世勿绝,嗣子各袭其功位。其与列侯议定奏之。'丞相臣平言:'谨与绛侯臣勃、曲周侯臣商、颍阴侯臣婴、安国侯臣陵等议,列侯幸得赐餐钱奉邑,陛下加惠,以功次定朝位,臣请臧高庙。'奏可。"③

　　按:这段文字和《汉书·武帝纪》中的"诏丞相、御史、列侯、中二千石、二千石、诸侯相举贤良方正直言极谏之士。丞相绾奏:'所举贤良,或治申、

① 《汉书·景帝纪》。
② 《汉书·高后纪》。
③ 《汉书·高后纪》。

商、韩非、苏秦、张仪之言,乱国政,请皆罢。'奏可",格式完全一样。两相对照,就会发现"丞相臣平言"不妥。这句话显然是奏书之语。班《书》应该是把奏书原话直接抄入史书。据上下文,班《书》本来是想将这句话改写为叙事,即"丞相平言",却粗心将奏书原文直接抄录下来,造成无心之失。观其所奏,"臣勃"、"臣商"、"臣婴"、"臣陵",可见"臣平"绝不应是史书叙事语,而是臣子上奏语。再观其下文,"丞相绾奏"则是一句标准的叙事。上下比对,更可见"丞相臣平言"之"臣"实属多余。此衍字,恰可表明"丞相臣平言"并非叙事,实乃奏文。

14."移中监苏武前使匈奴,留单于庭十九岁乃还,奉使全节,以武为典属国,赐钱百万。"①

按:此处似漏掉"诏曰"。据文义,似是直接诏书。

15."(谷)永既阴为大将军(王)凤说矣,能实最高,由是擢为光禄大夫。永奏书谢凤曰:'永斗筲之材,质薄学朽,无一日之雅,左右之介,将军说其狂言,擢之皂衣之吏,厕之争臣之末,不听浸润之谮,不食肤受之愬,虽齐桓晋文用士笃密,察父恧覆育子弟,诚无以加!昔豫子吞炭坏形以奉见异,齐客陨首公门以报恩施,知氏、孟尝犹有死士,何况将军之门!'凤遂厚之。"②

按:"永奏书谢凤曰"之"奏书"不当,恐班氏不慎或笔误。奏书专用于君臣间,是臣子给皇帝上书的专用语。遍检两汉《书》,不见官员之间有"奏书"之二例。诚然,邹阳劝谏吴王刘濞时,史称"奏书"。这是因为,"汉兴,诸侯王皆自治民聘贤。吴王濞招致四方游士,阳与吴严忌、枚乘等俱仕吴,皆以文辩著名。"可见,汉初诸侯王和士人之关系类似战国游说之士和列国君主之关系,属于一种选择性的君臣关系。合则留,不合则去。这种君臣关系具有松散的非强制特征,随时可以解除。尤其是,它以士人的自愿性为基础。据此,邹阳和吴王之间确实缔结了某种君臣关系。这使邹阳给吴王的谏书客观上具有奏书性质。"吴王以太子事怨望,称疾不朝,阴有邪谋,阳奏书谏。"③

16."上所自造赋二篇。"④

按:所谓"上所自造",师古曰:"武帝也。"意即"今上所造"。可见"上所自造"恐非《七略》之文,而是《史记》中遗失的文字片段。很有可能出自

---

① 《汉书·昭帝纪》。
② 《汉书·谷永传》。
③ 《汉书·邹阳传》。
④ 《汉书·艺文志》。

亡佚的《今上本纪》。非如此,断然不会将死去上百年之久的武帝称作"今上"。况且单言"上"而不加注,无人知是何"上"。所以,"上所自造"云云,要么缺字,要么漏抄。可见,这应是刘歆《七略》径直抄入、疏忽漏改所致。班固作《艺文志》,不加辨析,延续疏漏。

17. "哀帝即位,封外属丁氏、傅氏、周氏、郑氏凡六人为列侯。杨宣对曰:'五侯封日,天气赤黄,丁、傅复然。此殆爵土过制,伤乱土气之祥也。'"①

　　按:省去灾异记载,也省略皇帝下诏策问,直接写出官员对策。据文义,"杨宣对曰"应为"杨宣上曰"或"杨宣上言"。

18. "武帝病,封玺书曰:'帝崩发书以从事。'遗诏封金日磾为秺侯,上官桀为安阳侯,光为博陆侯,皆以前捕反者功封。"②

　　按:"帝崩发书以从事"之"帝",不类皇帝自称。两汉《书》从无一例皇帝自称"帝"。所谓"帝崩"像是他人语或叙事语。如果是他人语,则显突兀而与语境不合。何况下文又有"时卫尉王莽子男忽侍中,扬语曰:'帝(病)〔崩〕,忽常在左右,安得遗诏封三子事'"可证。据文义,应为"朕"。

19. "宣帝制诏:'御史右扶风翁归,廉平向正,早夭不遂,朕甚怜之。其赐翁归子黄金百斤,以奉其祭祀。'"③

　　按:此处引文随意,且今本标点有误,应为"宣帝制诏御史"。所谓"御史右扶风翁归"实在不通。因为尹翁归从未任职御史。

---

① 《汉书·五行志下之上》。
② 《汉书·霍光传》。
③ 《后汉书·循吏列传》,李贤注。

中编

奏诏模式（上）

第一章

制诏权与诏书权威

第一节 奏诏模式与制诏权

一、奏诏模式

　　"制诏权"概念建立在奏诏模式的基础上。为此,首先需阐明奏诏模式。如何评估先秦的奏诏水平是一个棘手问题。[①]"战国以前,君臣同书。"[②]这并非君臣不分,或君臣分际不明,只是说,先秦的君臣关系未能体现为奏诏模式。所谓"《尚书》记言",多为王言。[③]"《书》者,古之号令,号令于众,其言不立具,则听受施行者弗晓。"[④]无论如何,三代无制诏,"秦始有之。"所谓"命为'制',令为'诏'"。制书即"制度之命",诏书即诏令天下。[⑤] 简言之,制诏即是皇帝的命令。[⑥] 至于臣子上书,"秦初定制,改书曰奏。汉定礼仪,则有四品:一曰章,二

---

① 有人认为,春秋以前王命发布有两种方式,"一是王召集其人,面对面发表讲话;一是王派遣使者,转达其令于人。王命的发布,一般是不依靠文书的。因此,这一时期也就不存在人臣为君主起文书草的现象。"(代国玺《由"记王言"而"代王言":战国秦汉人臣草诏制度的演生》,《文史哲》2015 年第 6 期)这似乎低估了王权时代统治技术的复杂性和行政文书的发达程度。

② 《文心雕龙·书记》。

③ 《尚书》少臣言,无民言。或许《诗经》之风可以视作民言,但它和奏诏模式无关。

④ 《汉书·艺文志》。

⑤ 《史记·秦始皇本纪》,三家注。

⑥ 皇帝"言曰制,补制言曰诏。"(应劭《汉官仪》卷上,《汉官六种》)刻意区分制诏之别,或有制度理由,但实践未必如此。在奏诏体制的实际运行中,诏书和制书具有相同权威。所谓"制诏丞相"、"制诏御史"本身就是"制诏"并用。臣民作为制诏对象,同样视制诏为整体,无人纠缠其差异。

曰奏,三曰表,四曰议。章以谢恩,奏以按劾,表以陈情,议以执异。"①这些文体形制的规定只是一方面。另一方面,就君臣关系而言,先秦肯定也有相应的奏诏行为和机制。"君能制命为义,臣能承命为信,信载义而行之为利。"②《周礼》则有一些关于周朝奏诏程序的理想化和虚拟化的描述。

> 司马论进士之贤者及乡老、群吏献贤能之书于王,王再拜受之,登于天府,藏于祖庙,内史书其贰而行焉。(书其贰,谓写其副本。)在其职也,则乡大夫、乡老举贤能而宾其礼,司徒教三物而兴诸学,司马辩官材以定其论,太宰诏废置而持其柄,内史赞与夺而贰于中,司士掌其版而知其数。论定然后官之,任官然后爵之,位定然后禄之。③

就历史实态而言,先秦的某些事件也是按照奏诏程制展开的。④ 比如,"秦王大怒,益发兵诣赵,诏王翦军以伐燕。"⑤正所谓"戎臣奉诏,经时不久,灭六暴强"。⑥ 列国中,太史公唯独对秦使用诏书一词。这并不等于其他各国君主命令对本国官员不具有诏书权威。⑦ 只是太史公不这么称呼而已。⑧ 又如,秦王下逐客令,"(李)斯在逐中,道上上谏书,达始皇,始皇使人逐至骊邑,得还。"于是,"秦王乃除逐客之令,复李斯官,卒用其计谋。"⑨至少形式上,这个例子具备了更完整的奏诏因素。

尽管如此,我们依然不能将先秦前帝国的奏书和诏书直接等同于秦汉早期帝国的奏诏模式。这既非因为先秦缺乏严格意义上的诏书观念,以及对诏书权

---

① 《文心雕龙·章表》。《汉杂事》对四品格式有更具体之说明。"章者需头,称'稽首上以闻'。谢恩陈事,诣阙通者也。奏者亦需头,其京师官但言'稽首言',下'稽首以闻',其中有所请,若罪法劾案,公府送御史台,卿校送谒者台也。表者不需头,上言'臣某言',下言'诚惶诚恐,顿首顿首,死罪死罪',左方下附曰'某官臣甲乙上'。"(《后汉书·胡广列传》,李贤注)

② 《左传》宣公十五年。

③ 《通典》卷13。

④ 从奏诏叙事模式看,太史公笔下亦留缺憾。"十二年,文信侯不韦死,窃葬。其舍人临者,晋人也逐出之;秦人六百石以上夺爵,迁;五百石以下不临,迁,勿夺爵。自今以来,操国事不道如嫪毐、不韦者籍其门,视此。"(《史记·秦始皇本纪》)这段文字,在叙事和诏令之间缺乏合理衔接,显得生硬不畅。可见对叙事和诏令进行有机整合,使之浑然一体,并非易事。先秦部分存在类似问题,亦非个例。

⑤ 《史记·刺客列传》。

⑥ 李斯《绎山刻石》,《全秦文》。

⑦ 同样,臣子上书本国君主也使用奏对一类的词语。比如,乐毅《报遗燕惠王书》云:"臣不佞,不能奉承王命。……今足下使人数之以罪,臣恐侍御者不察先王之所以畜幸臣之理,又不白臣之所以事先王之心,故敢以书对。"(《史记·乐毅列传》)

⑧ 就像王莽称帝,所下诏书,班《书》多以"令"来表示。就像"令"亦可解读为"诏令",或诏书中的"具为令"。但感觉终究有些不同。至少有两处地方,诏书的正统性和权威性体现得尤为明显。一是战国时秦国和六国的关系,一是秦汉时中国和蛮夷的关系。

⑨ 《史记·李斯列传》。

威性和神圣性的基本信仰,亦非因为我们在先秦完全看不到有关礼制、军事、外交、经学,更不必说像天文历法这类高度专业性的议题,朝臣如何讨论,君主如何裁决,这些足以体现奏诏模式正常运作的实际事例,因为这些纯属奏诏模式的形式要件。它根本不足以构成奏诏模式的本质要件。奏诏模式有三个核心要素。它可以概括为三句话。"天下之事无小大皆决于上",①"专以人主意指为狱",②"人人各自以当天子之意"③。也可以简化为两句话,即"天下之事无小大皆决于上"和"人人各自以当天子之意"。很显然,奏诏模式的这个显著特质,只能产生于天高皇帝近的皇权时代。

这使奏诏模式成为实践天高皇帝近的言论空间和话语平台。④ 它创造了一个人人都能上书皇帝的平等社会和机制。官员上书没有级别限制,甚至没有场所限制。只要能见到皇帝,就能直接上书。文帝"每朝,郎官上书疏,未尝不止辇受其言,言不可用置之,言可受采之,未尝不称善。"⑤正因此,爰盎直言不讳地批评丞相申屠嘉"自闭箝天下之口"的愚蠢做法。他求见申屠嘉,申屠嘉冠冕堂皇地表示,"使君所言公事,之曹与长史掾议之,吾且奏之;则私,吾不受私语。"爰盎警告他,文帝"欲以致天下贤英士大夫,日闻所不闻,以益圣。而君自闭箝天下之口,而日益愚。夫以圣主责愚相,君受祸不久矣。"这番虚张声势的夸诞之辞,对申屠嘉却有醍醐灌顶之效。他忙道,"嘉鄙人,乃不知,将军幸教。"从我们的角度看,它表明"日日得闻异言"⑥确是君臣共识,关键是,这种君臣共识只能通过奏诏模式得以真正落实。

奏诏模式给皇帝提供了展示正统性的渠道,同时也给臣民提供了获得正当性的途径。奏诏模式鼓励臣民上书,一方面将更多的人们合理纳入皇权秩序中,另一方面则是希望强化人们对皇帝权威性和神圣性的自觉认同。奏诏模式使得臣子们养成了一种习惯,任何东西只有进入奏诏模式,才能获得皇帝承认,也就是获得合法性。

君臣双方在奏诏模式中的一般行事方式是,"问以政事,反复乃行,受章录

① 《史记·秦始皇本纪》。
② 《史记·酷吏列传》。
③ 《汉书·元帝纪》,颜注。
④ 它使天高皇帝近不再限于人们的自觉想象,而成为一种心理事实和话语真实。所谓"天威不违颜咫尺",亦即"常若在前,宜自肃惧"。(《汉书·师丹传》,颜注)
⑤ 《史记·袁盎列传》。
⑥ 《汉书·爰盎传》,颜注。

事,不离左右。"①比如,"诏诸儒讲《五经》同异,太子太傅萧望之等平奏其议,上亲称制临决焉。"②官员"平奏其议",皇帝"称制临决",虽是廷议,却也体现出奏诏模式的正常状态。至于奏诏模式的随意性,亦不乏见。成帝严饬翟方进奏书反复无常,"朕既不明,随奏许可,(使)〔后〕议者以为不便,制诏下君,君云卖酒醪。后请止,未尽月复奏议令卖酒醪。"③

奏书和诏书之关系从时间和顺序上表现为两种方式。一是先奏后诏,一是先诏后奏。像"焚书令"就是李斯上书建议,得到始皇帝认可,随之成为帝国诏令,开启文字狱之先河。像"天人三策"就是武帝下诏策问,董氏随之上奏对策。"及仲舒对册,推明孔氏,抑黜百家。"④从实际结果看,有奏无诏的情况颇为普遍,有诏无奏则十分罕见。很少见到皇帝下诏,臣子毫无反应的情况。奏诏之间虽然互动,但并不对等。诏书的主导性和奏书的依存性是奏诏模式的两个基本特点。就是说,有诏必有奏,无诏未必无奏;有奏未必有诏,无奏未必无诏。这样,在奏诏模式中,奏诏之间似乎构成一种充分条件的关系。就是说,诏书之于奏书构成充分条件。

通常说,君主明昏之别在于纳谏还是拒谏。人们从未意识到,判断明君昏君的标准恰是一个奏诏模式范畴。换言之,明君昏君只能在奏诏模式中得以区分和评价。如果皇帝优容谏者,即便不算明君,也不大可能昏到哪里。诚如史家所说:"群臣直谏之言,(明)帝虽不能尽用,然皆优容之,虽非谊主,亦可谓有君人之量矣。"⑤汉宣帝尤其汉哀帝优容谏主似乎确证了这点。尽管他们优容的理由是因为儒者。司隶校尉盖宽饶"好言事刺讥,奸犯上意",宣帝"以其儒者,优容之。"⑥谏大夫鲍宣劾奏"丁、傅子弟并进,董贤贵幸",哀帝"以宣名儒,优容之。"⑦

若照一般看法,元帝算不上明君,他对臣子奏章却很认真。至少对贡禹的奏章非常重视,几乎他上的每封奏书都能得到元帝的积极反馈。"虽未尽从,然

---

① 华峤《汉后书》卷 2,《八家后汉书》。正因此,桓谭对光武不及时回复自己奏疏很是不满。"臣前献策,未有诏报,不胜愤懑,复言其过。"(《后汉纪》卷 4)
② 《汉书·宣帝纪》。
③ 《汉书·翟方进传》。
④ 这属于先诏后奏的常见形式。至于武帝口诏董氏,董氏应口诏而奏,则属一种特殊的先诏后奏形式。"仲舒所著,皆明经术之意,及上疏条教,凡百二十三篇。"(《汉书·董仲舒传》)可见董氏著作中奏书占有相当比例。
⑤ 《容斋随笔》卷 13,"魏明帝容谏"。
⑥ 《汉书·盖宽饶传》。
⑦ 《汉书·鲍宣传》。

嘉其质直之意。"贡禹对朝廷礼制、国家税赋以及吏治腐败提出了诸多批评和建议,多被元帝采纳。"禹又奏欲罢郡国庙,定汉宗庙迭毁之礼,皆未施行。"尽管如此,"禹卒后,上追思其议,竟下诏罢郡国庙,定迭毁之礼。"[①]就此而言,元帝应该算是称职的皇帝。

二、奏诏模式规范皇权政治

在人们想象中,皇权政治的运行机制似乎是百官奏事,皇帝可否。它主要包括两种形式,一是皇帝批阅奏章,作出裁决;一是皇帝主持朝会,根据官员所奏(既有口奏,也有书奏),进行裁决。无论何种形式,皇帝裁决的方式就是下诏。下诏可以是文字批复,也可以是口头谕示,但最终要书写成文,记录在案,再下发颁布,作为律令或政令要求人们立即执行,由此推动帝国政治的正常运转。在此过程中,无数臣子的命运得以改变。有人因奏书拜官升迁,有人因奏书贬职下狱。更多的人在奏诏体制中,得失荣辱起起伏伏,终其一生也未能摆脱奏诏体制的支配和掌控。由此构成了早期帝国的真实历史。举五例。

1. 秦始皇"专任刑罚,躬操文墨,昼断狱,夜理书,自程决事,日县石之一。而奸邪并生,赭衣塞路,囹圄成市,天下愁怨,溃而叛之。"是可知,"专任刑罚"也要通过"躬操文墨"体现出来。某种意义上,"专任刑罚"只是表面文章,"躬操文墨"才是文章主题。所谓"夜理书",就是夜以继日地处理上奏的各类文书。可见,"躬操文墨"就是操控奏诏模式。"天下事无小大尽决于上"就是对奏诏模式的全面掌控。"始皇省读文书,日以百二十斤为程。"[②]始皇帝的奏诏效率不可谓不高,但帝国灭亡亦不可谓不速。这似乎说明,奏诏模式的正常运作,除了程序,还需要信息真实。二世固然被骗得一塌糊涂,始皇帝通过奏书获得的信息也很难说没有一点水分。

2. 以始皇帝的性格和勤政风格,不论在皇宫还是外出巡行,身边必定伴随有随时起草诏书的官员。据现有文献,这个官员似乎不很清楚。既非尚书,亦非御史。这里,却是赵高负责给始皇帝起草诏书。"其年七月,始皇帝至沙丘,病甚,令赵高为书赐公子扶苏曰:'以兵属蒙恬,与丧会咸阳而葬。'书已封,未授使者,始皇崩。书及玺皆在赵高所,独子胡亥、丞相李斯、赵高及幸宦者五六人知始皇崩,馀群臣皆莫知也。"沙丘之变之所以能成功地掩人耳目,就在于李斯

---

① 《汉书·贡禹传》。
② 《汉书·刑法志》,颜注。

和赵高这两位权谋高手,非常精通帝国的行政运作机制以及奏诏模式在这种行政运作机制中所具有的核心主导作用。"李斯以为上在外崩,无真太子,故祕之。置始皇居辒辌车中,百官奏事上食如故,宦者辄从辒辌车中可诸奏事。"[1]就是说,李斯和赵高通过维持表面上的奏诏模式的正常运行,达到了巧妙掩饰始皇帝早已死亡的目的,从而避免了帝国可能出现的巨大混乱和恐怖危机。这个例子表明,哪怕保持一种虚假的奏诏模式,也能在一定程度上保证皇权秩序的稳定。

3. 和"始皇置酒咸阳宫"性质类似,"高祖置酒雒阳南宫"引发刘邦对臣子的精准评价。它事实上成为一道诏书,直接决定了稍后对群臣的论功行赏。

> 高祖曰:"列侯诸将无敢隐朕,皆言其情。吾所以有天下者何?项氏之所以失天下者何?"高起、王陵对曰:"陛下慢而侮人,项羽仁而爱人。然陛下使人攻城略地,所降下者因以予之,与天下同利也。项羽妒贤嫉能,有功者害之,贤者疑之,战胜而不予人功,得地而不予人利,此所以失天下也。"高祖曰:"公知其一,未知其二。夫运筹策帷帐之中,决胜於千里之外,吾不如子房。镇国家,抚百姓,给馈饟,不绝粮道,吾不如萧何。连百万之军,战必胜,攻必取,吾不如韩信。此三者,皆人杰也,吾能用之,此吾所以取天下也。项羽有一范增而不能用,此其所以为我擒也。"[2]

4. 汉初论功行赏,刘邦对臣子的作用有一个独特且形象的比喻。刘邦以狩猎为喻,将萧何比作"功人",将众人比作"功狗"。对萧何的功绩,刘邦和群臣的评价高下悬殊,大相径庭。群臣认为"文墨议论"根本不能算功,只有攻城掠地才是功。刘邦则认为,"发踪指示"非但是功,而且是大功,至于冲锋陷阵仅是小功。显然,这是迥然相异的两种计功标准。两种计功标准本质上反映了君臣两种眼光。君主看重的是发号施令,臣子看重的是奔走四方。所以,刘邦强调的是萧何在楚汉之争中表现出来的决策之功,而非汗马之劳,这是一种类似君主的功德。所谓"功人",就是功君,即乾纲独断号令天下。相形之下,所谓"功狗",实乃功臣,即秉承君命赴汤蹈火。饶有趣味的是,刘邦和群臣之间的分歧,无意中透显出君臣二者的本质。这种本质即在于言行或语事。即君臣之分即是言行之别,君臣之际即在于语事之殊。更为重要的是,通过对萧何功绩的认定,刘邦以特殊方式展示了奏诏模式的运行机制。功人制诏,功狗实施。

> 定天下,论功行封。群臣争功,岁馀功不决。高祖以萧何功最盛,封为

---

[1]《史记·李斯列传》。
[2]《史记·高祖本纪》。

鄩侯,所食邑多。功臣皆曰:"臣等身被坚执锐,多者百馀战,少者数十合,攻城略地,大小各有差。今萧何未尝有汗马之劳,徒持文墨议论,不战,顾反居臣等上,何也?"高帝曰:"诸君知猎乎?"曰:"知之。""知猎狗乎?"曰:"知之。"高帝曰:"夫猎,追杀兽兔者狗也,而发踪指示兽处者人也。今诸君徒能得走兽耳,功狗也。至如萧何,发踪指示,功人也。"①

在这里,功人和功狗貌似比喻,恰是实指。它通过对君臣关系的语言模拟,创造出一个君臣关系的语言模型。最值得注意的是,刘邦把功人定义为"发踪指示",即发号施令,下指示。从奏诏模式看,这属于皇帝独有的制诏权。换言之,皇帝的制诏权类似功人,官员依诏行事类似功狗。就是说,奏诏模式下的君臣关系就是功人和功狗之关系。

5. 尚书之间产生争议,惹恼章帝;尚书集体系狱;章帝妥协,安抚尚书;尚书仆射朱晖称病在家,坚持己见;尚书令等人弹劾仆射;章帝最终接受了朱晖的意见,并重赏之。这件事的由头不大,但造成的动静很大。毕竟尚书集体系狱的做法不常见。而且就整个事态的演化过程看,同时出现了两个并行发展的动向。一是尚书令等一干尚书站在皇帝一边,集体弹劾仆射;一是事态最终结果皇帝向仆射妥协,并褒奖仆射。这件事在皇权政治中并不特殊。就其本质,它更多体现了皇帝施政的弹性和包容,而非官僚对皇帝的制约。因为在事情进展的每一个环节,皇帝的反应既强制,又节制。尚书们的态度是,皇帝生气,"其祸不细!"尽量不要惹怒皇帝。同时,"蒙恩得在机密,当以死报。若心知不可而顺旨雷同,负臣子之义。今耳目无所闻见,伏待死命。"②就是说,臣子之义就是随时为皇帝舍命尽忠。

是时谷贵,县官经用不足,朝廷忧之。尚书张林上言:"谷所以贵,由钱贱故也。可尽封钱,一取布帛为租,以通天下之用。又盐,食之急者,虽贵,人不得不须,官可自鬻。又宜因交址、益州上计吏往来,市珍宝,收采其利,武帝时所谓均输者也。"于是诏诸尚书通议。晖奏据林言不可施行,事遂寝。后陈事者复重述林前议,以为于国诚便,帝然之,有诏施行。晖复独奏曰:"……今均输之法与贾贩无异,盐利归官,则下人穷怨,布帛为租,则吏多奸盗,诚非明主所当宜行。"帝卒以林等言为然,得晖重议,因发怒,切责诸尚书。晖等皆自系狱。三日,诏敕出之。曰:"国家乐闻驳议,黄发无愆,诏书过耳,何故自系?"晖因称病笃,不肯复署议。尚书令以下惶怖,谓晖

---

① 《史记·萧相国世家》。
② 《后汉书·朱晖列传》。

曰:"今临得谴让,奈何称病,其祸不细!"晖曰:"行年八十,蒙恩得在机密,当以死报。若心知不可而顺旨雷同,负臣子之义。今耳目无所闻见,伏待死命。"遂闭口不复言。诸尚书不知所为,乃共劾奏晖。帝意解,寝其事。后数日,诏使直事郎问晖起居,太医视疾,太官赐食。晖乃起谢,复赐钱十万,布百匹,衣十领。①

三、皇帝制诏之权

皇帝行制诏权以治天下。这使制诏权直接成为皇权。如何行使制诏权是确保皇帝乾纲独断宰制天下之奥秘。② 这一奥秘常被分封现象和相权形式所掩饰。

人们只知家天下,却不知独天下。家天下的说法有意无意地掩盖了独天下的事实。所谓"私天下"是指秦始皇废封建行郡县,即大权独揽,不假他人。③ 但两汉皆有分封。汉朝之后,历代多有分封。不过这并不意味着汉代及此后诸朝皇帝不行专制。相反,皇权专制倒是凭借专制进化之逻辑愈演愈烈。是可知,"私天下"一说似有名不副实之嫌,"独天下"概念却能揭示本质。它揭示出,无论分封与否,皆属表象,均不妨碍皇帝专制。只要皇帝专制,就是独天下,即独裁天下。二者在逻辑上属于同构,即可以相互定义。

不存在皇权和相权之矛盾。这种说法徒显皮相。它掩盖了相权依附皇权这一事实。秦汉之丞相源于先秦君主之家奴,秦汉皇帝之秘书成为后世之丞相。"中书、尚书令在西汉时为少府官属,与太官、汤官、上林诸令品秩略等,侍中但为加官,在东汉亦属少府,而秩稍增,尚书令为千石,然铜印墨缓,虽居几要,而去公卿甚远,至或出为县令。魏、晋以来,浸以华重,唐初遂为三省长官,居真宰相之任,犹列三品。"④尤其不能忽视的是,秦汉皇帝秘书有士人也有宦

---

① 《后汉书·朱晖列传》。
② 汉帝多手书、手记,赵翼亦云"汉帝多自作诏",(《廿二史札记》卷4)但不等于可以无视皇帝行使制诏权另有奥秘,这就是基于制度和实践而巧用秘书。
③ 所谓私天下不是说秦始皇以天下为自己一家之私,而是说他以天下为自己一人之私。仔细辨析,秦始皇私天下也仅是废封建。问题是,汉承秦制乃至后世至明清,真正行封建的也屈指可数,诸如汉初、西晋、明初,非但效果不佳,而且遗患甚多,存时短暂,况且亦非西周式的典型封建。可见后世皇帝所为和秦始皇并无二致。既如此,为何人们只谴责秦始皇的私天下行为?为何皇权历史上私天下作为一种行之有效的政治实践长期被人视而不见甚至遭到严重遮蔽?本质上,私天下和家天下之间只是一种制度的"变体"和"正体"的关系。就像独裁君主是君主制的变体。
④ 《容斋随笔》卷12,"三省长官"。

官,这一身世特性决定了皇帝秘书之性质。① 所以,将皇帝秘书视为皇帝家奴,亦不为过。② 就此而言,皇帝独天下亦可视作奴天下。

大庭脩提出一个问题,"如果将崛起于西汉末至东汉的尚书及其发展,看作是皇帝秘书机构的发展——制度史上的一个法则,那么就有可能如此设问:在前代相当于秘书性质的职务,为何至西汉发展成为权力中枢的职官?"③其实,还应提出一个问题,皇帝如何把自己的秘书变为一人之下万人之上的百官之首? 某种意义上,皇帝把自己的秘书变成帝国的行政首脑,构成了皇权政治的演化奥秘,也构成了皇权体制的运行机制。就此言,岂止东汉政府为"一秘书之政府"④,东汉以降历代政府皆为秘书之政府。

皇帝秘书永远是皇帝宠臣或近臣,乃至私臣,即皇帝最信任之人。⑤ 古今无外。皇帝秘书一旦成为正式官僚,自然拥有了实际相权,从而成为实质上的皇帝大秘书。皇帝现有的秘书则成为事实上的小秘书。这样,皇权和相权之争,**本质上是皇帝的大秘小秘之争,也可以说是皇帝的家奴之争**。⑥ 大小秘书构成了皇帝的秘书集团。秘书集团构成了官僚集团之核心。可见,**皇权政治的特点不是官僚政治,而是秘书政治**。

小秘变大秘,分出了行政权。这样,皇帝必须用新的小秘行制诏权。皇权和相权之矛盾,正是小秘变大秘的过程。这个过程反复进行,无限轮回。改朝换代意味着花样翻新。小秘制诏,大秘行政。行政权或有时不在秘书手中,但制诏权必定握在秘书手中。这确保了皇帝独天下亦即奴天下的可能和现实。

御史大夫是皇帝的大秘书。⑦ 既有制诏权,又有部分行政权。这可以解释为何身为三公,御史大夫之秩禄却类同九卿。汉初之御史大夫和东汉之尚书令,颇有异曲同工之妙,都是制诏权兼行政权之二合一。不过,御史大夫地位更

---

① 皇帝和秘书之关系向来没有得到人们的重视和全面研究。早期帝国,皇帝秘书半是宦官。中期帝国至晚期帝国,皇帝秘书皆是士人。

② 汉初,皇帝秘书是御史。武帝时,"尚书渐渐代替御史而成为皇帝之秘书。""终汉之世,尚书名义上一直为少府之属官不变,亦一直供职于内廷。"(廖伯源《制度与政治——政治制度与西汉后期之政局变化》,第110页注释②、第191页,中华书局,2017年)

③ 〔日〕大庭脩《秦汉法制史研究》,第30页,中西书局,2017年。

④ 柳诒徵《国史要义》,第51页,吉林人民出版社,2013年。

⑤ 汉武帝的内朝官、武则天的翰林学士、朱元璋的内阁学士,最初均是皇帝近臣,兼具某种秘书职能。

⑥ 夸张一点说,大秘小秘之争就像古代大家庭中的妻妾之争。它构成了儒法之争、佛道之争的结构原型。

⑦ "诏书最开始由御史大夫下达给丞相,与东汉诏书通过尚书下达相比,御史大夫作为本在殿中处理公文书籍的御史的直接长官,留下了侍奉于天子近侧时的痕迹。"(〔日〕大庭脩《秦汉法制史研究》,第32页,中西书局,2017年)

高,尚书令权力更大。尚书不仅草诏,亦可行诏,还能撤诏。比如,侍御史种暠受诏监护太子承光宫,"中常侍高梵受敕迎太子,不赍诏书,以衣车载太子欲出。"[1]太子太傅杜乔不能止,"御史种暠适至,横剑当车曰:'太子国之储贰,〔民〕(巨)命所系。常侍来无诏书,何得将太子去!安知常侍非奸邪?今日之事,有死而已。'梵不敢争,遣诣尚书,得报,乃听。"[2]只有尚书能颁布诏书。这是尚书有制诏权之明证。又如,"尚书奏请下有司,收还延光三年九月丁酉以皇太子为济阴王诏书。奏可。"[3]尚书奏请顺帝收回或撤销以前的某道诏书,并得到了顺帝认可。

可见,较之西汉御史,东汉尚书拥有了更大的制诏权。杜佑云:"后汉废丞相及御史大夫,而以三公综理众务,则三公复为宰相矣。至于中年以后,事归台阁,则尚书官为机衡之任。"[4]这段话将前汉"制诏御史大夫"转换为后汉"制诏三公"的脉络做了简明勾勒。[5]

四、制诏权之权力与权威

制诏权权力属于皇帝,制诏权权威属于天命。[6] 这使权臣、宦官、外戚即便侥幸窃取皇权,终究不能获取天命。一旦时机成熟,制诏权又会重新回到皇帝手中。这是一个辩证过程。这个过程充满了吊诡。权臣、宦官等行使制诏权,在削弱皇帝权力的同时,又强化了皇权权威。是可知,在制诏权概念中,皇权是以皇帝为中心的综合权力体系和复合权力主体。

作为皇帝意志和皇权标志,制诏权之权力和权威对皇权帝国之意义具有总体性和全局性。本质上,皇权即制诏权。这是因为,唯有行使制诏权,皇权才有现实意义;进而,唯有皇帝有权制诏,且诏命必为皇帝自由意志。所谓"主上不

---

[1] 司马彪《续汉书》卷 4,《八家后汉书》。

[2] 《后汉纪》卷 19。范《书》云:"梵辞屈,不敢对,驰命奏之。诏报,太子乃得去。"(《后汉书·种暠列传》)所谓"驰命奏之",似乎是高梵直接向顺帝奏报,而非向尚书奏明。

[3] 《后汉书·孝顺帝纪》。

[4] 《通典》卷 21。

[5] 汉魏之际,"制诏御史大夫"似乎又获得了某种形式的复活。曹操逼献帝废后,假传圣旨,"今使御史大夫郗虑持节策诏,其上皇后玺绶,退避中宫,迁于它馆。"(《后汉书·皇后纪下》)

[6] 施密特对权力和权威有一个简明区分。"与权力(必定是实实在在的)相对应的是主权和威严之类的概念;相反地,权威指的是一种本质上以连续性因素为基础的声望,涉及传统和持久性。在每个国家里,权力和权威两者都是同时起作用的。"(转引萧高彦《西方共和主义思想史论》,第 310 页,商务印书馆,2016 年)

自由,诏命出左右",①反证诏命必为皇帝自由之体现。其实,制诏权作为皇权之本质,同样也是王权之本质。即无所不包,一切都要通过诏令发布和体现出来。"周知邦国都家县鄙之数,卿、大夫、士、庶子之数,以诏王理,以德诏爵,以功诏禄,以能诏事,以久奠食。"②

汉人有关制诏权的说法,无论"称制",还是"临朝",皆是指有权下诏,即拥有制诏权之意。此外,还有"承制"。"承制"是诏书体制中的一个专用术语。意思是,皇帝授权臣子暂行诏命,即代替皇帝行使制诏权。换言之,承制是制诏权的一部分,是制诏权的正当延伸。它意味着臣子暂时分享一部分皇权。比如,大司徒邓禹"承制遣使持节命(隗)嚣为西州大将军,得专制凉州、朔方事。"③中郎将来歙"承制拜(高)峻通路将军,封关内侯。"④

制诏权作为皇权之本质,理应通过一种较为体面之形式体现出来。秦朝的"制诏丞相"⑤,汉朝的"制诏御史",都说明最接近制诏权,或最有可能分享制诏权的只能是三公。尤其"制诏御史"表明,御史大夫在诏令体制中发挥着一种特殊职能。但尚书毕竟位卑,区区千石距离万石三公终究悬殊。这样,以三公"领尚书事",从而以三公名义制诏,便成为"制诏尚书"的变通做法。三公"领尚书事"虽为虚职,但地位尊崇;尚书虽实际拥有制诏权,但终究位卑。直接"制诏尚书"似有降低或损害皇帝尊严和皇权神圣之弊端。是可知,不如以"领尚书事"之三公来代表制诏权之发布,反而可能比直接颁布"制诏尚书"更有礼仪性和权威感。

东汉尚书拥有实际制诏权,"录尚书事"便成为一种极高的名誉官衔。即,三公皆录尚书事这一做法成为故事和定制,表明尚书的真实权力和实际地位之大之高,以至于三公或上公这种最有声望和地位的人也要有一顶"录尚书事"的头衔来加以确认和表征。据此亦可看出尚书制诏权之尊贵。三公"并录尚书事",意味着"制诏三公"实乃制诏尚书。某种意义上,"制诏三公"而不"制诏尚书",恰是以一种特殊的曲折方式对尚书制诏权的仪式性确认。换言之,因三公皆录尚书事,故"制诏三公"便成为"制诏尚书"的另一种表述形式。即,通过"制诏三公"来代表"制诏尚书",从而表征制诏权的实际拥有者。本质上,"制诏三公"是一种代表权,代表着尚书对制诏权的实际行使。基于这个逻辑,"制诏尚

①《三国志·魏书·贾诩传》,裴注。
②《通典》卷 23。
③《后汉书·隗嚣列传》。
④《后汉书·寇恂列传》。
⑤《全秦文》。

书"反而显得多余和不妥。正因此,行使制诏权的尚书恰恰没有获得"制诏尚书"这种名目。

值得注意的是,东汉虽未有"制诏尚书"之举,却有"诏尚书"之事。比如,韦彪卒,"诏尚书:'故大鸿胪韦彪,在位无愆,方欲录用,奄忽而卒。其赐钱二十万,布百匹,谷三千斛。'"[1]至于"制诏尚书"和"诏尚书"二者有何细微差异或本质差别,不易辨析。

第二节　诏 书 权 威

一、诏书与权威

诏书与权威之关系,本质上是一个诏书权威性的问题。最能直观标识诏书权威的有两个关键词,即"如诏书"和"著为令"。诏书如律如令,如山如风,对万民万物皆有不可抗拒之权威和威力。至于理论界定,诏书本身的权威性包含两个核心要素。一是诏书权限,一是诏书缺陷。前者是指诏书究竟能处理多大范围内的事情,后者是指诏书能否得到充分讨论和批评。前者无法回答,后者不必回答。因为,无论前者还是后者,都不是一个理论判断,而是一种历史实践。就是说,诏书规定什么,它就能做什么,进而,它就能做到什么和做成什么。所以,诏书权力没有最大,只有更大。**诏书权限是无限**。诏书之权威,即在于其无限。至于诏书能否讨论和反驳,早期帝国历史上不乏其例。尽管它伴随着种种坎坷、困窘、恐吓和打压。

我们不知道帝国有哪些事情不能由诏书涉及和处置。我们至多可以说可能有些事情无需皇帝诏命干涉或裁决。是可知,我们不知道诏书的权限边界在哪里。问诏书不能说哪些事情,如同问皇权不能管哪些事情。二者均没有明确界限,可谓至大无外。诏书范围,一如皇权范围。从皇帝诏书范围看,几乎想不到臣子哪些事情皇帝不能管。从文献看,皇帝诏书似乎涉及一切,任何事情都能由诏书决断。几乎所有事情的实施和进展都离不开诏书的推动。[2] 这意味

---

[1] 《后汉书·韦彪列传》。

[2] 有研究者根据汉简中的"有请诏"认为,"一些原本需要皇帝处理的事务,只要履行了向皇帝呈报的手续,即便尚未得到批准,御史大夫与郡太守也拥有一定自主决定的空间,同时各级官府亦认可此种做法的合法性,执行因此程序而发出的指令。……这种情形下皇帝的批准实则已演变成一种可以预期的例行公事,就此一侧面,皇帝实际已降为官僚机构中不具有个人色彩与个人意志、且固定(转下页)

着,史书记载的所有事情皆受制于诏书之规范。所谓皇权无外,一切尽在皇帝掌中。从诏书的涉及和覆盖范围看,皇权支配一切。

某种意义上,整个帝国的运行都是靠皇帝诏书这一只貌似有形实则无限的巨手在推动和拨弄,几乎到了事无巨细的程度。① 比如,"郎、谒者有罪过,辄奏免。"②至于公卿辟除掾吏,同样需要诏书报准。安帝舅舅大鸿胪耿宝"荐中常侍李闰兄"于太尉杨震,被拒。"宝乃自往候震曰:'李常侍国家所重,欲令公辟其兄,宝唯传上意耳。'震曰:'如朝廷欲令三府辟召,故宜有尚书敕。'遂拒不许,宝大恨而去。"③执金吾窦景为报复河南尹张酺部吏杨章,"乃移书辟章等六人为执金吾吏,欲因报之。章等惶恐,入白酺,愿自引臧罪,以辞景命。酺即上言其状。窦太后诏报:'自今执金吾辟吏,皆勿遣。'"④是可知,**诏书权限不在于管多大的事,而在于管多小的事**。以小小的郎官为例。中郎吾丘寿王"坐法免。上书谢罪,愿养马黄门,上不许。后愿守塞扞寇难,复不许。久之,上疏愿击匈奴,诏问状,寿王对良善,复召为郎。"⑤大将军从事中郎祝恬"遭母丧,停枢官舍,章百余上,得听行服"。⑥ 再以掾吏出使为例。司徒议曹掾钟离意"以诏书送囚徒三百余人到河内。连阴,冬盛寒,徒皆贯连械,不复能行。及到弘农县,使令出见钱为徒做襦裤,各有升数。令对曰:'被诏书,不敢妄出钱。'意曰:'使者奉诏命,宁私行耶? 出钱,便上尚书,使者亦当上之。'光武皇帝得上状,见司徒侯霸曰:'所使吏何乃仁恕用心乎? 诚良吏也。'"⑦不光令长需要皇帝下诏,任命县丞亦需诏命。郡司马孙坚"募召精勇"破贼,"刺史臧旻列上功状,诏书除

(接上页)履行特定职责的一员而已。"(侯旭东《西北汉简所见"传信"与"传"——兼论汉代君臣日常政务的分工与诏书、律令的作用》,《文史》2008年第3辑)"有请诏"本质上是官员临时获得皇帝的便宜性授权。例行公事亦可相机行事。问题的关键是,哪怕基于惯例事先知道皇帝必定批准,也必须走一道手续。有时皇帝尚未批准,官员根据经验笃定皇帝早晚会批,所以可以"预支"皇权。尽管如此,这仍表明官员内心相信需要一个皇帝授权的合法形式。事实上,皇权政治中的形式永远有着不容低估更不可忽视的实质性意义。此外,可以顺便指出一个现象,史书对公函性的"有请诏"惜墨如金,却对一些并未采纳的批评性奏疏动辄几百上千字地征引,对比鲜明,令人玩味。不妨解读为奏诏叙事模式之于奏诏模式的独立性,以及二者秉持两套并行不悖的话语标准。

① 即便一部纯粹的私人著作,作者也会主动呈奏皇帝,皇帝也会当仁不让地给予权威指导,细致到了如何分篇。桓谭"著书言当世行事二十九篇,号曰《新论》,上书献之。"光武读之,"敕言卷大,令皆别为上下,凡二十九篇。"其中,"《琴道》一篇未成,肃宗使班固续成之。"(《后汉书·桓谭列传》,李贤注)
② 《汉书·杨敞传》。
③ 《后汉书·杨震列传》。
④ 《后汉书·张酺列传》。
⑤ 《汉书·吾丘寿王传》。
⑥ 《风俗通义》卷7。
⑦ 《钟离意别传》,熊明辑校《汉魏六朝杂传集》,第1册,中华书局,2017年。(以下简称《汉魏六朝杂传集》)

坚盐渎丞,数岁徙盱眙丞,又徙下邳丞。"① 就连为孔子庙置百石卒史一事,也需要鲁相专门上书奏请皇帝。② 这并不说明皇帝事无巨细,流于琐碎,只是说明皇权无所不在。因为,**只有管小事才能看出诏书权限之大**。在皇权体系中,诏令权限大小都是相对的,关键是看管的事大小。管的事再大,还有更大的;管的事再小,还有更小的。**管的事越小,才显得诏书权力越大**。

皇权如水银泻地,无孔不入。皇威似皓月当空,无人不见。**凭借高效的奏诏模式,皇权主义的统治方式得以有效实现**。"东海郡有十八县、一百七十乡,元康五年的诏书当然被下发到了东海郡,并可能被送交到县下近一百七十乡。这样,五十天之间皇帝发布的诏书以几何级数增加。可以说,一枚枚追加上来的简如实反映了皇帝的命令如潮水浸透漫延一般一直传达到西北边境的末端。"③正因此,诏书成为皇权政治话语中最具威慑力的一部分。这使皇帝在严饬权臣时,也习惯性地援引诏书。章帝切责窦宪以贱直侵夺沁水公主园田。"深思前过,夺主田园时,何用愈赵高指鹿为马? 久念使人惊怖。昔永平中,常令阴党、阴博、邓叠三人更相纠察,故诸豪戚莫敢犯法者,而诏书切切,犹以舅氏田宅为言。今贵主尚见枉夺,何况小人哉!"④邓太后诏从兄河南尹邓豹、越骑校尉邓康时也说:"诚令儿曹上述祖考休烈,下念诏书本意,则足矣。"⑤

在皇权政治的实际运作中,虽有某些既定制度和措施,但人们遇到事情,并不会自动或主动按照此类规章或礼仪行事,反而需要等待皇帝诏命,才能启动相关程序。"甚至时节性活动,诸如夏至日这样按部就班执行的例行活动,也要依照适当手续提出奏文,取得皇帝认可,变成诏书后下达到最远端的边境军事基地。"⑥是可知,虽然朝廷存在着大量的现成规定或例行规矩,但它不会自动运行。它需要皇帝的一道诏书,一个指示,一个命令。这样,皇帝诏令往往成为许多现有制度和礼制正式启动的第一推动力。比如"立春宽缓诏书"。"立春之日,下宽大书曰:'制诏三公:方春东作,敬始慎微,动作从之。罪非殊死,且勿案验,皆须麦秋。退贪残,进柔良,下当用者,如故事。'"《献帝起居注》云:"建安二十二年二月壬申,诏书绝,立春宽缓诏书不复行。"⑦如果推测不错,汉朝实施

① 《三国志·吴书·孙破虏讨逆传》。
② 赵明诚撰,金文明校证《〈金石录〉校证》,第 251 页,广西师范大学出版社,2005 年。
③ 〔日〕冨谷至《木简竹简述说的古代中国——书写材料的文化史》,第 81 页,人民出版社,2007 年。
④ 《后汉书·窦融列传》。
⑤ 《后汉书·皇后纪上》。
⑥ 〔日〕冨谷至《木简竹简述说的古代中国——书写材料的文化史》,第 81 页,人民出版社,2007 年。
⑦ 《后汉书·礼仪志上》,刘昭注。

四百余年的"立春宽缓诏书"制度和做法至此彻底终结。又如,百官例行朝会,无诏不能罢会。"公卿朝,日晏无诏。"尚书陈禁问"台上故事何时可罢,对言已食辄有诏罢,今已晏。禁曰:'宁可白耶?'尚书郎以上方宴乐,不敢白。禁使罢公卿。既罢,上问左右:'今未有诏而罢朝,何也?'尚书直对曰:'陈禁命罢。'上曰:'勿复问也。'"①

以"霍光故事"为例,以观现成礼制和皇帝诏令之关系。朝廷虽有丧葬礼制,但仍需皇帝诏书,才能启动葬礼制度。这个过程中,诏书是唯一能够产生启动作用的力量。就是说,如果宣帝不下诏,有关霍光的整个葬礼都不会自动运行,很可能是另外一种样子。

> 光薨,上及皇太后亲临光丧。太中大夫任宣与侍御史五人持节护丧事。中二千石治莫府冢上。赐金钱、缯絮,绣被百领。衣五十箧,璧珠玑玉衣、梓宫、便房、黄肠题凑各一具,枞木外臧椁十五具。东园温明,皆如乘舆制度。载光尸柩以辒辌车,黄屋左纛,发材官轻车北军五校士军陈至茂陵,以送其葬。谥曰宣成侯。发三河卒穿复土,起冢祠堂,置园邑三百家,长丞奉守如旧法。②

可见,在宣帝对霍光的葬礼诏令中,已被赋予了一些全新的内容,它构成了一种带有范式性的"故事"。它体现了宣帝希望展示给天下人的特殊恩典。这种皇恩显然并非既成的朝廷葬礼仪制所能具有。本质上,这是一种皇恩的体现。事实上,每次葬礼都不会完全一样。因为皇帝希望借此展示出对每个官员不尽相同的恩典。所以,制度和礼制不是仅需对号入座的简单公式。它需要不断更新,因时因事因人地赋予新的含义,从而使皇恩得到更有意义的彰显。

虽说皇帝都可以废立,何况诏命? 不过,在早期帝国,确实罕有废除诏令的例子。尽管如此,收回诏书的事情还是有的。比如,废太子登基,收回先帝废太子诏书。即便收回诏书,也必须再下一道诏书。可见诏书的严肃性,以及奏诏程序的严格性。性质上,这属于有计划地销毁诏书。虽在诏令制度中并不多见。顺帝为太子时,因安帝乳母王圣、宦官江京等人谗言而废为济阴王,后被宦官孙程等人拥立为帝。继位后,尚书上书请求收回安帝废太子为济阴王的诏书。"尚书奏请下有司,收还延光三年九月丁酉以皇太子为济阴王诏书。奏可。"③这是把原来保存在顺帝那里的废太子诏书收回并销毁。这样做自然为

---

① 谢承《后汉书》卷 7,《八家后汉书》。
② 《汉书·霍光传》。
③ 《后汉书·孝顺帝纪》。

了顺帝讳,抹去顺帝被废太子的不光彩历史。倘若真是为了这个目的,似乎又大可不必。所以,所谓"收还"太子为济阴王诏书,真实意图是销毁这道诏书,而非简单从济阴王手里收回宫中。一是因为济阴王已经称帝,二是因为宫中应该就有这道诏书的原件。所以,"收还"诏书的真实意思就是完全销毁这道诏书的原件和抄件,彻底抹杀这件事的存在,使之不留任何痕迹。

本质上,诏书权威性主要是一个政治实践问题,它只能在皇权帝国事务中体现出来。所以,诏书作用究竟如何,需要在历史实态中得到具体辨析和界定,很难一概而论。必须分事、分人、分时。① 在士大夫看来,诏令的效果有时还不如皇帝率先垂范的实际行动。西汉皇帝下诏罢"三服之官"和"郑卫之音",效果不佳。东汉官员认为,"侈费不息,至于衰乱者,百姓从行不从言也。夫改政移风,必有其本。"②具体到某个皇帝,同样是王莽诏书,有的立竿见影,有的有令不行。"下书曰:'方出军行师,敢有趋讙犯法者,辄论斩,毋须时,尽岁止。'于是春夏斩人都市,百姓震惧,道路以目。"③王莽下诏,整肃军队在地方扰民。"自今以来,敢犯此者,辄捕系,以名闻。"但收效甚微,"犹放纵自若。"④

其实,王莽诏书的这种效果,同样表现在其他皇帝身上。广而言之,所有拥有制诏权的人所颁诏命,在实际执行过程中,都会出现种种有诏不遵有令不行的现象。这属于官僚体制运行中的正常阻力和自然损耗。它和拒诏和矫诏终究有别。不过,应该承认,皇权政治中毕竟存在质疑诏书、反驳诏书乃至封还诏书的行为。尽管不是很多。尤其退还诏书更是罕见,四百年间仅有区区二人。无论如何,皇权体制终究为人们讨论诏书的合理性保留了有限空间。以至于有的官员对此颇有怨言。张奋说:"汉当制作礼乐,是以先帝圣德,数下诏书,愍伤崩缺,而众儒不达,议多驳异。"⑤

应该说,奏诏模式并未明确禁止人们批评诏书。就是说,批评诏书也是奏诏模式的一部分。⑥ 逻辑上,允许批评皇帝,自然就能批评诏书。实际上,批评皇帝容易,批评诏书很难。诏书不仅代表皇帝意志,还代表皇帝权威。如何做

---

① 太常张奂被构陷党罪,禁锢田里。他在书信中说:"恩诏分明,前以写白,而州期切促,郡县惶惧,屏营延企,侧待归命。"(《后汉书·张奂列传》)可见张奂对诏书在地方的实际作用,尤其对自己生活和内心造成的巨大威压有着非常真切的感受。

② 《后汉书·马援列传》。

③ 《汉书·王莽传下》。

④ 《汉书·王莽传中》。

⑤ 《后汉书·张纯列传》。

⑥ 当然,禁止和严惩非议诏书,同样是奏诏模式的一部分。或许是更重要的一部分。二者并不矛盾,恰是真正的真实。所谓历史,即是如此。

到批评皇帝而不损害皇帝权威,是一个无法自我克服的矛盾。在皇权政治中,它无解,却能自圆其说;它难以实现,却通行无碍。这说明,奏诏模式有一种特异的自洽逻辑。正是诏书使皇帝和皇权得以统一和区分。更重要的是,诏书似乎比皇帝更能体现皇权。**如果说皇权帝国存在一种高于皇帝的皇权,只能是制诏权**。几乎可以说,谁有制诏权,谁就行使皇权,谁就是真正的皇帝。正因此,制诏和诏书不仅等于皇帝,甚至还高于皇帝。人可以说皇帝不对,却不能说诏书不对。这种现象和观念,恰是奏诏模式对皇权政治的塑造和规范使然。就此而言,人们关注皇权体制,而不关心奏诏模式,似乎未达本质。

另一方面,判断诏书权威性不应仅限于诏书本身,还应综合考量奏书的作用和效应。宣帝即位,侍御史严延年劾奏霍光"擅废立,亡人臣礼,不道"。史称,"奏虽寝,然朝廷肃焉敬惮。"宣帝已经即位,竟然还有官员上书弹劾霍光大逆不道。足见废立一事确实动静甚大。"当发大议时,震动朝廷。"以至于几年后,霍光还心有余悸。"光因举手自抚心曰:'使我至今病悸!'"[1]值得注意的是,身为侍御史的严延年敢于弹劾"天下无大小尽决于光"的权臣霍光,这也表明上书言事作为汉人的普遍遵循的政治伦理,可谓百无禁忌。至少言者无罪是朝野共识。

尚书令郑弘"前后所陈有补益王政者,皆著之南宫,以为故事。"[2]所谓"著之"之意,显然不是指简单的抄录或保存。而且"以为故事",进一步强调了奏书内容对皇权政治的特殊意义,即它已经成为传统、规矩、惯例。可见,这些奏书不大可能长时间处于封存状态。它一定置于某种常态性的开放场所,并为人们所常见。如果确实如此,这种做法应该也要下诏。也就是皇帝诏令将某官员奏章书写或镌刻于皇帝能够经常看得见的地方,以便起到提示或警诫的作用。

尚书令宋均"每有驳议,多合上旨"。所谓驳议说的是两件事,一是代表皇帝驳回官员上书,也就是对官员奏议作出裁决,作出驳回处理;一是代表官员给皇帝上书,提出建议。这两方面都能符合皇帝心思,不容易。但皇帝绝不允许对官员上书作出任何删削或改动,其性质类似假传圣旨,它不过是对假传圣旨的颠倒而已,本质上都是对皇帝的隐瞒和欺骗,属于僭越皇权的不道之举。一旦此类嫌疑,必将严惩不贷。"均尝删翦疑事,(明)帝以为有奸,大怒,收郎缚格之。诸尚书惶恐,皆叩头谢罪。均顾厉色曰:'盖忠臣执义,无有二心。若畏威

---

① 《汉书·酷吏传》。

② 这是否说,皇帝将官员奏书中的内容书写或镌刻在南宫墙壁、柱子或屏风上?(《后汉书·郑弘列传》)

失正,均虽死,不易志。'小黄门在傍,入具以闻。帝善其不挠,即令贳郎。"宋均这种做法虽有道义上的理由,仍属违法之举。明帝虽欣赏其忠诚,也不能容忍这种以官员个人的道德判断来任意删除上书内容的行为。故而令其改任他官,以示薄惩。宋均"及在尚书,恒欲叩头争之,以时方严切,故遂不敢陈。"[1]虽有上书权利有制度保障,天恩难测,并非任何皇帝都有耐心忍受官员自以为是的喋喋不休。即便那些刚正的官员,也不敢无所顾忌地放胆直言。这使得官员的上书始终有所顾忌。总之,皇权政治下,议题禁忌和言论禁区始终存在,只不过时大时小,时隐时现而已。

二、诏令和律令

奏诏模式中,凡是秉承皇命的皆可称之为诏。比如诏狱。诏狱之特异不在狱,而在诏。诏狱必下诏。太史公下狱应该就有诏书,而且太史公所下之狱,应该也是诏狱。"汉时左右都司空、上林、中都官皆有诏狱,盖奉诏以鞫囚,因以为名。"[2]胡三省又说:"凡诏所系治皆为诏狱,非必洛阳先有诏狱也。"[3]可见诏狱即是皇帝下诏督办的案件,无关办案地点和涉案人员。就此而言,奏诏模式最大限度地扩大了皇帝权威和皇权秩序,使一切都可打上皇帝印记。

汉人惯用"诏书律令"一语。额济纳汉简有"具上壹功蒙恩勿治其罪者,罪别之,会今,如诏书律令。""毋状者,行法,如诏条律令。"居延汉简有"书到,明白扁书显处,令吏民尽知之,严教,如诏书律令。"[4]"诏所名捕重事,事当奏闻,勿留,如诏书律令。"[5]公孙弘奏疏亦是如此用法。"谨案诏书律令下者,明天人分际,通古今之义,文章尔雅,训辞深厚,恩施甚美。小吏浅闻,不能究宣,无以明布谕下。"可见,"诏书律令"作为汉朝奏疏公文的常用词,逐渐使官员形成一种诏书重于律令的行政意识。尤需注意的是,公孙弘强调,设立学官制度的强有力的理由是"诏书文章雅正,训辞深厚"[6],却得不到无知小吏的正确理解和积极宣扬,从而不能使皇帝恩德广告天下,深入人心。这表明,第一,使诏书意图广为人知,已成为选拔生员、提拔官吏的重要标准;第二,通过这种奖惩机制,皇

---

① 《后汉书·宋均列传》。
② 《资治通鉴》卷 19,胡注。
③ 《资治通鉴》卷 32。
④ 额济纳汉简研读班《额济纳汉简释文校正》,孙家洲主编《额济纳汉简释文校本》,文物出版社,2007年。
⑤ 转引[日]大庭脩《秦汉法制史研究》,第 111 页,中西书局,2017年。
⑥ 《史记·儒林列传》,三家注。

帝诏书得以更为迅速和广泛地普及社会和底层百姓;第三,借助制度力量,要求官吏自觉宣传诏书内容和思想成为皇权主义教化的有效形式。或许,这正是汉人所谓"讽史书"或"善史书"本义之一。读公文,写文书,讲诏书是谓官吏的基本素质。

另外,"先帝法"和"天子诏"也常常并列。"淮南王(刘)长废先帝法,不听天子诏。"①这种用法意味深长。一方面,"先帝法"多出自先帝诏书;另一方面,"天子诏"亦多为天子法。这种话语习惯表明一个历史事实,"先帝法"和"天子诏"构成了一种观念-实践的巨大张力。可见,无论先帝还是今上,以诏为法,既是君臣共识,也是政治实践。

正因此,我们才能真切体会奏诏叙事模式话语中蕴含的微妙含义。李陵劝降苏武时说:"陛下春秋高,法令亡常,大臣亡罪夷灭者数十家。"②仔细品味,所谓"法令亡常"意即武帝喜怒无常,即皇命难测,诏令不定。可见,汉人语言透过奏诏叙事模式直接彰显出奏诏模式本质。这一本质也是皇权本质。皇帝诏令即是帝国法令。《汉官旧仪》云:"诏书下,有违法令,施行之不便,曹史白封还尚书,对不便状。"③乍看法大于诏。其实不然。曹史只是向尚书作了程序性说明。即便诏书不便,如果皇帝坚持,不难想象诏书依然还会颁行实施。

就历史实态而言,诏令和律令的关系始终呈现出非常复杂的面相。④有时仅仅是强调。章帝诏曰:"其婴儿无父母亲属,及有子不能养食者,禀给如律。"⑤诏书要求官员们按照法律规定,照顾好民众的生活。有时是否决司法判决,皇帝自行决断对案犯的惩罚。济川王刘明"坐射杀其中尉,有司请诛,武帝弗忍,废为庶人,徙房陵,国除。"⑥有时是纠正官府不当做法,勒令他们严格遵守诏书行事。平帝诏曰:"自今以来,有司无得陈赦前事置奏上。有不如诏书为亏恩,以不道论。定著令,布告天下,使明知之。"要求以赦令为界限,后来奏事不得涉及大赦前事宜。这是因为官员奏疏往往追溯往事,株连牵扯。"(性)

---

① 《史记·淮南王列传》。

② 《汉书·苏建传》。

③ 卫宏《汉官旧仪》卷上,《汉官六种》。

④ 据研究,"从汉代'令'的形成过程来看,皇帝的诏书是其中重要的来源。"从制定时间的先后看,令文来源"或可能引自皇帝的诏令集",就是说,"令文是从原始的诏书转化而来并结集成册。""汉代令文大多是前代留存诏书的集合。"这些令会根据先后顺序或事类内容编排成册,《津关令》、《王杖诏令册》便是"整理成册后的诏令集合实物"。(于洪涛《论敦煌悬泉汉简中的"厩令"——兼谈汉代"诏"、"令"、"律"的转化》,《华东政法大学学报》2015年第4期)

⑤ 《后汉书·孝章帝纪》。

⑥ 《汉书·文三王传》。

〔往〕者有司多举奏赦前事,累增罪过,诛陷亡辜。"所以诏书明令大赦前所犯罪过,一律不得牵涉。"赦令者,将与天下更始,诚欲令百姓改行絜己,全其性命也。"①并明确规定,违背诏书规定即为"亏恩",意即辜负皇恩,必须"以不道论"加以严惩,而且要写入法律,使天下人都知道。和帝诏曰:"选举良才,为政之本。科别行能,必由乡曲。而郡国举吏,不加简择,故先帝明勑在所,令试之以职,乃得充选。又德行尤异,不须经职者,别署状上。而宣布以来,出入九年,二千石曾不承奉,恣心从好,司隶、刺史讫无纠察。今新蒙赦令,且复申勑,后有犯者,显明其罚。在位不以选举为忧,督察不以发觉为负,非独州郡也。是以庶官多非其人。下民被奸邪之伤,由法不行故也。"②"德行尤异,不须经职者,别署状上。"这句话的意思是,对"德行尤异"的官员,无需走常规程序,逐级奏报,可以破格擢拔,单独上奏。可见,在"郡国举吏"过程中,有常规途径,也有破格路径,都需要按照奏诏模式走奏诏程序。有时则下诏直接修改法律。章帝诏曰:"令云'人有产子者复,勿筭三岁'。今诸怀妊者,赐胎养谷人三斛,复其夫,勿筭一岁,著以为令。"③汉法,"视事满岁乃得举。"顺帝即位,"施恩惠,虽未满岁,得令举人。"于是下诏,"(其)令郡国守相视事未满岁者,一切得举孝廉吏。"④

可见诏书可以随时改变任何传统和惯例,也可以随时创建任何制度和法律。所谓"定律著令"⑤是也。就秦汉而言,"汉律、令的来源是一样的,都来自于汉代君主的制诏。"一言之,"制诏是汉令的直接来源,也应当是汉律的主要来源。所以,制诏是汉代法律的第一形态,国家制定层面的法律主要是以制诏为质料加工而成的。"⑥就是说,"令的法形式即皇帝的诏书,诏书本身就是令。"⑦至于汉律则是"皇帝诏令积累至一定时期经过整理而成的成文法,即单行的命令汇编在某个特定篇名之下的法令集。"⑧是可知,诏书之于法律,"'律'一贯是通过皇帝'诏(令)'一条一条地制定的。"⑨诏书之于制度,一是改弦更张,废旧立新;一是拾遗补缺,开枝散叶。总之,"受诏所为,皆不从故事。"⑩所

---

① 《汉书·平帝纪》。
② 《后汉书·孝和帝纪》。
③ 《后汉书·孝章帝纪》。
④ 《后汉书·孝顺帝纪》,李贤注。
⑤ 《资治通鉴》卷49。
⑥ 秦涛《律令时代的"议事以制":汉代集议制研究》,第177、179页,中国法制出版社,2018年。
⑦ 〔日〕冨谷至《文书行政的汉帝国》,第37页,江苏人民出版社,2013年。
⑧ 〔日〕冨谷至《文书行政的汉帝国》,第33页,江苏人民出版社,2013年。
⑨ 〔日〕广濑薰雄《秦汉时代律令辨》,《中国古代法律文献研究》第7辑,社会科学文献出版社,2013年。
⑩ 《汉书·枚乘传》。

谓"皆不从故事",意味着诏书不受祖制成法、礼仪典章之约束,可自由行事。就此而言,"受诏所为"似乎被赋予了某种"自由行动权"。在诏书授权下,它可以不拘礼法,不守常规,自作主张。这是一种由诏书限定范围的自由行动。一朝天子一朝臣的前提是一代天子一代法。前帝想做还没做的事,新主直接下诏执行。吕太后诏曰:"前日孝惠皇帝言欲除三族罪、妖言令,议未决而崩,今除之。"[①]至于废除前朝法律更是轻而易举。

> (文帝)上曰:"法者,治之正也,所以禁暴而率善人也。今犯法已论,而使毋罪之父母妻子同产坐之,及为收帑,朕甚不取。其议之。"有司皆曰:"民不能自治,故为法以禁之。相坐坐收,所以累其心,使重犯法,所从来远矣。如故便。"上曰:"朕闻法正则民悫,罪当则民从。且夫牧民而导之善者,吏也。其既不能导,又以不正之法罪之,是反害於民为暴者也。何以禁之? 朕未见其便,其孰计之。"有司皆曰:"陛下加大惠,德甚盛,非臣等所及也。请奉诏书,除收帑诸相坐律令。"[②]

应劭曰:"秦法一人有罪,并坐其家室。今除此律。"[③]关键是这句话,"请奉诏书,除收帑诸相坐律令。"它意味着,奉诏书而制除律令,恰是诏书和法律关系的本质。[④] 元帝下诏,"其议律令可蠲除轻减者,条奏,唯在便安万姓而已。"成帝下诏,"其与中二千石、二千石、博士及明习律令者议减死刑及可蠲除约省者,令较然易知,条奏。……朕将尽心览焉。"[⑤]即便官员主动提出制定或废除法律之奏议,最终还是要得到皇帝认可和批准。廷尉郭躬"悉条诸文致重者四十余事,奏除之。"[⑥]所以,制定什么法律,完全由皇帝诏令决定。就是说,立法权仅在皇帝之手。"孝武征发烦数,人穷犯法,遂令张汤、赵禹条定法令,作见知故纵、监临部主之法,缓深故之罪,急纵出之诛。律令凡三百五十九章,大辟四百九条,千八百八十二事,死罪决事比万三千四百七十二事。文书既繁,主者不能遍睹,或罪同而论异。"[⑦]

---

① 《汉书·高后纪》。

② 《史记·孝文本纪》。

③ 《史记·孝文本纪》,三家注。

④ 这里举一个通过下诏随时调整和修正法律的具体例子。章帝赦天下"系囚在四月丙子以前减死罪一等,勿笞,诣金城,而文不及亡命未发觉者。郭躬上书,"圣恩所以减死罪使戍边者,重人命也。今死罪亡命无虑万人,又自赦以来,捕得甚众,而诏令不及,皆当重论。伏惟天恩莫不荡宥,死罪已下并蒙更生,而亡命捕得独不沾泽。臣以为赦前犯死罪而系在赦后者,可皆勿笞诣金城,以全人命,有益于边。"章帝下诏"赦焉"。(《后汉书·郭躬列传》)

⑤ 《汉书·刑法志》。

⑥ 《后汉纪》卷12。

⑦ 《通典》卷163。

以文帝诏为例,可观从皇帝诏令到帝国法令的完整程序。"今岁首,不时使人存问长老,又无布帛酒肉之赐,将何以佐天下子孙孝养其亲? 今闻吏廪当受鬻者,或以陈粟,岂称养老之意哉! 具为令。"文帝明确要求"使其备为条制",即使其成为可操作性的正式法令。这说明,第一,诏书和法律冲突时,诏书权威高于法律权威,从诏不从法;第二,诏书虽然具有法令性质和作用,但不等于规范意义上和普遍意义上的法律条文;第三,除非诏书明确要求"具为令",一般情况下,皇帝诏书未必一律制定为体系性的法令条款。这两点区分了诏书的法令性质和真正意义上的法令之间的深刻异同之处。在这里,既然文帝要求"具为令",它就需要从原则规定进一步细化为法令条文。"有司请令县道,年八十已上,赐米人月一石,肉二十斤,酒五斗。其九十已上,又赐帛人二疋,絮三斤。赐物及当禀鬻米者,长吏阅视,丞若尉致。不满九十,啬夫、令史致。二千石遣都吏循行,不称者督之。刑者及有罪耐以上,不用此令。"经过有司的细化,文帝诏令成为国家法令。它具备三个特点。一是"或县或道,皆用此制"的全国通用性;二是"循行有不如诏意者,二千石察视责罚之"的可核查性;三是"八十、九十之人虽合加赐,其中有被刑罪者,不在此赐物令条中"的身份限定性。[①] 不言而喻,这种从诏令到法令的具体过程,正是诏书权威性的实际体现。

在汉人眼中,不论诏书是否要求"著为令"或"具为令",均属于正式法律。所以,《汉书·刑法志》才会记载大量皇帝诏令。

> (景帝后)三年下诏:"高年老长,人所尊敬也;鳏寡不属逮者,人所哀怜也。其著令:年八十以上,八岁以下,及孕者未乳,师、朱儒当鞫系者,颂系之。"孝宣元康四年,下诏曰:"朕念夫耆老之人,发齿堕落,血气既衰,亦无暴逆之心,今或罗于文法,执于囹圄,不得终其年命,朕甚怜之。自今以来,诸年八十非诬告杀伤人,它皆勿坐。"成帝鸿嘉元年,定令:"年未满七岁,贼斗杀人及犯殊死者,上请廷尉以闻,得减死。"

尽管如此,亦有皇帝诏令经过廷臣朝议,未能成为正式法律的个别例子。比如,章帝下诏判案,恩赦为父杀人者,成为此后判案依据和援引案例。后来据此制定正式法律,有官员上书反对,被和帝接受。反对的理由是,不应滥施皇恩。可见诏令和律令之间充满各种变数。"有人侮辱人父者,而其子杀之,肃宗贳其死刑而降宥之,自后因以为比。是时遂定其议,以为轻侮法。"尚书张敏驳议,"夫轻侮之法,先帝一切之恩,不有成科班之律令也。夫死生之决,宜从上下,犹天之四时,有生有杀。若开兼容恕,著为定法者,则是故设奸萌,生长罪

---

① 《汉书·文帝纪》,颜注。

隙。……《春秋》之义,子不报雠,非子也。而法令不为之减者,以相杀之路不可开故也。今托义者得减,安杀者有差,使执宪之吏得设巧诈,非所以导"在丑不争"之义。"议寝不省。张敏复上疏,"未晓轻侮之法将以何禁? 必不能使不相轻侮,而更开相杀之路,执宪之吏复容其奸枉。议者或曰:'平法当先论生。'臣愚以为天地之性,唯人为贵,杀人者死,三代通制。今欲趣生,反开杀路,一人不死,天下受敝。"和帝从之。①

　　章帝的恩诏未能成为"轻侮法",只是个案,不足以表明诏令和律令之间的本质关系。② 事实上,皇帝诏旨不仅是法,还高于法,即能随时改变法律。③ 杜周为廷尉,"而善候司。上所欲挤者,因而陷之;上所欲释,久系待问而微见其冤状。客有谓周曰:'君为天下决平,不循三尺法,专以人主意指为狱,狱者固如是乎?'周曰:'三尺安出哉? 前主所是著为律,后主所是疏为令;当时为是,何古之法乎!'"师古曰:"著谓明表也,疏谓分条也。"④"著""疏"常被用于经学,却不知同样可以用于皇帝诏令和朝廷律令。⑤ 前主所诏对后主是律,后主所诏对后后主同样是律。在诏书意义上,律令齐一,律令不分,律令无殊。无论前主还是后主,所著所疏既是律令,又高于律令。皇帝著疏即为诏书,诏书即是

---

① 《后汉书·张敏列传》。

② 这里举三个臣子奏书被具为法令的例子,以作反证。廷尉郭躬"条诸重文可从轻者四十一事奏之,事皆施行,著于令。"(《后汉书·郭躬列传》)陈宠为司徒鲍昱府辞曹,"时司徒辞讼,久者数十年,事类溷错,易为轻重,不良吏得生因缘。宠为昱撰《辞讼比》七卷,决事科条,皆以事类相从。昱奏上之,其后公府奉以为法。"陈宠任职尚书时,又奏请章帝"宜改前世苛俗",章帝"敬纳宠言,每事务于宽厚。其后遂诏有司,绝钻钻诸惨酷之科,解妖恶之禁,除文致之请谳五十余事,定著于令。"另外,其子陈忠"奏上二十三条,为决事比,以省请谳之敝。又上除蚕室刑;解臧吏三世禁锢;狂易杀人,得减重论;母子兄弟相代死,听,赦所代者。事皆施行。"(《后汉书·陈宠列传》)综合观之,官员所奏之所以著为令、奉为法,是因为得到了皇帝诏可。所谓"事皆施行"表明这只能是皇帝颁诏实施的结果。还有一点不能忽视。臣子奏书一旦具为令,可能意味着奏文直接转化为诏文。"尚书令祝讽、尚书孟布等奏,以为'孝文皇帝定约礼之制,光武皇帝绝告宁之典,贻则万世,诚不可改。宜复建武故事'。"陈忠上疏反对,"宦竖不便之,竟寝忠奏而从讽、布议,遂著于令。"(《后汉书·陈宠列传》)这意味着祝讽的奏议成为诏书内容的唯一来源,从而成为正式法令。如果推测不错,祝讽、孟布之奏文将成为诏文。这样,安帝诏令可能就是,"孝文皇帝定约礼之制,光武皇帝绝告宁之典,贻则万世,诚不可改。复建武故事。"

③ 虽说一般情况下,诏大于法,但也有更为复杂的情况,这取决于制诏权的实际权威。江充"逢馆陶长公主行驰道中。充呵问之,公主曰:'有太后诏。'充曰:'独公主得行,车骑皆不得。'尽劾没入官。"据"令乙,骑乘车马行驰道中,已论者,没入车马被具。"(《汉书·江充传》,颜注)可见"诏""令"之冲突,亦有多种可能,不宜一概而论。

④ 《汉书·杜周传》。

⑤ 这种经律等观的现象并非巧合。律令简和经书简的长度一样,都是 3 尺或 2.4 尺。这意味着,"律文与经书拥有同等的权威。"([日]富谷至《文书行政的汉帝国》第 38 页,江苏人民出版社,2013 年)

法上之法，即"宪法"。不仅如此，诏书还是"法源"，即法律之本源。① "天下之事无小大皆决于上"说的是君，"专以人主意指为狱"说的是臣。二者合观，构成了皇权专制主义的完整本质。

三、下诏强化诏书权威

皇帝似乎都喜欢下诏督促朝廷公卿和郡国守相认真领会和执行诏书规定。"有不如吾诏者，以重论之。"②"勉思旧令，称朕意焉。""无违诏书。"③"思称朕意。"④在诏书语境中，"吾诏"、"诏书"、"旧令"、"朕意"一望而知，都是一个意思，都是皇帝对自己诏书或先帝诏书内容和作用的重申和强调。它意味着官员们必须按照诏书的要求去做。换言之，官员们所做符合诏书标准，皇帝才满意。这是因为，诏书是皇帝指导帝国官员行政治民的政策纲领。其实际地位不仅高于一般行政法规，也高于现行法律。"吾诏"即国法，"朕意"还是国法。但诏书有着更为复杂的意图和多重的功能。"吏人有罪未发觉，诏书到自告者，半入赎。"⑤这里通过下诏，重新厘定了诏令和律令之间的关系，并通过颁布新诏强化了人们对诏书的敬畏，以及由此包含的对皇帝的感恩。因为皇帝给了罪犯一个基于诏书而部分免罪的机会。这就是诏书彰显出来的莫大皇恩。

刘邦在称帝后最重要的一道诏书中，反复强调，官吏必须严格执行自己颁下的诏书，否则严惩不贷。"诸侯子及从军归者，甚多高爵，吾数诏吏先与田宅，及所当求于吏者，亟与。爵或人君，上所尊礼，久立吏前，曾不为决，甚亡谓也。……其令诸吏善遇高爵，称吾意。且廉问，有不如吾诏者，以重论之。"⑥

章帝对官员行政中的各种弊端提出了严厉指责，要求官员们必须牢记和遵守以前颁布的各种诏命规章，不辜负皇帝的期待和旨意。章帝痛斥百官，"吾诏书数下，冠盖接道，而吏不加理，人或失职，其咎安在？"胡三省云："冠盖接道，奉诏出使者相接于道也。"⑦可见章帝派遣传送诏书的专使很多，一道接一道的诏书，前赴后继，不绝于道。章帝对自己诏令没有被官员认真执行和实施很不满

---

① 在皇权社会，"皇权是至高无上的权威，皇帝颁发的诏令，是国家法律和政策的渊源。"（李振宏《居延汉简与汉代社会》第 113 页，中华书局，2003 年）
② 《汉书·高帝纪下》。
③ 《后汉书·孝章帝纪》。
④ 《汉书·成帝纪》。
⑤ 《后汉书·孝章帝纪》。
⑥ 《汉书·高帝纪下》。
⑦ 《资治通鉴》卷 47。

意。这表明章帝诏书的权威性并没有在各地得到很好体现。诏三公曰："其令有司，罪非殊死且勿案验，及吏人条书相告不得听受，冀以息事宁人，敬奉天气。……夫以苛为察，以刻为明，以轻为德，以重为威，四者或兴，则下有怨心。吾诏书数下，冠盖接道，而吏不加理，人或失职，其咎安在？勉思旧令，称朕意焉。"①胡三省认为旧令是指"故府之籍所疏载者"。② 似有不妥。所谓"旧令"不是律令，而是诏令。具体说，是指皇帝以前下的诏令。正因此，章帝才会说"称朕意焉"。意思是，要求官员认真学习体会皇帝以前颁布的诏书。因为，官员执行诏书的效果让章帝很不满意。章帝还警告郡县守令不得"稽留"诏书。"诏书既下，勿得稽留，刺史明加督察尤无状者。"③可见当时确有地方官扣留诏书者，或这种现象还相当普遍。所以，章帝才会要求刺史严肃督察和禁止此类现象。

下面再举几例，以观汉帝通过诏书训诫官员深刻领会诏书精神，认真执行诏书规定。

文帝诏曰："吾诏书数下，岁劝民种树，而功未兴，是吏奉吾诏不勤，而劝民不明也。"④

和帝诏曰："数诏有司，务择良吏。今犹不改，竞为苛暴，侵愁小民，以求虚名，委任下吏，假执行邪。是以令下而奸生，禁至而诈起。"又曰："往者郡国上贫民，以衣履釜鬵为赀，而豪右得其饶利。诏书实核，欲有以益之，而长吏不能躬亲，反更征召会聚，令失农作，愁扰百姓。"⑤

邓太后诏曰："自建武以来诸犯禁锢，诏书虽解，有司持重，多不奉行，其皆复为平民。"⑥

安帝诏曰："二千石长吏明以诏书，博衍幽隐，朕将亲览，待以不次，冀获嘉谋，以承天诫。"又曰："方今案比之时，郡县多不奉行。虽有糜粥，糠秕相半，长吏怠事，莫有躬亲，甚违诏书养老之意。"⑦

桓帝诏曰："诏书连下，分明恳恻，而在所翫习，遂至怠慢，选举乖错，害及元元。顷虽颇绳正，犹未惩改。"⑧

有时，皇帝会在诏书中提及原来诏书内容，可见诏书对地方行政的指导保

① 《后汉书·孝章帝纪》。
② 《资治通鉴》卷 47。
③ 《后汉书·孝章帝纪》。
④ 《汉书·文帝纪》。
⑤ 《后汉书·孝和帝纪》。
⑥ 《后汉书·孝殇帝纪》。
⑦ 《后汉书·孝安帝纪》。
⑧ 《后汉书·孝桓帝纪》。

持着一种连贯性。比如，章帝时"诏书辟士四科"，和帝下诏重申以前诏书内容。"郡国举吏，不加简择，故先帝明勅在所，令试之以职，乃得充选。又德行尤异，不须经职者，别署状上。而宣布以来，出入九年，二千石曾不承奉，恣心从好，司隶、刺史讫无纠察。今新蒙赦令，且复申勅，后有犯者，显明其罚。"①

皇帝巡行途中下诏，对沿路地方官提出具体要求，直接指导地方官行政。明帝巡狩至偃师，"诏亡命自殊死以下赎：死罪缣四十匹，右趾至髡钳城旦春十匹，完城旦至司寇五匹；犯罪未发觉，诏书到日自告者，半入赎。"②章帝巡狩至河内，下诏，"车驾行秋稼，观收获，因涉郡界。皆精骑轻行，无它辎重。不得辄修道桥，远离城郭，遣吏逢迎，刺探起居，出入前后，以为烦扰。动务省约，但患不能脱粟瓢饮耳。所过欲令贫弱有利，无违诏书。"③章帝有次巡狩，对沿途郡国守相统一发布了一道诏书。"告常山、魏郡、清河、钜鹿、平原、东平郡太守、相曰：'朕惟巡狩之制，以宣声教，考同遐迩，解释怨结也。……前祠园陵，遂望祀华、霍，东紫岱宗，为人祈福。今将礼常山，遂徂北土，历魏郡，经平原，升践堤防，询访耆老。……今肥田尚多，未有垦辟。其悉以赋贫民，给与粮种，务尽地力，勿令游手。所过县邑，听半入今年田租，以劝农夫之劳。'"④

四、诏书的实施效果

（一）朝廷

武帝诏书成为故事。公孙弘为丞相，"先是，汉常以列侯为丞相，唯弘无爵，上于是下诏曰：'……其以高成之平津乡户六百五十封丞相弘为平津侯。'其后以为故事，至丞相封，自弘始也。"⑤

诏书在执行过程中，向来不会轻松地一帆风顺。对皇帝诏书，朝臣也是有选择的遵行。文帝诏令列侯们都回到封地，可列侯们很有抵触情绪。文帝希望丞相周勃能带头回到封国。"前日吾诏列侯就国，或未能行，丞相吾所重，其率先之。"于是，周勃"免相就国"。⑥

诏书在司法实践中的作用具有最为显著的矛盾性。有时是滥用诏令。鲍

①《后汉书·孝和帝纪》，李贤注。
②《后汉书·孝明帝纪》。
③《后汉书·孝章帝纪》。
④《后汉书·孝章帝纪》。
⑤《汉书·公孙弘传》。
⑥《史记·绛侯周勃世家》。

昱对章帝说:"先帝诏言,大狱一起,冤者过半。"① 有时是不用诏令。司法部门对皇帝诏书常常阳奉阴违。比如,诏狱不行赦令,有负皇恩。"诏书赦,或有不从此令。"史称,诏狱"一岁至千馀章。章大者连逮证案数百,小者数十人;远者数千,近者数百里。会狱,吏因责如章告劾,不服,以笞掠定之。於是闻有逮皆亡匿。狱久者至更数赦十有馀岁而相告言,大抵尽诋以不道以上。廷尉及中都官诏狱逮至六七万人,吏所增加十万馀人。"② 又如,大辟律条成千上万,汗牛充栋,成帝诏令有司"与中二千石、二千石、博士及明习律令者议减死刑及可蠲除约省者,令较然易知,条奏。"史称,司法官员"不能因时广宣主恩,建立明制,为一代之法,而徒钩撦微细,毛举数事,以塞诏而已。"③

诏书制裁皇亲国戚往往打折,甚至朝令夕改,沦为虚文。傅太后堂侄傅迁"尤倾邪,上免官遣归故郡。傅太后怒,上不得已复留迁。"丞相孔光和大司空师丹批评,诏书反复无常,丧失威严,"天下疑惑,无所取信,亏损圣德,诚不小愆。"④ 胡三省云:"哀帝之时,傅氏固为骄横,然史家所记如此等语,意其出于王氏爱憎之口。"⑤

(二) 郡县

郡县守令行政的一项主要职责就是颁布、宣讲和推行皇帝诏令。⑥ 正因

① 《后汉书·鲍永列传》。
② 《史记·酷吏列传》,三家注。
③ 《汉书·刑法志》。
④ 《汉书·孔光传》。
⑤ 《资治通鉴》卷33。
⑥ 敦煌汉简有一条"知令",详细规范了诏令在郡县公布的具体程序。"知令,重写令移书到,各明白大扁书市里官所、寺、舍、门、亭、燧、中。令吏卒民尽讼(诵)知之。且遣吏循行问吏卒凡知令者,案论尉丞、令丞以下,毋忽。如律令。敢告卒人。"该程序有三个环节。一是"誊抄公布"。"公布令文首先需要重新抄录并传输到上述简文中所规定的地点,然后以扁书的形式进行书写和悬挂。在誊抄诏令的格式上,敦煌汉简中也有明确的规定,'诏书必明白大书,以两行著故恶泽诏书。无嘉德,书佐方宜以二尺两行与嘉德长短等者以便宜从事,毋令刺史到,不谨办致案,毋忽'。二是"讼诵核验"。"组织官吏、兵卒、民众并诵读诏书,使其明白诏书命令的内容,实际上起到了聚集与教化民众的作用。"三是"誊抄的时间与发出的机构。这也是基本诏书的格式,有的则会记录诏书的字数。"(于洪涛《论敦煌悬泉汉简中的"厩令"——兼谈汉代"诏"、"令"、"律"的转化》,《华东政法大学学报》2015年第4期)富谷至对"明白大扁书"的解释颇为精到。"'明白大扁书'应该解释为:'将命令大笔书写在众人目光所及之处,以便任何人都能一目了然。'这是一种带有象征意义的告知札一样的东西,为了让包括目不识丁者在内的所有百姓都能了解简文内容,将其张挂在乡亭、里门等处,然后由书记官当众宣读。'讽诵'这种口头传达行为与'扁书'这种书写行为之所以同时出现,其原因正在于此。……可以想象,众人不可能全都能够阅读、理解文书的内容。即使将其扁书于行政末端的里和燧,大家也不可能将看到的所有文字都读解出来。百姓一般通过口头说明的方式获知命令内容,然而,这里(转下页)

此,这才成为刺史行部问事的主要内容之一。"山东吏布诏令,民虽老羸癃疾,扶杖而往听之,愿少须臾毋死,思见德化之成也。"①既然山东有此做法,其他地方官府也应有类似措施。虽然可能未必每地皆有。值得注意的倒是民众的态度和反应。"虽老羸癃疾,扶杖而往听之",可见纯属民众自发行为,因为他们"愿少须臾毋死,思见德化之成"。这是民众"扶杖而往"听宣诏命的心理需求和思想动力。不过,文景时的"吏布诏令"到昭宣时的"吏不奉宣",事情已经发生了变化。宣帝"垂意于治,数下恩泽诏书,吏不奉宣。"即"不令百姓皆知。"②于是,宣帝下诏申饬,"数申诏公卿大夫务行宽大,顺民所疾苦。……今吏或以不禁奸邪为宽大,纵释有罪为不苛,或以酷恶为贤,皆失其中。奉诏宣化如此,岂不缪哉!"③显然,这需要新型良吏,即以贯彻圣谕为己任的帝国官吏。某种意义上,"奉诏宣化"已逐渐成为帝国官吏的自觉意识。边陲之地的居延官员也不忘上书建议,"圣恩宜以时布,县厩置驿骑行诏书。"④身体力行者首推政教昌明之地的颍川太守黄霸。似乎针对俗吏不令百姓知晓皇帝恩惠的行为,黄霸"为选择良吏,分部宣布诏令,令民咸知上意。"⑤在这个背景下,"诏书每下,民欣然若更生,"⑥逐渐由理想成为现实。⑦

如果皇帝下发明诏,面对全国民众,受众自然非常广泛,包括边塞戍卒。⑧ 王莽诏书曾反复强调要在大街小巷的道路显眼处,书写和张贴诏令,使吏民能随时随地看到诏书,牢记于心。⑨ "扁书乡亭市里显见处,令吏民尽诵之。""明白扁乡亭市里显见处,令吏民尽知之。"⑩至于士人学子,他们对诏书的

(接上页)必须有象征性的权威,而承载这种权威的,正是在适当场所'明白大扁书'的文书。"([日]冨谷至《文书行政的汉帝国》,第109页,江苏人民出版社,2013年)

① 《汉书·贾山传》。

② 《汉书·循吏传》,颜注。

③ 《汉书·宣帝纪》。

④ 马怡、张荣强主编《居延新简释校》下册,第760页,天津古籍出版社,2013年。

⑤ 《汉书·循吏传》。

⑥ 《汉书·王吉传》。

⑦ 直到新莽,奉诏宣德依然是朝廷倡导的为吏之道的首要原则。"吏者,理也。宣德明恩,以牧养民,仁之道也。抑强督奸,捕诛盗贼,义之节也。"(《汉书·王莽传下》)

⑧ 据李振宏研究,屯戍组织作为军事性组织,"在传达学习朝廷政策法令方面,当有更严格的要求。居延汉简中大量的诏令简说明了这一点。"屯戍吏卒的学习内容,主要是"当朝现行的天子诏令、政策法令"和"建汉以来的各项法令文书"。比如,武帝设立的张掖郡广泛流行着文帝诏书。"文帝的养老诏令,武帝继续沿用,当然也就是屯戍吏卒仍需学习的法令条文。"(李振宏《居延汉简与汉代社会》,第112—115页,中华书局,2003年)

⑨ 可以想象,早期帝国的城乡道路布满了这类写有诏书的"标语牌"和"广告牌"。

⑩ 参见马怡《"始建国二年诏书"册所见诏书之下行》,《历史研究》2006年第5期。

了解和熟悉程度,显然非聆听宣诏的普通百姓可比。某种意义上,他们就像掌握诏书精神和律令条文的民意代表。尤其是太学生。他们对皇帝诏书绝不陌生。桓帝要求"四府群僚及太学能言之士"讨论"改铸大钱"。太学生刘陶上书,"臣伏读铸钱之诏,平轻重之议,访覃幽微,不遗穷贱,是以藿食之人,谬延逮及。"①可见每个上书者都能亲眼看到皇帝诏书。这说明,诏书下发的范围在整个帝国具有相当的覆盖面。而且顾及到了不同阶层和人群。

通常情况下,朝廷为郡县守令掾吏制定的法律皆需以诏书的形式颁布天下。"盗贼并起,郡县更相饰匿,莫肯纠发。"陈忠上疏安帝,"宜悬增旧科,以防来事。自今强盗为上官若它郡县所觉,一发,部吏皆正法,尉贬秩一等,令长三月奉赎罪;二发,尉免官,令长贬秩一等;三发以上,令长免官。便可撰立科条,处为诏文,切勅刺史,严加惩罚。"②是可知,诏书往往会直达帝国的基层官吏。③ 比如,第五伦作为京兆尹署下的督铸钱掾,只是一个管理长安市场的基层小吏,却能经常读到皇帝诏书。"第五伦每见光武诏书,常叹曰:'此圣主也,当何由一得见快矣。'等辈笑之曰:'汝三皇时人也,说将尚不下,安能动万乘主耶?'伦曰:'未遇知己,道不同故耳。'"④一个不起眼的基层小吏竟然能直接接触到皇帝诏书。这或许有赖于三辅的特殊地理位置。但一个西京的市场掾吏竟有机会经常看到皇帝诏书,也足以说明问题。它暗示出某种普遍性。即一般的地方官吏同样拥有大体类似的机会看到皇帝诏书,甚至包括边郡小吏也有条件看到诏书。至于县令一级的地方官员读诏也算是他们的日常工作之一。许令马融"自县上书曰:'伏读诏书,陛下深惟禹、汤罪己之义,归咎自责。'"⑤无论"伏读诏书",还是"每读诏书",⑥都表明直接和民众打交道的帝国官吏确实能经常接触到皇帝诏书。他们以一种双手捧读的方式表达了对诏书的敬畏和虔诚。⑦

---

① 《后汉书·刘陶列传》。

② 《后汉书·陈宠列传》。

③ 班彪卒,班固归乡守丧。"固以彪所续前史未详,乃潜精研思,欲就其业。既而有人上书显宗,告固私改作国史者,有诏下郡,收固系京兆狱,尽取其家书。"(《后汉书·班彪列传上》)可见明帝这道诏书是直接下发郡守,令地方官将班固押送京师监狱,而不是诏令朝廷司法官员到地方将班固拘拿进京。

④ 《东观汉记》卷16。

⑤ 《后汉书·五行志六》,刘昭注。

⑥ 《后汉书·第五伦列传》。

⑦ 当然,地方官吏也可能采用仰首拜读悬挂在墙壁或柱子上的诏书的姿态。"光武中兴以来,五曹诏书,题乡亭壁,岁补正,多有阙误。(顺帝)永建中,兖州刺史过翔,笺撰卷别,改著板上,一劳而久逸。"(《风俗通义》"佚文")要想皇帝诏令真正指导地方工作,必须置于人们目光所及之处,成为吏民日日温习、念兹在心的生活规范和道德信条。这样,光武后,有了将"五曹诏书,题乡亭壁"的习(转下页)

　　某种意义上,治理郡县的理想状态就是"奉宣诏书"的无为而治或垂拱而治。太守"奉宣诏书"而行"卧治",具体的行政事务和日常管理则由掾吏打理。比如,由功曹"简贤选能",主簿"拾遗补阙"。可见这是一种理想化的也是一种正常的郡县治理模式。王涣为太守陈宠功曹,"宠风声大行,入为大司农。和帝问曰:'在郡何以为理?'宠顿首谢曰:'臣任功曹王涣以简贤选能,主簿镡显拾遗补阙,臣奉宣诏书而已。'"①值得注意的是,在这种郡县治理模式中,皇帝诏书发挥着一种驾驭全局的指导性作用。② 如果诏书有新的规定和要求,显然将成为郡县下一步工作的主要内容,从而影响到郡县工作的整体安排和部署。③

　　朝廷下发诏书到郡县,郡守根据诏书内容,同时结合本地情况,为落实诏书往往需要制定一些相关的本地条教。可见条教和诏书有着内在联系。所谓"施行诏条"就是在当地具有行政权威性的政策法规。正因此,诏书和条教便是衡量郡县掾吏素质的一项重要指标。那些"以施行诏条问之,皆晓其事"的人自然最受欢迎。王尊"求为狱小吏。数岁,给事太守府,问诏书行事,尊无不对。太守奇之,除补书佐,署守属监狱。"④

　　地方官推行新政需上报朝廷,经皇帝批准。如果措施不当,反而可能受到诏命严饬。凉州刺史宋枭"患多寇叛",征询长史盖勋意见,"凉州寡于学术,故屡致反暴。今欲多写《孝经》,令家家习之,庶或使人知义。"盖勋认为,"昔太公封齐,崔杼杀君;伯禽侯鲁,庆父篡位。此二国岂乏学者? 今不急静难之术,遽

(接上页)惯做法。这等于说,直接将皇帝诏书抄写在乡亭墙壁上。但有个问题,所谓五曹诏书,即尚书台拟制或通过尚书台下发的诏书。情理言之,五曹诏书肯定不止一道,乡亭墙壁空间有限,是否要用新诏书覆盖旧诏书? 这是否意味着,乡亭墙壁上书写的始终是最新一道诏书? 既如此,墙上诏书频繁更换,一般不易出现"阙误"。没有阙误,也就无需"岁补正"。可见一年修补一次是常态。顺帝时,有的地方官改变了做法。将原来抄写在墙上的诏书,改写在木板上,谓之扁书。扁书实乃专写诏书的木板,类似现在竖立在路边或墙下的"语录牌"或"标语牌"。显然,扁书挂在墙壁上。它的好处是,字迹不易脱落或颜色变淡而保持原样,同时,更换写有新诏书的木板也很方便。从常理看,扁书的尺寸应该比较大,写在上面的诏书字体也应该相当大,否则挂在墙壁很难看清,需要引用的时候很麻烦。不过,还有一种可能。这些悬挂墙上的诏书并非全文,而是关键词句的摘录。这有点像现代人在办公室张贴"领袖语录"或机关走廊、学校教室张贴名人格言的做法。此外,值得注意的是,所谓"笺撰卷别,改著板上",似乎也可以理解为将写有诏书的纸张粘贴在木板上。但无论何种做法,其效果都不可能真正做到一劳永逸。

① 《后汉书·循吏列传》。
② 比如,"上赦者人数太守府别之,如诏书。"(胡平生、张德芳编撰《敦煌悬泉汉简释粹》,第115页,上海古籍出版社,2001年)
③ 西汉末期,地方官衙常把朝廷诏书集中抄写在墙壁上,目的一是为了便于阅读,二是为了经常阅读。这说明,地方官行政需要了解并掌握诏书内容。可见,诏书始终是地方官施政的最新政策和一般原则。
④ 《汉书·王尊传》,颜注。

为非常之事,既足结怨一州,又当取笑朝廷,勋不知其可也。"宋枭固执己见,"遂奏行之。果被诏书诘责,坐以虚慢征。"①

地方荐举人才必须严格按照皇帝诏书要求。否则,朝廷官员就会据此挑剔和指责。尚书令左雄上言顺帝,"请自今孝廉年不满四十,不得察举,皆先诣公府,诸生试家法,文吏课笺奏,副之端门,练其虚实,以观异能,以美风俗。有不承科令者,正其罪法。若有茂才异行,自可不拘年齿。"经顺帝认可,完成了奏诏之间的程序转换,即奏书以"制曰可"的诏书形式"班下郡国"。史称,"有广陵孝廉徐淑,年未及举,台郎疑而诘之。对曰:'诏书曰"有如颜回、子奇,不拘年齿",是故本郡以臣充选。'郎不能屈。雄诘之曰:'昔颜回闻一知十,孝廉闻一知几邪?'淑无以对,乃遣还郡。于是济阴太守胡广等十余人皆坐谬举免黜,唯汝南陈蕃、颍川李膺、下邳陈球等三十余人得拜郎中。自是牧守畏栗,莫敢轻举。"②对诏书的执行情况是考核地方官的重要指标。所以,颁诏之后,需要据此对地方官实行奖惩。

落实诏书既关乎奏诏模式,也关系地方吏治。三公普遍认为诏令很好,守令却辜负皇帝。皇帝爱民如子,牧守却麻木不仁。比如,司徒鲁恭上疏,"诏书忧万民,而郡国〔讬〕(记)言劳来贫民,多为烦扰,逮证一人,有疑罪,延及良人数十人,上逆时气,妨废农功。"③又如,司空第五伦上书章帝,认为诏书对改善地方政治作用有限,原因不在皇帝,而在州郡官吏。"前岁诛刺史、二千石贪残者六人。斯皆明圣所鉴,非群下所及。然诏书每下宽和而政急不解,务存节俭而奢侈不止者,咎在俗敝,群下不称故也。"④诏书的实施效果不佳,并非诏书内容本身之故,而是官员素质造成的。他们没有尽职尽责地按照皇帝诏书去做。这是一种"歪嘴和尚念坏经"的逻辑。

这使官员们对地方吏治毫无信心。即便有些事情很严重,地方官依然欺下瞒上,敷衍了事,既不上报朝廷,也不认真处理,只有靠皇帝下诏督促执行,才能产生些许效果。刘陶、乐松、袁贡连名上疏,"今张角支党不可胜计。前司徒杨赐奏下诏书,切勑州郡,护送流民,会赐去位,不复捕录。唯会赦令,而谋不解散。四方私言,云角等窃入京师,觇视朝政,鸟声兽心,私共鸣呼。州郡忌讳,不欲闻之,但更相告语,莫肯公文。宜下明诏,重募角等,赏以国土。有敢回避,与

---

① 《后汉书·盖勋列传》。
② 《后汉书·左雄列传》。
③ 《后汉纪》卷16。
④ 《后汉书·第五伦列传》。

之同罪。"①

诏书在郡县的执行力度和实施状况,尤以司法决狱方面,表现得最为复杂多变。诏令的特点是令行禁止,不得拖延。有的地方官变相拒诏,接到赦诏却不放人。勃海太守周纡"每赦令到郡,辄隐闭不出,先遣使属县尽决刑罪,乃出诏书。"②贾淑"为舅宋瑗报雠于县中,为吏所捕,系狱当死。……被赦,县不宥之,郡上言,乃得原。"③

军事方面亦有类似情况。海贼张伯路等数千人反,"烧官寺,出系囚",遣御史中丞王宗持节"发幽、冀诸郡兵",征庞雄为青州刺史,与王宗并力讨贼。"会赦诏到,贼犹以军甲未解,不敢归降。于是王宗召刺史太守共议,皆以为当遂击之。"庞雄认为,"贼若乘船浮海,深入远岛,攻之未易也。及有赦令,可且罢兵,以慰诱其心,执必解散,然后图之,可不战而定也。"王宗随即罢兵。④

(三) 刺史

在地方政治或郡县行政中,诏书的权威性固然毋庸置疑,另一方面,沦为虚文,视为虚设,亦属常态。"今典州郡者,自违诏书,纵意出入。每诏书所欲禁绝,虽重恳恻,骂詈极笔,由复废舍,终无悛意。故里语曰:'州郡记,如霹历,得诏书,但挂壁。'"⑤诏书下行,奏诏模式难免发生某种"县官不如现官"的效果变异。这种重条教轻诏令的现象虽是东汉中期人的观察,但也可以想见东汉初乃至西汉一定有某些类似情景。⑥

或许正因此,奉诏或不奉诏成为考核地方官尤其郡守的重要指标。"武帝元封五年初置部刺史,掌奉诏条察州,秩六百石,员十三人。"⑦刺史"六条问事"的第二条即是"二千石不奉诏书遵承典制,倍公向私,旁诏守利,侵渔百姓,聚敛

---

① 《后汉书·刘陶列传》。
② 《后汉书·酷吏列传》。东观《记》多了两个时间细节。"赦令诏书到门不出,夜遣吏到属县尽决罪行刑。坐征诣廷尉,系狱数日,免归。"(《东观汉记》卷18)"夜遣吏"和"系狱数日"联系起来,整个叙事显得生动异常。
③ 谢承《后汉书》卷4,《八家后汉书》。
④ 《后汉书·法雄列传》。
⑤ 崔寔《政论》,《全后汉文》卷46。
⑥ 值得注意的是,"在汉简中,'教'字会改行大写,或者会用悬针笔法书写,和'令'、'制'、'诏'相同,都是旨在将命令的权威性在视觉上表现出来。"([日]冨谷至《文书行政的汉帝国》第156页,江苏人民出版社,2013年)可见凸显条教的权威性是地方官吏公文书写的格式要求。
⑦ 《汉书·百官公卿表上》。

为奸"。① 刺史"常以春分行部"②,"岁尽辄奏事京师也。"③看来最初刺史巡行需要几乎一整年的时间。即年初出行,年终回京复命。变化始于东汉。光武时,"初断州牧自还奏事。"④大概此后,刺史行部时间改为秋季。"诸州常以八月巡行郡国,录囚徒,考殿最。"⑤

刺史行部有时可便宜行事,即便有越权之嫌。"李寿为青州刺史,〔发玺书〕于本县传舍,乘法驾骓骖朱轩就路。其所经历州县,瞻察牧守长史政治优劣,若有惠爱节操清好未闻者,远听特表荐;有贵戚豪侠子弟在我贪残为人所疾者,有司畏忌不敢言举者,亦当随时案奏贬罚之。"李寿表示,"臣以为政宜一统,虽非所部,夫东家有犬,不忍见西家之有鼠,臣之所见,敢不以闻。"史称,"奏免四郡相,百城怖惧,悉豫弃官。"⑥

另一方面,刺史按察超出"六条问事",视为滥权,需受弹劾。丞相司直郭钦奏劾豫州牧鲍宣"举错烦苛,代二千石署吏听讼,所察过诏条"。意思是,鲍宣代行郡守时,用权"出六条之外"。鲍宣坐免。⑦

州郡刺守行县,除了按察地方吏治政绩狱情风俗,就是颁布诏书。全椒长刘平"政有恩惠,百姓怀感,人或增赀就赋,或减年从役。刺史、太守行部,狱无系囚,人自以得所,不知所问,唯班诏书而去。"⑧所谓"唯班诏书",意即简单宣布了一下诏书。

值得注意的是,刺史行部之外,朝廷还设有博士"使行风俗"制度。益州刺史王尊"居部二岁,怀来徼外,蛮夷归附其威信。博士郑宽中使行风俗,举奏尊治状,迁为东平相。"⑨博士"使行风俗"和刺史以"六条问事"似有某种重叠,却各有重点,形成相互监督之势。可见,皇帝对地方吏治的重视和警惕。这是一种双保险的制度设计。皇帝在任命郡国守相时,已经做了第一次审查;继而又派刺史定期检查地方官工作得失;随后再派博士巡视天下风俗,督察地方吏治,起到了一种对地方官政绩进行复查的作用。

---

① 《汉官典职仪》云:"刺史班宣,周行郡国,省察治状,黜陟能否,断治冤狱,以六条问事,非条所问,即不省。"(《汉书·百官公卿表上》,颜注)《后汉书·百官志五》文字大同小异,却在"刺史班宣"之前,有"诏书旧典"四字,表明这是一种循诏例行的全国官场大检查。
② 《资治通鉴》卷21,胡注。
③ 《汉书·翟方进传》,颜注。
④ 《后汉书·光武帝纪下》。
⑤ 《资治通鉴》卷21,胡注。
⑥ 谢承《后汉书》卷7,《八家后汉书》。
⑦ 《汉书·鲍宣传》,颜注。
⑧ 《后汉书·刘平列传》。
⑨ 《汉书·王尊传》。

（四）民间

皇权是否真正深入民间，向来不是问题。问题是，皇权深入民间的程度，以及支配的力度。这主要体现在诏书在民间传播和实施情况。

秦灭六国过程中，已开始有计划地抓捕和消灭有社会影响力的士人。比如，始皇下诏，通缉张耳、陈馀。"秦灭魏数岁，已闻此两人魏之名士也，购求有得张耳千金，陈馀五百金。张耳、陈馀乃变名姓，俱之陈，为里监门以自食。两人相对。里吏尝有过笞陈馀，陈馀欲起，张耳蹑之，使受笞。吏去，张耳乃引陈馀之桑下而数之曰：'始吾与公言何如？今见小辱而欲死一吏乎？'陈馀然之。秦诏书购求两人，两人亦反用门者以令里中。"意思是，二人"自以其名而号令里中，诈更别求也。"①张耳、陈馀利用始皇通缉自己的诏书，成为炫耀自己的优越身份和特殊权威，同时对其他人发号施令。这似乎表明，或许因为六国存在普遍的反秦情绪，始皇诏书尚未在民间真正确立权威，故而人们对始皇通缉令表现出不以为然的态度。

至于始皇帝亲自督办的重大诏案，均未按时破获。比如，给始皇帝求仙药的侯生、卢生亡去后，应该没有缉捕归案。又如，"有坠星下东郡，至地为石，黔首或刻其石曰'始皇帝死而地分'。始皇闻之，遣御史逐问，莫服，尽取石旁居人诛之，因燔销其石。"②再如，张良"得力士，为铁椎重百二十斤。秦皇帝东游，至博狼沙中，良与客狙击秦皇帝，误中副车。秦皇帝大怒，大索天下，求贼急甚。"③张良、张耳、陈余皆是秦始皇诏捕的通缉犯，却始终逍遥法外。可见始皇帝诏令在地方执行的实际情况并不乐观。另外，人们素来称道秦政重法，法制严明，效率极高，但对始皇帝严令缉捕的首要政治犯，即便大索天下，也是一筹莫展，一无所获。不妨假设，倘若张良被抓，必定被杀，那么刘邦说的运筹帷幄决胜千里便不可能了。果如此，刘邦也就难以称帝了。可见，正是始皇帝诏命未能真正贯彻执行，最终埋下了秦帝国覆灭的祸根。秦帝国可谓成亦法，败亦法。

反观汉初刘邦下诏缉拿锺离眛、蒯通和季布，显得轻而易举。汉初形势复杂，危机四伏，刘邦对局面的掌控显得有些力不从心。他喟叹，"陈豨反，赵代地皆豨有。吾以羽檄征天下兵，未有至者。"④但刘邦对相关信息仍有足够掌握。

---

① 《史记·张耳列传》，三家注。
② 《史记·秦始皇本纪》。
③ 《汉书·张良传》。
④ 《汉书·高帝纪下》。

他通缉的人没有一个漏网。这点明显强于始皇帝。比如，项羽部将锺离眜素与韩信交好，项羽死后，投奔韩信。"汉王怨眜，闻其在楚，诏楚捕眜。"锺离眜对韩信说："若欲捕我以自媚於汉，吾今日死，公亦随手亡矣。"卒自刭。"信持其首，谒高祖於陈。上令武士缚信，载后车。"[①]又如，季布是项籍部将，"数窘汉王。项籍灭，高祖购求布千金，敢有舍匿，罪三族。"季布先是藏到了濮阳周氏家，在周氏安排下，又来到了鲁地朱家。紧接着，朱家去雒阳见了汝阴侯滕公，希望他给刘邦疏通讲情。"滕公心知朱家大侠，意布匿其所，乃许诺。侍间，果言如朱家指。上乃赦布。"[②]再如，高帝诏捕齐辩士蒯通。"通至，上欲亨之，曰：'若教韩信反，何也？'通曰：'……天下匈匈，争欲为陛下所为，顾力不能，可殚诛邪！'上乃赦之。"[③]这或许说明，第一，秦汉皇帝诏书的执行力度和实际效果差别很大。这和人们对秦朝的严苛法律和执法水平的习惯印象截然相反。第二，秦汉民众对皇帝诏书的态度迥然有别。简单说，秦帝诏书在民间产生的反馈很消极，效果不好；相反，汉人对皇帝诏书的反应就很积极。据此，不光可以说明，秦汉人们对本朝统治的认可程度高下悬殊，也能看出秦祚短暂和汉祚长久之必然。

但我们必须注意，汉帝诏书在具体实施过程中，也存在行动不力、效果不佳的现象。比如，武帝时，南越反，"卜式上书愿死之。天子下诏褒扬，布告天下，天下莫应。列侯以百数，莫求从军。"[④]"天子既下缗钱令而尊卜式，百姓终莫分财佐县官，于是告缗钱纵矣。"[⑤]又如，哀帝诏罢乐府官，"然百姓渐渍日久，又不制雅乐有以相变，豪富吏民湛沔自若。"[⑥]

有时出于道义，有些士人也会公然抗命，蔑视诏令。南阳人董班"宗事李固，……闻固死，乃星行奔赴，哭泣尽哀。司隶案状奏闻，天子释而不罪。班遂守尸积十日不去。桓帝嘉其义烈，听许送丧到汉中，赴葬毕而还也。"[⑦]

有些诏书由于种种原因，流传到社会上。比如，"明德后诏书流布，咸称至德，王主诸家，莫敢犯禁。广平、巨鹿、乐成王在邸，入问起居，帝望见车骑鞍勒皆纯黑，无金银彩饰，马不踰六尺，于是以白太后，即赐钱各五百万，于是施亲

---

① 《史记·淮阴侯列传》。
② 《汉书·季布传》。
③ 《汉书·蒯通传》。
④ 《汉书·武帝纪》，颜注。
⑤ 《史记·平准书》。
⑥ 《资治通鉴》卷 33。
⑦ 《后汉书·李固列传》，李贤注。

戚,被服自如。"①可见,明德太后诏书流传于世,也就是在社会上广为流传,得到人们的广泛称赞。

诏书在下发郡县官府时,有些诏书很容易从官府流向社会。这样,一些有身份的士人和士绅就有可能获得诏书抄件,或自己也抄写某些对自己生活有影响、有关系的诏书。现在出土的一些简牍诏书,其实就是这类性质的诏书。

这或许表明,当时社会上私刊偷写诏书的现象颇为普遍。不过,这显然不被允许,而是一种颇具风险的事情。正因此,民众私自刊刻抄写诏书,成为一桩被指控的重罪。魏郡人霍谞的舅舅宋光"为人所诬,引〔以〕刊定诏书系洛阳狱,考讯楚毒"。年仅十五岁的霍谞奏记大将军梁商求情。霍谞年纪虽轻,却人情练达,知道从何处下手。他依据人情证明他舅舅根本没有刊写诏书的动机和理由。"请以人情平之。光衣冠子孙,径路平易,位极州郡,日望征辟,亦无瑕秽纤介之累,无故刊定诏书,欲何救解? 就有所疑,当以道理求便,安能触冒死祸,以解微细? 譬诸附子疗饥,鸩毒止渴,未入腹胃,咽喉已绝,岂可为哉!"进而说明,"光不定制书,情既可原,台阁执事,知而不治,吁嗟紫宫之门,泣血两观之下,伤和致灾,为害滋甚。"梁商"嘉谞辞意,即奏原光罪。"②

(五) 党锢

围绕党锢之祸,可以看出皇帝诏书在郡县的实际执行情况,以见其诏书之权威性。"党人之名书在王府,诏书每下,辄伸党人之禁。"③尽管如此,党人逃亡者依旧不少。刘表与张俭等"俱被讪议,号为'八顾'。诏书捕案党人,表亡走得免。"④

逃亡的党人受到了地方官吏和民众的庇护和帮助。以范滂和张俭为例。"大诛党人,诏下急捕滂等。督邮吴导至县,抱诏书,闭传舍,伏床而泣。滂闻之,曰:'必为我也。'即自诣狱。县令郭揖大惊,出解印绶,引与俱亡。曰:'天下大矣,子何为在此?'滂曰:'滂死则祸塞,何敢以罪累君,又令老母流离乎!'其母就与之诀。"⑤"张俭为中常侍侯览所怨,览为刊章下州郡,以名捕俭。"张俭投奔孔褒,弟弟孔融在家,"因留舍之。后事泄,国相以下,密就掩捕,俭得脱走,遂并收褒、融送狱。"兄弟争相担罪。吏问其母,其母担责。"郡县疑不能决,乃上谳

---

① 《东观汉记》卷 6。
② 《后汉纪》卷 18。
③ 《后汉纪》卷 23。
④ 《后汉书·刘表列传》。
⑤ 《后汉书·党锢列传》。

之。诏书竟坐褒焉。"①这固然说明民心所向,但更重要的是,它表明社会上普遍弥漫着一种对朝廷的不信任,它具体表现为人们基于内心良知和道义而对诏书权威性的轻视。

五、不敬诏书

景帝在平定七国之乱期间,颁布了一道最为严厉的"诏书保障法",保障诏书不打折扣地得到落实执行。吴王刘濞兵败,景帝制诏,"将军其劝士大夫击反虏。击反虏者,深入多杀为功,斩首捕虏比三百石以上皆杀,无有所置。敢有议诏及不如诏者,皆要斩。"②臣子议论诏书以及不遵诏书行事,一律腰斩。虽然这是一道平叛战乱的诏书,其霹雳手段固然与战事有关,但绝不意味着严惩拒诏是例外。

诏书在皇权政治中的真实权威不容置疑,但并非毫无挑战。从朝廷到郡县似乎都不乏挑战诏书权威性的事例。具体结局各不相同。举两个被严惩的例子。

宣帝下诏举行廷议,给廷议定调。百官一致拥护,反对者即为反对诏书,是为"非议诏书"之大罪。惩罚范围不仅限于当事者,还牵涉赞同者。可见严惩力度。武帝"庙乐未称",宣帝制诏丞相和御史大夫,"其与列侯、二千石、博士议。"群臣大议廷中,一致认为,"宜如诏书。"长信少府夏侯胜独持己见,发表了对武帝的不同看法。"武帝虽有攘四夷广土斥境之功,然多杀士众,竭民财力,奢泰亡度,天下虚耗,百姓流离,物故者(过)半。蝗虫大起,赤地数千里,或人民相食,畜积至今未复。亡德泽于民,不宜为立庙乐。"这个评价和宣帝诏书中盛赞武帝"功德茂盛,不能尽宣"大相径庭。如此一来,"公卿共难胜曰:'此诏书也。'胜曰:'诏书不可用也。人臣之谊,宜直言正论,非苟阿意顺指。议已出口,虽死不悔。'于是丞相义、御史大夫广明劾奏胜非议诏书,毁先帝,不道。"③非议诏书属"大不敬"罪,要判死刑,知情不报或赞同附议也是死刑。丞相长史黄霸"坐公卿大议廷中知长信少府夏侯胜非议诏书大不敬,霸阿从不举劾,皆下廷尉,系狱当死。"后来改为有期徒刑三年。④

---

① 《后汉书·孔融列传》。
② 《汉书·吴王传》。
③ 《汉书·夏侯胜传》。
④ 《汉书·循吏传》。

平原相史弼拒不执行朝廷下发的要求抓捕本地党人的诏令,这给平原郡的顶头上司青州刺史造成很大压力。"时诏书下举钩党,郡国所奏相连及者多至数百,唯弼独无所上。诏书前后切譲州郡,髡笞掾史。"①青州刺史派从事史"坐传"严饬史弼。因为,"诏书督迫,州郡至于髡笞掾史,青州从事则坐平原传舍而责史弼也。"②州从事质问,"诏书疾恶党人,旨意恳恻。青州六郡,其五有党,近国甘陵,亦考南北部,平原何理而得独无?"史弼回答,"先王疆理天下,画界分境,水土异齐,风俗不同,它郡自有,平原自无,胡可相比? 若承望上司,诬陷良善,淫刑滥罚,以逞非理,则平原之人,户可为党。相有死而已,所不能也。"州从事不但"道举奏弼",即向朝廷举奏史弼拒诏不作为,还立即将郡僚掾吏一并"送狱"。只是由于"党禁中解",史弼才侥幸"以俸赎罪得免"。可见对拒不奉诏的官员,惩罚很严厉。③

在奏诏模式中,明帝似乎是一个性情古怪性格矛盾的皇帝。他喜欢时不时地赏给尚书一些鞋子之类的小玩意。④ 一方面,明帝会为了一些纯属偶然性的技术错误,严惩制作诏书的尚书。比如,尚书误写诏书,遭明帝鞭笞。"显宗时,诏赐降胡缣,尚书案事,误以十为百。上见司农上簿,大怒,召郎将笞之。"⑤另一方面,明帝"性褊察",却能容忍钟离意"数封还诏书",可见明帝亦有胸襟旷达一面。明帝"好以耳目隐发为明,故公卿大臣数被诋毁,近臣尚书以下至见提拽。(常)〔尝〕以事怒郎药崧,以杖撞之。崧走入床下,帝怒甚,疾言曰:'郎出! 郎出!'崧曰:'天子穆穆,诸侯煌煌。未闻人君自起撞郎。'帝赦之。朝廷莫不悚栗,争为严切,以避诛责;唯(钟离)意独敢谏争,数封还诏书,臣下过失辄救解之。"⑥"封还诏书"毕竟不同寻常,不是常人所为,需要君臣双方的默契和共识。

诏书表征的皇命固然神圣,一定条件下,违逆诏命也可以得到皇帝的某种理解和宽容。比如,刘邦以彭越谋反,将其枭首雒阳,"下诏有收视者辄捕之。"栾布还朝,"祠而哭之。吏捕以闻。"刘邦怒骂,"若与彭越反邪? 吾禁人勿收,若独祠而哭之,与反明矣。"栾布慨然道,"今(汉)〔帝〕壹征兵于梁,彭王病不行,而

---

① 《后汉书·史弼列传》。
② 《资治通鉴》卷56,胡注。
③ 《后汉书·史弼列传》。
④ 叶进王乔"有神术,每月朔望,常自县诣台朝。(明)帝怪其来数,而不见车骑,密令太史伺望之。言其临至,辄有双凫从东南飞来。于是候凫至,举罗张之,但得一只舄焉。乃诏尚方□视,则四年中所赐尚书官属履也。"(《后汉书·方术列传上》)
⑤ 《东观汉记》卷16。
⑥ 《后汉书·钟离意列传》。

疑以为反。反形未见,以苛细诛之,臣恐功臣人人自危也。"于是刘邦将其开释。[1] 又如,郭谅师事杜乔,"李固之诛,诣阙上书,乞收敛,不听,因往守视其丧,扇护蝇虫。"杨章曾为杜乔所辟,后弃官。"闻(李)固、乔暴尸,星行赴雒,著弊衣赤帻,守其尸,驱护蝇虫。天子嘉其忠义,听殡殓之。"[2]再如,范冉应司空辟,"是时西羌反叛,黄巾作难,制诸府掾属不得妄有去就。冉首自劾退,诏书特原不理罪。"[3]

---

[1]《汉书·栾布传》。
[2] 谢承《后汉书》卷4,《八家后汉书》。
[3]《后汉书·独行列传》。

第二章

制诏御史

第一节　御史与奏诏

一、御史职能

从奏诏模式角度看,早期帝国的许多官职的设计理念和实践功能都被不适当地忽视了。正像周朝史官的多重职能一样,汉朝御史的奏事职能其实是一种更为重要的制度设计。一方面,御史大夫负责制作和颁布皇帝诏书,"制诏御史"的频频出现便说明了这点。[①] 另一方面,郡国呈报朝廷的奏书,必须通过丞相和御史大夫呈送皇帝。比如,武帝要求"郡国有所以为便者,上丞相、御史以闻"。[②] 又如,宣帝命山阳太守张敞密切监视废帝刘贺。张敞奏书提出了一些建议,"后丞相御史以臣敞书闻,奏可。"[③]再如,《史记·三王世家》中,"丞相等群臣将以三皇子为诸侯王的集议结果上请,并经皇帝同意(制可)后,御史大夫便选择吉日,奏上地图,请定国名,然后将决定通知丞相,布告全国。在这种情况下,可以说确定具体实现大纲政策的方案是由御史大夫制定的。如此也可以看出汉代制书多以'制诏御史'开头的意味,即皇帝以制书向御史表达方针,命令其推进实行方针的计划。"[④]不过,人们基于御史在后世的职责演化,反倒更

---

① 所谓"制诏御史",即"制诏御史大夫"。有人认为,"制诏御史"是因为汉初御史是给皇帝起草诏书的秘书,类似西汉中后期的"制诏尚书"之意。这种说法似是而非。因为汉初草诏的就是御史大夫。换言之,汉初御史大夫就是皇帝的秘书。

② 《汉书·武帝纪》。

③ 《汉书·武五子传》。

④ ［日］大庭脩《秦汉法制史研究》第 32 页,中西书局,2017 年。

为关注御史在早期帝国的监察功能。①

御史大夫"掌副丞相。有两丞,秩千石。一曰中丞,在殿中兰台,掌图籍秘书,外督部刺史,内领侍御史员十五人,受公卿奏事,举劾按章。"②杜佑对御史大夫的介绍大同小异。"御史大夫有两丞,一曰御史丞,一曰中丞,亦谓中丞为御史中执法。中丞在殿中兰台,掌图籍秘书,外督部刺史,内领侍御史十五员,受公卿奏事,举劾案章,盖居殿中,察举非法也。"③

在汉人眼中,御史大夫的职责似乎具有某种全局性。"御史大夫内承本朝之风化,外佐丞相统理天下。"④御史中丞"受公卿奏事",意味着百官奏疏最终都要通过御史大夫之手,才能呈递皇帝。比如,宣帝"始躬亲朝政,御史大夫魏相给事中。"⑤给事中其实就是奏事中。奏事中就是奏事于皇帝。是可知,御史大夫负责奏事皇帝。这使御史大夫拥有了官场上最大限度的知情权。至少其知情的范围和掌握的信息量不亚于皇帝。在官场,信息即权力。西汉大半时间,御史大夫掌管百官奏事。⑥

不难看出,御史大夫的监察职能和奏事职能密不可分。因为无论弹劾还是受理弹劾,都要通过官员奏章来实施。⑦ 比如,御史大夫晁错"使吏案袁盎受吴王财物,抵罪,诏赦以为庶人"。⑧

武帝时,"以中丞督司隶,司隶督丞相,丞相督司直,司直督刺史,刺史督二千石下至黑绶。汉中丞,故二千石为之,或选侍御史高第,执宪中司,出为二千石。"光武时,御史中丞、尚书令、司隶校尉朝会,"皆专席而坐,京师号为'三独坐',言其尊也。"⑨值得注意的是,御史中丞以下的侍御、侍书等一并文官"属少府"。⑩ 这多少有些意外。御史中丞以下属官竟然也隶属少府。掌管皇帝财政

---

① "御史大夫并不是历来所说的监察官,他们在皇帝政策的施行上起到了秘书官的作用。即御史是皇帝的侍御之史,是最高的书记官,西汉所谓的草制之官就是御史大夫。"(〔日〕大庭脩《秦汉法制史研究》第 180 页,中西书局,2017 年)

② 《汉书·百官公卿表上》。

③ 《通典》卷 24。

④ 《汉书·薛宣传》。

⑤ 《汉书·霍光传》。

⑥ 西汉后期,这个权力逐渐转移到了尚书令手里。到了东汉,尚书台掌管百官奏事的权力成为正式的朝廷制度。

⑦ 事实上,这正是皇权官僚制的特征。即一切政务军机皆需通过奏诏程序得以实施和进行。

⑧ 《史记·袁盎列传》。

⑨ 《通典》卷 24。

⑩ 《通典》卷 24。据大庭脩研究,"在汉代前后四百年的官僚制度史中,少府是变化最为剧烈的机构。汉初多元化的少府经过了光武帝的缩小整编,但以经历了西汉历史而成为皇帝秘书机构的尚书以及监察机构御史中丞重新转属少府来看,少府历来是负责最亲近皇帝事务的官署并未改变,它(转下页)

的少府和主管皇帝文书的御史相互嵌入。① 前者关乎皇帝经济大权,后者牵涉皇帝信息大权。这种制度设计将那些和皇帝关系最为密切的官职都彼此交织在一起,构成高度重叠的复合网络。对皇帝来说,这种制度设计确保了皇权运行的高效和安全。

杜佑对御史中丞的说法颇为混乱。既然御史中丞"旧持书侍御史",却又说持书御史为宣帝所设。宣帝"感路温舒尚德缓刑之言,季秋后请谳。时帝幸宣室斋居而决事,令侍御史二人持书,持书御史起于此也。"②据此,持书御史之设似乎有些特别含义。它直接源于皇帝决狱的刑法需要。不过,详绎文意,侍御史所持书,应该不是判案的刑书,也不大可能是审案的卷宗,而是手持皇帝拟定的诏书。可见持书侍御史一职的真实含义,大致相当于皇帝的贴身秘书,随时记下皇帝发布的诏令。持书侍御史的这个职能类似于先秦的左右史。③

侍御史本周之柱下史,秦汉时在奏诏模式中颇为活跃。④ 秦御史张苍"主柱下方书"。所谓方书,即"四方文书"。西汉侍御史给事殿中,"二人尚玺,四人持书给事,二人侍前。"东汉侍御史"受公卿群吏奏事,有违失举劾之。凡郊庙之祠及大朝会、大封拜,则二人监威仪,有违失则劾奏。"⑤

二、御史观念

御史在早期帝国,不仅是一个具体官职,还是一套机构,此外,它甚至可能还蕴含一种价值和标准。

(接上页)不仅仅是帝室财政的掌管者,而且在性质上已演变为皇帝处理政务的枢密性的辅助机构。这的确意味着以皇帝为中心的中央集权官僚制度的完备。"(〔日〕大庭脩《秦汉法制史研究》第30页,中西书局,2017年)

① 这从薛宣的仕途履历亦可略见端倪。薛宣先为御史中丞,后为少府,继而任御史大夫。(《汉书·薛宣传》)

② 《通典》卷24。

③ 左右史随时记下君主的言行,目的应该不仅为了记载档案,保存史料,同样也是为了随时记下君主作出的最新决定,以便立即实施。客观意义上,后者倒是更为本质一些。

④ 有人认为西汉初至中后期诏令多"成于侍御史之手","制诏御史"之"御史"皆为"侍御史"。(代国玺《说"制诏御史"》,《史学月刊》2017年第7期)既然"制诏丞相御史"是"制诏丞相御史大夫"之简称,把"制诏御史"之御史径直解为侍御史,显然不妥。御史中丞简称中丞,司隶校尉简称司隶,倘若御史大夫和侍御史作为制诏对象均简称御史,无论行政操作还是历史书写,都会有极大麻烦,也不合诏令体制。汉简"制诏侍御史"恰恰证明侍御史不能在诏书中简称御史。"制诏侍御史"如同制诏将军或郡守,是一个明确的具体制诏对象,把"制诏御史"完全说成"制诏侍御史",甚是唐突。因为,"制诏御史"在奏诏模式中是制诏权的体现。这是它和其他那些具体制诏对象性质有别之处。

⑤ 《通典》卷24。

比如，御史大夫属下有个专门掌管符玺的御史，即"符玺御史"。顾名思义，皇帝玉玺应该就在符玺御史手中。他负责给诏书盖上玉玺。[①] 属于典型的"刀笔吏"。"古用简牍，书有错谬，以刀削之，故号曰'刀笔吏'。"[②]这个解释近于中性，在实际语境中，"刀笔吏"却是一个贬词，意思是指某人只会使用刀笔，其工作是事务性和工具性的，缺乏某种掌控局面的领导性。[③] 周昌身为御史大夫，用"刀笔吏"一词来评价自己的属吏符玺御史，虽有轻蔑之意，但确实凸显了二人之间的地位差距。[④] "赵尧年少，为符玺御史。赵人方与公谓御史大夫周昌曰：'君之史赵尧，年虽少，然奇才也，君必异之，是且代君之位。'周昌笑曰：'尧年少，刀笔吏耳，何能至是乎！'"[⑤]周昌言外之意，一个区区刀笔吏，怎么能做得了御史大夫！令人惊奇的是，后来事态的演变，却印证了方与公的预言。赵尧取代周昌为御史大夫。可见，在刘邦眼中，符玺御史和御史大夫之间并无悬殊，刀笔吏照样能做御史大夫。刘邦的用人之术隐含着一种深刻的"御史观"。即御史机构的大小官吏皆为刀笔吏。

刀笔吏为御史，乃至御史大夫，完全符合御史官员的升迁路径和人们对御史的一般认知。赵禹"以刀笔吏积劳，迁为御史"；尹齐"以刀笔吏稍迁至御史"。[⑥] 无论一般御史，还是御史大夫，皆是刀笔吏。概莫能外。它源于秦帝国"以法为教、以吏为师"的政治实践。"萧何、曹参皆起秦刀笔吏。"具体说，曹参"秦时为狱掾，而萧何为主吏。"[⑦]可见，刀笔吏狭义是狱吏，广义是文法吏即文吏。刀笔吏实即官吏之统称和俗称。汲黯痛恨张汤论议时的"文深小苛"，声称，"天下谓刀笔吏不可（谓）〔为〕公卿，果然。"[⑧]问题是，天子认为刀笔吏可以为公卿。张汤由侍御史而为御史大夫，自杀前上书武帝，"汤无尺寸之功，起刀笔吏，陛下幸致位三公。"[⑨]杜周始为廷尉史，也做到御史大夫。史称，"张汤、杜周并起文

① 可见玉玺属于制诏权的一部分。玉玺所在即制诏权所在。秦朝玉玺在车府令，汉初玉玺在御史，昭宣之际玉玺在尚书。所以，霍光才会在事态紧急之际，首先想到要从尚符玺郎手里把玉玺抢过来。
② 《史记·张丞相列传》，三家注。
③ 许多时候，刀笔吏更指称一种刻薄寡恩、不近人情的做法和规矩。比如，刘向认为，甘延寿、陈汤作为出使西域的千秋功臣，却受到刀笔吏的刁难和羞辱，实在不妥。"延寿、汤既未获受祉之报，反屈捐命之功，久挫于刀笔之前，非所以劝有功厉戎士也。"师古曰："刀笔谓吏也。"（《汉书·陈汤传》，颜注）可见"刀笔吏"一词有一种词义重叠的相互指称效应。刀笔即吏，吏皆刀笔，构成了奏诏模式下的官僚政治生态。
④ 符玺御史秩比六百石，御史大夫中二千石。
⑤ 《史记·张丞相列传》。
⑥ 《汉书·酷吏传》。
⑦ 《汉书·曹参传》。
⑧ 《汉书·汲黯传》。
⑨ 《汉书·张汤传》。

墨小吏,致位三公。"①丙吉更是由"狱法小吏"而迁御史大夫,后居相位。②

御史大夫的刀笔吏性质,决定了其在奏诏模式中的特殊权威和地位。正是基于此,才会有"制诏御史"的频频使用。从掌管百官奏事,到负责传达皇帝诏书,其间任何一个环节都离不开刀笔。刀笔功夫是御史的职业素质。进而,刀笔技巧还可能直接决定了奏诏模式的运行效率。

某种意义上,御史大夫的刀笔吏性质可能有助于我们理解皇权政治的文书特性。刀笔吏是文书政治的产物,也是文书政治的主体。舞文弄墨其实是舞刀弄笔。刀笔是帝国官吏的行政工具,擅长刀笔是帝国官场的为官之道。大而言之,所有官员都是"簪笔持牍趋谒"③的刀笔吏。所谓刀笔吏,即刀不离身、笔不离手。④"刀所以削书也,古者用简牒,故吏皆以刀笔自随也。"⑤比如张安世"持橐簪笔事孝武帝数十年"。⑥ 有刀笔吏,自然有刀笔帝。刀笔功夫同样为帝王所修。刀下有魂,笔下有神,方为上乘境界。⑦ 有为之君,有德之主,皆为刀笔高手。⑧ 总之,皇帝必须善用刀笔,方才不为刀笔吏所欺。皇帝批阅奏章,下达口谕,由御史或尚书整理成文,草成诏书,下发官府或颁布天下。这种奏诏模式完全是一种刀笔仪式。可见,从刀笔吏到文墨吏,二者本质如一,皆是善玩文字游戏,擅长表面文章。

第二节　制　诏　御　史

一、御史与诏书

秦朝汉初,御史和皇帝关系异常密切。举一例。陈平用计解开平城之围,

---

① 《汉书·杜周传》。
② 《汉书·丙吉传》。
③ 《汉书·武五子传》。
④ 引申言之,即刀把子和笔杆子,亦即酷吏和儒生是也。
⑤ 《汉书·曹参传》,颜注。
⑥ 《汉书·赵充国传》。
⑦ 所谓"读书破万卷,下笔如有神"对事必躬亲的皇帝并非难事。始皇、雍正可以为证。
⑧ 很难想象,勤勉无比的始皇帝每天批阅成堆奏章而不使用刀笔。估计始皇帝本人就是一个罕见的刀笔高手。公卿刀笔吏,天子刀笔帝。这才是早期帝国的奏诏政治景观。皇帝刀笔治天下,百官刀笔奉天子。君臣关系即是刀笔关系。由此形成刀笔政治。一边以笔为刀,杀伐决断;一边以刀为笔,奏明皇帝。刀笔政治和奏诏政治浑然一体。

刘邦脱身南归。路过曲逆,"上其城,望见其屋室甚大,曰:'壮哉县! 吾行天下,独见洛阳与是耳。'顾问御史曰:'曲逆户口几何?'对曰:'始秦时三万馀户,间者兵数起,多亡匿,今见五千户。'于是乃诏御史,更以陈平为曲逆侯,尽食之,除前所食户牖。"①可见,御史伴随皇帝,不离左右,随时顾问,身兼给皇帝起草诏书和传达诏书的双重职责。②

从下诏渠道看,御史大夫和御史中丞分属郡国两途。③ 汉高帝诏征贤良,"御史大夫(周)昌下相国,相国酂侯(萧何)下诸侯王,御史中执法下郡守。"④从上奏渠道看,御史中丞负责地方奏书。比如,御史中丞陈咸"总领州郡奏事,课第诸刺史"。⑤

御史大夫和皇帝的关系就是他和诏书的关系。这种关系从受诏主体看,可分两类。一是御史大夫作为直接受诏对象,即受诏行使某种权力,执行某种任务。比如,灌婴"以御史大夫受诏将郎中骑兵东属相国韩信,击破齐军于历下。"⑥一是御史大夫作为授权发布诏书的对象,即皇帝授权御史大夫颁布诏书。⑦ 前一种职能较为普通,后一种职能包含某种深刻含义。这种含义的本质在于一种制诏权。所谓制诏权,即是基于御史体制,向天下昭告皇帝诏令的权威性和正统性。这样,皇帝如何通过御史大夫颁布诏命,成为一种客观的制度规定。

---

① 《史记·陈丞相世家》。
② "是时未有尚书,则凡诏令御史起草,付外施行。"(王先谦《〈汉书〉补注》,第 109 页)
③ 大约景帝时,"诸侯国性质发生变化后,两条线的下达方式才并为一条线,即全由御史大夫转下。"(代国玺《说"制诏御史"》,《史学月刊》2017 年第 7 期)
④ 《汉书·高帝纪下》。这虽是刘邦诏书之规定,但也似乎不甚严格。以武帝分封三王为例,其册封程序则是,"御史大夫(张)汤下丞相,丞相下中二千石,二千石下郡太守、诸侯相,丞相从事下当用者。如律令。"可见这个程序属于明确的法律规定。至于具体操作,依然是御史大夫主导。"维六年四月乙巳,皇帝使御史大夫汤庙立子闳为齐王。""维六年四月乙巳,皇帝使御史大夫汤庙立子旦为燕王。""维六年四月乙巳,皇帝使御史大夫汤庙立子胥为广陵王。"(《史记·三王世家》)东汉有所变化,主要是御史大夫一职不再。丁孚《汉仪》载安帝《策夏勤文》曰:"维元初六年三月甲子,制诏以大鸿胪勤为司徒。"策书格式和前汉大同小异,唯策封仪式似由光禄勋主导。"光禄勋前,一拜,举手曰'制诏其以某为某'。读策书毕,拜者称臣再拜。尚书郎以玺印绶付侍御史。侍御史前,东面立,授玺印绶。"(《通典》卷 71)
⑤ 《汉书·陈万年传》。
⑥ 《史记·灌婴列传》。
⑦ 即便到了东汉末,献帝已成傀儡,曹操假传圣旨,依然恪守这个形式,走了这个程序。曹操逼献帝废后,"假为策曰:'……今使御史大夫郗虑持节策诏,其上皇后玺绶,退避中宫,迁于它馆。'"值得注意的是,"又以尚书令华歆为郗虑副,勒兵入宫收后。"(《后汉书·皇后纪下》)某种意义上,这是将前汉御史大夫和后汉尚书令以一种非正统的方式结合起来的实际例子。

综计两《汉书》中的"制诏御史",有21条"制诏御史"和6条"制诏丞相御史"。① 内政外交、军政民情、贬官升职、法律礼制、推恩封侯等,涉及帝国事务的方方面面。这让我们对早期帝国的政体可能有一个新的认识。即,皇权体制似乎存在着一个制诏权和行政权的结构性张力。就是说,御史大夫行使制诏权,丞相行使行政权。这种两权分立的制度安排构成了早期帝国政体的一个显著特征,而且保证了皇权秩序的稳定。御史大夫"位次丞相,典正法度,以职相参,总领百官,上下相监临,历载二百年,天下安宁。"②

御史大夫一方面和丞相并列行使行政权,一方面单独行使制诏权。"制诏御史"表明,御史大夫和皇帝的关系更为密切,对皇帝旨意的了解更为直接和快捷。这使御史大夫客观上成为皇帝的全权代言人。这足以表明,"制诏御史"并非"制诏丞相御史"之省文。③ 按照一般解释,制诏的标准格式为"制诏丞相、御史大夫",通常略为"制诏丞相、御史"④或"制诏御史",更简者则是"诏御史"。⑤ 不过,据常理看,即便简称,也应是提及丞相,而非御史大夫,因为丞相毕竟是"事无不统"的百官之首,位于御史大夫之上。⑥ 大小两个官职可以连称,若要简称理应以大代小,而不应反过来,以小代大。所以,"制诏丞相御史"若要简称,应该是"制诏丞相",而非"制诏御史"。⑦ 因为,"制诏丞相"由作为官员的最高代表对全体官员发号施令显然具有更大的权威性和合理性。但据文献,要么"制诏丞相御史",要么"制诏御史",单单"制诏丞相"两汉只有一次,⑧那是因为宣帝褒奖的对象是御史大夫丙吉。"制诏丞相:'朕微眇时,御史大夫吉与朕有旧恩,厥德茂焉。'"⑨

是可知,视"制诏御史"为"制诏丞相御史"之简称,没有意识到文字简化背后隐然有一个制诏权的存在。就是说,"制诏御史"表面上是"制诏丞相御史"之

---

① 汉简中也是"制诏御史"多,"制诏丞相御史"少。这个特点恰恰表明,"制诏御史"是制诏权之体现。

② 《汉书·朱博传》。

③ 秦朝未有"制诏丞相御史",却有"令丞相、御史"。(《史记·秦始皇本纪》)尽管仅使用一次。

④ 比如,班《书》"傅太后又自诏丞相御史",(《汉书·傅喜传》)在《资治通鉴》中写作"傅太后又自诏丞相、御史大夫"。(《资治通鉴》卷34)可见诏书格式中,丞相御史就是丞相御史大夫之简称。

⑤ 偶尔也说"制诏丞相、大司空",那是因为御史大夫改名大司空之故。

⑥ 虽说先丞相后御史大夫是一般位序,在具体情景中却未必。比如,汉成帝昼漏上十刻崩,"民间归罪赵昭仪"。皇太后诏大司马王莽,"杂与御史、丞相、廷尉治问皇帝起居发病状。"(《汉书·外戚传下》)

⑦ 基于这个逻辑,"制诏御史"之御史不可能是御史中丞,只能是御史大夫。

⑧ 秦朝亦有一次。隋朝长安民"掘得秦时铁称权",旁有铭文。"制诏丞相(李)斯、(冯)去疾,法度量,尽始皇帝为之,皆□刻辞焉。"(颜之推著,王利器集解《〈颜氏家训〉集解》卷6,"书证",上海古籍出版社,1980年)

⑨ 《汉书·丙吉传》。

简化,实质上是制诏权之凸显。总之,"制诏御史"意味着,御史大夫拥有皇帝授权的制诏权。这种制诏权显然是对行使行政权的丞相的制衡。尽管在具体诏书中,"丞相御史"时常并列。[1] 但就"制诏御史"的实际功能而言,制诏权代表的皇权有效抑制了相权,使丞相不能拥有充分行政权,它保证了皇帝始终拥有最高行政权,从而得以随时干预丞相用权。御史大夫制约丞相,属于典型的以下制上。[2] 近人误读御史大夫为"副丞相"[3],可谓谬之千里。就其本质,以下制上恰是皇权政治的惯性特征,往往可收以小博大之效。当然,大小皆在皇帝掌中。上下翻覆,左右制衡,皆系皇帝个人所需。可见,以下制上既是皇帝御臣之术,也是皇权体制使然。以下制上的特点是位卑权大。东汉的尚书令即是如

---

[1] 比如,"郡国有所以为便者,上丞相、御史以闻。"(《汉书·武帝纪》)"其令郡国岁上系囚以掠笞若瘐死者所坐名、县、爵、里,丞相御史课殿最以闻。"(《汉书·宣帝纪》)

[2] 显然,这种权力制衡不同于现代或西方式的分权体制。分权体制不仅是权力平衡,更是权力平等。御史大夫之于丞相,二千石和万石之间,权力非但不平等,甚至不对等。

[3] 《汉书·百官公卿表上》云,御史大夫"掌副丞相"。"副丞相"一词最早出自于此。这被现代人误读为秦汉似乎有"副丞相"一职的设置。(参见[日]大庭脩《秦汉法制史研究》,第 210、283、407 页,中西书局,2017 年)此外,汉人又有"御史之官,宰相之副"(《汉书·朱云传》)一说。似乎更佐证了御史大夫确是"副丞相"。杜佑云:"汉御史大夫副丞相事,若今之同平章事及参知机务之类。"(《通典》卷 21)又说尚书机构,"令总统之,仆射副令,又与尚书分领诸曹。"(《通典》卷 22)感觉御史大夫果真就像现代的副总理、副首相一职。严格说,古代官职从无现代含义的副职。但使臣可能有些特殊。比如,萧育、萧由"使匈奴副校尉"。(《汉书·萧望之传》)可见,使臣副职有两个相关特点。一是限于使臣;二是属于临时差遣的权宜组合。所谓"副丞相",并非丞相之副职。因为"副丞相"之"副",是动词或副词,即辅助或辅助性,亦即辅助丞相之义。袁《纪》云:"以曹操世子丕为五官中郎将,副丞相。"注者云:"副丞相,乃丞相副手之意,非正式官名。"(《后汉纪》卷 30)似乎未达一间。因为副丞相之副实乃动词,而非名词。准确说,所谓副丞相意即辅佐丞相,而非丞相副手。总之,御史大夫之所以不是官职意义上的丞相副职,是因为它有自己的具体职掌。只因御史大夫位居三公,距离相位最近,视其为辅佐丞相的最佳人选。它属于一种职能的关联性表述,并不具有官制设计的制度性含义。值得注意的是,丞相和司直同样有如此用法。丞相"掌丞天子助理万机",司直"掌佐丞相举不法"。(《汉书·百官公卿表上》)所谓"掌丞"之"丞"和"掌佐"之"佐"显然都是动词。把动词性"副"丞相视为名词性"副丞相",如同把动词性"丞"天子视为名词性"副天子",以及把动词性"佐"丞相视为名词性"副丞相"一样荒唐。陈平对文帝说,自己身为丞相,职在辅佐皇帝燮理阴阳。毋庸置疑,二人皆无将丞相视作"副皇帝"之意。所以,"掌丞天子"意即负责辅助天子,"掌副丞相"和"掌佐丞相"意即负责辅助丞相。(其实,汉代所谓"天人相副"之"副"也属类似用法。"天人相副"即"天人相辅"或"天人相助"。)事实上,辅佐丞相的人很多,并不限于同属三公的御史大夫和丞相属官的司直。它完全可以根据皇帝或权臣意愿而随机指定。比如,九卿之一的太仆。相国董卓"以河南尹朱隽为太仆,以为己副。隽不肯受,……曰:'副相国至重,非臣所堪。'"(《后汉纪》卷 26)此外,还有一些例子,可证"副"的动词性用法。霍光领尚书事,"车骑将军金日磾、左将军上官桀副焉。"(《汉书·昭帝纪》)霍光"白用(张)安世为右将军光禄勋,以自副焉。"(《汉书·张汤传》)太中大夫马援"副来歙监诸将平凉州"。(《后汉书·马援列传》)最令人惊奇的是,太子竟被称作"副皇帝"。所谓"太子国储副君";(《汉书·疏广传》)所谓"储君副主";(《后汉书·宦者列传》)所谓"陛下长子、故副主哉",胡三省云:"故副主,谓旧为太子也。"(《资治通鉴》卷 44)

此。所谓"以吏事责三公"①,"虽置三公,事归台阁。"②合而观之,即是要吏员干三公的活,同时以吏员标准约束和惩戒三公。③ 它是皇帝最喜欢玩的以小博大的权力游戏,最便于皇帝任意操控。

二、制诏御史之意义

"制诏御史"作为诏书的一种特定格式,意味着对象和主体一回事。制诏对象即制诏主体。当然,这并不否认皇帝仍是实质意义上的制诏主体。问题是,并非只有皇帝有权制诏,而是行使皇权者皆有权制诏。"天子之言一曰制书,二曰诏书。……今吕太后临朝行天子事,断决万机,故称制诏。"④可见,行使皇权必有权制诏。皇权即制诏权。制诏权就是皇权社会的至尊权。

对皇帝来说,如无特殊原因,制诏御史是一种合乎体制的非常规范的做法。即由掌管百官奏事的御史大夫负责拟定、制作、传达皇帝诏书。这是一种由皇权延伸而来的制诏权。它的标准形式就是"制诏御史"。就是说,"制诏御史"代表着制诏权。

秦朝汉初,御史大夫负责书写、制作诏书,"制诏御史"还可以理解,西汉中后期,尚书已经掌控了制诏权,为何还有"制诏御史"?⑤ 换言之,西汉中后期尚书逐渐取得了制诏权,为何史书上从未出现一次"制诏尚书"? 更别说东汉尚书台已成为实际行政中枢,却从未出现一次"制诏尚书令"。这又是为何? 无论如何,拥有制诏权的尚书(令)没有一次成为制诏对象或制诏主体,确实不太正常。

制诏御史既非泛指所有事情,亦非特指某些事情。那么,制诏御史的真实含义为何? 换言之,奏诏模式中,"制诏御史"究竟有无特殊含义?"制诏御史"涉及的内容、议题、决策,在其他诏书中都有,其他诏书甚至更多。既如此,"制诏御史"诏和那些非"制诏御史"诏区别何在? 至少字面上,"制诏御史"强调了受诏主体之身份与权力。这引出一个问题,有受诏主体之诏书和无受诏主体之诏书,有何区别?

"制诏御史"在东汉非但没有出现一次,而且"制诏"一词出现的频率也大为

---

① 《后汉纪》卷 8。
② 《后汉书·仲长统列传》。
③ 这不光是技术层面的吏治设计,也是观念层面的政治规划。
④ 《汉书·高后纪》,颜注。
⑤ 或许,这是因为,贯穿西汉始末,都是御史大夫负责传达皇命给百官和百姓。

降低,相较西汉的 37 次,①东汉只有不足一半的 15 次。其中,制诏对象为三公和包括三公在内的次数有 6、7 次。西汉丞相、御史大夫皆具实权,为政之本,②"制诏丞相御史"尚可理解,东汉三公徒具形式,却频频成为制诏对象,殊为不解。最令人费解的是,作为东汉的行政中枢,竟无一次"制诏尚书"。总之,东汉皇帝使用"制诏"相当随意,非但没有西汉那种普遍的"制诏御史",也没有以新兴权力中枢为对象的"制诏尚书"。即便数次出现的"制诏三公"也颇为宽泛,缺乏某种规范性。③

虽然"制诏御史"乃至"制诏"本身之含义,在奏诏叙事模式中变得暧昧不明,但不等于制诏权的消失和不复存在。有奏诏模式,就有制诏权。只不过在秦汉,尤其东汉,由于制诏主体-对象的转移,制诏权的行使方式和表现形式变得更为复杂和曲折。

---

① 另外,新莽有 3 次"制诏纳言",即制诏大司农。(饶宗颐、李均明《新莽简辑证》第 178—179 页,新文丰出版公司,1995 年)
② "凡《汉书》中每有大事,辄曰:'事下丞相、御史。'丞相、御史为政本故也。"(《十七史商榷》卷 10,"事下丞相御史大夫廷尉")
③ 只有两次以三公为制诏对象。一次惯例性的,一次随机性的。还有两次混杂用法,即将三公和其他官职并列作为制诏对象。还有两次个别用法,即将某个特定三公作为制诏对象。

第三章

尚书制诏

第一节　尚书权力体系

一、尚书之源起想象与实践认知

古人习惯上将尚书台的一些官职上溯至三代。据杜佑说，尚书令源于殷之冢宰、周之天官。显然，这不是着眼于二者的名称考辨，而是根据二者的职能相似。不过，至少就东汉而言，大体近之。"后汉众务，悉归尚书，三公但受成事而已。"所谓"出纳王命，敷奏万机，盖政令之所由宣，选举之所由定，罪赏之所由正。"概言之，"尚书令主赞奏事，总领纪纲，无所不统。与司隶校尉、御史中丞朝会皆专席而坐，京师号曰'三独坐'。故公为令、仆射者，朝会不陛奏事。天子封禅，则尚书令奉玉牒检兼藏封之礼。"①

据郑玄说，尚书即《周礼》天官之司会。这似乎有些凿之过深。韦昭云："尚，奉也。"②尚书即奉书侍上。"尚犹主也。"③尚书即主上之书。尚书在秦朝隶属少府。"秦代少府，遣吏四〔人〕在殿中，主发书，故号尚书。"④汉因秦置，经过二百年的发展，建立了尚书台，"亦谓之中台。"⑤"尚书为中台，谒者为外台，御史为宪台，谓之三台。"⑥某种意义上，尚书台可以称作文书台。因为其主要

---

① 《通典》卷 22。
② 《后汉书·百官志三》，刘昭注。
③ 应劭《汉官仪》卷上，《汉官六种》。
④ 应劭《汉官仪》卷上，《汉官六种》。
⑤ 《通典》卷 22。
⑥ 应劭《汉官仪》卷上，《汉官六种》。

功能之一是制作诏书和起草文书,和周之内史"书策王命"职责相同。"虞重纳言,周贵喉舌,故两汉诏诰,职在尚书。"①它因此成为皇权诏书政治的代表性机构和制度。故而,尚书台亦被称作"台朝"。②

西汉人认为,"尚书百官之本,国家枢机,宜以通明公正处之。"③这是一种前所未有的政治定位。④ 东汉人也有类似说法,"尚书仆射,官之师长,天下所望。"⑤"尚书典枢机,天下事一决之。"⑥此外,东汉人还习惯将尚书称作"纳言",即出纳诏命。"尚书出纳帝命,为王喉舌。"⑦可见纳言和喉舌同义,意指尚书为口含天宪的帝王喉舌。所谓喉舌,须具备"王臣蹇蹇之节,周公谟成王之风"。尚书仆射虞诩据此推荐左雄为尚书。"宜擢在喉舌之官,必有匡弼之益。"⑧侍御史何敞评价尚书仆射郅寿"机密近臣,匡救为职"。⑨ 李固上书,"陛下之有尚书,犹天之有北斗也。斗为天喉舌,尚书亦为陛下喉舌。斗斟酌元气,运乎四时;尚书出纳王命,赋政四海,权尊势重。"⑩喉舌之喻生动且形象地揭示了尚书制诏权之特性。"八座受成事,决于郎,下笔为诏策,出言为诏命。"⑪八座书主要由尚书郎拟定。这要求尚书郎必须具备相当写作能力。倘若尚书郎庸俗无文,必然直接影响诏书文采和效果,进而可能损害"出纳帝命"的"喉舌"权威。所以,尚书必须具备远超一般人的文采学识。尚书陈忠推荐周兴为尚书郎,突出强调了其"属文著辞,有可观采"。既然"尚书出纳帝命,为王喉舌",而尚书郎"多文俗吏,鲜有雅才,每为诏文,宣示内外,转相求请,或以不能而专己自由,辞多鄙固。"于是诏拜周兴为尚书郎。⑫

二、尚书参与决策

尚书"典机密"⑬,所谓"尚书事",其二义皆于此有关。一是宫中事,亦即皇

---

① 《文心雕龙·诏策》。
② "台朝即尚书台之治所也。"(《风俗通义》第83页注释)
③ 《汉书·佞幸传》。
④ 它和"燮理阴阳,坐而论道"的丞相观念相得异趣。二者属于相同层面的本质定义。
⑤ 《三国志·魏书·贾诩传》。
⑥ 华峤《汉后书》卷2,《八家后汉书》。
⑦ 《后汉书·周荣列传》。
⑧ 《后汉书·左雄列传》。
⑨ 《后汉书·郅恽列传》。
⑩ 《资治通鉴》卷51。
⑪ 《通典》卷22。
⑫ 《后汉书·周荣列传》。
⑬ 应劭《汉官仪》卷上,《汉官六种》。

帝身边事，直接关系皇帝言行，自然属于绝对保密范畴；一是尚书职责所为，审核官员奏疏，帮助皇帝拟定诏书。凡此种种，皆为关乎朝廷军国要事，同样需要最高保密措施。所以，明帝诏曰：尚书"出纳朕命。机事不密则害成，可不慎欤！"①汉法严禁"刺尚书事"②，同样包括尚书自己。这是因为尚书参与机要，事涉机密，不得不高度警惕，以防泄密。正因此，自觉保密已成为尚书的基本素质。比如，张安世领尚书事，"职典枢机，以谨慎周密自著。每言大政，已决，辄移病出。闻有诏令，乃惊，使吏之丞相府问焉。自朝廷大臣，莫知与议也。"孔光领尚书事，"典枢机十余年"，口风甚严。"问'温室省中树皆何木也？'光答以他语，其谨密如此。"③尚书令黄香"畏慎周密，每用奏议，所建画未尝流布。"④尚书陈宠"性周密，时有所表荐，手书削草，人不得知。尝称人臣之义，苦不能慎，自在枢机，谢遣门人，不复教授，绝知交，惟在公家，朝廷器之。"⑤

上任官员都要到尚书台接受诏命，是谓"台敕"，意即"初除者诣尚书台受敕。"⑥梁冀专权，直接削弱了尚书的权威。"百官迁召，皆先到冀门笺檄谢恩，然后敢诣尚书。"⑦朝廷征召人才，也需要尚书台统一安排。"顺帝推心虚己，延企天下之士，以玄纁玉帛征鲁阳樊英。既至，天子为降寝殿，设坛席，待如神明。尚书奉引，延问得失。"⑧外国使臣携带公文，也须到尚书台办理交接和登记手续。马援第一次出使东都。隗嚣"遣援与拒蜀侯国游先俱奉章诣京师。初到，召诣尚书。"⑨

三、领（录）尚书事

领尚书事是尚书制度中的一个影响深远的创设。它将加官引入尚书，使领尚书事成为早期帝国最具权势的加官。领尚书事的权势最突出地表现在对奏诏模式的全程掌控。比如，宣帝"复使乐平侯（霍）山领尚书事，而令群臣得奏封

① 应劭《汉官仪》卷上，《汉官六种》。
② 《风俗通义》第 342 页注释。
③ 《通典》卷 22。
④ 《东观汉记》卷 17。
⑤ 《后汉纪》卷 11。
⑥ 《资治通鉴》卷 48，胡注。
⑦ 《后汉书·梁统列传》。
⑧ 《通典》卷 13，自注。
⑨ 《后汉纪》卷 4。

事,以知下情。"①照说百官人人可以奏事,但此时宣帝专门下诏强调"群臣得奏封事",可见关键不在于奏事,而在于奏封事。显然,封事有别一般上书,具有隐事秘情之性质。正因此,才能达到"以知下情"之目的。

领尚书事始于汉武帝。"左右曹、诸吏分平尚书奏事,知枢要者始领尚书事。"②张子孺可能是第一个领尚书事。③顾命大臣集体"领尚书事"的做法始于昭帝。"大将军(霍)光秉政,领尚书事,车骑将军金日磾、左将军上官桀副焉。"④虽是集体负责尚书,也有主次之分。司马光则径书之"霍光、金日磾、上官桀共领尚书事"。⑤

值得注意的是,霍光对尚书机构有了一次不引人注目的微调,即在领尚书事外,增设平尚书事。宣帝立,"大将军光领尚书事,条奏群臣谏昌邑王者皆超迁。定国繇是为光禄大夫,平尚书事,甚见任用。"⑥虽说领尚书事和平尚书事之间权限不清,但大将军领尚书事和光禄大夫平尚书事显然有上下之分。二者之间应该存在有一种隶属关系。不妨将平尚书事视作领尚书事的"助理"或"副手"。稍后,张敞"以数上事有忠言",被宣帝征为太中大夫,"与于定国并平尚书事。"⑦据此,二人皆以大夫平尚书事,显然并非偶然。尽管如此,它依然具有某种权宜性的特设或特例性质。因为,元成哀平再无此例。⑧

宣元之际,延续了领尚书事的集体负责制。"宣帝寝疾,选大臣可属者,引外属侍中乐陵侯史高、太子太傅(萧)望之、少傅周堪至禁中,拜高为大司马车骑将军,望之为前将军光禄勋,堪为光禄大夫,皆受遗诏辅政,领尚书事。"⑨似乎这次不分主次。其实未必。因为班《书》又云:"元帝初即位,乐陵侯史高以外属为大司马车骑将军,领尚书事,前将军萧望之为副。"⑩可见胡三省所云稍嫌笼

---

① 《汉书·宣帝纪》。
② 《资治通鉴》卷45,胡注。
③ "录尚书事由此始。"(《后汉书·孝章帝纪》,李贤注)
④ 《汉书·昭帝纪》。
⑤ 《资治通鉴》卷22。
⑥ 《汉书·于定国传》。
⑦ 《汉书·张敞传》。
⑧ 此后,东汉桓帝再次设立平尚书事。大将军梁冀权倾朝野,其府邸"官属倍于三公","每朝会,与三公绝席。十日一入,平尚书事。"(《后汉书·梁统列传》)和西汉不同的是,平尚书事更像是桓帝对梁冀因人设官的量身定制。因为它比通常的三公录尚书事显得更有分量和权威。梁冀这个平尚书事其实际权力堪比霍光的领尚书事。不过,整个东汉也仅此一例。直到汉魏之际又有了郎官平尚书事。比如,散骑侍郎华表和"同僚诸郎共平尚书事。"(华峤《汉后书》卷3,《八家后汉书》)其真实含义又与前两次迥然相异。这是因为中书崛起、尚书衰落大势所致。
⑨ 《汉书·萧望之传》。
⑩ 《汉书·匡衡传》。

统。"自是之后,凡受遗辅政皆领尚书事,至东都曰录尚书事。"①

领尚书事皆由重臣或宠臣兼任。比如,张安世"拜为大司马车骑将军,领尚书事"。②有的大臣还不止一次兼任。比如,宣帝先使霍山"以奉车都尉领尚书事",③后又命其"复领尚书事"。④又如,孔光曾任职尚书令,后又领尚书事。"迁诸吏光禄大夫,秩中二千石,给事中,赐黄金百斤,领尚书事。后为光禄勋,复领尚书,诸吏给事中如故。"⑤

领尚书事是典型的高职低配。⑥这种做法一直延续到东汉。只是"领尚书事"易名为"录尚书事"。⑦"录谓总领之也。"⑧不过,史上亦有"总录尚书事"一说。⑨"后汉章帝以太傅赵熹、太尉牟融并录尚书事,尚书有录名,自此始,亦西京领尚书之任。"⑩可见,不仅"录尚书自牟融始",⑪而且还是"并录尚书事"⑫。另一种说法是,录尚书事始于光武帝。光武后,"每帝初即位,辄置太傅录尚书事,薨,辄省。"⑬"光武不任三公,事归台阁,惟录尚书事者权任稍重。"⑭史称,"后汉章、和以后,尚书为机衡之任。尚书郎含香握兰,直宿于建礼门,太官供膳。奏事明光殿,下笔为诏诰,出语为诰令。"⑮其身份之贵重,竟至于三公之首的太尉弹劾尚书,也必须上奏皇帝。这正可反证,尚书令虽只是千石,却必须由

---

① 《资治通鉴》卷 27。
② 《汉书·张汤传》。
③ 《资治通鉴》卷 24。
④ 《汉书·魏相传》。
⑤ 《汉书·孔光传》。
⑥ 虽然丞相、御史大夫未曾领尚书事,但列卿、大夫亦属高官。这种以高配低的做法正暗示出尚书参与朝政的路径和风格。
⑦ 不过,也偶有例外。比如,曹节"领尚书令";(《后汉书·宦者列传》)韩馥请刘虞"领尚书事,承制封拜,复不听"。(《后汉书·刘虞列传》)但这只是小节。真正关键的是,不能简单认为,领(录)尚书事的设立,就是为了提升尚书台的地位。虽然尚书台的最高长官只有千石,而三公则是万石。不过,这里产生一个问题,领(录)尚书事和尚书令之间究竟是一种什么关系?可以肯定,领(录)尚书事并非仅仅是一种名誉职务。至于领(录)尚书事对尚书令是否具有实际的支配权,则是一个复杂问题。
⑧ 《后汉书·孝和帝纪》,李贤注。
⑨ 《东观汉记》卷 16。
⑩ 《资治通鉴》卷 45,胡注。
⑪ 《后汉书·孝和帝纪》,李贤注。
⑫ 其实,三公或上公多人同时录尚书事,确是东汉的惯例。
⑬ 《后汉书·百官志一》。杜佑认为,每帝即位,太尉"多與太傅同錄尚書事。"(《通典》卷 20)
⑭ 《资治通鉴》卷 45,胡注。一种相反相成的说法是,光武"以吏事责三公,故功臣并不用。"(《后汉书·贾复列传》)光武彻底颠覆了西汉的丞相观,即"燮理阴阳,坐而论道"。
⑮ 《通典》卷 21。

上公或三公录尚书事。① 无论西汉领尚书事,还是东汉录尚书事,客观上都提升了尚书的地位。因为万石大臣挂名千石官吏,确实显得不伦。但这确是皇权政治的常规运作方式。

领尚书事的职责之一是审查奏书内容。"故事:诸上书者皆为二封,署其一曰'副',领尚书者先发副封,所言不善,屏去不奏。"②这意味着,领尚书事有权扣压或销毁不合己意的官民奏书。如此一来,领尚书事就有可能蒙蔽圣聪,进而假传圣旨,最后窃取皇权。这种现象在霍氏专权时愈演愈烈。最终,魏相奏请宣帝"奏去副封,以防拥蔽"。③

三公或上公只有录尚书事才有实权。太后诏,太傅邓彪"录尚书事,百官总己以听"。④ 尤其是,三公或上公只有录尚书事,才可居住宫中。这表明,录尚书事具有一种特殊性质,它使三公或上公成为皇帝的老秘书,故而能够呆在皇帝身边,随时侍奉皇帝。可见,录尚书事是三公或上公入住宫中的通行证。显然,这正是太后命张禹以录尚书事的身份入住宫中的正当理由。"以太尉张禹为太傅,司徒徐防为太尉,参录尚书事。太后以帝在襁褓,欲令重臣居禁内。乃诏禹舍宫中,五日一归府;每朝见,特赞,与三公绝席。"所谓特赞,"每朝见,赞拜者先独赞禹名,既乃赞太尉名以下,禹火与三公同赞也。"所谓绝席,"朝位独在百僚上,不与三公联席也。"⑤

第二节　尚书权力走势

一、尚书权力演变

武帝时,尚书令正式参与朝政,负责管理和呈递官员上书。比如,大司马霍去病上疏"因盛夏吉时定皇子位",就是通过"御史臣光守尚书令奏未央宫"的。有的御史兼任尚书令,使尚书令也有权奏事,所谓"奏状有尚书令官位",而不再

---

① 不仅如此,东汉末,宦官也能领尚书事了。大长秋曹节就是一例。某种意义上,这象征着宦官集体性地凌驾于朝官士大夫之上,成为朝政败坏的标志性事件。
② 《资治通鉴》卷24。
③ 《后汉书·孝明帝纪》,李贤注。
④ 《后汉纪》卷12。
⑤ 《资治通鉴》卷49,胡注。

是单纯的内朝官。①

昭宣之际,尚书令成为朝政中的关键角色。霍光废昌邑王,局势之危险,场面之紧张,无异于一场宫廷政变。在这个重大场合,尚书令的作用是,代表霍光和群臣向太后奏报废除昌邑王的理由,同时也是代表太后向整个朝廷宣布废除昌邑王的诏令。整个场面充满惊心动魄的仪式感。"光即与群臣俱见白太后,具陈昌邑王不可以承宗庙状。皇太后乃车驾幸未央承明殿,诏诸禁门毋内昌邑群臣。王入朝太后还,乘辇欲归温室,中黄门宦者各持门扇,王入,门闭,昌邑群臣不得入。……太后被珠襦,盛服坐武帐中,侍御数百人皆持兵,期门武士陛戟,陈列殿下。群臣以次上殿,召昌邑王伏前听诏。光与群臣连名奏王,尚书令读奏。"②

宣帝时,尚书地位得到显著提升。"侍中尚书功劳当迁及有异善,厚加赏赐,至于子孙,终不改易。"③以至于出现了"平尚书事"一职,意即"同尚书事",相当于拥有等同尚书的权力。比如,于定国为光禄大夫,"平尚书事,甚见任用。"④元成之际,尚书一职的含金量骤升,一举跃为博士任职的首选。"是时,博士选三科,高(第)为尚书,次为刺史,其不通政事,以久次补诸侯太傅。"⑤更重要的是,尚书拥有了选拔九卿以上高级官员的核心权力。"御史大夫李延寿病卒,在位多举野王。上使尚书选第中二千石,而野王行能第一。"⑥正因如此,尚书在朝廷官员的位阶中明显上升,居于九卿之前。刘向在抨击外戚王氏"并作威福,击断自恣"时说:"尚书九卿州牧郡守皆出其门,筦执枢机,朋党比周。"⑦

尚书权力的扩张是全方位的。尚书的身影无处不在。以致竟有人感叹,"我见尚书晨夜极苦,使我为之,不能也。"⑧在朝廷事务上,尚书举足轻重,自不必说。一个表现是,皇帝下诏给尚书,突发事变、用兵方略、重大决策、政策调整、制度创设,皆由尚书传达给朝廷和百官。哀帝崩,太皇太后王政君"诏尚书,诸发兵符节,百官奏事,中黄门、期门兵皆属(王)莽"。⑨由此而来,尚书口传圣旨,所谓"使尚书责问丞相"。⑩同时,百官奏事必须通过尚书。"诏尚书具其

---

① 《史记·三王世家》。
② 《汉书·霍光传》。
③ 《汉书·宣帝纪》。
④ 《汉书·于定国传》。
⑤ 《汉书·孔光传》。
⑥ 《汉书·冯奉世传》。
⑦ 《汉书·楚元王传》。
⑧ 《汉书·宣元六王传》。
⑨ 《汉书·王莽传上》。
⑩ 《资治通鉴》卷33。

事。"①比如,董贤领尚书,"百官因贤奏事。"②又如,王政君表彰公孙弘生活俭朴,颁诏丞相要求"赐弘后子孙之次当为后者爵关内侯,食邑三百户,征诣公车,上名尚书。"③此外,尚书还能兼管九卿事务,拥有实权。"锺元为尚书令,领廷尉,用事有权。"④这使得尚书客观上拥有了更大的权威。在地方事务上,尚书也是责无旁贷,有劳多多。"故事,尚书希下章,为烦扰百姓,证验系治,或死狱中,章文必有'敢告之'字乃下。"师古曰:"所以丁宁告者之辞,绝其相诬也。"⑤可见处理郡国政务也须通过尚书之手。比如,胶东相张敞到任,"明设购赏,开群盗令相捕斩除罪。吏追捕有功,上名尚书调补县令者数十人。由是盗贼解散,传相捕斩。吏民歙然,国中遂平。"⑥

史称,"东都以后,尚书职任重于列卿。"⑦可见东汉尚书的中枢地位,客观上具有一种左右朝局的作用。⑧ 这使得尚书台官员的选拔更显得举足轻重。"天下枢要,在于尚书,尚书之选,岂可不重? 而间者多从郎官超升此位,虽晓习文法,长于应对,然察察小慧,类无大能。宜简尝历州宰素有名者,唯进退舒迟,时有不逮,然端心向公,奉职周密。宜鉴啬夫捷急之对,深思绛侯木讷之功也。"⑨

东汉前期,"承永平故事,吏政尚严切,尚书决事率近于重。"至安帝时,尚书执政的局面已近百年,事态似乎愈发严重。"时三府任轻,机事专委尚书,而灾眚变咎,辄切免公台。"身为尚书仆射的陈忠,"以为非国旧体",严词抨击。"汉典旧事,丞相所请,靡有不听。今之三公,虽当其名而无其实,选举诛赏,一由尚书,尚书见任,重于三公,陵迟以来,其渐久矣。"⑩不过,陈忠的建议并未起作用。东汉后期,尚书的权势有增无减,以致尚书仆射也能推荐三公。比如,尚书仆射虞诩举荐大鸿胪庞参"有宰相器能,(顺帝时)以为太尉,录尚书事"。⑪ 更

---

① 《汉书·王莽传上》。
② 《汉书·佞幸传》。
③ 《史记·平津侯列传》。
④ 《汉书·何并传》。
⑤ 《汉书·王嘉传》。
⑥ 《汉书·张敞传》。
⑦ 《资治通鉴》卷 59,胡注。
⑧ 尽管如此,光武时仍然存在着"尚书之平,决于百石之吏"之现象。朱浮批评说:"陛下以使者为腹心,而使者以从事为耳目,是为尚书之平,决于百石之吏,故群下苛刻,各自为能。"(《后汉书·朱浮列传》)
⑨ 《后汉书·韦彪列传》。
⑩ 《后汉书·陈宠列传》。
⑪ 《后汉书·庞参列传》。

甚者,尚书不朝,朝政瘫痪。"时新遭大丧,国嗣未立,诸尚书畏惧,多托病不朝。"①皇甫规抨击梁冀专权,也顺带谴责尚书渎职。"在位素餐,尚书怠职,有司依违,莫肯纠察。"②小而言之,辟除不经尚书,即不合程序。"(安)帝舅大鸿胪耿宝荐中常侍李闰兄于(杨)震,震不从。宝乃自往候震曰:'李常侍国家所重,欲令公辟其兄,宝唯传上意耳。'震曰:'如朝廷欲令三府辟召,故宜有尚书勅。'遂拒不许,宝大恨而去。"③这是因为尚书掌管制作和颁布诏书的权力。所以,宫廷政变必劫持尚书,这是确保政变成功的关键条件之一。

二、尚书制度变化

尚书机构和职权的变化肇始于昭宣之际,并持续至东汉,长达上百年。某种意义上,尚书制度的变革和霍氏兴衰有着密不可分的关系。它最初起于霍光那潜藏的野心,继而由霍氏发展为一场未遂政变。在这个过程中,尚书制度的改革对预防和铲除这场宫廷政变,发挥了至关紧要的作用。

霍光通过加官给事中削弱了尚书令的奏事职权。这不仅因为给事中"得入禁中,预中朝之议"④,更因为"给事中掌顾问应对,位中常侍下",即"给事中日上朝谒,平尚书奏事"。⑤ 可见给事中在奏诏模式中发挥着一种制衡的特殊作用。霍光首先对尚书令张安世明升暗降,予以限制。"光禄勋张安世自先帝时为尚书令,志行纯笃,乃白用安世为右将军兼光禄勋以自副焉。"继而又擢拔杜延年"为太仆、右曹、给事中",分散尚书令之权。霍光作为一个老谋深算的政治家,这种安排显然意图匪浅。他野心勃勃,虽未篡位,与称帝也就一纸之隔。他废立刘贺确立了自己在朝堂的独尊地位,又用给事中这一加官分割尚书令的制诏权。"吏民上书言便宜,辄下延年平处复奏。"意即"先平处其可否,复奏言之"。"可官试者,至为具令;或丞相、御史除用,满岁,以状闻;或抵其罪法。"如果"言事之人有奸妄者,则致之于罪法"。⑥ 这种做法后来又被宣帝采用。给事中成为宣帝削弱霍氏领尚书事之权的巧妙安排。魏相"白去副封以防壅蔽。帝

① 《资治通鉴》卷 56。
② 《后汉书·皇甫规列传》。
③ 《后汉书·杨震列传》。
④ 《资治通鉴》卷 24,胡注。
⑤ 《资治通鉴》卷 23。
⑥ 《资治通鉴》卷 23,胡注。

善之,诏相给事中,皆从其议。"①

权臣专权的惯用伎俩是架空皇帝,为此,必须切断臣民向皇帝的上书渠道,垄断臣民奏事的所有信息。这样,皇帝就成了聋子、瞎子、傻子。赵高通过指鹿为马的表演和恐吓,又诱使二世退居帝后,完全封锁了官员们和秦二世之间的所有联系,最终实现了专擅朝政。同样,霍氏也是如此。汉宣帝毕竟不是秦二世。宣帝掌控朝政,从改革上书制度入手。通过改革上书制度,民意直接上达天听。这样,皇帝决策拥有了空前广泛的民意基础,从而实现了"天听自我民听,天视自我民视"的理想状态。这是皇帝心目中的天人合一境界,也是皇权意义上的天人合一格局。可见奏诏模式在皇权体制中的关键作用。某种意义上,皇帝正是通过奏诏模式来行使皇权、实施统治的。高效的奏诏模式保证了皇帝对全国拥有完全而充分的知情权。所以,宣帝一方面要求天下百姓直接上书,一方面要求朝廷百官独自进言奏事。在霍氏看来,这恰是因为宣帝"益不信人",即对自己起了猜忌之心。这样,宣帝将霍氏隔离于奏诏通道之外,确保自己能从官民两个渠道及时获得准确信息,从而同时掌握真实民意和官方舆论。"时霍山自若领尚书,上令吏民得奏封事,不关尚书,群臣进见独往来,于是霍氏甚恶之。"宣帝用中书宦官②取代了尚书对臣民上书的权力,"各各得尽言于上。"③这令霍氏集团惊恐万状,不得不铤而走险,自取灭亡。这个过程中,霍氏反复提及儒生"喜妄说狂言,不避忌讳","人人自使书对事,多言我家者。尝有上书言大将军时主弱臣强,专制擅权,今其子孙用事,昆弟益骄恣,恐危宗庙,灾异数见,尽为是也。其言绝痛,山屏不奏其书。后上书者益黠,尽奏封事,辄(使)〔下〕中书令出取之,不关尚书。"④可见中书之设,是为了分尚书之权。即将尚书原来把持的掌管百官奏事之权转移到中书令手中。以便皇帝能够更快更多地了解吏民的真实想法和各种意见。是可知,奏诏模式的正常运行对皇权秩序的稳定至关紧要。

汉初设中谒者令,武帝改为中书谒者令,并置仆射。宣帝任弘恭为中书令,石显为中书仆射。元帝时,石显为中书令,"专权用事"⑤,石显的朋友五鹿充宗则做了尚书令,"二人用事"⑥可谓朋比为奸。这是一个两令并存的时期。⑦ 成

---

① 《资治通鉴》卷24。
② 中书又称中尚书,皆为宦官,故有"中尚书宦官"之说。(《汉书·谷永传》)
③ 《汉书·霍光传》,颜注。
④ 《汉书·霍光传》。
⑤ 《汉书·成帝纪》,颜注。
⑥ 《汉书·京房传》。
⑦ "是时石显为中书令,五鹿充宗为尚书令,疑两官并置也。"(《资治通鉴》卷28,胡注)

帝"罢中书宦官,初置尚书员五人。"至此,中书官正式退出汉帝国的中枢决策和实际政务,与此同时,尚书机构得以扩编和增权。它不但完善了尚书制度,而且奠定了尚书进入朝廷中枢的基本路径。"《汉旧仪》云尚书四人为四曹:常侍尚书主丞相御史事,二千石尚书主刺史二千石事,户曹尚书主庶人上书事,主客尚书主外国事。成帝置五人,有三公曹,主断狱事。"①

王莽是个典型的"改制狂"或"改制迷",迷信制度改革的力量,迷恋朝令夕改。最终严重阻碍了奏诏模式的正常运行。"上书者,尚书不以闻而窃寝其事。"王莽显然有所警觉。"莽恐尚书壅蔽,令宦官左右发其封,自省之。"②这样,尚书制度在新朝就发生了重大变化。③

三、尚书和中书

昭宣至宣元之际,中书和尚书之关系成为西汉政治中最为模糊不清的一个制度疑团。④ 最初,宣帝为对付霍氏专权,重用中书。⑤ 这是因为,尚书已完全士人化,而逐渐成为外朝官。这样,重新启用由宦官担任的中书再次成为皇帝控制朝廷的关键把手。石显和弘恭"皆少坐法腐刑,为中黄门,以选为中尚书。宣帝时任中书官,恭明习法令故事,善为请奏,能称其职。恭为令,显为仆射。元帝即位数年,恭死,显代为中书令。"⑥于是,士人尚书和阉人中书便构成左右朝政的两支重要力量。⑦

虽说中书完全独立于尚书,但其官职完全模仿尚书。所以,才有"中尚书"

---

① 《汉书·成帝纪》,颜注。
② 《资治通鉴》卷 38,胡注。
③ 王莽设有"尚书大夫"一职。(《汉书·王莽传中》)
④ 这主要表现为中书和尚书之间的分分合合。有两种说法。班固认为,"少府属官有尚书等十二官令、丞,又有中书谒者等七官令、丞。"刘昭认为,"武帝用宦者,更为中书谒者令。成帝用士人,复故。"据胡三省考证,"余据表,则尚书、中书为两官;据续志,则合为一官。此时既有尚书,则与中书谒者为两官明矣。"(《资治通鉴》卷 23)
⑤ 其实,武帝晚年,中书地位已逐渐提高。标志就是太史公出任中书令。任安指责司马迁不能荐士于君,暗示出身为中书令的太史公,不但要时刻伴随皇帝左右,还需承担向皇帝奏事进言之责。可见,武帝末,中书令似已分担了尚书令之权责。这个过程可能与尚书令的士人化进程有关。就是说,武帝晚年,尚书令似已由士人担任。据此可以合理解释经过宫刑的太史公何以可能任职中书令。因为尚书令已由士人担任。太史公之才华、见识又为武帝所赏识,故出狱之后即被委以中书令之要职。当然,据太史公自述,他对此职并不感兴趣,至少没有表现出向武帝积极上奏进言的姿态和意愿。
⑥ 《汉书·佞幸传》。
⑦ 虽说士人多阉人少,但在朝政中,人数多寡并非关键,有时官职亦非关键。官不在贵贱,"惟视时主之意向。"得一人胜于得众人。"以尚书与三公对言,三公权不及尚书;以尚书与中书对言,尚书又不及中书矣。"(《十七史商榷》卷 37,"台阁")原因无他,仅在于中书更近皇帝耳。

这种官职。"中尚书"像是尚书,却是中书。尚书有仆射,中书也设仆射;尚书有令,中书也设令。二者完全对应和匹配。给人感觉,中书机构几乎是尚书机构的翻版。尽管如此,中书却渐渐取代尚书,成为皇帝诏书的制作者和管理者。这样,在中书和尚书的权力博弈中,中书凭借制诏权而占据上风。

> 元帝被疾,不亲政事,方隆好于音乐,以(石)显久典事,中人无外党,精专可信任,遂委以政。事无小大,因显白决,贵幸倾朝,百僚皆敬事显。显为人巧慧习事,能探得人主微指,内深贼,持诡辩以中伤人,忤恨睚眦,辄被以危法。初元中,前将军萧望之及光禄大夫周堪、宗正刘更生皆给事中。望之领尚书事,知显专权邪辟,建白以为"尚书百官之本,国家枢机,宜以通明公正处之。武帝游宴后庭,故用宦者,非古制也。宜罢中书宦官,应古不近刑人。"元帝不听,繇是大与显忤。后皆害焉,望之自杀,堪、更生废锢,不得复进用。……后太中大夫张猛、魏郡太守京房、御史中丞陈咸、待诏贾捐之皆尝奏封事,或召见,言显短。显求索其罪,房、捐之弃市,猛自杀于公交车,咸抵罪,髡为城旦。及郑令苏建得显私书奏之,后以它事论死。自是公卿以下畏显,重足一迹。[1]

宣元之际,尚书和中书的矛盾,表面看是士人和宦官的冲突,或外朝官和内朝官的抗衡,实质上是对制诏权的争夺。[2]

第三节　尚书职能与奏诏模式

一、尚书与诏书

首先,尚书负责制作和传达皇帝文书诏令。[3]所谓"尚书顾命"是也。比如,"太子即皇帝位。"三公奏,"尚书顾命,太子即日即天子位于枢前。请太子即

---

[1] 《汉书·佞幸传》。

[2] 就两汉整体言,中书和尚书之争仅是尚书权势扩张过程中的一个插曲。中书真正取代尚书则是魏晋的事。"魏置中书主管任诏以后,尚书就逐渐变为普通的政务执行机关;就机要来说,它在两汉所处的地位,渐为中书所夺,尚书的权势就趋于衰落了。"(杨鸿年《汉魏制度丛考》,第105页,武汉大学出版社,2005年)

[3] "汉代的正式诏书都出自尚书。……君主决定诏书主旨以后,就命令左右通知尚书,依照自己决定的旨意,制作正式的诏文。"(杨鸿年《汉魏制度丛考》,第85页,武汉大学出版社,2005年)

皇帝位,皇后为皇太后。"①其次,尚书保管皇帝文书诏令。这要求尚书必须字体工整,善书法。比如,张安世"用善书给事尚书,精力于职,休沐未尝出。"②

尚书掌管与皇帝有关的一切文书,包括保存皇帝诏书。这样,记录皇帝话语,下达诏命,制作诏书自然也应由尚书负责。所以,制作诏书的简牍材料也由尚书掌管。比如,武帝命司马相如作赋。"令尚书给笔札。"师古云:"札,木简之薄小者也。时未多用纸,故给札以书。"③

作为皇帝的机要秘书,尚书丢失皇帝文书,绝对是大事。补救措施就是,由记忆力好的尚书把丢失的文件重写下来。张安世仅凭记忆就将丢失的三箧文书准确无误地全部重写下来,确实惊人。"上行幸河东,尝亡书三箧,诏问莫能知,唯安世识之,具作其事。后购求得书,以相校无所遗失。"④值得注意的是,皇帝巡行带在身边的文书很大程度上就是诏书。即便不全是诏书,也应该大部分是诏书。

尚书掌管皇帝的机要文书,这使尚书逐渐成为熟谙朝政制度典故的活词典。所谓"尚书故事",胡三省云:"汉故事,皆尚书主之。"⑤比如,元帝"寝疾,傅昭仪及定陶王常在左右,而皇后太子希得进见。上疾稍侵,意忽忽不平,数问尚书以景帝时立胶东王故事。"⑥近水楼台的便利使尚书得以掌握和熟悉皇权体制的核心架构和运作机制。比如,"(孔)光以高第为尚书,观故事品式,数岁明习汉制及法令。"这使孔光完整经历了尚书机构内部升迁的三个主要环节,即尚书至尚书仆射,再至尚书令。"上甚信任之,转为仆射,尚书令。"⑦

皇帝的言行都需要保密,尤其皇帝的文字更是具有高度的机密性和禁忌性。无关人员,哪怕贵为皇后,也无权阅读或接触。"上与诸子疏,皇后希得见。"⑧正因事事处处关涉机密,故谨言慎行成为尚书的基本素质。比如,尚书令孔光守口如瓶,"已缮(事)书,辄削坏其草。"这使得成帝对他非常欣赏。"有诏光周密谨慎,未尝有过,加诸吏官。"一方面,不露己言。"时有所言,辄削草稿,以为章主之过,以奸忠直,人臣大罪也。有所荐举,唯恐其人之闻知。"一方面,不泄君事。"沐日归休,兄弟妻子燕语,终不及朝省政事。或问光:'温室省

① 《资治通鉴》卷15,胡注。
② 《汉书·张汤传》。
③ 《汉书·司马相如传上》。
④ 《汉书·张汤传》。
⑤ 《资治通鉴》卷51。
⑥ 《汉书·史丹传》。
⑦ 《汉书·孔光传》。
⑧ 《资治通鉴》卷22。

中树皆何木也？'光嘿不应，更答以它语，其不泄如是。"①尤有甚者，有尚书令为保密起见，死前竟亲手烧掉自己的所有奏疏。荀彧"自为尚书令，常以书陈事，临薨，皆焚毁之，故奇策密谋不得尽闻也。"②

当然这不意味着尚书台就没有泄密之事。某种意义上，泄密反倒是尚书台的常态。比如，"皇后弟侍中窦宪，荐真定令张林为尚书。"章帝征询尚书陈宠的意见。"宠对'林虽有才能，而素行贪浊'，宪以此深恨宠。"③可见尚书台的保密措施也有漏洞，并不严格。不过，一旦发现尚书泄密，必遭严惩。比如，"尚书郎孟珌坐受金漏言，"弃市。④ 尚书郎张俊"坐漏泄事，当伏重刑，已出谷门，复听读鞠，诏书驰救，〔减罪〕一等，输作左校。"⑤

二、尚书之加官

在奏诏模式中，特别是在尚书机构的演化中，加官制度发挥了某种特殊作用。一是侍中。侍中在秦汉时和尚书联系密切。⑥ 这意味着侍中的职能和奏诏模式紧密相关。秦侍中，"本丞相史也，使五人往来殿内东厢奏事，故谓之侍中。"西汉侍中为加官。"凡侍中、左右曹、诸吏、散骑、中常侍，皆为加官。"加官有特权。《汉仪注》云："诸吏给事中日上朝谒，平尚书奏事，分为左右曹。""侍中、中常侍得入禁中，诸曹受尚书事，诸吏得举法。"加官亦可加诸尚书。侍中在东汉发生变化，成为实职，地位提升，隶属少府，负责皇帝玉玺。"掌赞导众事，顾问应对。法驾出，则多识者一人负国玺，操斩白蛇剑，参乘；余皆骑，在乘舆后。……后选侍中，皆旧儒高德，学识渊懿，仰瞻俯视，切问近对，喻旨公卿，上殿称制，秉笏陪见。旧在尚书令、仆射下，尚书上。"二是给事中。"秦置，汉因之，所加或大夫、博士、议郎。掌顾问应对。位次中常侍、侍中、黄门，无员。诸给事中，日上朝谒，平尚书奏事，分为左右曹，以有事殿中，故曰给事中。"⑦概言之，侍中、给事中皆居省中，省外之尚书⑧因加此衔，得以出入省中，亲近皇帝，

---

① 《汉书·孔光传》。

② 《三国志·魏书·荀彧传》，裴注。

③ 《后汉书·陈宠列传》。

④ 《后汉书·天文志下》。

⑤ 《后汉书·律历志下》，刘昭注。

⑥ 就连侍中舍都是仿照尚书寺建造的。"侍中舍有八区，论者因言员本八人。省其门题尚书寺，此孝明帝治于东宫尚书模也。"（《通典》卷21）

⑦ 《通典》卷21。

⑧ 参见杨鸿年《汉魏制度丛考》，第81—85页，武汉大学出版社，2005年。

奏事便利,影响朝局。

其实,"领尚书事"或"录尚书事"亦是加官,①且是更显赫的加官,或者说是两汉最有权势和影响力的加官。西汉领尚书事,东汉改为录尚书事。既是荣誉,又有实权。"汉武帝时,左右曹诸吏分平尚书奏事,知枢要者始领尚书事。张安世以车骑将军、霍光以大将军、王凤以大司马、师丹以左将军,并领尚书事。后汉章帝以太傅赵熹、太尉牟融并录尚书事。尚书有录名,盖自熹、融始,亦西京领尚书之任,犹唐虞大麓之职也。和帝时,太尉邓彪为太傅,录尚书事,位在三公上,汉制遂以为常。"②

值得注意的是,汉魏之际,郎官插手尚书事,但其整体素质和行政效率皆堪忧虑。"时同僚诸郎共平尚书事,年少,并兼厉锋气,要(君)〔召〕名誉,尚书事至,或有不便,故遗漏不视,及传书者去,即入深文论驳。"唯独散骑侍郎华表不然,"事来有不便,辄与尚书共论尽其意。主者固执,不得已,然后共奏议。"③可见,尚书至中书的权力转换,已对尚书在奏诏模式中的实际作用和真实效果造成了不可逆转的严重削弱乃至致命损伤。④

三、尚书在奏诏模式中之作用

宣帝时,韩增领尚书事,"以温颜逊辞承上接下,无所失意。"⑤哀帝遣尚书令诏命王莽,"已诏尚书待君奏事。"孙光等亦奏王太后,"诏尚书勿复受公之让奏。"奏可。⑥ 可见,尚书在奏诏模式中发挥着一种承上启下的枢纽作用。⑦ 一

---

① "领尚书事"最初源于中书。"汉置中书,领尚书事。"中书之名,"因汉武帝游宴后庭,始以宦者典事尚书,谓之中书谒者,置令、仆射。元帝时,令弘恭,仆射石显,秉势用事,权倾内外。萧望之以为中书政本,宜以贤明之选,更置士人,自武帝故用宦者,掌出入奏事,非旧制也。成帝建始四年,改中书谒者令曰中谒者令,更以士人为之,皆属少府。"(《通典》卷21)这里值得注意的是,中书、尚书"二汉皆属少府"。(《通典》卷22)可见少府不仅掌管皇帝财政用度,还关乎皇帝制诏文书(就连掌管玉玺的符玺郎也隶属少府),可谓和皇帝关系最为密切的官职。就此而言,少府也成为皇权政治最核心的机构。
② 《通典》卷22。
③ 华峤《汉后书》卷3,《八家后汉书》。
④ 不过,南朝仍有"尚书政事之本"之说。"桓玄辅政,领平西将军,以(羊)欣为平西参军,仍转主簿,参预机要。欣欲自疏,时漏密事,玄觉其此意,愈重之,以为楚台殿中郎。谓曰:'尚书政事之本,殿中礼乐所出。卿昔处股肱,方此为轻也。'"(沈约《宋书·羊欣列传》,中华书局,1974年。[以下简称《宋书》])
⑤ 《汉书·韩王信传》。
⑥ 《汉书·王莽传上》。
⑦ 据近人概括,"尚书台由文书收发的工作,扩及先行拆阅奏议、以决定寝奏的权力,扩及拆阅奏议、附上裁决办法以供君主决策参考的权力,扩及受君主委托、集议某些事务的权力,扩及参与朝廷集议的权力,以至于外朝集议的召开与否,亦有建议之权。"(秦涛《律令时代的"议事以制":汉代集议制研究》第73页,中国法制出版社,2018年)

方面,起草公文尤其拟诏是尚书的首要职责。"国家旧法,选尚书郎,取年未五十者,使文笔真草,有才能谨慎,典曹治事,起草立义,又以草呈示令、仆讫,乃付令史书之耳。书讫,共省读内(同纳)之。事本来台郎统之,令史不行知也。书之不好,令史坐之;至于谬误,读省者之责。"[1]另一方面,审查和呈递臣子奏书也是尚书之责。"汉时公卿皆奏事,选尚书郎,试然后得为之。其在职,自费所发书诣天子前,发省便处,当事轻重,口自决定。或天子难问,据案处正,乃见郎之割断材伎。"[2]这里强调了尚书对公私奏书大小事宜必须具备一种选择重要事项优先处理的判断能力。如果皇帝疑问,尚书还需当场呈示奏书,以供御览裁决。简言之,"汉尚书职典枢机,凡诸曹文书众事皆由之。"[3]这实际上是制诏权兼行政权。另外,参与和主持一些具有颁诏仪式感的朝廷典礼也是尚书的一项重要权力。比如,"宗祀光武皇帝于明堂。……礼毕,登灵台。使尚书令持节诏骠骑将军、三公曰:'今令月吉日,宗祀光武皇帝于明堂,以配五帝。……其令天下自殊死已下,谋反大逆,皆赦除之。'"[4]又如,中黄门孙程等人迎济阴王(顺帝)即皇帝位。登基仪式由尚书主导。"近臣尚书以下,从辇到南宫,登云台,召百官。尚书令刘光等奏言:'……陛下践祚,奉遵鸿绪,为郊庙主,……而即位仓卒,典章多缺,请条案礼仪,分别具奏。'制曰:'可。'"[5]

尚书制度沿革和权力扩张不仅取决于奏诏模式的变化,还直接推动了奏诏模式的改变。尚书制度作为奏诏模式的一部分,最为直观地体现出奏诏模式的特质。这个特质一直延续到曹魏。比如,东汉设女尚书参与机要,插手奏诏。侯览、曹节、王甫等与"赵夫人诸女尚书并乱天下。附从者升进,忤逆者中伤"。[6] 太后宫名长乐宫,"有女尚书五人,五官史主之。"女尚书亦称长乐尚书,"盖以太后临朝置之,以掌奏下外朝文书众事也。"诸女尚书"旦夕在太后侧"[7],可能还负责给太后起草和制作诏书。外戚专权也会产生相应的制度变化。首先就是奏诏模式的改变。即需要围绕太后临朝的性别和身份变化,设置一些新的制作诏书的措施。其中,最主要的就是女尚书的设立。管理女尚书的则是宦官,即长乐五官史,亦即担任长乐宫五官史的太监。曹魏时,女尚书制度略有变化。魏明帝"常游宴在内,乃选女子知书可付信者六人,以为女尚书,使典省外

① 安徽亳县《曹操集》译注小组《〈曹操集〉译注》,第 198 页,中华书局,1979 年。
② 李昉等《太平御览》卷 215,"职官部 13",中华书局,1960 年。(以下简称《太平御览》)
③ 《资治通鉴》卷 27,胡注。
④ 《后汉书·孝明帝纪》。
⑤ 《后汉书·孝顺帝纪》。
⑥ 《后汉书·陈蕃列传》。
⑦ 《资治通鉴》卷 56,胡注。

奏事,处当画可。"①可见至汉魏之际,女尚书确实在相当程度上介入并影响了奏诏模式的运作。

(一)管理和草拟诏书

从诏书角度看,保管诏书②和起草诏书是尚书的两项主要职责。一般说,尚书台官员有责任,也有权力为皇帝提前准备好某些诏书,以俟皇帝到时使用。就是说,相当部分的诏书实际上都是有关官员事先拟制好的,只等需要时,待皇帝签发即可。像这类程序性的诏书,都有些固定格式,草拟和制作均相对省事。比如,光武下诏,"惟宗室列侯为王莽所废,先灵无所依归,朕甚愍之。其并复故国。若侯身已殁,属所上其子孙见名尚书,封拜。"意思是,"侯子孙所属之郡县"需在诸侯亡故之后,"录其见名上于尚书,封拜之。"③尚书所做的就是根据郡县上奏的汉室诸侯子孙名录,下诏按例册封。一般而言,这类诏书皆属于常规性、例行性的行政命令。

皇帝下旨,尚书草诏,然后下达相关部门,具体实施部门还需向皇帝再次禀告。经过皇帝认可,才能正式进入执行程序。这是从下诏到实行之间必须经过的三个关键环节。"显宗时,诏赐降胡缣,尚书案事,误以十为百。上见司农上簿,大怒,召郎将笞之。锺离意因叩头曰:'过误之失,常人所容。若以懈慢为愆,则臣位大,罪重,郎位小,罪轻,咎皆在臣,臣当先坐。'乃解衣就笞,帝意乃解。"④

在日常工作中,尚书有一项特别工作,即代传圣旨或代言圣旨。"谷永为凉州刺史,奏事京师,讫,当之部,上使尚书问永,受所欲言。"⑤就是说,"永有所言,令尚书即受之。"⑥这个程序应该是,奏事者将其奏书交给尚书,同时还会口头表述一些自己的意见。至于尚书,首先要代表皇帝将官员的奏书接收下来,

---

① 女尚书六人显然是按照尚书台的六尚书员额设置的。(《三国志·魏书·明帝纪》,裴注)

② 安帝时,"邓悝兄弟尝从尚书邓防取废帝故事,谋欲立平原王为帝。"(《后汉纪》卷17)

③ 《后汉书·光武帝纪上》。

④ 《东观汉记》卷16。无独有偶,也是发生在尚书仆射锺离意身上的事。"尝赐胡侍子,当五十疋,尚书郎受诏,误以三十疋。上怒,召郎,欲鞭之。意入曰:'臣位大罪重,郎位小罪轻,臣当先坐,然后及郎。'遂解衣当鞭。上释之曰:'非锺离尚书,几误降威于此郎。'"(《通典》卷22)这两件事相似度非常高。不但尚书的过错一样,就连钟离意为之开脱的话都完全一致。很难不使人推测这两件事很可能原本一件事。一事两记,渐渐变成两件事。《锺离意别传》云:"匈奴来降,诏赐缣三百疋,尚书侍郎暨鄜受诏,误以三千疋赐匈奴。"(《太平御览》卷211,"职官部9")数字更为夸张。可以断定,这是同源一事。

⑤ 《资治通鉴》卷31。

⑥ 《汉书·谷永传》,颜注。

同时还要准确记录奏事官员的口头意见。这意味着,尚书需要用笔墨做些现场记录,以防转奏失真,无凭无据,或者口奏内容较多,记忆不全。

(二)审核和处理奏书

从奏书角度看,尚书既要自己上书,又要处理官员上书。尚书是上书的最后一道环节。[1] 所谓"旧上封事者,先由尚书,乃奏御。"[2]这个环节更为复杂。它已形成了一套规矩和传统,称之为上书"故事"。这个"故事"究竟源于何时?不很清楚。毋庸置疑的是,这个"故事"生成于朝廷政局之演化,同时又制约着朝政的当下走向,故而成为人们推动朝政变革的一个切入口。

在魏相上书提及的上书"故事"中,关键因素有三。一是上书皆有副本,二是尚书负责审查上书内容,三是尚书有权扣压上书。比如,曹操上表献帝,奏封尚书令荀彧为万岁亭侯。"彧固辞无野战之劳,不通太祖表。"[3]据此推断,上书制度有一个相当持久的演变过程。秦朝不见尚书负责上书的记载,但不能排除秦朝上书已有副本规定。另外,人们公认,尚书作为中朝官,参与机要,始于武帝。至于尚书截留上书,或许肇始霍氏。

霍光薨,宣帝以其子霍禹为右将军,兄孙霍山"复领尚书事"。御史大夫魏相"因平恩侯许伯奏封事",认为,"今光死,子复为大将军,兄子秉枢机,昆弟诸婿据权势,在兵官。光夫人显及诸女皆通籍长信宫,或夜诏门出入,骄奢放纵,恐寝不制。"魏相这封奏疏虽然提及霍山领尚书事以及霍显"夜诏门出入",但并没有言动宣帝。他锲而不舍,通过许广汉,又上了一封奏疏,建议宣帝改革尚书机构。"故事诸上书者皆为二封,署其一曰副,领尚书者先发副封,所言不善,屏去不奏。"魏相要求"去副封以防雍蔽"。宣帝下诏魏相给事中,"皆从其议。"上书制度改革,使得宣帝对朝野内外的政情民意有了更真实的了解。"霍氏杀许后之谋始得上闻。"[4]

魏相上书一事表明,当时存在两种上书渠道,一是官方渠道,一是私人渠道。毫无疑问,绝大多数奏书都是通过官方渠道上达的。但私人渠道仍有不可取代的特殊作用。魏相上书前后,显然是在有意避开官方渠道。就其内心,他可能都在刻意避免让主管尚书的霍氏知道自己上书这件事。魏相此时的身份

① 东汉时,上行公文正本上尚书,副本上公府。(卜宪群《秦汉公文文书与官僚行政管理》,《历史研究》
　 1997年第4期)
② 《资治通鉴》卷38,胡注。
③ 《三国志·魏书·荀彧传》,裴注。
④ 《汉书·魏相传》。

虽是御史大夫,但他上书仍需通过宣帝的许皇后之父。可见事关机密,上书不易。这是因为,魏相虽身为御史大夫,但掌控奏事之权已转入领尚书之手。如果通过正常上书途径,他的奏疏肯定会被霍山扣下,或被销毁。所以,魏相只有通过许皇后之父,才能确保自己的奏疏到达宣帝手里。这也是魏相的两封奏书都只能借助外戚渠道的主要原因。这个困局使得魏相对现行上书制度的弊端有了更为深刻的感知,也更增加了他迫切要求改革上书制度的愿望和忧患。

到了东汉,尚书奏事有了更为规范的用语。"八座书"是尚书令、尚书仆射和六尚书联署上书的专用语。"大事八座连名,而有不合,得建异议。"这个制度始于顺帝永建元年,"初令三公、尚书入奏事。"① 比如,黄巾之起,武威太守黄隽"被征失期",叙州刺史梁鹄"欲奏诛隽,(盖)勋为言得免。隽以黄金二〔十〕(千)斤与勋,勋谓隽曰:'吾以子罪在八议,故为子言,岂卖评哉!'终辞不受。"② 又如,献帝初平四年,"当祠南郊,尚书八座议,欲却郊日,又定冠礼而月朔日蚀。士孙瑞议:'按八座书,以为正月之日,太阳亏曜,谪见于天,而冠者必有裸享之仪,金石之乐,饮燕之娱,献酬之报。是为闻灾不祗肃,见异不怵惕也。'"③

尚书奏事一般要等到皇帝有了回复,才能下班。如果皇帝处理奏书不及时,尽职的尚书可能要在宫中等上一夜。尚书郎冯豹"每奏事不报,常伏省阁下,或从昏至明。"章帝"数加赏赐"。④ 看冯豹睡熟,"天子默使持被覆之,不惊也。日暮,诸郎下,豹每独在后。"⑤

尚书既给皇帝上奏,因职责所在,又需帮皇帝处理其他官员奏疏,也就是向皇帝提出处置奏疏的相关建议。在此过程中,一些见识卓拔的奏书往往影响到尚书言行。比如,"周举上书言得失,尚书郭虔见之叹息,上疏愿退位避举,常置其章于坐。"⑥更重要的是,尚书奏书有可能直接转换为皇帝诏书。乐城王刘苌"骄淫失度,冀州刺史举奏苌罪至不道"。尚书侍郎岑宏建议,"苌不杀无辜,以谴诃为非,无赫赫大恶,可裁削夺,损其租赋,令得改过自新,革心向道。"于是,"诏贬苌为临湖侯。"⑦

---

① 《通典》卷22。
② 《后汉纪》卷26。
③ 《通典》卷78。
④ 华峤《汉后书》卷2,《八家后汉书》。
⑤ 《通典》卷22。
⑥ 张璠《后汉纪》,《八家后汉书》。
⑦ 《后汉纪》卷16。

（三）尚书对

奏诏模式中还有一个特殊环节,尚书代表皇帝问话,质询上书官员。① 这种质询既不特殊,也不意外,但也并非必须。它具有或然性。有时是皇帝要求,有时则是官员要求。它最大的特点是,具有居高临下的皇权权威性质。怀疑,挑剔,漠视,否定,搁置,不置可否,是皇帝和官员对话中的习惯性态度。在这个环节中,尚书必须使自己扮演皇帝的角色,虽然自己不是皇帝,可必须像皇帝那样行事和思考。皇帝的心理和思维、忧虑和恐惧,都是尚书必须百般揣摩的东西。只有这样,尚书在代君问话时,才能了解官员上书的真实意图和详细情况,才能抓住关键环节,才能获得皇帝真正想要的东西,进而帮助皇帝作出决策。

总之,尚书尤其是尚书令代表皇帝召问官员,已成为奏诏模式中一个至关紧要的程序,这就是"尚书对"。事实上,在皇权政治中,对皇帝影响最大的人,往往不是权力最大的人,也不是最接近皇帝的人,而是能给皇帝拟制诏书的人。② 西汉后期,尚书令已经取代御史大夫,成为皇帝的"新秘书长",向官员颁布或传达诏书。③ 同时,尚书令或尚书还要代表皇帝向官员问话或施恩。比如,丞相翟方进因灾异受到诏责,成帝随之又派尚书令前往慰问。"使尚书令赐君上尊酒十石,养牛一,君审处焉。"④ 又如,凉州刺史谷永"奏事京师讫,当之部,时有黑龙见东莱,上使尚书问永,受所欲言。"就是说,"永有所言,令尚书即受之。"⑤ 再如,哀帝宠爱董贤,丞相王嘉却"封还益董贤户事",哀帝发怒,"召嘉诣尚书,责问以'(梁)相等前坐在位不尽忠诚,外附诸侯,操持两心,背人臣之义,今所称相等材美,足以相计除罪。君以道德,位在三公,以总方略一统万类分明善恶为职,知相等罪恶陈列,著闻天下,时辄以自劾,今又称誉相等,云为朝廷惜之。大臣举错,恣心自在,迷国罔上,近由君始,将谓远者何! 对状。'"⑥ 还有一例。

---

① 还有一种特殊情况。皇帝授意尚书写信给官员,提出警示或要求,官员据此再上书皇帝。比如,光禄大夫诸葛丰上书元帝,"今陛下天覆地载,物无不容,使尚书令尧赐臣丰书曰:'夫司隶者刺举不法,善善恶恶,非得颛之也。免处中和,顺经术意。'恩深德厚,臣丰顿首幸甚。臣窃不胜愤懑,愿赐清宴,唯陛下裁幸。"(《汉书·诸葛丰传》)可见,尚书虽然代表皇帝给官员下达旨意,却并未要求官员奏对。这表明,尚书在奏诏模式中发挥着更为广泛和灵活的作用。

② 可见官僚政治的本质是秘书政治。

③ 所谓"制诏御史"意味着,御史大夫是皇帝直接下诏的主要对象,就是说,御史大夫负责向百官颁布皇帝诏书。

④ 《汉书·翟方进传》。

⑤ 《汉书·谷永传》,颜注。

⑥ 《汉书·王嘉传》。

乐陵侯史高以外属旧恩侍中贵重,(黄)霸荐高可太尉。(宣帝)天子使尚书召问霸:"太尉官罢久矣,丞相兼之,所以偃武兴文也。如国家不虞,边境有事,左右之臣皆将率也。夫宣明教化,通达幽隐,使狱无冤刑,邑无盗贼,君之职也。将相之官,朕之任焉。侍中乐陵侯高帷幄近臣,朕之所自亲,君何越职而举之?"尚书令受丞相对,霸免冠谢罪,数日乃决。自是后不敢复有所请。①

所谓"受丞相对",胡三省作了解释。"帝既使尚书召问霸,故使尚书令受其对也。"②这种字面解释不仅混淆了某些基本意思,比如将"尚书召问霸"和"尚书令受丞相对"误解为"召问"和"受对"是两个环节,以及由尚书和尚书令两个人执行,而且完全没有理解"尚书对"的真实含义。在"尚书对"这一奏诏程序中,首先,所谓"尚书",兼指尚书和尚书令。所以,"尚书召问霸"和"尚书令受丞相对"本质上是一回事,就是一个环节的两个步骤。它不仅是指尚书令代表皇帝质问黄霸,并要求黄霸作出解释,关键是这种质询属于一种司法程序,具有审问或审讯的性质。所以,哀帝命王嘉和尚书"对状",意即"敕令具对"③,显然是一种强制性的施压和威吓,故而"嘉免冠谢罪"。而且,这种司法讯问的过程并不简单,需要一段时间审核和裁决。正因此,黄霸才会"免冠谢罪,数日,乃决"。其次,所谓"尚书对"也就是"对尚书",既是口对,也是书对。④ 像谷永之对尚书,就是一篇洋洋洒洒的千余字长文。它其实就是一篇事先写好的奏书。只不过在这种"尚书对"的场合,不允许长篇大论,所以只能简略性地概述一遍。

到了东汉,这种"尚书对"逐渐趋于常态和普遍,似乎成为一种制度化程序。比如,"书奏,尚书召对(杨)秉掾问故事。"⑤又如,"大司农刘据以职事被谴,召诣尚书,传呼促步,又加以捶扑。"⑥许多时候,尚书代表皇帝召见奏疏官员,详加审查,再将询问结果也即是"尚书对"的现场记录呈报给皇帝。比如,襄揩⑦诣阙上书,"上即诏尚书召问。"随后,"天子以揩章及对下有司。"⑧范《书》对

---

① 《汉书·循吏传》。
② 《资治通鉴》卷 27。
③ 《汉书·王嘉传》,颜注。
④ 其实"尚书对"只是皇帝授权近臣询问官员意见的一种形式。其他还有"宦官对"。比如,"有虹蜺昼降于嘉德殿前",灵帝恶之,引杨赐和蔡邕"入金商门崇德署,使中常待曹节、王甫问以祥异祸福所在。"杨赐"乃书对曰:……书奏,甚忤曹节等。"(《后汉书·杨震列传》)可见这种"宦官对"形式同样是"书对"。此为"尚书对"必有"书对"之佐证。
⑤ 张璠《后汉纪》,《八家后汉书》。
⑥ 《后汉书·左雄列传》。
⑦ 此人即范《书》之襄楷。
⑧ 《后汉纪》卷 22。

此有更详细的记载。襄楷先是批评"宦官专朝,政刑暴滥",被桓帝置之不理。他再次上书,终于引起桓帝重视。"书上,即召(诏)〔诣〕尚书问状。"襄楷说,武帝始置宦官,"今陛下爵之,十倍于前,至今无继嗣者,岂独好之而使之然乎?"尚书"上其对"。在这个程序中,尚书的角色似乎只是一个中立的传话人。其实不然。其态度往往会对随之而来的皇帝下诏产生某种意想不到的微妙作用。"诏下有司处正,尚书承旨奏曰:'其宦者之官,非近世所置。汉初张泽为大谒者,佐绛侯诛诸吕;孝文使赵谈参乘,而子孙昌盛。楷不正辞理,指陈要务,而析言破律,违背经蓺,假借星宿,伪托神灵,造合私意,诬上罔事。请下司隶,正楷罪法,收送洛阳狱。'"所谓"尚书承旨奏",是说尚书按照皇帝旨意上奏处理结果。可见官员上书一旦进入"诣尚书问状"程序,结果往往不妙。虽说桓帝"以楷言虽激切,然皆天文恒象之数,故不诛",却仍然"司寇论刑",即判了襄楷两年徒刑。① 再举一例。蔡邕和司徒刘合"素不相平,叔父卫尉质又与将作大匠(杨)〔阳〕球有隙。球即中常侍程璜女夫也,璜遂使人飞章言邕、质数以私事请托于合,合不听,邕含隐切,志欲相中。于是诏下尚书,召邕诘状。"蔡邕上书自陈。"臣季父质,连见拔擢,位在上列。臣被蒙恩渥,数见访逮。言事者因此欲陷臣父子,破臣门户,非复发纠奸伏,补益国家者也。臣年四十有六,孤特一身,得托名忠臣,死有余荣,恐陛下于此不复闻至言矣。臣之愚赣,职当咎患,但前者所对,质不及闻,而衰老白首,横见引逮,随臣摧没,并入坑埳,诚冤诚痛。"结果,"下邕、质于洛阳狱,劾以仇怨奉公,议害大臣,大不敬,弃市。事奏,中常侍吕强愍邕无罪,请之,帝亦更思其章,有诏减死一等,与家属髡钳徙朔方,不得以赦令除。"②

"尚书对"自然不能代替皇帝作出判断,但它确实有助于皇帝谨慎决策。经过"尚书对"这么一个来回(有时不止一个来回),许多事情可能变得更为明晰,皇帝对问题的考虑也会更为周全。光武时,"承离乱之后,法网弛纵,罪名既轻,无以惩肃。"梁统上疏,建议严刑重典。"事下三公、廷尉议,以为隆刑峻法,非明王急务,不可开许。"梁统再次上书,"愿得召见,若对尚书近臣,口陈其意。"光武帝"令尚书问状,统又对,极言政刑宜改。议竟不从。"至于"尚书对"的实际作用其实取决于皇帝。明帝"性既明察,能得下奸,故尚书奏决罚近于苛碎。"③

事实上,经过"尚书对"的奏书也是有用有不用。很难说"尚书对"在其中究

① 《后汉书·襄楷列传》。
② 《后汉书·蔡邕列传》。
③ 《晋书·刑法志》。

竟起了什么作用。先举一个"好"例子,即被皇帝采用的奏疏。"中常侍侯览、贝瑗骄纵最甚,选举不实,政以贿成。(杨)秉奏览等佞谄便僻,窃国权柄,召树奸党,贼害忠良,请免官理罪。奏入,尚书诘秉掾曰:'夫设官分职,各有司存。三公统外,御史察内。今越左右,何所依据?其闻公具对。'秉〔使〕(便)对曰:'除君之恶,惟力是视。……汉故事,三公鼎司,无所不统。'尚书不能诘。上不得已,乃免览官,瑗削国事。"① 再举两个"坏"例子,即被皇帝搁置的奏疏。比如,"(梁统)上言曰:'有司以臣今所言,不可施行。寻臣之所奏,非曰严刑。……愿得召见,若对尚书近臣,口陈其要。'帝令尚书问状,统对曰:'……《春秋》之诛,不避亲戚,所以防患救乱,全安众庶,岂无仁爱之恩,贵绝残贼之路也。……'议上,遂寝不报。"② 又如,"阳翟令张舆,黄门张让弟也,多杀无辜,赃余千金。李膺初为河南尹,收舆考杀之。尚书诘膺曰:'尹视事无几,而多杀伐乎?'膺对曰:'……肤受之愬,以关圣听,自知罪死,期不旋踵。然臣愚计,乞留五月,克殄元恶,然后退就汤镬,始生之愿也。'上不省,论输左校。"③

① 《后汉纪》卷 22。
② 《后汉书·梁统列传》。
③ 《后汉纪》卷 22。范《书》此对乃李膺任司隶时所言,且作"帝无复言。……自此诸黄门常侍皆鞠躬屏气,休沐不敢复出宫省。"(《后汉书·李膺列传》)与袁《纪》异。

第四章

奏事制度、言官设置与奏诏时间间隔

第一节　奏　事　机　构

一、公车

两汉奏事机构之程序,大体是公车受理奏章,并按相关规定,在一定时间内将各种奏章送达尚书,再由尚书呈送皇帝。可见,公车是上书送至朝廷的第一个环节。除了受理官民奏书,还要接收地方官府收到诏书后的回复公文。①

公交车令隶属卫尉,"天下上事皆总领之。"也就是"主受章奏"②,即"吏民上章"③。这种制度安排颇显怪异。负责"上书者所诣"④之官员隶属一个貌似纯粹的军事长官,着实令人费解。如果联系《汉仪注》的一个记载,似乎可以看出稍许端倪。"中垒校尉主北军垒门内,尉一人主上书者狱。上章于公交车,有不如法者,以付北军尉,北军尉以法治之。"⑤这里有三个相互联系的关节点。一是有专门性的"上书者狱";二是"上书者狱"设在北军营内;三是由"北军尉"审理上书"不如法者"。据此推测,汉朝可能制定有专门用于规范上书言事的

---

① 参见黄人二《敦煌悬泉置〈四时月令诏条〉整理与研究》,第 33—34 页,武汉大学出版社,2010 年。

② 《资治通鉴》卷 23,胡注。

③ 《后汉书·百官志二》。

④ 《汉书·东方朔传》,颜注。

⑤ "中垒校尉主北军垒门内,尉一人主上书者狱。……杨恽上书,遂幽北阙。北阙,公交车所在。"(《汉书·楚元王传》,颜注)这段话很容易使人将北军营垒和北阙混淆为一,也就是公车府设在北军军营内。无论如何,很难想象未央宫北阙和北军军营竟然建在一处。换言之,北军军营设在未央宫北阙,实在不可思议。

"上书法"或"奏书法",而且它具有军法性质,或附属于军法体系。① 疏通言之,对违规上书或奏事不合"奏书法"者,需关押在北军垒门内的上书者监狱,由北军校尉"以法治之"。可见,设在北军军营内的"上书者狱"很像是一所军事监狱。它表明对上书"不如法者"的惩罚的重视性和严厉性。虽说上书都是合法的,但由于种种原因,比如格式、文字、称谓、内容等,都可能出现种种"不如法者"。这说明,奏诏模式给帝国子民提供的奏书合法权本身也包含对诸多可能的奏书"不如法者"的惩治措施和恐吓意味。这点或许可以解释,惩办奏书"不如法者"的监狱之所以设在北军军营,正是为了凸显和强化对奏书"不如法者"的暴力震慑性质。它直接导致"章交公车,人满北军"②的恐怖景观。也因如此,才尤其需要由北军卫尉直接管辖公车令,行使对奏书"不如法者"的强制权力和特殊权威。

公车之所以成为管理官民上书之机构,是因为"公车所在,故以名焉"。公车又称"公交车"。公车令亦称公车司马令,③六百石。"诸上书诣阙下者,皆集奏之;凡所征召,亦总领之。"④征召天下"直言极谏之士"的奏书,亦须汇集于公交车而上呈皇帝。诏曰:"丞相、御史与将军、列侯、中二千石及内郡国举贤良方正能直言极谏之士,诣公交车,朕将览焉。"⑤东汉似乎增加了一项"四方贡献"职能。属吏有丞一人。"丞选晓讳,掌知非法。"⑥似乎负责检查奏书是否犯忌违例,以便驳回或惩戒。

正常情况下,公车需将每天受理的奏疏一并呈送皇帝。倘若哪天空白,自然引起皇帝注意,乃至追究。"孝明皇帝尝问今旦何得无上书者? 左右对曰:反支故。"⑦据汉制,"公车以反支日不受章奏。"⑧反支日意即凶日,忌出行、上书拜表等。"帝曰:民既废农,远来诣阙,而复使避反支,是则又夺其日而冤之也。

---

① 这里有一个佐证。陈汤"所卤获财物入塞多不法。"师古曰:"不法者,私自取之,不依军法。"(《汉书·陈汤传》,颜注)虽然不能说"不法"一定就是"不依军法",但这种用法却可以为我们提供一种建立相关联系的想象力,用于观察和分析"上书法"和军法之间的可能性关系。
②《汉书·楚元王传》。
③ 应劭言公车令源于周朝,似嫌过早。"公车司马令,周官也。……掌殿司马门,夜徼宫中,天下上事及阙下,凡所征召,皆总领之。"(《汉官仪》卷上,《汉官六种》)
④《后汉书·孝和帝纪》,李贤注。
⑤《汉书·成帝纪》。
⑥《后汉书·百官志二》。
⑦ 王符著,汪继培笺《潜夫论·爱日》,上海古籍出版社,1978年。(以下简称《潜夫论》)
⑧《后汉书·王符列传》。

乃勑公车受章,无避反支。"①于是"蠲其制"。② 可见这个规矩至少已流行上百年。

公车掌管所有送呈朝廷的文书,既有京城朝官的奏章,也有地方官的公文,还有边郡的战报,更是少不了士人和百姓的上书。虽然天下上书皆需通过公车上达,但官员奏疏和官府奏报通常并不称为"公车上书"。可见"公车上书"有其特定含义,一般限于没有官职的普通士人和百姓。比如,东方朔"初入长安,至公车上书,凡用三千奏牍。公车令两人共持举其书,仅然能胜之。人主从上方读之,止,辄乙其处,读之二月乃尽。"③

既然臣民上书直接关乎皇帝对天下政情民意的全面掌控,公车必然有严格的奏疏管理制度。但管理再严,也难免百密一疏。偶尔出现上书被"刺取",也就是上书被人窃取或偷看的情况并不能完全避免。照理,地方公文特别是军情奏报,首先上报皇帝,就连丞相或御史大夫也不敢截留或事先偷看。一般说,只有等皇帝收到奏报,再召见官员咨询和讨论。这样,如果官员事先得知奏疏内情,自然有所准备,一旦皇帝诏问,便能胸有成竹,应对有方,获得皇帝赏识,进而有助升迁。反之,则可能遭到贬斥。

丞相丙吉的车夫来自边郡,"习知边塞发奔命警备事,尝出,适见驿骑持赤白囊,边郡发奔命书驰来至。驭吏因随驿骑至公交车刺取,知虏入云中、代郡,遽归府见吉白状,因曰:'恐虏所入边郡,二千石长吏有老病不任兵马者,宜可豫视。'吉善其言,召东曹案边长吏,琐科条其人。未已,诏召丞相、御史,问以虏所入郡吏,吉具对。"结果自然是,丙吉因备有预案,被皇帝称赞为"忧边思职",御史大夫则因"卒遽不能详知,以得谴让"。这件事虽出偶然,亦有必然在。所以,丙吉才会事后感慨"驭吏力也"。因为,"向使丞相不先闻驭吏言,何见劳勉之有?"④据实而言,驭吏所为显然违法。就是说,丙吉的侥幸来自驭吏的违法操作。这恰是对奏诏模式的破坏,即干扰了奏诏模式的正常运作。有意思的是,丙吉明知此事非法,事前事后都不追究。当然,他也知趣地向皇帝隐瞒此事。可见,在皇权体制的实际运作中,不管贤相还是庸官,抑或佞臣,都知道做事规矩,也都知道哪些事能说或不能说。当然,即便丙吉向皇帝隐瞒自己驭吏事先窥探边将奏报,也不影响他仍作为名相而名垂青史。

---

① 《潜夫论·爱日》。
② 《后汉书·王符列传》。
③ 《史记·滑稽列传》。
④ 《汉书·丙吉传》。

值得注意的是,一个普通"边郡人",就对装有边郡军情公文的专用布袋的性质和颜色十分熟悉,以至于打眼一瞧,就能随即猜测出发生了什么事。显然,这种习惯和能力绝非一朝一夕所致,必然有长年累月的经验感知才行。这正是奏诏模式运行过程中,对地方社会和边郡风俗产生的积极影响。某种意义上,它似乎已经达到了尽人皆知的程度。

二、北阙和讼观

(一) 北阙

西汉公车位于北阙。萧何营作未央宫,"立东阙、北阙。"司马贞云:"秦家旧处皆在渭北,而立东阙北阙,盖取其便也。"张守节认为,"北阙为正者,盖象秦作前殿。"颜师古进一步说明,"未央殿虽南乡,而当上书奏事谒见之徒皆诣北阙,公车司马亦在北焉。是则以北阙为正门,而又有东门、东阙,至於西南两面,无门阙矣。"①未央宫朝南,公车司马朝北。宫殿设计和机构设置如此相悖,颇显怪异。或许,"萧何初立未央宫,以厌胜之术理宜然乎?"②百官上朝议事,都在南向的未央宫,但要上书奏事,却要到北向的公车司马。这种南北相反的建筑格局,显然不便于行政理事。③ 事实上,所谓"上书奏事谒见之徒皆诣北阙"仅限于普通民众,而非官员。至于朝臣,特别是朝廷重臣,始终都是奏事未央宫。比如,武帝时,经常有丞相庄青翟、御史大夫张汤、太仆公孙贺等人频频"奏未央宫"的记载。三月丙子,"奏未央宫。"四月戊寅,"奏未央宫。"四月癸未,"奏未央宫,留中不下。"四月丙申,"奏未央宫。"四月丁酉,"奏未央宫。"④

---

① 《史记·高祖本纪》,三家注。或许为了便于臣民奏事,未央宫、长乐宫、甘泉宫四面皆设有"主受章疏之处"的公车司马门。(何清谷《〈三辅黄图〉校释》,第146页,中华书局,2005年)说明一是上书者很多;二是方便人上书;三是避免单一部门受理上书,出现扣压上书的现象;四是保证皇帝在第一时间看到上书,以便尽早决策。这四点考量相互关联,表明早期帝国上书制度的成熟和完善。从象征角度看,汉帝国宫殿的设计理念和建筑风格似乎有意向天下展现出一种皇帝容纳万民进言的开放性政教景观。

② 《史记·高祖本纪》,三家注。

③ 如果考虑到未央宫是一组庞大的宫殿群,其空间之大令人惊叹,建有一些具有特殊功能的建筑似乎亦不难理解。比如,北阙设有拘押上书者的场所。"杨恽上书,遂幽北阙。北阙,公交车所在。"(《汉书·楚元王传》,颜注)可见北阙,也就是公车府所在位置还设有关押上书者的临时监狱。这点似乎可以解释盖宽饶为何因上书下吏后,"引佩刀自刭北阙下。"(《汉书·盖宽饶传》)颇为诡异的是,哀帝为了宠幸董贤,"诏将作大匠为贤起大第北阙下,重殿洞门,木土之功穷极技巧,柱槛衣以绨锦。"师古曰:"重殿谓有前后殿,洞门谓门门相当也。皆僭天子之制度者也。"(《汉书·佞幸传》)这确实有点匪夷所思。哀帝竟把臣子的府第建在了宫中。这无论如何也难以想象。

④ 《史记·三王世家》。

围绕北阙上书奏事，发生了一桩惊心动魄的戏剧性事件。

> 有男子乘黄犊车诣北阙，自谓卫太子；公车以闻。诏使公、卿、将军、中二千石杂识视。长安中吏民聚观者数万人。右将军勒兵阙下以备非常。丞相、御史、中二千石至者并莫敢发言。京兆尹（隽）不疑后到，叱从吏收缚。或曰："是非未可知，且安之！"不疑曰："诸君何患于卫太子！昔蒯聩违命出奔，辄距而不纳，《春秋》是之。卫太子得罪先帝，亡不即死，今来自诣，此罪人也！"遂送诏狱。①

据此，北阙的功能和规模，类似一个开放性的巨大广场。一旦有事，马上就会吸引大批官员乃至成千上万的长安市民围观，从而构成一道难得的政治风景线。估计数月之内乃至数年之后，都会有人津津乐道此事。所谓政治文化、政治意识等微妙因素，也都在这个过程中得以缓慢生长，并逐渐蔓延，乃至衍生出某种新的政治想象。

东都的宫殿结构和布局经过重新调整，有了很大变化。公车机构位置似乎变得不确定起来。马融"征诣公车，对策，拜议郎。"据《续汉书》，"融对策于北宫端门。"②志书却说，公车机构所在已转移到皇宫南阙。因为，公车令"掌宫南阙门"。③

（二）听讼观

东汉建造了听讼观。这是一座奏诏模式专用的标志性建筑。"光武中兴，留心庶狱，常临朝听讼，躬决疑事。"或因此，光武帝建造了听讼观。"明帝即位，常临听讼观录洛阳诸狱。"④皇帝于听讼观判案得以成为提升奏诏模式效率的一种政治实践。进而，它还成为魏晋的一种政治传统。⑤

三、奏书的最后经手人

为了保证皇帝及时掌握百官言论和民间舆情，上达朝廷的奏书必须能够直

---

① 《资治通鉴》卷 23。
② 《后汉书·马融列传》，李贤注。
③ 《后汉书·百官志二》。
④ 《晋书·刑法志》。
⑤ 魏明帝"改平望观曰听讼观。……每断大狱，常幸观临听之。"（《三国志·魏书·明帝纪》）晋武帝"临听讼观，录廷尉洛阳狱囚，亲平决焉。"晋室南迁，元帝"新作听讼观"。就连前秦皇帝苻坚亦在未央宫南边建造了听讼观。"坚每临听讼观，令百姓有怨者举烟于城北，观而录之。长安为之语曰：'欲得必存当举烟。'"（《晋书·武帝纪》、《元帝、明帝纪》、《苻坚载记上》、《苻坚载记下》）

接送呈皇帝手中。所以,宫中有一套传递奏书的制度和程序。西汉主要由尚书负责将奏疏送至御前。尚书在东汉由内而外,成为行政中枢。奏事宫中交由侍中和中常侍等宦官打理。侍中"得入禁中,诸曹受尚书奏事"。[①] 中常侍"受外朝臣奏事而奏之天子"。[②] 谒者郎中"掌宾赞受事及上章报问"。中宫谒者令"主报中章,宦者为之"。[③] 据朱穆说:"汉家旧典,置侍中、中常侍各一人,省尚书事,黄门侍郎一人,传发书奏,皆用姓族。自和熹太后以女主称制,不接公卿,乃以阉人为常侍,小黄门通命两宫。"[④]这里说的显然是东汉的情景。"传发书奏"经历了一个"皆用姓族"到"以阉人为常侍"的变化。

从奏诏机制看,许多奏疏都是直接呈送皇帝本人,任何人不得提前过目或半道截留。这保证了皇帝对天下拥有最大的知情权。就是说,奏诏制度必须确保皇帝时时掌握全国动向。这样,全国的重要信息都直接汇总于皇帝,使皇帝成为全国的唯一信息中心。在皇权秩序中,信息权即知情权。皇帝不知道的事,谁也不能知道;皇帝知道的事,好多人也不能知道。经常或及时上书皇帝,就是忠君;反之,瞒情不报,便是欺君。皇帝知道的事情,再根据需要,逐级分批让百官和百姓知道,是奏诏模式的规定,也是皇权体制的本质。[⑤] 因为皇权体制通过奏诏模式运行,从而决定了皇权即制诏权的秩序原理。依照这个秩序原理,为君主保密,是臣子恪守的义务;泄露君情即不忠;窥探君情即僭越,甚至类同叛逆。

奏诏模式有一个显著特点,信息流向往往是单向度的,即单一方向和单一管道,而非多方向多管道。一般情况下,即便以官僚机构名义发出的奏疏也仅仅呈送皇帝,而不同时报送上级主管部门或朝廷公卿大员。这样,任何事态变化总是皇帝第一时间掌握,其他人无权知晓。这种制度设计固然保障了皇帝拥有最多信息而形成的绝对权威,[⑥]但也无形中削弱了皇权运行的效率,使皇帝难以对突发事态作出及时反应和正确决策。因为,揆度情理,军国政情和突发事态只有第一时间通报相关部门和朝廷中枢,才能集思广益,群策群力,最短时间内找出办法,制定方案,应对危机。但奏诏模式的信息单向度特点,限制了皇权行政的效率。虽然如此,但行政效率往往并非皇权政治的优先考量。确保皇

---

① 《资治通鉴》卷24,胡注。
② 《资治通鉴》卷39,胡注。
③ 《资治通鉴》卷33,胡注。
④ 谢承《后汉书》卷3,《八家后汉书》。
⑤ 权力的大小决定了信息的多少,以及知情的早晚。皇权的界限也是信息的边界。
⑥ 皇帝全知才可全能,同时这也是神化皇帝和皇帝自我神秘化的需要。

帝权威不受质疑，皇帝尊严不受冒犯，皇帝安全不受威胁，才是皇权政治的第一原则。

四、邮传和乘传

奏诏机制中有一个不容忽视的系统，这就是郡国州县和京城之间传送文书的邮传机构。邮传系统既是奏诏模式的技术支撑，也是奏诏模式的功能设置。其主要功能就是确保并维系朝廷和地方之间的政令畅通。比如，王莽秉政时，下令"宗室自太上皇以来族亲，各以世氏，郡国置宗师以纠之，致教训焉。二千石选有德义者以为宗师。考察不从教令有冤失职者，宗师得因邮亭书言宗伯，请以闻。"师古曰："邮，行书舍也。言为书以付邮亭，令送至宗伯也。"[1]可见王莽充分利用了邮传系统来整合朝廷到地方的政教信息资源。又如，光武帝遗诏曰："朕无益百姓，皆如孝文皇帝制度，务从约省。刺史、二千石长吏皆无离城郭，无遣吏及因邮奏。"《说文》曰："邮，境上行书舍也。"[2]光武在自己的最后一道诏书中强调，州郡长吏无需通过邮传奏报朝廷，哀吊皇帝。再如，杨震被遣回乡，饮酖而卒，"鬒震诸子代邮行书，道路皆为陨涕。"[3]所谓"代邮行书"恰恰表明邮传行书是一种正规途径。

和邮传关系密切的是乘传。通常情况下，朝廷官员巡视地方或出京赴任或进京复命都要乘传。[4] 同时，"乘传奏事"也是守令上书朝廷的主要渠道和必要方式。[5] 元帝以京房为魏郡太守，"房自请，愿无属刺史，得除用它郡人，自第吏千石已下，岁竟乘传奏事。"似乎是说，京房要在岁末随乘传回京奏书。这是因为，郡国计吏都要在每年岁末坐乘传进京述职，并接受朝廷考核。所以，京房希望元帝允准自己也随着本郡计吏一同进京。"天子许焉。"离京前，京房向元帝表达了自己的担忧。"臣出之后，恐必为用事所蔽，身死而功不成，……必有欲

---

[1]《汉书·平帝纪》。

[2]《后汉书·光武帝纪下》。《东观记》亦云："无遣吏及因邮奏。"（《东观汉记》卷1）袁《纪》却云："无遣使因督邮奉奏。"（《后汉纪》卷8）邮传和督邮完全分属不同序列，职能更是有别。邮传传送文书，督邮督责官员，袁《纪》因"邮"致误。

[3]《后汉书·杨震列传》。

[4] 比如，豫州牧鲍宣"所察过诏条。行部乘传去法驾，驾一马，舍宿乡亭。"（《汉书·鲍宣传》）龚遂为渤海太守，宣帝特命"赠遣乘传"。（《汉书·循吏传》）王莽大司空王邑辟范升为议曹史，"令乘传使上党。"（《后汉书·范升列传》）武陵蛮反，围困官军，"诏使（宋）均乘传发江夏奔命三千人往救之。"（《后汉书·宋均列传》）

[5]"乘传奏事"亦称"乘驿奏事"。武帝元封四年始，"御史丞相之迁部刺史十三人，乘驿奏事。"（应劭《汉官仪》卷上，《汉官六种》）

隔绝臣令不得乘传奏事者。"他恳求元帝"愿岁尽乘传奏事,蒙哀见许"。元帝非但未允,反而明令京房"止无乘传奏事"。元帝态度的变化令京房更加惶恐。"去至新丰,因邮上封事。"可见邮传和乘传并非一个系统。据颜注,"邮,行书者也,若今传送文书矣。"①似乎可以看出邮传和乘传的区别,可能在于有无奏事者在内。就是说,邮传只负责传送文书,乘传却负责运送官员,包括传递诏书者和上书者。② 即,邮传送书不送人,③乘传送人且送书。④ 至于被送者的身份,形形色色,千差万别。除了官员、士人、被征召者,还有犯人,乃至京城告状者、伸冤者。比如,齐太仓长淳于意"以刑罪当传西之长安。意有五女,随而泣。意怒,骂曰:'生子不生男,缓急无可使者!'於是少女缇萦伤父之言,乃随父西。"⑤据此,不仅淳于意以戴罪之身被"乘传送之",他的小女儿缇萦亦是"乘传"西行。又如,戾太子受江充所逼,愤而起兵。是时武帝"避暑在甘泉宫,丞相长史乘疾置以闻"。⑥ 突发事变之际,丞相长史需要把政变消息从长安紧急传送到甘泉宫。他使用的交通工具就是乘传。可见乘传作为乘载官方人员的专用车辆,其快捷性、安全性和保密性较之单纯运送文书的邮传,理应更高一些。客观而言,这或许正是乘传之特异处。

第二节　言　官　制　度

皇权专制的一个关键要素是皇帝的绝对知情权。设立专职言官,对皇帝全面掌握帝国的政情、军机、民意,起到了双保险的作用。就是说,专门的奏议官保证了皇帝对天下事务拥有绝对的知情权。确保皇帝的绝对知情权,需要有一个制度性的整体设计。奏诏模式是这种制度设计的核心。它除了要求所有人都能给皇帝上书之外,还特别创设了专职的奏议官。

设置专掌议论讽谏的言官,体现了奏诏模式的功能和特点。奏诏模式下的

---

① 《汉书·京房传》。
② "玺书使者乘驰传。其驿骑也,三骑行,昼夜行千里为程。"(卫宏《汉官旧仪》卷上,《汉官六种》)
③ 比如,"弘农太守移良承樊丰等旨,遣吏于陕县留停(杨)震丧,露棺道侧,靖震诸子代邮行书。"胡三省云:"《说文》曰:邮,境上行书估也。《广雅》曰:邮,驿也。此言使震诸子代驿吏传行文书也。"(《资治通鉴》卷50)
④ 如淳曰:"律,诸当乘传及发驾置传者,皆持尺五寸木传信,封以御史大夫印章。其乘传参封之。"(《汉书·平帝纪》)
⑤ 《史记·仓公列传》。
⑥ 《汉书·刘屈氂传》。

职官设置有两个鲜明特点,一是谏议制度,一是举荐制度。[①] 二者负责对皇帝和朝廷的进谏和奏议。二者的正常运作不但要通过奏诏程序,其实际功能也要通过奏诏模式发挥出来。所谓"议其制,建其度"。[②] 单论谏议制度和文化,[③]或单论诏书体制,均不足以看清奏诏模式的真实运行状态。只有立足奏诏模式,才能完全展示谏议制度和实践的真实价值。

谏议制度是一个体系。从朝廷到郡国皆设有相应的专职言官。

一、专职言官

(一) 朝廷言官

太中大夫"掌论议,无员,多至数十人"。[④] 史称,"凡大夫、议郎皆掌顾问应对,无常事,唯诏令所使。"[⑤]这属于帝国对奏诏模式的一种制度设计。它设立了专掌议论的大夫和郎官,目的是为了鼓励官员积极进言。这个职位没有固定员额,因人而设,随事而设。直接秉承诏命,和皇帝保持着更为密切的联系。这是它和其他官职有别的一点。吴公荐贾谊,文帝召以为博士。"帝爱其辞博,一岁中,超迁至太中大夫。"[⑥]博士六百石,太中大夫秩比千石。一年超迁。对贾谊来说,可谓人尽其才。贾谊也确实尽职尽责,上奏了许多见识超绝的文章。

谏大夫或谏议大夫和议郎是朝廷最重要的专职奏议官员,即所谓谏官或言官。这是帝国最高层次的奏事官。议郎和谏议大夫的设置和功能,是奏诏模式正常运行的制度保障。相较其他官员,谏议大夫和议郎可谓上奏书的专职官员,或专职写奏疏的人。有过言官经历的崔寔深感责任重大,他在《谏议大夫箴》中说:"漮漮尚塞,言拥为贼。默默之患,用颠厥国。谏臣司议,敢告执翼。"[⑦]可见,对专职言官而言,言说是金,沉默是贼。

---

① 其实还应加上一个帝师制度。广义上,帝师制度无论观念还是实践,同样属于奏诏模式的一部分。如果置于奏诏模式之外,很难清楚了解帝师的实际作用。

② 《后汉书·百官志一》。

③ 古有五谏之说。《大戴礼》的五谏为"讽谏、顺谏、窥谏、指谏、陷谏也。讽谏者,知患祸之萌而讽告也。顺谏者,出辞逊顺,不逆君心也。窥谏者,视君颜色而谏也。指谏者,质指其事而谏也。陷谏者,言国之害忘生为君也。"刘向《说苑·正谏》的五谏为正谏、降谏、忠谏、戆谏、讽谏,《孔子家语·辨政》的五谏为谲谏、戆谏、降谏、直谏、讽谏。

④ 《资治通鉴》卷13,胡注。

⑤ 《后汉书·百官志二》。

⑥ 《资治通鉴》卷13。

⑦ 《全后汉文》卷45。

　　谏议大夫和郎官皆始于秦。"秦置谏议大夫,掌论议,无常员,多至数十人,属郎中令。至汉武帝元狩五年,始更置之。后汉增谏大夫为谏议大夫,亦无常员。二汉并属光禄勋。"[①]谏大夫八百石,议郎六百石,是郎官中的最高等级。"凡郎官皆主更直,执戟宿卫诸殿门,唯议郎不在直中。"[②]

　　谏议大夫多有加官,有时加常侍官,[③]常见的则是加给事中。比如,夏侯胜为"谏大夫给事中"。[④]给事中"给事禁中",[⑤]因事命官。[⑥]比如,"左丞相不治,常给事於中。"意即"不立治处,使止宫中。"[⑦]加官给事中,在奏诏模式中似有特殊意义。加上给事中这个头衔,官员上书便更为便利。它不是上书的特权,却能给上书者提供某种自信和荣耀。给事中也就是奏事中,这个官职的设置很大程度上就是为了向皇帝直接奏事,甚至代表百官奏事。比如,"太中大夫平当给事中,奏言'方进国之司直,不自敕正以先群下,前亲犯令行驰道中,司隶庆平心举劾,方进不自责悔而内挟私恨,伺记庆之从容语言,以诋欺成罪。后丞相宣以一不道贼,请遣掾督趣司隶校尉,司隶校尉勋自奏暴于朝廷,今方进复举奏勋。议者以为方进不以道德辅正丞相,苟阿助大臣,欲必胜立威,宜抑绝其原。勋素行公直,奸人所恶,可少宽假,使遂其功名。'"[⑧]又如,董贤虽为三公,"常给事中,领尚书,百官因贤奏事。"[⑨]

　　在汉人观念中,议郎和谏议大夫皆属于皇帝近臣。御史大夫张忠上书荐孙宝"经明质直,宜备近臣。为议郎,迁谏大夫"。[⑩]近臣不仅能接近皇帝,还能直接谏言皇帝。可见近臣包含一种君臣间的信任。本质上,言官不仅指能和皇帝说上话,还意味着能让皇帝听进话。所以,言官的近臣身份之于奏诏模式的良性运作具有特殊意义。基于此,萧望之认为不能将谏大夫外放郡国任职守相。宣帝选谏大夫"通政事者补郡国守相"。萧望之上疏,"陛下哀愍百姓,恐德之不

① 《通典》卷21。

② 《通典》卷29。

③ 比如,哀帝拜孔光两兄子为"谏大夫常侍"。(《汉书·佞幸传》)

④ 《汉书·夏侯胜传》。此外,还有"给事中博士"。给事中博士申咸、炔钦上书为师丹辩护。"丹经行无比,自近世大臣能若丹者少。"(《汉书·师丹传》)值得注意的是,不管孔光具体担任何职,都加官给事中。孔光迁光禄大夫,给事中,后为光禄勋,"诸吏给事中如故。"(《汉书·孔光传》)

⑤ 《资治通鉴》卷28,胡注。

⑥ "给事中"之官名,"是先有其事,再据事命名。若干官员给事殿中,久之,乃称为给事中。"(廖伯源《制度与政治——政治制度与西汉后期之政局变化》,第110页,中华书局,2017年)

⑦ 《史记·陈丞相世家》,三家注。

⑧ 《汉书·翟方进传》。

⑨ 《汉书·佞幸传》。胡三省云:"董贤以三公侍禁中,哀帝嬖之也。论道经邦之任安在哉!"(《资治通鉴》卷35)

⑩ 《汉书·孙宝传》。

究,悉出谏官以补郡吏。朝无争臣,则不知过,所谓忧其末而忘其本者也。"①

西汉诸多名臣都做过谏议大夫。比如,"王褒、贡禹、王吉、匡衡、何武、夏侯胜、严助等并为之。"②孔光起家就始于谏议官员。先是"举为议郎",后在光禄勋匡衡举荐为谏大夫。③

谏官之才,也就是任职谏官所需才干。萧望之、周堪"数荐名儒茂材以备谏官"。④襄贲令刘辅"上书言得失,召见,上美其材,擢为谏大夫。""此其言必有卓诡切至,当圣心者,故得拔至于此。"⑤盖宽饶"对策高第,迁谏大夫"。⑥黄琬"有拨乱之才,由是征拜议郎"。⑦匈奴中郎将臧旻"讨贼有功,征拜议郎"。⑧这个例子表明,虽然议郎属于专职谏官,但其经验和素质却相当开阔。

谏官之能,也就是谏官任上之言行作为。龚胜"居谏官,数上书求见,言百姓贫,盗贼多,吏不良,风俗薄,灾异数见,不可不忧。制度泰奢,刑罚泰深,赋敛泰重,宜以俭约先下。"⑨贺纯"征拜议郎,数陈灾异,上便宜数百事,多见省纳。"⑩谏议大夫王良"数有忠言,以礼进止,朝廷敬之"。⑪李法征拜议郎、谏议大夫,"正言极辞,无改于旧。"⑫

言官在朝野的影响之大,令人瞩目。"博士议郎,一人开门,徒众百数。"开门谓"开一家之说"。⑬正因此,人们对谏官的期许素来很高。"谏议之职,应用公直之士,通才謇正,有补益于朝者。"⑭谏官本人更是自律甚严。谏大夫鲍宣表示,"官以谏争为职,不敢不竭愚。"⑮与此同时,人们也注意到,谏官素质似乎越来越低了。因为他们大多来自应征士人。"今或从征试辈为大夫。"⑯朱穆直

---

① 《资治通鉴》卷 25。
② 《通典》卷 21。
③ 《汉书·孔光传》。
④ 《汉书·萧望之传》。
⑤ 《汉书·刘辅传》。
⑥ 《汉书·盖宽饶传》。
⑦ 《后汉书·黄琼列传》。
⑧ 谢承《后汉书》卷 4,《八家后汉书》。
⑨ 《汉书·龚胜传》。
⑩ 《后汉书·李固列传》,李贤注。
⑪ 《后汉书·王良列传》。
⑫ 《后汉书·李法列传》。
⑬ 《后汉书·樊宏列传》,李贤注。
⑭ 《后汉书·韦彪列传》。
⑮ 《汉书·鲍宣传》。
⑯ 《后汉书·韦彪列传》。

言,"议郎、大夫之位,本以式序儒术高行之士,今多非其人。"①

(二)郡国言官

从朝廷到郡国,各级官府都设有议曹,"职在论议,自公府至州郡皆有之。"②议曹或又称议令史。"时公府诸曹,皆置议令史。"③郡议曹性质类似朝廷议郎。区别是,议郎是朝官,议曹是郡吏。显然,这是一种系统的奏议制度设置。从朝廷到郡县,设有大量的专职奏议官吏。他们议政、批评、建议,俨然成为帝国最具活力的言论风暴中心。

表面上,议曹在地方政治中的作用似乎不如功曹那么活跃、令人瞩目,但对郡守个人却能产生某种意想不到的影响。渤海太守龚遂治理有功,叛乱消弭,吏民富实,"狱讼止息。"宣帝遣使征召,议曹王生自愿随从入朝。龚遂入宫时,王生提醒他,"天子即问君何以治渤海,君不可有所陈对,宜曰'皆圣主之德,非小臣之力也'。"龚遂进宫,"上果问以治状,遂对如王生言。天子说其有让,笑曰:'君安得长者之言而称之?'遂因前曰:'臣非知此,乃臣议曹教戒臣也。'上以遂年老不任公卿,拜为水衡都尉,议曹王生为水衡丞,以褒显遂云。"④

另外,东汉州郡还有"门下议生"一职,职在议论。袁秘为郡门下议生。黄巾起,"秘从太守赵谦击之,军败,秘与功曹封观等七人以身扞刃,皆死于陈,谦以得免。诏秘等门间号曰'七贤'。"⑤

二、百官皆言官

(一)三公及掾吏有奏谏之责

太尉"凡国有大造大疑,则与司徒、司空通而论之。国有过事,则与二公通谏争之。"⑥

三公府有奏报社会舆情之责。"诏三府掾属举谣言,(太尉掾范)滂奏刺史、

---

① 《后汉书·朱晖列传》。
② 《资治通鉴》卷33,胡注。
③ 《资治通鉴》卷65,胡注。
④ 《汉书·循吏传》。洪迈对此表达了不同看法。"予谓遂之治郡,功效著明,宣帝不以为赏,而顾悦其佞词乎!宜其起王成胶东之伪也。"而且,他认为,褚少孙于《史记》中所载类似情节,"二事不应相类如此,疑即龚遂,而褚误书也。"(《容斋随笔》卷10,"水衡都尉二事")
⑤ 《后汉书·袁安列传》。
⑥ 《后汉书·百官志一》。

二千石权豪之党二十余人。"①史称，司徒府中"有百官朝会殿"，每有大议，"天子车驾亲幸其殿。殿西王侯以下更衣并存。每岁州郡听采长吏臧否，民所疾苦，还条奏之，是为之举谣言者也。顷者举谣言者，掾属令史都会殿上，主者大言某州郡行状云何，善者同声称之，不善者各尔衔枚。大较皆取无名势，其中或有爱憎微裁黜陟之闇昧也。"②

丞相府乃至三公府都设有议曹。丞相翟方进"厚李寻，以为议曹"。③大司马府有"议曹史"。大司马车骑将军史高辟除匡衡为议曹史，"与参事议，观其所有，贡之朝廷。"④王莽大司空王邑"辟（范）升为议曹史"。⑤钟离意辟司徒府，"署议曹掾。"⑥周泽辟大司马府，"署议曹祭酒。"⑦太尉记室令史"主上章表报书记"。⑧

太尉属官有长史，"署诸曹事。"⑨下有掾史二十四人，分主众事。其中，"奏曹主奏议事。"此外，还有令史多人。"记室令史主上章表报书记。……其余令史，各典曹文书。"⑩后汉末，"陈琳、阮瑀皆为曹公记室，军国书檄皆所作。"⑪

（二）诸机构的奏事官员

朝廷的每个机构几乎都有相应的主管章奏官员。⑫侍中负责向皇帝奏事，

---

① 《后汉书·党锢列传》。
② 《后汉书·百官志一》，刘昭注。
③ 《汉书·翟方进传》。
④ 《汉书·匡衡传》。
⑤ 《后汉书·范升列传》。
⑥ 《钟离意别传》，《汉魏六朝杂传集》第1册。
⑦ 《后汉书·儒林列传下》。
⑧ 《后汉书·百官志一》。
⑨ 《通典》卷20。
⑩ 《后汉书·百官志一》。
⑪ 《通典》卷20。
⑫ 官员奏书一般保存在"公府"，即三公府。官员有权查阅自己以前的奏书。如果没有保存底稿，官员可以向公府申请查阅自己所上奏疏，以便在此基础上继续上书。比如，马援在陇西太守任上曾上书，"言宜如旧铸五铢钱。事下三府，三府奏以为未可许，事遂寝。"待他数年后还京调任，"从公府求得前奏，难十余条，乃随牒解释，更具表言。"光武从之。（《后汉书·马援列传》）值得注意的是，地方官公文奏报正本呈送皇帝，"副本诣公府。"司空盛允有疾，司徒黄琼遣孙子黄琬候问。"会江夏上蛮贼事副府，允发书视毕，微戏琬曰：'江夏大邦，而蛮多士少。'琬奉手对曰：'蛮夷猾夏，责在司空。'"（《后汉书·黄琼列传》，李贤注）另外，三公府还保存有相关会议记录。"公府议决上奏后，论议之文件及所论之内容，详细记录，亦于公府中存档，以方便他日之查核。"（廖伯源《秦汉朝廷之论议制度》，《秦汉史论丛》（增订本），中华书局，2008年）

"五人往来殿内东厢奏事,故谓之侍中。"①州郡设有"奏曹史",②负责草拟或代写向州牧乃至朝廷呈报郡县政务、吏治、风俗的奏书的工作,同时也负有对本地牧守或守相提出批评和建议之责。

廷尉有"奏曹掾"。儿宽为奏谳掾,③路温舒署奏曹掾。④

光禄勋"上殿中,主受尚书奏事,平省之。世祖省,使小黄门郎受事。"⑤也就是说,小黄门"掌侍左右,受尚书事"。⑥

尚书令"掌凡选署及奏下尚书曹文书众事。仆射,署尚书事,令不在则奏下众事。"⑦户曹尚书"主人庶上书事"。⑧

侍御史员十五人,"受公卿奏事、举劾案章。"⑨王莽置柱下五史,"秩如御史,听政事,侍旁记疏言行。"⑩

兰台令史六人,秩百石,"掌书劾奏。"⑪

十二州刺史"皆有从事史。……其部郡国从事,每郡国各一人,主督促文书,察举非法:皆州自辟除,通为百石。"⑫

司隶校尉置从事史十二人,"秩皆百石,主督促文书,察举非法。"⑬

三、举荐言官

"四科辟士"起于董仲舒,始于汉武帝。光武帝再次重申,"丞相故事,四科取士。一曰德行高妙,志节清白;二曰学通行修,经中博士;三曰明达法令,足以决疑,能案章覆问,文中御史;四曰刚毅多略,遭事不惑,明足以决,才任三辅令:皆有孝悌廉公之行。"⑭据杜佑说:"第一科补西曹、南阁、祭酒,二科补议曹,三

---

① 《宋书·百官志上》。
② 《三国志·吴书·太史慈传》。
③ 《汉书·儿宽传》。
④ 《汉书·路温舒传》。
⑤ 《后汉书·百官志二》。
⑥ 《后汉书·百官志三》。
⑦ 《资治通鉴》卷28,胡注。
⑧ 《后汉书·光武帝纪上》。
⑨ 《资治通鉴》卷24,胡注。
⑩ 《汉书·王莽传上》。
⑪ 《后汉书·班彪列传上》,李贤注。
⑫ 《资治通鉴》卷54,胡注。
⑬ 《后汉书·光武帝纪上》,李贤注。
⑭ 《后汉书·百官志一》,刘昭注。

科补四辞八奏,四科补贼决。"①可见言官或谏官,以及奏疏之才在"四科"中占有重要地位。这些人才在制度上保障了奏诏模式的正常运作。

王莽亦有"四科"之举。"令公卿大夫诸侯二千石举吏民有德行通政事能言语明文学者各一人,诣王路四门。"②它符合早期帝国对官员的素质要求和选拔标准。四科中的"言语"、"文学"皆为上书言事的必要条件。言语是官员的口才,文学是官员的文才。二者均属士人为官的基本素质。这种素质为奏诏模式所必需。换言之,正是基于奏诏模式,人们才对官员的素质作出了如此具体而明确的要求和规定。可见,言语和文学作为官员的基本素质,只有在奏诏模式中才有特殊意义。③ 这种特殊意义成为皇权运行机制的润滑剂。

举荐人才的一个重要标准是必须"能直言极谏"。文帝诏举"能直言极谏者";④成帝诏举"方正直言极谏之士";⑤平帝诏"公卿举敦朴直言";⑥章帝诏举"贤良方正、能直言极谏之士各一人";⑦安帝诏举"贤良方正、能直言极谏者各一人";⑧桓帝诏举"贤良方正、能直言极谏者各一人"。⑨

西汉后期,王嘉"举敦朴能直言,召见宣室,对政事得失,超迁太中大夫。"⑩虽然两汉不定期地下诏举荐直言极谏之人,但东汉明令"直言"作为举荐人才的一个具体项目。"中兴以后,复增敦朴、有道、贤能、直言、独行、高节、质直、清

---

① 《通典》卷 13。

② 《汉书·王莽传中》。《东观记》中顺序略有不同。"王莽时举有德行、能言语、通政事、明文学之士。"(《后汉书·景丹列传》,李贤注)这个顺序完全符合孔门四科。"德行:颜渊、闵子骞、冉伯牛、仲弓;言语:宰我、子贡;政事:冉有、季路;文学:子游、子夏。"(《论语·先进》)四科之分与顺序具有深刻含义。值得注意的是,德言政学和修齐治平颇为对应和耦合。修身-德行,齐家-言语,治国-政事,平天下-文学。

③ 贯穿两汉始终的"贤良文学"表明,写文章就是写奏书,写好文章才能写好奏书。官员文集很大程度上就是奏疏集。名臣多有名文,好官多有好文章。秦汉时期那些为人称道的官员,无不撰有重要奏书和著名文章。生活在帝国,他们不追求著书立说以青史留名,却因奏书建言而建功立业。对有些官员而言,奏书就是他们入史的主要资本甚至唯一资格,就是他们在历史上的全部价值。他们立言就是他们立功,进而还是他们立德。先秦君子之三立理想,在秦汉皇权时代,凭借奏诏模式而得以实现。是可知,奏诏模式之于皇权秩序有着本质性的规范功能。

④ 《汉书·晁错传》。

⑤ 《汉书·谷永传》。

⑥ 《后汉书·独行列传》。

⑦ 《后汉书·孝章帝纪》。

⑧ 《后汉纪》卷 19。

⑨ 《后汉纪》卷 21。

⑩ 《汉书·王嘉传》。

白、敦厚之属。"①比如,鲁恭举"直言",②夏馥"举直言",③郑均"举直言"。④

说到底,言与事是所有取士的关键。"令其陈言而省纳之,乃试以事也。"成帝说:"古之选贤,傅纳以言,明试以功,故官无废事,下无逸民。"⑤章帝也说:"敷奏以言,则文章可采;明试以功,则政有异迹。"⑥

胡广察孝廉,"既到京师,试以章奏,安帝以广为天下第一。"⑦"试以章奏"意味着,会写奏章是官员的基本素质要求。所谓"试",意即测试、考试,它除了有关奏章的文字、修辞、格式等要求外,还应有关不同主题和内容的要求。也就是需要撰写不同题材和主题的奏章。某种意义上,这种"试以章奏",无论性质还是功能,已经近似于后世的科举考试的某些时政科目了。因为,这里还特别强调了皇帝的在场,就是说,这种对官员章奏水平的测试,是由皇帝亲自主持和判决的。"安帝以广为天下第一"表明,这是皇帝对一批官员奏章水平测试的结果,其做法类似于后世皇帝钦点状元的过程。⑧

选拔官吏的考试科目明确规定为经义和文章,这种做法始于东汉中叶。"尚书令左雄议改察举之制,限年四十以上,儒者试经学,文吏试章奏。"换言之,"诸生试章句,文吏试笺奏。"这次改制虽然遇到阻力,所谓"六奇之策,不出经学;郑、阿之政,非必章奏"⑨,依然最终得以推行。这表明,此前要么经义和文章混而不分,要么只考经义或文章。如果是前者说明现在考试科目正式区分开来了,如果是后者说明考试科目增加了一门。无论哪种情况都意味着奏章在官僚制度中的重要性得到了重视。当人们认为奏章是一个合格官员的必备素质时,官员群体的奏章水平肯定会获得明确提高。奏章水平的提高显然有助于奏诏模式的正常运行。因为它将对皇帝决策施加更大影响,比如帮助皇帝尽快作出正确决策,接受官员的批评或建议。这一切都最终落实在皇帝下达的诏书中。

不论取士几科,每科考什么内容,终须以奏章形式表现出来,最后都要体现

① 《后汉书·黄琼列传》。
② 《后汉书·鲁恭列传》。
③ 《后汉书·党锢列传》。
④ 《后汉书·郑均列传》。
⑤ 《汉书·成帝纪》,颜注。
⑥ 《后汉书·孝章帝纪》。
⑦ 《后汉书·胡广列传》。
⑧ 另外,值得注意的是,汉代选拔官员有"讽以九千字"的规定。联系"试以章奏",是否可以理解为,所谓"讽以九千字"就是撰写九千字的奏章? 换言之,撰写各类奏章的字数应不少于九千字?
⑨ 《后汉书·胡广列传》。

为一封奏书。在这里,奏书的能力起着显而易见的作用。甚至,奏书水平对取士直接起到了关键作用。这种做法造成的结果,引发了张衡的抨击。"自初举孝廉,到今二百年,必先孝行,行有余力,乃草文法耳。今诏书一以能诵章句、结奏案为限,虽有至孝,不当其科,所谓损本而求末者也。"①

第三节　奏诏时间间隔

郡县和京师之间的信息传递,大致有私人和官府两条渠道。官府上书的速度显然比私人诣阙上书的速度快得多。这是因为,郡县民众诣阙上书只能步行,或使用私人交通工具,其速度远远赶不上官府的乘传快捷迅疾。比如,侍中寇荣"见害于权宠。……遂陷以罪辟,与宗族免归故郡,吏承望风旨,持之浸急,荣恐不免,奔阙自讼。未至,刺史张敬追劾荣以擅去边,有诏捕之。"②

地方到朝廷之间的奏诏往来,所需时间虽和距离有关,也应该有一个大致的时间规定。从以下几个例子可以推测一二。一是,"六月戊申奏,七月甲寅玺书报从(赵)充国计焉。"③这是宣帝同远在金城和羌人作战的赵充国之间的奏诏往来。据《二十史朔闰表》,六月戊申到七月甲寅只有七天,就是说,宣帝一周内收到了赵充国的奏报,照这个时间推算,赵充国最多一周后即可收到宣帝诏书。可见,赵充国和宣帝之间的奏诏往来不足十五天。这个效率确实不低。这自然和军情紧急有关。但可以看出汉帝国的信息传送速度相当可观。或许,一般奏诏没有这般紧迫的话,时间可能会长一些。这样,长安和西北或东北边郡之间奏诏所需大约一月左右。二是,上官桀设局陷害霍光,被昭帝识破。"上问'大将军安在?'左将军桀对曰:'以燕王告其罪,故不敢入。'有诏召大将军。光入,免冠顿首谢,上曰:'将军冠。朕知是书诈也,将军亡罪。'光曰:'陛下何以知之?'上曰:'将军之广明,都郎属耳。调校尉以来未能十日,燕王何以得知之?且将军为非,不须校尉。'"④长安发生的事,数千里外若要知晓,需要十日以上。考虑到奏诏往来,再将这个时间加一倍,正好一个月左右。三是,"王阜为益州太守,大将军窦宪贵盛,以绛罽襜褕与阜,阜不受。尝移书益州,取六百万。阜疑有奸诈,以状上。宪遣奴骑帐下吏李文迎钱,阜以诏书未报,距不与文。积二

---

① 《通典》卷 13。
② 《后汉书·寇恂列传》。
③ 《汉书·赵充国传》。
④ 《汉书·霍光传》。

十余日,诏书报,给文以钱市马。"①所谓"积二十余日",应该包括上奏和下诏的时间。"积"字面有累积之义,意思是拖了二十多天。可见,正常的下诏时间应该更快一些。这里还要考虑益州到洛阳之间的距离。四是,"二月,王雒山出宝鼎,庐江太守献之。"四月甲子下诏,"祥瑞之降,以应有德。方今政化多僻,何以致兹?《易》曰鼎象三公,岂公卿奉职得其理邪?太常其以礿祭之日,陈鼎于庙,以备器用。"②二月上奏,四月七日下诏,按整数计,其间至少四十天。这个时间虽然比州郡和朝廷之间奏诏往返所需时间的一般期限略长,但也在可以接受的范围内。下诏时间之所以比较滞后,原因可能是,献鼎奏疏随行宝鼎,宝鼎沉重,行走迟缓,致使奏书送达朝廷时间过长。可见这次下诏时间延迟不在于皇帝,而在于奏书。是可知,地方官和皇帝之间奏诏往来所需时间一般在二三十天内。正因此,人们才会对河内太守王温舒上书捕杀"郡中豪猾"迅速得到皇帝批复大为震惊。王温舒"令郡具私马五十匹,为驿自河内至长安,部吏如居广平时方略,捕郡中豪猾,郡中豪猾相连坐千馀家。上书请,大者至族,小者乃死,家尽没入偿臧。奏行不过二三日,得可事。论报,至流血十馀里。河内皆怪其奏,以为神速。"③河内至长安路程千余里,王温舒和武帝之间的奏诏往返所需时间之短,④反证了地方官和皇帝之间奏诏所需的正常时间应该在一个月左右。⑤ 其实,这个时间应该是早期帝国普遍实行的一种时间规制。⑥

---

① 《东观汉记》卷 13。

② 《后汉书·孝明帝纪》。

③ 《史记·酷吏列传》。班《书》说得更为精确。"奏行不过二日,得可,事论报,至流血十余里。"师古曰:"天子可其奏而论决之。"(《汉书·酷吏传》,颜注)

④ 从河内到长安,以汉代的交通条件,无论如何也不可能两天打个来回。王温舒上奏,武帝再从长安下诏,两天时间显然不够。所以,"河内皆怪其奏,以为神速。"难怪王温舒"令郡具私马五十匹"。显然,这五十匹马正是为了抢时间而准备的。进而表明,通常情况下,郡县奏书朝廷不需要准备这么多匹马替换。

⑤ 其实这里还有一个例子,似乎也能佐证奏诏之间所需时间。陈汤出征西域回国,"所卤获财物入塞多不法。司隶校尉移书道上,系士按验之。汤上疏言:'臣与吏士共诛郅支单于,幸得禽灭,万里振旅,宜有使者迎劳道路。今司隶反逆收系按验,是为郅支报雠也!'上立出吏士,令县道具酒食以过军。"(《汉书·陈汤传》)陈汤是在回国途中上书的,虽不明具体地点,但"入塞"云云,应该是敦煌以东,至于"上立出吏士",虽未明元帝下诏具体时间,据文义应该和王温舒上书捕杀豪猾,"奏行不过二三日,得可事"差不多。

⑥ 比如,始皇"焚书令"规定焚书期限为一月,并非随意或偶然。按秦朝的邮传速度,以及秦帝国的疆域面积,一个月能将中央命令传达各郡县。二世诏书"元年十月甲午下,十一月戊午到守府",(湖南省文物考古研究所、益阳市文物管理处《湖南益阳兔子山遗址九号井发掘报告》,《文物》2016 年第 5 期)用了 24 天,可谓实证。另外,根据西汉公文传递效率,诏书从长安到张掖,快一点要二十天左右。(参见马怡《"始建国二年诏书"册所见诏书之下行》,《历史研究》2006 年第 5 期)一般情况下,"改元诏书下达边郡,约一月即可。"(陈梦家《汉简缀述》,第 233 页,中华书局,1980 年)

至于京官和皇帝之间的奏诏往来,所奏事宜各个不同,所需时间自然长短不一。比如,张奋为司空,"时岁灾旱,祈雨无应,乃〔上〕表,实时引见,口陈时政之宜。明日,和帝召太尉、司徒幸洛阳〔狱,录囚徒〕,即大雨三日。"①祈雨事急,故和帝看到上疏,即刻召见张奋,第二天便下诏落实。又如,班超为西域都护,"年老思入关。妹乃上书曰:'妾兄超延命沙漠三十余年,骨肉生离,不复相识。'书奏,帝乃征还。"②班昭身为太后师,上书和帝,这个奏诏之间显然很快。再如,郎中审忠以为连有灾异乃朱瑀等人"罪恶所感",上书灵帝,"愿陛下留漏刻之听,裁省臣表,埽灭丑类,以答天怒。"③这里提及时间,所谓"留漏刻之听,裁省臣表",明显有一种催促之意。

一般说,京官上书皇帝需要的诏批时间,应该不会太长。快者当天即可下诏。举几例。一是,列侯受封,奏位次,曹参"功最多,宜第一",刘邦却"心欲"萧何第一。鄂君上奏,"曹参虽有野战略地之功,此特一时之事。……陛下虽数亡山东,萧何常全关中以待陛下,此万世之功也。……奈何欲以一旦之功而加万世之功哉! 萧何第一,曹参次之。"刘邦深以为然,"是日,悉封何父子兄弟十馀人,皆有食邑。乃益封何二千户,以帝尝繇咸阳时何送我独赢钱二也。"④可见,如果奏事深得帝心,皇帝就会奏书不过夜,当日下诏。二是,文帝"以胡寇为意",乃复问冯唐,"公何以知吾不能用廉颇、李牧也?"冯唐说:"陛下法太明,赏太轻,罚太重。且云中守魏尚坐上功首虏差六级,陛下下之吏,削其爵,罚作之。由此言之,陛下虽得廉颇、李牧,弗能用也。"文帝"是日令冯唐持节赦魏尚,复以为云中守,而拜唐为车骑都尉,主中尉及郡国车士。"⑤可见这个"是日"正是奏诏之间的时间间隔。三是,霍光病笃,"车驾自临问光病,上为之涕泣。光上书谢恩曰:'愿分国邑三千户,以封兄孙奉车都尉山为列侯,奉兄票骑将军去病祀。'事下丞相御史,即日拜光子禹为右将军。"⑥所谓"即日"即是奏疏之日。可见霍光上书当日,宣帝即予批复。四是,主父偃"西入关见卫(青)将军。卫将军数言上,上不省。资用乏,留久,诸侯宾客多厌之,乃上书阙下。朝奏,暮召入见。所言九事,其八事为律令,一事谏伐匈奴。"⑦所谓"朝奏,暮召入见",皇帝召见上奏者,也是其回应奏书的一种方式。不过,这里最值得关注的是,"朝奏,

① 司马彪《续汉书》卷3,《八家后汉书》。
② 谢承《后汉书》卷4,《八家后汉书》。
③《后汉书·宦者列传》。
④《史记·萧相国世家》。
⑤《史记·冯唐列传》。
⑥《汉书·霍光传》。
⑦《汉书·主父偃传》。

暮召"两个时间概念,其实也就是一天时间。五是,"五月庚申,有司奏故〔执〕金吾悝、屯骑校尉弘、步兵校尉阎大逆无道,宜追夺爵土,以明褒贬。遂免悝子广宗、弘子广德等爵,宗族皆免归本郡。"①从上下文看,庚申一天似乎就完成了奏诏模式的整个程序。六是,"窦谗等聚众为乱,诏遣中郎将有文武者,尹颂时表用(段)颎。其日拜颎,授节剑佩刀衣裳车马束帛,将平阳骑。"②军情紧急,不容耽搁。一天便走完了奏诏程序。

事实上,即便同在京城,皇帝批复奏书的时间长短,既取决于事态性质,也涉及某些规章惯例,还有赖于皇帝个人意志。比如,奏劾京官的诏报也就数天左右。或许这就是"五日京兆"之语透显的时间制度含义。③如果皇帝重视或在意,便会随时即刻下诏,所谓"立诏"是也。比如,孔僖与崔骃"同游太学",被人诬告"诽谤先帝,刺讥当世"。孔僖"以吏捕方至,恐诛",上书自讼。章帝"亦无罪僖等意,及书奏,立诏勿问"。④"立诏"即立刻下诏,强调下诏时间之短。这表明,皇帝下诏不但需要一个正常时间,而且一般说,这个时间不会太快。所以,史书才强调"立诏"的迅即性。因为章帝担心下诏迟了,孔僖有可能被有司刑讯逼供。此可见章帝对吏民之体恤和关爱。还有一个有趣例子。司隶从事冯衍因结交外戚阴氏,受到光武贬黜。冯衍"尝自诣狱,有诏赦不问。"他在书信中,详述了这个过程。"至阳武,闻诏捕诸王宾客,惶怖诣阙,冀先事自归。十一日到,十二日书报归田里。即日束手诣洛阳诏狱,十五日夜诏书勿问。"⑤从这个叙述看,时间相当紧凑。冯衍十一日诣阙上书,十二日光武即诏报还乡,冯衍当天又投案自首,过了两天,十五日光武又下诏释放。前后不过数天,光武连下两道诏书,给予宽恕。可见,哪怕一个普通官员的仕途命运,光武帝也给予足够重视,其下诏速度便足以说明问题。这个小小的插曲,似乎将个人命运和奏诏模式之间的关系一并展示出来。

值得注意的是,如果涉及皇帝的礼仪,奏诏程序便会立即启动,一日之内就会走完程序。因为死人即尸体不等时。比如,元帝死,成帝即位。竟宁元年,六

---

① 《后汉纪》卷17。
② 《东观汉记》卷17。
③ 从官吏脱口而出的"五日京兆"上下文看,它显然是一句官场流行的尽人皆知的俗语。"五日京兆"暗示出两点,一是官员从遭奏劾到被追究之间,一般有五天期限;二是这个期限体现出汉帝国的行政效率。五日是京官的一个休沐期。可见,一个休沐期应该是奏劾官员到下诏执行需要的时间期限。就是说,官员被奏劾之后,大概需要五天左右就会收到皇帝诏书作出的最终裁决。
④ 《后汉书·儒林列传上》。
⑤ 《后汉书·冯衍列传》,李贤注。

月乙未，"有司言：'乘舆车、牛马、禽兽皆非礼，不宜以葬。'奏可。"①又如，明帝死，有司上庙号。永平十八年十二月癸巳，有司奏言，"宜尊庙曰显宗，其四时禘祫，于光武之堂，闲祀悉还更衣，共进武德之舞，如孝文皇帝祫祭高庙故事。"制可。②再如，章帝死，章和二年三月辛酉，有司上奏，"请上尊庙曰肃宗，共进武德之舞。'制曰：'可。'"③

至于新皇登基仪式需要的奏诏程序同样必须在一天内完成。比如，延光四年，十一月丁巳，"是夜，中黄门孙程等十九人共斩江京、刘安、陈达等，迎济阴王于德阳殿西钟下，即皇帝位。……尚书令刘光等奏言：'……陛下正统，当奉宗庙，……而即位仓卒，典章多缺，请条案礼仪，分别具奏。'制曰：'可。'"④诚然，皇帝登基仪式上展示的奏诏程序属于奏诏模式的特例。尽管如此，这个例子足以表明，皇帝登基仪式作为一种纯粹的礼仪，诸多环节皆已高度程式化，其奏诏内容也已固定化，故而短时内就走完了奏诏程序的整个过程。

如果所奏事态紧急或没有号准皇帝脉搏或涉及棘手之事，批复时间或快或慢，就没准了。举几例。一是，黥布疑心宠姬与中大夫贲赫淫乱，"欲捕赫。赫言变事，乘传诣长安。……上变，言布谋反有端，可先未发诛也。上读其书，语萧相国。"⑤贲赫上书，送到刘邦手里，所用时间肯定不会很长。二是，丞相庄青翟、御史大夫张汤等人在四月戊寅"奏未央宫"，"请立臣闳、臣旦、臣胥为诸侯王。"四月癸未，再次"奏未央宫，留中不下。"⑥这是说，从四月戊寅到四月癸未，六天之内，大臣们因为同一件事反复上书武帝，但武帝都没有表示态度。三是，窦太后临政，窦宪"兄弟各擅威权"。司徒丁鸿日食"上封事"，"书奏十余日，帝以鸿行太尉兼卫尉，屯南、北宫。于是收窦宪大将军印绶，宪及诸弟皆自杀。"⑦这里提及奏书时间。这是一个较长的时间。这个时间表明，和帝对奏书建议的处理不能操之过急，必须慎重。它不仅显示出朝局的复杂，也可以看出皇帝处理一般奏书需要的时间。就是说，一般情况下，皇帝批复官员奏章不会需要这么久。三五天即可有个结果。四是，谷永以待诏身份多次参与"诸方正对策"。他说："三上封事，然后得召；待诏一旬，然后得见。"⑧所谓"待诏一旬"，

①《汉书·成帝纪》。
②《后汉书·孝章帝纪》。
③《后汉书·孝和帝纪》。
④《后汉书·孝顺帝纪》。
⑤《史记·黥布列传》。
⑥《史记·三王世家》。
⑦《后汉书·丁鸿列传》。
⑧《汉书·谷永传》。

实乃上奏十天。据文义,谷永似乎嫌十天有些长。五是,襄楷批评朝政,"汉兴以来,未有拒谏诛贤,用刑太深如今者也。"桓帝"不省"。"十余日,复上书。""书上,即召(诏)〔诣〕尚书问状。"①襄楷并非京官,只是诣阙上疏的士人。他两次上书之间隔了十几天。可见"十余日"应该是奏诏反馈的通常时间,也是官员对自己奏书应该得到皇帝批复的心理预期。如果超出这个时间段,没有得到应有的反馈,官员也就知道皇帝的态度了。他要么不再提及此事,要么继续上书。显然,襄楷采取了后一种做法。这才迫使桓帝不得不作出反应,当即也就是当天就召其进宫问话。

总之,十几天应该是奏诏模式的一个回合的正常周期或标准时间。这使得人们可以根据这个时间来预期性地等待皇帝下诏。如果没有看到诏书作出的相应反馈,人们就会知道自己上书的结果了。接下来,要么放弃或沉默,要么继续上书。

官员上书阙下,再到皇帝手中,一般多长时间?需要经过哪些环节?一般说来,官员奏事必须要有皇帝的下诏回复。为了等待皇帝诏命,有的官员竟然会在宫中彻夜等候。或许,只有尚书台官员才会这么做。"冯豹每奏事未报,常服省阁下,或从昏至明。天子默使小黄门持被覆之,曰:'勿惊之。'"②

---

① 《后汉书·襄楷列传》。
② 《东观汉记》卷14。

第五章

颁诏仪式

　　《汉官旧仪》云："诏书下,朱钩施行。"①此言语义含糊,但依然暗示出某种仪式性的展开。客观意义上,奏诏模式本身是一种包含独特仪式性的皇权主义话语实践。鲜明的仪式感是其特征。奏诏模式的仪式性在灾异中表现得最为直观和生动。正是灾异使奏诏模式成为天人感应的皇权模型。这仿佛是天人感性的政治翻版和话语再现。"每有灾异,辄延问公卿,极言得失。"②可见,灾异往往是开启奏诏程序的最佳契机。尤其日食,皇帝不光下诏迅即,百官也会积极响应,形成一个集体上书的小高潮。"日有食之,既。"明帝下诏,"日食之变,其灾尤大。……群司勉修职事,极言无讳。"于是,"在位者皆上封事,各言得失。帝览章,深自引咎,乃以所上班示百官。"在这两道诏书的间隔时间,已经向朝廷涌进了一大批奏疏。如此,明帝再次下诏罪己。"群僚所言,皆朕之过。"③与此同时,皇帝和群臣还会启动另一场具有强烈仪式效果的奏诏程序。"汉制,天子救日蚀,素服,避正殿,陈五鼓五兵,以朱丝萦社,内外严警。太史登灵台,候日有变,便伐鼓。太仆赞祝史陈辞以责之。闻鼓音,侍臣皆着赤帻,带剑入侍。三台令史以上,皆持剑立其户前。卫尉驱驰绕宫,伺察守备。日复常,皆罢。"④

　　不仅制度、政策、措施、规章、法律、行为、事件都离不开奏诏模式的规范和推动,就连礼制和仪式也都需要在奏诏模式中有序展开。但史书上留下的往往只是一句简短而普通的话。这使得现代人很难从中更多隐秘的含义。我们这里从颁诏仪式入手,尝试展示奏诏模式在皇权帝国事务中的全方位存在和意义。

---

① 卫宏《汉官旧仪》卷上,《汉官六种》。
②《后汉书·孝和帝纪》。
③《后汉书·孝明帝纪》。
④《通典》卷78。

第一节　礼制型颁诏仪式

礼制型颁诏仪式的仪式感最强。其基本特点是，有固定场所，并严格遵守规定程序。最主要的礼制型颁诏仪式有即皇帝位之仪、拜皇太子之仪、拜诸侯王公之仪、立皇后之仪。它们虽有一系列环节，核心环节却是"读策书"。本质上，前后的各个环节都是为"读策书"服务的。因为，只有"读策书"这个环节能够决定各个仪式的真正功能和性质。所以，即皇帝位之仪、拜皇太子之仪、拜诸侯王公之仪、立皇后之仪也可以理解为颁诏仪式。

（一）即皇帝位之仪

"三公奏尚书顾命，太子即日即天子位于柩前，请太子即皇帝位，皇后为皇太后。奏可。群臣皆出，吉服入会如仪。太尉升自阼阶，当柩御坐北面稽首，读策毕，以传国玉玺绶东面跪授皇太子，即皇帝位。"[1]君臣关系通过皇帝登基这一程序性礼仪获得重复性确认。哪怕他是个夭折的皇帝。"孝殇皇帝虽不永休祚，而即位踰年，君臣礼成。"[2]

（二）立皇后之仪

皇后初即位章德殿，太尉使持节奉玺绶，天子临轩，百官陪位。皇后北面，太尉住盖下，东向，宗正、大长秋西向。宗正读策文毕，皇后拜，称臣妾，毕，住位。太尉袭授玺绶，中常侍长（乐）〔秋〕太仆高乡侯览长跪受玺绶，奏于殿前，女史授婕妤，婕妤长跪受，以授昭仪，昭仪受，长跪以带皇后。皇后伏，起拜，称臣妾。[3]

值得注意的是，蔡质所记"立宋皇后仪"中，保存了一篇完整的立后策文。

（三）皇帝下葬礼仪

"使者到，南向立，太尉进伏拜受诏。"核心环节是"读谥策"。而且是二读，先由"太祝令跪读谥策"，再由"太尉读谥策"。然后将谥策收藏起来，而且收藏

---

[1]《后汉书·礼仪志下》。
[2]《后汉书·孝质帝纪》。
[3]《后汉书·礼仪志中》，刘昭注。

程序也很讲究。先由太尉"藏金匮",再由"皇帝次科藏于庙",最后由"太史奉哀策茞筐诣陵"。① 可见谥策至少有三份。分别藏于金匮、太庙、陵园。

(四) 正月祭祀先皇之仪

皇帝率领百官祭祀先皇之后,登上灵台,尚书令代表皇帝向三公颁诏。可见,这个颁诏仪式是在灵台举行的。

> 正月辛未,宗祀光武皇帝于明堂,帝及公卿列侯始服冠冕、衣裳、玉佩、絇屦以行事。礼毕,登灵台。使尚书令持节诏骠骑将军、三公曰:"今令月吉日,宗祀光武皇帝于明堂,以配五帝。……群僚藩辅,宗室子孙,众郡奉计,百蛮贡职,乌桓、濊貊咸来助祭,单于侍子、骨都侯亦皆陪位。……其令天下自殊死已下,谋反大逆,皆赦除之。"②

朝廷的其他礼仪也都按照奏诏程序进行。广义上,朝廷礼仪基本都属于奏诏模式。比如,皇帝丧礼之仪。故事,"部刺史、二千石、列侯在国者及关内侯、宗室长吏及因邮奉奏,诸侯王遣大夫一人奉奏,吊臣请驿马露布,奏可。"③皇帝葬礼,地方官和各地诸侯、宗室任职者都须通过邮传上奏,表示哀吊;诸侯王要派一名官员进京上奏,表示哀吊。所有这些人统称"吊臣",应该全部公布在露布上,并通过驿站迅速通报全国。又如,"飨遣故卫士仪:百官会,位定,谒者持节引故卫士入自端门。卫司马执幡钲护行。行定,侍御史持节慰劳,以诏恩问所疾苦,受其章奏所欲言。毕飨,赐作乐,观以角抵。"④再如,恭迎节气之礼。节气对农时的重要性,以及农时对帝国的重要性,使得候迎节气在朝廷诸多礼制中具有异乎寻常的意义。关键是,这些礼仪基本按照奏诏程序进行,属于奏诏模式的一种形式。

> 先气至五刻,太史令与八能之士(郎)〔即〕坐于端门左塾。……一刻,乘舆亲御临轩,安体静居以听之。太史令前,当轩霤北面跪。举手曰:"八能之士以备,请行事。"制曰"可"。太史令稽首曰"诺"。……否则召太史令各板书,封以皁囊,送西陛,跪授尚书,施当轩,北面稽首,拜上封事。尚书授侍中常侍迎受,报闻。以小黄门幡麾节度。太史令前(曰)〔白〕礼毕。制

① "晋时有人嵩高山下得竹简一枚,上有两行科斗书之,台中外传以相示,莫有知者。司空张华以问博士束皙。皙曰:'此明帝显节陵中策也。'检校果然。是知策用此书也。"(《后汉书·礼仪志下》)可见西晋仍保存有东汉皇帝诸陵的完整策文。
② 《后汉书·孝明帝纪》。
③ 《后汉书·礼仪志下》。
④ 《后汉书·礼仪志中》。

曰"可"。太史令前稽首曰"诺"。①

此外,宣诏和礼仪相结合,是颁诏仪式的一项重要内容。一般是举行过某种礼仪,再颁诏。借助某种礼制,诏书的内容自然广为人知,其影响力也会扩大。这种先礼后诏的做法,似乎是东汉诏书制度的一个显著特点。"临辟雍,养三老、五更。礼毕,诏三公募郡国中都官死罪系囚,减罪一等,勿笞,诣度辽将军营,屯朔方、五原之边县;妻子自随,便占著边县;父母同产欲相代者,恣听之。其大逆无道殊死者,一切募下蚕室。亡命者令赎罪各有差。凡徙者,赐弓弩衣彻。"②

第二节 朝仪型颁诏仪式

朝仪中体现出的奏诏模式意义,首推君臣双方参与和演绎君临天下的盛大场面。文武百官分列东西两行,恭敬肃立于朝廷之上,恭候皇帝的亲临。皇帝一旦出场,公卿百官以次拜谒奉贺,山呼万岁。皇帝受礼,享受尊贵的天子威仪。这个仪式和奏诏模式的程序并无二致。因为,无论朝仪还是奏诏,皇帝感受到的都是一种无与伦比的绝对权威。

在颁诏仪式中,有一种所谓读诏仪式。公卿百官齐聚一堂,集体聆听诵读诏书。《蔡邕集》中有一段翔实记载,很有细节感和画面感。"三月九日,百官会府公殿下,东面,校尉南面,侍中、郎将、大夫、千石、六百石重行北面,议郎、博士西面。户曹令史当坐中而读诏书,公议。蔡邕前坐侍中西北,近公卿,与(五官郎中冯)光、(沛相上计掾陈)晃相难问是非焉。"文武官员按照秩禄序列,分列方位,东南西北,向中而立,聆听居中而坐的户曹令史诵读诏书。这种读诏仪式并非虚礼,它有廷议的实际功能。"蔡邕前坐侍中西北,近公卿,与光、晃相难问是非焉。"有个关键细节不能忽视。"诏书下三府,与儒林明道者详议,务得道真。以群臣会司徒府议。"③可见这种读诏仪式是在司徒府举行。

此外,还有一种"共谢阙下"的"公门之仪"。它是一种官员们在宫阙集合、集体等待皇帝颁诏的朝廷仪式。它对整个帝国的文武百官具有宏大的示范性,所谓"可以示四远"。这种场合要求官员们毕竟保持肃静和恭敬,不能窃窃私

---

① 《后汉书·礼仪志中》。
② 《后汉书·孝明帝纪》。
③ 《后汉书·律历志中》,刘昭注。

语,更不能大声喧哗,"作色大言,"必须"屏气鞠躬以须诏命"。否则即属非礼违制之举。一旦违礼,贵为三公也会免官。可见任何人都不能破坏颁诏仪式。比如,太尉张酺和司隶校尉晏称"会于朝堂,酺从容谓称曰:'三府辟吏,多非其人。'称归,即奏令三府各实其掾史。酺本以私言,不意称奏之,甚怀恨。会复共谢阙下,酺因责让于称。称辞言不顺,酺怒,遂廷叱之,称乃劾奏酺有怨言。天子以酺先帝师,有诏公卿、博士、朝臣会议。司徒吕盖奏酺位居三司,知公门有仪,不屏气鞠躬以须诏命,反作色大言,怨让使臣,不可以示四远。于是策免。"[1]其实,所谓"共谢阙下"还应有另外一种含义,这就是官员在宫阙门前的集体谢罪仪式。比如,"京师大饥,民相食。壬辰,公卿诣阙谢。"安帝当即下罪己诏,"咎在朕躬,非群司之责,而过自贬引,重朝廷之不德。"癸巳,再下诏"以鸿池假与贫民"。[2]

在年终朝廷上计程序中,皇帝颁诏的仪式具有某种特殊性。由丞相府的记室掾史向郡国计吏大声宣布朝廷敕令。敕令以"上亲问百姓所疾苦"的诏命内容为核心,铺陈展开。其中反复出现一些关键词。比如,"诏书殿下禁吏无苛暴"、"诏书无饰厨养",意思是,官员们必须牢记诏书,严格按照诏书要求做事;又如,"归告二千石",意思是,要求计吏回去向郡国守相传达皇帝旨意。根据常理,如果仅是大声诵读一遍敕令,未必有人能准确完整地记住全部内容。这样,需要将敕令抄件发给每个计吏,要求他们带回去,向郡国守相传达,"归告二千石听"是也。这就是"记室掾史一人大音读敕毕,遣敕曰"之义。所谓"遣敕"是把敕令带回去。最后,值得注意的是,这道敕令内容非常广泛和具体。不光涉及择良吏、去苛政、劝农桑,还强调判案公正,严防奢靡,甚至还不忘交代地方官要给民众提供治病的医药,以及州县衙门、乡亭、墙垣的建筑维修。

> 郡国守长史上计事竟,遣公出庭,上亲问百姓所疾苦。记室掾史一人大音读敕毕,遣敕曰:"诏书殿下禁吏无苛暴。丞史归告二千石,顺民所疾苦。急去残贼,审择良吏,无任苛刻。治狱决讼,务得其中。明诏忧百姓困于衣食,二千石帅劝农桑,思称厚恩,有以赈赡之,无烦挠夺民时。今日公卿以下,务饬俭恪,奢侈过制度以益甚,二千石身帅有以化之。民冗食者请谨以法,养视疾病,致医药务治之。诏书无饰厨养,至今未变,又更过度,甚

---

① 《后汉书·张酺列传》。
② 《后汉书·孝安帝纪》。有时,这种向皇帝集体谢罪的仪式不限于宫阙。三辅大旱,"人相食啖,白骨委积。(献)帝使侍御史侯汶出太仓米豆,为饥人作糜粥,经日而死者无降。帝疑赋恤有虚,乃亲于御坐前量试作糜,乃知非实,使侍中刘艾出让有司。于是尚书令以下皆诣省阁谢,奏收侯汶考实。"(《后汉书·孝献帝纪》)

不称。归告二千石,务省约如法。且案不改者,长吏以〔闻〕。官寺乡亭漏败,墙垣阤坏不治,无办护者,不胜任,先自劾不应法。归告二千石听。"①

同样,御史大夫也是按照相同程序考核计吏。这样,御史大夫颁布的敕令之内容和性质如同丞相敕令,以弘扬强化皇帝诏书为中心意图。"御史大夫敕上计丞长史曰:'诏书殿下布告郡国:臣下承宣无状,多不究,百姓不蒙恩被化,守长史到郡,与二千石同力为民兴利除害,务有以安之,称诏书。郡国有茂才不显者言〔上〕。残民贪污烦扰之吏,百姓所苦,务勿任用。方察不称者,刑罚务于得中,恶恶止其身。选举民侈过度,务有以化之。问今岁善恶孰与往年,对上。问今年盗贼孰与往年,得无有群辈大贼,对上。'"②

策免丞相诏书仪式。哀帝策免丞相孔光的诏书说:"君其上丞相博山侯印绶,罢归。"《汉旧仪》云:"丞相有它过,使者奉策书,实时步出府,乘栈车归田里。"③可见策免丞相诏,必须在丞相府颁布,不能在私邸,或其他场所。同样,策免御史大夫诏,亦当如此。杜佑进一步区分了丞相"不胜任"和"有他过"两种情况。"若丞相不胜任,使者策书,驾骆马,实时布衣步出府,免为庶人。若丞相有他过,使者奉策书,驾骓駹马,实时步出府,乘栈车牝马,归田里思过。"④

外交方面的颁诏仪式由大鸿胪主持。"以匈奴立义王兜楼储为南单于,立于京师。公卿备位,使大鸿胪授印绶,引上殿,赏赐阏氏以下各有差。"⑤

第三节　实践型颁诏仪式

实践型颁诏仪式一般没有固定场所,相关程序也不十分严格。但这不等于它就毫无规矩可言。事实上,任何颁诏仪式都有相应规矩。只不过实践型颁诏仪式更为灵活而已。

一、受诏时的肢体动作

臣子受诏必须先伏拜身体,以示对诏书所代表的皇权的敬畏。这是臣子受

---

① 《后汉书·百官志一》,刘昭注。
② 《后汉书·百官志一》,刘昭注。
③ 《汉书·孔光传》,颜注。
④ 《通典》卷21。
⑤ 《后汉纪》卷19。

诏时的规定动作。跪拜受诏要求"伏前听诏"或"伏地而言",不得抬头或仰脸。比如,霍光奏废刘贺,"召昌邑王伏前听诏。""皇太后诏曰:'可。'光令王起拜受诏,王曰:'闻天子有争臣七人,虽无道不失天下。'光曰:'皇太后诏废,安得天子!'乃即持其手,解脱其玺组,奉上太后,扶王下殿。"①由"伏前听诏"而"起拜受诏",两个动作,一个意思。身体先伏后起,柔顺弯曲,君臣大义,溢满身躯,发乎身而存于心。又如,光武帝遣中郎将段郴、副校尉王郁使南单于,"单于乃延迎使者。使者曰:'单于当伏拜受诏。'单于顾望有顷,乃伏称臣。拜讫,令译晓使者曰:'单于新立,诚惭于左右,愿使者众中无相屈折也。'"②南单于的态度颇堪玩味。犹豫,迟疑,不情愿,溢于言表。对汉廷来说,这是确认君臣关系必须完成的规定动作。伏拜受诏表征伏拜称臣。可见,所有人受诏都必须跪地伏拜。蛮夷番邦亦不例外。华夷之间亦须恪守宣诏礼仪即拜伏之礼,这是匈奴臣服汉帝的标准礼节。比如,"南单于遣使称藩,愿修旧约。……使中郎将段柳使匈奴,于是单于拜伏受诏,遣弟左贤王将兵击北单于,连破之。"③

某些特殊场合,宣诏仪式往往显得更具戏剧性。比如,七国之乱,击败叛军,招降参与叛乱的诸侯王,宣诏过程展现出一些令人印象深刻的环节和肢体动作。

> 汉将弓高侯颓当遗(胶西)王书曰:"奉诏诛不义,降者赦其罪,复故;不降者灭之。王何处,须以从事。"王肉袒叩头汉军壁,谒曰:"臣(刘)卬奉法不谨,惊骇百姓,乃苦将军远道至于穷国,敢请菹醢之罪。"弓高侯执金鼓见之,曰:"王苦军事,原闻王发兵状。"王顿首膝行对曰:"……今闻错已诛,卬等谨以罢兵归。"将军曰:"王苟以错不善,何不以闻?未有诏虎符,擅发兵击义国。以此观之,意非欲诛错也。"乃出诏书为王读之。读之讫,曰:"王其自图。"王曰:"如卬等死有馀罪。"遂自杀。④

宣诏是一种程序,也是一种仪式。然后再交由宣诏对象,不能直接由宣诏对象自己看。反之,臣子如果不行受诏礼,就不是简单的拒诏,而是谋逆称帝。比如,袁盎至吴,"吴楚兵已攻梁壁矣。宗正以亲故,先入见,谕吴王使拜受诏。吴王闻袁盎来,亦知其欲说己,笑而应曰:'我已为东帝,尚何谁拜?'"⑤

① 《汉书·霍光传》。
② 《后汉书·南匈奴列传》。
③ 《后汉纪》卷8。
④ 《史记·吴王濞列传》。
⑤ 《史记·吴王濞列传》。

二、持节在颁诏礼仪中的特殊意义

持节颁诏行于宫廷内外的方方面面。① 使臣必有节,故称"使节"。"节"是皇权标志,代表皇帝。② 即便在宫中,皇帝下旨,近臣执行皇命,也要持节。比如,昌邑王刘贺"自之符玺取节十六,朝暮临,令从官更持节从。""受玺以来二十七日,使者旁午,持节诏诸官署征发,凡千一百二十七事。"③正因此,钦差出使必须配节。总之,"节"是使臣的标配,使臣出行必然持节。不管巡行封国还是郡县,不管治狱还是风化,皆需持节。淮南王刘安谋反,武帝"使宗正以符节治王。"④东方朔之子为侍谒者,"常持节出使。"⑤汲黯"持节发河南仓粟以振贫民。"⑥绣衣御史谯玄"持节,分行天下,观览风俗,所至专行诛赏。"⑦"遣故廷尉王平等五人持节行郡国,举贤良,问民所疾苦、冤、失职者。"⑧

使臣持节,如君亲临。使臣持节巡行,犹如君临天下。这是一种需要全社会和民众都能时时感受到的皇权威严效应。节是象征皇权的朝仪符号,和玉玺功能一样。但玉玺平时常人均不可见,只能出现在诏诰策命上。节却不然,能够出现在各种场合,具有开放性的空间可视感,人人得以见之。在想象的意义上,节之形制具象,颇似一种形状高大且携带便捷的玉琮,皆表征某种通天功能。使臣持节,沟通天地,宛若行走的神祇,平添皇权赋予的神圣性和权威性。节为钦使带来光环,开辟道路,产生威慑,同时为社会和民众营造希望和抚慰。谒者终军"使行郡国,建节东出关";⑨光禄大夫邓晨"持节监诸将汝南,从幸度

---

① 胡三省云:"古之所执以为信者,皆谓之节。自秦以来,有玺、符、节,则玺自玺,符自符,节自节,分为三矣。汉之节,即古之旌节也。郑氏注以符节为汉宫中诸宫诏符,玺节为汉之印章,旌节为汉使者所持节。"(《资治通鉴》卷11)
② 持节有权生杀予夺。韩嵩至许,"诏拜嵩侍中、零陵太守。及还,盛称朝廷、曹公之德,劝(刘)表遣子入侍。表大怒,以为怀贰,大会寮属,陈兵,持节,将斩之,数曰:'韩嵩敢怀贰邪!'"胡三省云:"持节,以示将斩,犹不敢专杀,存汉制也。"(《资治通鉴》卷63)
③ 据说刘贺还擅自改变了节旄颜色。所谓"变易节上黄旄以赤"。师古云:"以刘屈氂与戾太子战,加节上黄旄,遂以为常。贺今辄改之。"(《汉书·霍光传》)
④ 《史记·淮南王列传》。
⑤ 《史记·滑稽列传》。
⑥ 《史记·汲黯列传》。
⑦ 《通典》卷24。
⑧ 《汉书·昭帝纪》。
⑨ 《汉书·终军传》。

淮,因领九江兵";①太中大夫伏隆"持节使青徐二州,招降郡国";②议郎奚延"使持节到东海请雨";③光禄大夫张纲、侍中杜乔等八人"持节分出,案行天下贪廉";太仆赵岐"持节安慰天下"。④

钦差回京述职,需将所持之节交还朝廷,如同官员卸任返京,交还官印一样。比如,武帝使汲黯前往视察河内火灾,汲黯回朝上奏,"臣请归节。"⑤使臣失节如同官员失印,性质严重。比如,常惠出使乌孙,"乌孙人盗惠印绶节。惠还,自以当诛。"因为,"失印绶及节为辱命。"⑥有的汉使全然不当回事。"汉使王乌等闚匈奴。匈奴法,汉使不去节,不以墨黥其面,不得入穹庐。王乌,北地人,习胡俗,去其节,黥面入庐。"相反,汉使杨信使于匈奴,"不肯去节,乃坐穹庐外"见单于。⑦由于使节具有高度的政治象征性,敌对国或叛乱者有时会以某种特殊方式处理汉节,以表征其政治态度。比如,南粤国丞相吕嘉叛乱,杀死汉使终军,"使人函封汉使节置塞上,好为谩辞谢罪。"⑧显然,吕嘉"函封汉使节置塞上"是其政治策略的一种高超创意。他通过这种方式归还汉节,表达他不愿与汉为敌的姿态和诚意。简言之,吕嘉向汉廷表示他不敢损毁或占有汉节,这本身就是其"谩辞谢罪"的一种外交技巧。

值得注意的是,直至东汉末,人们依旧非常在意使节之尊严,以及它代表的皇纲权威。比如,"太傅马日磾奉使山东,及至淮南,数有意于袁术。术轻侮之,遂夺取其节,求去又不听,因欲逼为军帅。日磾深自恨,遂呕血而毙。"《献帝春秋》对马日磾失节细节有过描述。"术从日磾借节观之,因夺不还,条军中十余人使促辟之。日磾谓术曰:'卿先代诸公辟士云何?而言促之,谓公府掾可劫得乎?'从术求去,而术不遣,既以失节屈辱忧恚。"接下来,虽说是一个乱世的弱势朝廷,但依旧对使臣礼节的尊严恪守着固有的程序。"及丧还,朝廷议欲加礼。"由此产生的观念冲突,似乎表明,即便朝纲失序,人们仍然不能放弃或降低对使臣的职责要求和人格期待。孔融坚持认为,"日磾以上公之尊,秉髦节之使,衔命直指,宁辑东夏,而曲媚奸臣,为所牵率,章表署用,辄使首名,附下罔上,奸以事君。……王室大臣,岂得以见胁为辞!又袁术僭逆,非一朝一夕,日磾随从,

---

① 华峤《汉后书》卷 1,《八家后汉书辑注》。
② 《后汉书·伏湛列传》。
③ 谢承《后汉书》卷 3,《八家后汉书辑注》。
④ 司马彪《续汉书》卷 4,《八家后汉书辑注》。
⑤ 《史记·汲黯列传》。
⑥ 《汉书·常惠传》,颜注。
⑦ 《汉书·匈奴传上》。
⑧ 《汉书·两粤传》。

周旋历岁。汉律与罪人交关三日已上,皆应知情。……圣上哀矜旧臣,未忍追案,不宜加礼。"朝廷从之。①

即便副使也持有节。比如,"使长(卢)〔罗〕侯光禄大夫(常)惠为副,凡持节者四人,送少主至敦煌。"②尤其张骞出使西域,"多持节副使,道可便遣之旁国。"③意思是,"沿道有便可通使他国者即遣之。"④可见张骞的众多副使"各令持节",均有其实际作用,而非仅仅属于汉使礼仪,或为了彰显汉使威仪。"骞既至乌孙,致赐谕指,未能得其决。……骞即分遣副使使大宛、康居、月氏、大夏。"⑤

令人惊奇的是,出使西域的汉使竟有"锦车持节"的女使。比如,"楚主侍者冯嫽能史书,习事,尝持汉节为公主使,行赏赐于城郭诸国,敬信之,号曰冯夫人。"⑥可见这位女汉使的素质很高,不仅会写"吏书",即公文书信,而且"内习汉事,外习西域诸国事"。⑦应该说,冯嫽不光是早期帝国,甚至是整个中国最早且唯一的女大使。

不仅出使西域有副使,巡行郡国也有副使,且持节。比如,"遣太仆王恽等八人置副,假节,分行天下,览观风俗。"⑧胡三省进一步说明,"恽等持节,其副则假之以节。"⑨

三、颁诏场合不拘一格

皇帝给公卿的诏书,有时召公卿入宫,当面宣诏;有时由近臣送至三公府或相关府衙,向公卿当面宣诏。即便同一个官员,也会因事而异,在不同地方受诏。比如,蔡邕在考核各地来京的士人时,"每受诏于盛化门,差次录第。"又如,灵帝因灾异"诏召邕与光禄大夫杨赐、谏议大夫马日磾、议郎张华、太史令单扬诣金商门,引入崇德殿,使中常侍曹节、王甫就问灾异及消改变故所宜施行。"⑩

---

① 《后汉书·孔融列传》,李贤注。
② 《汉书·西域传下》。
③ 《汉书·张骞传》。
④ 《资治通鉴》卷20,胡注。
⑤ 《汉书·张骞传》,颜注。
⑥ 《汉书·西域传下》。
⑦ 《资治通鉴》卷27,胡注。
⑧ 《汉书·平帝纪》。
⑨ 《资治通鉴》卷36。
⑩ 《后汉书·蔡邕列传》。

蔡邕本人对崇德殿受诏有着更为翔实的描述。

> 光和元年七月十日,诏书尺一,召光禄大夫杨赐,谏议大夫马日磾,议郎张华、蔡邕,太史令单飏诣金商门,引入崇德殿署门内南辟帷中为都座,漏未尽三刻,中常侍育阳侯曹节、冠军侯王甫从东省出就都座。东面十门,刘宏、庞训北面,赐南面,日磾、华、邕、飏西面,受诏书各一通,尺一木板草书。两常侍又谕旨:"朝廷以灾异忧惧,特旨密问政事所变改施行,务令分明。"赐等称臣再拜受诏书,起就坐,五人各一处,给财用笔砚为对。①

总之,颁诏场合既有惯例性的,也有皇帝随时指定的,没有一定之规,充满了诸多可能性。举三例。一是,成帝因为不满王氏专横,赐车骑将军王音策书,"外家何甘乐祸败,而欲自黥劓,相戮辱于太后前,伤慈母之心,以危乱国!外家宗族强,上一身寝弱日久,今将一施之。君其召诸侯,令待府舍。"即令王氏兄弟"总集音之府舍,待诏命"。皇帝将诏书下达王音的车骑将军府,要求王氏诸侯在此一并听诏。"诏尚书奏文帝时诛将军薄昭故事。车骑将军音藉藁请罪,商、立、根皆负斧质谢。"②二是,光武申饬司徒侯霸的诏书,由尚书送至司徒府,向侯霸宣诏,然后回去向光武复命。"司徒侯霸荐前梁令阎杨。杨素有讥议,(光武)帝常嫌之,既见霸奏,疑其有奸,大怒,赐霸玺书曰:'崇山、幽都何可偶,黄钺一下无处所。欲以身试法邪?将杀身以成仁邪?'使(尚书冯)勤奉策至司徒府。勤还,陈霸本意,申释事理,帝意稍解。"③三是,光武帝"风眩黄瘅病发甚,以卫尉关内侯阴兴为侍中,兴受诏云台广室。"④

四、诏书由官员亲自送至制诏对象

钦差或使臣出行,必须先宣诏,再和下诏对象正式见面。因为颁诏是行使皇权,和宣诏对象见面属于臣子间的交往。比如,"东平王以至亲骄奢不奉法度,傅相连坐。及(王)尊视事,奉玺书至庭中,王未及出受诏,尊持玺书归舍,食已乃还。致诏后,谒见王。"⑤如果致仕或病免官员被重新起用,须到地方官衙受诏。如果有人坚持在家受诏,为表礼贤下士,皇帝也会开恩允准。比如,谏大夫龚舍病免,"哀帝遣使者即楚拜舍为太山太守。舍家居在武原,使者至县请

---

① 蔡邕《答诏问灾异八事》,《蔡中郎集》卷2。《四库全书》。
② 《汉书·元后传》,颜注。
③ 《后汉书·冯勤列传》。
④ 《东观汉记》卷1。
⑤ 《汉书·王尊传》。

舍,欲令至廷拜授印绶。舍曰:'王者以天下为家,何必县官?'遂于家受诏,便道之官。"①如果是平民或士人,要求要么进京受诏,要么到地方官衙受诏。当然还有第三种,即居家拜官。如果清名甚誉、德高望重,便会"就家而拜之"。比如,徐嗽"家拜太原太守",不就。② 如果士人年老体弱,行动不便,也会在家受诏。王莽拜官龚胜,采取的是第三种形式。它同样是一套严格的颁诏仪式。使臣携带诏书,带着郡县守令、三老属吏以及本地生员,一块前往龚胜之家。龚胜本应早早出门迎接使臣,却借故有病,躺在床上,只不过把床搬到了客厅。但颁诏和受诏的方位不能乱。使臣面南而立,龚胜朝北而受。宣诏完毕,先将玺书交付龚胜,再授以印绶,将印绶戴在龚胜身上。至此,才算完成了颁诏仪式的整个程序。

> 莽复遣使者奉玺书,太子师友祭酒印绶,安车驷马迎胜,即拜,秩上卿,先赐六月禄直以办装,使者与郡太守、县长吏、三老官属、行义诸生千人以上入胜里致诏。使者欲令胜起迎,久立门外。胜称病笃,为床室中户西南牖下,东首加朝服拖绅。使者入户,西行南面立,致诏付玺书,迁延再拜奉印绶,内安车驷马,进谓胜曰:"圣朝未尝忘君,制作未定,待君为政,思闻所欲施行,以安海内。"胜对曰:"素愚,加以年老被病,命在朝夕,随使君上道,必死道路,无益万分。"使者要说,至以印绶就加胜身,胜辄推不受。使者即上言:"方盛夏暑热,胜病少气,可须秋凉乃发。"有诏许。③

更有甚者,则是有司主动建议皇帝居家拜官。比如,韦著多次拒征。"灵帝即位,中常侍曹节以陈蕃、窦氏既诛,海内多怨,欲借宠时贤以为名,白帝就家拜著东海相。诏书逼切,不得已,解巾之郡。"④

五、"使使"是颁诏的标准术语

第一个"使"是动词,第二个"使"是名词,意即皇帝派人向臣子下达诏令。所谓"奉书从事",即奉诏从事。它后面会因事而异地与"召"、"承诏"、"持节"等字相连,构成一个更为具体的颁诏词语。比如,"使使令"、"使使赦"、"使使持节"、"使使召"、"使使者"等。

> 公子将闾昆弟三人囚於内宫,议其罪独后。二世使使令将闾曰:"公子

---

① 《汉书·龚舍传》。
② 《后汉书·徐嗽列传》,李贤注。
③ 《汉书·龚胜传》。
④ 《后汉书·韦彪列传》。

不臣,罪当死,吏致法焉。"将闾曰:"阙廷之礼,吾未尝敢不从宾赞也;廊庙之位,吾未尝敢失节也;受命应对,吾未尝敢失辞也。何谓不臣?原闻罪而死。"使者曰:"臣不得与谋,奉书从事。"将闾乃仰天大呼天者三,曰:"天乎!吾无罪!"昆弟三人皆流涕拔剑自杀。[1]

文帝既见绛侯狱辞,乃谢曰:"吏方验而出之。"於是使使持节赦绛侯,复爵邑。[2]

梁孝王入朝。景帝使使持节乘舆驷马,迎梁王於关下。[3]

至塞,天子使使者持大将军印,即军中拜车骑将军(卫)青为大将军,诸将皆以兵属大将军,大将军立号而归。[4]

六、诏书下达官府有鸣鼓之仪

传达诏书的使者"至司农,司农发诏书,故鸣鼓也"。这里有一个具体例子。大司农田延年因贪污公款被举报,"使者召延年诣廷尉。闻鼓声,自刎死。"[5]诏书代表皇帝,宣诏即象征皇帝亲临发话,鼓声则是对皇帝玉音的热烈回应,由此营造出一种玉声金振的合唱效应。不妨想象一下,当皇帝诏书下发京城各个衙门时,击鼓之声则在长安此起彼伏,蔚为壮观。

七、变通颁诏仪式彰显特殊君臣关系

按照正常奏诏程序,"大鸿胪奏王归国",皇帝下诏,再由大鸿胪向诸侯王宣诏。但章帝尊宠东平王刘苍,便手诏小黄门,即令"小黄门受诏",使其向东平王颁旨。这里的关键是,章帝为了表达对东平王的感情,随时改变了通常的颁诏程序,而使用一种更具感情色彩的颁诏仪式。"大鸿胪奏遣诸王归国,帝特留苍,赐以秘书、列僊图、道术秘方。至八月饮酎毕,有司复奏遣苍,乃许之。手诏赐苍曰:'骨肉天性,诚不以远近为亲疏,然数见颜色,情重昔时。念王久劳,思得还休,欲署大鸿胪奏,不忍下笔,顾授小黄门,中心恋恋,恻然不能言。'于是车

---

① 《史记·秦始皇本纪》。
② 《史记·绛侯周勃世家》。
③ 《史记·梁孝王世家》。
④ 《史记·卫将军列传》。
⑤ 《汉书·酷吏传》。

驾祖送,流涕而诀。"①

八、追封仪式

对死去官员的追封,是颁诏仪式中较为特殊的一类。一般都在官员墓地宣诏追封。比如,"和帝以(邓)训皇后之父,使谒者持节至训墓,赐策追封,谥曰平寿敬侯。"②所谓"追策",意即追封。章帝"使五官中郎将持节追策,谥援曰忠成侯。"③

九、钦使问话具有颁诏性质

使臣代皇帝问话,意同宣诏。官员答话,也必须符合相应的颁诏礼仪。这里的疑惑是,皇帝命人问话,意味着皇帝不在场,但皇帝又对萧望之的应答礼仪不满,似乎又暗示皇帝在场。"丞相丙吉年老,上重焉,望之又奏言:'百姓或乏困,盗贼未止,二千石多材下不任职。三公非其人,则三光为之不明,今首岁日月少光,咎在臣等。'上以望之意轻丞相,乃下侍中建章卫尉金安上、光禄勋杨恽、御史中丞王忠,并诘问望之。望之免冠置对,天子繇是不说。"随后,丞相司直繇延寿奏劾萧望之,"侍中谒者良使(丞)〔承〕制诏望之,望之再拜已。良与望之言,望之不起,因故下手,而谓御史曰'良礼不备'。"④这段话语义不明,颇显费解,但大体意思还是清楚的。萧望之先是"免冠置对,天子不说",继而"承制诏之,伏地不起",似乎也没能让皇帝满意。显然,这是两种宣诏仪式。但萧望之好像对宣旨的廷臣不满意,认为他的做法不合宣诏礼制。

---

① 《后汉书·光武十王列传》,李贤注。
② 《后汉书·邓禹列传》。
③ 《后汉书·马援列传》。
④ 《汉书·萧望之传》。

第六章

拜官仪式

第一节　拜　官　释　义

一、拜官之义

拜官在官员任职程序中是否具有特殊含义？对拜官,有两个相互纠缠的问题。"拜"是有关任职、除官、升迁的笼统称谓,还是具有特殊颁诏仪式的任官程序？抑或二者兼有之？比如,"裨将、校尉三十余人,皆拜。"①冯绲"拜尚书、辽东太守、廷尉、太常。"②换言之,"拜"是选官制度的规范用语,还是史家的习惯用语?③拜官在选官制度中是否有特殊含义？抑或仅是秦汉人对选官制度的一种俗称或统称?④无论何者,它都展示出一种显而易见的颁诏意义,即诏令性质。⑤其实,所谓选官制度是今人用语,根据史书对拜官的使用方式,权衡官员的任职、升迁、降黜、除免,易选官制度为拜官制度似乎更为周全。⑥就此言,拜官既是奏诏模式,也是奏诏叙事模式。正因此,拜官包含的颁诏意义以及史

---

① 《汉书·冯奉世传》。

② 《风俗通义》卷9。

③ 无论如何,在拜官诏书中从未正式使用"拜"字。所有"拜"皆为史家叙事之语。

④ 孟佗"资产饶赡",朋结宦官张让。"让大喜,遂以佗为凉州刺史。"《三辅决录》注曰：孟佗"以蒲陶酒一斗遗让,让即拜佗为凉州刺史。"(《后汉书·宦者列传》,李贤注)两相对照,可见除官迁任和拜官之间界限模糊。

⑤ "灵帝拜夫人为孝王妃。"(司马彪《续汉书》卷1,《八家后汉书》)这种用法绝无可能使用其他除官术语。可见拜官确有颁诏仪式和意义。

⑥ 对官员来说,拜官是他最为关心同时对他本人仕途前程影响最大的皇帝诏书。如果说有一道诏书能使他兴奋欲狂,不能自己,那就是拜官诏。

书对拜官的写法,值得细致解读。

拜官不仅是一个行政命令,首先是一道皇帝诏书。所以,它必然有一套相应的体现皇恩的颁诏仪式。事实上,无论任职转迁还是降职罢官,皆需下诏,唯有拜官特别强调了颁诏仪式。拜官有一套复杂的程序。首先,拜官需选择日子。这个日子应该有所讲究。大司徒伏湛坐免,后征,"敕尚书择拜吏日,未及就位,因燕见中暑,病卒。"①王音为大司马车骑将军,谷永说:"拜吏之日,京师士大夫怅然失望。"②可见朝野对执掌中枢者的拜官仪式还是非常关注的。因为它关涉朝政走向甚至朝廷安稳。拜官之际出现日食,自然不吉,所以哀帝下诏举荐方正。哀帝以傅晏为大司马卫将军、丁明为大司马票骑将军。"临拜,日食,诏举方正直言。"③其次,朝廷需准备好"官印书赞"。

> 拜御史大夫为丞相,左、右、前、后将军赞,五官中郎将授印绶;拜左、右、前、后将军为御史大夫,中二千石赞,左、右中郎将授印绶;拜中二千石,中郎将赞,御史中丞授印绶;拜千石、六百石,御史中丞赞,侍御史授印绶。印绶盛以箧,箧绿绨表,白素里。尚书令史捧,西向,侍御史东向,取箧中印绶,授者却退,受印绶者手握持出,至尚书下,乃席之。④

皇帝则需要亲自或派专人将写有褒奖官员文字的诏书递交给官员本人。比如,光武迎拜鲍永为兖州牧,诏曰:"尹晨夜冒犯霜露,精神亦已劳矣。以君帷幄近臣,其以永为兖州牧。"⑤可见,拜官诏书必定有皇帝给予的褒奖之词。相较而言,一般的任职或升迁,似乎没有这些复杂手续。即便需要下诏,皇帝也无需亲自出面或派专人,而且任职诏书上恐怕也不会写有褒奖性的赞语。此外,拜官之际,亦须准备相应官职的官服。武帝游宴见金日磾"牵马过殿下,……上异而问之,具以本状对。上奇焉,即日赐汤沐衣冠,拜为马监。"⑥成帝欲拜刘歆为中常侍,"召取衣冠。"临拜之际,王凤阻挠乃止。⑦ 王莽遣使者奉玺书,就家拜龚胜为太子师友祭酒,"先赐六月禄直以办装。"⑧

至于臣子,首先是态度,不得无故拒绝拜官,不能随意拖延、滞留、耽搁,必须立即上任。灵帝徙司隶校尉阳球为卫尉。"时球出谒陵,节敕尚书令召拜,不

---

① 《后汉书·伏湛列传》。

② 《汉书·谷永传》。

③ 《汉书·杜邺传》。

④ 卫宏《汉官旧仪》卷上,《汉官六种》。

⑤ 《后汉书·鲍永列传》,李贤注。

⑥ 《汉书·金日磾传》。

⑦ 《汉书·元后传》。

⑧ 《汉书·龚胜传》。

得稽留尺一。球被召急,因求见帝,叩头曰:'臣无清高之行,横蒙鹰犬之任。前虽纠诛王甫、段颎,盖简落狐狸,未足宣示天下。愿假臣一月,必令豺狼鸱枭,各服其辜。'叩头流血。殿上呵叱曰:'卫尉抃诏邪!'至于再三,乃受拜。"①其次是程序,京官需次日进宫谢恩。尚书令杨球拜官司隶校尉,"既拜,明日诣阙谢恩。"②外放则被引见,并有相应赏赐。"樊晔与世祖有旧,世祖尝于新野坐文书事被拘,时晔为市吏,馈饵一笥,上德之。后拜为河东都尉,临发之官,引见云台,赐御食衣被。上啁晔曰:'一笥饵得都尉,何如?'晔顿首曰:'小臣蒙恩,特见拔擢,陛下不忘往旧,臣得竭死自效。'"③谢夷吾拜巨鹿太守,"临发陛见,赐车马剑革带,敕曰:'巨鹿剧郡,旧难治,以君有拨烦之才,故特授任,当如刺史,勿毁前政也。'"韩崇拜汝南太守,"诏引见,赐车马剑革带。上仍敕崇曰:'汝南,心腹之地,位次京师也。'"④不过,这种做法似乎未能持久。致使司空第五伦特意提醒章帝,"刺史、太守以下,初拜京师及道出洛阳者,宜皆召见,可以博观四方,因以察其人。"⑤

任职皆有诏书,拜官则需特定仪式。由皇帝亲自任命,或在皇帝面前宣布诏书。比如,会广陵贼起,命张纲为广陵太守。"及纲受拜,诏问当得兵马几何,纲对曰无用兵马。"⑥可见拜官之际,往往有一番君臣对话。⑦ 有时皇帝还会酌情给官员一些额外的恩赏。辽东太守祭肜入朝为太仆卿。"肜在辽东十余年,无十金之资,天下知其清。拜日,赐钱百万,马三匹,衣被、刀剑下至居家器物,无不备焉。"⑧总之,拜官要么皇帝亲授,要么皇帝遣使授职,代表皇帝亲临。可见拜官是皇帝下诏直接任命,和一般任命程序有所不同。它体现了皇帝和官员之间的特殊关系。所以,拜官无关官职大小。⑨ 理论上,拜官仪式都是在皇帝

---

① 《后汉书·阳球列传》。

② 《后汉纪》卷 24。

③ 《东观汉记》卷 18。

④ 谢承《后汉书》卷 4,《八家后汉书》。

⑤ 《后汉纪》卷 11。

⑥ 《三国志·蜀书·张翼传》。

⑦ 有时,权臣拜官也会有这么一道对话程序。比如,董卓议移都,朱俊劝阻。董卓乃表拜朱俊为太仆以辅佐自己。"俊被召不肯受拜,因进曰:'国不宜迁,必孤天下望,成山东之结,臣不见其可也。'有司诘曰:'召君受拜而君拒之,不问徙事而君陈之,何也?'俊曰:'副相国,非臣所堪也。迁都非计,臣之所急也。辞所不堪,进臣所急,臣之所宜也。'有司曰:'迁都之事,初无此计也,就有,未露,何所受闻?'俊曰:'相国董卓为臣说之,臣闻之於相国。'有司不能屈,朝廷称服焉。"(《三国志·吴书·孙破虏讨逆传》,裴注)

⑧ 《后汉纪》卷 10。

⑨ 拜官不在官职大小,而在皆需下诏,属于皇权。一旦出现权臣,拜官之权便会出现变数。王(转下页)

面前举行。① 如果官员不在京城，皇帝拜官需要派遣专人，相当于钦差或使臣代表皇帝前往授官。

除了三公之类，其他官员，无论朝官还是地方官，是否拜官，并无一定之规。官职大小不是关键，关键是皇帝意图。② 只要皇帝愿意，皆可下诏拜官，举行仪式。总之，拜官与否取决于皇帝个人意愿。他可以拜任何一个人为官，也可以拜任何一个官职。拜官之人无所不有，所拜之官应有尽有，可见皇权无所不在。所谓"二级君臣关系"纯属臆想。③ **拜官是皇帝和官员之间缔结君臣关系的授权仪式**。客观上，拜官是奏诏模式的一个具体环节。拜官是一种将奏诏模式落实在非常具体的官员个人身上的制度行为。它是皇帝和官员之间建立直接联系的奏诏程序。通过拜官这一颁诏仪式，皇帝和官员之间关系的直接性得以制度性地规范起来。奏诏模式的开放性，将所有人纳入其中，使其成为直接联系皇帝的臣民。借助信息的传递和反馈，奏诏模式把所有人变成了皇帝的臣民。奏诏模式把皇帝和所有人一同整合进了体制性的君臣关系网络。因为每个人只要自己愿意，均有权上书皇帝，抒发己见，议论时政。皇权体制下的君臣关系，通过奏诏模式而更为直接化和具体化。频繁拜官和广泛征召则将这一直接化和具体化的君臣关系予以更加现实和普遍的直接化和具体化。

(接上页)风用事，成帝"谦让无所颛。左右常荐光禄大夫刘向少子歆通达有异材。上召见歆，诵读诗赋，甚说之，欲以为中常侍，召取衣冠。临当拜，左右皆曰：'未晓大将军。'上曰：'此小事，何须关大将军?'左右叩头争之。上于是语凤，凤以为不可，乃止。"《汉书·元后传》

① 通常情况下，"汉代任命三公以下、六百石及以上官，授职仪式都在朝堂举行，被任命者要亲赴朝堂接受印绶。"（代国玺《汉代公文形态新探》，《中国史研究》2015 年第 2 期）

② 在除官的诸多术语中，唯有"拜"和皇帝直接联系在一起使用。皇帝亲自授官，即为拜官。是可知，百官无不可拜。从公卿到郎官，从守令到属吏，皆在皇帝拜官之列。可见拜官并无官阶高低限制。

③ 所谓"二级君臣关系"云云纯属向壁虚构。其深层逻辑是，君治臣(官)，臣(官)治民，君民之间不发生直接关系。这样，官(尤其地方官)所辟属吏成为自身之附属，从而缔结一种低层次的派生性的君臣关系。这种说法无视一个政治常识，即官员之权力来源。无人不认为官权源自皇权，官权是皇权之延伸。官员任命属吏，无论官还是吏，都不认为官员在行使他个人之私权，他任命下属是在展示私恩。相反，辟属之官吏双方皆相信这是皇权的正当体现，是皇权在社会和民间的客观实践。

皇权时代，诸侯之臣虽为陪臣，同时也是皇帝之臣。即，**陪臣具有双重臣性**，也就是**双重臣子身份**。尽管如此，但陪臣首先是皇帝之臣。所以，陪臣作为诸侯之臣，并不能受到诸侯庇护而免除皇帝对他的生死主宰。相反，陪臣因低于朝官而变得更加卑微。（西汉诸侯王属官比同级官员地位低。）陪臣之于臣更卑贱这一事实，既不表明诸侯对陪臣有生杀之权，也不说明皇帝对陪臣无生杀之权。总之，皇权时代之陪臣绝不同于王权时代之陪臣。前者只是对后者的一种形象化类比，并非客观性的实指。它和周朝陪臣本质有别。因为王权时代陪臣具有排他性。天子不能插手对诸侯之臣的处置。但在汉朝，诸侯之臣同时也是皇帝之臣。一方面，陪臣向诸侯称臣，更需向皇帝称臣；另一方面，皇帝不仅有权处置诸侯，同样有权处置诸侯之臣。既如此，皇帝处置地方官属吏更是理所当然毋庸置疑。

二、"拜"之语义

拜官一般均有欣赏、奖赏、重用之意,甚至可能还有破格提拔之意。

拜叔孙通为奉常,"赐金五百斤。"[1]文帝"繇是奇（张）释之,拜为中大夫。"[2]景帝以卫绾"为廉,忠实无它肠,乃拜绾为河间王太傅"。[3] 成帝以孙宝"著名西州,拜为广汉太守"。[4] 武帝以尹齐"为能,拜为中尉"。[5] 明帝以邓禹"先帝元功,拜为太傅"。[6] 黄琼"以德行高妙,公交车征拜议郎。"[7]

三、"拜"和其他除官术语之异同

单纯就叙事而言,"拜"和"除"、"擢"、"迁"、"至"、"出"、"入"、"补"等之间,似无明显不同,更无本质之别。详绎字面之义,"征"、"除"、"擢"、"迁"、"至"虽皆是皇帝作出的决定,却并非皇帝亲口宣布,或当着皇帝面作出的任命,而是一种走正常程序的客观叙事。

淳于长"拜为列校尉诸曹,迁水衡都尉侍中,至卫尉九卿。"[8]

袁京"初拜郎中,稍迁侍中,出为蜀郡太守。"[9]

种暠"征拜议郎,迁南郡太守,入为尚书。"[10]

黄琬"出为右扶风,征拜将作大匠、少府、太仆。"[11]

成瑨"拜郎中,迁南阳太守。"宗资"拜议郎,补御史中丞、汝南太守。"[12]

陈翔"拜侍御史。……迁定襄太守,征拜议郎,迁扬州刺史。……又征拜议郎,补御史中丞。"[13]

---

[1]《汉书·叔孙通传》。
[2]《汉书·张释之传》。
[3]《汉书·卫绾传》。
[4]《汉书·孙宝传》。
[5]《汉书·酷吏传》。
[6]《后汉书·邓禹列传》。
[7]《东观汉记》卷 17。
[8]《汉书·佞幸传》。
[9]《后汉书·袁安列传》。
[10]《后汉书·种暠列传》。
[11]《后汉书·黄琼列传》。
[12]《后汉书·党锢列传》,李贤注。
[13]《后汉书·党锢列传》。

包咸"除郎中。……拜谏议大夫、侍中、右中郎将。"[1]

何进"再迁虎贲中郎将,出为颍川太守。……拜侍中、将作大匠、河南尹。"[2]

皇甫嵩"为征西将军,又迁车骑将军。……拜太尉,冬,以流星策免。复拜光禄大夫,迁太常。"[3]

杜密"征拜尚书令,迁河南尹,转太仆。"[4]

刘佑"拜尚书令,又出为河南尹,转司隶校尉。……拜宗正,三转大司农。"[5]

刘宽"征拜太中大夫,……迁侍中,赐衣一袭。转屯骑校尉,迁宗正,转光禄勋。……代许训为太尉。"[6]

胡广"出为济阴太守,……复为汝南太守,入拜大司农。……迁司徒。……代李固为太尉,录尚书事。……以病逊位。又拜司空,告老致仕。寻以特进征拜太常,迁太尉。……复为太常,拜太尉。……后拜太中大夫、太常。……复拜司徒。"[7]

冯绲"七迁为广汉属国都尉,征拜御史中丞。……以绲为辽东太守,……征拜京兆尹,转司隶校尉。"[8]

四、"拜"之词语

和拜官相连的词语颇多。[9] 大部分词语都具有独特性甚至唯一性。比如,只有拜官使用"诏拜"。虽有"诏除",却不限于任官,[10]而是指下诏废除某法律、政令、年号等。至于任官、贬官、免官、升官、迁官、徙官等,从未使用"诏"字。这或许表明,拜官要求一种特殊的仪式性规定。这种规定的实质在于,拜官意味着皇帝和官员之间的亲密性和直接性。另外,史书上还有些更为复杂的用法。

---

① 《后汉书·儒林列传下》。
② 《后汉书·何进列传》。
③ 《后汉书·皇甫嵩列传》。
④ 《后汉书·党锢列传》。
⑤ 《后汉书·党锢列传》。
⑥ 《后汉书·刘宽列传》。
⑦ 《后汉书·胡广列传》。
⑧ 《后汉书·冯绲列传》。
⑨ 有的虽然不在早期帝国,但也相距不远。比如,朱育为孙吴东观令,"遥拜清河太守。"(《三国志·吴书·虞翻传》,裴注)
⑩ 所谓"免不正之诏除。"师古曰:"除谓除补为官者。"(《汉书·谷永传》,颜注)

比如,巴肃"稍迁拜议郎"。① 在这里,"稍迁"是个常用词,不应理解为"稍迁拜"或"迁拜"。所以,"稍迁""拜议郎"是最为合理的解释。

1. "诏拜"。赵孝"诏拜为谏议大夫、长乐卫尉。"②
2. "策拜"。荀爽"策拜司空"。③
3. "召拜"。夏恭"召拜郎中"。④
4. "追拜"。第五伦"追拜会稽太守"。⑤
5. "征拜"。郑弘"征拜侍中"。⑥
6. "就拜"。陈瑀"就拜议郎"。⑦
7. "复拜"。冯绲"复拜车骑将军"。⑧
8. "拜除"。韩鸿"使持节,降河北,拜除二千石。"⑨
9. "起拜"。光武"起拜朱祜建义大将军"。⑩
10. "特拜"。何熙"特拜谒者"。⑪
11. "转拜"。臧旻"转拜长水校尉"。⑫
12. "擢拜"。"擢拜(王)梁为大司空。"⑬
13. "出拜"。召驯"出拜陈留太守"。⑭
14. "留拜"。杨秉"留拜光禄大夫"。⑮
15. "逆拜"。鲍永"诏书逆拜为兖州牧"。⑯
16. "夜拜"。文帝"夜拜宋昌为卫将军"。⑰
17. "初拜"。王元"初拜上蔡令"。⑱

---

① 《后汉书·党锢列传》。
② 《后汉纪》卷9。
③ 司马彪《续汉书》卷4,《八家后汉书》。
④ 《后汉书·文苑列传上》。
⑤ 《后汉书·第五伦列传》。
⑥ 《后汉书·郑弘列传》。
⑦ 谢承《后汉书》卷4,《八家后汉书》。
⑧ 《后汉书·方术列传下》。
⑨ 《东观汉记》卷10。
⑩ 《东观汉记》卷11。
⑪ 《东观汉记》卷16。
⑫ 谢承《后汉书》卷4,《八家后汉书》。
⑬ 《后汉书·王梁列传》。
⑭ 《后汉书·儒林列传下》。
⑮ 《后汉书·杨震列传》。
⑯ 《后汉书·鲍永列传》。
⑰ 《史记·孝文本纪》。
⑱ 《后汉书·隗嚣列传》。

18. "寻拜"。朱儁"寻拜城门校尉、河南尹"。①
19. "辟拜"。鲍丹"辟拜骑都尉"。②
20. "表拜"。曹操厚遇阎行,"表拜犍为太守"。③
21. "加拜"。鲍邵"有父风,太祖嘉之,加拜骑都尉,使持节。"④

第二节 拜官之程式及含义

一、拜之程式

拜官有两个基本特征,一是玺书,玺书不是写于简牍的普通诏书,而是写于绢帛盖有印玺的诏书。玺书拜官,以示郑重。"长沙中尉冯骏将兵诣(岑)彭,玺书拜骏为威虏将军。"⑤交址叛乱,"于是玺书拜(马)援伏波将军,以扶乐侯刘隆为副,督楼船将军段志等南击交址。"⑥一是即拜,"就其所居而拜。"班伯上状,"自请愿试守"定襄郡期月。成帝遣使,"并奉玺书印绶,即拜伯为定襄太守。"⑦

臣子受诏,要么在朝廷,要么在衙门,在家受诏,是为特例。哀帝遣使即拜龚舍为太山太守,"遂于家受诏,便道之官。"⑧就家拜官虽为特例,却并非乏见。就家拜官多称"即拜"。⑨ 颜师古对此多有解释。"即,就也。就其家而拜之。"

---

① 《后汉书·朱儁列传》。
② 《三国志·魏书·鲍勋传》,裴注。
③ 《三国志·魏书·张既传》,裴注。
④ 《三国志·魏书·鲍勋传》,裴注。
⑤ 《东观汉记》卷9。
⑥ 《后汉书·马援列传》。
⑦ 《汉书·叙传上》,颜注。
⑧ 《汉书·龚舍传》。
⑨ 不过也有其他用法。一是迎拜。"窦宪、耿秉自朔方出塞三千里,斩首大获,铭燕然山而还。即拜宪为大将军,封武阳侯,食邑二万户;耿秉为〔美〕(算)阳侯。宪让不受,还京师。"(《后汉纪》卷13)此处即拜意为迎接途中当即拜为大将军。一是当即受拜。光武"谓鲍永曰:'我攻怀三日兵不下,关东畏卿,且将故人往。'即拜永谏大夫。"(《东观汉记》卷14)田邑"闻更始败,乃遣使诣洛阳献璧马,即拜为上党太守。"(《后汉书·冯衍列传》)陈俊"初调补曲阳长,上曰:'欲与君为左右,小县何足贪乎?'俊即拜,解印绶,上以为安集掾。"(《后汉书·陈俊列传》,李贤注)这三例即拜意为当下受拜。一是破格提拔。谢承《书》云:张禹"起拜廷尉。"(谢承《后汉书》卷8,《八家后汉书》)《东观记》则云:张禹"超迁非次,拜廷尉。"(《东观汉记》卷16)一是就其地拜之。"诏即拜袁绍为右将军。"胡三省云:"即拜者,就拜之也。时绍在邺,就邺拜之。"(《资治通鉴》卷61)

"就家迎之,因拜官。"①简言之,即拜即"就家拜"。② 郅都免官归家。"景帝乃使使即拜都为鴈门太守,便道之官,得以便宜从事。"③更始立,"使使者行郡国,即拜(李)忠都尉官。"④寇恂归颍川,光武"遣使者即拜为汝南太守。"⑤徐稺举有道,"家拜太原太守,皆不就。"⑥举荐明经士杨伦等五人,"各从家拜博士。"⑦刘虞威信素著,"灵帝遣使者就拜太尉。"⑧刘备定益州,秦密称疾,"卧在第舍,寻拜左中郎将,长水校尉。"⑨以梁商为大将军,"固称疾不起。"顺帝使太常桓焉"奉策就第即拜,商乃诣阙受命。"⑩诣阙受命意味着入朝拜官,标志着拜官程序的最后完成,也就是官员对皇命的最终接受。王匡"辟大将军何进府进符使,……会进败,匡还州里。起家,拜河内太守。"⑪权臣为了拉拢人心,也会使用即家拜官这招。陈纪以德称,"董卓入洛阳,乃使就家拜五官中郎将,不得已,到京师,迁侍中。"⑫不仅权臣,宦官专权亦是如此。孟佗巨资巴结中常侍张让,"让即拜佗为凉州刺史。"⑬

王莽器重龚胜,两次遣使就家拜官。尤其第二次,过程曲折,细节生动,颇具戏剧性。它动静大,用心深。它组织和动员了一千多乡邑行义之人和经生学徒,一并随同王莽使者来到龚胜所居之彭城廉里,观摩龚胜受诏的整个过程,以便现场直观感受和体会就家拜官的浩荡皇恩以及其所展示出的丰富寓意。一个关键场面令人印象深刻。"使者欲令胜起迎,久立门外。胜称病笃,为床室中户西南牖下,"也就是把自己躺着的病床放在家里西厢房的南窗下面,"东首加朝服抮绅。使者入户,西行南面立,致诏付玺书,迟延再拜奉印绶。"⑭不过,龚胜心意已决,不为所动,绝食而亡,以死明志。

莽复遣使者奉玺书,太子师友祭酒印绶,安车驷马迎胜,即拜,秩上卿,

---

① 《汉书·龚胜传》,颜注。
② 《汉书·酷吏传》,颜注。
③ 《汉书·酷吏传》。
④ 《后汉书·李忠列传》。
⑤ 《后汉书·寇恂列传》。
⑥ 《后汉书·徐稺列传》。
⑦ 《后汉书·杨震列传》,李贤注。
⑧ 《后汉书·刘虞列传》。
⑨ 《后汉书·方术列传下》,李贤注。
⑩ 《后汉书·梁统列传》。据胡三省云:"自汉以来惟卫青以有即军中拜大将军,未闻有就第即拜者也,况以此异数加之后父乎!"(《资治通鉴》卷52)
⑪ 《三国志·魏书·武帝纪》,裴注。
⑫ 《后汉书·陈寔列传》。
⑬ 《后汉书·宦者列传》,李贤注。
⑭ 《汉书·龚胜传》。

先赐六月禄直以办装,使者与郡太守、县长吏、三老官属、行义诸生千人以上入胜里致诏。使者欲令胜起迎,久立门外。胜称病笃,为床室中户西南牖下,东首加朝服拖绅。使者入户,西行南面立,致诏付玺书,迁延再拜奉印绶,内安车驷马,进谓胜曰:“圣朝未尝忘君,制作未定,待君为政,思闻所欲施行,以安海内。”胜对曰:“素愚,加以年老被病,命在朝夕,随使君上道,必死道路,无益万分。”使者要说,至以印绶就加胜身,胜辄推不受。使者即上言:“方盛夏暑热,胜病少气,可须秋凉乃发。”有诏许。使者五日壹与太守俱问起居,为胜两子及门人高晖等言:“朝廷虚心待君以茅土之封,虽疾病,宜动移至传舍,示有行意,必为子孙遗大业。”晖等白使者语,胜自知不见听,即谓晖等:“吾受汉家厚恩,亡以报,今年老矣,旦暮入地,谊岂以一身事二姓,下见故主哉?”胜因敕以棺敛丧事:“衣周于身,棺周于衣。勿随俗动吾冢,种柏,作祠堂。”语毕,遂不复开口饮食,积十四日死,死时七十九矣。[1]

二、拜官蕴含的君臣关系之直接性

拜官没有特定指向,即不限于某些人、某类官、某个秩级,但有意向,即强化君臣间的亲密和亲近,以及皇帝对官员的信任和恩宠,以示郑重和期许。“拜”字本身,即包含相应的肢体动作,给人一种由身体语言呈现出的直观想象。李通“以病上书乞身”,光武诏命李通“勉致医药,以时视事。其夏,引拜为大司空。”[2]“引拜”云云,意味着拜官有一个由人引领到皇帝跟前参拜的仪式。光武欲以卫飒为少府,“会飒被疾,不能拜起。”[3]“拜起”云云,即拜官须有的礼仪动作。

皇帝可随时随地拜官。王訢守右扶风,“上数出幸安定、北地,过扶风,宫馆驰道修治,供张办。武帝嘉之,驻车,拜訢为真,视事十余年。”[4]明帝临辟雍,“于行礼中拜(伏)恭为司空,儒者以为荣。”[5]章帝东巡狩,“幸阙里,……大会孔氏男子二十以上者六十三人,……遂拜(孔)僖郎中。”[6]鲁恭“饮酎,斋会章台,”

---

① 《汉书·龚胜传》。
② 《后汉书·李通列传》。
③ 《后汉书·循吏列传》。
④ 《汉书·王訢传》。
⑤ 《后汉书·儒林列传下》。
⑥ 《后汉书·儒林列传上》。

和帝"诏使小黄门特引恭前。其夜拜侍中,勑使陪乘,劳问甚渥。"①所谓拜官,一是皇帝亲口任命臣子官职,一是当着皇帝面接受所任官职。可见,拜官往往意味着两件事情,即皇帝在场和拜官必下诏。

拜官应在朝廷,当着皇帝面进行。除、迁、任、升则未必,很可能在官衙或地方官任上,办理相关手续。②应该说,所有拜官都暗示出君臣关系的直接性和现场感。③略举数例。"高祖持御史大夫印弄之,曰:'谁可以为御史大夫者?'孰视赵尧,曰:'无以易尧。'遂拜赵尧为御史大夫。"④公孙贺"引拜为丞相,不受印绶,顿首涕泣,曰:'臣本边鄙,以鞍马骑射为官,材诚不任宰相。'上与左右见贺悲哀,感动下泣,曰:'扶起丞相。'贺不肯起,上乃起去,贺不得已拜。"⑤武帝拜汲黯为淮阳太守,"黯伏谢不受印绶,诏数强予,然后奉诏。"⑥

> (故城父令公孙勇谋反。)公孙勇衣绣衣,乘驷马车至圉,圉使小史侍之,亦知其非是,守尉魏不害与厩啬夫江德、尉史苏昌共收捕之。上封不害为当涂侯,德轑阳侯,昌蒲侯。初,四人俱拜于前,小史窃言。武帝问:"言何?"对曰:"为侯者得东归不?"上曰:"女欲不?贵矣。女乡名为何?"对曰:"名遗乡。"上曰:"用遗汝矣。"于是赐小史爵关内侯,食遗乡六百户。⑦

平定三辅叛乱,"莽乃置酒白虎殿,劳飨将帅,大封拜。"⑧光武见来歙"大悦,拜歙为太中大夫。"⑨正旦,百官朝贺。光武望见虞延"在公府掾属中,驰小黄门问曰:'故陈留督邮虞延非耶?'对曰:'是。'遂前召见。〔拜公交车令〕"⑩光武欲用桓荣为博士,"荣叩头让曰:'臣经术浅薄,不如同门生郎中彭闳、扬州从事嚬弘。'帝曰:'俞,往,女谐。'因拜荣为博士,引闳、弘为议郎。"⑪周防"仕郡小吏。

---

① 《后汉书·鲁恭列传》。

② 皇帝或许不在场,但诏书必不可少。比如,诸博士素闻王式贤,"共荐式。诏除下为博士。"颜师古曰:"下除官之书也。"(《汉书·儒林传》)

③ 拜官是君臣相对,面对面,直接授予。哪怕这拜官并非发生于皇帝和官员之间。比如,张良道遇刘邦,"遂属焉。沛公拜良为厩将。"(《史记·留侯世家》)又如,"光武大说,乃拜(耿)弇为大将军,与吴汉北发幽州十郡兵。"(《后汉书·耿弇列传》)刘邦、刘秀此时尚未称帝,史家叙事使用"拜"字,固然可能有将其视作正统之意,但更大可能则是史家欲凸显其君主和臣子之间凭借拜官这种现场性和直接性而确立起来一种特殊的君臣关系。

④ 《史记·张丞相列传》。

⑤ 《汉书·公孙贺传》。

⑥ 《汉书·汲黯传》。

⑦ 《汉书·酷吏传》。

⑧ 《汉书·翟方进传》。

⑨ 《后汉纪》卷4。

⑩ 谢承《后汉书》卷2,《八家后汉书》。

⑪ 《后汉书·桓荣列传》。

世祖巡狩汝南,召掾史试经,防尤能诵读,拜为守丞。"①"世祖到常山,问可治兵者谁,(周)滂舅以滂对。世祖见滂短小,以为不能将帅。滂对有词理,拜颍川府丞。"②"正月斋宫中,上欲冠(马)巨,夜拜为黄门侍郎,御章台下殿,陈鼎俎,自临冠之。"③"新野功曹邓衍,以外戚小侯每豫朝会,而容姿趋步,有出于众,……(明)帝既异之,乃诏衍令自称南阳功曹诣阙。既到,拜郎中。"④王扶"拜议郎,会见,恂恂似不能言。"⑤章帝大会群臣,寒朗"前谢恩,诏以朗纳忠先帝,拜为易长。"⑥章帝巡狩,"告南阳太守问(朱)晖起居,召拜为尚书仆射。"⑦何熙"体貌魁梧,与人绝异。和帝伟其貌,特拜谒者。"⑧"和帝幸南阳,(樊)准为郡功曹,召见,帝器之,拜郎中。"⑨"诏遣中郎将有文武者,尹颂时表用(段)颎。其日拜颎,授节剑佩刀衣裳车马束帛。"⑩

皇帝金口御言,当场赐官,即谓拜官。这既体现君对臣恩宠有加,又体现君臣亲密无间。金敞病甚,成帝"使使者问所欲,以弟岑为托。上召岑,拜为(郎)使主客。敞子涉本为左曹,上拜涉为侍中,使待幸绿车载送卫尉舍。"⑪张禹病,成帝"车驾自临问之。上亲拜禹床下,禹顿首谢恩,〔因〕归诚,言'老臣有四男一女,爱女甚于男,远嫁为张掖太守萧咸妻,不胜父子私情,思与相近。'上实时徙咸为弘农太守。又禹小子未有官,上临候禹,禹数视其小子,上即禹床下拜为黄门郎,给事中。"⑫"上实时徙咸为弘农太守"和"上即禹床下拜为黄门郎"对比明显,可见迁任和拜官皎然有异。赵充国击匈奴,"身被二十余创,贰师奏状,诏征充国诣行在所。武帝亲见视其创,嗟叹之,拜为中郎,迁车骑将军长史。"⑬拜和迁之别在这里区分得很明白。所谓拜,即是皇帝亲口所赐;所谓迁,则是皇帝派人传达。

拜官比除官来得正式和隆重。如果不能在朝廷举行,皇帝必须派钦使携带

① 《后汉书·儒林列传上》。
② 谢承《后汉书》卷7,《八家后汉书》。
③ 《东观汉记》卷12。
④ 《后汉书·虞延列传》。
⑤ 《后汉书·刘平列传》。
⑥ 《后汉书·寒朗列传》。
⑦ 《后汉书·朱晖列传》。
⑧ 《东观汉记》卷16。
⑨ 《后汉书·樊宏列传》。
⑩ 《东观汉记》卷17。
⑪ 《汉书·金日磾传》。
⑫ 《汉书·张禹传》。
⑬ 《汉书·赵充国传》。

诏命和印绶,前往官员属地,或县衙或边疆或前线,举行拜官仪式。有时,皇帝还会遣使或委派地方官到被征聘的士人家里举行拜官仪式。比如,哀帝遣使者即拜龚舍为太山太守,"遂于家受诏。"① 又如,诸将败翟义,王莽诏遣使者"持黄金印、赤韨緤、朱轮车,即军中拜授"。② 拜官和除官的最大区别是,拜官必须有一个颁诏仪式,即在皇帝或钦差面前,接受和诏命和印绶。比如,光武"下诏褒美"武都郡丞孔奋,"拜为武都太守。"③ 它体现了君臣之间的授受关系和权力隶属。它蕴含着**君臣授受必亲**的道德意味。它既是皇帝对官员的施恩,也是官员对皇帝的感恩。某种意义上,拜官仪式类似先秦的"策名委质"或"委质为臣"。换言之,先秦那种"委质为臣"的君臣仪式在秦汉通过拜官仪式得以变形化地延续。④

第三节　拜官实践的样式和层级

一、遣使持节

"遣使持节"或"遣使持玺"或"持节承制"的本质是"专封拜"。⑤ 它是在外拜官的标准礼仪。它包含有一系列配套环节。比如,褒奖官员的策命。比如,光武"使使者持节拜(邓)禹为大司徒。策曰:'制诏前将军禹:深执忠孝,与朕谋谟帷幄,决胜千里。……今遣奉车都尉授印绶,封为酂侯,食邑万户。敬之哉!'"⑥ 不过,史书多从简,省去策诏,有时简称"遣使"。这种做法似乎始于新汉之际,东汉尤多。⑦

韩鸿为谒者,"更始二年,使持节降河北,拜除二千石。"⑧光武"遣使者持节

①《汉书·龚舍传》。
②《汉书·翟方进传》。
③《后汉书·孔奋列传》。
④ 皇权要求正统性,官权要求合法性。正统性派生合法性。正统性是权力的最高属性,亦即最高权力的基本属性。官权没有正统之分,只有合法之别。皇帝拜官,表明正统性产生合法性,或合法性源于正统性。皇帝拜官最能展现正统皇权产生合法官权之特质,即策名委质是也。就是说,原始君臣关系中那种特有的策名委质在经典君臣关系中最典型的体现就是秦汉盛行的这种皇帝拜官做法。
⑤《后汉书·邓禹列传》。
⑥《后汉书·邓禹列传》。
⑦ 值得注意的是,"遣使持节"(包括"承制")仅出现于新汉之际和汉魏之际,即后汉之始之终。可见它和改朝换代的乱世有关。虽非权宜之计,却亦非常态。
⑧《东观汉记》卷8。

拜(王)梁前将军。"①光武帝以耿纯"威信著于卫地,遣使拜太中大夫"。② 光武"使使者持玺书即拜(王)常为横野大将军。"③光武"使太中大夫持节拜(臧)宫为辅威将军。"④光武"使太中大夫持节拜(王)霸为讨虏将军。""玺书拜(王)霸上谷太守。"⑤光武"遣使持节拜(杜)茂为骠骑大将军。"⑥太常徐璆"使持节拜曹操为丞相。"⑦灵帝"遣使即拜幽州牧刘虞为太尉。"⑧灵帝"遣使者持节就长安拜张温为太尉。三公在外始于温。"⑨

与"遣使持节"相类,还有"承制"。"承制"之"制"即制诏也。"承制"即权承制诏之权,亦即暂时代行制诏权。所以,"承制"者即可代行天子拜官事宜。而且,这也是"承制"的主要职责。比如,"大司徒邓禹西击赤眉,屯云阳。……于是禹承制遣使持节命嚣为西州大将军,得专制凉州、朔方事。"⑩胡三省云:"邓禹西征,任专方面,权宜命嚣,故曰承制,言承制诏而命之也。后之承制始此。"⑪

所谓"承制"拜官,不是简单指代表皇帝拜官,而是说暂时性地拥有像皇帝一样的拜官之权。臣子拥有"承制"之权,非常符合光武帝礼遇、怀柔、羁縻、笼络功臣的思路和做法。比如,窦融"承制拜(竺)曾为武锋将军。"⑫来歙"承制拜(高)峻通路将军。"⑬邓禹"承制拜李文为河东太守,悉更置属县令长以镇抚

---

① 《后汉书·王梁列传》。
② 《后汉书·耿纯列传》。
③ 《后汉书·王常列传》。
④ 《后汉书·臧宫列传》。
⑤ 《后汉书·王霸列传》。
⑥ 《后汉书·杜茂列传》。
⑦ 《后汉书·徐璆列传》。
⑧ 《资治通鉴》卷59。
⑨ 《资治通鉴》卷58。
⑩ 《后汉书·隗嚣列传》。
⑪ 《资治通鉴》卷40。不过,更始显然已有此种做法。略举数例。一是,"更始西都长安,以(王)常行南阳太守事,令专命诛赏,封为邓王。"所谓"专命诛赏",意味着"诛不从命,封拜有功"。(《后汉书·王常列传》,李贤注)可见"专命诛赏"如同承制诏命。二是,更始帝"使谒者韩鸿持节徇北州,承制得专拜二千石以下。"韩鸿至蓟,"即拜"彭宠偏将军,"行渔阳太守事"。(《后汉书·彭宠列传》)韩鸿见吴汉,"甚悦之,遂承制拜为安乐令。"(《后汉书·吴汉列传》)三是,"光武承制封(彭)宠建忠侯,赐号大将军。"(《后汉书·彭宠列传》)四是,更始帝使李轶降诸郡国,以耿纯钜鹿大姓,"乃承制拜为骑都尉,授以节,令安集赵、魏。"(《后汉书·耿纯列传》)总之,皇帝授权官员拜官,表明拜官之权属于皇帝,也是皇权延伸。哪怕这皇帝权威不足。
⑫ 《东观汉记》卷12。
⑬ 《后汉书·寇恂列传》。

之。"①吴汉"承制拜（陈）俊为强弩大将军。"②

在献帝看来，"邓禹入关，承制拜军祭酒李文为河东太守，来歙又承制拜高峻为通路将军，察其本传，皆非先请，明临事刻印也，斯则世祖神明，权达损益，盖所用速示威怀而著鸿勋也。"建安年间，曹操挟天子以令诸侯，献帝诏命曹操"承制封拜诸侯守相"。"君秉任二伯，师尹九有，实征夷夏，军行藩甸之外，失得在於斯须之间，停赏俟诏以滞世务，固非朕之所图也。自今已后，临事所甄，当加宠号者，其便刻印章假授，咸使忠义得相奖励，勿有疑焉。"③

献帝借承制掩盖他和曹操之间的真实关系。或许，这本是曹操之意图。正像王莽借周公而行王命，曹操则是借承制而行皇命。显然，曹操承制拜官和窦融、邓禹等人承制形同实异。光武借窦融等人之手以承制己命，便宜行事；曹操反其道而行之，借献帝之手以专制皇命，恣意妄为。这表明，在承制名义下，存在着迥然相异的两套规则。窦融诸人是真正意义上的承制拜官，曹操则是令从己出，只不过假借献帝之手使之名正言顺。

二、策拜王侯和三公

杜佑对后汉"策拜诸王侯、三公之仪"有个简单概括。关键环节是，"光禄前一拜，举手曰：'制诏，其以某为某。'读策书毕，拜者称臣，再拜。"④整个仪式的核心是"拜者称臣"，皇帝通过拜官仪式，对百官确认并强化君臣关系。"及拜日，天子临轩，百僚毕会。"⑤此外，需要强调的是，策拜王侯公卿仪式属于奏诏模式之一种。比如，王政君策拜王莽为宰衡。"太后临前殿，亲封拜。安汉公拜前，二子拜后，如周公故事。（王）莽稽首辞让，出奏封事。"⑥简言之，谒者赞曰是谓奏，中谒者称制是谓诏。扩展言之，拜官即属于奏诏模式之一种。略具后汉两例以证之。一是拜皇太子仪。"百官会，位定，谒者引皇太子当御座殿下，北面；司空当太子西北，东面立。读策书毕，中常侍持太子玺绶东向授太子，太子再拜，三稽首。谒者赞曰'皇太子臣某'，中谒者称制曰'可'。"⑦一是拜诸王

---

① 《后汉书·邓禹列传》。
② 《后汉书·陈俊列传》。
③ 《三国志·魏书·武帝纪》，裴注。
④ 《资治通鉴》卷52，胡注。
⑤ 《后汉书·崔骃列传》。
⑥ 《汉书·王莽传上》。
⑦ 《通典》卷70。

侯三公仪。① "百官会,位定,谒者引光禄勋前。谒者引当拜者前,当座伏殿下。光禄勋前,一拜,举手曰'制诏其以某为某'。读策书毕,拜者称臣再拜。尚书郎以玺印绶付侍御史。侍御史前,东面立,授玺印绶。当受策者再拜顿首三。赞谒者曰:'某王臣某新封,某公某初除,谢。'中谒者报谨谢。赞者立曰:'皇帝为公兴。'重坐,受策者拜谢,起就位。"②

至于前汉封拜三公仪式,理应大同小异。"书赞辞于策,"③由皇帝亲自颁诏。《汉旧仪》云:"丞相御史大夫初拜,皇帝延登亲诏也。"④三公在礼仪官的引导下,"延进而拜之。"⑤即"拜于前殿,延登受策。"⑥亦即"入殿中受策。"⑦受策即受诏,亦即接受皇帝拜官。"成帝欲修辟雍,通三公官,即改御史大夫为大司空。"师古曰:"就其所任之人而并官俱改,不别拜授也。"⑧仅改官名,不另授人,故无需别拜。⑨

西汉相权最重,尤其是文景宣元成诸帝间。但史书并未有过一次明确完整的拜相仪式,反倒有过两次堪称新闻效应的拜相记载。一是,成帝召孔光拜相,"当拜,已刻侯印书赞,上暴崩,即其夜于大行前拜受丞相博山侯印绶。"⑩成帝意外死亡,自然不能主持拜相仪式,或由太后王政君主持或授权,在成帝灵柩前举行了拜受仪式。⑪ 二是,哀帝拜朱博为丞相、赵玄为御史大夫,"临延登受策,有大声如锺鸣,殿中郎吏陛者皆闻焉。"⑫

在皇权秩序和奏诏模式中,拜本身就是权力。拜官即受诏,不受拜即不受诏。刘备称王,"遣益州前部司马犍为费诗即授关羽印绶,羽闻黄忠位与己并,

---

① 刘备自立为王,属于割据,形同称帝,其拜受仪式性质及含义,理应不同汉帝拜官。"刘备自称汉中王,设坛场于沔阳,陈兵列众,群臣陪位,读奏讫,乃拜受玺绶,御王冠。因驿拜章,上还所假左将军、宜城亭侯印绶。"胡三省云:"左将军及宜城亭侯,皆操所表授也。"(《资治通鉴》卷68)
② 《通典》卷71。
③ 《汉书·孔光传》,颜注。
④ 《汉书·五行志中之下》,颜注。
⑤ 《汉书·孔光传》,颜注。
⑥ 《汉书·朱博传》。
⑦ 《汉书·萧望之传》。
⑧ 《汉书·何武传》。
⑨ 值得注意的是,虽然罢相也需启动相应策免程序,但简单得多。《汉旧仪》云:"丞相有它过,使者奉策书,实时步出府,乘栈车归田里。"这里有三个关键细节。一是罢黜丞相虽然由皇帝下诏,却无需皇帝亲自出面;二是由使者宣诏,罢相仪式在丞相府举行;三是,交出相印之后,丞相立即步行走出丞相府。比如,哀帝策免孔光曰:"君其上丞相博山侯印绶,罢归。"(《汉书·孔光传》,颜注)
⑩ 《汉书·孔光传》。
⑪ 这里的问题是,为何非要在成帝驾崩当日还是深夜匆忙拜相? 或许因为"已刻侯印书赞",即侯印和策书皆已准备好,不立即举行拜相仪式,"侯印书赞"都有可能作废。
⑫ 《汉书·五行志中之下》。

怒曰：'大丈夫终不与老兵同列！'不肯受拜。"费诗说："今汉中王以一时之功，隆崇汉室；然意之轻重，宁当与君侯齐乎！且王与君侯譬犹一体，同休等戚，祸福共之；愚谓君侯不计官号之高下、爵禄之多少为意也。仆一介之使，衔命之人，君侯不受拜，如是便还，但相为惜此举动。"关羽"大感悟，遽即受拜。"①

三、拜守令

任命郡国守相，通常入朝受诏。司空第五伦奏谏章帝，"其刺史、太守以下，拜除京师及道出洛阳者，宜皆召见，可因博问四方，兼以观察其人。"②显然有通过拜官仪式强化和提升君臣之义的政治意图。

如果耆旧名臣任职地方，可乘三公车入朝拜官，算是拜官仪式中的一种特殊礼遇。③ 哀帝时拜萧育为南郡太守。"上以育耆旧名臣，乃以三公使车载育入殿中受策，曰：'南郡盗贼群辈为害，朕甚忧之。以太守威信素著，故委南郡太守，之官，其于为民除害，安元元而已，亡拘于小文。'"④

守令拜官前，先下符召见，再当面下诏拜官。左冯翊缺，宣帝欲征河南太守严延年，"符已发，为其名酷复止。"应劭曰："符，竹使符也，臧在符节台，欲有所拜，召治书御史符节令发符下太尉也。"⑤

地方官一般任职程序似乎不需要朝廷派专人委任，只需邮传一道诏书即可。拜官则必须遣使乘传前往，专门颁诏。有一个相应的拜官仪式。"梁内史缺，汉使使者拜(韩)安国为梁内史，起(徙)〔徒〕中为二千石。"⑥窦融及五郡太守遣使诣阙。光武"会得其表，甚悦。遣使拜融为凉州牧，玺书褒纳之。"⑦以邓训为谒者，"乘传到武威，拜张掖太守。"⑧

经过皇帝下诏授权，官员才有权力任命县官。这是因为，任命县官本来是皇帝独有的权力。经过皇帝授权，其他官员任命县官，在客观效果上，就相当于皇帝亲自任命县官的拜官仪式。光禄大夫伏隆与"新除青州牧守及都尉俱东，

① 《资治通鉴》卷 68。
② 《后汉书·第五伦列传》。
③ 此外，老臣入朝乘车，亦为礼遇。著名者有车延年车丞相。
④ 《汉书·萧望之传》。
⑤ 《汉书·酷吏传》。
⑥ 《汉书·韩安国传》。
⑦ 《后汉纪》卷 5。
⑧ 《后汉书·邓禹列传》。

诏隆辄拜令长以下。"①

四、拜郎官

武帝"召妪,赐金千斤,拜其夫为羽林郎。"②王凤"拜为黄门郎"。③ 马融"拜校书郎中","又拜郎中。"④郭况"拜黄门侍郎"。⑤ "诏拜"耿宏、耿晔为郎。⑥ 梁商"以外戚拜郎中"。⑦ 刘平等人"至皆拜议郎"。⑧ 陈重与雷义"俱拜尚书郎"。⑨ 杨终"拜校书郎"。⑩

五、拜低阶官吏

诏张释之"拜啬夫为上林令","拜释之为公交车令。"⑪"诏拜"施雠为博士。⑫ 马棱"征拜谒者"。⑬ 第五伦"拜为宕渠令"。⑭ 周防"拜为守丞"。⑮ 郑众"拜小黄门"。⑯ 杨仁"拜什邡令"。⑰ 曹褒"拜车府令"。⑱

六、拜官之弊

东汉顺帝时,拜官弊端已暴露无遗。一方面,"旧任三府选令史,光禄试尚

---

① 《后汉书·伏湛列传》。
② 《资治通鉴》卷 17。
③ 《汉书·王莽传上》。
④ 司马彪《续汉书》卷 4,《八家后汉书》。
⑤ 《后汉书·皇后纪上》。
⑥ 《后汉书·耿弇列传》。
⑦ 《后汉书·梁统列传》。
⑧ 《后汉书·刘平列传》。
⑨ 《后汉书·独行列传》。
⑩ 《后汉书·杨终列传》。
⑪ 《汉书·张释之传》。
⑫ 《汉书·儒林传》。
⑬ 《后汉书·马援列传》。
⑭ 《后汉书·第五伦列传》。
⑮ 《后汉书·儒林列传上》。
⑯ 《东观汉记》卷 18。
⑰ 《后汉书·儒林列传下》。
⑱ 《东观汉记》卷 15。

书郎,时皆特拜,不复选试。"①一方面,"上信阉宦,天下牧守多其宗亲旧故,及受货赂,有诏特拜,不由选试,乱生弥甚。"②致使怨声载道,朝廷不得不有所作为,进行调整。顺帝"乃更下免八使所举刺史、二千石,自是稀复特拜,切责三公,明加考察,朝廷称善。"③

　　实际上,拜官之弊并未得到实质性纠正,直到桓帝,人们还在严厉抨击拜官之害。"时郡国计吏多留拜为郎,(杨)秉上言三署见郎七百余人,帑臧空虚,浮食者众,而不良守相,欲因国为池,浇濯衅秽。宜绝横拜,以塞觊觎之端。自此终桓帝世,计吏无复留拜者。"④所谓"宜绝横拜"、"时皆特拜,不复选试"、"有诏特拜,不由选试"云云,说明两点,一是拜官确实有别于选官或除官,二是拜官越来越多地取代正常选官。"选举署置,可归有司"显然没有得到真正落实。这被视为朝政败坏的表征。比如,桓帝在南巡园陵路上,依然沿途拜官不休。桓帝行至南阳,"左右并通奸利,诏书多所除拜。"杨秉上谏,"顷者道路拜除,恩加竖隶,爵以货成,化由此败。"于是,"诏除乃止。"⑤

---

① 《后汉书·李固列传》。
② 司马彪《续汉书》卷4,《八家后汉书》。
③ 《后汉书·李固列传》。
④ 《后汉书·杨震列传》。
⑤ 《后汉书·杨震列传》。

第七章

待　诏

第一节　释　义

　　待诏亦偶称"待制"。待诏和奏诏模式关系密切。成帝愤怒王氏诸侯胡作非为,策命王音,"君其召诸侯,令待府舍。"就是说,"令总集音之府舍,待诏命。"①可见,待诏意即等待皇帝诏命。这从"待诏"的动词用法中,最能深刻感受。② 某种意义上,"待诏"的动词性比名词性更能彰显皇权本质。它将每个人都置于时刻等待皇帝召唤的待诏状态。所谓"高得待诏,下触闻罢"。③ 因而,每个人都是潜在的亦即本质的待诏。因为,每个人都在随时等待皇帝下诏垂询、召见、任命、驱使。可见,待诏既是所有人的境遇,也是所有人的期待。④ 乱世之秋似乎更激发和强化了人们祈求正统权威和皇权秩序的待诏期盼。新朝

---

① 《汉书·元后传》,颜注。

② 东方朔和汉武帝有一段对话。"伏日,诏赐从官肉。大官丞日晏不来,朔独拔剑割肉,谓其同官曰:'伏日当蚤归,请受赐。'即怀肉去。大官奏之。朔入,上曰:'昨赐肉,不待诏,以剑割肉而去之,何也?'朔免冠谢。上曰:'先生起自责也。'朔再拜曰:'朔来! 朔来! 受赐不待诏,何无礼也! 拔剑割肉,壹何壮也! 割之不多,又何廉也! 归遗细君,又何仁也!'"《汉书·东方朔传》这里的动词性"待诏",意即等待皇帝诏命,引申指皇帝亲临。武帝质问为何"不待诏"而去,东方朔说"受赐不待诏",使用了相同的动词用法。

③ 《汉书·扬雄传下》。

④ 由此造成话语史上"待诏"名号的双重滥用。一种是无意滥用。比如,蔡邕抨击汉末士人,"诸生竞利,作者鼎沸。其高者颇引经训风喻之言;下则连偶俗语,有类俳优;或窃成文,虚冒名氏。"(《后汉书·蔡邕列传》)赵翼将其概括为"今待诏之士,或窃成文,虚冒姓氏。"(《陔余丛考》卷 40,"窃人著述",中华书局,1963 年。[以下简称《陔余丛考》])可见赵翼将原本具有特定名谓含义的"待诏"用来泛称一般士人的"诸生"。至于有意滥用,早已遍及朝野。唐翰林待诏虽三教九流无所不包,终究还是朝廷用语。真正的扩大化,始于宋元。"待诏"游离朝廷,染指民间。锯工、铁匠、篦头匠（转下页）

末 年,"海内豪桀翕然响应"更始,"皆杀其牧守,自称将军,用汉年号,以待诏命,旬月之间,遍于天下。"①

　　从皇帝角度看,他可以随时随地将任何人安排为待诏。换言之,他有权命令任何人为自己的待诏。不管此人是否他的臣子。这使待诏具有了某种意义上的"客卿"性质。比如,赵憙是更始的中郎将,后兵败亡归。"邓奉反于南阳,憙素与奉善,数遗书切责之,而谗者因言憙与奉合谋,帝以为疑。及奉败,(光武)帝得憙书,乃惊曰:'赵憙真长者也。'即征憙,引见,赐鞍马,待诏公车。"②又如,在和西帝公孙述对峙期间,马援作为隗嚣的使者"奉书洛阳",③光武帝就将其置为待诏。"援才略兼人,又好纵横之画,故未得官,待诏而已。"④虽说如此,马援"具言击嚣之计",令光武充满信心,"吾方西诛隗嚣,待诏勉卒所志。"⑤后来,"帝使待诏马援招降(高)峻,由是河西道开。"⑥亦公亦私的待诏身份使马援在光武和隗嚣之间有了一个更为便利和灵活的联系方式和交通渠道。光武巧妙地利用马援待诏的双重身份,达成了自己的战略目标。

　　下诏是皇帝的权力,命人为待诏,也只能出自上意,即属于皇帝独有之恩德。待诏之为待诏,本身即是一种诏令之体现。这意味着,待诏只能出自上意,即皇帝旨意。只有皇帝有权命人待诏。就是说,待诏也是诏,也是一种诏命。比如,"宣帝时修武帝故事,讲论六艺群书,博尽奇异之好,征能为楚辞,九江被公召见诵读,益召高材刘向、张子侨、华龙、柳褒等待诏金马门。"⑦

　　作为诏命之一种,待诏亦须推荐,然后被皇帝任命。就此而言,待诏便成为皇帝的特诏,即专属皇权的身份标志。任何官员,即便高官,也无权使人直接成

（接上页）等手艺人也被泛称待诏,(参见《水浒》第四、二十回)"盖亦实有以此技为待诏者,而人因以称之也。"用意无外乎恭维其手艺不凡,随时获邀圣召。待诏由政治词语演化为大众化的市井俚语,恰恰透显出贩夫走卒时时期盼皇恩天颜的潜意识,以及他们相信皇帝近在身边的日常感觉。这是一种熟视无睹、习焉不察的天高皇帝近的话语实践。"待诏"的市井化过程本是话语史的一个有趣细节,更有趣的是,它却引起了皇帝的强烈反弹。明太祖"命礼部申禁军民人等,不得用太孙、太师、太保、待诏、大官、郎中等字为名称。"可见"草率名分"、"民俗滥称"亦为朝廷禁忌,故"至烦明禁"。(《陔余丛考》卷37,"博士待诏大夫郎中")这表明,名称的使用权,乃至事物的命名权,皆属话语权的一部分。它只能最先出自皇帝之口,由皇帝颁布和指定。就其本质,话语权首先是制诏权。制诏权决定了话语的使用主体、对象、界限,以及最终效果。制诏权不但定义了话语权的性质,还规定了话语史的演变。

① 《后汉书·刘玄列传》。
② 《后汉书·赵憙列传》。
③ 《后汉书·马援列传》。
④ 《后汉纪》卷4。
⑤ 《后汉纪》卷5。
⑥ 《后汉书·寇恂列传》。
⑦ 《汉书·王褒传》。

为待诏。公卿只能推荐,不能任命待诏。比如,丞相魏相向宣帝推荐"知音善鼓雅琴者"赵定、龚德,"皆召见待诏。"①太子太傅萧望之向宣帝引荐张禹,"征禹待诏。"②扬雄自蜀游京师,"大司马车骑将军王音奇其文雅,召以为门下史,荐雄待诏,岁余,奏《羽猎赋》,除为郎,给事黄门。"③

一般说,待诏虽非正式官员,④亦是经皇帝授权,享受皇恩的官方人员。事实上,待诏也是皇帝身边关系密切的一批人。比如,武帝初,"八九月中,与侍中、常侍、武骑、及待诏,陇西北地良家子能骑射者期诸殿门。"可见,待诏正是"期门"之一种。"待诏""期门"异曲同工,语义暗通。关键是,待诏不仅伴随武帝左右,还能随时为武帝解决一些棘手问题。"上以为道远劳苦,又为百姓所患,乃使太中大夫吾丘寿王与待诏能用算者二人,举籍阿城以南,盩厔以东,宜春以西,提封顷亩,及其贾直,欲除以为上林苑,属之南山。"⑤

第二节　机构与职能

待诏是朝廷向社会各阶层吸纳人才、以备不时之需的一种制度和渠道。应劭云:"诸以材技征召,未有正官,故曰待诏。"⑥这个解释大体不错,⑦但过于狭隘。待诏的含义是,等待皇帝随时召唤和驱使。待诏虽非正式官吏,却有相应身份。做过待诏者,即被称作"前待诏"。⑧ 可见,这种身份也是一种待遇和特权。这从待诏李寻在给哀帝的对策中也能略见一斑。"臣寻位卑术浅,过随众贤待诏,食太官,衣御府,久污玉堂之署。"⑨扬雄《解嘲》中亦自谦自嘲,"历金门上玉堂有日矣,曾不能画一奇,出一策,上说人主,下谈公卿。"⑩

一般说,待诏有奏事之便,并参与朝政。比如,"珠厓郡山南县反,博谋群

---

① 《汉书·王褒传》。

② 《汉书·儒林传》。

③ 《汉书·扬雄传下》。

④ 偶有现职官员亦在待诏。郑朋和大司农史李宫"俱待诏,(周)堪独白宫为黄门郎"。(《汉书·萧望之传》)

⑤ 《汉书·东方朔传》。

⑥ 《汉书·哀帝纪》。

⑦ "汉世普通待诏虽非正官,但太史所属待诏则为正官。"(杨鸿年《汉魏制度丛考》,第147页,武汉大学出版社,2005年)

⑧ "前待诏贾捐之为孝元皇帝言:'太宗时,民赋四十,断狱四百余。'"(《风俗通义》卷2)

⑨ 《汉书·李寻传》。

⑩ 《汉书·扬雄传下》。

臣。待诏贾捐之以为宜弃珠厓,救民饥馑。乃罢珠厓。"①这使得待诏往往有机会接近皇帝,受到擢拔或重用。比如,宣帝时,王褒和张子侨等"并待诏,数从褒等放猎,所幸宫馆,辄为歌颂,第其高下,以差赐帛。……顷之,擢褒为谏大夫。"②又如,蔡义待诏,曾上疏,"臣山东草莱之人,行能亡所比,容貌不及众,然而不弃人伦者,窃以闻道于先师,自托于经术也。愿赐清闲之燕,得尽精思于前。"武帝召见蔡义,"说《诗》,甚说之,擢为光禄大夫给事中,进授昭帝。数岁,拜为少府,迁御史大夫,代杨敞为丞相,封阳平侯。"③

不仅如此,待诏还能受诏参与经学会议。比如,宣帝时,"召《五经》名儒太子太傅萧望之等大议殿中,平《公羊》、《谷梁》同异,各以经处是非。时《公羊》博士严彭祖、侍郎申挽、伊推、宋显,《谷梁》议郎尹更始、待诏刘向、周庆、丁姓并论。"④

待诏就像朝廷的思想智库,所以皇帝有时会有意识地培养和提高待诏的经学素养。比如,武帝专门下诏要求时为待诏的吾丘寿王"从中大夫董仲舒受《春秋》"。⑤ 同时,待诏又像人才储备库。所以,朝廷诸多部门都设有待诏,以便安置一些专业技术人才。⑥ 至于朝廷共有多少待诏,并无固定员额。比如,武帝策问董仲舒时曾提及参加策问的"大夫待诏百有余人"⑦,所谓百余人包括大夫和待诏。虽然不知待诏具体人数,似乎也不会少。因为,考虑到朝廷各个部门的待诏总数,相当可观。比如,太史待诏三十七人。"其六人治历,三人龟卜,三人庐宅,四人日时,三人易筮,二人典禳,九人籍氏、许氏、典昌氏,各三人,嘉法、请雨、解事各二人,医一人。"灵台待诏四十(二)〔一〕人。"其十四人候星,二人候日,三人候风,十二人候气,三人候晷景,七人候钟律。一人舍人。"⑧掖庭"待诏五人"。⑨ 可见每个部门的待诏人数不一,员额不定,但总计确实不少。

相对而言,公车待诏只是待诏最著名者,以致公车和待诏几乎就是同义词,二者之间可以直接画等号。征聘之人进京,先居公车,以待诏命。"公车掌殿司

---

① 《汉书·元帝纪》。

② 《汉书·王褒传》。

③ 《汉书·蔡义传》。

④ 《汉书·儒林传》。

⑤ 《汉书·吾丘寿王传》。

⑥ 比如,薛莹《书》云,太常乐丞鲍邺等人"上乐事",建议制作皇帝"食乐"。"王者饮食,必道须四时五味,故有食举之乐。"并提出,"愿与待诏严崇及能作乐器者共作治,考工给所当。"(《后汉书·律历志上》,刘昭注)

⑦ 《汉书·董仲舒传》。

⑧ 《后汉书·百官志二》,刘昭注。

⑨ 《后汉书·百官志三》,刘昭注。

马门",总领征召之人。① 故而,"诸待诏者,皆居以待命,故令给食焉。"②比如,明帝诏征丁鸿,"赐御衣及绶,廪食公车,与博士同礼。"③又如,"光武征赵喜,引见赐鞍马,待诏公交车。"④再如,"汝郁再征,载病诣公交车,尚书敕郁自力受拜。郁乘辇白衣诣止车门,台遣两当关扶郁,入拜郎中。"⑤

当然,待诏不局限于公车,而可能附属于任何一个机构或存在于任何一个场所。⑥ 比如,叔孙通待诏博士,即"于博士中待诏";⑦刘德待诏丞相府,即"于丞相府听诏命";⑧周庆、丁姓待诏保宫,保宫乃"少府之属官"。⑨ 类似的还有,扬雄"待诏承明之庭";⑩李寻"待诏黄门";⑪褚少孙"与太卜待诏为郎者同署"。⑫其他还有宦者署、殿中、太常、金马门、鸿都门、尚方等。⑬ 只要这些机构距离皇帝比较近,能够尽快得到皇帝青睐和重用。比如,"少府属官有宦者令丞。以其署亲近,故令于此待诏也。"⑭就连北军也有待诏,射声校尉这种武职竟然也"掌待诏射声士"。⑮

待诏其他机构的材料不少。举几例。刘歆"书能属文召见成帝,待诏宦者署,为黄门郎。"⑯"宣帝实时召武待诏宦者署,数进见,复为右曹典属国。"⑰刘德"待诏丞相府,年三十余,欲用之。"⑱涿郡韩生"以《易》征,待诏殿中。"⑲刘旦、杨

① 《后汉书·光武帝纪》,李贤注。
② 《后汉书·丁鸿列传》,李贤注。
③ 《后汉纪》卷 13。
④ 司马彪《续汉书》卷 3,《八家后汉书》。
⑤ 《东观汉记》卷 15。
⑥ 值得一提的是,待诏和某个官职直接联系起来,习惯上称为"待诏某官"。比如,叔孙通"待诏博士",并非说叔孙通是"候补博士"或"准博士",而是说叔孙通待诏博士官或待诏博士官府,也就是在博士这个机构待诏。同样,殷肜"待诏候钟律"(《后汉书·律历志上》)也是这个意思。
⑦ 《汉书·叔孙通传》,颜注。
⑧ 《汉书·楚元王传》,颜注。
⑨ 《汉书·儒林传》,颜注。
⑩ 《汉书·扬雄传上》。
⑪ 《汉书·李寻传》。
⑫ 《史记·日者列传》。
⑬ 不过,有些机构的待诏并非贯穿秦汉始终。比如,尚方待诏在西汉后期就被取消。"大夫刘更生献淮南枕中洪宝苑秘之方,令尚方铸作。事不验,更生坐论。京兆尹张敞上疏谏曰:'愿明主时忘车马之好,斥远方士之虚语,游心帝王之术,太平庶几可兴也。'后尚方待诏皆罢。"(《汉书·郊祀志下》)
⑭ 《汉书·苏建传》,颜注。
⑮ 《后汉书·百官志四》,李贤注。
⑯ 《汉书·楚元王传》。
⑰ 《汉书·苏建传》。
⑱ 《汉书·楚元王传》。
⑲ 《汉书·儒林传》。

鲁"并光和中画手,待诏尚方,画于鸿都学。"[1]巴落下闳"明晓天文,隐于落下,武帝征待诏太史。"[2]翼奉"好律历阴阳之占",元帝"征待诏宦者署,数言事宴见。"[3]司隶校尉解光、骑都尉李寻向成帝推荐夏贺良等人,"皆待诏黄门。"[4]"侍中祭酒乐松、贾护,"多引无行趣埶之徒,并待制鸿都门下。"[5]

待诏亦分高低等级。待诏公车条件简陋,以至于有待诏竟沦落到郡邸乞食寄身。朱买臣第一次待诏公交,"粮用乏,上计吏卒更乞匄之";第二次待诏,"常从会稽守邸者寄居饭食。"[6]更有甚者,竟有待诏衣不蔽体。"东郭先生久待诏公车,贫困饥寒,衣敝,履不完。行雪中,履有上无下,足尽践地。道中人笑之,东郭先生应之曰:'谁能履行雪中,令人视之,其上履也,其履下处乃似人足者乎?'"[7]可见待诏公车期间,衣食住行均无保障。总之,待诏公车属一般性待诏,多为从各地征召上来者,或郡国荐举上来者。俸禄少,生活窘迫,关键是很难觐见皇帝,所谓"不被省纳,不得见于天子"。待诏金马门则属高级待诏,俸禄多,待遇好,堪比博士,是谓"盛选"。"以汉之久而膺此选者,仅若此耳,殊不轻畀也。"[8]比如,萧望之和周堪"数荐名儒茂材以备谏官。会稽郑朋阴欲附望之,上疏言车骑将军高遣客为奸利郡国,及言许、史子弟罪过。章视周堪,堪白令朋待诏金马门。"[9]郑朋已经待诏,此处说待诏金马门,表明待诏金马门确实比待诏公车更高一个档次。更重要的是,待诏金马门距离皇帝似更近一步,有了更多的面圣机会。[10] 比如,贾捐之"上疏言得失,召待诏金马门","数召见,言多纳用。"[11]这使待诏金马门有可能深度介入宫廷政治,并发展出更为亲密的君臣关系。比如,东方朔待诏公交车,"奉禄薄,未得省见。"俸禄之少,仅有"一囊粟,钱二百四十。"以至于东方朔向武帝不无夸张地抱怨"饥欲死"。武帝大笑,"因使

① 谢承《后汉书》卷 8,《八家后汉书》。

② 《史记·历书》,三家注。

③ 《汉书·翼奉传》。

④ 《资治通鉴》卷 34。

⑤ 《后汉书·蔡邕列传》。

⑥ 《汉书·朱买臣传》。

⑦ 《史记·滑稽列传》。

⑧ 高似孙《纬略》卷 7,"待诏金马门"。

⑨ 《汉书·萧望之传》。

⑩ 待诏公车"在皇宫外墙之门,离皇帝最远"。待诏金马门或待诏宦者署"在宫内,离皇帝较近"。待诏黄门"则在禁中之内等候,离皇帝最近。"(廖伯源《制度与政治——政治制度与西汉后期之政局变化》第 121 页,中华书局,2017 年)"待诏在外的就待遇薄,稀得见,而待诏在内的,就适得其反,从而也就容易得官上进了。"可见待诏是"位居宫门"还是"地系宫中",(杨鸿年《汉魏制度丛考》,第 149 页,武汉大学出版社,2005 年)干系甚大,直接影响仕途。可谓同官不同命。

⑪ 《汉书·贾捐之传》。

待诏金马门,稍得亲近。"待诏金马门后,东方朔便得以频频参与皇帝举行的各种娱乐和游戏。[1]

第三节 出身及仕途

待诏者的出身和来历形形色色,[2]技艺也五花八门。有因文学待诏。叔孙通"以文学征,待诏博士。"[3]有因上书待诏。枚皋"上书北阙,自陈枚乘之子。上得之大喜,召入见待诏,皋因赋殿中。"[4]孙宠和息夫躬"俱上书,召待诏"。[5] 有因博戏待诏。吾丘寿王"以善格五召待诏"。[6] 有因文章待诏。冯商"能属文,博通强记,与孟柳俱待诏"金马门。[7] 有因治《诗》待诏。"诏求能为《韩诗》者,征(蔡)义待诏。"[8]有因方术待诏。东郭先生"以方士待诏公车"。[9] 成帝末年"颇好鬼神,亦以无继嗣故,多上书言祭祀方术者,皆得待诏。"[10]有因医术待诏。东平王刘云"后舅伍宏以医待诏"。[11] 有因数术待诏。"待诏李信治黄帝调历,课皆疏阔。"[12]有因音律待诏。"待诏严崇具以准法教子男宣,宣通习。"[13]章帝"征能术者",张盛、京房、鲍业、杨岑等待诏治历,"以为四分之历。"[14]甚至有人因倡言革命而待诏。夏贺良传授他老师的《包元太平经》,主张汉家"当更受命于天"。哀帝时,"司隶校尉解光、骑都尉李寻白贺良等,皆待诏黄门。"[15]还有以色待诏,这就是女待诏。"郡国献女未御见,须命于掖庭,

① 《汉书·东方朔传》。
② 比如,息夫躬"少为博士弟子"。(《汉书·息夫躬传》)
③ 《汉书·叔孙通传》。
④ 《汉书·枚乘传》。
⑤ 《汉书·息夫躬传》。
⑥ 《汉书·吾丘寿王传》。
⑦ 《汉书·张汤传》,颜注。
⑧ 《汉书·蔡义传》。
⑨ 《史记·滑稽列传》。
⑩ 《汉书·郊祀志下》。汉武帝在"轮台诏"中提及待诏公车的方术之士在是否征讨匈奴的决策过程中也曾产生过作用。"公交车方士、太史治星望气,及太卜龟蓍,皆以为吉,匈奴必破,时不可再得也。"(《汉书·西域传下》)
⑪ 《汉书·佞幸传》。
⑫ 《汉书·律历志上》。
⑬ 《后汉书·律历志上》。
⑭ 司马彪《续汉书》卷1,《八家后汉书》。范《书》云:景防、鲍邺。(《后汉书·律历志中》)与司马彪《书》略有不同。
⑮ 《资治通鉴》卷34。

故曰待诏。"女待诏以色侍君,职在补充后宫,如同后宫外围和候补嫔妃,人数众多,皇帝常年亦难光顾施舍雨露。故而有时便会作为礼物送给外国,充任人肉外交。"赐单于待诏掖庭王樯为阏氏。"①可见王昭君正是以待诏身份远嫁匈奴,成为单于夫人的。最令人好奇的是,待诏中竟然有侏儒。或许,正确的理解是,恰因侏儒而待诏。比如,东方朔待诏时,因自己和侏儒相同待遇而大发牢骚。"朱儒长三尺余,奉一囊粟,钱二百四十。臣朔长九尺余,亦奉一囊粟,钱二百四十。朱儒饱欲死,臣朔饥欲死。"②

某种意义上,不妨将待诏视作专职奏书者,即"上书专业户"。所以待诏通常拥有高出官场平均写作水平的"文学才华"。据《汉书·艺文志》,郎中婴齐十二篇,刘向云:"故待诏,不知其姓,数从游观,名能为文";待诏金马聊苍三篇;待诏饶《心术》二十五篇,刘向云:"不知其姓,武帝时待诏,作书名曰《心术》也";待诏安成《未央术》一篇;待诏冯商《赋》九篇。

待诏一般迁为郎官。③枚皋上书武帝,"召入见待诏,皋因赋殿中。诏使赋平乐馆,善之。拜为郎,使匈奴。"④吾丘寿王待诏,"高材通明。迁侍中中郎。"⑤贾护"待诏为郎"。⑥扬雄待诏,"奏羽猎赋,除为郎,给事黄门。"⑦东方朔待诏金马门,"上以朔为常侍郎,遂得爱幸。"⑧桓谭征待诏,"拜议郎给事中。"⑨汝郁再征公车,"入拜郎中。"⑩

不过,也偶有花钱买官的待诏。黄霸"喜为吏,武帝末以待诏入钱赏官,补侍郎谒者。"也就是"因入钱而见赏以官"。⑪

待诏为官,官场莫测。灾祸和死亡似乎更显无常。有的死亡甚是离奇和诡异。武帝末,因搜捕奸人,"发三辅骑士大搜长安上林中,闭城门十五日,待诏北军征官多饿死。"⑫饿死待诏,预示着武帝盛世的彻底终结。

---

① 《汉书·元帝纪》,颜注。
② 《汉书·东方朔传》。
③ 但这并不绝对。比如,待诏东郭先生因一计策,直接拜官郡都尉;(《史记·滑稽列传》)朱买臣先由待诏而为中大夫,后由待诏而为太守;丁鸿诏征公车,"拜侍中,徙封鲁阳侯。"(《后汉纪》卷13)鲁恭待诏公车,"拜中牟令。"(《后汉书·鲁恭列传》)
④ 《汉书·枚乘传》。
⑤ 《汉书·吾丘寿王传》。
⑥ 《汉书·儒林传》。
⑦ 《汉书·扬雄传下》。
⑧ 《汉书·东方朔传》。
⑨ 《后汉书·桓谭列传》。
⑩ 《东观汉记》卷15。
⑪ 《汉书·循吏传》,颜注。
⑫ 《汉书·武帝纪》,颜注。

到了末世,一切变得更加反常和匪夷所思,待诏竟因诬告诸侯王而封侯。比如,哀帝时,"欲侯(董)贤而未有缘。会待诏孙宠、息夫躬等告东平王(刘)云后谒祠祀祝诅,下有司治,皆伏其辜。上于是令躬、宠为因贤告东平事者,乃以其功下诏封贤为高安侯,躬宜陵侯,宠方阳侯,食邑各千户。"①虽然两个待诏沾了董贤的光,但毕竟封了侯。灵帝更是荒唐,他降低待诏门槛,将其变成破格擢拔官员的台阶。"侍中祭酒乐松、贾护,多引无行趣埶之徒,并待制鸿都门下,憙陈方俗闾里小事,帝甚悦之,待以不次之位。"②

第四节　制　度　设　计

在汉帝国的官僚体制中,待诏是一个有趣且令人费解的制度设计。它似官非官,非官又是官。在官僚序列中,看不到待诏的禄秩。但它确实属于官场中人。比如,公孙弘策奏第一,"拜为博士,待诏金马门。"③可见待诏金马门的地位和待遇不亚于博士,甚至高于博士。又如,谷永"少为长安小史",御史大夫繁延寿"闻其有茂材,除补属,举为太常丞"。后来,太常刘庆忌"举永待诏公交车"。谷永的仕途表明,依照当时的官场共识,太常丞的地位似乎不敌待诏。所以,谷永才会以太常丞的身份被举荐为待诏。虽说谷永"三上封事,然后得召;待诏一旬,然后得见",仕途并未升迁,但境遇已然改观。他有机会借封事而觐见天颜。"时对者数十人",谷永为上第。"永既阴为大将军(王)凤说矣,能实最高,由是擢为光禄大夫。"④由待诏而至光禄大夫,直升公卿之列,可谓平步青云。虽说谷永的政治投机使自己获得先机,但待诏提供的政治平台亦不容忽视。

某种意义上,待诏在官僚体制中的不确定性,反而使其拥有了某种特殊的可能性。待诏既是做官之前的暂时安置,也是罢官之后的临时过渡。有的待诏原本即是平民,有的则是免官为民之后,又被安排为待诏。照理,官员罢官或丢爵,即为平民。这样,要想恢复官职或爵位,就必须有个正当出身。这样,待诏作为过渡,就成为一种方便的选择。可见,不妨将待诏理解为介于官民之间的一个中转站。如此,待诏似乎拥有了某种双重身份,随时能在官民之间自由转

---

① 《汉书·佞幸传》。
② 《后汉书·蔡邕列传》。
③ 《汉书·公孙弘传》。
④ 《汉书·谷永传》。

换。举五例。(1)韩王信之子颓当自匈奴归降。"穨当孽孙嫣,贵幸,名显当世。嫣弟说,以校尉击匈奴,封龙頟侯。后坐酎金失侯,复以待诏为横海将军,击破东越,封按道侯。"①(2)苏武自匈奴返汉,任职典属国,不久却因儿子卷入上官桀谋逆,罢官。"卫将军张安世荐武明习故事,奉使不辱命,先帝以为遗言。宣帝实时召武待诏宦者署,数进见,复为右曹典属国。"②(3)刘向"以故谏大夫通达待诏,受《谷梁》。"③(4)孙宠"免汝南太守"后,又因上书而"召待诏"。④ (5)梁丘贺先从太中大夫京房受《易》,京房出为齐郡太守。宣帝"求其门人,得贺。贺时为都司空令,坐事,论免为庶人。待诏黄门数入说教侍中,以召贺。贺入说,上善之,以贺为郎。"⑤

　　东方朔和朱买臣的仕途经历了一条共同的起伏路线。这条路线和待诏紧密相连。即,待诏,拜官;罢免,再次待诏,重新为官。"买臣随上计吏为卒,将重车至长安,诣阙上书,书久不报。待诏公交车,粮用乏,上计吏卒更乞匄之。会邑子严助贵幸,荐买臣。召见,说《春秋》,言楚词,帝甚说之,拜买臣为中大夫,与严助俱侍中。……后买臣坐事免,久之,召待诏。"后又"拜为太守,买臣衣故衣,怀其印绶,步归郡邸。"⑥东方朔"文辞不逊,高自称誉,上伟之,令待诏公交车。"后为常侍郎。"朔尝醉入殿中,小遗殿上,劾不敬。有诏免为庶人,待诏宦者署,因此(时)〔对〕复为中郎,赐帛百匹。"⑦

第五节　参　　政

　　待诏是官场上的一批活跃人士。他们窥探朝政,风闻奏事。元帝即位,待诏郑朋荐太原太守张敞,"先帝名臣,宜傅辅皇太子。上以问前将军萧望之,望之以为敞能吏,任治烦乱,材轻非师傅之器。"⑧

　　待诏和官员交往密切,深度介入官场争斗,所谓"出入禁门招权利"。⑨ 官

①《汉书·韩〔王〕信传》。
②《汉书·苏建传》。
③《汉书·儒林传》。
④《汉书·息夫躬传》。
⑤《汉书·儒林传》。
⑥《汉书·朱买臣传》。
⑦《汉书·东方朔传》。
⑧《汉书·张敞传》。
⑨《汉书·贾捐之传》。

员有的毛病，待诏都有。趋炎附势，结党营私，尔虞我诈，以求一逞，一样不少。举两例。一是，待诏郑朋曾结交过前将军萧望之和光禄大夫周堪。周堪还将他由公车推荐到金马门。但他并不满足。周堪单单推荐别的待诏做郎官，却不推荐他，这让郑朋因妒生恨。加上萧望之了解其"行倾邪"后，"绝不与通。"郑朋"怨恨"，便改换门庭，投靠外戚许氏和史高，说周堪和刘更生给他说了他们的许多坏话。"于是侍中许章白见朋。"郑朋出来后公开扬言：我把萧望之的"小过五，大罪一"都说了。中书令石显也在场，可以作证。萧望之闻之，就问石显和弘恭。"显、恭恐望之自讼，下于它吏，即挟朋及待诏华龙。"华龙和张子蟜等人都是宣帝时的待诏，"以行污秽不进"，故而勾结成党，成为宦官对付朝臣的帮凶。① 二是，待诏金马门的贾捐之经常非议中书令石显"用事"，"以故不得官，后稀复见。而长安令杨兴新以材能得幸，与捐之相善。"二人惺惺相惜，互相许愿。贾捐之说，我帮你当上京兆尹。杨兴说，你的文才足可做尚书令。贾捐之又说："京兆郡国首，尚书百官本，天下真大治，士则不隔矣。"石显闻知，弹劾"兴、捐之怀诈伪，以上语相风，更相荐誉，欲得大位，漏泄省中语，（冈）〔罔〕上不道。"贾捐之弃市，杨兴"髡钳为城旦"。②

最令人震惊的是，有些待诏的危言高论竟能耸动朝野，致使皇帝改元，甚至改变皇帝名号，以求与民更始。成帝时，甘忠可伪造《天官历》《包元太平经》十二卷，"言汉家逢天地之大终"，应当重新受命。刘向上奏甘忠可"假鬼神，罔上惑众"，下狱死。但他有个学生叫夏贺良，还在秘密传授他这套学说。③ 哀帝即位，"侍诏夏贺良等言赤精子之谶，汉家历运中衰，当再受命，宜改元易号。诏曰：'……夫基事之元命，必与天下自新，其大赦天下。以建平二年为太初元将元年。号曰陈圣刘太平皇帝。'"④

当然，和官员奏书一样，待诏奏言也有风险。比如，息夫躬待诏，"数危言高论，自恐遭害"，便著《绝命辞》，抒发自己的忧患意识。"发忠忘身，自绕罔兮！冤颈折翼，庸得往兮！涕泣流兮萑兰，心结愲兮伤肝。"史称，息夫躬"后数年乃死，如其文"。⑤

事实上，待诏奏言尚不足以致命。两汉四百余年，未见有待诏因言被杀。

① 《汉书·萧望之传》。
② 《汉书·贾捐之传》。
③ 《资治通鉴》卷34。
④ 《汉书·哀帝纪》。
⑤ 《汉书·息夫躬传》。

"以医待诏"的伍宏"与校祕书郎杨闳结谋反逆,祸甚迫切"。虽然"咸伏其辜",①却也不是因言致死。此外,王莽新朝诛杀待诏,虽属祸从口出,却非上书所致,不算真正的因言遭祸。"莽为人侈口蹙頄,露眼赤精,大声而嘶。……是时有用方技待诏黄门者,或问以莽形貌,待诏曰:'莽所谓鸱目虎吻豺狼之声者也,故能食人,亦当为人所食。'问者告之,莽诛灭待诏,而封告者。"②

① 《汉书·佞幸传》。
② 《汉书·王莽传中》。

第八章

拒　诏

第一节　拒绝皇命的政治意义

拒绝皇命本身是皇权秩序的一部分。即,皇权秩序允许臣民一定条件下拒绝皇命。这与皇权秩序的建构努力并不冲突,毋宁说相反相成,构成了一种特有的政教体制张力。

不奉诏、不应诏、不应命,**表明皇权政治的宽容度和皇权政体的自由度**。至少在一定条件下、一定范围内,皇帝允许臣民拒绝自己施恩,就像皇帝鼓励臣民批评朝政一样,属于同一种观念和逻辑。**它是皇朝天下的政治道义,也是皇权帝国的政治伦理**。总之,它是皇权主义的价值观。

臣民有无权力拒绝皇命?拒诏或拒征之所以可能,表明一定条件下,官民确实可以拒绝皇命。拒绝皇命是一种行为,也是一种姿态,还是一种权利,更是一种共识。客观意义上,**拒绝皇命是一种君臣共识**。这并不意味着皇权有心无力或鞭长莫及。皇权固然不能说是无限,但它确实给臣民保留了一些有限空间。**即便皇权强悍无比**,依然不能完全剥夺臣民的自由意志和选择权利。这并不表明皇权的仁慈。本质上,这是权力和人性博弈的无数可能之一。

严格说,皇帝诏书具有最高的权威,没有任何人能够真正拒绝。虽然官员们有时也会辞谢皇帝诏书,最常见的就是对皇帝升官晋爵厚赏的辞谢。就其本质,它不是对皇帝权威的蔑视,而是对皇帝恩赏的感激。显然,这是一种辞诏或谢命,所谓敬谢不敏是也。辞诏并不冒犯皇帝的尊严,也不算违背皇帝的意志。相反,它以特殊方式表达了对皇权的敬畏和感恩。所以,对官员的辞诏,皇帝并不感到恼怒,反而认为是一种值得欣赏和鼓励的美德。比如,霍去病多次拒绝武帝的恩赏,反而得到武帝的厚爱和赏识。"天子尝欲教之孙吴兵法,对曰:'顾方略何如耳,不至学古兵法。'天子为治第,令骠骑视之,对曰:'匈奴未灭,无以家为也。'由此上益重爱之。"①可见辞诏不同于一般的拒诏。所谓拒诏,是由于某种缘故或基于某个理由而拒不执行皇帝下达的行政命令。但即便拒诏,在皇权秩序中也有某种存在空间。就是说,有时,皇帝也能对官员的拒诏表现出某种容忍和接纳,而不会一律处罚或治罪。

拒绝诏命有多种形式和表现,"有不敢奉诏者,有期期不奉诏者,有以死争不奉诏者,有诏数彊予然后奉诏者。"②其中之一是拒赏。官员不受皇帝恩赏,即为不奉诏。应该说,这是官员不奉诏最为常见也最为安全的情景。比如,周仁"上所赐甚多,然终常让,不敢受也。"③至于拒赏的东西更是形形色色,丰富多彩。有的拒赏宫女。金日磾"赐出宫女,不敢近。"④有的拒赏钱物。冯绲南征武陵蛮,"荆州平定。诏赐钱一亿,不受也。"⑤"赐钱千万,布万匹,(邓)骘等复辞不受。"⑥还有的诸侯王拒绝官员子弟为自己扈从。中山王刘焉就国,"诏赐羽林右骑为虎贲,又令上官属子弟以为官骑焉。"刘焉"上疏辞让",明帝诏曰:"诸侯出境,必有武备,夹谷之会,司马以从。夫有文事,必有武备,所以重蕃也。王无辞焉。"⑦

拒赏官员多能得到皇帝恩准。拒绝恩赏为何能被皇帝接受? 既然"雷霆雨露皆是君恩",为何皇帝允许臣子拒绝自己的恩赏? 这自然因为皇帝希望借此在官场倡导一种清廉的道德风气,以教化天下。比如,韦玄成装病不受爵,后不得已受爵。"宣帝高其节,以玄成为河南太守。"⑧甚至拒绝皇帝纳女为妃,也能得到皇帝欣赏。金日磾"上欲内其女后宫,不肯。其笃慎如此,上尤奇异之。"⑨正因此,臣子拒赏不但能得到皇帝赞赏,反而能得到官场赞誉。马廖"每有赏赐,辄辞让不敢当,京师以是称之。"⑩

皇帝恩赏可以拒绝,皇帝惩罚不可拒绝。这个根本差别,似乎表明赏罚在奏诏模式中的特点。虽说"雷霆雨露皆是君恩",臣子可以堂而皇之地拒绝雨露

① 《史记·骠骑列传》。
② 《玉海》卷64,"诏令、诏策"。
③ 《汉书·周仁传》。
④ 《汉书·金日磾传》。
⑤ 谢承《后汉书》卷3,《八家后汉书》。
⑥ 《后汉书·邓禹列传》。
⑦ 《后汉纪》卷13。
⑧ 《汉书·韦贤传》。
⑨ 《汉书·金日磾传》。
⑩ 《后汉书·马援列传》。

滋润,却绝对不可拒绝雷霆震怒。因为人很难想象,当皇帝下诏罢免官员,或责罚官员时,哪个官员敢于抵制或抗拒。人们皆知赏罚本质上是两件完全不同的事情,究竟有何不同,却不甚了了。人们从未真正想过,为何能拒绝赏,却不能拒绝罚?因为在君臣关系中,赏罚皆是君主权力。既如此,为何臣子对待相同的君主权力会有不同态度?法家早就道破其中缘由。人们欣喜君主恩赏,而恐惧君主惩罚。恐惧却更为致命。这显然是一个心理问题。但心理问题在君臣关系中,以及臣子对待君主权力的态度中发挥着至为深刻的决定作用。这使人们得以采用两种方式对待君主的两种权力。我可以不要你对我的好,却不能不要你对我的坏。可见赏可以选择,罚不可选择。在赏罚问题上,人们似乎拥有了某种自由和选择。这说明赏罚在奏诏模式中确有某种实质性区别。

第二节　拒　绝　拜　官

官员拒绝新任官职,虽不多见,亦不乏见。这表明皇权体制的某种宽容性,以及官场生态的复杂性。至于拒绝外放,或拒绝出任某种带有贬谪性质的官职,确实罕见。比如,杨伦为大将军长史,"谏诤不合,出补常山王傅,病不之官。诏书敕司隶催促发遣,伦乃留河内朝歌,以疾自上,曰:'有留死一尺,无北行一寸。刎颈不易,九裂不恨。匹夫所执,强于三军。固敢有辞。'"诏书一再催促,杨伦依然托病不愿上任,遭到顺帝斥责。"伦出幽升高,宠以藩傅,稽留王命,擅止道路,托疾自从,苟肆狷志。"虽然"征诣廷尉",最终还是"有诏原罪"。[1]

任命太尉,也可能包括三公,皇帝需要在宗庙告知祖宗。如果官员拒辞三公官职,被认为不适当。比如,"郑弘为太尉,固让不就。西曹掾曰:'天子已白陵庙,宜当拜。'"[2]可见"天子已白陵庙"成为官员不能拒辞三公的主要理由。事实上,两汉官员拒辞三公或上公者不多,拒辞三公或上公不得者更少。比如,"太尉邓彪三让太傅,终任之。"[3]

一般说,皇帝对拒绝升迁的官员还是比较敬重。比如,元帝想让孔霸任御史大夫,"霸让位,自陈至三,"元帝"以是敬之,赏赐甚厚。"[4]又如,光武征范升"拜议郎,迁博士,上疏让曰:'臣与博士梁恭、山阳太守吕羌俱修梁丘

---

① 《后汉书·儒林列传上》。
② 谢承《后汉书》卷2,《八家后汉书》。
③ 《后汉纪》卷12。
④ 《汉书·孔光传》。

《易》。……愿推博士以避恭、羌。'帝不许,然由是重之,数诏引见,每有大议,辄见访问。"①臣子辞官或让爵虽是拒诏,但君臣双方都能接受。而且,皇帝似乎还很享受这种拒诏,甚至有时还会鼓励臣子这种拒诏。比如,"有司依旧制加梁商位特进,增国土。商上书让曰:'禄命过厚,受祖考多福,又讬日月末光,以斗筲之材,乘君子之器,惧有负乘之累,不守历世之荣。诚不如旧制,与左贤同科。'书十余上,(顺)帝辄敦喻之。商又上书让校尉曰:'臣讬椒房,被蒙荣宠,兼官二职,非材可堪。受宠战栗,惊惧惶戚,不遑宁处,披露赤诚,敢遂狂狷。谨上屯骑校尉印绶。'上乃许焉。"②

当然,任何事情都有另一面。无论前官员还是士人,如果拒征皆有可能受到责罚。比如,黄琼公车征,"琼至纶氏,称疾不进。有司劾不敬,诏下县以礼慰遣,遂不得已。"③对待拒征的态度,有司和皇帝有所不同。有司苛刻,皇帝宽容。又如,河南尹杨秉为中常侍单超之弟单匡所陷,"竟坐输作左校,以久旱赦出。"太山太守皇甫规荐杨秉忠正,"不宜久抑不用。有诏公车征秉及处士韦著,二人各称疾不至。有司并劾秉、著大不敬,请下所属正其罪。尚书令周景与尚书边韶议奏:'秉儒学侍讲,常在谦虚;著隐居行义,以退让为节。……夫明王之世,必有不召之臣,圣朝弘养,宜用优游之礼。可告在所属,喻以朝庭恩意。如遂不至,详议其罚。'于是重征,乃到,拜太常。"④再如,周党、谭贤、殷谟"俱守节不仕王莽世。建武中,征并不到"。博士范升奏毁周党、王良、王成等人"蒙受厚恩,使者三聘,乃肯就车。及陛见帝廷,党不以礼屈,伏而不谒,偃蹇骄悍,同时俱逝。党等文不能演义,武不能死君,钓采华名,庶几三公之位。臣愿与坐云台之下,考试图国之道。不如臣言,伏虚妄之罪。而敢私窃虚名,夸上求高,皆大不敬"。书奏,光武"以示公卿"。诏曰:"伯夷、叔齐不食周粟,太原周党不受朕禄,亦各有志焉。其赐帛四十匹。"⑤有人指责拒征者"私窃虚名,夸上求高,皆大不敬"。可见拒征确是一个罪名。问题是,既然拒诏为"大不敬罪",为何很少有人因拒诏被控有罪?这是因为,拒征这种"大不敬罪"是否会被治罪,端看皇帝本人的态度。想治罪就有现成的罪名,不想治罪,可放过不究。从两汉史看,因拒征而被治罪者少之又少。这表明,人们尤其是皇帝似乎并不愿意用"大不敬"罪来惩罚拒征者。进而表明,虽然拒征类同拒诏,人们依然将二者区别对

① 《后汉书·范升列传》。
② 《后汉纪》卷18。
③ 《后汉书·黄琼列传》。
④ 《后汉书·杨震列传》。
⑤ 《后汉书·逸民列传》。

待,没有将拒征和拒诏简单等同视之。人们一般将拒征、拒封大体看作同一性质,给予相对宽容地理解。值得注意的是,民间对拒征的士人也给予普遍的敬仰。所谓"邑人贤而祠之。"①可见,拒征、拒聘在汉帝国有着相当的存在空间。人们一方面敬畏皇权,一方面又对疏离皇权者心存敬意。

1. 官员不受新职,不允。太中大夫陈蕃为太尉,陈蕃辞让,桓帝"不许"。②

2. 官员不受新职,允之。孔霸是元帝的师傅,官任给事中。"上欲致霸相位,……霸让位,自陈至三,上深知其至诚,乃弗用。"③光武打算命侍中阴兴为大司马。"兴叩头流涕,固让曰:'臣不敢惜身,诚亏损圣德,不可苟冒。'至诚发中,感动左右,帝遂听之。"④

3. 官员拒征。吴令郎宗"到官一月,时卒暴风,宗占以为京师有大火,定火发时,果如宗言。诸公闻之,表上,博士征。宗耻以占事就征,文书未到,夜悬印绶置厅上,〔乃负笈〕遁去,终于家。"⑤

4. 前官员拒绝重新征聘。并州刺史苏章"以摧折权豪,忤旨,坐免。……征为河南尹,不就。"⑥顺帝诏征故长陵令张楷,"告疾不到"。桓帝时,"下诏安车备礼聘之,辞以笃疾不行。"⑦

5. 前官员先拒征,后受聘。敦煌太守赵咨"以病免还",后征拜议郎,"辞疾不到,诏书切让,州郡以礼发遣,前后再三,不得已应召。"⑧

6. 官员之父替官员辞职,改任他官。顺帝以梁商少子虎贲中郎将梁不疑为步兵校尉。"商上书辞曰:'不疑童孺,猥处成人之位。……'上乃以不疑为侍中、奉车都尉。"⑨

7. 官员拒绝权臣拜官。董卓表拜河南尹朱儁为太仆,不肯受拜,"有司诘曰:'召君受拜,而君拒之;不问徙事,而君陈之,何也?'儁曰:'副相国,非臣所堪也;迁都非计,臣之所急也。辞所不堪,进臣所急,臣之所宜也。'有司曰:'迁都之事,初无此计也,就有未露,何所受闻?'儁曰:'相国董卓为臣说之,臣闻之于

---

① 《后汉书·逸民列传》。
② 《后汉书·陈蕃列传》。
③ 《汉书·孔光传》。
④ 《后汉书·阴识列传》。
⑤ 谢承《后汉书》卷4,《八家后汉书》。
⑥ 《后汉书·苏章列传》。
⑦ 《后汉书·张霸列传》。
⑧ 《后汉书·赵咨列传》。
⑨ 《资治通鉴》卷52。

相国。'有司不能屈,朝廷称服焉。"①

第三节　拒　绝　封　侯

拒封有允有不允,情况颇为随机。对皇帝而言,允准官员拒封,固然是施恩,却也是尊重臣子的个人意愿,所谓"不夺其志"。

1. 拒封允准。钟兴以《春秋章句》以授皇太子,"又使宗室诸侯从兴受章句。封关内侯。……兴遂固辞不受爵。"②窦宪封武阳侯,"宪固辞封,赐策许焉。"③皇甫规封寿成亭侯,"让封不受。"④窦武封槐里侯,"武乃称疾笃,固辞爵位。"⑤

2. 拒封不准。平当为丞相,赐爵关内侯,"上书乞骸骨。"哀帝不许。⑥窦融"光武时数辞爵位,不许。"⑦定颍侯郭镇卒,其子郭贺当嗣爵,"让与小弟时而逃去。积数年,诏大鸿胪下州郡追之,贺不得已,乃出受封。"⑧

3. 以死拒封。拼死拒封的情况虽然罕见,但并非绝无仅有。一是田横自杀。刘邦称帝,田横惧诛,与其徒属五百人入海,居岛中。刘邦使使召之,田横谢绝,"臣恐惧,不敢奉诏,请为庶人,守海岛中。"刘邦下令,"田横来,大者王,小者乃侯耳;不来,且举兵加诛焉。"田横乘传诣雒阳,对人说:"今陛下在洛阳,今斩吾头,驰三十里间,形容尚未能败,犹可观也。"遂自刭,"令客奉其头,从使者驰奏之高帝。"⑨一是隗嚣拒降。光武诏告隗嚣,"若束手自诣,父子相见,保无佗也。……若遂欲为黥布者,亦自任也。"隗嚣不降,后"恚愤而死"。⑩不过,这两个例子有点特殊。⑪因为田横、隗嚣原本不是刘邦和刘秀的臣子,由战场上的对手变为手下败将,拒绝胜利者的封赏很正常。

---

① 司马彪《续汉书》卷5,《八家后汉书》。
② 《后汉书·儒林列传下》。
③ 《后汉书·窦融列传》。
④ 《后汉书·皇甫规列传》。
⑤ 《后汉纪》卷22。
⑥ 《后汉纪》卷22。
⑦ 《东观汉记》卷12。
⑧ 《后汉书·郭躬列传》。
⑨ 《史记·田儋列传》。
⑩ 《后汉书·隗嚣列传》。
⑪ 此外,光武图谋自立,不奉更始帝诏命也算一个例子。"更始遣侍御史持节立光武为萧王,悉令罢兵诣行在所。光武辞以河北未平,不就征。自是始贰于更始。"(《后汉书·光武帝纪上》)

此外，杨乔拒婚也属特异。因为，拒绝当皇帝驸马，性质类同拒封或拒征。比如，光武赞赏尚书侍郎周嘉为长者。"诏嘉尚公主，嘉称病笃，不肯当。"[1]但仅此而已，并无其他过激之举，不像杨乔以死抗婚。史称，尚书杨乔"容仪伟丽，数上言政事，桓帝爱其才貌，诏妻以公主，乔固辞不听，遂闭口不食，七日而死。"[2]

围绕拒封，发生了一些合情合理的意外。傅昌上书章帝不愿徙封，请求将自己承继的列侯降爵一级，并折合成现钱，激怒了章帝，不但不给钱，还将其列侯贬为关内侯。昆阳侯傅俊卒，子傅昌嗣，徙封芜湖侯。"遭母忧，因上书，以国贫不愿之封，乞钱五十万，为关内侯。肃宗怒，贬为关内侯，竟不赐钱。"[3]

虽说拒封不为罪，欺君则为罪，有些拒封的官员便因此而遭弹劾。比如，韦玄成父亲韦贤死后，他知道父亲希望兄长太常丞韦弘承继爵位，"弘竟坐宗庙事系狱。"韦玄成当袭爵，佯狂拒嗣。大鸿胪奏状，"章下丞相御史案验。……丞相御史遂以玄成实不病，劾奏之。有诏勿劾。"[4]

有时，父命和皇命之间的冲突成为官员内心的纠结，官员以父命为由拒不承爵，被皇帝下狱。比如，张纯临终遗嘱，"司空无功于时，猥蒙爵土，身死之物，勿议传国。"光武诏书其子张奋嗣爵，"奋称纯遗勅，固不肯受。帝以奋违诏，勅收下狱，奋惶怖，乃袭封。"[5]

第四节　拒　　征

一、东汉拒征现象

征聘多由朝官推荐。"公卿举贤良方正、有道。"[6]比如，高凤"名声著闻。……将作大匠任隗举凤直言，到公车，托病逃归。"[7]又如，"尚书令陈蕃荐五处士：'处士豫章徐稚、彭城姜肱、汝南袁闳、京兆韦著、颍川李昙德行纯备，著

---

[1]《后汉书·独行列传》。
[2]《后汉书·杨璇列传》。
[3]《后汉书·傅俊列传》。
[4]《汉书·韦贤传》。
[5]《后汉书·张纯列传》。
[6]《后汉书·方术列传上》。
[7]《后汉书·逸民列传》。

于民听,宜登论道,协亮天工,终能翼宣威德,增光日月者也。'诏公交车备礼征,皆辞疾不至。"①

通常情况下,人们基于对皇权秩序的认同和信心,都会对朝廷征聘充满向往和期待。比如,王逸与樊英素善,"因与其书,多引古譬喻,劝使就聘。"②但依然存在士人拒征的事例。虽然拒征现象前后汉皆有,东汉士人明显征多至少。比如,"复诏公车赐策书,征(樊)英及同郡孔乔、李昺、北海郎宗、陈留杨伦、东平王辅六人,唯郎宗、杨伦到洛阳,英等四人并不至。"③那些征辟不起者更是名声鹊起,口碑绝佳,在民间赢得了广泛赞誉,黄宪、庾乘等人皆被颂为"征君"。

不过,最值得关注的是,东汉士人对待征聘的态度以及转变过程。其中一个很重要的原因是,人们对朝廷征聘上来的士人普遍观感不好,认为他们名不副实,或徒有虚名,甚者沽名钓誉,德不配位。比如,樊英"初被诏命,金以为必不降志,及后应对,又无奇谋深策,谈者以为失望。"难怪张楷讥讽樊英,"天下有二道,出与处也。吾前以子之出,能辅是君也,济斯人也。而子始以不訾之身,怒万乘之主;及其享受爵禄,又不闻匡救之术,进退无所据矣。"④这使那些有真才实学或德行高洁之士往往不屑于与哗众取宠之辈为伍而拒征。比如,黄琼先是征聘不至,经李固劝说,入朝受聘。

> 先是征聘处士多不称望,李固素慕于琼,乃以书逆遗之曰:"闻已度伊、洛,近在万岁亭,岂即事有渐,将顺王命乎?⋯⋯近鲁阳樊君被征初至,朝廷设坛席,犹待神明。虽无大异,而言行所守无缺。而毁谤布流,应时折减者,岂非观听望深,声名太盛乎?自顷征聘之士,胡元安、薛孟尝、朱仲昭、顾季鸿等,其功业皆无所采,是故俗论皆言处士纯盗虚声。愿先生弘此远谋,令众人叹服,一雪此言耳。"琼至,即拜议郎,稍迁尚书仆射。⑤

有趣的是,黄琼官拜太尉后,征辟申屠蟠,却遭拒绝。尽管如此,黄琼死后,申屠蟠也参加了他的葬礼。葬礼上再次发生了征聘与否的选择考量。进而,因为对待征聘的态度不同,又引发了士人间的分歧。"南郡一生与相酬对,既别,执蟠手曰:'君非聘则征,如是相见于上京矣。'蟠勃然作色曰:'始吾以子为可与言也,何意乃相拘教乐贵之徒邪?'因振手而去,不复与言。"⑥

---

① 《后汉纪》卷22。
② 《后汉书·方术列传上》,李贤注。
③ 《后汉书·方术列传上》。
④ 《后汉书·方术列传上》。
⑤ 《后汉书·黄琼列传》。
⑥ 《后汉书·申屠蟠列传》。

广义上,大将军、三公举荐辟除亦可视作朝廷征召,实际上主要是以官员个人名义征辟。公车特征则是真正意义上的朝廷征召,即必须由皇帝下诏,亲自拜官。可见公车特征即皇帝特征。正因为此,拒绝公车,等于据不奉诏。通常情况下,这是非常严重的罪名。但东汉中后期,拒诏已非罕见,拒绝官府征辟更是屡见不鲜。这使得即便拒诏,也不用害怕受到惩罚。事实上确实没有人因此受罚。尤其党锢之祸后,皇帝权威已荡然无存。因为,代表皇帝权威的诏书已被人视作废纸。

尽管如此,乱世亦有征聘,因为这是皇权秩序的正当体现。比如,董卓废立,荀爽、韩融、陈纪等"复俱公车征"。[1] 甚者,"董卓初征天下贤隽,皆起家登宰相。"[2]至于称帝之人,不论割据一方,还是一统天下,都会自然行使征聘这一正当皇权。

二、拒征理由

在皇权秩序中,征聘和拒征体现了君臣双方的政治理念。有些士人拒征的理由是基于个人意志而作出的选择。比如,严光是光武同学,光武下诏征之。"光变名姓,渔钓川泽。至是复以礼求光,光不得已,舁疾诣京师。上就见光曰:'子陵(严光字)不可相助邪?'光卧而应曰:'士固有执节者,何至相逼乎?'天子欲以为三公,光称病而退,不可得而爵也。"又如,周党三征"然后至,党著短布单衣,穀皮绡头,见于尚书。欲令党改冠服,党曰:'朝廷本以是故征之,安可复更邪?'遂见,自陈愿守所志,上听之。"[3]有些士人拒征是因为传统的君臣关系。比如,王霸征到尚书,"拜称名,不称臣。有司问其故。霸曰:'天子有所不臣,诸侯有所不友。'……以病归。隐居守志,茅屋蓬户。连征不至,以寿终。"[4]有些士人拒征是因为皇帝仁慈。比如,荀恁拒明帝征,却应东平王刘苍辟。"及后朝会,显宗戏之曰:'先帝征君不至,骠骑辟君而来,何也?'对曰:'先帝秉德以惠下,故臣可得不来。骠骑执法以检下,故臣不敢不至。'后月余,罢归。"[5]有些士人拒征是因为朝政腐败,不愿与阉宦为伍。比如,魏桓"数被征",乡人劝行。"桓曰:'夫干禄求进,所以行其志也。今后宫千数,其可损乎?厩马万匹,其可

---

① 《后汉书·申屠蟠列传》。
② 《后汉纪》卷 25。
③ 《后汉纪》卷 5。
④ 《后汉书·逸民列传》。
⑤ 《后汉书·周燮列传》。

减乎？左右悉权豪，其可去乎？'皆对曰：'不可。'桓乃慨然叹曰：'使桓生行死归，于诸子何有哉！'"①又如，"中常侍曹节等专执朝事，新诛太傅陈蕃、大将军窦武，欲借宠贤德，以释众望，乃白征（姜）肱为太守。肱得诏，……乃隐身遁命，远浮海滨。再以玄纁聘，不就。即拜太中大夫，诏书至门，肱使家人对云'久病就医'。遂羸服间行，窜伏青州界中，卖卜给食。"②有些士人拒征则是因为时机不对。比如，周燮"举孝廉、贤良方正，特征，皆以疾辞。……宗族更劝之曰：'夫修德立行，所以为国。自先世以来，勋宠相承，君独何为守东冈之陂乎？'燮曰：'吾既不能隐处巢穴，追绮季之迹，而犹显然不远父母之国，斯固以滑泥扬波，同其流矣。夫修道者，度其时而动。动而不时，焉得亨乎！'"③有些士人拒征却是因为过分谦虚。比如，逢萌隐居琅邪不其山中，"以德让导邻里，聚落化之。诏书征萌上道，迷不知东西，萌曰：'朝廷所以征我者，以吾聪明睿智，有益于政耳。今方面尚不知，安能济政？'即归，后连征不起。"④

　　显然，拒征拒诏的理由隐含一个悖论。要么因为皇帝坏，不愿为官；要么因为皇帝好，不必为官。

　　　　汉室中微，王莽篡位，士之蕴藉义愤甚矣。是时裂冠毁冕，相携持而去之者，盖不可胜数。……光武侧席幽人，求之若不及，旌帛蒲车之所征贲，相望于岩中矣。若薛方、逢萌聘而不肯至，严光、周党、王霸至而不能屈。群方咸遂，志士怀仁，斯固所谓"举逸民天下归心"者乎！肃宗亦礼郑均而征高凤，以成其节。自后帝德稍衰，邪孽当朝，处子耿介，羞与卿相等列，至乃抗愤而不顾，多失其中行焉。⑤

　　皇权秩序的正当性在于，需要给士人保留"绝尘不反"⑥的拒征权利。这样，士人的人格、气节和道德才有意义。事实上，并非所有官员都同意士人应该拥有拒征的权利。比如，周党拒征，博士范升奏劾，"陛下亲见，谒庭，党伏而不谒。偃蹇自高，逡巡求退，钓采华名，以夸主上。臣愚以为党等不达政事，未足进用。臣愿与党并论云台之上，考试图国之道。不如臣言，请伏虚诬之罪。"书奏，光武示公卿，表示"周党不食朕禄，亦各有志焉。"⑦拒征的实质是，不当你的官，并非不做你的臣。即，拒征不是拒绝为臣，而是拒绝为官。因为，有些拒征

①《后汉书·周燮列传》。
②《后汉书·姜肱列传》。
③《后汉书·周燮列传》。
④《后汉纪》卷5。
⑤《后汉书·逸民列传》。
⑥《后汉书·逸民列传》。
⑦《后汉纪》卷5。

者先前已做过官,不存在为臣与否的问题,其拒征的意图在于,不再继续做官。有些拒征者则是因为不愿凭借某种特殊技艺做官,有些拒征者是因为朝政腐败,外戚当政或宦官专权,耻于与其为伍。不管拒征者如何逃避,他们本心并不认为自己已非皇帝臣子或帝国臣民。虽有个别人或许持有此种心态,但亦能得到皇帝谅解。

三、拒征与应征

拒征和受聘之间的关系相当复杂。在士人拒征和应聘之间,充满种种不可预料和人心叵测的反复纠结。所谓"归情上闻,不蒙听许,严诏切至,诚使臣心俯仰逼迫。……天威在颜,悚惧受诏。"①面对皇帝抛出的橄榄枝,少有人能不为所动。皇权施舍的高官厚禄,对所有爱惜羽毛之人都有难以抵御的绝大诱惑,足以压垮那些心存侥幸之辈。在皇权秩序允许的有限选项中,士大夫们表现出的人生百相可谓形形色色,不一而足。有婉辞坚拒者,有沽名钓誉者,有欲擒故纵者,有故作姿态者,有借道行兵者,有曲线入仕者,有以退为进者,有奇货可居者。其间的真真假假混淆莫辨,唯有当事人心知肚明。

肇其大略,可分三类。(1)先拒征,后应聘者有之。卜式"数求入财以助县官。天子乃超拜式为中郎,赐爵左庶长,田十顷,布告天下,以风百姓。初,式不愿为官,上强拜之,稍迁至齐相。"②桓帝公车备礼征韦著,"至霸陵,称病归,……复诏京兆尹重以礼敦劝,著遂不就征。"灵帝即位,"就家拜著东海相。诏书逼切,不得已,解巾之郡。"③贺纯"十辟公府,三举贤良方正,五征博士,四公车征,皆不就。后征拜议郎。"④韩融"屡征聘,皆不起。晚乃拜河南尹,历鸿胪、太仆卿。"⑤公车征黄琼,"至即称疾不进。有司劾以不敬,诏下县次引致,琼不得已前就征,拜侍中。"⑥(2)先应征,后拒征者有之。周党"征为议郎,以病去职,遂将妻子居黾池。复被征,不得已,乃著短布单衣,縠皮绡头,待见尚书。及光武引见,党伏而不谒,自陈愿守所志,帝乃许焉。"⑦薛包"公交车特征,至,拜

---

① 《三国志·魏书·武帝纪》,裴注。
② 《汉书·食货志下》。
③ 《后汉书·韦彪列传》。
④ 《后汉书·李固列传》,李贤注。
⑤ 《后汉纪》卷25。
⑥ 《后汉纪》卷18。
⑦ 《后汉书·逸民列传》。

侍中。包性恬虚,称疾不起,以死自乞。有诏赐告归,加礼如毛义。"①(3)偶尔受聘,后来拒征有之。张楷"征聘皆不就。除平陵令,视事三日,复弃官隐居,学者随之,所在成市。华阴南土,遂有公超市。频烦策命,就拜光禄大夫,固疾不起。乃命河南弘农致玄纁束帛,欲必致之,楷终不屈。"②

　　此外,还有诸多不可一概而论的拒征现象。一是士人拒三公之任。"党禁始解,大将军何进、司徒袁隗遣人敦(陈)寔,欲特表以不次之位。寔乃谢使者曰:'寔久绝人事,饰巾待终而已。'时三公每缺,议者归之,累见征命,遂不起,闭门悬车,栖迟养老。"③一是县令拒征。郎宗拜吴令。"时卒有暴风,宗占知京师当有大火,记识时日,遣人参候,果如其言。诸公闻而表上,以博士征之。宗耻以占验见知,闻征书到,夜县印绶于县廷而遁去,遂终身不仕。"④周璆为乐城令,"去官,征聘不至。"⑤一是小吏拒征。薛方为郡掾祭酒,"尝征不至,及(王)莽以安车迎方,方因使者辞谢曰:'尧舜在上,下有巢由,今明主方隆唐虞之德,小臣欲守箕山之节也。'使者以闻,莽说其言,不强致。"⑥李充为县都亭长,"和帝公车征,不行。"⑦郑敬被都尉逼为功曹,后辞病去,"光武公交车征,不行。"⑧东部督邮张俭因党锢亡命,"党事解,乃还乡里。大将军、三公并辟,又举敦朴,公车特征,起家拜少府,皆不就。"⑨

四、礼遇拒征

　　皇帝对拒征士人的态度相当宽容和优裕。比如,光武和严光"论道旧故,相对累日。……除为谏议大夫,不屈,乃耕于富春山,后人名其钓处为严陵濑焉。建武十七年,复特征,不至。年八十,终于家。帝伤惜之,诏下郡县赐钱百万、谷千斛。"⑩又如,索卢放"复征不起,光武使人舆之,见于南宫云台,赐谷二千斛,遣归。"⑪

---

① 华峤《汉后书》卷2,《八家后汉书》。
② 《后汉纪》卷25。
③ 《后汉书·陈寔列传》。
④ 《后汉书·郎顗列传》。
⑤ 袁山松《后汉书》卷4,《八家后汉书》。
⑥ 《汉书·鲍宣传》。
⑦ 《后汉书·独行列传》。
⑧ 谢沈《后汉书》,《八家后汉书》。
⑨ 《后汉书·党锢列传》。
⑩ 《后汉书·逸民列传》。
⑪ 《后汉书·独行列传》。

一般说,皇帝对士人拒征都能给予相当尊重,对拒征不仕者非但不怪罪,反而颇为欣赏,亲笔下诏表彰。可见在皇帝心中,朝廷官职、士人态度和皇帝权威之间充满着某种特殊关系。一方面,皇帝需要士人保持对朝廷的敬重,另一方面,皇帝对士人的选择又给予充分理解和尊重。以姜肱为例。他先是拒桓帝征聘,"桓帝乃下彭城使画工图其形状。肱卧于幽闇,以被韬面,言患眩疾,不欲出风。工竟不得见之。"后来又拒灵帝征聘。灵帝手笔下诏,"肱抗陵云之志,养浩然之气,以朕德薄,未肯降志。"[1]

皇帝对士人的礼遇和敬重,在樊英身上体现得最为鲜明。早在安帝时,"博士、公车征皆不至。"[2]后在顺帝时,再次下诏征聘。樊英先是坚辞拒征,被地方官强制送京;进京后又称病不起,被强行抬到朝堂,随之和顺帝发生正面冲突;顺帝最后尊重樊英的意愿,不再强迫他入朝。

> 顺帝策书备礼,玄纁征之,复固辞疾笃。乃诏切责郡县,驾载上道。英不得已,到京,称病不肯起。乃强舆入殿,犹不以礼屈。帝怒,谓英曰:"朕能生君,能杀君;能贵君,能贱君;能富君,能贫君。君何以慢朕命?"英曰:"臣受命于天。生尽其命,天也;死不得其命,亦天也。陛下焉能生臣,焉能杀臣!臣见暴君如见仇雠,立其朝犹不肯,可得而贵乎?虽在布衣之列,环堵之中,晏然自得,不易万乘之尊,又可得而贱乎?陛下焉能贵臣,焉能贱臣!臣非礼之禄,虽万钟不受;若申其志,虽箪食不厌也。陛下焉能富臣,焉能贫臣!"帝不能屈,而敬其名,使出就太医养疾,月致羊酒。[3]

两年后,顺帝为樊英"设坛席,令公车令导,尚书奉引,赐几杖,待以师傅之礼,延问得失。英不敢辞,拜五官中郎将。数月,英称疾笃,诏以为光禄大夫,赐告归。令在所送谷千斛,常以八月致牛一头,酒三斛;如有不幸,祠以中牢。英辞位不受,有诏譬旨勿听。"[4]

皇帝征聘士人,郡县守令通常都会按照相应礼仪对待士人,做好接待和护送工作。比如,桓帝安车征聘韩康。"使者奉诏造康,康不得已,乃许诺。辞安车,自乘柴车,冒晨先使者发。至亭,亭长以韩征君当过,方发人牛修道桥。及见康柴车幅巾,以为田叟也,使夺其牛。康即释驾与之。有顷,使者至,夺牛翁乃征君也。使者欲奏杀亭长。康曰:'此自老子与之,亭长何罪!'乃止。"[5]即便

---

① 《后汉书·姜肱列传》,李贤注。
② 《后汉纪》卷18。
③ 《后汉书·方术列传上》。
④ 《后汉书·方术列传上》。
⑤ 《后汉书·逸民列传》。

士人拒征，皇帝仍会指示地方官礼遇士人。比如，周燮"举孝廉、贤良方正，特征，皆以疾辞。……安帝以玄纁羔币聘燮，及南阳冯良，二郡各遣丞掾致礼。……因自载到颍川阳城，遣〔门〕生送敬，遂辞疾而归。良亦载病到近县，送礼而还。诏书告二郡，岁以羊酒养病。"[1]又如，征姜肱为太守，不至。灵帝手笔下诏，"州郡以礼优顺，勿失其意。"[2]再如，申屠蟠"举有道"，"诏书令郡以礼发遣，蟠到河南万岁亭，折辕而旋。"[3]

第五节　公 犯 诏 书

一、拒诏的三种形式

尽管拒征、拒封、拒赏均属于拒诏行为和范畴，也会时不时地受到廷臣弹劾，总的说，并不严重，多能得到皇帝的允准、宽容、谅解，甚至欣赏。唯独"公犯诏书"是对皇帝以及皇帝代表的皇权的公然冒犯和挑战，具有真正的非法性和危险性。"公犯诏书"的意思是，公然拂逆皇帝意志，或公开违逆皇帝命令，它往往意味着臣子公然无视皇帝权威，犯了"违命之罪"。正常情况下，都会遭到严惩。

悖逆诏书亦称"忤旨"。比如，并州刺史苏章"以摧折权豪，忤旨，坐免"；[4]大司农刘佑、廷尉冯绲、河南尹李膺"皆以忤旨，为之抵罪"。[5] 官员拒绝担任使臣出使匈奴，被皇帝下狱。比如，"郑众使匈奴，欲令众拜，不为屈。朝议复欲遣众，众曰：'今往匈奴，必恐取胜于臣，臣不忍持大汉节，对毡裘跪拜。'明帝收系廷尉狱。"[6]对诏书采取敷衍、拖延、阻挠、抗拒的态度，都是重罪。比如，太守公孙度因为不执行皇帝征聘士人的诏令，遭受严惩，被判重刑。公孙弘之子公孙度"为山阳太守十余岁，诏征巨野令史成诣公交车，度留不遣，坐论为城旦。"[7]

---

① 《后汉书·周燮列传》。
② 《后汉书·姜肱列传》，李贤注。
③ 《后汉书·申屠蟠传》，李贤注。
④ 《后汉书·苏章列传》。
⑤ 《后汉书·陈蕃列传》。
⑥ 华峤《汉后书》卷2，《八家后汉书》。
⑦ 《汉书·公孙弘传》。

不过,真正因为不奉诏而受到惩罚的事例却显得有些无足轻重。"郑君尝为项籍将;籍死,已而属汉。高祖令诸故项籍臣名籍,郑君独不奉诏。诏尽拜名籍者为大夫,而逐郑君。"①所谓"令诸故项籍臣名籍",王先谦认为是"于上前称项籍之名"。② 就其本质,刘邦这是要求归汉的项籍之臣不能再避项籍的名讳以便从心理上彻底解除和项籍的臣属关系,从而体现出项籍臣子对刘邦汉帝专一性的君臣关系。这样,"名籍"与否成为分辨项籍臣是否真正成为刘邦臣的关键标志。郑君"不奉诏"无疑是对"项籍臣"身份的坚守,以及对刘邦臣身份的自觉疏离。正因此,刘邦才会"逐郑君"而"尽拜名籍者为大夫"。刘邦这么做自有道理。你只有自愿做我的臣子,我才能给你官做。你不做我的臣,我就不给你官。

事实上,公犯诏书之类的言语和举动都没有给官员带来严重后果,甚至没有受到实质性恐吓和威胁。比如,官员公开反对诏书,下诏廷议讨论官员奏书,最后诏书采用了官员奏书。梁太后诏以殇帝幼崩,"庙次宜在顺帝下。太常马访奏宜如诏书,谏议大夫吕勃以为应依昭穆之序,先殇帝,后顺帝。诏下公卿。"周举认为,"殇帝在先,于秩为父,顺帝在后,于亲为子,先后之义不可改,昭穆之序不可乱。吕勃议是也。"太后诏从之。③

概言之,不奉诏大体表现为三种形式。④ 首先是口头声称不奉诏。臣子公然宣称拒绝奉诏,虽未必落实为行动,但如此公然宣称,就已经具有一种公开挑衅皇帝权威的姿态和性质。比如,"(高)帝欲废太子,而立戚姬子如意为太子,大臣固争之,莫能得;上以留侯策即止。而周昌廷争之彊,上问其说,昌为人吃,又盛怒,曰:'臣口不能言,然臣期期知其不可。陛下虽欲废太子,臣期期不奉诏。'上欣然而笑。"⑤所谓"期期不奉诏",就是绝不接受皇帝的诏命。又如,"吕后最怨戚夫人及其子赵王,乃令永巷囚戚夫人,而召赵王。使者三反,赵相建平侯周昌谓使者曰:'高帝属臣赵王,赵王年少。窃闻太后怨戚夫人,欲召赵王并诛之,臣不敢遣王。王且亦病,不能奉诏。'"⑥(《史记·吕太后本纪》)再如,元帝想废太子,史丹力谏不可,声称如果废太子,绝不奉诏。"皇太子以适长立,积

① 《史记·郑当时列传》。
② 王先谦《〈汉书〉补注》,第 3780 页。
③ 《后汉书·周举列传》。
④ 亦有人从事态或内容上区分不奉诏为"军中权宜"、"拒绝任命与赐予"、"为国持正"、"政令失御"四种类型,其中"为国持正"的作用最值得肯定。(孙家洲《论汉代"不奉诏"的类型及其内涵》,《中国人民大学学报》2005 年第 6 期)
⑤ 《史记·张丞相列传》。
⑥ 《史记·吕太后本纪》。

十余年,名号系于百姓,天下莫不归心臣子。见定陶王雅素爱幸,今者道路流言,为国生意,以为太子有动摇之议。审若此,公卿以下必以死争,不奉诏。臣愿先赐死以示群臣!"①对官员而言,皇帝所说皆为诏,但官员依然可以当面拒绝。景帝赐卫绾剑,"绾曰:'先帝赐臣剑凡六,不敢奉诏。'上曰:'剑,人之所施易,独至今乎?'绾曰:'具在。'"②有趣的是,官员当面拒绝了皇帝的要求,不奉诏命,反而得到皇帝的赞赏。比如,任延拜武威太守,"光武戒之曰:'善事上官,无失名誉。'任延对曰:'臣闻忠臣不私,私臣不忠。履正奉公,臣子之节。上下雷同,非陛下之福。善事上官,臣不敢奉诏。'光武帝叹息曰:'卿言是也。'"③

　　其次是行动上不行诏命或拒不奉诏。有时,拒诏也是一种变相的劝谏。对这种拒诏,稍微有脑子的皇帝往往会予以宽容,甚至奖励。比如,郅恽为上东城门候。光武帝出猎,"车驾夜还,恽拒关不开。帝令从者见面于门间。恽曰:'火明辽远。'遂不受诏。帝乃回从东中门入。明日,恽上书谏曰:'……陛下远猎山林,夜以继昼,其如社稷宗庙何?……'书奏,赐布百匹,贬东中门候为参封尉。"④光武赐布显然不是因为郅恽上书,而是因为不受诏开门。所以光武才会把给自己开门的东中门候贬为参封尉。值得注意的是,对官员不行诏命的现象,皇帝的态度虽颇为复杂,喜怒不一,但总体而言,还是相当宽容。⑤此类事例颇多。(1)栾布无视刘邦的诏令,为彭越哭丧。刘邦认为这种公犯诏书,与谋反无异。栾布早年和彭越游,后为燕王臧荼将。臧荼反,兵败。"梁王彭越闻之,乃言上,请赎布为梁大夫。使于齐,未反,汉召彭越责以谋反,夷三族,枭首雒阳,下诏有收视者辄捕之。布还,奏事彭越头下,祠而哭之。吏捕以闻。"刘邦大骂,"吾禁人勿收,若独祠而哭之,与反明矣。趣亨之。"栾布疾呼,"垓下之会,微彭王,项氏不亡。天下已定,彭王剖符受封,(亦)欲传之万世。今(汉)〔帝〕壹征兵于梁,彭王病不行,而疑以为反。反形未见,以苛细诛之,臣恐功臣人人自危也。"刘邦乃释栾布,拜为都尉。⑥(2)吴王刘濞反,周亚夫率兵平叛。景帝命

① 《汉书·史丹传》。
② 《汉书·卫绾传》。
③ 《后汉书·循吏列传》。
④ 《后汉书·郅恽列传》。
⑤ 这里举一个不奉诏而受责的例子。平原太守史弼不遵诏书,不举党人,受到负责官员的斥责,并被举奏获罪。"诏书下诸郡察党人,时所在怖惧,皆有所举,多至数千人,弼独上言无党人。从事主者坐问责曰:'诏书憎嫉党人极恳至,诸郡皆有,平原何独无?'弼对曰:'先王疆理天下,画为九壤,物土不同,风俗亦异。他郡自有,平原自无,胡可相比! 若趣诸诏书,诬陷良善,平原之人,皆为党乎?'从事大怒,奏弼罪,以赎免。"(《后汉纪》卷22)
⑥ 《汉书·栾布传》。

周亚夫救梁王,周亚夫不奉诏,最终大破叛军。从军事角度看,周亚夫是正确的,景帝也没有追究他。"吴方攻梁,……梁上书言景帝,景帝诏使救梁。亚夫不奉诏,坚壁不出,而使轻骑兵弓高侯等绝吴楚兵后食道。吴楚兵乏粮,饥,欲退,数挑战,终不出。夜,军中惊,内相攻击扰乱,至于帐下。亚夫坚卧不起。……吴楚既饿,乃引而去。"亚夫出兵大破之。① (3)丙吉"拒闭使者",武帝非但不怪罪,反而感寤而"普赦天下"。② 丙吉以"故廷尉监征,诏治巫蛊郡邸狱。时宣帝生数月,以皇曾孙坐卫太子事系,吉见而怜之。……望气者言长安狱中有天子气,于是上遣使者分条中都官诏狱系者,亡轻重一切皆杀之。内谒者令郭穰夜到郡邸狱,吉闭门拒使者不纳,曰:'皇曾孙在。他人亡辜死者犹不可,况亲曾孙乎!'相守至天明不得入,穰还以闻,因劾奏吉。武帝亦寤,曰:'天使之也。'因赦天下。"③ (4)翼奉拒绝朝廷显贵打着皇帝的旗号向自己求学。"平昌侯王临以宣(布)〔帝〕外属侍中,称诏欲从(翼)奉学其术。奉不肯与言,而上封事曰:'……平昌侯比三来见臣,皆以正辰加邪时。辰为客,时为主人。以律知人情,王者之祕道也,愚臣诚不敢以语邪人。'"④ (5)王尊不执行司隶校尉派人送达的皇帝诏书。京兆尹王尊"坐遇使者无礼。司隶遣假佐放奉诏书白尊发吏捕人,放谓尊:'诏书所捕宜密。'尊曰:'治所公正,京兆善漏泄人事。'放曰:'所捕宜今发吏。'尊又曰:'诏书无京兆文,不当发吏。'"⑤ (6)只要不按照皇帝诏书行事,都是违命,会被弹劾。光武使御史中丞李由持玺书招秦丰,"丰出恶言,不肯降。车驾引还,勑(朱)祐方略,祐尽力攻之。明年夏,城中穷困,丰乃将其母妻子九人肉袒降。祐槛车传丰送洛阳,斩之。大司马吴汉劾奏祐废诏受降,违将帅之任,帝不加罪。"⑥ (7)官员对皇帝诏书"固执不从"。"齐〔炀〕(殇)王子〔都〕(郁)乡侯(刘)畅奔章帝哀,上书未报,(窦)宪使客刺杀畅。……诏书疑畅弟阳,遣御史之齐考劾。尚书令韩〔棱〕(陵)以为奸在京师,不宜舍近问远。诏书遣棱,棱固执不从。"⑦ (8)梁冀枉杀李固,暴尸于野。弟子郭亮上书收尸。"夏门亭长呵之曰:'李、杜二公为大臣,不能安上纳忠,而兴造无端。卿曹何等

---

① 《汉书·周勃传》。

② 还有一个相仿而有相异的例子。丞相薛宣、御史大夫翟方进劾奏张放拒绝交出诏书指名抓捕的罪人。"前侍御史修等四人奉使下放家逐名捕贼,时放见在,奴从者闭门设兵弩射吏,距使者不肯内。"(《汉书·张汤传》)

③ 《汉书·丙吉传》,颜注。

④ 《汉书·翼奉传》。

⑤ 《汉书·王尊传》。

⑥ 《后汉书·朱祐列传》。

⑦ 《后汉纪》卷12。

腐生,公犯诏书,干试有司乎?'亮曰:'亮含阴阳以生,戴干履坤。义之所动,岂知性命,何为以死相惧?'亭长叹曰:'居非命之世,天高不敢不局,地厚不敢不蹐。耳目适宜视听,口不可以妄言也。'太后闻而不诛。"①(9)董卓自受诏进京始,"再违诏敕"②,前前后后都是在公犯诏书,公然抗命。董卓拒诏是明目张胆的,也是嚣张跋扈的。这是因为乱世之故,诏书已无权威可言。灵帝征董卓为少府,"卓不肯就,上书,辄行前将军事。既而以卓为并州牧,以兵属皇甫嵩,卓又上书,请将兵之官。……天子以责让,卓不受诏,选五千骑将自河津渡。"皇甫嵩表示,"专命亦罪也,不如显奏,使朝廷裁之。"③司马光在这里有着更为细致的描述。"嵩曰:'违命虽罪,专诛亦有责也。不如显奏其事,使朝廷裁之。'乃上书以闻。帝以让卓。卓亦不奉诏,驻兵河东以观时变。"对"违命"和"专诛",胡三省有一个说明,"卓不释兵为违命,嵩擅讨卓为专诛。"④意思是,"违命"是拒诏,"专诛"是矫诏,二者皆有违奏诏程序。前者有诏命而不行,后者无诏命而擅行,均属悖逆之举。就是说,按照奏诏模式,不能以非法行动对抗违法举动。灵帝死后,大将军何进欲诛宦官,召并州牧董卓。"卓至渑池,而进更狐疑,使谏议大夫种邵宣诏止之。卓不受诏,遂前至河南;邵迎劳之,因谲令还军。卓疑有变,使其军士以兵胁邵。邵怒,称诏叱之,军士皆披,遂前质责卓;卓辞屈,乃还军夕阳亭。"少帝见董卓将兵卒至,"恐怖涕泣。群公谓卓曰:'有诏却兵。'卓曰:'公诸人为国大臣,不能匡正王室,至使国家播荡,何却兵之有!'"⑤(10)鞭长莫及的蛮夷外臣或实力强悍的蕃国对汉帝国往往阳奉阴违,上下其手。它们一方面扣压和阻挠其他蛮夷给皇帝的上书,另一方面却又不奉诏书。比如,朝鲜国王右渠"所诱汉亡人滋多,又未尝入见;真番旁众国欲上书见天子,又拥阏不通。元封二年,汉使涉何谯谕右渠,终不肯奉诏。"⑥

　　其实,还有一种既在口头又在行动上拒不奉诏的事例。比如,赵萌倚仗国丈身份,骄横跋扈,当面拒绝更始帝的旨意,斩杀更始近臣。"更始以赵萌女为夫人,有宠,委政于萌。……萌尝以私事扶侍中下斩之,侍中呼曰:'陛下救我!'更始言:'大司马哀纵之。'萌曰:'臣不奉诏!'遂斩之。"尤需加以注意的是,"如此者数"⑦表明,赵萌的此类言行已有三番五次之多。又如,安帝受宦官和乳母

---

① 《后汉书·李固列传》。
② 《三国志·魏书·董卓传》,裴注。
③ 《后汉纪》卷 25。
④ 《资治通鉴》卷 59。
⑤ 《资治通鉴》卷 59。
⑥ 《史记·朝鲜列传》。
⑦ 《后汉纪》卷 2。

蛊惑,诏废太子,太仆来历不甘心,联手众多大臣,集体上书,甚至不惧安帝"显明刑书"的下狱威胁,连日独自守阙,为太子鸣冤。

> 历乃要结光禄勋祋讽,宗正刘玮,将作大匠薛皓,侍中闾丘弘、陈光、赵代、施延,太中大夫朱伥、第五颉,中散大夫曹成,谏议大夫李尤,符节令张敬,持书侍御史龚调,羽林右监孔显,城门司马徐崇,卫尉守丞乐闻,长乐、未央厩令郑安世等十余人,俱诣鸿都门证太子无过。龚调据法律明之,以为(王)男、(邴)吉犯罪,皇太子不当坐。帝与左右患之,乃使中常侍奉诏胁群臣曰:"……历、讽等不识大典,而与群小共为谯哗,外见忠直而内希后福,饰邪违义,岂事君之礼?朝廷广开言事之路,故且一切假贷;若怀迷不反,当显明刑书。"谏者莫不失色。薛皓先顿首曰:"固宜如明诏。"历怫然,廷诘皓曰:"属通谏何言,而今复背之?大臣乘朝车,处国事,固得辗转若此乎!"乃各稍自引起,历独守阙,连日不肯去。[1]

来历所为显然是一种明目张胆的拒诏。这激怒了安帝,不仅削减其"国租",还把来历和兄弟的官都罢了,也不考虑来历母亲被尊为长公主,"黜公主不得会见。"[2]

二、批评和封还诏书

虽说议论诏书被贬,比如,少府宋畴坐议"凤皇下彭城,未至京师,不足美",贬为泗水太傅。[3] 但在奏诏模式中,官员确实既可以批评诏书,也可以"封还诏书"。"诏书下,有违法令,施行之不便,曹史白封还尚书,对不便状。"[4]此处有两个关节点。诏书有违法令和施行不便即可封还。但封还的对象是尚书,而非皇帝。详绎文义,这应该是尚书颁诏的最后一道手续。这个环节亦须曹史审核把关。曹史将不便理由告知尚书,尚书可依程序上奏皇帝裁夺,亦可自己定夺。可见曹史封还诏书并无决定权。据此,这类现象有多大普遍性不易评估。这便引出一个问题,奏诏模式为臣子言论提供了多少真实的自由度?不过有一点可以确认,官员不仅可以反驳皇帝的要求,还能被皇帝接受。比如,张汤"治淮南、衡山、江都反狱,皆穷根本。严助、伍被,(武帝)上欲释之,汤争曰:'伍被本造反

---

① 《后汉书·来歙列传》。
② 《后汉书·来歙列传》。
③ 《资治通鉴》卷 25。
④ 卫宏《汉旧仪》卷上,《汉官六种》。

谋,而助亲幸出入禁闼腹心之臣,乃交私诸侯,如此弗诛,后不可治.'上可论之。"①

其实,反驳诏书是有条件的。有时皇帝口诏可以拒绝。以文帝和张释之为例。一是,文帝命张释之提拔虎圈啬夫为上林令。张释之当场拒绝了文帝的诏令,文帝却欣然接受。"上登虎圈,问上林尉禽兽簿,十余问,尉左右视,尽不能对。虎圈啬夫从旁代尉对上所问禽兽簿甚悉,欲以观其能口对向应亡穷者。"文帝诏张释之"拜啬夫为上林令"。张释之谏曰:"今陛下以啬夫口辩而超迁之,臣恐天下随风靡,争口辩,亡其实。且下之化上,疾于景向,举错不可不察也。"文帝赞曰"善",乃不拜啬夫。二是,张释之拒绝了文帝对惊吓舆马者的重判要求。"上行出中渭桥,有一人从桥下走,乘舆马惊。于是使骑捕之,属廷尉。释之治问。"张释之上奏,"此人犯跸,当罚金。"文帝要求重判的理由基于一种假设。"此人亲惊吾马,马赖和柔,令它马,固不败伤我乎?"张释之认为文帝有权杀他,既然交给自己裁判,只能按照法律来判。"法者天子所与天子公共也。今法如是,更重之,是法不信于民也。且方其时,上使使诛之则已。今已下廷尉,廷尉,天下之平也,壹倾,天下用法皆为之轻重,民安所错其手足?"文帝最后接受了张释之的判决。三是,张释之拒绝了文帝对盗窃陵墓者的重判要求。"人有盗高庙座前玉环,得,文帝怒,下廷尉治。案盗宗庙服御物者为奏,当弃市。上大怒曰:'人亡道,乃盗先帝器!吾属廷尉者,欲致之族,而君以法奏之,非吾所以共承宗庙意也。'释之免冠顿首谢曰:'法如是足也。且罪等,然以逆顺为基。今盗宗庙器而族之,有如万分一,假令愚民取长陵一抔土,陛下且何以加其法虖?'文帝与太后言之,乃许廷尉当。"②

一旦诏书正式成文,必须执行,否则即为"废格诏书"。当然,即便实施诏书,也允许某种程度的批评。比如,丞相魏相奏书,"孝文皇帝时,以二月施恩惠于天下,赐孝弟力田及罢军卒,祠死事者,颇非时节。御史大夫朝错时为太子家令,奏言其状。臣相伏念陛下恩泽甚厚,然而灾气未息,窃恐诏令有未合当时者也。愿陛下选明经通知阴阳者四人,各主一时,时至明言所职,以和阴阳,天下幸甚!"宣帝非但不怪罪魏相,还将其所陈便宜"纳用焉"。③又如,丞相王嘉奏封事批评哀帝诏书。"诏书罢苑,而以赐(董)贤二千余顷,均田之制从此堕

①《汉书·张汤传》。
②《汉书·张释之传》。
③《汉书·魏相传》。

坏。"①再如，哀帝"封拜丁、傅，夺王氏权。"大司空师丹上书抨击，"诏书比下，变动政事，卒暴无渐。"②至于尚书令阳球奏书灵帝，直接反驳诏书中的要求，虽"书奏不省"，至少说明士大夫批评皇帝诏书并非乏见。这应该算是一种合乎奏诏程序的"公犯诏书"行为。可见奏诏模式允许一定程度上的臣子驳斥皇帝的做法。尚书令阳球"奏罢"鸿都文学。"伏承有诏敕中尚方为鸿都文学乐松、江览等三十二人图象立赞，以劝学者。……案松、览等皆出于微蔑，斗筲小人，依凭世戚，附托权豪，俛眉承睫，徼进明时。……愿罢鸿都之选，以消天下之谤。"③更有甚者，则是公然拒绝诏书要求。李燮拜京兆尹，"时既以货赂为官，诏书复横发西园钱三亿，尹上封事，拒此横调，并陈祸败，辞义深切，遂止不发。"④

再进一步，便是封还皇帝诏书。此事性质严重，虽不多见，仍属于许可范畴。"封还诏书"意即退还诏书。它是"公犯诏书"的一种体现，也是奏诏模式允许的。⑤ 比如，明帝"好以小察为明，公卿大臣数被诬毁，尚书近臣尤甚。由是朝廷悚栗，事为多苟且，以避诛责。（钟离）意独犯颜论事，数封还诏书。"⑥丞相王嘉不但退还了哀帝拿出来的傅太后遗诏，还陈述了充足理由。当然，王嘉退还诏书，并非因为这是伪诏。他是把这当成真诏书退还给哀帝的。为了董贤，哀帝也是拼了，不仅伪造奏书，还假造傅太后遗诏。

> 傅太后薨，上因托傅太后遗诏，令成帝母王太后下丞相御史，益封贤二千户，及赐孔乡侯、汝昌侯、阳新侯国。嘉封还诏书，因奏封事谏上及太后曰："……今太皇太后以永信太后遗诏，诏丞相御史益贤户，赐三侯国，臣嘉窃惑。……前贤已再封，（傅）晏、（傅）商再易邑，业缘私横求，恩已过厚，求索自恣，不知厌足，甚伤尊（卑）〔尊〕之义，不可以示天下，为害痛矣！……陛下寝疾久不平，继嗣未立，宜思正万事，顺天人之心，以求福祐，柰何轻身肆意，不念高祖之勤苦垂立制度欲传之于无穷哉！……臣谨封上诏书，不

---

① 《汉书·王嘉传》。
② 《汉书·师丹传》。
③ 《后汉书·酷吏列传》。
④ 《李燮别传》，《汉魏六朝杂传集》第1册。
⑤ 一方面，奏诏模式允许臣子退还诏书；另一方面，朝廷亦有惩治拒诏之法。王嘉所谓"非爱死而不自法"，意思是"不以违拒诏指之法自勉"。（《资治通鉴》卷35，胡注）可见不仅确有"拒诏罪"，而且官员也非常清楚拒诏的严重后果。
⑥ 《后汉纪》卷9。不过有人认为，"尚书职主作诏，既然作而成之，就不应封而还之，今意传既云为尚书而封还诏书，则所封还者当是君主指示尚书作诏的诏书，而不是尚书制作向外发布的诏书。"（杨鸿年《汉魏制度丛考》，第90页，武汉大学出版社，2005年）此说联想过度。所谓"犯颜论事，数封还诏书"，只能是成文诏书，而非将要草拟的未成诏书。事实上，封还成文诏者还有王嘉。

敢露见,非爱死而不自法,恐天下闻之,故不敢自劾。"①
虽说退还诏书事态严重,哀帝内心还有一个郁结。那是二十多天前王嘉封事为
廷尉梁相辩护。早先梁相等人杂治东平王狱,梁相心疑刘云冤枉,奏议"更下公
卿覆治。"尚书令鞫谭、仆射宗伯凤"以为可许"。哀帝认为梁相等人"见上体不
平,外内顾望,操持两心,幸云踰冬,无讨贼疾恶主雠之意,制诏免相等皆为庶
人"。哀帝本就因为此事愤懑不平,现在一见王嘉"封还益董贤户事",终于按耐
不住,勃然大怒,"召嘉诣尚书"。痛斥道,"君以道德,位在三公,以总方略一统万
类分明善恶为职,知相等罪恶陈列,著闻天下,时辄以自劾,今又称誉相等,云为
朝廷惜之。大臣举错,恣心自在,迷国罔上,近由君始,将谓远者何!"②可见,退
还诏书如同导火索,直接点燃了哀帝的冲天怒火,将王嘉罢官了事。

三、废格明诏

"废格"应该是汉律中专门针对废弃不行皇帝诏书而制造的罪名。所谓"废
格天子文法,使不行也。"意即"废格天子之命而不行"。至于"沮诽"也涉及皇帝
诏命。"诽谓非上所行"即会受到刑律严惩。比如,"自公孙弘以《春秋》之义绳
臣下取汉相,张汤用峻文决理为廷尉,于是见知之法生,而废格沮诽穷治之狱用
矣。"注家云:"沮败诽谤之者,皆被穷治,故云废格沮诽之狱用矣。"③"官有所
作,废格沮败诽谤,则穷治之也。"④似可见武帝推行各项政策阻碍不小。因为
针对"官有所作"的"废格沮败诽谤"之人颇多。但"废格法"的立法和执法实践,
使得处置和判决阻挠和抗拒皇帝诏书的大量案件有了一个客观有效的法律依
据。这表明汉帝国借助法律手段,加大了维护皇帝权威的力度。

"废格天子之命"就是废毁天子诏令。所以它也被称作"废格明诏"。它是
违背皇帝诏命罪行中最严重的一种。一般不遵皇帝诏命,是为不敬。比如,丞
相长史黄霸"坐公卿大议廷中知长信少府夏侯胜非议诏书大不敬,霸阿从不举
劾,皆下廷尉,系狱当死。"⑤可见非议诏书连同"阿从不举劾"即知晓非议诏书
而不举报一律严惩。尽管如此,"废格明诏"还是显得严重得多,因为可能要被
"弃市"。比如,淮南王太子刘迁习剑被郎中雷被误伤,太子怒,雷被"遂亡至长

① 《汉书·王嘉传》。
② 《汉书·王嘉传》。
③ 《史记·平准书》,三家注。
④ 《汉书·食货志下》,颜注。
⑤ 《汉书·循吏传》。

安,上书自明,"表示愿意出征匈奴。

> 诏下其事廷尉、河南。河南治,逮淮南太子。……当是时,淮南相怒寿
> 春丞留太子逮不遣,劾不敬。王以请相,相弗听。王使人上书告相,事下廷
> 尉治。踪迹连王,王使人候伺汉公卿,公卿请逮捕治王。……是时上不许
> 公卿请,而遣汉中尉宏即讯验王。……中尉还,以闻。公卿治者曰:"淮南
> 王安拥阏奋击匈奴者雷被等,废格明诏,当弃市。"诏弗许。[1]

"废格明诏"又称"格明诏",[2]意思是"扞阁不行之"。[3] 简单说是不奉诏。崔浩对"废格明诏"的解释,似乎含义更为丰富一些。"诏书募击匈奴,而雍遏应募者,汉律所谓废格。"[4]可见"废格明诏"包括阻挠、耽搁、迟滞、拖延、敷衍执行诏书,以及无故不行诏书等内容和表现。它不仅是汉律中的一项具体罪名,而且汉律还处以"弃市"的极刑惩罚。这应该是对不行诏书的最为明确和严厉的惩罚措施。蹊跷的是,皇帝似乎不以为然。可见君臣双方对"废格明诏"的态度迥然不同。值得注意的是,对"废格明诏"的惩罚,官员先后上了三封奏书,可见性质之严重。

和"废格明诏"相类,还有"废格沮事"。比如,"杨可方受告缗,(义)纵以为此乱民,部吏捕其为可使者。天子闻,使杜式治,以为废格沮事,弃纵市。"意思是,"武帝使杨可主告缗,没入其财物,纵捕为可使者,此为废格诏书,沮已成之事。"[5]可见,官员阻挠执行诏书,必受严惩。在这种语境中,"沮事"往往和沮败皇帝诏命、损害皇帝权威的言行联系在一起,成为皇权政治中必须打击的对象。比如,大农上盐铁丞孔仅、咸阳奏言,"山海,天地之藏也,皆宜属少府,陛下不私,以属大农佐赋。原募民自给费,因官器作煮盐,官与牢盆。浮食奇民欲擅管山海之货,以致富羡,役利细民。其沮事之议,不可胜听。"[6]

---

① 《史记·淮南王列传》。
② "废格明诏"在班《书》中作"格明诏"。王先谦云:"'废'字不可少。"(《〈汉书〉补注》,第3539页)
③ 《汉书·淮南王传》,颜注。
④ 《史记·淮南王列传》,三家注。
⑤ 《史记·酷吏列传》,三家注。
⑥ 《史记·平准书》。

第九章

矫　诏

第一节　释　义

判断皇帝诏书之权威,实践中有两个常见标准,一是拒诏行为,一是矫诏行为。拒诏主体可以有士人和百姓,矫诏主体则不可能有无官一身轻之平民。因为只有行使权力之人才有机会矫制。一般说,矫诏主体多为钦使、权臣、宦官。[①] 钦差身负皇命,权臣假传圣旨,宦官口含天宪,这三类人和皇帝关系最为密切,接触诏书的几率最大,最有可能也最有需要矫诏。

奏诏模式中,无论拒诏还是矫诏,不光犯忌,还是犯罪。总之,均属犯上之举。对二者的惩罚却有明显区别。拒诏不会杀人,矫诏多有杀人。从数量看,拒诏多得多;从后果看,矫诏重得多。因为,拒诏只是拒绝皇帝恩惠,不给皇帝面子;矫诏却是假传圣旨,窃取皇权。自然,对矫诏的惩处必须严厉。哪怕矫诏的动机和效果都是好的,也不行。[②] 比如,武威太守任延"坐擅诛羌不先上,左

---

① 有研究者概括为四类人,近臣、使臣、将领、西域校尉。(参见叶秋菊《秦汉诏书与中央集权研究》第67—70页,中国社会科学出版社,2016年)

② 当然,矫诏而不受追究的事例也是有的。除了看矫制的动机、效果,还要考虑朝廷反应,特别是皇帝心态。这里也有偶然和运气的成分。举一例。王望迁青州刺史,"是时州郡灾旱,百姓穷荒,望行部,道见饥者,裸行草食,五百余人,愍然哀之,因以便宜出所在布粟,给其(廪)〔禀〕粮,为作褐衣。事毕上言,(明)帝以望不先表请,章示百官,详议其罪。时公卿皆以为望之专命,法有常条。钟离意独曰:'昔华元、子反,楚、宋之良臣,不禀君命,擅平二国,《春秋》之义,以为美谈。今望怀义忘罪,当仁不让,若绳之以法,忽其本情,将乖圣朝爱育之旨。'帝嘉意议,赦而不罪。"(《后汉书·刘平列传》)刺史在东汉初尚未完全成为地方官,人们仍以钦差视之,评价其行为,认为其奉使出行,不应矫诏行事。刘平动用官仓粮食时,理应奏报朝廷。"不先表请""事毕上言"即属先斩后奏,亦即是违规操作。违规操作可错可罪。就明帝本心,显然是想定罪,百官一致认为这是重罪。但经过钟离意引经据典的劝谏,明帝改变初衷,不再追究。还有两个类似例子。一是,度尚迁文安令,"遇时疾疫,谷(转下页)

转召陵令"。① 又如，羌寇安定、北地、上郡，安帝诏命度辽将军梁慬"发边兵迎三郡太守，使将吏人徙扶风界。慬即遣南单于兄子优孤涂奴将兵迎之。既还，慬以涂奴接其家属有劳，辄授以羌侯印绶，坐专擅，征下狱，抵罪。"② 最典型的是冯奉世出使西域，莎车畔汉，冯奉世"以节谕告诸国王"，发兵击之，莎车王自杀，获大宛"名马象龙而还"。宣帝甚说，下议封侯。"丞相、将军皆曰：'《春秋》之义，大夫出疆，有可以安国家，则颛之可也。奉世功效尤着，宜加爵土之赏。'少府萧望之独以奉世奉使有指，而擅矫制违命，发诸国兵，虽有功效，不可以为后法。即封奉世，开后奉使者利，以奉世为比，争逐发兵，要功万里之外，为国家生事于夷狄。渐不可长，奉世不宜受封。"总之，"奉世奉使有指，《春秋》之义亡遂事，汉家之法有矫制，故不得侯。"师古曰："无遂事者，谓临时制宜，前事不必遂也。汉家之法，擅矫诏命，虽有功劳不加赏也。"③ 萧望之认为，如果擅自超出本职工作，"矫制违命，"即便有功，"不可以为后法。"因为，矫制是一种政治投机，即便侥幸得手，也不应鼓励，否则会纵容侥幸之徒，贪功冒进，酿成大患，甚至后患无穷。值得注意的是，宣帝赞同萧望之的观点。可见，皇帝对矫诏还是心存忌惮。荀悦在评论这件事时说："诚其功义足封，追录前事可也。《春秋》之义，毁泉台则恶之，舍中军则善之，各由其宜也。夫矫制之事，先王之所慎也，不得已而行之。若矫大而功小者，罪之可也；矫小而功大者，赏之可也；功过相敌，如斯而已可也。权其轻重而为之制宜焉。"④

不像拒诏那么一目了然，矫诏有时颇为模糊，需要辨析。比如，奏请皇帝之

（接上页）贵人饥，尚开仓禀给，营救疾者，百姓蒙其济。时冀州刺史朱穆行部，见尚甚奇之。"（《后汉书·度尚列传》）据文义，度尚所为应该也矫诏，但他并未受到相应弹劾，反而得到刺史的赞赏。二是，李膺身为司隶校尉，擅杀宦官张让弟野王令张朔。张朔"贪残无道，至乃杀孕妇，闻膺厉威严，惧罪逃还京师，因匿兄让弟舍，藏于合柱中。膺知其状，率将吏卒破柱取朔，付洛阳狱。受辞毕，即杀之。"显然，这属于典型的先斩后奏，故而受到桓帝的追究。"让诉冤于帝，诏膺入殿，御亲临轩，诘以不先请便加诛辟之意。"李膺自辩道，"今臣到官已积一旬，私惧以稽留为愆，不意获速疾之罪。诚自知衅责，死不旋踵，特乞留五日，克殄元恶，退就鼎镬，始生之愿也。"桓帝无言以对，扭头斥责张让，"此汝弟之罪，司隶何愆？"（《后汉书·党锢列传》）严格说，这两个例子属于官员的擅自行动。至于行动之前是否打着皇帝旗号，宣称奉诏行事，史无明文。不妨视为一种广义的矫诏。如此，矫诏后果虽然可以预期，却也充满变数。就是说，矫诏未必一定受到惩罚。反之，还有一种情况，官员不行擅杀，却被皇帝治罪。卫太子兵败，"会夜司直田仁部闭城门，坐令太子得出。"丞相刘屈氂欲斩田仁，"御史大夫暴胜之谓丞相曰：'司直，吏二千石，当先请，奈何擅斩之。'丞相释仁。"武帝大怒，"下吏责问御史大夫曰：'司直纵反者，丞相斩之，法也，大夫何以擅止之？'胜之皇恐，自杀。"（《汉书·刘屈氂传》）

① 《后汉书·循吏列传》。
② 《后汉书·梁慬列传》。
③ 《汉书·冯奉世传》。
④ 《资治通鉴》卷 29。

前,擅权行事,即属矫诏之一种。"征西校尉任尚以奸利被征抵罪。尚曾副大将军邓骘,骘党护之,而太尉马英、司空李合承望骘旨,不复先请,即独解尚臧锢,(刘)恺不肯与议。后尚书案其事,二府并受谴咎,朝廷以此称之。"①

相对而言,拒诏尚属正常,矫诏则属非常。虽属非常,却非罕见。比如,"擅放群盗归"②即为矫制之一种。正因此,奏诏模式在体制上为拒诏保留了一席之地,同时,在实践上又不得不为矫诏留下某种空隙。对一个空前的庞大帝国来说,矫诏虽说只是一些空隙,也足以相当可观。除了朝廷上有名可查的矫诏事例,地方官矫诏者亦不在少数。比如,"矫伪者出几十万石粟,赋六百余万钱,乘传而行郡国,此其亡行义之(先)〔尤〕至者也。"意思是,"矫伪之人诈为诏令,妄作赋敛,其数甚多,又诈乘传而行郡国也。"③至于乱世矫诏,亦是常态。"赤眉入关,更始危殆,权臣放纵,矫称诏制,道路阻塞,四方蜂起,群雄竞逐,百姓无所归命。"④

第二节　矫　诏　谋　反

谋反必矫诏。谋反者多从矫诏始。正像齐王刘将闾遗诸侯王书所云:"今高后崩,皇帝春秋富,未能治天下,固待大臣诸侯。今诸吕又擅自尊官,聚(官)〔兵〕严威,劫列侯忠臣,挢制以令天下,宗庙以危。"⑤所有谋逆者都需要伪造诏书,为自己制造一种道义性和正当性。比如,韩信谋反时,就用了矫诏这个手段。卫太子被逼造反时,也用矫制释放狱囚,充当兵马。

1. 嫪毐"作乱而觉,矫王御玺及太后玺以发县卒及卫卒、官骑、戎翟君公、舍人,将欲攻蕲年宫为乱。"⑥

2. 陈豨反,刘邦"自将而往,(韩)信病不从。阴使人至豨所,曰:'弟举兵,吾从此助公。'信乃谋与家臣夜诈诏赦诸官徒奴,欲发以袭吕后、太子。"⑦

3. 伍被建议淮南王,"伪为左右都司空上林中都官诏狱书,逮诸侯太子及

① 《后汉书·刘般列传》。
② 《汉书·孙宝传》,颜注。
③ 《汉书·贾谊传》,颜注。
④ 《后汉书·岑彭列传》。
⑤ 《汉书·高五王传》。
⑥ 《史记·秦始皇本纪》。
⑦ 《史记·淮阴侯列传》。

幸臣。如此,则民怨,诸侯惧。"①

4. 江充至太子宫"掘蛊,得桐木人"。卫太子召问少傅石德,石德建议,"可矫以节收捕充等系狱,穷治其奸诈。"卫太子"乃使客为使者收捕充等。按道侯说疑使者有(诏)〔诈〕,不肯受诏,客格杀说。"②

5. 卫太子遣使者"挢制赦长安中都官囚徒,发武库兵,命少傅石德及宾客张光等分将,使长安囚如侯持节发长水及宣曲胡骑,皆以装会。"③

6. 莽何罗和弟弟莽通因卫太子事"力战得封",后来武帝夷灭江充宗族党羽,"何罗兄弟惧及,遂谋为逆。"武帝行幸林光宫,"何罗与通及小弟安成矫制夜出,共杀使者,发兵。"④

7. 魏相为丞相,"霍氏怨相,又惮之,谋矫(上官)太后诏,先召斩丞相,然后废天子。"⑤

第三节　矫诏发兵

严格说,皇权体制下任何人都不能擅权行事。虽说"将在外君命有所不受"使军事上的矫诏似乎有了某种合理性,⑥却因此造成将军令和天子诏之间的必然冲突。就法理而言,即便因军事需要,且打了胜仗,也不能假传圣旨。尽管可能会有一个有利结果。其实,就将领本身而言,拒诏或矫诏皆难以理直气壮。比如,光武帝以盖延"轻敌深入,数以书诫之"。盖延上疏辩解说:"明诏深闵,儆戒备具,每事奉循诏命,必不敢为国之忧也。"⑦可见,面对光武的督责,盖延也没有十足底气。所谓"将在外君命有所不受"并不具有多少正当性。当然,历史实态毕竟复杂得多。有时,明智的皇帝也会便宜行事,灵活处置,从轻发落,不予追究,甚至给予嘉奖。

1. 秦将矫二世诏诱骗叛军。武臣略赵地,自称赵王,使李良略太原。"至石邑,秦兵塞井陉,未能前。秦将诈称二世使人遗李良书,不封,曰:'良尝事我

---

① 《汉书·伍被传》。
② 《汉书·武五子传》。
③ 《汉书·刘屈氂传》。
④ 《汉书·金日磾传》。
⑤ 《汉书·魏相传》。
⑥ 实际上,出兵外国的将领也被看作汉使。所以,汉使矫诏和将领矫诏往往重叠。但汉使矫诏依然有其特点。
⑦ 《后汉书·盖延列传》。

得显幸。良诚能反赵为秦，赦良罪，贵良。'良得书，疑不信。乃还之邯郸，益请兵。"道逢赵王姊醉行，轻慢之。"李良已得秦书，固欲反赵，未决，因此怒，遣人追杀王姊道中，乃遂将其兵袭邯郸。"杀武臣。①

2. 陈胜部将矫陈王令。召平为陈王徇广陵，"未能下。闻陈王败走，秦兵又且至，乃渡江矫陈王命，拜(项)梁为楚王上柱国。曰：'江东已定，急引兵西击秦。'项梁乃以八千人渡江而西。"②

3. 没有诏书而发兵，不属矫诏，类同矫诏。"灌婴在荥阳，闻魏勃本教齐王反，既诛吕氏，罢齐兵，使使召责问魏勃。勃曰：'失火之家，岂暇先言丈人后救火乎！'"颜师古解释说："言以社稷将危，故举兵以匡之，不暇待有诏命也。"③可见魏勃也是矫诏起兵。

4. 擅自发兵，略施薄惩。段会宗复为西域都护，"城郭甚亲附。康居太子保苏匿率众万余人欲降，会宗奏状，汉遣卫司马逢迎。会宗发戊己校尉兵随司马受降。司马畏其众，欲令降者皆自缚，保苏匿怨望，举众亡去。会宗更尽还，以擅发戊己校尉之兵乏兴，有诏赎论。拜为金城太守。"④

5. 将领矫诏，取得胜利。臧宫领兵攻成汉，公孙述将延岑盛兵严阵，会光武遣谒者"将兵诣岑彭，有马七百匹，宫矫制取以自益，晨夜进兵，多张旗帜，登山鼓噪，右步左骑，挟船而引，呼声动山谷。岑不意汉军卒至，登山望之，大震恐。宫因从击，大破之。"⑤

6. 监军矫诏，打败蛮夷。宋均为监军，随同马援征武陵蛮。马援卒于军，宋均和诸将商议，"今道远士病，不可以战，欲权承制降之何如？"史称，"诸将皆伏地莫敢应。"这个细节很有意思。可见矫诏事态严重，诸将不敢表态。宋均横下心说："忠臣出竟，有可以安国家，专之可也。"于是，"矫制调伏波司马吕种守沅陵长，命种奉诏书入虏营，告以恩信，因勒兵随其后。"蛮夷震怖而降，班师还朝。"均未至，先自劾矫制之罪。光武嘉其功，迎赐以金帛，令过家上冢。"⑥胡三省云："受命而出，未复命则不当先过家，今使过家上冢，所以示宠荣也。"⑦

7. 矫诏取胜，也下狱。鲜卑犯塞，辽东属国都尉段颎"率所领驰赴之。既而恐贼惊去，乃使驿骑诈赍玺书诏颎，颎于道伪退，潜于还路设伏。虏以为信

①《史记·张耳列传》。
②《史记·项羽本纪》。
③《汉书·高五王传》。
④《汉书·段会宗传》。
⑤《后汉书·臧宫列传》。
⑥《后汉书·宋均列传》。
⑦《资治通鉴》卷44。

然,乃入追颍。颍因大纵兵,悉斩获之。坐诈玺书伏重刑,以有功论司寇。"①

8. 将领出征,擅权杀人,是矫诏之一种。"奉车都尉窦固出击匈奴,骑都尉秦彭为副。彭在别屯而辄以法斩人,固奏彭专擅,请诛之。显宗乃引公卿朝臣平其罪科。(郭)躬以明法律,召入议。议者皆然固奏,躬独曰:'于法,彭得斩之。'帝曰:'军征,校尉一统于督。彭既无斧钺,可得专杀人乎?'躬对曰:'一统于督者,谓在部曲也。今彭专军别将,有异于此。兵事呼吸,不容先关督帅。且汉制棨戟即为斧钺,于法不合罪。'帝从躬议。"②

第四节 宦官矫诏

宦官乱政,必然矫诏。宦官和皇帝关系不仅最为密切,而且这种密切具有某种特殊性。皇帝干好事未必找宦官,皇帝干坏事往往找宦官。所谓"二世矫制,赵高是与。"③实际上,宦官也是皇权政治中最容易矫诏也最经常矫诏的政治集团。宦官有宣诏之责,这为宦官假传圣旨提供了体制便利。监督严格时,宦官矫诏之弊小些。有时即便宣诏口误,也会受到追究和惩罚。比如,明帝时,中常侍孙章宣诏,误将两兄弟杀人的判决都说成死刑,"尚书奏章矫制,罪当腰斩。"④不过,东汉中后期,皇纲解纽,尤其大长秋曹节"领尚书令"⑤,客观上为宦官矫诏篡权提供了现实条件。

1. 赵高矫诏愚弄二世。在赵高专权的整个过程中,矫制不断,花样翻新。"赵高诈诏卫士,令士皆素服持兵内乡,入告二世曰:'山东群盗兵大至!'二世上观而见之,恐惧,高既因劫令自杀。"⑥

2. 安帝诏遣使者"大为阿母修第,中常侍樊丰及侍中周广、谢恽等更相扇动,倾摇朝廷"。杨震上疏不省。"丰、恽等见震连切谏不从,无所顾忌,遂诈作诏书,调发司农钱谷、大匠见徒材木,各起家舍、园池、庐观,役费无数。"宦官樊丰矫诏被杨震发现,准备上报安帝。樊丰抢先下手,借星象之变,让人弹劾杨震

---

① 《后汉书·段颍列传》。
② 《后汉书·郭躬列传》。
③ 《史记·秦始皇本纪》。
④ 《后汉书·郭躬列传》。
⑤ 《后汉书·宦者列传》。
⑥ 《史记·李斯列传》。

怨怼皇帝。安帝下诏将杨震革职还乡。①

3. 宦官内斗，也用矫诏相残。"大将军梁商父子秉势。……中常侍张逵、蘧政、〔阳〕〔杨〕定、内者令石光、尚方令傅福等与中常侍曹腾、孟贲争权，白帝言腾、贲与商谋反，矫诏命收腾、贲，贲自解说，顺帝寤，解腾、贲缚。逵等自知事不从，各奔走。"后悉伏诛。②

4. 宦官矫诏政变。大将军窦武和太傅陈蕃谋诛中官，"（曹）节与长乐五官史朱瑀、从官史共普、张亮、中黄门王尊、长乐谒者腾是等十七人，共矫诏以长乐食监王甫为黄门令，将兵诛武、蕃等。"③

5. 大将军何进白何太后，"请尽诛诸常侍以下，"张让使人潜听，"具闻其语，乃率常侍段珪、毕岚等数十人，持兵窃自侧闼入，伏省中。及进出，因诈以太后诏召进。入坐省闼，让等诘进曰：'天下愦愦，亦非独我曹罪也。……卿言省内秽浊，公卿以下忠清者为谁？'于是尚方监渠穆拔剑斩进于嘉德殿前。让、珪等为诏，以故太尉樊陵为司隶校尉，少府许相为河南尹。尚书得诏板，疑之，曰：'请大将军出共议。'中黄门以进头掷与尚书，曰：'何进谋反，已伏诛矣。'"在这场宫廷政变中，朝官和宦官都利用矫诏消灭政敌，达到目的。"袁绍与叔父隗矫诏召樊陵、许相，斩之。"④

第五节　典　型　案　例

1. 在皇帝死亡的情况下，依然可以制造出一种正常的奏诏程序，以作伪装，维持政局。"丞相（李）斯为上崩在外，恐诸公子及天下有变，乃祕之，不发丧。棺载辒凉车中，故幸宦者参乘，所至上食。百官奏事如故，宦者辄从辒凉车中可其奏事。独子胡亥、赵高及所幸宦者五六人知上死。……高乃与公子胡亥、丞相斯阴谋破去始皇所封书赐公子扶苏者，而更诈为丞相斯受始皇遗诏沙丘，立子胡亥为太子。更为书赐公子扶苏、蒙恬，数以罪，赐死。"⑤太史公详细

---

① 《后汉书·杨震列传》。
② 《后汉书·天文志中》。
③ 《后汉书·宦者列传》。《窦武列传》云：王甫等"共劫太后，夺玺书"。"诏以少府周靖行车骑将军，加节，与护匈奴中郎将张奂率五营士讨武。"《通鉴》（卷 56）写作矫诏，更符合实际。"时护匈奴中郎将张奂征还京师，曹节等以奂新至，不知本谋，矫制以少府周靖行车骑将军、加节，与奂率五营士讨武。"
④ 《后汉书·何进列传》。
⑤ 《史记·秦始皇本纪》。

描述了赵高、胡亥和李斯合谋制造伪诏的过程。有细节,有对话,有心理,有观念。堪称早期帝国最为翔实和生动的矫诏记载。其过程可谓环环相扣,步步惊心,陷阱重重,杀机四伏。充满权术和阴谋的话语和心态展示出一幅极具历史纵深感的天衣无缝的政治观念拼图。人心诡谲,贪欲无限,把险象环生的计谋权诈演绎的情深意长美轮美奂。

2. 徐偃矫制一事曲折回环。矫诏过程并不离奇,倒是朝廷对矫诏的认定和处置,横生枝节,跌宕起伏。徐偃回京复命,起初朝廷对其矫诏并不在意,将其由博士迁为太常丞,却遭到张汤弹劾,谁知反被徐偃驳斥。"御史大夫张汤劾偃矫制大害,法至死。偃以为《春秋》之义,大夫出疆,有可以安社稷,存万民,颛之可也。汤以致其法,不能诎其义。"于是,武帝命此事交由终军质询。最终驳倒徐偃,将其矫制定罪。终军之所以能驳倒徐偃矫制的理由,关键在于用大一统的帝国现实反驳《春秋》经义。"今天下为一,万里同风"的"王者无外"之制度格局,根本不能称徐偃"巡封域之中"为"出疆"。况且盐铁"郡有余臧,正二国废国家,不足以为利害",更何况"今鲁国之鼓,当先具其备,至秋乃能举火",而徐偃"矫制而鼓铸者,欲及春耕种赡民器",显然"与实反者"。即便小有所获,也是得不偿失。"今所犯罪重,所就者小。"总之,徐偃"矫作威福,以从民望,干名采誉,此明圣所必加诛也。"终军的话语逻辑是,先言国家大体,后言民众利弊,再言矫制动机和危害。"偃穷诎,服罪当死。军奏'偃矫制颛行,非奉使体,请下御史征偃即罪。'奏可。"[①]

3. 元帝时,陈汤与甘延寿出西域,领外国,合谋"发屯田吏士,驱从乌孙众兵",诛灭郅支单于。甘延寿"欲奏请之",陈汤说:"国家与公卿议,大策非凡所见,事必不从。"趁着甘延寿久病,"汤独矫制发城郭诸国兵、车师戊己校尉屯田吏士。延寿闻之,惊起,欲止焉。汤怒,按剑叱延寿曰:'大众已集会,竖子欲沮众邪?'延寿遂从之,部勒行陈,益置扬威、白虎、合骑之校,汉兵胡兵合四万余人,延寿、汤上疏自劾奏矫制,陈言兵状。"甘延寿和陈汤矫诏斩杀郅支单于,上书元帝,"臣闻天下之大义,当混为一,昔有唐虞,今有彊汉。匈奴呼韩邪单于已称北藩,唯郅支单于叛逆,未伏其辜,大夏之西,以为彊汉不能臣也。郅支单于惨毒行于民,大恶通于天。臣延寿、臣汤将义兵,行天诛,赖陛下神灵,阴阳并应,天气精明,陷陈克敌,斩郅支首及名王以下。宜县头槁街蛮夷邸间,以示万里,明犯彊汉者,虽远必诛。"这篇宏论完全抹去了矫制用兵的痕迹,满足了元帝内心渴望大一统的虚荣。所谓"元帝内嘉延寿、汤功",丞相和御史大夫却"恶其矫制,皆不与汤"。至于中书令石显指控"擅兴师矫制",动机亦非正当,而是出

---

① 《汉书·终军传》。不过,我对徐偃是否真的受到相应惩罚尚有存疑。

于个人私欲，借机报复。他尝欲以"姊妻延寿，延寿不取"。可见朝廷在讨论陈汤矫诏一事时，不可避免地搀进了官场常见的种种尔虞我诈。"石显、匡衡以为'延寿、汤擅兴师矫制，幸得不诛，如复加爵土，则后奉使者争欲乘危徼幸，生事于蛮夷，为国招难，渐不可开。'"就在"议久不决"之际，故宗正刘向上疏，最终帮元帝下定了不但免陈汤矫制之罪，还要给他封侯的决心。元帝下诏，"今延寿、汤睹便宜，乘时利，结城郭诸国，擅兴师矫制而征之，赖天地宗庙之灵，诛讨郅支单于，斩获其首，及阏氏贵人名王以下千数。虽踰义干法，内不烦一夫之役，不开府库之臧，因敌之粮以赡军用，立功万里之外，威震百蛮，名显四海。为国除残，兵革之原息，边竟得以安。然犹不免死亡之患，罪当在于奉宪，朕甚闵之！其赦延寿、汤罪，勿治。"元帝封甘延寿义成侯、陈汤关内侯。①

第六节　矫　诏　种　种

1. 以矫诏之罪震慑朝臣。武帝把朝廷的一切罪过都推到了丞相公孙贺身上，甚至宣称公孙贺"诈为诏书，以奸传朱安世。狱已正于理"。②

2. 变相矫诏。"李蔡以丞相坐诏赐冢地阳陵当得二十亩，蔡盗取三顷，颇卖得四十余万，又盗取神道外墙地一亩葬其中，当下狱，自杀。"③

3. 以矫诏行权术。石显"自知擅权事柄在掌握，恐天子一旦纳用左右耳目，有以间己，乃时归诚，取一信以为验。显尝使至诸官有所征发，显先自白，恐后漏尽宫门闭，请使诏吏开门。"元帝许之。"显故投夜还，称诏开门入。后果有上书告显颛命矫诏开宫门，天子闻之，笑以其书示显。显因泣曰：'……臣愿归枢机职，受后宫扫除之役，死无所恨，唯陛下哀怜财幸，以此全活小臣。'天子以为然而怜之，数劳勉显。"④

4. "矫称"是矫诏之一种。太守赵兴辟鲍永为郡功曹，"时有矫称侍中止传舍者，兴欲谒之。永疑其诈，谏不听而出，兴遂驾往，永乃拔佩刀截马当匈，乃止。后数日，（王）莽诏书果下捕矫称者，永由是知名。"⑤

---

① 成帝时，匡衡再次弹劾陈汤"以吏二千石奉使，颛命蛮夷中，不正身以先下，而盗所收康居财物，戒官属曰绝域事不覆校。虽在赦前，不宜处位。"（《汉书·陈汤传》）陈汤虽被免官，但理由却不是矫诏，而是贪污。

② 《汉书·刘屈氂传》。

③ 《汉书·李广传》。

④ 《汉书·佞幸传》。

⑤ 《后汉书·鲍永列传》。

5. 重臣子孙矫诏妻女。窦穆"交通轻薄,属托郡县,干乱政事。以(窦)封在安丰,欲令姻戚悉据故六安国,遂矫称阴太后诏,令六安侯刘盯去妇,因以女妻之。"后来,"盯妇家上书言状,(明)帝大怒,乃尽免穆等官,诸窦为郎吏者皆将家属归故郡。"①

6. 安帝半道猝死,引发一场矫诏的宫廷政变。阎皇后和兄弟阎显还有宦官江京、樊丰"乃伪云帝疾甚,徙御卧车。行四日,驱驰还宫。明日,诈遣司徒刘(喜)〔熹〕诣郊庙社稷,告天请命。其夕,乃发丧。"②

7. 官场争斗中用矫诏手段打击政敌。幽州刺史冯焕"疾忌奸恶,数致其罪。时玄菟太守姚光亦失人和。……怨者乃诈作玺书谴责焕、光,赐以欧刀。又下辽东都尉庞奋使速行刑,奋即斩光收焕。"冯焕欲自杀,其子冯绲"疑诏文有异,止焕曰:'大人在州,志欲去恶,实无它故,必是凶人妄诈,规肆奸毒。愿以事自上,甘罪无晚。'焕从其言,上书自讼,果诈者所为,征奋抵罪。"③

8. 袁绍矫诏封赐乌桓诸部落首领为单于。"建安初,冀州牧袁绍与前将军公孙瓒相持不决,蹋顿遣使诣绍求和亲,遂遣兵助击瓒,破之。绍矫制赐蹋顿、难楼、苏仆延、乌延等,皆以单于印绶。"④

9. 吕布矫诏杀董卓。"卓将出,马败不进,卓怪之,欲还。布劝之,遂行。入门,卫士以戟刺之。卓衣内有铠,不入,伤臂坠车,大呼曰:'吕布何在!'对曰:'在此。'布曰:'有诏。'趣兵斩之。"⑤

10. 矫诏自保。荆州刺史王叡举兵欲讨董卓,"素与武陵太守曹寅不相能,杨言当先杀寅。寅惧,诈作案行使者光禄大夫温毅檄,移(孙)坚,说叡罪过,令收行刑讫,以状上。坚即承檄勒兵袭叡。……叡穷迫,刮金饮之而死。"⑥

第七节　矫诏罪的惩罚

矫诏者,"矫,托也,托诏命也。"⑦"托奉制诏而行之。"⑧矫诏又称"矫伪",亦

① 《后汉书·窦融列传》。
② 《后汉书·皇后纪下》。
③ 《后汉书·冯绲列传》。
④ 《后汉书·乌桓列传》。
⑤ 《后汉纪》卷27。
⑥ 《三国志·吴书·孙破虏讨逆传》,裴注。
⑦ 《汉书·武五子传》,颜注。
⑧ 《汉书·汲黯传》,颜注。

称"矫制",或"挢制"。师古曰:"挢与矫同,其字从手。矫制,托称诏命也。"①
"托天子之制诏也。"②"实不奉诏,诈以上命发兵,故言矫发也。"③简言之,矫诏
即伪托皇命,窃取皇权,即擅自制诏,擅行制诏之权。

矫制必诛。"汉律:矫制者,论弃市罪。"④武帝时,武遂侯郦平"坐诈诏衡山
王取百斤金,当弃市,病死,国除也。"⑤皇后之兄矫皇后之请,亦属矫诏。执金
吾董宠为灵帝"永乐"皇后之兄,"坐矫称永乐后属请,下狱死。"⑥

不论矫制所称何事,是赏是罚,矫制本身都是罪。⑦ 即便矫诏赏赐或擢拔
臣子,也是假传圣旨,大逆不道,须加严惩。王莽在国,堂弟王邑为侍中,"矫称
太皇太后指白哀帝,为莽求特进给事中。哀帝复请之,事发觉。太后为谢,上以
太后故不忍诛之,左迁邑为西河属国都尉。"⑧

即便宣诏口误,也被指控矫诏。矫诏当斩。"有兄弟共杀人者,而罪未有所
归。帝以兄不训弟,故报兄重而减弟死。中常侍孙章宣诏,误言两报重,尚书奏
章矫制,罪当腰斩。"明帝召法律专家郭躬问之。"躬对'章应罚金'。帝曰:'章
矫诏杀人,何谓罚金?'躬曰:'法令有故、误,章传命之谬,于事为误,误者其文则
轻。'帝曰:'章与囚同县,疑其故也。'躬曰:'……君王法天,刑不可以委曲生
意。'帝曰:'善。'"⑨郭躬认为,即便矫诏,也分故意和无心,如果无心,可用罚金
代替杀人。这或许就是"矫诏有害不害"之义。⑩

其实,就连有些真正的"矫制罪",如果矫制者主动坦白,自我弹劾,也会得
到皇帝饶恕。比如,"河内失火,烧千余家。"武帝使汲黯往视之。"还报曰:'家
人失火,屋比延烧,不足忧。臣过河内,河内贫人伤水旱万余家,或父子相食,臣
谨以便宜,持节发河内仓粟以振贫民。请归节,伏矫制罪。'上贤而释之,迁为荥
阳令。"⑪可见官员如果"自劾矫制",即官员弹劾自己矫诏,往往会得到皇帝谅

---

① 《汉书·刘屈氂传》,颜注。
② 《汉书·高五王传》,颜注。
③ 《汉书·元帝纪》,颜注。
④ 《资治通鉴》卷 17,胡注。
⑤ 《史记·郦生列传》。
⑥ 《后汉书·皇后纪下》。
⑦ "矫制"罪出现的时间,大概在韩信被杀、吕氏受封之间。汉初只有两个量刑等级,即矫制害弃市,矫
制不害罚金四两。可能在文帝后期,增加"大害腰斩",成为三级。(孙家洲《再论"矫制"——读〈张家
山汉墓竹简〉札记》,《南都学坛》2003 年第 4 期)
⑧ 《汉书·何武传》。
⑨ 《后汉书·郭躬列传》。
⑩ 《汉书·灌夫传》,颜注。
⑪ 《汉书·汲黯传》。

解和宽恕,甚至赏识和重用。又如,广汉太守扈商是车骑将军王音外甥,软弱失职。广汉盗起,成帝命孙宝为益州刺史。"宝到部,亲入山谷,谕告群盗,非本造意。渠率皆得悔过自出,遣归田里。自劾矫制,奏商为乱首,《春秋》之义,诛首恶而已。商亦奏宝所纵或有渠率当坐者。商征下狱,宝坐失死罪免。益州吏民多陈宝功效,言为车骑将军所排。上复拜宝为冀州刺史,迁丞相司直。"①再如,宋均矫诏平定武陵蛮,回京前,宋均先"自劾矫制之罪"。光武帝"嘉其功,迎赐以金帛。"②总之,矫诏并非一律治罪。是否治罪,主要取决于矫诏何事,以及矫诏者的动机和效果,尤其矫诏者的自我弹劾也是取得皇帝谅解的关键因素之一。③再举两例。比如,牂柯太守陈立"谕告夜郎王兴,兴不从命,立请诛之。未报,乃从吏数十人出行县,至兴国且同亭,召兴。兴将数千人往至亭,从邑君数十人入见立。立数责,因断头。邑君曰:'将军诛亡状,为民除害,愿出晓士众。'以兴头示之,皆释兵降。……立已平定西夷,征诣京师。会巴郡有盗贼,复以立为巴郡太守,秩中二千石居,赐爵左庶长。"④又如,光武帝使御史中丞李由"持玺书招(秦)丰,丰出恶言,不肯降。车驾引还,勑(朱)祐方略,祐尽力攻之。明年夏,城中穷困,丰乃将其母妻子九人肉袒降。祐轞车传丰送洛阳,斩之。大司马吴汉劾奏祐废诏受降,违将帅之任,帝不加罪。"⑤

至于有些矫诏情况就十分棘手。比如,官员私藏皇帝诏书,即按矫诏处置。这牵涉一桩武帝时的大案。将军灌夫因杯酒之争得罪丞相田蚡,前丞相窦婴是窦太后堂侄,也是灌夫好友。他替灌夫说情,"盛推灌夫之善,言其醉饱得过,乃丞相以他事诬罪之。"田蚡"盛毁灌夫所为横恣,罪逆不道。"接下来,"上使御史簿责魏其所言灌夫,颇不雠,欺谩。劾系都司空。孝景时,魏其常受遗诏,曰'事有不便,以便宜论上'。及系,灌夫罪至族,事日急,诸公莫敢复明言於上。魏其乃使昆弟子上书言之,幸得复召见。书奏上,而案尚书大行无遗诏。诏书独藏魏其家,家丞封。乃劾魏其矫先帝诏,罪当弃市。"⑥班《书》此处大同,唯有一处小异。"乃劾婴矫先帝诏害,罪当弃市。"⑦对此,王先谦做过考证。"何焯曰:

---

① 《汉书·孙宝传》。

② 《后汉书·宋均列传》。

③ 所谓自劾矫制,"其实是借自劾之机,陈述矫制的理由,并表明自行认罪请罚的态度,这对于维持皇帝制诏的尊严,实有亡羊补牢之效。所以,自劾者大多能够得到谅解和宽恕。或许就是君臣之间心照不宣的例行程序。"(孙家洲、李宜春《西汉矫制考论》,《中国史研究》1998年第1期)

④ 《汉书·西南夷传》。

⑤ 《后汉书·朱祐列传》。

⑥ 《史记·武安侯列传》。

⑦ 《汉书·灌夫传》。

《史记》无'害'字,此衍文。……王念孙曰:案《汉书》凡言坐矫诏罪者,皆有害、不害之分,《史记》亦有之。《武功臣表》'浩侯王恢坐使酒泉矫制害,当死'。如淳曰'律,矫诏大害,要斩。有矫诏害、矫诏不害'。《外戚侯表》'宜春侯卫伉坐矫制不害,免'。《终军传》'张汤劾徐偃矫制大害,法至死'。皆其证。何以害为衍文?盖未考汉律也。沈钦韩曰:唐《诈伪律》'诸诈为制书及增减者,绞。未施行者,减一等'。案汉论矫诏害不害,或可以意轻重,不若唐律但分已未施行也。"①可见"害"实乃矫诏罪的关键字眼,不容轻忽。文义是,窦婴矫诏先帝诏书是有害之罪。"罪当弃市。"显然是一种极刑。从案情脉络看,之所以导致这个结果,关键在于"案尚书,大行无遗诏"。也就是"尚书之中无此大行遗诏"。②王先谦提出异议。他援引唐代诏令体制,证明汉代诏书也应写有两份。③很可能尚书做了手脚,帮助田蚡构陷窦婴,制造一桩矫诏大罪。

---

① 王先谦《〈汉书〉补注》,第 3874 页。

② 《汉书·灌夫传》,颜注。

③ "沈钦韩曰:《玉海》六十一'唐故事,中书舍人掌诏诰,皆写两本,一为底,一为宣。'……案沈括《笔谈》'晚唐枢密:使自禁中受旨,出付中书,即谓之宣。中书承受,录之于籍,谓之宣底,如今之圣语簿。'此盖常行事目皆然,不独唐也。况大行遗诏,岂有无副而独藏私家者?此主者畏蚡,而助成其罪也。"所谓主者,李慈铭认为,"案此乃尚书劾也。"(王先谦《〈汉书〉补注》,第 3874 页)

简在帝心照汗青

早期帝国的
真理史和权力史

（下册）

雷戈◎著

上海三联书店

目 录

下编　奏诏模式(下)

下编

奏诏模式（下）

第一章

奏诏观念与言论生态

第一节　君臣对诏书的态度

一、尊诏的思想逻辑

诏书作为皇帝自由意志的表现,可以从制诏和受诏两个层面定义。一方面,"主上不自由,诏命出左右。"①另一方面,"受诏所为,皆不从故事。"②是可知,诏书必须真实体现皇帝意志。诏命即皇命。因为制诏权即是皇权本质。皇权宗旨不是粗暴愚民、弱民、贱民,也不是简单贵民、惠民、治民,而是精致教民、化民、忧民。这使得皇权帝国自然形成了一整套忧君忧民的话语体系。这套话语体系的特点是,通过高度形式化和精致化的表述,来实施和推动一些富有成效的政策和行动。

既然"忧劳天下,哀怜百姓"③、"伏惟明诏,忧劳百姓"④,那么"奉诏宣化"势在必行。"吾农民甚苦,而吏莫之省,将何以劝焉?"⑤"盖君人者,视民如父母,有慆怛之忧,有忠和之教,匍匐之救。"⑥这就是"诏书忧万民"⑦的思想逻辑。与

---

① 《三国志·魏书·贾诩传》,裴注。
② 《汉书·枚乘传》。
③ 《史记·三王世家》。
④ 《后汉书·韦彪列传》。
⑤ 《汉书·文帝纪》。
⑥ 《后汉书·孝章帝纪》。
⑦ 《后汉纪》卷 16。

此同时,"诏书每下,民欣然若更生"①则是皇帝和官员的共同期许。它把皇权主义伪装成民本主义,或者说,用民本主义包装了皇权主义。② 本质上,"诏书忧万民"和"天高皇帝近"是一个逻辑,互为表里。二者既是观念实践,又是思想现实。③ 如此,君民上下其乐融融得以可能。"上有欢心以安百姓,百姓欣然以事其上,欢欣交通而天下治。"④

基于"诏书忧万民"的政治共识,君臣双方都强调诏书的权威性。"一言之诏,诘朝而决"⑤;"诏文一下,形之四方"⑥;"诏书比下,变动政事,卒暴无渐"⑦,正是人们对诏书权威及执行力度的经验观感。诏书丧失权威,奏诏模式必然崩溃;奏诏模式崩溃,皇权秩序必然解体。这个逻辑是皇权主义的三段式。它意味着,遵诏即是尊君,这是皇权主义在奏诏模式中的具体体现。为了落实和确保诏书权威,一方面,奏诏模式允许和鼓励人们大胆进言,直言进谏;另一方面,朝廷又制定"腹诽法",严禁人们私下非议皇帝和诏书。这个逻辑如同皇帝可以让臣子上书批评自己,却不许臣子背后议论自己一样。所以,杨恽被杀,颜异也被杀。可见奏诏模式固然有开放性一面,但禁忌性更多。禁忌之一是官民私下皆不得议论皇帝诏令。"腹诽法"最初特指内心诽谤皇帝诏书。大司农颜异"与客语,道诏令初下,有不便处",被张汤指责为腹诽皇帝,被诛。"自是之后,有腹诽之法。"⑧此外,还有"诽谤诏狱"罪。宗正刘德妻死,霍光"欲以女妻之,德不敢取,畏盛满也。盖长公主孙谭遮德自言,德数责以公主起居无状。侍御史以为光望不受女,承指劾德诽谤诏狱,免为庶人,屏居山田。"⑨诏狱乃皇帝亲自下令或以皇帝名义交办的案件。议论诏狱类似妄议诏书,是言论罪之一种。可见

---

① 《汉书·王吉传》。
② 在皇权秩序中,民众仅属皇帝一人所有,只有皇帝本人能代表民众的利益。任何人如果站在民众一边,为民请命,就是媚民之举。在皇帝眼中,它不仅挑战了皇权对民众遍施皇恩的普适性,而且破坏了皇帝和民众之间利益攸关的整体性。可见,替民众说话客观上就是和皇帝争夺民心,直接威胁到皇帝权威。这样,皇权秩序中就隐含着一个诡异的悖论。一方面,皇帝鼓励官员爱民如子;另一方面,皇帝严禁官员自命民意。就是说,皇帝需要官员帮自己管制民众,安抚民心,但不允许官员横亘在自己和民众之间,成为民众的代言人。因为,在皇权主义的语境中,关爱民众和效忠皇帝并不矛盾。某种意义上,皇帝就是人民。
③ 皇帝和天下臣民之间的联系主要通过奏诏模式制度性地建立起来。奏诏模式拉近了皇帝和臣民的距离。换言之,奏诏模式将皇帝和臣民整合为一个想象的利益共同体。
④ 《史记·吕太后本纪》。
⑤ 《后汉书·仲长统列传》。
⑥ 《后汉书·胡广列传》。
⑦ 《汉书·师丹传》。
⑧ 《史记·平准书》。
⑨ 《汉书·楚元王传》。

奏诏模式的禁网之密,以及对言论的管控之严。奏诏模式的核心要求是,绝对不能在言语上对皇帝诏书有任何不敬和冒犯。"上述祖考休烈,下念诏书本意"①在诏书中是一种并列关系。它表明,牢记祖宗成法和皇上旨意,是皇权政治对人臣的基本要求。其本质在于,时时事事遵从皇帝的权威和意志。正因此,不敬诏,甚至不满诏书,对诏书有怨气,即是大罪。比如,长水校尉耿恭率师破羌,却被人弹劾"被诏怨望。征下狱,免官〔归〕本郡。"②又如,太尉张酺和司隶校尉晏称在朝堂上闲聊的私语被晏称奏上。张酺责备晏称,"称乃劾奏酺有怨言。"和帝诏"公卿、博士、朝臣会议。司徒吕盖奏酺位居三司,知公门有仪,不屏气鞠躬以须诏命,反作色大言,怨让使臣,不可以示四远。于是策免。"③推而广之,和诏命有关的事情皆不可妄议。

尽管如此,依然有人公开表示不应迷信诏书的正当性。比如,宣帝诏令公卿博士廷议武帝庙乐礼仪,群臣一致表示,"宜如诏书。"长信少府夏侯胜却持异议。"公卿共难胜曰:'此诏书也。'胜曰:'诏书不可用也。人臣之谊,宜直言正论,非苟阿意顺指。议已出口,虽死不悔。'"④在夏侯胜看来,公开质疑诏书,乃人臣本分,属正直之言。因为真正的忠君就是敢于公开反对诏书,表达自己的真实观点。尤有甚者,丞相王嘉竟然"封还诏书"。哀帝伪托傅太后遗诏,"令成帝母王太后下丞相御史,益封(董)贤二千户。"王嘉"封还诏书",颜师古解释为"却上之于天子"⑤,固然不错,但不确。因为它缺乏细节。应该说是把诏书卷起来封好退还给皇帝。随后,王嘉又封事谏哀帝,"臣谨封上诏书,不敢露见,非爱死而不自法,恐天下闻之,故不敢自劾。"这虽属凤毛麟角,毕竟是早期帝国言论史的一个面相。其价值并不在于真的否定诏书的权威性,而在于从更高层面上维护皇帝尊严。所以,王嘉恺切陈情,董贤前已再封,"求索自恣,不知厌足,甚伤尊(卑)〔尊〕之义,不可以示天下,为害痛矣!"⑥自己封还诏书,"不以违拒诏指之法自劾"是因为"自劾则天下知其事"⑦,即把哀帝纵溺董贤的荒唐暴露于天下。所以,王嘉说"封上诏书,不敢露见",意思是我不敢看诏书,也不敢让人看,就赶紧封上诏书退给皇上了。这样,封还诏书恰是为了保全哀帝颜面,避免哀帝犯更大的过错。其实,这也正是夏侯胜强调"人臣之谊,宜直言正论,非

---

① 《后汉书·皇后纪上》。
② 《后汉纪》卷11。
③ 《后汉书·张酺列传》。
④ 《汉书·夏侯胜传》。
⑤ 《汉书·王嘉传》。胡三省云:"后世给、舍封驳本此。"(《资治通鉴》卷35)
⑥ 《汉书·王嘉传》。
⑦ 《资治通鉴》卷35,胡注。

苟阿意顺指"的真实意图。即敢于面折廷争,直言进谏,而非一味阿谀奉承,顺从乃至盲从皇帝,才是真正的尊君、爱君。正因如此,哪怕面对代表皇帝旨意的诏书,也不应违心屈从。本质上,这涉及如何理解为臣之道,以及如何才能做一个真正的忠臣。

显然,这是一个至高的道德境界和人格要求。不过一般说,"深诏执事"才是皇帝对官员行政素质和行动能力的要求。核心是明诏行权。[①] 依诏行政,是官场政治的最大正当性。所谓"奉承诏命,精爽陨越"。[②] 武帝对郡国守相不遵诏令举荐人才,非常不满,要求制定相关法律,严惩不按诏书办事者。"今或至阖郡而不荐一人,是化不下究,而积行之君子雍于上闻也。二千石官长纪纲人伦,将何以佐朕烛幽隐,劝元元,厉蒸庶,崇乡党之训哉?……其与中二千石、礼官、博士议不举者罪。"武帝的逻辑是,官员不照诏书行事,就是不奉诏。有司奏议,"今诏书昭先帝圣绪,令二千石举孝廉,所以化元元,移风易俗也。不举孝,不奉诏,当以不敬论。"[③]这从法律上规定了不按诏书办事就是大罪。

在宣帝看来,"宣诏"和"治民"之间存在一种因果关系。如同颍川太守黄霸"以宣布诏令治民"。[④] 黄霸"前后八年,郡中愈治。是时凤皇神爵数集郡国,颍川尤多。"宣帝下诏褒奖黄霸的政绩,首先提及他"宣布诏令,百姓乡化"。这说明,宣帝不仅非常看重黄霸积极推行诏令的做法,而且将推行诏令和百姓乡化直接联系起来,彰显出二者之间的因果性。换言之,正是因为黄霸认真推行皇帝诏令,才造成了百姓乡化的移风易俗效果。可见,作为循吏典型,主要标准是"宣布诏令"。因为"宣布诏令"就是弘扬皇恩。[⑤] 在皇权主义逻辑中,移风易俗就是教化百姓,教化百姓就是使百姓学会感恩,就是使百姓知道感谢皇帝。这样,必将塑造出"乡于教化,兴于行谊"的"贤人君子"。所谓"贤人君子"就是皇权主义新人。皇权主义就是皇恩主义。意思是,皇权本身就是对民众的恩惠。皇权即施恩。正因此,在皇恩普照的视野下,才会出现"孝子弟弟贞妇顺孙日以众多,田者让畔,道不拾遗,养视鳏寡,赡助贫穷,狱或八年亡重罪囚"的盛世景观。于是,宣帝诏命"颍川孝弟有行义民、三老、力田,皆以差赐爵及帛。"[⑥]黄霸

---

① 魏明帝手报司马芝,"省表,明卿至心,欲奉诏书,以权行事,是也。"(《三国志·魏书·司马芝传》)
② 谢承《后汉书》卷4,《八家后汉书》。
③ 《汉书·武帝纪》。
④ 《史记·张丞相列传》。
⑤ 黄霸"治为天下第一"的主要政绩就是"选择良吏,分部宣布诏令,令民咸知上意"。(《汉书·循吏传》)就是说,黄霸被宣帝重用的主要原因是积极宣传宣帝关心民瘼的诏书,即将宣帝的浩荡皇恩对治下民众广而告之。
⑥ 《汉书·循吏传》。

后为京兆尹和丞相，"复以礼义为治。"①可见，黄霸的行政经验是，以诏令治民。② 黄霸"复以礼义"治天下，意味着他试图借丞相权力复制自己在颍川任上的成功经验，也就是"以礼义条教喻告化之"，即将"宣布诏令"治理天下百姓。据此推测，黄霸为相时，应该加大了各级官员向全国百姓宣传皇帝诏书的力度，或许收到了某些效果。

二、诏书规范奏书言论

奏诏模式中，皇帝会对官员提出各种具体问题。这些问题都是官员上书所需回答的内容。可见，皇帝诏书客观上规范了官员奏疏的内容和议题。某种意义上，诏书确立了奏书的界限，也就划定了臣民言论的边界。"高后时定令，敢有擅议宗庙者，弃市。"弃市大罪不是因为擅议宗庙，而是因为制诏明禁。正因此，霍氏谋反，策划以此为理由，先除掉丞相魏相。"丞相擅减宗庙羔、菟、鼃，可以此罪也。"③可见一旦诏令有些事情不得议论，就成为朝廷禁令。违者严惩。如果说奏诏模式是言论空间的界限，诏书就是奏诏模式的界限。

事实上，早期帝国的诏书皆有明确的议题范围和主题指向。比如，"条奏毋有所讳。有司勉之，毋犯四时之禁。丞相御史举天下明阴阳灾异者各三人。"④"诰群臣各陈政要所当施行。"⑤一般情况下，不管因何事态或灾异，下诏征集批评意见，呈送上来的奏书不大可能有完全脱离议题方向的说法。不管颂扬还是批评，不论讽喻还是极谏，所有奏疏者或谏主的心态大体相同，都怀有一个共同期待，"人人各自以当天子之意。"⑥即便有些言论颇为激烈和尖锐，也在皇帝能够允许和接受的范围内。哪怕皇帝不会采纳，也断不会勃然大怒，掀起一场血雨腥风的文字狱。正因此，汉帝诏书不仅文风颇显朴实敦厚，态度也显得谦卑诚恳。

虽说文字都是修辞，但汉帝诏书并非完全修饰。因为它是话语政治中的话语实践。即便二千年后，人们依然能够感受到其真诚和魅力。文帝诏曰："间者

---

① 《史记·张丞相列传》。
② 由此可能产生一系列相关效果。第一，皇帝诏书逐渐深入民众的日常生活中，并对民众言行发挥着广泛影响；第二，诏书成为保持皇帝和民众之间密切联系的制度性媒介，也因此成为建构皇权秩序的有机工具；第三，对民众感觉而言，诏书具有一种见诏如见君的心理作用。
③ 《汉书·霍光传》，颜注。
④ 《汉书·元帝纪》。
⑤ 《后汉书·蔡邕列传》。
⑥ 《汉书·元帝纪》，颜注。

数年比不登,又有水旱疾疫之灾,朕甚忧之。愚而不明,未达其咎。意者朕之政有所失而行有过与?乃天道有不顺,地利或不得,人事多失和,鬼神废不享与?何以致此?将百官之奉养或费,无用之事或多与?何其民食之寡乏也!夫度田非益寡,而计民未加益,以口量地,其于古犹有余,而食之甚不足者,其咎安在?无乃百姓之从事于末以害农者蕃,为酒醪以靡谷者多,六畜之食焉者众与?细大之义,吾未能得其中。"①武帝诏曰:"谕三老孝弟以为民师,举独行之君子,征诣行在所。朕嘉贤者,乐知其人。广宣厥道,士有特招,使者之任也。详问隐处亡位,及冤失职,奸猾为害,野荒治苛者,举奏。"②宣帝诏曰:"自今子首匿父母,妻匿夫,孙匿大父母,皆勿坐。其父母匿子,夫匿妻,大父母匿孙,罪殊死,皆上请廷尉以闻。"③

皇帝鼓励上书直言。"诏策曰'直言极谏'。"④文帝率先表达了渴求臣子直谏的诚恳之情。"令至,其悉思朕之过失,及知见之所不及,丐以启告朕。及举贤良方正能直言极谏者,以匡朕之不逮。"在文帝看来,臣子指出自己过失,就是自己恩人,就是给自己施恩。"言以过失开告朕躬,是则于朕为恩惠也。"⑤皇帝经常警示官员不要在奏疏中有所隐瞒或隐讳。所谓"博问公卿大夫,无有所讳。"⑥可见官员奏事百般隐讳实乃常态。文帝诏曰:"其与丞相列侯吏二千石博士议之,有可以佐百姓者,率意远思,无有所隐。"⑦元帝诏曰:"有可蠲除减省以便万姓者,条奏,毋有所讳。丞相、御史、中二千石举茂材异等直言极谏之士,朕将亲览焉。"⑧成帝诏曰:"丞相、御史与将军、列侯、中二千石及内郡国举贤良方正能直言极谏之士,诣公交车,朕将览焉。""公卿大夫、博士、议郎其各悉心,惟思变意,明以经对,无有所讳;与内郡国举方正能直言极谏者各一人。""其举敦厚有行义能直言者,冀闻切言嘉谋,匡朕之不逮。"⑨光武诏曰:"百僚并上封事,无有隐讳。"⑩明帝制曰:"将有司陈事,多所隐讳,使君上壅蔽,下有不畅乎?"⑪

---

① 《汉书·文帝纪》。
② 《汉书·武帝纪》。
③ 《汉书·宣帝纪》。
④ 《汉书·晁错传》。
⑤ 《汉书·文帝纪》。
⑥ 《汉书·成帝纪》。
⑦ 《汉书·文帝纪》。
⑧ 《汉书·元帝纪》。
⑨ 《汉书·成帝纪》。
⑩ 《后汉书·光武帝纪下》。
⑪ 《后汉书·孝明帝纪》。

　　诏书对官员奏事提出明确要求。比如,光武帝要求,"百僚各上封事,无有所讳。其上书者,不得言圣。"①明帝再次重申,"先帝诏书,禁人上事言圣,而间者章奏颇多浮词,自今若有过称虚誉,尚书皆宜抑而不省,示不为谄子蚩也。"②明帝严禁奏书歌功颂德,这透露出东汉初期奏书的普遍写法和一般风格。③ 所谓"言圣",意即"颂圣",即对皇帝的赞颂。但官民奏章似乎并未完全遵守诏书的规定。所谓"间者章奏颇多浮词",意即奏书多浮夸之词,今后对此类奏书,尚书台官员必须"抑而不省",即严格把关,不要把这类奏书呈送上来。又如,皇帝批评官员奏疏违背时令。成帝诏曰:"今公卿大夫或不信阴阳,薄而小之,所奏请多违时政。"④再如,以赦令为界限,不能追溯以往人事,"累增罪过,诛陷亡辜。"选举官员不能"以小疵妨大材"。二者均体现了皇恩。如果不奉诏就是有负皇恩。"有不如诏书为亏恩,以不道论。"诏书明确规定,将体现皇恩的要求"定著令,布告天下,使明知之"。这道诏书可能是王莽以王政君太皇太后的名义发布的,也可能是王莽以平帝名义发布的。"(性)〔往〕者有司多举奏赦前事,累增罪过,诛陷亡辜,殆非重信慎刑,洒心自新之意也。及选举者,其历职更事有名之士,则以为难保,废而弗举,甚谬于赦小过举贤材之义。对诸有臧及内恶未发而荐举者,皆勿案验。令士厉精乡进,不以小疵妨大材。自今以来,有司无得陈赦前事置奏上。有不如诏书为亏恩,以不道论。定著令,布告天下,使明知之。"⑤

三、读诏心态

　　对诏书的态度变化,以新朝为界,士大夫的奏疏中出现了一些固定的格式化词语。"奉承太后圣诏"、"伏读诏书"、"伏见诏书"、"伏读圣旨"、"伏承有诏"、"伏闻诏书"。这不是夸张或形容,而是写实。因为官员受诏,必须伏地而拜。而且,官员阅读诏书时必须恭恭敬敬,如同拜谒皇帝一般。所谓见诏如见

① 《后汉书·光武帝纪下》。
② 《后汉书·孝明帝纪》。
③ 两汉臣子以"圣主"、"圣上"、"圣帝"、"圣皇"、"圣朝"称皇帝的"例证极多"。宽泛地说,包括口奏在内,"臣下言谈之间以'圣'称当朝,恐怕十分普遍。"如果说东汉有"超越皇帝的象征符号",一个是天,一个是圣人。臣子以"圣"名帝有多方面意义。一是指"皇帝有圣人般的德性",一是指"皇帝的聪明睿知",此外,"还有皇帝神圣的意思,如称皇帝的身体为'圣躬'。"(邢义田《天下一家:皇帝、官僚与社会》,第62—63页,中华书局,2011年)
④ 《汉书·成帝纪》。
⑤ 《汉书·平帝纪》。

君。① 所以"伏见诏书"或"伏读诏书"是官员对待诏书的规范姿态。陈崇上书，"伏读诏书下日，窃计其时，圣思始发，而反虏仍破；诏文始书，反虏大败；制书始下，反虏毕斩。"②极尽所能地渲染了皇帝诏书对帝国政治的神奇功力和惊世效果。

对士大夫来说，除了读经，就是读诏。③ 所谓"伏读圣旨"或"伏读诏书"，已成为官员的工作和生活常态。长安市掾第五伦"每读诏书，常叹息曰：'此圣主也，一见决矣。'"④整个东汉，士大夫都已习惯了在奏疏中反复陈情"伏读诏书"或"伏见诏书"的敬畏之感。李固对策，"伏闻诏书务求宽博，疾恶严暴。"⑤邓骘上疏自陈，"圣策定于神心，休烈垂于不朽，本非臣等所能万一，而猥推嘉美，并享大封，伏闻诏书，惊惶惭怖。"⑥鲁恭上疏，"臣伏见诏书，敬若天时，忧念万民，为崇和气，罪非殊死，且勿案验。"⑦杨震上书，"伏见诏书封故朝阳侯刘护再从兄缤袭护爵为侯。""伏见诏书为阿母兴起津城门内第舍，合两为一，连里竟街，雕修缮饰，穷极巧伎。"⑧左雄上书，"臣伏见诏书顾念阿母旧德宿恩，欲特加显赏。"⑨马融上书，"伏读诏书，陛下深惟禹、汤罪己之义，归咎自责。"⑩蔡邕上封事，"臣伏读圣旨，虽周成遇风，讯诸执事，宣王遭旱，密勿祗畏，无以或加。"⑪刘陶奏议，"臣伏读铸钱之诏，平轻重之议，访覃幽微，不遗穷贱，是以藿食之人，谬延逮及。"⑫阳球奏疏，"伏承有诏勅中尚方为鸿都文学乐松、江览等三十二人图象立赞，以劝学者。"⑬

此外，还有"伏读惆怅"的说法。它虽然没有提及诏书，但据文义，应该是

---

① 秦律确立了诏书的权威性，对于臣子，诏书如同君主亲临。"不但对违背命书者要加以惩处，对阳奉阴违以及在宣读命令时居傲无礼，不离席站立倾听者，也要惩处。秦简《秦律杂抄》云：'伪听命书，废弗行，耐为候，不避席立，赀二甲，废。'耐，是刑法之一。前一废字是说废命书不执行，后一废字为撤销职务永不叙用。"(孙瑞《从〈睡虎地秦墓竹简〉看秦国下行文书管理制度》，《档案学研究》1998年第1期)
② 《汉书·王莽传上》。
③ 简牍时代人的阅读状态，后人已很难想象。朱熹深有感触。"今人所以读书苟简者，缘书皆有印本多了。如古人皆用竹简，除非大段有力底人方做得。"(《朱子语录》，第318页)
④ 《后汉书·第五伦列传》。
⑤ 《后汉书·李固列传》。
⑥ 《后汉书·邓禹列传》。
⑦ 《后汉书·鲁恭列传》。
⑧ 《后汉书·杨震列传》。
⑨ 《后汉书·左雄列传》。
⑩ 《后汉书·五行志六》。
⑪ 《后汉书·蔡邕列传》。
⑫ 《后汉书·刘陶列传》。
⑬ 《后汉书·阳球列传》。

"伏读诏书而惆怅"。比如,陆康上疏灵帝,"陛下圣德承天,当隆盛化,而卒被诏书,亩敛田钱,铸作铜人,伏读惆怅,悼心失图。"①

第二节　臣子对言论环境的忧患

一、言路开辟政路

《仪礼·士相见礼》对言说内容、意图、对象、场合,以及言者身份、姿态、心理均有一丝不苟之规定。"凡言非对也,妥而后传言。与君言,言使臣;与大人言,言事君;与老者言,言使弟子;与幼者言,言孝弟于父兄;与众言,言忠信慈祥;与居官者言,言忠信。凡与大人言,始视面,中视抱,卒视面。毋改,众皆若是。"可见言说很早就纳入了无所不包的礼仪体系,以便指导话语实践,避免"恶利口之覆邦家"。② 为此,孔门设置"德行"、"言语"、"政事"、"文学"四科,③用于规范和训练弟子们的语言表达。所谓"言语"即为口语,所谓"文学"即为文章。孔子重视语言可见一斑。久而久之,这成为儒家训练学生、教化弟子的一个重要传统。④ "言之不文,行之不远,则知饰词专对,古之所重也。""周监二代,郁郁乎文。大夫、行人,尤重词命,语微婉而多切,言流靡而不淫,若《春秋》载吕相绝秦,子产献捷,臧孙谏君纳鼎。魏绛对戮杨干是也。战国虎争,驰说云涌,人持弄丸之辩,家挟飞钳之术,剧谈者以谲诳为宗,利口者以寓言为主,若《史记》载苏秦合纵,张仪连横,范雎反间以相秦,鲁连解纷而全赵是也。"⑤联系春秋的"三立说",可以看出先秦人对语言能力在人格塑造和圣贤成就中作用的深刻认识。"大上有立德,其次有立功,其次有立言。"⑥先秦对人生价值的这个经典论断对后世士人影响至深至巨。人须有"三立"的这种观念秩序和评价顺序,在早

---

① 《后汉书·陆康列传》。

② 《论语·阳货》。

③ 《论语·先进》。汉儒延续了四科传统。比如,许商著《五行论历》,号其门人唐林为德行,吴章为言语,王吉为政事,炔钦为文学。(《汉书·儒林传》)

④ 当然,儒家还有另外一种说法和传统。《易·系辞上》所谓"书不尽言,言不尽意",表明它对语言的局限性已有明确意识。

⑤ 《史通·言语》。

⑥ 《左传》襄公二十四年。"立德、立功、立言"有一个内在逻辑,美德产生良言,良言产生善功。这个逻辑相当吻合奏诏决定局势的皇权政治运行机制。有德行的官员通过奏疏教化皇帝,皇帝颁布诏书将其落实为一种客观的制度或行动。

期帝国的话语实践中,已被完全颠倒过来。因为奏诏模式**首先看重立言,进而规范了立言**。这使立言变得具体明晰,富有形式意味,充满仪式感;同时,又使立言危险重重,充斥阴谋和恐惧。① 言如镜,立言则呈现丑陋。言非道,立言却成为殉道。立言抗拒死亡,又迎接死亡。立言是人生的自我立法。只有通过立言,才能立功,进而立德。是可知,功德系于言。② "世皆尚文,时无专对。运筹尽策,自具于章表;献可替否,总归于笔札。宰我、子贡之道不行,苏秦、张仪之业遂废矣。假有忠言切谏,《答戏》、《解嘲》,其可称者,若朱云折槛以抗愤,张纲埋轮而献直。"③虽然"求贤之道,未必一涂,或以德显,或以言扬"④,但在真话极度危险的皇权政治中,直言本身就是道德的体现,诤言者对自己多有较高的道德期许。"欲终不言,念忠臣虽在畎亩,犹不忘君,惓惓之义也。"⑤所以,贤能之人往往是敢言之士。不敢言自然未必能成事。就此而言,无言等于无功无德。至少在早期帝国没有一个有功有德的官员却是无言。因为其功德往往需要通过奏言体现出来。比如,一项有创意的重大政策、一种深刻而犀利的批评,对臣子来说,必然是一篇独特而有价值的奏疏。

在早期帝国的奏诏模式中,奏书即谏书,⑥至少奏书的大部分都和规谏有关,以至于二者往往就是一回事。⑦ 这样,奏诏模式便规范和塑造了早期帝国

---

① 汉人的立言观就是进言皇帝,批评朝政。"立言无显过之咎,明镜无见玼之尤。如恶立言以记过,则不当学也;不欲明镜之见玼,则不当照也。"(《后汉书·宦者列传》)
② 就其本质,这才是皇权帝国的实态。
③ 《史通·言语》。
④ 《后汉书·蔡邕列传》。
⑤ 《汉书·楚元王传》。
⑥ 中华专制主义始终有一种臣子规谏君主的传统。皇权政治将此继承并发扬光大,由此形成一种经典型的讽谏政治或谏议政治。它要求官员必须尽可能地通过各种方式批评、规谏、教化皇帝,以便培养皇帝的德性,塑造皇帝的人格,影响皇帝的决策。这样,奏书很大程度上就是谏书,或者说,奏书的大部分都是谏书。如此,是否批评朝政,是否直谏皇帝,许多时候成为人们判断官员是否称职的主要标准。更有甚者,有时它竟能决定官员的生死。
⑦ 在奏诏模式中,首先,具有谏书性质和功能的任何一种文章都是奏书,换言之,任何一篇被谏主当作谏书的作品都是奏书。王式为昌邑王师,昌邑王"以行淫乱废,昌邑群臣皆下狱诛,唯中尉王吉、郎中令龚遂以数谏减死论。式系狱当死,治事使者责问曰:'师何以亡谏书?'式对曰:'臣以《诗》三百五篇朝夕授王,至于忠臣孝子之篇,未尝不为王反复诵之也;至于危亡失道之君,未尝不流涕为王深陈之也。臣以三百五篇谏,是以亡谏书。'使者以闻,亦得减死论。"(《汉书·儒林传》)其次,上奏皇帝的任何著作也都是奏书。就此而言,《新语》也是一种奏书。《新语》不仅是由奏书构成的著作,还是第一部奏书型学术著作。这在中国著作史上有着非凡意义。刘邦对陆贾说:"试为我著秦所以失天下,吾所以得之者何,及古成败之国。"史称,"陆生乃粗述存亡之征,凡著十二篇。每奏一篇,高帝未尝不称善,左右呼万岁,号其书曰'新语'。"(《史记·陆贾列传》)是可知,进入奏诏模式的任何一类作品、任何一种著作,都是奏书,都是以奏书形式呈给皇帝的文书。在这个意义上,奏诏模式把所有人的文字一网打尽,赋予了某种奏书性质,从而使皇帝成为天下最勤奋的读者,特别是某些书籍或文(转下页)

君臣的言行、观念和心态。"臣子远近,莫不延颈企踵,苟有隙空一介之知,事愿自效,贡纳圣听。"①在奏诏模式的语境下,有关事实和真话的定义,以及和讽刺、诽谤之间的区别,成为士人言谈上书自觉遵循的伦理规范。比如,孔僖、崔骃研习《春秋》,论及吴王夫差时事。

> 僖废书而叹曰:"若是,所谓画龙不成,反为狗者。"骃曰:"昔者孝武皇帝始为天子,方年十八,崇信圣道,师则先王,五、六年间,号胜文、景。及后放恣,忘其前善。"僖曰:"书传若此者多矣。"邻房生梁郁遥和之曰:"如武帝亦为画龙不成复是狗邪?"僖、骃默然不答。郁怒恨之,阴上书告骃、僖诽谤先帝,讥刺世事。下有司,骃诣吏受诘,僖上书曰:"凡言诽谤者,谓无事而虚加诬周也。至如孝武之政,善恶显在汉史,明如日月,是为直说实事,非虚谤也。……陛下即位已来,政教未过,德泽有加,天下所共见也,臣等独何讥刺哉?假使所言是也,则朝廷所宜改;所言非也,亦王者所宜含容。陛下不推其原,苟肆私忿,臣等即死,顾天下必回视易听,以此窥陛下心矣。"②

章帝本就无意深究崔骃的责任,看到孔僖奏书,便下诏勿问。这是一个人们在皇帝面前为自己辩护的典型例证。它涉及早期帝国的奏书观念。基于这种观念,它首先要求臣子敢于且善于进谏君主。③ 这涉及奏言动机、言说技巧和效果。"夫议政者,苦其调谀倾险辩慧深刻也。调谀则主德毁,倾险则下怨恨,辩慧则破正道,深刻则伤恩惠。"④其次,它还会据此评价臣子忠奸以及朝政得失甚至帝国兴亡。⑤ 比如,周举认为,"公卿大臣数有直言者,忠贞也;阿谀苟容者,佞邪也。"他直言不讳地抨击司徒刘崎"视事六年,未闻有忠言异谋,愚心

(接上页)字的第一个甚至唯一的读者。"燕人卢生使入海还,以鬼神事,因奏录图书,曰'亡秦者胡也'。"(《史记·秦始皇本纪》)晁错"言宜削诸侯事,及法令可更定者,书凡三十篇。孝文虽不尽听,然奇其材。"(《汉书·晁错传》)刘向、王褒、张子侨等"并进对,献赋颂凡数十篇"。(《汉书·楚元王传》)刘向"集合上古以来历春秋六国至秦汉符瑞灾异之记,推迹行事,连传祸福,着其占验,比类相从,各有条目,凡十一篇,号曰《洪范五行传论》,奏之。"另外,刘向"采取《诗》《书》所载贤妃贞妇,兴国显家可法则,及孽嬖乱亡者,序次为《列女传》,凡八篇,以戒天子。及采传记行事,着《新序》、《说苑》凡五十篇奏之。"(《汉书·楚元王传》)张奂删削《牟氏章句》为九万言,"上书桓帝,奏其章句,诏下东观。"(《后汉书·张奂列传》)班固"每行巡狩,辄献上赋颂。"(《后汉纪》卷13)高彪"数奏赋、颂、奇文,因事讽谏。"(《后汉书·文苑列传下》)韩说"数陈灾眚,及奏赋、颂、连珠。"(《后汉书·方术列传下》)

① 《后汉书·五行志六》,刘昭注。
② 《后汉纪》卷12。
③ 与此相关,人们也据此评价君主圣愚。比如,班固评价惠帝之仁德在于虚心纳谏。"闻叔孙通之谏则惧然,纳曹相国之对而心说,可谓宽仁之主。"(《汉书·惠帝纪》)
④ 《汉书·息夫躬传》。
⑤ 或许,"一言兴邦,一言丧邦"的历史根据和观念逻辑正在于此。

在此"。① 又如,何敞上封事,"忠臣忧世,犯主严颜,讥刺贵臣,至以杀身灭家而犹为之者,何邪?君臣义重,有不得已也。"②就是说,判断臣子贤佞的一个具体标准,就看他是否经常直谏皇帝。③ 依照"事君之义,进思尽忠,退思补过"①的标准,"存无廷争之忠,没有诽谤之说"②不能算是忠臣。这要求士大夫必须秉持公心时常对皇帝面折廷争。"名敢直言,天下美之"始终是敢言之士向往的舆论环境。他们相信董仲舒、夏侯胜这类谏主"无负国家,有益天下"。③ 士大夫深知"禄位虽全,必陷佞邪之讥;谏而获罪,犹有忠贞之名。"④司徒杨赐看到"拜爵过差,游观无度",便喟叹,"吾世受国恩,又备宰相,安得拱默哉!"当即上疏,"臣受恩偏厚,特添师傅之任,不敢自同凡臣,括囊解咎。"⑤就普通的士大夫而言,他们在现实中常常处于"欲谏则非时,欲默则不能已"⑥的两难困境。大部分情况下,他们都会自觉不自觉地经历一种"其言甚切"到"不复献言"的思想转变。⑦

---

① 《后汉书·周举列传》。
② 《后汉书·何敞列传》。
③ 至于如何进谏皇帝,即进谏皇帝的方式、时机和效果,涉及人们对忠臣的认定和评价标准。比如,京房弟子姚平评论他,"房可谓小忠,未可谓大忠也。昔秦时赵高用事,有正先者,非刺高而死,高威自此成,故秦之乱,正先趣之。"《汉书·京房传》胡三省云:"小忠,谓以谏杀身而无益于国。大忠,谓谏行言听而身与国同休也。"《资治通鉴》卷29)可见谏言皇帝,关键不在个人决心,而在实际结果。又如,议郎耿育反驳司隶校尉解光奏呈哀帝,要求严惩赵合德残害许美人和女官所生的成帝之子。耿育辩称,如果皇帝在位不谏诤,皇帝死后再指责,不合为臣之道。"褒广将顺君父之美,匡捄销灭既往之过,古今通义也。事不当时固争,防祸于未然,各随指阿从,以求容媚,晏驾之后,尊号已定,万事已讫,乃探追不及之事,讦扬幽昧之过,此臣所深痛也!"耿育还认为,如果披露案情真相,会过多暴露皇帝隐私和宫闱秘情。"反覆校省内,暴露私燕,诬污先帝倾惑之过,成结宠姜妒媚之诛。"这是对皇帝的不忠。"空使谤议上及山陵,下流后世,远闻百蛮,近布海内。"《汉书·外戚传下》曹魏时,人们进一步讨论了直士和忠臣之别。"袁子曰:或云'故少府杨阜岂非忠臣哉?见人主之非,则勃然怒而触之,与人言未尝不道也,岂非所谓'王臣謇謇,匪躬之故'者欤!'答曰:'然可谓直士,忠则吾不知也。夫仁者爱人。施于君谓之忠,施于亲谓之孝。忠孝者,其本一也。故仁爱之至者,君亲有过,谏而不入,求之反覆,不得已而言,不忍宣也。今为人臣,见人主失道,直诋其非而播扬其恶,可谓直士,未为忠臣耳。故司空陈群则不然,其谈论终日,未尝言人主之非;书数十上而外人不知。君子谓群於是乎长者矣。'"《三国志·魏书·陈群传》,裴注)可见直士和忠臣有所区别。言君之恶是为直士,讳言君非是为忠臣。甚者认为言君之恶是臣子之恶。所谓"臣恶莫深于毁君"。《后汉书·李固列传》正因如此,把握奏谏皇帝的时机和场合最为关键。那些只顾一吐为快的面折廷争者常被视为有沽名钓誉的毁君、污君之嫌。
① 《后汉书·何敞列传》。
② 《后汉书·李固列传》。
③ 《汉书·楚元王传》。
④ 《后汉书·周举列传》。
⑤ 《后汉纪》卷24。
⑥ 《汉书·扬雄传上》。
⑦ 以曹操为例。曹操拜议郎,上书不用。"诏书敕三府:举奏州县政理无效,民为作谣言者免(转下页)

士大夫渴望能有一个正常言说的言论环境。刘陶沉痛指出,"当今忠谏者诛,谀进者赏,嘉言结于忠舌,国命在于谗口。"①士大夫警示皇帝,"以谗佞伤毁忠正,此天地之大禁,人主之至诫。"②就连皇帝也据此督责官员。哀帝策免师丹时指责,"君在位出入三年,未闻忠言嘉谋,而反有朋党相进不公之名。"③哀帝策免孔光时也说:"君前为御史大夫,辅翼先帝,出入八年,卒无忠言嘉谋,今相朕,出入三年,忧国之风复无闻焉。"④灵帝也对蔡邕抱怨,"比灾变互生,未知厥咎,朝廷焦心,载怀恐惧。每访群公卿士,庶闻忠言,而各存括囊,莫肯尽心。"⑤这固然有甩锅之嫌,却也表明以诚事君进谏皇帝是官员的职分所在。这使得人们更乐于鼓励皇帝纳谏。比如,魏相对策昭帝,"日者燕王为无道,韩义出身彊谏,为王所杀。义无比干之亲而蹈比干之节,宜显赏其子,以示天下,明为人臣之义。"⑥蔡邕上封事希望灵帝擢拔郎中张文。"前独尽狂言,圣听纳受,以责三司。臣子旷然,众庶解悦。臣愚以为宜擢文右职,以劝忠謇,宣声海内,博开政路。"⑦

就其本质,奏诏模式支配的帝国政治中,政路即言路,通过言道开辟政道。"设置七臣,以广谏道。"⑧开明朝廷即"不讳之朝"。它表现为君臣双方对奏议的宽容和尽责。所谓"博览古今,容受直辞。公卿称职,奏议可述"是也。⑨可见奏诏模式的良好运行有赖于君臣双方基于理性共识的合力推动。成帝和刘向有过一次推心置腹的谈话,讨论文帝和宣帝孰优孰劣。刘向认为,文帝时,臣民上书的环境最为宽松,上书者自然愿意多说文帝好话。文帝上朝途中,经常被郎官拦住,受理他们的奏疏。这说明,要么汉初受理和管理臣民奏书的制度尚未完善,要么郎官凭借自己在宫中行走执勤之便,接近皇帝,故能将奏书直接

(接上页)罢之。三公倾邪,皆希世见诏用,货赂并行,强者为怨,不见举奏,弱者守道,多被陷毁。太祖疾之。是岁以灾异博问得失,因此复上书切谏,说三公所举奏专回避贵戚之意。奏上,天子感悟,以示三府责让之,诸以谣言微者皆拜议郎。是后政教日乱,豪猾益炽,多所摧毁;太祖知不可匡正,遂不复献言。(《三国志·魏书·武帝纪》,裴注)

① 《后汉纪》卷21。"当今"在范《书》中写作"亡秦"。"秦之将亡,正谏者诛,谀进者赏,嘉言结于忠舌,国命出于谗口。"(《后汉书·刘陶列传》)
② 《后汉书·庞参列传》。
③ 《汉书·师丹传》。
④ 《汉书·孔光传》。
⑤ 《后汉书·蔡邕列传》。
⑥ 《汉书·韩延寿传》。
⑦ 《后汉书·蔡邕列传》。
⑧ 《后汉书·刘瑜列传》。
⑨ 《汉书·成帝纪》。

呈递皇帝。总之,文帝诚心善待谏主,口碑必定不差。在言者笔下,文帝形象逐渐高大起来。"忍容言者,含咽臣子之短,此亦通人难及。"尽管"治理之材"似乎不及宣帝。是可知,"礼言事者,不伤其意,群臣无小大,至即便从容言,"为文帝赢得了"德比周成王"的历史美誉。"后世皆言文帝治天下几至太平"①,关键在于文帝对言者的宽容保障了奏诏模式得以正常运行。

在汉人观念中,奏诏模式有着一个更为古老的极谏和纳谏的传统。这种传统在早期帝国的话语中,依旧保持着清晰的记忆。比如,何敞宣称,"虽唐虞之隆,三代之盛,犹谓谔谔以昌,不以诽谤为罪。"②胡广认为,"君以兼览博照为德,臣以献可替否为忠。《书》载稽疑,谋及卿士;《诗》美先人,询于刍荛。国有大政,必议之于前训,谘之于故老,是以虑无失策,举无过事。"③陈忠上书中提及春秋时人们有关谏议的观念和实践。"昔晋平公问于叔向曰:'国家之患孰为大?'对曰:'大臣重禄不极谏,小臣畏罪不敢言,下情不上通,此患之大者。'公曰:'善。'于是下令曰:'吾欲进善,有谒而不通者,罪至死。'"④

这是一种极具特色的古典谏议政治。它通过"置谏争之臣"和"规谏之官"的话语主体,以及"设直谏之鼓"、"立敢谏之旗"、"作诽谤之木"等一系列直观性的话语符号,⑤建构起一种批评圣王的言论空间。尧舜设"五达之道,令民进善","欲有进者,立于旌下言之。"以桥梁边板作诽谤之木,"所以书政治之愆失也。"⑥总之,"圣王置谏争之臣者,非以崇德,防逸豫之生也。"⑦"垂宽明之听,无忌讳之诛,使刍荛之臣得尽所闻于前,不惧于后患,直言之路开,则四方众贤不远千里,辐凑陈忠。"⑧"设直谏之鼓,诽谤之木,盖欲辟广四门,开直言之路,〔博〕(转)采负薪,尽贤愚之情。"⑨"古之明君,必有辅德之臣,规谏之官,下至器物,铭书成败,以防遗失。故君有正道,臣有正路,从之如升堂,违之如赴壑。"⑩"圣人不以智轻俗,王者不以人废言。故能成功于千载者,必以近察远,智周于

---

① 《风俗通义》卷 2。

② 《后汉书·郅恽列传》。

③ 《后汉书·胡广列传》。

④ 《后汉书·陈宠列传》。

⑤ 帝制时代,谏鼓谤木依然是谏议政治的标配。比如,晋元帝"初置谏鼓谤木"。(《晋书·元帝、明帝纪》)

⑥ 《汉书·文帝纪》,颜注。

⑦ 《汉书·刑法志》。

⑧ 《汉书·谷永传》。

⑨ 《后汉纪》卷 17。

⑩ 《后汉书·朱晖列传》。

独断者,不耻于下问,亦欲博采必尽于众也。"①"圣王辟四门,开四聪,延直言之路,下不讳之诏,立敢谏之旗,听歌谣于路,争臣七人,以自鉴照,考知政理,违失人心,辄改更之,故天人并应,传福无穷。"②"上天垂司过之星,圣王建敢谏之鼓,设非谬之备,急篚阙之言,何哉?凡有所长,必有所短也。"③这些大同小异的说法素来是人们理想的政治秩序。特征是,以天子为中心,既有层层等级,同时每个层级皆能畅通无阻地直达天子,即天子能毫无障碍不受阻挠地全方位吸纳天下言论。④ 可谓"条条言路通天子"。⑤ 同样,太子成长,具备执政能力和统治素质,也需要这套汇集各种批评言论的话语体系的培训和滋润。贾谊《治安策》作了这番设计。"太子既冠成人,免于保傅之严,则有记过之史,彻膳之宰,进善之旌,诽谤之木,敢谏之鼓。瞽史诵诗,工诵箴谏,大夫进谋,士传民语。"⑥可见,由天子而太子,皆置身于包含贩夫走卒芸芸众生在内的奏诏模式的话语实践中。"圣王所以听僮夫匹妇之言者,犹尘加嵩岱,雾集淮海,虽未有益,不为损也。"⑦正因此,第五伦恳请章帝能对民众上书更加宽容。"诸上书言事有不合者,可但报归田里,不宜过加喜怒,以明在宽。"⑧值得注意的是,第五伦说的上书者应该是普通民众。如果是一般官员,即便上书不省,也不必"报归田里"。显然,这种秩序的本质是言路畅通,而非言论自由。理想的状态是,"诏书每下,广开不讳之路,以天下为忧,百姓为念,而不数见公卿,责以政事,诚优游养德之道也。"⑨

虽说广开言路或倡议纳谏并非儒家专利,但明确否定谏言确是法家特色。法家的权谋之术要求杜绝臣子的一切谏说。就此言,彻底的法家理论是对奏诏模式的破坏。照着韩非子的说法,"明主之国,无先王之语,以法为教;无书简之

---

① 《三国志·魏书·刘廙传》。

② 《后汉书·郅恽列传》。

③ 《三国志·吴书·孙破虏讨逆传》,裴注。

④ 《国语·周语上》对此有过经典论述。"天子听政,使公卿至于列士献诗,瞽献曲,史献书,师箴,瞍赋,蒙诵,百工谏,庶人传语,近臣尽规,亲戚补察,瞽、史教诲,耆、艾修之,而后王斟酌焉,是以事行而不悖。"

⑤ "条条言路通天子"是手段,目的是让"天子言论通天下"。确保皇帝声音时时回荡在帝国的四面八方,家喻户晓,深入人心,表明皇权秩序对信息流通的高度依赖。它构成了天下观和秩序观在皇权时代的新内涵。简言之,皇权时代的天下秩序对言论表达、话语实践和信息流通不仅提出了新要求、新规范、新标准,而且提供了可供操作的体制保障和游戏规则。

⑥ 《汉书·贾谊传》。

⑦ 《后汉书·儒林列传上》。

⑧ 《后汉书·第五伦列传》。

⑨ 《后汉纪》卷18。

文,以吏为师。"①在这种理想秩序中,奏诏模式似乎派不上用场。当然,在具体的政治实践中,即便法家行政,同样需要臣子上书进言。悖论的是,李斯本人即是一个奏谏高手。他早年那篇《谏逐客令》,成就了其后来的不世功业。但此一时,彼一时,李斯现在的话语策略是,一方面进谏二世,一方面又谏言二世拒绝臣子进言。换言之,李斯以自己的劝谏,希望二世杜绝他人的规谏。这使李斯采取了一种特殊的"阿二世意"奏疏策略,通过逢君之恶以邀君之宠。李斯认为,有三种行为妨碍君主专制,其中之一是臣子不断奏言劝谏。"谏说论理之臣间於侧,则流漫之志诎矣。"只有"掩驰说之口"而"塞聪揜明,内独视听",方能消除"谏说忿争之辩"。如果君主"能外此三者,而独操主术以制听从之臣,而修其明法,故身尊而势重也。"②可见,箝人之口是确保君主专制的必要条件。

二、理想的奏诏模式

汉人对理想的奏诏模式有着诸多大同小异的说法。比如,"开大明,除忌讳,博延名士,靡不并进。"③"招求幽隐,举方正,征有道,博采异谋,开不讳之路。"④"纳问公卿,又下明诏,帅举直言,燕见绅绎,以求咎愆,使臣等得造明朝,承圣问。"⑤"明君悟之,求贤如饥渴,受谏而不厌。"⑥人们深信,"天子有争臣七人,虽无道,不失其天下。"因为,"上能纳谏,则免于过恶也。"⑦这固然有夸大臣子谏君作用之嫌,却并非空穴来风。虽事实有违,却逻辑自洽。前提是君主纳谏。否则一切归零。再多的奏书和谏言也无济于事。如烟如云,随风而逝。皇帝如何做,臣子无法左右,于是只能极力张扬奏谏之功,呕心沥血地将自己苦心孤诣的"至言"、"切言"时时贡献于君前。所谓"极言"、"极对"、"极谏",皆是为了营造这种"语不惊人死不休"的"尸谏"语境,哪怕身历"极刑"亦九死不悔。关键是,正是通过对臣子谏君之于安邦定国之神奇功能的强调,人们才能对皇权秩序信心满满。⑧"忠贞路开,众怨以弭。"⑨这样,确保奏诏模式的正常运行,成

① 《韩非子·五蠹篇》。
② 《史记·李斯列传》。
③ 《汉书·李寻传》。
④ 《后汉书·郎𫖮列传》。
⑤ 《汉书·谷永传》。
⑥ 《三国志·吴书·张纮传》。
⑦ 《汉书·王嘉传》颜注。
⑧ 这里有一个朴素心理。你让我说话,我才会对你有信心。
⑨ 《后汉书·宦者列传》。

为人们维护皇权政治的心理动机和信念根据。基于此,既应该允许"三公谣言奏事"①,重大事宜也需要"详延百僚,博问公卿"②,即皇帝和大臣"方正朝廷论议"。③ 官员无不期盼"唯陛下留神反覆,熟省臣言"④,但最令他们担心的是,"陛下专受谄谀之言,不闻户牖之外。"⑤所以,一旦朝政出现祸端,皇帝应该"引咎克躬,谘访群吏"。⑥ 如果天降灾异,"兵戎未息,威权渐移,忠言不闻,则虹蜺所在生也。"⑦这种情况下,"史官占候,群臣密对,陛下所观览,左右所讽诵"⑧成为必需的既定奏诏程序。

可见奏诏模式中,人们对君臣关系的某种共识,一般离不开君臣双方对奏诏的基本态度和做法。士大夫的奏疏中,常有一些耳熟能详的理想化描述。比如,主父偃说:"明主不恶切谏以博观,忠臣不避重诛以直谏,是故事无遗策而功流万世。"⑨辛庆忌说:"明王垂宽容之听,崇谏争之官,广开忠直之路,不罪狂狷之言,然后百僚在位,竭忠尽谋,不惧后患,朝廷无谄谀之士,元首无失道之愆。"⑩申屠刚说:"专己者孤,拒谏者塞,孤塞之政,亡国之风也。虽有明圣之姿,犹屈己从众,故虑无遗策,举无过事。夫圣人不以独见为明,而以万物为心。"⑪陈忠说:"仁君广山薮之大,纳切直之谋;忠臣尽謇谔之节,不畏逆耳之害。"⑫李固说:"临御座,见公卿,言有称意,即时施行,显拔其人,以旌忠善。则陛下日有所闻,忠臣日有所献,君臣相体,上下交泰。"⑬窦武说:"明主不讳讥刺之言,以探幽暗之实;忠臣不恤谏争之患,以畅万端之事。"⑭郎顗说:"明王圣主好闻其过,忠臣孝子言无隐情。臣备生人伦视听之类,而禀性愚惷,不识忌讳,故出死忘命,恳恳重言。"⑮胡广说:"君以兼览博照为德,臣以献可替否为

---

① 《后汉书·蔡邕列传》。
② 《后汉书·五行志六》,刘昭注。
③ 《汉书·贾山传》。
④ 《汉书·谷永传》。
⑤ 《后汉书·皇甫规列传》。
⑥ 《后汉书·陈宠列传》。
⑦ 《后汉书·五行志五》,刘昭注。
⑧ 《后汉书·五行志六》,刘昭注。
⑨ 《汉书·主父偃传》。
⑩ 《汉书·刘辅传》。
⑪ 《后汉书·申屠刚列传》。
⑫ 《后汉书·陈宠列传》。
⑬ 《后汉纪》卷18。
⑭ 《后汉书·窦武列传》。
⑮ 《后汉书·郎顗列传》。

忠。……国有大政,必议之于前训,谘之于故老,是以虑无失策,举无过事。"①所有这些言语,可归结为谷永的一句话。"事君之义,有言责者尽其忠,有官守者修其职。"②是可知,汉人政治观念中,对语言功能和言论权力已形成了某种共识。这种共识包含两个核心要点。一是批评性言论对官员行使职责造成的心理压力和无形影响。③"当时吏职,何能悉理;论议之徒,岂不誼哗。"④诸葛丰上书元帝,"臣为光禄大夫,官尊责重,非臣所当处也。又迫年岁衰暮,常恐卒填沟渠,(德)无以报厚〔德〕,使论议士讥臣无补,长获素餐之名。"⑤王章因奏劾王凤死于诏狱,杜钦告诫王凤,务必让民众相信王章不是因言获罪,而是失职所咎。"京兆尹章所坐事密,吏民见章素好言事,以为不坐官职,疑其以日蚀见对有所言也。假令章内有所犯,虽陷正法,事不暴扬,自京师不晓,况于远方。恐天下不知章实有罪,而以为坐言事也。"⑥可见公众舆论视言罪重于官罪。这是因为言罪更有民意基础,更能获得民众同情。就像盖宽饶因上书下吏,"宽饶引佩刀自刭北阙下,众莫不怜之。"⑦这样,用官罪取代言罪,可以污名化王章,从而减轻朝廷压力,营造有利于皇帝的舆论氛围。既然鼓励官民上书,就不能因言治罪。事实上,皇帝也是依照这个共识来要求公卿的。"关东连年被灾害,民流入关,言事者归咎于大臣。"言事者即谓"上书陈事"。元帝于是"数以朝日引见丞相、御史,人受诏,条责以职事。"⑧明帝也是这般要求。"群司勉修职事,极

---

① 《后汉书·胡广列传》。

② 《汉书·谷永传》。

③ 丞相王嘉对此作出了强烈反弹。"守相有罪,车驰诣阙,交臂就死,恐惧如此,而谈说者云,动安之危,辩口快耳,其实未可从。"他痛陈议政四弊。"谄谀则主德毁,倾险则民怨恨,辩慧则破正道,深刻则伤恩惠。"(《汉书·息夫躬传》)凡此,必然使官员动辄得咎,畏首畏尾,很难正常行使职责。王嘉明确意识到了官员话语权的滥用和不加节制将严重损害帝国政治的合理运行。结果是,言者夸夸其谈,纸上谈兵;行者战战兢兢,如履薄冰。

④ 《后汉书·朱浮列传》。

⑤ 《汉书·诸葛丰传》。

⑥ 《汉书·杜周传》。

⑦ 盖宽饶的悲剧隐含着深刻的"言""官"冲突。盖宽饶的奏事风格是"好言事刺讥,奸犯上意"。可见其言辞犀利或刻薄,对宣帝多有违逆。"上以其儒者,优容之,然亦不得迁。"这些奏书既然无法取悦宣帝,也就不会被采纳。不过宣帝也没有因此惩罚他。只是他没有像同僚那样,净写一些让宣帝高兴的奏书而迅速升迁。"同列后进或至九卿,宽饶自以行清能高,有益于国,而为凡庸所越,愈失意不快,数上疏谏争。"这反而愈发刺激他挑战现实,抨击弊端。太子庶子王生"高宽饶节,而非其如此",写信劝他,恪守自己司隶校尉的本职工作就行了,不要越界上书抨击朝政。"今君不务循职而已,乃欲以太古久远之事匡拂天子,数进不用难听之语以摩切左右,非所以扬令名全寿命者也。方今用事之人皆明习法令,言足以饰君之辞,文足以成君之过,君不惟蘧氏之高踪,而慕子胥之末行,用不訾之躯,临不测之险,窃为君痛之。"盖宽饶"不纳其言",结果丢了卿卿性命。(《汉书·盖宽饶传》)某种意义上,这似乎就是"言""官"冲突在士大夫身上体现出来的古老宿命。

⑧ 《汉书·于定国传》,颜注。

言无讳。"①既修职事,亦须极言,可谓君臣共识。一是不仅"言责"和"官守"并重,而且"言责"优先"官守"。② 以至于竟有公卿因不奏谏而被左迁。御史大夫儿宽"以称意任职,故久无有所匡谏于上,官属易之"。③ 这是因为谏争之权重于事务之职,④进而对言责的要求高于官守的要求,即忠高于职。因为忠是一种德性,职只是一个工作。⑤ 这从太史公对士大夫价值的自我认定中可以得到证实。"上之,不能纳忠效信,有奇策材力之誉,自结明主;次之,又不能拾遗补阙,招贤进能,显岩穴之士;外之,不能备行伍,攻城(战野)〔野战〕,有斩将搴旗之功;下之,不能累日积劳,取尊官厚禄,以为宗族交游光宠。"⑥太史公这种自我否定式的评价恰恰肯定了前两者对后两者的价值优越感。所谓"上之""次之"皆属言责范畴,所谓"外之""下之"则属官守范畴。这无疑是对古已有之的立言传统的再次重申。立言之所以超越立功乃至立德,是因为立言本身包含了立德,甚至立言就是立德。"纳忠效信"和"自结明主"之间的逻辑性关联,彰显出言-忠-君三合一的观念结构。⑦ 这种观念结构的本质在于,人们已经意识到言语与忠君的关系。忠君作为皇权主义的道德准则本质性地取决于言语表达的权力和能力。所以,它并非简单是凭借言语体现忠君或实现忠君。更深刻的逻辑在于语言对事务的优先性,以及语言对事物的支配性。所谓"言不直而行不正,则为欺乎天而负乎人"。⑧

至于在具体的君臣奏诏中,语境尤显微妙。略举数例。一是,晁错上书自

---

① 《后汉书·孝明帝纪》。

② 宣帝从反面强调了这点。"俗儒不达时宜,好是古非今,使人眩于名实,不知所守,何足委任!"(《汉书·元帝纪》)意思是,儒生空言不能职守。潜台词是,与其用"高分低能"的俗儒,不如委任踏实做事的能吏。其实,这也符合宣帝一贯的用人标准。可见在朝政的历史实态中,始终存在着"言""守"之间的内在冲突和复杂变形。

③ 《汉书·儿宽传》。

④ 廖伯源认为,职掌议论之大夫较之其他官员拥有某种视野上的扩放性。"行政官员之论议,常就行政之立场说话,或不免囿于本位之观点;大夫不负行政责任,或可以局外人之角度看问题,其看法或较为客观全面,有助于皇帝作决策。"(廖伯源《汉代大夫制度考论》,《秦汉史论丛》[增订本],中华书局,2008 年)

⑤ 这就是超越职分的"尽其忠"。这意味着,忠君不应该局限于职务。不管自己干啥,身在何处,都应该保持忠君信念,时时为皇帝献计献策,贡献心智。尽管如此,谷永对自己身为郡守却行进言之责依然甚为惶恐。"臣永幸得给事中出入三年,虽执干戈守边垂,思慕之心常存于省闼,是以敢越郡吏之职,陈累年之忧。"(《汉书·谷永传》)

⑥ 《汉书·司马迁传》。

⑦ 司隶校尉诸葛丰虽非言官,但他在给元帝的奏书中展示出的却是言责对官守施予的强大压力,即恪尽职守亦是忠君。"人情莫不欲安存而恶危亡,然忠臣直士不避患害者,诚为君也。"(《汉书·诸葛丰传》)

⑧ 《后汉书·陈蕃列传》。

称"狂夫之言,而明主择焉",文帝则谦称"言者不狂,而择者不明"。晁错上言兵事,"传曰:'狂夫之言,而明主择焉。'臣错愚陋,昧死上狂言,唯陛下财择。"文帝嘉之,"书言'狂夫之言,而明主择焉'。今则不然。言者不狂,而择者不明,国之大患,故在于此。使夫不明择于不狂,是以万听而万不当也。"①二是,谷永不满成帝不纳自己的条对建议。"前幸得条对灾异之效,祸乱所极,言关于圣聪。书陈于前,陛下委弃不纳,而更使方正对策,背可惧之大异,问不急之常论,废承天之至言,角无用之虚文,欲末杀灾异,满谰诬天,是故皇天勃然发怒,甲己之间暴风三溱,拔树折木,此天至明不可欺之效也。"②三是,刘辅反对成帝立赵婕妤为皇后和封婕妤父赵临为列侯。"自念得以同姓拔擢,尸禄不忠,污辱谏争之官,不敢不尽死,唯陛下深察。"③四是,李寻对策哀帝,"复特见延问至诚,自以逢不世出之命,愿竭愚心,不敢有所避,庶几万分有一可采。唯弃须臾之间,宿留瞽言,考之文理,稽之《五经》,揆之圣意,以参天心。"④五是,鲁丕上疏和帝,"陛下既广纳謇謇以开四聪,无令刍荛以言得罪;既显岩穴以求仁贤,无使幽远独有遗失。"⑤六是,李固对策顺帝,"臣所以敢陈愚瞽,冒昧自闻者,傥或皇天欲令微臣觉悟陛下。陛下宜熟察臣言,怜赦臣死。"⑥七是,皇甫规对策顺帝,"陛下圣德钦明,闻灾责躬,咨〈言差〉群僚,招延敢谏。臣得践天庭,承大问,此诚臣写愤毕命之期也。"⑦皇甫规对策梁太后,"臣诚知阿谀有福,深言近祸,岂敢隐心以避诛责乎!"⑧八是,蔡邕奏对灵帝,"斯诚输写肝胆出命之秋,岂可以顾患避害,使陛下不闻至戒哉!……臣以愚赣,感激忘身,敢触忌讳,手书具对。"⑨

三、日趋恶化的言论生态

广义上的奏诏模式包含谏议制度。具体而言,奏诏模式和谏议制度相互支撑,允许人们公开上书,议论国是,批评朝政,甚至指责皇帝。所谓"高祖舍周昌桀纣之譬,孝文嘉爰盎人豕之讥,武帝纳东方朔宣室之正,元帝容薛广德自刭之

---

① 《汉书·晁错传》。
② 《汉书·谷永传》。
③ 《汉书·刘辅传》。
④ 《汉书·李寻传》。
⑤ 《后汉书·鲁恭列传》。
⑥ 《后汉书·李固列传》。
⑦ 《后汉纪》卷 19。
⑧ 《后汉书·皇甫规列传》。
⑨ 《后汉书·蔡邕列传》。

切。"①但这不等于人们可以畅所欲言,放言高论。相反,人人自危,噤口不言却是汉人常态,甚至是汉人感受最强烈、最痛楚的日常经验。至少,并不十分久远的历史事实依然记忆犹新,令人心有余悸。"昔秦始皇有伏怒于太后,群臣谏而死者以十数。得茅焦为廓大义,始皇非能说其言也,乃自强从之耳。茅焦亦廑脱死如毛氂耳,故事所以难者也。"②尤其武帝时兴起的酷吏政治,"酷吏击断,奸轨不胜,"恶化了本就严酷的言论环境。"其后奸猾巧法,转相比况,禁罔寖密。"③比如,御史大夫张汤"贵用事",诛杀大农颜异,是早期帝国言论史上的一个转折性事件。"上与汤既造白鹿皮币,问异。异曰:'今王侯朝贺以仓璧,直数千,而其皮荐反四十万,本末不相称。'天子不说。汤又与异有隙,及人有告异以它议,事下汤治。异与客语,客语初令下有不便者,异不应,微反唇。汤奏当异九卿见令不便,不入言而腹非,论死。自是后有腹非之法比,而公卿大夫多谄谀取容。"所谓证据仅仅是"异与客语,道诏令初下有不便处",关键是颜异并无任何言语,只是下意识地动了下嘴唇,便被张汤"处断其罪",于是"腹非之法"成为"则例"。如此,"颜异反唇之比"④成为"贤哲钳口"的典型案例。故而,人们才会频频提及,并呼吁皇帝能放宽言路管制。

拥有雷霆万钧威势的秦帝不开道求谏,恶闻其过,"弗闻,则社稷危矣。"反思秦政,首推贾谊《过秦论》。但《过秦论》只论及政令体制,这是秦政硬件;言及秦诏模式的则是贾山《至言》,这是秦政软件。二贾言论合观,才能透显秦政弊端的完整因果链。"臣不敢以久远谕,愿借秦以为谕。"贾山由秦上溯三代,结论是,"士修之于家,而坏之于天子之廷。"⑤一个好人在朝廷成了坏官,只是因为他不能批评朝政。可见,能否正常言说,表达不同意见,是三代长治久安、秦朝二世而亡的关键。

> 昔者夏商之季世,虽关龙逢、箕子、比干之贤,身死亡而道不用。文王之时,豪俊之士皆得竭其智,刍荛采薪之人皆得尽其力,此周之所以兴也。故地之美者善养禾,君之仁者善养士。雷霆之所击,无不摧折者;万钧之所压,无不糜灭者。今人主之威,非特雷霆也;势重,非特万钧也。开道而求谏,和颜色而受之,用其言而显其身,士犹恐惧而不敢自尽,又乃况于纵欲恣行暴虐,恶闻其过乎!震之以威,压之以重,则虽有尧舜之智,孟贲之勇,

---

① 《后汉书·陈宠列传》。
② 《汉书·邹阳传》。
③ 《汉书·刑法志》。
④ 《汉书·食货志下》,颜注。
⑤ 《汉书·贾山传》。

岂有不摧折者哉？如此，则人主不得闻其过失矣；弗闻，则社稷危矣。古者圣王之制，史在前书过失，工诵箴谏，瞽诵诗谏，公卿比谏，士传言谏（过），庶人谤于道，商旅议于市，然后君得闻其过失也。闻其过失而改之，见义而从之，所以永有天下也。……秦皇帝身在之时，天下已坏矣，而弗自知也。……秦皇帝居灭绝之中而不自知者何也？天下莫敢告也。其所以莫敢告者何也？亡养老之义，亡辅弼之臣，亡进谏之士，纵恣行诛，退诽谤之人，杀直谏之士，是以道谀偷合苟容，比其德则贤于尧舜，课其功则贤于汤武，天下已溃而莫之告也。《诗》曰："匪言不能，胡此畏忌，听言则对，谮言则退。"此之谓也。①

平心而论，相较先秦，早期帝国的政治生态已然迥异。"上书言事，交错道路，怀奸朋党，相为隐蔽，皆亡忠虑，群下凶凶，更相嫉妒。"②扬雄《解嘲》中虽然自称"幸得遭明盛之世，处不讳之朝"③，却忍不住对官事和言语之关系作了古今对比。上世可因言成功，以言做事；当世则因言废人，以言致祸。

> 上世之士，或解缚而相，或释褐而傅；或倚夷门而笑，或横江潭而渔；或七十说而不遇，或立谈间而封侯；或枉千乘于陋巷，或拥彗篲而先驱。是以士颇得信其舌而奋其笔，窒隙蹈瑕而无所诎也。当今县令不请士，郡守不迎师，群卿不揖客，将相不俛眉；言奇者见疑，行殊者得辟，是以欲谈者宛舌而固声，欲行者拟足而投迹。乡使上世之士处虖今，策非甲科，行非孝廉，举非方正，独可抗疏，时道是非，高得待诏，下触闻罢，又安得青紫？④

最后得出结论，"天下已定，金革已平，都于雒阳，娄敬委辂脱挽，掉三寸之舌，建不拔之策，举中国徙之长安，适也。……有建娄敬之策于成周之世，则缪矣。……故为可为于可为之时，则从；为不可为于不可为之时，则凶。"⑤扬雄所谓的"可为""不可为"其实是可说不可说或可道不可道。可见**政治生态本质上是言论生态**。由先秦而秦汉，言论生态变化之深刻，令人思之极恐。"万众讙哗，流闻四方。"⑥"流闻四方，皆同怨之。里谚曰：'千人所指，无病而死。'"⑦是人们对大一统帝国舆论力量的深切感受。稍举一例明之。王莽"杜门自守。……在国三岁，吏上书冤讼莽者以百数。"人们大多认为，王莽"合管朝政，

---

① 《汉书·贾山传》。
② 《汉书·翟方进传》。
③ 《汉书·扬雄传下》。
④ 《汉书·扬雄传下》。
⑤ 《汉书·扬雄传下》。
⑥ 《汉书·薛宣传》。
⑦ 《汉书·王嘉传》。

不当就国。"①

严格说，早期帝国并无真正意义上的闲谈私语。即便"行人誼哗，百姓不安"②的民众燕语也多为政治话语，与朝政官场枝枝蔓蔓瓜葛不断。③ 杜延年奏记霍光不要因丞相车千秋召集朝议治其罪。"间者民颇言狱深，吏为峻诋，今丞相所议，又狱事也，如是以及丞相，恐不合众心。群下讙哗，庶人私议，流言四布，延年窃重将军失此名于天下也！"这让霍光有所收敛，"不以及丞相，终与相竟。"④王莽末，刘秀尝与哥哥刘縯、姐夫邓晨"俱之宛，与穰人蔡少公等燕语。少公颇学图谶，言刘秀当为天子。或曰：'是国师公刘秀乎？'光武戏曰：'何用知非仆邪？'坐者皆大笑，晨心独喜。"⑤如果不是对民意舆情完全无感，士大夫总是难以逃脱地置身于种种话语漩涡中。刘更生上书元帝，对朝廷党争引发民间物议深表忧虑。"窃闻故前将军萧望之等，皆忠正无私，欲致大治，忤于贵戚尚书。今道路人闻望之等复进，以为且复见毁谗，必曰尝有过之臣不宜复用，是大不然。"⑥史丹提醒元帝，易储将导致谣言四起，朝野震荡。"今者道路流言，为国生意，以为太子有动摇之议。审若此，公卿以下必以死争，不奉诏。"⑦可见朝野之间的言论流传和言语互动其实离不开士大夫的各种奏疏。师丹上封事"行道人遍持其书"⑧，并非偶然。东平王刘苍在力谏章帝不要给光武和明帝起建陵邑的奏书中说："伏闻当为二陵起立郭邑，臣前颇谓道路之言，疑不审实，近令从官古霸问涅阳主疾，使还，乃知诏书已下。"⑨可见民间传言往往是真实的诏书内容，所谓民言亦口碑。"灵帝政化衰缺，四方兵寇。"太常刘焉以为"刺史威轻"，建议朝廷"改置牧伯，镇安方夏，清选重臣，以居其任。……议未即行，会益

---

① 《汉书·王莽传上》，颜注。

② 《后汉书·杨震列传》。

③ 有学者认为，流言、谣言可以说是"民间情报的一个形态"。桓帝时，"太学生超过三万人，门徒自数百人至一万数千人的私塾在各地大量出现，识字阶层增加的结果，使得情报的发送人及收集者扩大到了民间。"太学已成为朝野之间汇集帝国政治信息的"情报中心"。太学生"从其出身地及旅行地"带来"很多情报"。这样，"太学们相互间交换情报，同业也能知道以太学为中心形成了清流派群体。"清流派从太学生扩展到朝廷公卿，以及"地方在野的知识阶层"。情报除了流言、谣言，还以书简形式"进行交换"，包括和民间士人"进行书简交往"。（〔日〕纸屋正和《汉代郡县制的展开》第548页，复旦大学出版社，2016年）凡此种种，正说明不论早期帝国的言论形态多么纷繁多样，无不关乎朝廷政局。非国是即官事。

④ 《汉书·杜周传》。

⑤ 《后汉书·邓晨列传》。

⑥ 《汉书·楚元王传》。

⑦ 《汉书·史丹传》。

⑧ 《汉书·师丹传》。

⑨ 《后汉书·光武十王列传》。

州刺史都俭在政烦扰,谣言远闻,而并州刺史张懿、凉州刺史耿鄙并为寇贼所害,故焉议得用。"①亦可见皇权时代已在朝廷诏令和民间传言之间形成了紧密的互动关系。所谓"京师嚣嚣,道路誼哗"②;所谓"流言纷纷,谤自内兴"。③ 由此蔓延开来,很可能形成耸动朝野、席卷帝国的言语狂潮。这样,及时消除谣言,隔绝流言源头,遏制传言势头,强力控制言论传播渠道,成为关系朝廷安稳的政治核心环节。

事实上,早期帝国伊始,机警干练的李斯敏锐地观察到,皇权体制下的言论传播和言谈方式已成为一个前所未有且亟待解决的棘手问题。"人闻令下,则各以其学议之,入则心非,出则巷议,夸主以为名,异取以为高,率群下以造谤。"可见自由言论对朝政国是构成了直接威胁。如果不加遏制,任其泛滥,"则主势降乎上,党与成乎下。"因此,管控言论关系皇帝权威和帝国安稳,势在必行。在李斯看来,"诸侯并作"必然导致"语皆道古以害今,饰虚言以乱实",既然"今皇帝并有天下,别黑白而定一尊",就必须管制言论,控制思想。李斯的方案是,以禁书而致噤口。"史官非秦记皆烧之。非博士官所职,天下敢有藏《诗》、《书》、百家语者,悉诣守、尉杂烧之。有敢偶语《诗》《书》者弃市。以古非今者族。吏见知不举者与同罪。令下三十日不烧,黥为城旦。"④是可知,**禁书本质是禁言,焚书目的是封口。所以,焚书令的逻辑实乃言论罪。**⑤ 就是说,李斯奏议的焚

---

① 《后汉书·刘焉列传》。
② 《后汉书·陈蕃列传》。
③ 《汉书·宣元六王传》。
④ 《史记·秦始皇本纪》。
⑤ 尽管"焚书""坑儒"是两件事,却具有历史逻辑的实质关联。就是说,坑儒实乃焚书的合理延伸。表面看,"焚书令"只是禁止人们读某些书,也就是只是划定了禁书范围,却没有划定那些言论属于"訞言"范畴。即,"焚书令"只是禁书,却没有禁言。所以,将"焚书令"直接等同于"妖言罪"显得过于简单。实际上,禁书的本质就是禁言。这样,才能真正理解"訞言罪"、"诽谤罪"虽起始于"坑儒",却并非偶然。本质上,坑儒是焚书的必然结果。可见,訞言、诽谤早已是焚书的应有之义。侯生和卢生因始皇帝"贪于权势",不想"为求仙药",于是亡去。始皇怒曰:"吾前收天下书不中用者尽去之。悉召文学方术士甚众,欲以兴太平,方士欲练以求奇药。今闻韩众去不报,徐市等费以巨万计,终不得药,徒奸利相告日闻。卢生等吾尊赐之甚厚,今乃诽谤我,以重吾不德也。诸生在咸阳者,吾使人廉问,或为訞言以乱黔首。"(《史记·秦始皇本纪》)始皇帝这里提及"诽谤"和"訞言",但用法不同。"诽谤"的对象是"我",即始皇本人;"訞言以乱黔首"的对象是"黔首",即百姓。在始皇眼中,方士不但"诽谤"圣上,还"訞言"惑众。在始皇帝语境中,诽谤和訞言属于同一性质的罪行,但可以分别处理,诽谤似乎重于訞言。据此,坑儒这一事件同时产生了诽谤罪和訞言罪两大言论罪。二者虽都起于坑儒,但指向不同。从秦诏模式看,诽谤固然必须打压,但訞言同样需要打击。虽然訞言影响的是民众,但毕竟涉及言论传播和言路走向,所以必须严加控制。因为奏诏模式不仅是行政运行机制,还是言论控制方式。这样,管控和处置诽谤和訞言两大言论罪,是奏诏模式中不可避免的常态现象。文帝诏书中提及"诽谤訞言之罪"时,虽然诽谤先于訞言,但二者可以并案,也可以分判。至少在早期帝国的政治实践和言论表达中,人们并未刻意区分"诽谤訞言之罪"的差异。

书令事实上成为早期帝国给言论定罪的钳口令。① 它也由此成为制定"言论罪"的法理依据。其特点是，它以书籍为中心，②书籍中又以《诗》《书》为核心，发明了一种可以现实操作和有效实施的制度化、规模化和运动化并以严防、严控、严惩、严打"言论罪"为导向的政治实践和治国模式。③

这使早期帝国始终弥漫着对言论表达和言语流传的莫名恐惧。"以非当世，惑乱黔首"、"禁民聚语，畏其谤己"④、"交构豪门，竞流谤讟"⑤云云逐渐成为秦汉君臣时时面临的日常境遇和复杂感受。⑥ 较之先秦，秦汉人的心态无疑有

---

① 作为焚书令的直接产物，便有了所谓"挟书律"、"訞言令"或"诽谤罪"。三者其实一也，皆是从焚书令衍生出来的具体罪名和法律规定。惠帝"除挟书律"，（《汉书·惠帝纪》）尚未正式实施。吕后重申，惠帝欲除"妖言令，议未决而崩，今除之。"所谓"过误之语以为妖言"，（《汉书·高后纪》，颜注）意味着某种过度夸张的言语即为妖言。显然，这是一种极为宽泛和模糊的定义。这和诽谤的含义大体一致。表面上它和挟书律不大相干，但据上下文，挟书律和訞言令确系一回事。据贾谊说："忠谏者谓之诽谤，深计者谓之妖言。"（《汉书·贾谊传》）亦可见訞言和诽谤之关联。不知何故，吕后执政期间又出现反复。吕后元年诏除妖言令，吕后八年卒，文帝二年诏除诽谤罪，可见十年内"曾重复设此条"。所以，文帝郑重宣称"今法有诽谤訞言之罪，……其除之"，就很讲了一番道理。"民或祝诅上，以相约而后相谩，吏以为大逆，其有他言，吏又以为诽谤。此细民之愚，无知抵死，朕甚不取。自今以来，有犯此者勿听治。"这里把"大逆"和"诽谤"分开处理。所谓"其有他言"，意即其他言语，谓之诽谤。可见"诽谤罪"的特点，一是轻于大逆，二是范围宽泛，三是解释随意。不能忽视的是，文帝是在秦诏模式框架下诏除訞言令和诽谤罪的，目的是为了开启言路。"古之治天下，朝有进善之旌，诽谤之木，所以通治道而来谏者也。今法有诽谤訞言之罪，是使众臣不敢尽情，而上无由闻过失也。将何以来远方之贤良？"（《汉书·文帝纪》，颜注）史称，"化行天下，告讦之俗易。吏安其官，人乐其业，风流笃厚，禁网疏阔。"（《通典》卷170）可见汉初确实意识到了訞言罪的困扰和贻患。这可以视为汉初统治者积极消除臣民言论禁忌的尝试，即努力开放言路。在制度层面，似乎已经没有任何限制言论表达的法律规定。但我们不能排除此后不再有訞言令和诽谤罪，或类似罪名或法令。至少"诽谤法"又死灰复燃。因为哀帝又一次诏除"诽谤訞欺法"。（《汉书·哀帝纪》）可见在西汉，"诽谤法"几经废立。直至西汉末，"诽谤法"都在侵蚀着言论边界，钳制着人们口舌。"令曰：'其诽谤詈诅者，又先断舌。'"（《汉书·刑法志》）事实上，言论罪在早期帝国始终存在。桓帝时，袁著还在疾呼"愿除诽谤之罪，以开天下之口"。（《后汉书·梁统列传》）既然秦诏模式允许上书，也会因上书治罪。所以，言论罪和上书法密切相关。安帝警告官员力谏时说得很明白，"朝廷广开言事之路，故且一切假贷；若怀迷不反，当显明刑辟。"（《后汉书·来歙列传》）
② 张晏曰："秦律敢有挟书者族。"（《汉书·惠帝纪》，颜注）
③ 比如，秦朝去掉了各地"书政治之愆失"的"桥梁边板"。（《汉书·文帝纪》，颜注）这样，在始皇帝的视野中，大秦帝国的土地上不再有任何扰乱心绪、破坏心情的文字和杂音，只有遍布郡县、高耸名山的歌功颂德的始皇刻石。批评声音彻底消失于天下，取而代之的是不绝于耳的莺歌燕舞。
④ 《史记·秦始皇本纪》，三家注。
⑤ 《后汉书·皇甫规列传》。
⑥ 这里对前后汉各举一例。武帝时，中山王刘胜等诸侯王来朝，"天子置酒，胜闻乐声而泣。"问其故，刘胜说："今臣心结日久，每闻幼眇之声，不知涕泣之横集也。夫众煦漂山，聚蚊成雷，朋党执虎，十夫桡椎。是以文王拘于牖里，孔子陌于陈、蔡。此乃庶之成风，增积之生害也。臣身远与寡，莫为之先，众口铄金，积毁销骨，丛轻折轴，羽翮飞肉，纷惊逢罗，潜然出涕。……今臣雍阏不得闻，逸言之徒蠚生。道辽路远，曾莫为臣闻，臣窃自悲也。"刘胜道出了帝国盛世下人人难以逃避的语言困境。人漂浮于话语的汪洋大海，随时都会有流言飞语置人死地。自己遭陷害，皇帝被蒙蔽。"其以吏（转下页）

了深刻变化。早在西周,"周公与管、蔡并居周位,当是时,迭进相毁,流言相谤,岂可胜道哉!"[1]虽然周人已有了"无罪无辜,谗口嗷嗷"[2]、"民之讹言,亦孔之将"[3]的忧虑和恐慌,尽管商鞅变法对"乱化之民"的打击,使秦人有了"民莫敢议令"[4]的传统,皇权帝国还是不可逆转甚至加速性地创造出近乎全新的言祸形态。[5] "一夫窃议,语流天下"[6]成为大一统时代的可能,"谤议籍籍,闻于天下"[7]成为大一统时代的必然,"左右日亲,忠言以疏"[8]、"利口倾险,反乱国家"[9]成为大一统时代的现实,"横被口语,身幽北阙,妻子满狱"[10]更成为大一统时代现实中的现实。如此一来,"群小窥见间隙,缘饰文字,巧言丑诋,流言飞文,哗于民间。"[11]这使士大夫更需要通过告诫皇帝"杜口结舌,以臣为戒"[12],来

(接上页)所侵闻。于是上乃厚诸侯之礼,省有司所奏诸侯事。"(《汉书·景十三王传》)光武时,远征交址的马援,身在千里之外,戎马倥偬之际,还不忘写信谆谆告诫"喜讥议"的侄子马严、马敦。"吾欲汝曹闻人过失,如闻父母之名,耳可得闻,口不可得言也。好论议人长短,妄是非正法,此吾所大恶也,宁死不愿闻子孙有此行也。汝曹知吾恶之甚矣,所以复言者,施衿结褵,申父母之戒,欲使汝曹不忘之耳。"马援所言貌似泛泛而论,其实不然。所谓"妄是非正法",正谓"讥刺时政"。其忧患之心溢于言表。马援希望侄子们能效法"敦厚周慎,口无择言"的龙伯高,而不要效仿"豪侠好义"的杜季良。后来,杜季良仇人上书,指控他"为行浮薄,乱群惑众,伏波将军万里还书以诫兄子,而梁松、窦固以之交结,将扇其轻伪,败乱诸夏。"书奏,光武帝"召责松、固,以讼书及援诫书示之,松、固叩头流血,而得不罪。"(《后汉书·马援列传》,李贤注)令人疑惑的是,杜季良仇人从何得知马援这封信,尤其信的内容?这是否表明,士大夫的通信和家书并不具有很强的保密性,而往往流行官场,成为人们谈资的一部分?当然,马援这封家信因这场官司,又到了光武手里,或许,此信作为案卷的一部分就保存在宫中了。

[1] 《汉书·楚元王传》。
[2] 《诗·十月之交》。
[3] 《诗·正月》。
[4] 《史记·商君列传》。顺便一提,章太炎着意区分了商鞅法家之法和张汤刀笔吏之法。"商鞅行法而秦日富,张汤行法而汉日贫。"(章炳麟著,徐复注《〈訄书〉详注》,第569页,上海古籍出版社,2000年)制度大法和刑律苛条皎然有别。此论调虽然清奇,却也无奇,大体属于褒孔孟原儒而贬董氏俗儒之路数。
[5] 这有赖于一个历史前提,这就是绝对皇权、超级帝国加上高度成熟的官僚体制、规模空前的人口数量,还有异常发达的驰道交通网络,决定了人们对文书信息传递速度的高效要求,以及由大量公私文书共同催生而成的官场生态环境,使人们对文字写作、语言表达有着异乎寻常的需求和热情。由此造成了"一书出门,便获千金"这样一种通过言语形式和话语实践谋取政治利益和实现政治意图的皇权主义时代。
[6] 《汉书·匡衡传》。"语流"即流言。"放言于外以诬人,曰流言。孔颖达曰:流,谓水流。造作虚语,使人传之,如水之流然,故谓之流言。"(《资治通鉴》卷28,胡注)
[7] 《后汉纪》卷14。
[8] 《后汉书·陈蕃列传》。
[9] 《后汉书·邓禹列传》。
[10] 《汉书·杨敞传》。
[11] 《汉书·楚元王传》。
[12] 《后汉书·蔡邕列传》。

使自己免于言论恐惧的权力威胁。虽说人们意识到"每有一事,群臣同声,得无非其美者",即众口一词、异口同声亦非"朝廷美事"①,多数情况下,人们还是更关注噤口不言、鸦雀无声的话语现象和言论状态。② 所谓"众心不厌,莫之敢言"③;"避难苟生,不敢正言"④;"群臣私望,不敢越职而言"⑤;"公卿以下,保位自守,莫有正言"⑥;"群公卿士杜口吞声,莫敢有言"⑦;"市道皆共知之,朝廷莫肯壹言"⑧;"危言极意,则群凶侧目,祸不旋踵";⑨"或有抱罪怀瑕,与下同疾,纲网弛纵,莫相举察,公府台阁亦复默然。"⑩诸如此类,史不绝书。宣帝时,张敞封事,"今朝廷不闻直声,而令明诏自亲其文,非策之得者也。"⑪成帝时,众臣一致认为,"今天心未豫,灾异屡降,水旱迭臻,方当隆宽广问,褒直尽下之时也。而行惨急之诛于谏争之臣,震惊群下,失忠直心。"⑫王莽专政,申屠刚对策,"今朝廷不考功校德,而虚纳毁誉,数下诏书,张设重法,抑断诽谤,禁割论议,罪之重者,乃至腰斩。伤忠臣之情,挫直士之锐,殆乖建进善之旌,县敢谏之鼓,辟四门之路,明四目之义也。"⑬安帝时,翟酺上疏,"朝臣在位,莫肯正议,翕翕訾訾,更相佐附。"⑭桓帝时,言论生态之恶化,已成为朝臣的普遍观感。刘瑜奏书,"臣悾悾推情,言不足采,惧以触忤,征营慑悸。"⑮皇甫规对策,"今兴改善政,易于覆手,而群臣杜口,鉴畏前害,互相瞻顾,莫肯正言。"⑯郎𫖮奏对,"臣陈引际会,恐犯忌讳,书不尽言,未敢究畅。"⑰黄琼直指朝廷言论环境已到了令人窒息的地步。"言之者必族,附之者必荣。忠臣惧死而杜口,万夫怖祸而木舌,塞陛下耳目之明,更为聋瞽之主。故太尉李固、杜乔,忠以直言,德以辅政,念国亡

---

① 《汉书·孙宝传》,颜注。
② 其实二者压根一回事。**异口同声恰是另一种鸦雀无声**。主旋律的轰鸣掩盖的只是毫无生气的单调发声。雷鸣般的掌声只能催生出步调一致的制式口令。
③ 《后汉书·蔡邕列传》。
④ 《后汉纪》卷 22。
⑤ 《史记·三王世家》。
⑥ 《资治通鉴》卷 31。
⑦ 《后汉书·宦者列传》。
⑧ 《汉书·刘辅传》。
⑨ 《后汉书·陈蕃列传》。
⑩ 《后汉书·蔡邕列传》。
⑪ 《汉书·张敞传》。
⑫ 《汉书·刘辅传》。
⑬ 《后汉书·申屠刚列传》。
⑭ 《后汉书·翟酺列传》。
⑮ 《后汉书·刘瑜列传》。
⑯ 《后汉书·皇甫规列传》。
⑰ 《后汉书·郎𫖮列传》。

身,陨殁为报,而坐陈国议,遂见残灭。贤愚切痛,海内伤惧。……天下尤痛,益以怨结,故朝野之人,以忠为讳。"①襄楷上疏的激烈程度同样令人瞩目。"太原太守刘瓆、南阳太守成瑨,志除奸邪,其所诛翦,皆合人望,而陛下受阉竖之谮,乃远加考逮。三公上书乞哀瓆等,不见采察,而严被谴让。忧国之臣,将遂杜口矣。……李云上书,明主所不当讳,杜众乞死,谅以感悟圣朝,曾无赦宥,而并被残戮,天下之人,咸知其冤。汉兴以来,未有拒谏诛贤,用刑太深如今者也。"②灵帝时,蔡邕上书,"陛下不念忠臣直言,宜加掩蔽,诽谤卒至,便用疑怪。尽心之吏,岂得容哉?诏书每下,百官各上封事,欲以改政思谴,除凶致吉,而言者不蒙延纳之福,旋被陷破之祸。今皆杜口结舌,以臣为戒,谁敢为陛下尽忠孝乎?"③

早期帝国危害或妨碍言路畅通者,即造成"天下之士拑口不敢复言"④的因素,首推"防人之口,法禁严切"⑤的制度环境,比如,"词穷下吏"的朝议规定。⑥"词穷下吏"意即"智穷罪极"。⑦它无形中扩大了因口语制造口祸的迫害范围。⑧其次是日常的政治生态环境,比如,"佞邪与贤臣并在交戟之内,合党共谋,违善依恶,歙歙訿訿,数设危险之言,欲以倾移主上。"⑨此外,不容忽视的是,它还往往和一些具体事件有关,并受到政治事务的直接影响。比如,晁错向景帝建言削藩,被诛杀于朝市。"谒者仆射邓公为校尉,击吴楚为将。还,上书言军事,见上。"景帝问,晁错死了,吴楚还不罢兵?邓公说:"吴为反数十岁矣,发怒削地,以诛错为名,其意不在错也。且臣恐天下之士拑口不敢复言矣。"邓公含蓄批评景帝的做法。"内杜忠臣之口,外为诸侯报仇,臣窃为陛下不取也。"

---

① 《后汉书·黄琼列传》。

② 《后汉书·襄楷列传》。

③ 《后汉书·蔡邕列传》。

④ 《汉书·晁错传》。

⑤ 《汉书·梅福传》,颜注。

⑥ 所谓"词穷"并非真的理屈词穷、无话可说,本质上恰是不愿多说、不敢再说。因为所说明显不合皇帝心思。比如,秦二世时言盗的博士、汉武帝时反对用兵匈奴的狄山、为李广辩护的司马迁,其命运结局,皆因廷议"词穷"之故。

⑦ 《汉书·司马迁传》。

⑧ 太史公对早期帝国的人生耻辱做过等级分类。"太上不辱先,其次不辱身,其次不辱理色,其次不辱辞令,其次诎体受辱,其次易服受辱,其次关木索被箠楚受辱,其次鬄毛发婴金铁受辱,其次毁肌肤断支体受辱,最下腐刑,极矣。"作为最屈辱的腐刑受害者,太史公对自己遭遇口祸的经历和感受作了至真至切至痛的回忆和描述。"负下未易居,下流多谤议。仆以口语遇遭此祸,重为乡党戮笑,污辱先人,亦何面目复上父母之丘墓乎?虽累百世,垢弥甚耳!是以肠一日而九回,居则忽忽若有所亡,出则不知所如往。每念斯耻,汗未尝不发背沾衣也。"(《汉书·司马迁传》)太史公此言可谓控诉言论罪的最痛苦且最伟大的文字。

⑨ 《汉书·楚元王传》。

虽然这属于"事后诸葛亮"式的亡羊补牢,仍对景帝有所触动。景帝"喟然长息"地承认,"公言善,吾亦恨之。"①又如,何敞上封事,指出朝臣对窦宪跋扈普遍持有一种首鼠两端的投机心理。"伏见大将军宪,始遭大忧,公卿比奏,欲令典干国事。……今者论议凶凶,咸谓叔段、州吁复生于汉。臣观公卿怀持两端,不肯极言者,以为宪等若有匪懈之志,则己受吉甫褒申伯之功,如宪等陷于罪辜,则自取陈平、周勃顺吕后之权,终不以宪等吉凶为忧也。"②与此同时,敢言之士却遭迫害。尚书仆射郅寿"以府臧空虚,军旅未休,遂因朝会讥刺宪等,厉音正色,辞旨甚切。宪怒,陷寿以买公田诽谤,下吏当诛。"③侍御史何敞上疏辩护。

> 伏见尚书仆射郅寿坐于台上,与诸尚书论击匈奴,言议过差,及上书请买公田,遂系狱考劾大不敬。臣愚以为寿机密近臣,匡救为职。若怀默不言,其罪当诛。今寿违众正议,以安宗庙,岂其私邪?又台阁平事,分争可否,虽唐虞之隆,三代之盛,犹谓谔谔以昌,不以诽谤为罪。请买公田,人情细过,可裁隐忍。寿若被诛,臣恐天下以为国家横罪忠直,贼伤和气,忤逆阴阳。臣所以敢犯严威,不避夷灭,触死瞽言,非为寿也。忠臣尽节,以死为归。臣虽不知寿,度其甘心安之。诚不欲圣朝行诽谤之诛,以伤晏晏之化,杜塞忠直,垂讥无穷。臣敢谬豫机密,言所不宜,罪名明白,当填牢狱,先寿僵仆,万死有余。④

书奏,"寿得减死,论徙合浦。未行,自杀。"⑤

早期帝国话语中,暴政即是暴秦。暴秦之本质不是罪行,而是罪言,即以言入罪。这样,言与法之结构性关联和实践性导向成为秦政要害。刘邦入关中,约法三章,直接废除了这套臭名昭著的言论罪法律。"父老苦秦苛法久矣,诽谤者族,偶语者弃市。"⑥苦秦是因为苛法,苛法是因为言罪。⑦ 吊诡的是,一百多年后,汉人依然坚持认为,尚存的秦朝十失之一是"治狱之吏"。狱吏乃钳口之吏、扪舌之吏。所谓"治狱之吏",实质是以刑狱律法钳制言论。⑧ 此乃依法禁

---

① 《汉书·晁错传》。
② 《后汉书·何敞列传》。
③ 《后汉书·郅恽列传》。
④ 《后汉书·郅恽列传》。
⑤ 《后汉书·郅恽列传》。
⑥ 《史记·高祖本纪》。
⑦ 言罪不仅愚民,而且愚官,甚至愚君。以言入罪既降低了全民智商,还拉低了民族道德水准。
⑧ 对这种以言入罪的皇权主义逻辑,李斯作了有力论证。"私学乃相与非法教之制,闻令下,即各以其私学议之,入则心非,出则巷议,非主以为名,异趣以为高,率群下以造谤。如此不禁,则主势降乎上,党与成乎下。禁之便。"(《史记·李斯列传》)顺便一提,"非主以为名"较之《秦始皇本纪》中的"夸主以为名"文义更为显豁。

言援律销声的皇权法治。① 术士指责始皇"专任狱吏,狱吏得亲幸。……上乐以刑杀为威,天下畏罪持禄,莫敢尽忠。上不闻过而日骄,下慑伏谩欺以取容。……候星气者至三百人,皆良士,畏忌讳谀,不敢端言其过。"一言之,"群臣谏者以为诽谤,大吏持禄取容,黔首振恐。"②直言被诛,谎言得幸,官吏畏惧,百姓惊恐,这就是秦帝国用严刑峻法打造出来的言论生态系统。"秦法至重也,不可以妄言,妄言者无类。"③贾谊痛陈"秦俗多忌讳之禁,忠言未卒於口而身为戮没矣。故使天下之士,倾耳而听,重足而立,拑口而不言。"④进而,汉人不但把"治狱之吏"和言论表达对立起来,还把二者联系起来,建立因果关系,认为"治狱之吏"是对言论表达的威胁和禁锢。结果是,直言之路被堵,阿谀之声四起,致使帝国灭亡。路温舒上书宣帝,"秦有十失,其一尚存,治狱之吏是也。秦之时,羞文学,好武勇,贱仁义之士,贵治狱之吏;正言者谓之诽谤,遏过者谓之妖言。故盛服先生不用于世,忠良切言皆郁于胸,誉谀之声日满于耳;虚美熏心,实祸蔽塞。此乃秦之所以亡天下也。"⑤秦亡于封口禁谏。无奏谏,即无奏诏模式。奏诏模式崩溃之日,即皇权秩序解体之时。刘陶上疏也是这个思路。"权去己而不知,威离身而不顾。今一撰,成败同execution。……臣敢吐不时之义于讳言之朝,犹冰霜见日,必至消灭。臣始悲天下之可悲,今天下亦悲臣之愚惑也。"⑥

正像君臣关系的主导方在君主一样,奏诏模式作为君臣关系的话语实践,其运行状态和实施效果主要取决于皇帝的素质和做法。贾山之幸在于遇到文帝。"文帝除铸钱令,山复上书谏,以为变先帝法,非是。又讼淮南王无大罪,宜急令反国。又言柴唐子为不善,足以戒。章下诘责,对以为'钱者,亡用器也,而可以易富贵。富贵者,人主之操柄也,令民为之,是与人主共操柄,不可长也。'其言多激切,善指事意,然终不加罚,所以广谏争之路也。"⑦正因此,如果"圣朝明监,信纳謇言"⑧,就不会出现"小人道长,营惑圣听"⑨的局面。反之,就是谏主的灾难。比如,"河内人赵腾诣阙上书陈得失,收考治,诏下狱。"杨震"隐其狂

① 此"法治"取法家用法。
②《史记·秦始皇本纪》。
③《史记·陆贾列传》。
④《史记·秦始皇本纪》。
⑤《汉书·路温舒传》。
⑥《后汉书·刘陶列传》。
⑦《汉书·贾山传》。
⑧《后汉书·段颎列传》。
⑨《后汉书·陈蕃列传》。

直",上疏进谏,"乞全腾性命,以纳刍荛之言。"[1]当然,对皇帝来说,可能更喜欢将奏诏模式运行不畅归咎于百官"在位默然,罕有忠言"[2],但对官员来说,言路不畅更多源于皇帝的禁忌太多,[3]正像王音对成帝愤懑所言,"天尚不能感动陛下,臣子何望! 独有极言待死,命在朝暮而已。"[4]蔡邕也对灵帝悲观不已。"顷者,立朝之士,曾不以忠信见赏,恒被谤讪之诛,遂使群下结口,莫图正辞。"[5]可见,奏诏模式运行不良,虽然君臣双方各有理由,但就皇权政治的历史实态而言,显然臣子们的观感和体会更真实更真切。无论皇帝还是权臣、外戚、宦官,总有一种力量使他们身不由己地深陷言论恐惧。比如,诸葛丰对言路阻塞深表忧虑。"独恐未有云补,而为众邪所排,令谗夫得遂,正直之路雍塞,忠臣沮心,智士杜口,此愚臣之所惧也。"[6]正像窦宪压制朝议,官员上奏不能忠于皇帝、秉持公心,而是首鼠两端,投机取巧。这表明,奏诏模式表面上似乎还在正常运行,实际效果却已大打折扣。所以,陈蕃警诫桓帝,"忧陛下内政未治,忠言日疏。"[7]"而今左右群竖,恶伤党类,妄相交构,致此刑谴。闻臣是言,当复嫌诉。"[8]陈蕃反复提及"言"。所谓"不敢正言"、"厌毒臣言"云云。"从陛下践祚已来,大臣谁敢举左右之罪? ……臣蕃今擢自间阎,特为陛下日月所照,奈何受恩如臣,而当避难苟生,不敢正言。"[9]"陛下虽厌毒臣言,凡人主有自勉强,敢以死陈。"[10]

宣帝号称"中兴之主"确非虚誉。其广开言路之力度和气魄,汉帝无出其右。宣帝"思进贤良,多上书言便宜,辄下望之问状,高者请丞相御史,次者中二千石试事,满岁以状闻,下者报闻,或罢归田里,所白处奏皆可。"颜师古对上中下三个等级皆作了说明。所谓上者,"望之以其人所言之状请于丞相御史,或以奏闻,即见超擢。"所谓中者,"试令行其所言之事,或以诸它职事试之。"倒是对

---

① 《后汉纪》卷 17。

② 《汉书·成帝纪》。

③ 当然,这并不排除也有士大夫将上书不利归咎于自己。比如,何敞指责公卿"怀持两端,不肯极言"。(《后汉书·何敞列传》)第五伦认为皇帝诏书之所以无效,原因不在皇帝,而在臣子不称职。"诏书每下宽和而政急不解,务存节俭而奢侈不止者,咎在俗敝,群下不称故也。"(《后汉书·第五伦列传》)郎颢认为,"自司徒居位,阴阳多谬,久无虚己进贤之策,天下兴议,异人同咨。"(《后汉书·郎颢列传》)

④ 《资治通鉴》卷 31。

⑤ 《后汉书·蔡邕列传》。

⑥ 《汉书·诸葛丰传》。

⑦ 《后汉纪》卷 22。

⑧ 《后汉书·陈蕃列传》。

⑨ 《后汉纪》卷 22。

⑩ 《后汉书·陈蕃列传》。

下者的处理方法最能看出宣帝善待言者的诚意。只要奏书"当主上之意"①，即便不采纳，不拜官，也要给言者一个说明和交代，不致使其上书建言石沉大海，冷落谏主之心。谏大夫王吉虽然鼓吹太平理想，但也坦承，"欲治之主不世出，公卿幸得遭遇其时，言听谏从。"②元帝政治平庸，但政治宽松，奏诏模式运行良好。元帝"好儒术文辞，颇改宣帝之政。"③"于是言事者众，或进擢召见，人人自以得上意。"④史称，"成帝性宽，进入直言，是以王音、翟方进等绳法举过，而刘向、杜邺、王章、朱云之徒肆意犯上，故自帝师安昌侯，诸舅大将军兄弟及公卿大夫、后宫外属史许之家有贵宠者，莫不被文伤诋。"⑤实际上，成帝时的言论空间日趋逼窄。鲍宣痛陈，"朝臣亡有大儒骨鲠，白首耆艾，魁垒之士；论议通古今，喟然动众心，忧国如饥渴者，臣未见也。……以苟容曲从为贤，以拱默尸禄为智，谓如臣宣等为愚。"⑥一个标志性事件就是京兆尹王章因奏劾权臣大将军王凤死于诏狱。这桩典型的言论罪引发了朝野物议的强烈不满。"章既死，众庶冤之，以讥朝廷。"为了平息民愤，杜钦建议王凤不要借王章案件制造言论恐怖，肆意扩大言论罪的范围，加剧本已严重的舆论灾难。执政者应该鼓励人们"引事类以谏争"，积极做到"下有谏争之言，上引而纳之"。杜钦担心"吏民见章素好言事"而认为王章因言获罪，要想尽快消除人们上书言事的恐惧心理，"宜因章事举直言极谏，……使天下咸知主上圣明，不以言罪下也。若此，则流言消

---

① 《汉书·萧望之传》。
② 《汉书·王吉传》。
③ 《汉书·匡衡传》。
④ 《汉书·元帝纪》。
⑤ 《汉书·叙传上》。洪迈比较了文帝和成帝对待犯忌臣子的态度，认为成帝亦有容量，后世难及。
　　贾谊上疏文帝曰："生为明帝，没为明神。使顾成之庙，称为太宗，上配太祖，与汉亡极。虽有愚幼不肖之嗣，犹得蒙业而安。植遗腹，朝委裘，而天下不乱。"又云："万年之后，传之老母弱子。"此既于生时谈死事，至云"传之老母"，则是言其当终于太后之前，又目其嗣为"愚幼不肖"，可谓指斥。而帝不以为过，谊不以为疑。刘向上书成帝谏王氏事曰："王氏与刘氏，且不并立，陛下为人子孙，守持宗庙，而令国祚移于外亲，降为皂隶，纵不为身，奈宗庙何！"又云："天命所授者博，非独一姓。"此乃于国存时说亡语，而帝不以为过，向不以为疑，至乞援近宗室，几于自售，亦不以为嫌也。两人皆出于忠精至减，故尽言触忌讳而不自觉。文帝以宽待下，圣德固尔，而成帝亦能容之，后世难及也。（《容斋随笔》卷 11，"谊向触讳"）
　　赵翼对此不以为然。一方面，他承认，"此等狂悖无忌讳之语，敌以下所难堪，而二帝受之，不加谴怒，且叹赏之，可谓盛德矣。"另一方面，他认为，"文帝以谊所言分封王国子弟等事，多见之施行。成帝则徒叹向之忠，而不能收外家之权，卒至日后篡夺之祸，是徒受直言亦无益也。"（《廿二史札记》卷 2，"上书无忌讳"）可见，受其直言而不行，空有盛德虚名，无益国家。赵翼所言并非诛心。作为皇帝，虽有容忍雅量，却无实际作为，是为上不足而下有余。较之受善言而行之的明君，固然不足，但相较那些压根不愿听闻任何异议的昏君，更别说那些残酷打压异议者的暴君，还是可圈可点。
⑥ 《汉书·鲍宣传》。

释,疑惑著明。"①总之,不要使天下人认为皇帝不让人们说话。虽说皇权帝国的言论环境向来不佳,可明目张胆地钳制言论毕竟后果难料,且遗患无穷,向来为皇帝所慎用。所以,皇帝总是需要开放一些自己能够操控自如的言论管道供人们发表意见,使自己习惯性地保持一种倾听民意的正确姿态。

史称王凤"白行其策"②,因史无明文,效果不详。从事态发展看,言论环境更加恶化。终于引发梅福的一篇系统检讨西汉言论史得失的长篇奏疏。

> 孝(文)〔武〕皇帝好忠谏,说至言,出爵不待廉茂,庆赐不须显功,是以天下布衣各厉志竭精以赴阙廷自衒鬻者不可胜数。汉家得贤,于此为盛。……庙堂之议,非草茅所当言也。臣诚恐身涂野草,尸并卒伍,故数上书求见,辄报罢。……今臣所言非特九九也,陛下距臣者三矣,此天下士所以不至也。……今欲致天下之士,民有上书求见者,辄使诣尚书问其所言,言可采取者,秩以升斗之禄,赐以一束之帛。若此,则天下之士发愤懑,吐忠言,嘉谋日闻于上,天下条贯,国家表里,烂然可睹矣。夫以四海之广,士民之数,能言之类至众多也。然其俊桀指世陈政,言成文章,质之先圣而不缪,施之当世合时务,若此者,亦亡几人。故爵禄束帛者,天下之底石,高祖所以厉世摩钝也。……至秦则不然,张诽谤之罔,以为汉驱除,倒持泰阿,授楚其柄。故诚能勿失其柄,天下虽有不顺,莫敢触其锋,此孝武皇帝所以辟地建功为汉世宗也。……今陛下既不纳天下之言,又加戮焉。……愚者蒙戮,则知士深退。间者愚民上疏,多触不急之法,或下廷尉,而死者众。自阳朔以来,天下以言为讳,朝廷尤甚,群臣皆承顺上指,莫有执正。何以明其然也? 取民所上书,陛下之所善,试下之廷尉,廷尉必曰"非所宜言,大不敬。"以此卜之,一矣。故京兆尹王章资质忠直,敢面引廷争,孝元皇帝擢之,以厉具臣而矫曲朝。及至陛下,戮及妻子。且恶恶止其身,王章非有反畔之辜,而殃及家。折直士之节,结谏臣之舌,群臣皆知其非,然不敢争,天下以言为戒,最国家之大患也。愿陛下循高祖之轨,杜亡秦之路,数御十月之歌,留意亡逸之戒,除不急之法,下亡讳之诏,博览兼听,谋及疏贱,令深者不隐,远者不塞,所谓"辟四门,明四目"也。③

概言之,一方面,"自阳朔以来,天下以言为讳,朝廷尤甚,群臣皆承顺上指,莫有

---

① 《汉书·杜周传》,颜注。
② 《汉书·杜周传》。胡三省严厉批评"杜钦之罪浮于谷永,以其与王凤计议,为之文过"。(《资治通鉴》卷30)
③ 《汉书·梅福传》。

执正。"另一方面,"王氏浸盛,灾异数见,群下莫敢正言。"结果是,"折直士之节,结谏臣之舌,群臣皆知其非,然不敢争,天下以言为戒,最国家之大患也。"梅福建议成帝"除不急之法,下亡讳之诏",因为"且不急之法,诽谤之微者"。① 唯如此,才能真正做到广开言路。"今欲致天下之士,民有上书求见者,辄使诣尚书问其所言,言可采取者,秩以升斗之禄,赐以一束之帛。"

安帝在位是东汉由盛转衰的时期,在奏诏模式上表现为,"方今公卿以下,类多拱默。"② 可见言论环境已日趋转恶。"连有灾异,诏举有道,公卿百僚各上封事。"尚书陈忠"以诏书既开谏争,虑言事者必多激切,或致不能容,乃上疏豫通广帝意。"陈忠已意识到谏净环境相当严酷,需要提醒安帝做好心理准备,尽量优容奏事者的言语激烈,"如其管穴,妄有讥刺,虽苦口逆耳,不得事实,且优游宽容,以示圣朝无讳之美,"避免给奏事者造成恐慌和威胁。同时,安帝还应向前汉四个虚心纳谏的皇帝学习,就像"高祖舍周昌桀纣之譬,孝文嘉爱盎人豕之讥,武帝纳东方朔宣室之正,元帝容薛广德自刎之切"那样,重用上书直言者。"言事者见杜根、成翊世等新蒙表录,显列二台,必承风响应,争为切直。若嘉谋异策,宜辄纳用。……若有道之士,对问高者,宜垂省览,特迁一等,以广直言之路。"③

第三节　言者的忧忿

一、谈何容易

奏书之难有多种原因。有时需要专业知识。比如,西羌反叛,"征西将军马贤与护羌校尉胡畴征之,而稽久不进。"武都太守马融"知其将败,上疏乞自暗"。他保证自己用五千兵马,"三旬之中,必克破之。"同时他又特别提及自己是经学之士,没有军事经验,希望不要因此被人指责为胡说八道。"臣少习学艺,不更武职,猥陈此言,必受诬罔之辜。"④ 有时因为身卑名微。尚书杨乔上书抱怨,"臣前后七表言故合浦太守孟尝,而身轻言微,终不蒙察。区区破心,徒然而

---

① 这里需要考虑"不急之法"和"上书法"之间的关系。(《汉书·梅福传》)
② 《后汉书·左雄列传》。
③ 《后汉书·陈宠列传》。
④ 《后汉书·马融列传》。

已。"①有时因为言论空间逼窄。刘陶上疏桓帝,"臣恐小人道长,遂成其败,犯冒天颜,言诚非议,知必以身脂鼎镬,为海内先笑,所学之事,将复何恨! ……臣始悲天下之可悲,今天下亦悲臣之愚惑矣。"②桓帝显然无力真正改观刘陶对上书结果的悲观。因为早期帝国后期,言事空间不仅日趋逼窄,可以说早已破败不堪。

正是在这个背景下,范晔批评李云"草茅之生,不识失身之义"。因为上书不易,必有失身之虞。进而言之,言者失身恰恰表明奏诏模式正常运行之难,以及奏诏模式可能面临加速崩溃之厄。"礼有五谏,讽为上。若夫托物见情,因文载旨,使言之者无罪,闻之者足以自戒,贵在于意达言从,理归乎正。曷其绞讦摩上,以衒沽成名哉? 李云草茅之生,不识失身之义,遂乃露布帝者,班檄三公,至于诛死而不顾,斯岂古之狂也! 夫未信而谏,则以为谤己,故说者识其难焉。"③

至于山阳太守张敞说的上书言事不易,牵涉的因素复杂更为急迫和棘手。它包括朝局变化,人心微妙,距离遥远,言不尽意,书不尽事。霍光死后,霍氏不安。张敞上封事提醒宣帝,"近臣自危,非完计也,臣敞愿于广朝白发其端,直守远郡,其路无由。夫心之精微口不能言也,言之微眇书不能文也,……况乎千里之外,因书文谕事指哉!"④朱浮上疏光武,也是强调言语流传因空间产生的复杂变形。"愿陛下留心千里之任,省察偏言之奏。"⑤

真正将上书言事扩展到文化哲理层面,进行一番汪洋恣意般的纵横论说、穷极探究,则属东方朔的"设非有先生之论"。它本质上是一篇杂家版的"说难"。⑥它提出了"谈何容易"这一命题。这一命题只有在奏诏模式中才有其真实意义。东方朔认为,"谈何容易"是因为早期帝国的言论空间严重收缩,较之先秦可谓彻底塌缩。以至于人们的言谈话语和诗赋文章除了取悦皇帝,谄媚权贵,以取功名,以获利禄,别无他用。《非有先生论》先设"非有先生仕于吴,进不

---

① 《后汉书·循吏列传》。

② 《后汉纪》卷21。

③ 《后汉书·李云列传》。李贤引《大戴礼》注释五谏。"五谏谓讽谏、顺谏、窥谏、指谏、陷谏也。讽谏者,知患祸之萌而讽告也。顺谏者,出辞逊顺,不逆君心也。窥谏者,视君颜色而谏也。指谏者,质指其事而谏也。陷谏者,言国之害忘生为君也。"阙工利瑞考证,"今《大戴礼》佚此文。"他并征引有关五谏的诸家之说,诸如《说苑·正谏篇》、《白虎通·谏诤篇》、《公羊传解诂》、《孔子家语·辨政篇》,认为"诸书言五谏,颇有出入。"(《风俗通义》卷4)

④ 《汉书·张敞传》。

⑤ 《后汉书·朱浮列传》。

⑥ 稍后的刘向著作《疾谗》,"依兴古事,悼己及同类也。"(《汉书·楚元王传》)应该也是对皇权帝国下言语困境的思索。

称往古以厉主意,退不能扬君美以显其功,默(默)〔然〕无言者三年"之悬念,引出吴王"怪而问之",进而展开对"谈有悖于目拂于耳谬于心而便于身者,或有说于目顺于耳快于心而毁于行者,非有明王圣主,孰能听之"这一问题之探讨。桀纣暴君尚有龙逢、比干直谏之臣,"今则不然,反以为诽谤君之行,无人臣之礼,果纷然伤于身,蒙不辜之名,戮及先人,为天下笑,故曰谈何容易!"说到底,"放戮圣贤,亲近谗夫。"如是,"邪主之行固足畏也,故曰谈何容易!"①

二、先死陈情

士大夫无不渴望"沐浴恩泽,承答圣问"②,因为应答诏命,是谓恩倖。③ 更重要的是,士大夫真诚相信,"圣王以天下耳目为视听,故能无不闻见"④这种理想的政治状态,只有在奏诏模式中才可能实现。因为奏诏模式是皇权政体所能创设的最具开放性的言论方式。它一定程度上满足了人们政治欲望的自我表达。人们早已习惯并适应了这种言说形式。人们从未想过扩大、跨越这种言论边界,更未想过挑战、改变这套话语模式。人们只希望奏诏模式能发挥预设的合理效能。这使士人对皇帝广开言路虚心纳谏充满了不可救药乃至死不悔改的终极期待。这种期待首先表现在士大夫对自己奏书效果的热切渴望和激情想象。

我们没有理由怀疑士大夫内心对奏谏怀抱的那种殉道勇气和牺牲精神。"先死陈情,临章涕泣,泣血(连)〔涟〕如。"⑤"敢以瞽言,冒干天禁,惟陛下纳焉。"⑥这里有一系列例子,可见士大夫力谏皇帝之决心,以及希望皇帝重视自己的谏书。

主父偃上书武帝,"今臣不敢隐忠避死,以效愚计,愿陛下幸赦而少察之。"⑦

东方朔奏谏武帝,"粪土愚臣,忘生触死,逆盛意,犯隆指,罪当万死,不胜

---

① 《汉书·东方朔传》。
② 《后汉书·律历志下》,刘昭注。
③ 这种感觉和性质非常吻合新承恩泽、芙蓉春宵的宠妃想象。就此而言,士人在奏诏模式中享受着一种类似雨露承欢的体验。
④ 《后汉书·刘陶列传》。
⑤ 《后汉书·寇恂列传》。
⑥ 《后汉书·胡广列传》。
⑦ 《汉书·主父偃传》。

大愿。"①

戴凭向光武表示,"臣无謇谔之节,而有狂瞽之言,不能以尸伏谏,偷生苟活,诚惭圣朝。"②

东平王刘苍书谏光武,"臣不胜愤懑,伏自手书,乞诣行在所,极陈至诚。"③

何敞封事和帝,"虽知言必夷灭,而冒死自尽者,诚不忍目见其祸而怀默苟全。"④

郎顗上书顺帝,"臣言虽约,其旨甚广。惟陛下乃眷臣章,深留明思。""愿访问百僚,有违臣言者,臣当受苟言之罪。"⑤

窦武上表桓帝,"臣实怀愚,不惮瞽言,使身死名著,碎体粪土,荐肉狐鼠,犹生之年,虽尊官厚禄,不以易之也。谨冒死陈得失之要,凡七十余条,伏惟陛下深思臣言,束骸候诛。"⑥

襄楷上书桓帝,"物有微而志信,人有贱而言忠。臣虽至贱,诚愿赐清闲,极尽所言。"⑦

袁著上书桓帝,"左右闻臣言,将侧目切齿,臣特以童蒙见拔,故敢忘忌讳。"⑧

皇甫规上书桓帝,"伏愿陛下暂留圣明,容受謇直,则前责可弭,后福必降。"⑨

黄琼上疏桓帝,"敢以垂绝之日,陈不讳之言,庶有万分,无恨三泉。"⑩

杨秉上书桓帝,"臣奕世受恩,得备纳言,又以薄学充在劝讲,特蒙光识,见照日月,恩重命轻,敢陈其愚。"⑪

吕强上书灵帝,"臣诚知封事已行,言之无逮,所以冒死干触陈愚忠者,实愿陛下损改既谬,从此一止。"⑫

傅燮上书灵帝,"臣闻忠臣之事君,犹孝子之事父,〔子之事父〕,焉得不尽情

---

① 《汉书·东方朔传》。
② 《后汉书·儒林列传上》。
③ 《后汉书·光武十王列传》。
④ 《后汉书·何敞列传》。
⑤ 《后汉书·郎顗列传》。
⑥ 《后汉纪》卷22。
⑦ 《后汉书·襄楷列传》。
⑧ 《后汉书·梁统列传》。
⑨ 《后汉书·皇甫规列传》。
⑩ 《后汉书·黄琼列传》。
⑪ 《后汉纪》卷21。
⑫ 《后汉书·宦者列传》。

以言！使臣伏鈇钺之戮，陛下少用其言，国之福也。"①

审忠上书灵帝，弹劾宦官朱瑀等人"罪恶所感"，引发灾异。"愿陛下留漏刻之听，裁省臣表，埽灭丑类，以答天怒。与瑀考验，有不如言，愿受汤镬之诛，妻子并徙，以绝妄言之路。"②

极谏之士的心态显然是一个值得关注的问题。面对进言犯难的困境和厄运，他们的文字在充分展示一种道德勇气的同时，也蕴含了"死"与"罪"的殉难意识。死谏即是死亡宣言。他们无不相信，这是忠君的最好明证。比如，贾山上《至言》，向文帝切切表示，"为人臣者，尽忠竭愚，以直谏主，不避死亡之诛者，臣山是也。"③贾捐之上书，"臣幸得遭明盛之朝，蒙危言之策，无忌讳之患，敢昧死竭卷卷。"④谷永上书表白，"有不合者，臣当伏妄言之诛！……臣幸得备边部之吏，不知本朝失得，瞀言触忌讳，罪当万死。"⑤窦武表示，"岂敢怀禄逃罪，不竭其诚！"⑥史弼上封事，"臣职典禁兵，备御非常，而妄知藩国，干犯至戚，罪不容诛。不胜愤懑，谨冒死以闻。"⑦郎𫖮上书顺帝，"臣生长草野，不晓禁忌，披露肝胆，书不择言。伏锧鼎镬，死不敢恨。谨诣阙奉章，伏待重诛。"⑧

其实，谷永心态还有更复杂的一面。他对策有道，信息量极大。"疏贱之臣，至敢直陈天意，斥讥帷幄之私，欲间离贵后盛妾，自知忤心逆耳，必不免于汤镬之诛。此天保右汉家，使臣敢直言也。三上封事，然后得召；待诏一旬，然后得见。夫由疏贱纳至忠，甚苦；由至尊闻天意，甚难。语不可露，愿具书所言，因侍中奏陛下，以示腹心大臣。腹心大臣以为非天意，臣当伏妄言之诛；即以为诚天意也，奈何忘国家大本，背天意而从欲！"⑨不必怀疑谷永的忠诚，但其奏书中的怨望和忧惧还是难以掩饰。虽说忠臣因忠君而死，可谓求仁得仁，但终究有违人性。因为人性不当如此。

---

① 《后汉纪》卷 24。
② 《后汉书·宦者列传》。
③ 《汉书·贾山传》。
④ 《汉书·贾捐之传》。
⑤ 《汉书·谷永传》。
⑥ 《后汉书·窦武列传》。
⑦ 《后汉书·史弼列传》。
⑧ 《后汉书·郎𫖮列传》。
⑨ 《汉书·谷永传》。

第二章

奏诏模式与君臣关系

第一节　诏书对君臣关系的维持和调节

一、君臣关系即奏诏关系

　　制诏是皇帝独有的权力，制诏权直接等于皇权。"制曰"、"诏曰"即是"上曰"、"帝曰"。周举建议朱伥上书劝谏顺帝收回成命，朱伥说："今诏怒，二尚书已奏其事，吾独表此，必致罪谴。"①所谓"今诏怒"即是今上怒。可见汉人话语中，诏书和皇帝可以互换。如同"朝廷"、"国家"意指皇帝一样。

　　皇帝和诏命完全重合意味着，皇帝的言行举止无不昭示着诏命的权威性。举一个纯粹的文献学（具体说是版本学）例子。"黄香拜左丞，功满当迁，和帝留，增秩。"注者云："和帝留"，聚珍本作"诏书留"。② 这或许是一个偶然的刊写错误，却透视出一个无意识的本质，即在这条史料的版本流传中，"皇帝"和"诏书"可以互相置换。可见皇帝言行皆具诏书性质。"和帝留"即为"诏书留"。

　　君主自带诏命光环，必然"无言不雠"，这便有了"君无戏言"之说。"君无戏言"是因为君主所言皆具诏命性质和诏令权威。如果君主所说皆为诏，臣子所言皆为奏，那么君臣关系就是奏诏关系。它决定了"君臣无戏言"。它有两个显著特点。一是，君主政治是奏诏政治。诏书是君主意志的直接体现，是不容置疑的绝对权威。总之，君臣关系中，处处依诏行事。虽有制度措施和例行规定，君主诏令则能随时改变一切既有规矩。比如，"秦法，群臣侍殿上者不得持尺寸

---

① 《后汉书·周举列传》。
② 《东观汉记》卷17。

之兵;诸郎中执兵皆陈殿下,非有诏召不得上。"①二是,君臣之间的正式联系大多通过奏书和诏书进行。这里就奏诏各举一例。"每诏令议下,诸老先生不能言,贾生尽为之对,人人各如其意所欲出。诸生於是乃以为能,不及也。孝文帝说之,超迁,一岁中至太中大夫。"②樊侩"病患困,犹不忘忠,悉条政不便于民者,未及言而薨。上遣小黄门张音问何遗言,音奏焉,上为之流涕。"③这样,通过奏诏模式规范君臣关系,成为皇权政治的必然选择。事实上,皇帝行使权威的方式必须凭借奏诏模式得以完成,正常的君臣关系需要通过奏诏模式展示和实现。比如,"出先置卫,辄上奏辞。"意思是,天子出行,卫司马为先导。"先天子发,故上奏辞。"④又如,诸侯王和皇帝之间,来朝与不朝都展示为一种奏诏程序。衡山王刘赐"上书谢病",武帝"赐书不朝"。⑤

奏诏模式是君臣关系的直观体现。形象一点说,奏诏模式就像君臣关系的晴雨表。淮南王刘长"归国益恣,不用汉法,出入警跸,称制,自作法令,数上书不逊顺。文帝重自切责之。"⑥刘长的桀骜不驯在奏诏模式中表现得淋漓尽致。同样,栾布的忠贞不二则创造了一个奏事的经典仪式。栾布为彭越之臣,奉彭越之命出使齐国,返回之后自然要向彭越禀报。哪怕彭越已死,栾布也要向其头颅奏报,以示君臣关系不变。"布还,奏事彭越头下"正是这种君臣关系的生动体现。臧荼为燕王,栾布为将。"及荼反,汉击燕,虏布。梁王彭越闻之,乃言上,请赎布为梁大夫。使于齐,未反,汉召彭越责以谋反,夷三族,枭首雒阳,下诏有收视者辄捕之。布还,奏事彭越头下,祠而哭之。"⑦彭越已亡,栾布尚存。生臣拜见亡君,由此构成了"奏事越头"这样一个君臣之间生死之际的极富冲击力的政治画面。面对高悬的彭越之首,栾布内心如何波涛汹涌我们已无从悬想。栾布所欲表达的只是一个姿态。即便君主已死,他也要恪守臣子职分,向其奏事。头颅无言,奏事有声。可见奏诏模式不仅存在于君主生前,也依然延续在君主死后。无论生君还是亡君,对坚守君臣大义的臣子而言,奏事君主都

① 《史记·刺客列传》。
② 《史记·贾生列传》。
③ 《后汉纪》卷10。与之相对的是,若有重臣去世,皇帝也会遣人询问其遗言。比如,吴汉病笃,光武亲临,"问所欲言。对曰:'臣愚无所知识,唯愿陛下慎无赦而已。'"(《后汉书·吴汉列传》)可见奏诏模式已将君臣双方生生死死捆绑在了一起。
④ 《汉书·盖宽饶传》,颜注。
⑤ 《史记·衡山王列传》。
⑥ 《汉书·淮南王传》。
⑦ 《汉书·栾布传》。

是保持和彰显君臣关系的具体形式和真实体现。① "奏事越头"虽是一个令人印象深刻的政治仪式,在栾布心中却是一个庄严的奏诏程序。栾布通过这个象征性的奏诏程序,践行了他和彭越之间君臣关系的终极承诺。

概言之,一旦正式确立君臣关系,君臣之间自然形成了以奏诏模式为规则的交往方式和话语方式。郦食其投奔刘邦,号"广野君"。二人成为君臣。郦食其献计自己出使齐地时说:"臣请得奉明诏说齐王,使为汉而称东藩。"②所谓"奉明诏"便是二人君臣关系的真实写照。可见**奏诏模式就是君臣关系的语言形式和语法规则**。客观意义上,君臣之间就是颁诏和奉诏的关系。这既是君臣关系的仪式性确认,也是君臣双方的实践性操作。这使自觉维护诏书权威,成为官员的政治素质和政治意识。即便给诸侯王颁诏,官员也必须恪守颁诏仪式。比如,东平王刘宇"骄奢不奉法度",王尊为东平相,"奉玺书至庭中,王未及出受诏,尊持玺书归舍,食已乃还。致诏后,谒见王。"③

二、奏诏模式规范君臣关系

奏诏模式中,任何人上书皇帝,必须自称"臣某"。④ 这是一个常识。这表明上书者对皇权的认同和对皇恩的期待。同时,臣民上书皇帝,姓名亦有讲究。所谓"群臣上书,公卿校尉诸将不言姓"。这样,著姓在朝廷文书中有了特殊意义。比如,光武诏司隶校尉鲍昱诣尚书,"使封胡降檄。光武遣小黄门问昱有所怪不? 对曰:'臣闻故事通官文书不著姓,又当司徒露布,怪使司隶下书而著姓也。'帝报曰:'吾故欲令天下知忠臣之子复为司隶也。'"⑤群臣奏书和官府下发的公文都属于通官文书,通行格式是"不言姓",光武有意为之,改变了通官文书的惯例,通过彰显鲍昱姓氏表明他和鲍永的父子关系,从而体现光武"欲令天下知忠臣之子复为司隶"之政教意图。光武对鲍昱的恩宠和褒奖,反证上书无姓

---

① 鲍永出行路过更始帝之墓,下车祭拜,其实也隐含一种奏事亡君的意味。

② 《史记·郦生列传》。

③ 《汉书·王尊传》。

④ 尾形勇认为,"臣某"体现了臣子的无家地位和奴婢意识。"秦汉以来的'奴婢',具有'无姓'的属性。……所谓'臣'某形式,恰恰是自己要表现为如同奴婢一样的身份。""'臣某'形式的'某'部分,正是对无'家'者的拟制表现。"总之,"在皇帝面前,'臣'为什么要采用'臣某'的自称形式,尤其是为什么各自不称'姓'这一问题,"是因为"'私家'的姓在'公'的世界中已不起作用,或者被认为不应该起作用。"因而,"称'臣'时,必然不得称'姓'的所谓'臣某'形式,如实地反映了各自的'私家'已被'废弃'的状况。"([日]尾形勇《中国古代的"家"与国家》,第139—140、168、177页,中华书局,2010年)

⑤ 《后汉书·鲍永列传》,李贤注。

确为奏诏模式之通则。理由无他，"天下一家"和"君臣一体"之逻辑使然。此外之聚讼皆为饶舌耳。既然君臣一家，关系自然亲密。关系亲密，去姓留名即可。中国人的称谓习惯是，一家人称呼都是直呼其名。还有些更为亲密的关系，比如皇室成员之间的宴饮，不称名而称绰号。比如，身为窦太主的小情人，董偃在武帝面前也很受宠。"董君见尊不名，称为'主人翁'，饮大驩乐。"①另一方面，臣子奏事虽然称名不姓，却不能称字不名。因为称字有亲密之意。臣子主动亲近皇帝，有犯上之嫌。②可见奏诏模式中，臣子称字也是一种特殊礼遇。比如，宣帝对夏侯胜的器重和尊敬，表现在奏诏模式中。他不介意夏侯胜在自己面前称字不称名。礼制规定"君前臣名不当相呼字"。"见时谓上为君，误相字于前，上亦以是亲信之。"③有异曲同工之妙的是，"（孙）权於群臣多呼其字，惟呼张昭曰张公，（张）纮曰东部，所以重二人也。"④在孙权这里，称臣之字显得平常。在宣帝那里，臣子面君自称其字，却属非常待遇。可见臣子姓名字号在君臣关系中，对君臣双方体现着异乎寻常的身份地位和政治意义。

奏诏模式中出现的臣子姓名的不同用法，展示出君臣关系的多样性。"奏事不称臣，受诏不拜"实为另类君臣关系，而非解除君臣关系。前朝的逊位皇帝所受礼仪和本朝礼遇重臣颇有一比。就像西汉的"萧何故事"和"霍光故事"，所谓"剑履上殿，入朝不趋，奏谒不名"。萧何们的"奏谒不名"和汉献帝在曹魏的"奏事不称臣，受诏不拜"性质相同，皆属于依据奏诏模式对大臣和逊帝作出的某种特例性的礼制安排。就其本质，它是奏诏模式下的另类君臣关系。**它是奏诏模式对君臣关系作所的礼仪规范和进行的礼制创新。**它表明奏诏模式有足够的礼制空间来安置更为多样态的君臣关系。献帝逊位，曹丕称帝。献帝"位在诸侯王上，奏事不称臣，受诏不拜，以天子车服郊祀天地，宗庙、祖、腊皆如汉制。"⑤

大体说，奏诏模式体现的君臣关系，约分三类。这三类依照君臣关系的强弱程度分为三个等级。一种是正常的，一种是特殊的"奏谒不名"，一种是更特殊的"奏事不称臣，受诏不拜"。第二种大体上也属于正常的君臣关系范畴，就像"萧何故事"。最后一种则属于松散的例外型的君臣关系，就像"献帝故事"。"奏谒不名"明确规定了功臣或权臣给皇帝上书时享有的特殊权力。君臣关系

---

① 《汉书·东方朔传》。
② 反之，皇帝称字则意在自谦。隗嚣遣使，光武"虚心相待，每报答之，常手书称字。"（《后汉纪》卷4）
③ 《汉书·夏侯胜传》，颜注。
④ 《三国志·吴书·张纮传》。
⑤ 《献帝春秋》曰："魏王登坛，受皇帝玺绶。"（《后汉书·孝献帝纪》）禅让受皇帝玺，而非天子玺。

要求臣子上书时,必须严格遵守奏章格式,通过标明臣子名字来体现对皇帝的尊崇和敬畏。而"奏谒不名"意味着,允许臣子上书或拜谒时,只称官职姓氏,比如"萧相国"之类。显然,这是一种受到皇帝恩准的特殊君臣关系。至于"奏事不称臣,受诏不拜"则是一种更为特殊甚至另类的君臣关系。因为它是一种禅让后的政治交易、政治契约和政治授权。就是说,它不适合通常的君臣关系。这意味着,通常的君臣关系必须符合和遵守奏诏模式,即"奏事称臣,受诏必拜"。可见,奏诏模式本身是对君臣关系的制度性规范。

通过重新安排君臣关系,奏诏模式完成了皇权主义的恩典仪式。奏谒不名或赞拜不名属于奏诏模式的一种仪式性环节,①体现特殊的恩典性。"诏沛王、东平王、中山王赞拜不名;天子亲答拜,所以宠光荣显,加于古典。"②包咸迁大鸿胪,"每进见,锡以几杖,入屏不趋,赞事不名。"太中大夫陈嚣"年七十,每朝贺,帝待以师傅之礼,赐几杖,入朝不趋,赞事不名。"③

"赞事不名"或"奏事不名"是皇帝恩赐的臣子之"殊礼"。殊礼之关键在于"不名"。不名似有不臣之义。但并非真的不臣。本质上,它是皇帝恩赐某些臣子的"半臣之礼"、"准臣之礼"或"拟臣之礼",近似对臣子身份的拟仿或类比。进一步分析,"奏事不名"意味着称姓,称姓在家天下时代象征着皇帝对臣子的某种另类对等礼遇。因为皇帝毕竟允许你保留了以自己姓氏奏书的权力。在象征意义上,这是国姓之外的另一个得到皇帝承认的合法姓氏。相形之下,所谓"奏事称名"是为常礼。因为称名意味着无姓,即对臣子姓氏的取消。这是皇帝对臣子奏书格式的礼制规定。它象征着皇帝用自己一人之姓取代和涵盖了其他所有臣子的本姓,即在一家天下的皇权体制下,所有人在皇帝面前,都必须掩盖和隐藏自己的本姓。这样,所有人在皇帝面前,皆为无姓之人。④ 他们以自己的无姓之身表达对皇帝姓氏的敬畏和对皇权家天下的忠诚。皇帝要想施恩,可以对臣子赐姓,⑤也可以让臣子保留本姓。"高皇帝褒赏元功,相国萧何

---

① 后世"诏赐上表不名"亦属同例。(《旧五代史·世袭列传二》)

② 《后汉纪》卷11。

③ 谢承《后汉书》卷4,《八家后汉书》。

④ 这有点像出家人一旦皈依佛门,需要重新命名自己。不但俗名不能用,连俗姓也必须抛弃。唯其如此,才能体现出斩断尘缘、六根清净之意图。同理,臣之于君,言名不言姓,表示臣子必须放弃自己出身,或至少暂时放弃原来身份,一心一意地效忠君主。

⑤ 刘邦赐娄敬为"刘敬",开启了皇帝赐姓的先例。赐姓的政治寓意是,被赐姓者直接拉近了和皇帝的距离。被赐姓者从一般的皇帝子民,转身成象征意义上的皇帝子孙,即从普通的皇帝臣民转换为心理意义上的皇家家人。虽然一般而言,赐姓并无多少明显的实际好处,但感觉不同,被赐姓者从"民姓"摇身而为"国姓",因此同皇帝有了某种观念上的关系,即被赐姓者得以成为特殊身份的皇家一员。其本质在于,皇帝凭借绝对权力强行改变了被赐姓者的血缘成分,而赋予其新的血统地位。

邑户既倍,又蒙殊礼,奏事不名,入殿不趋。"①

官员上书称名不姓,同样,皇帝下诏也是称名不姓。这是君臣之间的称谓习惯。体现天下一家和君臣一体之义。至于称字而不名则是君臣关系中更为特殊的一种,是皇帝给予上书者的一种较高规格。比如,隗嚣游离于光武和公孙述之间,上书诣阙。"光武素闻其风声,报以殊礼,言称字,用敌国之仪,所以慰藉之良厚。"称字不名表示光武并不以君臣之礼待之,而是强调双方的对等地位。后来看到隗嚣态度暧昧,依然首鼠两端,光武便在书信中直呼其名。"帝知嚣欲持两端,不愿天下统一,于是稍黜其礼,正君臣之仪。"这暗示出光武帝对隗嚣在诏书中不再称字不名。"赐嚣书曰:'昔柴将军与韩信书云:"陛下宽仁,诸侯虽有亡叛而后归,辄复位号,不诛也。"以嚣文吏,晓义理,故复赐书。深言则似不逊,略言则事不决。今若束手,复遣恂弟归阙庭者,则爵禄获全,有浩大之福矣。吾年垂四十,在兵中十岁,厌浮语虚辞。即不欲,勿报。'嚣知帝审其诈,遂遣使称臣于公孙述。"②

三、奏诏御臣

皇帝的御臣之术,并非无所依凭。这凭借就是无所不在的奏诏模式。试举数例。

丞相申屠嘉因为邓通怠慢自己,便要惩戒他,冠冕堂皇的理由是维护朝廷礼制。"朝廷者,高皇帝之朝廷也,通小臣,戏殿上,大不敬。"似乎丞相是在维护皇权正义。文帝明明知道申屠嘉要惩戒邓通,也不制止,固然是给丞相面子,同时也是借刀杀人,借丞相之手杀杀邓通恃宠而骄的傻气。"上度丞相已困通",等丞相出了气,火候差不多了,再"持节召通",诏令丞相放人,把邓通捞出来。邓通惊魂未定之余,情不自禁地感激涕零,"为上泣曰:'丞相几杀臣。'"③意思是,皇上晚来一会,丞相就要了我的小命。

> 太中大夫邓通方爱幸,赏赐累巨万。文帝常燕饮通家,其(见)宠如是。是时嘉入朝,而通居上旁,有怠慢之礼,嘉奏事毕,因言曰:"陛下幸爱群臣则富贵之,至于朝廷之礼,不可以不肃!"上曰:"君勿言,吾私之。"罢朝坐府中,嘉为檄召通诣丞相府,不来,且斩通。通恐,入言上。上曰:"汝弟往,吾

①《汉书·王莽传上》。
②《后汉书·隗嚣列传》。
③《汉书·申屠嘉传》。

今使人召若。"通至(诣)丞相府,免冠,徒跣,顿首谢嘉。嘉坐自如,弗为礼,责曰:"夫朝廷者,高皇帝之朝廷也,通小臣,戏殿上,大不敬,当斩。史今行斩之!"通顿首,首尽出血,不解。上度丞相已困通,使使持节召通,而谢丞相:"此吾弄臣,君释之。"邓通既至,为上泣曰:"丞相几杀臣。"①

这种效果正是文帝想要的。邓通不知道这一切皆在文帝的掌控之中。文帝随时可以诏令终止或结束丞相对邓通的惩戒,一个口谕即可。可见从头到尾,从丞相到弄臣,一切尽在文帝掌控之中。文帝一石二鸟地实现了对丞相和弄臣的同时控制。先让丞相恐之以威,自己再施之以恩。这样,邓通就会更加感激皇帝之恩的宝贵。文帝想要假借丞相之手让邓通感觉到皇帝对他的恩宠是他价值和生命的全部。这样,邓通对文帝就会更加绞尽脑汁地狗一般的撒欢谄媚。这里还有一个细节,文帝"使持节召通"和申屠嘉"为檄召通"表明这是两种性质不同的政治关系。二者只有在奏诏模式中才有实质性的身份意义。

光武把弹劾冯异的奏书交给他本人,试探虚实,恩威并施,强化君臣关系。有人上书告发冯异专制关中,光武派使者"宋嵩西上,因以章示异"。这是派专人将弹劾冯异的奏书送给他本人看。既是敲打他注意收敛自己,又是怀柔他我对你还是信任的。这是光武驾驭功臣的一种手段。虽无玺书或口谕,但对冯异的复杂心态尽在不言中。

> 异自以久在外,不自安,上书思慕阙廷,愿亲帷幄,帝不许。后人有章言异专制关中,斩长安令,威权至重,百姓归心,号为"咸阳王"。帝使以章示异。异惶惧,上书谢曰:"臣本诸生,遭遇受命之会,充备行伍,过蒙恩私,位大将,爵通侯,受任方面,以立微功,皆自国家谋虑,愚臣无所能及。……臣以遭遇,托身圣明,在倾危溷殽之中,尚不敢过差,而况天下平定,上尊下卑,而臣爵位所蒙,巍巍不测乎?诚冀以谨勒,遂自终始。见所示臣章,战栗怖惧。伏念明主知臣愚性,固敢因缘自陈。"诏报曰:"将军之于国家,义为君臣,恩犹父子。何嫌何疑,而有惧意?"②

皇帝把弹劾臣子的奏书交给他本人看,不是常有的,它表明皇帝对臣子的特殊信任,或特别笼络。正因此,对恭谨的臣子来说,事态更显严重。所以才会有"见所示臣章,战栗怖惧"之感,所以也才会急切表达"伏念明主知臣愚性,固敢因缘自陈"的哀哀诉求。光武回报的诏书更是一绝。"将军之于国家,义为君臣,恩犹父子。何嫌何疑,而有惧意?"意思是,虽然你我是君臣,但你对我有大

---

① 《汉书·申屠嘉传》。
② 《后汉书·冯异列传》。

恩。你还怕什么？除非你还有些我不知道的事情。光武这番不着痕迹的诛心之论更是令人心惊。

君臣博弈往往需要通过奏诏模式以消弭君臣猜疑。哪怕这些君臣猜忌发生在军情紧急的战争时期。光武军食急乏，河内太守寇恂"以辇车骊驾转输，前后不绝，尚书升斗以禀百官。帝数策书劳问恂，同门生茂陵董崇说恂曰：'上新即位，四方未定，而君侯以此时据大郡，内得人心，外破苏茂，威震邻敌，功名发闻，此谗人侧目怨祸之时也。昔萧何守关中，悟鲍生之言而高祖悦。今君所将，皆宗族昆弟也，无乃当以前人为镜戒。'恂然其言，称疾不视事。"①可见君臣游戏不出奏诏模式之规范。一方面，皇帝忌讳士大夫结党。比如，光武对官员之间相互引荐颇存忌惮。司徒侯霸荐前梁令阎杨，"杨素有讥议，帝常嫌之，既见霸奏，疑其有奸，大怒，赐霸玺书曰：'崇山、幽都何可偶，黄钺一下无处所。欲以身试法邪？将杀身以成仁邪？'使（冯）勤奉策至司徒府。勤还，陈霸本意，申释事理，帝意稍解。"②另一方面，光武又亲自调节臣子之间的矛盾。执金吾贾复部将在颍川杀人，被太守寇恂"戮之于市。复以为耻，过颍川，谓左右曰：'吾今见恂，必手剑之。'……恂遣谷崇以状闻，上乃征恂。恂至引见，时复先在座，欲起相避。上曰：'天下未定，两虎安得私斗？今日朕分之。'于是受赐，极欢宴，遂同载车出，相与结厚。"③章帝主动下诏，协调和促使臣子间的交往。"崔骃诣窦宪，始及门，宪倒屣迎之，曰：'吾受诏交公，公何得薄哉？'"④皇帝并不担心臣子间的这种交往会演化为结党营私、朋比为奸，这只是皇帝驾驭群臣、笼络臣子的一种手段。另外，章帝裁决诸侯王和诸侯相之间的争议。鲁恭拜赵相，"赵王（刘）商尝欲避疾，便时移住学官，丕止不听。王乃上疏自言，诏书下丕。丕奏曰：'……学官传五帝之道，修先王礼乐教化之处，王欲废塞以广游燕，事不可听。'诏从丕言，王以此惮之。"⑤

奏诏模式展示出的君臣关系充满了某种皇权政治特有的话语机锋和道德寓意。湖阳公主苍头白日杀人，藏匿公主家。公主出行，"以奴骖乘"，洛阳令董宣格杀之。公主向光武哭诉，光武召董宣进宫，欲棰杀之，董宣以死抗争，"即以头击楹，流血被面。帝令小黄门持之，使宣叩头谢主，宣不从，强使顿之，宣两手据地，终不肯俯。"光武无奈，"因敕强项令出。"然后，"敕令诣太官赐食。宣受诏

① 《后汉书·寇恂列传》。
② 《后汉书·冯勤列传》。
③ 《东观汉记》卷9。
④ 《后汉纪》"佚文"。
⑤ 《后汉书·鲁恭列传》。

出,饭尽,覆杯食机上。太官以状闻。上问宣,宣对曰:'臣食不敢遗余,如奉职不敢遗力。'"①光武意图通过太官赐食褒赏董宣的尽职敬业,董宣也是借覆杯食机表达自己的忠君报国。这表明皇权政治中的宴飨向来不是一顿简单的酒肉。口腹之欲的同时也寄予教化道义。因为总有一些臣子燕饮之余不忘谏君。班伯入侍禁中,参加成帝的宴饮之会。"时乘舆幄坐张画屏风,画纣醉踞妲己作长夜之乐。上以伯新起,数目礼之,因顾指画而问伯:'纣为无道,至于是虏?'伯对曰:'……所谓众恶归之,不如是之甚者也。'上曰:'苟不若此,此图何戒?'伯曰:'……《诗》《书》淫乱之戒,其原皆在于酒。'上乃谓然叹曰:'吾久不见班生,今日复闻谠言!'"②

皇帝下诏惩办酷吏贪官,对有的酷吏,皇帝却网开一面。正是所谓"雷霆雨露皆是君恩",亦可见皇帝对朝政的全面掌控。这一切都是通过奏诏模式中完成的。"令三公条奏长吏苛酷贪污者,罢免之。平原相渔阳阳球坐严酷,征诣廷尉。(灵)帝以球前为九江太守讨贼有功,特赦之,拜议郎。"③同时,皇帝一边利用酷吏打击贵戚,一边又因贵戚搁置酷吏。这是皇帝在贵戚和酷吏之间搞平衡的一个例子。贵戚和酷吏的此起彼伏,虽然刀光剑影,血雨腥风,却也没有超出奏诏模式的范围。周纡拜洛阳令,"贵戚局蹐,京师肃清。皇后弟黄门郎窦笃从宫中归,夜至止奸亭,亭长霍延遮止笃,笃苍头与争,延遂拔剑拟笃,而肆詈恣口。笃以表闻。诏召司隶校尉、河南尹诣尚书谴问,遣剑戟士收纡送廷尉诏狱。数日贳出。帝知纡奉法疾奸,不事贵戚,然苛惨失中,数为有司所奏",终于免官。④

四、奏诏宠臣

某种意义上,奏诏模式浓缩了君臣关系,同时又展开了君臣关系。成帝和宠臣张放形影不离。"与上卧起,宠爱殊绝,常从为微行出游。"时有灾异,"议者归咎放等。"丞相薛宣、御史大夫翟方进奏劾,"放行轻薄,连犯大恶,有感动阴阳之咎,为臣不忠首,罪名虽显,前蒙恩。骄逸悖理,与背畔无异,臣子之恶,莫大于是,不宜宿卫在位。臣请免放归国,以销众邪之萌,厌海内之心。"迫于丞相等大臣压力,成帝不得不外放张放。皇权政治中,不论主动还是被动,皇帝接受臣

---

① 《后汉书·酷吏列传》,李贤注。
② 《汉书·叙传上》。
③ 《资治通鉴》卷 57。
④ 《后汉书·周纡列传》。

子批评或谏议,并不罕见。但也说不上多么常见。无论如何,它都和今人意淫的制约君权无关。尽管如此,在张放和成帝的关系中,官员们的频频奏书确实起到了一种有效的规制效应。它使成帝和张放的关系变得更加曲折、微妙、丰富、感人。"上虽爱放,然上迫太后,下用大臣,故常涕泣而遣之。后复征放为侍中光禄大夫,秩中二千石。岁余,丞相方进复奏放,上不得已,免放,赐钱五百万,遣就国。数月,成帝崩,放思慕哭泣而死。"①

董偃和武帝关系始终,皆受控于奏诏模式。先是窦太主奏书武帝,献出自己的宫苑;继而,又让窦太主上书"称疾不朝"。这样,董偃有了面见武帝的机会,窦太主得以向武帝正式介绍自己的情郎。武帝出于对窦太主的尊敬,恩允"见尊不名",并称他"主人翁"。武帝还为窦太主和董偃"置酒宣室",直到东方朔大言董偃大罪有三,武帝才算罢休。"董君之宠由是日衰。"这件事起因于爱叔。他给董偃出主意,让他劝窦太主献出自己的长门园,便于武帝祭祀景帝的顾城庙。"主立奏书献之。上大说,更名窦太主园为长门宫。"爱叔又给董偃"画求见上之策,令主称疾不朝。上往临疾,问所欲"。窦太主说想请武帝在家燕饮。"有顷,主疾愈,起谒,上以钱千万从主饮。后数日,上临山林,主自执宰敝膝,道入登阶就坐。坐未定,上曰:'愿谒主人翁。'主乃下殿,去簪珥,徒跣顿首谢曰:'妾无状,负陛下,身当伏诛。陛下不致之法,顿首死罪。'有诏谢。主簪履起,之东箱自引董君。董君绿帻傅韝,随主前,伏殿下。主乃赞:'馆陶公主胞人臣偃昧死再拜谒。'因叩头谢,上为之起。有诏赐衣冠上。偃起,走就衣冠。主自奉食进觞。当是时,董君见尊不名,称为'主人翁',饮大驩乐。"随后,董偃也成了武帝身边的贵宠。"上为窦太主置酒宣室,使谒者引内董君。"东方朔陛戟殿下,大言董偃"有斩罪三"。武帝表示"业以设饮,后而自改"。东方朔坚持认为,"宣室者,先帝之正处也,非法度之政不得入焉。"于是,武帝"诏止,更置酒北宫,引董君从东司马门。"②

哀帝为了让董贤高兴,想法让丞相给他面子,安排董贤到孔光家拜访。"丞相孔光为御史大夫,时贤父恭为御史,事光。及贤为大司马,与光并为三公,上故令贤私过光。"③目的是借此考察孔光对董贤的态度。"令私往见之,观其所以接之者何如也。"④看到孔光的恭敬,董贤很受用。"光雅恭谨。知上欲尊宠贤,及闻贤当来也,光警戒衣冠出门待,望见贤车乃却入。贤至中门,光入合,既

① 《汉书·张汤传》。
② 《汉书·东方朔传》。
③ 《汉书·佞幸传》。
④ 《资治通鉴》卷 35,胡注。

下车,乃出拜谒,送迎甚谨,不敢以宾客均敌之礼。"①胡三省评论,"此非恭而无礼者邪！光能卑事董贤,则必能曲徇王莽矣。"②看到董贤高兴,哀帝也很开心。"贤归,上闻之喜,立拜光两兄子为谏大夫常侍。"哀帝一高兴,立刻让孔光的两个侄子做了官。史称,"贤繇是权与人主侔矣。"③照这个趋势,倘若哀帝不早死,再过三五年,必将"天下事皆决于贤"矣。

五、奏诏模式塑造君臣行为

君臣之际最难相处。微妙之处太多。君臣双方皆处于奏诏的漩涡中不能自己。毁臣誉臣皆是奏诏模式的必要内容。即便有些臣子貌似清醒,依然难以超脱。④ 因为奏诏模式就是君臣关系。他们能做的就是提醒皇帝,不要轻信谗言,以免受奸佞蛊惑,蒙蔽圣聪。季布为河东守,"孝文时,人有言其贤,召欲以为御史大夫。人又言其勇,使酒难近。至,留邸一月,见罢。布进曰：'臣待罪河东,陛下无故召臣,此人必有以臣欺陛下者。今臣至,无所受事,罢去,此人必有毁臣者。夫陛下以一人誉召臣,一人毁去臣,臣恐天下有识者闻之,有以窥陛下。'上默然,惭曰：'河东吾股肱郡,故特召君耳。'"⑤

纳谏与否是判断君主昏明的关键指标。对臣子来说,君主拒谏是最不能接受的劣行,最容易引发众怒,丧失人心。这种观念需要奏诏模式的制度保障。公孙述立两子为王,"群臣多谏,以为成败未可知,戎士暴露,而遽王皇子,示无大志,伤战士心。述不听。唯公孙氏得任事,由此大臣皆怨。"⑥拒谏的后果是刚愎自用,文过饰非。应该承认,即便庸常皇帝也不是一味封杀批评言论,对谏书或谏主亦能做到不用亦不罪,或不纳亦不究。比如,王闳书谏哀帝不要宠用董贤。"上虽不从闳言,多其年少志强,亦不罪也。"⑦

明智的皇帝都会对臣子进谏持一种相当宽容的态度。比如,宣帝既不追究夏侯胜的"出道上语",也不计较夏侯胜曾因议庙乐一事被丞相劾奏"非议诏书"下狱,还让他做了谏大夫给事中,鼓励他放下包袱,放言高论。"朝廷每有大议,

---

① 《汉书·佞幸传》。
② 《资治通鉴》卷 35。
③ 《汉书·佞幸传》。
④ 这是一种致命的控制。因为一旦真正超脱,也就摆脱了君臣关系。既然六合之内莫非王臣,除非自列于方外之人化外之民。
⑤ 《汉书·季布传》。
⑥ 《后汉书·公孙述列传》。
⑦ 《资治通鉴》卷 35。

上知胜素直,谓曰:'先生通正言,无惩前事。'"①

皇帝对官员的要求,往往首先是他能直言进谏。这既是对官员人品的要求,也是对他奏事风格的要求。因为皇帝和百官的关系首先通过奏诏模式确定下来。皇帝正是通过奏诏模式来观察和评价官员的德行能力。戴凭为侍中,"数进见问得失。(光武)帝谓凭曰:'侍中当匡补国政,勿有隐情。'凭对曰:'陛下严。'帝曰:'朕何用严?'凭曰:'伏见前太尉西曹掾蒋遵,清亮忠孝,学通古今,陛下纳肤受之诉,遂致禁锢,世以是为严。'帝怒曰:'汝南子欲复党乎?'凭出,自系廷尉,有诏勅出。后复引见,凭谢曰:'臣无蹇谔之节,而有狂瞽之言,不能以尸伏谏,偷生苟活,诚惭圣朝。'帝即勅尚书解遵禁锢,拜凭虎贲中郎将。"②戴凭这番话既使自己奏谏发生了作用,也使自己官职得以提升。这种一举两得往往发生在奏诏模式中。皇帝因其奏言得以对官员素质品行有所了解,对其褒奖的最好方式是接受其建议,如果有进一步的犒赏就是擢拔拜官。

有时,官员上书后看到皇帝的下诏,会因理解不同而作出不同的反应。"(石)庆素质,见诏报反室,自以为得许,欲上印绶。掾史以为见责甚深,而终以反室者,丑恶之辞也。或劝庆宜引决。庆甚惧,不知所出,遂复起视事。"③有时,对某些高度敏感且禁忌的话题,即便皇帝征询意见,臣子也会三缄其口,沉默不语,以免引火上身。黄门郎中常侍班稺"方直自守。成帝季年,立定陶王为太子,数遣中盾请问近臣,稺独不敢答。"④

专断不报如同矫诏,是奏诏模式大忌,有时却能得到皇帝赞赏。某种意义上,正常的奏诏模式是维系皇权秩序和君臣大义的体制保障。吕步舒为长史,"持节使决淮南狱,于诸侯擅专断,不报,以《春秋》之义正之,天子皆以为是。"⑤班《书》易"不报"为"不请"。"不请者,不奏待报。"意思相同。即不必请示皇帝诏书。但似乎语义有异。所谓"不请"并非吕步舒擅自作为,而是武帝事先授权,即遵照武帝指示专断行事,无需专项请示。武帝使吕步舒"持斧钺治淮南狱,以《春秋》谊颛断于外,不请。既还奏事,上皆是之。"⑥《史》《汉》二书文字大体相同,但感觉有殊。在前者,吕步舒是擅自专断;在后者,吕步舒是武帝授意。从奏诏叙事模式角度看,《汉书》更注重奏诏模式的叙事完

---

① 《汉书·夏侯胜传》。
② 《后汉书·儒林列传上》。
③ 《汉书·万石君传》。
④ 《汉书·叙传上》。
⑤ 《史记·儒林列传》。
⑥ 《汉书·五行志上》,颜注。

整性。

宫廷政治中,君臣对话虽然常见,却不寻常。因为其意图并不在于闲谈。其含义需要细致体味。其中虽不见皇帝表态,却并非毫无意味。通过臣子的巧妙劝谏和微妙讥讽,也会对皇帝的政策或行政产生某些可观的影响。关键在于幽默诙谐的话语风格。东方朔"虽诙笑,然时观察颜色,直言切谏,上常用之。"①就其效果,它近似闲聊性的君臣对策。就其性质,它仿佛对话体的奏诏过程或奏诏程序。就其修辞,它和书面性的文字奏章毫无二致。

第二节　皇帝私信

一、手诏

东汉皇帝喜欢亲自书写诏书。这是西汉皇帝从未有过的习惯。原因之一,东汉诏书开始使用纸张。书写材料的革命性变化,使写字具有了某种艺术性美感。皇帝像其他士大夫一样,开始热衷于写字,乃至单纯地欣赏字。② 正像人类历史上每一种新技术、新材料、新工艺出现,都会引发一种持续性热潮一样。有了纸张,人们喜欢上了写字。皇帝也不例外。尝试新事物,皇帝的兴趣一点不比其他人小,甚至更大。关键是,皇帝比所有人都有条件保持自己的兴趣。或许,正是这些基于人性的因素,更能说明东汉那些有作为的皇帝为何喜欢亲自书写诏书。以明帝为例。明帝临辟雍,"养三老、五更。礼毕,上手书赦令,尚书仆射持节诏三公。"明帝在礼仪现场亲自写诏,然后尚书仆射再将诏书传达给三公。明帝耕藉田毕,"赐观者食。有一诸生前举手曰:'善哉! 文王之遇太公也。'上书板曰:'生非太公,予亦非文王也。'"③太学生举手发言,明帝却以文字应答。可见东汉皇帝确实热衷书写。

手书不光表明皇帝亲自书写诏书,同时表明皇帝对诏书对象的一种特殊礼遇和羁縻手段。以光武给隗嚣的书信为例。隗嚣遣使上状,光武报以手书。"将军操执款款,扶倾救危,南距公孙之兵,北御羌胡之乱,是以冯异西征,得以

---

① 《汉书·东方朔传》。
② 如此一来,皇帝和臣子之间也有了书法交流。"北海敬王(刘)睦善草书,临病,明帝驿马令作草书尺牍十首愿。"(《东观汉记》卷7)
③ 《东观汉记》卷2。

数千百人踯躅三辅。微将军之助,则咸阳已为他人禽矣。……傥肯如言,蒙天之福,即智士计功割地之秋也。……自今以后,手书相闻,勿用傍人解构之言。"①光武意思是,从此以后,我们俩不假他人之手,直接通信。这样,不会受到他人挑拨离间。光武还把他和隗嚣的关系比作管仲和鲍子的关系。虽有怀柔之意的权术考量,也可见光武对隗嚣的期许之大。总之,这封信很见光武用心之深之细。

在光武帝的话语中,手书就是手记。它相当于皇帝亲口做的承诺。所以,光武帝才会郑重其事地说:"自今以后,手书相闻,勿用傍人解构之言。"也才会对公孙述严肃保证"诏书手记,不可数得,朕不食言"。"诏书手记"之手记即手写,亦即亲笔书写诏书,所谓手书是也。可见手书或手记确有皇帝示恩怀宠之意。"帝必欲降之,乃下诏喻述曰:'往年诏书比下,开示恩信,勿以来歙、岑彭受害自疑。今以时自诣,则家族完全;若迷惑不喻,委肉虎口,痛哉奈何! 将帅疲倦,吏士思归,不乐久相屯守,诏书手记,不可数得,朕不食言。'述终无降意。"②这道手记其实是一封最后通牒。显然没有效果。

二、口谕

和诏书相连使用"谕"皆有特殊含义。③ 要么身份特殊,要么意图特别,也可能二者兼有之。举几例。

1. 淮南王刘安劝谏汉武帝不要出兵闽越,武帝坚持出兵,并打了胜仗。战事结束后,武帝为了安抚刘安,派严助向他通报南越战事。"大王以发屯临越事上书,陛下故遣臣助告王其事。"这是武帝向天下诸侯表示出来的一个安抚和亲近姿态。"王居远,事薄遽,不与王同其计。朝有阙政,遗王之忧,陛下甚恨之。"真实逻辑应该是,"朝政有阙,乃使王有忧,"但事情紧迫,"不暇得先与王共议之。"值得注意的是,严助"谕淮南"。所谓"谕",不是正式诏书,而是带有某种亲

---

① 《后汉书·隗嚣列传》。

② 《后汉书·公孙述列传》。

③ 现有文献中的口谕材料都集中在西汉。但不宜认为,东汉不再有这种口谕形式。因为不合情理。比如,河间王刘政"不奉法宪",顺帝擢沈景为河间相。沈景谒王,"出住宫门外,请王傅责之曰:'前发京师,陛下见受诏,以王不恭,使检督。诸君空受爵禄,而无训导之义。'"(《后汉书·章帝八王列传》)这话似乎暗示顺帝对河间王有诏有谕。倘若有谕,却又不对王说,而对王傅说,又显得不妥。总之,这里语境不明。又如,窦融一直想辞让官爵,光武不许。"它日会见,迎诏融曰:'日者知公欲让职还土,故命公暑热且自便。今相见,宜论它事,勿得复言。'"(《后汉书·窦融列传》)这里显然是光武的口谕。

密性质的口信,也就是口谕,即以口头形式传达武帝旨意,性质类似口诏。使者一般先传达皇帝口谕原话,然后再阐释性地说明皇帝旨意。这种解释,虽是使者自己的表述,但又不能简单视为官员个人的意思,而应视作对皇帝口谕的进一步发挥和展开。所以,它具有特殊权威性,从而构成了皇帝口诏延伸性的一部分。"皇帝问淮南王:使中大夫玉上书言事,闻之。⋯⋯今王深惟重虑,明太平以弼朕失,称三代至盛,际天接地,人迹所及,咸尽宾服,觳然甚惭。嘉王之意,靡有所终,使中大夫助谕朕意,告王越事。"①相对而言,使者对皇帝口谕的进一步说明,口气上显得客气和谦卑一些。所谓"助谕意"是对武帝口谕的现场解释和临场发挥。自然,这种解释和发挥必须把握好君臣之际的敏感尺度。既充分表现出诏书的必要权威,又不能真像诏书。否则就是危险的僭越。其间分寸的拿捏绝对考验官员对奏诏模式的透彻理解和娴熟运用。它要求官员必须一身二任地在君臣双重角色之间自由切换。大体介于金口玉言和口含天宪之间。

今者大王以发屯临越事上书,陛下故遣臣助告王其事。王居远,事薄遽,不与王同其计。朝有阙政,遗王之忧,陛下甚恨之。⋯⋯汉为天下宗,操杀生之柄,以制海内之命,危者望安,乱者卬治。今闽越王狼戾不仁,杀其骨肉,离其亲戚,所为甚多不义,又数举兵侵陵百越,并兼邻国,以为暴疆,阴计奇策,入燔寻阳楼船,欲招会稽之地,以践句践之迹。今者,边又言闽王率两国击南越。陛下为万民安危久远之计,使人谕告之曰:"天下安宁,各继世抚民,禁毋敢相并。"有司疑其以虎狼之心,贪据百越之利,或于逆顺,不奉明诏,则会稽、豫章必有长患。且天子诛而不伐,焉有劳百姓苦士卒乎?故遣两将屯于境上,震威武,扬声乡。屯曾未会,天诱其衷,闽王陨命,辄遣使者罢屯,毋后农时。南越王甚嘉被惠泽,蒙休德,愿革心易行,身从使者入谢。有狗马之病,不能胜服,故遣太子婴齐入侍;病有瘳,愿伏北阙,望大廷,以报盛德。闽王以八月举兵于冶南,士卒罢倦,三王之众相与攻之,因其弱弟余善以成其(谋)〔诛〕。至今国空虚,遣使者上符节,请所立,不敢自立,以待天子之明诏。此一举,不挫一兵之锋,不用一卒之死,而闽王伏辜,南越被泽,威震暴王,义存危国,此则陛下深计远虑之所出也。事效见前,故使臣助来谕王意。②

2. 京房漏泄省中语一案,牵涉淮阳王,被指控为"讠圭误诸侯王,诽谤政治,

---

① 《汉书·严助传》,颜注。
② 《汉书·严助传》。

狡猾不道"。有司奏请逮捕刘钦,元帝遣谏大夫王骏赐刘钦玺书。"皇帝问淮阳王。有司奏王,王舅张博数遗王书,非毁政治,谤讪天子,襃举诸侯,称引周、汤。以诐惑王,所言尤恶,悖逆无道。王不举奏而多与金钱,报以好言,罪至不赦,朕恻焉不忍闻,为王伤之。推原厥本,不祥自博,惟王之心,匪同于凶。已诏有司勿治王事,遣谏大夫骏申谕朕意。"所谓"申谕朕意"其实是王骏传达的"谕指"。师古曰:"玺书之外,天子又有指意,并令骏晓告于王也。"可见"谕指"确是一种皇帝口信性质的口谕。其使用对象和场合很有讲究。目的在于,让使者以个人身份按照诏书思路作出进一步的发挥和展开。"加赐玺书,使谏大夫申谕至意。"谕指的重点在于强调和重申皇帝的"殷勤之恩"。"加大恩,遣使者申谕道术守藩之义。"①

> 今王舅博数遗王书,所言悖逆。王幸受诏策,通经术,知诸侯名誉不当出竟。天子普覆,德布于朝,而恬有博言,多予金钱,与相报应,不忠莫大焉。故事,诸侯王获罪京师,罪恶轻重,纵不伏诛,必蒙迁削贬黜之罪,未有但已者也。今圣主赦王之罪,又怜王失计忘本,为博所惑,加赐玺书,使谏大夫申谕至意,殷勤之恩,岂有量哉!博等所犯(罪)恶大,群下之所共攻,王法之所不赦也。自今以来,王毋复以博等累心,务与众弃之。《春秋》之义,大能变改。……王其留意慎戒,惟思所以悔过易行,塞重责,称厚恩者。如此,则长有富贵,社稷安矣。②

这番谕指等于对玺书的补充说明。意图强化淮阳王对皇帝的敬畏和感恩。刘钦免冠稽首谢曰:"奉藩无状,过恶暴列,陛下不忍致法,加大恩,遣使者申谕道术守藩之义。伏念博罪恶尤深,当伏重诛。臣钦愿悉心自新,奉承诏策。顿首死罪。"③

3. 东平王刘宇"通奸犯法,上以至亲贳弗罪,傅相连坐。久之,事太后,内不相得,太后上书言之,求守杜陵园。上于是遣太中大夫张子蟜奉玺书敕谕之。"皇帝给诸侯王多玺书,且有敕谕。所谓"约敕而晓告之"。有诏有谕似乎是皇帝对诸侯王的一种特殊诏命方式,体现出君臣关系的特殊性和亲密性。"亲临遣之,令以朕意晓告王。"所谓言之谆谆,用心良苦。既有训饬,又有劝诫,更有恩爱和仁慈。这种诏谕并用的方式显然仅限于皇帝和诸侯王之间,从未见到皇帝用在一般臣子身上。"孔子曰:'过而不改,是谓过矣。'王其深惟孰思之,无

---

① 《汉书·宣元六王传》。
② 《汉书·宣元六王传》。
③ 《汉书·宣元六王传》。

违朕意。"这种语气和口吻很难想象会出现在皇帝给其他臣子的诏书中。其殷殷期望和款款深情溢于言表。"皇帝问东平王。盖闻亲亲之恩莫重于孝,尊尊之义莫大于忠,故诸侯在位不骄以致孝道,制节谨度以翼天子,然后富贵不离于身,而社稷可保。今闻王自修有阙,本朝不和,流言纷纷,谤自内兴,朕甚憯焉,为王惧之。……朕惟王之春秋方刚,忽于道德,意有所移,忠言未纳,故临遣太中大夫子蟜谕王朕意。"刘宇"因使者顿首谢死罪"。元帝又以玺书赐王太后,"皇帝使诸吏宦者令承问东平王太后。朕有闻,王太后少加意焉。……已遣使者谕王,王既悔过服罪,太后宽忍以贳之,后宜不敢。王太后强餐,止思念,慎疾自爱。"元帝又诏书敕傅相,"今王富于春秋,气力勇武,获师傅之教浅,加以少所闻见,自今以来,非五经之正术,敢以游猎非礼道王者,辄以名闻。"①元帝为东平王连下三道诏书。分别给东平王、东平王母、东平王相。元帝走了一个标准的奏诏程序流程。

除了诸侯王,皇帝对自己器重的官员,偶尔也会使用"谕"这种诏命形式。比如,宣帝非常欣赏萧望之,为了栽培他,希望他能拥有更为全面的官场资历。虽然萧望之做过平原太守,终究地方经验不足,宣帝有意把他放到三辅历练一下,作为擢拔三公的资格。但萧望之并不明白宣帝的良苦用心,借故生病,不愿前往左冯翊上任。于是,宣帝让近臣传达他的口谕。"宣帝察望之经明持重,论议有余,材任宰相,欲详试其政事,复以为左冯翊。望之从少府出为左迁,恐有不合意,即移病。上闻之,使侍中成都侯金安上谕意曰:'所用皆更治民以考功。君前为平原太守日浅,故复试之于三辅,非有所闻也。'望之即视事。"②可见"谕意"在君臣之间具有特殊功能,也就是在奏诏模式中具有特殊用意。

此外,"谕"还用于蛮夷匈奴。比如,武帝使涉何"谯谕右渠,终不肯奉诏"。③ 王莽遣王咸等人使匈奴,"多遗单于金珍,因谕说改其号,号匈奴曰'恭奴',单于曰'善于',赐印绶。"④

三、皇帝诏书的私人情感

天子无私事,即便皇帝给臣子的私信也是公文即诏书。但因对象有别,事宜不同,皇帝诏书具有了明显的私人性和情感性。以明章二帝给东平王刘苍的

---

① 《汉书·宣元六王传》,颜注。
② 《汉书·萧望之传》。
③ 《汉书·朝鲜传》。
④ 《汉书·匈奴传下》。

手诏为例。东平王刘苍还国，明帝临送归宫，"凄然怀思，乃遣使手诏国中傅曰：'辞别之后，独坐不乐，因就车归，伏轼而吟，瞻望永怀，实劳我心，诵及采菽，以增叹息。'"①刘苍返国，章帝送行，手书而别。"骨肉天性，昔念王久劳历时，欲署大鸿胪奏，不忍下笔，顾授小黄门，中心恋恋，恻然不能言。"②章帝赐东平王刘苍书，深情款款。"岁月骛过，山陵浸远，孤心惨怆。飨卫士南宫，皇太后因过按行阅视旧时衣物。惟王孝友之德，今以光烈皇后假髻、帛巾各一、衣一箧遗王，可时瞻视，以慰凯风寒泉之思。今鲁国孔氏尚有仲尼车舆冠履，明德盛者，光灵远也。致宛马一匹。闻武帝歌天马，沾赤汗，今亲见其然，血从前髆上小孔中出。"③刘苍因地震上书，章帝报书。"丙寅所上便宜三事，朕亲自览读，反复数周，心开目明，旷然发蒙。间吏人奏事，亦有此言，但明智浅短，或谓傆是，复虑为非。何者？灾异之降，缘政而见。今改元之后，年饥人流，此朕之不德感应所致。又冬春旱甚，所被尤广，虽内用克责，而不知所定。得王深策，快然意解。"④

在皇室成员范围内，皇帝有时喜欢将君臣间的情感交流和书信快乐分享给诸侯王或诸侯相傅。比如，"明帝诏书示诸国曰：'诏问东平王苍处家何等最乐，王对曰："为善最乐。"'帝曰：'其言甚大，副其腰腹。'苍美鬓髯，腰带八尺二寸。"⑤又如，楚王刘英遣郎中令"奉黄缣白纨三十匹诣国相曰：'托在蕃辅，过恶累积，欢喜大恩，奉送缣帛，以赎愆罪。'国相以闻。诏报曰：'楚王诵黄老之微言，尚浮屠之仁祠，洁斋三月，与神为誓，何嫌何疑，当有悔吝？其还赎，以助伊蒲塞桑门之盛馔。'因以班示诸国中傅。"⑥

皇帝对官员奏书的报书，性质上自然属于诏书，有时也能感觉到某种个人和情感色彩。举几例。一是，戾太子之祸后，丞相车千秋举办了一场歌颂汉武帝美德的宫廷酒会，率领公卿百官向武帝祝寿。借此劝谏武帝悦乐身心，施恩缓刑。"千秋始视事，见上连年治太子狱，诛罚尤多，群下恐惧，思欲宽广上意，尉安众庶。乃与御史、中二千石共上寿颂德美。劝上施恩惠，缓刑罚，玩听音乐，养志和神，为天下自虞乐。"这场宫廷之变确实严重打击了武帝的政治自信，以至于使其产生某种精神危机，几乎陷入颓废，一蹶不振。他断然拒绝了车千

---

① 《后汉书·光武十王列传》。
② 《后汉纪》卷11。《东观记》云："骨肉天性，诚不以远近亲疏，然数见颜色，情重昔时，中心恋恋，恻然不能言。"（《东观汉记》卷7）
③ 《东观汉记》卷7。
④ 《后汉书·光武十王列传》。
⑤ 《东观汉记》卷7。
⑥ 《后汉书·光武十王列传》。

秋的请求。"朕之不德,自左丞相与贰师阴谋逆乱,巫蛊之祸流及士大夫。朕日一食者累月,乃何乐之听?痛士大夫常在心,既事不咎。虽然,巫蛊始发,诏丞相、御史督二千石求捕,廷尉治,未闻九卿廷尉有所鞠也。曩者,江充先治甘泉宫人,转至未央椒房,以及敬声之畴、李禹之属谋入匈奴,有司无所发,今丞相亲掘兰台蛊验,所明知也。至今余巫颇脱不止,阴贼侵身,远近为蛊,朕愧之甚,何寿之有?敬不举君之觞!谨谢丞相、二千石各就馆。"最后一句"毋有复言"①很有意思。意思是,这事你们别再说了,我也不想说了。二是,宣帝封丙吉为博阳侯。"吉上书固辞,自陈不宜以空名受赏。上报曰:'朕之封君,非空名也,而君上书归侯印,是显朕之不德也。方今天下少事,君其专精神,省思虑,近医药,以自持。'"②三是,汉中太守丁邯"妻弟为公孙述将,收妻送南郑狱,免冠徒跣自陈。"光武诏曰:"汉中太守妻乃系南郑狱,谁当搔其背垢者?悬牛头,卖马脯,盗跖行,孔子语。以邯服罪,且邯一妻,冠履勿谢。"③四是,太尉张酺上疏乞骸骨,和帝使中黄门问疾,诏曰:"元首不明,黎民困穷。朕与君同其忧责,岂可引退邪?其勿复言。"④是时张酺之子张蕃正以郎官身份给和帝侍讲,和帝勅令张蕃给他父亲捎信,却又叮嘱他不要透露这是自己的诏敕。"阴阳不和,万人失所,朝廷望公思惟得失,与国同心,而托病自絜,求去重任,谁当与吾同忧责者?非有望于断金也。司徒固疾,司空年老,公其伛偻,勿露所敕。"⑤和帝的意思是,让张蕃说出这番话,让张酺自己体会,以观其真实心思以及对皇帝的真实态度。⑥

皇帝命臣子写信给另一个臣子,予以规谏和斥责。这相当于奉旨写信。这种做法的好处是,可以说些皇帝自己不便说的话。比如,文帝让舅舅薄昭"予厉王书谏数之"。薄昭建议刘长"宜急改操易行,上书谢罪"。淮南王"得书不说"。⑦淮南王显然没有上书谢罪。就此言,文帝让人给他捎信的目的没有达到。

---

① 《汉书·田千秋传》。
② 《汉书·丙吉传》。
③ 《后汉书·百官志三》,刘昭注。
④ 《后汉纪》卷14。
⑤ 《后汉书·张酺列传》。
⑥ 和帝这种做法类似惠帝命曹参之子曹窋回家询问他父亲为何那般作为,是否轻视自己这个年轻皇帝?"惠帝怪相国不治事,以为'岂少朕与?'乃谓窋曰:'女归,试私从容问乃父曰:"高帝新弃群臣,帝富于春秋,君为相国,日饮,无所请事,何以忧天下?"然无言吾告女也。'窋既洗沐归,时间,自从其所谏参。"(《汉书·曹参传》)
⑦ 《汉书·淮南王传》。

第三节 诏书的实践化

在皇帝和官员之间,存在一种带有特殊性感色彩的诏书实践。它展示出君臣之间最具温情和人性的一面。有时皇帝关心皇宫卫士的生活起居。其细致入微令人惊叹。比如,明帝行幸诸国,敕冯鲂在车驾出发后,"将缇骑宿玄武门复道上,领南宫吏士,保给床席,子孙得到鲂所。诏曰:'南宫复道多恶风寒,左右老人居之且病痹。内者多取帷帐,东西完塞诸窗,望令致密。'"①它真诚,并非完全客套和伪善;它有仪式感,并非完全流于形式。诏书实践往往体现在君臣之际的身体接近,以及臣子的"以身相许"。所谓"病乞骸骨"、"有病乞身"是也。

诏书在君臣关系中的性质和意义,表明这不是皇帝个人的私恩,而是皇帝体现的皇恩。皇恩不是私恩,是公恩,即具有公共性质的国家恩典。这使诏书实践性客观呈现出三个特征:恩典性,娱乐性,现场性。皇帝往往亲临降恩。君臣距离被空前拉近,君臣之间共同营造并享受着一种其乐融融的和谐感。典型环境是君臣宴饮。如此,君臣燕语直接成为诏书内容的一部分。谈笑间青云直上。严助"侍燕从容",武帝"问助居乡里时,助对曰:'家贫,为友婿富人所辱。'上问所欲,对愿为会稽太守。于是拜为会稽太守。"②

有些时候,虽然史书没有明确记载皇帝下诏,从皇帝对臣子的实际作为,依然可以断定它是一种奏诏模式的具体实践。因为在奏诏模式中,皇帝乃至皇权和诏书完全一回事。皇帝意志直接体现为颁诏,皇权政治就是拟诏、下诏、落实诏书的过程。

一、病笃

(一) 生死之际

汉帝国始终不乏褒崇大臣、使者临问之举,可见皇权秩序下的君臣关系即

---

① 《东观汉记》卷 15。
② 《汉书·严助传》。

便残酷至极，①依然有着某种礼仪性的温情。② 这种温情往往体现为"臣疾君视，臣卒君吊"③的诏书实践性。其本质是，臣子生死皆须体现出皇帝恩德。生是皇帝臣，死是皇帝鬼。臣子死后哀荣往往是对皇恩的放大。因为哀荣体现出的皇恩已不限于官员个人，而直接扩大到官员家族，甚至放大成为官场上的一面镜子。这面镜子能迅速引发百官的观赏和艳慕。如此形成一种氛围和效应，使皇恩自然弥漫于整个朝廷。

史称，"丞相有疾，御史大夫率百僚三旦问起居，及瘳，诏遣尚书令若光禄大夫赐养牛，上尊酒。汉景帝三公病，遣中黄门问病。"④举一些具体例子。张禹每病，"辄以起居闻，车驾自临问之。"成帝对张禹身体的关心可谓无微不至，已经到了"食饮寝卧之增损"无所不问的细微程度。⑤ 桓荣每病，明帝辄遣使存问，"太官、太医相望于道。及笃，上疏谢恩，让还爵土。帝幸其家问起居，入街下车，拥经而前，抚荣垂涕，赐以黔茵、帷帐、刀剑、衣被，良久乃去。"⑥对臣子来说，则需具备一种"病乞骸骨"或"老病乞身"的自觉意识。胡三省云："委身以事君，则身非我有，故于其老而乞退也，谓之乞身，犹言乞骸骨也。"⑦尤其一些富有象征性的细节更是意味深长。比如皇帝对一些乞骸骨的公卿"赐安车驷马"。张禹乞骸骨，"赐安车驷马，黄金百斤，罢就第。"⑧王根乞骸骨，"赐安车驷马，黄金五百斤，罢就第。"⑨杜延年病乞骸骨，"赐安车驷马，罢就第。"⑩赵充国乞骸骨，"赐安车驷马、黄金六十斤，罢就第。"⑪王莽乞骸骨，"哀帝赐莽黄金五百斤，安车驷马，罢就第。"⑫薛广德、于定国、史高"俱乞骸骨，皆赐安车驷马、黄金六

---

① 西汉丞相 42 人，以老病免的有 3 人，御史大夫 66 人，老病免的只有 1 人。"自杀、下狱死、有罪免、病免等，不仅表明适用汉代官僚的法律是极为严厉的，而且可窥他们对天子的服务是至死的、终身的，连'乞骸骨'都不容易。……以列传所见官吏被罢免的事件，除去有罪免与病免之外，几乎找不到其他原因，可见一旦置身官场，便难以随意离开。"（［日］大庭脩《秦汉法制史研究》第 407—408 页，中西书局，2017 年）

② 但不能忽略和遗忘朝廷同时还有规定，官员装病有罪。比如，五官中郎将何敞"常忿疾中常侍蔡伦，伦深憾之。元兴元年，敞以祠庙严肃，微疾不斋，后邓皇后上太傅（邓）禹冢，敞起随百官会，伦因奏敞诈病，坐抵罪。"（《后汉书·何敞列传》）

③ 《后汉书·祭遵列传》。

④ 《宋书·百官志上》。

⑤ 《汉书·张禹传》，颜注。

⑥ 《后汉书·桓荣列传》。

⑦ 《资治通鉴》卷 47。

⑧ 《汉书·张禹传》。

⑨ 《汉书·元后传》。

⑩ 《汉书·杜周传》。

⑪ 《汉书·赵充国传》。

⑫ 《汉书·王莽传上》。

十斤,罢"。其中,薛广德"县其安车传子孙"的做法,最能体会并昭示皇帝的良苦用心。所谓"县其所赐安车以示荣"。① 这正是诏书实践性对君臣双方心理和情感的深刻塑造。②

诏书实践性在君臣关系中的直接效应是在生死之间拉近了君臣距离,使君臣关系变得更为紧密。比如,皇帝赏赐官员葬物,是通过皇帝之手传递出皇恩对另一个世界的臣子灵魂的抚慰。本质上,它是皇权秩序向幽灵世界的自然延伸,同时,也是官员依附皇权的延续。这种延续恰当表征出皇权支配人间生死的超凡能力和神圣权威。就是说,生生死死皆掌控在皇帝手中。皇权对官员肉身死亡的控制,以及通过频繁展示各种隆重而复杂的死亡仪式来再次确认和宣示君臣关系的生死相依和不离不弃。总之,臣子有病、病重、死亡、葬礼,这些人生必须经历的一系列环节,都成了诏书实践性的理想场合和最佳时机。这是密切君臣关系、强化臣子忠君意识的诏书实践。虽然每次细节多少不同,但套路大体不差。

有感于朝廷为祭遵举行的国祭大典,范升上疏光武,阐发了诏书实践性在臣子病笃和葬礼上的特殊意义。"高祖大圣,深见远虑,班爵割地,与下分功,著录勋臣,颂其德美。生则宠以殊礼,奏事不名,入门不趋。死则畴其爵邑,世无绝嗣,丹书铁券,传于无穷。……陛下仁恩,为之感伤,远迎河南,恻怛之恸,形于圣躬,丧事用度,仰给县官,重赐妻子,不可胜数。送死有以加生,厚亡有以过存,矫俗厉化,卓如日月。古者臣疾君视,臣卒君吊,德之厚者也。陵迟已来久矣。及至陛下,复兴斯礼,群下感动,莫不自励。"③

陈忠也批评三公有名无实凌夷久矣。"汉典旧事,丞相所请,靡有不听。今之三公,虽当其名而无其实,选举诛赏,一由尚书,尚书见任,重于三公,陵迟以来,其渐久矣。"陈忠意指并非对君臣之礼的泛泛强调。"陈忠意常在褒崇大臣,待下以礼。其九卿有疾,使者临问,加赐钱布,皆忠所建奏。"④事实上,此前汉帝慰问病笃官员并不乏见,此后似乎亦未明显增多。不能简单认为,陈忠奏请安帝之后,似乎九卿有疾使者临问才成为朝廷规矩。

---

① 《汉书·薛广德传》,颜注。
② 虽然"安车驷马"东汉不再,但东汉的类似做法,并不减少皇权主义的政教效应。司马均"以老病乞身,(章)帝赐以大夫禄,归乡里。"(《后汉书·贾逵列传》)朱晖"以老病乞身,拜骑都尉,赐钱二十万。"(《后汉书·朱晖列传》)第五伦老病乞身,"以二千石俸终其身。"(《资治通鉴》卷47)
③ 《后汉书·祭遵列传》。
④ 《后汉书·陈宠列传》。

（二）病假

三个月是汉朝官员法定的病假期。超过三个月，要么回来上班，要么辞官回家。有时官府会先下手为强，满三月即将官员免职。大司农谷永病，"三月，有司奏请免。故事，公卿病，辄赐告，至永独实时免。"①"琅邪太守以视事久病，满三月免。"②当然，皇帝可以随时给官员续病假。尚书陈禁"尝病，令、仆射数奏久病满百日，请辄免。有诏赐金帛医药。"③

武帝主动给汲黯续假，表明皇帝对这位社稷之臣的特殊关照。"所谓病满赐告诏恩也。"它需要特别下诏展示皇恩。这种诏书应该多以安慰内容为主。"黯多病，病且满三月，上常赐告者数，终不瘉。最后，严助为请告。上曰：'汲黯何如人也？'曰：'使黯任职居官，亡以瘉人，然至其辅少主守成，虽自谓贲育弗能夺也。'上曰：'然。古有社稷之臣，至如汲黯，近之矣。'"④汲黯病假次数太多了，武帝多次续假也未能痊愈，于是让严助出面帮助请假。

汲黯病假的时间具体不详，官员养病超出法定时间亦非乏见。比如，拜龚胜为渤海太守，"谢病不任之官，积六月免归。"⑤意思是，居家养病半年，可以自动离职。甚者还有人养病数年。比如，成帝诏班伯入朝，"道病中风，既至，以侍中光禄大夫养病。"也就是"受其秩奉而在家自养"。这个时间持续很长，"数年未能起。"⑥可见，班伯居家养病长达数年之久。这个时间远远超过了汉制的一般规定。

河内太守宋均以病乞身，明帝想擢拔他为相，亲自检查了他的病情。宋均"以疾上书乞免，诏除子（宋）条为太子舍人。均自扶舆诣阙谢恩，帝使中黄门慰问，因留养疾。司徒缺，帝以均才任宰相，召入视其疾，令两骑扶之。均拜谢曰：'天罚有罪，所苦浸笃，不复奉望帷幄！'因流涕而辞。帝甚伤之，召条扶侍均出，赐钱三十万。"⑦

郡守派人向章帝禀报自己病情，章帝亲自召见，送医送药。陈留太守马严病，"遣功曹史李龚奉章诣阙。上亲召见龚，问疾病形状，以黄金十斤、葛缚佩

---

① 《汉书·谷永传》。
② 《汉书·酷吏传》。
③ 谢承《后汉书》卷 7，《八家后汉书》。
④ 《汉书·汲黯传》，颜注。
⑤ 《汉书·龚胜传》。
⑥ 《汉书·叙传上》，颜注。
⑦ 《后汉书·宋均列传》。

刀、书刀、革带付龚,赐严,遣太医送方药。"①可见州郡牧守疾病,皇帝一般不会专门派人看望。至于朝臣大臣病笃,皇帝派人慰问,亦非惯例,主要取决于皇帝本人的态度。

皇帝对官员上书乞骸骨,有时会专门下诏慰问和褒奖,而且这么做不单为了官员本人,还有着更为长远的政治教化考量。比如,大鸿胪韦彪以病乞身,章帝遣小黄门、太医问病,"赐以食物。"使谒者诏曰:"彪以将相之裔,勤身饬行,出自州里,在位历载。中被笃疾,连上求退。君年在耆艾,不可复以加增,恐职事烦碎,重有损焉。其上大鸿胪印绶。其遣太子舍人诣中臧府,受赐钱二十万。"②又如,太尉邓彪"以疾上书乞骸骨"。章帝策曰:"惟君以曾闵之行,礼让之高,故慕君德礼,以属黎民。贪与君意,其上太尉印绶,赐钱三十万,俸二千石,禄终厥身。君专精养和,以辅天年。"同时,还诏命"太常四时致祭宗庙之胙;河南尹常以八月旦奉羊、酒。"③再如,谏议大夫江革以病乞身,"告归,遣子免诣阙谢病笃。"章帝"思革笃行",诏令齐相,"谏议大夫江革前以病归,今起居如何?夫孝,百行之(本)冠,众善之始也。国家每惟忠孝之士,未尝不及革也。县以见谷千斛赐'巨孝',尝以八月长吏存问,致羊一头,酒二斛,〔以厥〕终身,以显异行。如有不幸,祠以中牢。"史称,"由是'巨孝'之名,行于天下。"④

(三)霍光故事

《汉旧仪》云:"丞相有疾,皇帝法驾亲至问疾,从西门入。即薨,移居第中,车驾往吊,赠棺、棺敛具,赐钱、葬地。葬日,公卿已下会葬焉。"⑤在西汉,很大程度上这只是一种虚饰。所以才有了所谓"霍光故事"。霍光薨,宣帝亲临丧礼,"使太中大夫任宣、侍御史五人持节护丧事。"⑥霍光因其身份特殊和功德显赫,只能成为特例。即便公卿也难得与享。夏侯胜卒官,"赐冢茔,葬平陵。太后赐钱二百万,为胜素服五日,以报师傅之恩,儒者以为荣。"⑦可见贵为帝师,亦未能享有故事。到了东汉,皇帝亲临臣子葬礼似已成固定礼仪。光武参加祭遵葬礼时,"下宣帝临霍将军仪,令公卿读视,以为故事。"⑧自此,"霍光故事"确

---

① 《东观汉记》卷 12。
② 《后汉书·韦彪列传》。
③ 《后汉纪》卷 12。
④ 《后汉纪》卷 11。
⑤ 《汉书·翟方进传》,颜注。
⑥ 《后汉书·祭遵列传》,李贤注。
⑦ 《汉书·夏侯胜传》。
⑧ 《后汉书·祭遵列传》,李贤注。

实得到了延续。吴汉薨,"发北军五校、轻车、介士送葬,如大将军霍光故事。"①邓晨卒,"乘舆与中宫亲临丧送葬。"②赵憙薨,"车驾往临吊。"③牟融薨,"车驾亲临其丧。"④梁商薨,"帝亲临丧。"⑤桓荣卒,"帝亲自变服,临丧送葬,赐冢茔于首山之阳。"⑥邓彪薨,"天子亲临吊。"⑦这表明,前后汉君臣关系已发生了某种颇为深刻之变化。这种变化之实质是,君臣关系通过葬礼得到了更为广泛的强化和维系。⑧ 换言之,葬礼成为东汉皇帝自觉深化君臣情感的主要手段和展示皇帝恩德的盛大仪式。给人的暗示是,皇帝之于臣子,不但管生,而且管死。近乎等同于天地的皇权秩序使人直觉到,人的一切荣耀福祉皆来自皇恩的赐予,人只有全身心地沐浴于皇权秩序的光辉之中,才能获得雨露滋润,尽享荣华富贵。于是,死者的个体哀荣成了生者的集体盛宴。

以祭遵丧礼为例,以观"霍光故事"在东汉的具体实践,以及发生的某些变化。"遵丧至河南县,诏遣百官先会丧所,车驾素服临之,望哭哀恸。还幸城门,过其车骑,涕泣不能已。丧礼成,复亲祠以太牢,如宣帝临霍光故事。诏大长秋、谒者、河南尹护丧事,大司农给费。……至葬,车驾复临,赠以将军、侯印绶,朱轮容车,介士军陈送葬,谥曰成侯。"这里尤以光武帝的姿态最令人动容。"上还幸城门,阅过丧车,瞻望涕泣。"⑨光武通过"霍光故事"所欲实现的皇权主义意图恰恰还在后面。"既葬,车驾复亲临坟墓,问其室家。上叹曰:'安得忧国奉公之臣如祭征虏者乎!'卫尉铫期进曰:'陛下念祭遵不已,群臣皆内怀惭惧。'"⑩这样,"陛下至仁"⑪与"群臣皆惭"形成的鲜明对照,以及在臣民心中产生的强烈反应,才是光武在这里意图实现的深刻追求。

值得注意的是,有时皇帝虽然不亲自出席臣子丧礼,仍然遣使或下诏,表

① 《后汉书·吴汉列传》。
② 《后汉书·邓晨列传》。
③ 《后汉书·赵憙列传》。
④ 《后汉书·牟融列传》。
⑤ 《后汉书·梁统列传》。
⑥ 《后汉书·桓荣列传》。
⑦ 《后汉书·邓彪列传》。
⑧ 洪迈认为,后汉对三公大臣复用的待遇不如前汉。"汉丞相或终于位,或免就国,或免为庶人,或致仕,或以罪死,其复召用者,但为光禄大夫或特进,优游散秩,未尝有除他官者也。御史大夫则间为九卿、将军。至东汉则大不然。始于光武时,王梁罢大司空而为中郎将,其后三公去位,辄复为大夫、列卿。如崔烈历司徒、太尉之后,乃为城门校尉,其体貌大臣之礼亦衰矣!"(《容斋随笔》卷10,"汉丞相")
⑨ 《后汉书·祭遵列传》,李贤注。
⑩ 《后汉纪》卷6。
⑪ 《后汉书·祭遵列传》,李贤注。

达哀吊之情。比如,大司空杜林薨,光武帝亲自"临丧送葬,除子乔为郎。诏曰:'公侯子孙,必复其始,贤者之后,宜宰城邑。其以乔为丹水长。'"①名士杨厚卒,"策书吊祭。"②故太尉刘恺卒,"诏使者护丧事,赐东园秘器,钱五十万,布千匹。"③长乐卫尉赵孝和弟弟御史中丞赵礼深得光武宠信。赵礼卒,"赠赙甚厚,令孝以长乐卫尉从官属送丧,葬于家。"④故大鸿胪韦彪卒,下诏褒奖,"在位无怨,方欲录用,奄忽而卒。其赐钱二十万,布百匹,谷三千斛。"⑤在这种礼仪中,政教意图依然是皇帝关注的重点。比如,侍中骑都尉淳于恭卒于官,"诏书褒叹,赐谷千斛,刻石表闾。"⑥洛阳令董宣卒于官,"诏遣使者临视,唯见布被覆尸,妻子对哭,有大麦数斛、敝车一乘。帝伤之,曰:'董宣廉絜,死乃知之!'以宣尝为二千石,赐艾绶,葬以大夫礼。"⑦执金吾袁逢卒于官,"朝廷以逢尝为三老,特优礼之,赐以珠画特诏秘器,饭含珠玉二十六品,使五官中郎将持节奉策,赠以车骑将军印绶,加号特进,谥曰宣文侯。"⑧甚至有些犯事的官员死后,依然能够得到皇帝的恩赏。南阳太守杜诗"坐遣客为弟报仇,被征,会病卒。司隶校尉鲍永上书言诗贫困无田宅,丧无所归。诏使治丧郡邸,赙绢千匹。"⑨

汉帝国的以孝治国和"霍光故事"似乎实现了某种结合。成帝征班伯回京,"伯上书愿过故郡上父祖冢。有诏,太守都尉以下会。"也就是要求守尉掾吏"同赴其所",一并参加班伯祭奠父祖的礼仪活动。⑩官员应征回朝,路线都是固定的,官员如果改道,必须事先禀报皇帝。这次,成帝不但允许班伯绕道请求,还格外施恩,命令沿途地方官做好准备,积极配合班伯为父祖进行的祭祀。光武则主动恩准官员上坟祭祖。岑彭诣京师,"复南还津乡,有诏过家上冢。"⑪

随着"霍光故事"在东汉的实践和扩展,发展出了一些更为广泛的皇恩形式。官员父母死亡,皇帝往往会派人举行哀吊仪式。太尉张酺父卒,"既葬,诏

① 《后汉书·杜林列传》。
② 《后汉书·杨厚列传》。
③ 《后汉书·刘般列传》。
④ 《后汉纪》卷9。
⑤ 《后汉书·韦彪列传》。
⑥ 《后汉书·淳于恭列传》。
⑦ 《后汉书·酷吏列传》。
⑧ 《后汉书·袁安列传》。
⑨ 《后汉书·杜诗列传》。
⑩ 《汉书·叙传上》,颜注。
⑪ 《后汉书·岑彭列传》。

遣使赍牛酒为释服。"[①]骑都尉耿恭在外,母亡,"自恨不得亲饭唅,追行丧服,诏使五官中郎将马严以牛酒释恭服。"[②]赵憙行太尉事,"后遭母忧,上疏乞身行丧礼,显宗不许,遣使者为释服,赏赐恩宠甚渥。"[③]进而,还发展到皇帝对官员妻子葬礼的恩赐。[④] 故卫尉阴兴夫人卒,"肃宗使五官中郎将持节即墓赐策。"[⑤]宗正刘般妻卒,"厚加赗赠,及赐冢茔地于显节陵下。"[⑥]按照官场定例,官员死后,朝廷会依照其生前官职给予相应的抚恤,包括钱财和物质。"旧典,二千石卒官赗百万。"征羊续为太常,"未及行,会病卒,……遗言薄敛,不受赗遗。……府丞焦俭遵续先意,一无所受。诏书褒美,勅太山太守以府赗钱赐续家云。"[⑦]此外,皇帝还会随机给予某些官员以额外厚赏。尚书郎王叔汉之父王子方,外出二十余年不还,有人说他死于汝南。"叔汉即发哀,诏书赗钱二十万。即而子方从苍梧还,叔汉诣阙乞纳赗钱,受虚妄罪。灵帝诏将相大夫会议之,博士任敏议云:'凡人中寿七十,视父同侪亡,可制服也。子方在远,人指其处,不可验也,罪不可加焉。'诏书:'还钱,复本官。'"[⑧]

二、恩赏

恩赏臣子更能体现皇帝的个人偏好甚至喜怒无常,即皇帝自由意志的专断性。比如,班固"赏赐恩宠甚渥,然二世位不过郎中。"[⑨]这实在扎心。可见有时恩宠只是恩宠而已,并无其他含义。臣子切莫多想。想多了就麻烦了。但这不意味着皇帝对赏赐完全随意,毫无章法。相反,许多时候皇帝恩赏都很有讲究。比如,宣帝"数下恩泽诏书",尤其擢拔黄霸的诏书。"其以贤良高第扬州刺史霸为颍川太守,秩比二千石,居官赐车盖,特高一丈,别驾主簿车,缇油屏泥于轼前,以章有德。"[⑩]宣帝这种做法在明帝手中被发扬光大。明帝希望把郭贺打造成能够现身说法的模范地方官的活招牌。荆州刺史郭贺"有殊政。显宗巡狩到

---

① 《后汉书·张酺列传》。

② 《后汉纪》卷11。

③ 《后汉书·赵憙列传》。

④ 虽说其中可能包含些许的宗室或外戚成分,但那都是可有可无的因素。关键还在于官员本人的功德地位。

⑤ 《后汉书·阴识列传》。

⑥ 《后汉书·刘般列传》。

⑦ 《后汉书·羊续列传》。

⑧ 《风俗通义》"佚文"。

⑨ 华峤《汉后书》卷2,《八家后汉书》。

⑩ 《汉书·循吏传》。

南阳,特见嗟叹,赐以三公之服,黼黻冕旒,敕行部去襜帷,令百姓见其容服,以彰有德。"①又如,章帝命史官颂扬臣子。行车骑将军马防还京师,"车驾亲幸其第,厚加赏赐。上美防功,令史官为之颂。"②

对皇帝恩赏臣子体现的皇恩意义,臣子自身自然感受更深。他们时常不忘提醒皇帝,善于运用恩典手段维系皇权秩序。比如,陈忠要求皇帝礼遇公卿,褒崇大臣,使其生老病死充满来自皇帝给予的尊荣。左雄则要求皇帝效法宣帝,给予郡国守相更多关心和褒奖。"宣帝兴于侧陋,知世所疾,综名核实,赏罚必行。刺史、守、相初拜,辄亲见问之,观其所由,退而考察,以质其言。常叹曰:'民所以安而无愁者,政平吏良也。与我共此者,其唯良二千石乎?'以为吏数变易,则下不安业,民知不久,则诈以求过。故二千石有治能者,辄以玺书勉励,增秩赐金,爵至封侯,公卿时缺,则以次用之。"③二人所说对象和重点各有不同,均属于皇帝恩典范畴。只不过陈忠说的是一种礼制实践,左雄说的是一种行政操作。但在恩典框架下均有助于实现皇恩浩荡的政治教化效应。

哀帝和董贤的关系体现了诏书实践化的最高水平。因为哀帝凭借奏诏模式,把他对董贤那种无以复加的恩宠和擢拔堂而皇之地完全合法化了。

贤传漏在殿下,为人美丽自喜,哀帝望见,说其仪貌,识而问之,曰:"是舍人董贤邪?"因引上与语,拜为黄门郎,繇是始幸。问及其父为云中侯,即日征为霸陵令,迁光禄大夫。贤宠爱日甚,为驸马都尉侍中,出则参乘,入御左右,旬月间赏赐累巨万,贵震朝廷。……上以贤难归,诏令贤妻得通引籍殿中,止贤庐,若吏妻子居官寺舍。又(诏)〔召〕贤女弟以为昭仪,位次皇后,更名其舍为椒风,以配椒房云。昭仪及贤与妻旦夕上下,并侍左右。赏赐昭仪及贤妻亦各千万数。迁贤父为少府,赐爵关内侯,食邑,复徙为卫尉。又以贤妻父为将作大匠,弟为执金吾。诏将作大匠为贤起大第北阙下,重殿洞门,木土之功穷极技巧,柱槛衣以绨锦。下至贤家僮仆皆受上赐,及武库禁兵,上方珍宝。其选物上弟尽在董氏,而乘舆所服乃其副也。及至东园秘器,珠襦玉柙,豫以赐贤,无不备具。又令将作为贤起冢茔义陵旁,内为便房,刚柏题凑,外为徼道,周垣数里,门阙罘罳甚盛。④

---

① 谢承《后汉书》卷2,《八家后汉书》。
②《后汉纪》卷11。
③《后汉纪》卷18。
④《汉书·佞幸传》。

虽然哀帝一手操办的这种"皆僭天子之制度者"①,客观上损害了皇权,但它依然具有奏诏模式的正当性。不妨假设,哀帝再多活三五年,完全有可能下诏传天下给董贤。如果那样,其合法性不容置疑,尽管其权威性明显不足。

三、赦免

赦免本质上是皇恩之一种。赏罚皆是君恩,有罪免罚或轻罚更是莫大君恩。它对臣子造成的心理冲击尤为强烈。常言说失而复得,赦免即是皇帝试图营造出一种相似的皇权主义恩典效果。比如,"孝景即位,朝错为御史大夫,使吏案(爱)盎受吴王财物,抵罪,诏赦以为庶人。"②杜笃客居美阳,"与美阳令游,数从之请托,不谐,颇相恨。令怒,收笃送京师。会大司马吴汉薨,世祖诏诸儒诔之。笃于狱中为诔,辞最高。帝美之,赐帛免刑。"③大司徒欧阳歙"坐在汝南赃罪死狱中,歙掾陈元上书追讼之,言甚切至,(光武)帝乃赐棺木,赠赗三千匹。"④

赦免意味着皇帝对臣子罪过的宽容。赦罪免过是皇权的一部分。可罪可罚可免,正表明赏罚由己的皇权绝对性。一个现象不能忽视,皇帝对臣子的处置往往比官员奏书要求的轻。这几乎是一个官场通例。很少例外。这并不表明皇帝对官员心存怜悯,法外施恩,也不意味着官员总是对同侪下手特别狠。一般说,官员上书提出的理由往往都是冠冕堂皇,有理有据,有法可依。就是说,官员奏章中的建议和方案通常并不为过,而是依法行事。相形之下,皇帝倒有更多的考虑。除了法律和礼制,还要顾及情谊和道义。所以,皇帝在处理某些官员的诏书中有时会说些"于心不忍"之类的伤感话语。⑤ 平心而论,这并非皇帝的虚情假意,亦非矫情之语。因为,皇帝也是人,罢免自己宠信的近臣,或

---

① 《汉书·佞幸传》,颜注。

② 《汉书·爰盎传》。

③ 《东观汉记》卷18。

④ 《东观汉记》卷18。

⑤ 此类例子甚多。成帝"诏尚书奏文帝时诛将军薄昭故事。"车骑将军王音"藉藁请罪",王商、王立、王根"皆负斧质谢。上不忍诛,然后得已"。(《汉书·元后传》)广陵王刘胥祝诅事发,"有司按验,胥惶恐,药杀巫及宫人二十余人以绝口。公卿请诛胥,天子遣廷尉、大鸿胪即讯。宣帝加恩,"赦王诸子皆为庶人。"(《汉书·武五子传》)任城王刘安"数微服出入,游观国中,取官属车马刀剑,下至卫士米肉,皆不与直。……国相行弘奏请废之。安帝不忍,以一岁租五分之一赎罪。"(《后汉书·光武十王列传》)乐成王刘苌"长到国数月,骄淫不法,愆过累积,冀州刺史与国相举奏苌罪至不道。"安帝诏曰:"朕览八辟之议,不忍致之于理。其贬苌爵为临湖侯。"(《后汉书·孝明八王列传》)勃海王刘悝"谋为不道,有司请废之。(桓)帝不忍,乃贬为瘿陶王,食一县。"(《后汉书·章帝八王列传》)

处置自己的师傅,或惩罚皇亲国戚等,都会在心理上多多少少地产生某种不快、抗拒和痛苦。比如,元帝由于无知被石显所骗而将自己老师萧望之下狱,①后来萧望之又被迫自杀时,就伤心的吃不下饭。

---

① "纯任德教"的元帝完全不明"霸王道杂之"的"汉家制度",(《汉书·元帝纪》)以至于对朝廷的普通政治用语缺乏基本常识,"不省'谒者召致廷尉'为下狱",(《汉书·萧望之传》)致使将自己的经学师傅亲手送进监狱。可谓荒谬至极。难怪宣帝悲叹,"乱我家者,太子也!"(《汉书·元帝纪》)相形之下,年幼登基的昭帝显得成熟多了。上官桀和燕王刘旦合谋诬奏霍光,被年仅十四岁的少年天子一眼识破。"朕知是书诈也,将军亡罪。"理由是,"将军之广明,都郎属耳。调校尉以来未能十日,燕王何以得知之? 且将军为非,不须校尉。"(《汉书·霍光传》)可见同为刘氏血脉,两位汉帝的奏诏意识以及由此体现出的政治素质相去甚远,不得不使人相信确有统治天赋这种东西。虽然二人皆是生而为帝,昭帝似乎是无师自通,元帝却一辈子也没学会。其实,对帝国政治术语不甚了了的何止元帝一人。"灵帝时,故大仆杜密、故长乐少府李膺各为钩党。尚书曰下本州岛考治。时上年十三,问诸常侍曰:'何钩党?'诸常侍对曰:'钩党人即党人也。'即可其奏。"(《东观汉记》卷3)袁《纪》中的这段叙述显得更为完整:"陈、窦已诛,中官逾专威势,既息陈、窦之党,又惧善人谋己,乃讽有司奏'诸钩党者,请下州郡考治'。时上年十四,问节等曰:'何以为钩党?'对曰:'钩党者,即党人也。'上曰:'党人何用为而诛之邪?'对曰:'皆相举群辈,欲为不轨。'上曰:'党人而为不轨,不轨欲如何?'对曰:'欲图社稷。'上乃可其奏。"(《后汉纪》卷23)

第三章

奏诏模式与官场游戏

第一节　奏诏模式是官场游戏的规则

一、奏诏模式支配官场游戏

某种意义上，奏诏模式是一种时时制造政治话语和话题的统治方式。它使早期帝国的政治生活充斥了不计其数的五光十色且真假莫辨的话语碎片。每一个碎片都可能对官员的仕途生涯造成冲击，甚至改变轨迹。所谓奏诏无小事。司徒虞延"欲辟幽州从事公孙弘，以弘交通楚王而止，并不奏闻。"[①]这里的要害是"并不奏闻"。它意味着需要奏闻而没有奏闻。虞延明知公孙弘交通楚王刘英不当，只是中止了将其辟除为吏，却没有立刻奏报皇帝。显然大错。这是因为，地方官吏涉及诸侯王的事情，大小都要及时奏报朝廷。否则即为失职。尽管有些事情并未发生，或并未造成任何后果。但依然需要奏报皇帝。表面看，这是对官员奏书范围的规定，实则体现为皇帝对官员职责的全面掌控。在皇帝看来，官员所做的一切都需要如实禀报。该奏不奏即是罪错。可见奏诏模式已将臣子的一切言行纳入其中，加以规范和监督。至于诸侯王更是通过奏诏模式将其置于皇帝的严密监管之下。前后汉各举一例。宣帝曾玺书密诏山阳太守张敞，要他严密监视刘贺。"其谨备盗贼，察往来过客。毋下所赐书！"意思是，"密令警察，不欲宣露也。"于是，"敞于是条奏贺居处，著其废亡之效。"张敞向宣帝详细禀告了刘贺日常生活的一言一行，包括他家里的男女人数、子女情

[①]《后汉书·虞延列传》。

况,尤其安全和警卫情况,每天出入的人员,和外界的交往和联系。"故昌邑王居故宫,奴婢在中者百八十三人,闭大门,开小门,廉吏一人为领钱物市买,朝内食物,它不得出入。督盗一人别主徼循,察往来者,以王家钱取卒,迺宫清中备盗贼。"张敞还特别描述了刘贺的年龄、相貌、衣着、身体状况。"故王年二十六七,为人青黑色,小目,鼻末锐卑,少须眉,身体长大,疾痿,行步不便。"张敞还亲自上门作近身观察,通过和刘贺面谈,以探测其心态反应。"臣敞欲动观其意,即以恶鸟感之,曰:'昌邑多枭。'故王应曰:'然前贺西至长安,殊无枭。复来,东至济阳,乃复闻枭声。'"张敞最后又对刘贺品行作出了道德评判,"其天资喜由乱亡,终不见仁义。"①冀州刺史郅寿"近王宫置督邮舍,以察王得失"。史称,"冀部属郡多封诸王,宾客放纵,类不检节,寿案察之,无所容贷。乃使部从事专住王国,又徙督邮舍王宫外,动静失得,实时骑驿言上奏王罪及劾傅相,于是藩国畏惧,并为遵节。"②这等于将监视据点直接设在了王宫门口,进行实时监控,随时上奏。这样,皇帝通过奏诏模式对各地诸侯王和诸侯相的一举一动了如指掌。

作为统治方式,一方面,奏诏模式的主导权绝对掌控在皇帝手中;另一方面,奏诏模式同时体现了**皇权政治的主体间性**。③ 总之,皇帝通过主导奏诏模式的规则制定和实际运行,不断强化着皇权主义的实践效果和统治能力,并强力塑造着臣民对皇帝权威和神圣性的深刻崇拜。即便昏君的荒唐之举也不是完全不讲规矩地任性胡来,它也必须遵从某些程序行事。就是说,它必须按照奏诏模式进行运作。昏君的荒唐决定也需通过诏书体现出来。比如,张让、赵忠说灵帝"令敛天下田亩税十钱,以修宫室。……凡诏所征求,皆令西园驺密约勅,号曰'中使',恐动州郡,多受赇赂"。④

从操作层面看,奏诏模式是君臣双方的文字平台,也是他们的表演舞台。皇帝和官员都是主角,⑤但皇帝还兼职导演。⑥ 至于编剧则是整个皇权。皇帝

---

① 《汉书·武五子传》,颜注。

② 《后汉书·郅恽列传》,李贤注。

③ 尽管主体之间也有不容忽视的本质差异。君臣双方皆为主体。尽管它是一种等级主体。所以,君臣之际构成等级性的主体间性。这样,奏诏模式就是君臣双方等级性主体之间的持续对话和身份认同。

④ 《后汉书·宦者列传》。

⑤ 这使得皇帝不可能事事处处都能支配着君臣博弈的结局。受制于个人性格、素质和能力等复杂因素,有些皇帝往往受困于奏诏模式的漩涡而摇摆不定。光禄勋周堪"性公方,自见孤立,遂直道而不曲"。是岁灾异,被宦官和外戚归咎于周堪用事之过。元帝"内重堪,又患众口之寖润,无所取信。时长安令杨兴以材能幸,常称誉堪。上欲以为助,乃见问兴:'朝臣齗齗不可光禄勋,何(也)〔邪〕?'杨兴本是一个巧言令色之人,"谓上疑堪,因顺指曰"云云,致使元帝更加狐疑不决。《汉书·楚元王传》)

⑥ 就导演这个身份而言,皇帝是官场游戏中不在场的参与者,或隐形的参与者。官员们处处避免皇帝出现,但又事事需要皇帝决断。

通过奏诏模式掌控着帝国命运和皇权运行。比如,晁错的诸多奏疏都得到了景帝的积极回应。景帝下诏肯定晁错的建议,使之成为国策或法律。"晁错为内史,贵幸用事,诸法令多所请变更。"①"请变更"一个"请"字,足以表明变更法律的关键在于皇帝。"错数请间言事,辄听,幸倾九卿,法令多所更定。"②有时皇帝通过暗示主导百官奏疏的言论走向,虽然表面看起来是官员揣摩皇帝心思的上书。宣帝少年时娶了许广汉之女许平君,登基后立许平君为婕好。"公卿议更立皇后,皆心仪霍将军女,亦未有言。上乃诏求微时故剑,大臣知指,白立许婕好为皇后。"③

不用说官员仕途的每个转折点也都离不开诏书,或者说需要诏书推动才能完成。简言之,官员们的得失荣辱皆取决于皇帝诏书。王莽"退伏弟家,以诏策决,复遣就国。高昌侯(董)宏去蕃自绝,犹受封土。制书侍中驸马都尉(傅)迁不忠巧佞,免归故郡,间未旬月,则有诏还,大臣奏正其罚,卒不得遣,而反兼官奉使,显宠过故。及阳信侯(郑)业,皆缘私君国,非功义所止。"④至于官员因谗言被免官,其间关键依旧是诏书。⑤ 诏书使官场上一切成为可能,也使官场上一切成为不可能。这使得总有人对伪造诏书蠢蠢欲动。在奏诏模式中,伪造诏书并非常见,但亦非罕见。伪造诏书者动机不一,身份各异。比如,有钦差矫制,有官场阴谋,有仇家陷害。⑥

奏诏模式是君臣博弈和官场游戏的主要方式和合法途径。这表现在两方面。从皇帝驭臣角度看,借助奏诏模式打击大臣,效果最佳。"(王)莽即真,尤备大臣抑夺下权,朝臣有言其过失者,辄拔擢。孔仁、赵博、费兴等以敢击大臣,故见信任,择名官而居之。"⑦臣子间的天然矛盾在奏诏模式中,得到分化、放

---

① 《汉书·申屠嘉传》。

② 《汉书·晁错传》。

③ 《汉书·外戚传上》。

④ 《汉书·杜邺传》。

⑤ 有些时候,对有些人来说,预防不利于自己的诏书颁布亦非难事,关键在于阻止那些随时可能进谗的奏言。比如,陈平担心刘邦死后,吕后及吕须因为"节召樊哙"迁怒自己,"立复驰至宫,哭殊悲,因奏事丧前。吕后哀之,曰:'君出休矣!'平畏谗之就,因固请之,得宿卫中。太后乃以为郎中令,曰傅教帝。是后吕须谗乃不得行。"(《汉书·陈平传》)陈平为了防止吕须进谗,必须使自己能够掌控以吕后为中心的奏诏过程,即切断进谗者对吕后的奏言渠道。

⑥ 幽州刺史冯焕"疾忌奸恶,数致其罪。时玄菟太守姚光亦失人和。"安帝建光元年,"怨者乃诈作玺书谴责焕、光,赐以欧刀。又下辽东都尉庞奋使速行刑,奋即斩光收焕。"冯焕欲自杀,其子冯绲"疑诏文有异,止焕曰:'大人在州,志欲去恶,实无它故,必是凶人妄诈,规肆奸毒。愿以事自上,甘罪无晚。'焕从其言,上书自讼,果诈者所为,征奋抵罪。会焕病死狱中,帝愍之,赐焕、光钱各十万,以子为郎中。"(《后汉书·冯绲列传》)

⑦ 《资治通鉴》卷 37。

大,得以清晰化,从而为皇帝选择性采纳奏疏,提供了正当理由。从臣子权斗角度看,各方胜败最后往往取决于如何利用奏诏程序获得皇帝信任。"内史晁错数请间言事,辄听,宠幸倾九卿,法令多所更定。丞相(申屠)嘉自绌所言不用,疾错。"[1]这句话即可看出奏诏模式在官场上的作用。一者是"数请间言事,辄听",一者是"自绌所言不用"。这不仅表明了晁错、申屠嘉在皇帝面前的亲疏远近,客观上也造成了二人之间的矛盾冲突。某种意义上,官员是否邀宠皇帝,主要在于皇帝对其上书的态度。

在这方面,酷吏堪称楷模。酷吏之酷不在于下手狠,而在于上奏巧。这恰是酷吏受宠重用的关键。"杜周治文,唯上浅深。"也就是"观天子之意"。[2] 至于张汤"决大狱"而"傅古义",只是形式和手段,实际上他根本是"乡上意",以武帝之心为心。"上所是,著之为正狱,以廷尉法令决平之,扬主之明监也。"史称,张汤"时口言,虽文致法,上财察。"意思是,"先见上,口言之,欲与轻平也。"[3]总之,一切以武帝态度为准。这意味着,张汤和武帝之间的奏诏过程必然是有奏必应有奏必报,对张汤的每次上奏,武帝都会不出所料地及时诏报批复。因为每次上奏之前,张汤都会做足功课了解武帝的真实想法,以便号准脉搏,对症下药,使自己奏事获得武帝支持,同时也使武帝诏令得到快捷实施。由此实现君臣奏诏之双赢。

> 奏谳疑事,必豫先为上分别其原,上所是,受而著谳决法廷尉,絜令扬主之明。奏事即谴,汤应谢,乡上意所便,必引正、监、掾史贤者,曰:"固为臣议,如上责臣,臣弗用,愚抵于此。"罪常释。即奏事,上善之,曰:"臣非知为此奏,乃正、监、掾史某为之。"……所治即上意所欲罪,予监史深祸者;即上意所欲释,与监史轻平者。所治即豪,必舞文巧诋;即下户羸弱,时口言,虽文致法,上财察。于是往往释汤所言。[4]

可见张汤已经做到了"所白处奏皆可",因为他奏书无不"当主上之意"。[5] 某种意义上,这似乎是奏诏模式的最佳状态。因为,臣子所言,皆为君主所想。故臣子所奏,无不应允。本质上,这并非奏诏模式的最终目的,只是某些臣子的现实目标。因为他们奏书就是为了邀宠、固宠。换言之,奏书只是他们擅权邀宠的

---

① 《资治通鉴》卷 15。
② 《汉书·叙传下》,颜注。
③ 《史记·酷吏列传》,三家注。
④ 《史记·酷吏列传》。
⑤ 《汉书·萧望之传》,颜注。

手段。久而久之，反而造成臣子专权，进而，必然导致奏诏模式的破坏。① 这样，奏诏模式成为君臣关系最直观的体现和君臣博弈最有力的规范。

君臣博弈之所以不能超出奏诏模式，是因为其主要手段和工具就是奏诏，所以必然在奏诏模式中全面展示出来。臣子们为了达到目的，不仅要上书建议、规谏、批评，还会使用手段，施加压力，变相威胁，制造恐怖，促使君主不得不接受自己的奏疏。② 同样为了自己利益，臣子们也会竭力阻止那些不利于自己的奏书。顺帝末，"所遣八使光禄大夫杜乔、周举等，多所纠奏，而大将军梁冀及诸宦官互为请救，事皆被寝遏。"③ 可见奏书能否获得皇帝认可，有时并不取决于皇帝本人，而是取决于皇帝身边的人。议郎桓鸾"上陈五事：举贤才，审授用，黜佞幸，省苑囿，息役赋。书奏御，牾内竖，故不省。"④如果围绕皇帝转的都是奸佞之徒，必然左右皇帝对奏书的态度和处理方式。至于臣子们在执行君主诏命时，更是挖空心思，百般思虑，考量周全。⑤ 把奏诏模式比作棋盘，君臣双方皆为棋子。当然，这个比喻不意味着君臣平等或势均力敌。这只是一个比喻。比喻揭示的只是事情的一个面相。事实上，在这个棋盘规则中，所有臣子的取舍和使用都是为了服务于君主。君主的存在支配着棋盘的所有规则，以及每一盘棋局的总体走向。

至少就朝廷层面，官员之间的矛盾和竞争，不可能永远局限于官场内部，它最终必须提交给皇帝，通过皇帝的裁决而定输赢。如果把官场比作一盘棋局，输赢不取决于对弈双方的水平或实力，甚至也不在于机遇或运气，而取决于皇帝意愿和态度。官场博弈的输赢不能靠官员自己宣布，必须通过皇帝发布。官场竞技的规则由皇帝制定，竞技结果是否客观由皇帝判定。中书令弘恭、石显

---

① 臣子专权和破坏奏诏程序直接联系在一起。臣子要想专制，必然破坏奏诏程序。"更始纳赵萌女为夫人，故委政于萌，日夜饮燕后庭；群臣欲言事，辄醉不能见，时不得已，乃令侍中坐帷中与语。……赵萌专权，生杀自恣。"（《资治通鉴》卷39）

② 举一例。"大将军何进与司隶校尉袁绍谋诛诸阉官，(何)太后不从。进乃召(董)卓使将兵诣京师，并密令上书曰：'中常侍张让等窃幸乘宠，浊乱海内。昔赵鞅兴晋阳之甲，以逐君侧之恶。臣辄鸣钟鼓如洛阳，即讨让等。'欲以胁迫太后。"董卓也随之上书。"臣伏惟天下所以有逆不止者，各由黄门常侍张让等傀慢天常，操擅王命。……臣闻扬汤止沸，不如灭火去薪，溃痈虽痛，胜于养肉，及溺呼船，悔之无及。"（《三国志·魏书·董卓传》，裴注）

③ 《后汉书·种暠列传》。

④ 《后汉书·桓荣列传》。

⑤ 举一例。燕王卢绾反，刘邦使樊哙将兵攻之。"既行，人有短恶哙者。"刘邦大怒，即召陈平和周勃受诏床下，"陈平亟驰传载勃代哙将，平至军中即斩哙头！"二人受诏，"行计之曰：'樊哙，帝之故人也，功多，且又乃吕后弟吕嬃之夫，有亲且贵，帝以忿怒故，欲斩之，则恐后悔。宁囚而致上，上自诛之。'未至军，为坛，以节召樊哙。哙受诏，即反接载槛车，传诣长安，而令绛侯勃代将，将兵定燕反县。"（《史记·陈丞相世家》）

与车骑将军史高"为表里,论议常独持故事,不从(萧)望之等。恭、显又时倾仄见诎。望之以为中书政本,……白欲更置士人,繇是大与高、恭、显忤。"元帝即位,"谦让重改作,"也就是"未欲更置士人于中书",故而"议久不定。"①

就数量言,奏疏绝对多于诏书;就作用言,诏书绝对大于奏疏。成帝对刘向奏书的态度生动展现了奏诏模式中常见的一些问题和处置方式。不管官员奏书多么感情充沛、文辞优美、证据充分、方案合理,在皇帝正式下诏、决定实施之前,只能算是空中楼阁和纸上谈兵。在皇权政治的事态发展中,没有皇帝诏书作出的决策,一切都等于零,只能停在原地徘徊不前。事态的演化进程和方向,总体性地取决于皇帝诏书的直接推动。一方面,奏诏模式支配着整个皇权政治的实际运作,决定着官场游戏的最终结局。诏命是一切行动的关键。诏书赋予奏书以意义。② 大司马严尤"素有智略,非莽攻伐西夷,数谏不从,著古名将乐毅、白起不用之意及言边事凡三篇,奏以风谏莽。及当出廷议,尤固言匈奴可且以为后,先忧山东盗贼。莽大怒,乃策尤曰:'视事四年,蛮夷猾夏不能遏绝,寇贼奸宄不能殄灭,不畏天威,不用诏命,兑很自臧,持必不移,怀执异心,非沮军议。'"③皇帝不下诏,再多的奏书也无意义。"宁阳主簿诣阙,诉其县令之枉,(责)〔积六〕、七岁不省。主簿乃上书曰:'臣为陛下〔子,陛下〕为臣父。臣章百上,终不见省,岂可北诣单于以告怨乎?'"④人们可以无穷无尽地抱怨、不满、指责,甚至要挟、恐吓皇帝,口口声声说要到匈奴向单于告状。即便如此,人们也只能徒劳地等待、挣扎,甚至无奈地等待机会,侥幸能时来运转,希望皇帝能醒悟过来,明白真相,接受自己的奏书,下诏改变自己的命运或朝局混乱的局面。这种情景下,奏诏模式依然确保了皇帝或太后,以及一切潜在的制诏主体,仍是恢复皇权秩序的唯一支柱。窦宪北击匈奴,袁安与太尉宋由、司空任隗及九卿"诣朝堂上书谏,以为匈奴不犯边塞,而无故劳师远涉,损费国用,徼功万里,非社稷之计。书连上辄寝。宋由惧,遂不敢复署议,而诸卿稍自引止。唯安独与任隗守正不移,至免冠朝堂固争者十上。(窦)太后不听,众皆为之危惧,安正色自若。……又奏司隶校尉、河南尹阿附贵戚,无尽节之义,请免官案罪。并寝不报。"⑤另一方面,公卿百官异口同声,也无法改变皇帝的主意。比如,哀帝立,

---

① 《汉书·萧望之传》,颜注。
② 奏书的实际意义来自诏书,奏书的道德意义源自叙事。换言之,奏书的意义有两个层面,一是奏诏模式,一是奏诏叙事模式。有些奏书在奏诏模式中并无意义,在奏诏叙事模式中却极具意义。
③ 《汉书·王莽传下》。
④ 谢承《后汉书》卷4,《八家后汉书》。
⑤ 《后汉书·袁安列传》。

"帝外家丁、傅新贵,祖母傅太后尤骄恣,欲称尊号。丞相孔光、大司空师丹执政谏争,久之,上不得已,遂免光、丹而尊傅太后。"①又如,太尉张酺、司徒刘方、司空张奋上奏,依据光武黜吕太后故事,贬窦太后尊号。"百官亦多上言者。"和帝手诏,"案前世上官太后亦无降黜,其勿复议。"②再如,为谏阻安帝废太子,十余名朝臣集体守阙上书。相当于百官公开反对皇帝决策。安帝受乳母王圣蛊惑,废太子刘保为济阴王。"于是光禄勋〔祋〕(祝)讽、中郎将闾丘弘、符节令张敬、太中大夫第五颉、中散大夫曹成、谏议大夫李泰、羽林右监孔显、治书侍御史龙调、卫尉丞乐阐、城门司马徐崇、开封人郑安世等守阙上书,诉太子之冤。"③依然未能动摇安帝决定。

对官员奏书言事,皇帝即便不下诏,亦可从其表态看出真实意图。皇帝的表态显然是有意义的。事实上,它确实会对朝廷或官场产生相关影响。官员命运取决于皇帝好恶。皇帝好恶又会以各种方式影响其他官员的态度。这样,其他官员就会通过直接或间接的方式强化皇帝的想法,促使皇帝作出相应决策,以达到自己的目的。在这里,奏诏模式无疑是最有效的方式。故而,奏诏模式是官场游戏中最具合法性的权谋手段。"丞相丙吉年老,上重之。萧望之意常轻吉,上由是不悦。丞相司直奏望之遇丞相礼节倨慢,又使吏买卖,私所附益凡十万三千,请逮捕系治。"于是,宣帝下诏左迁御史大夫萧望之为太子太傅。④

奏诏模式往往使臣子命悬一线。这一线就像风筝线一样牢牢握在皇帝手里。其间有喜有悲。官场上的勾心斗角并不能完全处于皇帝的视线之外。因为,他们每一个人的仕途升降和命运起伏并不能完全由自己主宰,他们的运气、才干、智慧、权谋、机会虽然能发挥部分作用,但要真正成为现实,往往取决于皇帝的裁决和判断。当然,这并非说,皇帝明察秋毫,全知全能,而是说,官员们的尔虞我诈和争权夺利都需要皇帝这个护身符。一方面,官员们必须竭力将皇帝拉到自己这边;一方面,又要尽力蒙骗皇帝,避免皇帝知晓真相。尽管如此,皇帝的好恶最终决定一切官场之争的是非成败。而皇帝的意志是诏书。这样,诏书作为皇帝掌控官场走向的杠杆,无时无处不发挥着某种调节官场冲突、规范官场纷争的权威功能。即便官员欺骗和蒙蔽皇帝,他仍然摆脱不了皇权的强力主宰。可见,官场游戏处处有皇帝的影子。**官场意味着皇帝在场**。问题是,官场游戏中,皇帝置身何处? 皇帝意志意味着什么?

① 《汉书·李寻传》。
② 《后汉书·皇后纪上》。
③ 《后汉纪》卷 17。
④ 《资治通鉴》卷 27。

　　官场游戏必须合乎规则。奏诏程序是官场游戏的基本规则,换言之,**奏诏模式是官场规则的元规则**。皇权政治中的官场游戏皆是按照奏诏模式这一元规则进行的权力博弈。就是说,官场游戏是一种合乎规则的,即合法的权力博弈。只有从游戏进入规则,才能真正理解游戏,也才能透彻理解规则。因为,**官场游戏本质上是一种基于奏诏模式的规则性游戏**。[①] 在这个游戏中,奏书是官员手中的唯一砝码。他们必须善加利用,以求一逞。一般说,"有诏令出下及遣议事,"就会自动开启一轮奏诏程序。皇帝下诏,官员们首先涉及对诏书意图的理解。这种理解直接关乎官员仕途。其实,皇帝下令百官议事,也是一道诏书,它要求官员们对将要讨论的事情发表各自意见。这种意见同样需要官员们揣摩上意。此所谓"希指",即"希望天子意指。"[②]可见,皇帝诏书对百官的日常工作时时发生着广泛而深入的影响。它不仅左右着公卿的宦途和命运,而且支配着他们的心态和欲望。因为失指往往意味着丢官。"(哀)帝祖母傅太后欲与成帝母俱称尊号,封爵亲属,丞相孔光、大司空师丹、何武、大司马傅喜始执正议,失傅太后指,皆免官。"[③]可见上书奏事有"顺指"和"忤指"之分。顺指是官员奏疏的本能。元帝欲重用光禄勋周堪,犹豫不决。"长安令杨兴以材能幸,常称誉堪。上欲以为助,乃见问兴:'朝臣断断不可光禄勋,何(也)〔邪〕?'兴者倾巧士,谓上疑堪,因顺指曰:'堪非独不可于朝廷,自州里亦不可也。'"[④]忤指意味着奏疏的失败,奏疏失败意味着作者失宠、下吏等。这虽非所愿,却也是求仁得仁。比如,光禄大夫龚胜"言董贤乱制度,繇是逆上指"。[⑤] 光禄大夫李法上疏失旨,免官。故人问其"不合上意之由",李法说:"鄙夫可与事君乎哉?苟患失之,无所不至。孟子有言:'夫仁者如射,正己而后发。发而不中,不怨胜己者,反诸身而已矣。'"[⑥]即便贵为三公,在奏诏模式中依然如履薄冰,如临深渊,随时丧命。比如哀帝时,"旬岁间阅三相"皆因奏事忤指被免或自杀。丞相朱博"坐承傅太后指妄奏事自杀。……王嘉复为丞相,数谏争忤指。"[⑦]又如顺帝时,太尉庞参

[①] 它产生了诸多官场特有的习惯用语。比如"尺寸之功"。有功则下诏,诏书尺一。"尺寸之功"意即诏书中的微末之功。这是奏诏模式中才有的官场话语。张汤上书武帝,"汤无尺寸之功,起刀笔吏。"(《汉书·张汤传》)

[②] 《汉书·外戚传下》,颜注。

[③] 《汉书·鲍宣传》。

[④] 《汉书·楚元王传》。

[⑤] 《汉书·龚胜传》。

[⑥] 《后汉书·李法列传》。

[⑦] 《汉书·孔光传》。

"以所举用忤帝旨,司隶承风案之。"①

这样,官员上奏就成为一种包含时机、场合、揣摩皇帝心思、调动各种官场资源等等诸多因素的权谋技巧。有时,官员奏劾宦官或权臣,却被反咬一口,遭受诬奏。这时有可能出现正直敢言的官员,要么直接力谏皇帝,要么曲线上书,言动更有影响力的大臣奏谏皇帝。于是,官场结成了一张隐形的奏诏网络,共同推动着事态向自己预期的方向发展。但游戏的结局时常出乎意料。奏疏言事不成,很可能招致不测之祸。这需要更多的官场人脉加以协调。总之,官员上书充满变数,陷阱重重,危机四伏。当然,还有两种情况,似乎较为轻松。有时,皇帝示意某官员上奏某事,皇帝迅速核准;或者,皇帝虽未表明态度,但官员们观颜察色,揣摩皇帝心思,上书言事,皇帝也是迅速批复。这两种情况均属于皇帝和官员之间利用奏诏模式进行的权力博弈和君臣合谋。它体现出奏诏模式特有的程序性。

某种意义上,奏诏模式把官场游戏的阴谋、残暴、血腥等种种不堪合法化、程序化,甚至合理化、人性化。② 由此发展出了诸多令人瞠目结舌的权术技巧和黑暗情愫。争权夺利的目的固然是为了搞掉对手,但对手完蛋并不意味着自己能成功。因为皇帝完全有可能选拔其他人。可见,取信皇帝才是一切官场游戏的终极目的。官员所做的一切都是为了给皇帝看。当然,有些东西永远不能让皇帝看见。如何让皇帝看见自己想让皇帝看见的东西,是官场游戏的绝佳技巧。为了实现这个意图,必须影响皇帝的判断、引导皇帝的思路。这样,如何通过上书来抹黑对手,美化自己就变得非常关键。更关键的是,奏书中的内容、话语必须具备打动皇帝的文字情感和修辞魅力,使皇帝作出对自己有利的裁决,并最终以诏书的形式落实这一不可逆转的结果。

君臣关系的信任需要不断上书和下诏的曲折过程才能建立。这是因为,皇帝和官员之间的直接接触,无论人数还是时间,都很有限。皇帝要想及时获得对帝国政情的全面掌握,必须大量阅览官员奏章,以便对官场生态形成一个独立的认知系统,进而有的放矢地对官员奏疏作出合理批复,制定方略,推进事态。另一方面,官员需要通过上书让皇帝了解自己的才干和想法。在这个过程中,明智而有为的皇帝也会逐渐发展出具有自己风格的奏书处置方式。

---

① 《后汉书·庞参列传》。

② 试举一例。江充见武帝年老,"恐晏驾后为太子所诛,因是为奸,奏言上疾祟在巫蛊。于是上以充为使者治巫蛊。充将胡巫掘地求偶人,捕蛊及夜祠,视鬼,染污令有处,辄收捕验治,烧铁钳灼,强服之。民转相诬以巫蛊,吏辄劾劾以大逆亡道,坐而死者前后数万人。"(《汉书·江充传》)

作为君臣博弈和官场游戏的合法形式，君臣双方乃至所有人都在奏诏模式中且只能通过奏诏模式来实现自己的政治目标，使自己的现实利益最大化。大凡官场上的赢家，都是擅长利用奏诏程序，为我所用，并在奏诏模式中如鱼得水，趋利避害。因为奏诏模式是官场游戏的基本规则，这使官场内斗具有了天然合法性。

二、奏诏模式决定官场规则

官员对皇帝的力谏，既使自己付出代价，也使皇帝有所收敛。人们早已注意到奏谏对皇帝专制的某种影响，却不知发生影响的途径只能是奏诏程序。就是说，臣子影响皇权运行的方式只能是奏诏模式。"傅太后与中山孝王母冯太后俱事元帝，有郤，傅太后使有司考冯太后，令自杀，众庶冤之。"司隶校尉孙宝"奏请覆治，傅太后大怒，曰：'帝置司隶，主使察我。冯氏反事明白，故欲摘觖以扬我恶。我当坐之。'"哀帝"乃顺指下宝狱。尚书仆射唐林争之，上以林朋党比周，左迁敦煌鱼泽障候。大司马傅喜、光禄大夫龚胜固争，上为言太后，出宝复官。"①

官员批评皇帝诏书，被皇帝诏令关在了专门羁押女子的诏狱，引发中外朝臣的不解和不满。他们集体上书，向皇帝施加压力，迫使皇帝改变处置方式。"成帝欲立赵婕妤为皇后，先下诏封婕妤父临为列侯。"谏大夫刘辅上书，"今乃触情纵欲，倾于卑贱之女，欲以母天下，不畏于天，不媿于人，惑莫大焉。"书奏，成帝使侍御史"收缚辅，系掖庭祕狱"。这是一所由"宦者为之，主理妇人女官"的诏狱。显然，它并非拘押官员的适当场所。难怪"群臣莫知其故"。于是，中朝官左将军辛庆忌、右将军廉褒和外朝官光禄勋师丹、太中大夫谷永联署上书，为刘辅辩护，劝谏成帝容纳不同意见。"辅幸得托公族之亲，在谏臣之列，新从下土来，未知朝廷体，独触忌讳，不足深过。小罪宜隐忍而已，如有大恶，宜暴治理官，与众共之。……假令辅不坐直言，所坐不着，天下不可户晓。同姓近臣本以言显，其于治亲养忠之义诚不宜幽囚于掖庭狱。"这封奏章对成帝多少起了一点作用。成帝态度有所缓和，不仅改换了监狱场所，从掖庭狱转移到少府的共工狱，而且减轻处罚，"减死罪一等，论为鬼薪。"②

官员们的仕途命运，以及相互之间的利益冲突和友谊纠缠，皆滋生于奏诏

---

① 《汉书·孙宝传》。
② 《汉书·刘辅传》，颜注。

模式,且最终受制于奏诏模式。"绛侯就国,人上书告以为反,征击请室,诸公莫敢为言,唯(爰)盎明绛侯无罪。绛侯得释,盎颇有力。绛侯乃大与盎结交。"①可见周勃和爰盎结交的过程本身构成了一个完整的奏诏程序。官员之间的交好过程如此,官员之间的复仇过程亦如此。比如,有官员利用奏诏模式,公报私仇。"(爰)盎素不好晁错,错所居坐,盎辄避;盎所居坐,错亦避。两人未尝同堂语。及孝景即位,晁错为御史大夫,使吏案盎受吴王财物,抵罪,诏赦以为庶人。"②是可知,即便赦免一人,也要专门下诏。

田蚡和窦婴之争是奏诏模式实乃官场规则之元规则的最好佐证。田蚡说"今日召宗室,有诏",意思是,筵席有太后诏令,我请客是奉诏而办,灌夫搅乱酒席就是对太后的不敬,忤逆圣意,必须严惩。田蚡之所以敢于拘押灌夫,是因为手里握有诏书这把尚方宝剑。是可知,田蚡和窦婴的争斗,虽起于敬酒小事,但前后皆有诏书的因素。事情起因于"丞相取燕王女为夫人,有太后诏,召列侯宗室皆往贺。"灌夫在酒宴上,因行酒礼仪和田蚡发生冲突。灌夫行酒,"至武安,武安膝席曰:'不能满觞。'夫怒,因嘻笑曰:'将军贵人也,属之!'时武安不肯。"灌夫便出言不逊,惹怒田蚡,将其强行扣留。"案灌夫项令谢。夫愈怒,不肯谢。武安乃麾骑缚夫置传舍,召长史曰:'今日召宗室,有诏。'劾灌夫骂坐不敬,系居室。遂按其前事,遣吏分曹逐捕诸灌氏支属,皆得弃市罪。"窦婴欲救灌夫,夫人劝他,"灌将军得罪丞相,与太后家忤,宁可救邪?"窦婴表示,"终不令灌仲孺独死,婴独生。"于是,"窃出上书。立召入,具言灌夫醉饱事,不足诛。上然之,赐魏其食,曰:'东朝廷辩之。'"③

韩延寿代萧望之为左冯翊,"望之迁御史大夫。"二人的仕途升迁并不冲突,亦无交集,仅仅因为官场生态和人心叵测,萧望之和韩延寿之间便平生波澜,发生了一场你死我活的权力斗争。萧望之因韩延寿代己为左冯翊,"而有能名出己之上,故忌害之,"正巧有人向他透露韩延寿在东郡太守任上"放散官钱千余万",趁机"陷以罪法",让御史在东郡把这事弄清楚。韩延寿闻讯,先下手为强,让人调查萧望之在左冯翊任上"放散百余万"的财政问题,用酷刑让人诬称萧望之,并随即奏报宣帝,要求禁止萧望之入宫。萧望之闻讯,也迅速上奏自辩。宣帝下诏"穷竟所考"。萧望之"卒无事实",倒是清白了;韩延寿在东郡任上的放散官钱"具得其事",也被落实了。于是萧望之奏疏自陈,"前为延寿所奏,今复

① 《汉书·爰盎传》。
② 《汉书·爰盎传》。
③ 《史记·武安侯列传》。

举延寿罪,众庶皆以臣怀不正之心,侵冤延寿。愿下丞相、中二千石、博士议其罪。"事下公卿,"皆以延寿前既无状,后复诬愬典法大臣,欲以解罪,狡猾不道。天子恶之,延寿竟坐弃市。"[1]在这个案件中,有人性,有忌妒,有贪婪,有阴谋,有野心,有手腕,有权术,但这一切都必须纳入奏诏模式,并通过合法的奏诏程序得以实现和展示。包括萧望之奏请宣帝召开廷议。最终,萧望之凭借一种有技巧的官场策略,通过奏诏模式这种合法方式,达成了一种朝廷共识,从而将韩延寿置于死地。

京兆尹王章封事弹劾大将军王凤"专权蔽主",引发日食。介入其中的除了当事人,还有成帝、王太后、幕僚杜钦。成帝犹豫无主见,王太后泣涕力保王凤,杜钦给王凤出谋划策,要他行哀兵之计,谢罪乞骨,以退为进。表面上,"文指甚哀"似乎发生了作用,其实,太后涕泣不食,成帝亲倚王凤,才是关键。成帝"不忍废"的心态潜在地决定了二王的博弈态势。最终,王凤无事,王章丢命。京兆尹王章上封事,"言凤专权蔽主之过,宜废勿用,以应天变。于是天子感悟,召见章,与议,欲退凤。凤甚忧惧,钦令凤上疏谢罪,乞骸骨,文指甚哀。太后涕泣为不食。上少而亲倚凤,亦不忍废,复起凤就位。"事情如果仅止于此,倒也正常。令人诧异的是,"上令尚书劾奏京兆尹章,章死诏狱。"[2]成帝这是操纵奏诏程序,置王章于死地。

学术和官场之间的纠缠同样受制于奏诏模式的规范。哀帝命刘歆和博士进行朝议辩论《左传》优劣,博士们却不愿意和刘歆"置辞以对"。于是,刘歆写信给博士,斥责他们违背皇帝诏书。所谓"违明诏,失圣意"。如此一来,士大夫启动了奏诏模式,奏请哀帝惩罚刘歆。刘歆迫于压力,上奏哀帝,要求外放。哀帝接受了刘歆的请求。刘歆校秘书,见《左传》"大好之"。"哀帝令歆与《五经》博士讲论其义,诸博士或不肯置对,歆因移书太常博士。"批评他们不遵明诏,认真讨论"左氏可立不",并警告博士,"若必专己守残,党同门,妒道真,违明诏,失圣意,以陷于文吏之议。"这封信显然触犯了朝臣的共同利益。"诸儒皆怨恨。"光禄大夫龚胜"以歆移书上疏深自罪责,愿乞骸骨罢。及儒者师丹为大司空,亦大怒,奏歆改乱旧章,非毁先帝所立。……歆由是忤执政大臣,为众儒所讪",只得"求出补吏"而"徙守五原"。[3]

---

[1]《汉书·韩延寿传》,颜注。
[2]《汉书·杜周传》。
[3]《汉书·楚元王传》,颜注。

三、奏诏模式左右官员命运

郡县掾吏的行为命运往往通过奏诏模式进入皇帝视野。比如,为了报复,一封揭发信把郡功曹韩棱下到了狱中,明帝又下诏赦免,将韩棱从禁锢中解放出来,到朝廷做官。"太守葛兴中风,病不能听政,棱阴代兴视事,出入二年,令无违者。兴子尝发教欲署吏,棱拒执不从,因令怨者章之。事下案验,吏以棱掩蔽兴病,专典郡职,遂致禁锢。显宗知其忠,后诏特原之。由是征辟,五迁为尚书令。"①又如,陈留郡功曹虞延常谏太守傅宗,"延以不合意,退去。宗后果以奢丽得罪,临当伏刑,世祖使小黄门往视之,宗乃仰天叹曰:'恨不用功曹虞延之谏!'后车驾过外黄,诏问陈留太守:'宁有功曹虞延邪?'太守对曰:'今为南部督邮。'乃引见,问谏前太守时事,延具以状对。诏问延外黄园陵、寝殿、祭器、俎豆,悉晓其礼。由是遂见谢焉,赐钱百万,郡中闻之,易视听。"②再如,太尉庞参录尚书事,"数为左右所陷毁,以所举用忤(顺)帝旨,司隶承风案之。时当会茂才孝廉,参以被奏,称疾不得会。上计掾广汉段恭因会上疏曰:'伏见道路行人,农夫织妇,皆曰"太尉庞参,竭忠尽节,徒以直道不能曲心,孤立群邪之间,自处中伤之地"。……夫国以贤化,君以忠安。今天下咸欣陛下有此忠贤,愿卒宠任,以安社稷。'书奏,诏即遣小黄门视参疾,太医致羊酒。"③这里的关键在于上计这样一个体制程序或官方场合。"汉郡国岁举茂才、孝廉,与上计吏皆至京师。受计之日,公卿皆会于廷,茂、孝豫焉。"④上计掾进京,将自己在沿途听到的有关朝政的新闻上书皇帝。这表明,一方面,民间舆论对官员、对皇帝,都是一种必须重视的民意体现;另一方面,民间舆论恰恰通过郡县掾吏进京上计而进入奏诏程序,并在奏诏模式中上达天听,对朝政发生影响。可见,奏诏模式有足够的空间容纳来自各方面的言论和意见,从而将郡县掾吏和皇帝发生直接联系。

值得注意的是,州郡掾吏在奏诏程序中的作用完全是破坏性的。因为他们通过奏书和皇帝发生联系的方式,有时采用了非常规的,甚至违规的手段。可谓不择手段。尽管确实达到了目的。朱儁是会稽太守尹端的主簿。"端坐讨贼许昭失利,为州所奏,罪应弃市。儁乃羸服间行,轻赍数百金到京师,赂主章吏,

①《后汉书·韩棱列传》。
②《后汉纪》卷9。
③《后汉书·庞参列传》。
④《资治通鉴》卷51,胡注。

遂得刊定州奏,故端得输作左校。"朱儁应该是打了个时间差,在州牧奏书送达朝廷,但又没有来得及呈送皇帝之前,通过行贿朝中负责收发、登记、管理奏章的官员,重新改定了奏书文字,使太守的罪名得以减轻。这个事情是朱儁的个人行为,与郡守无关。"端喜于降免而不知其由,儁亦终无所言。"①它显然具有某种报恩性质。相形之下,太史慈所做的就属公务行为。因为身为郡奏曹史的太史慈,身不由己地卷入了州郡之争。州郡牧守矛盾,争先上奏,以图先机。太史慈设计拦截奏章,使自己的奏书先行上达,占得上风,致使州牧奏书不被受理。

> 会郡与州有隙,曲直未分,以先闻者为善。时州章已去,郡守恐后之,求可使者。慈年二十一,以选行,晨夜取道,到洛阳,诣公车门,见州吏始欲求通。慈问曰:"君欲通章邪?"吏曰:"然。"问:"章安在?"曰:"车上。"慈曰:"章题署得无误邪?取来视之。"吏殊不知其东莱人也,因为取章。慈已先怀刀,便截败之。吏踊跃大呼,言"人坏我章"!慈将至车间,与语曰:"向使君不以章相与,吾亦无因得败之,是为吉凶祸福等耳,吾不独受此罪。岂若默然俱出去,可以存易亡,无事俱就刑辟。"吏言:"君为郡败吾章,已得如意,欲复亡为?"慈答曰:"初受郡遣,但来视章通与未耳。吾用意太过,乃相败章。今还,亦恐以此见谴怒,故俱欲去尔。"吏然慈言,即日俱去。慈既与出城,因遁还通郡章。州家闻之,更遣吏通章,有司以格章之故不复见理,州受其短。②

这个过程比朱儁那番作为生动得太多。细节栩栩如生,对话以及蕴含的心理博弈更是别有趣味。仿佛一篇传奇小说。使人得以一窥和想象地方政治中围绕奏书展开的话语权之争。本质上,上书是一种话语权的体现。通过奏书,扩大话语权,影响朝政,甚至改变皇帝决策,达到自己的目的。

有时,即便皇帝欣赏某官员上书,想要召见,也可能因其他官员的忌妒而受到离间和阻挠。这种情况虽不多见,却属于奏诏模式的反常状态。即不能反映出奏诏模式在皇权政治运行中的实际作用。就是说,皇帝无论对奏书采取什么态度,用还是不用,都属奏诏模式的正常状态。唯有皇帝想召见奏书者而不得,则属反常。冯衍为曲阳令,日食,上书陈八事,书奏,光武帝"将召见。初,衍为狼孟长,以罪推陷大姓令狐略,是时略为司空长史,谮之于尚书令王护、尚书周

---

① 《后汉书·朱儁列传》。
② 《三国志·吴书·太史慈传》。

生丰曰：'衍所以求见者，欲毁君也。'护等惧之，即共排间，衍遂不得入。"①

宫廷政变或铲除政敌，不论成败，首先需要做的就是借助奏诏模式，抢得先机，占据要津。王莽和王政君联手，操控奏诏程序，废除了董贤的入宫特权。哀帝崩，太皇太后召大司马董贤，"问以丧事调度。贤内忧，不能对，免冠谢。"太皇太后说，王莽"晓习故事"，随即召之来京。"以太后指使尚书劾贤帝病不亲医药，禁止贤不得入出宫殿司马中。贤不知所为，诣阙免冠徒跣谢。"王莽使谒者"以太后诏即阙下"策免董贤。"即日贤与妻皆自杀。"②上官桀和刘旦策划搞掉霍光，则是利用操控奏书以求一逞。"燕王（刘）旦自以昭帝兄，常怀怨望。及御史大夫桑弘羊建造酒榷盐铁，为国兴利，伐其功，欲为子弟得官，亦怨恨光。于是盖主、上官桀、安及弘羊皆与燕王旦通谋，诈令人为燕王上书，……候司光出沐日奏之。桀欲从中下其事，桑弘羊当与诸大臣共执退光。"③石显和弘恭也是玩的这个把戏。他们安排郑朋、华龙二人奏告萧望之等"谋欲罢车骑将军疏退许、史状，候望之出休日，令朋、龙上之"。④ 这是两个权臣或近臣居中操控奏疏，乃至伪造奏疏，以谋私利的例子。显然，相反的事例同样存在。这就是利用职权扣压或销毁不利于自己的奏疏。主父偃为布衣时，"尝游燕、赵，及其贵，发燕事。赵王恐其为国患，欲上书言其阴事，为居中，不敢发。及其为齐相，出关，即使人上书，告偃受诸侯金，以故诸侯子多以得封者。"⑤担心上书被朝中的主父偃扣压或销毁，到不了武帝手中。这说明，官民上书确有可能被扣下、销毁，不能上达皇帝手中。

荐举人才始终是皇权政治中的重要内容。不论个人行为，还是制度要求；不论朝廷规定，还是州郡举荐，都说明推举官吏在皇权政治中的重要作用。从奏诏模式角度看，每举荐一名官员，都意味着必须走一轮完整的奏诏程序。光禄勋陈蕃和五官中郎将黄琬"深相敬待，数与议事。旧制，光禄举三署郎，以高功久次才德尤异者为茂才四行。时权富子弟多以人事得举，而贫约守志者以穷退见遗，京师为之谣曰：'欲得不能，光禄茂才。'于是琬、蕃同心，显用志士，平原刘醇、河东朱山、蜀郡殷参等并以才行蒙举。蕃、琬遂为权富郎所见中伤，事下御史［中］丞王畅、侍御史刁韪。韪、畅素重蕃、琬，不举其事，而左右复陷以朋

① 《后汉书·冯衍列传》。
② 《汉书·佞幸传》。
③ 《汉书·霍光传》。
④ 《汉书·萧望之传》。
⑤ 《汉书·主父偃传》。

党。畅坐左转议郎而免荐官,琬、趡俱禁锢。"①

奏诏模式规定了官员行为模式。奏书不省,官员无能无力;诏书一下,官员无力回天。期待自己奏疏迅速采纳,是所有官员念兹在兹之事。如果不然,只能无奈长叹。或坚持不懈,等待转机。侍中中郎吾丘寿王"坐法免。上书谢罪,愿养马黄门,上不许。后愿守塞扞寇难,复不许。久之,上疏愿击匈奴,诏问状,寿王对良善,复召为郎。"②即便性情极端者,也不能随意破坏奏诏程序,只能在奏诏模式范围内行事。"中常侍张防特用权埶,每请托受取,诩辄案之,而屡寝不报。诩不胜其愤,乃自系廷尉,奏言曰:'昔孝安皇帝任用樊丰,遂交乱嫡统,几亡社稷。今者张防复弄威柄,国家之祸将重至矣。臣不忍与防同朝,谨自系以闻,无令臣袭杨震之迹。'书奏,防流涕诉帝,诩坐论输左校。"③

奏书的时机在于抢得先机。提前一步奏报皇帝,取得了皇帝的信任,从而赢得官场主动权。这样,皇帝将要发布的诏命就对事态走向产生了决定性的作用。比如,本来丞相申屠嘉能够处置晁错私穿南门一事,只是因为晁错抢先一步禀报景帝,④直接决定了景帝对此事的判断。申屠嘉非但没能处置晁错,反而在景帝面前显得很多事。申屠嘉竟因此气得吐血而死。"错为内史,门东出,不便,更穿一门,南出。南出者,太上皇庙埒垣也。嘉闻错穿宗庙垣,为奏请诛错。客有语错,错恐,夜入宫上谒,自归上。至朝,嘉请诛内史错。上曰:'错所穿非真庙垣,乃外埒垣,故冗官居其中,且又我使为之,错无罪。'罢朝,嘉谓长史曰:'吾悔不先斩错乃请之,为错所卖。'至舍,因欧血而死。"⑤可见公卿奏事也有时机,乃至先机。如果自己的想法被人获悉而抢先上奏,就会激化朝臣之间固有的矛盾,甚至引发廷议。比如,太尉张酺与司隶晏称会于朝堂,"酺从容谓称曰:'三府掾史,多非其人。'既罢,称奏令三府长吏各实其掾史。酺以恨称。会复共谢,以责称。称辞色不顺,酺怒,廷叱之,称乃奏酺以为怨望。"所谓"怨望",即官员对皇帝诏书不满。可见怨望性质恶劣,属于臣子对皇帝的大不敬。轻者罢官,重者下狱。和帝"以酺先帝师,优游不断,诏公卿廷议之。"张酺被免。⑥ 上奏时间尤其时机往往直接决定奏书效果。司隶校尉杨球借进宫谢恩之际,奏事灵帝,请求惩治宦官王甫和太尉段颎。而且,灵帝立刻下诏批复,随

① 《后汉书·黄琼列传》。
② 《汉书·吾丘寿王传》。
③ 《后汉书·虞诩列传》。
④ 《汉书·晁错传》略有不同。"错闻之,即请间为上言之。"
⑤ 《汉书·申屠嘉传》。
⑥ 《后汉纪》卷14。

后王甫父子被杖毙,段颎也被诛杀狱中。"黄门令王甫、大长秋曹节专权任势,颢阿附甫等,尚书令杨球抚髀叹曰:'使球为司隶,此等何得尔!'俄而球为司隶,既拜,明日诣阙谢恩,会甫沐下舍,球因奏曰:'中常侍、冠军将军王甫奉职多邪,奸以事上,其所弹纠,皆由睚眦。勃海之诛,宋后之废,甫之罪也。太尉段颎以征伐微功,位极人臣,不能竭忠报国,而谄佞幸,宜并诛戮,以示海内。'于是收跻、甫下狱,球亲考之。……于是权门股栗,京师肃然。"①

官员上书经过皇帝下诏,内容便为其他官员知晓。客观意义上,诏书也就成为官场信息的来源之一。"择班超为将兵长史,以徐干为司马。遣卫侯李邑使乌孙,到于阗,上言西域功不可成,盛毁超云:'拥爱妻,抱爱子,安乐外国,无内顾心。'超闻邑言,叹曰:'身非曾参,而有三至之谗,恐见疑于当世。'遂出其妻。"②肯定是章帝下诏引用此言。否则,班超不可能仅为一个同级官员的上书谗言而休妻。不过,章帝还是信任班超,不仅给班超下诏,还给上奏官员下诏,令其服从班超。"帝知超忠,乃切责邑曰:'纵超拥爱妻,抱爱子,思归之士千余人,何能尽与超同心乎?'令邑诣超受节度。诏超:'若邑任在外者,便留与从事。'"③李邑诋毁班超的奏疏,应该是由章帝在给班超的诏书中透露给他的。同时,章帝又下诏训诫李邑。章帝分别给班超和李邑下诏,可以在二人之间产生想象空间,加深二人的嫌隙和猜疑,有助于章帝居间操控。这是皇帝权术的一部分。

数千名太学生"守阙上书",为司隶校尉伸冤,向朝廷施加压力,皇帝最终从轻处罚。这是太学生通过合法的奏诏程序,对朝政产生影响的一个具体例子。值得注意的是,皇帝并未因此惩罚或禁止太学生的"集体上访"。丞相孔光"四时行园陵,官属以令行驰道中",司隶校尉鲍宣"出逢之,使吏钩止丞相掾史,没入其车马,摧辱宰相。事下御史,中丞侍御史至司隶官,欲捕从事,闭门不肯内。宣坐距闭使者,亡人臣礼,大不敬,不道,下廷尉狱。博士弟子济南王咸举幡太学下,曰:'欲救鲍司隶者会此下。'诸生会者千余人。朝日,遮丞相孔光自言,丞相车不得行,又守阙上书。上遂抵宣罪减死一等,髡钳。宣既被刑,乃徙之上党。"④

公报私仇,引火烧身,陷人于罪,自掘坟墓,对京兆尹赵广汉这个官场老手来说,这个结局似乎有点意外。但意料之中的是,在这场官场游戏中,民众上书

①《后汉纪》卷24。
②《后汉纪》卷12。
③《后汉书·班超列传》。
④《汉书·鲍宣传》。

发挥了至关紧要的作用。一步步地推动着事态向赵广汉无法控制的局势发展，使其利令智昏地诬告丞相，最终把自己逼上死路。先是赵广汉门客私自卖酒，被丞相府史赶走。门客挑唆赵广汉说，这事估计是苏贤告的密。赵广汉派长安丞抓了苏贤，指控他本为骑士，却"乏军兴"，即不在霸上驻地。没想到苏贤父亲上书朝廷，控告赵广汉诬良为罪。宣帝下诏审问，对他做了"不追入狱"而"贬秩一等"的处理。赵广汉怀疑苏贤父亲上书是由同邑的荣畜唆使所致，找了个借口把荣畜杀了。不料这件事又被人上书告发，宣帝诏命丞相和御史大夫联合办案，抓紧审查赵广汉杀人一事。为了逃过一劫，赵广汉竟胆大妄为地采用特务手段，在丞相府安插眼线，派人到丞相府当门卫，"令微司丞相门内不法事"，搜集丞相黑材料。碰巧丞相魏相家里死了一个女婢，赵广汉疑心是魏相夫人所杀，就认为自己抓住了魏相的把柄，胁迫他"毋令穷正己事"。魏相非但不放手，"按验愈急。"赵广汉立即上书控告丞相犯罪。宣帝诏令"下京兆尹治"。魏相随之上奏辩解。宣帝下诏廷尉审理，弄清是赵广汉诬告。司直萧望之劾奏赵广汉"摧辱大臣"，加上此前"贼杀不辜"等，数罪并罚，宣帝下令腰斩。①

四、奏诏模式改变官场生态

　　奏诏模式固然是君臣之间的话语实践，但也不限于严格的君臣关系，②广义上的奏诏模式理应涵括官员之间的上下级关系。就是说，官员之间也存在下级对上级的规劝和谏议。通常说来，官员奏言或规谏上级或朝臣往往使用"奏记"。③"奏，进也。记，书也。"④奏记具有严格的规范性含义。在官场的话语实践中，"奏记"有别于且对应于官员给皇帝的奏疏。即官员向主政大臣上书劝

---

① 《汉书·赵广汉传》，颜注。
② 太子傅和太子、诸侯相和诸侯王之间同样是一种君臣关系。尽管并不绝对。但仍需奏诏模式的规范。这样，上书或奏书也适用于这类君臣关系。比如，皇太子赐太子傅桓郁鞍马等，桓郁上疏谢恩。（《后汉书·桓荣列传》，李贤注）
③ 包括对朝廷机构乃至三公府，一律使用"奏记"。比如，梁擅"奏记三府曰：'《春秋》之义，母以子贵，汉家旧典也。'"（《后汉纪》卷14）值得注意的是，官员奏记三公的格式颇似上书皇帝。《汉孔子庙置卒史碑》载："鲁相平，行长史事，下守长擅叩头死罪，敢言之司徒、司空府，……平叩头[叩头]死罪死罪，谨按文书守、文学掾鲁孔龢师孔宪，尸曹史孔览等杂试，龢修《春秋》严氏，经通高弟，亲事至孝，能奉先圣之礼，为宗所归，除龢补名状如牒。平惶恐叩头死罪死罪，上司空府。"赵明诚认为"汉时郡国奏记公府，其体如此"。（赵明诚撰，金文明校证《〈金石录〉校证》第251页，广西师范大学出版社，2005年）《乙瑛碑》的奏书末尾则是"诚惶诚恐，顿首顿首，死罪死罪，臣稽首以闻"。两相参看，不难看出二者之文体格式确实相似。
④ 不过，若要说"郑朋奏记于萧望之，奏记自朋始"，（《后汉书·班彪列传上》，李贤注）显然不确。因为奏记和奏书一样，在奏诏模式中相伴相生。

谏,是为"奏记",有别于上书皇帝。比如,杜钦在大将军王凤幕府,"钦素高(冯)野王父子行能,奏记于凤。"①李寻是翟方进丞相府的议曹。荧惑守心,"寻奏记言:'应变之权,君侯所自明。'"②东平王刘苍为骠骑将军辅政,班固"奏记说苍"。③ 窦宪辟崔骃为掾,"宪擅权骄恣,骃数谏之。及出征匈奴,道路愈多不法,骃为主簿,前后奏记数十,指切长短。"④是可知,奏书只用于君臣之间,奏记只用于官员之间。⑤ 这样,无论公卿还是守令,都有可能遇到类似奏诏模式的场景和语境。客观上,它构成了另一种类型的"奏诏模式",亦可称之准奏诏模式,或二级奏诏模式。其性质和功能总体隶属于奏诏模式。关键是,这种类型的"奏诏模式"在官场游戏中具有特殊意义。比如,"孙程等坐怀表上殿争功,(顺)帝怒,悉徙封远县,敕洛阳令促期发遣。"司徒府属吏周举建议司徒朱伥奏谏顺帝收回贬黜宦官孙程的诏令。"朝廷在西钟下时,非孙程等岂立?……今忘其大德,录其小过,如道路夭折,帝有杀功臣之讥。"朱伥担心上书"必致罪谴",周举慨然说道,"禄位虽全,必陷佞邪之讥;谏而获罪,犹有忠贞之名。"于是,朱伥表谏,顺帝从之。⑥ 又如,陈留太守傅宗除虞延署功曹。"宗舆服出入,拟于王侯。延每常进谏曰:'晏婴相齐,裘不补;公仪相鲁,拔园葵,去织妇。夫以约失之者,鲜矣!'宗勃然不悦曰:'昔者诸侯,今之二千石也。延以陪臣喻诸侯,岂其谓也!'延以不合意,退去。宗后果以奢丽得罪,临当伏刑,世祖使小黄门往视之,宗乃仰天叹曰:'恨不用功曹虞延之谏!'"⑦再如,太尉王龚奏劾宦官专权,"诸黄门恐惧,各使宾客诬奏龚罪。"李固为大将军梁商从事中郎,"乃奏记于商曰:'……今将军内倚至尊,外典国柄,言重信著,指撝无违,宜加表救,济王公之艰难。'商即言之于帝,事乃得释。"⑧

奏诏模式规范下的官场生态有一个显著特点,人们对大臣、近臣往往有一

---

① 《汉书·冯奉世传》。

② 《汉书·翟方进传》。

③ 《后汉书·班彪列传上》。

④ 《东观汉记》卷 17。

⑤ 虽偶有臣僚间使用"奏书"的个别例子,但颇为可疑。不能完全排除刊写之误。况且其文义值得推敲。谷永"既阴为大将军凤说矣,能实最高,由是擢为光禄大夫。永奏书谢凤。"(《汉书·谷永传》)沈钦韩认为,"著此者,贱其拜爵公朝,谢恩私室也。"(王先谦《〈汉书〉补注》,第 5235 页)可见谷永"奏书"感谢王凤,实有依附权臣、卖身私门之意,故以"奏书"暗示他自身已对王凤缔结君臣之仪,即呈递投名状也。反之,如果官员认为权臣窃国,也会"奏书"其人,以示抗议。郝絜被梁冀逼慢,"知不得免,因舆榇奏书冀门。书入,仰药而死。"(《后汉书·梁统列传》)其实,臣子"奏书"臣子完全可能是奏诏叙事模式的书写效果,是史家刻意为之,并非奏诏模式的历史实态。

⑥ 《后汉书·周举列传》。

⑦ 《后汉纪》卷 9。

⑧ 《后汉书·王龚列传》。

个"卿大夫之制"的基本要求,那就是"责以古贤臣之义"①,希望他们能为朝廷推选贤能,举荐人才。② 因为这样才能赢得物议,挣得名声,立足官场,贵重朝野。比如,大司农郑当时"推毂士及官属丞史,诚有味其言也。常引以为贤于己。……闻人之善言,进之上,唯恐后。山东诸公以此翕然称郑庄。"③尚书令韩棱"在朝数荐举良吏应顺、吕章、周纡等,皆有名当时。"④"(梁)商自以戚属居大位,每存谦柔,虚己进贤,辟汉阳巨览、上党陈龟为掾属,李固、周举为从事中郎,于是京师翕然,称为良辅,(顺)帝委重焉。"⑤正因此,李寻提醒翟方进,"上无恻怛济世之功,下无推让避贤之效,欲当大位,为具臣以全身,难矣!大责日加,安得但保斥逐之戮?"⑥同样,这既是任安指责司马迁不能推贤进士的理由,⑦也是太史公评论邓通的标准,⑧还是杨兴劝说史高的原因。"众庶论议令问休誉不专在将军者何也?彼诚有所闻也。以将军之莫府,海内莫不印望,而所举不过私门宾客,乳母子弟,人情(以)〔忽〕不自知,然一夫窃议,语流天下。夫富贵在身而列士不誉,是有狐白之裘而反衣之也。古人病其若此,故卑体劳心,以求贤为务。传曰:以贤难得之故因曰事不待贤,以食难得之故而曰饱不待食,或之甚者也。"在官场博弈中,一个重要砝码是举贤任能。这固然有拉拢人才,为我所用之意图,却不能简单视为拉帮结派,结党营私,培植党羽。许多时候,确实推举出了不少能吏干员良臣。

　　史高以外属为大司马车骑将军,领尚书事,前将军萧望之为副。望之名儒,有师傅旧恩,天子任之,多所贡荐。高充位而已,与望之有隙。长安令杨兴说高曰:"……平原文学匡衡材智有余,经学绝伦,但以无阶朝廷,故

---

① 《汉书·司马迁传》。

② 这种观念渊源有自。"昔者卫大夫史鱼病且死,谓其子曰:'我数言蘧伯玉之贤而不能进,弥子瑕不肖而不能退。为人臣,生不能进贤而退不肖,死不当治丧正堂,殡我于室足矣。'卫君问其故,其子以父言闻。君造然召伯玉而贵之,而退弥子瑕,徙殡于正堂,成礼而后去。"(《韩诗外传》卷7)

③ 《汉书·郑当时传》。

④ 《后汉书·韩棱列传》。

⑤ 《后汉书·梁统列传》。

⑥ 《汉书·翟方进传》。

⑦ 任安责备司马迁伴随武帝左右,却不能进贤荐士。言外之意,司马迁没有尽到士大夫的责任。太史公的回应是,"刑余之人,无所比数,非一世也,所从来远矣。昔卫灵公与雍渠载,孔子适陈;商鞅因景监见,赵良寒心;同子参乘,爰丝变色:自古而耻之。夫中材之人,事关于宦竖,莫不伤气。况忼慨之士乎!"(《汉书·司马迁传》)

⑧ "邓通无他能,不能有所荐士,独自谨其身以媚上而已。"(《史记·佞幸列传》)可见"荐士"是人们对士大夫的一种基本期待。官员荐士不仅给朝廷提供了人才和新鲜血液,更重要的是,扩大了官员的交际圈子和人脉资源。本质上,它是官员个人权力和影响的直接延伸。客观上,它有助于官员形成各种不同的派系势力,或因地域仕宦,或因出身门第,或因经学传承。

随牒在远方。将军诚召置莫府，学士歙然归仁，与参事议，观其所有，贡之朝廷，必为国器，以此显示众庶，名流于世。"高然其言，辟衡为议曹史，荐衡于上，上以为郎中，迁博士，给事中。[①]

不过，对"以谨慎周密自著"的张安世来说，荐举人才更愿意"外阳距之，而实令其迁"地低调行事。"尝有所荐，其人来谢，安世大恨，以为举贤达能，岂有私谢邪？绝勿复为通。有郎功高不调，自言，安世应曰：'君之功高，明主所知。人臣执事，何长短而自言乎！'绝不许。已而郎果迁。莫府长史迁，辞去之官，安世问以过失。长史曰：'将军为明主股肱，而士无所进，论者以为讥。'安世曰：'明主在上，贤不肖较然，臣下自修而已，何知士而荐之？'"史家将其解释为"其欲匿名迹远权势"，显然未得一间。关键在于张安世秉持"明主在上，贤不肖较然，臣下自修而已"，完全不必"知士而荐之"。[②]

第二节　展示奏疏的权术考量

在官员奏疏是否公布的问题上，官员也有相应权力，比如请求皇帝不要在朝廷公开自己的奏疏。至于皇帝是否采纳，官员无从置喙。当然，基于官员奏疏应有的保密性和隐秘性，皇帝一般不会将官员奏疏转给其他人看。如果皇帝将官员的奏书展示给其他官员，理由非一，肯定有其多重考虑。或出于欣赏、褒奖、擢拔之意图，或为警示，或为暗示，或出于御臣所需，或集思广益需多方之权衡，或事关重大需慎重之考量。稍举数例。（1）"博士徐偃使行风俗。偃矫制，使胶东、鲁国鼓铸盐铁。还，奏事，……有诏下（终）军问状，军诘偃，……偃穷诎，服罪当死。军奏'偃矫制颛行，非奉使体，请下御史征偃即罪。'奏可。上善其诘，有诏示御史大夫。"[③]所谓"矫制颛行，非奉使体"，意思是，钦差奉使，需遵固有体制，不能恣意妄为。虽然口含天宪，却不能假传圣旨。"矫制颛行"不合奉使之体，实乃钦差大忌。（2）路温舒上书，"愿给厮养，暴骨方外，以尽臣节。"也就是"求为卒而随使至匈奴"。宣帝将路温舒奏疏下发一些重要官员，征询意见。"事下度辽将军范明友、太仆杜延年问状，罢归故官。"师古曰："以其言无可取，故罢而遣归故官。"[④]（3）匈奴郅支单于"遣使奉献"，汉廷"议遣"谷吉送还其

① 《汉书·匡衡传》。
② 《汉书·张汤传》，颜注。
③ 《汉书·终军传》。
④ 《汉书·路温舒传》。

子。谷吉上书,"臣幸得建疆汉之节,承明圣之诏,宣谕厚恩,不宜敢桀。若怀禽兽,加无道于臣,则单于长婴大罪,必遁逃远舍,不敢近边。没一使以安百姓,国之计,臣之愿也。"元帝"以示朝者",贡禹坚持认为"宜令使者送其子至塞而还",冯奉世则赞成谷吉的意见,元帝最终采用了谷吉"愿送至庭"的方案。①(4)郑朋上疏言车骑将军史高"遣客为奸利郡国,及言许、史子弟罪过。章视周堪,堪白令朋待诏金马门"。元帝"以朋所奏之章示堪"②,是郑朋待诏金马门的关键。(5)"西域都护段会宗为乌孙兵所围,驿骑上书,愿发城郭敦煌兵以自救。丞相王商、大将军王凤及百僚议数日不决。"王凤推荐陈汤"习外国事,可问",成帝召之,"示以会宗奏。"③(6)新迁王王安疾甚,王莽"自病无子,为安作奏,使上言:'兴等母虽微贱,属犹皇子,不可以弃。'章视群公,皆曰:'安友于兄弟,宜及春夏加封爵。'"④(7)周党拒绝光武征辟,博士范升抨击,"党等文不能演义,武不能死君,钓采华名,庶几三公之位。臣愿与坐云台之下,考试图国之道。不如臣言,伏虚妄之罪。而敢私窃虚名,夸上求高,皆大不敬。"书奏,"天子以示公卿。"⑤光武向百官展示范升奏书,意在向天下宣布他的朝廷不仅容忍,且欣赏和鼓励逸民行为和人格。(8)东海恭王刘强"临之国,比上书让还东海十九县,又因皇太子固辞。上不许,以强章示公卿大夫,深嘉叹之。"⑥(9)樊宏卒,"遗敕薄葬,一无所用,以为棺枢一臧,不宜复见,如有腐败,伤孝子之心,使与夫人同坟异臧。帝善其令,以书示百官,因曰:'今不顺寿张侯意,无以彰其德。且吾万岁之后,欲以为式。'赙钱千万,布万匹,谥为恭侯,赠以印绶,车驾亲送葬。"⑦(10)宦官张让、赵忠等祸乱朝纲,张角兵起。郎中张钧上书,"宜斩十常侍,县头南郊,以谢百姓,又遣使者布告天下,可不须师旅,而大寇自消。"灵帝"以钧章示让等,皆免冠徒跣顿首。"⑧

有时,即便皇帝因奏书而自责,将奏书传示百官,也是为了表彰上书官员。比如,明帝因日食下诏,"于是在位者皆上封事,各言得失。帝览章,深自引咎,乃以所上班示百官。"⑨至于更为复杂的情景,亦不乏见。略举数例。一是,京

①《汉书·陈汤传》。
②《汉书·萧望之传》,颜注。
③《汉书·陈汤传》。
④《汉书·王莽传下》。
⑤《后汉书·逸民列传》。
⑥《东观汉记》卷7。
⑦《后汉书·樊宏列传》。
⑧《后汉书·宦者列传》。
⑨《后汉书·孝明帝纪》。

兆尹张敞指控丞相黄霸审核郡国上计变换花样,不合规矩。

> 臣敞非敢毁丞相也,诚恐群臣莫白,而长吏守丞畏丞相指,归舍法令,
> 各为私教,务相增加,浇淳散朴,并行伪貌,有名亡实,倾摇解怠,甚者为妖。
> 假令京师先行让畔异路,道不拾遗,其实亡益廉贪贞淫之行,而以伪先天
> 下,固未可也;即诸侯先行之,伪声轶于京师,非细事也。汉家承敝通变,造
> 起律令,所以劝善禁奸,条贯详备,不可复加。宜令贵臣明饬长吏守丞,归
> 告二千石,举三老孝弟力田孝廉廉吏务得其人,郡事皆以义法令捡式,毋得
> 擅为条教;敢挟诈伪以奸名誉者,必先受戮,以正明好恶。①

张敞意思是,汉朝法令已经完备,只需依法办事即可,无需另外增设条教。乱设
条教反而扰乱正常行政,还会造成地方官弄虚作假,沽名钓誉,滥竽充数。这自
然是在暗讽黄霸在地方上的那套做法,有政治作秀之嫌,不可令其推行全国,徒
长浮夸伪饰的形式主义官风。张敞这道奏书得到了宣帝的赞赏,可见宣帝自己
也已意识到这个问题,所以才会将张敞的奏书内容公开给郡国的上计官吏。
"天子嘉纳敞言,召上计吏,使侍中临饬如敞指意。"②二是,石显行权术,邀宠
幸,元帝将弹劾石显的奏书给他看。"显尝使至诸官有所征发,显先自白,恐后
漏尽宫门闭,请使诏吏开门。上许之。显故投夜还,称诏开门入。后果有上书
告显颛命矫诏开宫门,天子闻之,笑以其书示显。"③三是,成帝委政元舅王凤,
"议者多归咎焉。"谷永对策为上第。成帝"以其书示后宫。后上尝赐许皇后书,
采永言以责之。"④相对于官员个别性上书具有的私密性,因皇帝策问而发生的
士人集体性奏书似乎具有某种公开性。或许这是成帝把谷永策问奏章拿给皇
后阅读的原因。四是,章帝以公卿所奏"明德皇后在世祖庙坐位驳议示"刘苍,
认为,"明德皇后宜配孝明皇帝于世祖庙,同席而供馔。"⑤五是,马援遭梁松构
陷,死后被褫夺爵号。"家属惶怖,不敢归旧墓,买城西数亩地,葬其中,宾客故
人不敢送葬。故云阳令朱勃诣阙上书。"光武问梁松、窦固"知朱勃乎?"并以"所
上章使读之,松、固惊相谓曰:'如是,陛下不甚罪伏波也!'"⑥通常情况下,官员
上书具有高度的隐秘性。除了上书者和皇帝,其他人一无所知。自觉为臣子奏
章保密,是一个称职皇帝的基本素质。武帝一方面鼓励董仲舒"子大夫其尽心,

---

① 《汉书·循吏传》。
② 《汉书·循吏传》。
③ 《汉书·佞幸传》。
④ 《汉书·谷永传》。
⑤ 谢沈《后汉书》,《八家后汉书》。
⑥ 《后汉纪》卷8。

靡有所隐"，一方面向他保证"乃其不正不直，不忠不极，枉于执事，书之不泄，兴于朕躬，毋悼后害"。意思是，"公卿执事有不忠直而阿枉者，皆令言之。朕自发书，不有漏泄，勿惧有后害而不言也。"①有时，出于种种考量或权谋需要，皇帝也会把官员奏章透露给其他官员，或直接把官员奏书直接给主政大臣看。比如，公子高上书，请求陪葬始皇。"臣请从死，原葬郦山之足。"书上，"胡亥大说，召赵高而示之。"②皇帝这么做也是处理奏书的一种方式。同时，人们从皇帝的举动中也会揣摩出皇帝的心思和意图。比如，光武一方面把梁松的诬奏给马援侄子马严和马援妻子看，二人"草索相连，诣阙请罪。帝乃出松书以示之，方知所坐，上书诉冤，前后六上，辞甚哀切，然后得葬。"③另一方面，光武虽将朱勃奏书给梁松等人看，但也没有打算给马援平反，所以，梁松才会说"陛下不甚罪伏波"，意思是，皇上放过马援了。

当然，皇帝向他人展示官员奏书，意图微妙，权术谋划，不会只有单一考虑。有时就是有意泄露奏疏内情给宠臣，以示对宠臣的信任。显然，皇帝这种做法本身就是一种姿态。比如，"邓太后崩，内宠始横。安帝乳母王圣，因保养之勤，缘恩放恣；圣子女伯荣出入宫掖，传通奸赂。"司徒杨震上疏，"宜速出阿母，令居外舍，断绝伯荣，莫使往来，令恩德两隆，上下俱美。"安帝"以示阿母等，内幸皆怀忿恚。"④又如，吕强谏灵帝，"书奏，上以示中常侍夏恽、赵忠。"⑤再如，中郎将张均上书，"张角所以能兴兵作乱，万民乐附之者，原皆由十常侍多放父子兄弟、昏亲宾客，典据州郡，辜榷财利，侵冤百姓。百姓之冤无告诉，因起从角学道，谋议不轨，相聚为贼。今悉斩十常侍，悬其头于南郊，以谢天下，即兵自消，可一战而克也。"灵帝"以章示十常侍，皆免冠顿首，乞自致雒阳狱，家财助军粮，子弟为前锋。上曰：'此则直狂子也，十常侍内有一人不善者耳！'"⑥

有时，虽未明言是皇帝有意泄露了官员奏疏，皇帝仍然脱不了干系。比如，傅燮上疏言"讨贼形势"，抨击"中官弄权"。书奏，"中常侍赵忠见而怨焉。"⑦又如，蔡邕在奏对灵帝的特诏时，虽然"以皁囊封上"，并特意提醒灵帝注意保密，保护自己人身安全。"臣以愚赣，感激忘身，敢触忌讳，手书具对。夫君臣不密，上有漏言之戒，下有失身之祸。愿寝臣表，无使尽忠之吏，受怨奸仇。"却未能引

① 《汉书·董仲舒传》，颜注。
② 《史记·李斯列传》。
③ 《后汉书·马援列传》。
④ 《后汉书·杨震列传》。
⑤ 《后汉纪》卷24。
⑥ 《后汉纪》卷24。
⑦ 《后汉纪》卷24。

起灵帝足够重视,还是泄密。"章奏,帝览而叹息,因起更衣,曹节于后窃视之,悉宣语左右,事遂漏露。其为邕所裁黜者,皆侧目思报。"①值得注意的是,吕强在给灵帝的奏书中,专门提及灵帝泄露蔡邕的奏对,致使舆论哗然,蔡邕成为众矢之的,进而罢官,流放。结果是,朝野噤声,无人敢大胆直言了。"前召议郎蔡邕对问于金商门,而令中常侍曹节、王甫等以诏书喻旨。邕不敢怀道迷国,而切言极对,毁刺贵臣,讥呵竖宦。陛下不密其言,至令宣露,群邪项领,膏唇拭舌,竞欲咀嚼,造作飞条。陛下回受诽谤,致邕刑罪,室家徙放,老幼流离,岂不负忠臣哉!今群臣皆以邕为戒,上畏不测之难,下惧剑客之害,臣知朝廷不复得闻忠言矣。"②

就奏事性质而言,官员上书可分两种,一种是朝廷公开讨论的礼制政务,这类奏疏一般不需要很高的保密性;一种是涉及人事机密或宫廷机要的,这类奏疏往往需要高度保密,俗称"封事"。前者被皇帝下发传阅批评议论,都不是什么新鲜事;后者则绝无可能,肯定会被严格保密。以督察三公事为例。"大司农江冯上言,宜令司隶校尉督察三公。事下三府。"陈元上疏,"陛下宜修文武之圣典,袭祖宗之遗德,劳心下士,屈节待贤,诚不宜使有司察公辅之名。"光武帝"宣下其议"。③ 所谓"宣下其议"和前面"事下三府"一个意思,就是皇帝把陈元和江冯的奏书下发给朝廷的相关部门讨论。又如,日食,朱浮上疏,"间者守宰数见换易,迎新相代,疲劳道路。寻其视事日浅,未足昭见其职,既加严切,人不自保,各相顾望,无自安之心。有司或因睚眦以骋私怨,苟求长短,求媚上意。二千石及长吏迫于举劾,惧于刺讥,故争饰诈伪,以希虚誉。斯皆群阳骚动,日月失行之应。"光武下其议,"群臣多同于浮,自是牧守易代颇简。"④可见,"下其议"是廷议的一种常规形式,它要求把官员奏疏拿出来公开讨论。所谓朝廷公议是也。这意味着,官员奏疏在廷议上公开是一种常态,非如此不足以进行正常讨论。以罢边屯事为例。校书郎杨终以为"广陵、楚、淮阳、济南之狱,徙者万数,又远屯绝域,吏民怨旷",上疏章帝。"书奏,肃宗下其章。司空第五伦亦同终议。太尉牟融、司徒鲍昱、校书郎班固等难伦。"杨终再次上书,"今伊吾之役,楼兰之屯,久而未还,非天意也。"章帝从之,"听还徙者,悉罢边屯。"⑤

其实,"下其议"并非全是皇帝所为,有的官员奏事时,会主动要求将自己奏

---

① 《后汉书·蔡邕列传》。
② 《后汉书·宦者列传》。
③ 《后汉书·陈元列传》。
④ 《后汉书·朱浮列传》。
⑤ 《后汉书·杨终列传》。

疏下发廷议，甚至公布天下，以求公论。所谓"使臣得于清朝明言其失"。① 试举数例。一是，有司弹劾赵飞燕姐妹毒害皇子，哀帝免赵飞燕兄弟赵钦、侄子赵䜣为庶人，并将其家属流放辽西郡。耿育认为处罚太轻，上书要求"下有司议，即如臣言，宜宣布天下，使咸晓知先帝圣意所起。不然，空使谤议上及山陵，下流后世，远闻百蛮，近布海内，甚非先帝托后之意也。"② 二是，"京都大疫。"张衡上封事，"臣愚以为可使公卿处议，所以陈术改过，取媚神祇，自求多福也。"③ 三是，勃海王刘悝"骄慢僭侈，不奉法度。见上无子，阴有嗣汉之望"。史弼封事弹劾，"乞露臣奏，宣示百僚，使议于朝，明言其失。然后诏公卿平处其法，法决罪定，乃下不忍之诏，臣固执，然后少有所许。"④ 四是，陈蕃上疏窦太后，抨击宦官和女尚书"并乱天下。……今不急诛，必生变乱，倾危社稷，其祸难量。愿出臣章宣示左右，并令天下诸奸知臣疾之。"⑤ 一般说，官员上书对其他官员都是保密的。当然，皇帝有权把官员上书交付廷议。同时，官员也可以要求皇帝将自己奏书公布于众，让百官讨论，通过廷议形成一个共识，然后皇帝再据此下诏。意思是，希望皇帝不要凭借私心，而放纵奸佞之徒败坏法制。

甚至，有的官员还会要求皇帝公布相关人员的奏章，以验真伪。举一例。哀帝为了给宠臣董贤制造封侯的功绩，亲自动手删改官员奏书中的信息来源，将其移花接木到董贤头上，说他告发谋逆有功。

> 息夫躬、孙宠等因中常侍宋弘上书告东平王（刘）云祝诅，又与后舅伍宏谋弑上为逆，云等伏诛，躬、宠擢为吏二千石。是时，侍中董贤爱幸于上，上欲侯之而未有所缘，傅嘉劝上因东平事以封贤。上于是定躬、宠告东平本章，掇去宋弘，更言因董贤以闻，欲以其功侯之，皆先赐爵关内侯。顷之，欲封贤等，上心惮嘉，乃先使皇后父孔乡侯傅晏持诏书视丞相御史。于是（王）嘉与御史大夫贾延上封事言："窃见董贤等三人始赐爵，众庶匈匈，咸曰贤贵，其余并蒙恩，至今流言未解。陛下仁恩于贤等不已，宜暴贤等本奏语言，延问公卿大夫博士议郎，考合古今，明正其义，然后乃加爵土；不然，恐大失众心，海内引领而议。暴平其事，必有言当封者，在陛下所从；天下虽不说，咎有所分，不独在陛下。前定陵侯淳于长初封，其事亦议。大司农谷永以长当封，众人归咎于永，先帝不独蒙其讥。臣嘉、臣延材驽不称，死

---

① 《后汉书·史弼列传》。
② 《汉书·外戚传下》。
③ 《后汉书·五行志五》，刘昭注。
④ 《后汉纪》卷22。
⑤ 《后汉书·陈蕃列传》。

有余责。知顺指不迁,可得容身须史,所以不敢者,思报厚恩也。"①
丞相王嘉要求哀帝在朝议上公布官员奏章,以便证明内容属实,可以作为封爵之证据。可见官员奏章确实具有保密性。除非皇帝同意,不得公开或泄露。不过,哀帝并没有公布这份伪造的董贤奏章。

皇帝对官员奏章的批复并非轻而易举,而是需要一个仔细斟酌和权衡的过程。这个过程中,皇帝会和他身边最信任的人进行交流。这便需要在一定范围内将官员奏疏公开。所以,皇帝宠信的人都有可能看到臣民奏书。"时诸将奏事及公卿较议难平者,帝数以试后。后辄分解趣理,各得其情。每于侍执之际,辄言及政事,多所毗补,而未尝以家私干。"②

一般说,皇帝虽然不会采用某些诏书,但也不会撕毁诏书。这不等于说,其他人不会撕破诏书。尽管这种做法非常极端,并不常见。更始帝纳赵萌女为夫人,"日夜与妇人饮燕后庭。……韩夫人尤嗜酒,每侍饮,见常侍奏事,辄怒曰:'帝方对我饮,正用此时持事来乎!'起,抵破书案。"③"持事来乎"意思是拿着奏书,"抵破书案"意思是撕破了放在案几上的奏书,而非诏书。整句话的意思是,韩夫人正和更始帝饮酒,看到常侍前来奏事,愤怒地跳起来,抓过放在案几上的奏书,一把撕裂。

第三节 奏诏模式规范下的官员仕途路线和命运结局

1. 张汤之死这件事的整个过程完全符合奏诏程序。涉事官员的每次上奏,武帝的每次下诏,均按照奏诏模式正常运行。要说冤,也是合法的冤案。况且张汤并非无辜。他先是冤杀李文,最后自己被冤自杀。这一切都是在正常的奏诏程序中进行。李文是御史中丞,④张汤是御史大夫,李文作为张汤的副手,二人之间原有的矛盾,随着二人官职越来越高,调动的资源越来越多,变得愈发不可调和。先是李文动用司法手段整张汤的黑材料,"荐数从中文事有可以伤汤者,不能为地。"意思是,"藉己在内台,中文书有可用伤汤者因会致之,不能为

① 《汉书·王嘉传》。
② 《后汉书·皇后纪上》。
③ 《后汉书·刘玄列传》。
④ 御史中丞"受公卿奏事,举劾、按章",(《资治通鉴》卷20,胡注)在奏诏机制中占据要津,绝对是一个关键职位。

汤作地道。"继而张汤属吏"使人上飞变告文奸事"[1]，以匿名信的方式告发李文。"事下汤，汤治论杀文。"可见，李文落到张汤手里，张汤也没丝毫客气，直接杀了自己的御史中丞。这件事引起了武帝的警觉。追查下来，又牵涉出赵王的恩恩怨怨。"赵国以冶铸为业，王数讼铁官事，汤常排赵王。赵王求汤阴事。"张汤手下有个名叫鲁谒居的小吏"尝案赵王，赵王怨之"。于是，一件原本貌似微不足道的小事进入人们的视野，成为赵王指责张汤奸佞的口实。鲁谒居病卧在家，"汤自往视病，为谒居摩足。"于是，赵王指控"汤大臣也，史谒居有病，汤至为摩足，疑与为大奸。"阴差阳错的是，鲁谒居的弟弟因误会也上书揭发"告汤与谒居谋，（兵）〔共〕变李文"。这件案子交由御史中丞减宣处理。"宣尝与汤有隙，及得此事，穷竟其事。"[2]尚未上奏，"会人有盗发孝文园瘗钱，丞相青翟朝，与汤约俱谢，至前，汤独不谢。"这是因为"汤以丞相四时行园陵当谢，御史大夫不豫园陵事，故不谢。"武帝使张汤追究丞相过失，张汤"欲以见知故纵之罪罪丞相。"青翟患之，这时丞相三长史朱买臣、王朝、边通，"皆故九卿、二千石"，皆对张汤恨之入骨，"欲以死发汤之奸也。"他们和丞相青翟谋划，抓捕张汤的故交商人田信，说张汤向他泄露朝廷的财政机密和经济信息，牟取暴利。"汤且欲奏请，信辄先知之，居物致富，与汤分之。"[3]减宣趁机也将鲁谒居一事上奏武帝。"上以汤怀诈面欺，使使八辈簿责汤。"即"以文簿次第一一责之。"张汤在给武帝的绝命书中悲愤地说："谋陷汤者，三长史也。"这样，由小吏牵出大臣，掀动朝野，卷入的人事越来越复杂诡谲，波及面似乎越来越不可控制，最终在朝廷引发一场致使丞相自杀、张汤自杀、三名丞相长史被杀的官场地震。这个结局显然超出了所有人的预料。"汤死，家产直不过五百金，皆所得奉赐，无它赢。昆弟诸子欲厚葬汤，汤母曰：'汤为天子大臣，被恶言而死，何厚葬为！'载以牛车，有棺而无椁。上闻之，曰：'非此母不生此子。'乃尽按诛三长史。丞相青翟自杀。出田信。"[4]

2. 张敞命"主捕贼者"的贼捕掾絮舜"有所案验"，就是把有关案子查办落实清楚。"舜以敞劾奏当免，不肯为敞竟事，私归其家。人或谏舜，舜曰：'吾为

---

[1] 颜师古解释，"飞变犹言急变"，（《汉书·张汤传》）似乎不确。"飞变"即飞书，飞书即匿名信。比如，窦皇后"作飞书"陷害梁竦。李贤注："飞书，若今匿名书也。"（《后汉书·皇后纪上》）
[2] 《汉书·张汤传》，颜注。
[3] 《资治通鉴》卷20，胡注。
[4] 《汉书·张汤传》，颜注。

是公尽力多矣，今五日京兆耳，安能复案事？'"①"舜以敞被奏当免，在位不久也。"②所谓"五日京兆"，固然表明时间之短，但也并非随便一说。因为五日恰是京城官员的一个栉沐期。意即干不了几天了，或，再干几天就要彻底歇菜了。从奏诏模式角度看，"五日京兆"一语暗示着官员被弹劾之后，到最后罢免，一般不过几天时间。"敞闻舜语，即部吏收舜系狱。是时冬月未尽数日，案事吏昼夜验治舜，竟致其死事。舜当出死，敞使主簿持教告舜曰：'五日京兆竟何如？冬月已尽，延命乎？'乃弃舜市。会立春，行冤狱使者出，舜家载尸，并编敞教，自言使者。"絜舜家人不愧是贼捕掾的家属，深谙保存、编辑、展示证据的技巧和重要性，他将张敞"使主簿持教告舜"的这句教令即"五日京兆竟何如？冬月已尽，延命乎？"组织编排在自己伸冤的奏章之前，所谓"联之于章前"。这样，构成了正反两面的证据链，铁证张敞不请擅杀的主观恶意。"使者奏敞贼杀不辜。天子薄其罪，欲令敞得自便利，即先下敞前坐杨恽不宜处位奏，免为庶人。"张敞明明"贼杀不辜"，却被宣帝"以其事为轻小"，有意为之开脱，"从轻法以免。"可见宣帝内心并不把张敞"贼杀不辜"当回事，却以张敞"前坐杨恽不宜处位奏"，将其罢免。这表明，宣帝真正在意的并非张敞"贼杀不辜"，而是和杨恽"坐大逆诛"联系在一起的"党友"案。虽说此前曾因"与光禄勋杨恽厚善，后恽坐大逆诛，公卿奏恽党友，不宜处位，等比皆免，而敞奏独寝不下。"意思是，"天子惜敞，故留所奏事不出。"③但此一时彼一时，宣帝此时拿这说事，可见宣帝心思显然不在人命关天，甚至不在不奏而诛，而在言语犯忌，不敬皇帝。这不仅体现出奏诏模式对皇权政治的支配性，也体现出话语实践对皇权专制的决定性。张敞免奏既下，"诣阙上印绶，便从阙下亡命。"④"命，名也。谓脱其名籍而逃亡。"⑤数月，"京师吏民解弛，枹鼓数起，而冀州部中有大贼。天子思敞功效，使使者即家在所召敞。"⑥张敞随即"治行装而随使者"⑦，诣公车上书，"臣前幸得备位列卿，待罪京兆，坐杀贼捕掾絜舜。舜本臣敞素所厚吏，数蒙恩贷，以臣有章劾当免，受记考事，便归卧家，谓臣'五日京兆'，背恩忘义，伤化薄俗。臣窃以舜无状，枉法以诛之。臣敞贼杀无辜，鞠狱故不直，虽伏明法，死无所恨。"张敞没在免官时上

---

① 《汉书·张敞传》，颜注。
② 《资治通鉴》卷27，胡注。
③ 《汉书·张敞传》，颜注。
④ 《汉书·张敞传》。
⑤ 《资治通鉴》卷27，胡注。
⑥ 《汉书·张敞传》。
⑦ 《资治通鉴》卷27，胡注。

书辩护,却在重新启用时,向宣帝说明了自己枉杀掾吏的原因。同时,他也承认自己确实"贼杀无辜",表示"虽伏明法,死无所恨"。他试图说明,自己对掾吏有恩,掾吏却过于势利,认为自己被劾失势,不把自己的命令当回事。所以,自己擅杀掾吏不仅为了自己面子,更是为了维护京兆尹权威。因为京兆尹的权威是皇权的直接延伸。归根结底,自己擅杀忘恩负义的掾吏,也是为了维护皇帝权威。"天子引见敞,拜为冀州刺史。敞起亡命,复奉使典州。"①

3. 萧望之的仕途升降和命运转折,正是沿着奏诏模式的路径曲折延伸,展示出奏诏模式对三公九卿言行的强力支配。萧望之由御史大夫左迁为太子太傅,黄霸代为御史大夫。"数月间,丙吉薨,霸为丞相。霸薨,于定国复代焉。望之遂见废,不得相。"萧望之本来距丞相仅一步之遥,因奏事"不知权道"②,使自己离丞相更加遥不可及,等于彻底断绝了自己的仕进之路。其中的关键是,萧望之所奏总是有违圣意,致使宣帝愈发恼怒。据史料,可以看出沿着奏诏程序,萧望之和宣帝的关系越来越紧张,直至左迁。

> 大司农中丞耿寿昌奏设常平仓,上善之,望之非寿昌。丞相丙吉年老,上重焉,望之又奏言:"百姓或乏困,盗贼未止,二千石多材下不任职。三公非其人,则三光为之不明,今首岁日月少光,咎在臣等。"上以望之意轻丞相,乃下侍中建章卫尉金安上、光禄勋杨恽、御史中丞王忠,并诘问望之。望之免冠置对,天子繇是不说。后丞相司直繁延寿奏:"侍中谒者良使(丞)〔承〕制诏望之,望之再拜已。良与望之言,望之不起,因故下手,而谓御史曰'良礼不备'。故事丞相病,明日御史大夫辄问病;朝奏事会庭中,差居丞相后,丞相谢,大夫少进,揖。今丞相数病,望之不问病;会庭中,与丞相钧礼。时议事不合意,望之曰:'侯年宁能父我邪!'知御史有令不得擅使,望之多使守史自给车马,之杜陵护视家事。少史冠法冠,为妻先引,又使卖买,私所附益凡十万三千。案望之大臣,通经术,居九卿之右,本朝所仰,至不奉法自修,踞慢不逊攘,受所监臧二百五十以上,请逮捕系治。"上于是策望之曰:"有司奏君责使者礼,遇丞相亡礼,廉声不闻,教慢不逊,亡以扶政,帅先百僚。君不深思,陷于兹秽,朕不忍致君于理,使光禄勋恽策诏,左迁君为太子太傅,授印。其上故印使者,便道之官。"③

4. 元帝打压诸葛丰的上奏非常无脑和变态。诸葛丰和元帝之间的关系,

---

① 《汉书·张敞传》。
② 《汉书·萧望之传》,颜注。
③ 《汉书·萧望之传》。

很大程度上由奏书和诏书的往来构成。元帝对诸葛丰奏书的态度，不是"不许"，就是"不用"，再不是"不直"。直至元帝对他下的最后一道诏书，彻底终结了他的希望。对官员来说，哀莫大于"所言不用"、皇帝"不直"，因为它等于仕途画上了句号、政治上判了死刑。诸葛丰做司隶校尉时因弹劾侍中许章得罪元帝，元帝不但不理睬诸葛丰的上奏，还收回其节钺。"丰亦上奏，于是收丰节。司隶去节自丰始。"节代表皇权，具有诏书权威。此后，司隶校尉再不能随时随地"举节诏官"。诸葛丰还不甘心，继续上书，剀切陈情。"愿捐一旦之命，不待时而断奸臣之首，县于都市，编书其罪，使四方明知为恶之罚，然后却就斧钺之诛，诚臣所甘心也。"大概元帝已对他完全失望，"是后所言益不用"，还把他平调为城门校尉。继而，诸葛丰又因弹劾光禄勋周堪、光禄大夫张猛，进一步惹怒了元帝，制诏严饬，"丰前为司隶校尉，不顺四时，修法度，专作苛暴，以获虚威，朕不忍下吏，以为城门校尉。不内省诸己，而反怨堪、猛，以求报举，告案无证之辞，暴扬难验之罪，毁誉恣意，不顾前言，不信之大者也。"元帝还惺惺作态地表示，"朕怜丰之耆老，不忍加刑，其免为庶人。"①

5. 御史中丞陈咸频频指控中书令石显结党营私，槐里令朱云也上书弹劾丞相韦玄成明哲保身。元帝向韦玄成询问朱云的情况，韦玄成趁机把朱云好好糟蹋了一把，说他"无善状"。陈咸闻晓此事，赶紧告知朱云，并帮朱云修改润色了奏书，"奏请下中丞"，即请求元帝把这件事交给自己处理。元帝命韦玄成处置此事。接下来，通缉朱云，朱云逃到长安，找到陈咸。韦玄成指控陈咸身为"执法之臣，幸得进见，漏泄所闻，以私语云，为定奏草"，交通罪犯，致使"吏捕之不得"。②元帝下令逮捕陈咸和朱云，判刑城旦。这件事的关节处有二，一是陈咸泄露宫中机密，二是修订朱云奏书。二者显然破坏了奏诏程序，损害了奏诏模式。

> 中书令石显用事，与充宗为党，百僚畏之。唯御史中丞陈咸年少抗节，不附显等，而与云相结。云数上疏，言丞相韦玄成容身保位，亡能往来，而咸数毁石显。久之，有司考云，疑风吏杀人。群臣朝见，上问丞相以云治行。丞相玄成言云暴虐亡状。时陈咸在前，闻之，以语云。云上书自讼，咸为定奏草，求下御史中丞。事下丞相，丞相部吏考立其杀人罪。云亡入长安，复与咸计议。丞相具发其事，奏"咸宿卫执法之臣，幸得进见，漏泄所闻，以私语云，为定奏草，欲令自下治，后知云亡命罪人，而与交通，云以故

① 《汉书·诸葛丰传》，颜注。
② 《汉书·朱云传》，颜注。

不得。"上于是下咸、云狱，减死为城旦。①

6. 京房和元帝之间的奏诏颇为曲折。西羌反，日蚀。京房"数上疏，先言其将然，近数月，远一岁，所言屡中，天子说之。数召见问，房对曰：'古帝王以功举贤，则万化成，瑞应着，末世以毁誉取人，故功业废而致灾异。宜令百官各试其功，灾异可息。'诏使房作其事，房奏考功课吏法。上令公卿朝臣与房会议温室，皆以房言烦碎，令上下相司，不可许。上意乡之。时部刺史奏事京师，上召见诸刺史，令房晓以课事，刺史复以为不可行。唯御史大夫郑弘、光禄大夫周堪初言不可，后善之。"②京房和元帝之间的对话相当诡异。一般君臣对话都是君问臣答，京房和元帝的对话却相反，臣问君答。③

> 房尝宴见，问上曰："幽厉之君何以危？所任者何人也？"上曰："君不明，而所任者巧佞。"房曰："知其巧佞而用之邪，将以为贤也？"上曰："贤之。"房曰："然则今何以知其不贤也？"上曰："以其时乱而君危知之。"房曰："若是，任贤必治，任不肖必乱，必然之道也。幽厉何不觉寤而更求贤，曷为卒任不肖以至于是？"上曰："临乱之君各贤其臣，令皆觉寤，天下安得危亡之君？"房曰："齐桓公、秦二世亦尝闻此君而非笑之，然则任竖刁、赵高，政治日乱，盗贼满山，何不以幽厉卜之而觉寤乎？"上曰："唯有道者能以往知来耳。"房因免冠顿首，曰："《春秋》纪二百四十二年灾异，以视万世之君。今陛下即位已来，日月失明，星辰逆行，山崩泉涌，地震石陨，夏霜冬雷，春凋秋荣，陨霜不杀，水旱螟虫，民人饥疫，盗贼不禁，刑人满市，《春秋》所记灾异尽备。陛下视今为治邪，乱邪？"上曰："亦极乱耳。尚何道！"房曰："今所任用者谁与？"上曰："然幸其瘉于彼，又以为不在此人也。"房曰："夫前世之君亦皆然矣。臣恐后之视今，犹今之视前也。"上良久乃曰："今为乱者谁哉？"房曰："明主宜自知之。"上曰："不知也；如知（之），何故用之？"房曰："上最所信任，与图事帷幄之中进退天下之士者是矣。"房指谓石显，上亦知

---

① 《汉书·朱云传》。
② 《汉书·京房传》。
③ 这种场景很容易让人联想起《战国策》的某些画面。游说之士纵横捭阖，雄辩滔滔，常常扮演一种居高临下的"先知"角色，来义无反顾地拯救国君于危难之中。这种修辞风格决定了游说之士始终占据一种居高临下的主动地位，通过一种华丽铺张的语言策略，向冥顽亡见且惊慌失措的国君反复进行言语威慑和心理施压，使其接受自己的政治主张和外交方案。皇权时代的君臣关系迥异战国。京房在元帝面前维系的是一种谨小慎微的臣子形象。他和元帝的对谈，虽有开导、提示、点拨之意，却只能闪烁其词，借古喻今，旁敲侧击。因为这是奏诏模式限定的对话路数。置身其中，个人语言已无多少自由发挥的空间，甚至不再有纯粹的个人语言风格。一切皆是话语。一切话语皆是实践。一切话语实践皆是奏诏模式。

之,谓房曰:"已谕。"①

淮阳王刘钦舅舅张博"从房受学,以女妻房。房与相亲,每朝见,辄为博道其语,以为上意欲用房议,而群臣恶其害己,故为众所排。"张博认为淮阳王如果上书入朝,必能对京房有所助益,京房不以为然。"中书令石显、尚书令五鹿君相与合同,巧佞之人也,事县官十余年;及丞相韦侯,皆久亡补于民,可谓亡功矣。此尤不欲行考功者也。淮阳王即朝见,劝上行考功,事善;不然,但言丞相、中书令任事久而不治,可休丞相,以御史大夫郑弘代之,迁中书令置他官,以钩盾令徐立代之,如此,房考功事得施行矣。"元帝令京房推荐弟子"晓知考功课吏事者,欲试用之"。京房推荐中郎任良、姚平为刺史,试验考功法,并表示,"臣得通籍殿中,为奏事,以防雍塞。"石显和五鹿充宗"与房同经,论议相非",二人用事,"皆疾房,欲远之,建言宜试以房为郡守。元帝于是以房为魏郡太守,秩八百石,居得以考功法治郡。房自请,愿无属刺史,得除用它郡人,自第吏千石已下,岁竟乘传奏事。天子许焉。"京房拜官出京之际,上封事,"臣出之后,恐必为用事所蔽,身死而功不成,故愿岁尽乘传奏事,蒙哀见许。乃辛巳,蒙气复乘卦,太阳侵色,此上大夫覆阳而上意疑也。己卯、庚辰之间,必有欲隔绝臣令不得乘传奏事者。"元帝却不同意京房"乘传奏事"。京房更加害怕,"去至新丰,因邮上封事,"担心自己出守郡县,"恐未效而死。"京房至陕,"复上封事",再次表示希望留在朝廷,否则灾异不去。"臣愿出任良试考功,臣得居内,星亡之异可去。议者知如此于身不利,臣不可蔽,故云使弟子不若试师。臣为刺史又当奏事,故复云为刺史恐太守不与同心,不若以为太守,此其所以隔绝臣也。陛下不违其言而遂听之,此乃蒙气所以不解,太阳亡色者也。臣去朝稍远,太阳侵色益甚,唯陛下毋难还臣而易逆天意。邪说虽安于人,天气必变,故人可欺,天不可欺也。"就这样,京房走一路,向元帝上了一路奏疏。"房去月余,竟征下狱。"其实,石显"微司具知之",也就是早就知晓京房和丈人张博之间的政治隐情,"以房亲近,未敢言。及房出守郡,显告房与张博通谋,非谤政治,归恶天子,诖误诸侯王。"结果京房和张博弃市,和京房走得近的御史大夫郑弘则免为庶人。②

7. 翟方进的为官之道基本是沿着奏事渠道快速升迁的。"迁朔方刺史,居官不烦苛,所察应条辄举,甚有威名。再三奏事,迁为丞相司直。"这时,翟方进第一次遭人弹劾。他从成帝上甘泉,"行驰道中,司隶校尉陈庆劾奏方进,没入车马。"这却给翟方进提供了一个当即翻盘的机会。"既至甘泉宫,会殿中,庆与

①《汉书·京房传》。
②《汉书·京房传》。

廷尉范延寿语,时庆有章劾,自道:'行事以赎论,今尚书持我事来,当于此决。前我为尚书时,尝有所奏事,忽忘之,留月余。'方进于是举劾庆曰:'案庆奉使刺举大臣,故为尚书,知机事周密壹统,明主躬亲不解。庆有罪未伏诛,无恐惧心,豫自设不坐之比。又暴扬尚书事,言迟疾无所在,亏损圣德之聪明,奉诏不谨,皆不敬,臣谨以劾。'"翟方进的意思是,陈庆在尚书任上,本应行事周密,却玩忽职守,荒废职事,"尝有所奏事,忽忘之,留月余。"现在行司隶之权,"奉使刺举大臣",却在"当祭泰畤时,行事有阙失,罪合赎",希望尚书不要弹劾自己,也就是"冀尚书忘己之事不奏"。翟方进抨击陈庆泄露尚书机密,亏损皇帝圣德,"既自云不坐,又言迟疾无所在,此之二条于法皆为不敬。"于是,陈庆免官。这是翟方进第一次出手,便旗开得胜。第二次则源于千里之外的一个普通百姓。北地郡义渠县长抓捕庶民浩商不得,就将其母抓来,"与殽猪连系都亭下。"浩商兄弟便以司隶掾和长安县尉的名义,"杀义渠长妻子六人,亡。丞相、御史请遣掾史与司隶校尉、部刺史并力逐捕,察无状者,奏可。"司隶校尉涓勋奏言,丞相薛宣"以宰士督察天子奉使命大夫,甚诶逆顺之理。宣本不师受经术,因事以立奸威。案浩商所犯,一家之祸耳,而宣欲专权作威,乃害于乃国,不可之大者。愿下中朝特进列侯、将军以下,正国法度。"涓勋认为自己"幸得奉使,以督察公卿以下为职",丞相无权派遣自己的属官督促司隶校尉办案。因为司隶校尉直接向皇帝负责。廷议的结果是,"丞相掾不宜移书督趣司隶。"正好浩商"捕得伏诛"①,这事也就了结了。这事本来和翟方进无关,但他和涓勋并非无怨。事实上,二人早已结下梁子。

> 故事,司隶校尉位在司直下,初除,谒两府,其有所会,居中二千石前,与司直并迎丞相、御史。初,方进新视事,而涓勋亦初拜为司隶,不肯谒丞相、御史大夫,后朝会相见,礼节又倨。方进阴察之,勋私过光禄勋辛庆忌,又出逢帝舅成都侯(王)商道路,下车立,颔过,乃就车。于是方进举奏其状,因曰:"臣闻国家之兴,尊尊而敬长,爵位上下之礼,王道纲纪。《春秋》之义,尊上公谓之宰,海内无不统焉。丞相进见圣主,御坐为起,在舆为下。群臣宜皆承顺圣化,以视四方。勋吏二千石,幸得奉使,不遵礼仪,轻谩宰相,贱易上卿,而又诎节失度,邪诌无常,色厉内荏。堕国体,乱朝廷之序,不宜处位。臣请下丞相免勋。"②

太中大夫平当指控翟方进"不自敕正以先群下,前亲犯令行驰道中,司隶庆平心

---

① 《汉书·翟方进传》,颜注。
② 《汉书·翟方进传》。

举劾，方进不自责悔而内挟私恨，伺记庆之从容语言，以诋欺成罪。后丞相宣以一不道贼，请遣掾督趣司隶校尉，司隶校尉勋自奏暴于朝廷，今方进复举奏勋。议者以为方进不以道德辅正丞相，苟阿助大臣，欲必胜立威，宜抑绝其原。勋素行公直，奸人所恶，可少宽假，使遂其功名。"成帝却认为翟方进"所举应科，不得用逆诈废正法"，于是贬涓勋为昌陵令。翟方进接连奏免了两个司隶校尉。在翟方进的仕途上，几乎无一例外地都是凭借弹劾高官给自己赢得升职空间。史称，"方进旬岁间免两司隶，朝廷由是惮之。"翟方进是官场上的后起之秀，却后来居上。本来翟方进和陈咸交好，陈咸"最先进"，元帝初即为御史中丞"显名朝廷"，成帝即位，"方进为京兆尹，咸从南阳太守入为少府，与方进厚善。"后来却因丞相薛宣"有事与方进相连，上使五二千石杂问丞相、御史，咸诘责方进，冀得其处，方进心恨。"[1]可见二人交恶也和奏诏模式相关，或者说，翟陈交恶这种事情只能在奏诏模式中发生。正因如此，翟方进借助奏诏模式报复陈咸便显得合情合理。翟方进先是指使人诬告陈咸有奸事，需要审查，使其丧失了御史大夫候选人的资格。"方进素与司直师丹相善，临御史大夫缺，使丹奏咸为奸利，请案验，卒不能有所得，而方进果自得御史大夫。"[2]这是对陈咸的第一次打击。随后，大将军王凤奏除陈汤为中郎，逢信、陈咸"皆与汤善"，王凤死后，其弟王商为大司马卫将军辅政。"商素憎陈汤，白其罪过，下有司案验，遂免汤，徙敦煌。"时翟方进新为相，奏劾陈咸和逢信"邪枉贪污，营私多欲。皆知陈汤奸佞倾覆，利口不轨，而亲交赂遗，以求荐举。后为少府，数馈遗汤。信、咸幸得备九卿，不思尽忠正身，内自知行辟亡功效，而官媚邪臣，欲以徼幸，苟得亡耻。……过恶暴见，不宜处位，臣请免以示天下。"奏可。这是对陈咸的第二次打击。过了两年，诏举方正直言之士，红阳侯王立举荐陈咸对策，拜光禄大夫给事中。翟方进再次奏劾，"咸前为九卿，坐为贪邪免，自知罪恶暴陈，依托红阳侯立徼幸，有司莫敢举奏。冒浊苟容，不顾耻辱，不当蒙方正举，备内朝臣。"同时，还弹劾王立"选举故不以实"。诏免陈咸。这是对陈咸的第三次打击。又过了数年，王太后外甥侍中卫尉淳于长犯法，成帝将其免官。"有司奏请遣长就国，长以金钱与立"，王立上封事为淳于长求情求京。"后长阴事发，"翟方进随即劾奏王立"怀奸邪，乱朝政，欲倾误要主上，狡猾不道，请下狱"。成帝表示，王立是自己的舅舅，"不忍致法，遣就国。"[3]于是翟方进又奏劾王立"党友"。

---

① 《汉书·翟方进传》。
② 《汉书·杜周传》。
③ 《汉书·翟方进传》。

立素行积为不善,众人所共知。邪臣自结,附托为党,庶几立与政事,欲获其利。今立斥逐就国,所交结尤著者,不宜备大臣,为郡守。案后将军朱博、巨鹿太守孙闳、故光禄大夫陈咸与立交通厚善,相与为腹心,有背公死党之信,欲相攀援,死而后已;皆内有不仁之性,而外有隽材,过绝(于)人〔伦〕,勇猛果敢,处事不疑,所居皆尚残贼酷虐,苛刻惨毒以立威,而亡纤介爱利之风。天下所共知,愚者犹惑。……此三人皆内怀奸猾,国之所患,而深相与结,信于贵戚奸臣,此国家大忧,大臣所宜没身而争也。……贵戚彊党之众诚难犯,犯之,众敌并怨,善恶相冒。臣幸得备宰相,不敢不尽死。请免博、闳、咸归故郡,以销奸雄之党,绝群邪之望。①

成帝奏可。这是对陈咸的第四次打击。"咸既废锢,复徙故郡,以忧发疾而死。"给人感觉是,翟方进的奏劾具有横扫官场、打遍天下无敌手的恐惧威力。史称,翟方进"持法刻深,举奏牧守九卿,峻文深诋,中伤者尤多。如陈咸、朱博、萧育、逢信、孙闳之属,皆京师世家,以材能少历牧守列卿,知名当世,而方进特立后起,十余年间至宰相,据法以弹咸等,皆罢退之。"可见翟方进为相完全是借"峻文深诋"中伤牧守九卿上位的。显然,所谓"举奏牧守九卿,峻文深诋",正是按照奏诏模式进行的常规操作。可以说,举奏深诋正是翟方进的奏疏风格。翟方进虽与淳于长交荐,"及长坐大逆诛,诸所厚善皆坐长免,"翟方进却因成帝"素重之"而免责,但他依然没放过对淳于长党羽的弹劾。"条奏长所厚善京兆尹孙宝、右扶风萧育,刺史二千石以上免二十余人。"其实,举奏深诋只是形式,"奏事亡不当意,内求人主微指以固其位"②才是翟方进奏疏的实质。所谓微指,"上意所向,未著见于外者。"③可见微指是皇帝未曾明言或不可言明之事。知皇帝之所想,言皇帝不便言,道出皇帝的真实想法,说出皇帝的心里话,是臣子上书孜孜以求的终极目标。总之,"人主微指"是皇帝的秘密,善求"人主微指"则是翟方进奏疏成功的秘诀。一言蔽之,翟方进确实搔到了成帝痒处。翟方进号为"通明相"。"通明相"的特点是,"知能有余,兼通文法吏事,以儒雅缘饬法律。"这使翟方进"奏事亡不当意"。他之所以能如此,是因为他"内求人主微指以固其位"的权谋机变。可见"通明相"的诀窍不过是"内求人主微指以固其位"。即一切奏事皆需揣摩皇帝心思说,事事处处都能搔到皇帝痒处,唯其如此,方能稳固权位,不失圣宠。诡异的是,绥和二年荧惑守心,明星相的郎官贲丽"言大臣

---

① 《汉书·翟方进传》。
② 《汉书·翟方进传》。
③ 《资治通鉴》卷32,胡注。

宜当之",成帝策诏斥责丞相翟方进,却重点指责他奏疏不当,没能发挥奏诏模式的合理作用。"上书言事,交错道路,怀奸朋党,相为隐蔽,皆亡忠虑,群下凶凶,更相嫉妒,其咎安在?观君之治,无欲辅朕富民便安元元之念。"成帝一方面批评翟方进上奏"不量多少,一听群下言,用度不足,奏请一切增赋,税城郭堧及园田,过更,算马牛羊,增益盐铁,变更无常",一方面又自我批评诏命随意,"朕既不明,随奏许可,(使)〔后〕议者以为不便,"致使奏诏模式紊乱和失效。"制诏下君,君云卖酒醪。后请止,未尽月复奏议令卖酒醪。"成帝最后表示,"欲退君位,尚未忍。君其孰念详计,塞绝奸原,忧国如家,务便百姓以辅朕。朕既已改,君其自思,强食慎职。使尚书令赐君上尊酒十石,养牛一,君审处焉。"《汉仪注》云:"有天地大变,天下大过,皇帝使侍中持节乘四白马,赐上尊酒十斛,牛一头,策告殃咎。使者去半道,丞相即上病。使者还,未白事,尚书以丞相不起病闻。"据此,成帝赐翟方进"上尊酒十石,养牛一",完全合乎礼制,并无不妥。却不知为何翟方进"即日自杀"。联系议曹李寻给翟方进的奏记,多少可以寻摸出一些蛛丝马迹。"应变之权,君侯所自明。……上无恻怛济世之功,下无推让避贤之效,欲当大位,为具臣以全身,难矣!大责日加,安得但保斥逐之戮?阖府三百余人,唯君侯择其中,与尽节转凶。"详绎文义,似乎翟方进难逃一劫,注定自杀。无论如何,翟方进之死令成帝颇感意外,甚至有些难堪,故而"祕之",并以高规格待遇安排翟方进葬礼。"遣九卿册赠以丞相高陵侯印绶,赐乘舆祕器,少府供张,柱楶皆衣素。天子亲临吊者数至,礼赐异于它相故事。"[①]

8. 君臣关系主要体现在皇帝对臣子奏书的处理方式上。成帝不省王商奏书,却采纳王凤奏言,正是对二王之争的终极裁决,也正式决定了二王之成败。丞相王商和大将军王凤之间的矛盾,最初倒是和公事有关,但也并不纯粹,而是掺杂私情。最终双方积怨越来越深。在这个过程中,二王皆按照规矩走了正常的奏诏程序。不过,二王较劲最后还要看谁更能影响成帝对双方奏书的态度,以及成帝如何下诏。换言之,二王谁对成帝影响大,谁就在奏诏模式中占上风,进而谁就能在朝廷上占据支配地位,压制政敌,击败对手。"大将军凤连昏杨肜为琅邪太守,其郡有灾害十四,已上。商部属按问,凤以晓商曰:'灾异天事,非人力所为。肜素善吏,宜以为后。'商不听,竟奏免肜,奏果寝不下,凤重以是怨商,阴求其短,使人上书言商闺门内事。天子以为暗昧之过,不足以伤大臣,凤固争,下其事司隶。"这样,王商先前不让女儿入宫一事就被重新抖搂出来了。

[①] 《汉旧仪》云:"丞相有疾,皇帝法驾亲至问疾,从西门入。即薨,移居第中,车驾往吊,赠棺、棺敛具,赐钱、葬地。葬日,公卿已下会葬焉。"(《汉书·翟方进传》,颜注)

简在帝心照汗青
——早期帝国的真理史和权力史

"皇太后尝诏问商女,欲以备后宫。时女病,商意亦难之,以病对,不入。及商以闺门事见考,自知为凤所中,惶怖,更欲内女为援,乃因新幸李婕妤家白见其女。"会有日食,太中大夫张匡"上书愿对近臣陈日蚀咎"。诏命左将军史丹询问张匡,张匡说:"前频阳耿定上书言商与父傅通,及女弟淫乱,奴杀其私夫,疑商教使。章下有司,商私怨恚。商子俊欲上书告商,俊妻左将军丹女,持其书以示丹,丹恶其父子乖迕,为女求去。商不尽忠纳善以辅至德,知圣主崇孝,远别不亲,后庭之事皆受命皇太后,太后前闻商有女,欲以备后宫,商言有固疾,后有耿定事,更诡道因李贵人家内女。"于是,史丹奏请"诏谒者召商诣若卢诏狱",成帝先是"制曰'弗治'。凤固争之,"随后诏免王商丞相。免相三日,王商便吐血而亡。①

9. 所有官员的仕途起伏最终都要落实到奏诏模式上。丞相匡衡封邑最初在临淮郡乐安乡,闽佰是封地南边疆界,平陵佰又在闽佰之南,郡县地图却"误以闽佰为平陵佰",这就多出四百顷。"误十余岁,衡乃始封此乡。"也就是十多年后,朝廷才把平陵佰作为匡衡封邑的南边疆界。这时,"郡乃定国界,上计簿,更定图,言丞相府。"可见匡衡也知道了这件事。他非但没有随即上报朝廷,反而命主簿陆赐等人将错就错,"遣从史之僮,收取所还田租谷千余石入衡家。"这事又被司隶校尉和少府知道,便劾奏匡衡"位三公,辅国政,领计簿,知郡实,正国界,计簿已定而背法制,专地盗土以自益,及赐、明阿承衡意,猥举郡计,乱减县界,附下罔上,擅以地附益大臣,皆不道。"成帝"可其奏,勿治,丞相免为庶人。"②"可其奏"虽然表明皇帝认可奏书,但并不等于皇帝完全接受官员奏书的说法。尤其对那些皇帝器重的大臣或宠信的臣子,皇帝往往"可其奏"之后,却作出"勿治"的裁决。这是一种从轻发落的折中方案。这是皇帝处置官员奏疏的通常手法。一般说,皇帝很少作出比官员意见更严重的制裁。官员从重,皇帝从轻。这是君臣游戏的常见技巧。官员总是要求严厉惩罚,皇帝则往往从宽发落。它同时体现出官员之忠和皇帝之恩。这是君臣间各取所需的双赢结果。皇帝需要官员之忠,官员需要皇帝之恩。它正是奏诏模式必须体现出来的东西。如果官员不在奏书中效忠,皇帝不在诏书中施恩,那么奏诏模式只有政治运行功能,而没有道德教化功能。这双重功能的平衡展开才是奏诏模式的本质,也是皇权政治必须依靠奏诏模式得以维系正常运行的主要原因。

10. 哀帝为了能给董贤封侯,可谓挖空心思绞尽脑汁。他删改告发东平王

①《汉书·王商传》。
②《汉书·匡衡传》,颜注。

592

刘云的奏书，添加上董贤的名字。哀帝本可以让息夫躬、孙宠按照自己意图重写一份奏书，这样就避免了自己修改臣子奏书的荒唐之举。哀帝之所以这么做，是因为朝廷有严格的奏书管理制度，每封奏书都登记在册，即便退回，也会抄录副本，这样，必然和重上奏书有所出入。为免麻烦计，哀帝亲自动手篡改奏书。哀帝亲手"定躬、宠告东平本章"。师古曰："定谓改治也。"所谓"掇去宋弘"，即"削去其名"。不出所料，这封冒名顶替的揭发信遭到了公卿的合力阻击。哀帝见丞相和御史大夫极力阻止，又不愿意接受他们的建议，把这份伪造的董贤奏章在廷议上让百官传阅讨论，因为哀帝自己也害怕被他动过手脚的奏书暴露破绽，令事情更加难办，暂时搁下此事。好不容易过了几个月，哀帝估计朝廷没人注意这件事了，急不可耐地下诏给董贤封侯。可见，为了给情郎封侯，哀帝也是拼了。这件事的前前后后，关键是伪造一封董贤奏书，然后向百官宣称，由于董贤的揭发，及时破获了一起诸侯王"图弑天子逆乱之谋"的惊天大案。"息夫躬、孙宠等因中常侍宋弘上书告东平王云祝诅，又与后舅伍宏谋弑上为逆，云等伏诛，躬、宠擢为吏二千石。是时，侍中董贤爱幸于上，上欲侯之而未有所缘，傅嘉劝上因东平事以封贤。上于是定躬、宠告东平本章，掇去宋弘，更言因董贤以闻，欲以其功侯之，皆先赐爵关内侯。顷之，欲封贤等，上心惮（王）嘉，乃先使皇后父孔乡侯傅晏持诏书视丞相御史。"王嘉与御史大夫贾延上封事，建议哀帝把董贤奏疏公布于众，进行廷议讨论。"陛下仁恩于贤等不已，宜暴贤等本奏语言，延问公卿大夫博士议郎，考合古今，明正其义，然后乃加爵土；不然，恐大失众心，海内引领而议。暴平其事，必有言当封者，在陛下所从；天下虽不说，咎有所分，不独在陛下。"过了数月，哀帝终于诏封董贤为高安侯，同时不忘用尸位素餐的公卿反衬董贤的果敢有为。"今云等至有图弑天子逆乱之谋者，是公卿股肱莫能悉心务聪明以销厌未萌之故。赖宗庙之灵，侍中驸马都尉贤等发觉以闻，咸伏厥辜。"[1]哀帝伪造奏书表明，虽然皇帝是奏诏模式中的主宰和支配者，有时为了实施某种不可言喻的隐秘意图，也会亲自破坏奏诏模式。一方面，皇帝必须通过奏诏模式来实现自己的政治主张；另一方面，同样为了达到某种政治目的，皇帝也不惜亲手破坏皇权统治依赖的奏诏模式。

11. 哀帝对丞相王嘉封事的惩罚，完全是借题发挥。王嘉给梁相说情的奏书虽然令哀帝"不能平"，尚算克制，等到王嘉"封还益董贤户事，上乃发怒"。可见哀帝真心在意的还是他钟爱的董贤。只有触犯董贤，哀帝心中的无名火才会按耐不住地爆发出来。于是，"召嘉诣尚书，"令其"对状"，即"敕令具对"。王嘉

---

① 《汉书·王嘉传》，颜注。

的命运就此注定。这件事的由头起于"廷尉梁相与丞相长史、御史中丞及五二千石杂治东平王(刘)云狱"。梁相"心疑云冤,狱有饰辞,奏欲传之长安,更下公卿覆治。尚书令鞫谭、仆射宗伯凤以为可许。天子以相等皆见上体不平,外内顾望,操持两心,幸云踰冬,无讨贼疾恶主雠之意,制诏免相等皆为庶人。"大赦后,王嘉奏封事"荐相等明习治狱"。回过头来说,哀帝命尚书责问王嘉。"相等前坐在位不尽忠诚,外附诸侯,操持两心,背人臣之义,今所称相等材美,足以相计除罪。君以道德,位在三公,以总方略一统万类分明善恶为职,知相等罪恶陈列,著闻天下,时辄以自劾,今又称誉相等,云为朝廷惜之。大臣举错,恣心自在,迷国罔上,近由君始,将谓远者何!"王嘉虽"免冠谢罪",哀帝还不罢休。"事下将军中朝者。"光禄大夫孔光、左将军公孙禄、右将军王安、光禄勋马宫、光禄大夫龚胜"劾嘉迷国罔上不道,请与廷尉杂治"。虽然龚胜持有异议,"嘉坐荐相等,微薄,以应迷国罔上不道,恐不可以示天下。"哀帝还是认可了孔光等人的奏议。哀帝又命召开朝议,进一步讨论对王嘉的处理方案。"票骑将军、御史大夫、中二千石、二千石、诸大夫、博士、议郎议。"卫尉等五十人以为"如光等言可许",议郎等以为"嘉言事前后相违,无所执守,不任宰相之职,宜夺爵土,免为庶人。"永信少府等十人以为"圣王断狱,必先原心定罪,探意立情,故死者不抱恨而入地,生者不衔怨而受罪。……案嘉本以相等为罪,罪恶虽著,大臣括发关械、裸躬就笞,非所以重国褒宗庙也。今春月寒气错缪,霜露数降,宜示天下以宽和。"由此出现了三种观点。一种主张下狱杂治,一种要求罢官夺爵,一种建议宽大为怀。三种方案由重至轻,逐一递减。哀帝不出意外地选择了第一种也就是最狠的一种方案。哀帝不光诏命王嘉"诣廷尉诏狱",还命他服毒自尽。"使者既到府,掾史涕泣,共和药进嘉,嘉不肯服。主簿曰:'将相不对理陈冤,相踵以为故事,君侯宜引决。'使者危坐府门上。主簿复前进药,嘉引药杯以击地,谓官属曰:'丞相幸得备位三公,奉职负国,当伏刑都市以示万众。丞相岂儿女子邪,何谓咀药而死!'嘉遂装出,见使者再拜受诏,乘吏小车,去盖不冠,随使者诣廷尉。廷尉收嘉丞相新甫侯印绶,缚嘉载致都船诏狱。"[1]王嘉的自尊刚硬出乎哀帝的预料。本来习惯上"大臣之体,纵有冤,不对狱而自陈"。[2] 这种做法表面上是皇帝给三公保留情面,实际上是让皇帝自己有面子。看到王嘉不顾自己颜面,哀帝更加恼羞成怒。"使将军以下与五二千石杂治。"[3]胡三省云:"汉

---

① 《汉书·王嘉传》,颜注。
② 《资治通鉴》卷35,胡注。
③ 《汉书·王嘉传》。

治大臣狱,率使五二千石,今又使将军同治之,怒之甚也。"①史称,"吏诘问嘉,嘉对曰:'案事者思得实。窃见相等前治东平王狱,不以云为不当死,欲关公卿示重慎;置驿马传囚,势不得踰冬月,诚不见其外内顾望阿附为云验。复幸得蒙大赦,相等皆良善吏,臣窃为国惜贤,不私此三人。'狱吏曰:'苟如此,则君何以为罪犹当? 有以负国,不空入狱矣。'吏稍侵辱嘉。……嘉系狱二十余日,不食欧血而死。"②由于奏诏模式具有的制度正当性,使皇帝对臣子的所有处置方式,以及臣子在奏诏模式中的各种结局和死法无不符合程序和正义。围绕处理王嘉,哀帝动用了奏诏模式所能调动的一切手段和资源。先是命尚书责问,继而事下中朝,最后发下廷议,最终将王嘉置于死地。这三个步骤,都是奏诏模式的标准程序。即便其间出现某些偏离和意外,依然不出哀帝掌控。关键是,哀帝最后还是按照自己意愿将王嘉送上不归之路。可见,奏诏模式不仅服务于皇帝专制,而且每一个环节都必须牢牢掌控在皇帝手里,由皇帝操纵自如。

12. 尚书仆射郑崇规谏哀帝,得罪了哀帝,多次上书遭哀帝斥责,弄得连奏请致仕还乡都不敢了。尚书令赵昌见哀帝疏远了郑崇,趁机挑拨,上书诬告他交通宗室,"疑有奸,请治。"可见只要怀疑臣子不轨,就可下狱审讯。这就是先抓后审。郑崇"以董贤贵宠过度谏,由是重得罪。数以职事见责,发疾颈痈,欲乞骸骨,不敢。尚书令赵昌佞谄,素害崇,知其见疏,因奏崇与宗族通,疑有奸,请治。上责崇曰:'君门如市人,何以欲禁切主上?'崇对曰:'臣门如市,臣心如水。愿得考覆。'上怒,下崇狱,穷治,死狱中。"③司隶校尉孙宝上书为郑崇伸冤,认为赵昌和郑崇"有细故宿嫌",便污蔑同僚,要求将赵昌下吏。"按尚书令昌奏仆射崇,下狱覆治,榜掠将死,卒无一辞,道路称冤。疑昌与崇内有纤介,浸润相陷,自禁门内枢机近臣,蒙受冤谮,亏损国家,为谤不小。臣请治昌,以解众心。"书奏,哀帝很生气,"以宝名臣不忍诛",将其罢官,制诏斥责,"司隶宝奏故尚书仆射崇冤,请狱治尚书令昌。案崇近臣,罪恶暴着,而宝怀邪,附下罔上,以春月作诋欺,遂其奸心,盖国之贼也。"④郑崇和孙宝的命运因为奏疏不合上意,便在哀帝诏书中注定下来。

13. 司隶校尉解光向哀帝上奏了一份有关许美人及中宫史曹宫"御幸孝成皇帝,产子,子隐不见"的详细报告。这其实是一份完整的审案记录。但也不属

① 《资治通鉴》卷 35。
② 《汉书·王嘉传》。
③ 《汉书·郑崇传》。
④ 《汉书·孙宝传》,颜注。

于原始卷宗,而是经过整理的案件叙述。这是因为这件案子的特殊性和重要性。它关涉皇帝的子嗣,即帝国的未来继承人,自然非同小可。所以,办案官员不厌其详地向皇帝作了汇报。它生动展示出奏诏模式在后宫政治中的特殊作用,深刻呈现出宫闱阴谋和奏诏模式之间的复杂关系。宫中遍布陷阱和流言,日常的一切几乎都充斥着种种难以言状不可言说之阴谋。但皇帝还必须使用手诏传达旨意。尽管这些旨意十分邪恶和恐怖。这使得皇帝诏书自然成为后宫权谋和罪恶的一部分,更多时候,还可能是直接导致后宫邪恶和罪孽的最重要的一部分。因为皇帝不下诏,所有这些罪恶和悲剧可能都不会发生。尤其不能忽视的是,后宫颁诏和受诏,虽无严格仪式,仍需遵守相关规矩。比如,"中黄门田客持诏记,盛绿绨方底,封御史中丞印。"可见诏书往往用御史中丞官印密封,并装在一种由厚缯编制的绿色方底的"盛书囊"中,由宦官捧着交给受诏人。中宫史曹宫在元延元年为成帝生下一子。中宫史曹宫是官婢曹晓之女。曹宫和官婢道房是对食关系。曹宫先把自己怀孕的消息告诉了道房,数月后,又告诉了母亲。怀胎十月,曹宫就在掖庭牛官令舍生下了一个婴儿,身边有六个婢女伺候。当天,中黄门田客手持成帝诏记,将它交给掖庭狱丞籍武,"取牛官令舍妇人新产儿,婢六人,尽置暴室狱,毋问儿男女,谁儿也!"籍武就将这个婴儿弄到了掖庭狱里。三日后,田客又手持诏记给籍武,问他"儿死未?手书对牍背。"意思是,"以为诏记问之,故令于背上书对辞。"木牍较竹简至少有一点优势,就是两面都能写字。所以田客根据木牍正面的诏命询问籍武,同时,他要求籍武在木牍背面写字上奏。籍武当即写道,"儿见在,未死。"田客质问,"奈何不杀?"籍武说:"不杀儿,自知当死;杀之,亦死!"随之"因客奏封事",奏入,田客很快又拿着成帝手诏回来,籍武问田客,"陛下得武书,意何如?"田客命籍武"今夜漏上五刻,带上婴儿在东交掖门交给中黄门王舜。"王舜受诏,"内儿殿中",并让官婢张弃做了婴儿乳母,告诉她,"善养儿,且有赏。毋令漏泄!"当时,婴儿出生不过八九天。又过了三日,"客复持诏记,封如前予武,中有封小绿箧,记曰:'告武以箧中物书予狱中妇人,武自临饮之。'"籍武打开绿箧,看见箧中有"裹药二枚",还有"赫蹏书",也就是一张"薄小纸",上写:告诉曹宫,"努力饮此药,不可复入。"曹宫看罢纸条,说道:赵飞燕姐妹果然要"擅天下"!我生的这个男孩,"额上有壮发,类孝元皇帝。今儿安在?危杀之矣!"随之饮药死。随后,曹宫六名婢女也在籍武面前"自缪死"。籍武"皆表奏状"。张弃乳儿不过十一天,"宫长李南以诏书取儿去,不知所置。"许美人在元延二年为成帝又生一子。诏使中黄门靳严"持乳豎及五种和药丸三,送美人所"。赵昭仪"以手自搊,以头击壁户柱,从床上自投地,啼泣不肯食。"成帝发誓说:"约以赵氏,故不立许氏。使天下无出赵氏上者,毋忧也!"后来又诏使靳严"持绿囊书予许美人,告严曰:'美人当有以予女,受来,置饰室中帘南。'美人以苇箧一合盛所生儿,缄封,及绿囊报书予严。严持箧书,置饰室帘南去。"当着赵昭仪三个御者于客子、王偏、臧兼的面,成帝让于客子"解箧缄"。随后,成帝命三个御者都出去,"自闭户,独与昭仪在。须臾开户,呼客子、偏、兼,使缄封箧及绿绨方底,推置屏风东。"然后,成帝又下手诏给中黄门吴恭,令他将"封以御史中丞印"的"持箧方底"给籍武,成帝手诏上写道,"告武:箧中有死儿,埋屏处,勿令人知。"于是,籍武"穿狱楼垣下为坎,埋其中。"解光因"掖庭中御幸生子者辄死,又饮药伤堕者无数"而弹劾赵飞燕姐妹。"赵昭仪倾乱圣朝,亲灭继嗣,家属当伏天诛。前平安刚侯夫人谒坐大逆,同产当坐,以蒙赦令,归故郡。今昭仪所犯尤诗逆,罪重于谒,而同产亲属皆在尊贵之位,迫近帏幄,群下寒心,非所以惩恶崇谊示四方也。请事穷竟,丞相以下议正法。"哀帝是这场宫廷阴谋的间接受益者,便不想过深追究这桩惊天大案,手下留情。因为哀帝为太子,"亦颇得赵太后力,遂不竟其事。"只对赵飞燕的家族做了从轻发落,将赵飞燕的弟弟新成侯赵钦、侄子成阳侯赵䜣免为庶人。[①]

第四节　隐　私

一、透明隐私

皇权政治中官员私生活的透明性和奏诏模式的开放性之间,构成一种显而易见的互动关系。许多时候,大臣家庭私事成为人们上书告发攻讦的口实。可见汉人上书言事无所不包,没有禁忌。官员隐私往往成为尔虞我诈、争权夺利、攻讦政敌的好材料。人人都可以上疏议论官员家事、私事乃至大臣闺阁之事。所以,张敞画眉才会变成朝廷的笑谈和皇帝嘴里的趣闻。问题是,官员私生活如何可能成为同僚口中的话题和谈资?换言之,外人何以可能知晓官员隐私?是否可以认为,这种无隐私的生活方式可能正是早期帝国的生活伦理日常观念?

颜异反唇、张汤摩足、张敞画眉本是三个私生活细节,却成为西汉最著名的

---

① 《汉书·外戚传下》。

三个公共议题。张汤摩足直接进入案件，成为惊天大案的导火索。颜异反唇甚至成为给大臣定罪的致命证据。

大农颜异"与客语，客语初令下有不便者，异不应，微反唇。汤奏当异九卿见令不便，不入言而腹非，论死。"①"异与客语"应该是一个很隐秘的语境，不知何以为张汤所知，并成为张汤指控的关键证据。可见，早期帝国的臣民生活和言行处于近乎完全透明的状态。皇帝有能力及时了解和动态掌握臣子们的一举一动甚至一言一笑。

京兆尹张敞是一个不拘小节，不遵官员礼仪的人。"敞无威仪，时罢朝会，过走马章台街，使御吏驱，自以便面拊马。"师古云："便面，所以障面，盖（车）〔扇〕之类也。不欲见人，以此自障面则得其便，故曰便面，亦曰屏面。"可见张敞对面容仪表似有洁癖，故而他才会有闻名京城的"好媚"之风。"为妇画眉，长安中传张京兆眉怃。有司以奏敞。"需要探究的是，为何有司要向皇帝奏报张敞画眉？这种纯属官员私生活细节的事情究竟有何价值？有司奏报张敞画眉意图何在？有司向皇帝奏报官员私生活，是一种普遍做法，还是一种兴之所至的偶然行为？无论何种含义，在奏诏模式中皆属合法性质。可见，在奏诏模式中奏疏言事没有任何意义上的公私之分。因为奏诏模式没有私人空间，没有给私密生活留下死角。② 人臣隐私进入奏诏模式，就成为"公议"。**大公无私是奏诏模式的话语特点。**"上书纪匿其名，大不敬。"③任何隐瞒都是罪，隐瞒任何事都是欺君。一方面，臣民的所有事情都可以也都有必要奏知皇帝，所谓"家事国事天

---

① 《汉书·食货志下》。
② 西汉官员的私密性很成问题，或者说，西汉官员的家庭空间相当开放。这里有三个例子。一是，张敞给夫人画眉，竟然被朝廷知道，还被皇帝引为笑谈。二是，主父偃拜访董仲舒，董仲舒不在家，主父偃却能随便进入书房，甚至顺手牵羊地偷走董仲舒的文章手稿。更重要的是，主父偃不怕被人抨击盗窃行为，反而在朝廷公开此事，可见当时人们根本不把这件事当回事。三是，汲黯在皇帝面前公开指责公孙弘虚伪，理由是他贵为三公，却还盖着粗布被子。这说明汲黯一定进入过公孙弘的卧室。或至少有官员亲眼目睹过公孙弘的床上被子。这一方面说明，帝国官场流行相互窥探隐私的风气，人们乐此不疲地参与其中，既有了攻讦他人的口实，又有了博取圣宠的黑材料。它构成了官场阴暗厚黑的一部分。另一方面，这也表明，公卿大臣的卧室、书房乃至妻妾的闺阁完全呈现出一种毫不设防的透明状态。这是否意味着，京官之间过往频繁，交际甚多，彼此没有秘密可言？这也是否暗示出，汉帝国官员私生活的丰富性和趣味性的另一面？倘若如此，似可理解太史公为李陵辩护时为何特意表白"仆与李陵俱居门下，素非相善也，趣舍异路，未尝衔杯酒接殷勤之欢"。《汉书·司马迁传》所谓无杯酒之欢固然表明太史公言论一出公心，毫无私情，也正因此，反而引发人们对汉朝官员私人交往场景和细节的无穷想象。
③ 长沙市文物考古研究所编《长沙尚德街东汉简牍》第 221 页，岳麓书社，2016 年。

下事"皆可上书奏报；①另一方面，皇帝也需要了解人臣私生活，也有权对人臣私生活发表看法，甚至教训和干预人臣私生活。这点正体现出皇帝对帝国臣民负有教化的道德责任。正因此，皇帝不仅十分赞成这种奏书观念，也非常喜欢这类奏书内容。② 所以，宣帝才会兴趣盎然地询问张敞画眉一事。"上问之，对曰：'臣闻闺房之内，夫妇之私，有过于画眉者。'"张敞的回答似乎未能使宣帝满意。"上爱其能，弗备责也。"③所谓"弗备责"可以有两种解释，一是宣帝不满意张敞画眉的做法，一是宣帝不满意张敞对画眉的解释。

二、非所宜言

上书肇祸和燕语被人告发致祸，虽然皆属因言获罪范畴，但终究性质有异。一者主动，一者被动。一者对君，一者对臣。对君进公言，所谓天子无私；对臣出私语，所谓臣民皆私。公言为谏主，私语为言者。公言尺度大，私语尺度小。二者构成了"言论自由"的上下两个维度。公言多少还有些安全，私语似乎毫无安全保障。因为无论朝议还是奏疏，面折廷争或直言极谏至少道义上受到鼓励和支持。这样，私人书信尤其私人燕语很容易遭到附会和曲解，成为恶意攻讦和不良党争的口实。④ 比如，田蚡别有用心地指控窦婴"日夜招聚天下豪桀壮

---

① 臣子无隐私是为无私。无私才能忠君。这是第五伦"言事无所隐"的观念逻辑。"吏民或奏记，辄便封上之，曰：'臣任重忧深，不能出奇策异谋，吏民责让臣者多，谨并封上。'其无私若此。"（《后汉纪》卷11）再以江革为例，可见官员自觉向皇帝汇报自己日常生活和私下交往的内容。江革甚得章帝器重，"恩宠莫与为比。于是京师贵戚卫尉马廖、侍中窦宪等慕其行，各奉书致礼，革畏慎，一无所受，上益善之。"（《后汉纪》卷11）章帝"善之"自然是因为他已经得知江革对京师权臣外戚的"奉书致礼"一无所受。问题是，章帝何以知之？最有可能是江革将每次收到的这些书信都呈送给章帝。所以，不应该将"一无所受"理解为退还给权臣外戚。
② 虽说八卦之心人皆有之，但对臣子而言，皇帝的八卦之心却是直接关乎自己仕途命运乃至身家性命，绝不可掉以轻心。
③ 《汉书·张敞传》，颜注。
④ 虽然我们不能完全排除确有某些出格或犯忌的私密言论。比如，淮南王刘安来朝，"厚赂遗（严）助，交私论议。"（《汉书·严助传》）又如，广陵王刘荆"谓相工曰：'吾貌类先帝，先帝三十得天下，我今亦三十，可起兵未？'相者告吏，荆自系狱。"（《后汉纪》卷10）其实，早期帝国士大夫的日常燕语相当丰富，尽管不是纯粹意义上的私人话语。因为它们所谈议题和朝廷尤其和官场无不密切相关。这里举一个例子，可见官员们的私密言语在波谲云诡的宫廷政治中呈现出的光怪陆离的诡异色彩。崔瑗辟车骑将军阎显府，"时阎太后称制，显入参政事。先是安帝废太子为济阴王，而以北乡侯为嗣。瑗以侯立不以正，知显将败，欲令废立，而显日沉醉，不能得见。"崔瑗建议长史陈禅，一起求见阎显，白太后，废少帝，立济阴王，"禅犹豫未敢从。会北乡侯薨，孙程立济阴王，是为顺帝。阎显兄弟悉伏诛，瑗坐被斥。门生苏祇具知瑗谋，欲上书言状，瑗闻而遽止之。时陈禅为司隶校尉，召瑗谓曰：'第听祇上书，禅请为之证。'瑗曰：'此譬犹儿妾屏语耳，愿使君勿复出口。'"（《后汉书·崔骃列传》）崔瑗虽为阎显府掾吏，却谋划恢复顺帝的正统地位，只是未能成行。后来顺帝被宦官拥立，崔瑗反受阎（转下页）

士与论议,腹诽而心谤"。① 又如,梁竦之女入宫,生和帝。"竦兄弟不蒙忻喜,窃私相贺,语言漏泄。传闻,窦后恶之,遂作蜚语,诬陷以恶。"②可见官场私语非常犯忌。③ 稍不留神就会自掘坟墓。④ 因言语不慎而丢官者不在少数。比如,御史大夫郑昌"坐与京房论议免"。⑤ 私下议论导致免官,表明言论禁忌的实际边界和言论空间的真实尺度。

另一方面,依照"雷霆雨露皆是君恩"的皇权主义逻辑,臣民之于皇帝只应感恩,不应怨望,更不应怨恨。否则即是不敬。比如,明帝以窦穆"不能修尚,而拥富赀,居大第,常令谒者一人监护其家。居数年,谒者奏穆父子自失埶,数出怨望语,帝令将家属归本郡。"⑥可见臣民私下的任何怨言和非议都可能进入奏诏模式,为自己招来不测之祸。奏诏模式把臣民的言语变成了言论罪的天罗地网,终其一生,笼罩头顶,随时置人死地。总之,身为皇帝子民,没有一个人的言语是完全安全的,没有一个人的燕语能完全免于威胁。

河南太守严延年被掾史举报"罪名十事",全部来自严延年的私下议论,包括"心内不服"、"心恨"之类的腹诽式心理活动。严延年这些极度私密的言语牢骚、不满情绪,在掾史的告发中都属于言论罪范畴。不过,所谓"罪名十事"满打满算只有六件。

> 黄霸在颍川以宽恕为治,郡中亦平,娄蒙丰年,凤皇下,上贤焉,下诏称扬其行,加金爵之赏。延年素轻霸为人,及比郡为守,褒赏反在己前,心内不服。河南界中又有蝗虫,府丞义出行蝗,还见延年,延年曰:"此蝗岂凤皇食邪?"义又道司农中丞耿寿昌为常平仓,利百姓,延年曰:"丞相御史不知为也,当避位去。寿昌安得权此?"后左冯翊缺,上欲征延年,符已发,为其

(接上页)显牵连,密谋中的先见之功亦未能为人所知。不过,至少他此前那番当时属于大逆不道之言既不追究,亦不表彰,更不计功,算是不为人道的"儿妾屏语",无需再提。足见私人话语的违禁或不道,伴随官场上的翻云覆雨风云突变往往产生难以预料的迥异结果。

① 《汉书·灌夫传》。

② 司马彪《续汉书》卷1,《八家后汉书》。

③ 以窦融为例,可见其对官场私语之谨慎,以及因此得宠之缘故。光武西征隗嚣,窦融率步骑数万与之相会。"融先遣从事问会见仪适,是时军旅未兴,诸将与三公交错道中,或背使者交私语。帝闻融先问礼仪,甚善之,以宣告百僚。乃置酒高会,引见融等,待以殊礼。"(《后汉书·窦融列传》)

④ 皇权社会是一种人人为敌的社会。稍举一例以见一斑。章帝宋贵人生太子刘庆,窦皇后"心内恶之。与母比阳主谋陷宋氏。外令兄弟求其纤过,内使御者侦伺得失。后于掖庭门邀遮得贵人书,云'病思生菟,令家求之',因诬言欲作蛊道祝诅,以菟为厌胜之术,日夜毁谮,贵人母子遂渐见疏。"(《后汉书·章帝八王传》)

⑤ 《汉书·郑弘传》。

⑥ 《后汉书·窦融列传》。

名酷复止。延年疑少府梁丘贺毁之,心恨。会琅邪太守以视事久病,满三月免,延年自知见废,谓丞曰:"此人尚能去官,我反不能去邪?"又延年察狱史廉,有臧不入身,延年坐选举不实贬秩,笑曰:"后敢复有举人者矣!"①

最后,"事下御史丞按验,有此数事,以结延年,坐怨望非谤政治不道弃市。"可见经过司法审讯查证,严延年的"罪名十事"全部坐实,最终被判以"怨望非谤政治不道"罪,其罪证不过是掾吏举奏的那些无谓的闲言碎语。经过掾吏举报和御史查实,皆已构成十恶不赦的言论罪。这表明,对于郡县掾吏和朝廷御史,严延年说的这些牢骚话构成了"怨望非谤政治不道"罪绝对是一个官场共识。在他们心目中,这些话本身就不"政治正确",不当说,不该说,说了不被告发是侥幸,被告发也不意外。总之,一切皆有可能。某种意义上,皇权帝国确实时时都在上演着惊恐连续剧。尤为恐惧的是,触发这一切的竟然是"丞义"对严延年"恐见中伤"的过度畏惧。"延年本尝与义俱为丞相史,实亲厚之,无意毁伤也,馈遗之甚厚。义愈益恐。"②可见官场的相互猜忌、彼此构陷的恶习就像病毒一样,已深深浸透于每一个官场中人的黑暗内心。无论公卿还是掾吏,经年累月的尔虞我诈,使他们早已形成了一种条件反射般的自我防护意识。要想不受制于人,必须先发制人。最具讽刺的是,严延年弃市竟然不是因为他这位号曰"屠伯"的著名酷吏的杀人如麻,而是因为他私下的只言片语。可见言语之失甚于暴虐之罪。本质上,这恰是阳儒阴法的皇权主义奥秘。有时做什么或怎么做不重要,重要的是说什么或怎么说。做错事不要紧,说错话才要命。显然,这一切只能发生且存在于奏诏模式中。关键是,这一切也只能在奏诏模式中合情合理自然而然地发生且存在着。

太仆戴长乐和光禄勋杨恽丢官,也是因为被人上书告发隐私燕语。他们都和官员们私下闲聊有关,可见言多必失、祸从口出不拘身份、不限场合,对任何人都适用。值得注意的是,戴长乐只被告发了一件"非所宜言"之事,"长乐尝使行事(隶)〔肄〕宗庙,还谓掾史曰:'我亲面见受诏,副帝(隶)〔肄〕,秺侯御。'人有上书告长乐非所宜言,事下廷尉。"他怀疑是杨恽"教人告之,亦上书告恽罪"③,便一口气揭发了杨恽背后说过的六句"非所宜言"之语。

高昌侯车奔入北掖门,恽语富平侯张延寿曰:"闻前曾有奔车抵殿门,门关折,马死,而昭帝崩。今复如此,天时,非人力也。"左冯翊韩延寿有罪

---

① 《汉书·酷吏传》。
② 《汉书·酷吏传》。
③ 《汉书·杨敞传》。

下狱，恽上书讼延寿。郎中丘常谓恽曰："闻君侯讼韩冯翊，当得活乎？"恽曰："事何容易！胫胫者未必全也。我不能自保，真人所谓鼠不容穴衔窭数者也。"又中书谒者令宣持单于使者语，视诸将军、中朝二千石。恽曰："冒顿单于得汉美食好物，谓之殄恶，单于不来明甚。"恽上观西阁上画人，指桀纣画谓乐昌侯王武曰："天子过此，一二问其过，可以得师矣。"画人有尧舜禹汤，不称而举桀纣。恽闻匈奴降者道单于见杀，恽曰："得不肖君，大臣为画善计不用，自令身无处所。若秦时但任小臣，诛杀忠良，竟以灭亡；令亲任大臣，即至今耳。古与今如一丘之貉。"恽妄引亡国以诽谤当世，无人臣礼。又语长乐曰："正月以来，天阴不雨，此《春秋》所记，夏侯君所言。行必不至河东矣。"以主上为戏语，尤悖逆绝理。①

廷尉于定国亲自考问，"左验明白。"经过讯问"当时在其左右见此事者"，确有其事。最后戴长乐和杨恽都被免为庶人。尤其是杨恽罪名更为严重。"恽幸得列九卿诸吏，宿卫近臣，上所信任，与闻政事，不竭忠爱，尽臣子义，而妄怨望，称引为訞恶言，大逆不道，请逮捕治。"②杨恽平时闲谈竟成了"訞恶言"。③问题是，这些私密言语竟能当作弹劾同僚的证据上奏皇帝，并被提交司法机关堂而皇之地加以审核，可见将燕语作为罪证用来指控官员的做法相当普遍。这表明，**语言和法律之关系在皇权政治中构成了一种近乎无处不在的犯罪现实**。

戴长乐之所以"疑恽教人告之"，显然和杨恽"自矜其节行及政治之能"的行事处世风格有关。"恽伐其行治，又性刻害，好发人阴伏，同位有忤己者，必欲害之，以其能高人。由是多怨于朝廷。"杨恽身为宣帝的有功之臣，又身居九卿高位，却以"晻昧语言见废"，自然"内怀不服"。其侄子典属国杨谭劝他，"侯罪薄，又有功，且复用。"④所谓"罪薄"即"薄其罪"。所谓"以其过为轻小"。⑤关键是，"晻昧语言"虽然"罪薄"，仍能"见废"一位九卿级高官，可见语言在皇权政治中的深刻作用，亦可见"晻昧语言"在奏诏模式中的特殊效应。某种意义上，"晻昧语言"意味着官员之罪。就是说，透过奏诏模式，"晻昧语言"本身就是罪证，就是给官员定罪的证据。

---

① 《汉书·杨敞传》。
② 《汉书·杨敞传》。
③ 似可见吕后除"訞言令"，文帝再次诏除"訞言令"，皆不彻底，或皆未真正落实。致使武帝时用"有恶言"、宣帝时用"訞恶言"来为大臣定罪。或许还可以解释为，"訞言令"虽已废除，但遇到事情，还是会用訞言来给人定罪。这表明訞言罪在早期帝国始终存在。就其本质，以訞言、诬罔、不道、不敬等为表征的言论罪的随意性和宽泛性恰是早期帝国言论史的常态。
④ 《汉书·杨敞传》，颜注。
⑤ 《汉书·严助传》，颜注。

杨恽失爵,"以财自娱。"友人安定太守孙会宗"与恽书谏戒之,为言大臣废退,当阖门惶惧,为可怜之意,不当治产业,通宾客,有称〔举〕〔誉〕。"官员被贬,必须低调、内敛、自省。时时摆出一副戴罪的姿态,乞求皇帝哀怜。高调者,即被视为不满皇帝对自己的贬责。这显然有违"雷霆雨露皆是君恩"的人臣之道。杨恽"少显朝廷,一朝〔以〕晻昧语言见废,内怀不服",给孙会宗写了一封信,"今子尚安得以卿大夫之制而责仆哉!"杨谭劝他说:"侯罪薄,又有功,且复用。"杨恽说:"有功何益?县官不足为尽力。"杨谭随即又说:"县官实然,盖司隶、韩冯翊皆尽力吏也,俱坐事诛。"会有日食,"驸马猥佐成上书告恽'骄奢不悔过,日食之咎,此人所致。'章下廷尉案验,得所予会宗书,宣帝见而恶之。"[1]"恽之此言,实因废弃而有怨望之意。"[2]正因此,宣帝对杨恽书信一案的判决非常重。"廷尉当恽大逆无道,要斩。妻子徙酒泉郡。谭坐不谏正恽,与相应,有怨望语,免为庶人。……诸在位与恽厚善者,未央卫尉韦玄成、京兆尹张敞及孙会宗等,皆免官。"[3]

三、告密无禁区

奏诏模式是一种合法的告密渠道。人人皆可检举告密。知情不报,视为同犯。比如,楚王刘英谋反,"阴氏欲中伤之,使人私以楚谋告(司徒虞)延,延以英藩戚至亲,不然其言。……及英事发觉,诏书切让,延遂自杀。"[4]至于告发范围更是毫无边际。宗室外戚权臣公卿的私密生活的林林种种,皆在奏诏模式的言说范围之内。李广利是外戚,他妹妹李夫人之子刘髆被封昌邑王;李广利又是宠臣,他被汉武帝任命贰师将军出击匈奴;李广利还是丞相刘屈氂的儿女亲家,他女儿嫁给了刘屈氂儿子。"贰师将军李广利将兵出击匈奴,丞相为祖道,送至渭桥,与广利辞决。广利曰:'愿君侯早请昌邑王为太子。如立为帝,君侯长何忧乎?'屈氂许诺。"[5]二人之间这段涉嫌谋逆的犯忌之语,在因巫蛊之祸而掀起的扩大化告密运动中,被揭发出来。虽说"吏民以巫蛊相告言者,案验多不实",[6]但李广利和刘屈氂的密谋还是被人举报。"是时治巫蛊狱急,内者令郭

① 《汉书·杨敞传》。
② 《资治通鉴》卷27,胡注。
③ 《汉书·杨敞传》。
④ 《后汉书·虞延列传》。
⑤ 《汉书·刘屈氂传》。
⑥ 《资治通鉴》卷22。

穰告丞相夫人以丞相数有谴,使巫祠社,祝诅主上,有恶言,及与贰师共祷祠,欲令昌邑王为帝。有司奏请案验,罪至大逆不道。有诏载屈氂厨车以徇,要斩东市,妻子枭首华阳街。贰师将军妻子亦收。贰师闻之,降匈奴,宗族遂灭。"①

在官员的相互攻讦中,常用一个杀手锏,这就是指使人写匿名信,专门搜集对手隐私,"遣票轻吏微求人罪,"②陷政敌于不堪之地,最终搞臭乃至搞倒政敌。比如,李文和张汤有隙,"已而为御史中丞,荐数从中文事有可以伤汤者,不能为地。汤有所爱史鲁谒居,知汤弗平,使人上飞变告文奸事。"③"人有上书告(戴)长乐非所宜言,事下廷尉。长乐疑(杨)恽教人告之,亦上书告恽罪。"④王凤怨王商,"阴求其短,使人上书言商闺门内事。"⑤"侯览大怨,遂诈作飞章下司隶,诬(史)弼诽谤,槛车征。"⑥

官员们的私生活和日常娱乐向来是人们的关注重点,也是人们奏劾的重要内容。比如,平恩侯许伯即许皇后之父"治第新成,始入居之"。丞相、御史、将军、中二千石皆贺,盖宽饶"从西阶上,东乡特坐",表示出"自尊抗,无所诎"的傲视姿态。"坐者皆属目卑下之。酒酣乐作,长信少府檀长卿起舞,为沐猴与狗斗,坐皆大笑。宽饶不说,卬视屋而叹曰:'美哉!然富贵无常,忽则易人,此如传舍,所阅多矣。唯谨慎为得久,君侯可不戒哉!'因起趋出,劾奏长信少府以列卿而沐猴舞,失礼不敬。"宣帝"欲罪少府,许伯为谢。"⑦又如,平帝立,"越巂郡上黄龙游江中,太师孔光、大司徒马宫等咸称莽功德比周公,宜告祠宗庙。"大司农孙宝却持异议,"大臣皆失色,侍中奉车都尉甄邯实时承制罢议者。会宝遣吏迎母,母道病,留弟家,独遣妻子。司直陈崇以奏宝,事下三公即讯。宝对曰:'年七十悖眊,恩衰共养,营妻子,如章。'"也就是"心志乱惑,供养之恩衰,具如所奏之章"。孙宝因此"坐免"。⑧

官场游戏中,有些官员隐私虽不触犯皇权,也不具有多大危害,仍然成为官员之间相互攻讦的黑材料。关键是,无论官员还是皇帝,都不怀疑这些黑材料作为核心证据的必要性和充足理由。举一例。蔡邕和司徒刘合素不相合,其叔父卫尉蔡质与将作大匠阳球又有矛盾。因为阳球是中常侍程璜的女婿,程璜便

---

① 《汉书·刘屈氂传》。
② 《汉书·王商传》。
③ 《汉书·张汤传》。
④ 《汉书·杨敞传》。
⑤ 《汉书·王商传》。
⑥ 《后汉书·史弼列传》。
⑦ 《汉书·盖宽饶传》,颜注。
⑧ 《汉书·孙宝传》,颜注。

指使人写匿名信，"言邕、质数以私事请托于合，合不听，邕含隐切，志欲相中。"也就是指控蔡邕阴谋"中伤"刘合。这样，程璜进一步加剧了蔡邕和刘合之间的裂痕。问题是，这种臣子间的勾心斗角，无涉皇权，也要奏报皇帝，并需皇帝裁决。这是因为官场无小事，任何事情只要官员想说，都可以给皇帝上书。这样，才有了灵帝诏命，要求蔡邕申诉表白。"诏下尚书，召邕诘状。"虽然最后还是给蔡邕定了个"仇怨奉公，议害大臣，大不敬"的罪名。原本判刑"弃市"，后改为"减死一等"。值得注意的是，在减轻对蔡邕的处理过程中，除了良宦的规谏作用，关键是灵帝本人对蔡邕奏章的再三思量。"事奏，中常侍吕强愍邕无罪，请之，帝亦更思其章，有诏减死一等，与家属髡钳徙朔方，不得以赦令除。"①可见蔡邕"上书自陈"的作用不容低估。

> 臣被召，问以大鸿胪刘合前为济阴太守，臣属吏张宛长休百日，合为司隶，又托河内郡吏李奇为州书佐，及营护故河南尹羊陟、侍御史胡母班，合不为用致怨之状。臣征营怖悸，肝胆涂地，不知死命所在。窃自寻案，实属宛、奇，不及陟、班。凡休假小吏，非结恨之本。与陟姻家，岂敢申助私党？如臣父子欲相伤陷，当明言台阁，具陈恨状所缘。内无寸事，而谤书外发，宜以臣对与合参验。……臣季父质，连见拔擢，位在上列。臣被蒙恩渥，数见访逮。言事者因此欲陷臣父子，破臣门户，非复发纠奸伏，补益国家者也。臣年四十有六，孤特一身，得托名忠臣，死有余荣，恐陛下于此不复闻至言矣。臣之愚赣，职当咎患，但前者所对，质不及闻，而衰老白首，横见引逮，随臣摧没，并入坑埳，诚冤诚痛。②

这场官场游戏还没完。虽是插曲，亦可看出权斗之残酷与血腥。阳球派刺客沿着蔡邕"髡钳徙朔方"的路线追杀，"客感其义，皆莫为用。球又赂其部主使加毒害，所赂者反以其情戒邕，故每得免焉。"③

私人书信皆可作为犯罪证据，直接上报皇帝，官员被判下狱，打入死牢。可见，私人书信进入奏诏渠道，往往不是好事，通常意味着官场阴谋和官员灾难。比如，张俊与兄张龛并为尚书郎，尚书郎朱济、丁盛"立行不修，俊欲举奏之，二人闻，恐，因郎陈重、雷义往请俊，俊不听，因共私赂侍史，使求俊短。"此前，前司空袁敞"失邓氏旨"而自杀。朱济、丁盛恰巧抓住了张俊这个把柄。"得其私书

---

① 《后汉书·蔡邕列传》。
② 《后汉书·蔡邕列传》。
③ 《后汉书·蔡邕列传》。

与(袁)敞子,遂封上之,皆下狱,当死。"由于死囚也可以在狱中上书申辩,[1]所以,"俊自狱中占狱吏上书自讼,书奏而俊狱已报。廷尉将出谷门,临行刑,邓太后诏驰骑以减死论。"张俊随之"假名上书"。"臣孤恩负义,自陷重刑,情断意讫,无所复望。廷尉鞠遣,欧刀在前,棺絮在后,魂魄飞扬,形容已枯。陛下圣泽,以臣尝在近密,识其状貌,伤其眼目,留心曲虑,特加遍覆。丧车复还,白骨更肉,披棺发槥,起见白日。天地父母能生臣俊,不能使臣俊当死复生。陛下德过天地,恩重父母,诚非臣俊破碎骸骨,举宗腐烂,所报万一。臣俊徒也,不得上书;不胜去死就生,惊喜踊跃,触冒拜章。"张俊这封奏表在朝野广为流传,"当时皆哀其文。"[2]可见张俊上书表谢是一种公开行为,等于罪臣向朝廷的公开谢罪和感恩。

第五节 泄 密

一、漏泄省中语

奏诏模式的开放性不等于透明性。[3] 这意味着告发、检举乃至诬告、诬奏成为早期帝国的政治常态。[4] 这使皇朝臣民处于人人自危同时又几乎人人无

---

① "俊自狱中占狱吏上书自讼"和"臣俊徒也,不得上书"之间似乎有所冲突。其实不然。因为张俊已经"奏报论死",虽然邓太后"诏驰骑以减死论",张俊也只能"假名上书"。这或许是他表白"不得上书"的原因所在。

② 《后汉书·袁安列传》。

③ 就不透明而言,皇权政治、专制政治、宫廷政治一回事。换言之,不透明这个特点把皇权政治、专制政治、宫廷政治三者整合为一个权力体系。

④ 诬告和诬奏其实是奏诏模式的必然产物。有奏书就有诬奏。二者如影相随。诬奏被皇帝认可,就是奏书。诬奏不被追究,反倒常见。就像被权臣或宦官诬奏的官员,即便侥幸无事,仕途也难免不受影响。倒是那些权臣或宦官却逍遥法外,毫发无损。这里举三个诸侯王被诬奏的例子。宦官诬奏得逞,官员诬奏被罚被杀。勃海王刘悝曾因罪被贬。"悝因黄门王甫求复其国,赂以租钱五十万。桓帝不豫,诏悝为勃海王。甫以为己功,趣责于悝。悝知帝意也,不与甫钱。由是甫谋悝大逆不道,讽司隶校尉段颎奏治其狱,悝遂自杀。"(《后汉纪》卷23)彭城王国相赵牧诬奏彭城王刘恭,"安帝疑其侵,乃遣御史母丘歆覆案其事实,下牧廷尉,会赦不诛。"(《后汉书·孝明八王列传》,李贤注)国相师迁追奏前相魏愔与陈王刘宠"共祭天神,希幸非冀,罪至不道。……诏槛车传送愔,诣诣北寺诏狱,使中常侍王酺与尚书令、侍御史杂考。愔辞与王共祭黄老君,求长生福而已,无它冀幸。酺等奏愔职在匡正,而所为不端,迁诬告其王,罔以不道,皆诛死。"(《后汉书·孝明八王列传》)

密可保的透明状态。① 尽管如此,皇权政治依然存在广泛的泄密现象。姑且不论"直臣抗议,必漏先言之间"。② 即以奏诏模式的内在逻辑而言,已预留了为泄密大开方便之门的隐秘通道。一方面,臣民无隐私,一切都是臣民上书的内容;另一方面,奏书和诏书都具有某种程度的隐秘性。泄露诏书是罪,③泄露奏书也是罪,泄露未奏之书还是罪。萧望之、周堪、刘更生、金敞"四人同心辅政,患苦外戚许(伯)、史(高)在位放纵,而中书宦官弘恭、石显弄权。望之、堪、更生议,欲白罢退之。未白而语泄,遂为许、史及恭、显所谮愬,堪、更生下狱,及望之皆免官。"④进而言之,奏书也会被视为泄密。"邵陵令任嘉在职贪秽,因迁武威太守,后有司奏嘉臧罪千万,征考廷尉,其所牵染将相大臣百有余人。"侍中杨伦上书,"任嘉所坐狼藉,未受辜戮,猥以垢身,改典大郡,自非案坐举者,无以禁绝奸萌。往者湖陆令张叠、萧令驷贤、徐州刺史刘福等,衅秽既章,咸伏其诛,而豺狼之吏至今不绝者,岂非本举之主不加之罪乎?"奏御,"尚书奏伦探知密事,激以求直。坐不敬,结鬼薪。"虽然最后顺帝"诏书以伦数进忠言,特原之,免归田里"⑤,还是不难看出泄密罪的无边界性。就是说,泄密罪会扩大到一切朝廷或官府不想让人知道的事情上。⑥

"漏泄省中语"固然"大不敬",⑦问题是,按照奏诏模式的开放性逻辑,所谓"漏泄所闻"、"漏泄省中语",并无确指,它可以泛指官场和宫中的所有言语和事情。尤其君臣间的言谈甚至燕语,更是不能为外人道的绝对禁忌。夏侯胜有次觐见宣帝,"出道上语",也就是"入见天子而以其言为外人道之"。宣帝"闻而让胜,胜曰:'陛下所言善,臣故扬之。尧言布于天下,至今见诵。臣以为可传,故

---

① 宫廷政治的特点是,貌似处处黑箱作业,事事封闭消息,实际上毫无秘密可言。元帝幸虎圈斗兽,"熊佚出圈,攀槛欲上殿。左右贵人傅昭仪等皆惊走,冯倢妤直前当熊而立,左右格杀熊。上问:'人情惊惧,何故前当熊?'倢妤对曰:'猛兽得人而止,妾恐熊至御坐,故以身当之。'"这一细节在后来傅昭仪诬称冯倢妤"祝诅谋反"而刑讯时再次提及。这时,冯倢妤为中山国太后,傅昭仪则成了哀帝太后。傅太后使中谒者令史立"责问冯太后,无服辞。立曰:'熊之上殿何其勇,今何怯哉!'太后还谓左右:'此乃中语,前世事,吏何用知之? 是欲陷我效也!'乃饮药自杀。"(《汉书·外戚传下》)
② 《后汉书·宦者列传》。
③ 泄露诏书屡见不鲜,但有时也出人意料。"流槐丞彭祖坐辞讼以诏书示之众。"(武威地区博物馆《甘肃武威旱滩坡东汉墓》,《文物》1993 年第 10 期)一个地方小吏因为在审理一件案子时,将相关诏书公之于众便被流放。可见诏书禁忌之多,保密之严。
④ 《汉书·楚元王传》。
⑤ 《后汉书·儒林列传上》。
⑥ "盗变事书,弃市。""留变事书当上不上满半日,弃□。""吏留难变事满半日,弃市。""发视变事,弃市。"(长沙市文物考古研究所编《长沙尚德街东汉简牍》,第 222 页,岳麓书社,2016 年)
⑦ 长沙市文物考古研究所编《长沙尚德街东汉简牍》,第 221 页,岳麓书社,2016 年。

传耳。'"①面对宣帝的责备,夏侯胜巧言如簧,自己之所以泄露宣帝的话,是因为皇上说的是尧舜般的圣人之言,身为臣子有义务向天下传播这些德语嘉音。宣帝显然很受用这番吹捧,不再追究夏侯胜的泄密罪。可见"省中语"是一个非常大的概念,它是以皇帝为中心的一种语言禁区。既包括宫中君臣言语,也包括宫中隐私和禁忌。总之,涵括皇帝的一切言行,都被列入保密范围,不能随便谈及。②

显而易见,奏诏模式的开放性本身包含种种禁忌性规定。它向人们开放言论的同时,也打开了告密之门。这使一切不该说的东西皆可能成为泄密的内容,同时也皆有可能成为告密的内容。一旦告密这些内容随即成为泄密的东西。可见告密和泄密差不多一回事,都是无处不在。只不过言说对象不同。告密是把臣子的事情说给皇帝,泄密是把君臣的事情说给臣子。这意味着泄密本身也是告密的材料。"上书告(赵)卬泄省中语"即是如此。③ 你泄密,自然成为别人告密的口实。可见在皇权政治的实际运作中,二者性质随时可以逆转。由此构成皇权政治和奏诏模式的共同界限。就是说,皇权政治的边界有多大,奏诏模式的边界就有多大。

奏诏模式鼓励人们说话,人们也知道祸从口出、言多必失的古训。④ 这样,如何在说话之后全身而退,不仅是朝臣的为官之道,更是他们的生存之道。其实,百官知道二者原本一回事。如此,奏事保密就成为臣子们的必修课。即便口奏,老练的官僚也会"诡辞密对"⑤,时刻意识到保密的必要性。比如,侍中延

---

① 《汉书·夏侯胜传》,颜注。

② 严格说,皇帝不仅是泄密对象,也是泄密主体。因为皇帝也会泄密。而且后果更严重。但人们一般不把皇帝泄密列入泄密罪,甚至不把皇帝泄密视作泄密。不管泄密出于无心还是有意。比如,"李斯不得见,因上书言赵高之短。……二世已前信赵高,恐李斯杀之,乃私告赵高。"《史记·李斯列传》又如,光武初,"北州残破,渔阳独完,有盐铁之积,(彭)宠多买金宝。(朱)浮数奏之,上辄漏泄,令宠闻,以胁恐之。"《后汉纪》卷4)在人们意识中,皇帝泄密不叫泄密,如同皇帝违法不叫违法一样。这是因为,人们相信,皇帝有权做任何事,同样,皇帝有权说任何话。

③ 破羌将军辛武贤"罢归故官"为酒泉太守,本来和中郎将赵卬毫无关系,是因为赵充国"还言兵事"所致,(《汉书·赵充国传》)他却恨屋及乌,告发赵充国之子赵卬泄露省中语,作为报复。可见官场游戏中随时翻盘的一个杀手锏就是告密,尤其是告密"漏泄省中语"。

④ 事实上,祸从口出在官场上几乎无处不在。王莽策封金钦、金当奉祀金日磾。金钦对金当说:"诏书陈日磾功,亡有赏语。当名为以孙继祖也,自当为父、祖父立庙。赏故国君,使大夫主其祭。"站在旁边的甄邯听到这话,当场叱责金钦,并随之劾奏。"钦自知与当俱拜同谊,即数扬言殿省中,教当云云。当即如其言,则钦亦欲为父明立庙而不入夷侯常庙矣。进退异言,颇惑众心,乱国大纲,开祸乱原,诬祖不孝,罪莫大焉。尤非大臣所宜,大不敬。"王莽命四辅、公卿、大夫、博士、议郎廷议,一致认为"钦宜以时即罪"。金钦自杀。(《汉书·金日磾传》)

⑤ 《后汉书·延笃列传》。

笃"自在机密,常见进纳,上数问政事得失,以经义古典,默谏帷幄,言不宣外。"①又如,吴楚七国反,景帝和晁错商议用兵方案。爰盎入见,景帝问他,"今吴楚反,于公意何如?"接下来,景帝和晁错、爰盎三人的对话,属于一种奏诏模式的现场版。其间同样充满着官场权术和阴谋。"上问曰:'计安出?'盎对曰:'愿屏左右。'上屏人,独错在。盎曰:'臣所言,人臣不得知。'乃屏错。错趋避东箱,甚恨。"这既可以说是爰盎的奏事权术,也是他应有的奏事保密意识。屏退晁错之后,爰盎献上一条借刀杀人之计。"方今计,独有斩错,发使赦吴楚七国,复其故地,则兵可毋血刃而俱罢。"景帝默然良久,说了一句名言,"顾诚何如,吾不爱一人谢天下。"②

同时,士大夫们也不忘警示皇帝注意保密。刘向劝谏成帝,"陛下深留圣思,审固几密,览往事之戒,以折中取信,居万安之实,用保宗庙,久承皇太后,天下幸甚。"③虽然王章"每召见,上辄辟左右",成帝的表舅王音却"独侧听,具知章言,以语(王)凤"。④ 可见官员奏事泄密,防不胜防。

其实,简牍时代的奏书算是一桩需要经验和技巧,且颇费工夫和体力的技术活。稍不留神就容易出错。奏主必须打起百般精神。即便如此,也不能保证完全不出一点纰漏。如果涉及专业性复杂的议题,加上论证繁密,篇幅庞大,疏漏错讹在所难免。如果追究,就是欺君。所以,奏书出现文字疏忽,都会令人寝食难安。尤其对那些素来谨小慎微如履薄冰的士大夫来说,哪怕一个错字,也会吓得魂飞魄散。郎中令石建是一个典型。石建"奏事下,建读之,惊恐曰:'书"马"者与尾而五,今乃四,不足一,获谴死矣!'"意思是"马字下曲者为尾,并四点为四足,凡五。"结果"建时上书误作四"。简单说,就是石建上书中的"马"字下面少写了一点。表面上,官员奏疏被皇帝批复后,退还本人,也就是"有所奏上而被报下"⑤,只是一种常规程序,但究其实,并不简单,皇帝通过这种奏诏程序表达的政治意图相当复杂,含义多多,可能是表明一种态度,也可能是一种认可,也可能是一种不满,还有可能是一种暗示。即便一字不写,也会令官员浮想联翩,过度解读。石建看见武帝发还的奏书上,自己竟把"马"少写一点,便惊恐

---

① 谢承《后汉书》卷 4,《八家后汉书》。
② 《汉书·晁错传》。这话甚是经典。因为景帝说出了所有皇帝的底线。无论如何,我不会为一人而失去天下。这一人可以是任何一人,除了自己。换言之,为了自己一人,可以牺牲任何人。唯其如此,才能坐稳皇位。
③ 《汉书·楚元王传》。
④ 《汉书·元后传》。
⑤ 《汉书·万石君传》,颜注。

万状,认为自己罪该万死。像石建这种谨慎得令人发指的人,显然不会把关系身家性命的奏书交给他人草拟或抄录,绝对是事必躬亲,慎之又慎。

诚然,官员奏书可以亲自操刀,也可以令属吏代笔。奏疏需要文采和条理,所谓"奏议宜雅"①,不是所有官员都善于作文上奏。② 比如,窦融早先的奏章就是出自班彪之手。"世祖问窦融,在西州时每所上章奏,谁与参之,融对曰'皆班彪所为也'。"③这样,才思敏捷文思泉涌的擅文善奏者便成为官场上的稀有品种和特殊人才。④ 以至于西汉末出现了"力战斗,不如巧为奏"⑤这种流行语,后汉更是出现了一种虽非专职却名声在外的奏书写手。陈琳、阮瑀之"章表书记,今之俊也"。⑥ 三公乃至九卿的许多奏章,并非全然出自己手,而是由人代笔捉刀。奏诏模式下的官场生态很容易催生一批工书之官吏。张既"少小工书疏,为郡门下小吏,而家富。自惟门寒,念无以自达,乃常畜好刀笔及版奏,伺诸大吏有乏者辄给与,以是见识焉。"⑦临汾令葛龚"以善文记知名",也就是"善为文奏。或有请龚奏以干人者,龚为作之,其人写之,忘自载其名,因并写龚名以进之。故时人为之语曰:'作奏虽工,宜去葛龚。'"⑧

总之,奏疏究竟由谁提笔操刀,这涉及官员的个人素质和行政风格。⑨ 假

① 曹丕《典论·论文》。
② 在奏诏模式支配的朝廷政治中,不善奏疏的后果很严重。御史大夫卜式"不习文章,贬秩为太子太傅。"(《汉书·卜式传》)
③ 《后汉纪》卷13。
④ 奏疏三要素,抒情、叙事、论理。以重要性排序,抒情为先,叙事次之,论理最次。这决定了历史上那些传诵一时、影响深远的奏章,往往不是以说理见长,而是以情感人。所以,善写奏疏者多是激情洋溢的文才之士。即便在乱世官场,情感爆发型的士人文才在奏诏模式中依然具有不容低估的特殊作用,进而直接决定了士人的真实地位。以祢衡为例。"刘表及荆州士大夫先服其才名,甚宾礼之,文章言议,非衡不定。表尝与诸文人共草章奏,并极其才思。时衡出,还见之,开省未周,因毁以抵地。表怅然为骇。衡乃从求笔札,须臾立成,辞义可观。表大悦,益重之。后复侮慢于表,表耻不能容,以江夏太守黄祖性急,故送衡与之,祖亦善待焉。衡为作书记,轻重疏密,各得体宜。祖持其手曰:'处士,此正得祖意,如祖腹中之所欲言也。'"(《后汉书·文苑列传下》)
⑤ 长安民谚有云:"欲求封,过张伯松;力战斗,不如巧为奏。"(《汉书·王莽传上》)"力战斗,不如巧为奏"说的不仅是皇权政治中奏书的作用,也是对作为皇权政治运行机制之奏诏模式的生动说明。大白话就是,干得好不如说得好,会干不如会说。可见,言行之间,语言力量之强大远超行动。与其说人之本质在于行,不如说在于言。这种本质不限于古代,更不限于专制社会。它贯穿整个人类历史。
⑥ 曹操以陈琳、阮瑀为司空军谋祭酒,"管记室,军国书檄,多琳、瑀所作也。"史称:"琳作诸书及檄,草成呈太祖。太祖先苦头风,是日疾发,卧读琳所作,翕然而起曰:'此愈我病。'数加厚赐。太祖尝使瑀作书与韩遂,时太祖适近出,瑀随从,因于马上具草,书成呈之。太祖揽笔欲有所定,而竟不能增损。"(《三国志·魏书·王粲传》,裴注)
⑦ 《三国志·魏书·张既传》,裴注。
⑧ 《后汉书·文苑列传上》,李贤注。
⑨ 像梁冀这种权臣,显然不大可能亲手作书。他构陷李固与甘陵人刘文"谋立清河王为帝",就是命马融"作章表"。吴祐警告马融,"李公之罪,成于卿手;李公若诛,卿何面目示天下人!"(《后汉纪》卷21)

人之手,风险自不待言。这种风险是双重的。奏主和草者皆卷入其中,不能摆脱。① 周荣辟司徒袁安府,"安数与论议,甚器之。及安举奏窦景及与窦宪争立北单于事,皆荣所具草。窦氏客太尉掾徐龄深恶之,胁荣曰:'子为袁公腹心之谋,排奏窦氏,窦氏悍士刺客满城中,谨备之矣!'荣曰:'荣江淮孤生,蒙先帝大恩,以历宰二城。今复得备宰士,纵为窦氏所害,诚所甘心。'故常敕妻子,若卒遇飞祸,无得殡敛,冀以区区腐身觉悟朝廷。"②

一般说,奏书都有草稿。如果官员亲手起草,无需使属吏过目。如果令属吏草拟,难免有泄露机宜之嫌。自草奏疏应是汉人习惯。③ 有经验的官员无不亲力亲为,④诸如河南太守严延年"巧为狱文,善史书,所欲诛杀,奏成于手,中主簿亲近史不得闻知"⑤;司空第五伦"每上封自作草,不复示掾吏"⑥;廷尉陈宠"数议疑狱,常亲自为奏"⑦;司徒杨赐"谨自手书,皂囊密上"⑧。更有经验的官员还会自觉销毁奏疏的草稿,⑨诸如光禄勋孔光"已缮(事)书,辄削坏其草"⑩;光禄大夫樊宏"所上便宜及言得失,辄手自书写,毁削草本"⑪;虎贲中郎将张纯

---

① 客观意义上,辟主和掾吏之间基于奏疏言事似乎结成了某种俱荣俱损的利益共同体。议郎陈禅以为阎太后与顺帝"无母子恩,宜徙别馆,绝朝见。群臣议者咸以为宜"。周举是司徒府掾吏,他建议司徒李合,"宜密表朝廷,令奉太后,率厉群臣,朝觐如旧,以厌天心,以答人望。"李合随即上疏陈奏。后来,"朱伥代合为司徒,举犹为吏。"时孙程等人被贬徙迁,周举建议朱伥,"及今未去,宜急表之。"朱伥担心,"今诏怒,二尚书已奏其事,吾独表此,必致罪谴。"周举恳请,"明公年过八十,位为台辅,不于今时竭忠报国,惜身安宠,欲以何求? ……若举言不足采,请从此辞。"朱伥于是表谏,顺帝"果从之"。(《后汉书·周举列传》)朱伥被司隶校尉虞诩弹劾,周举为上司操刀上书,自我辩护,赢得顺帝信任,虞诩反坐。"诩案大臣,苟肆私意。诩坐上谢,伥蒙慰劳。"(《风俗通义》卷5)这里再举一个掾吏为辟主奏书脱罪的例子。刺史孟观辟周树为从事,孟观有罪,"俾树作章,陈事序要,得无罪也。"(谢承《后汉书》卷8,《八家后汉书》)可见辟主和属吏之间的特殊关系深深嵌置于奏诏模式之中,其关系走向亦随奏诏模式能否正常运行而定。

② 《后汉书·周荣列传》。

③ 在这点上,汉人奏书亦有其特点。汉人自书奏章"皆因慎密之故",六朝人自书奏牍则是"以书法相高"。因为,六朝书法盛行,"无人不从事于此,遂无有不自书章奏者。"(《陔余丛考》卷40,"自书奏牍")

④ 司徒杨赐虽然自己作书,却不避讳掾吏。他告诉掾刘陶,"张角等遭赦不悔,而稍益滋蔓,今若下州郡捕讨,恐更骚扰,速成其患。且欲切敕刺史、二千石,简别流人,各护归本郡,以孤弱其党,然后诛其渠帅,可不劳而定。"杨赐上书,"会去位,事留中。"(《后汉书·杨震列传》)

⑤ 《汉书·酷吏传》。

⑥ 《东观汉记》卷16。第五伦作司徒时,"令班固为文荐"钜鹿太守谢夷吾。(《后汉书·方术列传上》)可见是否亲自草写奏疏,很大程度上取决于所奏事宜。

⑦ 《后汉书·陈宠列传》。

⑧ 《后汉纪》卷24。

⑨ 这是奏诏模式产生的独特的为官之道和生存技巧。

⑩ 《汉书·孔光传》,颜注。

⑪ 《后汉书·樊宏列传》。

"素重慎周密,时上封事,辄削去草"①;太尉杨秉"尽心正谏,退而削草,虽子弟不知也"②;太常皇甫嵩"为人爱慎尽勤,前后上表陈谏有补益者五百余事,皆手书毁草,不宣于外"③;曹魏司空陈群"前后数密陈得失,每上封事,辄削其草,时人及其子弟莫能知也。"④这种做法的好处是,尽可能堵死一切泄密渠道,不给泄密留下任何死角。官员们深谙"君不密则失臣,臣不密则失身,机事不密则害成"的奥义。⑤何况汉朝确实不乏前车之鉴。"仲舒下吏,夏侯囚执,眭孟诛戮,李寻流放,此学者之大戒也。京房区区,不量浅深,危言刺讥,构怨强臣,罪辜不旋踵,亦不密以失身,悲夫!"⑥这些血的教训使得蔡邕封事不忘提醒灵帝,"君臣不密,上有漏言之戒,下有失身之祸。"⑦可悲的是,蔡邕本人恰恰因此致祸。

官员尤其大臣上书亲自操刀,既是保密之需,也是忠君之义。"暴谏露言,罪之大者。"⑧如果假手他人,等于将秘密拱手他人。想不泄密都难。张博让京房"为淮阳王作求朝奏草,皆持柬与淮阳王。"⑨结果二人皆因漏泄省中语而双双丧命。如果大臣命掾吏书写奏章,同样有可能出现纰漏,乃至泄密,也容易成为政敌攻讦的口实,甚至下狱。师丹遭人攻讦漏泄省中语,单独看,"丹使吏书奏"似无问题,"吏私写其草"就有了问题。联系起来,还是"丹使吏书奏"先有问题,才使"吏私写其草"成为问题。可见"丹使吏书奏"才是祸端。这也是"丁、傅子弟闻之,使人上书告丹上封事行道人遍持其书"的理由所在。哀帝询问将军中朝臣,他们一致认为,"忠臣不显谏,大臣奏事不宜漏泄,令吏民传写流闻四方。"显然,"忠臣不显谏"是关键。其逻辑是,忠臣不能因为力谏皇帝而使皇帝不快、难堪,更不能给皇帝抹黑,所以,忠臣谏言必须顾及皇帝颜面,不能使皇帝下不来台。忠臣谏君不是为了标榜自己正直,名扬天下,而是为了维护皇帝尊严,保全皇帝英名。所以,忠臣谏君而不丑君、不黑君,总之,忠臣谏君而不扬君

---

① 《东观汉记》卷 15。

② 《后汉纪》卷 22。

③ 《后汉书·皇甫嵩列传》。

④ 《三国志·魏书·陈群传》,裴注。

⑤ 《周易·系辞上》。王莽秉政,太守苟谏召鲍永以为吏,"永因子为谏陈兴复汉室,翦灭篡逆之策。谏每戒永曰:'君长几事不密,祸倚人门。'永感其言。"(《后汉书·鲍永列传》)灵帝时,永乐少府陈球书劝司徒刘合联手谋除宦官。"尚书刘纳以正直忤宦官,出为步兵校尉,亦深劝于合。合曰:'凶竖多耳目,恐事未会,先受其祸。'"(《后汉书·陈球列传》)不幸一语成谶。可见行事保密乃官员们的基本意识。尽管如此,官场凶险,防不胜防。因计划泄密而功败垂成者比比皆是。

⑥ 《汉书·李寻传》。

⑦ 《后汉书·蔡邕列传》。

⑧ 《风俗通义》卷 4。

⑨ 《汉书·京房传》。

恶。正因此，"大臣奏事不宜漏泄"可判断谏君者是否忠臣。基于此，官员们表示，"'臣不密则失身'，宜下廷尉治。"事下廷尉，"廷尉劾丹大不敬。"[1]

二、泄密链条

宫廷政治惯常黑箱作业，貌似密不透风，实则四面漏风；百般遮掩，却漏洞百出。[2] 对皇帝来说，虽然置身壁垒森严的高墙深宫，依然有无数的渠道向外播散着他的各种消息。每个官员都像一个自带播放功能的肉喇叭。夏侯胜"出道上语"；京房初见元帝，"出为御史大夫郑君言之，又为张博道其语。"至于王章与成帝"论王凤之罪，亦以王音侧听闻之耳"。[3] 相对这种自带干粮且处于潜伏状态的泄密行为，还有一种公布于众的合法泄密方式。尤其宫廷政变后，朝廷主动披露出来的一些禁中秘闻和宫闱内幕。比如，霍光废刘贺，制造了一篇大文章，在公卿百官的联名上书中，举证了一系列刘贺的劣迹和罪过。其中有两条提及禁中语和对漏泄省中事的警告。刘贺"为书曰'皇帝问侍中君卿：使中御府令高昌奉黄金千斤，赐君卿取十妻。'""与孝昭皇帝宫人蒙等淫乱，诏掖庭令敢泄言要斩。"[4]这是由官方正式曝光的禁中语和省中事。这是由胜利者用于打击政敌的杀手锏。可见，在宫廷政治的翻云覆雨中，那些原本想永远秘而不宣的宫廷丑闻也会不经意地春光乍泄，令世人惊叹莫名，大开眼界。由衷叹曰：皇上真会玩。[5]

不能说皇帝不重视保密，比如，创设专奏机密事宜的封事制度，鼓励百官封事进言；[6]又如，东汉尚书成为行政中枢，被视为机密之地。司徒刘恺举荐陈忠

---

① 《汉书·师丹传》。
② 宫廷政治的特点是过程封闭，结果公开。这类似于魔术。宫廷政治就是魔术政治。玩宫廷政治如同变魔术。宫廷政治高手就是魔术大师。总是把真相内幕遮掩得严严实实，密不透风，然后直接端出一个结果让人接受。大凡只有结果，没有过程的东西都具有魔幻特质，或属于魔术范畴。专制政治和礼乐文明即是如此。反观雅典民主和罗马共和，其目的都在于向人们公开展示事物变化的具体过程以及决策形成的真实过程。其本质在于公开性和透明性。显然，它是一种反魔术（非魔术）的东西。就此而言，专制政治和魔术具有异曲同工之妙。就是说，借助魔术概念，可以直观区分民主和专制。
③ 《容斋随笔》卷 2，"漏泄禁中语"。
④ 《汉书·霍光传》。
⑤ 其实，刘邦说"大丈夫当如此"和项羽说"彼可取而代也"的潜台词都是这个意思。
⑥ 景武后，"普通之奏章先经尚书之文书作业，再送呈皇帝。封事则直接上呈皇帝，由皇帝本人或皇帝所指定的人开阅处理。"封事之制始于宣帝亲政初，然此前已有"以封事形式上书之事实"。因封事奏事机密，"仅上奏者与皇帝及皇帝所指定的人才知其内容，再者，臣下奏事增加皇帝之消息来源，有利于皇帝对形势之控制，加强皇帝之统治力量，故封事出现之后，即成制度，在两汉行之不断。"光武诏群臣上封事，其后令臣上封事成为东汉惯例。（廖伯源《汉"封事"杂考》，《秦汉史论丛》[增订本]，中华书局，2008 年）

"明习法律,宜备机密,于是擢拜尚书,使居三公曹"。① 为防止泄密,"尚书但厚加赏赐,希得外补,是以机事周密,莫有漏泄。"②尽管如此,泄密的大门永远敞开。究其实,宫廷政治既是一种事事保密的政治,也是一种处处泄密的政治。③ 二者互因互果。结果是,泄密现象无处不在。④ 比如,宦官透露皇帝行踪给大臣,大臣透露皇帝消息给亲信,亲信透露皇帝秘闻给家人,与此同时,结伴而行的还有一条发端于后宫的路线,⑤嫔妃透露皇帝嗜好给外戚,外戚透露皇帝言行给家臣,家臣传播皇帝好恶给家奴。⑥ 其实,并非只有这两条泄密路线,⑦这两条泄密路径亦非泾渭分明,而是相互交叉,彼此重合,汇集成一股贯通宫廷内外朝野上下的汹涌澎湃的传言浪潮。它看不见,却响彻耳边。它以口耳相传的方式,进入千家万户,直至社会上出现铺天盖地的宫中八卦和官场谣言,由此构成一条隐秘而无形的泄密链。它和话语链、禁忌链一同成为皇权帝国隐约存在的三条基本政治链条。在皇权政治的泄密链中,宦官、近臣和权贵无疑是最大的泄密源。就像傅太后堂侄傅迁被控"漏泄不忠,国之贼"⑧,宦官泄露奏章内容,直接威胁谏主人身安全,更是国之贼。蔡邕章奏,灵帝"览而叹息,因起更衣,曹节于后窃视之,悉宣语左右,事遂漏露。其为邕所裁黜者,皆侧目思报。"⑨总之,漏泄省中事语防不胜防。

更始以赵萌女为夫人,有宠,委政于萌。更始日在后宫,与妇女饮酒。

---

① 《后汉书·陈宠列传》。

② 崔寔《政论》,《全后汉文》卷46。

③ 魏明帝时,"少府杨阜上疏,欲省宫人诸不见幸者,乃召御府吏问后宫人数。吏守旧令,对曰:'禁密,不得宣露。'阜怒,杖吏一百,数之曰:'国家不与九卿为密,反与小吏为密乎?'帝愈严惮之。"(《容斋随笔》卷13,"魏明帝容谏")

④ 泄密引起的政治恐慌有时到了杯弓蛇影的地步。比如,昌邑王刘贺立,数出宫廷游嬉。光禄大夫夏侯胜"当乘舆前谏曰:'天久阴而不雨,臣下有谋上者,陛下出欲何之?'王怒,谓胜为妖言,缚以属吏。吏白大将军霍光,光不举法。是时,光与车骑将军张安世谋欲废昌邑王。光让安世以为泄语,安世实不言。乃召问胜,胜对言:'在《洪范传》曰"皇之不极,厥罚常阴,时则下人有伐上者",恶察察言,故云臣下有谋。'光、安世大惊,以此益重经术士。"(《汉书·夏侯胜传》)

⑤ 后宫向来是是非地、谣言窝。有的嫔妃自觉一点。马贵人"见宠者与之恩隆,未尝与侍御者私语,其防闲慎微,皆此类也。"(《后汉纪》卷9)

⑥ 班彪回忆,"臣之姑充后宫为婕妤,父子昆弟侍帷幄,数为臣言成帝善修容仪,升车正立,不内顾,不疾言,不亲指,临朝渊嘿,尊严若神,可谓穆穆天子之容者矣! 博览古今,容受直辞。公卿称职,奏议可述。遭世承平,上下和睦。然湛于酒色,赵氏乱内,外家擅朝,言之可为于邑。"(《汉书·成帝纪》)班彪这番转述,自然经过精心润饰,但人们依然可以透过其褒贬参半的评价话语窥见某种经由后宫演绎出的皇帝形象痕迹。

⑦ 《献帝起居注》曰:"自诛黄门后,侍中、侍郎出入禁中,机事颇露,由是王允乃奏侍中、黄门不得出入。"(《后汉书·孝献帝纪》,李贤注)

⑧ 《汉书·孔光传》。

⑨ 《后汉书·蔡邕列传》。

诸将欲言事,更始醉不能见,请者数来,不得已,令侍中于帷中与语。诸将又识非更始声,皆怨曰:"天下未可知,欲见不得!"而韩夫人尤嗜酒,手自滴酒,谓常侍曰:"帝方对我乐饮,间时多,正用饮时即事来为!"起,抵书按破之。议郎有谏者言"萌放纵,县官但用赵氏家语署耳",更始怒,拔剑斫议郎。时御史大夫隗嚣在旁,起谓左右曰:"无漏泄省中事。"①

如果不是漏泄省中事,更始帝政权的这种荒唐场面和疯狂举止又怎能进入史书?就此而言,它仿佛"国家不幸诗家幸"的另一种表述。朝廷泄密成全了史书精彩。②

显然,有秘密才有机会泄密。诡异的是,无论秘密还是泄密,往往牵涉阴谋,有时它本身就是一种阴谋。比如,张博是淮阳王刘钦的舅舅,又是京房的岳父。"京房以明《易》阴阳得幸于上,数召见言事。……博常欲诳耀淮阳王,即具记房诸所说灾异及召见密语,持予淮阳王以为信验。"③严格说,这属于口头泄密。其实,文字泄密或许更为常见。汉律规定严禁刺探"祕事而私写之"。④ 有意播散主政大臣行踪及过失即是其一。比如,上官桀父子"记光过失予燕王,令上书告之"。⑤ 奏书乃至诏书外传亦是其一。比如,"迎立灵帝,道路流言(勃海王刘)悝恨不得立,欲钞征书。"⑥此外,"写祕书"和"泄祕书"亦是其一。霍山"坐写祕书,(霍)显为上书献城西第,入马千匹,以赎山罪"。⑦太常苏昌"坐籍霍山书泄祕书免"。师古云"以祕书借霍山"。⑧ 顾炎武驳之,"苏昌盖籍没霍山之书中有祕记,当密奏之,而辄以示人,故以宣泄罪之耳。……若山之祕书从昌借之,昌之罪不止于免官。"⑨可见,无论"写祕书"还是"泄祕书",近似私藏诏书,属于泄密罪的广义范畴。因为祕书乃省中书,⑩属皇家秘录,有皇室禁物性质。

---

① 《后汉纪》卷2。

② 景帝废栗太子,"太后心欲以梁王为嗣。大臣及爰盎等有所关说于帝,太后议格,孝王不敢复言太后以嗣事。事祕,世莫知,乃辞归国。"(《汉书·文三王传》)所谓"事祕,世莫知",并非闲笔赘言,而是有所特指,意即班固没有明确可信的史料记载,故不便多说。可见宫廷泄密实乃史家幸事。

③ 《汉书·宣元六王传》。

④ 《风俗通义》校注本,第342页注释。

⑤ 《汉书·外戚传上》。

⑥ 《后汉书·章帝八王列传》。

⑦ 《汉书·霍光传》。

⑧ 《汉书·百官公卿表下》。

⑨ 王鸣盛云:"顾氏说甚辨。"(《十七史商榷》卷10,"泄祕书")

⑩ 祕书即祕府之书,祕府即"祕室之府"。武帝"建藏书之策,置写书之官,下及诸子传说,皆充祕府。"(《汉书·艺文志》,颜注)顾名思义,"祕书"一词即有禁忌和机密含义。原则上,祕府藏书概不外借。官员擅自借出、阅读、抄录祕书,即触犯禁制,属于泄密。在皇家禁脔的概念中,除了有形的财产、物件、建筑,还有某种无形却更为紧要的知识、信息、言语。臣子一旦触碰或染指,对后者的惩(转下页)

"写祕书"是偷偷抄写省中书,"泄祕书"是擅自泄露省中书。自然最严重的当属
"漏泄省中语"。新朝颁布了六条"国之纲纪"。其中,第五条"漏泄省中及尚书
事者,'机事不密则害成'也",①显示王莽对泄密的恐惧和警惕。

"汉法漏泄省中语为大罪。"②向来为朝廷严禁严惩。其处罚力度自然最
大。当然,这也与泄密者的官职、身份以及皇帝秉性有关。谏大夫夏侯胜"出道
上语",宣帝责之而已,不予追究和惩罚,可算绝无仅有之例外。至于其他人就
没这么幸运了。"始皇帝幸梁山宫,从山上见丞相车骑众,弗善也。中人或告丞
相,丞相后损车骑。始皇怒曰:'此中人泄吾语。'案问莫服。当是时,诏捕诸时
在旁者,皆杀之。"③司空袁敞"坐子与尚书郎张俊交通,漏泄省中语,策免。"④至
于张俊,因漏泄事,"输作左校。俊上书谢恩,遂以转徙。"⑤太尉郑弘奏劾尚书
张林阿附窦宪,"宪奏弘大臣漏泄密事。(章)帝诘让弘,收上印绶。"⑥中郎将赵
卬和御史中丞陈咸也都被劾奏漏泄省中语,后果是一死一废。辛武贤因为罢归
酒泉太守而嫉恨赵充国,就上书告发自己在"闲宴时"听到的赵充国之子中郎将
赵卬说的私密之语,说宣帝因张安世"所为行不可上意"而想杀掉他,被赵充国
劝谏而止。据此作为攻讦政敌泄密的证据。于是,赵卬便被下狱。"破羌将军
武贤在军中时与中郎将卬宴语,卬道:'车骑将军张安世始尝不快上,上欲诛之,
卬家将军以为安世本持橐簪笔事孝武帝数十年,见谓忠谨,宜全度之。安世用
是得免。'及充国还言兵事,武贤罢归故官,深恨,上书告卬泄省中语。卬坐禁止
而入至充国莫府司马中乱屯兵下吏,自杀。"⑦朱云被丞相弹劾,元帝"未下其
章",即尚未下诏批复,朱云已从御史中丞陈咸那里"刺探伺候事之轻重",陈咸
"教令上书"⑧,告诉朱云赶紧上书申诉。这事很快又被石显探悉。"陈咸年少
抗节,不附显等"⑨,石显趁机报复,奏报陈咸泄露宫中机密。泄露禁中语向来

(接上页)罚往往更为严厉。这符合皇权主义的专制逻辑。思想传播、学说讲授、语言表达皆需强力
控制,不得超出官府圈定的对象和划定的范围。

① "不用命者,乱之原也;大奸猾者,贼之本也;铸伪金钱者,妨宝货之道也;骄奢踰制者,凶害之端也;漏
泄省中及尚书事者,'机事不密则害成'也;拜爵王庭,谢恩私门者,禄去公室,政从亡矣:凡此六条,国
之纲纪。"(《汉书·王莽传中》)

② 《容斋随笔》卷 2,"漏泄禁中语"。

③ 《史记·秦始皇本纪》。

④ 《后汉书·袁安列传》。

⑤ 《后汉书·律历志下》,刘昭注。

⑥ 《后汉书·郑弘列传》。

⑦ 《汉书·赵充国传》,颜注。

⑧ 《汉书·陈万年传》,颜注。

⑨ 《汉书·朱云传》。

是指控官员的一项重罪,几乎屡试不爽。"中书令石显用事颛权,咸颇言显短,显等恨之。时槐里令朱云残酷杀不辜,有司举奏,未下。咸素善云,云从刺候,教令上书自讼。于是石显微伺知之,白奏咸漏泄省中语,下狱掠治,减死,髡为城旦,因废。"①此外,还有一例尤能说明问题。京房将自己和元帝有关灾异的多次密谈内容都告诉了既是丈人又是弟子的张博,张博又说给外甥淮阳王刘钦。这事被石显窥知,奏报元帝,于是,漏泄省中语直接引发出"诖误诸侯王,诽谤政治,狡猾不道"的罪名,随之导致京房和张博弃市。②可见"漏泄省中语"和"诽谤政治"之间构成了一种必然联系。"漏泄省中语"往往意味着不臣之心甚至谋逆之念。

正因"漏泄省中语"的后果如此严重,老谋深算的朝臣都会尽力避免被人弹劾"漏泄省中语"而引来不测之祸。③应该说,像阴识这种"入则极言正谏,至与宾客语不及国事"④,也就是居家不言宫闱的人不少。但能把"默谏帷幄,言不宜外"做到极致,堪称典型者恐怕不多。⑤他们之所以能做到这个地步,往往是在自觉践行着一套观念。比如,大司马张安世"职典枢机,以谨慎周密自著,外内无间。每定大政,已决,辄移病出,闻有诏令,乃惊,使吏之丞相府问焉。自朝廷大臣莫知其与议也。"⑥张安世上书皇帝,参与大政,绝不使外人所知,而且刻意制造出一种远离朝政的假象,似乎一切朝廷大政方针的制定和出台都和他无关。每当闻讯皇帝颁布新诏书,张安世都要赶紧派人到丞相府询问详情。这使百官几乎无人知晓他在其中扮演的真实角色。以至于张安世在政策法律的制定过程中就像一个从未存在的隐身人。因为他总是在颁诏之际准时生病。所谓"移书言病",即向朝廷请病假。这种精明伪装显得意味深长。既是保密,也是保身,二者本是一回事。但它已从保密奏议内容,扩大到了奏议过程和奏议者身份。一方面,张安世这种做法凸显了皇帝在国家事务中的决策地位和主导作用;另一方面,它也在无形中造成了奏诏模式的复杂化。又如,光禄勋孔光典枢机十余年,"时有所言,辄削草稿,以为章主之过,以奸忠直,人臣大罪也。有所荐举,唯恐其人之闻知。沐日归休,兄弟妻子燕语,终不及朝省政事。或问

① 《汉书·陈万年传》。
② 《汉书·宣元六王传》。
③ 有的官员虽非刻意为了避免"漏泄省中语",但确实谨小慎微,几乎从未遭人劾奏。比如,樊梵"谨于言行,二十余年未尝被奏劾。"(《后汉纪》卷10)
④ 司马彪《续汉书》卷3,《八家后汉书》。
⑤ 曹魏时的陈群算一个。"论者或讥群居位拱默,正始中诏撰群臣上书,以为《名臣奏议》,朝士乃见群谏事,皆叹息焉。"(《三国志·魏书·陈群传》,裴注)
⑥ 《汉书·张汤传》,颜注。

光:'温室省中树皆何木也?'光嘿不应,更答以它语,其不泄如是。"①孔光作为并非随意,而是有其深层的政治思想逻辑。所谓"章主之过,以奸忠直,人臣大罪"。如果留下草稿,或草稿不慎外泄,奏谏内容就会被人知晓,臣子虽获忠直美名,却有损皇帝清誉。诽君扬己,非人臣所为。可见孔光削除草稿,实乃尊君抑臣理念之体现。基于此,孔光才会爱屋及乌地保持对皇帝和有关皇帝事务的足够尊敬,并尽其所能地回避对皇帝事务的无谓闲谈。连温室一棵树都不愿多说,何况其他。不言木,更何人! 此可谓燕语不及政事之极致。史家叹曰:"更答以它语,其不泄如是。"与之类似的还有尚书陈宠。"性周密,时有所表荐,手书削草,人不得知。"陈宠同样有自己的观念逻辑。"尝称人臣之义,苦不能慎。自在枢机,谢遣门人,不复教授,绝知交,惟在公家,朝廷器之。"②

三、泄密之虞

顺帝永建二年,朝廷爆发了一件前所未有的官场泄密案。涉案人员不仅有九卿,还牵涉整个尚书台官员,就连宫中宦官和边地州郡牧守也都卷入其中。原因不明,细节不清,整个案情近乎空白。结果却很明确,两个尚书被杀,其余八名官员判刑。"中常侍高梵、张防、将作大匠翟酺、尚书令高堂芝、仆射张敦、尚书尹就、郎姜述、杨凤等,及兖州刺史鲍就、使匈奴中郎〔将〕张国、金城太守张笃、敦煌太守张朗,相与交通,漏泄,就、述弃市,梵、防、酺、芝、敦、凤、就、国皆抵罪。"③

奏诏模式中的一个常识就是保密。它直接影响到每一次官场博弈的结局,以及每个相关官员的命运。元帝即位,太傅萧望之为前将军,少傅周堪为诸吏光禄大夫,"皆领尚书事,甚见尊任。"二人擢刘更生为散骑宗正给事中,与侍中金敞拾遗左右。他们患苦外戚放纵、宦官弄权,准备上奏元帝将其罢退。"未白而语泄",后果很严重。二人下狱,二人免官。后来,刘更生"几己得复进,惧其倾危,乃上封事谏"。他特别提醒元帝注意给自己的奏疏保密。"窃推《春秋》灾异,以(效)〔救〕今事一二,条其所以,不宜宣泄。臣谨重封昧死上。"结果,封事内容还是泄露。"恭、显见其书,愈与许、史比而怨更生等。"④

---

① 《汉书·孔光传》。
② 《后汉纪》卷11。
③ 《后汉书·天文志中》。
④ 《汉书·楚元王传》。

官员奏疏内容外泄,便会有生命之虞。比如,成帝舅大将军王凤辅政,京兆尹王章"虽为凤所举,非凤专权,不亲附凤。会日有蚀之,章奏封事,召见,言凤不可任用,宜更选忠贤。上初纳受章言,后不忍退凤。章由是见疑,遂为凤所陷,罪至大逆。"后死廷尉狱。① 又如,梁冀专朝,"尚书陈霸上疏言其罪,请诛之。上不省。霸知为冀所害,七日不食而死。"②是可知,奏书不能保密,谏主随时会被权臣陷害。

如果皇帝无意泄露官员奏疏,官员也是难逃一劫。"蔡邕对诏,王甫、曹节窃观之,乃宣布于外,而邕下狱也。"吕强批评灵帝泄露蔡邕封事,给蔡邕全家带来了灭顶之灾,进而造成朝臣嚜口失声。"前召议郎蔡邕对问于金商门,而令中常侍曹节、王甫等以诏书喻旨。邕不敢怀道迷国,而切言极对,毁刺贵臣,讥呵竖宦。陛下不密其言,至令宣露,群邪项领,膏唇拭舌,竞欲咀嚼。造作飞条。陛下回受诽谤,致邕刑罪,室家徙放,老幼流离,岂不负忠臣哉!今群臣皆以邕为戒,上畏不测之难,下惧剑客之害,臣知朝廷不复得闻忠言矣。"③蔡邕奏疏需要保密,灵帝却有意无意地泄露了奏书内容,致使蔡邕遭群起攻之,流放边陲。于是,官员们都以此为戒,不再上书直言。可见,奏诏模式中官员奏疏的保密,既需要制度保障,也需要提升皇帝素质。否则,一旦泄露官员封事内容,官员的地位乃至人身都会受到严重影响甚至伤害。更重要的是,它将致命破坏奏诏模式的正常运作和权威性。

在官场游戏中,尚书具有近水楼台的独特作用。尚书因在奏诏模式中位居中枢,既掌管官员奏疏,还给皇帝草诏,无疑是掌握朝廷信息最多的人。这使得尚书在官场博弈中往往拥有主动权。这种权力的延伸往往使得尚书能够左右权力游戏的过程和结果。比如,太尉郑弘"奏尚书张林阿附侍中窦宪,而素行臧秽,又上洛阳令杨光,宪之宾客,在官贪残,并不宜处位。书奏,吏与光故旧,因以告之。"尚书官员向被弹劾者私下泄露了奏书内容,直接影响了官场内斗的结局。窦宪借此诬陷郑弘泄密禁中事,于是章帝收回其印绶。这次泄密显然责任不在郑弘,却受到章帝追究。在这件事上,章帝关心的不是奏书内容,而是泄密本身。可见即便大臣也不能泄露自己上书的内容。于是,"弘自诣廷尉,诏敕出之。"④

宫中管理奏诏的官员把窦武奏书内容泄露给宦官,直接导致一场宦官发动的宫廷政变。最后,大将军窦武、太傅陈蕃被杀。典中书者把窦武上奏一事,告

---

① 《汉书·王章传》。
② 《后汉纪》卷21。
③ 《后汉书·宦者列传》,李贤注。
④ 《后汉书·郑弘列传》。

诉了长乐五官史朱瑀。朱瑀是太后宫女尚书的顶头上司。可谓掌控宫中奏诏的机要中枢。军国大事乃至官场密谋都要通过朱瑀呈递太后。朱瑀的态度直接左右着这场宫廷政治的最终结局。

> 瑀盗发武奏，骂曰："中官放纵者，自可诛耳。我曹何罪，而当尽见族灭？"因大呼曰："陈蕃、窦武奏白太后废帝，为大逆！"乃夜召素所亲壮健者长乐从官史共普、张亮等十七人，歃血共盟诛武等。曹节闻之，……召尚书官属，胁以白刃，使作诏板。拜王甫为黄门令，持节至北寺狱收尹勋、山冰。冰疑，不受诏，甫格杀之。……还共劫太后，夺玺书。令中谒者守南宫，闭门，绝复道。使郑飑等持节，及侍御史、谒者捕收武等。武不受诏，驰入步兵营，与(窦)绍共射杀使者。召会北军五校士数千人屯都亭下，令军士曰："黄门常侍反，尽力者封侯重赏。"诏以少府周靖行车骑将军，加节，与护匈奴中郎将张奂率五营士讨武。[1]

毫无疑问，典中书者盗窃奏书是这场宫廷政变的关键。"窦氏之败，但坐语言漏泄。"[2]可见，奏书内容的严格保密确实有着客观的政治需要，即为了预防不可测的政变危机，必须严禁奏书内容的泄露和扩散。正因如此，对那些有政治野心的人或政治嗅觉敏感的人来说，窃取官员奏书，及时掌握奏书内容，是未雨绸缪或防患未然的必要之举。

士大夫谋事不密，被宦官探知，上奏皇帝，士大夫的命运由此注定。官场游戏的关键是言动皇帝，并取信皇帝。这等于替皇帝拟诏，拥有了把控诏书的决定权。永乐少府陈球潜与司徒刘合谋诛宦官。二人谋划，"今可表徙卫尉阳球为司隶校尉，以次收节等诛之。"尚书刘纳"以正直忤宦官，出为步兵校尉，亦深劝于合。"刘合担心，"凶竖多耳目，恐事未会，先受其祸。"结果一语成谶。陈球和刘合结谋阳球。阳球小妾是宦官程璜之女。"节等颇得闻知，乃重赂于璜，且胁之。璜惧迫，以球谋告节，节因共白帝曰：'合等常与藩国交通，有恶意。数称永乐声执，受取狼籍。步兵校尉刘纳及永乐少府陈球、卫尉阳球交通书疏，谋议不轨。'帝大怒，策免合，合与球及刘纳、阳球皆下狱死。"[3]

四、师丹案

大司空师丹成也奏疏，败也奏疏。师丹因奏疏失宠，仕途便急转直下，被人

---

① 《后汉书·窦武列传》。
② 《后汉纪》卷 25。
③ 《后汉书·陈球列传》。

指控奏疏泄密,遭到哀帝的严饬。先是罢官降爵,随后又遭人落井下石,直至削爵为民。随着哀帝死亡,师丹又时来运转,迎来了人生的高光时刻。在师丹人生的每一步,都和奏疏有关。不是自己的奏疏,就是他人的奏疏。总之,来自不同方向、基于不同目的的奏书在某一点上似乎形成了某种历史合力,推动着哀帝颁下诏书,一锤定音,决定了师丹的命运。

哀帝即位,"祖母傅太后与母丁后皆在国邸,自以定陶共王为称。"高昌侯董宏上书,秦庄襄王生母和华阳夫人"俱称太后。宜立定陶共王后为皇太后"。事下有司,师丹与大司马王莽一起劾奏董宏"知皇太后至尊之号,天下一统,而称引亡秦以为比喻,违误圣朝,非所宜言,大不道"。哀帝免董宏为庶人。傅太后一心要称尊号,哀帝便尊傅太后为共皇太后,丁后为共皇后。郎中令泠褒、黄门郎段犹等人复奏,"定陶共皇太后、共皇后皆不宜复引定陶蕃国之名以冠大号,车马衣服宜皆称皇之意,置吏二千石以下各供厥职,又宜为共皇立庙京师。"哀帝复下其议,有司一致赞成"宜如褒、犹言"。师丹独持异议,"今定陶共皇太后、共皇后以定陶共为号者,母从子妻从夫之义也。欲立官置吏,车服与太皇太后并,非所以明尊卑亡二上之义也。定陶共皇号谥已前定,义不得复改。……今欲立庙于京师,而使臣下祭之,是无主也。又亲尽当毁,空去一国太祖不堕之祀,而就无主当毁不正之礼,非所以尊厚共皇也。"众臣的奏议就此搁置,师丹也由是"浸不合上意"。[①]

围绕罢黜师丹,发生了两件相关事件。这两件事都和奏疏有关,也就是和奏诏模式相关。第一件事,"有上书言古者以龟贝为货,今以钱易之,民以故贫,宜可改币。上以问丹,丹对言可改。章下有司议,皆以为行钱以来久,难卒变易。丹老人,忘其前语,后从公卿议。"第二件事,"丹使吏书奏,吏私写其草,丁、傅子弟闻之,使人上书告丹上封事行道人遍持其书。上以问将军中朝臣,皆对曰:'忠臣不显谏,大臣奏事不宜漏泄,令吏民传写流闻四方。"臣不密则失身",宜下廷尉治。'事下廷尉,廷尉劾丹大不敬。"这件事的动静很大,引发朝廷争议。"事未决,给事中博士申咸、炔钦上书,言'丹经行无比,自近世大臣能若丹者少。发愤懑,奏封事,不及深思远虑,使主簿书,漏泄之过不在丹。以此贬黜,恐不厌众心。'尚书劾咸、钦:'幸得以儒官选擢备腹心,上所折中定疑,知丹社稷重臣,议罪处罚,国之所慎,咸、钦初傅经义以为当治,事以暴列,乃复上书妄称誉丹,前后相违,不敬。'"显然,哀帝已经相当震怒,不仅立刻

---

① 《汉书·师丹传》。

"贬咸、钦秩各二等"①，更是直接策免师丹。哀帝在诏书中主要依据这两件事严厉斥责师丹。

> 乃者以挺力田议改币章示君，君内为朕建可改不疑；以君之言博考朝臣，君乃希众雷同，外以为不便，令观听者归非于朕。朕隐忍不宣，为君受怨。朕疾夫比周之徒虚伪坏化，寖以成俗，故屡以书饬君，几君省过求己，而反不受，退有后言。及君奏封事，传于道路，布闻朝市，言事者以为大臣不忠，辜陷重辟，获虚采名，谤讪匈匈，流于四方。腹心如此，谓疏者何？殆谬于二人同心之利焉，将何以率示群下，附亲远方？②

这里有三处很吃紧。"朕隐忍不宣，为君受怨。"意思是，你欺君，我还替你背锅。"屡以书饬君，几君省过求己，而反不受，退有后言。"我屡次斥责你的虚伪，你非但不改过，反而背后怨君。"君奏封事，传于道路，布闻朝市，言事者以为大臣不忠。"奏事泄密，是为大奸不忠。哀帝最后表示出一种宽大的高姿态。"朕惟君位尊任重，虑不周密，怀谖迷国，进退违命，反覆异言，甚为君耻之，非所以共承天地，永保国家之意。以君尝托傅位，未忍考于理，已诏有司赦君勿治。其上大司空高乐侯印绶，罢归。"③

尚书令唐林上疏，对哀帝诏书提出异议，劝谏他收回成命。"窃见免大司空丹策书，泰深痛切，君子作文，为贤者讳。丹经为世儒宗，德为国黄耇，亲傅圣躬，位在三公，所坐者微，海内未见其大过，事既已往，免爵大重，京师识者咸以为宜复丹邑爵，使奉朝请，四方所瞻印也。惟陛下财览众心，有以尉复师傅之臣。"哀帝接受了唐林建议，"下诏赐丹爵关内侯，食邑三百户。"这个处置是降爵，而非削爵，显然是给了师丹面子，没有将其赶尽杀绝。过了数月，哀帝采用朱博奏议，"尊傅太后为皇太太后，丁后为帝太后，与太皇太后及皇太后同尊，又为共皇立庙京师，仪如孝元皇帝。"朱博因此奏书迁为丞相，又与御史大夫赵玄共同奏劾师丹。"前高昌侯宏首建尊号之议，而为丹所劾奏，免为庶人。时天下衰麤，委政于丹。丹不深惟褒广尊亲之义而妄称说，抑贬尊号，亏损孝道，不忠莫大焉。"师丹终于"废归乡里"。④

平帝即位，王莽奏白太皇太后发掘傅太后、丁太后冢，"更以民葬之。……诸造议泠褒、段犹等皆徙合浦，复免高昌侯宏为庶人。征丹诣公交车，赐爵关内侯，

---

① 《汉书·师丹传》。
② 《汉书·师丹传》。
③ 《汉书·师丹传》。
④ 《汉书·师丹传》。

食故邑。"太皇太后下诏褒奖师丹。"关内侯师丹端诚于国,不顾患难,执忠节,据圣法,分明尊卑之制,确然有柱石之固,临大节而不可夺,可谓社稷之臣矣。"①

第六节　自　　辩

奏诏模式中广泛存在着官员自辩现象。② 换言之,官员自辩是奏诏模式中的一种常见形式。就像上书一样,理论上,任何官员都可为自己的言行辩护。这是人们在奏诏模式中享有的一项权利。这似乎拓展了奏诏模式的言论空间。言论空间之大,足以容纳所有官场游戏。官员不仅可以风闻奏事,③也可以风闻自辩。有时,这竟成为官场游戏的一个关键项目。待诏郑朋对萧望之因怨生恨,投靠宦官。"朋出扬言曰:'我见,言前将军小过五,大罪一。中书令在旁,知我言状。'望之闻之,以问弘恭、石显。显、恭恐望之自讼,下于它吏。"④弘恭、石显显然不想萧望之自辩,担心这会让事态失去自己掌控。

臣子通过奏诏程序申诉和自辩,使朝廷具有了某种法庭功能。不言而喻,皇帝在其中充当了法官的作用。有的是官员主动自辩,有的是皇帝要求官员诉辩。至于效果,因人而异。略举数例。一是,京兆尹赵广汉被人告发擅杀,事下丞相魏相。赵广汉意图用围魏救赵之计解脱自己,令人"微司丞相门内不法事,"随即上书控告魏相之妻杖杀婢女。"丞相魏相上书自陈:'妻实不杀婢。广汉数犯罪法不伏辜,以诈巧迫胁臣相,幸臣相宽不奏。愿下明使者治广汉所验臣相家事。'"事下廷尉,魏相冤情得洗,赵广汉腰斩。⑤ 二是,宦官石显用事,"百僚畏之。"槐里令朱云"数上疏,言丞相韦玄成容身保位,亡能往来。"群臣朝见,元帝问朱云治行。"丞相玄成言云暴虐亡状。时陈咸在前,闻之,以语云。云上书自讼,咸为定奏草,求下御史中丞。事下丞相,丞相部吏考立其杀人罪。"

---

① 《汉书·师丹传》。
② 与其对应的就是官员"上书自劾"。这一般出现在皇帝因灾异或其他坏事斥责官员之时。它要求公卿必须为灾祸承担一切责任。
③ 有时风闻奏事也会受罚。博士夏侯常为光禄大夫龚胜"道高陵有子杀母者。胜白之,尚书问:'谁受?'对曰:'受夏侯常。'尚书使胜问常,常连恨胜,即应曰:'闻之白衣,戒君勿言也。奏事不详,妄作触罪。'"意思是,我就那么随便听了一耳朵,叫你不要轻易奏上去。因为消息来源不明,会给自己找麻烦。所谓"奏事不审,妄有发作自触罪。"龚胜无言以对,"即自劾奏与常争言,洿辱朝廷。事下御史中丞,召诘问,劾奏'胜吏二千石,常位大夫,皆幸得给事中,与论议,不崇礼义,而居公门下相非恨,疾言辩讼,惰谩亡状,皆不敬。'制曰:'贬秩各一等。'"(《汉书·龚胜传》,颜注)
④ 《汉书·萧望之传》。
⑤ 《汉书·赵广汉传》。

于是，陈咸和朱云废锢。① 三是，孔僖等被人诬告"诽谤先帝，刺讥当世"，孔僖上书自讼。"臣之所以不爱其死，犹敢极言者，诚为陛下深惜此大业。陛下若不自惜，则臣何赖焉？……臣恐有司卒然见构，衔恨蒙枉，不得自叙，使后世论者，擅以陛下有所方比，宁可复使子孙追掩之乎？"章帝下诏勿问，"拜僖兰台令史。"②四是，彭城王刘恭"以事怒子酺，酺自杀。国相赵牧以状上，因诬奏恭祠祀恶言，大逆不道。有司奏请诛之。恭上书自讼。朝廷以其素著行义，令考实，无征，牧坐下狱。"③五是，虞诩为司隶校尉，"数月间，奏太傅冯石、太尉刘熹、中常侍程璜、陈秉、孟生、李闰等，百官侧目，号为苛刻。三公劾奏诩盛夏多拘系无辜，为吏人患。诩上书自讼曰：'……臣所发举，臧罪非一，二府恐为臣所奏，遂加诬罪。臣将从史鱼死，即以尸谏耳。'顺帝省其章，乃为免司空陶敦。"④六是，皇甫规"持节为将，拥众立功，还督乡里，既无它私惠，而多所举奏，又恶绝宦官，不与交通，于是中外并怨，遂共诬规货赂群羌，令其文降。天子玺书诮让相属。规惧不免，上疏自讼。"皇甫规给自己辩护，"今臣还督本土，悉举诸郡，绝交离亲，戮辱旧故，众谤阴害，固其宜也。"⑤桓帝不再追究。七是，寇荣"性矜絜自贵，于人少所与，以此见害于权宠。……遂陷以罪辟，与宗族免归故郡，吏承望风旨，持之浸急，荣恐不免，奔阙自讼。"却未能打动桓帝，"有诏捕之。"⑥八是，太尉王龚"上书极言"放斥宦官，"诸黄门恐惧，各使宾客诬奏龚罪，顺帝命亟自实。"⑦后经得力大臣劝谏，顺帝罢手。官员被诬，都是在奏诏模式中通过上奏，得到皇帝批复而被定罪的。反之，官员要想脱罪，自我辩护，也须通过奏书表白心迹。

官员奏疏涉及其他官员，皇帝有时会把奏书转给涉及官员，涉及官员会在奏书中进一步申辩。虽然不见史书相关下文，但也看出诏书对官场生态的结构性支配。灵帝初，窦太后临朝，诏拜段颎羌将军。"先零东羌历载为患，颎前陈状，欲必埽灭。"护匈奴中郎将张奂上言，"东羌虽破，余种难尽，颎性轻果，虑负败难常。宜且以恩降，可无后悔。"诏书把张奂奏疏批转给段颎。段颎上言申辩，"案奂为汉吏，身当武职，驻军二年，不能平寇，虚欲修文戢戈，招降犷敌，诞

① 《汉书·朱云传》。

② 《后汉书·儒林列传上》。

③ 《后汉书·孝明八王列传》。

④ 《后汉书·虞诩列传》。胡三省云："《考异》曰：《诩传》云：'帝省其章，乃为免司空陶敦。'按袁《纪》，孙程就国在九月，而敦免在十月，盖帝由此知敦不直，因事免之。不然，何三府共奏而独免敦也！"（《资治通鉴》卷 51）

⑤ 《后汉书·皇甫规列传》。

⑥ 《后汉书·寇恂列传》。

⑦ 《后汉书·王龚列传》。

辞空说，僭而无征。……今傍郡户口单少，数为羌所创毒，而欲令降徒与之杂居，是犹种枳棘于良田，养虺蛇于室内也。"张奂和段颍之争，主要是对羌的降战方略，段颍却说张奂对自己"遂怀猜恨"。[①] 这里不见诏书裁决，不过段颍的辩词似乎还是发生了作用。

无论"上书自讼"还是"奔阙自讼"，都不限于内臣，外臣的蛮夷有时也会采取如此手段，诉讼天听。比如，"单于羌渠立十年，子右贤王于扶罗立。持至尸逐侯单于于扶罗，中平五年立。国人杀其父者遂畔。共立须卜骨都侯为单于，而于扶罗诣阙自讼。"[②]可见"诣阙"对任何人开放，官民、中外皆可诣阙上书或自讼。

---

① 《后汉书·段颍列传》。
② 《后汉书·南匈奴列传》。

第四章

会议机制与皇权政治

第一节　文　山　会　海

一、会与议

朝会和廷议在历史上泾渭分明,在史书上却常常混淆不清。[①] 许多时候,很难看出官员的议论场合究竟在朝会还是廷议。朝会和朝议固然有体制上的功能性分工,但由于奏诏叙事模式所限,许多时候根本看不出朝会和朝议之间的区分。为方便计,简称"会议"。不过许多情况下,我们更多关注那些被确认为朝议或廷议的会议。

会议对维系君臣关系具有实质性作用。君臣关系就一个字"会"。君臣相会制造出官场上无数的风云际会。君臣之间通过各种"会"发生联系。君臣聚在一起就会发生各种"会",随意点的叫聚会,正式点的叫朝会,开心点的叫宴会。总之,君臣之间就是种种集会。会和议连在一起。有会就有议。所以,君臣之间离不开"会""议"这两样。会议伴随言语,言语落成文字,便有了文山会海。[②] 文山会海是皇权帝国的日常政治,也成为皇权社会的政治常态。[③] 简言之,围绕奏诏模式,产生了两种普遍现象,即书与会。开会必上书,上书必下诏。

[①] 就像史书上有关廷议的诸多名称,不易确定它们究竟是制度词语,还是时人的惯常用语。

[②] 秦帝国建立,骤然剧增的文书奏章堆积如山,迫使始皇帝要求自己每天必须完成批阅一百二十斤奏章的工作量。在他看来,似乎如此才能缓解公文压力。为了提高书写和阅读效率,始皇帝统一文字,还命人简化字体,目的都是为了解决海量奏书挤压严重的棘手问题。

[③] 虽说早期帝国允许人们自由上书,也天天大会小会不断,不是朝会就是朝议,鼓励人们议论国是,讨论政教礼乐,争辩各类棘手难题,但仍然会有某些似乎意外的言论事件发生。比如,"时燕（转下页）

可见书会密不可分。如此,书山会海成为早期帝国的政治景观。

会议实乃奏诏模式的公共场域。会场使奏诏程序和内容都变得公开和透明起来,由此构成官场上的公共言论空间。本质上,官场是一个大会场。皇权政治离不开会。上朝即开会,故称朝会。开会即议事。议事即奏诏模式之一部分。奏诏模式不是皇权政治的骨骼架构,而是其神经网络,即不是其骨架,而是其经络。其实,也可以将奏诏模式比作皇权政体的血管。

奏诏模式有一对一的形式,也有多对一的形式,就像廷议。廷议的特点是,集体性、公开性、身份性。简言之,具有一定行政级别的朝廷官员集体参与一场政治事务的公开讨论,这就是廷议。与之类似的还有策问。策问和廷议都像命题作文,都是皇帝出题,官员们分别作答。只不过,廷议发生在一个相对开放的"公共空间",就像一个考场,皇帝是出题人,也是监考人,官员们是考生,按照自己的理解回答皇帝的问题,以口奏和奏书形式呈上考卷,最后由皇帝判卷、打分,选出优秀卷子,作为这场政治议题的最佳方案,下发为诏书,要求相关部门执行。至于策问,更为复杂一些。有时策问面向官场,甚至全社会,按照皇帝给出的题目,征集答案,皇帝御览,择优选择;有时策问只是针对性地给予某个官员或士人,要求其奏对。显然,策问方式更多样,策问对象更广泛,有官有民。策问和廷议都是皇帝为了解决重要的朝政问题或重大的朝廷危机,而向公卿或士人下诏征询意见的方式,区别在于,廷议是皇帝诏命百官集中讨论朝廷亟需解决的问题,要求他们尽快拿出一个可行方案,付诸实施;策问是皇帝下诏,表达自己的忧虑,要求官员或民众上书,提出建议供自己选择。无论廷议还是策问,都需要通过某种空间得以进行。只不过,廷议是官员们在朝堂集中讨论皇帝交付的事情,策问是官员或士人在朝殿直接回答皇帝提出的问题。

朝议或廷议又称"公卿议"、"群议"、"公议"、"集议"、"大议"、"平议"、"总议"、"总会议",意思都差不多。师古曰:"大议,总会议也。"[1]朝议既是皇帝意志的体现,又是官员集体意见的表达,总之,它必须完成君臣共识的塑造和凝聚。作为奏诏模式的一个具体环节,朝议同时承担着君臣博弈和官场游戏的双重功能。

朝议或廷议在史书上,一般习惯性地简称为"议某某"。比如,"议尊号"、

(接上页)祭高庙,而河南尹、司隶校尉于庙中争论",大司徒伏湛"不举奏,坐策免"。(《后汉书·伏湛列传》)这说明两件事,蒸祭高庙非争论问题之合适场所和时机,既如此,大司徒当奏不奏,是为失职。可见,对不当争论,理应制止,或及时劾奏,非如此,则须追究当事人及主管官员之责。据此,早期帝国对不当争论和不适言论的打击力度相当大。

① 《汉书·循吏传》;颜注。

"议郊祀"、"议立明堂"、"议罢盐铁榷酤"。"诏曰：'昭灵夫人，太上皇妃也；武哀侯、宣夫人，高皇帝兄姊也。号谥不称，其议尊号。'"①"黄龙见于成纪。上乃下诏议郊祀。"②"议立明堂。"③"诏有司问郡国所举贤良文学民所疾苦。议罢盐铁榷酤。"④还有一种笼统的说法，"诏有司议"。比如，"匈奴呼韩邪单于款五原塞，愿奉国珍朝三年正月。诏有司议。"⑤

二、廷议召集权

廷议是奏诏模式中的一个具体环节。所以，即便举行廷议，也需要启动奏诏模式的相关程序。廷议的正常程序是"天子下其议"。就是说，没有皇帝的诏令，廷议不能举行。有时，也因朝会分歧强烈，皇帝诏令廷议。比如，灵帝意图征讨鲜卑，"大臣多有不同，乃召百官议朝堂。"⑥

有些廷议似乎是臣子主动所为，其实亦是奉诏之行。比如，平帝崩，"有司议曰：'礼，臣不殇君。皇帝年十有四岁，宜以礼敛，加元服。'奏可。"⑦在这里，存在着一种隐形的皇权所支配的奏诏模式，即由太皇太后王政君诏命廷议，讨论平帝的相关丧礼。所谓"奏可"，即表征这点。总之，召集廷议皆是奉诏所为，任何臣子皆无权擅自召集廷议，否则即为矫诏。

廷议是皇帝主导、全程掌控的奏诏模式的集中体现。廷议不是自动开启的，它是由皇帝发令才能开启的公共言论场域。它必然体现、贯穿皇帝意志。它代表了皇权的公共意志，是皇权意志的君臣共识。总之，召集廷议，或命令召集廷议是关键。至于主持廷议，或廷议是否一定作出裁决，或作出何种裁决，反而并不十分重要。

皇帝在奏诏模式中始终占据主导权。廷议、策问更是皇帝掌握奏诏主导权的集中展示。"下廷议"、"下公卿议"这类说法直观地展示出所有廷议都是由皇帝主动发起和召集。皇帝不发话，廷议不能自动启动，或惯性运行。因为廷议并非周期性的惯例或定制。唯有皇帝下令才能举行廷议。所以，廷议本身就是诏命之体现。既然唯有皇帝有权召集廷议，那么皇帝的意图和动机就不会单

---

① 《汉书·高后纪》。
② 《汉书·文帝纪》。
③ 《汉书·武帝纪》。
④ 《汉书·昭帝纪》。
⑤ 《汉书·宣帝纪》。
⑥ 《后汉书·鲜卑列传》。
⑦ 《汉书·平帝纪》。

一,而有多种考虑。有的是议题重大,有的是事情复杂,有的是皇帝吃不准,有的是皇帝平衡派系,有的是心理惯性。总之,发起廷议本身就体现了乾纲独断的皇权本质。

字面上,廷议或朝议算是一种朝廷会议。廷议不是定期的朝会,都是因事设议,围绕某个问题而举行的讨论。廷议内容广泛,各种事情都有可能成为廷议的主题。官员可以建议皇帝举行廷议,但是否举行廷议,决定权在皇帝。皇帝可以主持廷议,也可以命他人主持。所以,廷议的关键在于召集权。

召集朝议虽是皇帝的权力,但皇帝并不需要亲自主持,他可以授权丞相或大臣主持。官员们不能不经皇帝授权而擅自召集廷议,否则即被治罪。举一例。昭帝时,霍光专权,以丞相车千秋"擅召中二千石"为由意图将其治罪。此事颇为曲折,并饶有趣味。"治燕王狱时,御史大夫桑弘羊子迁亡,过父故吏侯史吴。后迁捕得,伏法。会赦,侯史吴自出系狱,廷尉王平与少府徐仁杂治反事,皆以为桑迁坐父谋反而侯史吴臧之,非匿反者,乃匿为随者也。即以赦令除吴罪。"后侍御史"重核其事",认为"桑迁通经术,知父谋反而不谏争,与反者身无异;侯史吴故三百石吏,首匿迁,不与庶人匿随从者等,吴不得赦。奏请覆治,劾廷尉、少府纵反者。"徐仁乃车千秋女婿,车千秋便有意为侯史吴开脱,"恐光不听,千秋即召中二千石、博士会公交车门,议问吴法,"即"〔于〕法律之中吴当得何罪。"史称,"议者知大将军指,皆执吴为不道。"可见,虽是外朝官,但大家都按照霍光的意思作出判决。"明日,千秋封上众议,光于是以千秋擅召中二千石以下,外内异言,遂下廷尉平、少府仁狱。"霍光以丞相擅自召集廷议,作出和内朝官不同的结论而惩治相关人员。这表明,召集朝议之所以必须由皇帝下诏,直接代表皇权,是因为必须确保朝议结论完全符合皇帝意志。霍光作为权臣,行使皇权,遵循的显然也是这个廷议逻辑。"朝廷皆恐丞相坐之。"杜延年规劝霍光,"吏纵罪人,有常法,今更诋吴为不道,恐于法深。又丞相素无所守持,而为好言于下,尽其素行也。至擅召中二千石,甚无状。延年愚,以为丞相久故,及先帝用事,非有大故,不可弃也。间者民颇言狱深,吏为峻诋,今丞相所议,又狱事也,如是以及丞相,恐不合众心。群下讙哗,庶人私议,流言四布,延年窃重将军失此名于天下也!"于是,"光以廷尉、少府弄法轻重,皆论弃市,而不以及丞相,终与相竟。"[1]

皇帝亲自主持的廷议为御前会议。成帝建始三年,"京师民无故相惊,言大

---

[1]《汉书·杜周传》,颜注。

水至,百姓奔走相蹂躏,〔老弱号呼〕,长安中大乱。天子亲御前殿,召公卿议。"①"召"暗示出公卿并非正常上朝,而是因事被皇帝紧急召到宫中。

廷议并非都在京师庙堂。凡皇帝所在,皆可举行廷议。比如,皇帝巡行途中,可随时召集廷议。始皇帝东巡狩郡县,"祠驺峄山,颂功业。于是从齐鲁之儒生博士七十人,至于泰山下。诸儒生或议曰:'古者封禅为蒲车,恶伤山之土石草木;扫地而祠,席用苴楷,言其易遵也。'始皇闻此议各乖异,难施用,由此黜儒生。"②

三、参与廷议之共识

廷议的开放性有多种表现,其中之一,有些官员级别低,无缘与会,倘若对议题感兴趣,依然可以用自己的方式,或直接上书皇帝,表达自己的观点。皇帝也会将其奏书下发廷议,使之相互辩论。陈元和范升辩论立《左传》博士,就是一例。可见,廷议对参与者身份似乎不设限制,有意者皆可参加。

无论参加固定的朝会还是不定期的廷议,官员们都会事先有所准备。换言之,官员上朝或参加廷议,皆是有备而来。③ 因为他们必须对自己所奏事情的方方面面做到心中有数。奏书必不可少。此外,应付皇帝的质询以及其他官员的异议,也都需要做好预案或腹案,尽量做到万无一失,才能确保奏书被皇帝采纳。

廷议讨论的事情至少在一定程度上都是公开的,各方观点都需要正面交锋,这使官员奏议不大可能具有严格的保密性。就像官员的其他那些奏书一样。特别是弹劾或引荐之类的人事奏书。

参加朝会和参与廷议是官员参政和行权的最直接最有影响的方式。在官员心中,参与会议意味着,近身侍君,亲泽雨露,荣莫大焉。"狠得承望阙廷,亲见御座,不胜其喜。"④对心思细密的官员来说,伴君与会是一种真正本质的权力行使方式,它比具体行使权力更重要。汲黯不愿外放郡国,是因为不想放弃

---

① 《汉书·王商传》。
② 《汉书·郊祀志上》。
③ 廖伯源没有区分朝会和朝议,也对其实际效果评价不高。"皇帝亲临之论议时间难于长久,不易畅所欲言。且朝会礼仪严重,发言有序,秩位低者难有发言之机会。而朝会时临时引起之论题,议者多无准备,甚难深入讨论。故朝会之际,多是批准已议定之政事。"(廖伯源《秦汉朝廷之论议制度》,《秦汉史论丛》[增订本],中华书局,2008 年)
④ 《风俗通义》卷 5。

参与朝议的机会。"臣常有狗马之心,今病,力不能任郡事。臣愿为中郎,出入禁闼,补过拾遗,臣之愿也。"①这话实在。汲黯怀抱的"狗马之心"就是"出入禁闼,补过拾遗"。史称,"汲黯身外思内,发愤舒忧,遗言李息。"②可见朝议在官员心中的特殊地位和价值。汲黯离京前,对大行李息说:"黯弃逐居郡,不得与朝廷议矣。然御史大夫(张)汤智足以距谏,诈足以饰非,非肯正为天下言,专阿主意。主意所不欲,因而毁之;主意所欲,因而誉之。好兴事,舞文法,内怀诈以御主心,外挟贼吏以为重。公列九卿不早言之何?公与之俱受其戮矣!"汲黯意思很清楚,他希望李息在会议上能起直谏拒非的作用。"息畏汤,终不敢言。"事情的发展应验了汲黯的预言。"后张汤败,上闻黯与息言,抵息罪。"③无独有偶,萧望之"雅意在本朝,远为郡守,内不自得。"他不愿外放的主要理由也是郡国守相不能参加朝会廷议。④ 虽说"选博士谏大夫通政事者补郡国守相"是朝廷惯例,萧望之却认为"悉出谏官以补郡吏"则是"忧其末而忘其本"。诚所谓"朝无争臣则不知过,国无达士则不闻善"。可见,上朝就是上奏,廷议就是谏议,参加廷议就是进谏皇帝,无朝议即无朝廷。他希望宣帝"选明经术,温故知新,通于几微谋虑之士以为内臣,与参政事。诸侯闻之,则知国家纳谏忧政,亡有阙遗。"总之,朝议对朝廷非常重要,关乎国家兴衰。至于"外郡不治,岂足忧哉?"在萧望之看来,朝廷的福祉安危关键在内臣朝议,治理郡县无关大局,纯属枝节皮毛。宣帝似乎认可这个说法,把萧望之留在朝廷。"书闻,征入守少府。"后来宣帝想把萧望之作为宰相培养,还是想考察一下他的管理民政能力,所谓"治民以考功",采取变通措施,把他放在京城附近的左冯翊锻炼一下。"宣帝察望之经明持重,论议有余,材任宰相,欲详试其政事,复以为左冯翊。望之从少府出为左迁,恐有不合意,即移病。上闻之,使侍中成都侯金安上谕意曰:'所用皆更治民以考功。君前为平原太守日浅,故复试之于三辅,非有所闻也。'望之即视事。"⑤

应该说,在朝廷才能有作为,外放郡县难有作为,本是一种不成文的官场共识。⑥ 有作为的关键是参与廷议,与闻朝政。再举一例。由于虞诩的建议,太

① 《汉书·汲黯传》。

② 《汉书·谷永传》。

③ 《汉书·汲黯传》。

④ 有的官员不愿外放则是基于另外一个理由,就是恐惧。比如,京房"自知数以论议为大臣所非,内与石显、五鹿充宗有隙,不欲远离左右,及为太守,忧惧。"(《汉书·京房传》)

⑤ 《汉书·萧望之传》。

⑥ 虽说如此,但在乱世,人们显然有了一些更为复杂的选择和考量。比如,陈纪出为平原相,往谒董卓,"时议欲以为司徒,纪见祸乱方作,不复辨严,实时之郡。"(《后汉书·陈寔列传》)

尉李修"更集四府",改变了大将军邓骘主持的廷议结论,触怒了权臣。"邓骘兄弟以诩异其议,因此不平,欲以吏法中伤诩。"后朝歌贼起,"州郡不能禁,乃以诩为朝歌长。"把虞诩撵到外县,不能与闻朝议。所以,河内大守马棱才会惋惜地说:"君儒者,当谋谟庙堂,反在朝歌邪?"虞诩也说:"初除之日,士大夫皆见吊勉。以诩诮之,知其无能为也。"①

虽说地方官亦有机会参与廷议,终究影响力有限,不能和朝官相提并论。比如,"安平王(刘)续为张角贼所略,国家赎王得还,朝廷议复其国。"安平相李燮上奏,"续在国无政,为妖贼所房,守藩不称,损辱圣朝,不宜复国。"史称,"时议者不同,而续竟归藩。"②

第二节　会议类型

一、朝会

朝会的特点在于定期性和周期性。"正旦朝贺,百僚毕会,帝令群臣能说经者更相难诘,义有不通,辄夺其席以益通者,(戴)凭遂重坐五十余席。故京师为之语曰:'解经不穷戴侍中。'"③对皇帝或太后而言,朝会即为"临朝"。比如,陈元称赞光武,"每临朝日,辄延群臣讲论圣道。"④"鲜卑击破北匈奴,而南单于乘此请兵北伐,因欲还归旧庭。时窦太后临朝,议欲从之。"⑤皇帝在朝会上公开臣子奏书或其他人书信,是东汉的一种常见做法。司徒韩歆"尝因朝会(光武)帝读隗嚣、公孙述相与书,歆曰:'亡国之君皆有才,桀、纣亦有才。'上大怒,以为激发,免归田里。"⑥

至于官员们,朝会自有其特点。比如,郑当时"每朝,候上间说,未尝不言天下长者。"⑦公孙弘"每朝会议,开陈其端,使人主自择,不肯面折庭争。"⑧朝会亦

---

① 《后汉书·虞诩列传》。
② 《后汉书·李固列传》。
③ 《后汉书·儒林列传上》。
④ 《后汉书·陈元列传》。
⑤ 《后汉书·宋均列传》。
⑥ 《东观汉记》卷13。
⑦ 《汉书·郑当时传》。
⑧ 《汉书·公孙弘传》。

称"朝觐"。公孙弘"朝觐奏事,因言国家便宜。"①有些官员虽不见在朝会上的动作,亦能从其下朝后的姿态推测一二。比如,张敞"无威仪,时罢朝会,过走马章台街,使御史驱,自以便面拊马。"②所谓"无威仪",显然不限于张敞下朝后的表现,而是从朝会上一以贯之延续下来的习惯。就是说,"无威仪"也是张敞在朝会上的习惯。

一般说,史书常常并不着意区分朝会和朝议。举两例。"高帝问群臣,群臣皆山东人,争言周王数百年,秦二世则亡,不如都周。上疑未能决。"③"太后称制,议欲立诸吕为王,问右丞相王陵。王陵曰:'高帝刑白马盟曰"非刘氏而王,天下共击之"。今王吕氏,非约也。'太后不说。问左丞相陈平、绛侯周勃。勃等对曰:'高帝定天下,王子弟,今太后称制,王昆弟诸吕,无所不可。'太后喜,罢朝。"④我们采取宽泛定义,只要看不出朝会还是朝议,统称"会议"。同时,也会用"会议"涵盖和代称朝会和朝议。

官员们在"会议"上的争论,牵涉的不仅是观点,有时观点之外的东西更关键。这些往往不光引发争议,而且直接决定争论。"张汤以更定律令为廷尉,(汲)黯质责汤于上前,曰:'公为正卿,上不能褒先帝之功业,下不能化天下之邪心,安国富民,使囹圄空虚,何空取高皇帝约束纷更之为? 而公以此无种矣!'黯时与汤论议,汤辩常在文深小苛,黯愤发,骂曰:'天下谓刀笔吏不可(谓)〔为〕公卿,果然。必汤也,令天下重足而立,仄目而视矣!'"⑤

二、中朝议

中朝议属于内廷议,有别于一般性的朝议或廷议。规模小,人数少,但效率更高,或更重要。以讨论王嘉之罪议题为例,可以看出中朝议的诸多特点。

丞相王嘉上书荐故廷尉梁相等,尚书劾奏嘉"言事恣意,迷国罔上,不道。"下将军中朝者议,左将军公孙禄、司隶鲍宣、光禄大夫孔光等十四人皆以为嘉应迷国不道法。(龚)胜独书议曰:"嘉资性邪僻,所举多贪残吏。位列三公,阴阳不和,诸事并废,咎皆繇嘉,迷国不疑,今举相等,过微薄。"日暮议者罢。明旦复会,左将军禄问胜:"君议亡所据,今奏当上,宜何从?"胜

①《汉书·严助传》。
②《汉书·张敞传》。
③《汉书·娄敬传》。
④《史记·吕太后本纪》。
⑤《汉书·汲黯传》。

日:"将军以胜议不可者,通劾之。"博士夏侯常见胜应禄不和,起至胜前谓
日:"宜如奏所言。"胜以手推常曰:"去!"①

值得注意的有四点。一是,尚书奉命弹劾丞相,哀帝将此弹奏转发给大臣,命召集朝议。需要关注的是,尚书在这次中朝议中起到了不可或缺的作用。二是,中朝议亦有奏书。三是,因为分歧较大,没能达成一致意见,第二天继续讨论,而且要求必须作出结论,所谓"今欲奏此事,君定从何议也?"也就是每人都需要表态站队,作出选择。四是,参与者要求中朝议按照尚书劾奏作出结论,亦可见尚书之权威性,所谓"如尚书所劾奏"。②

有趣的是,据史料,紧接上次中朝议,"后数日,复会议可复孝惠、孝景庙不,议者皆曰宜复。胜曰:'当如礼。'常复谓胜:'礼有变。'胜疾言曰:'去! 是时之变。'常恚,谓胜曰:'我视君何若,君欲小与众异,外以采名,君乃申徒狄属耳!'"③单就这段文字,给人感觉是,朝廷再次召集中朝议,只不过讨论的是另外一个礼制问题。详绎文义,又不像,更像是另外一次新的朝议。

"入议"即入宫议,属于内廷议。"陇西羌乡姐旁种反,诏召丞相韦玄成、御史大夫郑弘、大司马车骑将军王接、左将军许嘉、右将军奉世入议。……玄成等漠然莫有对者。奉世曰:'羌虏近在竟内背畔,不以时诛,亡以威制远蛮。臣愿帅师讨之。'"元帝问"用兵之数",冯奉世说:"今反虏无虑三万人,法当倍用六万人。然羌戎弓矛之兵耳,器不犀利,可用四万人,一月足以决。"丞相、御史、将军皆以为"民方收敛时,未可多发;万人屯守之,且足"。冯奉世坚持认为,"少发师而旷日,与一举而疾决,利害相万也。"④

据胡三省说:"西都中世以后,以三公、九卿为外朝官。东都无中、外朝之别也。"东汉史书所谓"中朝,直谓朝廷"。⑤ 比如,"桓帝欲褒崇大将军梁冀,使中朝二千石以上会议其礼。"⑥

三、公卿议、公卿治、公卿言

廷议或朝议有诸多不同说法,比如"廷论"、"廷辩"、"公卿议"、"群臣议"或

---

① 《汉书·龚胜传》。
② 《汉书·龚胜传》,颜注。
③ 《汉书·龚胜传》。
④ 《汉书·冯奉世传》。
⑤ 《资治通鉴》卷53。
⑥ 《后汉书·黄琼列传》。

"诸将议"等。① 其中,"公卿议"算是较常见的说法。至于"二千石论议"、"列侯二千石议"、"列侯吏二千石博士议"、"公卿列侯宗室集议"、"公卿列侯宗室〔杂议〕"、"诸侯王列侯议"、"诸侯王列侯会肆丞相诸侯议"都算是公卿议的扩大版,可以称作以公卿为主体的扩大朝议。"公卿议"是有关朝议或廷议的最常见的说法。② 这很容易理解。因为,朝议或廷议的主体就是公卿。虽然有些时候,皇帝也会根据议题扩大人选,或特意选择一些其他人。

和公卿议类似的有"公卿治"。它不同于"公卿请"或"公卿言"。各举一例。淮南王刘安和淮南相因为淮南太子产生矛盾。这个过程中,公卿和皇帝之间相互博弈。但"公卿请"显然不是廷议意见,而是朝会上奏,或直接上书。"王使人上书告相,事下廷尉治。踪迹连王,王使人候伺汉公卿,公卿请逮捕治王。……是时上不许公卿请,而遣汉中尉宏即讯验王。……中尉还,以闻。公卿治者曰:'淮南王安拥阏奋击匈奴者雷被等,废格明诏,当弃市。'诏弗许。公卿请废勿王,诏弗许。公卿请削五县,诏削二县。"③ "除故盐铁家富者为吏。吏益多贾人矣。商贾以币之变,多积货逐利。于是公卿言:'……贾人有市籍,及家属,皆无得名田,以便农。敢犯令,没入田货。'"④ 可见"公卿言"应该不是廷议,而是他们上朝奏言。简言之,"公卿请"或"公卿言"是公卿朝会奏请,"公卿治"是公卿讨论皇帝交办的事情,属于廷议范畴。具体说,"公卿治"是公卿议的司法形式,即由公卿在场,共同审案。公卿议是廷议,"公卿治"则是廷审。一般重大案件或敏感案件都会采用这种"公卿治"的会审方式。"伍被自诣吏,具告与淮南王谋反。吏因捕太子、王后,围王宫,尽捕王宾客在国中者,索得反具以闻。上下公卿治,所连引与淮南王谋反列侯、二千石、豪桀数千人,皆以罪轻重受诛。"⑤

诸侯王身份贵重,一旦事嫌犯罪,需要处置,必须廷议,而且往往有诸侯王参与。"衡山王(刘)赐,淮南王弟也,当坐收,有司请逮捕衡山王。"武帝表示,

① "诸将议"和公卿议的主要区别在于人员身份。身份区分一般和讨论议题有关。比如,"单于尝为书嫚吕后,不逊,吕后大怒,召诸将议之。上将军樊哙曰:'臣原得十万众,横行匈奴中。'诸将皆阿吕后意,曰'然'。(中郎将)季布曰:'樊哙可斩也! 夫高帝将兵四十馀万众,困於平城,今哙柰何以十万众横行匈奴中,面欺! 且秦以事於胡,陈胜等起。于今创痍未瘳,哙又面谀,欲摇动天下。'是时殿上皆恐,太后罢朝,遂不复议击匈奴事。"(《史记·季布列传》)
② 廖伯源认为,"公卿议之与议者人数不多,仅十余人,容易各陈己见,对问题作充分之讨论;而且各与议者熟识政事,明习法令故事,故公卿议之意见,当最受皇帝之重视,除非皇帝别有成见,一般都会采纳公卿议之意见。可以说,公卿议当是汉代较常召开之朝廷论议,亦当是汉代政治中影响较大之朝廷论议。"(廖伯源《秦汉朝廷之论议制度》,《秦汉史论丛》〔增订本〕,中华书局,2008 年)
③ 《史记·淮南王列传》。
④ 《汉书·食货志下》。
⑤ 《汉书·淮南王传》。

"诸侯各以其国为本,不当相坐。与诸侯王列侯会肆丞相诸侯议。"也就是"诣都座就丞相共议"。① 同样,给淮南王刘安定罪时,"赵王(刘)彭祖、列侯臣让等四十三人议,皆曰:'淮南王安甚大逆无道,谋反明白,当伏诛。'"胶西王刘端也说,淮南王"大逆无道,当伏其法"。丞相公孙弘、廷尉张汤将廷议结论上奏武帝,"天子使宗正以符节治王。"②

四、三府议

"丞相议"是最简单的廷议形式。相当于皇帝和丞相一对一的奏诏程序。"鲁人公孙臣上书陈终始传五德事,言方今土德时,土德应黄龙见,当改正朔服色制度。天子下其事与丞相议。丞相推以为今水德,始明正十月上黑事,以为其言非是,请罢之。"③

"两府议"由丞相和御史大夫主持。"事下丞相御史"、"丞相御史杂议"是下公卿议的简化版,属于小型廷议。举两例。一是,济北王刘终古被弹劾"使所爱奴与八子及诸御婢奸",宣帝"事下丞相御史,奏终古位诸侯王,以令置八子,秩比六百石,所以广嗣重祖也。而终古禽兽行,乱君臣夫妇之别,悖逆人伦,请逮捕。有诏削四县。"④二是,西羌反,京兆尹张敞上书,"愿令诸有罪,非盗受财杀人及犯法不得赦者,皆得以差入谷此八郡赎罪。务益致谷以豫备百姓之急。"事下有司,左冯翊萧望之与少府李彊认为,"今欲令民量粟以赎罪,如此则富者得生,贫者独死,是贫富异刑而法不壹也。"于是宣帝"复下其议两府,丞相、御史以难问张敞。"张敞说:"敞备皁衣二十余年,尝闻罪人赎矣,未闻盗贼起也。窃怜凉州被寇,方秋饶时,民尚有饥乏,病死于道路,况至来春将大困乎!不早虑所以振救之策,而引常经以难,恐后为重责。"少府和左冯翊虽非两府之人,因张敞所说针对自己观点,所以萧望之和李彊也可以继续参与两府议。萧望之、李彊又说:"愚以为此使死罪赎之败也,故曰不便。"丞相魏相、御史大夫丙吉"亦以为羌虏且破,转输略足相给,遂不施敞议"。⑤

东汉有"三府议",它似乎是西汉"丞相议"的扩大版。"三府议"是一种规模比廷议小、级别比廷议低的公共议论场合。参与者限于三公府的官员和属吏。

---

① 《史记·淮南王列传》,三家注。
② 《史记·淮南王列传》。
③ 《史记·孝文本纪》。
④ 《汉书·高五王传》。
⑤ 《汉书·萧望之传》。

比如,何颙辟司空府,"每三府会议,莫不推颙之长。"①至于主持者理应为三公。"北匈奴复遣使诣阙,贡马及裘,更乞和亲,并请音乐,又求率西域诸国胡客与俱献见。"光武帝"下三府议酬答之宜"。三府议参与者亦需向皇帝直接上书。身为司徒掾,班彪在奏书中,向光武提供了自己拟定好的"酬答之宜"文稿。在班彪看来,"报答之辞,令必有适。"也就是"报答之辞必令得所"。于是,"立槀草并上。"光武帝"悉纳从之"。②

"四府议"是一种特殊的廷议类型。所谓四府即"太傅、太尉、司徒、司空之府"。③ 有时,四府和尚书台并列议事。比如,冯岱辟司徒刘宠府,"与四府掾属并诣台,集议边事。"④有时,它和公卿并列议事,所谓"公卿百官及四府掾属"。比如,武陵蛮詹山反叛,"诏下公卿议,四府举(应)奉才堪将帅。……拜武陵太守。到官慰纳,山等皆悉降散。"⑤又如,日南、象林徼外蛮夷"烧城寺,杀长吏",交址、九真郡"兵士惮远役,遂反"。顺帝"召公卿百官及四府掾属,问其方略,皆议遣大将,发荆、杨、兖、豫四万人赴之。"大将军从事中郎李固建议,"宜更选有勇略仁惠任将帅者,以为刺史、太守,悉使共住交址。……故并州刺史长沙祝良,性多勇决,又南阳张乔,前在益州有破虏之功,皆可任用。"史称,"四府悉从固议。"⑥

在"四府议"上,激烈辩论的是大将军掾和车骑将军掾这种掾吏层级的官员。或许因为"四府议"没有定论,灵帝又扩大会议规模,"诏百官大会朝堂",最终确定了应劭方案。"汉阳贼边章、韩遂与羌胡为寇,东侵三辅,时遣车骑将军皇甫嵩西讨之。嵩请发乌桓三千人。"北军中侯邹靖上书,"乌桓众弱,宜开募鲜卑。"事下四府,大将军掾韩卓认为,"邹靖居近边塞,究其态诈。若令靖募鲜卑轻骑五千,必有破敌之效"。车骑将军掾应劭驳之,"臣愚以为可募陇西羌胡守善不叛者,简其精勇,多其牢赏。太守李参沈静有谋,必能锄厉得其死力。当思渐消之略,不可仓卒望也。"史称,"韩卓复与劭相难反复。于是诏百官大会朝堂,皆从劭议。"⑦

类似的还有"三公、廷尉议"。"安帝初,清河相叔孙光坐臧抵罪,遂增锢二

---

① 《后汉书·党锢列传》。
② 《后汉书·南匈奴列传》。
③ 《后汉书·虞诩列传》,李贤注。
④ 谢承《后汉书》卷4,《八家后汉书》。
⑤ 《后汉书·应奉列传》。
⑥ 《后汉书·南蛮列传》。
⑦ 《后汉书·应奉列传》。

世,衅及其子。是时居延都尉范邠复犯臧罪,诏下三公、廷尉议。司徒杨震、司空陈褒、廷尉张皓议依光比。(太尉刘)恺独以为'……如今使臧吏禁锢子孙,以轻从重,惧及善人,非先王详刑之意也'。有诏:'太尉议是。'"①

至于"三公八座议"不算是廷议的特殊类型,而是一种以三公和尚书台名义的集体奏议。"后汉献帝皇后父、屯骑校尉不其亭侯伏完朝贺公庭,完拜如众臣;及皇后在离宫,后拜如子礼。三公八座议:……郑玄议曰:……丞相征事邴原驳曰:……。"②

五、特殊类型的廷议

廷议涉及帝国事务的方方面面。肇肇大者自不必说,即便小者亦有可观。比如,"天下略定,(李)通思避荣宠,以病上书乞身。诏下公卿群臣议。大司徒侯霸等曰:'……通以天下平定,谦让辞位。夫安不忘危,宜令通居职疗疾。欲就诸侯,不可听。'于是诏通勉致医药,以时视事。"③功臣退隐,亦需公卿廷议。可见廷议实在包罗尽有,无所不及。

相对而言,礼仪、经学、天文、历法、术数、方技等领域,牵涉更为复杂的专门知识,需要更多的专业人才参与廷议,发表意见。相对一般的公卿议,某些专业性的廷议,似乎具有明显的特点。比如,文帝"使博士诸生刺《六经》中作王制,谋议巡狩封禅事。"④又如,"孝武帝时,聚会占家问之,某日可取妇乎?五行家曰可,堪舆家曰不可,建除家曰不吉,丛辰家曰大凶,历家曰小凶,天人家曰小吉,太一家曰大吉。辩讼不决,以状闻。制曰:'避诸死忌,以五行为主。'"⑤再如,

> 大中大夫公孙卿、壶遂、太史令司马迁等言"历纪坏废,宜改正朔"。是时御史大夫儿宽明经术,上乃诏宽曰:"与博士共议,今宜何以为正朔?服色何上?"宽与博士赐等议,皆曰:"帝王必改正朔,易服色,所以明受命于天也。创业变改,制不相复,推传序文,则今夏时也。臣等闻学褊陋,不能明。陛下躬圣发愤,昭配天地,臣愚以为三统之制,后圣复前圣者,二代在前也。今二代之统绝而不序矣,唯陛下发圣德,宣考天地四时之极,则顺阴阳以定

---

① 《后汉书·刘般列传》。
② 《通典》卷 67。
③ 《后汉书·李通列传》。
④ 《汉书·郊祀志上》。
⑤ 《史记·日者列传》。

大明之制,为万世则。"于是乃诏御史曰:"乃者有司言历未定,广延宣问,以考星度,未能雠也。盖闻古者黄帝合而不死,名察发敛,定清浊,起五部,建气物分数。然则上矣。书缺乐弛,朕甚难之。依违以惟,未能修明。其以七年为元年。"遂诏卿、遂、迁与侍郎尊、大典星射姓等议造汉历。①

经学大会是一种较为特殊的廷议,类似学术擂台,属于一种带有强烈对抗色彩的学术辩论会。比如,瑕丘江公善《谷梁春秋》,和武帝时的公羊家董仲舒齐名。"江公呐于口,上使与仲舒议,不如仲舒。而丞相公孙弘本为公羊学,比辑其议,卒用董生。"②又如,元帝喜好梁丘《易》,"欲考其异同,令(五鹿)充宗与诸《易》家论。充宗乘贵辩口,诸儒莫能与抗,皆称疾不敢会。有荐(朱)云者,召入,摄齐登堂,抗首而请,音动左右。既论难,连拄五鹿君,故诸儒为之语曰:'五鹿岳岳,朱云折其角。'繇是为博士。"③再如,和帝召诸儒,"鲁丕与侍中贾逵、尚书令黄香等相难数事,帝善丕对,罢朝,特赐冠帻履袜。"④

有的经学会议看不出是朝会还是廷议,虽然从语境推测,廷议可能性更大些。比如,韩婴与董仲舒"论于上前,其人精悍,处事分明,仲舒不能难也。"《谷梁》经师荣广与《公羊》大师眭孟辩论,"数困之,故好学者颇复受《谷梁》。"⑤尤其辕固和黄生在景帝面前的争论。

> 黄生曰:"汤武非受命,乃杀也。"固曰:"不然。夫桀纣荒乱,天下之心皆归汤武,汤武因天下之心而诛桀纣,桀纣之民弗为使而归汤武,汤武不得已而立,非受命(而)〔为〕何?"黄生曰:"'冠虽敝必加于首,履虽新必贯于足。'何者?上下之分也。今桀纣虽失道,然君上也;汤武虽圣,臣下也。夫主有失行,臣不正言匡过以尊天子,反因过而诛之,代立南面,非杀何也?"固曰:"必若云,是高皇帝代秦即天子之位,非邪?"于是上曰:"食肉毋食马肝,未为不知味也;言学者毋言汤武受命,不为愚。"遂罢。⑥

六、石渠阁会议和白虎观会议

石渠阁会议和白虎观会议是两汉最著名的两次廷议。它讨论的不是单纯

---

① 《汉书·律历志上》。
② 《汉书·儒林传》。
③ 《汉书·朱云传》。
④ 《东观汉记》卷13。
⑤ 《汉书·儒林传》。
⑥ 《汉书·儒林传》。从逻辑看,辕固和黄生的观点皆能自洽,一旦联系现实,皆不能自足。

的学术问题,而是政教合一的经学问题。其时间之长,与会人员之多,可谓盛况空前,堪称史无前例。可见廷议不拘议题,不定时间,不限规模。

(一) 石渠阁会议

宣帝即位,"闻卫太子好《谷梁春秋》,以问丞相韦贤、长信少府夏侯胜及侍中乐陵侯史高,皆鲁人也,言谷梁子本鲁学,公羊氏乃齐学也,宜兴《谷梁》。"蔡千秋爱《谷梁传》,宣帝召见,"与公羊家并说,上善《谷梁》说。"甘露元年,召开石渠阁会议,宣帝虽未御临,却命黄门郎梁丘临作为钦差"奉使问诸儒于石渠",即监控会议全程。所谓"诏遣监议者",并将公羊、谷梁二家代表"引入议所"。史称,"召《五经》名儒太子太傅萧望之等大议殿中,平《公羊》、《谷梁》同异,各以经处是非。时《公羊》博士严彭祖、侍郎申挽、伊推、宋显,《谷梁》议郎尹更始、待诏刘向、周庆、丁姓并论。公羊家多不见从,愿请内侍郎许广,使者亦并内谷梁家中郎王亥,各五人,议三十余事。望之等十一人各以经谊对,多从《谷梁》。由是《谷梁》之学大盛。"①

石渠阁会议上的经学辩论非常激烈。程序是,先由钦差以奏疏形式提出宣帝需要了解的问题,再由经学家或官员逐个回答。比如,黄门郎梁丘临上奏,"经曰乡射合乐,大射不,何也?"戴圣答,"乡射至而合乐者,质也。大射,人君之礼,仪多,故不合乐也。"闻人通汉答,"乡射合乐者,人礼也,所以合和百姓也。大射不合乐者,诸侯之礼也。"韦玄成答,"乡射礼所以合乐者,乡人本无乐,故合乐岁时,所以合和百姓以同其意也。至诸侯,当有乐,传曰'诸侯不释悬',明用无时也。君臣朝廷固当有之矣,必须合乐而后合,故不云合乐也。"史称,"时公卿以玄成议是。"②其实,最终的裁决者是宣帝。举三例。

问:"父卒母嫁,为之何服?"萧太傅云:"当服周。为父后则不服。"韦玄成以为:"父殁则母无出义,王者不为无义制礼。若服周,则是子贬母也,故不制服也。"宣帝诏曰:"妇人不养舅姑,不奉祭祀,下不慈子,是自绝也,故圣人不为制服,明子无出母之义,玄成议是也。"③

(问:)"大宗无后,族无庶子,己有一嫡子,当绝父祀以后大宗不?"戴圣云:"大宗不可绝。言嫡子不为后者,不得先庶耳。族无庶子,则当绝父以后大宗。"闻人通汉云:"大宗有绝,子不绝其父。"宣帝制曰:"圣议

---

① 《汉书·儒林传》,颜注。
② 《通典》卷 77。
③ 《通典》卷 89。

是也。"①

（问：）"经云大夫之子为姑姊妹女子子无主后者，为大夫命妇者，唯子不报何？"戴圣以为："唯子不报者，言命妇不得降，故以大夫之子为文。唯子不报者，言犹断周，不得申其服也。"宣帝制曰："为父母周是也。"②

（二）白虎观会议

五官中郎将魏应负责代表章帝"问难"，侍中淳于恭代表与会官员上奏，章帝亲自在场，主持会议，所谓"称制临决"。章帝诏曰："中元元年诏书，五经章句烦多，议欲减省。至永平元年，长水校尉（樊）儵奏言，先帝大业，当以时施行。欲使诸儒共正经义，颇令学者得以自助。"史称，"于是下太常、将、大夫、博士、议郎、郎官及诸生、诸儒会白虎观，讲议《五经》同异，使五官中郎将魏应承制问，侍中淳于恭奏，帝亲称制临决，如孝宣甘露石渠故事，作《白虎议奏》。"③西汉石渠阁会议和东汉白虎观会议是奏诏模式的两个典型案例。它把会议过程汇编成册，把会议结果编撰成书，既有保存实录的档案性质，又有公开争议的奏议功能。前者产生了《盐铁论》，后者产生了《白虎议奏》。虽然《盐铁论》书名像是一部著作，"事实上它也通过**天子的诏令**展开趣旨。"④显然，《白虎议奏》这个书名更贴近奏诏模式的特点，更符合奏诏模式的性质。相形之下，《白虎通义》和《白虎通德论》这两个书名，看不出和白虎观会议有何直接关系，甚至模糊了白虎观会议的本来面目。

"使五官中郎将魏应承制问"即代表皇帝发问质疑，"侍中淳于恭奏"即代表参与会议讨论者对问题的释疑解答，"帝亲称制临决，如孝宣甘露石渠故事，作《白虎议奏》。"由此完成了一部名副其实的经学大会的会议记录编辑整理工作。《白虎议奏》既是经学版的廷议现场记录，也是完整版的奏诏模式的直观呈现。既然白虎观会议是廷议之一种，作为会议结果的《白虎议奏》，显然符合奏诏模式的特征。即通过奏诏程序流程进行了一场持续数十日的今古文经辩论大会。

白虎观会议是由章帝下诏，直接推动举行的一次大规模经学会议。亦可见诏书对学术文化发展的巨大规制作用。比如，参加白虎观会议都须章帝亲自指定和批准。"肃宗诏（丁）鸿与广平王（刘）羡及诸儒楼望、成封、桓郁、贾逵等，论

---

① 《通典》卷 96。
② 《通典》卷 99。
③ 《后汉书·孝章帝纪》。
④ ［日］小仓芳彦《围绕族刑的几个问题》，杨一凡、寺田浩明主编《日本学者中国法制史论著选》"先秦秦汉卷"，中华书局，2016 年。黑体字原有。

定《五经》同异于北宫白虎观。"所谓"诸儒",其实都是官员。《东观记》云:"太常楼望、少府成封、屯骑校尉桓郁、卫士令贾逵等集议。"[1]

第三节 廷 议 程 序

一、建议权和召集权

什么事才需要"下公卿议",并无定例。它虽然取决于皇帝意志,却不完全因为皇帝吃不准。"每有言事,颇合圣听者,或下群臣,令集议之。"[2]所以,廷议议题多种多样。皇帝召集廷议时,需要设置议题,也要指定人员。这是皇帝召集廷议的基本程序。每次都会因议题不同,参与者也不同。

诏命廷议不会无缘无故,更不会突如其来。按照常识或程序,皇帝下诏廷议,都会有一个事先告知,或提前通知,以便官员做好准备,写好奏疏。所以,对官员来说,廷议不是秘密,议题亦非禁忌。围绕廷议自然会有君臣双方的博弈。皇帝下诏廷议,有时真正的决定往往混杂有臣子的权谋,以至于皇帝的决定也是幕后交易的结果。"会丞相绾病免,上议置丞相、太尉。藉福说蚡曰:'魏其侯贵久矣,素天下士归之。今将军初兴,未如,即上以将军为相,必让魏其。魏其为相,将军必为太尉。太尉、相尊等耳,有让贤名。'蚡乃微言太后风上,于是乃以婴为丞相,蚡为太尉。"[3]

皇帝不但设置廷议议题,还专门指定特定官员进行反驳。举两个例子。一是,东置苍海郡,北筑朔方郡。御史大夫公孙弘数谏,"以为罢弊中国以奉无用之地,愿罢之。"武帝"乃使朱买臣等难弘置朔方之便。发十策,弘不得一。"师古曰:"言其利害十条,弘无以应之。"准确说:"十策"不是简单的十条,而是十道奏疏。而公孙弘却未能上奏一书。"弘乃谢曰:'山东鄙人,不知其便若是,愿罢西南夷、苍海,专奉朔方。'上乃许之。"[4]二是,丞相公孙弘奏言,"民不得挟弓弩。十贼彍弩,百吏不敢前,盗贼不辄伏辜,免脱者众,害寡而利多,此盗贼所以蕃也。禁民不得挟弓弩,则盗贼执短兵,短兵接则众者胜。以众吏捕寡贼,其势必

---

[1]《后汉书·丁鸿列传》,李贤注。
[2] 崔寔《政论》,《全后汉文》卷46。
[3]《汉书·田蚡传》。
[4]《汉书·公孙弘传》。

得。盗贼有害无利，则莫犯法，刑错之道也。臣愚以为禁民毋得挟弓弩便。"武帝"下其议"，也就是把奏疏下发廷议，要求讨论。光禄大夫吾丘寿王奏对，"今陛下昭明德，建太平，举俊材，兴学官，三公有司或由穷巷，起白屋，裂地而封，宇内日化，方外乡风，然而盗贼犹有者，郡国二千石之罪，非挟弓弩之过也。……且所为禁者，为盗贼之以攻夺也。攻夺之罪死，然而不止者，大奸之于重诛固不避也。臣恐邪人挟之而吏不能止，良民以自备而抵法禁，是擅贼威而夺民救也。窃以为无益于禁奸，而废先王之典，使学者不得习行其礼，大不便。"书奏，武帝"以难丞相弘。弘诎服焉。"①"书奏，上以难丞相弘。弘诎服焉。"这句话说明，武帝把吾丘寿王的奏书转发给公孙弘，公孙弘看后，心服口服。这个过程如果发生在朝会或廷议上，似乎不尽合理。即便廷议，似乎未必一定是现场辩论。即便当场激辩，也未必没有准备相应的书面奏章。这样一来，廷议的时间就会很长。恐怕需要好几天。

　　一方面，下廷议是皇帝的绝对权力，唯有皇帝有权召集廷议；另一方面，不拘官职，任何一个官员都可以上书建议廷议。即便三公也只有廷议建议权，而无召集权。可见，丞相在廷议中的权力相当有限。丞相虽然可以主持廷议，却不能直接参与廷议，也就是在廷议中发言。② 比如，丞相匡衡和御史大夫张谭上书，要求廷议讨论礼制。"甘泉泰畤、河东后土之祠宜可徙置长安，合于古帝王。愿与群臣议定。"成帝允准，参加廷议者共五十八人，分成两派，争执不下。"大司马车骑将军许嘉等八人以为所从来久远，宜如故。右将军王商、博士师丹、议郎翟方进等五十人以为……天地以王者为主，故圣王制祭天地之礼必于国郊。长安，圣主之居，皇天所观视也。甘泉、河东之祠非神灵所飨，宜徙就正阳大阴之处。违俗复古，循圣制，定天位，如礼便。"需要注意的是，丞相和御史大夫只是倡议和主持廷议，并未具体参与论辩。他们把争议双方的观点上奏成帝。"今议者五十八人，其五十人言当徙之义，皆著于经传，同于上世，便于吏民；八人不案经艺，考古制，而以为不宜，无法之议，难以定吉凶。"进而建议，"宜于长安定南北郊，为万世基。"成帝从之。③ 至此，廷议程序正式结束。这个过程中，丞相可以建议皇帝召开廷议，也可以受皇帝委托主持廷议，虽不能直接参加廷议，也就是不能作为其中一员发表意见，但他可以在向皇帝禀报廷议结果时，顺带提出自己的观点。

① 《汉书·吾丘寿王传》。
② 这是为了避免丞相言论带节奏，对会议讨论造成压力，对会议结论产生暗示。丞相主持廷议类似赛场裁判，亲自下场有违规则。
③ 《汉书·郊祀志下》。

值得注意的是,三公固然可以主持廷议,三公掾吏同样可以主持廷议。比如,治河属司空,讨论治河方案,①司空掾桓谭"典其议",也就是由司空属吏主持,顺理成章。这属于一种高度专业性的廷议。较之礼仪、经学等问题,需要更为专门的知识和经验。所以,桓谭才会说:"凡此数者,必有一是。宜详考验,皆可豫见,计定然后举事,费不过数亿万,亦可以事诸浮食无产业民。空居与行役,同当衣食;衣食县官,而为之作,乃两便,可以上继禹功,下除民疾。"②

二、权臣和宦官的廷议权

在廷议程序中,有个事实不能忽视,这就是权臣召集廷议。下廷议虽是皇帝的独有权力,可权臣当道,也会盗用这部分皇权,下令举行廷议,充当主持人和裁决者。就效果而言,权臣操持的廷议和皇帝诏令的廷议也没什么区别,对百官而言,同样具有权威性和正当性。举三例。一是,"羌胡反乱,残破并、凉,大将军邓骘以军役方费,事不相赡,欲弃凉州,并力北边,乃会公卿集议。骘曰:'譬若衣败,坏一以相补,犹有所完。若不如此,将两无所保。'议者咸同。"③虞诩作为太尉李修辟除的府吏,虽没有资格参加公卿议,但不妨碍他也能获得相关信息。因为公卿议的结果对整个朝政影响巨大,自然也会成为官场乃至士人关注和议论的中心。

> 诩闻之,乃说李修曰:"窃闻公卿定策当弃凉州,求之愚心,未见其便。……今羌胡所以不敢入据三辅,为心腹之害者,以凉州在后故也。……议者喻以补衣犹有所完,诩恐其疽食侵淫而无限极。弃之非计。"修曰:"吾意不及此。微子之言,几败国事。然则计当安出?"诩曰:"……诚宜令四府九卿,各辟彼州数人,其牧守令长子弟皆除为冗官,外以劝厉,答其功勤,内以拘致;防其邪计。"修善其言,更集四府,皆从诩议。④

可见太尉李修也有权"更集四府",而且还改变了上次公卿议的结论。二是,梁冀鸩死质帝,"因议立嗣。"太尉李固联手司徒胡广、司空赵戒,要求"询访公卿,广求群议"。于是,梁冀召三公、中二千石、列侯"大议所立。固、广、戒及大鸿胪杜乔皆以为清河王(刘)蒜明德著闻,又属最尊亲,宜立为嗣。先是蠡吾侯(刘)

---

① 王莽时,"征能治河者以百数,其大略异者",有长水校尉关并、大司马史张戎、御史韩牧、大司空掾王横等诸家观点。(《汉书·沟洫志》)
② 《汉书·沟洫志》。
③ 《后汉书·虞诩列传》。
④ 《后汉书·虞诩列传》。

志当取冀妹,时在京师,冀欲立之。众论既异,愤愤不得意,而未有以相夺。"中常侍曹腾以"立蠡吾侯,富贵可长保"言动梁冀。"明日重会公卿,冀意气凶凶,而言辞激切。自胡广、赵戒以下,莫不慑惮之。皆曰:'惟大将军令。'而固独与杜乔坚守本议。冀厉声曰:'罢会。'"①历史的结果还是按照梁冀的意思立蠡吾侯为桓帝。可见权臣召集并主持朝议的权威性在皇权政治中同样发挥着一种特殊的正当作用。三是,董卓欲迁都长安,以避关东兵锋,于是"大会公卿议",声称,"案石包谶,宜徒都长安,以应天人之意。"百官无人敢言。唯独司徒杨彪反对迁都。"卓作色曰:'公欲沮国计邪?'太尉黄琬曰:'此国之大事,杨公之言得无可思?'卓不答。司空荀爽见卓意壮,恐害彪等,因从容言曰:'……山东兵起,非一日可禁,故当迁以图之,此秦、汉之埶也。'卓意小解。爽私谓彪曰:'诸君坚争不止,祸必有归,故吾不为也。'议罢,卓使司隶校尉宣播以灾异奏免琬、彪等。"②

权臣操控廷议的典型事例首推霍光召集并主持的废黜昌邑王刘贺的廷议。"霍将军忧惧,与公卿议废之。"③霍光显然充满纠结。这种纠结既有僭越皇权的惶恐,又有自身权威性不足而产生的不安。他希望借鉴历史,从传统获得支持。所谓"今欲如是,于古尝有此否?"早先的属吏、现任大司农田延年向他保证,"伊尹相殷,废太甲以安宗庙,后世称其忠。将军若能行此,亦汉之伊尹也。"尽管如此,霍光依旧忐忑。"九卿责光是也。天下匈匈不安,光当受难。"④这就需要有人站台力挺,按剑恐吓,以武力胁迫的方式达成目标。看到公卿"莫敢发言",出自大将军莫府的田延年"按剑,廷叱群臣,即日议决"。⑤ 它虽然成功,但就历史实态而言,这无疑是一场先斩后奏的宫廷政变。

> (霍光)召丞相、御史、将军、列侯、中二千石、大夫、博士会议未央宫。光曰:"昌邑王行昏乱,恐危社稷,如何?"群臣皆惊鄂失色,莫敢发言,但唯唯而已。田延年前,离席按剑,曰:"……如令汉家绝祀,将军虽死,何面目见先帝于地下乎? 今日之议,不得旋踵。群臣后应者,臣请剑斩之。"光谢曰:"九卿责光是也。天下匈匈不安,光当受难。"于是议者皆叩头,曰:"万姓之命在于将军,唯大将军令。"⑥

---

① 《后汉书・李固列传》。
② 《后汉书・杨震列传》。
③ 《汉书・酷吏传》。
④ 《汉书・霍光传》。
⑤ 《汉书・酷吏传》。
⑥ 《汉书・霍光传》。

朝议结束后,霍光与群臣"俱见白太后,具陈昌邑王不可以承宗庙状"。皇太后随之车驾未央宫承明殿,诏召昌邑王。"群臣以次上殿,召昌邑王伏前听诏。光与群臣连名奏王,尚书令读奏,"逐条宣布刘贺罪状。等读到昌邑王"与孝昭皇帝宫人蒙等淫乱,诏掖庭令敢泄言要斩",上官太后忍不住喝止,"止!为人臣子当悖乱如是邪!"昌邑王连忙离席伏地。尚书令继续宣读奏书,"受玺以来二十七日,使者旁午,持节诏诸官署征发,凡千一百二十七事。"奏书最后,"宗庙重于君,陛下未见命高庙,不可以承天序,奉祖宗庙,子万姓,当废。"皇太后诏可。接着,"群臣奏言:'古者废放之人屏于远方,不及以政,请徙王贺汉中房陵县。'太后诏归贺昌邑,赐汤沐邑二千户。"最后一项议程是择立新帝。"光坐庭中,会丞相以下议定所立。广陵王已前不用,及燕刺王反诛,其子不在议中。近亲唯有卫太子孙号皇曾孙在民间,咸称述焉。光遂复与丞相敞等上奏曰:'……孝武皇帝曾孙病已,武帝时有诏掖庭养视,至今年十八,师受《诗》、《论语》、《孝经》,躬行节俭,慈仁爱人,可以嗣孝昭皇帝后,奉承祖宗庙,子万姓。臣昧死以闻。'皇太后诏曰:'可。'"[1]

从上下文看,这场超大规模的廷议的完整过程,宛若一部高潮迭起的电视连续剧。在霍光的精心策划和强力操控下,步步紧逼,环环相扣,一气呵成。第一步,大会群臣,宣布自己废除昌邑王的决定;第二步,率领群臣向上官太后禀告廷议的结果;第三步,太后随之驾临廷议现场,同时,又使用手段将昌邑王召至会场;第四步,丞相代表公卿向太后禀奏刘贺的种种罪行,[2]请求废除刘贺的帝号,[3]得到太后批准;第五步,霍光亲自护送刘贺出宫,回到昌邑王府邸;第六步,霍光重新回到廷议会场,继续主持选定嗣位的新君人选,最终选择了卫太子的孙子刘询,并得到了太后的批准。整个过程,似乎都是在一次惊心动魄的廷议中完成的。[4] 接下来的一系列行动,都是执行廷议的结果。[5] 不妨视为廷议

---

① 《汉书·霍光传》。

② 这封奏疏的排名顺序是,丞相、大司马、将军、御史大夫、列侯、九卿、三辅长官、其他大夫等。

③ 这是一封绝无仅有的公卿集体要求废除皇帝的奏疏。

④ 或许,历史实态并非如此。这种阅读印象正是班书刻意制造的叙事效果。因为废刘贺的廷议事项和议程安排过于紧凑和连贯,不像是历史实态,像是历史叙事。比如对刘贺臣子和师傅数百人的处置,"昌邑群臣坐亡辅导之谊,陷王于恶,光悉诛杀二百余人。"明显是后来结果,而非会议中间发生之事。但有些细节又像是廷议的现场记录。比如,尚书令宣读群臣连名举奏昌邑王恶行,当太后听到刘贺"与孝昭皇帝宫人蒙等淫乱,诏掖庭令敢泄言要斩"时,忍不住"令且止读奏",(《汉书·霍光传》,颜注)即打断尚书令的宣读,"止!为人臣子当悖乱如是邪!"与此同时,"王离席伏。"紧接着,"尚书令复读。"这些画面感极强的话语和动作,非在场目击,似乎不像是史家的单纯想象和叙事。

⑤ "光遣宗正刘德至曾孙家尚冠里,洗沐赐御衣,太仆以軨猎车迎曾孙就斋宗正府,入未央宫见皇太后,封为阳武侯。已而光奉上皇帝玺绶,谒于高庙,是为孝宣皇帝。"(《汉书·霍光传》)

的延续效应。这次廷议堪称空前绝后，废了一个皇帝，又立了一个皇帝。

此外，东汉末还有宦官主持廷议的事例。可见宦官专权之严重，已广泛且深度介入奏诏模式。宦官成为官员奏议的拍板者和汇报者。宦官完全掌控了朝官和皇帝之间的奏诏渠道。比如，灵帝就让宦官主持百官讨论窦太后的葬礼规格。窦太后之父窦武谋诛宦官，反为曹节矫诏所杀。宦官"积怨窦氏"，中常侍曹节、王甫"欲别葬太后，而以冯贵人配祔。诏公卿大会朝堂，令中常侍赵忠监议。"宦官主持廷议显然不是常规做法，否则不需要皇帝专门下令。太尉李咸虽然对妻子发狠话，"若皇太后不得配食桓帝，吾不生还矣。"可会场却是另外一番场景。"既议，坐者数百人，各瞻望中官，良久莫肯先言。赵忠曰：'议当时定。'怪公卿以下各相顾望。"[1]参加廷议的官员恐惧宦官，都看宦官脸色行事。宦官主持廷议虽非常态，却具有皇帝的权威。在这点上，宦官主持廷议和权臣召集廷议并无二致。唯有廷尉陈球提出异议。

> 球曰："皇太后以盛德良家，母临天下，宜配先帝，是无所疑。"忠笑而言曰："陈廷尉宜便操笔。"球即下议曰："皇太后自在椒房，有聪明母仪之德。遭时不造，援立圣明，承继宗庙，功烈至重。……冯贵人冢墓被发，骸骨暴露，与贼并尸，魂灵污染，且无功于国，何宜上配至尊？"忠省球议，作色俛仰，蚩球曰："陈廷尉建此议甚健！"球曰："陈、窦既冤，皇太后无故幽闭，臣常痛心，天下愤叹。今日言之，退而受罪，宿昔之愿。"公卿以下，皆从球议。李咸始不敢先发，见球辞正，然〔后〕大言曰："臣本谓宜尔，诚与臣意合。"会者皆为之愧。[2]

廷议结束后，宦官仍不甘心，"曹节、王甫复争。"李咸诣阙上疏，"太后以陛下为子，陛下岂得不以太后为母？子无黜母，臣无贬君，宜合葬宣陵，一如旧制。"灵帝省奏，对曹节说："窦氏虽为不道，而太后有德于朕，不宜降黜。"于是"议者乃定"。[3]又如，灵帝命宦官赵忠主持讨论平定黄巾军的朝议。"诏忠论讨黄巾之功，执金吾甄举等谓忠曰：'傅南容前在东军，有功不侯，故天下失望。今将军亲当重任，宜进贤理屈，以副众心。'忠纳其言。"[4]

---

① 《后汉书·陈球列传》。
② 《后汉书·陈球列传》。
③ 《后汉书·陈球列传》。司马氏《考异》曰："袁《纪》云：'河南尹李咸执药上书曰："昔秦始皇幽闭母后，感茅焦之言，音驾迎母，供养如初。夫以秦后之恶，始皇之悖，尚纳直臣之语，不失母子之恩，岂况皇太后不以罪殁，陛下之过有重始皇！臣谨左手赍章，右手执药，诣阙自闻。如遂不省，臣当饮鸩自裁，下观先帝，具陈得失。"章省，上感其言，使公卿更议。廷尉陈球乃下议。'与范不同，今从范《书》。"（《资治通鉴》卷57）
④ 《后汉书·傅燮列传》。

简在帝心照汗青
　　——早期帝国的真理史和权力史

三、廷议程序

　　刘邦称帝前，举行了一种类似廷议的讨论。因为其形式和程序，乃至用语都几无二致。比如，群臣说"臣等以死守之"。这和始皇廷议上那种"臣昧死请"、"昧死言"的说法如出一辙。这使刘邦的帝号有了一个名正言顺的正统性根据。就此而言，这算是刘邦的第一道真正意义上的诏书。就是说，刘邦称帝的第一道诏书就是称帝。"诸侯及将相相与共请尊汉王为皇帝。汉王曰：'吾闻帝贤者有也，空言虚语，非所守也，吾不敢当帝位。'群臣皆曰：'大王起微细，诛暴逆，平定四海，有功者辄裂地而封为王侯。大王不尊号，皆疑不信。臣等以死守之。'汉王三让，不得已，曰：'诸君必以为便，便国家。'"①

　　标准的廷议程序有四个环节。上奏，下廷议；廷议奏，下诏。比如，张纯和朱浮共同奏言，"昔高帝以自受命，不由太上，宣帝以孙后祖，不敢私亲，故为父立庙，独群臣侍祠。臣愚谓宜除今亲庙，以则二帝旧典，愿下有司博采其议。"诏下公卿，大司徒戴涉、大司空窦融奏议，"宜以宣、元、成、哀、平五帝四世代今亲庙，宣、元皇帝尊为祖、父，可亲奉祠，成帝以下，有司行事，别为南顿君立皇考庙。其祭上至舂陵节侯，群臣奉祠，以明尊尊之敬，亲亲之恩。"光武帝从之。"是时宗庙未备，自元帝以上，祭于洛阳高庙，成帝以下，祠于长安高庙，其南顿四世，随所在而祭焉。"②又如，李合上奏，"建武都雒阳，制祀不道祭六宗，由是废不血食。今宜复旧制度。"制曰："下公卿议。""五官将行弘等三十一人议可祭，大鸿胪庞雄等二十四人议不（可）当祭。上从合议，由是遂祭六宗。"③

　　许多情况下，廷议程序多少都会有所变化。比如，下诏，上奏；再下诏廷议，再上奏；又有人上奏，又下诏。这是东汉制定行三年丧礼的整个过程。元初中，"邓太后诏长吏以下不为亲行服者，不得典城选举。时有上言牧守宜同此制，诏下公卿，议者以为不便。"唯独司徒刘恺表示，"诏书所以为制服之科者，盖崇化厉俗，以弘孝道也。今刺史一州之表，二千石千里之师，职在辩章百姓，宣美风俗，尤宜尊重典礼，以身先之。而议者不寻其端，至于牧守则云不宜，是犹浊其源而望流清，曲其形而欲景直，不可得也。"邓太后从之。④　又如，官员上书，下诏廷议，廷议否定了官员奏书，官员再次上书，皇帝命官员奏对尚书，最后还是

---

① 《史记·高祖本纪》。
② 《后汉书·张纯列传》。
③ 《后汉书·祭祀志中》，刘昭注。
④ 《后汉书·刘般列传》。

648

不予采用。这是东汉讨论刑法的过程。梁统上疏,"窃见元哀二帝轻殊死之刑以一百二十三事,手杀人者减死一等,自是以后,著为常准,故人轻犯法,吏易杀人。"光武帝"事下三公、廷尉,议者以为隆刑峻法,非明王急务,施行日久,岂一朝所厘。统今所定,不宜开可。"可见廷议否决了梁统奏疏。梁统再次上言。"有司以臣今所言,不可施行。寻臣之所奏,非曰严刑。……愿得召见,若对尚书近臣,口陈其要。"光武帝"令尚书问状",梁统奏对,"刑轻之作,反生大患;惠加奸轨,而害及良善也。"光武依然不从。[1] 再如,廷议中有时会反复的诘难程序,百官对某人连续进行质问。因敦煌太守曹宗之请,邓太后召开廷议,讨论西域战略。同时,邓太后还特诏班勇"诣朝堂会议"。班勇建议,一是"复置护西域副校尉",二是"宜遣西域长史将五百人屯楼兰"。对此,公卿百官纷纷质疑。先是尚书质问,"今立副校尉,何以为便? 又置长史屯楼兰,利害云何?"班勇答,"若出屯楼兰,足以招附其心,愚以为便。"继而,长乐卫尉镡显、廷尉綦母参、司隶校尉崔据发难,"朝廷前所以弃西域者,以其无益于中国而费难供也。今车师已属匈奴,鄯善不可保信,一旦反复,班将能保北虏不为边害乎?"班勇答,"今不廓开朝廷之德,而拘屯戍之费,若北虏遂炽,岂安边久长之策哉!"最后,太尉属毛轸诘难,"今若置校尉,则西域骆驿遣使,求索无猒,与之则费难供,不与则失其心。一旦为匈奴所迫,当复求救,则为役大矣。"班勇答,"置校尉者,宣威布德,以系诸国内向之心,以疑匈奴觊觎之情,而无财费耗国之虑也。且西域之人无它求索,其来入者,不过禀食而已。今若拒绝,执归北属,夷虏并力以寇并、凉,则中国之费不止千亿。置之诚便。"最终班勇方案被采用。"复敦煌郡营兵三百人,置西域副校尉居敦煌。虽复羁縻西域,然亦未能出屯。"[2]

廷议虽有固定程序,也有意外转机。因珠崖背畔一事,元帝诏命廷议讨论,却迟疑不决。"珠崖虏杀吏民,背畔为逆,今廷议者或言可击,或言可守,或欲弃之,其指各殊。朕日夜惟思议者之言,羞威不行,则欲诛之;狐疑辟难,则守屯田;通于时变,则忧万民。"转机就是贾捐之的奏议。贾捐之本来待诏金马门,似乎没有资格参加朝议。史称,"上与有司议大发军,捐之建议,以为不当击。上使侍中驸马都尉乐昌侯王商诘问捐之曰:'珠崖内属为郡久矣,今背畔逆节,而云不当击,长蛮夷之乱,亏先帝功德,经义何以处之?'捐之对曰:'臣幸得遭明盛

---

① 《后汉书·梁统列传》。

② 《后汉书·班超列传》。胡三省云:"谓未能如勇计出屯楼兰西也。然使尽行勇之计,亦未必能羁制西域,何者? 武帝通西域,未能尽臣属西域也;及宣帝时,日逐降,呼韩邪内附,始尽得西域。明帝使班超通西域,未能尽臣属西域也;及窦宪破北匈奴,超始尽得西域。今汉内困于诸羌,而北匈奴游魂蒲类,安能以五百人成功哉!"(《资治通鉴》卷50)

之朝,蒙危言之策,无忌讳之患,敢昧死竭卷卷。'"大体情况是,元帝因为珠崖反,命公卿讨论是否发兵。贾捐之上书反对出兵。元帝命官员进一步询问。贾捐之又上了一篇长奏。"臣愚以为非冠带之国,《禹贡》所及,《春秋》所治,皆可且无以为。愿遂弃珠崖,专用恤关东为忧。"对奏,元帝又问丞相、御史大夫。只问二人,不开两府议。这是一种更简便的奏诏形式。或许也更有效率。"御史大夫陈万年以为当击;丞相于定国以为'前日兴兵击之连年,护军都尉、校尉及丞凡十一人,还者二人,卒士及转输死者万人以上,费用三万万余,尚未能尽降。今关东困乏,民难摇动,捐之议是。'上乃从之。"元帝下诏,"今关东大困,仓库空虚,无以相赡,又以动兵,非特劳民,凶年随之。其罢珠崖郡。"①

四、典型事例

(一)处置淮南王

围绕文帝命公卿讨论处理淮南王刘长的过程,君臣之间进行了三轮奏诏。诏书格式没啥变化,奏书格式三次却不完全一样,而且越来越简化。第一次奏书,必须标明奏者官职。"丞相臣张仓、典客臣冯敬、行御史大夫事宗正臣逸、廷尉臣贺、备盗贼中尉臣福昧死言。"②奇怪的是,丞相和典客有名有姓,御史大夫、廷尉等却有名无姓?③ 第二次上奏,省略官职,简称"臣某"④,只是调整了最后两人的顺序,"臣仓、臣敬、臣逸、臣福、臣贺";并点明上奏者的人数,"四十三人议。"如果将此视作廷议,这应该是参与者的全体人员。意思是,这是廷议的共识。第三次上奏,仅有丞相之名,其余人名一律省略。"臣仓等昧死言。"⑤

第一次上奏。"淮南王长废先帝法,不听天子诏,居处无度,为黄屋盖乘舆,出入拟於天子,擅为法令,不用汉法。……长当弃市,臣请论如法。"文帝第一次驳回。"朕不忍致法於王,其与列侯二千石议。"⑥

第二次上奏。"臣谨与列侯吏二千石臣婴等四十三人议,皆曰'长不奉法度,不听天子诏,乃阴聚徒党及谋反者,厚养亡命,欲以有为'。臣等议论如法。"

---

① 《汉书·贾捐之传》。
② 《史记·淮南王列传》。
③ 班《书》写的更简单。"丞相张苍,典客冯敬行御史大夫事,与宗正、廷尉杂奏。"(《汉书·淮南王传》)
④ 也可能奏书原文并未省略,省略只是史家的叙事处理。
⑤ 《史记·淮南王列传》。
⑥ 《史记·淮南王列传》。

文帝第二次驳回。"朕不忍致法於王,其赦长死罪,废勿王。"①

第三次上奏。"长有大死罪,陛下不忍致法,幸赦,废勿王。臣请处蜀郡严道邛邮,遣其子母从居,县为筑盖家室,皆廪食给薪菜盐豉炊食器席蓐。臣等昧死请,请布告天下。"文帝终于批准。"计食长给肉日五斤,酒二斗。令故美人才人得幸者十人从居。他可。"文帝同意第三次廷议的方案,并对淮南王刘长的生活待遇提出了具体规定,包括每天的酒肉数量,以及随行姬妾的人数。联系下文"他可"二字,"谓他事可其制"②,可以看出文帝对廷议方案并非敷衍了事,简单走个程序,而是做了认真审视,然后有所补充,从而体现出文帝对兄弟的细致关爱。

有关淮南王的处置,显然不是一次朝议所能解决,前后反复数次。给人感觉是,皇帝和众臣们在进行一种讨价还价的认真博弈。官员们两次廷议的结论都是坚持依法处死淮南王。但都被文帝坚辞拒绝。最终,官员们还是不得不按照文帝的意见拟定处置方案。

(二) 讨论伏击匈奴

武帝召开廷议,讨论伏击匈奴的作战方案,这个方案是"雁门马邑豪聂壹因大行王恢"上书的。武帝首先表明了自己态度,"今欲举兵攻之,何如?"接下来,王恢和御史大夫韩安国之间展开了激烈交锋。经过三四个回合的辩论,武帝采纳了王恢的主张。从韩安国反王恢的第一句话开始,二人唇枪舌剑地使用"不然"驳斥对方。而且每一回合的最后一句都是"臣故曰击之便"、"臣故曰勿击便"。第一个回合。王恢说:"今以陛下之威,海内为一,天下同任,又遣子弟乘边守塞,转粟挽输,以为之备,然匈奴侵盗不已者,无它,以不恐之故耳。"韩安国说,高帝和文帝"二圣之迹,足以为效矣"。第二个回合。王恢说:"今边竟数惊,士卒伤死,中国槽车相望,此仁人之所隐也。"韩安国说:"今使边郡久废耕织,以支胡之常事,其势不相权也。"第三个回合。王恢说:"今以中国之盛,万倍之资,遣百分之一以攻匈奴,譬犹以彊弩射且溃之痈也,必不留行矣。若是,则北发月氏可得而臣也。"韩安国说:"兵法曰:'遗人获也。'意者有它缪巧可以禽之,则臣不知也;不然,则未见深入之利也。"第四个回合。王恢说:"今臣言击之者,固非发而深入也,将顺因单于之欲,诱而致之边,吾选枭骑或绝其后,单于可禽,百全

---

① 《史记·淮南王列传》。
② 《史记·淮南王列传》,三家注。

必取。"武帝"乃从恢议"。[1]

（三）辩论立《左传》

建武四年，尚书令韩歆上疏，"欲为费氏《易》、左氏《春秋》立博士，诏下其议。"此时，天下未定，光武就着手立《左传》博士一事。"正月，朝公卿、大夫、博士，见于云台。"光武主持，他指令博士范升首先发言。这是发言环节，也可以说是廷议上的主旨发言。"帝曰：'范博士可前平说。'升起对曰：'左氏不祖孔子，而出于丘明，师徒相传，又无其人，且非先帝所存，无因得立。'"接下来，是辩论环节。"遂与韩歆及太中大夫许淑等互相辩难，日中乃罢。"当天没有结果。范升回家又上奏书，所谓"退而奏曰"。"《五经》之本自孔子始，谨奏《左氏》之失凡十四事。"史称，"时难者以太史公多引《左氏》，升又上太史公违戾《五经》，谬孔子言，及《左氏春秋》不可录三十一事。诏以下博士。"[2]由此开启了一场新的廷议。

结合陈元上书和参加廷议过程，可以发现这是一个和范升参加廷议相互重合的过程。"时议欲立《左氏传》博士，范升奏以为《左氏》浅末，不宜立。（陈）元闻之，乃诣阙上疏。"陈元"以父任为郎"，应该是没有资格参加廷议，所以才诣阙上疏，表明事态的紧急性。陈元上书逐条反驳范升的观点。可见范升奏疏应该是被光武下令抄写了许多份，廷议的每个与会者都能看到。这应该是廷议的惯常做法。否则以陈元的官职，自然不可能率先看到，更不可能唯有他能看到。

> 臣元窃见博士范升等所议奏《左氏春秋》不可立，及太史公违戾凡四十五事。案升为所言，前后相违，皆断截小文，媟黩微辞，以年数小差，摅为巨谬，遗脱纤微，指为大尤，抉瑕擿衅，掩其弘美，所谓"小辩破言，小言破道"者也。……如得以褐衣召见，俯伏庭下，诵孔氏之正道，理丘明之宿冤；若辞不合经，事不稽古，退就重诛，虽死之日，生之年也。[3]

书奏，光武帝再次举行廷议。"下其议，范升复与元相辩难，凡十余上。"所谓"十余上"，不是说，二人辩论了十几次或十几个回合，而是说，二人先后上了十几道奏书。可见，廷议上的现场辩论不能完全取代官员的奏书。虽然《左传》得立博士，完全是因陈元论辩的结果，光武帝仍有更为复杂的考虑，所以没有将陈元擢拔为第一，而是抑制其名次。"帝卒立《左氏》学，太常选博士四人，元为第一。

---

① 《汉书·韩安国传》。
② 《后汉书·范升列传》。
③ 《后汉书·陈元列传》。

帝以元新忿争,乃用其次司隶从事李封,于是诸儒以《左氏》之立,论议讙哗,自公卿以下,数廷争之。"问题是,既然《左传》博士非李封一人,为何"封病卒,《左氏》复废"?[①] 殊不可解。

第四节　朝　议　人　员

"公卿议臣"是对廷议人员的笼统称呼。参与廷议者皆可称为"议臣",即职在参与朝议。他们的作用因人而异。议臣中不乏"虽有可采,辄见掎夺"的现象。[②] 此外,还有所谓"议主"一说,意指朝议主角,即主要奏议者。可见"议主"即表明其在奏诏模式中的主体作用。少府孔融"每朝会访对,辄为议主,诸卿大夫寄名而已。"[③]所谓"寄名",意即点卯应声,唯唯诺诺,毫无主张,类似磕头虫。其实贾谊升迁之速,也是因为他在会议中扮演的"议主"角色。可见会议中的寄名现象贯穿两汉始终。

有些朝议,地方官亦可上书,参与其中。"安平王(刘)续为张角贼所略,国家赎王得还,朝廷议复国。"安平相李燮上奏,"续在国无政,为妖贼所虏,守藩不称,损辱圣朝,不宜复国。"史称,"时议者不同,而续竟归藩。燮以谤毁宗室,输作左校。未满岁,王果坐不道被诛,乃拜燮为议郎。京师语曰:'父不肯立帝,子不肯立王。'"[④]

公府属吏本无资格参与廷议,如果学有所长,才干出众,或经皇帝特许,或经三公荐举,也可以参与朝议。郭躬辟公府,"以明法律,特预朝议。"[⑤]赵岐辟司空掾,"议二千石得去官为亲行服,朝廷从之。"[⑥]耿秉为谒者仆射,"每公卿会议,常引秉上殿,访以边事。"[⑦]周荣辟司徒府,司徒袁安"与语甚器之,每预大议"。[⑧]

官员赋闲在家,如有廷议,皇帝也会派人登门征求其意见。"仲舒在家,朝

---

① 《后汉书·陈元列传》。
② 崔寔《政论》,《全后汉文》卷46。
③ 司马彪《续汉书》卷5,《八家后汉书》。
④ 《后汉书·李固列传》。
⑤ 司马彪《续汉书》卷4,《八家后汉书》。
⑥ 《后汉书·赵岐列传》。
⑦ 司马彪《续汉书》卷2,《八家后汉书》。
⑧ 《后汉纪》卷13。

廷如有大议,使使者及廷尉张汤就其家而问之,其对皆有明法。"①

宗室成员参与朝议似乎具有特殊意义。武帝时,刘辟彊"以宗室子随二千石论议,冠诸宗室。"昭帝即位,"或说大将军霍光曰:'将军不见诸吕之事乎?处伊尹、周公之位,摄政擅权,而背宗室,不与共职,是以天下不信,卒至于灭亡。今将军当盛位,帝春秋富,宜纳宗室,又多与大臣共事,反诸吕道,如是则可以免患。'光然之,乃择宗室可用者。"可见宗室和朝臣"共议事",也就是"每事皆与参共知之"②,成为昭宣之际特殊政治生态的权力谋划和朝政布局。

一旦涉及某些专业性议题,都会有专业人员参加。尽管他们官阶较低。比如,制作礼仪,需要礼官参与。一般廷议,礼官显然没有资格参加。景帝制诏御史,"其与丞相、列侯、中二千石、礼官具为礼仪奏,"具体要求就是给文帝庙制作"昭德之舞,以明休德"。③ 武帝郊雍,认为祭礼不备。"今上帝朕亲郊,而后土无祀,则礼不答也。""有司与太史公、祠官宽舒议:'天地牲角茧栗。今陛下亲祠后土,后土宜於泽中圜丘为五坛,坛一黄犊太牢具,已祠尽瘗,而从祠衣上黄。'於是天子遂东,始立后土祠汾阴脽丘,如宽舒等议。"④又如,讨论历法,"事下三公、太常知历者杂议。"⑤参加者除了公卿、尚书令、博士,还须有多名太史令、数名太史待诏(类似候补太史),以及其他治历者等天文学家和历法专家组成的专业人士和技术官员共同参与。再如,案件棘手或事关重大,皇帝会指定一些精研律法的官员参加廷议。骑都尉秦彭随窦固出击匈奴,"彭在别屯而辄以法斩人,固奏彭专擅,请诛之。显宗乃引公卿朝臣平其罪科。(郭)躬以明法律,召入议。议者皆然固奏,躬独曰:'于法,彭得斩之。'帝曰:'军征,校尉一统于督。彭既无斧钺,可得专杀人乎?'躬对曰:'一统于督者,谓在部曲也。今彭专军别将,有异于此。兵事呼吸,不容先关督帅。且汉制棨戟即为斧钺,于法不合罪。'帝从躬议。"⑥此外,讨论军事或外交也需要相关专业知识。班勇为军司马,曾和哥哥班雄"俱出敦煌,迎都护及西域甲卒而还"。因敦煌太守曹宗之请,邓太后召开廷议,讨论西域战略。"邓太后召勇诣朝堂会议。先是公卿多以为宜闭玉门关,遂弃西域。"班勇反对。"于是从勇议,复敦煌郡营兵三百人,置西域副校

---

① 《汉书·董仲舒传》。
② 《汉书·楚元王传》,颜注。
③ 《史记·孝文本纪》。
④ 《史记·封禅书》。
⑤ 《后汉书·律历志中》。
⑥ 《后汉书·郭躬列传》。

尉居敦煌。虽复羁縻西域,然亦未能出屯。"①

　　既然廷议由皇帝诏命举行,参与者也就没有固定人员,②随时变化,每次都因议题不同,使涉及的参与人员多寡殊异。比如,秦二世召集博士儒生询问陈胜造反情况,参加者有三十多人。叔孙通虽是待诏博士,也参与其中,其逢君之恶的诡辩能力还获得了二世的赞许。可见廷议的人数都不会太少。一般总有十几人,多者几十人,乃至更多。安帝诏命公卿详议太初历、四分历之得失,多达"八十四人议"。③ 这个过程中,皇帝似乎喜欢指定一些"尤亲幸者"和公卿大臣当廷论辩。"上令(严)助等与大臣辩论,中外相应以义理之文,大臣数诎。"师古曰:"中谓天子之宾客,若严助之辈也。外谓公卿大夫也。"④东方朔、枚皋、吾丘寿王曾在不同时期充当过武帝的亲幸,也就是参与某次廷议时舌战群儒。其实,班固参加廷议也属于这种情况。虽然他是以宠幸之身代章帝问话。班固"自为郎后,遂见亲近,赏赐恩宠优渥。……朝廷时有大议,令固问难于前。"⑤

　　有的上书所言事情重大,皇帝下诏要求扩大讨论范围。参与者不光有官员,还有太学生。这相当于扩大版的廷议。即把廷议范围从朝廷扩大到京城。太学生不仅上书,皇帝还采纳了其意见。

　　廷议之外,皇帝还会有针对性地访问一些官员,征询其意见。这虽是皇帝有意为之,但也足以表明廷议的开放性特点。比如,博士范升深得光武帝器重,"数诏引见,每有大议,辄见访问。"⑥光武显然不满足于廷议上的众说纷纭,还想扩大范围,以求获得更为广泛的支持。

　　有些官员虽没有机会直接参加朝议,却可以通过上书影响朝议结果。比如,单于上书希望来年来朝。"时哀帝被疾,或言匈奴从上游来厌人,自黄龙、竟宁时,单于朝中国辄有大故。上由是难之,以问公卿,亦以为虚费府帑,可且勿许。单于使辞去,未发,黄门郎扬雄上书谏。"书奏,"天子寤焉,召还匈奴使者,更报单于书而许之。"⑦扬雄以其身份应该没有资格参与廷议,所以他只能在会后上书,表达意见。但扬雄的上书改变了哀帝根据廷议作出的决策。可见,即

---

① 《后汉书·班超列传》。
② 当然,某段时期也有相对固定的与会者。比如,自元帝起,"大夫、博士、议郎遂成为集议的铁三角组合。"到东汉后期,"博士囿于学术而不与议国之大事,铁三角渐渐散架。"(秦涛《律令时代的"议事以制":汉代集议制研究》第79页,中国法制出版社,2018年)
③ 《后汉书·律历志中》。
④ 《汉书·严助传》。
⑤ 《后汉纪》卷13。
⑥ 《后汉书·范升列传》。
⑦ 《汉书·匈奴传下》。

便廷议有了结论,皇帝也作出了相应决定,但还是会发生各种变化。这表明,廷议在奏诏模式中既有开放性,也有局限性。又如,"时议欲立《左氏传》博士,范升奏以为《左氏》浅末,不宜立。(陈)元闻之,乃诣阙上疏。"陈元身为郎官,显然没有资格参加廷议,所以才诣阙上疏,表明事态的紧急性。陈元上书逐条反驳范升的观点。书奏,光武帝再次举行廷议。"下其议,范升复与元相辩难,凡十余上。"最终光武立《左氏》博士。[1]

第五节　皇帝与廷议

一、皇帝对廷议的态度

汉帝国论功行赏的朝廷大会,竟然争论了数月之久,似乎表明皇权政治中的言论空间及特点。更重要的是,汉高帝刘邦裁决廷议的心理逻辑。臣子们众说纷纭、聚讼不决,刘邦心里却早已拿定了主意。百官最终只能服从皇帝的决定。可见,廷议的主导权始终牢牢掌控在皇帝手里。

> 论功行封。群臣争功,岁馀功不决。高祖以萧何功最盛,封为酂侯,所食邑多。功臣皆曰:"臣等身被坚执锐,多者百馀战,少者数十合,攻城略地,大小各有差。今萧何未尝有汗马之劳,徒持文墨议论,不战,顾反居臣等上,何也?"高帝曰:"诸君知猎乎?"曰:"知之。""知猎狗乎?"曰:"知之。"高帝曰:"夫猎,追杀兽兔者狗也,而发踪指示兽处者人也。今诸君徒能得走兽耳,功狗也。至如萧何,发踪指示,功人也。且诸君独以身随我,多者两三人。今萧何举宗数十人皆随我,功不可忘也。"群臣皆莫敢言。[2]

而且,关键时候,总有官员挺身而出,为皇帝站台。其实,这也属于君臣博弈的一种形式。皇帝裁决廷议,同样体现了君臣对抗。所以,皇帝裁决廷议的过程,也是君臣博弈的过程。"列侯毕已受封,及奏位次,皆曰:'平阳侯曹参身被七十创,攻城略地,功最多,宜第一。'上已桡功臣,多封萧何,至位次未有以复难之,然心欲何第一。"只有关内侯鄂君明白刘邦的心思。他断然声称"群臣议皆误。"理由有二。一是,"上与楚相距五岁,常失军亡众,逃身遁者数矣。然萧何常从关中遣军补其处,非上所诏令召,而数万众会上之乏绝者数矣。"二是,"汉与楚

---

①《后汉书·陈元列传》。
②《史记·萧相国世家》。

相守荥阳数年,军无见粮,萧何转漕关中,给食不乏。"是可知,"曹参虽有野战略
地之功,此特一时之事。""陛下虽数亡山东,萧何常全关中以待陛下,此万世之
功也。今虽亡曹参等百数,何缺於汉?汉得之不必待以全。奈何欲以一旦之功
而加万世之功哉!"总之,"萧何第一,曹参次之。"如此,刘邦便创立了尊崇功臣
的"萧何故事"。令萧何"赐带剑履上殿,入朝不趋"。①

有时廷议就是顺从皇帝意思的象征形式和简单过场。皇帝并非真要听从
公卿意见,只不过是想让公卿说出自己的想法,自己再顺水推舟。这是皇帝故
作姿态的政治权术。"高祖已定天下,诸侯非刘氏而王者七人。欲王卢绾,为群
臣觖望。及虏臧荼,乃下诏诸将相列侯,择群臣有功者以为燕王。群臣知上欲
王卢绾,皆言曰:'太尉长安侯卢绾常从平定天下,功最多,可王燕。'诏许之。"②

如果事涉案情,或带有某种刑律案件性质的官场争议,其廷议论辩便具有
了强烈的法庭辩论色彩。廷议变成了庭审。相互指控的两派官员就像法庭上
的控辩双方,皇帝深陷党争漩涡,很难像大法官当庭宣判。本是一场其乐融融
的公卿家宴,竟被丞相田蚡活生生搅拌成了一场刀光剑影的朝廷廷议。窦婴
"盛推灌夫之善",其"醉饱得过"却被田蚡"以他事诬罪之"。同时,田蚡还别有
用心地声称,"天下幸而安乐无事,蚡得为肺腑,所好音乐狗马田宅。蚡所爱倡
优巧匠之属,不如魏其、灌夫日夜招聚天下豪桀壮士与论议,腹诽而心谤,不仰
视天而俯画地,辟倪两宫间,幸天下有变,而欲有大功。臣乃不知魏其等所为。"
武帝问朝臣,"两人孰是?"御史大夫韩安国圆滑地说,二人都有道理,"唯明主裁
之。"至于他人,"爵都尉汲黯是魏其。内史郑当时是魏其,后不敢坚对。馀皆莫
敢对。"武帝斥责郑当时,"公平生数言魏其、武安长短,今日廷论,局趣效辕下
驹,吾并斩若属矣。"廷议不了了之,武帝拂袖而去。廷议之后的事态演变也算
是廷议的一部分。因为它不仅是对廷议结果的直接反应,更反映了皇帝对这场
廷议的权谋筹划和政治考量。"太后亦已使人候伺,具以告太后。太后怒,不
食,曰:'今我在也,而人皆藉吾弟,令我百岁后,皆鱼肉之矣。且帝宁能为石人
邪!此特帝在,即录录,设百岁后,是属宁有可信者乎?'上谢曰:'俱宗室外家,
故廷辩之。不然,此一狱吏所决耳。'"事实上,这场廷议已经搅动了整个官场。
官员们不但纷纷站队表态,更有官员幕后上书,隐秘地参与其中。"是时郎中令
石建为上别言两人事。"③

---

① 《史记·萧相国世家》。
② 《史记·卢绾列传》。
③ 《史记·武安侯列传》。

　　朝议结果没有令皇帝满意，皇帝就会再找大臣私议。因为皇帝心里有数，不是所有朝议都能产生一个解决问题的方案。这样，君臣朝议就转为君臣私议。"人有上书告楚王韩信反。高帝问诸将，诸将曰：'亟发兵阬竖子耳。'高帝默然。"下朝后，刘邦征询陈平意见。作为公认的权谋大师，陈平首先关心的是两点。"平曰：'人之上书言信反，人有闻知者乎？'曰：'未有。'曰：'信知之乎？'曰：'弗知。'"这样，陈平便计上心头。既然"兵不如楚精，将弗及，"就只能"伪游云梦，会诸侯于陈。陈，楚之西界，信闻天子以好出游，其势必郊迎谒。而陛下因禽之，特一力士之事耳。"①

　　朝议必有争议，否则不成朝议，也无需召集朝议。"众所谓危，圣人不任，朝议有嫌，明主不行也。"②章帝对廷议有着非常理性的看法。"久议沉滞，各有所志。盖事以议从，策由众定，闇闇衎衎，得礼之容，寝嘿抑心，更非朝廷之福。"③章帝认为，廷议的目的就是为了各抒己见。争论很正常。只有这样才能集思广益，群策群力，达成共识。如果一团和气，不伤面子，彬彬有礼，表面和谐，反而对朝廷没好处。

二、皇帝处理廷议的方式

　　廷议各方无需投票，但不等于没有"计票"。所谓计票当然不是现代选举意义上的计票，只是朝廷相关机构对廷议过程和讨论结果的记载。这样，各方人数便由档案进入史书。皇权政治终究是专制政治，皇帝对廷议结论的取舍显然不会根据争论各方的人数多寡来作出。皇帝对廷议的裁决，有各种可能。有从众议、不从众议、廷议不决等。

（一）从众议

　　匈奴请和亲，"天子下议。"王恢说："汉与匈奴和亲，率不过数岁即复倍约。不如勿许，兴兵击之。"韩安国说："今匈奴负戎马之足，怀禽兽之心，迁徙鸟举，难得而制也。得其地不足以为广，有其众不足以为彊，自上古不属为人。汉数千里争利，则人马罢，虏以全制其敝。……击之不便，不如和亲。"史称"群臣议者多附安国"，武帝于是"许和亲"。④

----

① 《汉书·陈平传》。
② 《后汉书·鲜卑列传》。
③ 《后汉书·袁安列传》。
④ 《史记·韩长孺列传》。

桓郁是章帝的经师,"以母忧乞身。"章帝"有诏公卿议。议者皆以郁身为名儒,学者之宗,可许之,于是诏郁以侍中行服。"①

顺帝时,"灾异数见,省内恶之,诏召公、卿、中二千石、尚书诣显亲殿。"顺帝表示,"北乡侯亲为天子而葬以王礼,故数有灾异,宜加尊谥,列于昭穆。"群臣议者"多谓宜如诏旨",周举独对曰:"今北乡侯无它功德,以王礼葬之,于事已崇,不宜称谥。灾眚之来,弗由此也。"司徒黄尚、太常桓焉等七十人"同举议,帝从之"。②

(二) 不从众议

廷议中的大多数意见未必一定就为皇帝采纳。相反,许多时候,皇帝反而采用那种个别人的主张。这既不说明皇帝选择的随意性,也不表明皇帝态度的倾向性。

主父偃"盛言朔方地肥饶,外阻河,蒙恬城之以逐匈奴,内省转输戍漕,广中国,灭胡之本也。上览其说,下公卿议,皆言不便。……父偃盛言其便,上竟用主父计,立朔方郡。"③

呼韩邪单于上书"愿保塞上谷以西至敦煌,传之无穷,请罢边备塞吏卒,以休天子人民。天子令下有司议,议者皆以为便。郎中侯应习边事,以为不可许。"元帝下诏,"勿议罢边塞事。"④

大议郊祀制,"多以为周郊后稷,汉当祀尧。诏复下公卿议,议者佥同,(光武)帝亦然之。(杜)林独以为周室之兴,祚由后稷,汉业特起,功不缘尧。祖宗故事,所宜因循。定从林议。"⑤

(三) 廷议不决

封禅之前,武帝举行过廷议,并引发了激烈争论。武帝没有当场裁决。"议欲放古巡狩封禅之事,诸儒对者五十余人,未能有所定。"⑥

匈奴"击乌孙,取车延、恶师地。"乌孙公主上书,昭帝"下公卿议救,未决。"⑦

---

① 《后汉书·桓荣列传》,李贤注。
② 《后汉书·周举列传》。
③ 《史记·平津侯列传》。
④ 《汉书·匈奴传下》。
⑤ 《后汉书·杜林列传》。
⑥ 《汉书·儿宽传》。
⑦ 《汉书·匈奴传上》。

北单于遣使诣武威求和亲,光武"召公卿廷议,不决。"①

第六节 会场与官场

一、会议上的官员众生相

朝会和廷议都是奏诏模式的公共空间或公共场域。其所展示出来的远比单纯的意见分歧或观点之争广泛得多、丰富得多、有趣得多。比如,"孝景时每朝议大事,条侯、魏其侯,诸列侯莫敢与亢礼。"②光武"敬异"郑兴,"每朝有大议,辄访问兴。"③某种意义上,官员在朝会和廷议中的权谋使用往往比观点争论更有价值。易言之,会场不仅是官场,而且是最具话语魅力和语言个性的官场。机锋、锋芒往往成为官员上奏言事的标志。

官员要想在朝会或朝议上占上风或出风头,往往需要一些辩才。张敞为京兆尹,"朝廷每有大议,引古今,处便宜,公卿皆服,天子数从之。"④反过来,如果官员会议上出彩,很容易吸引皇帝注意。这属于进身之阶的捷径。比如,"显宗方勤万机,公卿数朝会,每辄延谋政事,判折狱讼。(牟)融经明才高,善论议,朝廷皆服其能;帝数嗟叹,以为才堪宰相。明年,代伏恭为司空,举动方重,甚得大臣节。"⑤

官员性格和风采。匈奴犯塞,光武帝召百僚廷议。光禄勋郭宪"以为天下疲敝,不宜动众。谏争不合,乃伏地称眩瞀,不复言。帝令两郎扶下殿,宪亦不拜。帝曰:'常闻"关东觥觥郭子横",竟不虚也。'宪遂以病辞退。"⑥司徒袁安"每朝会,及在朝廷,议国家〔事〕,未尝不慷慨流涕,〔形〕于言色,自天子及朝中大臣皆倚安。"⑦戴凭习京氏《易》,拜郎中。"时诏公卿大会,群臣皆就席,凭独立。光武问其意。凭对曰:'博士说经皆不如臣,而坐居臣上,是以不得就席。'

① 《后汉书·南匈奴列传》。
② 《史记·魏其侯列传》。
③ 《后汉纪》卷6。
④ 《汉书·张敞传》。
⑤ 《后汉书·牟融列传》。
⑥ 《后汉书·方术列传上》。
⑦ 《后汉纪》卷13。

帝即召上殿,令与诸儒难说,凭多所解释。"①

有些官员在廷议上言辞锋利,一针见血,语不惊人死不休,似乎比一般场合更能展示出人格魅力。"西羌反,边章、韩遂作乱陇右,征发天下,役赋无已。司徒崔烈以为宜弃凉州。诏会公卿百官,烈坚执先议。(傅)燮厉言曰:'斩司徒,天下乃安。'尚书郎杨赞奏燮廷辱大臣。"灵帝质问傅燮,他说:"烈为宰相,不念为国思所以弭之之策,乃欲割弃一方万里之土,臣窃惑之。若使左衽之虏得居此地,士劲甲坚,因以为乱,此天下之至虑,社稷之深忧也。若烈不知之,是极蔽也;知而故言,是不忠也。"灵帝从之。② 人们虽然鄙视"阿意苟合,以说其上",③但对官员在会议上标新立异或固执己见的评价并不一致。比如,"复会议可复孝惠、孝景庙不,议者皆曰宜复。(龚)胜曰:'当如礼。'(夏侯)常复谓胜:'礼有变。'胜疾言曰:'去!是时之变。'常患,谓胜曰:'我视君何若,君欲小与众异,外以采名,君乃申徒狄属耳!'"④夏侯常对龚胜的评价,所谓"君欲小与众异,外以采名",很能说明问题,就是说,你龚胜在会议上的表现不过是刻意与众不同而沽名钓誉。可见,人们对官员在会议上的独树一帜不以为然,甚至颇为反感。

会议上的辩论,各种可能都有。比如,师徒在廷议上辩论,老师不如学生。"初梁相褚大通《五经》,为博士,时(儿)宽为弟子。及御史大夫缺,征褚大,大自以为得御史大夫。至洛阳,闻儿宽为之,褚大笑。及至,与宽议封禅于上前,大不能及,退而服曰:'上诚知人。'"⑤

佞臣固然形形色色,在朝会或朝议上的表现则尤具特点。有两个著名例子。叔孙通在秦廷上的阿谀奉承令人叹为观止。"陈胜起山东,使者以闻。"二世召博士诸儒问之,三十馀人一致认为,"原陛下急发兵击之。"二世怒而作色。叔孙通则说:"诸生言皆非也。夫天下合为一家,毁郡县城,铄其兵,示天下不复用。且明主在其上,法令具於下,使人人奉职,四方辐辏,安敢有反者! 此特群盗鼠窃狗盗耳,何足置之齿牙间。郡守尉今捕论,何足忧。"史称,"二世喜曰:'善。'"⑥相形之下,公孙弘表现得更加高明老道,不露声色地做到了护君颜面且保己性命。

---

① 《后汉书·儒林列传上》。
② 《后汉书·傅燮列传》。
③ 《汉书·郑弘传》。
④ 《汉书·龚胜传》。
⑤ 《汉书·儿宽传》。
⑥ 《史记·叔孙通列传》。

　　每朝会议,开陈其端,令人主自择,不肯面折庭争。於是天子察其行敦厚,辩论有馀,习文法吏事,而又缘饰以儒术,上大说之。……弘奏事,有不可,不庭辩之。尝与主爵都尉汲黯请间,汲黯先发之,弘推其后,天子常说,所言皆听,以此日益亲贵。尝与公卿约议,至上前,皆倍其约以顺上旨。汲黯庭诘弘曰:"齐人多诈而无情实,始与臣等建此议,今皆倍之,不忠。"上问弘。弘谢曰:"夫知臣者以臣为忠,不知臣者以臣为不忠。"上然弘言。①

二、会议发言的危险

　　虽然会议是官员们发表意见、影响朝政的合法场合,但会议上发言也有危险。而且危险程度相当高,给官员造成极大的心理压力。比如,陈胜起兵,二世诏举廷议,三十多个博士、儒生"或言反,或言盗",惹怒二世。"于是二世令御史案诸生言反者下吏,非所宜言。"②"非所宜言"便下吏,本质上属于"辩穷下吏",它和汉武帝说的"有说则可,无说则死"一个意思。显然,这些做法和说法有着一种制度逻辑和观念实践的深厚基础。又如,

　　匈奴求和亲,群臣议前,博士狄山曰:"和亲便。"上问其便,山曰:"……吴楚已破,竟景帝不言兵,天下富实。今自陛下兴兵击匈奴,中国以空虚,边大困贫。由是观之,不如和亲。"上问汤,汤曰:"此愚儒无知。"狄山曰:"臣固愚忠,若御史大夫汤,乃诈忠。汤之治淮南、江都,以深文痛诋诸侯,别疏骨肉,使藩臣不自安,臣固知汤之(为)诈忠。"于是上作色曰:"吾使生居一郡,能无使虏入盗乎?"山曰:"不能。"曰:"居一县?"曰:"不能。"复曰:"居一鄣间?"山自度辩穷且下吏,曰:"能。"乃遣山乘鄣。至月余,匈奴斩山头而去。③

所谓"山自度辩穷且下吏",可见狄山心里对廷议规则非常熟悉。身为博士,他不会不知道叔孙通怎么由待诏博士转正的,更不会不清楚叔孙通怎么逃出廷议虎口、劫后余生的。所以,他对自己眼前处境极度恐惧。他知道自己再说不能,非死不可。只能咬牙挺过眼下这关,否则就像叔孙通那样"几不脱于虎口"。这说明,谀言正是廷议防身技术和逃生技巧。所以,当其他儒生指责叔孙通"何言之谀也",叔孙通却能理直气壮地说,我正是靠这逃出了虎口。可见"辩穷下吏"

①《史记·平津侯列传》。
②《史记·叔孙通列传》。
③《汉书·张汤传》。

之目的,正在于恐吓和禁忌官员们在会议上随便说话,触犯忌讳,触怒皇帝。亦可见官员会议发言必须揣摩皇帝心思,顺着皇帝意思。否则下场不妙。

再举两例。一是,"关东流民二百万口,无名数者四十万,公卿议欲请徙流民于边以适之。"武帝以为丞相石庆"老谨,不能与其议,乃赐丞相告归,而案御史大夫以下议为请者"。[1] 武帝对公卿议的不满,表明朝会或廷议并非虚文。它既可以是皇帝下诏的依据,也可以惹恼皇帝。如果会议结论没有实际效果,或不合皇帝意思,就会受到斥责乃至惩罚。

> 庆惭不任职,上书曰:"臣幸得待罪丞相,疲驽无以辅治。城郭仓廪空虚,民多流亡,罪当伏斧质,上不忍致法。愿归丞相侯印,乞骸骨归,避贤者路。"上报曰:"……今流民愈多,计文不改,君不绳责长吏,而请以兴徙四十万口,摇荡百姓,孤儿幼年未满十岁,无罪而坐率,朕失望焉。今君上书言仓库城郭不充实,民多贫,盗贼众,请入粟为庶人。夫怀知民贫而请益赋,动危之而辞位,欲安归难乎?君其反室!"[2]

武帝对石庆上书的驳斥,实则是对公卿议的批驳。武帝斥责石庆"摇动百姓,使其危急,而自欲去位","以此危难之事,欲归之于何人?"在武帝看来,石庆"自以居相位不能理,请入粟赎己罪,退为庶人",本身就有推卸责任,变相示威之意。所以,武帝毫不客气地说:"若此自谓理当然者,可还家。"如果你还认为自己理所当然,干脆你回家好了。"庆素质,见诏报反室,自以为得许,欲上印绶。掾史以为见责甚深,而终以反室者,丑恶之辞也。或劝庆宜引决。庆甚惧,不知所出,遂复起视事。"[3]可见皇帝还报诏文对官员造成的压力非常大,令官员恐惧万端。严重者,还可能直接导致官员自杀。二是,光武在廷议上专门询问桓谭意见,因为桓谭所答不合自己心意,便勃然大怒,恐吓桓谭。"有诏会议灵台所处,上谓桓谭曰:'天下事吾欲以谶决之,何如?'谭默然良久,曰:'臣不读谶。'上问其故,谭复极言谶之非经。上大怒,曰:'桓谭非圣无法,将下斩之。'谭叩头流血,良久得解。由是失旨,遂不复转迁,出为六安郡丞。"[4]对皇帝来说,官员上书或奏对不合心意,就是"失旨"。对官员来说:"失旨"即是失职,因为他说话或言事没能让皇帝满意。

总之,会场有风险,说话需谨慎。这种风险涉及范围之广,超出想象。一方面,官员建议廷议便有风险,有人因建议廷议而下狱。比如,"赵绾、王臧等以文

---

[1]《汉书·万石君传》。
[2]《汉书·万石君传》。
[3]《汉书·万石君传》,颜注。
[4]《东观汉记》卷14。

学为公卿,欲议古立明堂城南,以朝诸侯,草巡狩封禅改历服色事未就。窦太后不好儒术,使人微伺赵绾等奸利事,按绾、臧,绾、臧自杀,诸所兴为皆废。"①虽说造成这事的真正根源是权力最高层的政治圈套,直接呈现出来的却是导致官员命运悲剧的朝议建议。仅仅因为一个召开廷议的奏议,竟让两位大臣走上了黄泉不归路。可见会场之凶险,毫不逊于官场之凶残。另一方面,皇帝或朝廷有时还会追究官员以前会议上说的话,就是说,有些官员必须为此前的话付出代价,或承担责任。比如,"太后姊子卫尉淳于长白言昌陵不可成,下有司议。(平)当以为作治连年,可遂就。(成帝)上既罢昌陵,以长首建忠策,复下公卿议封长。当又以为长虽有善言,不应封爵之科。坐前议不正,左迁巨鹿太守。"②又如,"哀帝时与丞相御史杂议帝祖母傅太后谥,及元始中,王莽发傅太后陵徙归定陶,以民葬之,追诛前议者。"③廷议被杀的不多,王莽这次诛杀此前主张给傅太后谥号的官员,属于秋后算账的事后追杀,性质更为恶劣。再如,"安平王(刘)续为张角贼所略,国家赎王得还,朝廷议复其国。"安平相李燮上奏,"续在国无政,为妖贼所虏,守藩不称,损辱圣朝,不宜复国。"史称,"时议者不同,而续竟归藩。燮以谤毁宗室,输作左校。未满岁,王果坐不道被诛,乃拜燮为议郎。"④表面看,官员们的仕途升降有时仅是因为会议奏言;实际上,这是对会议上不同意见的官员进行事后追责,等于变相警告官员们三思而言。因为因言获罪不仅发生在会议现场,还有可能延续到将来的事态演变。

如果皇帝下诏廷议,定下基调,官员们的讨论必须围绕皇帝指定的主题,划定的范围,不能越界,否则是违诏或逆命,属于犯罪,必受严惩。这是朝议的一般规则。就像始皇诏命"议帝号",李斯们绝对不敢给始皇"议王号"。这里举一个在廷议上公然指责诏书而被下狱的例子。夏侯胜是早期帝国为数罕见的敢于在廷议中公开批评诏书的官员。宣帝定下基调,要丞相、御史大夫"与列侯、二千石、博士议"祭祀武帝的庙乐礼仪。

> 于是群臣大议廷中,皆曰:"宜如诏书。"长信少府胜独曰:"武帝虽有攘四夷广土斥境之功,然多杀士众,竭民财力,奢泰亡度,天下虚耗,百姓流离,物故者(过)半。蝗虫大起,赤地数千里,或人民相食,畜积至今未复。亡德泽于民,不宜为立庙乐。"公卿共难胜曰:"此诏书也。"胜曰:"诏书不可用也。人臣之谊,宜直言正论,非苟阿意顺指。议已出口,虽死不悔。"于是

---

① 《汉书·郊祀志上》。
② 《汉书·平当传》。
③ 《汉书·马宫传》。
④ 《后汉书·李固列传》。

丞相义、御史大夫广明劾奏胜非议诏书,毁先帝,不道,及丞相长史黄霸阿
纵胜,不举劾,俱下狱。①

夏侯胜和黄霸的下场暗示出,在朝会或朝议这种公开场合,直接反对皇帝诏命
被明令禁止。除此之外,在官员讨论中,发表与众不同的观点,或严厉抨击公卿
权臣的言行,均不受限制,也就是不会产生直接的人身威胁。

朝会或朝议上的言论空间究竟有多大,不易确定。我们可以通过两个事例
来尝试判断。一是,武帝警告吾丘寿王,如果他说的话没有根据或道理,就弄死
他。如果他能说服武帝,便饶他不死。

> 汾阴得宝鼎,武帝嘉之,荐见宗庙,臧于甘泉宫。群臣皆上寿贺曰:"陛
> 下得周鼎。"寿王独曰非周鼎。上闻之,召而问之,曰:"今朕得周鼎,群臣皆
> 以为然,寿王独以为非,何也?有说则可,无说则死。"寿王对曰:"臣安敢无
> 说!……昔秦始皇亲出鼎于彭城而不能得,天祚有德而宝鼎自出,此天之
> 所以与汉,乃汉宝,非周宝〔也〕。"上曰:"善。"②

这似乎表明,汉帝国的言论空间存在着一条若有若无的禁忌边界,即不能惹恼
皇帝,不能当皇帝面说让皇帝不高兴的话。二是,一个被禁锢的前官员上书,抨
击皇帝的老师。禁锢者的身份不是普通百姓,而是监管对象。监管对象不具有
正常身份,介于百姓和罪犯之间。但他亦可上书皇帝,甚至求见皇帝。比如,槐
里令朱云得罪丞相,遭废锢。成帝时,"云上书求见,公卿在前。"朱云在朝堂上,
当着成帝和公卿的面,公然指责丞相渎职。"丞相故安昌侯张禹以帝师位特进,
甚尊重。"由此遭到了成帝的痛斥。"云曰:'今朝廷大臣上不能匡主,下亡以益
民,皆尸位素餐。……臣愿赐尚方斩马剑,断佞臣一人以厉其余。'上问:'谁
也?'对曰:'安昌侯张禹。'上大怒,曰:'小臣居下讪上,廷辱师傅,罪死不赦。'御
史将云下,云攀殿槛,槛折。云呼曰:'臣得下从龙逄、比干游于地下,足矣!未
知圣朝何如耳?'御史遂将云去。"朱云和成帝之间发生的激烈冲突,在汉帝国颇
为罕见。尤其值得注意的是,其他官员的反应以及成帝态度的变化。"左将军
辛庆忌免冠解印绶,叩头殿下曰:'此臣素着狂直于世。使其言是,不可诛;其言
非,固当容之。臣敢以死争。'庆忌叩头流血。上意解,然后得已。及后当治槛,
上曰:'勿易!因而辑之,以旌直臣。'"③虽然成帝暴怒之下,痛斥朱云"小臣居
下讪上,廷辱师傅,罪死不赦",最后却认为朱云是直臣,可见成帝内心还是认可

---

① 《汉书·夏侯胜传》。
② 《汉书·吾丘寿王传》。
③ 《汉书·朱云传》。

朝会或朝议应当允许相当程度的激烈言辞。哪怕这些言论不合心意，或让自己恼怒不已，甚至勃然大怒。

三、争论、争斗和争权

争论导致争斗，争斗本质上是争权。此乃官场通则。简单说，官场矛盾多由议论而起。官员之间议论不同，便生嫌隙。比如，王商为左将军，大将军王凤颛权，"行多骄僭。商论议不能平凤，凤知之，亦疏商。"①可见奏诏模式实乃官场博弈之集中体现。朝议由此成为官员争斗的舞台焦点。官员在廷议中的锋芒毕露或言语张扬，往往成为朝议论战的导火索。有时，议题敏感，话语本身就容易引发争议。举几例。一是，晁错为御史大夫，"请诸侯之罪过，削其地，收其枝郡。奏上，上令公卿列侯宗室集议，莫敢难，独窦婴争之，由此与错有卻。"②二是，成帝时，

> 京师民无故相惊，言大水至，百姓奔走相蹂躏，〔老弱号呼〕，长安中大乱。天子亲御前殿，召公卿议。大将军（王）凤以为太后与上及后宫可御船，令吏民上长安城以避水。群臣皆从凤议。左将军（王）商独曰："自古无道之国，水犹不冒城郭。今政治和平，世无兵革，上下相安，何因当有大水一日暴至？此必讹言也，不宜令上城，重惊百姓。"上乃止。有顷，长安中稍定，问之，果讹言。上于是美壮商之固守，数称其议。而凤大惭，自恨失言。③

三是，

> 武威太守孟云上书："北虏既已和亲，而南部复往抄掠，北单于谓汉欺之，谋欲犯边。宜还其生口，以安慰之。"诏百官议朝堂。公卿皆言夷狄谲诈，求欲无猒，既得生口，当复妄自夸大，不可开许。（袁）安独曰："……云以大臣典边，不宜负信于戎狄，还之足示中国优贷，而使边人得安，诚便。"司徒桓虞改议从安。太尉郑弘、司空第五伦皆恨之。弘因大言激励虞曰："诸言当还生口者，皆为不忠。"虞廷叱之，伦及大鸿胪韦彪各作色变容，司隶校尉举奏，安等皆上印绶谢。④

可见廷议上的观点之争常常引发权力之争。好在肃宗还算冷静，安慰袁安说：

---

① 《汉书·王商传》。
② 《史记·晁错列传》。
③ 《汉书·王商传》。
④ 《后汉书·袁安列传》。

"君何尤而深谢？其各冠履。"①并最后采纳了袁安的方案。四是，袁安反对窦宪立北单于，"宪险急负执，言辞骄讦，至诋毁安，称光武诛韩歆、戴涉故事，安终不移。"和帝年少即位，窦太后临朝。其兄长窦宪此时出屯武威。"宪日矜己功，欲结恩北虏，乃上立降者左鹿蠡王阿佟为北单于，置中郎将领护，如南单于故事。事下公卿议，太尉宋由、太常丁鸿、光禄勋耿秉等十人议可许。"司徒袁安和司空任隗奏议，"光武招怀南虏，非谓可永安内地，正以权时之筹，可得扞御北狄故也。今朔漠既定，宜令南单于反其北庭，并领降众，无缘复更立阿佟，以增国费。"宗正刘方、大司农尹睦赞成袁安主张。"事奏，未以时定。"袁安担心"宪计遂行，乃独上封事"，再次力谏立北单于必然得罪南匈奴、乌桓、鲜卑。"且汉故事，供给南单于费直岁一亿九十余万，西域岁七千四百八十万。今北庭弥远，其费过倍，是乃空尽天下，而非建策之要也。"史称，"诏下其议。安又与宪更相难折。"不过，袁安和窦宪之间的辩论既非在廷议上，亦非在京城中，而是二人的奏书论辩。窦宪的外戚兼权臣身份，使得其足以左右廷议。"宪竟立匈奴降者右鹿蠡王于除鞬为单于，后遂反叛，卒如安策。"②

某种意义上，会场和官场之间相互涵盖。既可说会场是官场的一部分，亦可说官场是会场的一部分。所以，既可说会议争论是官场争斗的延续，亦可说官场争斗是会议争论的延伸。这样，**会场和官场成为相互映照的两面镜子**，朝议背后的官场恶斗和你死我活自然有了更为深刻和更具想象力的意义。举两例。一是，薛宣为丞相，弟弟薛修为临菑令，后母跟着薛修住，"宣迎后母，修不遣。"后母病死，薛宣不同意薛修"去官持服"，致使二人不和。博士申咸弹劾薛宣"不供养行丧服，薄于骨肉，前以不忠孝免，不宜复列封侯在朝省"。薛宣之子薛况为右曹侍郎，"数闻其语，赇客杨明，欲令创咸面目，使不居位。会司隶缺，况恐咸为之，遂令明遮斫咸宫门外，断鼻唇，身八创。"③事下有司，司法机关给出弃市和城旦两种意见。御史中丞着眼于政治影响，薛况朝臣"公令明等迫切宫阙，要遮创戮近臣于大道人众中，欲以鬲塞聪明，杜绝论议之端。桀黠无所畏忌，万众讙哗，流闻四方，不与凡民忿怒争斗者同。……《春秋》之义，意恶功遂，不免于诛，上浸之源不可长也。况首为恶，明手伤，功意俱恶，皆大不敬。明当以重论，及况皆弃市。"廷尉依据律文强调，"本争私变，虽于掖门外伤咸道中，与凡民争斗无异。……今以况为首恶，明手伤为大不敬，公私无差。《春秋》之义，

①《后汉书·袁安列传》。
②《后汉书·袁安列传》。
③《汉书·薛宣传》。

原心定罪。原况以父见谤发忿怒,无它大恶。加诋欺,辑小过成大辟,陷死刑,违明诏,恐非法意,不可施行。圣王不以怒增刑。明当以贼伤人不直,况与谋者皆爵减完为城旦。"哀帝把这件棘手的案子下发"公卿议臣"。丞相孔光、大司空师丹"以中丞议是",将军以下至博士议郎"皆是廷尉。况竟减罪一等,徙敦煌"。[①] 二是,哀帝祖母傅太后欲求尊号,太后从弟傅喜为大司马,与丞相孔光、大司空师丹"共持正议"。太后另一个从弟傅晏"谄谀欲顺指",和京兆尹朱博交结"谋成尊号"。于是罢免师丹,朱博为大司空,"数燕见奏封事",攻讦孔光"志在自守"和傅喜"阿党大臣"。哀帝遂罢黜二人,由朱博为相。傅太后又指使傅晏让朱博"奏免喜侯"。朱博担心"独斥奏喜"可能引发物议,就和御史大夫赵玄联手劾奏傅喜、何武。"喜、武前在位,皆无益于治,虽已退免,爵土之封非所当得也。请皆免为庶人。"哀帝"疑博、玄承指,即召玄诣尚书问状。玄辞服,有诏左将军彭宣与中朝者杂问。"内外朝官会审的结果是,朱博"不忠不道",罪名最重;赵玄"大不敬",罪名次之;傅晏"失礼不敬",罪名最轻。他们认为三人身份贵重,却欺君罔上,败坏朝纲,交通后宫,性质恶劣,应对三人严惩不贷。哀帝下诏廷议,要求"将军、中二千石、二千石、诸大夫、博士、议郎"共议对三人的处置。"右将军蟜望等四十四人以为'如宣等言,可许'。谏大夫龚胜等十四人以为《春秋》之义,奸以事君,常刑不舍。……今晏放命圮族,干乱朝政,要大臣以罔上,本造计谋,职为乱阶,宜与博、玄同罪,罪皆不道。'上减玄死罪三等,削晏户四分之一,假谒者节召丞相诣廷尉诏狱。"[②]廷议的结果也是对朱博的处置最为严厉。朱博自杀,国除。虽然对外戚和三公大臣的处置常常是皇帝的独断权力,但由于种种原因,或出于种种考量,皇帝也会诏命廷议讨论对皇亲国戚或三公九卿的处置。正像武帝所说,如果不是因为窦婴和田蚡都是外戚,一狱吏足矣。哀帝下廷议处置朱博、赵玄、傅晏,相当于清除了一个傅太后一手制造的具有党争性质的朝廷隐患。可见,廷议在解决某些事态严重的官场内斗时有其独特作用。它的一般程序是,先下有司进行会审,拿出初步意见,再交廷议讨论,最后由皇帝作出终极裁决。就是说,先做司法审判,再做政治宣判。这是处理多名高官卷入的朝廷大案的一般步骤。总之,一旦涉及错综复杂的官场博弈,廷议往往必不可少。一方面,廷议能暂时缓解官场冲突;另一方面,廷议又常常加剧官场冲突。就是说,廷议作为一种奏诏机制,在处理官场矛盾时似乎起到了某种自相矛盾的复杂作用。

---

① 《汉书·薛宣传》。
② 《汉书·朱博传》。

第五章

外交与奏诏

早期帝国逐步建构起了外交网络的雏形。最顶端的是汉匈两大国的关系，其次是汉帝国和西域诸国的关系，最下层是汉朝和南粤、夜郎等国的关系。所有这些外交关系皆出于种种起伏不定的变化之中。在这种关系中，原本通行于汉帝国内部的奏诏模式也有了某些变化，甚至变形。虽然在汉人的历史书写中，国际间的外交文书常常被处理为一种类似奏诏模式的交流过程。比如，单于遗汉书曰："皇帝让书再至，发使以书报，不来，汉使不至。"师古曰："让书，有责让之言也。谓匈奴再得汉书，而发使将书以报汉。汉留其使不得来还，而汉又更不发使至匈奴也。"①

外交关系中的文书可分两种类型，三个层次。一是汉使和汉帝之间的文书往来，符合标准的奏诏模式；一是西域诸国以及周边蛮夷和汉廷之间的文书往来，属于广义的外交文书；一是匈奴和汉朝之间的文书往来，则属严格的外交文书。

第一节　外　交　文　书

一、外交文书渠道

外交文书有两类。一是外国和汉朝的文书，一是汉使对汉帝的上书。所以，外国和汉朝的外交文书传递主要也有两条渠道。一是由本国使臣送交，

---

① 《汉书·匈奴传上》。

一是由汉使转交,所谓"因使者上书"。二者均为常规途径。比如,南越王既可以自己上书,也可以通过汉使上书。闽粤王郢兴兵攻打南粤。南粤王胡上书,"两粤俱为藩臣,毋擅兴兵相攻击。今东粤擅兴兵侵臣,臣不敢兴兵,唯天子诏之。"后来,兴即位南粤王,太后摎氏"因使者上书,请比内诸侯,三岁壹朝,除边关。"武帝许之。① 又如,乌孙也是通过两条途径上书汉廷。匈奴侵边,"乌孙昆弥及公主因国使者上书,言昆弥愿发国精兵击匈奴,唯天子哀怜,出兵以救公主。"②乌孙昆弥又因汉使常惠上书,"愿以汉外孙元贵靡为嗣,得令复尚汉公主,结婚重亲,畔绝匈奴,愿聘马、骡各千匹。"③当然,对那些和汉朝不甚友好的国家,或许更喜欢只"因使者上书"。"汉遣使三辈至康居求谷吉等死,郅支困辱使者,不肯奉诏,而因都护上书言:'居困厄,愿归计强汉,遣子入侍。'"④

两条渠道并用的好处是,既相互补充,又彼此监督,否则会被汉使扣压或销毁。比如,嫁到乌孙的解忧公主和汉使魏和意、副使任昌谋杀绰号"狂王"的国王。事败,狂王受伤。汉遣中郎将张遵前往医治,"因收和意、昌系琐,从尉犁槛车至长安,斩之。"同时,"车骑将军长史张翁留验公主与使者谋杀狂王状,主不服,叩头谢,张翁捽主头骂詈。主上书,翁还,坐死。"⑤可见,公主必定有自己独立的上书渠道。还以乌孙公主为例。武帝最先将江都王刘建之女细君嫁到乌孙。"昆莫年老,欲使其孙岑陬尚公主。公主不听,上书言状,天子报曰:'从其国俗,欲与乌孙共灭胡。'岑陬遂妻公主。"公主死,武帝又以楚王刘戊孙女解忧为公主,嫁给岑陬。昭帝时,"公主上书,言'匈奴发骑田车师,车师与匈奴为一,共侵乌孙,唯天子幸救之!'汉养士马,议欲击匈奴。"宣帝即位,"公主及昆弥皆遣使上书,言'匈奴复连发大兵侵击乌孙,取车延、恶师地,收人民去,使使谓乌孙趣持公主来,欲隔绝汉。昆弥愿发国半精兵,自给人马五万骑,尽力击匈奴。唯天子出兵以救公主、昆弥。'汉兵大发十五万骑,五将军分道并出。"据此,嫁到西域的汉公主和汉廷之间的书信往来非常畅通。这是汉帝国了解西域政情的一个特殊渠道。这个渠道还能扩展到公主身边的亲信。比如,楚王公主侍者冯嫽"尝持汉节为公主使,行赏赐于城郭诸国,敬信之,号曰冯夫人。为乌孙右大将妻,右大将与乌就屠相爱,都护郑吉使冯夫人说乌就屠,以汉兵方出,必见灭,

---

① 《汉书·两粤传》。
② 《汉书·宣帝纪》。
③ 《汉书·西域传下》。
④ 《汉书·陈汤传》。
⑤ 《汉书·西域传下》。

不如降。乌就屠恐,曰:'愿得小号。'宣帝征冯夫人,自问状。"①

对那些不能直达汉朝的国家,传递外交文书只能通过其他国家比如中间国传递,这样有可能受到扣压和阻挠。比如,汉初,"辽东太守即约满为外臣,保塞外蛮夷,毋使盗边;蛮夷君长欲入见天子,勿得禁止。以闻,上许之,以故满得以兵威财物侵降其旁小邑,真番、临屯皆来服属,方数千里。传子至孙右渠,所诱汉亡人滋多,又未尝入见;真番、辰国欲上书见天子,又雍阏弗通。"直到武帝时,"汉使涉何谯谕右渠,终不肯奉诏。"②可见奏诏模式的破坏直接影响君臣关系的维系。这点在外臣身上表现得尤为显著。因为通过外交建立的君臣关系更有赖于奏诏模式的正常运作而得以持续存在。

在外交关系中,汉使和大使有别,换言之,不同于汉使的宽泛用法,大使有其特殊含义。"天子降大使至国,即遣子随大使入侍。"可见,大使具有特定使命,即出使迎接外国质子入汉。显然,这是一个常规的外交程序。一般先由外国提出,汉朝应允,即为"答使","不答其使"即为不派大使。和帝时,"北单于遣使诣阙贡献,愿和亲,修呼韩邪故约。和帝以其旧礼不备,未许之,而厚加赏赐,不答其使。元兴元年,重遣使诣敦煌贡献,辞以国贫未能备礼,愿请大使,当遣子入侍。时邓太后临朝,亦不答其使,但加赐而已。"③既然汉廷不派大使,匈奴亦不必遣子入侍。可见匈奴及西域诸国入汉的质子如同出使外国的大使,二者具有相同功能和性质。引申言之,"不答其使"和"不遣子入侍"皆属于两国之间没有外交关系的说法。从奏诏模式角度看,和汉帝国有无外交关系,奏诏程序和途径应该有所不同。对那些和汉朝没有直接外交关系的国家,往往通过汉朝边郡长官传话。至于是郡守上书简单转述外国的意思,还是随书附上外国的文书,抑或将外国文书单独奏上,其间曲折不甚清楚。比如,北单于"遣使诣武威求和亲",光武帝"告武威太守勿受其使。"章帝时,"武威太守孟云上言北单于复愿与吏人合市,诏书听云遣驿使迎呼慰纳之。"④

此外,不能忽视的是,单于乃至西域诸国奏章必须通过汉廷边郡太守呈报皇帝。这使汉官或边将有可能上下其手,公报私仇。当然,一旦发觉,必受严惩。比如,南单于安国与中郎将杜崇"不相平,乃上书告崇,崇讽西河太守令断

---

①《汉书·西域传下》。
②《汉书·朝鲜传》。
③《后汉书·南匈奴列传》,李贤注。
④《后汉书·南匈奴列传》。

单于章,无由自闻"。① 这是因为"单于居西河美稷,故讽令太守断其章,使不上闻。"②汉匈外交渠道被切断,直接引发南匈奴生变。"缘此惊叛,安国卒见杀。"③杜崇和度辽将军朱徽又上书和帝,兵造单于庭。"后帝知朱徽、杜崇失胡和,又禁其上书,以致反畔,皆征下狱死。"④这事还牵涉朝廷重臣,车骑将军邓鸿也因此下狱死。

相较一般情况,外交文书的传递效率或许更高一些。特别是汉使上书,理应比普通的奏诏往返所需时间更短一些。比如,明帝派遣郑众第二次出使北匈奴,郑众虽不情愿,还是出使,走前再次上书,"臣前奉使不为匈奴拜,单于恚恨,故遣兵围臣。今复衔命,必见陵折。"明帝固执己见,郑众"既行,在路连上书固争之。诏切责众,追还系廷尉。"⑤这个过程表明,郑众一路上不停地上书,不止一封。最终,惹怒了明帝,下诏召回,打入牢狱。虽说东汉初也是东汉的黄金时代,奏诏模式正常运行,但像郑众这种出使途中还是反复上奏,劝谏皇帝中止出使匈奴的情况毕竟少之又少。它不仅说明官员奏书和皇帝诏书之间能在较短时间内多次往复,更说明涉及外交事务的奏诏效率要明显高于一般事务上的奏诏效率。

二、外交文书格式

也许人们并未真正意识到汉匈两国外交的成熟程度。这从汉匈两国外交文书的统一格式及关键差异上即可管窥一二。"汉遗单于书,牍以尺一寸,辞曰'皇帝敬问匈奴大单于无恙',所遗物及言语云云。中行说令单于遗汉书以尺二寸牍,及印封皆令广大长,倨傲其辞曰'天地所生日月所置匈奴大单于敬问汉皇帝无恙',所以遗物言语亦云云。"⑥两国的外交文书基本等于两国君主之间的书信。除了"所遗物及言语云云"这唯一的共同点外,通篇都充斥着汉匈双方的不对等。首先是双方敬语的使用尊卑不等。汉帝给单于写信,自称"皇帝",称

---

① 《后汉书·南匈奴列传》。
② 《资治通鉴》卷48,胡注。
③ 《后汉书·孝和帝纪》,李贤注。
④ 《后汉书·南匈奴列传》。
⑤ 《后汉书·郑兴列传》。
⑥ 《史记·匈奴列传》。

对方"匈奴大单于"。① 匈奴给汉帝写信,自称"匈奴大单于",称对方"汉皇帝"。② 可见匈奴刻意凸显了敬语的使用,更夸张的是,匈奴还强化了对敬语的修饰词使用,在"匈奴大单于"前面加上"天地所生日月所置"这一定语,③将单于置于天地日月中心的独尊地位,似乎匈奴单于才是真正的天子。当然,我们可以说,这是汉人中行说传授给匈奴人的观念。问题是,既然这是汉人固有的东西,自然更有资格使用,运用起来也会更加娴熟自如。可汉人非但没有使用,反而默认匈奴对自己的粗暴自大。汉人称帝,却不允许南粤王称帝,与此同时,汉人对匈奴在自己面前蛮横表现出的自我独尊欣然接受,不置一词。可见,汉人的强势也分对象和时机。人强我弱,便无自尊,更无独尊。这是所有国家间关系中通行的普世规则。汉匈双方对此心知肚明。

其次是双方文书尺寸的长短不一。④ 汉朝外交文书的尺寸和皇帝诏书的尺寸相同。⑤ 但在中行说的教唆下,匈奴用了一种比汉帝诏书大一寸的简牍格式,以显示居高临下之意,压汉帝一头。为何匈奴刻意用大于标准规格的竹简给汉朝皇帝写信,而汉廷却没有对此相关反应,或作出对等反制?要知道"中行说令单于遗汉书以尺二寸牍"十分刻意,而且用意险恶。中行说本为汉人,投降匈奴,专以对付汉廷为要。他供奉宫中,自然懂得汉朝的各种文书规格。他让单于"以尺二寸牍"固然是为了羞辱汉廷,但之所以特别"以尺二寸牍",则是因为这个尺寸是檄的规格。《说文》曰:"檄,以木简为书,长尺二寸。谓之檄,以征召也。"⑥是可知,"以尺二寸牍"就是暗示汉廷,单于是居高临下地向汉帝发出征召檄文。汉帝接受单于之檄,即表示汉朝臣服于匈奴。如此,汉匈之间的君臣关系就建立起来了。

---

① "皇帝敬问匈奴大单于"如果这个句式是汉朝的原始外交文书,它就是有问题的。因为它的格式不对等。皇帝前面没有相应国别。合理的句式应该是"大汉皇帝敬问匈奴大单于"。

② 从国别属性上看,匈奴外交文书格式更合乎规制,即标示出了汉匈两国君主的国家实体存在。不过在具体的匈奴外交文书中,单于也是不守规矩,颇为随意。抬头称谓是"匈奴大单于敬问皇帝",而非"敬问汉皇帝"。(《史记·匈奴列传》)

③ 至于实际的匈奴外交文书,却把"天地所生日月所置"简化为"天所立",即"天所立匈奴大单于"。(《史记·匈奴列传》)

④ 总的来说,汉朝外交文书的尺寸较小,比一般的私人书信尺寸大不了多少。因为,通常的私人书信尺寸也就一尺。这里的问题是,为何汉匈两国的外交公文要使用一般的私人书信的尺寸?这是否暗示出汉匈之间不是一种正常的国与国的关系,而是一种不规范的两国君主间的私人关系?问题是,在古代,两国关系和两国君主间的关系如何可能截然区分?

⑤ 简牍时代的特点是,文书尺寸具有特殊意义。它能直观显示出文书的性质和类型。这样,在朝廷传递文书的机构中便于迅速而准确地分类和管理。

⑥ 《后汉书·光武帝纪上》,李贤注。

　　最后是双方文书印封规制的大小悬殊。中行说让匈奴"印封皆令广大长"。可见中行说从里到外，彻底改造了匈奴的外交文书格式。如果说中行说是匈奴外交文书的创立者亦不为过。总之，中行说给匈奴外交文书设计的基本思路是，全面碾压汉朝的外交文书，由此对汉廷产生一种强烈的政治威慑和心理恐吓，使之自卑和屈服。这样，汉匈两国的外交文书就变成匈奴对汉廷的自我炫耀和单向示威。这一切皆源于中行说的精心设计。[①] 就此而言，说中行说是匈奴外交策略的设计师亦不为过。中行说的设计理念恰恰来自汉帝国的政教传统和文明特质。所以，可以将中行说为匈奴设计的这套外交文书格式和规制视作汉帝国政治和文化影响力的反向传播和逆向输出。就是说，在中行说的教化下，匈奴对汉朝实行了以子之矛攻子之盾的外交策略，这让汉帝国颇有些自食其果的味道，甚至是搬起石头砸自己脚的感觉。

三、标准的外国奏书

　　在汉人话语中，外国文书常被称作"上书"，实则半真半假。由此体现出的是一种真真假假的君臣关系。略举数例。比如，"郅支既诛，呼韩邪单于且喜且惧，上书言曰：'常愿谒见天子，诚以郅支在西方，恐其与乌孙俱来击臣，以故未得至汉。今郅支已伏诛，愿入朝见。'"又如，"（王）莽奏令中国不得有二名，因使使者以风单于，宜上书慕化，为一名，汉必加厚赏。单于从之，上书言：'幸得备藩臣，窃乐太平圣制，臣故名囊知牙斯，今谨更名曰知。'莽大说，白太后，遣使者答谕，厚赏赐焉。"[②]再如，鲜卑数寇，"单于忧恐，上言求复障塞，顺帝从之。"[③]这使奏诏模式产生了某种变形，有了所谓的"外国奏书"。这种怪异的说法，有点不伦不类。因为这是一种将外国纳入外臣序列，使之成为皇权秩序的一部分，由此将君臣关系通过奏诏模式体现出来。

---

① 不仅如此，中行说还在物质文明方面给匈奴外交塑造了一种全新的观念。比如，"匈奴好汉缯絮食物，"中行说则开导匈奴，"匈奴人众不能当汉之一郡，然所以彊者，以衣食异，无仰於汉也。今单于变俗好汉物，汉物不过什二，则匈奴尽归於汉矣。其得汉缯絮，以驰草棘中，衣袴皆裂敝，以示不如旃裘之完善也。得汉食物皆去之，以示不如湩酪之便美也。"于是，中行说"教单于左右疏记，以计课其人众畜物。"甚至，中行说还代表匈奴接待汉使，诘难汉使，打击汉人的自豪感，张扬匈奴的优越感。此后，"汉使欲辩论者，中行说辄曰：'汉使无多言，顾汉所输匈奴缯絮米蘖，令其量中，必善美而已矣，何以为言乎？且所给备善则已；不备，苦恶，则候秋孰，以骑驰蹂而稼穑耳。'日夜教单于候利害处。"（《史记·匈奴列传》）可见中行说不仅是匈奴外交的最佳辩手，还是匈奴外交战略的主推手。
② 《汉书·匈奴传下》。
③ 《后汉书·南匈奴列传》。

前后汉有两封代表性的外国奏书。一是尉佗上书文帝。"蛮夷大长老夫臣佗昧死再拜上书皇帝陛下：老夫故粤吏也，高皇帝幸赐臣佗玺，以为南粤王，使为外臣，时内贡职。……今陛下幸哀怜，复故号，通使汉如故，老夫死骨不腐，改号不敢为帝矣！谨北面因使者献白璧一双，翠鸟千，犀角十，紫贝五百，桂蠹一器，生翠四十双，孔雀二双。昧死再拜，以闻皇帝陛下。"所谓"昧死再拜"，如同一般汉朝官僚上疏结束时的标准用语。"孝景时，称臣遣使入朝请。然其居国，窃如故号；其使天子，称王朝命如诸侯。"①尉佗忽王忽帝，左右逢源。居国称帝，出国称王。不仅表明帝号的至尊权威，也表明皇权秩序的统治弹性。

一是南单于上书和帝，请求出兵帮助自己灭掉北匈奴。无论格式、内容，还是语气，南单于这份外交文书不是像其实就是一道真正的奏书。"臣累世蒙恩，不可胜数。孝章皇帝圣思远虑，遂欲见成就，故令乌桓、鲜卑讨北虏，斩单于首级，破坏其国。……臣素愚浅，又兵众单少，不足以防内外。愿遣执金吾耿秉、度辽将军邓鸿及西河、云中、五原、朔方、上郡太守并力而北，令北地、安定太守各屯要害，冀因圣帝威神，一举平定。臣国成败，要在今年。已敕诸部严兵马，讫九月龙祠，悉集河上。唯陛下裁哀省察！"这时，窦太后临朝，耿秉上言，"今幸遭天授，北虏分争，以夷伐夷，国家之利，宜可听许。"窦太后从之。②

四、汉匈外交文书

无论如何，真正意义上的外交文书也就文帝和匈奴单于之间有数的几封来往书信。尽管它并不平等。但较之早期帝国此后的外交关系，这种国家间的弱势平等，对汉帝国来说已殊为难得。从汉朝角度看，这是因为敌强我弱。

文帝前四年，匈奴单于复信给文帝，表示他同意文帝的和亲提议。这是一封信息量很大的单于来信，也就是一件地道的匈奴外交文书。其中一些关键信息值得细细解读。全书分五层意思。首先提及文帝此前的和亲倡议。"前时皇帝言和亲事，称书意，合欢。"接着，单于将汉匈边境冲突归咎于汉朝边吏。"汉边吏侵侮右贤王，右贤王不请，听后义卢侯难氏等计，与汉吏相距，绝二之约，离兄弟之亲。"并指责文帝处置不当。"皇帝让书再至，发使以书报，不来，汉使不至，汉以其故不和，邻国不附。"进而，单于炫耀匈奴的功德，标榜自己已成为西域霸主和游牧民族的共主。"今以小吏之败约故，罚右贤王，使之西求月氏击

---

① 《汉书·两粤传》。
② 《后汉书·南匈奴列传》。

之。以天之福,吏卒良,马彊力,以夷灭月氏,尽斩杀降下之。定楼兰、乌孙、呼揭及其旁二十六国,皆以为匈奴。诸引弓之民,并为一家。"然后,单于表达了对汉匈边境安定局面的乐观以及对两国边民安居乐业的期待。"北州已定,原寝兵休士卒养马,除前事,复故约,以安边民,以应始古,使少者得成其长,老者安其处,世世平乐。"最后,单于表示了自己的诚意,并希望文帝能对匈奴的姿态作出回应。"未得皇帝之志也,故使郎中系零浅奉书请,献橐他一匹,骑马二匹,驾二驷。皇帝即不欲匈奴近塞,则且诏吏民远舍。使者至,即遣之。"匈奴这封外交文书,在汉朝引发了"议击与和亲孰便"的讨论,[1]最终,文帝采纳了和亲的策略。

文帝前六年,也就是两年后,文帝才迟迟回信。在给匈奴单于的信中,文帝自称"朕",其用词语气和诏书一般无二。从汉朝角度看,文帝给单于的信也属于诏书之列。当然,事实上它只是一封外交文书。这封外交文书分三层意思。文帝首先引用了单于的来信,并对其中内容表示了赞同和欣赏。"使郎中系零浅遗朕书曰:'右贤王不请,听后义卢侯难氏等计,绝二之约,离兄弟之亲,汉以故不和,邻国不附。今以小吏败约,故罚右贤王使西击月氏,尽定之。原寝兵休士卒养马,除前事,复故约,以安边民,使少者得成其长,老者安其处,世世平乐。'朕甚嘉之,此古圣主之意也。"接着,文帝指责单于倒打一耙,破坏两国兄弟情谊的责任大都在匈奴。如果单于确有和好诚意,应该严加约束匈奴的官吏。"汉与匈奴约为兄弟,所以遗单于甚厚。倍约离兄弟之亲者,常在匈奴。然右贤王事已在赦前,单于勿深诛。单于若称书意,明告诸吏,使无负约,有信,敬如单于书。"最后,文帝表现出和好的姿态,赠予匈奴大批锦绣布帛。"使者言单于自将伐国有功,甚苦兵事。服绣袷绮衣、绣袷长襦、锦袷袍各一,比余一,黄金饰具带一,黄金胥纰一,绣十匹,锦三十匹,赤绨、绿缯各四十匹,使中大夫意、谒者令肩遗单于。"[2]

和亲约定显然对匈奴没有多少实质性的约束力。"匈奴日已骄,岁入边,杀略人民畜产甚多,云中、辽东最甚,至代郡万馀人。汉患之,乃使使遗匈奴书。单于亦使当户报谢,复言和亲事。"文帝后二年,派遣汉使给匈奴送交文书,作为对"当户报谢"的回复。首先,文帝感谢单于赠送自己马匹。"使当户且居雕渠难、郎中韩辽遗朕马二匹,已至,敬受。"其次,文帝重申双方先前达成的和平协定。"先帝制:长城以北,引弓之国,受命单于;长城以内,冠带之室,朕亦制之。

---

① 《史记·匈奴列传》。
② 《史记·匈奴列传》。

使万民耕织射猎衣食,父子无离,臣主相安,俱无暴逆。"文帝又说,有些边民见利忘义,破坏了两国君主的协议。"今闻渫恶民贪降其进取之利,倍义绝约,忘万民之命,离两主之驩,然其事已在前矣。"接着,文帝引用此前匈奴文书。"书曰:'二国已和亲,两主驩说,寝兵休卒养马,世世昌乐,闉然更始。'朕甚嘉之。"继而,文帝表达了自己的政治理想。"圣人者日新,改作更始,使老者得息,幼者得长,各保其首领而终其天年。朕与单于俱由此道,顺天恤民,世世相传,施之无穷,天下莫不咸便。"文帝认为,汉朝对匈奴展示了足够的善意。"汉与匈奴邻国之敌,匈奴处北地,寒,杀气早降,故诏吏遗单于秫蘖金帛丝絮佗物岁有数。"接着,文帝强调了自己和单于对汉匈两国人民福祉的责任。"今天下大安,万民熙熙,朕与单于为之父母。朕追念前事,薄物细故,谋臣计失,皆不足以离兄弟之驩。朕闻天不颇覆,地不偏载。朕与单于皆捐往细故,俱蹈大道,堕坏前恶,以图长久,使两国之民若一家子。元元万民,下及鱼鳖,上及飞鸟,跂行喙息蠕动之类,莫不就安利而辟危殆。"最后,文帝保证自己会守约,也希望单于能遵守协约。"故来者不止,天之道也。俱去前事:朕释逃虏民,单于无言章尼等。朕闻古之帝王,约分明而无食言。单于留志,天下大安,和亲之后,汉过不先。单于其察之。"①这封文书的内容更为丰富,语气也稍显严厉。

文帝将汉匈两国签订的条约简化为诏书,告知百姓。使民众及时了解汉帝国的对外政策,避免不必要的伤害。这样,文帝完成了一次从外交文书到国内诏书的文体转换。即以皇帝诏书的形式,将汉匈两国外交协约公布于世,要求民众严格遵守。文帝制诏御史曰:"匈奴大单于遗朕书,言和亲已定,亡人不足以益众广地,匈奴无入塞,汉无出塞,犯约者杀之,可以久亲,后无咎,俱便。朕已许之。其布告天下,使明知之。"②在诏书中,文帝称呼"匈奴大单于",这是匈奴单于在外交文书中的自称。可见文帝对匈奴国书的格式颇为尊重。

第二节　外交关系与奏诏模式

一、外交关系与奏诏程序

汉帝国的外交事务虽然是奏诏模式的一部分,但由于其性质的特殊性,外

---

① 《史记·匈奴列传》。
② 《史记·匈奴列传》。

交关系中的奏诏程序不可避免地呈现出更为复杂的特点。汉廷设置西域都护后,至少形式上,汉帝国可以将奏诏模式推行到西域诸国。比如,杜钦说罽宾"前亲逆节,恶暴西域,故绝而不通。"提及汉使曾将其罪恶"章露"西域,[①]即以奏章形式昭告诸国。又如,傅介子出使大宛,"因诏令责楼兰、龟兹国。"[②]"因"者,依也,据也,即汉使布诏楼兰、龟兹,根据诏书当面谴责其国主。[③] 可见,汉帝的外交文书具有诏书性质和功能。[④]

汉朝抓捕楼兰王的行动,主要通过汉帝和汉臣之间的奏诏过程得以实施。楼兰亲汉,匈奴发兵击之。贰师军击大宛,匈奴遣骑"因楼兰候汉使后过者,欲绝勿通"。汉军正任文将兵屯玉门关,"捕得生口,知状以闻。"武帝诏令任文"引兵捕楼兰王"。把楼兰王抓到京师,进行审判。"将诣阙,簿责王,"也就是"以文簿一一责之"。楼兰王辩护说:"小国在大国间,不两属无以自安。愿徙国入居汉地。"武帝"直其言,遣归国。"[⑤]

西域成为汉帝国的势力范围后,一些国家已丧失外交自主权。他们和其他国家的关系需要上报汉廷,奏请批准。"车师王之走乌孙也,乌孙留不遣,遣使上书,愿留车师王,备国有急,可从西道以击匈奴。汉许之。于是汉召故车师太子军宿在焉耆者,立以为王,尽徙车师国民令居渠犁,遂以车师故地与匈奴。"[⑥]

在鞭长能及的情况下,汉廷对依附自己的西域国家的操控程度相当深入。比如,汉朝给乌孙国同时立了大小两个昆弥,"皆赐印绶",并遣人"分别其人民地界",既是双向下注,又是分而治之。但众人"皆附小昆弥"。后来,大昆弥之子星靡"代为大昆弥,弱,冯夫人上书,愿使乌孙镇抚星(弥)〔靡〕。汉遣之,卒百人送(乌孙)焉。都护韩宣奏,乌孙大吏、大禄、大监皆可以赐金印紫绶,以尊辅大昆弥,汉许之。后都护韩宣复奏,星靡怯弱,可免,更以季父左大将乐代为昆弥,汉不许。"[⑦]整个过程的每一具体步骤,都是通过奏诏程序,有条不紊地实施。每一环节都是一个完整的奏诏程序。无论"汉许之"还是"汉不许",皆体现出代表汉帝意志的诏书对外交事态的强力支配和有效掌控。

---

① 《汉书·西域传上》,颜注。
② 《汉书·傅介子传》。
③ 这个程序大概是,汉使捧读诏书之后,再对诏书旨意进行一些现场发挥,然后将诏书递交该国国主。
④ 或许,诏书这种"莫须有"的外交作用,恰是奏诏叙事模式营造的书写效应。这亦可看出奏诏模式和奏诏叙事模式之张力构成的须臾不离的胶着关系。其本质在于,史家建构的认知逻辑之于历史研究具有的真理史的客观性和规范性。
⑤ 《汉书·西域传上》。
⑥ 《汉书·西域传下》。
⑦ 《汉书·西域传下》。

围绕单于入汉前后,汉匈之间需要及时沟通,进行反复协商和确认。这个过程从汉帝国角度看,就是在走一个正式的奏诏程序。单于入汉"自请",颇似汉臣上书汉帝之奏诏模式。"单于自请愿留居光禄塞下,有急保汉受降城。汉遣长乐卫尉高昌侯董忠、车骑都尉韩昌将骑万六千,又发边郡士马以千数,送单于出朔方鸡鹿塞。诏忠等留卫单于,助诛不服,又转边谷米糒,前后三万四千斛,给赡其食。"①如果匈奴一方出现意外,需要改变入汉时间,必须提前上书说明。某种意义上,朝廷处理单于上书就像处理汉朝官员奏书一样,其中不乏种种阴谋诡计。哀帝时,"单于当来朝,遣使言病,愿朝明年。"本来匈奴单于有病不能成行,改在来年入汉不是什么大事,汉朝官员却出于官场内斗的需要,企图借机生事,借匈奴来朝一事制造麻烦。"董贤贵幸日盛,丁、傅害其宠。"傅晏和息夫躬谋划上位辅政。息夫躬奏议,伪造他国文书,挑拨其和匈奴之关系。"单于当以十一月入塞,后以病为解,疑有他变。乌孙两昆弥弱,卑爰疐强盛,居彊煌之地,拥十万之众,东结单于,遣子往侍。如因素彊之威,循乌孙就屠之迹,举兵南伐,并乌孙之势也。乌孙并,则匈奴盛,而西域危矣。可令降胡诈为卑爰疐使者来上书曰:'所以遣子侍单于者,非亲信之也,实畏之耳。唯天子哀,告单于归臣侍子。愿助戊己校尉保恶都奴之界。'因下其章诸将军,令匈奴客闻焉。是所谓'上兵伐谋,其次伐交'者也。"可见在和匈奴打交道时,汉臣出于种种考量,意识到既要伐谋,也要伐交。基于这个思路,汉廷君臣进行了一系列的朝议讨论。"书奏,上引见躬,召公卿将军大议。左将军公孙禄以为'中国常以威信怀伏夷狄,躬欲逆诈造不信之谋,不可许。且匈奴赖先帝之德,保塞称蕃。今单于以疾病不任奉朝贺,遣使自陈,不失臣子之礼。臣禄自保没身不见匈奴为边竟忧也。'躬掎禄曰:'臣为国家计几先,谋将然,豫图未形,为万世虑。而左将军公孙禄欲以其犬马齿保目所见。臣与禄异议,未可同日语也。'上曰:'善。'乃罢群臣,独与躬议。"息夫躬建议"斩一郡守以立威,震四夷"。哀帝诏拜傅晏为大司马卫将军,丁明为大司马票骑将军。"是日,日有食之,董贤因此沮躬、晏之策。"事情急转直下。"收晏卫将军印绶,而丞相御史奏躬罪过。"②应该说,这是奏诏模式中涉及外交事务而充满种种政治阴谋和权术伎俩的一个典型案例。

外交中的奏诏模式,既有廷议,也有独奏。西域都护段会宗被乌孙兵包围,"驿骑上书,愿发城郭敦煌兵以自救。"公卿百僚"议数日不决"。王凤推荐陈汤"多筹策,习外国事,可问"。成帝在宣室召见陈汤,"示以会宗奏。"二人有了一

① 《汉书·匈奴传下》。
② 《汉书·息夫躬传》。

番对话。"上曰:'奈何? 其解可必乎? 度何时解?'汤知乌孙瓦合,不能久攻,故事不过数日,因对曰:'已解矣!'诎指计其日,曰:'不出五日,当有吉语闻。'居四日,军书到,言已解。"①

为救援车师,汉廷和汉使之间有过两次奏诏。郑吉"将免刑罪人田渠犁,"准备攻打车师。车师降汉,匈奴闻讯攻之。车师王恐而逃奔乌孙,郑吉把车师王妻子置于渠犁。"东奏事,至酒泉,有诏还田渠犁及车师,益积谷以安西国,侵匈奴。吉还,传送车师王妻子诣长安,赏赐甚厚,每朝会四夷,常尊显以示之。"郑吉先将吏卒三百人"别田车师",后又增派了田士一千多人。匈奴数千骑兵包围车师城。郑吉上书,"愿益田卒。"汉朝经过廷议,"以为道远烦费,可且罢车师田者。"宣帝下诏遣常惠"将张掖、酒泉骑出车师北千余里,扬威武车师旁。胡骑引去,吉乃得出,归渠犁,凡三校尉屯田。"②

北匈奴求和亲,汉廷拒绝。这个过程同样通过奏诏程序进行。光武二十七年,北单于"遣使诣武威求和亲",公卿不决。"皇太子言曰:'南单于新附,北虏惧于见伐,故倾耳而听,争欲归义耳。今未能出兵,而反交通北虏,臣恐南单于将有二心,北虏降者且不复来矣。'帝然之,告武威太守勿受其使。"二十八年,"北匈奴复遣使诣阙,贡马及裘,更乞和亲,并请音乐,又求率西域诸国胡客与俱献见。"三十一年,"北匈奴复遣使如前,乃玺书报答,赐以彩缯,不遣使者。"③

乌孙王遣子入侍,章帝问尚书仆射郑弘,"当答其使不?"郑弘说:"乌孙前为大单于所攻,陛下使小单于往救之,尚未赏;今如答之,小单于不当怨乎?"章帝又向窦宪询问郑弘的意见,窦宪说:"弘章句诸生,不达国体。"章帝"遂答乌孙使"。结果惹恼小单于,"攻金城郡,杀太守任昌。"章帝后悔地对郑弘说:"朕前不从君议,果如此。"④

汉廷对西域的战略一直充满争议。西域都护的主张也未必总和朝廷一致,得到皇帝支持。成帝时,"康居遣子侍汉,贡献,然自以绝远,独骄嫚,不肯与诸国相望。"都护郭舜数上言,"康居骄黠,讫不肯拜使者。都护吏至其国,坐之乌孙诸使下,王及贵人先饮食已,乃饮啖都护吏,故为无所省以夸旁国。以此度之,何故遣子入侍? 其欲贾市为好,辞之诈也。……宜归其侍子,绝勿复使,以章汉家不通无礼之国。敦煌、酒泉小郡及南道八国,给使者往来人马驴橐驼食,皆苦。空罢耗所过,送迎骄黠绝远之国。非至计也。"史称,"汉为其新通,重

---

① 《汉书·陈汤传》。
② 《汉书·西域传下》。
③ 《后汉书·南匈奴列传》。
④ 《后汉纪》卷12。

致远人,终羁縻而未绝。"①

二、奏诏程序与奉诏仪式

奉诏是确立君臣关系的核心标志。比如,朝鲜王右渠阻挠真番等国入朝,武帝遣汉使涉何"谯谕右渠,终不肯奉诏"。② 客观意义上,奉诏是汉廷主导的皇权秩序的扩展,核心是以尊奉汉帝为特征的君臣关系的确立。这对所有外国来说,都是一个新的挑战。不管自愿还是被迫,只要被纳入汉帝国的皇权秩序,必须接受奉诏仪式,以便完成其身份转换。

显然,匈奴单于还不习惯于接受汉朝皇帝诏书的仪式,但对汉使来说,单于奉诏不能随意,必须遵守相应的礼仪。这是通过奏诏模式确认汉匈双方君臣关系的必要程序。在汉使的坚持下,南单于虽然完成了奉诏仪式,内心似乎还有不甘和抵触。他认为,一国之君在大庭广众之下向汉使代表的国家皇帝俯首称臣,实在面子上挂不住。他通过翻译向汉使表示,希望以后汉使在众人面前不要让他下不来台。可见,奉诏仪式所象征的君臣关系,对南匈奴单于来说,很难完全适应。光武二十六年,"遣中郎将段郴、副校尉王郁使南单于,立其庭,去五原西部塞八十里。单于乃延迎使者。使者曰:'单于当伏拜受诏。'单于顾望有顷,乃伏称臣。拜讫,令译晓使者曰:'单于新立,诚惭于左右,愿使者众中无相屈折也。'"③

无独有偶,北匈奴也出现了类似场面。区别是,汉使要求南单于行汉朝的奉诏仪式,北匈奴却要汉使对单于叩拜行礼。结果也是一悲一喜。南单于接受了汉使要求,汉使却拒绝北单于的要求。北匈奴求和亲,明帝遣郑众"持节使匈奴。众至北庭,虏欲令拜,众不为屈。单于大怒,围守闭之,不与水火,欲胁服众。众拔刀自誓,单于恐而止。"郑众拒拜的理由是,"诚不忍持大汉节对毡裘独拜。如令匈奴遂能服臣,将有损大汉之强。"④郑众连说两次"大汉",寓意在于,自己不拜单于不是因为汉人的优越或汉朝的强势,而是因为北匈奴尚未纳入汉廷主导的皇权秩序和君臣关系。就是说,北匈奴此时身份不明,非君非臣。

匈奴衰落,依附汉朝后,汉匈之间的外交文书就变成了匈奴以臣子身份对汉朝皇帝的上书格式。不过,似乎很少见到汉帝对匈奴的下诏原文。大部分这

---

① 《汉书·西域传上》。
② 《汉书·朝鲜传》。
③ 《后汉书·南匈奴列传》。
④ 《后汉书·郑兴列传》。

类诏书都是改写为叙事体。一般写法是，在匈奴上书之后，直接叙述其请求因得到汉帝允准而产生的相应结果。比如，"单于又上书言：'蒙天子神灵，人民盛壮，愿从五百人入朝，以明天子盛德。'皆许之。元寿二年，单于来朝，上以太岁厌胜所在，舍之上林苑蒲陶宫。告之以加敬于单于，单于知之。加赐衣三百七十袭，锦绣缯帛三万匹，絮三万斤，它如河平时。"①

一旦正式确立了汉匈两国的君臣关系，双方便按照严格的奏诏程序进行外交事务的实际运作。

> 诏乃听南单于入居云中。遣使上书，献骆啗二头，文马十匹。……秋，南单于遣子入侍，奉奏诣阙。诏赐单于冠带、衣裳、黄金玺、盭绶绶，安车羽盖，华藻驾驷，宝剑弓箭，黑节三，驸马二，黄金、锦绣、缯布万匹，絮万斤，乐器鼓车，榮戟甲兵，饮食什器。……令中郎将置安集掾〔吏〕〔史〕将弛刑五十人，持兵弩随单于所处，参辞讼，察动静。单于岁尽辄遣奉奏，送侍子入朝，中郎将从事一人将领诣阙。汉遣谒者送前侍子还单于庭，交会道路。元正朝贺，拜祠陵庙毕，汉乃遣单于使，令谒者将送，赐彩缯千匹，锦四端，金十斤，太官御食酱及橙、橘、龙眼、荔支；赐单于母及诸阏氏、单于子及左右贤王、左右谷蠡王、骨都侯有功善者，缯彩合万四。岁以为常。②

匈奴入汉，有点类似诸侯进京，需要提前报备，经过汉廷同意，才能入朝。而且每个环节都不能随意改变，须遵从惯例，若有变动，须事先获得汉帝允准。河平二年，"单于上书愿朝河平四年正月，遂入朝，加赐锦绣缯帛二万匹，絮二万斤，它如竟宁时。"建平四年，"单于上书愿朝五年。时哀帝被疾，或言匈奴从上游来厌人，自黄龙、竟宁时，单于朝中国辄有大故。上由是难之，以问公卿，亦以为虚费府帑，可且勿许。"单于使臣将要返国之际，扬雄上书，"今单于上书求朝，国家不许而辞之，臣愚以为汉与匈奴从此隙矣。"哀帝连忙召还匈奴使者，"更报单于书而许之。"碰巧单于生病，"复遣使愿朝明年。"故事，单于来朝，人数限于二百。"单于又上书言：'蒙天子神灵，人民盛壮，愿从五百人入朝，以明天子盛德。'上皆许之。"③

汉廷立北单于的仪式。窦宪上书，"立于除鞬为北单于，朝廷从之。……遣耿夔即授玺绶，赐玉剑四具，羽盖一驷，使中郎将任尚持节卫护屯伊吾，如南单于故事。"④汉臣无权擅自废立单于，必须上报皇帝批准。南单于诸部并叛寇

---

① 《汉书·匈奴传下》。
② 《后汉书·南匈奴列传》。
③ 《汉书·匈奴传下》。
④ 《后汉书·南匈奴列传》。

边,张奂平乱,"单于诸部悉降。奂以单于不能统理国事,乃拘之,上立左谷蠡王。"桓帝下诏,"《春秋》大居正,居车儿一心向化,何罪而黜！其遣还庭。"因为,"居车儿即是桓帝即位之建和元年立,自立以来,一心向化,宜宽宥之。"①

汉帝在京城主持单于质子的即位仪式。"呼兰若尸逐就单于兜楼储先在京师,汉安二年立之。天子临轩,大鸿胪持节拜授玺绶,引上殿。赐青盖驾驷、鼓车、安车、驸马骑、玉具刀剑、什物,给彩布二千匹。赐单于阏氏以下金锦错杂具,軿车马二乘。遣行中郎将持节护送单于归南庭。诏太常、大鸿胪与诸国侍子于广阳城门外祖会,飨赐作乐,角抵百戏。顺帝幸胡桃宫临观之。"②

包括单于死亡,以及新单于即位,汉廷都会按照相应的君臣礼制来完成汉匈之间的外交仪式。比如,单于比薨,比弟左贤王莫立,光武帝遣使者"赍玺书镇慰,拜授玺绶,遗冠帻,绛单衣三袭,童子佩刀、绲带各一,又赐缯彩四千匹,令赏赐诸王、骨都侯已下。其后单于薨,吊祭慰赐,以此为常。"如此一来,通过奏诏模式建构起来的汉匈外交仪式已成为体现君臣名分的合理实践。所谓"与匈奴君臣分定,辞顺约明,贡献累至。"③

三、外交事务中的廷议功能

汉帝国似乎设有一种专门讨论外交事务的廷议,唤作"四夷大议"。比如,赵充国乞骸骨,"朝庭每有四夷大议,常与参兵谋,问筹策焉。"④可见,它应该属于廷议或朝议之一种。它功能上更像是一种专题朝议或专项廷议。它在汉帝国的外交事务中,发挥了诸多不可或缺的关键作用。比如,乌孙"愿得尚汉公主",武帝"问群臣,议许,曰:'必先内聘,然后遣女。'乌孙以马千匹聘。"⑤有时,正是通过廷议,才得以避免被外国忽悠,上当受骗。比如,成帝河平元年,"单于遣右皋林王伊邪莫演等奉献朝正月。既罢,遣使者送至蒲反。伊故事,受其降。"谷永、杜钦对奏,"不如勿受,以昭日月之信,抑诈谖之谋,怀附亲之心,便。"成帝遣中郎将王舜"往问降状"。伊邪莫演承认,"我病狂妄言耳。"⑥此例表明廷议往往成为汉帝外交策略的关键机制。可见,奏诏模式在汉帝国的外交战略

---

① 《后汉书·南匈奴列传》,李贤注。
② 《后汉书·南匈奴列传》。
③ 《后汉书·南匈奴列传》。
④ 《汉书·赵充国传》。
⑤ 《汉书·西域传下》。
⑥ 《汉书·匈奴传下》。

中的特殊作用。

当然,廷议中的低效率和扯皮现象,亦不乏见。所谓"廷争连日,异同纷回,多执其难,少言其易"①,亦属常态。比如,"西域都护段会宗为乌孙兵所围,驿骑上书,愿发城郭敦煌兵以自救。丞相王商、大将军王凤及百僚议数日不决。"②北单于遣使"诣武威求和亲,天子召公卿廷议,不决。"③对此,人们并非毫无知觉,有所警惕且自觉抵制者亦非无人。比如,按照制度规定,汉使在外必须严格计划行事,不能擅自作主,改变方案。虽说计划赶不上变化,可一旦计划有变,必须立即奏请皇帝,否则即为矫诏。出使西域的陈汤就面临这种军情紧急,必须当机立断的抉择困境。事实上,陈汤矫诏的理由就是担心廷议对外交事务迟疑不决,延误战机。陈汤、甘延寿"既领外国",便图谋北匈奴。"郅支单于虽所在绝远,蛮夷无金城强弩之守,如发屯田吏士,驱从乌孙众兵,直指其城下,彼亡则无所之,守则不足自保,千载之功可一朝而成也。"甘延寿虽同意陈汤的计划,却想按照正常程序"奏请之",遭到陈汤的坚决反对。"国家与公卿议,大策非凡所见,事必不从。"意思是,"凡庸之人,不能远见,故坏其事也。"看甘延寿"犹与不听",陈汤便按剑胁迫,最终矫制发兵,斩首郅支单于。④

这两个例子从正反两方面展示出廷议对外交事务产生的复杂影响。尽管如此,总体而言,廷议在外交事务中已成为一道固定程序,虽然并非每次都能有一个明确结果,但作用仍值得肯定。此类例子颇多,此可见汉廷在决定对西域的外交方略时的奏诏程序特点。

文帝前四年,单于回信,"前时皇帝言和亲事,称书意,合欢。"此前汉匈边界屡发冲突,文帝指责单于,提出和亲的建议。收到匈奴外交文书,"汉议击与和亲孰便。公卿皆曰:'单于新破月氏,乘胜,不可击。且得匈奴地,泽卤,非可居也。和亲甚便。'汉许之。"⑤

宣帝使光禄大夫常惠为副使,送乌孙少主至敦煌。未出塞,闻乌孙昆弥死,乌孙贵人立泥靡,绰号"狂王"。常惠上书,"愿留少主敦煌,惠驰至乌孙责让不立元贵靡为昆弥,还迎少主。"事下公卿讨论,萧望之认为,"乌孙持两端,难约结。前公主在乌孙四十余年,恩爱不亲密,边竟未得安,此已事之验也。今少主

---

① 《后汉书·班彪列传下》。
② 《汉书·陈汤传》。
③ 《后汉书·南匈奴列传》。
④ 《汉书·陈汤传》,颜注。
⑤ 《史记·匈奴列传》。

以元贵靡不立而还,信无负于夷狄,中国之福也。"宣帝"征还少主"。①

陈汤矫诏斩杀郅支单于,上书朝廷,禀告战况,询问对匈奴首领的处置意见。"匈奴呼韩邪单于已称北藩,唯郅支单于叛逆,未伏其辜,大夏之西,以为彊汉不能臣也。郅支单于惨毒行于民,大恶通于天。臣延寿、臣汤将义兵,行天诛,赖陛下神灵,阴阳并应,天气精明,陷陈克敌,斩郅支首及名王以下。宜县头槁街蛮夷邸间,以示万里,明犯彊汉者,虽远必诛。"元帝命朝议讨论陈汤的建议。丞相匡衡、御史大夫繁延寿认为,"郅支及名王首更历诸国,蛮夷莫不闻知。《月令》春'掩骼埋胔'之时,宜勿县。"车骑将军许嘉、右将军王商认为,"《春秋》夹谷之会,优施笑君,孔子诛之,方盛夏,首足异门而出。宜县十日乃埋之。"②元帝裁决廷议,赞同许嘉、王商的意见,也就等于变相采取了陈汤的建议。只是对悬首时间做了明确限定。

匈奴呼韩邪单于自立,"款塞称藩,愿扞御北虏。事下公卿。议者皆以为天下初定,中国空虚,夷狄情伪难知,不可许。"耿国却认为,"臣以为宜如孝宣故事受之,令东扞鲜卑,北拒匈奴,率厉四夷,完复边郡,使塞下无晏开之警,万世(有)安宁之策也。"光武帝"从其议,遂立比为南单于。"③

围绕是否征讨高句丽,经过廷议,皇帝裁决,次年,高句丽王臣服汉朝。皇帝又下诏谴责高句丽。句丽王宫死,子遂立。玄菟太守姚光上言"欲因其丧发兵击之",公卿廷议"皆以为可许"。尚书陈忠反对,"宫前桀黠,光不能讨,死而击之,非义也。宜遣吊问,因责让前罪,赦不加诛,取其后善。"安帝从之。第二年,"遂成还汉生口,诣玄菟降。"安帝下诏,"遂成等桀逆无状,当斩断菹醢,以示百姓,幸会赦令,乞罪请降。"④

四、典型事例

汉帝国的外交关系虽是奏诏模式的一部分,却是奏诏模式中最具冲突性和戏剧性的一部分,最能体现奏诏模式的内在张力。举几例。

1. 匈奴给汉帝国的第一封外交文书,颇具跨国情书意味。汉初,冒顿方

---

① 《汉书·西域传下》。
② 《汉书·陈汤传》。
③ 《后汉书·耿弇列传》。
④ 《后汉书·东夷列传》。

强,"冒顿乃为书遗高后,妄言。"①"辞极亵嫚。"②由此开启了一轮外交关系中的"奏诏程序"。这当然不是真正意义上的奏诏,完全是一种反向奏诏。在这种不伦的奏诏模式中,匈奴为君,汉廷为臣。匈奴的傲慢无礼和汉廷的奴颜婢膝恰成鲜明对照。吕后说,我"年老气衰,发齿堕落,行步失度",不值得单于"自污"耳目,何况"弊邑无罪,宜在见赦",单于还是饶了我吧。

> 孝惠、高后时,冒顿浸骄,乃为书,使使遗高后曰:"孤偾之君,生于沮泽之中,长于平野牛马之域,数至边境,愿游中国。陛下独立,孤偾独居。两主不乐,无以自虞,愿以所有,易其所无。"高后大怒,召丞相平及樊哙、季布等,议斩其使者,发兵而击之。樊哙曰:"臣愿得十万众,横行匈奴中。"问季布,布曰:"哙可斩也!前陈豨反于代,汉兵三十二万,哙为上将军,时匈奴围高帝于平城,哙不能解围。天下歌之曰:'平城之下亦诚苦!七日不食,不能彀弩。'今歌唫之声未绝,伤痍者甫起,而哙欲摇动天下,妄言以十万众横行,是面谩也。且夷狄譬如禽兽,得其善言不足喜,恶言不足怒也。"高后曰:"善。"令大谒者张泽报书曰:"单于不忘弊邑,赐之以书,弊邑恐惧。退日自图,年老气衰,发齿堕落,行步失度,单于过听,不足以自污。弊邑无罪,宜在见赦。窃有御车二乘,马二驷,以奉常驾。"冒顿得书,复使使来谢曰:"未尝闻中国礼义,陛下幸而赦之。"因献马,遂和亲。③

不过,按照扬雄所说,吕后给单于的回信,是大臣所写。"高皇后尝忿匈奴,群臣庭议,樊哙请以十万众横行匈奴中,季布曰:'哙可斩也,妄阿顺指!'于是大臣权书遗之。"意思是,"以权道为书,顺辞以答之。"④

2. 桑弘羊和汉武帝之间的奏诏,是汉帝国外交事务中最著名的一个案例。通过对桑弘羊奏书的拒绝和驳斥,武帝系统地反思了整个国家战略的利弊得失,从而作出结构性调整的重大决定,放弃战争,转向民生,由此成为奏诏模式中最经典的一道罪己诏。"征和中,贰师将军李广利以军降匈奴。"这是一个导火索,直接引发了汉武帝对汉匈大战的深刻反省。看到武帝"既悔远征伐",桑弘羊与丞相御史趁机奏言,"臣愚以为可遣屯田卒诣故轮台以东,置校尉三人分护,各举图地形,通利沟渠,务使以时益种五谷。……田一岁,有积谷,募民壮健

---

① 《史记·匈奴列传》。
② 《资治通鉴》卷12。
③ 《汉书·匈奴传上》。
④ 《汉书·匈奴传下》,颜注。

有累重敢徙者诣田所,就畜积为本业,益垦溉田,稍筑列亭,连城而西,以威西国,辅乌孙,为便。"武帝"深陈既往之悔",下诏,"今请远田轮台,欲起亭隧,是扰劳天下,非所以优民也。今朕不忍闻。……当今务在禁苛暴,止擅赋,力本农,修马复令,以补缺,毋乏武备而已。郡国二千石各上进畜马方略补边状,与计对。"武帝"由是不复出军。而封丞相车千秋为富民侯,以明休息,思富养民也。"①

　　3. 王根为制造政绩,唆使成帝向匈奴索要入汉之斗地。成帝动心,又不好意思开口直接向乌珠留单于索要。王根便将成帝意思说与使臣,命其向单于讨要。由此在汉匈之间人为地制造了一场不大不小的纠纷。"汉遣中郎将夏侯藩、副校尉韩容使匈奴。时帝舅大司马骠骑将军王根领尚书事,或说根曰:'匈奴有斗入汉地,直张掖郡,生奇材木,箭竿就羽,如得之,于边甚饶,国家有广地之实,将军显功,垂于无穷。'根为上言其利,上直欲从单于求之。"成帝本想直接下诏给单于,但又怕被单于拒绝,有损皇威。所谓"为有不得,伤命损威"。因为"诏命不行",即是"伤命"。王根便将成帝的意思告诉夏侯藩。"根即但以上指晓藩,令从藩所说而求之。"也就是"自以藩意说单于而求之"。夏侯藩至匈奴,诱说单于,"窃见匈奴斗入汉地,直张掖郡。汉三都尉居塞上,士卒数百人寒苦,候望久劳。单于宜上书献此地,直断阙之,省两都尉士卒数百人,以复天子厚恩,其报必大。"钦差口含天宪,对汉人来说,神圣无比,但对胡人而言,则未必。成文诏书和使臣口头传达皇帝诏命,对汉朝人来说没有区别,具有相同的权威和效力。但对外臣单于来说,二者显然含义和分量不同。书诏才是正式的诏书,必须执行。使臣嘴里的口诏则难以确认其真实性,所以不愿接受。单于追问,"此天子诏语邪,将从使者所求也?"单于之所以特别追问使臣所说是否"天子诏语"。潜台词就是要求使臣拿出皇帝诏书原件。这个追问不仅是对使臣言说的质疑,也是对皇帝口诏的拒绝。这逼得使臣只得解释自己所说肯定不是自己的要求,但也不是皇帝的口诏原话,而是皇帝诏命的意思。如此一来,单于就更有理由拒绝这种诏令了。据此可见,汉朝人和匈奴人对皇帝诏书的态度确有不同。这种不同源于汉匈间的内外臣的身份殊异。另外,就常理而言,使臣传话和皇帝诏书一般有所出入。这样,诏书原文显得格外重要。两国交往中尤其如此。所以,单于才会追问使臣所说究竟是自己的意思,还是皇帝的原话。"藩曰:'诏指也,然藩亦为单于画善计耳。'单于曰:'孝宣、孝元皇帝哀怜父呼韩邪单于,从长城以北匈奴有之。此温偶騢王所居地也,未晓其形状所生,请遣使问

---

① 《汉书·西域传下》。

之。'"乌珠留单于这番话虽然含蓄,等于是婉拒。夏侯藩不甘心,"复使匈奴,至则求地。"乌珠留终于明确拒绝。"父兄传五世,汉不求此地,至知独求,何也?已问温偶䩨王,匈奴西边诸侯作穹庐及车,皆仰此山材木,且先父地,不敢失也。"夏侯藩两次出使,均未能得手,迁为太原太守。不过乌珠留单于并未罢休。"单于遣使上书,以藩求地状闻。"乌珠留上书告状,其实是旁敲侧击,暗示成帝,不要再打这块地的主意了。弄得成帝很没面子。只得撇清自己,归咎于夏侯藩的假传圣旨。"藩擅称诏从单于求地,法当死,更大赦二,今徙藩为济南太守,不令当匈奴。"①成帝口口声声说,我要弄死夏侯藩。不过碰巧大赦天下,就饶了他。据此,成帝对乌珠留的告状信还是必须有一个表态,不能不理不睬。就像有时对待汉朝官民上书那样,置之不理。从汉帝对单于的诏书看,双方的君臣关系具有很强的礼仪性和规范性。

4. 昭君和亲无疑是汉帝国和亲外交中最成功的一例。正式成为汉帝女婿,让呼韩邪单于大为感动,"上书愿保塞上谷以西至敦煌,传之无穷,请罢边备塞吏卒,以休天子人民。"意思是,希望为汉朝守边,保汉朝平安,汉朝就不用花钱戍边了。这事元帝吃不准,"令下有司议,议者皆以为便。"唯有郎中侯应"习边事,以为不可许"。②侯应从十个方面,论证了"罢边备塞吏卒"不可行。这篇对奏使元帝下决心,不接受呼韩邪的罢边提议。元帝一边下诏"勿议罢边塞事",一边还要给呼韩邪回话。一般情况下,国家间的外交事宜通报都是文书,如果是口信,会专门交代,以免误传。元帝这次给呼韩邪用了口信,显然有隐衷存焉。"使车骑将军口谕单于曰:'单于上书愿罢北边吏士屯戍,子孙世世保塞。单于乡慕礼义,所以为民计者甚厚,此长久之策也,朕甚嘉之。中国四方皆有关梁障塞,非独以备塞外也,亦以防中国奸邪放纵,出为寇害,故明法度以专众心也。敬谕单于之意,朕无疑焉。为单于怪其不罢,故使大司马车骑将军嘉晓单于。'"元帝可能觉得过意不去,文书又不好说,便使大司马许嘉"晓告",即口头传达他对单于好意的感谢。为表诚意,特派三公出使,亲口说明元帝的意思。单于也很知趣,感谢不迭地说:"愚不知大计,天子幸使大臣告语,甚厚!"③我不知你的深谋远虑,现在你派大臣向我说明情况,实在荣幸之至。这番温馨和谐的对话,体现出奏诏模式的强大功能。

① 《汉书·匈奴传下》,颜注。
② 《汉书·匈奴传下》。
③ 《汉书·匈奴传下》。

第三节　奏诏体制与华夷秩序

一、外交与礼仪

外交事务也关乎汉廷礼仪，有时不合常规的安排，也会引发官员弹劾。"乌孙大小昆弥遣使贡献。大昆弥者，中国外孙也。其胡妇子为小昆弥，而乌孙归附之。（王）莽见匈奴诸边并侵，意欲得乌孙心，乃遣使者引小昆弥使置大昆弥使上。保成师友祭酒满昌劾奏使者曰：'夷狄以中国有礼谊，故诎而服从。大昆弥，君也，今序臣使于君使之上，非所以有夷狄也。奉使大不敬！'莽怒，免昌官。"①

匈奴入汉和返程的前前后后，不仅有边郡的军队组成仪仗欢迎和护送，在京城的所有活动，皆在一种井然有序的礼仪中进行。这种礼仪秩序体现出的正是奏诏模式的外交实践。比如，呼韩邪单于正月入朝。

> 汉遣车骑都尉韩昌迎，发过所七郡郡二千骑，为陈道上。单于正月朝天子于甘泉宫，汉宠以殊礼，位在诸侯王上，赞谒称臣而不名。赐以冠带衣裳，黄金玺盭绶，玉具剑，佩刀，弓一张，矢四发，棨戟十，安车一乘，鞍勒一具，马十五匹，黄金二十斤，钱二十万，衣被七十七袭，锦绣绮縠杂帛八千匹，絮六千斤。礼毕，使使者道单于先行，宿长平。上自甘泉宿池阳宫。上登长平，诏单于毋谒，其左右当户之群臣皆得列观，及诸蛮夷君长王侯数万，咸迎于渭桥下，夹道陈。上登渭桥，咸称万岁。单于就邸，留月余，遣归国。单于自请愿留居光禄塞下，有急保汉受降城。汉遣长乐卫尉高昌侯董忠、车骑都尉韩昌将骑万六千，又发边郡士马以千数，送单于出朔方鸡鹿塞。诏忠等留卫单于，助诛不服。②

光武帝授权地方大员代表自己扶植外国君主，是谓"承制"。"河西大将军窦融乃承制立康为汉莎车建功怀德王、西域大都尉，五十五国皆属焉。"汉朝不仅让外国人做自己在西域的全权大使，死后还给谥号。康死，"谥宣成王。"弟贤立。"贤与鄯善王安并遣使诣阙贡献，于是西域始通。"后来，"贤复遣使奉献，请都护。"光武询问窦融，"以为贤父子兄弟相约事汉，款诚又至，宜加号位以镇安之。帝乃因其使，赐贤西域都护印绶，及车旗黄金锦绣。"敦煌太守裴遵反对这

---

① 《汉书·王莽传中》。
② 《汉书·匈奴传下》。

种做法。"夷狄不可假以大权,又令诸国失望。"光武诏书"收还都护印绶,更赐贤以汉大将军印绶。其使不肯易,遵迫夺之,贤由是始恨。而犹诈称大都护,移书诸国,诸国悉服属焉,号贤为单于。"[1]可见,无论汉朝还是外国,都很看重汉朝的都护官号。

二、中外外交的动态变化

武帝时,西域初步纳入汉帝国势力范围。结局却是以武帝下罪己诏而告终。颇具历史反讽意味。"孝武之世,图制匈奴,患其兼从西国,结党南羌,乃表河(曲)〔西〕,列(西)〔四〕郡,开玉门,通西域,以断匈奴右臂,隔绝南羌、月氏。……至于用度不足,乃榷酒酤,筦盐铁,铸白金,造皮币,算至车船,租及六畜。民力屈,财用竭,因之以凶年,寇盗并起,道路不通,直指之使始出,衣绣杖斧,断斩于郡国,然后胜之。是以末年遂弃轮台之地,而下哀痛之诏,岂非仁圣之所悔哉!"[2]武帝唯一的一道罪己诏出现在外交关系中,意味深长,似乎象征着奏诏模式在外交关系中异乎寻常的复杂性。

不论汉廷和西域诸国的外交关系如何,各方的强弱变化都需要通过奏诏模式得到正式确认。比如,"贰师将军李广利击大宛,还过杆弥,杆弥遣太子赖丹为质于龟兹。广利责龟兹曰:'外国皆臣属于汉,龟兹何以得受杆弥质?'即将赖丹入至京师。"昭帝以赖丹为校尉将军,屯田轮台,轮台与渠犁地相连。龟兹人说:"赖丹本臣属吾国,今佩汉印绶来,迫吾国而田,必为害。"国王即杀赖丹,"而上书谢汉,汉未能征。"[3]

宣元之际,汉朝对西域事务有了主导权。诸国上书汉朝,希望能够满足他们对西域都护人选的要求,汉廷也予以积极回应。段会宗为西域都护,"西域敬其威信。三岁,更尽还。……西域诸国上书愿得会宗,阳朔中复为都护。"[4]"城郭诸国闻之,皆翕然亲附。"[5]

西汉末,汉朝完全掌控了匈奴的外交。乌孙入侵匈奴,匈奴攻打乌孙,乌孙庶子卑援疐"遣子趋逯为质匈奴。单于受,以状闻。汉遣中郎将丁野林、副校尉

---

① 《后汉书·西域传》。
② 《汉书·西域传下》。
③ 《汉书·西域传下》。
④ 《汉书·段会宗传》。
⑤ 《资治通鉴》卷 31。

公乘音使匈奴,责让单于,告令还归卑援疐质子。单于受诏,遣归。"①这里的关键是,匈奴虽然接受了乌孙的质子,却马上向汉朝禀告。哀帝随之派使下诏,单于奉诏遣返了乌孙质子。可见这是一种严格的奏诏模式。其本质在于,汉匈两国通过奏诏模式确认了双方之间的君臣关系。

王莽更加强化了汉匈之间的君臣关系。王莽不仅遣使明令单于不得接受西域诸国降者,而且不接受单于的请罪,关键是,王莽还重新"造设四条",使之颁诏匈奴,"付单于,令奉行",作为汉匈双方的最新约定执行,同时,收回宣帝"所为约束封函"。② 显然,王莽"四条"以外交条约形式规范了汉匈两国的君臣关系,从而使这种君臣关系不仅成为一种客观事实,而且成为一种行之有效的制度。

> 单于受置左谷蠡地,遣使上书言状曰:"臣谨已受。"诏书中郎将韩隆、王昌、副校尉甄阜、侍中谒者帛敞、长水校尉王歙使匈奴,告单于曰:"西域内属,不当得受,今遣之。"单于曰:"孝宣、孝元皇帝哀怜,为作约束,自长城以南天子有之,长城以北单于有之。有犯塞,辄以状闻;有降者,不得受。臣知父呼韩邪单于蒙无量之恩,死遗言曰:'有从中国来降者,勿受,辄送至塞,以报天子厚恩。'此外国也,得受之。"使者曰:"匈奴骨肉相攻,国几绝,蒙中国大恩,危亡复续,妻子完安,累世相继,宜有以报厚恩。"单于叩头谢罪,执二虏还付使者。诏使中郎将王萌待西域恶都奴界上逆受。单于遣使送到国,因请其罪。使者以闻,有诏不听,会西域诸国王斩以示之。乃造设四条:中国人亡入匈奴者,乌孙亡降匈奴者,西域诸国佩中国印绶降匈奴者,乌桓降匈奴者,皆不得受。遣中郎将王骏、王昌、副校尉甄阜、王寻使匈奴,班四条与单于,杂函封,付单于,令奉行,因收故宣帝所为约束封函还。③

以新约换旧约,可见汉匈两国处理彼此间的这种特殊君臣关系已经形成了一套规范性做法。值得注意的是,所谓"杂函封","与玺书同一函而封之。"④据此,依照常规,玺书和外交文书"四条"理应不能放在一函里。"杂函封"暗示出王莽对外交礼仪的轻慢,这种轻慢又和后来降低匈奴外交地位的以章换玺一脉相承。

王莽更换了匈奴印玺,把汉朝的换成新朝的。王莽的意图是,通过易"匈奴

---

① 《汉书·匈奴传下》。
② 《汉书·匈奴传下》。
③ 《汉书·匈奴传下》。
④ 《汉书·匈奴传下》,颜注。

单于玺"为"新匈奴单于章",降低匈奴地位,使单于由一国之君降为新朝臣子。所谓"单于宜奉天命,奉新室之制。"以匈托新,从而推高新朝的国际地位,以便营造王莽想象中的大国盛世。一个"新"字一语双关。"新者,莽自系其国号。"既标志匈奴隶属新朝,也寓意这是一个新单于章。王莽玩的这个不甚高明的文字游戏,连粗通汉文的单于都看出来了。"汉赐单于印,言'玺'不言'章',又无'汉'字,诸王已下乃有'汉'言'章'。今(印)〔即〕去'玺'加'新',与臣下无别。"所以才会要求"愿得故印"。当然这是不可能的。这样,伴随着"新匈奴单于章"的广泛使用,新朝名号将更为广被远播。这正是王莽更玺为章的意图所在。显然,王莽喜欢将"新室顺天制作"的国号传播到各国,让世界都知道,中国已非汉朝,而是新朝。"王莽之篡位也,建国元年,遣五威将王骏率甄阜、王飒、陈饶、帛敞、丁业六人,多赍金帛,重遗单于,谕晓以受命代汉状,因易单于故印。故印文曰'匈奴单于玺',莽更曰'新匈奴单于章'。将率既至,授单于印绶,诏令上故印绶。单于再拜受诏。"①

尽管有了新的四条契约,但落实起来未必如期所愿。其间既有各国间的利益算计,也有王莽对使臣的强力控制。出使匈奴颁诏换印的将率并无相机行事的外交特权,遇事必须上奏,待王莽下诏裁决。比如,"将率还到左犁汗王咸所居地,见乌桓民多,以问咸。咸具言状,将率曰:'前封四条,不得受乌桓降者,亟还之。'咸曰:'请密与单于相闻,得语,归之。'单于使咸报曰:'当从塞内还之邪,从塞外还之邪?'将率不敢颛决,以闻。诏报,从塞外还之。"②

更始帝遣使至匈奴,匈奴对曾经臣服于汉并不满意,想趁此机会重新调整汉匈之间的关系,不仅要改变现有的君臣关系,也不仅要简单恢复两国原有的平等关系,甚至还要更始帝感恩匈奴帮助他复兴汉室的贡献,重新确立匈奴对中国的支配地位,以及确认中国对匈奴大国地位的尊重。

以夷制夷的外交方略在东汉得到了成功实践,而且效果明显。北匈奴看到南匈奴和汉朝和好,也要求和汉朝贸易。这又刺激了南匈奴的南下掳掠,进而造成北匈奴的不满。于是,汉朝采取两手安抚的策略。一边"倍雇南部所得生口,以还北虏",一边对"南部斩首获生,计功受赏如常科"。北单于"驱牛马万余头来与汉贾客交易。诸王大人或前至,所在郡县为设官邸,赏赐待遇之。南单于闻,乃遣轻骑出上郡,遮略生口,钞掠牛马,驱还入塞。"孟云上言,"北虏以前既和亲,而南部复往钞掠,北单于谓汉欺之,谋欲犯塞,谓宜还南所掠生口,以慰

---

① 《汉书·匈奴传下》,颜注。
② 《汉书·匈奴传下》。

安其意。"章帝从太仆袁安议,下诏,"今与匈奴君臣分定,辞顺约明,贡献累至,岂宜违信自受其曲。"[1]

自窦宪出征之后,匈奴彻底丧失了威胁汉帝国的能力。[2] 单于完全依附于汉朝,解决内部纠纷,也需要借助汉廷力量。比如,匈奴内乱,驱逐单于于扶罗,于扶罗入汉"诣阙自讼",寻求援助。甚至匈奴一部分已成为东汉末朝廷自保的一股力量。"献帝自长安东归,右贤王去卑与白波贼帅韩暹等侍卫天子,拒击李傕、郭汜。及车驾还洛阳,又徙迁许,然后归国。"[3]

---

[1] 《后汉书·南匈奴列传》。

[2] 北匈奴虽然还在苟延残喘,但已无关大局。据司马光《考异》,北单于"汉朝所不能臣,未尝入朝天子。"胡三省也认为,"和帝以来,北匈奴益西徙",确未接受汉廷羁縻。(《资治通鉴》卷50)

[3] 《后汉书·南匈奴列传》。

第六章

天子诏与将军令

第一节　诏令大于军令

古人云："国之大事,在祀与戎。"①这不光说明战争的重要,也说明战争的特殊。因为战争往往远离京城,且多事发突然,加之战争过程变化莫测,这使得在所有事态中,军情战况必然成为最紧急最危机的一种,战机稍纵即逝,须臾不可耽搁。一切都需要前线将领根据形势变化,当机立断,所以才有"将在外君命有所不受"之说。②

君臣之间多猜疑,如果用兵,更是疑虑倍增,疑上加疑。甘茂给秦武王讲了一个谣言毁灭信任的故事,又讲了一个明君不为谗言所动,信任在外作战的将军的故事。表明谣言的可怕,以及抵制谣言的可能。按照甘茂的说法,任何一个出征在外的将军都有可能毁于谣言,功败垂成;同时,任何一个君主都面临被谗言包围,而丧失主见,猜疑将领,作出错误决策。甘茂的这番说词,意在提醒秦武王要有心理准备,关键时刻不受谗言蛊惑。秦武王"欲容车通三川,以窥周室",甘茂表示担心,"魏文侯令乐羊将而攻中山,三年而拔之。乐羊返而论功,文侯示之谤书一箧。乐羊再拜稽首曰:'此非臣之功也,主君之力也。'今臣,羁旅之臣也。樗里子、公孙奭二人者挟韩而议之,王必听之。"秦武王向他保证,

---

① 《左传》成公十三年。

② 不仅指挥作战的将军如此,就连负责后方粮草补给的人也必须见机行事,灵活处置。比如,"汉王与诸侯击楚,(萧)何守关中,侍太子,治栎阳。为法令约束,立宗庙社稷宫室县邑,辄奏上,可,许以从事;即不及奏上,辄以便宜施行,上来以闻。关中事计户口转漕给军,汉王数失军遁去,何常兴关中卒,辄补缺。上以此专属任何关中事。"(《史记·萧相国世家》)可见,战争状态下的奏诏模式显然不能以常理论。

"寡人不听也,请与子盟。"甘茂伐宜阳,五月不拔。"樗里子、公孙奭果争之。武王召甘茂,欲罢兵。"在甘茂的坚持下,最终拔宜阳。[1]

魏文侯对乐羊的无条件信任,以及秦武王的明智,就其君主的个人素质,在早期帝国并非完全没有类似人物,问题是,皇权政体有了一套全新的游戏规则。它使皇帝变得更加强势,使得皇帝更有能力支配一切。不光将领出征需要皇帝下诏,即便面临重大军情和突发事件,也都需要皇帝下诏,才能采取行动。是可知,奏诏模式一方面体现出皇帝对作战将领的遥控和指挥在皇权政治运行中独有的制度性特征,另一方面则表明皇帝权威在军事行动中依然无所不在,全程操控。

冯唐对文帝说:"臣闻上古王者之遣将也,跪而推毂,曰阃以内者,寡人制之;阃以外者,将军制之。军功爵赏皆决於外,归而奏之。此非虚言也。"[2]冯唐之言给人一种感觉,似乎皇权仅限于"阃以内",即皇宫之内,"阃以外"即属文武百官之天下。由此产生一种皇权有限的印象。其实不然。自诞生起,皇权本质上就是一种无限的权力。但冯唐这番话并非对皇权无知,亦非挑战皇权。因为他说得很明白,"臣闻上古王者"云云就是说,他说的是三代王权。其实,冯唐心里很清楚,皇权早已发生某种实质性变化。因为皇权已经笼罩一切。正因如此,冯唐才会巧妙地提醒文帝。意思是,希望文帝能像上古王者那样对待边郡官员,给守边官员保留一些必要的自主权,所谓"将在外君命有所不受"。

文帝确实听进了冯唐的劝谏。匈奴入边,"以河内守亚夫为将军,军细柳;以备胡。"文帝劳军,先驱不得入。先驱曰:"天子且至!"军门都尉曰:"将军令曰'军中闻将军令,不闻天子之诏'。""将军令"与"天子诏"的对立在特定时机和场合,不但具有了特殊意义,而且将军令对天子诏拥有了某种权威。文帝至,"又不得入。於是上乃使使持节诏将军:'吾欲入劳军。'亚夫乃传言开壁门。壁门士吏谓从属车骑曰:'将军约,军中不得驱驰。'於是天子乃按辔徐行。""将军约"亦即将军令。在军中,天子亦须遵守将军令。"至营,将军亚夫持兵揖曰:'介胄之士不拜,请以军礼见。'天子为动,改容式车。使人称谢:'皇帝敬劳将军。'成礼而去。"可见在军中,军礼高于朝礼。这种做法固然使"群臣皆惊"。就连文帝也情不自禁地赞叹,"嗟乎,此真将军矣!"却忘了这恰恰是一种罕见的个案。因为军霸上的刘礼和军棘门的徐厉二位将军皆非如此。文帝"至霸上及棘门军,

---

[1]《史记·甘茂列传》。
[2]《史记·冯唐列传》。

直驰入,将以下骑送迎。"这使得文帝感觉"曩者霸上、棘门军,若儿戏耳,其将固可袭而虏也"。文帝虽"称善者久之",却不见另有其他将军如亚夫。事实上,此后也唯有周亚夫能够将在外不受君命。吴楚反,周亚夫为太尉,出兵平叛。"太尉既会兵荥阳,吴方攻梁,梁急,请救。太尉引兵东北走昌邑,深壁而守。梁日使使请太尉,太尉守便宜,不肯往。梁上书言景帝,景帝使使诏救梁。太尉不奉诏,坚壁不出,而使轻骑兵弓高侯等绝吴楚兵后食道。"①

《六韬》云:"军中之事,不闻君命。"这是一种纯军事眼光。放眼政治,事则不然。在军队和战争中,诏书的地位和作用经历了一个微妙变化。只有汉初某些时候,将军令似乎比天子诏更有权威。自汉武帝始,天子诏完全碾压将军令。因为,伴随统治技术的高度发达,以及交通通讯技术的进步,皇权已经能够做到"将在外君命不得不受"。《淮南子》云:"国不可从外理,军不可从中御。"所谓"臣每奉诏书,军不内御"。② 显然,皇权时代的君臣关系已经高度紧张化,君臣间的距离趋于无限零度,这使得君臣之间充满种种猜忌和变数,君臣双方皆陷入一种互不信任的恐惧陷阱,由此形成一种欲罢不能的恶性循环。朱勃谏说光武,"大将在外,谗言在内,微过辄记,大功不计,诚为国之所慎也。故章邯畏口而奔楚,燕将据聊而不下。岂其甘心末规哉,悼巧言之伤类也。"③这种既危险又脆弱的高密度君臣关系完全不同于王权时代那种相对松散的君臣关系。这使得早期帝国的君臣博弈有了一些新的玩法。比如,王莽时已设置了监军。"王邑等破翟义于圉。司威陈崇使监军上书。"④又如,桓帝派监军督察平叛。"长沙、零陵贼合七八千人"攻郡克县,守令非死即亡。"遣谒者马睦,督荆州刺史刘度击之。"⑤再如,冯绲出征,为了免除桓帝猜疑,主动提出给自己派监军。谁知尚书朱穆却看不过去了,认为本朝君臣关系亲密无间,不应存在任何"猜嫌之事",冯绲建议派遣监军,纯属虚晃一枪,自我标榜,看似自证清白,实则"为臣不忠"。史称,"武陵蛮夷反,车骑将军冯绲讨之。绲上书曰:'夫势得容奸,伯夷可疑;不得容奸,盗跖可信。乐羊伐中山,反而语功,文侯示以谤书一箧。愿请中常侍一人监军财费。'尚书朱穆奏曰:'臣闻出郊之事,将军制之,所以崇威信合事宜也。即绲有嫌,不当荷任;即绲无嫌,义不见疑。乐羊战国陪臣,犹赖见

---

① 《史记·绛侯周勃世家》。
② 《后汉书·段颎列传》。
③ 《后汉书·马援列传》。
④ 《汉书·王莽传上》。
⑤ 《后汉书·度尚列传》。

信之主,以全其功,况唐虞之朝,而有猜嫌之事哉! 绲设虚端,以自阻卫,为臣不忠。'"①参较范《书》,对冯绲要求派给自己监军一事,有了更深入的理解。"时天下饥馑,帑藏虚尽,每出征伐,常减公卿奉禄,假王侯租赋,前后所遣将帅,宦官辄陷以折耗军资,往往抵罪。绲性烈直,不行贿赂,惧为所中,乃上疏曰:'执得容奸,伯夷可疑;苟曰无猜,盗跖可信。故乐羊陈功,文侯示以谤书。愿请中常侍一人监军财费。'尚书朱穆奏绲以财自嫌,失大臣之节。"②可见宦官往往"以折耗军资"而陷将领以罪,致使冯绲不得不请求桓帝派宦官监军。不过令人玩味的是,桓帝显然并不在意朱穆的奏议。③尽管如此,却不影响灵帝频频派宦官监军和干预战事。④ 比如,卢植破黄巾,张角保广宗,"植围堑修梯。垂当拔之,上遣小黄门左丰观贼形势。或劝植以赂送丰,植不从,丰言于上曰:'广宗贼易破耳,卢中郎固垒息军,以待天诛。'上怒,植遂抵罪。"⑤

有时,事情还有更复杂和微妙的一面。"河间民田银、苏伯反,扇动幽、冀。"留守邺城的曹丕遣贾信讨伐。"余贼千余人请降,议者皆曰:'公有旧法,围而后降者不赦。'程昱曰:'此乃扰攘之际,权时之宜。今天下略定,不可诛之;纵诛之,宜先启闻。'议者皆曰:'军事有专无请。'昱曰:'凡专命者,谓有临时之急耳。今此贼制在贾信之手,故老臣不愿将军行之也。'丕曰:'善。'即白操,操果不诛。"曹操赞许程昱"劝丕不专杀"是"善处人父子之间"。⑥ 可见即便"有专无请"的军事处置依然处于复杂而微妙的君臣猜忌和父子疑虑之双重纠缠境遇。总之,"将在外君命有所不受"在早期帝国的绝大部分时期根本不存在。

当然,也有例外。光武帝以关中未定,"而(邓)禹久不进兵,下敕曰:'司徒,尧也;亡贼,桀也。长安吏人,遑遑无所依归。宜以时进讨,镇慰西京,系百姓之心。'禹犹执前意,乃分遣将军别攻上郡诸县,更征兵引谷,归至大要。"⑦

---

① 《后汉纪》卷 22。

② 《后汉书·冯绲列传》。

③ 袁《纪》说"帝寝其奏",范《书》说"有诏勿劾",二者结果相同,但做法不同。前者意味着桓帝只是简单搁置了朱穆奏疏,后者意味着桓帝另外下诏不予追究冯绲的责任。

④ 至于东汉末的"监军使者",更像是一种钦差兼领州牧的制度设计,无涉军令和皇命之张力。比如,灵帝出刘焉"为监军使者,领益州牧";献帝以刘焉之子刘璋"为监军使者,领益州牧"。(《后汉书·刘焉列传》)

⑤ 《后汉纪》卷 24。

⑥ 《资治通鉴》卷 66,胡注。

⑦ 《后汉书·邓禹列传》。

第二节　诏书在军事行动中的各种作用

一、皇帝掌握战争权

皇帝亲自下诏制定军法。① 王莽下诏,"方出军行师,有趋謹犯〔法〕者,斩无须时。"②光武帝"诏边吏力不足战则守,追虏料敌不拘以逗留法。"汉法,"军行逗留畏愞者斩。追虏或近或远,量敌进退,不拘以军法,直取胜敌为务也。"③灵帝"诏勑州郡修理攻守,简练器械,自函谷、大谷、广城、伊阙、轘辕、旋门、孟津、小平津诸关,并置都尉。"④

按照汉制,郡守不能擅自发兵。发兵须有皇帝诏书。东越反,武帝拜朱买臣为会稽太守,"诏买臣到郡,治楼船,备粮食、水战具,须诏书到,军与俱进。……居岁余,买臣受诏将兵,与横海将军韩说等俱击破东越,有功。"⑤可见郡守领兵必须特别下诏。当然,也有例外。王莽虽然斥责田况擅自征兵、发兵,又不加治罪,并同意他出境用兵。"四方皆以饥寒穷愁起为盗贼,……群下愈恐,莫敢言贼情者,亦不得擅发兵,贼由是遂不制。唯翼平连率田况素果敢,发民年十八以上四万余人,授以库兵,与刻石为约。赤糜闻之,不敢入界。况自劾奏,莽让况:'未赐虎符而擅发兵,此弄兵也,厥罪乏兴。以况自诡必禽灭贼,故且勿治。'后况自请出界击贼,所向皆破。"⑥

战争始终都需要皇帝下诏决定。"南粤反,余善上书请以卒八(十)〔千〕从楼船击吕嘉等。兵至揭阳,以海风波为解,不行,持两端,阴使南粤。及汉破番禺,楼船将军仆上书愿请引兵击东粤。上以士卒劳倦,不许。罢兵,令诸校留屯豫章梅领待命。"师古曰:"听诏命也。"⑦

所有的军事行动,尤其对外作战,必须有天子诏。"王恢数使,为楼兰所苦,

---

① 守军正丞胡建斩杀"穿北军垒垣以为贾区"的监军御史,他上书表示,"用文吏议,不至重法。"意思是,他斩杀监军御史用的不是一般律法,而是军法。武帝也给予认可,"司马法曰'国容不入军,军容不入国',何文吏也?"(《汉书·胡建传》)

② 《后汉书·邓晨列传》,李贤注。

③ 《后汉书·光武帝纪下》,李贤注。

④ 《后汉书·皇甫嵩列传》。

⑤ 《汉书·朱买臣传》。

⑥ 《汉书·王莽传下》。

⑦ 《汉书·两粤传》。

言天子,天子发兵令恢佐破奴击破之,封恢为浩侯。"①

　　每一个军事行动都意味着一道诏书。就是说,战争中的每一个行动都是皇帝下诏的结果。比如,"卫尉路博德为伏波将军,出桂阳,下湟水;主爵都尉杨仆为楼船将军,出豫章,下横浦;故归义粤侯二人为戈船、下濑将军,出零陵,或下离水,或抵苍梧;使驰义侯因巴蜀罪人,发夜郎兵,下牂柯江:咸会番禺。"②又如,光武诏使来歙"留屯长安,悉监护诸将"。来歙上书,"今西州新破,兵人疲馑,若招以财谷,则其众可集。臣知国家所给非一,用度不足,然有不得已也。"光武帝"于是大转粮运"。《东观记》曰:"诏于汧积谷六万斛,驴四百头负驮。"③

　　即便突发军事行动,也要皇帝下诏,才能部署行动。匈奴"三骑亡降汉,言匈奴欲为寇。于是天子诏发边骑屯要害处,使大将军军监治众等四人将五千骑,分三队,出塞各数百里,捕得虏各数十人而还。时匈奴亡其三骑,不敢入,即引去。"④

　　将领受诏和出征之间虽无统一规定,但一天之内动身应该是很快,所以史书才会特意表彰,认为这是赢得皇帝器重,常宠不衰的主要原因。"吴汉当出师,朝受诏,夕即引道,初无办严之日,故能常任职,以功名终。"⑤

　　一次完整的军事行动,每一个环节都是在皇帝诏书推动下,得以展开和进行。西羌寇陇西、金城,来歙奏言"非马援莫能定,乃以援为陇西太守"。马援大破羌人,又上疏,"金城诸县,皆田地肥美,溉灌流通,自有本民,易还充实,诚不宜有所断弃。"于是光武诏"窦融悉还金城客民三千余户,援为置长吏,缮治城郭,起坞候,劝耕田,郡〔中〕(未)乐业,羌虏悉降。"⑥整个过程和进展完全符合奏诏模式所体现和支配的皇权运行机制。

　　一般说,战争中的奏诏数量,都会比通常情况下更为频密。所谓"军旅间贼檄日以百数"。⑦ 光武称帝,削平群雄,"唯独公孙述、隗嚣未平。……当此之时,贼檄日以百数,忧不可胜,上犹以余间讲经艺,发图谶。"这意味着,光武帝每天下诏即便没有百篇,也应该有几十篇。因为,据常理,光武帝不可能只读战报,而不下达指令。成汉灭后,"事少闲,官曹文书减旧过半,下县吏无百里之

---

① 《史记·大宛列传》。
② 《汉书·两粤传》。
③ 《后汉书·来歙列传》,李贤注。
④ 《汉书·匈奴传上》
⑤ 《东观汉记》卷10。
⑥ 《后汉纪》卷6。
⑦ 《后汉纪》卷5。

縣,民无出门之役。"①此外,依照惯例,军事行动结束,将领必须上书汇报战事情况。"谒者仆射邓公为校尉,击吴楚为将。还,上书言军事,见上。"②

二、皇帝支配战事进程

皇帝在战争中的决定性作用毋庸置疑,所谓"以诏勅战攻,每辄如意"。③ 以至于王莽认为将军战死沙场,就是因为不听自己诏令调度所致。比如,廉丹战死,王莽愤懑下诏,"惟公多拥选士精兵,众郡骏马、仓谷、帑藏,皆得自调,忽于诏策,离其威节,骑马呵噪,为狂刃所害,呜呼哀哉!"④

将领的每一个作战行动都须得到皇帝批准。可见皇帝对前线将领的绝对控制权。比如,"汉遣贰师将军伐大宛,使(李)陵将五校兵随后。行至塞,会贰师还。上赐陵书,陵留吏士,与轻骑五百出敦煌,至盐水,迎贰师还,复留屯张掖。"⑤又如,李广利出征西域,"还至敦煌,士不过什一二。使使上书言:'道远多乏食;且士卒不患战,患饥。人少,不足以拔宛。原且罢兵,益发而复往。'天子闻之,大怒,而使使遮玉门,曰军有敢入者辄斩之!贰师恐,因留敦煌。"⑥

皇帝对前线战况进行全程监控。比如,武帝根据军情变化,随时诏令霍去病和卫青改变作战方案。"上令大将军青、骠骑将军去病将各五万骑,步兵转者踵军数十万,而敢力战深入之士皆属骠骑。骠骑始为出定襄,当单于。捕虏言单于东,乃更令骠骑出代郡,令大将军出定襄。"⑦同时,武帝不但随机诏令改变作战计划,而且命令李陵及时禀报军情变化。李陵也不敢怠慢,立刻派专人"举图所过山川地形",回京复命。

贰师(李广利)将三万骑出酒泉,击右贤王于天山。召陵,欲使为贰师将辎重。……陵对:"对所事骑,臣愿以少击众,步兵五千人涉单于庭。"上壮而许之,因诏强弩都尉路博德将兵半道迎陵军。博德故伏波将军,亦羞为陵后距,奏言:"方秋匈奴马肥,未可与战,臣愿留陵至春,俱将酒泉、张掖骑各五千人并击东西浚稽,可必禽也。"书奏,上怒,疑陵悔不欲出而教博德

---

① 《东观汉记》卷1。
② 《汉书·晁错传》。
③ 《后汉书·冯异列传》。
④ 《后汉纪》卷1。
⑤ 《汉书·李广传》。
⑥ 《史记·大宛列传》。
⑦ 《史记·骠骑列传》。

上书，乃诏博德："吾欲予李陵骑，云'欲以少击众'。今虏入西河，其引兵走西河，遮钩营之道。"诏陵："以九月发，出遮虏鄣，至东浚稽山南龙勒水上，徘徊观虏，即亡所见，从浞野侯赵破奴故道抵受降城休士，因骑置以闻。所与博德言者云何？具以书对。"陵于是将其步卒五千人出居延，北行三十日，至浚稽山止营，举图所过山川地形，使麾下骑陈步乐还以闻。步乐召见，道陵将率得士死力，上甚说。①

后来，李陵兵败被俘，"上悔陵无救，曰：'陵当发出塞，乃诏彊弩都尉令迎军。坐预诏之，得令老将生奸诈。'"孟康曰："坐预诏彊弩都尉路博德迎陵，博德老将，出塞不至，令陵见没也。"②胡三省另有解释。"帝意既悔，追思前事，以为当陵发出塞之时，方可诏博德继其后以迎陵军，乃于陵未行之时预诏之，使博德羞为陵后距，得生奸诈上奏，而遂令博德别出西河，使陵军无救也。"③

皇帝对战场局势随时掌控，诏令改变战争态势。汉朝发兵朝鲜，左将军和楼船将军各有心思，不能配合默契，战争久拖不决。武帝当机立断，派钦差前往朝鲜，协调双方。"天子曰：'将率不能前，乃使卫山谕降右渠，不能颛决，与左将军相误，卒沮约。今两将围城又乖异，以故久不决。'使故济南太守公孙遂往正之，有便宜得以从事。遂至，左将军曰：'朝鲜当下久矣，不下者，楼船数期不会。'具以素所意告遂曰：'今如此不取，恐为大害，非独楼船，又且与朝鲜共灭吾军。'遂亦以为然，而以节召楼船将军入左将军军计事，即今左将军戏下执缚楼船将军，并其军。以报，天子（许）〔诛〕遂。"④

军情变化随时须向皇帝奏报，以求最新诏令。这表明前线和京师之间的奏诏传递非常快捷和迅速，否则不能满足作战需要。比如，"匈奴闻车师降汉，发兵攻车师。……车师王恐匈奴兵复至而见杀也，乃轻骑奔乌孙，（郑）吉即迎其妻子置渠犂。东奏事，至酒泉，有诏还田渠犂及车师，益积谷以安西国，侵匈奴。"⑤又如，"贰师军击大宛，匈奴欲遮之，贰师兵盛不敢当，即遣骑因楼兰候汉使后过者，欲绝勿通。时汉军正任文将兵屯玉门关，为贰师后距，捕得生口，知状以闻。上诏文便道引兵捕楼兰王。将诣阙，簿责王，对曰：'小国在大国间，不两属无以自安。愿徙国入居汉地。'上直其言，遣归国，亦因使候司匈奴。"⑥

---

① 《汉书·李广传》。
② 《汉书·李广传》。
③ 《资治通鉴》卷 21。
④ 《汉书·朝鲜传》。
⑤ 《汉书·西域传下》。
⑥ 《汉书·西域传上》。

三、皇帝全程介入战事

　　皇帝对军事行动的进展和细节有着完全而充分的掌握。军事无小事,所有可能涉及到的事情都要皇帝下诏决断。这不仅是皇帝的权力,也是将领的自觉意识。所谓"明诏深闵,儆戒备具,每事奉循诏命,必不敢为国之忧也。"①所以,将领必须把军情变化、作战计划乃至驻扎营地随时禀奏皇帝。比如,光武命邓隆军潞、朱浮军雍奴,"相去百余里,遣吏奏状曰:'旦暮破(彭)宠矣。'上大恐曰:'处营非也,军必败,比汝归,可知也。'"②又如,明帝欲征匈奴,"与窦固等议出兵调度,皆以为塞外草美,可不须马谷,其各以。固等将兵到炖煌,当出塞上,请马谷。上以固言前后相违,怒不与谷。"③

　　皇帝亲自用手诏,直接和各个将领保持密切联系。"汉阳叛人王国众十余万,攻陈仓,三辅震动。"盖勋奏荐五都尉。五都尉"皆素有名,悉领属勋。每有密事,灵帝手诏问之。"④

　　大军出征,皇帝还要专门下诏地方官做好相应准备,配合军事行动,比如后勤、粮草、舟船、车辆、道路、交通等。比如,征侧反,"九真、日南、合浦蛮里皆应之,凡略六十五城,自立为王。……光武乃诏长沙、合浦、交址具车船,修道桥,通障溪,储粮谷。"⑤

　　皇帝下诏督战。所谓"数让",即下诏责之。比如,光武遣岑彭等击秦丰。"秦丰拒汉军于邓,彭等数月不得进。上数以让。"(《后汉纪》卷4)又如,"朱儁攻黄巾赵弘于南阳,自六月至八月不拔。有司奏征儁,司空张温议曰:'昔秦用白起,燕信乐毅,亦旷历年载,乃能克敌。儁讨颍川有效,引师南指,方略已设,临军易将,兵家所忌,可以少假日月,责其功效。'上从之,诏切责儁,儁惧诛,乃急击弘,大破斩之。"⑥

　　皇帝随时下诏指导边郡警备工作。比如,"单于使犁污王窥边,言酒泉、张掖兵益弱,出兵试击,冀可复得其地。时汉先得降者,闻其计,天子诏边警

---

① 《后汉书·盖延列传》,李贤注。

② 《后汉纪》卷4。

③ 《东观汉记》卷12。

④ 司马彪《续汉书》卷4,《八家后汉书》。

⑤ 《后汉书·南蛮列传》。

⑥ 《后汉纪》卷24。

备。"①又如，光武"遣骠骑大将军杜茂将众郡施刑屯北边，筑亭候，修烽燧。"②再如，"赤山乌桓数犯上谷，为边害，诏书设购赏，(功)〔切〕责州郡，不能禁。"③

将军出征选择随员，举荐属将，需要皇帝允准。"大将军窦宪将兵镇武威，宪以(邓)训晓羌胡方略，上求俱行。"④同时，皇帝还会专门下一道特定诏书给被推荐的官员。这似乎表明，至少有关军事行动的诏书都必须非常具体。"〔武陵五溪蛮夷作难，诏遣车骑将军冯绲南征，绲表应奉〕。时诏奉曰：'蛮夷叛逆作难，积恶放恣，镬中之鱼，火炽汤尽，当悉燋烂，以刷国耻。朝廷以奉昔守南土，威名播越，故复式序重任。奉之废兴，期在于今。赐奉钱十万，驳犀方具剑、金错把刀剑、革带各一。奉其勉之！'"⑤

地方官募兵必须得到皇帝批准。交阯贼梁龙攻郡县，灵帝以朱儁拜交阯刺史。"儁上书求过本郡募兵，天子许之，得以便宜从事。将家兵二千人，并郡所调合五千人，分两道至州界。"⑥

战事结束，将领转任地方官，也需要皇帝诏命。"征南将军岑彭为刺客所杀，(郑)兴领其营，遂与大司马吴汉俱击公孙述。述死，诏兴留屯成都。"⑦

四、将在外君命必受

将领不得擅自改变诏令。"汉将韩信虏魏王，破赵、代，降燕，定三国，引兵将东击齐。未度平原，闻汉王使郦食其说下齐，信欲止。通说信曰：'将军受诏击齐，而汉独发间使下齐，宁有诏止将军乎？何以得无行！且郦生一士，伏轼掉三寸舌，下齐七十余城，将军将数万之众，乃下赵五十余城。为将数岁，反不如一竖儒之功乎！'于是信然之，从其计，遂度河。"⑧

将不奉诏必受罚。比如，大司空王梁、大司马吴汉等击檀乡，"有诏军事一属大司马，而梁辄发野王兵，(光武)帝以其不奉诏敕，令止在所县，而梁复以便宜进军。帝以梁前后违命，大怒，遣尚书宗广持节军中斩梁。广不忍，乃槛车送

---

① 《汉书·匈奴传上》。
② 《后汉书·光武帝纪下》。
③ 《后汉书·祭遵列传》。
④ 《后汉书·邓禹列传》。
⑤ 谢承《后汉书》卷3，《八家后汉书》。
⑥ 《后汉纪》卷28。
⑦ 《后汉书·郑兴列传》。
⑧ 《汉书·蒯通传》。

京师。"①虽然光武后来将其赦免,但至少可以看出光武对"将在外君命不受"充满警惕和戒惧。不仅如此,就连将领怨怼诏书都会下狱。比如,耿恭"坐将兵不忧军事,肆心纵欲,飞鹰走狗,游戏道上,虏至不敢出,得诏书怨怼,征下狱。"②

诚然,确实有将领希望皇帝能让自己多少有点自主权。段颎就曾上书表示,"每奉诏书,军不内御,愿卒斯言,一以任臣,臣时量宜,不失权便。"③事实上,真正的将领不受君命者除了西汉初的周亚夫,也就只有东汉末的董卓。

所以,班超想要改变作战计划,必须上报章帝批准。班超欲臣平疏勒、康居诸国,便上疏请兵。"今宜拜龟兹侍子白霸为其国王,以步骑数百送之,与诸国连兵,岁月之间,龟兹可禽。以夷狄攻夷狄,计之善者也。……愿下臣章,参考行事。诚有万分,死复何恨。"书奏,章帝"给兵"。④

五、战场是官场的延伸

战场即官场。臣子如何防备皇帝猜忌,是自保的存身之道。比如,董崇提醒寇恂,"上新即位,四方未定。而以此时据大郡,内得人民,外破苏茂,威震远近,此谗人所因怨祸之时也。……宜从功遂身退之计。"寇恂便"称病不亲事,自请从上征。"⑤又如,光武诏耿弇进攻渔阳,"弇以父据上谷,本与彭宠同功,又兄弟无在京师者,自疑,不敢独进,上书求诣洛阳。诏报曰:'将军出身举宗为国,所向陷敌,功疑尤著,何嫌何疑,而欲求征?且与王常共屯涿郡,勉思方略。'况闻弇求征,亦不自安,遣舒弟国入侍。"⑥

"伏奏见诬"不光在官场,也在战场。战场上的官场游戏,最终需要皇帝裁决。关键时刻官员的特殊奏疏发挥了决定作用。比如,苍梧、桂阳"猾贼相聚,攻郡县",零陵太守杨琁"顺风鼓灰",又用火马之计破贼,"荆州刺史赵凯,诬奏琁实非身破贼,而妄有其功。琁与相章奏,凯有党助,遂槛车征琁。防禁严密,无由自讼,乃啮臂出血,书衣为章,具陈破贼形执,及言凯所诬状,潜令亲属诣阙通之。诏书原琁,拜议郎,凯反受诬人之罪。"⑦又如,荆州刺史度尚见长沙贼胡

---

① 《后汉书·王梁列传》。
② 《东观汉记》卷10。
③ 《后汉书·段颎列传》。
④ 《后汉书·班超列传》。
⑤ 《后汉纪》卷3。
⑥ 《后汉书·耿弇列传》。
⑦ 《后汉书·杨琁列传》。

兰余党南走苍梧，"惧为己负，乃伪上言苍梧贼入荆州界，于是征交址刺史张盘下廷尉。辞状未正，会赦见原。"张盘不肯出狱，上书诉冤。"乞传尚诣廷尉，面对曲直，足明真伪。尚不征者，盘埋骨牢槛，终不虚出，望尘受枉。"廷尉上其书，"诏书征尚到廷尉，辞穷受罪，以先有功得原。"①

出征将领之间的分歧和矛盾往往要提交皇帝裁决。皇帝的态度决定了将领的命运。马援征剿长沙蛮，"蛮有二道：一曰壶头，二曰充（中）。壶头径近而多险，充（中）远而运粮难。"中郎将耿舒主张先击充（中）蛮，马援主张进攻壶头。"会夏暑热，吏士疫死者多。援亦病困，穿岸为室，以避暑气。"耿舒给哥哥耿弇写信抱怨，"今壶头竟不得上，又大军疾疫，皆如舒言。"耿弇把这封信上奏光武，"上遣梁松驿责问援，因代监军。松未至而援已死，松与马武等毁恶援于上。上大怒，收援将军、侯印绶。"②光武为了解决将领之间的矛盾，派遣监军，由此开启了早期帝国监军的先例。其实，光武还派过一次监军，时间和这次差不多前后。武陵蛮反，诏使宋均出征，"会伏波将军马援至，诏因令均监军，与诸将俱进，贼拒陒不得前。及马援卒于师，军士多温湿疾病，死者太半。"宋均便矫诏承制降贼，"奉诏书入虏营，告以恩信。"③

六、先斩后奏与天子自裁

先斩后奏既是奏诏体制的大忌，也是军中大忌。比如，将领不能因军情变化而擅自改变作战方案，否则必遭严惩。马邑豪聂翁壹因王恢上书诱奸匈奴之计。"汉伏兵车骑材官二十余万，匿马邑旁谷中。"单于发觉，撤军。"王恢等兵三万，闻单于不与汉合，度往击辎重，必与单于精兵战，汉兵势必败，则以便宜罢兵，皆无功。天子怒王恢不出击单于辎重，擅引兵罢也。"王恢自我辩护说："始约虏入马邑城，兵与单于接，而臣击其辎重，可得利。今单于闻，不至而还，臣以三万人众不敌，只取辱耳。臣固知还而斩，然得完陛下士三万人。"武帝将其下廷尉。"廷尉当恢逗桡，当斩。"所谓"逗，曲行避敌也；桡，顾望。军法语也。"貌似军法从事。武帝却另有理由。"首为马邑事者，恢也，故发天下兵数十万，从其言，为此。且纵单于不可得，恢所部击其辎重，犹颇可得，以慰士大夫心。今不诛恢，无以谢天下。"④这些说法固然都有道理，却不知更有道理的可能是王

①《后汉书·度尚列传》。
②《后汉纪》卷8。
③《后汉书·宋均列传》。
④《史记·韩长孺列传》。

恢触犯了先斩后奏的武帝大忌。

相反,武帝之所以没有追究李广阵前斩杀霸陵尉,显然出于权术策略之考量。李广不封或许就在此时已埋下了天威莫测之种子。匈奴入辽西,杀太守,武帝拜李广为右北平太守。"广请霸陵尉与俱,至军而斩之,上书自陈谢罪。上报曰:'将军者,国之爪牙也。……夫报忿除害,捐残去杀,朕之所图于将军也;若乃免冠徒跣,稽颡请罪,岂朕之指哉!将军其率师东辕,弥节白檀,以临右北平盛秋。'"①

卫青之所以得宠,显然懂得武帝心思,不想让武帝猜疑自己是"将在外,君命有所不受"。所以,坚决避免先斩后奏的做法。先斩后奏虽然给自己立了威,却"甚失臣意"。在卫青看来,虽然自己有权斩杀失职之将,却会给武帝造成一种恃宠而骄、擅权专诛的印象。"使臣职虽当斩将,以臣之尊宠而不敢自擅专诛于境外,其归天子,天子自裁之,于以风为人臣不敢专权。"所以,最好将苏建交由武帝亲自裁决,恩威一出其手,以明自己绝对不敢独断专行。苏建兵败,"尽亡其军,独以身得亡去,自归青。"议郎周霸建议斩苏建以立威,也有人认为,苏建以少敌多,功不可没,"自归而斩之,是示后无反意也。不当斩。"卫青表示,"青幸得以肺附待罪行间,不患无威,而霸说我以明威,甚失臣意。且使臣职虽当斩将,以臣之尊宠而不敢自擅专诛于境外,其归天子,天子自裁之,于以风为人臣不敢专权,不亦可乎?"于是,"囚建行在所。"②

虽说"将在外,君命有所不受",虽然军情瞬息万变,但汉武帝依然保持对万里之外的前线将军们实时监控和有效遥控。汉武帝不仅下诏,直接任命出征将军,而且对将军们的行军路线、作战方位、计划变更、将官的职务变动也全程掌握,随时诏问前线战况进展,并直接诏令更改作战计划,有时还会下诏质问前线将领变更作战计划的理由。尤其对境外作战不力的将军的处置、裁决、赦免,更是令从己出,全权作主,不容染指。

七、恩威并用的御臣之术

将领作战负伤,光武帝诏书安慰。陇西太守马援率步骑破羌,"援中矢贯胫,帝以玺书劳之,赐牛羊数千头,援尽班诸宾客。"③

---

① 《汉书·李广传》。
② 《汉书·卫青传》。
③ 《后汉书·马援列传》。

光武表彰邓禹军纪严明，深得人心。三辅百姓闻邓禹"师行有纪，皆望风相携负以迎军，降者日以千数，众号百万。禹所止辄停车住节，以劳来之，父老童稚，垂发戴白，满其车下，莫不感悦，于是名震关西。帝嘉之，数赐书褒美。"①

冯异大破赤眉。光武玺书褒奖冯异。"赤眉破平，士吏劳苦，始虽垂翅回溪，终能奋翼黾池，可谓失之东隅，收之桑榆。方论功赏，以答大勋。"②

光武帝幸祭遵营，"劳飨士卒，作黄门武乐，良夜乃罢。时遵有疾，诏赐重茵，覆以御盖。"诏书曰："将军连年距难，众兵即却，复独按部，功劳烂然。兵退无宿戒，彻食不豫具，今乃调度，恐力不堪。国家知将军不易，亦不遗力。今送缣千匹，以赐吏士。'"③

光武帝慰问将领的玺书，也会向部下将士宣诏，以示皇恩浩荡。"诸将多有言功者，(冯)异独默然。上玺书劳异曰：'……今遣太中大夫赍医药、殡殓之具，以赐吏士，其死伤者，大司马已下亲吊问之，以崇谦让。'于是三军之士，莫不感悦。"④

武帝下诏斥责杨仆夸耀自己征伐南越的功劳。南越反，武帝拜杨仆为楼船将军。"东越反，上欲复使将，为其伐前劳，以书敕责之。"武帝这道敕令列出杨仆的五大罪状。"将军之功，独有先破石门、寻陿，非有斩将骞旗之实也，乌足以骄人哉！"最后，武帝还特别指出，"受诏不至兰池宫，明日又不对。"习惯上，大军出征时，皇帝都会在渭城的兰池宫召见出征将领。可见，武帝把杨仆"受诏不至兰池宫"也当成一桩大罪。"假令将军之吏问之不对，令之不从，其罪何如？推此心以在外，江海之间可得信乎！今东越深入，将军能率众以掩过不？"武帝希望他"能率众以掩过"。果然，杨仆以"尽死赎罪"之心和王温舒"俱破东越"。⑤

光武下诏斥责将领烧杀抢掠，不像仁义之师。吴汉灭公孙述，"夷述妻子，传首于洛阳。纵兵大掠，举火燔烧。上闻之，下诏让吴汉副将刘禹曰：'城降，婴儿老母，口以万数，一旦放兵纵火，闻之可为酸鼻。家有弊帚，享之千金。禹宗室子孙，故尝更职，何忍行此？仰视天，俯视地，观于放麑啜羹之义，二者孰仁矣。失斩将吊民之义。'"⑥

① 《后汉书·邓禹列传》。
② 《后汉书·冯异列传》。
③ 《后汉书·祭遵列传》，李贤注。
④ 《后汉纪》卷6。
⑤ 《汉书·酷吏传》。
⑥ 《东观汉记》卷1。

虽说军法对将领有严苛要求,①但具体到每个人,如何处置,还是要看皇帝的态度。就像武帝对作战将领过失就有不同的处置方式。有的薄其过,有的严其罪。

> 蒲类将军出塞千八百余里,西去候山,斩首捕房,得单于使者蒲阴王以下三百余级,卤马牛羊七千余。闻房已引去,皆不至期还。天子薄其过,宽而不罪。祁连将军出塞千六百里,至鸡秩山,斩首捕房十九级,获牛马羊百余。逢汉使匈奴还者冉弘等,言鸡秩山西有房众,祁连即戒弘,使言无房,欲还兵。御史属公孙益寿谏,以为不可,祁连不听,遂引兵还。虎牙将军出塞八百余里,至丹余吾水上,即止兵不进,斩首捕房千九百余级,卤马牛羊七万余,引兵还。上以虎牙将军不至期,诈增卤获,而祁连知房在前,逗遛不进,皆下吏自杀。②

八、诏书在军事行动中的全方位作用

或许是诏书在军事行动中的作用太普遍太常见了,以至于人们可以通过散布上书请兵的消息来迷惑敌人。比如,虞诩迁武都太守,羌寇武都,"遮诩于陈食、崤谷,诩即停军不进,而宣言上书请兵,须到当发。羌闻之,乃分钞傍县,诩因其兵散,日夜进道,兼行百余里。令吏士各作两灶,日增倍之,羌不敢逼。"③可见羌人也知道皇帝诏书对用兵作战的重要性。

平定叛乱前,地方官先将皇帝诏书告示州郡,进行征兵动员。永昌、益州及蜀郡夷"皆叛应之",安帝诏益州刺史张乔"选堪能从事讨之"。张乔遣从事杨竦"先以诏书告示三郡,密征求武士,重其购赏",然后进兵大破夷人。④

派钦差颁诏,赦免叛乱。比如,安帝时,苍梧蛮夷反,"邓太后遣侍御史任逴

---

① 依照军法,怯懦避战,意即"逗留畏懦者斩。"(《后汉书·南匈奴列传》,李贤注)"汉使大农张成、故山州侯齿将屯兵弗敢击,却就便处,皆坐畏懦诛。"(《资治通鉴》卷 20)苏建"失军当斩,赎为庶人。"(《汉书·苏建传》)祭肜和吴棠"坐逗留畏懦,下狱,免。"(《资治通鉴》卷 45)邓鸿"坐逗留失利,下狱死。"(《后汉书·南匈奴列传》)出战而不胜,下狱。"左中郎将卢植征张角,不克,征诣廷尉,减死罪一等。""中郎将董卓征张角,不克,征诣廷尉,减死罪一等。"(《后汉纪》卷 24)讨贼不利,弃市。"太守尹端被坐讨贼失利,罪当弃市。"(谢承《后汉书》卷 4,《八家后汉书》)剿匪不净,免官。冯绲军至长沙,贼降,还京师,"会长沙贼复起,攻桂阳、武陵,绲以军还盗贼复发,策免。"(《后汉书·冯绲列传》)其实,陈胜戍边"失期当斩"亦非普通刑法,而是军法。可见军法对象和范围相当宽泛。
② 《汉书·匈奴传上》。
③ 《后汉书·虞诩列传》。
④ 《后汉书·西南夷列传》。

奉诏赦之,贼皆降散。"①又如,巴郡板楯叛,连年不克。灵帝向益州计吏"考以征讨方略",汉中上计程包建议朝廷招降。"长吏乡亭更赋至重,仆役棰楚,过于奴虏,亦有嫁妻卖子,或乃至自〔颈〕〔刭〕割。虽陈冤州郡,而牧守不为通理。阙庭悠远,不能自闻。含怨呼天,叩心穷谷。愁苦赋役,困罹酷刑。故邑落相聚,以致叛戾。非有谋主僭号,以图不轨。今但选明能牧守,自然安集,不烦征伐也。"灵帝遣太守曹谦"宣诏赦之,即皆降服"。②

第三节　皇帝和将领之间的军情奏诏

皇帝和将领之间的军情奏诏虽然有些惯例性的规则程序,但也因人而异,表现出不同的特点。举三例。

1. 元帝和冯奉世之间有两个回合的奏诏往来。陇西羌种反,冯奉世率军出征。出师不利,冯奉世"具上地形部众多少之计,愿益三万六千人乃足以决事。书奏,天子大为发兵六万余人,拜太常弋阳侯任千秋为奋武将军以助焉。"冯奉世立刻上言,"愿得其众,不须(复)烦大将。"并"陈转输之费。"元帝下玺书,斥责他的多疑。"兵法曰大将军出必有偏裨,所以扬威武,参计策,将军又何疑焉? 夫爱吏士,得众心,举而无悔,禽敌必全,将军之职也。若乃转输之费,则有司存,将军勿忧。须奋武将军兵到,合击羌虏。"冯奉世破羌虏。③

2. 光武和马援之间在打天下过程中有着多次奏诏往复。

> 朝臣以金城破羌之西,涂远多寇,议欲弃之。援上言,破羌以西城多完牢,易可依固;其田土肥壤,灌溉流通。如令羌在湟中,则为害不休,不可弃也。帝然之,于是诏武威太守,令悉还金城客民。归者三千余口,使各反旧邑。援奏为置长吏,缮城郭,起坞候,开导水田,劝以耕牧,郡中乐业。又遣羌豪杨封譬说塞外羌,皆来和亲。又武都氐人背公孙述来降者,援皆上复其侯王君长,赐印绶,帝悉从之。④

后来平定天下,马援南下剿匪,大事小情无不奏报,就连一些战术性的行动也禀

---

① 《后汉书·南蛮列传》。
② 《后汉书·南蛮列传》。
③ 《汉书·冯奉世传》。
④ 《后汉书·马援列传》。

奏光武。"马援击寻阳山贼,上书曰:'除其竹木,譬如婴儿头多虮虱而剃之,荡荡然虮虱无所复依。'书奏,上大悦,出尚玺书。"①马援南征,每过一个郡县,都会及时给光武帝奏书。"峤南悉平。援奏言西于县户有三万二千,远界去庭千余里,请分为封溪、望海二县,许之。援所过辄为郡县治城郭,穿渠灌溉,以利其民。条奏越律与汉律驳者十余事,与越人申明旧制以约束之。"②袁《纪》说得更清楚。马援行军途中所作所为,皆是光武帝诏令所致,或者说,都是光武帝对马援奏书所作的批复和裁决。"诏援复击九真,自无功至居风,斩首五千余级,徙其渠帅数百家于零陵。援所过,令治城郭,修溉灌,申旧制,明约束。"③或许可以据此引申,其他出征将领也有类似做法。

3. 宣帝和赵充国之间的奏诏过程,杜佑有个简单概括。"酒泉太守辛武贤奏言,请即击之。天子下书令充国博议,往返者三四,遂两从其志。武贤出击羌,降破数千人,诏罢兵,独充国留屯田。"④这番军情奏诏极具特点。一是往复频繁,二是奏诏高效,三是君臣默契。

(1) 神爵元年春,汉廷遣使"行视诸羌",斩杀诸豪三十余人,致使诸降羌"攻城邑,杀长吏"。赵充国领兵出征,至金城,其子赵卬"将期门佽飞、羽林孤儿、胡越骑为支兵,至令居。虏并出绝转道,卬以闻。有诏将八校尉与骁骑都尉、金城太守合疏捕山间虏,通转道津渡。"⑤赵卬将军情奏报宣帝,宣帝下诏进行军事部署。

(2) 酒泉太守辛武贤奏言,"今虏朝夕为寇,土地寒苦,汉马不能冬,屯兵在武威、张掖、酒泉万骑以上,皆多羸瘦。可益马食,以七月上旬赍三十日粮,分兵并出张掖、酒泉合击罕、开在鲜水上者。"宣帝"下其书充国,令与校尉以下吏士知羌事者博议。"⑥这等于将武贤奏书返给西北前线,要求赵充国和部下将领讨论奏书方案。

(3) 赵充国上书指责,"武贤以为可夺其畜产,虏其妻子,此殆空言,非至计也。……故臣愚册,欲捐罕、开闇昧之过,隐而勿章,先行先零之诛以震动之,宜悔过反善,因赦其罪,选择良吏知其俗者抚循和辑,此全师保胜安边之册。"宣帝又将上书下发朝臣廷议。公卿不赞成赵充国的计策。"不先破罕、开,则先零未

① 《东观汉记》卷12。
② 《后汉书·马援列传》。
③ 《后汉纪》卷7。
④ 《通典》卷189。
⑤ 《汉书·赵充国传》。
⑥ 《汉书·赵充国传》。

可图也。"于是,宣帝拜酒泉太守武贤为破羌将军,"赐玺书嘉纳其册。"不仅敕令斥责赵充国,还诏令军事计划。"今五星出东方,中国大利,蛮夷大败。太白出高,用兵深入敢战者吉,弗敢战者凶。将军急装,因天时,诛不义,万下必全,勿复有疑。"①

(4)赵充国"以为将任兵在外,便宜有守,以安国家。"他坚持应该采取分化策略,打击元凶先零。"先诛先零已,则罕、开之属不烦兵而服矣。先零已诛而罕、开不服,涉正月击之,得计之理,又其时也。"值得注意的是,赵充国最后一句,"以今进兵,诚不见其利,唯陛下裁察。"可见,西北战事的作战计划,最终需要千里之外的皇帝裁决。史书上还特别记载了赵充国和宣帝之间的这次奏诏时间。"六月戊申奏,七月甲寅玺书报从充国计焉。"②所谓"六月戊申奏"应该是皇帝收到奏疏之日,而非赵充国上奏之日。

(5)赵充国引兵击败先零。罕羌豪靡忘希望"愿得还复故地"。赵充国上奏,"玺书报,令靡忘以赎论。"③

(6)从这回开始,奏→诏变成了诏→奏。宣帝不再简单等待赵充国奏报军情,再作出裁决,而是主动下诏,指示赵充国如何采取下一步军事行动。秋天,赵充国病,宣帝赐书慰问他,同时给他下达新的军事行动方案。"制诏后将军:闻苦脚胫、寒泄,将军年老加疾,一朝之变不可讳,朕甚忧之。今诏破羌将军诣屯所,为将军副,急因天时大利,吏士锐气,以十二月击先零羌。即疾剧,留屯毋行,独遣破羌、彊弩将军。"赵充国本来"欲罢骑兵屯田",以待羌人自敝。"作奏未上,会得进兵玺书。"赵卬劝告赵充国,"诚令兵出,破军杀将以倾国家,将军守之可也。即利与病,又何足争? 一旦不合上意,遣绣衣来责将军,将军之身不能自保,何国家之安?"赵充国说:"今兵久不决,四夷卒有动摇,相因而起,虽有知者不能善其后,羌独足忧邪! 吾固以死守之,明主可为忠言。"遂上屯田奏,"愿罢骑兵,留弛刑应募,及淮阳、汝南步兵与吏士私从者,合凡万二百八十一人,用谷月二万七千三百六十三斛,盐三百八斛,分屯要害处。……谨上田处及器用簿,唯陛下裁许。"④可见宣帝对前线作战将领的全方位掌控。

(7)宣帝诏报,"皇帝问后将军,言欲罢骑兵万人留田,即如将军之计,虏当何时伏诛,兵当何时得决? 孰计其便,复奏。"赵充国上奏,"臣谨条不出兵留田

---

① 《汉书·赵充国传》。
② 《汉书·赵充国传》。
③ 《汉书·赵充国传》。
④ 《汉书·赵充国传》。

便宜十二事。……留屯田得十二便,出兵失十二利。臣充国材下,犬马齿衰,不识长册,唯明诏博详公卿议臣采择。"①

(8)宣帝再次诏报,"皇帝问后将军,言十二便,闻之。虏虽未伏诛,兵决可期月而望,期月而望者,谓今冬邪,谓何时也?将军独不计虏闻兵颇罢,且丁壮相聚,攻扰田者及道上屯兵,复杀略人民,将何以止之?又大开、小开前言曰:'我告汉军先零所在,兵不往击,久留,得亡效五年时不分别人而并击我?'其意常恐。今兵不出,得亡变生,与先零为一?将军孰计复奏。"赵充国逐条复奏。"臣窃自惟念,奉诏出塞,引军远击,穷天子之精兵,散车甲于山野,虽亡尺寸之功,媮得避慊之便,而亡后咎余责,此人臣不忠之利,非明主社稷之福也。……愚臣伏计孰甚,不敢避斧钺之诛,昧死陈愚,唯陛下省察。"②

(9)宣帝诏报赵充国,"皇帝问后将军,上书言羌虏可胜之道,今听将军,将军计善。其上留屯田及当罢者人马数。将军强食,慎兵事,自爱!"宣帝"以破羌、强弩将军数言当击,又用充国屯田处离散,恐虏犯之,于是两从其计,诏两将军与中郎将卬出击。……诏罢兵,独充国留屯田。"③

(10)或许因为战事结束,又恢复了奏→诏。神爵二年五月,赵充国奏言,"羌本可五万人军,凡斩首七千六百级,降者三万一千二百人,溺河湟饥饿死者五六千人,定计遗脱与煎巩、黄羝俱亡者不过四千人。羌靡忘等自诡必得,请罢屯兵。"宣帝"奏可"。④

赵充国平定羌乱的整个过程,前后不过一年出头,共进行了十个回合的奏诏传递。⑤ 其中,又有两个阶段的细微变化。从第六个回合开始,奏→诏过程逆转为诏→奏。第十个回合,再次恢复奏→诏。从赵充国这次出征西北的军事行动中,宣帝诏令无时不在,而且总在战事的关键时刻发挥支配作用。表面看,是赵充国在前线作战,实际上,战事的每一个关键环节和某一种战场态势走向,均全方位地受制于宣帝在京城的布局和遥控。尽管赵充国每上奏,"辄下公卿议臣。初是充国计者什三,中什五,最后什八。有诏诘前言不便者,皆顿首服。"丞相魏相认为"后将军数画军册,其言常是"。⑥ 但最终决策始终需要宣帝亲自拍板。就是说,兵权及用兵的最终决策权必须牢牢掌握在皇帝

---

① 《汉书·赵充国传》。

② 《汉书·赵充国传》。

③ 《汉书·赵充国传》。

④ 《汉书·赵充国传》。

⑤ 这完全符合边郡到京城奏诏往返所需要的一般时间"规律",即一个月左右。

⑥ 《汉书·赵充国传》。

手中。① 这是奏诏模式在战争中的具体体现,也是皇帝诏令在军事行动中的权威性的直接体现。至少在西汉中后期,不会再出现文帝和周亚夫二人在细柳营发生的那次"天子诏"和"将军令"之间的冲突。所谓"将在外,君命有所不受"的情景再也不会出现。某种意义上,这也是奏诏模式正常运行的必然结果。

返京之后,赵充国又以"兵之利害"奏对,宣帝以为然。"充国以功德与霍光等列,画未央宫。"成帝时,命扬雄"即充国图画而颂之"。其中有一句"营平守节,娄奏封章,料敌制胜,威谋靡亢"。② 可见在赵充国的功德中,"娄奏封章"成为一个必不可少的要素。

从宣帝和赵充国之间的奏诏过程看,可以相当充分地展示出皇帝和将领之间奏诏模式的特点。一般情况下,边地虽有重大军事行动,当地郡守亦可直接上书皇帝,汇报形势。皇帝再将地方官所奏转发给前线将领。同时,皇帝召开廷议,讨论前线军情方略。皇帝对廷议作出裁决,再下诏给前线将领,令其执行。作为前线将领,赵充国收到玺书,害怕宣帝疑心自己,遭致灾祸,赶紧表白自己对皇帝的感恩和忠诚,希望宣帝能够明白自己的拳拳之心。进而,宣帝下诏认可赵充国的计划和方案。战况进展,战后处置,都需要前线将领随时禀报朝廷。宣帝更是不惮繁琐,随时下诏指示,对战况作出细致安排,并亲自规划出兵时间。值得注意的是,除了正常下诏给前线将领,皇帝还会根据心情和需要,随时派遣绣衣御史到前线传达皇帝旨意,撤免将领,甚至拘押将领,就地审判,直至处决。这些绣衣御史应该携带皇帝诏书,而非简单口诏。这种制度设计和政治生态,令作战将领们深感惊恐。此外,皇帝在给前线将领的诏书中,似乎也有某种诏令体制上的细微差异。比如,宣帝下诏给前线主将为"制诏",下诏给前线副将则单称"诏"。这或许体现了宣帝对将领级别的区分态度。最后,无论出兵还是罢兵,皆需皇帝下诏。"诏罢兵,独充国留屯田。"③

---

① 即便有时看不出体现皇帝意志的诏命痕迹,亦是如此。比如,成帝时,"夜郎王兴与钩町王禹、漏卧侯俞更举兵相攻。牂柯太守请发兵诛兴等,议者以为道远不可击,乃遣太中大夫蜀郡张匡持节和解。"(《汉书·西南夷传》)在平定边疆骚乱中,边郡官员的行动往往受到千里之外的朝廷遥控。关键是,这一切都必须上奏皇帝。皇帝的决断又往往受到廷议的左右。当然,最终决策权仍在皇帝。

② 《汉书·赵充国传》。

③ 《汉书·赵充国传》。

第四节　光武帝和将领之间的军情奏诏

一、光武对战争的理性态度

匈奴分争,臧宫说:"愿得五千骑以立功。"光武笑道,"常胜之家,难与虑敌,吾方自思之。"臧宫和马武上书,"今命将临塞,厚县购赏,喻告高句丽、乌桓、鲜卑攻其左,发河西四郡、天水、陇西羌胡击其右。如此,北虏之灭,不过数年。"光武诏报,"北狄尚强,而屯田警备传闻之事,恒多失实。诚能举天下之半以灭大寇,岂非至愿?苟非其时,不如息人。"自是诸将"莫敢言兵事者"。①

二、光武直接指挥作战

邓禹连战败于赤眉,光武复诏之。"勒兵坚守,慎无与穷寇交锋!老贼疲弊,必当束手事吾也。以饱待饥,以逸击劳,折棰而笞之耳。"②

岑彭以蜀兵盛,上书言状。光武帝诏报,"大司马习用步骑,不晓水战,荆门之事,一由征南公为重而已。"岑彭率军顺风并进,"蜀兵大乱,溺死者数千人。"③

冯异西征,光武敕令,"将军今奉辞讨诸不轨,兵家降者,遣其渠帅,皆诣京师;散其小民,令就农桑;坏其营壁,无使复聚。征伐非在远战掠地,多得城邑,要在平定安集之耳。吾诸将非不健斗,然多好虏掠,为小民害。卿本能检吏〔士〕(民),勉自修整,无为郡县所苦。"于是,冯异据华阴"以待赤眉"。④

光武帝敕令吴汉,"成都十余万众,不可轻也。但坚据广都,待其来攻,勿与争锋。若不敢来,公转营迫之,须其力疲,乃可击也。"吴汉自将步骑二万进逼成都,江北为营,使副将刘尚将万人屯于江南。光武大惊,诏令吴汉,"比敕公千条万端,何意临事勃乱!既轻敌深入,又与尚别营,事有缓急,不复相及。贼若出兵缀公,以大众攻尚,尚破,公即败矣。幸无它者,急引兵还广都。"诏书未到,公

---

① 《后汉书·臧宫列传》。
② 《后汉纪》卷4。
③ 《后汉书·岑彭列传》。
④ 《后汉纪》卷4。

孙述果使十万大军攻击吴汉,同时命人阻击刘尚,使之不得互援。吴汉"具以状上,而深自谴责。"光武帝诏报,"公还广都,甚得其宜,述必不敢略尚而击公也。若先攻尚,公从广都五十里悉步骑赴之,适当值其危困,破之必矣。"于是,"汉与述战于广都、成都之间,八战八克。"公孙述兵败被杀。①

董宪部将贲休举兰陵城降。董宪闻之,"自郯围休",盖延和庞萌请往救之,光武诏令,"可直往捣郯,则兰陵必自解。"盖延以贲休城危,先赴兰陵,被董宪所败,再攻郯城。光武帝训饬,"间欲先赴郯者,以其不意故耳。今既奔走,贼计已立,围岂可解乎!"盖延果然不能攻克郯城。"董宪遂拔兰陵,杀贲休。"光武帝"以延轻敌深入,数以书诫之。"及庞萌反,袭败盖延,光武却下诏慰劳,"庞萌一夜反畔,相去不远,营壁不坚,殆令人齿欲相击,而将军有不可动之节,吾甚美之。"光武帝率领盖延等人征讨庞萌和董宪,"皆破平之。"②

光武诏命祭遵等人"从天水伐公孙述"。光武亲征,大军会师长安。"隗嚣不欲汉兵上陇,辞说解故。"诸将皆曰:"可且延嚣日月之期,益封其将帅,以消散之。"祭遵却说:"嚣挟奸久矣。今若按甲引时,则使其诈谋益深,而蜀警增备,固不如遂进。"光武帝命祭遵为先锋,击破隗嚣。"乃诏遵军汧,耿弇军漆,征西大将军冯异军栒邑,大司马吴汉等还屯长安。"③

三、光武和将领关系密切

吴汉"每从征伐",光武"恒侧足而立。……帝时遣人观大司马何为,还言方修战攻之具,乃叹曰:'吴公差强人意,隐若一敌国矣!'"④

光武即位,"军食不足,寇恂转运不绝,百官赖焉,以为奉上。上数玺书劳恂。"⑤

延岑据蓝田,兵力最疆,光武"玺书慰之"。⑥

张步谋反,陈俊诛之。光武"美其功,赐俊玺书曰:'将军元勋大著,威振青、徐,两州有警,实得征之。'俊抚贫弱,悉有义,令行郡中,百姓歌之。数上书,自请击陇蜀,上报曰:'东州新平,大将军之功也。负海猾夏,盗贼之处,国家以为

① 《后汉书·吴汉列传》。
② 《后汉书·盖延列传》,李贤注。
③ 《后汉书·祭遵列传》。
④ 《后汉书·吴汉列传》。
⑤ 《后汉纪》卷3。
⑥ 《后汉纪》卷4。

重忧,且勉镇抚之。'"①

四、光武诏书颇具才情

光武"躬行吏事",身上却有士人气质,作诏不乏文采,且喜直抒胸臆,袒露性情。

隗嚣围来歙于略阳,光武诏,"桃花水出,船盘皆至,郁夷、陈仓,分部而进者也。"②

邓禹为司徒,"讨赤眉,不以时进,光武敕曰:'司徒,尧也;赤眉,桀也。今长安饥民。孰不延望?'"③光武玺书慰劳邓禹,"将军与朕谋谟帷幄,决胜千里。孔子曰:'自吾有回,门人益亲。'平定山西,功效尤著,尔作司空,敬敷五教。"④

光武遣冯异击赤眉,敕之,"念自修整,无为郡县所笑。"冯异击败赤眉,光武玺书慰问,"垂翅回溪,奋翼渑池,失之东隅,收之桑榆。"光武赐冯异玺书,"闻吏士精锐,水火不避,购赏之赐,必不令将军负丹青,失断金也。"⑤

庞萌反,光武诏曰:"吾尝于众人中言萌可为社稷臣,将军等得无笑吾言?老贼当族,其〔各〕励兵马,会睢阳!"⑥盖延败庞萌,光武诏书表彰,"庞萌一夜反叛,相去不远,营壁不坚,殆令人齿相击,而将军闻之,夜告临淮、楚国,有不可动之节,吾甚美之。夜闻急少能若是。"⑦

岑彭跟随光武攻克天水,"与吴汉围隗嚣于西城。"公孙述派人救之,光武帝使人包围上邽,然后车驾东归。他给岑彭下诏,"两城若下,便可将兵南击蜀虏。人苦不知足,既平陇,复望蜀。每一发兵,头须为白。"⑧

---

① 《后汉纪》卷5。
② 《东观汉记》卷9。
③ 《东观汉记》卷9。
④ 《后汉纪》卷3。
⑤ 《东观汉记》卷9。
⑥ 《后汉纪》卷5。
⑦ 《东观汉记》卷10。
⑧ 《后汉书·岑彭列传》。

第七章

策问与对策

第一节　策问和对策简议

一、释义

皇帝所问皆为诏问或策问。所谓"诏举贤良、文学，上亲策之。"①策问的形式多种多样。有大有小，有公有私。策问-对策之特点，应诏而对。策问-对策是奏诏模式中最有效、最具体制化的一种奏诏形式。②

策问-对策本质上是皇帝和臣子之间的对话，而且是由皇帝主动发起的君臣对话。③所谓"问以灾异，赍诏申旨，诱臣使言"。策问事由一件、几件、几十件，皆有可能，皆由皇帝所需。但凡皇帝关心或在意的事情，皆可随时策问。它透露出皇帝的无限心思，谦虚、虔诚、忧患、焦虑、恐惧、希冀、期待种种。皇帝希望通过策问获得来自臣子们的直率批评和高尚智慧。官员们自然积极"上对圣

---

① 《资治通鉴》卷17。
② 廷议和对策是最能集中体现奏诏模式特点的两种奏诏形式。
③ 形式上，诸侯王和王国属官之间的问答亦应算是策问。比如，昭帝即位，燕王刘旦和中山王之子刘长等结谋欲反。他们首先策问王国臣子，寻求方略和建议。"寡人赖先帝休德，获奉北藩，亲受明诏，职吏事，领库兵，饬武备，任重职大，夙夜兢兢，子大夫将何以规佐寡人？且燕国虽小，成周之建国也，上自召公，下及昭、襄，于今千载，岂可谓无贤哉？寡人束带听朝三十余年，曾无闻焉。其者寡人之不及与？意亦子大夫之思有所不至乎？其咎安在？方今寡人欲挢邪防非，章闻扬和，抚慰百姓，移风易俗，厥路何由？子大夫其各悉心以对，寡人将察焉。"(《汉书·武五子传》)就其程序、意向和内容，燕王这番话语和皇帝策问并无二致。严格说，这种策问似有僭越之嫌。也恰是通过策问，刘旦表明了自己的政治野心。

问,救消灾异,规为陛下建康宁之计"。①

有些策问-对策形式上看似口语,即口诏和口奏,实际上却是书语,即语诏和语奏。

策问亦称"下策"、"大问"。杨赐说:"猥当大问,死而后已。"②同样,对策亦称"大对"。公孙弘说:"臣弘愚戆,不足以奉大对。"③杜钦说:"臣钦愚戆,经术浅薄,不足以奉大对。"④另外,对策在文献中还有"上对"、"奏对"之说。对臣子来说,对策即是"备答圣问"⑤,具有某种特殊的皇帝垂问之恩宠性质。这使得对策者常有一种自觉的直谏意识。"臣幸得奉直言之诏,……敢不极陈! ……臣敢不直言其事!"⑥可见,"言甚切直"⑦是对策的特点。所谓"蒙危言之策,无忌讳之患。"⑧

策问从功能上是一种取士选官的制度设计,⑨从形式上是一种求贤若渴、礼贤下士的象征姿态,"征郡国贤良文学,问以得失。"⑩同时,策问又不无意味地向人们表明,皇帝虽然神圣,却并非真的圣人。无论知识还是能力,皇帝都很有限,他需要人的帮助。他需要臣子在道德上的解惑,在人格上的熏陶,在经学上的教诲,在朝政上的辅佐。

策问类似策试,就像后世之殿试,由皇帝亲自主持和提问,"诏有司举贤良文学士,(晁)错在选中。(文帝)上亲策诏之。"⑪对策多是围绕一个特定题目,直接上呈皇帝,经由皇帝审阅,再由皇帝亲自选拔优异者。同时,太常也参与其中,负责把关和判定。在此过程中,太常和皇帝对对策分别打分,最后由皇帝拍板。"对者百余人,太常奏(公孙)弘第居下。策奏,天子擢弘对为第一。"⑫就此

---

① 《后汉书·蔡邕列传》。
② 《后汉书·杨震列传》。
③ 《汉书·公孙弘传》。
④ 《汉书·杜周传》。所谓"不足以奉大对"是一种常用的对策句式。李寻对策时说:"幸使重臣临问,愚臣不足以奉明诏。"(《汉书·李寻传》)可见明诏即是大对。
⑤ 《后汉书·刘瑜列传》。
⑥ 《汉书·杜邺传》。
⑦ 《东观汉记》卷14。
⑧ 《汉书·贾捐之传》。
⑨ 客观上,对策取士对优化官僚素质、改良官场生态确有积极作用。比如,蔡茂"征试博士,对策陈灾异,以高等擢拜议郎。"(《后汉书·蔡茂列传》)檀敷"举方正,对策合时宜,再迁议郎,补蒙令。"不过,实际效果或许不容乐观。除了那些拒绝对策的士人外,还有人数不详的对策不合皇帝旨意者。比如,孔昱"举方正,对策不合,乃辞病去。"(《后汉书·党锢列传》)
⑩ 《汉书·韩延寿传》。
⑪ 《汉书·晁错传》。
⑫ 《汉书·公孙弘传》。

言,对策第一大体相当于后世科举中的状元,即殿试头名。可见,策问就是皇帝命题的考试,对策就是官员对皇帝考题所答的考卷。它具有显而易见的竞争性质,属于公开选拔官员范畴。对策如同考核,需要分出高下等级。赵典"对策为诸儒之表。"①黄向对策,"以为群英之表。"②

二、策问-对策

君臣之间,一问一答,本为常态。无论朝会还是宴飨,君臣对话,更是常语。正像君臣对话皆为广义之奏诏,君臣对话亦可视为广义之策问-对策。如果皇帝亲自召见,或连续召见,君臣对话便属于广义之策问-对策。却仍有一种君臣对话,问答皆有程序,问答均是书语。这就是严格意义上的策问-对策。就是说,策问-对策本质上是一种遵循程序的制度用语。

对策情景多种多样。一是有灾异,皇帝下诏策问官民;一是有灾异,皇帝下诏策问,官员或士人主动对策;一是有灾异,皇帝召见罢官之人询问政事,前官员对策;一是有灾异,公卿举荐官员或士人对策;一是朝廷征聘或郡国举荐,士人应诏对策。

策问的特点是皇帝主动发问,抛出问题,臣子应声而答,纷纷奏对。比如,元帝"问以政治得失",给事中匡衡上疏,元帝"说其言"。③ 只要是皇帝策问,不论官员还是前官员,都有义务对策。比如,哀帝征前丞相孔光诣公交车,"问日蚀事。"孔光对策,书奏,"上说。"④

针对皇帝的问题,臣子应诏而对,皆可视为对策。终军跟随武帝"幸雍祠五畤,获白麟,一角而五蹄。时又得奇木,其枝旁出,辄复合于木上。上异此二物,博谋群臣。"终军上对,"今野兽并角,明同本也;众支内附,示无外也。若此之应,殆将有解编发,削左衽,袭冠带,要衣裳,而蒙化者焉。斯拱而俟之耳!"对奏,"上甚异之,由是改元为元狩。"⑤

理论上,皇帝有事垂询臣子,臣子奏答,皆为策问-对策模式。成帝使中常侍阅诏王音,"闻捕得雉,毛羽颇摧折,类拘执者,得无人为之?"王音对奏,"今即位十五年,继嗣不立,日日驾车而出,失行流闻;海内传之,甚于京师。外有微行

---

① 谢承《后汉书》卷 2,《八家后汉书》。
② 谢承《后汉书》卷 4,《八家后汉书》。
③《汉书·匡衡传》。
④《汉书·孔光传》。
⑤《汉书·终军传》。

之害,内有疾病之忧,皇天数见灾异,欲人变更,终已不改。"①

有人向宣帝推荐匡衡,宣帝命大臣代己问话,算是一种特殊的策问。这样,在宣帝策问和匡衡对策之间,由于萧望之等人的"代传圣旨",无形中增加了一个"中间环节",于是,构成了一种特殊类型的策问-对策。"学者多上书荐(匡)衡经明,当世少双,令为文学就官京师;后进皆欲从衡平原,衡不宜在远方。事下太子太傅萧望之、少府梁丘贺问,衡对诗诸大义,其对深美。望之奏衡经学精习,说有师道,可观览。"②

三、书对

对策是标准的奏诏模式。因为其奏对都是真正的奏书。比如,文帝策诏"贤良文学士","上以荐先帝之宗庙,下以兴愚民之休利,著之于篇,朕亲览焉,观大夫所以佐朕,至与不至。"③武帝更是对官民对策提出了具体规定。"书对"、"著篇"、"亲览"是三个关键词。"贤良明于古今王事之体,受策察问,咸以书对,著之于篇,朕亲览焉。"④武帝要求对策必须书之以竹简,自己逐篇亲自审阅。元帝也强调,"有可蠲除减省以便万姓者,条奏,毋有所讳。丞相、御史、中二千石举茂材异等直言极谏之士,朕将亲览焉。"⑤成帝也说:"地震京师,火灾娄降,朕甚惧之。有司其悉心明对厥咎,朕将亲览焉。"⑥可见皇帝亲览臣子奏书,是策问-对策之常态。

所以,武帝这里明确要求对策人员"咸以书对",表明武帝是想通过对全部奏疏的阅览,从众挑选出符合自己意图的对策,以便作为施政的参考和依据。比如,考虑到策问对象以"大夫待诏"为主,且有上百人之多,武帝要求董仲舒等人"各悉对,著于篇"。"今子大夫待诏百有余人,或道世务而未济,稽诸上古之不同,考之于今而难行,毋乃牵于文系而不得骋(欤)〔与〕? 将所繇异术,所闻殊方与? 各悉对,著于篇,毋讳有司。"⑦

虽说按照皇帝的要求,官员给皇帝的对策,必须书对,但它们未必是官员自

---

① 《资治通鉴》卷31。
② 《汉书·匡衡传》。
③ 《汉书·晁错传》。
④ 《汉书·武帝纪》。
⑤ 《汉书·元帝纪》。
⑥ 《汉书·成帝纪》。
⑦ 《汉书·董仲舒传》。

己书写。蔡邕在给灵帝的对策中说"手书具对",①表明有些官员上书并非亲笔所书,而是请人书写,让人抄写。同时,这也表明,那些具有对策或奏对性质的奏书,应该都是谏主亲笔所写。

需要注意的是,对策有书对,也有言对。比如,元帝诏,"乃者己丑地动,中冬雨水,大雾,盗贼并起。吏何不以时禁?各悉意对。""意对"语颇含糊,字面意思是,把自己的真实想法向皇帝奏对,所谓"直言尽意,无有所讳"。② 无论何种解释,既然元帝没有明确说"书对",那么"意对"似乎可以理解为言对。仔细考究,"意"在策问中似乎颇具微意。"其悉意正议,详具其对,著之于篇。"③

其实,对策还有书对、言对二者并举的。或先上书后口奏,或口奏后上书。这表明君臣之间拉近了距离。因为,从行政效率看,上百乃至数百人面对皇帝的直接口奏不切实际。所以武帝要先通过书对进行一番必要筛选,继而再召见自己相中的对策者进行"面试",这种情况下,口奏者通常都会对自己的观点或方案作出进一步的发挥和阐述。

四、对策地点

"庭问百寮"④是皇帝策问士人或官员的一般方式。理论上,皇帝可以在任何场所召见并策问臣子,换言之,皇帝所在的任何场所都有可能成为策问臣子的空间。如果在京师,策问-对策自然在皇宫议事的主殿中。不言而喻,策问-对策的场所应该足够大,能轻松内容数百人。因为,对策者动辄就有百人之多。如果皇帝巡视天下,或封禅泰山,或祭祀名川,其策问-对策便以行在场所随机举行。其空间可能相对有限。

成帝"尽召直言之士诣白虎殿对策。"师古曰:"此殿在未央宫也。"⑤马融以"敦朴之(人)〔征〕,"对策北宫端门。⑥ 顺帝召周举对策于显亲殿,"问以变眚。"⑦顺帝亲自"露坐德阳殿东厢请雨",对周举"特加策问"。"德阳殿在北宫披庭中。"⑧灵帝诏召议郎蔡邕、光禄大夫杨赐、谏议大夫马日磾、议郎张华、太

① 《后汉纪》卷24。
② 《汉书·元帝纪》。
③ 《汉书·公孙弘传》。
④ 《后汉纪》卷19。
⑤ 《汉书·杜周传》,颜注。
⑥ 《后汉书·五行志六》,刘昭注。
⑦ 《后汉书·周举列传》。
⑧ 《资治通鉴》卷52,胡注。

史令单扬"诣金商门,引入崇德殿,使中常侍曹节、王甫就问灾异及消改变故所宜施行"。[1] 据《洛阳记》载,"南宫有崇德殿、太极殿,殿西有金商门。"[2]之所以在崇德殿策问和对策,是因为"有虹蜺昼降于嘉德殿前"[3],即嘉德殿前出现灾异。

五、策问和对策之范例

(一) 文帝和晁错之策问-对策

文帝和晁错之间的策问和对策非常规范,堪称策文和对策文这一文体的范文。它应该是对原始档案的直接抄录,或简单改编。因为,无论策文还是对策文,其格式很是特别,与其他诏书和奏书迥然有异。这是一篇标准的策问之文,即策文起首便是"惟十有五年九月壬子",标明了具体时间。同时,对策格式也很讲究。每个对策者都需要首先自我介绍,即向皇帝说明推荐自己的人。所以,晁错开头便逐一胪列了推荐自己的官员。师古曰:"诏列侯九卿及郡守举贤良,故错为窋等所举。"[4]可见这是对策之文有别于一般奏书之格式。即对策先需在开头表明自己的举荐人即荐主以及自己的身份。

晁错对策文针对皇帝所问,逐条回答。这应该是所有对策的通常格式。"诏策曰'明于国家大体',愚臣窃以古之五帝明之。""诏策曰'通于人事终始',愚臣窃以古之三王明之。""诏策曰'直言极谏',愚臣窃以五伯之臣明之。""诏策曰'吏之不平,政之不宣,民之不宁',愚臣窃以秦事明之。""诏策曰'永惟朕之不德',愚臣不足以当之。""诏策曰'悉陈其志,毋有所隐',愚臣窃以五帝之贤臣明之。"[5]前四条都是说的君主,最后一条说到臣子,则以五帝臣子作答,似乎与第一个问题构成了某种循环。

文帝策文要求对策者回答"三道之要",也就是必须奏对"明于国家之大体,通于人事之终始,及能直言极谏"这三个问题。这相当于必答题。晁错又增加了"吏之不平,政之不宣,民之不宁"和"悉陈其志,毋有所隐"两个问题。这相当于自选题。特别是,晁错对自己不想回答的问题"永惟朕之不德"[6],并非视而

① 《后汉书·蔡邕列传》。
② 《资治通鉴》卷 57,胡注。
③ 《后汉书·杨震列传》。
④ 《汉书·晁错传》。
⑤ 《汉书·晁错传》。
⑥ 《汉书·晁错传》。

不见,跳过不提,而是毫不回避地罗列出来,坦率说明自己无法回答。可见,对策文给作者提供的自由发挥的空间相当大。

(二)武帝和董仲舒之策问-对策

文帝和晁错之间的策问和对策,只有一轮或一个回合。武帝和董仲舒之间的策问和对策却经历了三轮。常理忖之,每轮之间至少需要数天时间。从叙事看,则呈现出一种连续性的时空结构,好像是在同一时间和空间进行了三轮策问-对策。三轮之间毫无任何中断迹象,完全是一气呵成的超长篇策问-对策。这也由此成为早期帝国史上最著名的一次策问-对策。"欲闻大道之要,至论之极。""今子大夫既已着大道之极,陈治乱之端矣,其悉之究之,孰之复之。"①

需要注意的是,武帝和董氏之间的三轮策问-对策可有两解。一是三轮皆在百人中进行;一是第一轮面向百人,第二、三轮则特诏董氏一人进行策问,董氏对策则属专对。因为据文义,第二轮,"天子览其对而异焉,乃复册之";第三轮,"于是天子复册之。"②可见,二三论董氏专对的可能性极大。

第一轮策问,武帝的问题是,"五百年之间,守文之君,当涂之士,欲则先王之法以戴翼其世者甚众,然犹不能反,日以仆灭,至后王而后止,岂其所持操或誖缪而失其统与? 固天降命不可复反,必推之于大衰而后息与? 乌虖! 凡所为屑屑,夙兴夜寐,务法上古者,又将无补与? 三代受命,其符安在? 灾异之变,何缘而起? ……伊欲风流而令行,刑轻而奸改,百姓和乐,政事宣昭,何脩何饬而膏露降,百谷登,德润四海,泽臻屮木,三光全,寒暑平,受天之祜,享鬼神之灵,德泽洋溢,施虖方外,延及群生?"③

第二轮,武帝的问题是,"帝王之道,岂不同条共贯与? 何逸劳之殊也?""夫帝王之道岂异指哉?""今子大夫待诏百有余人,或道世务而未济,稽诸上古之不同,考之于今而难行,毋乃牵于文系而不得骋(欤)〔与〕? 将所繇异术,所闻殊方与?"④

第三轮,武帝的问题是,"今子大夫明于阴阳所以造化,习于先圣之道业,然而文采未极,岂惑虖当世之务哉? 条贯靡竟,统纪未终,意朕之不明与? 听若眩与? 夫三王之教所祖不同,而皆有失,或谓久而不易者道也,意岂异哉?"⑤

---

① 《汉书·董仲舒传》。
② 《汉书·董仲舒传》。
③ 《汉书·董仲舒传》。
④ 《汉书·董仲舒传》。
⑤ 《汉书·董仲舒传》。

只是在第三轮,董仲舒才按照策问问题顺序,逐条对策。不过,董仲舒并未完全回答所有问题,而是精心选择了三个问题进行对奏,"册曰:'善言天者必有征于人,善言古者必有验于今。'""册曰:'上嘉唐虞,下悼桀纣,寖微寖灭寖明寖昌之道,虚心以改。'""册曰:'三王之教所祖不同,而皆有失,或谓久而不易者道也,意岂异哉?'"省略了其余三个问题。"今子大夫明于阴阳所以造化,习于先圣之道业,然而文采未极,岂惑虖当世之务哉?条贯靡竟,统纪未终,意朕之不明与?听若眩与?"其实,按照对策惯例,"今子大夫既已着大道之极,陈治乱之端矣,其悉之究之,孰之复之,"①也应视作一个问题。可见,董仲舒略而不答的问题比对奏的问题还多。足见对策文的写作确有足够大的灵活性和自由度。再对照董仲舒头两轮的对策文,其格式和风格,与此迥异,更可见对策文写作并无一定之规,其规格之多样似乎印证了奏诏模式的开放性。

尤需关注的是,董仲舒的对策,紧扣问题,论证严密,颇具后世之八股之解题和破题。第一题,"册曰:'善言天者必有征于人,善言古者必有验于今。'臣闻天者群物之祖也,故遍覆包函而无所殊,建日月风雨以和之,经阴阳寒暑以成之。"第二题,"册曰:'上嘉唐虞,下悼桀纣,寖微寖灭寖明寖昌之道,虚心以改。'臣闻众少成多,积小致巨,故圣人莫不以晻致明,以微致显。"第三题,"册曰:'三王之教所祖不同,而皆有失,或谓久而不易者道也,意岂异哉?'臣闻夫乐而不乱复而不厌者谓之道;道者万世亡弊,弊者道之失也。"②

六、对策效果

像所有奏疏一样,对策效果端赖于皇帝采纳与否。"有地动、山崩、火灾之异,"公卿举李固对策,"诏又特问当世之敝,为政所宜。"李固对策,"宜罢退宦官,去其权重,裁置常侍二人,方直有德者,省事左右;小黄门五人,才智闲雅者,给事殿中。如此,则论者厌塞,升平可致也。"顺帝览其对,"多所纳用,实时出阿母还弟舍,诸常侍悉叩头谢罪,朝廷肃然。"③

如果皇帝不用,对策效果自然有限。虽然皇帝"诏群公、卿士各直言厥咎",左雄也上疏直谏,"臣前后瞽言,封爵至重,王者可私人以财,不可以官,宜还阿母之封以塞灾异。今冀已高让,山阳君亦宜崇其本节。"但作用不大。"帝恋恋

---

① 《汉书·董仲舒传》。
② 《汉书·董仲舒传》。
③ 《后汉书·李固列传》。

不能已,卒封之。"①

即便对策是应皇帝策问,皇帝也可以置之不理。日食,诏举贤良方正,"下问得失。"尚书皇甫规对策,"钩党之衅,事起无端,虐贤伤善,哀及无辜。……伏愿陛下暂留圣明,容受謇直,则前责可弭,后福必降。"对奏,桓帝不省。② 日食,"诏群臣上封事,靡有所讳。"郎中审忠上书,"愿陛下留漏刻之听,以省臣表,埽灭丑类,以答天怒。"章奏,灵帝寝之。③

对对策者的冷处理,亦不乏见。比如,宣帝命太子太傅萧望之、少府梁丘贺策问匡衡经学,"衡对诗诸大义,其对深美。"但由于宣帝"不甚用儒,遣衡归官"。④

第二节　对　策　之　士

一、身份

对策者身份形形色色,多种多样,有官员,有属吏,有士人,有罢官之人,有辞官之人,有地方官,甚至诸侯王也参与策问-对策。略举几例。

皇帝近臣参加对策。桓帝"下策博求直言",侍中刘儒"上封事十条,极言得失,辞甚忠切。"⑤

辞官之人再被举荐对策。张奂辟大将军梁冀府,"以疾去官,复举贤良。"⑥

下诏策问,地方官也需要奏答。黄琬祖父黄琼为魏郡太守,"梁太后诏问日食之状,未能对。"⑦黄琬年仅七岁,"在傍曰:'何不言日蚀之余,如月之初?'琼大惊,即以其言应诏。"⑧

河间献王刘德来朝,"对三雍宫及诏策所问三十余事。其对推道术而言,得事之中,文约指明。"⑨

---

① 《资治通鉴》卷 51。
② 《后汉书·皇甫规列传》。
③ 《后汉纪》卷 24。
④ 《汉书·匡衡传》。
⑤ 《后汉书·党锢列传》。
⑥ 《后汉书·张奂列传》。
⑦ 谢承《后汉书》卷 4,《八家后汉书》。
⑧ 司马彪《续汉书》卷 4,《八家后汉书》。
⑨ 《汉书·景十三王传》。

二、人数

对策百人是个常数，每次对策都有百人之多。① "时贾谊已死，对策者百余人，唯(晁)错为高第。"②"举贤良文学之士前后百数，而(董)仲舒以贤良对策焉。"③"对者百余人，太常奏(公孙)弘第居下。"④"对策百余人，武帝善(严)助对。"⑤"对策者百有余人，唯(鲁)丕在高第。"⑥有时对策人数也有不足百人。"时对者数十人，(谷)永与杜钦为上第焉。"⑦

三、拜官

举荐之士往往需要在朝廷通过一次策问环节，才能正式除官。比如，刘淑"举贤良方正，对策十二科，为天下诸儒之表，擢为议郎。"⑧所以，对策和拜官直接联系在一起。比如，元帝下诏策问，"条奏毋有所讳。有司勉之，毋犯四时之禁。丞相御史举天下明阴阳灾异者各三人。"于是，"言事者众，或进擢召见，人人自以得上意。"⑨对策优异者，多拜议郎。有的是当即诏拜，有的是稍后诏拜。张奂"对策第一，擢拜议郎。"⑩刘淑"对策为天下第一，拜议郎。"⑪戴封"公车征，陛见，对策第一，擢拜议郎。"⑫鲁丕对策高第，"除为议郎。"苏章"对策高第，为议郎。"⑬郎宗"对策陈灾异，而为诸儒之表。拜议郎。"⑭"引公卿所举敦朴之士，使之对策，及特问以当世之敝，为政所宜。"李固为第一，拜议郎；马融对奏，"亦

---

① 每篇对策少者几百字，多者上千字乃至数千、近万字。比如，桓帝特诏刘瑜，"瑜复悉心以对，八千余言。"(《后汉书·刘瑜列传》)皇帝亲览，需要阅读数万至十几万、乃至几十万字，也是一个不小的工作量。
② 《汉书·晁错传》。
③ 《汉书·董仲舒传》。
④ 《汉书·公孙弘传》。
⑤ 《汉书·严助传》。
⑥ 《后汉书·鲁恭列传》。
⑦ 《汉书·谷永传》。
⑧ 谢承《后汉书》卷 4，《八家后汉书》。
⑨ 《汉书·元帝纪》。
⑩ 《后汉书·张奂列传》。
⑪ 《后汉书·党锢列传》。
⑫ 《后汉书·独行列传》。
⑬ 司马彪《续汉书》卷 3，《八家后汉书》。
⑭ 谢承《后汉书》卷 4，《八家后汉书》。

拜议郎。"①

对策第一或高第,除了议郎,还可拜其他朝官或地方官。"对策者百余人,唯(晁)错为高第,繇是迁中大夫。"②"对策百余人,武帝善(严)助对,繇是独擢助为中大夫。"③"对者百余人,……策奏,天子擢弘对为第一。召入见,容貌甚丽,拜为博士。"④魏相"以对策高第,为茂陵令。"⑤宋意"以召对合旨,擢拜阿阳侯相。"⑥

此外,对策除郎中亦较常见。诏举有道之士,谢弼、陈敦、公孙度"俱对策,皆除郎中"。⑦ 王辅"举有道,对策拜郎中。"⑧荀爽对策,"诏拜郎中。"⑨庐江献鼎,诏召郑众问齐桓公之鼎在柏寝台,见何书?《春秋左氏》有鼎事几?众对状,除为郎中。"⑩相对而言,拜郎中算是下第。⑪ 皇甫规对策,"梁冀忿其间己,以规对下第。拜郎中,托疾免归。"⑫对策下第拜郎中,对策高第为议郎,可见议郎和郎中高下悬殊,亦可见权臣当道,言论空间更加逼窄。

对策拜官并无一定之规。虽说士人对策拜官上者议郎,次者郎中,但这只是众人对策的一般情况,倘若单独对策,又另当别论。比如,萧望之上疏,"宣帝自在民间闻望之名,曰:'此东海萧生邪?下少府宋畸问状,无有所讳。'望之对,……天子拜望之为谒者。"⑬如果原本官员,拜官肯定不限于郎官。如果辞官之人,对策拜官也是多种多样。当涂长荀淑"去职还乡里",诏公卿举贤良方

---

① 《资治通鉴》卷 51。
② 《汉书·晁错传》。
③ 《汉书·严助传》。
④ 《汉书·公孙弘传》。
⑤ 《汉书·魏相传》。
⑥ 《后汉书·宋均列传》。
⑦ 《后汉书·谢弼列传》。
⑧ 谢承《后汉书》卷 4,《八家后汉书》。
⑨ 《资治通鉴》卷 55。
⑩ 《东观汉记》卷 15。
⑪ 王莽时,"太常学子弟岁举甲科四十人为郎中,乙科二十人为太子舍人,丙科四十人为文学掌故。"(《通典》卷 13)汉代的实际情况更为复杂。比如,匡衡在太学"射策甲科,以不应令除为太常掌故,调补平原文学。"师古曰:"投射得甲科之策,而所对文指不应令条也。儒林传说岁课甲科为郎中,乙科为太子舍人,丙科补文学掌故。今不应令,是不中甲科之令,所以止为掌故。"(《汉书·匡衡传》)可见太学甲科颇为严格。射策甲科能否成为郎中,还需"应令",即"所对文指"必须符合"令条",如果不一致,只能落下第,即以丙科分配任职。不过,我们更关注岁举甲科为郎中这个问题。太学弟子甲科才是郎中,可见郎中地位并不很低。只不过在对策中,官拜郎中显得较低。这是因为,对策是对皇帝策问的奏答,声誉隆重,拜官肯定高于对太学弟子的年终考核。
⑫ 《后汉纪》卷 19。
⑬ 《汉书·萧望之传》。

正,"光禄勋杜乔、少府房植举淑对策,讥刺贵幸,为大将军梁冀所忌,出补朗陵侯相。"①即便罢官之人,对策拜官职务也会远高于郎官。比如,陈咸曾为少府,后被罢免,又被权臣举荐对策,直接官拜九卿。"诏举方正直言之士,红阳侯(王)立举(陈)咸对策,拜为光禄大夫给事中。"②又如,孔光原为丞相,后被罢免,又征"光诣公交车,问日蚀事",孔光对策,哀帝拜孔光为光禄大夫,"秩中二千石,给事中,位次丞相。"③

选拔官员中也会使用策问-对策形式。皇帝亲自主持策问,选拔官吏。和帝下诏,"其令三公、中二千石、二千石、内郡守相举贤良方正、能直言极谏之士各一人。昭岩穴,披幽隐,遣诣公车,朕将悉听焉。"和帝"亲临策问,选补郎吏。"④具体做法是,由皇帝划定候选者范围,并出题策问,判定分等,直接拜官。比如,尚书有缺,"诏将军、大夫、六百石以上试对政事、天文、道术,以高第者补之。由是(翟)酺对第一,拜尚书。"⑤符合候选标准的官员都必须参加候选,因为这是皇帝亲自策问,官员不能无故缺席,除非请病假。翟酺之所以终拜尚书,就是因为精明地利用了"移病不试"这个规定。显然,这是一种最常见不过的官场游戏。翟酺"自恃能高,而忌故太史令孙懿,恐其先用,乃往候懿。既坐,言无所及,唯涕泣流连。懿怪而问之,酺曰:'图书有汉贼孙登,将以才智为中官所害。观君表相,似当应之。酺受恩接,凄怆君之祸耳!'懿忧惧,移病不试。由是酺对第一,拜尚书。"⑥

此外,皇帝也会委派官员"问状"上书者,对上书者进行"面试",也就是面对面的考核。其实,这也是策问的一种形式。比如,民众"多上书言便宜",宣帝辄下萧望之问状,"高者请丞相御史,次者中二千石试事,满岁以状闻,下者报闻,或罢归田里,所白处奏皆可。"按照颜师古所作疏通,萧望之一方面"以其人所言之状请于丞相御史,或以奏闻,即见超擢",一方面"试令行其所言之事,或以诸它职事试之"。关键是萧望之对上书者的处理意见都符合宣帝的心思,即"当主上之意"。⑦

---

① 《后汉书·荀淑列传》。
② 《汉书·翟方进传》。
③ 《汉书·孔光传》。
④ 《后汉书·孝和帝纪》。
⑤ 谢承《后汉书》卷3,《八家后汉书》。
⑥ 《后汉书·翟酺列传》。
⑦ 《汉书·萧望之传》。

四、钦使策问

地方官和皇帝的信息交流,除了定期上计,就是随时上书,还有一种途径就是皇帝派人策问。可见,皇帝策问不限于朝廷,而是随时随地都有可能。谷永迁凉州刺史,"奏事京师讫,当之部,时有黑龙见东莱,上使尚书问永,受所欲言。"师古曰:"永有所言,令尚书即受之。"这即是"尚书对"。尚书对属于对策程序中的一对一模式,也是对策程序中延伸出来的一个奏诏环节。[①] 谷永对策,"旧衍毕改,新德既章,纤介之邪不复载心,则赫赫大异庶几可销,天命去就庶几可复,社稷宗庙庶几可保。唯陛下留神反覆,熟省臣言。"成帝"性宽而好文辞",近幸小臣,微贱专宠,"至亲难数言,故推永等使因天变而切谏,劝上纳用之。永自知有内应,展意无所依违,每言事辄见答礼。至上此对,上大怒。"[②]可见这次对策效果不佳。

谷永获取权力的关键在于对策。"日食地震同日俱发,诏举方正直言极谏之士,太常阳城侯刘庆忌举永待诏公交车。"谷永对策,"天子异焉,特召见永。"对策优异者,多能得到皇帝召见,获得进一步申述和发挥的机会,由此拜官或擢拔。谷永的仕途升迁,正是通过不断的对策得以实现的。"皆令诸方正对策,……永对毕,因曰:'臣前幸得条对灾异之效,祸乱所极,言关于圣聪。书陈于前,陛下委弃不纳,而更使方正对策,背可惧之大异,问不急之常论,废承天之至言,角无用之虚文,欲末杀灾异,满谰诬天,是故皇天勃然发怒,甲己之间暴风三溙,拔树折木,此天至明不可欺之效也。'上特复问永,永对曰:'日食地震,皇后贵妾专宠所致。'"后又对策,"时对者数十人,永与杜钦为上第焉。"[③]

五、称病不对及其他

士人可以拒绝对策。比如,"诏百官上封事,靡有所讳。〔举至孝〕独行之士各一人。安平崔寔郡举诣公交车,称病不对。"[④]"称病不对"意即"称病,不对

---

① 早先,尚书作为皇帝的机要秘书,负责诏书的制作、颁发和保存;到西汉后期,尚书在奏诏模式中拥有了更大的权力,掌控着皇帝和奏事者之间顺畅沟通的枢纽,成为君臣之间信息交流的关键人物。他负责向臣子准确传达皇帝旨意,同时,又负责将臣子观点和建议向皇帝完整传达。
② 《汉书·谷永传》。
③ 《汉书·谷永传》。
④ 《后汉纪》卷21。

策"①,它意味着士人对皇帝策问亦有某种选择权和拒诏权。这是士人拒征的一种延伸,属于广义的拒征范畴。又如,司徒种暠举刘淑贤良方正,"辞以疾。桓帝闻淑高名,切责州郡,使舆病诣京师。淑不得已而赴洛阳,对策为天下第一。"②

值得注意的是,即便士人"病不对策",亦不妨碍辟除或拜官。"诏公卿郡国举至孝独行之士。(崔)寔以郡举,征诣公车,病不对策,除为郎。"③

亦有对策之后,随即挂冠而去。太常赵典举荀爽"至孝,拜郎中"。荀爽对策陈便宜,"汉制使天下诵《孝经》,选吏举孝廉。夫丧亲自尽,孝之终也。今之公卿及二千石,三年之丧,不得即去,殆非所以增崇孝道而克称火德者也。"奏闻,荀爽"即弃官去"。④

如果举荐不实,对策拜官也会被罢免。比如,翟方进弹劾红阳侯王立选举陈咸不实。"咸前为九卿,坐为贪邪免,自知罪恶暴陈,依托红阳侯立徼幸,有司莫敢举奏。冒浊苟容,不顾耻辱,不当蒙方正举,备内朝臣。"成帝"有诏免咸"。⑤

第三节　策问和对策之程序、形式和过程

一、策问-对策程序

皇帝诏征而策问,士人应征而对策。"安帝诏公交车征,策文曰:'郎宗、李昺、孔乔等,前比征命,未肯降意。恐主者玩弄,礼意不备,使难进易退之人龙潜不屈其身。各致嘉礼,遣诣公交车,将以补察国政,辅朕之不逮。'青州被诏书,遣(郎)宗诣公交车,对策陈灾异,而为诸儒之表。"⑥

应诏举荐的对策者都需要一个推荐的程序。可见应诏对策者的都是被推荐的人员,和官场都有着种种有形无形的联系。"诏举贤良方正能直言士,合阳侯梁放举(杜)钦。钦上对曰:'陛下畏天命,悼变异,延见公卿,举直言之士,将

① 《资治通鉴》卷 53。
② 《后汉书·党锢列传》。
③ 《后汉书·崔骃列传》。
④ 《后汉书·荀淑列传》。
⑤ 《汉书·翟方进传》。
⑥ 谢承《后汉书》卷 4,《八家后汉书》。

以求天心,迹得失也。'"①"诏举方正直言。扶阳侯韦育举(杜)邺方正。"杜邺对策,"愿陛下加致精诚,思承始初,事稽诸古,以厌下心,则黎庶群生无不说喜,上帝百神收还威怒,祯祥福禄何嫌不报!"②

被举荐或征聘之士,进京之后,或主动上书,或等待策问。这样,士人便有了一个选择机会。通常情况下,大部分士人都会等待皇帝策问。但也有例外。比如,太尉杨秉举刘瑜贤良方正,刘瑜到京师,上书陈事。显然,刘瑜进京上书,属于主动奏事。从士人角度看,这种做法大有好处,可以使皇帝提前对自己有所了解,或使皇帝加深对自己的了解。有想法或有作为的皇帝也会借此下诏,要求士人再对其他话题发表意见。这样,征聘→上书→下诏→策问→对策,就成为奏诏模式中的一种常规程序。应该说,桓帝因刘瑜上书而对其单独策问,非常符合这套程序。"于是特诏召瑜问灾咎之征,指事案经谶以对。执政者欲令瑜依违其辞,而更策以它事。瑜复悉心以对,八千余言,有切于前,帝竟不能用。"③这里值得注意的是,大臣希望对策者能够缓和辞令,去掉锋芒,甚至改变话题。可见一定程度上,有司还能左右皇帝策问。

征辟者皆需对策,对策题目也不一。"诏举敦朴,城门校尉岑起举(马)融,征诣公车,对策。"④"诏公卿、郡国举至孝。"⑤"诏书求贤良方正直言之士,有至行能消灾伏异者,公卿郡守各举一人。"⑥"博征通知钟律者,考其意义,羲和刘歆典领条奏。"元帝使"太子太傅(韦)玄成、(字少翁)谏议大夫章,杂试问(京)房于乐府。房对……。"⑦

策问通常是一系列问题,皇帝还会对对策提出具体要求,所谓"各以经对",与此同时,官员也需对策问问题逐一对奏。比如,

> (成帝)尽召直言之士诣白虎殿对策,策曰:"天地之道何贵?王者之法何如?《六经》之义何上?人之行何先?取人之术何以?当世之治何务?各以经对。"(杜)钦对曰:"臣闻天道贵信,地道贵贞;不信不贞,万物不生。生,天地之所贵也。王者承天地之所生,理而成之,昆虫草木靡不得其所。王者法天地,非仁无以广施,非义无以正身;克己就义,恕以及人,《六经》之

---

① 《汉书·杜周传》。

② 《汉书·杜邺传》。

③ 《后汉书·刘瑜列传》。

④ 《后汉书·马融列传》。

⑤ 《资治通鉴》卷55。

⑥ 《后汉书·独行列传》。

⑦ 《后汉书·律历志上》。

所上也。不孝,则事君不忠,莅官不敬,战陈无勇,朋友不信。……孝,人行之所先也。观本行于乡党,考功能于官职,达观其所举,富观其所予,穷观其所不为,乏观其所不取,近观其所为〔主〕,远观其所主。孔子曰:'视其所以,观其所由,察其所安,人焉廋哉?'取人之术也。殷因于夏尚质,周因于殷尚文,今汉家承周秦之敝,宜抑文尚质,废奢长俭,表实去伪。孔子曰'恶紫之夺朱',当世治之所务也。"①

又如,桓帝策问刘瑜,也提出了类似要求,即论事必须符合经书和谶纬。"特诏召瑜问灾咎之征,指事案经谶以对。"②再如,灵帝特诏策问蔡邕,"以邕经学深奥,故密特稽问,宜披露失得,指陈政要,勿有依违,自生疑讳。具对经术,以皂囊封上。"③对策亦属奏书,自然亦有"启封"之"章表"和"皂囊"之"密事"之分。前者言事公开,后者言事保密。"启封"还是"皂囊",一方面取决于所奏内容以及上书者的个人考量和选择,另一方面,皇帝也会对对策者的上书方式提出明确要求。所以,蔡邕也会直率表白,"臣以愚赣,感激忘身,敢触忌讳,手书具对。夫君臣不密,上有漏言之戒,下有失身之祸。愿寝臣表,无使尽忠之吏,受怨奸仇。"可见蔡邕对"皂囊"对策的后果和危险性心知肚明,且心有余悸。但结果却不幸被他言中。"章奏,帝览而叹息,因起更衣,曹节于后窃视之,悉宣语左右,事遂漏露。其为邕所裁黜者,皆侧目思报。"④

二、灾异之策问-对策

灾异下诏,其实是要求官员上书对策。它是策问之一种。相对而言,作为对策之上书似乎比一般上书的尺度更大一些。所以才会反复强调"极言直谏""无有所讳"。史称,"汉诸帝凡日蚀、地震、山崩、川竭,天地大变,皆诏天下郡国举贤良方正极言直谏之士,率以为常。"⑤比如,"有日蚀地震之变,诏举贤良方正能直言士。"⑥"日食,诏举方正直言。"⑦"灾异不空设,必有所应,其各举敦朴

---

① 《汉书·杜周传》。
② 《后汉书·刘瑜列传》。
③ 《后汉书·蔡邕列传》。
④ 《后汉书·蔡邕列传》。
⑤ 《通典》卷13。
⑥ 《汉书·杜周传》。
⑦ 《汉书·杜邺传》。

之士一人,直言厥咎,靡有所讳。"①"青蛇见御座。诏问群臣,靡有所讳。"②

　　灾异对策是一种最常见不过的做法。凡有灾异,必然启动策问-对策程序。因每次灾异不同,每次下诏策问的主题并不完全一样,而是随时改变。所谓"又其有要任使,皆标其目而令举之。"③当然,某些灾异更为频繁,致使相应主题出现的频率可能会更高一些。其中,日食和地震又是天地间最为频繁的两种灾异,故而,君臣间的策问-对策之普遍自不待言。除此之外,形形色色的灾异对策同样层出不穷,屡见不鲜。略举数例。旱,"李固对策,以为奢僭所致也。""望都蒲阴狼杀童儿九十七人。"李固对策,"引京房《易传》曰'君将无道,害将及人,去之深山〔以〕全身,厥(灾)〔妖〕狼食人'。陛下觉寤,比求隐滞,故狼灾息。"④"彭城泗水增长,逆流。"张衡对策曰:"水者,五行之首,滞而逆流者,人君之恩不能下及而教逆也。""京都蝗。"养奋对策,"佞邪以不正食禄飨所致。"⑤"诏问有黑气堕温明殿东庭中,如车盖,腾起奋迅,五色,有头,体长十余丈,形似龙,似虹蜺。"蔡邕对奏,"虹著于天,而降施于庭,以臣所闻,则所谓天投蜺者也。""虹昼见御座殿庭前,色青赤。"灵帝诏蔡邕问之,蔡邕奏对"虹蜺,小女子之祥。"⑥

　　再举两例,以观因离奇灾异而启动策问-对策之程序。

　　　　南宫侍中寺雌鸡欲化雄,一身毛皆似雄,但头冠尚未变。诏以问议郎蔡邕。邕对曰:"貌之不恭,则有鸡祸。……臣窃推之,头,元首,人君之象;今鸡一身已变,未至于头,而上知之,是将有其事而不遂成之象也。若应之不精,政无所改,头冠或成,为患兹大。"⑦

　　　　诏策问曰:"连年蝗虫至冬踊,其咎焉在?"蔡邕对曰:"臣闻《易传》曰:'大作不时,天降灾,厥咎蝗虫来。'《河图秘征篇》曰:'帝贪则政暴而吏酷,酷则诛深必杀,主蝗虫。'蝗虫,贪苛之所致也。"⑧

　　有时,虽无策问字样,但据文意,仍属下策和对策程序。比如,"南宫平城门内屋、武库屋及外东垣屋前后顿坏。蔡邕对曰:'平城门,正阳之门,与宫连,郊祀法驾所由从出,门之最尊者也。武库,禁兵所藏。东垣,库之外障。《易传》

① 《后汉纪》卷18。
② 《后汉纪》卷23。
③ 《通典》卷13。
④ 《后汉书·五行志一》。
⑤ 《后汉书·五行志三》,刘昭注。
⑥ 《东观汉记》卷17。
⑦ 《后汉书·五行志一》。
⑧ 《后汉书·五行志三》。

曰:"小人在位,上下咸悖,厥妖城门内崩。"《潜潭巴》曰:"宫瓦自堕,诸侯强陵主。"此皆小人显位乱法之咎也。'"①

三、策问-对策形式

策问既有泛泛要求百官奏对者,也有特别要求某一官员奏对者。策问的对象可以是好多人,也可以是一个人。两种形式之间,亦非泾渭,而可随时自然转换。以公孙弘为例。征贤良文学,菑川国复推公孙弘。"弘谢曰:'前已尝西,用不能罢,愿更选。'国人固推弘,弘至太常。"武帝策诏诸儒,"〔敢〕问子大夫:天人之道,何所本始?吉凶之效,安所期焉?禹汤水旱,厥咎何由?仁义礼知四者之宜,当安设施?属统垂业,物鬼变化,天命之符,废兴何如?"史称,"时对者百余人,太常奏弘第居下。策奏,天子擢弘对为第一。召入见,容貌甚丽,拜为博士,待诏金马门。"公孙弘又上疏,接下来便有了一轮一对一的策问-对策。"书奏,天子以册书答曰:'问:弘称周公之治,弘之材能自视孰与周公贤?'弘对曰:'愚臣浅薄,安敢比材于周公!虽然,愚心晓然见治道之可以然也。'"②可见,围绕公孙弘,连续进行了两次类型相异的策问-对策。

一对一的策问-对策,事例颇多。比如,萧望之上书,宣帝命少府宋畸"问状",即代表自己策问,萧望之奏对,属于一对一的对策。萧望之上疏,"愿赐清闲之宴,口陈灾异之意。"宣帝命下少府宋畸"问状,无有所讳"。所谓"问状"应该是策问的专门术语,是皇帝命人询问上书者的制度用语,它要求上书者专对皇帝派来的使臣。萧望之对策,"善祥未臻,阴阳不和,是大臣任政,一姓擅势之所致也。附枝大者贼本心,私家盛者公室危。唯明主躬万机,选同姓,举贤材,以为腹心,与参政谋,令公卿大臣朝见奏事,明陈其职,以考功能。"③又如,珠崖诸县叛,元帝与有司"议大发军",贾捐之"以为不当击"。元帝使侍中驸马都尉王商诘问,"珠崖内属为郡久矣,今背畔逆节,而云不当击,长蛮夷之乱,亏先帝功德,经义何以处之?"贾捐之奏对,"臣愚以为非冠带之国,《禹贡》所及,《春秋》所治,皆可且无以为。愿遂弃珠崖,专用恤关东为忧。"元帝又拿着贾捐之的对策,询问丞相和御史大夫。"御史大夫陈万年以为当击;丞相于定国以为'前日兴兵击之连年,护军都尉、校尉及丞凡十一人,还者二人,卒士及转输死者万人

---

① 《后汉书·五行志一》。
② 《汉书·公孙弘传》。
③ 《汉书·萧望之传》。

以上，费用三万万余，尚未能尽降。今关东困乏，民难摇动，捐之议是。'"元帝下诏罢珠崖郡。①

皇帝派大臣询问官员意见，官员的回答即属特殊形式的策问和对策。比如，匈奴大乱，议者多曰出兵灭之。宣帝诏遣大司马车骑将军韩增、诸吏富平侯张延寿、光禄勋杨恽、太仆戴长乐问御史大夫萧望之计策，萧望之对奏，"宜遣使者吊问，辅其微弱，救其灾患，四夷闻之，咸贵中国之仁义。如遂蒙恩得复其位，必称臣服从，此德之盛也。"宣帝从其议。② 又如，灾异尤数，北地太守谷永"当之官"，成帝使卫尉淳于长"受永所欲言"。谷永奏对，成帝"甚感其言"。③

有的虽非一对一，却也属于一类。有虹蜺昼降于嘉德殿前，灵帝命人引光禄大夫杨赐、议郎蔡邕等人入金商门崇德署，"使中常侍曹节、王甫问以祥异祸福所在。"杨赐书对，"今殿前之气，应为虹蜺，皆妖邪所生，不正之象，诗人所谓蝃蝀者也。……老臣过受师傅之任，数蒙宠异之恩，岂敢爱惜垂没之年，而不尽其惓惓之心哉！"④

四、策问-对策过程

策问-对策在实际中有多种表现。比如，顺帝和周举之间的策问-对策，经历了一番专对→多对→专对的曲折变化。河南、三辅大旱，顺帝亲自"露坐德阳殿东厢请雨"，又以尚书周举"才学优深，特下策问"。"顷年以来，旱灾屡应，稼穑焦枯，民食困乏。五品不训，王泽未流，群司素餐，据非其位。审所贬黜，变复之征，厥瞻何由？分别具对，勿有所讳。"周举对策，"陛下所行，但务其华，不寻其实，犹缘木希鱼，潜行求前。诚宜推信革政，崇道变惑，出后宫不御之女，理天下冤枉之狱，除太官重膳之费。夫五品不训，责在司徒，有非其位，宜急黜斥。"顺帝随即召见周举及尚书令成翊世、仆射黄琼，问以得失。"举等并对以为宜慎官人，去斥贪污，离远佞邪，循文帝之俭，尊孝明之教，则时雨必应。帝曰：'百官贪污佞邪者为谁乎？'举独对曰：'臣从下州，超备机密，不足以别群臣。然公卿

---

① 贾捐之的建议只是论证了"罢珠崖郡"的理由，丞相于定国则凭借自己的特殊身份强化了"罢珠崖郡"的必要性，二者均未涉及"罢珠崖郡"的具体计划和内容。但元帝诏书却包含了撤郡计划的一些细节。可见，元帝诏书不是简单接受了贾捐之的奏书建议，而是在此基础上作出了深思熟虑的规划和方案。比如，"民有慕义欲内属，便处之；不欲，勿强。"（《汉书·贾捐之传》）至于撤郡之后，是否设县，或改郡为县，隶属何郡，更多详情不得而知。

② 《汉书·萧望之传》。

③ 《汉书·谷永传》。

④ 《后汉书·杨震列传》。

大臣数有直言者,忠贞也;阿谀苟容者,佞邪也。司徒视事六年,未闻有忠言异谋,愚心在此。"① 又如,策问-对策可以连续数次。第一次是策问多人。灵帝诏召蔡邕、光禄大夫杨赐、谏议大夫马日磾、议郎张华、太史令单扬入崇德殿,"使中常侍曹节、王甫就问灾异及消改变故所宜施行。"接着,第二次单独策问蔡邕。"比灾变互生,未知厥咎,朝廷焦心,载怀恐惧。每访群公卿士,庶闻忠言,而各存括囊,莫肯尽心。以邕经学深奥,故密特稽问,宜披露失得,指陈政要,勿有依违,自生疑讳。具对经术,以皂囊封上。"蔡邕对策,"宰府孝廉,士之高选。近者以辟召不慎,切责三公,而今并以小文超取选举,开请托之门,违明王之典,众心不厌,莫之敢言。臣愿陛下忍而绝之,思惟万机,以答天望。圣朝既自约厉,左右近臣亦宜从化。人自抑损,以塞咎戒,则天道亏满,鬼神福谦矣。"②

外戚或权臣专朝,亦有惯例性的策问。当然是以皇帝的名义。比如,梁太后临朝,皇甫规举贤良方正,对策曰:"今大将军梁冀、河南尹不疑,处周、邵之任,为社稷之镇,加与王室世为姻族,今日立号虽尊可也,实宜增修谦节,辅以儒术,省去游娱不急之务,割减庐第无益之饰。"史称,"梁冀忿其刺己,以规为下第。"③可见权臣亦能操控策问-对策。

---

① 《后汉书·周举列传》。
② 《后汉书·蔡邕列传》。
③ 《后汉书·皇甫规列传》。

第八章

诏命与钦使

第一节　钦差身份和设置

钦差亦称皇差或汉使。在士人口中,钦差或使者亦被尊称为"使君"。师古曰:"尊敬使者,故谓之使君。"①原则上,钦差或使臣都代表皇帝,所谓"持节决狱"或"衔命奉使"②或"臣受诏使"。③ 大兴诏狱,"使者相望于路矣。"④大臣疾病,皇帝"辄遣使者存问,太官、太医相望于道。"⑤不论携带诏书还是口谕,钦差或汉使皆身负皇命,持节而行。"盖凡皇帝所欲,即可派人持节诏令为之。"⑥理论上,钦使言行即是皇帝意志。⑦ 总之,凡受皇帝差遣,或以皇帝名义,不论身份,不拘远近,出宫或出京执行特定任务,皆为钦差或使臣。诸如行冤狱使者、美俗使者、河堤使者、直指使者,所谓"因事置官,事已即罢"。⑧ 再稍举数例,以详证之。一是,樊哙将兵击卢绾,"既行,人有短恶哙者。"刘邦召陈平和周勃"受诏床下",命二人乘驰传至军中"即斩哙头"。二人"未至军,为坛,以节召樊

---

① 《汉书·龚胜传》。
② 《汉书·孙宝传》。
③ 《汉书·淮南王传》。
④ 《后汉书·史弼列传》。
⑤ 《后汉书·桓荣列传》。
⑥ 廖伯源《制度与政治——政治制度与西汉后期之政局变化》,第128页,中华书局,2017年。
⑦ 司隶校尉鲍永行县至霸陵,路经旧君更始帝墓,"哭尽哀而去。"依照奉使准则,鲍永所为客观上代表着光武对更始的祭拜。这显然触犯了光武的忌讳。难怪光武闻知,很是"意不平",质问"奉使如此何如?"张湛为之辩解,"仁不遗旧,忠不忘君,行之高者也。"光武这才释然。(《后汉书·鲍永列传》)
⑧ 《容斋随笔》卷9,"汉官名"。

哙。"①二是，武帝以江充"为使者治巫蛊"②。三是，"前苏令发，欲遣大夫使逐问状，时见大夫无可使者，召鳌屋令尹逢拜为谏大夫遣之。"③四是，隗嚣与来歙、马援相善，光武"数使歙、援奉使往来，劝令入朝，许以重爵。"④五是，洛阳令董宣卒官，光武"诏遣使者临视，唯布被覆尸，妻子对哭，有大麦数斛，家无余财。"⑤至于距离更不是问题。近者有王政君遣大司徒、大司空"持节承制"，诏王莽"亟入视事"；⑥远者有侍御史贾昌"使在日南"⑦。

原则上，不拘身份、年龄乃至性别，任何人皆可充任钦差。⑧ 公孙弘"使匈奴"已是六十岁的花甲之年；冯羡虽是前青州刺史，照样可以充使"巡行风俗"；冯嫽是楚王公主侍者，持节行使，遍及"城郭诸国"。正因此，宦官自然也是人选之一，或许有时还是皇帝委派钦差的首选。比如，文帝就曾派宦者中行说出使匈奴。⑨ 大鸿胪包咸是明帝老师，"经传有疑，辄遣小黄门就舍即问。"⑩灵帝时，"常以岁时遣中常侍持节之河间奉祠。"⑪很大程度上，钦差完全取决于皇帝的自由意志。不过有时形式上它表现为一种周期性的准制度行为。比如，萧望之自杀，"天子追念望之不忘，每岁时遣使者祠祭望之冢，终元帝世。"⑫至于某些官员的制度性行为，自然亦可视作钦差出使，或具有钦差性质。比如，侍御史"出有所案，则称使者"；⑬部刺史"奉使典州，督察郡国吏民安宁"；⑭司隶校尉则被称作"天子奉使命大夫"，所谓"奉使刺举大臣"，不仅"以督察公卿以下为职"，⑮还要行县三辅，按察郡县守令。可见刺史和司隶皆为钦差官。尤其司隶

① 《汉书·陈平传》。
② 《汉书·江充传》。
③ 《汉书·王嘉传》。
④ 《后汉书·隗嚣列传》。
⑤ 《东观汉记》卷 18。
⑥ 《汉书·王莽传上》。
⑦ 《后汉书·南蛮列传》。
⑧ 虽不能说汉人皆汉使，但汉官皆汉使不算离谱。至少对域外如此。理论上，汉臣和汉民皆负有宣扬皇恩天德的教化义务。
⑨ 中行说本人并不想去，却又不得不去，因为皇命难违。
⑩ 谢承《后汉书》卷 4，《八家后汉书辑注》。
⑪ 《后汉书·章帝八王列传》。
⑫ 《汉书·萧望之传》。
⑬ 《后汉书·孝和孝殇帝纪》，李贤注。
⑭ 《汉书·朱博传》。
⑮ 《汉书·翟方进传》。

校尉"以奉使之权"而享"尊官厚禄",①更是风头十足,一时无两。②

钦差的权威性自不待言。③ 其权威性的直观标志之一即是使臣出行多有一些标配性的仪式符号。比如专车。郭丹"从师长安,买符入函谷关,乃慨然叹曰:'丹不乘使者车,终不出关。'……丹自去家十有二年,果乘高车出关,如其志焉。"④又如法冠。"法冠,御史冠也。本楚王冠,秦灭楚,以其君冠赐御史。"可见法冠的特殊象征性。它标明钦差的执法权威和职责。所以,淮南王刘安意图谋反时,不光需要伪造皇帝玺和丞相、御史大夫、将军等诸多官吏的印,还必须准备好配套的"汉使节法冠"。⑤ 可见汉使即钦差本身就有执法权。

尽管汉使代表皇帝,但毕竟不是皇帝,故而因人因事亦有其具体权限。⑥ 出任钦使和官员的原有官职关系不大。不拘官职大小,任何官员均有可能充任钦差或使臣。或巡行郡国,或视察边防,或出使西域。"驰中郎之使,尽法度以临之。"⑦简单说,巡视郡县为钦差,出使封国、外国为汉使。⑧ 总之,钦差未必一定是大臣。从三公到郎官,各种级别的官员都有可能出任钦差。比如,元帝派大司马车骑将军许嘉"口谕单于";⑨平帝时的大司空甄丰,在新朝曾出

---

① 《汉书·盖宽饶传》。

② 不止一人注意到刺史或司隶校尉在实际政治中产生的弊端。御史中丞薛宣上疏成帝,指出"吏多苛政,政教烦碎,大率咎在部刺史,或不循守条职。……方刺史奏事时,宜明申敕,使昭然知本朝之要务。"这是因为,"刺史所察,本有六条,今则踰越故事,信意举劾,妄为苛刻也。"(《汉书·薛宣传》,颜注)丞相王嘉上疏哀帝,指出司隶校尉和刺史"事无大小尽皆举劾,过于所察之条"对地方政治造成的危害。"司隶、部刺史察过悉密,发扬阴私,吏或居官数月而退,送故迎新,交错道路。中材苟容求全,下材怀危内顾,壹切营私者多。二千石益轻贱,吏民慢易之。或持其微过,增加成罪,言于刺史、司隶,或至上书章下;众庶知其易危,小失意则有离畔之心。前山阳亡徒苏令等从横,吏士临难,莫肯伏节死义,以守相威权素夺也。孝成皇帝悔之,下诏书,二千石不为纵,遣使者赐金,尉厚其意,诚以为国家有急,取办于二千石,二千石尊重难危,乃能使下。"(《汉书·王嘉传》,颜注)

③ 以至于宫廷政变中,亦需冒充钦差。卫太子被逼造反,"乃使客为使者收捕(江)充等。按道侯说疑使者有(诏)〔诈〕,不肯受诏,客格杀说。"(《汉书·武五子传》)

④ 《后汉书·郭丹列传》。

⑤ 《汉书·淮南王传》,颜注。意欲谋反的江都王刘建也有类似举措。除了皇帝玺、将军印,他还制作了"汉使节二十"。(《汉书·景十三王传》)

⑥ 魏文帝授权钦差生杀予夺,被批评为不当。魏文帝"诏征南将军夏侯尚曰:'卿腹心重将,特当任使。恩施足死,惠爱可怀。作威作福,杀人活人。'"蒋济指责这是"亡国之语",魏文帝便"追取前诏"。(《三国志·魏书·蒋济传》)可见钦差权力过大,有损皇权,不是好事。

⑦ 《后汉书·南匈奴列传》。

⑧ 出使外国、蛮夷都好理解,出使诸侯国亦为汉使,多少有些怪异。比如,淮南王刘安被指控谋逆,武帝遣中尉殷宏以汉使身份"赦淮南王罪,罚以削地。中尉入淮南界,宣言赦王"。(《史记·淮南王列传》)可见汉使有代表中央朝廷之义。

⑨ 《汉书·匈奴传下》。

使西域；①灵帝"使司徒持节之河间奉策书、玺绶，祠以太牢"；②陈汤"以吏二千石奉使"；③段会宗"以杜陵令五府举为西域都护"；④傅介子"以骏马监求使大宛，因诏令责楼兰、龟兹国"；⑤枚皋"诏使赋平乐馆，善之。拜为郎，使匈奴。"⑥至于顺帝时"诏遣八使循行风俗"，尤能说明问题。虽然"皆选素有威名者"，所谓"皆宿儒要位"，但"年少官微"的张纲也位列其中。侍中周举和杜乔、守光禄大夫周翊、前青州刺史冯羡、尚书栾巴、侍御史张纲、兖州刺史郭遵、太尉长史刘班"并守光禄大夫，分行天下"。⑦可见不论本职为何，哪怕前任官员，一旦充任使臣，均可临时加官。

钦差一般先拜官，后出使。比如，文帝命陆贾为太中大夫出使南粤，武帝拜司马相如为中郎将往使巴蜀，武帝拜张骞为中郎将出使西域，献帝以赵岐为太仆巡视天下。最著名和轰动的是顺帝时的"八使同时俱拜，天下号曰'八俊'"。⑧钦差有时只设专使，有时设正副使。比如，陆贾出使南粤，"谒者一人为副使。"⑨司马相如"建节往使"巴蜀，"副使者王然于、壶充国、吕越人，驰四乘之传。"⑩钦差出行有远有近，办事有大有小，一切取决于皇帝需要。某种意义上，皇帝可以随时随地派遣钦差。比如，武帝时，"犯法者众，吏不能尽诛，于是遣博士褚大、徐偃等分行郡国，举并兼之徒守相为利者。"⑪又如，"武帝疾，往来长杨、五柞宫，望气者言长安狱中有天子气，上遣使者分条中都官狱系者，轻重皆杀之。内谒者令郭穰夜至郡邸狱，吉拒闭，使者不得入，曾孙赖吉得全。"⑫

虽说"遣人使于四方，古人所慎择也。故仲尼曰：'使乎，使乎。'言其难也。"⑬但有趣的是，不像其他官职，钦使或汉使是一个开放性职位，面向全社会各类人士开放，不拘身份、年龄、职业、性别。⑭近乎人人得以公开向皇帝和朝

① 《汉书·西域传下》。
② 《后汉书·章帝八王列传》。
③ 《汉书·陈汤传》。
④ 《汉书·段会宗传》。
⑤ 《汉书·傅介子传》。
⑥ 《汉书·枚乘传》。
⑦ 司马彪《续汉书》卷4，《八家后汉书辑注》。
⑧ 《后汉书·周举列传》。
⑨ 《汉书·两粤传》。
⑩ 《汉书·司马相如传下》。
⑪ 《汉书·食货志下》。
⑫ 《汉书·宣帝纪》。
⑬ 安徽亳县《曹操集》译注小组《曹操集译注》，第198页，中华书局，1979年。
⑭ 乌孙国有大小昆弥，大昆弥死，其子星靡代为大昆弥，势力薄弱。"冯夫人上书，愿使乌孙镇抚星(弥)〔靡〕。汉遣之，卒百人送(乌孙)焉。"《汉书·西域传下》)

廷申请出使外国。汉人不乏以使者起家。比如,江充自请,"愿使匈奴。诏问其状,充对曰:'因变制宜,以敌为师,事不可豫图。'上以充为谒者,使匈奴还,拜为直指绣衣使者,督三辅盗贼,禁察踰侈。"①班伯"家本北边,志节忼慨,数求使匈奴。河平中,单于来朝,上使伯持节迎于塞下。"②使臣职位的开放性使使臣的个人素质显得尤为重要。比如,"单于咸既和亲,求其子登尸。……(王)莽选儒生能颛对者济南王咸为大使,五威将琅邪伏黯等为帅,使送登尸。"所谓"专对",即辩才无碍,"应对无方,能专其事。"③元帝也是从这个角度下诏,"心辨善辞,可使四方,少府五鹿充宗是也。"④可见"心辨于是非而善于辞令",⑤正是钦使的首要条件。

有时,遣使徇行固然会考虑到"耆儒知名,多历显位"⑥的资历,但并非首要条件。这似乎和汉代官职尚未达到专业化的水平大体一致。一些重要官员可能会临时抽调去做某些和本职工作无关的事情。当然,这皆由诏书授权。比如,曹褒迁将作大匠。"时有病疫,褒巡行病徒,自省医药,糜粥,死者减少。"⑦钦差出行一般都是执行专项职责。钦差固然是官,但又不是一般的官,而是受皇帝亲自委派、临时差遣的官,特点是执行专项使命,持节无印;回京则交还节钺。

钦差出行执行皇帝诏命,事毕回京向皇帝奏章复命。比如,司马迁"奉使西征巴蜀以南,略邛、笮、昆明,还报命。"⑧徐偃"使胶东、鲁国鼓铸盐铁。还,奏事。"⑨通过钦差复命,皇帝对郡县吏治民情往往会有一个直观而生动的认知。河东太守周堪令钦差印象深刻,元帝颇有感触地说:"堪治未期年,而三老官属有识之士咏颂其美,使者过郡,靡人不称。"⑩正因此,钦差复命自然也会涉及对某些官员的处理。比如,谒者宋度(字叔平)"以诏书赐降(侯)胡,〔俟朝〕郎门,门闭,度顿首让胡掾,赐毕,奏罢大鸿胪。京师称曰:'宋叔平一使,奏罢九卿。'"⑪但若有需要,使臣亦可随时上奏。比如,徐偃改巡行风俗为鼓铸盐铁,

① 《汉书·江充传》。
② 《汉书·叙传上》。
③ 《汉书·王莽传中》,颜注。
④ 《汉书·冯奉世传》。
⑤ 《资治通鉴》卷 29,胡注。
⑥ 《后汉书·张皖列传》。
⑦ 司马彪《续汉书》卷 3,《八家后汉书辑注》。
⑧ 《汉书·司马迁传》。
⑨ 《汉书·终军传》。
⑩ 《汉书·楚元王传》。
⑪ 谢承《后汉书》卷 7,《八家后汉书辑注》。

行事前曾三次上书。又如,"八隽"巡察天下风纪,"其刺史、二千石有赃罪显明者,驿马上之;墨绶以下,便辄收举;其有清忠惠利,为百姓所安,宜表异者,皆以状上。"于是,"奏劾贪猥,表荐清公,朝廷称之。"①需要指出的是,出使过程中,钦差多少拥有一些便宜行事的"裁量权"。比如,东越相攻,武帝使汲黯前往视察。"不至,至吴而还,报曰:'越人相攻,固其俗然,不足以辱天子之使。'河内失火,延烧千馀家,上使黯往视之。还报曰:'家人失火,屋比延烧,不足忧也。臣过河南,河南贫人伤水旱万馀家,或父子相食,臣谨以便宜,持节发河南仓粟以振贫民。臣请归节,伏矫制之罪。'上贤而释之。"②又如,张纲等八人"同日受诏,持节分出"。杜乔七人"各之所部",只有张纲"独埋车轮于洛阳都亭不去",上书弹劾"侵扰百姓"的大将军梁冀和河南尹梁不疑。"书奏御,京师震悚。"③这里的关键是,张纲虽未赴所命州部,亦未受到顺帝训斥或惩罚。

使臣还朝,必得奏事,除了口奏,一般还有奏书。换言之,使臣返京,必有奏疏向皇帝禀报自己出使情况。可见这是一种奏诏模式的运行机制。正因此,钦差回京复命,往往还会受到尚书台官员相关质询和诘难。范滂"受诏使冀州,百姓闻滂名,其有赃污未发者,皆解印绶去。滂举刺史、二千石二十余人,罪恶者皆权豪之党也。尚书诘滂曰:'所举无乃猥多,恐有冤疑,其更详核,勿拘于前。'滂对曰:'臣之所举,自非饕秽奸罪,岂以污臣简札。臣以会日促迫,故先举所闻,其未审者,方当参实,以除凶类。'"④

值得注意的是,东汉创设了"清诏使"。比如,"冀州饥荒,盗贼群起,乃以(范)滂为清诏使,案察之。滂登车揽辔,慨然有澄清天下之志。及至州境,守令自知臧污,望风解印绶去。"⑤"清诏使"又称"清诏员",为三公府专设吏员,负责承接、传达、执行皇帝诏书,包括出使州郡,颁布诏书,检查落实。同时,清诏使奉诏出使,职在督察州县守令,类同从前刺史,但又非州部监察区之固定设置,而是一种更为灵活的钦差之职。尽管如此,"清诏员"更像专职钦差。因为"清诏员"虽为三公府所设,代表的却是皇帝权威。周勃"辟太尉清诏,使荆州。"第五种"以司徒掾清诏使冀州,廉察灾害,举奏刺史、二千石以下,所刑免甚众,弃

---

① 司马彪《续汉书》卷4,《八家后汉书辑注》。
②《史记·汲黯列传》。
③ 司马彪《续汉书》卷4,《八家后汉书辑注》。
④《后汉纪》卷22。
⑤《后汉书·党锢列传》。

官奔走者数十人。"是可知,"三公府有清诏员以承诏使也。"①如果"清诏员"是三公府的特设机构,不仅表明三公和地方有密切联系,更表明三公和皇帝之间具有密切的联系管道。因为三公府设清诏员的职能就是"以承诏使"。这意味着,虽然尚书台是东汉朝政中枢,但三公和皇帝之间的紧密联系依然不容忽视。所以三公府才会专设"清诏员"以便各级官员更为迅捷和准确地接受、理解、传达皇帝诏书,以及督察皇帝诏书的有效落实。

第二节　钦　差　类　型

从事项看,任何一件事都可能遣使出行,故多有临时派遣之钦使。所谓"自临面约敕乃遣之",②即"天子自临敕而遣。"③元帝诏曰:"临遣谏大夫博士赏等二十一人循行天下,存问耆老鳏寡孤独乏困失职之人,举茂材特立之士。""临遣光禄大夫褒等十二人循行天下,存问耆老鳏寡孤独困乏失职之民,延登贤俊,招显侧陋,因览风俗之化。"④成帝诏曰:"临遣谏大夫理等举三辅、三河、弘农冤狱。公卿大夫、部刺史明申敕守相,称朕意焉。"⑤

至于例行派遣的钦差,也并非必然。比如,"连年水旱灾异,郡国多被饥困,"御史中丞樊准上疏,"伏见被灾之郡,百姓凋残,恐非赈给所能胜赡,虽有其名,终无其实。可依征和元年故事,遣使持节慰安。尤困乏者,徙置荆、扬孰郡,既省转运之费,且令百姓各安其所。今虽有西屯之役,宜先东州之急。如遣使者与二千石随事消息,悉留富人守其旧土,转尤贫者过所衣食,诚父母之计也。"⑥这里提及了武帝征和元年的"遣使慰安故事"。⑦ 显然,这是一种诏令钦差出使的惯例。邓太后采纳了樊准建议。"悉以公田赋与贫人。即擢准与议郎吕仓并守光禄大夫,准使冀州,仓使兖州。准到部,开仓禀食,慰安生业,流人咸得苏息。"⑧可见即便遣使故事,也需官员提醒谏议,才能启动相关程序,派遣钦差。

---

① 《后汉书·第五伦列传》,李贤注。
② 《汉书·元帝纪》。
③ 《汉书·成帝纪》,颜注。
④ 《汉书·元帝纪》。
⑤ 《汉书·成帝纪》。
⑥ 《后汉书·樊宏列传》。
⑦ 《资治通鉴》卷49,胡注。
⑧ 《后汉书·樊宏列传》。

　　另一方面,有些事虽事发突然,做多了便成了惯例。各种天灾人祸,皇帝都会派遣钦差出使。"山东被水灾,民多饥乏,于是天子遣使虚郡国仓廪以振贫。……数岁,贷与产业,使者分部护,冠盖相望,费以亿计,县官大空。"①这里就钦使的各种职责和目标,略作铺排和展示,以观使臣任务之广泛和无所不及。

　　第一类是常见型钦使。

　　1. 钦使颁诏。王郎自立天子,移檄州郡,"今元元创痍,已过半矣,朕甚悼焉,故遣使者班下诏书。"②

　　2. 钦差出使,巡行风俗,举荐士人,考核官员。博士郑宽中"使行风俗",举奏益州刺史王尊"治状,迁为东平相"。③"遣使者持节诏郡国二千石谨牧养民而风德化。""遣大中大夫彊等十二人循行天下,存问鳏寡,览观风俗,察吏治得失,举茂材异伦之士。"④"遣五威将帅行天下风俗,将帅亲奉羊酒存问(龚)胜。"⑤遣侍中杜乔、光禄大夫周举等八人"分行州郡,颁宣风化,举实臧否"。⑥

　　3. 所谓"风俗使",实乃天下纲纪使。使臣巡行郡国,依然可以弹劾朝官乃至朝中权臣。身为徇行风俗的"八俊"之一,张纲"遂奏大将军梁冀无君之心十五事,皆臣子所切齿者也。"⑦

　　4. 钦差赈济民众。武帝诏曰:"江南之地,火耕水耨,方下巴蜀之粟致之江陵,遣博士中等分循行,谕告所抵,无令重困。吏民有振救饥民免其厄者,具举以闻。"⑧武帝"遣博士褚大等六人持节巡行天下,存赐鳏寡,假与乏困。"⑨昭帝"遣故廷尉王平等五人持节行郡国,举贤良,问民所疾苦、冤、失职者。""遣使者振贷贫民毋种、食者。"⑩成帝"遣光禄大夫博士嘉等十一人行举濒河之郡水所毁伤困乏不能自存者,财振贷。"⑪和帝"遣使行郡国,水旱灾贫不能自存者廪贷谷食,令山林池泽勿收假税。"⑫安帝"遣光禄大夫樊准、吕仓分行冀兖二州,禀

---

① 《汉书·食货志下》。
② 《后汉书·王昌列传》。
③ 《汉书·王尊传》。
④ 《汉书·宣帝纪》。
⑤ 《汉书·龚胜传》。
⑥ 《东观汉记》卷3。
⑦ 谢承《后汉书》卷4,《八家后汉书辑注》。
⑧ 《汉书·武帝纪》。
⑨ 《汉书·五行志中之下》。
⑩ 《汉书·昭帝纪》。
⑪ 《汉书·成帝纪》。
⑫ 《后汉纪》卷14。

贷流民。"①

5. 钦差视察民情。"通西南夷道，置郡，巴蜀民苦之，诏使（公孙）弘视之。"②

6. 郡国旱灾，朝廷派"请雨使"。徐州遭旱，议郎奚延"使持节到东海请雨，丰泽应澍雨，与京师同日俱霈。"③

7. 钦差出使蛮夷，宣示皇恩，"以天子之意指讽告也。"武帝令严助"谕意风指于南粤。南粤王顿首曰：'天子乃幸兴兵诛闽越，死无以报！'即遣太子随助入侍。"④

8. 钦差检查边疆防务。"谏大夫如普行边兵，还言'军士久屯塞苦，边郡无以相赡。今单于新和，宜因是罢兵。'"王莽"采普言，征还诸将在边者。免陈钦等十八人，又罢四关填都尉诸屯兵。"⑤

9. 朝廷御史督军讨贼，也是一种钦差。绣衣御史王翁孺"逐捕魏郡群盗坚卢等党与，及吏畏懦逗遛当坐者，翁孺皆纵不诛。它部御史暴胜之等奏杀二千石，诛千石以下，及通行饮食坐连及者，大部至斩万余人。"⑥直指绣衣使江充"督三辅盗贼，禁察踰侈"。⑦ 张伯路"寇略缘海九郡"，遣侍御史庞雄"督州郡兵讨破之"；⑧他来年再次起兵，遣御史中丞王宗"持节发幽、冀诸郡兵"破之。⑨ 长沙、零陵贼起，遣御史中丞盛修"督州郡讨之"。⑩ 徐、扬二州盗起，遣御史中丞冯放"督州郡兵讨之"。⑪

第二类是罕见型钦使。

1. 皇帝派御史前往边关，向守将传达诏书，命其自裁。胡亥遣御史曲宫"乘传之代"，以蒙毅不忠为由，诏曰："朕不忍，乃赐卿死，亦甚幸矣。卿其图之！"蒙毅请求"原大夫为虑焉，使臣得死情实"。史称，"使者知胡亥之意，不听蒙毅之言，遂杀之。"⑫

① 《后汉书·孝安帝纪》。
② 《史记·平津侯列传》。
③ 谢承《后汉书》卷3，《八家后汉书辑注》。
④ 《汉书·严助传》。
⑤ 《汉书·王莽传中》。
⑥ 《汉书·元后传》。
⑦ 《通典》卷24。
⑧ 《后汉书·孝安帝纪》。
⑨ 《后汉书·张宗列传》。
⑩ 《后汉书·孝桓帝纪》。
⑪ 《后汉纪》卷19。
⑫ 《史记·蒙恬列传》。

2. 武帝命大司农郑当时"使视决河,自请治行五日"。①

3. 监军亦是钦差。秉承皇命,权宜行事。武陵蛮反,马援伐之。光武命谒者宗均"监援军",宗均矫制平蛮。光武"嘉其功,迎,赐以金帛,令过家上冢。"②

4. 成帝"以书颇散亡,使谒者陈农求遗书于天下。"③

5. 王莽"遣谏大夫五十人分铸钱于郡国。"④

6. 王莽"遣大夫桓谭等班行谕告天下,以当反位孺子之意。"⑤

7. 王莽遣五威将军王奇等"班符命四十二篇于天下,言当代汉之意。"⑥

8. 王莽"遣中散大夫、谒者各四十五人,分行天下,博采乡里所高有淑女者上名。"⑦

9. 王莽"遣使者下郡国,听群盗自相纠摘,五人共斩一人者,除其罪;吏虽逗留回避故纵者,皆勿问,听以禽讨为效。"⑧

第三节　对钦差的规范

使臣改变计划行程,必须上书皇帝批准。谏大夫楼护"使郡国。护假贷,多持币帛,过齐,上书求上先人冢,因会宗族故人,各以亲疏与束帛,一日散百金之费。"⑨单于来朝,成帝使班伯"持节迎于塞下。会定襄大姓石、李群辈报怨,杀追捕吏,伯上状,因自请愿试守期月。上遣侍中中郎将王舜驰传代伯护单于,并奉玺书印绶,即拜伯为定襄太守。"⑩

使臣出行不光有固定路线、既定任务,也有确定时间。如果逾期或超时,则属违法。"遣中郎将韩况送单于。单于出塞,到休屯井,北度车田卢水,道里回远。况等乏食,单于乃给其粮,失期不还五十余日。"⑪

钦差必须按照固定路线,完成预定任务,不能随便更改行程,更不能任意假

---

① 《汉书·郑当时传》。
② 《资治通鉴》卷44。
③ 《汉书·艺文志》。
④ 《汉书·王莽传中》。
⑤ 《资治通鉴》卷36。
⑥ 《后汉书·隗嚣列传》,李贤注。
⑦ 《资治通鉴》卷38。
⑧ 《资治通鉴》卷43。
⑨ 《汉书·游侠传》。
⑩ 《汉书·叙传上》。
⑪ 《汉书·匈奴传下》。

传圣旨,超越职权。汲黯偏偏两样都占了。先是自作主张,中途而返,没有完成武帝事先交付他的任务;继而在视察途中,擅自作主,矫诏插手其他地方事务。值得注意的是,这两次均未受到武帝追究。虽说"贤而释之",也只是"迁为荥阳令"。非但没有提拔重用,反而被赶出朝廷,当了一个区区县令。这实际上是一种变相贬斥。所以,汲黯才会"耻为令,称疾归田里"。可见,武帝嘴上不说,心里还是颇有芥蒂。这说明,官员是否严格执行诏书规定,直接关乎自己前程,也关乎皇帝对其操行和能力的评价。虽然武帝惜才,后来又把汲黯召回朝廷,任命为中大夫,但秉性难移,汲黯"以数切谏,不得久留内",还是未能在朝廷站住脚,迁为东海太守。①

使臣在外必须严格按照计划行事,不能擅自作主,改变计划。一旦计划有变,须立即奏请皇帝,否则即为矫诏。② 依照法律,"奉使有指,"严禁"擅矫制违命"。③ 矫诏乃钦差大忌。④ 至于是否必定受到严厉惩罚,并不确定。⑤ 比如,"汉使涉何谯谕右渠,终不肯奉诏。何去至界,临浿水,使驭刺杀送何者朝鲜裨王长,即渡水,驰入塞,遂归报天子曰'杀朝鲜将'。上为其名美,弗诘,拜何为辽东东部都尉。"⑥武帝的理由相当搞笑,仅因为汉使名字好,即便矫诏,也不予追究。又如,夏侯藩使匈奴,向单于提及,"匈奴有斗入汉地,直张掖郡,生奇材木,箭竿就羽,"希望单于"上书献此地"。夏侯藩回国后,迁为太原太守,却被单于告了一状,"以藩求地状闻。"其实,向匈奴讨要斗地成帝本就知情,算是默许,夏侯藩不算矫诏。但成帝不好明说,只得诏报单于,"藩擅称诏从单于求地,法当死,更大赦二,今徙藩为济南太守,不令当匈奴。"⑦成帝的这番操作,貌似贬谪,实则平调。所谓"不令当匈奴",也只是一种口头道歉,意思是,不应让他出使匈

① 《汉书·汲黯传》。
② 值得注意的是,汉廷派往西域的使臣多有矫诏之举。比如,冯奉世"使持节送大宛诸国客"。莎车和北道诸国"歃盟畔汉",冯奉世与副使严昌计谋,"以为不亟击之"则"必危西域"。遂发兵击之,"诸国悉平,威振西域。"(《汉书·冯奉世传》)又如,陈汤与甘延寿出使西域,"汤独矫制发城郭诸国兵、车师戊己校尉屯田吏士。"(《汉书·陈汤传》)
③ 《汉书·冯奉世传》。
④ 还有一种情况,钦差并非矫诏,而是伪造民意,迎合上意。"风俗使者八人还,言天下风俗齐同,诈为郡国造歌谣,颂功德,凡三万言。"(《汉书·王莽传上》)王莽专权,需要民意,钦差积极迎合,悠忽王莽。这样,使臣在奏诏模式中主动扮演了一种自欺欺人的角色。
⑤ 这里举一个汉使矫诏被诛的例子。"中郎将张修与单于不相能,修擅斩之,更立右贤王羌渠为单于。修以不先请而擅诛杀,槛车征诣廷尉抵罪。"(《后汉书·南匈奴列传》)
⑥ 《汉书·朝鲜传》。
⑦ 《汉书·匈奴传下》。

奴。潜台词是，我用人不当。显然，夏侯藩替成帝背了锅。①

至于真正的使臣矫诏，著名者至少有三人。值得注意的是，这三人均未受到相应惩罚。举两例，以示内外无殊。一是徐偃巡视郡国。"偃矫制，使胶东、鲁国鼓铸盐铁。"其实，"偃已前三奏，无诏。"可见徐偃事前已三次上书，只是没有得到武帝诏报。御史大夫张汤"以致其法，不能诎其义"。武帝再命终军质询徐偃。终军上奏，"偃矫制颛行，非奉使体，请下御史征偃即罪。"武帝虽"善其诘"，但未见有惩罚徐偃的具体措施。② 一是冯奉世出使西域。冯奉世认为"莎车日疆，其势难制"，于是，"以节谕告诸国王，因发其兵，南北道合万五千人进击莎车，攻拔其城。莎车王自杀，传其首诣长安。"丞相、将军认为，"《春秋》之义，大夫出疆，有可以安国家，则颛之可也。奉世功效尤著，宜加爵土之赏。"萧望之则认为冯奉世"奉使有指，而擅矫制违命，发诸国兵，虽有功效，不可以为后法。即封奉世，开后奉使者利，以奉世为比，争逐发兵，要功万里之外，为国家生事于夷狄。渐不可长，奉世不宜受封。"宣帝赞成萧望之的意见。③

第四节　对钦差的奖惩

汉使有两个代表，终军和苏武。共同点是，不失汉节，不辱使命。使臣本质上是皇帝对官员的直接差遣和亲自委派。某种意义上，**皇帝和钦差的关系是一种最简单的君臣关系**。钦差的本职就是给皇帝办好差，让皇帝满意。"陆贾还报，文帝大说。"④基于这个逻辑，人们对钦差的看法和观念，自然形成了一种共识性的评语。像"奏事称意"、"奉使称旨"、"奉使称职"、"奉使称意"之类，就是人们对钦差的最高赞誉。博士孔光"数使录冤狱，行风俗，振赡流民，奉使称旨，由是知名。"⑤谒者终军"使行郡国，……所见便宜以闻。还奏事，上甚说。"⑥太中大夫盖宽饶"使行风俗，多所称举贬黜，奉使称意"。⑦ 如果"奉使称旨"，便可

---

① 这很正常。某种意义上，所有臣子都有义务为君主背锅。换言之，臣子就是君主的专职背锅侠和义务替罪羊。
② 《汉书·终军传》。
③ 《汉书·冯奉世传》。
④ 《汉书·两粤传》。
⑤ 《汉书·孔光传》。
⑥ 《汉书·终军传》。
⑦ 《汉书·盖宽饶传》。

擢拔。谏大夫楼护使郡国,"使还,奏事称意,擢为天水太守。"①司徒掾第五种"诏使冀州,廉实灾害,举奏刺史、二千石以下,所刑免甚多,弃官奔者数十人。还以奉使称旨,擢拜高密侯相。"②给事中平当"使行流民幽州,举奏刺史二千石劳来有意者,言勃海盐池可且勿禁,以救民急。所过见称,奉使者十一人为最,迁丞相司直。"③如果"嘉其勤劳",也能擢升。常惠使匈奴"见拘留十余年,昭帝时乃还。汉嘉其勤劳,拜为光禄大夫。"④甚而,钦差还会因出使而封侯。"太仆王恽等八人使行风俗,宣明德化,万国齐同。皆封为列侯。"⑤

反之,"奉使不称"、"奉使无状"或"奉使欺谩"则需免职。绣衣御史翁孺"以奉使不称免"。师古曰:"不称谓不副所委。"⑥意思是,没有完成皇帝交付的使命。所以,看到"奉使者不称",即出使"不副上意",未能为朝廷选拔出人才,武帝再次下诏,明令"丞相、御史其与中二千石、二千石杂举可充博士位者,使卓然可观。"⑦如果钦差复命不合上意,便会受到皇帝严惩。比如,匈奴单于好奇车千秋凭啥当丞相,汉使解释,"以上书言事故。"单于不以为然。"苟如是,汉置丞相,非用贤也,妄一男子上书即得之矣。"史称,"使者还,道单于语。武帝以为辱命,欲下之吏。"⑧又如,"大司马士按章豫州,为贼所获,贼送付县。士还,上书具言状。(王)莽大怒,下狱以为诬罔。"⑨

钦差复命不合上意,是谓不尽职,没有完成圣命,似乎比一般官员的"奏事不合天子之意"更为严重。因为他没有办好皇帝诏书要求的差事。比如,公孙弘显然不是一个好钦差。他两次出使均未能使武帝满意。"方通西南夷,巴蜀苦之,诏使弘视焉。还奏事,盛毁西南夷无所用,上不听。"后来,公孙弘又以博士身份"使匈奴,还报,不合意,上怒,以为不能,弘乃移病免归"。不论"移病"是"移书言病",还是"以病移居",⑩其实差别不大,就是向皇帝请病假,所以它需

① 《汉书·游侠传》。
② 华峤《汉后书》卷2,《八家后汉书辑注》。
③ 《汉书·平当传》。
④ 《汉书·常惠传》。
⑤ 《汉书·平帝纪》。
⑥ 《汉书·元后传》。
⑦ 《汉书·成帝纪》,颜注。
⑧ 《汉书·田千秋传》。
⑨ 《汉书·王莽传下》。
⑩ 《汉书·公孙弘传》,颜注。胡三省云:"余谓前说是。"(《资治通鉴》卷25)即赞成"移书言病"说。

要专门上奏。①

钦差受贿被惩罚。即便出使卸任之后,依然受到追究。司马相如自巴蜀返京复命,“其后人有上书言相如使时受金,失官。”②

第五节 使臣功德之观念

在早期帝国的话语中,“奉使方外”和“郡国守相”往往相提并论。不过,其间又有深刻的名利差异。一方面,只有出使西域、匈奴才有机会封侯,出行郡国的钦差却罕见有人封侯。③ 可见,使外国与使郡国确实待遇悬殊。尽管如此,在汉人心中,巡视郡国胜过出使西域。所谓“优游都城而取卿相,何必勒功昆山之仄。”段会宗再为西域都护,与其“相友善”的谷永“闵其老复远出,予书戒”,希望他谨慎从事,切忌贪功冒进,所谓“愿吾子因循旧贯,毋求奇功。”总之,“万里之外以身为本。”④

另一方面,做钦差就像做守相一样,皆是人们评价官员仕途成功与否的重要指标。“时方外事胡越,内兴制度,国家多事,自公孙弘以下至司马迁皆奉使方外,或为郡国守相至公卿,而(东方)朔尝至太中大夫,后常为郎,与枚皋、郭舍人俱在左右,诙啁而已。”⑤可见在汉人心中,出使有一种特殊的荣誉感,以至于竟有官吏表示愿意以士卒身份跟随使臣。比如,右扶风丞路温舒上书宣帝,“愿给家养,暴骨方外,以尽臣节。”他意思是,我虽然不能出使匈奴,但求“为卒而随使至匈奴”。⑥

---

① 官员上书皇帝称病,一般都不是真生病,而是托病在家,谢罪避祸。比如,“左将军上官桀父子与盖主、燕王谋为逆乱,假稻田使者燕仓知其谋,以告大司农杨敞。敞惶惧,移病,以语(杜)延年。”(《汉书·杜周传》)“移病”表明,公卿大臣的行踪和生活必须随时告知皇帝。就是说,皇帝需要做到对朝廷高官行动的全程掌握。无论官员向皇帝请病假,还是皇帝在百日之后继续恩准官员休病假,都表明皇帝对官员日常生活的深度介入和全面监控。否则很难解释,为何京兆尹张敞在家给夫人画眉竟很快被皇帝知晓,还能当作笑谈在朝堂上公布于众。

②《史记·司马相如列传》。

③ 唯有平帝时有过一次,但真正作主者应该是王莽。

④ 谷永这篇书信值得一读。“足下以柔远之令德,复典都护之重职,甚休甚休!若子之材,可优游都城而取卿相,何必勒功昆山之仄,总领百蛮,怀柔殊俗?子之所长,愚无以喻。虽然,朋友以言赠行,敢不略意。方今汉德隆盛,远人宾服,傅、郑、甘、陈之功没齿不可复见,愿吾子因循旧贯,毋求奇功,终更亟还,亦足以复雁门之踦。万里之外以身为本。愿详思愚言。”(《汉书·段会宗传》)

⑤《汉书·东方朔传》。

⑥《汉书·路温舒传》,颜注。

正因此,士人才会主动请缨要求充任使臣。以终军为例。他先后两次上书武帝,请求出使蛮夷。先是汉廷准备"发使(使)匈奴,军自请曰:'军无横草之功,得列宿卫,食禄五年。边境时有风尘之警,臣宜被坚执锐,当矢石,启前行。弩下不习金革之事,今闻将遣匈奴使者,臣愿尽精厉气,奉佐明使,画吉凶于单于之前。臣年少材下,孤于外官,不足以亢一方之任,窃不胜愤懑。'诏问画吉凶之状,上奇军对。"后来,"南粤与汉和亲,乃遣军使南粤,说其王,欲令入朝,比内诸侯。军自请:'愿受长缨,必羁南粤王而致之阙下。'军遂往说越王,越王听许,请举国内属。天子大说,赐南粤大臣印绶,壹用汉法,以新改其俗,令使者留填抚之。"但因越相吕嘉"不欲内属",[1]发动政变,杀死终军等一干汉使。

某种意义上,钦使确是一种高危职业。战乱期间自不必说。比如,楚汉之际,郦食其"常为说客,驰使诸侯"。他为刘邦出使齐王,被烹。[2] 可谓悲摧至极。又如,建武初,张步拥兵据齐,光武遣伏隆持节招降,拜其为东莱太守。张步首鼠两端,称齐王,"遂执隆"而杀之。[3] 至于和平时期,皇差出使亦屡涉险境,步步惊心。比如,朱建之子为中大夫,"使匈奴,单于无礼,骂单于,遂死匈奴中。"[4]匈奴找借口扣留汉使,更是家常便饭。"先是汉亦有所降匈奴使者,单于亦辄留汉使相当。"[5]同样,出使西域的汉使,更是风险极高,死亡屡屡发生。[6] 比如,"自武帝始通罽宾,自以绝远,汉兵不能至,其王乌头劳数剽杀汉使。"后来,汉使文忠"立阴末赴为罽宾王",待赵德出使,和阴末赴发生龃龉,"阴末赴锁琅当德,杀副已下七十余人。"[7]卫司马谷吉"使送郅支单于侍子,为郅支所杀"。[8] 莎车等国"杀汉使者奚充国"。[9] "龟兹、楼兰皆尝杀汉使者。"[10]

尽管汉使的危险系数甚高,但为了保护汉使,武帝仍不惜一战。"汉使者久

---

① 《汉书·终军传》。

② 《史记·郦生列传》。

③ 《后汉书·伏湛列传》。

④ 《汉书·朱建传》。

⑤ 《史记·匈奴列传》。

⑥ 这种危险不仅来自出使国,也来自汉朝。比如,围绕乌孙昆弥"狂王",汉廷诛杀了三个汉使,还将一个副使做了宫刑。"狂王"和楚主解忧生一子,"不与主和,又暴恶失众。"汉使魏和意、副使任昌送侍子,公主和汉使谋杀狂王,事败,狂王受伤。汉遣中郎将张遵前往医治,"因收和意、昌系琐,从尉犁槛车至长安,斩之。"同时,"车骑将军长史张翁留验公主与使者谋杀狂王状,主不服,叩头谢,张翁捽主头骂詈。主上书,翁还,坐死。"副使季都"别将医养视狂王",他返汉后,"坐知狂王当诛,见便不发,下蚕室。"(《汉书·西域传下》)

⑦ 《汉书·西域传上》。

⑧ 《汉书·谷永传》。

⑨ 《汉书·冯奉世传》。

⑩ 《汉书·傅介子传》。

留不还,故兴(师)遣贰师将军,欲以为使者威重也。"①王莽却是另一种做法,试图以高姿态的自我牺牲来换取钦使的人身安全。王莽为钦使免遭匈奴所害,主动示以怀柔,将对匈奴侍子不满的官员下狱,导致其自杀。"单于咸既和亲,求其子登尸,莽欲遣使送致,恐咸怨恨害使者,乃收前言当诛侍子者故将军陈钦,以他罪系狱。钦曰:'是欲以我为说于匈奴也。'遂自杀。"②陈钦的意思是,王莽是要拿他作出使匈奴的见面礼和投名状。

第六节　钦差之意义

钦使不是简单听命皇帝,而是直接听命皇帝,亲自向皇帝汇报。钦使频出意味着皇帝耳目遍布天下,皇帝身影无处不在,即皇权在帝国事务中的恣意扩展,皇权操控政治的高效灵活。客观而言,钦使的设置就是**皇帝治天下如治一人**的政治实践。③ 运转双臂,收发自如,大小事务尽决于上,百官万民尽在彀中。在民众想象中,钦使出行就像皇帝来到身边;在皇帝想象中,钦使巡行就像天下一展眼前。

钦差出使,皆有诏命。④ 钦差出行所为,行使皇权,代表皇帝,既可体现诏书的权威性,又可表明实施诏书的具体效果。究其实,不妨将钦差视作奏诏模式的扩展性实践。它有效地连接了朝廷和郡国之间的政情管道,提高了中央和地方之间的行政效率,扩展了奏诏模式的信息容量,下情上达,上令下传,强力打破了帝国的层级壁垒和上下隔膜。一言之,钦差的频繁出使,表明皇帝对地方政治的深层介入和对地方事务的全面掌控。

钦差的设置和做法,表明皇权政治的灵活性和皇帝施政的权宜性。比如,

---

① 《汉书·西域传下》。
② 《汉书·王莽传中》。
③ 钦差或使臣的广泛存在表明,皇帝可以根据需要,插手、介入或干预任何一件事情。换言之,皇帝想管什么,就可以管什么。任何人都是他专制的工具,都是他专制机器的螺丝钉,都可以用于他想管的事情上。
④ 钦使携带诏书是常规做法。后世更有钦使携带空白诏书之举。比如,朝廷讨伐吴元济时,唐宪宗"怒诸军无大功,诏内常侍梁守谦宣慰,因督战,付诏书五百以待有功,斥金帛募死士。"(欧阳修、宋祁《新唐书·藩镇彰义列传》,中华书局,1975年)可见,钦使出行除了携带事先拟制的诏书,为了便宜行事,随机处置,还携带一些空白诏书,以待现场填写相关人事信息,随即颁布,以便起到加大执行力度、广施皇恩的诏令效果。(空白诏书类似现在的空白介绍信或空白支票,根据需要随时填写。)客观上,空白诏书授予钦使兼有承制宣诏之权。

建元三年,闽越举兵围东瓯,东瓯告急于汉。时武帝年未二十,以问太尉田蚡。蚡以为越人相攻击,其常事,又数反覆,不足烦中国往救也,自秦时弃不属。于是(严)助诘蚡曰:"特患力不能救,德不能覆,诚能,何故弃之?且秦举咸阳而弃之,何但越也!今小国以穷困来告急,天子不振,尚安所愬,又何以子万国乎?"上曰:"太尉不足与计。吾新即位,不欲出虎符发兵郡国。"乃遣助以节发兵会稽。会稽守欲距法,不为发。助乃斩一司马,谕意指,遂发兵浮海救东瓯。[①]

可见武帝发兵不用虎符,而用使节,正是希望钦差"以天子意指晓告"[②]郡国守相,将自己的意图直接下达地方官,省略常规手续的繁杂,减少正常程序的羁绊。这里的关键是,武帝"新即位,不欲出虎符发兵郡国"而选择钦差出使,表明钦差在解决某些棘手问题时成为皇帝优先考虑和选择的手段。所谓"太尉不足与计",却愿意遣一钦差决之,正说明遣使已成为年轻皇帝急于摆脱官僚体制约束以建功立业的首选方案。总之,武帝的政治天赋使他早早意识到了钦差对贯彻自己意图具有不可替代的独特作用。这作用主要体现在两点,既是皇帝耳目,又是皇帝爪牙。钦使是皇帝详细掌握官场政情和天下民情的秘密渠道,所有钦使皆直接向皇帝负责。正因此,钦使作为及得失皆直接关系皇帝谋略之成败和权术之高下。

钦差代表皇帝,臣民见使如见君。正因此,"不为使者礼"即"不敬天子之使"。[③] 其逻辑是,"敬近臣,为近主也。礼,下公门,式路马,君畜产且犹敬之。"[④]皇帝的神圣光辉需要人们对皇帝的一切时刻保持敬畏,不能丝毫轻慢。不敬天子使,伤害天子臣,必须严惩,不容姑息。所谓"见无礼于君者,若鹰鹯之逐鸟雀"。[⑤] 比如,车骑将军薄昭是薄太后弟弟,"昭杀汉使者,文帝不忍加诛,使公卿从之饮酒,欲令自引分。昭不肯,使群臣丧服往哭之,乃自杀"。[⑥] 文帝如此大费周章,可见其制裁薄昭的决心。这种制裁力度恰说明他对皇帝尊严不容丝毫侵犯的坚定维护。又如,责备承制诏问的使者,即是责备制诏之皇帝,实乃臣子之罪。丞相司直繇延寿奏劾御史大夫萧望之"责使者礼"。"侍中谒者良

①《汉书·严助传》。
②《汉书·严助传》,颜注。
③《汉书·佞幸传》,颜注。
④《汉书·薛宣传》。
⑤《风俗通义》卷4。
⑥《汉书·文帝纪》,颜注。

使〔丞〕〔承〕制诏望之,望之再拜已。良与望之言,望之不起,因故下手,而谓御史曰'良礼不备'。"宣帝策免萧望之,"左迁君为太子太傅。"①再如,京兆尹王尊坐免,是因为无礼使者和不行诏书。二者均牵涉对诏书的态度,也就是缺乏对诏书权威性的应有尊敬。所谓使者即送递诏书之人。见诏如见君。如果官员怠慢送诏使者,就是对皇帝的大不敬。王尊"坐遇使者无礼。司隶遣假佐放奉诏书白尊发吏捕人,放谓尊:'诏书所捕宜密。'尊曰:'治所公正,京兆善漏泄人事。'放曰:'所捕宜今发吏。'尊又曰:'诏书无京兆文,不当发吏。'"所谓"诏书无京兆文"可两解,一是皇帝没有给京兆尹下诏,一是这道诏书中没有给京兆尹下指示。所以,自己不能派人。御史大夫张谭劾奏王尊"外为大言,倨嫚姗(嫌)〔上〕,威信日废,不宜备位九卿。尊坐(先)〔免〕"。②

某种意义上,使臣就像皇帝的替身,或皇权的泛人化。皇帝人在宫中,却能洞观天下洞察毫末,其神奇类似千手千眼佛。在皇帝布下的天罗地网中,钦使扮演了一个无处不在的通天角色。皇帝随时派遣数位乃至数十位钦差出行郡国或出使外国实施皇命。钦差代表皇帝即化身皇帝,在想象中,好像皇帝有了某种分身术,能够同时出现在帝国的任何一个他想去的地方。在客观效应上,代表皇帝随时出使郡国的钦差,就像皇帝巡视天下,深入民间,使百姓得以时时感受到皇帝的存在和皇恩的浩荡。

第七节　钦差使命及作为

武帝拓边扩张过程中,各种钦差发挥了特殊作用。"严助、朱买臣等招徕东瓯,事两粤,江淮之间萧然烦费矣。唐蒙、司马相如始开西南夷,凿山通道千余里,以广巴蜀,巴蜀之民罢焉。彭吴穿秽貊、朝鲜,置沧海郡,则燕齐之间靡然发动。"③大体说,东南西北,皆有涉足。四面开花,四面结果。但重点还是北方和西北。

一、出使南粤

刘邦遣陆贾立尉佗为南粤王,"服领以南,王自治之。"文帝即位之初,先是

① 《汉书·萧望之传》。
② 《汉书·王尊传》。
③ 《汉书·食货志下》。

派汉使"告诸侯四夷从代来即位意,谕盛德焉",继而又因丞相陈平举荐,令陆贾出使南粤。陆贾给尉佗带去了文帝给他的赐书,特别提及了尉佗称帝一事。南粤王表示"愿奉明诏,长为藩臣,奉贡职",并下令"去帝制黄屋左纛。"尉佗的重孙婴齐早年在长安时,娶摎氏女,她有个情人叫安国少季。后来婴齐即位,是为第三代南粤王,摎氏为王后。婴齐薨,摎氏为太后。汉廷利用安国少季和摎氏的关系,命其率领使团前往南粤。"汉使安国少季谕王、王太后入朝,令辩士谏大夫终军等宣其辞,勇士魏臣等辅其决,卫尉路博德将兵屯桂阳,待使者。"可见武帝对这次出使南粤相当重视,并作了周全准备。结果出乎意料,完全不可收拾。汉使安国少季和太后摎氏旧情复燃,"复与私通,国人颇知之,多不附太后。"丞相吕嘉趁机作乱,"攻杀太后、王,尽杀汉使者。"[1]某种意义上,这是一次因床第之欢引发的宫廷政变,进而又引发了汉粤两国的外交纷争。

二、出使巴蜀

在汉帝国开拓西南夷的过程中,汉使起到了一种异乎寻常的关键作用。它主要表现在武帝对西南夷地理方位、政情风俗各方面的了解。比如,张骞出使大夏,见到蜀布、邛竹杖,得知千里之外有身毒国。"骞因盛言大夏在汉西南,慕中国,患匈奴隔其道,诚通蜀,身毒国道便近,又亡害。于是天子乃令王然于、柏始昌、吕越人等十余辈间出西南夷,指求身毒国。"滇王和夜郎侯的自大言语也因使者之口传到了京城。"使者还,因盛言滇大国,足事亲附。天子注意焉。"[2]

武帝委派唐蒙出使巴蜀,但他办事不力,武帝又派司马相如出使,斥责唐蒙,同时,司马相如代表武帝,安抚民众。司马相如写了一篇"告巴蜀太守"的檄文,炫耀武功,标榜汉德,为武帝辩护,进而对蛮夷恩威并施。司马相如"使讫还报天子",武帝拜其为中郎将,"建节往使。"至蜀,"太守以下郊迎,县令负弩矢先驱,蜀人以为宠。"可见钦差的礼仪相当可观。于是,司马相如"藉蜀父老为辞,而己诘难之,以风天子,且因宣其使(诣)〔指〕,令百姓皆知天子意。"这是一篇不是奏疏的奏疏,通过"耆老大夫搢绅先生之徒"和使者的对话,表达出一种微妙而复杂的心情。[3]

---

① 《汉书·两粤传》。
② 《汉书·西南夷传》。
③ 《汉书·司马相如传下》。

三、出使匈奴

匈奴乃"百蛮大国",意即"于百蛮之中,最大国也。"①至于西域"本属匈奴",②乌孙等国"素服属之"。总之,"匈奴大国"③确是汉人定评。匈奴是早期帝国唯一对中国造成实质威胁的大国。第一个汉使出使的就是匈奴,而且是以示弱的姿态去求和的。"是时匈奴以汉将数率众往降,故冒顿常往来侵盗代地。于是高祖患之,乃使刘敬奉宗室女翁主为单于阏氏,岁奉匈奴絮缯酒食物各有数,约为兄弟以和亲,冒顿乃少止。"④这使汉匈关系成为秦汉时期唯一的大国关系,构成了汉帝国对外关系的基轴,长期支配着汉帝国外交关系的基本走向。

为此,汉廷亟须了解匈奴的方方面面。但在最初的汉匈关系中,汉廷一直被匈奴压制,居于下风。尤其在中行说的设计和操作下,汉使常常遭到羞辱和摆弄。这更加剧了汉帝国急切了解匈奴军情的愿望。事实上,汉官出使匈奴,职在刺探军情。"时汉连伐胡,数通使相窥观。"正因此,汉匈之间的大国博弈,一个表现就是互扣使臣,相互较劲。"匈奴留汉使郭吉、路充国等,前后十余辈。匈奴使来,汉亦留之以相当。"⑤显然,汉匈双方不约而同地都在追求一种游走于外交和战争之间的政治平衡和礼节对等。"汉留匈奴使,匈奴亦留汉使,必得当乃止。"⑥可见汉匈双方在外交谋略和政治手腕上均已达到了不谋而合旗鼓相当的水平。

不过,匈奴对付汉使的手段似乎更技高一筹。他们不仅有"数使使好辞甘言求和亲"的一面,更有不择手段下三烂的一面。比如,匈奴不光扣留汉使,还流放汉使。"留郭吉不归,迁辱之北海上。"⑦徙苏武"北海上无人处"。⑧ 可见北海实乃匈奴流放和雪藏汉使之地。又如,匈奴还喜欢忽悠汉使。"汉使王乌等如匈奴。匈奴复谄以甘言,欲多得汉财物,给王乌曰:'吾欲入汉见天子,面相结为兄弟。'王乌归报汉,汉为单于筑邸于长安。"⑨就此言,匈奴的外交风格既有

---

① 《汉书·西域传上》,颜注。
② 《汉书·陈汤传》。
③ 《汉书·匈奴传下》。
④ 《汉书·匈奴传上》。
⑤ 《汉书·苏建传》。
⑥ 《汉书·匈奴传上》。
⑦ 《汉书·匈奴传上》。
⑧ 《汉书·苏建传》。
⑨ 《汉书·匈奴传上》。

耍横狠辣一面,又有使诈诡谋一面。

对匈奴和西域诸国来说,汉使即诏使,亦即传达汉帝旨意的使臣。所谓"建彊汉之节,承明圣之诏,宣谕厚恩。"①所以,"困辱使者,不肯奉诏"往往联系在一起。正因此,"困辱汉使"对汉廷来说,是大事,也是大罪。所以,这成为汉廷指责匈奴等诸国的常见理由。汉人甚至认为诸国"罪莫大于执杀使者"。杜钦说:"德莫大于有国子民,罪莫大于执杀使者,所以不报恩,不惧诛者,自知绝远,兵不至也。"②所以,在汉廷看来,"困辱汉使"必须受到惩罚。因为,汉使不仅是汉朝的颜面,更是汉帝的尊严。"困辱汉使"等于打汉帝的脸。郅支单于不但"困辱汉使者江乃始",还杀了汉使卫司马谷吉。更有甚者,"汉遣使三辈至康居求谷吉等死,郅支困辱使者,不肯奉诏。"史称,"其骄嫚如此。"这些事显然给元帝极大刺激。他赦免甘延寿、陈汤矫诏的主要理由,就是郅支单于"留杀汉使者",陈汤却能"诛讨郅支单于,斩获其首",虽然"踰义干法",但"威震百蛮"。③这让人想起苏武拒降匈奴时的豪言,"南粤杀汉使者,屠为九郡;宛王杀汉使者,头县北阙;朝鲜杀汉使者,实时诛灭。独匈奴未耳。若知我不降明,欲令两国相攻,匈奴之祸从我始矣。"④

汉匈关系走势取决于两国实力的此消彼涨。在此过程中,汉使向匈奴单于是否行跪拜之礼,未见明确的官方记载,史书中却有汉使坚持不对匈奴单于行跪拜之礼而引发冲突的记载。明帝时,"越骑司马郑众使匈奴。单于欲令众拜,众不为之屈;单于围守众,欲胁服之,众拔刃以自誓,单于恐,乃止。乃发使随众还汉。"后来,"朝议复使众报之。"郑众疏谏,"臣伏料北单于所欲致汉使者,欲以离南单于,令西域诸国耳,故汲汲于致汉使。使既到,偃蹇自若。"明帝不从。郑众再次上书,"臣前使匈奴,与单于不和,而今复往,恐其必取胜于臣,臣诚不忍持大汉节信,对旃裘跪拜,令以益匈奴之名,损大汉之强。"郑众这里提及他为保持汉节、不给单于跪拜一事,意图提醒明帝匈奴对汉廷的不敬。意思是"宜且勿答"即无需出使。明帝坚持不从。"众既西,道路间连续上书固争,上大怒,追还,系廷尉狱,会赦,归家。"可见郑众极为看重汉匈间的礼仪之争。而明帝对郑众的惩罚恰恰反证了他对这次出使有可能再次引发汉匈间的礼仪之争的莫名担心。"其后帝见匈奴使来者,问众使时与单于争礼状,皆言匈奴中传以为众壮

---

① 《汉书·陈汤传》。
② 《汉书·西域传上》。
③ 《汉书·陈汤传》。
④ 《汉书·苏建传》。

勇,往时苏武不能过也。"①

四、出使西域

出使西域者多不称职,使外国成为汉帝国从未遇到的国际难题。"先是时,汉数出使西域,多辱命不称,或贪污,为外国所苦。是时乌孙大有击匈奴之功,而西域诸国新辑,汉方善遇,欲以安之,选可使外国者。"②

武帝拓边,出使西域成为一种新兴职业。汉廷考虑到,"凡人皆不乐去,故有自请为使者,即听而遣之。"同时,"不为限禁远近,虽家人私隶并许应募。"即便汉使素质参差不齐,"乖天子指意,"但皇帝仍然希望他们"更求充使","立功以赎罪。"武帝的谋略表明,汉帝国亟需出使西域的汉使数量和人才,以满足帝国对更为广阔的世界的了解以及扩张疆域和势力范围的战略需求。"自骞开外国道以尊贵,其吏士争上书言外国奇怪利害,求使。天子为其绝远,非人所乐,听其言,予节,募吏民无问所从来,为具备人众遣之,以广其道。"③

汉廷设置的所有涉外官职,某种意义上,皆为汉使,都是代表汉帝和汉朝的使臣。比如,段会宗率军出征西域,但他仍然自称使者,意思是自己身份类同汉帝使臣。就连西域都护,在诸国眼中也是汉使。④ 就此而言,西域都护属官叛逃,性质如同汉使叛国。早在汉初,就发生了一起汉使中行说叛逃匈奴的事件。⑤ 至于新朝,甚至发生过一桩汉使集体逃亡匈奴的"叛国案件"。

与此同时,随着汉使的逐渐增多,它给西域诸国制造的麻烦和带来的负担也愈加严重。"使者一岁中多至十余辈。"由此造成的突出弊端就是,"每供给使者,受其劳费,"厌苦不已,以至于"楼兰、姑师当道,苦之,攻劫汉使王恢

---

① 《后汉纪》卷 10。
② 《汉书·冯奉世传》。
③ 《汉书·张骞传》,颜注。
④ 其实,西域诸国对西域都护身份的观察和定位相当准确。本质上,西域都护就是汉帝国的驻外机构,负责维护汉朝的外交利益以及协调汉廷和西域的外交关系。
⑤ 文帝遣宗室女为单于阏氏,"使宦者燕人中行说傅公主。说不欲行,汉彊使之。说曰:'必我行也,为汉患者。'中行说既至,因降单于。"(《史记·匈奴列传》)其给汉朝造成的麻烦乃至危害,几乎不可估量。

等"。① 更有甚者,竟有国家因接待汉使"不副所求"②而造成财力枯竭,终于不堪忍受而投向匈奴。

汉廷对待西域诸国的常见做法之一就是"因令窥汉,知其广大"。这是一种迫不及待地向外国炫耀中国的骄狂心理和浮躁习气。"乌孙发译道送骞,与乌孙使数十人,马数十匹,报谢,因令窥汉,知其广大。"③本质上,这是一种另类的"夜郎自大"。其症状是,一边鄙视小国,一边傲视更大国。总之,谁也不服,自己老大。或许很大,便妄称自己最大。不管自己是否真大,总怕别人不知自己多大。当然,这也和滇国、夜郎等皆自大而不知汉大的言语给汉廷和汉帝造成的刺激有关。事实上,汉帝国这种小聪明的外交把戏确实见效。"乌孙远汉,未知其大小。……其使见汉人众富厚,归其国,其国后乃益重汉。"④

第八节　钦差作用之有限

一般说,钦差出使之目的都是为了落实诏书,检查或督察执行诏书的实际结果,但实际效果未必乐观。比如,张纲等八人"同日受诏,持节分出,案行天下贪廉,墨绶有罪便收,刺史二千石以驿表闻,威惠清忠,名振郡国。"梁冀"侵扰百姓",张纲严辞抨击,要求将其绳之以法。"大将军梁冀、河南尹(梁)不疑,蒙外戚之援,荷国厚恩,以乌茷之姿,安居阿保,……专为封豕长蛇,肆其贪饕,甘心好货,纵恣无厌,多树诡佞,以害忠良,诚天威所不赦,大辟所宜加也。"梁冀妹妹为顺帝皇后,"内宠方盛,冀兄弟权重于人主,顺帝虽知纲言不诬,然无心治冀。"⑤虽然八使"多所纠奏",梁冀和宦官"互为请救,事皆被寝遏"。⑥ 胡三省云:"寝者,已御其奏,寝而不行。遏者,其奏未达,遏而不上。"⑦可见,钦差的实际作用往往受制于具体的政治生态和总体的朝政态势。

至于末世钦差的效果,更是有限,往往昧于时局,不切实际,或落后形势,半途而废。比如,王莽知天下溃畔,"乃议遣风俗大夫司国宪等分行天下,除井田

---

① 《通典》卷191。
② 《汉书·西域传下》,颜注。
③ 《汉书·张骞传》。
④ 《汉书·西域传下》。
⑤ 司马彪《续汉书》卷4,《八家后汉书辑注》。
⑥ 《后汉书·种暠列传》。
⑦ 《资治通鉴》卷52。

奴婢山泽六筦之禁，即位以来诏令不便于民者皆收还之。待见未发，会世祖与兄齐武王伯升、宛人李通等帅春陵子弟数千人，招致新市平林朱鲔、陈牧等合攻拔棘阳。"更有甚者，新朝所派钦差竟有挂冠而去、不辞而别者。比如，王莽"遣七公干士隗嚣等七十二人分下赦令晓谕云。嚣等既出，因逃亡矣。"①可见乱世奏诏失控，皇权失序，皇纲失常。

_____

① 《汉书·王莽传下》。

第九章

奏诏模式与谏主命运

第一节　上　书　获　赏

一、上书获赏的多重理解

考虑到奏诏叙事模式的复杂语境，我们主要考察明确的上书获赏者。[①] 士大夫上书的最大期待就是"奏事中意"，即，"以奏事当天子之意旨。"[②]上书采用，又得升迁，是谏主期待的理想结果。比如，尚书仆射黄琼建议顺帝"躬郊庙之礼，亲藉田之勤"，书奏"从之"，迁为尚书令。[③] 但这里我们主要关注谏主是否因为上书获赏。上书获赏包括多种形式。或上书得官，或上书升迁，或上书赐爵，或上书赏钱。当然，也有上书既得官又赏赐者。

对策得官或升官，也是上书升迁之一种。著名者有贾谊、晁错、公孙弘、董仲舒等。皇帝诏令将有些事务交付官员广泛讨论，所谓"有诏令出下及遣议事"，但这并非廷议，而是一种廷议之外或廷议之前的政治讨论。贾谊的辩才和

---

① 至于"口舌得官"，因其口奏性质不予讨论。口舌得官之典型是车夫刘敬。他先是衣褐叩见刘邦，劝其"入关而都"，被赐刘姓，拜郎中；后来使匈奴，还报"匈奴不可击"，受到刘邦斥骂，"齐虏！以口舌得官，今乃妄言沮吾军。"再后来，刘邦逃脱白登之围，感念刘敬谏阻，"封敬二千户，为关内侯，号为建信侯。"（《史记·刘敬列传》）不言而喻，口奏言事或言语对话也属于奏诏模式，言者或谏主同样会受到某些相应奖惩。再各举一例。汾阴得宝鼎，吾丘寿王声称，"此天之所以与汉，乃汉宝，非周宝〔也〕。"武帝大为高兴，"赐寿王黄金十斤。"（《汉书·吾丘寿王传》）平当以为昌陵可成，后废弃，平当便"坐前议不正，左迁巨鹿太守"。（《汉书·平当传》）不过，我们主要关注那些真正的奏书，所以无意扩大论述范围。
② 《汉书·杜周传》，颜注。
③ 华峤《汉后书》卷3，《八家后汉书》。

机敏在这种场合得到了发挥。"谊年二十余,最为少。每诏令议下,诸老先生未能言,谊尽为之对,人人各如其意所出。诸生于是以为能。文帝说之,超迁,岁中至太中大夫。"①至于晁错同样是个中高手。"对策者百余人,唯错为高第,繇是迁中大夫。"②

有些官员的升迁并非由于事功或德行,而是因为上书。③ 比如,终军仕途的两次关键升迁都与上书有关。终军先是选为博士弟子,"至长安上书言事。武帝异其文,拜军为谒者给事中。"朝廷遣使匈奴,终军毛遂自荐,"军无横草之功,得列宿卫,食禄五年。边境时有风尘之警,臣宜被坚执锐,当矢石,启前行。陛下不习金革之事,今闻将遣匈奴使者,臣愿尽精厉气,奉佐明使,画吉凶于单于之前。臣年少材下,孤于外官,不足以亢一方之任,窃不胜愤懑。"武帝"奇军对,擢为谏大夫。"④

孔光公车奏对,深得哀帝欣赏,破格擢拔为高官。一篇奏疏即获九卿显位。"征光诣公交车,问日蚀事。"孔光奏对,"放远谗说之党,援纳断断之介,退去贪残之徒,进用贤良之吏,平刑罚,薄赋敛,恩泽加于百姓,诚为政之大本,应变之至务也。"书奏,哀帝"拜为光禄大夫,秩中二千石,给事中,位次丞相。"⑤

更令人惊奇的是,车千秋仅凭一书即平步青云,可谓一奏成名,一言兴家。车千秋上书堪称早期帝国奏诏模式中的奇迹。单凭一封奏书,就由郎官一跃而为丞相。一言得相的车千秋是因言得官的代表。"一言寤意"即一步登天,位极人臣,正是奏诏模式给帝国臣子提供的最大机遇,也是皇权政治向百官万民作出的最具诱惑力的现实承诺。一方面,上书言中皇帝心思,或说出皇帝心里话,是奏诏模式的理想状态;另一方面,对臣子来说,一语中的即是一本万利。车千秋为高寝郎,"会卫太子为江充所谮败,久之,千秋上急变讼太子冤,曰:'子弄父兵,罪当笞;天子之子过误杀人,当何罪哉! 臣尝梦见一白头翁教臣言。'"武帝"大感寤",立拜车千秋为大鸿胪。数月,再为丞相,封富民侯。史称,"千秋无他

---

① 不过后来贾谊就没这么幸运了。"诸法令所更定,及列侯就国,其说皆谊发之。于是天子议以谊任公卿之位。"周勃、灌婴之属"尽害之,乃毁谊曰:'雒阳之人年少初学,专欲擅权,纷乱诸事。'于是天子后亦疏之,不用其议,以谊为长沙王太傅。"(《汉书·贾谊传》,颜注)可见贾谊的仕途顺逆皆源于上书言事。可谓成也奏书,败也奏书。
② 《汉书·晁错传》。
③ 同为上书,也有文体之分。上奏诗赋虽也属于奏书范畴,但诗赋作品和经术文章在奏诏模式中的作用和地位迥然不同,对谏主仕途的影响自然也相去甚远。比如,枚皋"不通经术,诙笑类俳倡,为赋颂,好嫚戏,以故得媟黩贵幸,比东方朔、郭舍人等,而不得比严助等得尊官。"(《汉书·枚乘传》)
④ 《汉书·终军传》。
⑤ 《汉书·孔光传》。

材能术学,又无伐阅功劳,特以一言寤意,旬月取宰相封侯,世未尝有也。"这件事甚至还传到了匈奴。汉使至匈奴,"单于问曰:'闻汉新拜丞相,何用得之?'使者曰:'以上书言事故。'单于曰:'苟如是,汉置丞相,非用贤也,妄一男子上书即得之矣。'"这似乎表明,匈奴对汉帝国这种一言得道青云直上的做法不以为然。"使者还,道单于语。武帝以为辱命,欲下之吏。"①可见,武帝还是相信自己做得对。就是说,奏诏模式中的这种罕见现象仍有其合理性。因为,它符合奏诏模式下的官场习俗,干得好不如说得好,会干不如会说。显然,皇权帝国的奏诏模式对言与行、言与事有着迥异的评判和认知。

不过,东汉马援在给朋友的信中重提此事时,语气和含义似乎已发生微妙变化。"车丞相高祖园寝郎,一月九迁为丞相者,知武帝恨诛卫太子,上书讼之。"②意思是,车千秋揣摩到武帝心思,投机性上书,赢得了武帝信任。这使得上书得官成为一种令人不齿的行为。前宛令杜安致仕在家,"章帝行过颍川,安上书,召拜御史,迁至巴郡太守。"杜安将此事告知朋友乐恢,"恢告吏口谢,且让之曰:'为宛令不合志,病去可也。干人主以窥觎,非也。违平生操,故不报。'"③在乐恢看来,杜安上书是"干主求禄,非平生操也"。史称,乐恢这是"耻交进趋"。④可见上书得官者在某些士大夫心中已成为趋炎附势的利禄之徒。

或许因此,东汉后期有些士人征辟之后,虽也上书任官,却借故不就。而且这类现象还颇为普遍。比如,郎顗公车征,"上书荐黄琼、李固,并陈消灾之术。"书奏,"特诏拜郎中,辞病不就。"⑤

二、上书得官

上书得官者形形色色。⑥ 董仲舒"以贤良对策",武帝以董仲舒"为江都相,事易王"。⑦

---

① 《汉书·田千秋传》。

② 《东观汉记》卷 12。

③ 《后汉书·乐恢列传》,李贤注。

④ 《后汉纪》卷 13。

⑤ 《后汉书·郎顗列传》。

⑥ 广义上,上书也应包括奏事或进言,有些人因此得官。比如,陈胜起事,待诏博士叔孙通却忽悠二世,"此特群盗鼠窃狗盗,何足置齿牙间哉?"二世一高兴,拜叔孙通为博士。(《汉书·叔孙通传》)又如,娄敬进谏刘邦,建议都关中,刘邦拜他为郎中,"号曰奉春君。"(《汉书·刘敬传》)

⑦ 《汉书·董仲舒传》。

东方朔公车上书,"诏拜以为郎。"①

司马相如"赋奏,天子以为郎。"②

主父偃、徐乐、严安"俱上书言世务"。书奏,武帝召见三人,感慨"相见之晚"。三人皆拜为郎中。"偃数上疏言事,迁谒者,中郎,中大夫。岁中四迁。"③

徐福上疏宣帝,建议抑制霍氏。霍氏诛灭,"告霍氏者皆封。"徐福为郎。④

王褒、张子侨等并列待诏,数从宣帝放猎,"所幸宫馆,辄为歌颂,第其高下,以差赐帛。"王褒为高第,"擢褒为谏大夫。"⑤

蔡癸奏疏一篇,"以言便宜,至弘农太守。"⑥

班彪替窦融撰写奏章,得光武赏识,"因召入见,举司隶茂才,拜徐令。"⑦

汝南太守欧阳歙贪污下狱,少年礼震"上书求代歙死"。光武"嘉其仁义,拜震郎中。"⑧

革职官员亦可上书得官。中尉王温舒"坐以法免",后来武帝"方欲作通天台而未有人,温舒请覆中尉脱卒,得数万人作。上说,拜为少府。"⑨

三、上书升迁

谒者张释之"言便宜事。文帝曰:'卑之,毋甚高论,令今可行也。'于是释之言秦汉之间事,秦所以失,汉所以兴者。文帝称善,拜释之为谒者仆射。"⑩

太常掌故晁错"上书称说"伏生《尚书》,"诏以为太子舍人,门大夫,迁博士。"晁错又上书文帝"择圣人之术可用今世者,以赐皇太子,因时使太子陈明于前",于是拜晁错为太子家令。⑪

廷尉史杜周"奏事中意",为中丞者。⑫

御史田仁"奏事有辞,上说,拜为京辅都尉。""仁还奏事,武帝说,以仁为能

---

① 《史记·滑稽列传》。
② 《汉书·司马相如传上》。
③ 《汉书·主父偃传》。
④ 《汉书·霍光传》。
⑤ 《汉书·王褒传》。
⑥ 《汉书·艺文志》。
⑦ 《后汉书·班彪列传上》。
⑧ 《后汉书·儒林列传上》,李贤注。
⑨ 《汉书·酷吏传》。
⑩ 《汉书·张释之传》。
⑪ 《汉书·晁错传》。
⑫ 《汉书·杜周传》。

不畏彊御,拜仁为丞相司直,威振天下。"①

常侍郎东方朔"因奏泰阶之事,上乃拜朔为太中大夫给事中,赐黄金百斤。"②

昭帝崩,群臣议立广陵王刘胥。一个郎官上书,"唯在所宜,虽废长立少可也。广陵王不可以承宗庙。"言合霍光意,"擢郎为九江太守。"③

昌邑王废立事件导致一大批官员因上书升迁。昌邑王刘贺"行淫乱",御史中丞于定国"上书谏"。宣帝立,"群臣谏昌邑王者皆超迁。定国繇是为光禄大夫,平尚书事,甚见任用。"④刘贺"动作不由法度",太仆丞张敞上书谏,"敞以切谏显名,擢为豫州刺史。以数上事有忠言,宣帝征敞为太中大夫,与于定国并平尚书事。"⑤

守廷尉史路温舒上书宣帝,"言宜尚德缓刑。……上善其言,迁广阳私府长。"⑥

因日蚀和地震,元帝"问以政治得失",给事中匡衡上疏,"上说其言,迁衡为光禄大夫、太子少傅。"⑦

征孔光诣公交车,哀帝问日蚀事。"书奏,上说,赐光束帛,拜为光禄大夫,秩中二千石,给事中,位次丞相。"⑧

郎官陈咸"书数十上,迁为左曹"⑨;少府陈咸免官,后被举荐对策,"拜为光禄大夫给事中。"⑩

襄贲令刘辅"上书言得失,召见,上美其材,擢为谏大夫。"⑪

中郎刘向"数奏封事,迁光禄大夫"。⑫

谏大夫鲍宣上书,哀帝"纳宣言,……拜宣为司隶。"⑬

光禄勋杜林上疏,"追观往政,皆神道设教,彊干〔弱枝〕,百世之要也。"光武

①《史记·田叔列传》。
②《汉书·东方朔传》。
③《汉书·霍光传》。
④《汉书·于定国传》。
⑤《汉书·张敞传》。
⑥《汉书·路温舒传》。
⑦《汉书·匡衡传》。
⑧《汉书·孔光传》。
⑨《汉书·陈万年传》。
⑩《汉书·翟方进传》。
⑪《汉书·刘辅传》。
⑫《汉书·楚元王传》。
⑬《汉书·鲍宣传》。

"以林为司空。"①

安帝东巡岱宗,河间王长史马融上《东巡颂》,"帝奇其文,召拜郎中。"②

太官丞葛龚"上便宜四事,拜荡阴令"。③

隃麋相曹凤上书,"建复西海郡县,规固二榆,广设屯田,隔塞羌胡交关之路,遏绝狂狡窥欲之源。又殖谷富边,省委输之役,国家可以无西方之忧。"于是拜曹凤为金城西部都尉。④

四、上书封侯⑤

大司农中丞耿寿昌奏言,"令边郡皆筑仓,以谷贱增其贾而籴,谷贵时减贾而粜,名曰常平仓。"宣帝下诏"赐寿昌爵关内侯"。⑥

张章发觉霍氏阴谋,先转告他人,"后章上书以闻",被封为博成侯。⑦

卫尉淳于长"白言昌陵不可成",后罢昌陵,"以长首建忠策",遂封之。⑧

刘宽预知黄巾计划,奏报灵帝,被封侯。光禄勋刘宽"以先策黄巾逆谋,以事上闻,封逯乡侯六百户"。⑨

五、上书赐物

掖庭宫婢则"令民夫上书,自陈尝有阿保之功"。宣帝"赐钱十万"。⑩

扬雄上书,哀帝改变主意,同意单于来年入朝。"赐雄帛五十匹,黄金十斤。"⑪

---

① 《后汉纪》卷7。
② 《后汉书·马融列传》。
③ 《后汉书·文苑列传上》。
④ 《后汉书·西羌传》。
⑤ 对奏事封侯,有人持反对态度。"太后姊子卫尉淳于长白言昌陵不可成,下有司议。……上既罢昌陵,以长首建忠策,复下公卿议封长。"平当则以为"长虽有善言,不应封爵之科"。(《汉书·平当传》)所谓"封爵之科",即"高祖之法,非有功不侯"。(《资治通鉴》卷31,胡注)尽管如此,成帝依然赐淳于长爵关内侯。
⑥ 《资治通鉴》卷27。
⑦ 《汉书·霍光传》。
⑧ 《汉书·平当传》。
⑨ 《后汉书·刘宽列传》。
⑩ 《汉书·丙吉传》。
⑪ 《汉书·匈奴传下》。

郑均拜侍御史，"引见极问，乃上封事。上甚悦，赐车马衣服。"①

上东城门候郅恽上书谏光武，不要游猎山林，光武"赐布百匹"。②

第二节　奏诏模式与直谏之名

太史公向故交任安描述过自己奏言前后的真实心态。"(李)陵败书闻，主上为之食不甘味，听朝不怡。大臣忧惧，不知所出。仆窃不自料其卑贱，见主上惨凄怛悼，诚欲效其款款之愚。……仆怀欲陈之，而未有路。适会召问，即以此指推言陵功，欲以广主上之意，塞睚眦之辞。未能尽明，明主不深晓，以为仆沮贰师，而为李陵游说，遂下于理。拳拳之忠，终不能自列，因为诬上，卒从吏议。"③款款之愚其实就是拳拳之忠。二者叠合就是愚忠。愚忠由此成为谏主的普遍心态。悖谬的是，愚忠却被诬之以"诬上"，招来杀身之祸。可见"说难"不仅是韩非的困惑，也是太史公的纠结。其实，"说难"不难。只要不忤旨、不逆鳞、不犯上，上书奏事可保无事。但这样一来，上奏言事也就没有意义了。真正的谏主显然明白这个道理。他们秉持的就是愚忠的信念，把该说的一定说出来，听不听是皇帝的事，尽人事听天命。太史公说"仆怀欲陈之，而未有路"，说的就是他欲尽忠而不得的焦虑。不过，他这里说的是希望觐见武帝，当面奏陈，而非上书陈情。因为，不是人人都有机会进宫面圣，但人人都有权力上书言事。

虽说奏诏模式允许人们自由上书，但政治压力、权力打压乃至死亡威胁时时存在。这样，直谏行为以及由此产生的官场名声，往往成为那些以道德自诩的士大夫追求的目标。实际上，直谏之行并非一定能够赢得直谏之名。许多时候，直谏往往反遭污名。不仅名誉受损，甚至有生命之虞。从谏主角度看，升迁、被贬、下吏、被杀、扬名是直谏的五个结果。名虽为虚，亦为实。有时，官场之名亦有超出虚名和实利而更为广泛复杂的作用。其所形成的口碑往往能产生更大的政治道德影响。比如，"蔡邕以言事见徙，名闻天下，义动志士。……及(王)允将杀邕，时名士多为之言。"④客观上，犯颜直谏向来是扬名官场的终

---

① 《东观汉记》卷 14。

② 《后汉书·郅恽列传》。

③ 《汉书·司马迁传》。

④ 《三国志·魏书·董卓传》，裴注。

南捷径。① 这条终南捷径表明奏诏模式对官员言论所能容纳和保障的制度空间究竟有多大。所谓制度空间亦非刚性不变,它更多取决于皇帝个人的意志,乃至性格、心态等诸多复杂因素。比如,守军正丞胡建"当选士马日",斩杀了"穿北军垒垣以为贾区"的监军御史,"建亦已有成奏在其怀中,遂上奏曰:'……丞于用法疑,执事不诿上,臣谨以斩,昧死以闻。'"武帝制诏不予追究,"建繇是显名。"②

此类史料颇多,稍举数例。

> 淮南王至雍,病死,闻,(文帝)上辍食,哭甚哀。(袁)盎入,顿首请罪。上曰:"以不用公言至此。"盎曰:"上自宽,此往事,岂可悔哉!且陛下有高世之行者三,此不足以毁名。……且陛下迁淮南王,欲以苦其志,使改过,有司卫不谨,故病死。"於是上乃解,曰:"将奈何?"盎曰:"淮南王有三子,唯在陛下耳。"於是文帝立其三子皆为王。盎由此名重朝廷。③

> (光武东巡)还经封丘城门,门下小,不容羽盖,帝怒,使挞侍御史,(部督邮虞延)延因下见引咎,以为罪在督邮。言辞激扬,有感帝意,乃制诏曰:"以陈留督邮虞延故,贳御史罪。"延从送车驾西尽郡界,赐钱及剑带佩刀还郡,于是声名遂振。④

> (杨政是范升的弟子。)范升尝为出妇所告,坐系狱,政乃肉袒,以箭贯耳,抱升子潜伏道傍,候车驾,而持章叩头大言曰:"范升三娶,唯有一子,今适三岁,孤之可哀。"武骑虎贲惧惊乘舆,举弓射之,犹不肯去;旄头又以戟叉政,伤匄,政犹不退。哀泣辞请,有感帝心,诏曰:"乞杨生师。"即尺一出升。政由是显名。⑤

> 广陵王(刘)荆有罪,(明)帝以至亲悼伤之,诏(樊)儵与羽林监南阳任隗杂理其狱。事竟,奏请诛荆。引见宣明殿,帝怒曰:"诸卿以我弟故,欲诛之,即我子,卿等敢尔邪!"儵仰而对曰:"……臣等以荆属托母弟,陛下留圣心,加恻隐,故敢请耳。如令陛下子,臣等专诛而已。"帝叹息良久。儵益以此知名。⑥

---

① 哪怕所谏对象不是皇帝,而是大臣或权臣,亦可具有扬名效应。比如,霍谞"少为诸生","有人诬谞舅宋光于大将军梁商者,以为妄刊章文,坐系洛阳诏狱,掠考困极。谞时年十五,奏记于商。……商高谞才志,即为奏原光罪,由是显名。"(《后汉书·霍谞列传》)

② 《汉书·胡建传》。

③ 《史记·袁盎列传》。

④ 《后汉书·虞延列传》。

⑤ 《后汉书·儒林列传上》。

⑥ 《后汉书·樊宏列传》。

（虞放）少为太尉杨震门徒，及震被谗自杀，顺帝初，放诣阙追讼震罪，由是知名。①

（梁冀枉杀李固，）露固尸于四衢，令有敢临者加其罪。固弟子汝南郭亮，年始成童，游学洛阳，乃左提章钺，右秉铁锧，诣阙上书，乞收固尸。不许，因往临哭，陈辞于前，遂守丧不去。……南阳人董班亦往哭固，而殉尸不肯去。太后怜之，乃听得襚敛归葬。二人由此显名，三公并辟。②

第三节　上书被贬

一、奏诏模式中的官员命运

人人都有权上书，但没人能完全避免风险。因言得官，因言失官。成也上书，败也上书。奏诏模式中，上书升官是常态，也是捷径。同时，上书被贬也难以避免。

在贾谊和文帝的关系中，贾谊先是凭借奏书而得宠，继而又是因为奏书而失宠。这是一种常见的君臣关系。其所维系的纽带皆因奏书。事实上，正常的君臣关系中，除了奏书，也实在没有他物可以把捉。"谊以为汉兴二十余年，天下和洽，宜当改正朔，易服色制度，定官名，兴礼乐。乃草具其仪法，色上黄，数用五，为官名悉更，奏之。文帝谦让未皇也。然诸法令所更定，及列侯就国，其说皆谊发之。于是天子议以谊任公卿之位。绛、灌、东阳侯、冯敬之属尽害之，乃毁谊曰：'雒阳之人年少初学，专欲擅权，纷乱诸事。'于是天子后亦疏之，不用其议，以谊为长沙王太傅。"③在奏诏模式中，君臣之间并非一奏一诏这么简单直接。其间缠绕着诸多官场上的权术阴谋和尔虞我诈。即便皇帝中意，有时也难免受到近臣蛊惑和左右。

独尊儒术对奏诏模式的最大影响是，此后上书言事一律不得援引申、韩、纵横家之语。比如，东方朔上书不得重用，主要是因为"其言专商鞅、韩非之语"。可见"罢黜百家，独尊儒术"作为国策，在奏诏模式中必须严格执行。"朔上书陈农战彊国之计，因自讼独不得大官，欲求试用。其言专商鞅、韩非之语也，指意

①《后汉书·虞延列传》。
②《后汉书·李固列传》。
③《汉书·贾谊传》。

放荡,颇复诙谐,辞数万言,终不见用。"因"终不见用"而发牢骚之论,所谓"朔因着论,设客难已,用位卑以自慰谕"①,属于对自己官位不满的自慰之作。联系班固生平,属于另外一种"自述",颇有"影射"之嫌。

何敞说:"虽知言必夷灭,诚不忍目见祸至,故敢书写肝胆,舒度愚情。"②所谓"书写肝胆",正是刚直谏主的人生格言。言事刚直,便官位不牢。汲黯"以数直谏,不得久居位。"③贬职、外放、罢官,皆是其常态形式。

奏议固然要言动君主,但也要投其所好,一旦奏议不合皇帝心意,就是谏主的失败,甚至是谏主的厄运,必然直接影响其仕途。比如,中尉王温舒"议有不中意,坐以法免。"所谓"不中意",即"不当天子意。"④又如,谏大夫孔光"坐议有不合,左迁虹长"。所谓"不合",同样谓"不合天子意"。⑤再如,太常赵典"以谏争违旨,免官就国。"⑥"谏争"必然"违旨",所谓"谏争违旨"本身就是同义反复。

无论"谏争违旨",还是"奏书失旨",皆是官员言事之大忌。因为它直接影响到皇帝情绪,使皇帝心情恶劣。有时,即便没有对官员作出直接处理,终究还是影响到官员的仕途。举几例。卜式"言郡国不便盐铁而船有算,可罢。上由是不说式。"⑦尹敏认为,"谶书非圣人所作,其中多近鄙别字,颇类世俗之辞,恐疑误后生。"光武不纳。"敏因其阙文增之曰:'君无口,为汉辅。'帝见而怪之,召敏问其故。敏对曰:'臣见前人增损图书,敢不自量,窃幸万一。'帝深非之,虽竟不罪,而亦以此沉滞。"⑧邓太后临朝,马融上《广成颂》以讽谏。"颂奏,忤邓氏,滞于东观,十年不得调。"⑨郑兴"数言事,文辞温雅,然以不合旨,又不善谶,故不得亲用。"⑩桓谭"上书言事失旨,不用。"⑪无论"不得亲用"还是"不用",均有两解,一是不用其奏,一是不用其人。这里显然是后者。这正是上书失旨、不得升迁之义。

① 《汉书·东方朔传》。
② 《后汉纪》卷 13。
③ 《汉书·汲黯传》。
④ 《汉书·酷吏传》,颜注。
⑤ 《汉书·孔光传》,颜注。
⑥ 《后汉书·赵典列传》。
⑦ 《汉书·卜式传》。
⑧ 《后汉书·儒林列传上》。
⑨ 《后汉书·马融列传》。
⑩ 《后汉纪》卷 6。
⑪ 《后汉书·桓谭列传》。

二、上书免官

诸葛丰"上书告光禄勋周堪、光禄大夫张猛。"元帝"不直丰",下诏,"城门校尉丰,前与光禄勋堪、光禄大夫猛在朝之时,数称言堪、猛之美。丰前为司隶校尉,不顺四时,修法度,专作苛暴,以获虚威,朕不忍下吏,以为城门校尉。不内省诸己,而反怨堪、猛,以求报举,告案无证之辞,暴扬难验之罪,毁誉恣意,不顾前言,不信之大者也。朕怜丰之耆老,不忍加刑,其免为庶人。"①元帝对诸葛丰上书的态度非常痛恨,认为他奏书没有证据,没有信誉,就把诸葛丰罢官。

尚书令赵昌诬奏尚书仆射郑崇,司隶校尉孙宝上书为之辩诬,被哀帝下诏免官。

> 郑崇下狱,宝上书曰:"……按尚书令昌奏仆射崇,下狱覆治,榜掠将死,卒无一辞,道路称冤。疑昌与崇内有纤介,浸润相陷,自禁门内枢机近臣,蒙受冤谮,亏损国家,为谤不小。臣请治昌,以解众心。"书奏,天子不说,以宝名臣不忍诛,乃制诏丞相大司空:"司隶宝奏故尚书仆射崇冤,请狱治尚书令昌。案崇近臣,罪恶暴著,而宝怀邪,附下罔上,以春月作诋欺,遂其奸心,盖国之贼也。……'其免宝为庶人。"②

孙宝奏疏惹哀帝不高兴,哀帝想杀他,又顾虑孙宝是名臣而不便下手。不过,这也至少说明,皇帝似乎很容易因为不开心的奏疏而动杀心。

哀帝即位,祖母傅太后、母丁太后皆贵。"傅太后从弟(傅)喜先为大司马辅政,数谏,失太后指,免官。"③

高昌侯董宏上书,"宜立定陶共王后为皇太后。"师丹和王莽"共劾奏"董宏"非所宜言,大不道。"哀帝"免宏为庶人。"郎中令泠褒、黄门郎段犹等人复奏言,"定陶共皇太后、共皇后皆不宜复引定陶蕃国之名以冠大号,车马衣服宜皆称皇之意,置吏二千石以下各供厥职,又宜为共皇立庙京师。"哀帝"复下其议,有司皆以为宜如褒、犹言。"④哀帝崩,王莽秉政,"诸前议立庙尊号者皆免,徙合浦。"⑤

乌孙大小昆弥"遣使贡献"。大昆弥是中国外孙,胡妇子虽为小昆弥,但在

---

① 《汉书·诸葛丰传》。
② 《汉书·孙宝传》。
③ 《汉书·佞幸传》。
④ 《汉书·师丹传》。
⑤ 《汉书·杜周传》。

乌孙更有势力。王莽见匈奴"诸边并侵，意欲得乌孙心，乃遣使者引小昆弥使置大昆弥使上。"保成师友祭酒满昌劾奏使者，"夷狄以中国有礼谊，故诎而服从。大昆弥，君也，今序臣使于君使之上，非所以有夷狄也。奉使大不敬！"王莽怒，"免昌官。"①

陈蕃上疏为党人辩护，"伏见前司隶校尉李膺、太仆杜密、太尉掾范滂等，正身无点，死心社稷，以忠忤旨，横加考案，或禁锢闭隔，或死徙非所，杜塞天下之口，聋盲一世之人，与秦焚书坑儒何以为异？臣位列台司，忧深责重，不敢尸禄惜生，坐观成败。如不蒙采录，使身首分裂，异门而出，所不恨也。"桓帝"讳其言切，托以蕃〔辟召〕非其人，遂策免之。"②桓帝本来因为陈蕃上疏极谏想惩罚他，又觉得说不出口，就随便找个借口将其罢官。

蔡衍拜议郎、符节令。"时南阳太守成瑨等以收纠宦官考廷尉，衍与议郎刘瑜表救之，言甚切厉，坐免官还家，杜门不出。"③

黄巾起，太尉杨赐"被召会议诣省合，切谏忤旨，因以寇贼免。"④

三、上书贬官

成帝无子，"至亲有同产弟中山孝王及同产弟子定陶王在。"成帝召丞相翟方进、御史大夫孔光、右将军廉褒、后将军朱博，"皆引入禁中，议中山、定陶王谁宜为嗣者。"翟方进等以为"定陶王宜为嗣"。唯独孔光以为"中山王宜为嗣"。成帝"以礼兄弟不相入庙，又皇后、昭仪欲立定陶王，故遂立为太子。光以议不中意，左迁廷尉。"⑤

孙宝奏请"覆治"冯太后冤案，哀帝将其下狱。"尚书仆射唐林争之，上以林朋党比周，左迁敦煌鱼泽障候。"⑥

廷议不合皇帝心意，也被贬职。武帝即位，郑当时为右内史。"以武安魏其时议，贬秩为詹事。"⑦

师丹被人弹劾奏疏泄密，给事中博士申咸、炔钦上书为之辩护。"丹经行无比，自近世大臣能若丹者少。发愤懑，奏封事，不及深思远虑，使主簿书，漏泄之过不在

① 《汉书·王莽传中》。
② 谢承《后汉书》卷4，《八家后汉书》。
③ 《后汉书·党锢列传》。
④ 《后汉书·杨震列传》。
⑤ 《汉书·孔光传》。
⑥ 《汉书·孙宝传》。
⑦ 《汉书·郑当时传》。

丹。以此贬黜,恐不厌众心。"尚书指控二人不敬。哀帝"贬咸、钦秩各二等"。①

州前部司马费诗上书谏阻刘备称帝。"今大敌未克,而先自立,恐人心疑惑。"于是忤指,"左迁部永昌从事。"②

四、上书外放

因直谏而外放,是上书被贬的常见形式。即便朝职和外职级别相同,秩禄相等,依然属于被贬性质。中郎将爰盎"以数直谏,不得久居中。调为陇西都尉。"③

毌将隆上书被贬的理由不是哀帝表面说的那样冠冕堂皇,只是因为他批评的对象是哀帝的祖母傅太后。可见皇帝贬职谏主,可以没有任何原则,可以不需要任何理由。"傅太后使谒者买诸官婢,贱取之,复取执金吾官婢八人。"谏大夫毌将隆"奏言贾贱,请更平直"。哀帝下诏,"隆位九卿,既无以匡朝廷之不逮,而反奏请与永信宫争贵贱之贾,程奏显言,众莫不闻。举错不由谊理,争求之名自此始,无以示百僚,伤化失俗。"毌将隆被左迁为沛郡都尉,迁南郡太守。④

丞相司直郭钦"奏董贤,左迁卢奴令"。⑤

给事中桓谭"上疏言事,出为六安郡丞"。⑥

尚书令申屠刚"以数切谏失旨,数年,出为平阴令"。⑦

司隶校尉鲍永因"大司徒韩歆坐事"而说情,"永固请之不得,以此忤帝意,出为东海相。"⑧

明帝欲起北宫,尚书仆射锺离意"上书谏,出为鲁相。后起德阳殿,殿成,百官大会,上谓公卿曰:'锺离尚书若在,不得成此殿。'"⑨

---

① 《汉书·师丹传》。

② 《三国志·蜀书·费诗传》。

③ 《汉书·爰盎传》。

④ 《汉书·毌将隆传》。

⑤ 《汉书·鲍宣传》。

⑥ 华峤《汉后书》卷2,《八家后汉书》。

⑦ 《后汉书·申屠刚列传》。

⑧ 《后汉书·鲍永列传》。

⑨ 《东观汉记》卷16。这里虽然没有明说上书和外放之间的因果关系,但详绎文义,显然符合这个逻辑。否则明帝不会说"锺离尚书若在,不得成此殿"。袁《纪》就把这种因果关系说明了。虽然说的不是一件事。锺离意上疏,"愿陛下缓刑罚,顺时气,以调阴阳,垂之无极。""上虽不能用,然知其忠直,故不得久留中。出为鲁国相。……意之出也,遂就北宫。及德阳殿成,会百官,上曰:'锺离尚书在,不得成此殿也。'"(《后汉纪》卷9)

窦宪兄弟专朝,尚书何敞奏封事,"辞旨切直,深为宪等所怨。济南王(刘)康,光武之子也,最为尊重,而骄奢太甚,于是左迁敞为济南王太傅。"①

荀淑"以贤良方正征,对策讥切梁氏,出补朗陵侯相。"②

青蛇出现在"御座殿轩",灵帝诏群臣"各上封事,靡有所讳"。议郎谢弼上疏,"盖闻蛇者,女子之祥也。皇太后幽隔空宫,愁感天心所致也。"中官恶谢弼,"出为〔广〕陵府丞。"③

五、上书贬秩

廷尉弹劾师丹"大不敬"。给事中博士申咸、炔钦上书,"丹经行无比,自近世大臣能若丹者少。发愤懑,奏封事,不及深思远虑,使主簿书,漏泄之过不在丹。以此贬黜,恐不厌众心。"尚书弹劾二人,"幸得以儒官选擢备腹心,上所折中定疑,知丹社稷重臣,议罪处罚,国之所慎,咸、钦初傅经义以为当治,事以暴列,乃复上书妄称誉丹,前后相违,不敬。"哀帝"贬咸、钦秩各二等"。④

六、上书罚俸

太常张奂与尚书刘猛、刁韪、卫良"同荐王畅、李膺可参三公之选,而曹节等弥疾其言,遂下诏切责之。奂等皆自囚廷尉,数日乃得出,并以三月俸赎罪。"⑤

第四节　上书下吏或被杀

一、言论空间的危险边界

奏诏模式中,言论是头等大事。奏诏模式支配下的皇权政治,使言语成为一种百般禁忌的东西。稍有不慎,便招祸罪。除了议题、内容,还有格式、时机,条条框框,规矩多多。官员该奏不奏,不该奏却奏,皆是罪错。比如,王莽秉政,

---

① 《后汉纪》卷 13。
② 张璠《后汉纪》,《八家后汉书》。
③ 《后汉纪》卷 23。
④ 《汉书·师丹传》。
⑤ 《后汉书·张奂列传》。

"方欲文致太平,使使者分行风俗,采颂声,而(广平相班)稺无所上。琅邪太守公孙闳言灾害于公府,大司空甄丰遣属驰至两郡讽吏民,而劾闳空造不祥,稺绝嘉应,嫉害圣政,皆不道。太后曰:'不宜褒美,宜与言灾害者异罚。且后宫贤家,我所哀也。'闳独下狱诛。稺惧,上书陈恩谢罪,愿归相印,入补延陵园郎,太后许焉。"[①]

奏诏模式固然鼓励人们说话,但因言致祸却如影随形。言论罪固然是皇权政治的必然,但毋庸置疑的是,奏诏模式却成倍放大了言论罪的范围和几率。这是因为,奏诏模式中设有一个暗门即隐性程序,这就是发现不利于自己的奏书,执政者即可动用司法手段,追查奏书来源,怀疑作者,奏请皇帝将其下狱审讯,甚至严刑拷打。可见这是一种典型的先入为主,有罪推定。毫无疑问,它会对谏主造成巨大的心理恐慌,窒息朝野的上书言事的宽松空气,破坏官场的良性生态,摧毁奏诏模式的正常运行。比如,刘更生书奏,弹劾宦官。弘恭、石显"疑其更生所为,白请考奸诈。"[②]

据此,奏诏模式本身成为制造言论罪的合法程序。是可知,由于缺乏相应的自我保护程序,奏诏模式和言论罪有着内在的结构性关联。就是说,奏诏模式允许人们高论放言的同时,也会因此指控人们言论犯罪。这样,按性质严重程度,以及言论产生的影响和言论联系的相关事态,可分三个等级:言论事件,言论案件,言论罪。言论事件最宽泛,涵盖一切和言论有关的事态;言论案件是朝廷正式处理过的言论事件;言论罪是涉及言论的一切罪行。[③]

判断言论为事件,还是案件,抑或罪行,需要和"上书法"联系起来综合考虑。"上书法"的一个核心要件就是上书完全出自上书者本心,不能受人指使。不管指使者为何人。[④] 一旦发觉,必受严惩。这里有一个例子很能说明问题。

---

① 《汉书·叙传上》。

② 由此制造出一场惊天冤案。史称,刘更生"辞果服,遂逮更生系狱,下太傅韦玄成、谏大夫贡禹,与廷尉杂考。劾更生前为九卿,坐与望之、堪谋排车骑将军高、许、史氏侍中者,毁离亲戚,欲退去之,而独专权。为臣不忠,幸不伏诛,复蒙恩征用,不悔前过,而教令人言变事,诬罔不道。更生坐免为庶人。而望之亦坐使子上书自冤前事,恭、显白令诣狱置对。望之自杀。"(《汉书·楚元王传》)

③ "言论罪"是一个中性概念。它不涉及言者身份和动机。即便小人诬告或奸佞诽谤,有明显的主观恶意,只要它符合奏诏程序,并因此获罪,皆可视作"言论罪范畴"。此外,奏书之外的其他言论形式,只要产生影响,受到执政者追究,亦属"言论罪范畴"。比如,陈琳为袁绍撰写讨伐曹操檄文,"袁氏败,琳归太祖。太祖谓曰:'卿昔为本初移书,但可罪状孤而已,恶恶止其身,何乃上及父祖邪?'琳谢罪,太祖爱其才而不咎。"(《三国志·魏书·王粲传》)曹操虽然没有惩处陈琳,但对其文章的定性还是显而易见。

④ 事实上,早期帝国不乏权臣甚至皇帝亲自指使人上奏的事例。这种做法早已是皇权政体中君臣博弈和官场游戏的一部分。所以,对待"上书法"的相关规定,如同看待其他法律一样,既不轻视,亦不轻信。因为皇权政治不过是一种高明的人治游戏。

傅太后怨恨堂弟高武侯傅喜，让另一个堂弟傅晏告诉丞相朱博，"令奏免喜侯。博受诏，与御史大夫赵玄议。"受人指使上书有违"上书法"，显然是一桩很严重的事件。朱博自然清楚事情的后果，甚至做好了死的准备。他对赵玄说，我答应了傅晏，按照傅太后旨意奏免傅喜爵位。"匹夫相要，尚相得死，何况至尊？博唯有死耳！"考虑到如果"独斥奏喜"，可能引起哀帝怀疑，朱博便拉上何武陪绑。"以故大司空泛乡侯何武前亦坐过免就国，事与喜相似，即并奏：'喜、武前在位，皆无益于治，虽已退免，爵土之封非所当得也。请皆免为庶人。'"哀帝还是看出了其中猫腻。"上知傅太后素常怨喜，疑博、玄承指，即召玄诣尚书问状。玄辞服。"①胡三省认为，"丞相、御史同奏，而独召问玄者，以博强毅多权诈，难遽得其情，而玄易以穷诘也。"②可见哀帝虽然年轻，亦懂权术和谋略，利用对方薄弱点加以分化。最重要的是，哀帝明知朱博背后的主谋是自己的祖母傅太后，依旧下诏严查深究。从哀帝的最终裁决看，虽然他将"博、玄、晏"三人作了分别处置，顾及傅太后的面子，傅晏只是削户，但还是重判了执笔上书的朱博和赵玄。③ 哀帝如此雷霆，并非他对傅喜、何武有何偏爱，而在于朱博、赵玄践踏了奏诏模式，受人指使，妄议皇帝早已作出的裁决。"皆知喜、武前已蒙恩诏决，事更三赦，博执左道，亏损上恩，以结信贵戚，背君乡臣，倾乱政治，奸人之雄，附下罔上，为臣不忠不道。"④这里的"背君乡臣，倾乱政治"尤为关键。⑤ 它是对"言论罪"的本质规定。

显而易见，探讨早期帝国言论空间的尺度和边界，必须联系奏诏模式的实际运行。因为，奏诏模式作为秦汉帝国的行政运作机制，最大限度地规范了人们的言论表达和话语交流。奏诏模式作为言论环境，客观构成了人们的**制度语境**。

制度语境的最大特点是有当说不当说之别。其间界限殊难把握。秦汉有"非所宜言"一说。⑥"非所宜言"虽关涉上书言事，却无关身份，无涉场合，无虑对象，仅仅和所言内容和观点有关。关键是，"非所宜言"并非所言不对，而是所言不当。不对和不当有微妙且本质之别。它涉及执政者对言事者态度意向的

---

① 《汉书·朱博传》。

② 《资治通鉴》卷34。

③ 赵玄减"死罪三等"。胡三省云："减死罪三等，为隶臣妾。"（《资治通鉴》卷34）

④ 《汉书·朱博传》。

⑤ "博唯有死耳"一语就是最好的说明。"大臣以道事君，而博以死奉私属，贪权藉势之心为之也。"（《资治通鉴》卷34，胡注）

⑥ "非所宜言"范围很宽，包括私人书信的内容也可能被指控为"相遗私书"，指意"非所宜"的罪名。《汉书·宣元六王传》）意思是言语犯忌。

主观任意。它无规则可循,却有规范可依。通俗说,就是说话随便或随便说话。它不限于和什么人说话或说什么话。是可知,"非所宜言"在奏诏模式中是一种最难以预测的言论罪。彭宣弹劾朱博联手赵玄上书奏除傅喜时说:"玄知博所言非法,枉義附從,大不敬。"①这里的"所言非法"其实就是"非所宜言"。可见"非所宜言"就是"所言非法"。"非所宜言"意味着,所言不当即是罪,而且是重罪。因为"非所宜言"常常和"大不道"或"大不敬"直接联系在一起,构成一种常规组合。即"非所宜言,大不道"或"非所宜言,大不敬"。由此,"非所宜言"可能是"上书法"中最严重的罪名,其惩罚力度也最大。凡是被指控"非所宜言"者,受到严惩绝对是可预期的大概率事件。所以,梅福在给成帝的奏疏中特别指出"非所宜言"对民众上书造成了严重的人身威胁,尤其对朝臣构成了巨大的精神恐惧。"自阳朔以来,天下以言为讳,朝廷尤甚,群臣皆承顺上指,莫有执正。何以明其然也?取民所上书,陛下之所善,试下之廷尉,廷尉必曰'非所宜言,大不敬。'"②可见"非所宜言"对官民言论是一个最有力最可怕的限制,故而也是"言论罪"中最常见最普遍的罪名。③

列表如下。

案　　例	出　　处
二世"尽问诸生,诸生或言反,或言盗。于是二世令御史按诸生言反者下吏,非所宜言。诸生言盗者皆罢之。"	《汉书·叔孙通传》
太史令张寿王上书,"传黄帝调律历,汉元年以来用之。今阴阳不调,宜更历之过也。"昭帝下诏主历使者鲜于妄人诘问,"寿王不服。……案汉元年不用黄帝调历,寿王非汉历,逆天道,非所宜言,大不敬。有诏勿劾。"	《汉书·律历志上》
扬州刺史柯奏报刘贺与"故太守卒史孙万世交通,万世问贺:'前见废时,何不坚守毋出宫,斩大将军,而听人夺玺绶乎?'贺曰:'然。失之。'万世又以贺且王豫章,不久为列侯。贺曰:'且然,非所宜言。'有司案验,请逮捕。制曰:'削户三千。'"	《汉书·武五子传》

---

① 《汉书·朱博传》。

② 《汉书·梅福传》。

③ 有关早期帝国的历史文献中,只有东汉没有出现"非所宜言"的记载。或许可以将此解释为东汉"上书法"作出了某种调整或修订,致使言论罪的认定标准和判案依据发生了某种变化,故而"非所宜言"不再入罪,或成为言论罪的证据。倘若如此,却又产生一个新问题。既然东汉取消了"非所宜言"之罪,为何因言获罪者更多了?尤其东汉因言丧命者数倍于西汉,这种明显的悖谬现象如何解释?这是否暗示着,东汉虽然表面上废除了"非所宜言"罪,实际上却加大了对言论罪的打击力度?是可知,东汉尽管不再有"非所宜言"的恐吓,却付出了更大的生命代价。

续　表

案　例	出　处
戴长乐"尝使行事(隶)〔肄〕宗庙,还谓掾史曰:'我亲面见受诏,副帝(隶)〔肄〕,稆侯御。'人有上书告长乐非所宜言,事下廷尉。"	《汉书·杨敞传》
陈汤"言当复发徙,传相语者十余人。丞相御史奏'汤惑众不道,妄称诈归异于上,非所宜言,大不敬。'"廷尉赵增寿认为,"汤妄以意相谓且复发徙,虽颇惊动,所流行者少,百姓不为变,不可谓惑众。汤称诈,虚设不然之事,非所宜言,大不敬也。"元帝诏令,"廷尉增寿当是。汤前有讨郅支单于功,其免汤为庶人,徙边。"	《汉书·陈汤传》
成帝使尚书劾奏王章"知(冯)野王前以王舅出补吏,而私荐之,欲令在朝阿附诸侯;又知张美人体御至尊,而妄称引羌胡杀子荡肠,非所宜言"。于是将王章下吏审讯。"廷尉致其大逆罪,以为'比上夷狄,欲绝继嗣之端;背畔天子,私为定陶王。'章死狱中。"	《汉书·元后传》
高昌侯董宏上书,援引秦华阳夫人和夏太后成例,建议"立定陶共王后为皇太后。"事下有司,左将军师丹与大司马王莽联袂劾奏董宏"知皇太后至尊之号,天下一统,而称引亡秦以为比喻,违误圣朝,非所宜言,大不道"。哀帝"免宏为庶人。"	《汉书·师丹传》
凤夜连率韩博上书王莽,推荐奇士巨毋霸,说他自愿"奋击胡虏。……霸卧则枕鼓,以铁箸食,此皇天所以辅新室也。愿陛下作大甲高车,贲育之衣,遣大将一人与虎贲百人迎之于道。京师门户不容者,开高大之,以视百蛮,镇安天下。"韩博"意欲以风莽。莽闻恶之,……征博下狱,以非所宜言,弃市。"	《汉书·王莽传下》

奏诏模式的本质不是君臣如何说话,而是如何使君臣言之有效。因此之故,言语不仅产生行动,还天生风险,甚至酿造祸端,致使言论罪成为犯罪率最高的罪行。言论罪既被视作"薄罪",亦被称作"非罪",[1]虽然意思有殊,但均受到惩治严办。因为不论"薄罪"还是"非罪",皆属有罪范畴。即便薄之,亦可死之。因言丧命即是死于非命。因为奏诏模式下,死于非命的官员多与上书言事有关。可见,皇权时代的官员之罪几乎很难完全摆脱和言论表达的关系。祸从口出,罪由言至,既是成语,更是常态。客观而言,官员犯罪绝大多数都属于言论罪范畴。

就其本质,**早期帝国有言论史,无言论自由史**。司马迁和外孙杨恽都是因言获罪的典型,在言论史上有特殊地位。但二人又有区别。因为杨恽被杀并不属于严格意义上的奏诏模式范畴之言论罪,而司马迁的腐刑确是因为犯颜进谏

---

① 《后汉书·刘陶列传》。

而付出的仅次于生命的极刑代价。① 司马迁以自己的身体力行凸显出皇权时代**有言论无自由之奏诏困境**。②

奏诏模式中,上书者之所以被称作"谏主"③,恰恰表明汉人观念中,上书就是为了谏君,上书内容只能是劝谏君主。这样,上书的风险几乎与生俱来。早期帝国的上书看似没有什么禁忌和限制,人身威胁和生命危险却时时存在。这种莫须有的言论恐惧才是最深的恐惧。④ 虽然一般说,奏诏模式的开放性使得人人皆可自由上书,似乎每人上书都不会有任何压力和恐惧,实际上,谏主仍然会面临诸多有形无形,或意想不到的种种威胁和恐吓,甚至有人身安全和生命之虞。⑤

谏主在早期帝国实际作用颇为复杂,积极作用自不待言,这也是奏诏模式这套制度的设计理念,但它同时也有不容忽视、更不能回避的副作用,这就是因言获罪。即便因言获罪,也有不同结果。有贬职,有免官,严重者下狱,最严重者丧命。虽说因言获罪是奏诏模式的副作用,却也并非偶然和例外,毋宁说倒是奏诏模式之常态。其极端常态就是指鹿为马。因为它展示出的昏君-奸臣模式并非是对奏诏模式的简单摧毁,而是奏诏模式的另一面

---

① 按照杨恽《报孙会宗书》的文字标准,司马迁的《报任安书》中同样有些犯忌文字,但杨恽腰斩,司马迁无恙。可见祖孙二人命运完全取决于是否被人告发。这表明,皇权秩序下的士人境遇既和文字有关,更和文字之外的东西有关。

② 在奏诏模式之外,还有一种真正的谣言。陈汤上书建陵邑,成帝"果起昌陵邑",群臣多言不便,诏罢昌陵。丞相和御史大夫"请废昌陵邑中室,奏未下,人以问汤:'第宅不〔得彻〕〔彻,得〕毋复发徙?'汤曰:'县官且顺听群臣言,犹且复发徙之也。'"成都侯王商"闻此语,白汤惑众,下狱治"。陈汤所言"当复发徙,传相语者十余人",又被丞相、御史大夫弹劾,"汤惑众不道,妄称诈归异于上,非所宜言,大不敬。"廷尉赵增寿却认为,"不道无正法,以所犯剧易为罪,臣下〔丞〕〔承〕用失其中,故移狱廷尉,无比者先以闻,所以正刑罚,重人命也。明主哀悯百姓,下制书罢昌陵勿徙吏民,已申布。汤妄以意相谓且复发徙,虽颇惊动,所流行者少,百姓不为变,不可谓惑众。汤称诈,虚设不然之事,非所宜言,大不敬也。"可见陈汤所犯是一种言论罪。对丞相和御史大夫指控陈汤的"惑众不道,妄称诈归异于上,非所宜言,大不敬"罪名,廷尉赵增寿提出异议,"汤妄以意相谓且复发徙,虽颇惊动,所流行者少,百姓不为变,不可谓惑众。汤称诈,虚设不然之事,非所宜言,大不敬也。"意思是,陈汤造谣虽然惊动百姓,但影响不大,算不上惑众,而造谣性质恶劣,有损圣誉,必须严惩。这样,陈汤的两个罪名就只剩下一个。这样,对陈汤的处罚也就相对较轻。"免汤为庶人,徙边。"(《汉书·陈汤传》)

③ 奏诏模式下的早期帝国,几乎人人都是谏主。换言之,奏诏模式赋予了每个臣民皆有一定的话语权。但这和现代意义上的言论自由不是一回事。如果撇开言论自由观念,必须承认,早期帝国的奏诏模式确实有效地保障了人人皆有的普遍话语权。

④ 专制对人性的致命戕害,不在于顺从专制,而在于恐惧自由。因为顺从专制仅仅是适应已有之坏习惯,而恐惧自由则是对未知事物的莫名恐惧。适应已有之坏习惯需要的只是忍耐,恐惧未知事物则必须承担责任。可见,恐惧自由实乃恐惧责任,反之,逃避责任即是逃避自由。

⑤ 比如,宋光被人所诬,"以为妄刊章文,坐系洛阳诏狱,掠考困极。"致使"守阙连年,而终不见理。呼嗟紫宫之门,泣血两观之下。"(《后汉书·霍谞列传》)

真实。即便不是更大的真实。所以，哪怕没有昏君，只有奸臣或权臣，谏主的命运依然岌岌可危。比如，尚书仆射郅寿指责窦宪专权造成"府臧空虚，军旅未休，遂因朝会讥刺宪等，厉音正色，辞旨甚切。宪怒，陷寿以买公田诽谤，下吏当诛"。① 是可知，谏主的牢狱之灾不仅标示出奏诏模式之边界，而且昭示出奏诏模式之本质。

不言而喻，奏书结果的好坏皆源自诏书的决断。所以，谏主的命运往往系于皇帝的意志。许多时候，皇帝对上书的第一反应并非都是理性。皇帝的过激反应，表明奏诏模式的不确定性，以及奏诏模式并不能给谏主提供相应的安全保障。毋宁说，谏主的身家性命更多取决于运气和皇帝的任性或昏聩及愚蠢。其实，上书被责，即便三公，也属常态。这表明，在奏诏模式中，遭皇帝严辞痛斥，是所有官员都有可能遭遇的下场。襄楷"诣阙上疏"桓帝，"太原太守刘瓆、南阳太守成瑨，志除奸邪，其所诛翦，皆合人望，而陛下受阉竖之谮，乃远加考逮。三公上书乞哀瓆等，不见采察，而严被谴让。忧国之臣，将遂杜口矣。"② 可见，奏诏模式的开放性不等于言论的自由性和人身的安全性。

晁错上书建议削藩，后七国反，景帝杀晁错。这个过程，表面看似乎起因于晁错建言，却不能归结于直接上书所致。因为，作为皇权政治的运行机制，帝国的大小事务都离不开奏诏模式的正常运作。就此而言，官员的被贬被杀显然都与奏书有关。按照这个宽泛定义，被杀的官员实在太多了。但这种统计方式并无意义。因为它削弱了直接因奏书被杀这一现象对考察皇权政治中言论空间大小变化的实质作用。

杨恽书信中的言语似乎犯了宣帝的忌讳，就被杀了。③ 这自然是因言获罪，却不是奏诏模式范畴之言论罪。二者之区别略显怪异。因为，奏诏模式作为君臣之间的公开且合法的交流方式，似乎还允许臣民对皇帝放言无忌，言辞激烈也能被容忍，反而私人书信却禁忌甚多。换言之，人们可以当面斥责皇帝，却不能背后议论皇帝。前者只是让皇帝不高兴，后者却可以让言者丢命。客观意义上，奏诏模式鼓励人们上书进言，这使奏诏模式的言论空间要比私人书信的言论空间更大。看起来，臣子可以向皇帝上书发牢骚，却不能私下向其他人发皇帝的牢骚。二者性质不同。上书皇帝发牢骚，是向皇帝表白心迹，祖露心声，是对皇帝的信任和依赖，是对皇帝的忠诚和敬仰，一句话，是知无不言的忠

---

① 《后汉书·郅恽列传》。
② 《后汉书·襄楷列传》。
③ 按照宣帝惩治杨恽言论的标准，其外祖太史公的《报任安书》怨气更重，语含不恭，对今上颇有哀怨微辞，但武帝并未惩处太史公。但这并不能简单解释为武帝对这封信毫不知情。

君之体现。有忠心便无私念。因为忠臣无不可对君主所言之事。相反,臣子私人通信或私下闲聊涉及君亲,必有不可言之事。臣子之隐情即是对君主之隐瞒。这就属于犯忌,违背为臣之道。

从奏诏模式角度看,司马迁为李陵辩护,似乎也应属于奏诏模式之一部分。因为他是在廷议上的公开发言。① 这样,司马迁为之下狱,便具有奏诏模式中因言获罪之性质。不过这里显然存在一个廷议中的潜规则。有时廷议中皇帝不持态度,尽由公卿百官争鸣,②最后皇帝拍板;有时廷议中皇帝先已表明态度,这时百官往往就会站在皇帝一边,赞成皇帝说法。如果某人和皇帝观点不同,又不能说服皇帝,就只能下狱。在这种场合,皇帝固然允许官员各抒己见,甚至可以和皇帝观点相左,但这并非无条件的。这就是固执己见的官员必须做好心理准备,随时可能都因龙颜大怒而被投入大狱,甚至处死。太史公显然有这个准备,却未想到竟被判以"诬枉"之罪。可见,皇权政治的游戏规则是,如果和皇帝意志相悖,后果往往很严重。奏诏模式允许人们发言的同时,也暗示人们必须高度自律,不能说让皇帝不高兴的话,否则这些话就会成为置自己于死地的罪证。

董仲舒属于另外一类。他写好文章,并未上奏,却被主父偃偷走,呈送武帝,因此受到斥责和恐吓,自此再也不敢轻言灾异。这似乎也属于因言获罪一种。总之,皇权政治下的言论尺度既非不着边际,亦非不可捉摸,它有着相当具体的条件约束。这就是奏诏模式中的言论效果。就是说,皇权政治下的真实言论空间不应漫无边际地任意谈论,应该在奏诏模式中探讨相关问题,即严格按照奏诏模式运作中的具体言论效应来勘定言论空间之界限。

---

① 为何司马迁没有直接上书武帝,为李陵申辩? 以太史公之大才,如果上书极谏,晓情动理,或许还有转圜之余地。据太史公说:"仆怀欲陈之,而未有路。适会召问,即以此指推言陵功,欲以广主上之意,塞睚眦之辞。未能尽明,明主不深晓,以为仆沮贰师,而为李陵游说,遂下于理。拳拳之忠,终不能自列,因为诬上,卒从吏议。"(《汉书·司马迁传》)这段话虚实参半,不可尽信。因为以太史公之身份,完全可以直接奏书极谏。既然廷辩"未能尽明",武帝当廷震怒,太史公也可以在诏狱中上书申辩。因为汉朝允许下狱之人、流放之人或禁锢之人上奏言事。比如,尚书郎张俊被人告发隐私,下狱当死。"俊自狱中占狱吏上书自讼,书奏而俊狱已报。"(《后汉书·袁安列传》)蔡邕戍边上章,"含辞抱悲,无由上达。既到徙所,乘塞守烽,职在候望,忧怖焦灼,无心复能操笔成草,致章阙庭。"(《后汉书·律历志下》,刘昭注)并州刺史赵岐"欲奏守边之策,未及上,会坐党事免,因撰次以为《御寇论》。"《决录注》曰:"岐拟前代连珠之书四十章上之,留中不出。"(《后汉书·赵岐列传》,李贤注)值得注意的是,司马迁非但没有在狱中上书,他一生好像也没有为任何事情上过书。包括他后来做中书令,亦是如此。任安责备他未能推贤进士,或许也是有感而发。

② 值得一提的是,先秦名不副实的百家争鸣,至"后秦"则变成了货真价实的**百官争鸣**。(百官争鸣实乃取悦皇帝一人的言论大合唱。)因为,绝大多数情况下,有争鸣之机会、权力和平台者,非官不可。**官话成为话语标准**,成为言论尺度。

这样,探讨奏诏模式的言论尺度之大小和言论空间之边界,必须有一些相对规范的形式要件。首先,皇帝会在第一时间对上书内容表明态度,不管这态度出自皇帝本人还是他人,只要是以皇帝名义或实际行使皇权,均属正当。其次,上书和结果之间,不应时间太久。因为太久就会掺杂其他因素,并发生其他变数,不易准确判断上书和结果之间的直接且必然之关系。

作为奏诏模式的言论罪范畴,上书入狱或被杀,虽是因言获罪,仍需要一个具体罪名。诸如,郅恽"大逆";夏侯胜"袄言";刘向"教令人言变事,诬罔不道";眭孟"袄言惑众,大逆不道";李云和杜众"皆大逆不道";襄揩"析言破律,违背经义,伪托神灵";李燮"谤毁宗室";陆康"援引亡国,以譬圣明,大不敬";梁松"诽谤朝廷";毌将隆"伤化失俗"。有的罪名则显得含糊而游移。比如,嘉"疑有奸心",韩博"非所宜言"。尤需注意的是,政见不同者经常用"大不道"之罪来相互攻讦。可见,"大不道"和言论罪常常联系在一起,应该属于言论罪的主要范畴之一。比如,哀帝即位,"成帝母称太皇太后,成帝赵皇后称皇太后,而上祖母傅太后与母丁后皆在国邸,自以定陶共王为称。高昌侯董宏上书言:'秦庄襄王母本夏氏,而为华阳夫人所子,及即位后,俱称太后。宜立定陶共王后为皇太后。'事下有司,时丹以左将军与大司马王莽共劾奏宏'知皇太后至尊之号,天下一统,而称引亡秦以为比喻,违误圣朝,非所宜言,大不道。'"①

虽然官员上书言事充满风险,随时可能遭到皇帝的严惩,但因言获罪对那些有作为的皇帝来说,毕竟有些拿不上台面,有些难堪。比如,大司徒韩歆"好直言,无隐讳,(光武)帝每不能容。尝因朝会,闻帝读隗嚣、公孙述相与书,歆曰:'亡国之君皆有才,桀纣亦有才。'帝大怒,以为激发。歆又证岁将饥凶,指天画地,言甚刚切,坐免归田里。帝犹不释,复遣使宣诏责之。司隶校尉鲍永固请不能得,歆及子婴竟自杀。"②韩歆先是因言被贬,继而又因诏责畏罪自杀。在这里,"歆素有重名",但"死非其罪,众多不厌"却是关键。就是说,韩歆的因言获罪并不能得到百官的认同,显然,他们内心对此相当抵触和反感,由此在朝廷上产生了一种无形的道德谴责和心理压力。正是迫于此,光武帝才会"追赐钱谷,以成礼葬之"。这似乎表明,皇权固然是一种严控思想和言论的专制权力,但对言论罪的尺度和界限并非毫无节制,肆意滥用,同样,对言论罪的惩治亦非

---

① 《汉书·师丹传》。
② 《后汉书·侯霸列传》。

毫无底线。① 至少某种程度上,皇帝对谏主进行惩罚或治罪,多少还有所约束和收敛,而不致完全放纵和失控。② 以至于有时朝臣对言论的态度比皇帝更为褊狭,更少宽容。比如,五官郎中冯光、沛相上计掾陈晃上书,"历元不正,故妖民叛寇益州,盗贼相续为〔害〕。历〔当〕用甲寅为元而用庚申,图纬无以庚〔申〕为元者。"蔡邕抨击,"光、晃区区信用所学,亦安虚无造欺语之愆。至于改朔易元,……非群臣议者所能变易。"紧接着,"太尉耽、司徒隗、司空训以邕议劾光、晃不敬,正鬼薪法。诏书勿治罪。"③灵帝固然昏聩,却并非一味愚蠢。至少对冯光、陈晃奏言的处理就留有余地。

据统计,两汉(包括新莽)共有 39 人因上书下狱、判刑或致死。西汉 11 人,新朝 3 人,东汉 25 人。其中,共有 18 人上书丧命。11 人死在狱中,1 人自到北阙,1 人弃市;另外 5 人的情况有些特殊,除 1 人被杖毙在朝殿外,1 人上任途中自杀,1 人归乡里被迫自杀,还有 1 人被杀,1 人被迫自杀,均地点不明。上书丧命者,西汉 5 人,新朝 1 人,东汉 12 人。这个上书死亡的数字显然值得分析。440 年有 18 人上书致死,大约 24 年左右出现一例。④ 这个比例似乎不能算高。另外,在两汉 24 位皇帝(吕后不计)手中,死了 17 名谏主,约略 1.4 个皇帝杀掉 1 名言者。两汉比较,尤其令人深思。西汉平均 43 年杀 1 名言者,东汉平均 16 年就有 1 人因言丧命,后汉足足是前汉的近三倍。⑤ 这一切都和人们对东汉的固有印象相距遥遥。东汉毕竟有党人有清议。他们品评人物,制造舆论,施压朝廷,引领风尚。这一切皆赖于言论宽松。再加上深厚经学滋养出的士大夫的

---

① 比如,"董仲舒坐私为灾异书,主父偃取奏之,下吏,罪至不道,幸蒙不诛,复为太中大夫,胶西相,以老病免归。汉有所欲兴,常有诏问。仲舒为世儒宗,定议有益天下。孝宣皇帝时,夏侯胜坐诽谤系狱,三年免为庶人。宣帝复用胜,至长信少府,太子太傅,名敢直言,天下美之。"(《汉书·楚元王传》)可见,皇权政体中的言论边界大体处于某种稳定而不确定的状态,同样,奏诏模式中的言论尺度也是一种固定而充满弹性的状态。其实,皇权政体中的言论边界和奏诏模式中的言论尺度完全一回事。
② 如果上书被"劾奏谩欺",将被判罚"二月奉赎罪,整适作左校二月"。(《后汉书·律历志中》)
③ 对此,刘昭很是不满。"不有君子,其能国乎? 观蔡邕之议,可以言天机矣。贤明在朝,弘益远哉! 公卿结正,足惩浅妄之徒,诏书勿治,亦深'盖各'之致。"(《后汉书·律历志中》,刘昭注)
④ 古人普遍结婚较早,若以 15 岁为一代,约一代半人便有 1 人死于言祸或言罪。
⑤ 顾炎武云:"三代以下,风俗之美无尚于东京者。"(《日知录》卷 13,"两汉风俗")袁《纪》范《书》似乎亦有不少证据。若将风俗和言论相较,对比尤为强烈。所谓风俗,不外士人道德气节,但这些显然无关言论环境之恶化。两个现象颇为吊诡。一是,光武、明帝经学素养深厚,远非前汉皇帝能比,同时,二帝暴打士大夫之做法,亦非前汉皇帝能比。二是,东汉皇帝更加礼遇拒征的臣子,同时,却又更加严厉打压臣子的言论。二者貌似矛盾,却也匹配。"汉初诏举贤良、方正,州郡察孝廉、秀才,斯亦贡士之方也。中兴以后,复增敦朴、有道、贤能、直言、独行、高节、质直、清白、敦厚之属。……而斯道莫振,文武陵队,在朝者以正议婴戮,谢事者以党锢致灾。"(《后汉书·黄琼列传》)是可知,士大夫的道德气节非但无助于言论尺度之伸张,甚至无力遏止言论空间之萎缩。顾氏"风俗最好"云云并非一个有意义的话语史评价和话语实践史论断。

人格自诩和相互标榜,更是对言路大开推波助澜。

历史的吊诡在于,东汉经学世家辈出,尊儒之风深入人心,上书环境却越来越恶劣恐怖。桓帝时,宦官乱政,"选举奏议,辄以中诏谴却,长〔吏〕〔史〕已下多至抵罪。"①当时就有人指出,"汉兴以来,未有拒谏诛贤,用刑太深如今者也。"②可见,儒学本质上是不能容纳不同意见的,更别说异端政见。西汉眭弘上书被杀、盖宽饶自杀,是因为他们所说内容已超出汉室底线。因为眭弘、盖宽饶明确要求汉帝退位让贤,所谓"意欲求禅"。这是皇权时代任何一个皇帝都不能容忍的狂悖言论。至于王嘉上书被杀,是因为他触怒了哀帝心中的软肋。哀帝对董贤的情感绝对超出了正常的君臣关系。这种极度私密的情感纯粹而又脆弱。这使得年轻的哀帝不能容忍任何人亵渎他内心的"爱慕对象"。这被他视为不容挑战的神圣禁脔。可以说王嘉触碰到了哀帝最敏感的神经。可见,西汉被杀的五个上书者,眭弘、盖宽饶、王嘉情况特殊,尤其眭弘、盖宽饶关涉禅让这种改姓换氏的变天逆举,实属大逆不道,至于王章、朱博之言均属正常范围。相反,东汉被杀的上书者,除了李云那句"帝欲不谛"有些刺激外,其余都属正常意见,没有什么过分的禁忌。这说明,东汉皇帝虽然经学素养之高远非西汉皇帝能比,但容纳政治异见的心胸和雅量较之西汉皇帝却小得多。显然,这个道理不为"柔仁好儒"的元帝所知。"见宣帝所用多文法吏,以刑名绳下,大臣杨恽、〔盉〕〔盖〕宽饶等坐刺讥辞语为罪而诛,尝侍燕从容言:'陛下持刑太深,宜用儒生。'"③元帝竟然认为杨恽、盖宽饶因言被诛是因为宣帝不用儒生所致。可见元帝根本不懂儒。④ 因为儒也会杀人,甚至更会杀人。孔子诛杀少正卯,其实就是诛心。⑤ 可见儒家早有以言论罪的传统。

二、因言下狱

下狱又称"下吏"或"加刑"。谏主下狱的原因不一,在狱中的时间也长短不

---

① 《后汉书·陈蕃列传》。
② 《后汉书·襄楷列传》。
③ 《汉书·元帝纪》。
④ 说到底,宣帝也不真懂儒。"俗儒不达时宜,好是古非今,使人眩于名实。"(《汉书·元帝纪》)这些只是儒家的表象和陋习,儒家的劣根性在于以思想之名行思想专制之实,借言论统一不同言论。
⑤ 《孔子家语·始诛》云:"天下有大恶者五,而窃盗不与焉。一曰心逆而险,二曰行僻而坚,三曰言伪而辩,四曰记丑而博,五曰顺非而泽。此五者,有一于人,则不免君子之诛,而少正卯皆兼有之。其居处足以撮徒成党,其谈说足以饰褒莹众,其强御足以反是独立,此乃人之奸雄者也,不可以不除。夫殷汤诛尹谐,文王诛潘正,周公诛管蔡,太公诛华士,管仲诛付乙,子产诛史何,是此七子皆异世而同诛者,以七子异世而同恶,故不可赦也。"

一。有的几天,有的几月,有的几年。

由于汉武帝的错误决策,出兵攻打大宛,久攻不下,进而引发一系列国际反应,西域诸国开始疏远乃至抗拒汉帝国。武帝恼羞成怒,将气撒在坚持反对伐宛的官员,"案其罪而行罚。"史称,"公卿议者皆愿罢宛军,专力攻胡。天子业出兵诛宛,宛小国而不能下,则大夏之属渐轻汉,而宛善马绝不来,乌孙、轮台易苦汉使,为外国笑。乃案言伐宛尤不便者邓光等。"[1]这是一件典型的皇帝犯错、官员顶罪的案例。可见,皇权政治中任何奏事都不安全,都有可能成为治罪的理由。

昭帝元凤三年,太史令张寿王上书,批评二十七年前上任太史令司马迁制订的太初历。"传黄帝调律历,汉元年以来用之。今阴阳不调,宜更历之过也。"史称,

> 诏下主历使者鲜于妄人诘问,寿王不服。妄人请与治历大司农中丞麻光等二十余人杂候日月晦朔弦望、八节二十四气,钩校诸历用状。奏可。诏与丞相、御史、大将军、右将军史各一人杂候上林清台,课诸历疏密,凡十一家。以元凤三年十一月朔旦冬至,尽五年十二月,各有第。寿王课疏远。案汉元年不用黄帝调历,寿王非汉历,逆天道,非所宜言,大不敬。有诏勿劾。复候,尽六年。太初历第一,即墨徐万且、长安徐禹治太初历亦第一。寿王及待诏李信治黄帝调历,课皆疏阔,又言黄帝至元凤三年六千余岁。丞相属宝、长安单安国、安陵梧育治终始,言黄帝以来三千六百二十九岁,不与寿王合。寿王又移帝王录,舜、禹年岁不合人年。寿王言化益为天子代禹,骊山女亦为天子,在殷周间,皆不合经术。寿王历乃太史官殷历也。寿王猥曰安得五家历,又妄言太初历亏四分日之三,去小余七百五分,以故阴阳不调,谓之乱世。劾寿王吏八百石,古之大夫,服儒衣,诵不详之辞,作祆言欲乱制度,不道。奏可。寿王候课,比三年下,终不服。再劾死,更赦勿劾,遂不更言,诽谤益甚,竟以下吏。[2]

昌邑王刘贺刚刚登基,就开始游戏人生,娱乐至死。昌邑王在宫中的时间还不如在宫外的时间多。夏侯胜劝谏昌邑王不要随便外出,当心臣子谋反作乱。显然,夏侯胜和眭孟一样,其奏言都是基于经学理论而作出的政治预言。有意思的是,夏侯胜谏昌邑王被抓,霍光却不予追究。尽管霍光感觉有泄密之嫌。这种处置方式和霍光滥杀眭孟等人迥然不同。

---

① 《汉书·李广利传》。
② 《汉书·律历志上》。

> 昌邑王嗣立,数出。胜当乘舆前谏曰:"天久阴而不雨,臣下有谋上者,陛下出欲何之?"王怒,谓胜为祆言,缚以属吏。吏白大将军霍光,光不举法。是时,光与车骑将军张安世谋欲废昌邑王。光让安世以为泄语,安世实不言。乃召问胜,胜对言:"在《洪范传》曰'皇之不极,厥罚常阴,时则下人有伐上者',恶察察言,故云臣下有谋。"光、安世大惊,以此益重经术士。①

可见经学的政治预言功能相当强大。这使经学家的奏书往往充满某种令人畏惧的神秘色彩。

成帝欲立赵飞燕为皇后,遭到谏大夫刘辅的反对。"今乃触情纵欲,倾于卑贱之女,欲以母天下,不畏于天,不媿于人,惑莫大焉。里语曰:'腐木不可以为柱,卑人不可以为主。'天人之所不予,必有祸而无福,市道皆共知之,朝廷莫肯壹言,臣窃伤心。自念得以同姓拔擢,尸禄不忠,污辱谏争之官,不敢不尽死,唯陛下深察。"这下激怒了成帝,"上使侍御史收缚辅,系掖庭秘狱,"也就是秘密关押。因为,"掖庭诏狱令丞宦者为之,主理妇人女官也。"把一个堂堂皇室宗亲、朝廷言官关在宫中的女子监狱,仅仅因为他对立后一事发表不同意见。其实,成帝自己也知道这事做的不地道,所以不敢声张,以至于"群臣莫知其故"。②

> 于是中朝左将军辛庆忌、右将军廉褒、光禄勋师丹、太中大夫谷永俱上书曰:"臣闻明王垂宽容之听,崇谏争之官,广开忠直之路,不罪狂狷之言,然后百僚在位,竭忠尽谋,不惧后患,朝廷无调谀之士,元首无失道之譽。窃见谏大夫刘辅,前以县令求见,擢为谏大夫,此其言必有卓诡切至,当圣心者,故得拔至于此。旬日之间,收下秘狱,臣等愚,以为辅幸得托公族之亲,在谏臣之列,新从下土来,未知朝廷体,独触忌讳,不足深过。小罪宜隐忍而已,如有大恶,宜暴治理官,与众共之。……假令辅不坐直言,所坐不著,天下不可户晓。同姓近臣本以言显,其于治亲养忠之义诚不宜幽囚于掖庭狱。公卿以下见陛下进用辅亟,而折伤之暴,人有惧心,精锐销耎,莫敢尽节正言,非所以昭有虞之听,广德美之风也。"③

中朝官们认为如果刘辅确实有罪,应该光明正大地"令众人知其罪状而罚之",而不是这般偷偷摸摸地关押在女子监狱。于是,"上乃徙系辅共工狱,减死罪一等,论为鬼薪。"④意思是,成帝把刘辅转到隶属少府的诏狱即共工狱,由死罪改

---

① 《汉书·夏侯胜传》。
② 《汉书·刘辅传》。
③ 《汉书·刘辅传》。
④ 《汉书·刘辅传》。

判为屈辱性的鬼薪。

成帝"久无继嗣,数为微行,多近幸小臣,赵、李从微贱专宠,皆皇太后与诸舅凤夜所常忧。至亲难数言,故推永等使因天变而切谏,劝上纳用之。"可见灾异上书的背景和动机颇不简单。它同时受制于皇权政治的常态效应,即宫廷内斗。显然,谷永并非唯一的天变谏主。所谓"故推永等使因天变而切谏",表明这是一种众声喧哗的群体效应。这是灾异政治的常见现象。"永自知有内应,展意无所依违,每言事辄见答礼。"似乎谷永依仗内应而犯颜直谏,同时成帝也能以礼相待。这样看,"时有黑龙见东莱,上使尚书问永,受所欲言"[1],并非成帝主动,而是受王太后示意使然。就是说,谷永天变上书其实是王太后做的局,一边让成帝征询谷永意见,一边让谷永严辞切谏。太后和国舅想借着天变让谷永上书对成帝施加以天命之权威和天道之力量,使其有所敬畏和戒惧,以便对此前之种种荒唐行径有所约束和节制。

> 方今社稷宗庙祸福安危之机在于陛下,陛下诚肯发明圣之德,昭然远寤,畏此上天之威怒,深惧危亡之征兆,荡涤邪僻之恶志,厉精致政,专心反道,绝群小之私客,免不正之诏除,悉罢北宫私奴车马靡出之具,克己复礼,毋贰微行出饮之过,以防迫切之祸,深惟日食再既之意,抑损椒房玉堂之盛宠,毋听后宫之请谒,除掖庭之乱狱,出炮格之陷阱,诛戮邪佞之臣及左右执左道以事上者以塞天下之望,且寝初陵之作,止诸缮治宫室,阙更减赋,尽休力役,存恤振捄困乏之人以弭远方,厉崇忠直,放退残贼,无使素餐之吏久尸厚禄,以次贯行,固执无违,凤夜孳孳,娄省无怠,旧衍毕改,新德既章,纤介之邪不复载心,则赫赫大异庶几可销,天命去就庶几可复,社稷宗庙庶几可保。[2]

谷永奏书令成帝勃然大怒。他命人将谷永抓起来。"上使侍御史收永",不料卫将军王商已"密擿永令发去"。成帝下诏,"过交道厩者勿追。"意思是,如果谷永已经走远了就不用再追了。其实,"交道厩去长安六十里,近延陵。"并不算太远。可见成帝并非真要把谷永缉拿归案。"御史不及永,还,上意亦解,自悔。"[3]这就已经说明问题了。成帝恼怒之下,确实想把谷永下狱,稍加冷静,便又反悔。这正符合"成帝性宽"之性格特点。

诣阙上书是上书形式中较为特殊之一种。诣阙上书有多种说法,比如"奉

---

① 《汉书·谷永传》。
② 《汉书·谷永传》。
③ 《汉书·谷永传》,颜注。

章诣阙",简称"拜章"。它是奏诏模式中谏主或言者最接近皇帝的一种形式。诣阙上书要求将奏章直接送交皇帝手里,或皇帝派人将奏书直接取走。从程序看,这是一种奏书上达天庭的最快的捷径。皇帝往往也会亲自召见上书官员。总之,诣阙上书既表明上书者对上书内容的看重,也表明上书者对皇帝的敬畏和感恩以及对皇权的无比信赖。①

诣阙上疏在奏诏模式中有其特殊含义。等于不走正常上疏渠道,言者亲自进宫送呈奏书。郎官陈元为立左氏博士,"乃诣阙上疏争之,更相辩对凡十余上。帝卒立左氏学。"②郎中袁著"见(梁)冀凶纵,不胜其愤,乃诣阙上书。"③陈留太守马严病,"遣功曹史李龚奉章诣阙。"④在奏书程序中,拜章似乎具有某种象征意义,或在奏主看来,属于一种不得已而为之的最后一搏。

诣阙拜章虽属奏书常态,却并不普遍。通常只有在局势紧张或事态严重或所奏内容重要时,人们才会诣阙奏书,冒死陈情或犯险进谏。其中,自然难免有些故作姿态或矫情之人。"以定策增封邓陟三千户。让不获,遂逃避使者,间阙上疏,自陈情焉。"⑤有些时候,诣阙上疏实属无奈。既是上书的最后一个环节,也是奏书的最后一条途径。它代表了人们对奏诏模式尚存的最后一线希望,也象征着人们对皇帝的圣明依然怀抱信心。尽管结果并不乐观。司徒杨震先是上书批评安帝乳母王圣"缘恩放恣",其女伯荣"出入宫掖,传通奸赂"。安帝"以示阿母等",伯荣骄淫更甚,"与故朝阳侯刘护从兄续交通,续遂以为妻,得袭护爵,位至侍中。"杨震不得不"复诣阙上疏",但依然书奏不省。⑥ 地方小吏先是诣阙举报县令贪赃枉法,随后,不惜上书百篇,都得不到皇帝的积极回应,被逼无奈,再次进京,诣阙拜章,堪称拼死一搏。

> 宁阳主簿诣阙,诉其县令之枉,积六七岁不省。簿乃上书曰:"臣为陛下子,陛下为臣父。臣章百上,终不见省,臣岂可北诣单于以告怨乎?"(顺)帝大怒,持章示尚书,尚书遂劾以大逆。(虞)诩驳之曰:"主簿所讼,乃君父之怨;百上不达,是有司之过。愚悫之人,不足多诛。"帝纳诩言,答之而已。

---

① 有时虽非上书,也要通过诣阙方式表达自己对皇帝的感恩或谢罪。比如,京兆尹张敞被奏"贼杀不辜",宣帝找个理由将其免官。"敞免奏既下,诣阙上印绶,便从阙下亡命。"(《汉书·张敞传》)可见,阙下既是一个现实的物理空间,又是一个想象的心理空间。诣阙象征着臣子在最接近皇帝的场所公开完成了身份的自我转换。

② 华峤《汉后书》卷2,《八家后汉书》。

③ 《后汉书·梁统列传》。

④ 《东观汉记》卷12。

⑤ 《东观汉记》卷9。

⑥ 《后汉书·杨震列传》。

诩因谓诸尚书曰:"小人有怨,不远千里,断发刻肌,诣阙告诉,而不为理,岂臣下之义? 君与浊长吏何亲,而与怨人何仇乎?"闻者皆惭。①
宁阳主簿先是从千里之外的泰山之地,亲赴洛都,诣阙告状。结果被搁置了六七年没有下落。这期间,宁阳主簿毫不气馁,竟然不间断地连续上书上百封。即便如此,仍然没有消息。这里有个问题,百封奏书是否都到了顺帝手里? 如果到了顺帝手里,顺帝没有下诏,似乎不太正常。如果都没有到顺帝手里,更不正常。虽然最后,顺帝终于看到了宁阳主簿的拜章,但处理结果显然不能使宁阳主簿满意,这才有了找匈奴单于告状伸冤的激愤之言。最终惹怒了顺帝。这件事表明,顺帝时的奏诏模式似乎运行的并不顺利,至少效果不佳。接下来,顺帝对宁阳主簿的处理方式和尚书仆射虞诩对这件事的态度,向人们展示出了更为丰富的信息。"尚书遂劾以大逆,"虞诩却痛斥有司"断发刻肌,诣阙告诉,而不为理,岂臣下之义?"在他看来,这件事的发生主要原因就是负责受理奏疏的有司之过。主簿之怨情有可原,他对皇帝的不敬完全由有司造成,不应承受过重惩罚。

诣阙上书作为人们仰望天颜的直接方式,在给人们提供最大希望的同时,也给人们提供了更大失望。许多时候,诣阙上书也得不到皇帝回应。朱买臣"随上计吏为卒,将重车至长安,诣阙上书,书久不报。"②还有的时候,官员上书,皇帝尚未批复,只能呆在阙下等待。李守为王莽宗卿师,其子李通起兵谋反。李守"即上书归死,章未及报,留阙下。会事发觉,通得亡走,莽闻之,乃系守于狱。"中郎将黄显为其说情,"守闻子无状,不敢逃亡,守义自信,归命宫阙。臣显愿质守俱东,晓说其子。如遂悖逆,令守北向刎首,以谢大恩。"王莽"然其言"。③ 帝国末世,诣阙上书竟然成了朝廷藏污纳垢的途径。灵帝卖官鬻爵也要诣阙上书。"遣御史于西(乡)〔邸〕卖官,关内侯顾五百万者,赐与金紫;诣阙上书占令长,随县好丑,丰约有贾。"④

值得注意的是,诣阙上书还有一种特殊形式,这就是"遣使诣阙"。它和诣阙上疏性质相同,皆属奏诏模式之一种。区别是,前者为外臣(胡人)所为,后者乃内臣(汉官)所为。"南单于遣使诣阙,奉藩称臣,入居于云中。遣使上书,献骆驼二头,文马十匹。"⑤"单于羌渠既为国人所杀,其子(孙)于扶罗应立,国人

---

① 《后汉书·虞诩列传》。

② 《汉书·朱买臣传》。

③ 《后汉书·李通列传》。

④ 《后汉书·五行志一》。

⑤ 华峤《汉后书》卷 3,《八家后汉书》。

立须卜为单于，于扶罗诣阙讼。"①夫余王遣子尉仇台（印）"〔诣〕阙贡献"。② 鲜卑大人燕荔阳"诣阙朝贺"。③

是可知，诣阙上书者华夷不限，远近不一。近在眼前者有之。议郎郑均"称病笃"，让儿子郑英"奉章诣阙，诏召见英，问均所苦，赐以冠帻钱布。"④远在天边者更有之。不远千里，亲自赴京，将奏书象征性地面呈皇帝。至少是最接近皇帝的一个环节。郅恽至长安，诣阙上书新朝皇帝王莽，"臣闻智者顺（命）以成德，愚者逆以取害，神器有命，正不可虚获。上天垂戒，欲以陛下就臣位，陛下宜顺天命，转祸为福。如不早图，是不免于窃位也。天为陛下严父，臣为陛下孝子。父教不可废，子谏不可难，惟陛下留神。"王莽大怒，"即下诏狱，劾恽大逆。犹以恽据正义，难即害之，使黄门近臣胁导恽，令为病狂恍惚，不自知所言。恽终不转曰：'所言皆天文圣意，非狂人所能造。'"遂系经冬，会赦得免。⑤ 王莽的态度很有意思。既想严惩郅恽，又想冠冕堂皇，竟然异想天开地使人威胁郅恽，让他装成疯子，以避免受罚。谁知郅恽并不领情。王莽也无可奈何。王莽并非不敢杀人，亦非爱惜人命。但他对郅恽的做法表明，他至少还是遵守奏诏模式中的一般规矩，不能随便杀人。

李淑上谏的内容颇为平实，并无什么尖刻之处，照样得罪了更始帝。"今者公卿尚书，皆戎阵亭长凡庸之隶，而当辅佐之任。望其有益，犹缘木求鱼，终无所获。海内望此，知汉祚未兴。臣非有憎疾以求进也，但为陛下惜此举措。"更始怒，"收淑系之诏狱历年，至更始之败，乃免。"⑥李淑的一封奏书换来了几年的牢狱生活，直到城头换旗、江山易主。

尚书栾巴仅仅因为批评朝廷给顺帝作陵，肆意毁坏百姓坟冢，便惹怒梁太后，竟然要杀掉栾巴。只是因为突然地震，梁太后畏惧灾异天谴，才不得不释放栾巴。"顺帝崩，梁太后摄政，欲为顺帝作陵，制度奢广，多坏吏民家。尚书栾巴谏事，太后怒，癸卯，诏书收巴下狱，欲杀之。丙午，地震，于是太后乃出巴，免为庶人。"⑦

内容相同的奏书，却因身份有异，皇帝的处置方式也不一样。杨赐是灵帝

---

① 《后汉纪》卷26。
② 《后汉书·东夷列传》。
③ 《后汉书·鲜卑列传》。
④ 《后汉书·郑均列传》，李贤注。
⑤ 《后汉纪》卷7。
⑥ 《后汉纪》卷2。
⑦ 《后汉书·五行志四》。

的老师,灵帝还是给了面子,额外开恩,仅作免官处理。蔡邕的处罚就重得多,直接下狱,流放边疆。"有虹蜺昼降于嘉德殿前,"灵帝命杨赐和蔡邕奏对"以祥异祸福所在"。二人书奏,"蔡邕坐直对抵罪,徙朔方。赐以师傅之恩,故得免咎。"①值得注意的是,蔡邕上书中特意提醒灵帝务必保密。"夫君臣不密,上有漏言之祸。愿寝臣表,庶使臣笔所及者,得佐陛下尽忠。"结果还是被宦官知晓,"书奏,赵玹、程黄闻之,共谮邕下狱,当弃市。中常侍吕强愍邕无罪,从上请,邕减死罪一等。"②

襄楷上奏,批评宦官专权乱政。尚书弹劾他"今楷不陈损益,而务析言破律,违背经义,伪托神灵。"于是,"论楷司寇。"③皇帝不高兴上书,随时都能用法律和暴力对付谏主。其实,一边允许上书,一边大刑伺候,这才是奏诏模式下的皇权政治常态。所以,不管奏诏模式的开放性多么无限,皇权政治中的言论尺度都是非常有限的。

安平王刘续被张角掠走,"国家赎王得还,朝廷议复其国。"李燮上奏,"续在国无政,为妖贼所虏,守藩不称,损辱圣朝,不宜复国。"经过廷议,灵帝决定"续竟归藩"。李燮则以"谤毁宗室,输作左校。"④ 这里值得注意的是,本来是一般性的朝廷事务和正常的廷议程序,各抒己见实属常态,即便争论激烈也没有什么大不了的。但李燮却被指控"谤毁宗室",显然太过分了。这似乎表明,末世一切都没了章法,乱了规矩。

批评朝廷政策,却被宦官指责为"大不敬"。可见宦官专权的最大危害在于,破坏奏诏模式的正常运作,使正确建议不得实施,使正常意见不敢发表。于是,帝国进入不可逆转的崩溃加速度。虽有个别正直官员恪守职责,也无济于事,扭转不了末世的整个颓势。"灵帝欲铸铜人,而国用不足,乃诏调民田,亩敛十钱。而比水旱伤稼,百姓贫苦。"陆康上疏,"卒被诏书,亩敛田钱,铸作铜人,伏读惆怅,悼心失图。……岂有聚夺民物,以营无用之铜人;捐舍圣戒,自蹈亡王之法哉!"书奏,"内幸因此潜康援引亡国,以譬圣明,大不敬,槛车征诣廷尉。侍御史刘岱典考其事,岱为表陈解释,免归田里。"⑤刘岱的辩护还是发生一些作用。陆康最终由刑罚改判为免官。虽然陆康在老家还可以上书,但估计他也不会再上书了。

---

① 《后汉书·杨震列传》。
② 《后汉纪》卷 24。
③ 《后汉纪》卷 22。
④ 《后汉书·李固列传》。
⑤ 《后汉书·陆康列传》。

三、因言丧命

上书下狱固然可怕,但最恐怖的则是奏书被杀或自杀。这是汉帝国言论史上最黑暗最血腥的一道风景。

眭孟是汉帝国第一位奏书被杀者。他上书的意图堪称石破天惊。因为他精通经学,谙熟天人感应的灾异理论,根据当时发生的种种天瑞异象,预测到了朝政即将发生巨变。"孝昭元凤三年正月,泰山莱芜山南匈匈有数千人声,民视之,有大石自立,高丈五尺,大四十八围,入地深八尺,三石为足。石立后有白乌数千下集其旁。是时昌邑有枯社木卧复生,又上林苑中大柳树断枯卧地,亦自立生,有虫食树叶成文字,曰'公孙病已立'。"眭孟从何得知如此之多的种种瑞象?京城御苑、泰山、昌邑国,这些不同地方的不同异象,以何种方式和途径迅速传播和扩散?身为符节令的眭孟只是朝廷的一名普通官员,他应该不会有其他特殊信息渠道,使其能在短时间内获得如此密集的敏感资讯。这意味着,眭孟获悉此事的时间应该和其他人差不多。但只有眭孟对此作出了惊世骇俗的判断和预测,并将此预言写成奏书。"孟推《春秋》之意,以为'石柳皆阴类,下民之象,(而)泰山者岱宗之岳,王者易姓告代之处。今大石自立,僵柳复起,非人力所为,此当有从匹夫为天子者。枯社木复生,故废之家公孙氏当复兴者也。'孟意亦不知其所在,即说曰:'先师董仲舒有言,虽有继体守文之君,不害圣人之受命。汉家尧后,有传国之运。汉帝宜谁差天下,求索贤人,禅以帝位,而退自封百里,如殷周二王后,以承顺天命。'"眭孟这是明确要求昭帝禅让。此种狂悖之言显然不宜大张旗鼓。不知出于何种考虑,眭孟既未诣阙上书,亦未直接上书,而是通过一位做内官长的朋友将奏书转呈上去。史称,"孟使友人内官长赐上此书。"当朝廷要惩罚他时,他的朋友赐也受到株连,被一并处死。"大将军霍光秉政,恶之,下其书廷尉。奏赐、孟妄设祅言惑众,大逆不道,皆伏诛。"[①]这就有点扩大化了。因为,赐既非联名上书者,也未必是上书内容的赞同者。很有可能赐对上书言论一无所知。他大概觉得上书本是一件平常之事,自己在宫中上班,帮朋友把奏书转交给奏事机构,本是举手之劳。总之,赐和上书观点毫无关系。他只是一个送信人。只是由于霍光做贼心虚,害怕暴露,便将谏主和信使一网打尽。这样,赐便成了因言获罪的株连受害人。可见言论空间之逼窄和凶险。

---

① 《汉书·眭弘传》。

司隶校尉盖宽饶"好言事刺讥,奸犯上意。上以其儒者,优容之。"等到盖宽饶提及禅让,宣帝实在忍无可忍了。盖宽饶奏封事,"方今圣道浸废,儒术不行,以刑余为周召,以法律为《诗》《书》。"又引《韩氏易传》借题发挥,"五帝官天下,三王家天下,家以传子,官以传贤,若四时之运,功成者去,不得其人则不居其位。"书奏,"上以宽饶怨谤终不改,下其书中二千石。时执金吾议,以为宽饶指意欲求禅,大逆不道。"谏大夫郑昌愍伤盖宽饶"忠直忧国,以言事不当意而为文吏所诋挫",上书辩护,慷慨陈词。"(盖宽饶)上书陈国事,有司劾以大辟,臣幸得从大夫之后,官以谏为名,不敢不言。"宣帝不听,"遂下宽饶吏。宽饶引佩刀自刭北阙下。"①

奏诏模式中,人人可上书,人人可上封事。所以,一个区区的"华阴守丞嘉"上封事并不奇怪。稍显意外的是,他竟向元帝推荐御史大夫。"治道在于得贤,御史之官,宰相之副,九卿之右,不可不选。平陵朱云,兼资文武,忠正有智略,可使以六百石秩试守御史大夫,以尽其能。"元帝"下其事问公卿"。②可见元帝本人并不觉得这件事有何违碍,倒是太子少傅匡衡坚决反对。

> 大臣者,国家之股肱,万姓所瞻仰,明王所慎择也。传曰下轻其上爵,贱人图柄臣,则国家摇动而民不静矣。今嘉从守丞而图大臣之位,欲以匹夫徒(走)〔步〕之人而超九卿之右,非所以重国家而尊社稷也。自尧之用舜,文王于太公,犹试然后爵之,又况朱云者乎?云素好勇,数犯法亡命,受《易》颇有师道,其行义未有以异。今御史大夫(贡)禹絜白廉正,经术通明,有伯夷、史鱼之风,海内莫不闻知,而嘉(很)〔猥〕称云,欲令为御史大夫,妄相称举,疑有奸心,渐不可长,宜下有司案验以明好恶。③

匡衡的意思是,嘉有两罪,一是"嘉从守丞而图大臣之位",有政治野心;二是,嘉推荐朱云:"妄相称举,疑有奸心,"属结党营私。这番指控极具煽动性和蛊惑性。最终,元帝接受了这种说法。"嘉竟坐之。"④

哀帝为了给董贤封侯,可谓胆大妄为,不择手段,竟然利用一件牵涉东平王刘云的惊天大案,来给董贤表功,以此作为封侯的由头。丞相王嘉"内疑东平事冤",为其辩诬伸冤,惹恼哀帝,被打入死牢。"上欲侯贤而未有缘。会待诏孙宠、息夫躬等告东平王云后谒祠祝诅,下有司治,皆伏其辜。上于是令躬、宠为因贤告东平事者,乃以其功下诏封贤为高安侯,躬宜陵侯,宠方阳侯,食邑各

---

① 《汉书·盖宽饶传》。
② 《汉书·朱云传》。
③ 《汉书·朱云传》。
④ 《汉书·朱云传》。

千户。顷之,复益封贤二千户。丞相王嘉内疑东平事冤,甚恶躬等,数谏争,以贤为乱国制度,嘉竟坐言事下狱死。"①这件事有三点值得注意。第一,这是西汉二百年间的第二例上书被杀者。第二,言事被杀者不是一般人,也不是一般官员,而是百官之首的丞相。可见哀帝为了表达对董贤的宠爱,已经达到了利令智昏、不顾一切的疯狂地步。第三,在皇权政治中,虽然人人皆有权上书,但即便贵为丞相,也不能完全保证自己的人身安全。可见奏诏模式中的言论尺度之大小和言论空间之伸缩并无一个客观标准。一切都取决于皇帝个人的任性和意愿。

上书被杀者虽是奏诏模式的牺牲品,但考究起来,我们却发现有些牺牲似乎不值。因为,有些牺牲者的上书言论并无任何违碍之处,甚至也不涉及什么禁忌,却由于种种原因,致使谏主成为专制皇权的可悲牺牲品。新朝的一个郡守韩博向王莽推荐巨人,建议他能将巨人迎进京城,示威天下,却引发王莽的厌恶,认为韩博别有用心,就将其杀死。"夙夜连率韩博上言:'有奇士,长丈,大十围,来至臣府,曰欲奋击胡虏。自谓巨毋霸,……此皇天所以辅新室也。愿陛下作大甲高车,贲育之衣,遣大将一人与虎贲百人迎之于道。京师门户不容者,开高大之,以视百蛮,镇安天下。'博意欲以风莽。莽闻恶之,留霸在所新丰,更其姓曰巨母氏,谓因文母太后而霸王符也。征博下狱,以非所宜言,弃市。"②

史称明帝苛察,章帝仁厚。可章帝依然枉杀谏主。方储"善天文,为洛阳令。章帝欲出南郊,储上言当有疾风暴雨,乘舆不可出。上疑其妄,令储饮酖而死。果有大雨暴风,〔洛中昼暝〕。"③

上书毙命,却又死里逃生,堪称奏诏模式的意外和奇迹。"邓后临朝,权在外戚。杜根以安帝年长,宜亲政事,乃与同时郎上书直谏。太后大怒,收执根等,令盛以缣囊,于殿上扑杀之。"邓太后戾气爆棚,根本不在乎杀人的场所,直接就在朝殿上把上书者当众打死。这番操作绝对具有杀鸡儆猴的震慑效应。估计所有官员都会惴惴不安,甚至惊恐万状。这对奏诏模式的正常运作肯定不是一件好事。好在这件事中也有"枪口抬高一寸"之人。"执法者以根知名,语行事人使不加力,既而载出城外,根得苏。太后使人检视,遂诈死,三日,目中生蛆,因得逃窜也。"④如果验尸不是杖毙的固定程序的话,只能说明邓太后确实

---

① 《汉书·佞幸传》。
② 《汉书·王莽传下》。
③ 谢承《后汉书》卷4,《八家后汉书》。
④ 《东观汉记》卷17。

想弄死杜根，所以才会特意派人验尸。至于另外一个郎官显然就没有这么幸运了。

在东汉言论史上，"白马令李云以谏受罪"[①]是一个标志性事件。"桓帝诛大将军梁冀，而中常侍单超等五人皆以诛冀功并封列侯。又立掖庭民女亳氏为皇后，数月间，后家封四人，赏赐巨万。时地数震裂，众灾频降。"白马令李云"素刚，忧国，乃露布上书，移副三府，曰：'孔子曰："帝者，谛也。"今官位错乱，小人谄进，财货公行，政令日损，是帝欲不谛乎？'"[②]李云上书前已抱有必死之心，所以才有"露布上书"的破釜沉舟之举。按照奏诏模式的惯例，有一般上书，有密级最高的"封事"，也有完全公开的"露布"。言事公开意味着所言之事没有见不得人的隐私和秘密，完全出于忠君爱国的拳拳之心。以露布方式上书皇帝，等于将皇帝的劣迹昭示天下，公布于众。李云上书激怒桓帝的除了具体言论，恐怕和这种露布方式也有干系。桓帝"得奏震怒，下有司逮云，诏尚书都护剑戟送黄门北寺狱，使中常侍管霸与御史廷尉杂考之。"围绕李云上书，在朝廷上引发一场颇具声势的谏诤运动，卷入了好几个重量级官员。他们为李云辩护，非但没有缓解桓帝决心严惩李云的愤怒，反而引火烧身，导致自己丢官罢职。大鸿胪陈蕃上疏，"李云所言，虽不识禁忌，干上逆旨，其意归于忠国而已。昔高祖忍周昌不讳之谏，成帝赦朱云腰领之诛。今日杀云，臣恐剖心之讥复议于世矣。故敢触龙鳞，冒昧以请。"与此同时，"太常杨秉、洛阳市长沐茂、郎中上官资并上疏请云。帝恚甚，有司奏以为大不敬。诏切责蕃、秉，免归田里；茂、资贬秩二等。"这场以李云为中心的谏诤运动，从京师波及郡县，激发了一些地方官吏的忠勇之气。有人上书希望能和李云一同赴死，果然求仁得仁。"时弘农五官掾杜众伤云以忠谏获罪，上书愿与云同日死。帝愈怒，遂并下廷尉。"[③]廷尉奏"云不逊，欲获抗直之名；众远为邀诉，皆大逆不道，请论如律"。[④] 这场谏诤运动有点像燎原之火，从朝廷烧到了后宫，就连宦官也受到感染。管霸向桓帝说情，"李云野泽愚儒，杜众郡中小吏，出于狂戆，不足加罪。"桓帝忿忿不平地质问道，"帝欲不谛，是何等语，而常侍欲原之邪？"随之，"顾使小黄门可其奏，云、众皆死狱中。"[⑤]或许李云上书被杀给人印象太深了，所谓"李云之死，天下知其冤

① 《后汉书·杨震列传》。
② 《东观汉记》卷17。
③ 《后汉书·李云列传》。
④ 《后汉纪》卷21。
⑤ 《后汉书·李云列传》。

也。"①七年后，襄楷诣阙上疏，"李云上书，明主所不当讳，杜众乞死，谅以感悟圣朝，曾无赦宥，而并被残戮，天下之人，咸知其冤。"过了十几天，襄楷再次上书桓帝。"陛下宜承天意，理察冤狱，为刘瓆、成瑨亏除罪辟，追录李云、杜众等子孙。"②后来，"冀州刺史贾琮使行部，过祠云墓，刻石表之。"③可见，李云上书被杀已成为汉帝国的一个不畏强权、大声疾呼、抨击朝政的道德楷模和人格典范。范晔在对李云上书被杀表示惋惜的同时，认为他不知明哲保身之义，也不明交浅言深之害，故只能成就一个狂生之名。"李云草茅之生，不识失身之义，遂乃露布帝者，班檄三公，至于诛死而不顾，斯岂古之狂也！夫未信而谏，则以为谤己，故说者识其难焉。"④

党锢之祸是东汉最大的一件政治冤案，也是直接影响东汉后期历史走向的政治镇压运动和言论迫害运动。在皇帝没有转变意念之前，任何人试图为党人伸冤或说项，都会遭遇来自皇权的雷霆打击。永昌太守曹鸾九十高龄，依然老当益壮，不坠青云之志，"上书大讼党人，言甚方切。"⑤他说："夫党人者，或耆年渊德，或衣冠英贤，皆宜股肱王室，左右大猷者也。而久被禁锢，辱在泥涂。谋反大逆，尚蒙赦宥，党人何罪，独不开恕乎！所以灾异屡见，水旱荐臻，皆由于斯。宜加沛然，以副天心。"⑥灵帝"省奏大怒，即诏司隶、益州槛车收鸾，送槐里狱掠杀之。"⑦不仅如此，朝廷进一步"申党人之例，父兄子弟、门生故吏，皆免官禁锢。"⑧可见这次上书不仅对谏主是一场灾难，对其他党人也是一场浩劫。

"悬飞书"和奏诏模式的关系颇为复杂。一方面，飞书游离于奏诏模式之外；另一方面，飞书又要制造相应社会舆论，以期引发官府乃至朝廷的关注。显然，飞书虽能产生某种轰动效应，却有难以回避的危险性。可见，飞书缺乏奏诏模式的体制保障。就其本质，飞书是反奏书的。因为其匿名性和奏书截然相反。一般说，飞书是匿名的奏书，它同样需要上奏皇帝。悖谬的是，匿名是因为要逃避风险，结果却可能将自己置于更大的风险之中。一旦查实飞书诽谤，就

① 《后汉纪》卷22。
② 《后汉书·襄楷列传》。
③ 《后汉书·李云列传》。
④ 《后汉书·李云列传》。
⑤ 《后汉书·党锢列传》。
⑥ 《后汉纪》卷24。
⑦ 《后汉书·党锢列传》。袁《纪》称，"有司奏槛车征鸾弃市。"(《后汉纪》卷24)和范《书》有异。
⑧ 《后汉纪》卷24。

会受到比奏书不实更严厉的惩罚。"陵乡侯梁松坐怨望悬飞书诽谤朝廷下狱死。"①

末世或乱世上书总要承担更大的政治风险和安全代价。所谓"非罪"致死,即便三公,也未能完全幸免。比如,前司徒陈耽"坐直言,下狱死"。② 显然,这对上书者的道义担当和心理素质提出了更高要求。唯有必死之念,才能奋笔直书,直言强谏。身为谏议大夫,刘陶堪称楷模。灵帝时,"陶上疏言乱皆由于宦官。诏收系黄门北寺狱。〔陶知必死,乃曰:'臣深恨不列稷、契、伊、周之徒,而与比干、龙逢为俦,事败乃悔时何及!'〕闭气而死"。③与之类似的是司马直。时卖官鬻爵,"当之官者,皆先至西园谐价,然后得去。有钱不毕者,或至自杀。其守清者,乞不之官,皆迫遣之。"司马直在前往钜鹿太守的上任途中,"行至孟津,上书极陈当世之失,古今祸败之戒,即吞药自杀。"好在这封死谏之书终究还是发生了作用。"书奏,(灵)帝为暂绝修宫钱。"④

曹操专朝,言论生态急剧恶化。他架空献帝,行使皇权,诛杀言官。"议郎赵彦尝为(献)帝陈言时策,曹操恶而杀之。"⑤只有皇帝有权杀言官,曹操杀言官意味着奏诏模式遭到双重破坏。"群谈者受显诛,腹议者蒙隐戮,道路以目,百辟钳口。……操欲迷夺时明,杜绝言路,擅收立杀,不俟报闻。"⑥可见曹操治下的言论环境弥漫着令人压抑而恐怖的肃杀之气。其实,蜀汉也好不到哪去。因为貌似仁厚的刘备也杀言者。⑦ 张裕谏刘备"不可争汉中,军必不利"。结果悉如其言。后来张裕又"私语人曰:'岁在庚子,天下当易代,刘氏祚尽矣。公得益州,九年之后,寅卯之间当失之。'人密白其言。"刘备"忿其漏言,乃显裕谏争汉中不验,下狱,将诛之。诸葛亮表请其罪,先主答曰:'芳兰生门,不得不锄。'裕遂弃市。"⑧

---

① 《后汉书·天文志中》。

② 《后汉书·孝灵帝纪》。

③ 袁山松《后汉书》卷3,《八家后汉书》。

④ 《后汉书·宦者列传》。

⑤ 《后汉书·皇后纪下》。

⑥ 《后汉书·袁绍列传》。

⑦ 而且其动机更为褊狭阴私。"初,先主与刘璋会涪时,(张)裕为璋从事,侍坐。其人饶须,先主嘲之曰:'昔吾居涿县,特多毛姓,东西南北皆诸毛也,涿令称曰"诸毛绕涿居乎"!'裕即答曰:'昔有作上党潞长,迁为涿令(涿令)者,去官还家,时人与书,欲署潞则失涿,欲署涿则失潞,乃署曰"潞涿君"。'先主无须,故裕以此及之。先主常衔其不逊。"(《三国志·蜀书·周群传》)

⑧ 《三国志·蜀书·周群传》。

四、上书获罪人表①

人物	上书	下狱	被杀	出处
邓光	"言伐宛尤不便。"	"案其罪而行罚。"		《汉书·李广利传》
眭弘②	"汉家尧后,有传国之运。汉帝宜谁差天下,求索贤人,禅以帝位。"	"下其书廷尉。"	伏诛。	《汉书·眭弘传》
夏侯胜	"天久阴而不雨,臣下有谋上者。"	"缚以属吏。"		《汉书·夏侯胜传》
盖宽饶	"五帝官天下,三王家天下,家以传子,官以传贤。"	下吏。	"引佩刀自刭北阙下。"	《汉书·盖宽饶传》
(?)嘉	上书荐朱云"可使以六百石秩试守御史大夫"。	坐之。		《汉书·朱云传》
王章	"言(王)凤专权蔽主之过,宜废勿用,以应天变。"		"死诏狱。"	《汉书·杜周传》
刘辅	上书谏成帝立赵倢妤为后不便。"今乃触情纵欲,倾于卑贱之女,欲以母天下,不畏于天,不媿于人,惑莫大焉。"	"系掖庭秘狱。"		《汉书·刘辅传》

---

① 这里统计的标准是奏书。至于真正因言获罪者其实多多。《汉书·李广传》云:"上以(司马)迁诬罔,欲沮贰师,为(李)陵游说,下迁腐刑。"据此,太史公绝对符合因言获罪标准。尽管如此,太史公之言却非严格意义上的奏书,而是廷议发言。故不予计入。另外,"燕王为无道,韩义出身彊谏,为王所杀。"(《汉书·韩延寿传》)太原太守刘瓆、南阳太守成瑨"处位敢直言,多所搏击,知名当时,皆死于狱中"。(《后汉书·陈蕃列传》)这里均语焉不详,不知每人具体所言,以及和下狱或被杀之间的直接联系,亦难计入。伍琼、周毖因谏迁都被董卓斩杀,(《资治通鉴》卷59)在性质上和太史公辩诬致祸相似。总之,早期帝国上书肇祸者在因言获罪的人数中只占很少一部分。显然,上书肇祸只是一种狭义的言论罪。

② 和眭孟一并被杀的还有一个帮助呈递奏书的名"赐"的人。他虽是言论罪的受害者,却并非谏主。所以只能算是言论罪扩大化的牺牲品。

续　表

人物	上书	下狱	被杀	出处
孙宝	"傅太后使有司考冯太后,令自杀,众庶冤之。宝奏请覆治。"	下狱。		《汉书·孙宝传》
朱博	奏请将傅喜、何武削爵,免为庶人。	下狱。	自杀。	《汉书·朱博传》
赵玄	奏请将傅喜、何武削爵,免为庶人。	"减玄死罪三等。"		《汉书·朱博传》
王嘉	"数谏争,以(董)贤为乱国制度。"		下狱死。	《汉书·佞幸传》
韩博	建议王莽"作大甲高车,贲育之衣"迎接巨人。"以视百蛮,镇安天下。"	下狱。	弃市。	《汉书·王莽传下》
大司马士	"按章豫州,为贼所获,贼送付县。士还,上书具言状。"	"下狱以为诬罔。"		《汉书·王莽传下》
郅恽	谏王莽勿称帝。"陛下宜顺天命,转祸为福。如不早图,是不免于窃位也。"	"即下诏狱,劾恽大逆。"		《后汉纪》卷7
李淑	"愿陛下更选英彦,以充廊庙,永隆周文济济之盛。"	"系之诏狱历年。"		《后汉纪》卷2
方储	"上言当有疾风暴雨,乘舆不可出。"		"令储饮酖而死。"	谢承《后汉书》卷4,《八家后汉书》
栾巴	"谏作陵不欲坏民冢。"	下狱。		《后汉纪》卷19
杨伦	"豺狼之吏至今不绝者,岂非本举之主不加之罪乎?"	"有司以伦言切宜,辞不逊顺,下之。"		《后汉书·儒林列传上》
李云	"今官位错乱,小人谄进,财货公行,政令日损。"	下黄门北寺狱。	死狱中。	《东观汉记》卷17
杜众	"愿与(李)云俱得死。"		死狱中。	《东观汉记》卷17

续　表

人物	上书	下狱	被杀	出处
杜根、同署郎	"安帝年长,宜亲政事。"		"收执根等,令盛以缣囊,于殿上扑杀之。"	《东观汉记》卷17
成翊世	谏邓太后归政。	"坐抵罪。"		《后汉书·杜根列传》
曹鸾	"上书大讼党人,言甚方切。"	"槛车收鸾。"	"送槐里狱掠杀之。"	《后汉书·党锢列传》
乐恢	上书谏争窦宪。		饮药死。①	《后汉书·乐恢列传》
陈授	"陈灾异日食之变,咎在大将军(梁冀)。"	"讽洛阳〔令〕收考授。"	"死于狱。"	《后汉书·梁统列传》
陈耽	直言。		下狱死。	《后汉书·孝灵帝纪》
刘陶	"上疏言乱皆由于宦官。"	"诏收系黄门北寺狱。"	"闭气而死。"	袁山松《后汉书》卷3,《八家后汉书》
襄楷	宦者"今乃处古常伯之位,决谋于中,倾动内外,恐非天意也。"	"论楷司寇。"		《后汉纪》卷22
张奂、刘猛、刁韪、卫良	"荐王畅、李膺可参三公之选。"	"奂等皆自囚廷尉,数日乃得出。"		《后汉书·张奂列传》
蔡邕	"宰相大臣,君之四体,不宜复听纳小吏,雕琢大臣。愿陛下忍而绝之,思惟万机,以答天望。"	"减死罪一等。"		《后汉纪》卷24
李燮	"(刘)续在国无政,为妖贼所虏,守藩不称,损辱圣朝,不宜复国。"	"以谤毁宗室,输作左校。"		《后汉书·李固列传》

---

① 据上下文,乐恢"上疏谏曰:……书奏不省。……恢以意不得行,乃称疾乞骸骨。……诏听上印绶,乃归乡里。窦宪因是风厉州郡迫胁,恢遂饮药死。"(《后汉书·乐恢列传》)可见,乐恢虽不是直接因上书致死,却与奏书有着必然性的因果联系。所以,这里也把乐恢之死计算在数。这种理解也符合司马光的判断。"尚书仆射乐恢,刺举无所回避,宪等疾之。恢上书曰:……书奏,不省。恢称疾乞骸骨,归长陵;宪风厉州郡,迫胁恢饮药死。"(《资治通鉴》卷47)

续　表

人物	上书	下狱	被杀	出处
司马直	"极陈当世之失,古今祸败之戒。"		"吞药自杀。"	《后汉书·宦者列传》
陆康	"岂有聚夺民物,以营无用之铜人;捐舍圣戒,自蹈亡王之法哉!"	"大不敬,槛车征诣廷尉。"		《后汉书·陆康列传》
张钧	"宜斩十常侍,县头南郊,以谢百姓,又遣使者布告天下,可不须师旅,而大寇自消。"	"诏使廷尉、侍御史考为张角道者。"	"诬奏钧学黄巾道,收掠死狱中。"	《后汉书·宦者列传》
赵彦	"为(献)帝陈言时策。"		"曹操恶而杀之。"	《后汉书·皇后纪下》

附注:"太史治治历中郭香、刘固意造妄说,乞(与)本庚申元经纬(有)明〔文〕,受虚欺重诛。"①据文义,二人应该是上书被诛。但语义模糊,聊备一说。

---

① 《后汉书·律历志中》。

第十章

奏谏的功德与厄运

第一节　对官员奏言的表彰性评语

　　基于奏诏模式，史家评价官员功过得失首先着眼于其奏谏。太史公曰："秦之初灭诸侯，天下之心未定，痍伤者未瘳，而（蒙）恬为名将，不以此时彊谏，振百姓之急，养老存孤，务修众庶之和，而阿意兴功，此其兄弟遇诛，不亦宜乎！"①在太史公看来，蒙恬遭诛是其未能及时强谏的正当报应。奏诛之间的因果性使人们对士大夫行为有一种明确期待。"柱石之臣，宜居辅弼，出入禁门，补阙拾遗。"②可见奏诏模式直接决定了人们对官员功德的期望值。评价官员好坏的一个常见标准是，有公文，无私书。即，上书批评朝廷或劝谏皇帝，对同僚之间或上级官员却无只言片语。吴佑"处同僚，无私书之问，上司无笺檄之敬。在胶东，书不入京师也。"③

　　对官员而言，不光基本素质，就连主要政绩，多体现在奏书的内容、文采和效果。能吏贤臣都会频频上书。这是他们的政绩之一，也是他们希望获得皇帝表扬、擢升他们的主要途径，甚至是一种捷径。④ 青州刺史王龚"劾奏贪浊二千石数人，安帝嘉之，征拜尚书。"⑤官员的政绩和建树多取决于他的奏书多少，以及被皇帝采纳与否。大司空师丹"书数十上，多切直之言。"⑥光禄大夫刘向"数

---

① 《史记·蒙恬列传》。
② 《东观汉记》卷 13。
③ 《后汉书·吴佑列传》，李贤注。
④ 反之，官员上疏不被重视，自己就很难被重用。"时数有灾异，（谯）玄辄陈其变。既不省纳，故久稽郎官。"（《后汉书·谯玄列传》）
⑤ 《后汉书·王龚列传》。
⑥ 《汉书·师丹传》。

上疏言得失,陈法戒。书数十上,以助观览,补遗阙。上虽不能尽用,然内嘉其言,常嗟叹之。"①郎官陈咸"数言事,刺讥近臣,书数十上。"②御史大夫贡禹"数言得失,书数十上"。③ 议郎贺纯"上便宜数百事,多见省纳。"④廷尉郭躬"宽平,决狱务在哀矜,罪疑从轻,条奏诸应致法及可从轻者四十一事。"⑤"事皆施行。"⑥侍中刘淑"补政二百余事,悉有篇章"。⑦ 总之,评价官员的政绩德行,一个重要指标就是奏事数量。显然,这正是奏诏模式对官员仕途提出的基本要求。⑧ 同时,奏书还是影响和教化皇帝的常规手段。甚至有官员建议皇帝把奏书置于座右,视作箴言。平丘令周举"上书言当世得失,辞甚切正。尚书郭虔、应贺等见之叹息,共上疏称举忠直,欲(顺)帝置章御坐,以为规诫。"⑨一个普通县令给皇帝上书,引起尚书的赞赏,他们联袂上书,希望皇帝能真正重视这位县令的奏章,放在手边,以便经常提示和警诫自己。

对皇帝来说,他同样感受到了来自官员奏疏的影响力,甚至施加的压力。这使那些尚具理性的皇帝在褒奖官员时,对其奏书风格和品质亦多有赞誉之辞。元帝表彰周堪,"资质淑茂,道术通明,论议正直,秉心有常,发愤悃愊,信有忧国之心。"⑩明帝诏曰:"冯鲂以忠孝典禁兵,出入八年,数进忠言直谏,其还故爵为杨邑侯,赐以玉玦。"⑪章帝常言,"张酺前入侍讲,屡有谏正,誾誾侧侧,出于诚心,可谓有史鱼之风矣。"⑫此外,由于官员奏书是官员档案中最重要的一部分,皇帝可以通过查阅和翻检官员以前的奏书,对官员的品行、政见和政绩获得更全面和细致的了解,从而决定对官员的任用、提拔、贬降和重新评价。比如,"窦氏既废,天子追览前议,嘉袁安之忠,知宋由之不正也,乃策免由。"⑬

事实上,"公卿称职,奏议可述"始终是士大夫自我评价的一个核心指标。它在奏议和称职之间建立起了一种不容置疑的条件关系。"奏议可述"是判断

① 《汉书·楚元王传》。
② 《汉书·陈万年传》。
③ 《汉书·贡禹传》。
④ 谢承《后汉书》卷 8,《八家后汉书》。
⑤ 华峤《汉后书》卷 2,《八家后汉书》。
⑥ 《资治通鉴》卷 47。
⑦ 《通典》卷 21。
⑧ 如果上书渠道不畅,等于堵住了士大夫进身之路。杨伦"前后三征,皆以直谏不合。"(《后汉书·儒林列传上》)
⑨ 《后汉书·周举列传》。
⑩ 《汉书·楚元王传》。
⑪ 《东观汉记》卷 15。
⑫ 《后汉书·张酺列传》。
⑬ 《后汉纪》卷 13。

"公卿称职"的主要甚至唯一标准。就是说,"奏议不可述"意味着"公卿不称职"。至于"奏议可述"也有具体含义。"称职,克当其任也。可述,言有文采。"①是可知,写出有文采的奏书,才是合格的公卿。正是基于这种政治价值体系,就连那些公认为奸臣或佞臣的人也必须具备这种奏议才能。比如,王莽"纳策尽忠"。②中书令弘恭"明习法令故事,善为请奏,能称其职"。③ 这里的"善为请奏,能称其职"堪称"公卿称职,奏议可述"之绝对。可见无论朝官还是宦官,亦无论忠臣还是佞臣,"善奏"而"称职"皆是密不可分的成功要素。

一、尽忠规谏

人们评价官员素质、功德、才干时,常用的词语就是称赞其进言奏谏的特点和效果。它主要体现在皇帝对奏书或奏对的态度上。

中尉周昌"为人强力,敢直言,自萧(何)、曹(参)等皆卑下之。"④

右内史汲黯"好直谏,守节死义,难惑以非。"⑤

京兆尹张敞"朝廷每有大议,引古今,处便宜,公卿皆服,天子数从之。"⑥

御史大夫贡禹"前后言得失书数十上,上嘉其质直,多采用之。"⑦

长水校尉樊倏"立朝居正,多所匡谏,上亦敬重焉。"⑧

北宫卫士令杨仁"上便宜十二事,皆当世急务。(明)帝嘉之,赐以缣钱。"⑨

司空第五伦"虽峭直,……值章帝长者多恕,屡有善政,伦上疏褒称盛美,因以劝成德风也。"⑩

武始侯张奋"来朝上寿,引见宣平殿,应对合旨,显宗异其才,以为侍祠侯。"⑪

尚书郑均"数纳忠言,肃宗敬重之。"⑫

---

① 《汉书·成帝纪》,颜注。
② 《汉书·王莽传上》。王莽虽然后来废汉立新,自立为帝,但并不妨碍他此前在成帝、哀帝时,恪尽职守,上书建言,谋国为朝。
③ 《汉书·佞幸传》。
④ 《史记·张丞相列传》。
⑤ 《史记·汲黯列传》。
⑥ 《汉书·张敞传》。
⑦ 《资治通鉴》卷28。
⑧ 《后汉纪》卷10。
⑨ 《后汉书·儒林列传下》。
⑩ 华峤《汉后书》卷2,《八家后汉书》。
⑪ 《后汉书·张纯列传》。
⑫ 《后汉书·郑均列传》。

议郎淳于恭"引见极日,访以政事,迁侍中骑都尉,……进对陈政,皆本道德,(章)帝与之言,未尝不称善。"①

黄门郎给事中耿国"疏敏有识。于时见问,常多合意,上以为能。"耿国后为为大司农,"晓边事,能论议,数上便宜事,天子器之。"②

侍中公孙晔"国有疑事,常使进见,问其得失,所陈皆据经依义,补益国家,深见省纳。"③

太尉杨秉"每朝廷有得失,辄尽忠规谏,多见纳用。"④

太尉刘矩"顺辞默谏,多见省用"。⑤

尚书令宋均"忠正直言,数讷策谋,每驳议,未尝不合上意。"⑥

执金吾冯鲂"在位数进忠言,多见纳用"。⑦

二、鲠言直议

史书在描述时,喜欢将上书奏事和官员品行联系在一起,意图表明二者之间似乎存在着某种内在关联。

昌邑郎中令龚遂"为人忠厚,刚毅有大节,内谏争于王,外责傅相,引经义,陈祸福,至于涕泣,蹇蹇亡已。"⑧

司徒鲁恭"性谦退,奏议依经,潜有补益,然终不自显,故不以刚直为称。""每政事有益于人,恭辄言其便,无所隐讳。"⑨

司空任隗与司徒袁安"同心毕力,持重处正,鲠言直议,无所回隐"。⑩

太尉黄琼"廉平公正,数纳谠言,为朝廷所重。"⑪

司空第五伦"奉公不挠,言议果决,无所依违。"⑫

① 《后汉书·淳于恭列传》。
② 司马彪《续汉书》卷2,《八家后汉书》。
③ 谢承《后汉书》卷4,《八家后汉书》。
④ 《后汉书·杨震列传》。
⑤ 《后汉书·循吏列传》。
⑥ 《东观汉记》卷16。
⑦ 《后汉书·冯鲂列传》。
⑧ 《汉书·循吏传》。
⑨ 《后汉书·鲁恭列传》。
⑩ 《后汉书·任光列传》。
⑪ 《后汉纪》卷22。
⑫ 《东观汉记》卷16。

尚书令申屠刚"性刚直忠正,志节抗厉,……謇謇多直言,无所屈挠。"①

侍中邓闻"忠言善谋,先纳善圣法诚臣辅之言,朝夕献纳,虽得于上,身在亲近,不敢自恃,敬之心弥笃。"②

军祭酒郭嘉"忠良渊淑,体通性达。每有大议,发言盈庭,执中处理,动无遗策。"③

三、史书对言者形象的言语描述

对官员和奏书之间的关联,史书既有客观叙事,比如,辽西盐官长王尊"数上书言便宜事";④谏大夫王吉"上疏言得失";⑤太常丞谷永"数上疏言得失";⑥太常杜业"前后所言皆合指施行";⑦大司空朱博"数燕见奏封事";⑧博士范升"每有大议,辄见访问";⑨尚书仆射虞诩"诸奏议,多见从用";⑩光禄勋马防"数言政事,多见采用";⑪宗正刘般"数言政事";⑫尚书杨乔"数上书陈政事"。⑬但大多数情况下,史家还是倾向于使用一些充满感情色彩的词语精致修饰那些通过奏书言事赢得功名和历史地位的人物。

(一)强调忠直敢言

京兆尹张敞"衎衎,履忠进言"。⑭
御史大夫薛广德"直言谏争"。⑮
太常杜业"数言得失,不事权贵"。⑯

---

① 《东观汉记》卷14。
② 《东观汉记》卷9。
③ 《三国志·魏书·郭嘉传》,裴注。
④ 《汉书·王尊传》。
⑤ 《汉书·王吉传》。
⑥ 《汉书·谷永传》。
⑦ 《汉书·杜周传》。
⑧ 《汉书·朱博传》。
⑨ 《东观汉记》卷15。
⑩ 《后汉书·虞诩列传》。
⑪ 《后汉书·马援列传》。
⑫ 《后汉书·刘般列传》。
⑬ 《后汉书·循吏列传》。
⑭ 《汉书·张敞传》。
⑮ 《汉书·薛广德传》。
⑯ 《汉书·杜周传》。

光禄大夫息夫躬"数进见言事,论议亡所避。众畏其口,见之仄目。"①

侍中刘陶"以数切谏,为权臣所惮"。②

司徒鲁恭"数有忠言,陈正得失"。③

尚书令郭伋"数纳忠谏争"。④

侍中周举"劾奏贪猾,表荐公清,朝廷称之。"⑤

主爵都尉汲黯"其谏,犯主之颜色"。⑥

太常周泽"果敢直言,数有据争"。⑦

议郎何休"屡陈忠言"。⑧

议郎苏章"数陈得失,其言甚直"。⑨

卫尉铫期"忧国爱主,其有不得于心,必犯颜谏诤。"⑩

谏议大夫虞承"雅性忠謇,在朝堂犯颜谏争,终不曲挠。"⑪

唐林"历公卿位","数上疏谏正,有忠直节。"⑫

议郎赵彦"忠谏直言,议有可纳,故圣朝含听,改容加锡。"⑬

司徒韩歆"好直言"。⑭

越骑校尉桓郁"数进忠言,多见纳录"。⑮

谏大夫王章"在朝廷名敢直言"。⑯

太尉王龚"深疾宦官专权,志在匡正,乃上书极言其状,请加放斥。"⑰

① 《汉书·息夫躬传》。
② 《后汉书·刘陶列传》。
③ 华峤《汉后书》卷 2,《八家后汉书》。
④ 《后汉书·郭伋列传》。
⑤ 《后汉书·周举列传》。
⑥ 《汉书·汲黯传》。
⑦ 《后汉书·儒林列传下》。
⑧ 《后汉书·儒林列传下》。
⑨ 《后汉书·苏章列传》。
⑩ 《后汉书·铫期列传》。
⑪ 谢承《后汉书》卷 7,《八家后汉书》。
⑫ 《汉书·鲍宣传》。
⑬ 《后汉书·袁绍列传》。
⑭ 《东观汉记》卷 13。
⑮ 《后汉书·桓荣列传》。
⑯ 《汉书·王章传》。
⑰ 《后汉书·王龚列传》。

（二）强调文辞经义

少傅匡衡"数上疏陈便宜，及朝廷有政议，傅经以对，言多法义。"①

太尉府掾吏何敞"论议高，常引大体，多所匡正"。②

太中大夫郑兴"数言政事，依经守义，文章温雅"。③

太常刘恺"论议引正，辞气高雅"。④

太尉杨震"敦古守朴，推其诚心，每言事不为文辞，意在匡主〔疾〕（绝）奸而已。"⑤

太仆蒋迭"数言便宜，奏议可观"。⑥

太常赵典"朝廷每有灾异疑议，辄谘问之。典据经正对，无所曲折。"⑦

杜林"自为九卿至三公，辄每上封事及与朝廷之议，常依经附古，不苟随于众。"⑧

尚书侍郎刘佑"闲练故事，文札强辨，每有奏议，应对无滞，为僚类所归。"⑨

（三）强调奏疏风格和效果

南阳太守杜诗"身虽在外，尽心朝廷，谠言善策，随事献纳。"⑩

太中大夫郑兴"数上便宜，多见用。朝廷每有大议，辄访焉。"⑪

太仆右曹给事中杜延年"论议持平，合和朝廷"。⑫

长乐卫尉韦彪"数陈政事，归于宽厚"。⑬

谏大夫鲍宣"常上书谏争，其言少文多实"。⑭

将作大匠翟酺"屡因灾异，多所匡正"。⑮

---

① 《汉书·匡衡传》。
② 《后汉书·何敞列传》。
③ 《后汉书·郑兴列传》。
④ 《后汉书·刘般列传》。
⑤ 《后汉纪》卷17。
⑥ 《东观汉记》卷19。
⑦ 《后汉书·赵典列传》。
⑧ 《后汉纪》卷7。
⑨ 《后汉书·党锢列传》。
⑩ 《后汉书·杜诗列传》。
⑪ 司马彪《续汉书》卷3，《八家后汉书》。
⑫ 《汉书·杜周传》。
⑬ 《后汉纪》卷11。
⑭ 《汉书·鲍宣传》。
⑮ 《后汉书·翟酺列传》。

尚书魏朗"屡陈便宜,有所补益"。①

清诏使范滂"所举奏,莫不厌塞众议。"②

议郎刘淑"陈时政得失,灾异之占,事皆效验。"③

太中大夫梁统"数陈便宜。以为法令既轻,下奸不胜,宜重刑罚,以遵旧典。"④

沛相李寿"前后所上便宜,为南宫故事。"⑤

尚书令郑弘"前后所陈有补益王政者,皆著之南宫,以为故事。"⑥

尚书令左雄"多所匡肃,每有章表奏议,台阁以为故事。"⑦

尚书侍郎阳球"闲达故事,其章奏处议,常为台阁所崇信。"⑧

侍中张驯"典领秘书近署,甚见纳异。因便宜陈政得失,朝廷嘉之。"⑨

会稽东部都尉张纮"每从容侍燕,微言密指,常有以规讽。"⑩

第二节　官员上奏言事的特点

光武的简朴和文帝堪有一比,而其手诏风格有过之而无不及。"其以手迹赐方国者,皆一札十行,细书成文。勤约之风,行于上下。"⑪光武诏书固然勤俭,但其行政却过于繁琐,事必躬亲,不像皇帝,像官吏。"世祖既以吏事自婴,(明)帝尤任文法,总揽威柄,权不借下。……夫以锺离意之廉法,谏诤恳切,以宽和为首。以此推之,斯亦难以德言者也。"⑫

不谋而合,范晔也有一个类似观点。中兴之美未能尽善尽美,是因为奏诏模式未能发挥最大效用,因为臣子奏书未能充分规谏和教化皇帝,未能让自己奏疏尽力影响和塑造皇帝,使其真正成为温柔敦厚的有为之主。"建武、永平之

---

① 《后汉书·党锢列传》。

② 《后汉书·党锢列传》。

③ 《后汉书·党锢列传》。

④ 《后汉书·梁统列传》。

⑤ 谢承《后汉书》卷7,《八家后汉书》。

⑥ 《后汉书·郑弘列传》。

⑦ 《后汉书·左雄列传》。

⑧ 《后汉书·酷吏列传》。

⑨ 《后汉书·儒林列传上》。

⑩ 《三国志·吴书·张纮传》。

⑪ 《后汉书·循吏列传》。

⑫ 华峤《汉后书》卷1,《八家后汉书》。

间,吏事刻深,亟以谣言单辞,转易守长。故朱浮数上谏书,箴切峻政,钟离意等亦规讽殷勤,以长者为言,而不能得也。所以中兴之美,盖未尽焉。"明帝颇似景帝。"明帝性褊察,好以耳目隐发为明,又引杖撞郎,朝廷竦栗,争为苛刻,唯意独敢谏争,数封还诏书。"①可见,中兴之美之所以美中不足,恰恰说明臣子奏书的作用有限。虽然皇帝的力量亦非无限,但相对臣子,依然强大到近乎无限。正像教化不足以使人完满一样,奏疏也不能完全改变皇帝。

颇具讽刺意味的是,中兴之美的时代竟然在朝廷上堂而皇之地频频出现暴打官员的场面。"时内外群官,多(光武)帝自选举,加以法理严察,职事过苦,尚书近臣,至乃捶扑牵曳于前,群臣莫敢正言。"②"大司农刘据以职事被谴,召诣尚书,传呼促步,又加以捶扑。(左)雄上言:'九卿位亚三事,班在大臣,行有佩玉之节,动有庠序之仪。孝明皇帝始有扑罚,皆非古典。'(顺)帝从而改之,其后九卿无复捶扑者。"③九卿上朝还要做好挨揍的准备。貌似只有三公没有挨打过。九卿挨打的历史持续了光武明章和安五帝,时间长达七八十年之久。

一、奏事技巧、场合与心态

成哀二帝肯定算不上明君,但也不是完全拒谏饰非。成帝性宽,"刘向、杜邺、王章、朱云之徒肆意犯上。"也就是随意"论天子之过失"。④ 成帝时,"谏臣多言燕出之害,及女宠专爱,耽于酒色,损德伤年,其言甚切,然终不怨怒也。"⑤尚书仆射郑崇"数求见谏争,(哀帝)上初纳用之。每见曳革履,上笑曰:'我识郑尚书履声。'"⑥光武时也出现了类似场景。张湛拜光禄勋。"光武临朝,或有惰容,湛辄陈谏其失。常乘白马,帝每见湛,辄言'白马生且复谏矣'。"⑦据此可见,光武这种功德俱佳的所谓明主,在奏诏模式中的表现和成哀一类庸主并无显著区别。都有易暴易怒的一面,也都有虚心纳谏的一面。看看光武仅因一言不合,便怒斥郑兴、外放桓谭、逼迫韩歆自杀,就知道有为之君的

---

① 《后汉书·循吏列传》,李贤注。
② 《后汉书·申屠刚列传》。
③ 《后汉书·左雄列传》。
④ 《汉书·叙传上》,颜注。
⑤ 《汉书·王嘉传》。
⑥ 《汉书·郑崇传》。
⑦ 《后汉书·张湛列传》。一者说张湛谏议皇帝,一者说张湛谏议百官。但叙事大同小异。张湛"数正谏威仪不如法度者。湛常乘白马,上有异政,辄言'白马生且复谏矣'。"(《东观汉记》卷14)谏官事又见司马彪《书》。(司马彪《续汉书》卷3,《八家后汉书》)

心胸气量并不大,甚至可能因已功德而更加傲慢。所谓居功自傲并不仅限于臣子,皇帝亦然,甚至更甚。皇帝恃能恃智往往更加有恃无恐,胆大妄为。相形之下,武帝做法尚算克制。中大夫汲黯"以数切谏,不得久留内,迁为东海太守。"①

官员"因请间"或"因间隙而言"或"以上燕时入奏事"是一个很重要的奏事特点。② 它在君臣关系的话语实践中具有特殊意义。一般说,它体现了君臣间的亲密性、所奏事宜的机密性,以及臣子自觉恪守君臣分际乃至敬畏皇帝的复杂考量。③ 比如,惠帝为东朝长乐宫,作复道,太子太傅叔孙通"奏事,因请间曰:'陛下何自筑复道高寝,衣冠月出游高庙? 高庙,汉太祖,奈何令后世子孙乘宗庙道上行哉?'孝惠帝大惧,……乃诏有司立原庙。"④叔孙通精于揣摩上意,习惯请间奏事。其实,间隙奏言是一种普遍做法。"常趋和承意,不敢甚斥臧否"的大司农郑当时固然常"候天子间隙之时,其所称说,皆言长者",⑤即便"敢直言"的御史大夫周昌亦"尝燕时入奏事",⑥"好直谏"的主爵都尉汲黯也常"每因间隙而言"。武帝方征匈奴,"招怀四夷,黯务少事,间常言与胡和亲,毋起兵。"⑦间隙奏事本质上是一种完全排他性的奏事方式,具有高度的私密性。它最大限度地拉近了君臣关系,使臣子自然表现出一种毫无保留的忠诚性。郎中令石建"屏人极言"是为典型。至于丞相公孙弘虽然"开东阁,延贤人与谋议,朝觐奏事,因言国家便宜",⑧却坚持"不于朝廷显辩论之"。⑨ 其实,张汤也是自觉恪守"间即奏事",即"非当朝奏者"。⑩ 同样,东汉的光禄大夫樊宏也具有这个特点。"公朝访逮,不敢众对。"⑪就是说,在朝会上从不当着众臣直接奏事皇

① 《史记·汲黯列传》。

② 其实,臣子"因间隙而言"不光表现在奏言皇帝,同时也表现在规谏诸侯王。比如,龚遂对昌邑王刘贺说:"臣痛社稷危也! 愿赐清闲竭愚。"于是,"王辟左右。"(《汉书·循吏传》)尾形勇观察到,自文帝起,"从群臣自主的立场上,已把称'臣'的对象集中到皇帝本身了。""属'臣'体制的绝对化以及'称臣'对象的皇帝的一体化,正是以'郡县制'为特征的汉帝国的确立时期,即武帝时期形成的。"(〔日〕尾形勇《中国古代的"家"与国家》,第 121 页,中华书局,2010 年)这个说法稍显笼统,缺乏细节支持。因为诸侯王国中依然存在着明确的君臣关系。这包括王和王官之间的各种话语。

③ 一旦失去皇帝信任,臣子想要间奏便不再有机会。比如,在赵高的挑拨下,"李斯数欲请间谏,二世不许。"(《史记·李斯列传》)

④ 《史记·叔孙通列传》。

⑤ 《汉书·郑当时传》,颜注。

⑥ 《史记·张丞相列传》。

⑦ 《汉书·汲黯传》,颜注。

⑧ 《汉书·严助传》。

⑨ 《汉书·公孙弘传》,颜注。

⑩ 《汉书·张汤传》,颜注。

⑪ 《后汉书·樊宏列传》。

帝。"公卿朝见,访政事,终不敢对。"①

一般说,皇帝心思在哪,哪方面奏书就能奏效。要想奏疏有用,必须顺着皇帝心思说话,所谓"承顺圣意"。② 武帝"乡文学",张汤决狱便"欲傅古义"。③ 武帝近公孙弘、张汤而远汲黯,足以表明武帝对奏诏模式的支配和掌控。"上方乡儒术,尊公孙弘,及事益多,吏民巧。上分别文法,汤等数奏决谳以幸。而黯常毁儒,面触弘等徒怀诈饰智以阿人主取容,而刀笔之吏专深文巧诋,陷人于罔,以自为功。上愈益贵弘、汤,弘、汤心疾黯,虽上亦不说也,欲诛之以事。"④武帝的政治偏好直接推动了奏诏模式的变化。"深刻吏多为爪牙用者,依于文学之士。丞相弘数称其美。"⑤儒士文吏似乎在奏诏模式中找到了共识,实现了合流。换言之,奏诏模式整合了儒士文吏,使之真正成为早期帝国的政治中坚力量。

武帝对卫青、公孙弘、汲黯三人奏事的态度迥然相异,颇似主人的待客之道。待客方式和礼节即可看出主人内心的真实想法。武帝对卫青奏事是亲密无间,对公孙弘奏事是不拘小节,对汲黯奏事是以礼相待。"大将军青侍中,上踞厕而视之。丞相弘燕见,上或时不冠。至如黯见,上不冠不见也。上尝坐武帐中,黯前奏事,上不冠,望见黯,避帐中,使人可其奏。"⑥当然,这种表面文章并不足以完全反映三人在武帝心中的实际地位。武帝显然更宠信卫青和公孙弘,对汲黯是敬而远之。

即便武帝这种雄才大略、百世一见的皇帝,不管如何虚心纳谏,宽宏大量,也不会由衷喜欢面折廷争的臣子。所以,他才会欣赏石建这种给自己留面子的圆滑做法。郎中令石建"奏事于上前,即有可言,屏人乃言极切;至廷见,如不能言者。上以是亲而礼之。"石建"有事当奏谏","当朝而见"却不言,⑦仿佛一种"极高明而道中庸"的奏谏艺术。说破却不撕破。说清道理,又给武帝留有情面。可见,"屏人极言"而"廷见不言",只是臣子的言说风格或进谏策略,并非两面派的虚伪花招。应该说,石建非常清楚单独奏事和朝会奏事之间的区别。这种区别不仅在于内容,也在于形式,更在于姿态。故而,它使武帝产生的感觉和

---

① 《后汉纪》卷7。
② 《汉书·杜邺传》。
③ 《汉书·张汤传》。
④ 《汉书·汲黯传》。
⑤ 《汉书·张汤传》。
⑥ 《史记·汲黯列传》。
⑦ 《汉书·万石君传》,颜注。

反应也非常不同。

石建这种做法和公孙弘有的一拼。联系公孙弘的相似做法和说法,可以有更深刻的理解。他向武帝表白,知臣者认为臣忠,不知臣者认为臣佞。言外之意,只有武帝真正懂他。这话让武帝很高兴。因为他相信,只有皇帝才能判断臣子的忠奸诚伪。

> 上察其行慎厚,辩论有余,习文法吏事,缘饰以儒术,上说之,一岁中至左内史。弘奏事,有所不可,不肯庭辩。……尝与公卿约议,至上前,皆背其约以顺上指。汲黯庭诘弘曰:"齐人多诈而无情,始为与臣等建此议,今皆背之,不忠。"上问弘,弘谢曰:"夫知臣者以臣为忠,不知臣者以臣为不忠。"上然弘言。左右幸臣每毁弘,上益厚遇之。[1]

公孙弘的君臣观念是,知臣莫如君。不能由臣子判断自己是否忠君,应由皇帝裁决。判断忠臣有两种标准,一是臣子自己的标准,一是君主的标准。显然,君主的标准才是忠臣的真正标准。正是这点,使公孙弘获得了汉武帝的宠信。

武帝朝有五位大臣(其中三位丞相)奏疏言事极有特点。石建谨慎,郑当时怯懦,[2]公孙弘圆滑,卫绾和石庆平庸。丞相卫绾"朝奏事如职所奏"。"如职所奏"即不在其位不谋其政,奏事不超职权,不越雷池。循规蹈矩,本本分分。一辈子的职业官僚,"初宦以至相,终无可言。"[3]无论人生还是官场,都平庸得令人称奇。虽说任何官员的职责都离不开奏书,但像卫绾这种终生恪守"如职所奏",却实属罕见。"如职所奏"意味着,奏疏不会有任何令人耳目一新的新奇见解,也不会有独树一帜的卓异之见,更不会有振聋发聩的精辟之论。丞相石庆"文深审谨,无他大略"。[4]这既是他做事风格,也是他作文风格。某种意义上,"文深审谨,无他大略"既是公卿的奏书特点,也是属吏的奏章特征。皇权体制的奏书政治已经将做人和作文高度融合。士大夫的人格特征和文风特征几乎融为一体。这便有了诸如"文如其人"、"人品即文品"的说法。

二、俗吏奏书

某种意义上,卫绾"如职所奏"和石庆"无他大略"的上书就是一种典型的俗吏奏书。贾谊虽未界定过俗吏奏书,却对俗吏下过一个功能性定义。"俗吏之

---

[1]《汉书·公孙弘传》。
[2] 郑当时之小心翼翼已到了"未尝名吏,与官属言,若恐伤之"(《汉书·郑当时传》)的令人发指之地步。
[3]《汉书·卫绾传》。
[4]《汉书·万石君传》。

所务,在于刀笔筐箧,而不知大(礼)〔体〕。"①如此,"不知大体"之俗吏和"无他大略"之上书,便成为俗吏奏书的标准文本。正因其标准,这种俗吏奏书很容易辨识。至少武帝一眼就能看出奏书俗与不俗。奏书不俗,便能得到皇帝迅速批复。儿宽奏书不俗,被武帝一眼相中。"上宽所作奏,实时得可。"俗吏奏书有何特点,并不清楚,武帝却能一眼看出奏书是否俗吏所为。可见,奏诏模式中,人们已经对各种奏书风格形成了普遍一致的看法。俗吏奏书也就是文吏奏书,它高度程序化,刻板,拘泥,如同毫无生气的律令条文,迥异于经学缘饰的典雅温润的儒士奏书。这使俗吏奏书缺乏可读性的文字美感。以武帝对司马相如大赋的爱不释手看,武帝显然具有相当的文学鉴赏水平。他不喜欢俗吏奏书,自是情理之中。儿宽善属文,"会廷尉时有疑奏,已再见却矣,掾史莫知所为。"廷尉府从史儿宽"为言其意,掾史因使宽为奏。奏成,读之皆服,以白廷尉(张)汤。汤大惊,召宽与语,乃奇其材,以为掾。上宽所作奏,实时得可。异日,汤见上。问曰:'前奏非俗吏所及,谁为之者?'汤言儿宽。上曰:'吾固闻之久矣。'汤由是乡学,以宽为奏谳掾,以古法义决疑狱,甚重之。"②

章帝虽未对俗吏奏书直接下定义,却区分了善士和俗吏两种不同的奏书风格。"补公家之阙,不累清白之素,斯善美之士也。俗吏苟合,阿意面从,进无謇謇之志,却无退思之念,患之甚久。"③其实,东汉对非俗吏奏书又有了新的要求。太中大夫郑兴"数言政事,依经守义,文章温雅,然以不善谶故不能任。"④廷尉陈宠"数议疑狱,常亲自为奏,每附经典,务从宽恕,(和)帝辄从之,济活著甚众。其深文刻敝,于此少衰。"⑤陈宠奏疏"每附经典,务从宽恕",不像是一般的俗吏所奏,但其"深文刻敝"又很像俗吏奏书风格。或许,这也是陈宠"于此少衰"的原因。由此可见奏疏之于官员仕途和命运的深刻决定性。

三、官员荣辱系于奏书

奏诏模式对官场生态的影响具有根本性。它为士大夫的仕途开辟了一个

---

① 师古曰:"刀所以削书札。筐箧所以盛书。"(《汉书·贾谊传》)某种意义上,俗吏也就是"拨烦吏"。哀帝知龚胜非"拨烦吏",任龚胜为光禄大夫诸吏给事中。(《汉书·龚胜传》)"拨烦吏"显然不合奏诏模式需要。
② 《汉书·儿宽传》。
③ 《后汉书·朱晖列传》。
④ 《后汉书·郑兴列传》。
⑤ 《后汉书·陈宠列传》。

更为广阔的途径。奏事成名以至快速升迁,成为官场常态。① 主父偃、徐乐、严安"书奏天子,天子召见三人,谓曰:'公等皆安在? 何相见之晚也!'於是上乃拜主父偃、徐乐、严安为郎中。数见,上疏言事,诏拜偃为谒者,迁为中大夫。一岁中四迁偃。"②御史大夫萧望之除薛广德为属吏,"数与论议,器之,荐广德经行宜充本朝。为博士,论石渠,"迁谏大夫,后为御史大夫。③ 少傅匡衡"数上疏陈便宜,及朝廷有政议,傅经以对,言多法义。上以为任公卿,由是为光禄勋、御史大夫。"④丞相翟方进、御史大夫孔光举荐东平王太傅师丹"论议深博,廉正守道,征入为光禄大夫、丞相司直"。⑤ 尚书郎刘佑"才辨有大笔,自在台阁,陈国家故事,每有奏,决于口笔,为群僚所伏。"⑥左雄由议郎而尚书令,完全凭借直言上书。"雄数言事,其辞深切。"尚书仆射虞诩上疏荐之,由是拜尚书,再迁尚书令。⑦

官员奏事有不同风格,这种不同风格在官场中产生了不同评价。司空陈宠"奏议温粹有智,号为明相"。⑧ 与此相反,御史大夫何武"多所举奏,号为烦碎,不称贤公。"⑨有些时候,皇帝可以借此口实罢免自己不喜欢的官员。

由于"圣朝不责臣谢",⑩官员的名望声誉很多时候都和奏事有关。可见奏诏模式对官员人格和道德的强力规范和深刻塑造,以及对官员仕途前程的巨大影响。光禄大夫刘向以言者自任,"灾异如此,而外家日(甚)〔盛〕,其渐必危刘氏。吾幸得同姓末属,系世蒙汉厚恩,身为宗室遗老,历事三主。上以我先帝旧臣,每进见常加优礼,吾而不言,孰当言者?"于是,"上封事极谏。"⑪看到天降灾异或朝生乱象,便当仁不让地进谏奏劾,是奏诏模式下的为官之道。陈翔拜侍御史,"正旦朝贺,大将军梁冀威仪不整,〔翔〕奏冀恃贵不敬,请收案罪,时人奇之。迁定襄太守,征拜议郎,迁扬州刺史。举奏豫章太守王永奏事中官,吴郡太

---

① 这里举一个反证。"肃宗雅好文章,(班)固愈得幸,数入读书禁中,或连日继夜。每行巡狩,辄献上赋颂,朝廷有大议,使难问公卿,辩论于前,赏赐恩宠甚渥。固自以二世才术,位不过郎,感东方朔、扬雄自论,以不遭苏、张、范、蔡之时,作《宾戏》以自通焉。"(《后汉书·班彪列传下》)
② 《史记·主父偃列传》。
③ 《汉书·薛广德传》。
④ 《汉书·匡衡传》。
⑤ 《汉书·师丹传》。
⑥ 谢承《后汉书》卷4,《八家后汉书》。
⑦ 《后汉书·左雄列传》。
⑧ 华峤《汉后书》卷2,《八家后汉书》。
⑨ 《汉书·何武传》。
⑩ 《后汉书·律历志下》,刘昭注。
⑪ 《汉书·楚元王传》。

守徐参在职贪秽,并征诣廷尉。参,中常侍璜之弟也。由此威名大振。"①此所谓一奏成名的官场成功模式。这种官场成功模式正是奏诏模式的必然结果。或者说,二者一回事,具有高度的同构性。

可见奏诏模式从制度上保障了官员们能够直言进谏,并能一定程度上功成名就。鲍永为司隶校尉,光武帝叔父赵王刘良送来歘丧还,"入大夏城门,与右郎将相逢,良怒,召门贱吏。永走马往前,奏良大不敬,由是权戚挫折,百僚肃然。数举奏非法,朝廷善之。永辟右扶风平陵鲍恢以为都官从事,恢亦抗直,不避强御,诏册曰:'贵戚且当敛手,以避二鲍。'"②

另一方面,奏疏带给官员更多的是压力、风险、挫折、愤懑以及绝望。刘向"自见得信于上,故常显讼宗室,讥刺王氏及在位大臣,其言多痛切,发于至诚。上数欲用向为九卿,辄不为王氏居位者及丞相御史所持,故终不迁。"③大司农谷永"善言灾异,前后所上四十余事,略相反复,专攻上身与后宫而已。党于王氏,上亦知之,不甚亲信也。"④尚书令左雄奏言,"皆明达政体,而宦竖擅权,终不能用。"⑤县令韦义"讥切左右,贬刺窦氏。言既无感,而久抑不迁。"⑥

至于奏疏隐含或造成的仕途危机乃至人身危险也会如影相随。司隶校尉虞诩"奏太傅冯石、太尉刘熹、中常侍程璜、陈秉、孟生、李闰等,百官侧目,号为苛刻。"⑦魏朗迁彭城令,"时中官子弟为国相,多行非法,朗与更相章奏,幸臣忿疾,欲中之。"⑧窦宪权倾朝野,尚书仆射乐恢"数上书谏争"。"是时河南尹王调、洛阳令李阜与窦宪厚善,纵舍自由。恢劾奏调、阜,并及司隶校尉。诸所刺举,无所回避,贵戚恶之。"⑨

四、君臣关系中的奏书纽带

奏诏模式中,既有轻松、随意的"燕见言事"⑩这种奏诏形式,也有"朝廷大

---

① 《后汉书·党锢列传》。
② 司马彪《续汉书》卷3,《八家后汉书》。
③ 《汉书·楚元王传》。
④ 《汉书·谷永传》。
⑤ 《后汉书·左雄列传》。
⑥ 《后汉书·韦彪列传》。
⑦ 《后汉书·虞诩列传》。
⑧ 《后汉书·党锢列传》。
⑨ 《后汉书·乐恢列传》。
⑩ 《资治通鉴》卷25。

议,辄以询访"①这种郑重其事的奏诏形式。比如,贾谊为梁怀王太傅,"数问以得失。"贾谊外放梁怀王太傅,文帝还是经常诏问贾谊,"问以国家之事。"②赵充国罢就第,"朝庭每有四夷大议,常与参兵谋,问筹策焉。"③班固拜郎中,"朝廷有大议,使难问。"④东平王刘苍尽心王室,"朝廷每有疑政,辄驿使谘问。苍悉心以对,皆见纳用。"⑤耿弇以列侯奉朝请,"每有四方异议,辄召入问筹策。"⑥弘农太守刘兴"求贤好善,郡中翕然,朝廷每有异议,必乘驿问兴。"⑦

官员不愿外放,是为了居朝中枢更便于便宜奏事,随时补阙。尚书仆射朱晖迁太山太守,"晖上疏乞留中,诏许之。因上便宜,陈密事,深见嘉纳。"⑧御史中丞薛宣"数言政事便宜,举奏部刺史郡国二千石,所贬退称进,白黑分明,繇是知名。"⑨

郡县守令和朝廷的联系,除了一些制度规定和惯例行为,诸如上计、配合刺史检查,还有各种突发事态,最常见的便是上书奏事,对朝政提出建议或批评。比如,县令韦义"数上书顺帝,陈宜依古典,考功黜陟,征集名儒,大定其制。"⑩

正因此,郡县守令常年不上书便显得不正常。严助为会稽太守,"数年,不闻问。"颜师古解释为"无善声",不妥。应该是没有上书,这才显得不对劲,故而武帝诏问。"制诏会稽太守:君厌承明之庐,劳侍从之事,怀故土,出为郡吏。会稽东接于海,南近诸越,北枕大江。间者,阔焉久不闻问,具以《春秋》对,毋以苏秦从横。"联系严助上书,"《春秋》天王出居于郑,不能事母,故绝之。臣事君,犹子事父母也,臣助当伏诛。陛下不忍加诛,愿奉三年计最。"意思很明白,武帝长时间没有收到严助的上书,下诏责问。严助表示希望入朝侍中,所以才有后来的"有奇异,辄使为文,及作赋颂数十篇"。⑪可见武帝很喜欢看严助写的东西,所以才会催问他为何长时间没有上书。

① 《后汉书·马援列传》。
② 《汉书·贾谊传》,颜注。
③ 《汉书·赵充国传》。
④ 华峤《汉后书》卷 2,《八家后汉书》。
⑤ 《后汉书·光武十王列传》。
⑥ 《后汉书·耿弇列传》。
⑦ 《后汉纪》卷 4。
⑧ 《后汉书·朱晖列传》。
⑨ 《汉书·薛宣传》。
⑩ 《后汉书·韦彪列传》。
⑪ 《汉书·严助传》。

五、官员功德中的奏疏因素

基于奏诏模式，史书在描述和评价官员的时候，常常谈及其奏书的情况、过程以及结果，也就是通过其在奏诏模式中的具体表现和状态来展示官员的魅力和形象。

晁错为太子家令，"得幸太子，数从容言吴过可削。数上书说孝文帝，文帝宽，不忍罚，以此吴日益横。"①

御史大夫张汤"每朝奏事，语国家用，日旰，天子忘食。丞相取充位，天下事皆决汤。百姓不安其生，骚动，县官所兴未获其利，奸吏并侵渔，于是痛绳以罪。自公卿以下至于庶人咸指汤。"②

御史大夫陈万年与丞相于定国"并位八年，论议无所拂"。贡禹为御史大夫，"数处驳议，定国明习政事，率常丞相议可。"意思是，凡是贡禹和于定国意见分歧时，元帝都是同意于定国所言。③

前将军萧望之、光禄大夫周堪"以师傅见尊重，（元帝）上即位，数宴见，言治乱，陈王事。"他们和谏大夫刘更生、侍中金敞四人"同心谋议，劝道上以古制，多所欲匡正，上甚乡纳之。"④

尚书令宋均"每有驳议，多合上旨。均尝删翦疑事，（明）帝以为有奸，大怒，收郎缚格之。诸尚书惶恐，皆叩头谢罪。均顾厉色曰：'盖忠臣执义，无有二心。若畏威失正，均虽死，不易志。'小黄门在傍，入具以闻。帝善其不挠，即令贳郎。"⑤

司徒虞延"立朝正色，多所匡弼。阴氏憾延，欲毁伤之，使人告延与楚王英谋反，延以英帝亲，以为不然，不受其言。后英事发觉，上切让之。"⑥

左雄迁冀州刺史。"州部多豪族，好请托，雄常闭门不与交通。奏案贪猾二千石，无所回忌。"⑦

太尉杨震"前后所上，转有切至，（安）帝既不平之，而樊丰等皆侧目愤怨，俱

---

① 《史记·吴王濞列传》。
② 《汉书·张汤传》。
③ 《汉书·于定国传》。
④ 《汉书·萧望之传》。
⑤ 《后汉书·宋均列传》。
⑥ 《后汉纪》卷9。
⑦ 《后汉书·左雄列传》。

以其名儒,未敢加害。"①

朱穆为冀州刺史,"冀部令长闻穆济河,解印绶去者四十余人。及到,奏劾诸郡,至有自杀者。……举劾权贵,或乃死狱中。"②

尚书何敞"数切谏,言诸窦罪过,宪等深怨之。时济南王康尊贵骄甚,宪乃白出敞为济南太傅。敞至国,辅康以道义,数引法度谏正之,康敬礼焉。"③

太尉宋由、司空任隗及九卿一致反对窦宪远征匈奴,"诣朝堂上书谏,以为匈奴不犯边塞,而无故劳师远涉,损费国用,微功万里,非社稷之计。书连上辄寝。宋由惧,遂不敢复署议,而诸卿稍自引止。唯安独与任隗守正不移,至免冠朝堂固争者十上。"④

司空任隗"数犯严谏,举窦宪并诸党,免官争奏。"⑤

司徒杨赐辟童恢为吏,"及赐被劾当免,掾属悉投刺去,恢独诣阙争之。及得理,掾属悉归府,恢杖策而逝。由是论者归美。"⑥

尚书刘淑"纳忠建议,多所补益。又再迁侍中、虎贲中郎将。上疏以为宜罢宦官,辞甚切直,帝虽不能用,亦不罪焉。以淑宗室之贤,特加敬异,每有疑事,常密谘问之。"⑦

五官中郎将张纯"在朝历世,明习故事。建武初,旧章多阙,每有疑议,辄以访纯,自郊庙婚冠丧纪礼仪,多所正定。帝甚重之,一日或数四引见。"⑧

六、奏诏模式中的百官众生相

田蚡"数言事,多效,士吏趋势利者皆去(窦)婴而归蚡。"武帝命田蚡为丞相。"丞相入奏事,语移日,所言皆听。"⑨

光武"尝欲近出",尚书令申屠刚"谏上不听,刚以头轫乘舆车轮,马不得前。"⑩

① 《后汉书·杨震列传》。
② 《后汉书·朱晖列传》。
③ 《后汉书·何敞列传》。
④ 《后汉书·袁安列传》。
⑤ 《东观汉记》卷11。
⑥ 《后汉书·循吏列传》。
⑦ 《后汉书·党锢列传》。
⑧ 司马彪《续汉书》卷3,《八家后汉书》。
⑨ 《汉书·田蚡传》。
⑩ 《东观汉记》卷14。

因奏书而名扬匈奴。这种事不多见,亦可见奏书作用之大,不仅支配国内政治,还影响远播,波及国际政治,以至于匈奴使臣来朝都要一瞻风采。左中郎将承宫"数进忠谏,论议守正,不希世偶,朝臣惮其节,名称闻于匈奴。单于遣使来贡,求见宫。"明帝诏敕承宫"自整顿,宫曰:'夷狄眩名,非识实也。闻臣虚称,故欲见臣。臣丑陋形寝,见必轻贱,不如选长大有威容者〔示之也〕。'时以大鸿胪魏应示之。"①承宫这里说的是一个汉官威仪问题。

司徒袁安"以天子幼弱,外戚擅权,每朝会进见,及与公卿言国家事,未尝不噫呜流涕。自天子及大臣皆恃赖之。"②

尚书杨乔"容仪伟丽,数上言政事,桓帝爱其才蜩,诏妻以公主,乔固辞不听,遂闭口不食,七日而死。"③

第三节 奏谏代表

某种意义上,两汉《书》中的每篇列传人物,都是一个擅文善奏的能手。我们这里不甚刻意地选择一些代表性的言者或谏主。

1. 贾山奏疏,言多激切。文帝不以为然,甚至有些反感,命人责问贾山。贾山便做了进一步申辩。可见皇帝对官员上书,除了直接批复或搁置不省,还会交付廷议讨论,或派人直接责问上书者,"以其所上之章,令有司诘问。"文帝对贾山之奏书,就采取最后的这种办法。"其言多激切,善指事意,然终不加罚,所以广谏争之路也。"④总的来说,皇帝对官员上书多持有一种相对宽容的态度。因为,广开言路、听取民意是一种朝野共识。即便昏君或暴君也很少公然反对谏诤之必要。文帝虽然开头没有接受贾山的批评,但后来还是采纳了其建议。

2. 相如奏赋,讽谏有致。太史公保留数篇司马相如的文赋,是因为他将此定义为臣子劝谏皇帝不当行为的奏书。"相如既奏《大人之颂》,天子大说,飘飘有凌云之气,似游天地之间意。"⑤班固沿袭了太史公的标准。"司马迁称'《春秋》推见至隐,《易》本隐以之显,《大雅》言王公大人,而德逮黎庶,《小雅》讥小己

---

① 司马彪《续汉书》卷3,《八家后汉书》。
②《后汉书·袁安列传》。
③《后汉书·杨琁列传》。
④《汉书·贾山传》,颜注。
⑤《史记·司马相如列传》。

之得失，其流及上。所言虽殊，其合德一也。相如虽多虚辞滥说，然要其归引之于节俭，此亦《诗》之风谏何异？'扬雄以为靡丽之赋，劝百而风一，犹骋郑卫之声，曲终而奏雅，不已戏乎！"班固将选择作品的政治标准又作了扩展。"相如它所着，《苦遗平陵侯书》、《与五公子相难》、《中木书篇》，不采，采其尤着公卿者云。"①司马相如自然不会怀疑自己作品的文学性，但他内心恐怕从未把自己视作一个诗人或文人，他甚至可能从未将自己的诗赋视为所谓文学。他始终认为自己的作品都不应算是普通文章，而是写给皇帝的奏书或谏书。基于这种观念和心态，司马相如才会死前作出那种安排，专门给武帝留下了一卷遗书，嘱咐妻子交给武帝的使臣。"长卿未死时，为一卷书，曰有使来求书，奏之。"这或许可以看作司马相如呈献汉武帝的最后一篇奏书。但这不能算是一篇没有奏上的谏书。因为他生前有机会上奏，却一直放在家中，等待自己死后，武帝亲自来取。② 可见，司马相如一生都在琢磨如何给武帝写谏书。司马相如相信武帝依然需要他那充满想象力和诗情画意的神奇谏书。他生前的预测确实准确。他一死，武帝就派人来取他的作品。不知武帝心有灵犀还是有预感，"相如既病免，家居茂陵。天子曰：'司马相如病甚，可往从悉取其书，若后之矣。'使所忠往，而相如已死，家无遗书。问其妻，对曰：'长卿未尝有书也。时时著书，人又取去。长卿未死时，为一卷书，曰有使来求书，奏之。'"而且武帝也似乎被他最后这篇有关封禅的谏书所打动。"其遗札书言封禅事，所忠奏焉，天子异之。"似乎司马相如的最后一封谏书对汉武帝发生了某种作用。"相如既卒五岁，上始祭后土。八年而遂礼中岳，封于太山，至梁甫，禅肃然。"③

3. 秉承旨意，投机奏事。武帝兴兵伐匈奴，"山东水旱，贫民流徙，皆卬给县官，县官空虚。（张）汤承上指，请造白金及五铢钱，笼天下盐铁，排富商大贾，出告缗令，锄豪彊并兼之家，舞文巧诋以辅法。汤每朝奏事，语国家用，日旰，天子忘食。丞相取充位，天下事皆决汤。"张汤奏事有两个显著特点，即扬主之明和扬吏之善。首先，尽心揣摩武帝心思，完全按照武帝意思决狱。"奏谳疑，必奏先为上分别其原，上所是，受而着谳法廷尉挈令，扬主之明。奏事即谴，汤摧谢，乡上意所便，必引正监掾史贤者，曰：'固为臣议，如（此）上责臣，臣弗用，愚抵此。'罪常释。"同时，根据武帝旨意轻重，交由不同官员处理。"所治即上意所欲罪，予监吏深刻者；即上意所欲释，予监吏轻平者。"即便有法可依，也要最终

---

① 《汉书·司马相如传下》。
② 文人死后，作品往往会被朋友或朝廷取走。喜欢他作品的人，都会早早下手，否则去晚了就没了。所以，武帝会催促使者，"汝今去已在他人后也。"（《汉书·司马相如传下》，颜注）
③ 《汉书·司马相如传下》。

交由武帝裁决。"所治即豪,必舞文巧诋;即下户羸弱,时口言'虽文致法,上裁察。'于是往往释汤所言。"诸家对此有不同解说。李奇曰:"先见上口言之,欲与轻平,故皆见原释也。"如淳曰:"虽文书按察致下户之罪,汤以先口解之矣。上以汤言,辄裁察之,轻其罪也。"师古曰:"李、如二说皆非也。此言下户羸弱,汤欲佐助,虽具文奏之,而又口奏,言虽律令之文合致此罪,听上裁察,盖为此人希恩宥也。于是上得汤言,往往释其人罪,非未奏之前口豫言也。"三家的共同点是,张汤总是能通过奏诏模式揣摩圣意,彰显皇恩。其次,奏议有朝奏有间奏,张汤的奏事权术在于折中其间,左右逢源。"间即奏事,上善之,曰:'臣非知为此奏,乃监、掾、史某所为。'其欲荐吏,扬人之善解人之过如此。"最终,张汤还是因为奏书泄露坐罪下狱。他在官场上的政敌找到了他出卖朝廷经济政策信息的证据。"使吏捕案汤左田信等,曰汤且欲为请奏,信辄先知之,居物致富,与汤分之。……上问汤曰:'吾所为,贾人辄知,益居其物,是类有以吾谋告之者。'汤不谢,又阳惊曰:'固宜有。'"武帝"以汤怀诈面欺,使使八辈簿责汤。"[1]张汤这种奏书高手,竟然死在了奏书上,着实诡异。

4. 奏疏被窃,祸从天降。辽东高庙、长陵高园殿灾,董仲舒"居家推说其意,草稿未上,主父偃候仲舒,私见,嫉之,窃其书而奏焉。上召视诸儒,仲舒弟子吕步舒不知其师书,以为大愚。于是下仲舒吏,当死,诏赦之。仲舒遂不敢复言灾异。"[2]董仲舒本来针对辽东高庙、长陵高园殿灾,依据《春秋》灾异之变推演阴阳感应学说。尚未定稿,被主父偃偷走,上奏朝廷。武帝肯定知道这是主父偃偷窃董仲舒的奏疏,而且还是草稿。[3] 武帝之所以允许这种事情,是因为这是一种另类告密。只不过武帝或许吃不准董仲舒的说法,随即召集群臣讨论这篇奏疏草稿。这有点像武帝亲自主持的学术讨论会。不知何故,武帝没有公布这篇奏稿出自董仲舒的手笔。于是当即遭到董仲舒的学生吕步舒的严厉指责,认为是愚不可及。结果就悲摧了。诏令下狱。问题是,即便奏疏观点不对,或不合皇帝胃口,也不至于下吏当死。不过,汉武帝最后还是赦免了董仲舒。[4]

5. 规谏昏君,义不容辞。昌邑王刘贺是地道的昏聩之君,其身边却不乏敢

---

① 《汉书·张汤传》。
② 《汉书·董仲舒传》。
③ 或许还有一个问题,简牍奏书如何看出草稿和定稿?
④ 联系后来司马迁给李陵辩护,惹恼了汉武帝,结果给定了一个更大的罪名"诬罔罪"。也是死刑。但汉武帝却没有法外施恩,赦免太史公。这样,只能进入司法程序,公事公办。太史公也可以不死,那就用钱赎身。但他又没有钱。如此,司马迁似乎只能等死。不过,这期间可能发生了一些不为人知的事情,致使司马迁由死刑改判为腐刑。也许,有人向汉武帝求情,或武帝本人改变了主意。

言之士。一是刘贺的师傅王式。他用《诗》作谏书,教化刘贺。昭帝崩,昌邑王立而旋废。"昌邑群臣皆下狱诛,……式系狱当死,治事使者责问曰:'师何以亡谏书?'式对曰:'臣以《诗》三百五篇朝夕授王,至于忠臣孝子之篇,未尝不为王反复诵之也;至于危亡失道之君,未尝不流涕为王深陈之也。臣以三百五篇谏,是以亡谏书。'"可见只要有心直谏,不论文体。王式因此"得减死论"。① 一是中尉王吉。"王好游猎,驱驰国中,动作亡节,吉上疏谏。"史称,"吉辄谏争,甚得辅弼之义,虽不治民,国中莫不敬重焉。"昭帝崩,霍光遣大鸿胪宗正迎立刘贺。王吉当即奏书告诫刘贺要尊敬霍光,"臣愿大王事之敬之,政事壹听之,大王垂拱南面而已。"刘贺即位二十余日以淫乱被废。"昌邑群臣坐在国时不举奏王罪过,令汉朝不闻知,又不能辅道,陷王大恶,皆下狱诛。唯吉与郎中令龚遂以忠直数谏正得减死,髡为城旦。"②一是郎中令龚遂。无论刘贺为王还是称帝,龚遂都没有放弃极谏之责。"面刺王过,王至掩耳起走,曰'郎中令善媿人。'……王尝久与驺奴宰人游戏饮食,赏赐亡度,遂入见王,涕泣膝行,左右侍御皆出涕。"龚遂还建议刘贺"选郎通经术有行义者与王起居,坐则诵诗书,立则习礼容"。昭帝崩,刘贺立,龚遂就有了不祥之感。他对王相安乐说:"王立为天子,日益骄溢,谏之不复听,今哀痛未尽,日与近臣饮食作乐,斗虎豹,召皮轩,车九流,驱驰东西,所为悖道。古制宽,大臣有隐退,今去不得,阳狂恐知,身死为世戮,奈何? 君,陛下故相,宜极谏争。"史称,"昌邑群臣坐陷王于恶不道,皆诛,死者二百余人。"③有人因谏而死,亦有人不谏而亡。韩非只知说难,不知不说亦难。说与不说,一念之间,关乎生死。皇权政治之诡谲可见一斑。

6. 熟读奏书,编辑成册。在早期帝国的上书制度史上,魏相发挥了举足轻重的作用。他平时喜欢阅览"國家故事"以及朝廷保存的"前人所奏便宜之章",从中寻找自己的政治灵感。他对贾谊、晁错、董仲舒等名臣的奏书情有独钟,认为他们提出的方略充满先见之明,应该引起皇帝的重视,希望能够成为国家的政策。魏相是西汉第一个对臣子奏书进行挑选、总结和编辑的人。"既观国家故事,又观前人所奏便宜之章也。"④其实故事也包括奏疏。⑤ 说不定魏相还编

① 《汉书·儒林传》。
② 《汉书·王吉传》。
③ 《汉书·循吏传》。
④ 《汉书·魏相传》,颜注。
⑤ 杨赐上书,"会去位,事留中。后(灵)帝徙南宫,阅录故事,得赐所上张角奏及前侍讲注籍,乃感悟。"《后汉书·杨震列传》)可见皇宫所藏故事,内容包括先帝诏书、臣子奏书,以及经学家给皇帝讲经的著作。

辑了第一部奏疏集奏给宣帝。"好观汉故事及便宜章奏,以为古今异制,方今务在奉行故事而已。数条汉兴已来国家便宜行事,及贤臣贾谊、朝错、董仲舒等所言,奏请施行之。"这表明,此前官员奏疏也可以被重新提出来,奏报皇帝实施。正是通过魏相奏给宣帝的这部奏疏集,贾谊、晁错、董仲舒那些当时未被采用和实施的有真知灼见的奏疏,再次进入奏诏模式,获得重新评估,被赋予了新的价值,成为新的政治话语。魏相上书表示,"不能悉陈,昧死奏故事诏书凡二十三事。"另外,魏相又对阴阳学著作进行了重新编辑,"数表采易阴阳及明堂月令奏之。"史称,"相数陈便宜,上纳用焉。相敕掾史案事郡国及休告从家还至府,辄白四方异闻,或有逆贼风雨灾变,郡不上,相辄奏言之。"①

7. 事无小大,宦官奏决。西汉中书令都由宦官出任,先是分享了一部分尚书在奏诏模式中的权力,继而超越尚书,一段时间内几乎完全垄断了奏诏程序。代表人物是弘恭和石显。尤其是石显,对奏诏模式的破坏更为严重。石显是个利用奏疏操控奏诏模式,进而把持朝政的高手。石显、弘恭"宣帝时任中书官,恭明习法令故事,善为请奏,能称其职。恭为令,显为仆射。"弘恭死后,石显为中书令。"是时,元帝被疾,不亲政事,方隆好于音乐,以显久典事,中人无外党,精专可信任,遂委以政。事无小大,因显白决,贵幸倾朝,百僚皆敬事显。显为人巧慧习事,能探得人主微指,内深贼,持诡辩以中伤人,忤恨睚眦,辄被以危法。"②

8. 巧言奏对,明哲保身。孔光奏事的诀窍就是左右逢源,绝不固执己见。"上有所问,据经法以心所安而对,不希指苟合;如或不从,不敢强谏争,以是久而安。"可见,"二不主义"正是孔光的奏事风格。一是"不希指苟合",二是"不敢强谏争"。前者秉持内心,后者顺其自然。合而观之,孔光的奏事风格就是,既实话实说,又不强人所难。这种奏事态度十分超脱。既不揣摩上意,"希望天子之旨意"③,违心媚上,又顾及皇帝感受,给皇帝留下面子。总之,孔光要求时刻摆正自己位置。自己只是给皇帝提供建议和方案,不能代替皇帝决策。我说我的,听不听在你。应该说,孔光的这种奏事方式还是比较受皇帝欢迎和欣赏。因为它让皇帝感觉很舒服和受用。毫无保留地给皇帝献计献策,但又不给皇帝施加任何压力,显得自己比皇帝更高明。结果是"久而安"。这个久安既指孔光,又指皇帝。君臣双方安心且安全,所以方能相安无事。从奏诏模式的实际

---

① 《汉书·魏相传》,颜注。
② 《汉书·佞幸传》。
③ 《汉书·孔光传》,颜注。

效果看,它未必最佳;从君臣关系看,却最和谐。总体看,符合皇权秩序的最大利益。可见,直言极谏、犯颜强谏动静虽大,境界虽高,却未必是最实用的奏事方式。这意味着奏诏模式中包含有各种迥异的奏事观念和姿态。有激烈的,有平和的;有批评的,有建议的;有谄媚的,有投机的。

9. 守阙待诏,对抗皇命。伏阙上书是奏诏模式中允许的规定动作。官员和百姓都有权利在宫阙前面给皇帝上书或等待皇帝下诏。这样,"阙"就成为奏诏模式中的一个标志性的特殊意象。安帝废太子为济阴王,遭到众大臣反对。安帝使中常侍"奉诏胁群臣","朝廷广开言事之路,故且一切假贷;若怀迷不反,当显明刑书。"众大臣"莫不失色"。将作大匠薛皓率先顿首,"固宜如明诏。"太仆来历"艴然,廷诘皓曰:'属通谏何言,而今复背之?大臣乘朝车,处国事,固得辗转若此乎!'乃各稍自引起,历独守阙,连日不肯去。"[1]安帝派宦官用诏命威胁百官,大部分人因畏惧而退让,只有来历坚持反对,独自在宫阙前面,坚守数日,以明心志。当然最后还是未能改变安帝心意。前后整个过程,都是在奏诏模式中走的合法程序。奏诏程序赋予官员说话的权利,同时也保证皇帝有否定一切奏议的权力。

10. 肉袒舆榇,鸣冤叫屈。为了给朝臣洗冤,官员光着脊背,拉着棺材,进宫上奏。大司农朱宠痛惜邓骘无罪遇祸,"乃肉袒舆榇,上疏追讼骘曰:'……罪无申证,狱不讯鞠,遂令骘等罹此酷滥。一门七人,并不以命,尸骸流离,怨魂不反,逆天感人,率土丧气。宜收还冢次,宠树遗孤,奉承血祀,以谢亡灵。'宠知其言切,自致廷尉,诏免官归田里。"[2]

11. 逆流而上,上书表忠。最直接的上书方式是上朝时将奏书直接面呈皇帝。好处多多。既减少奏诏程序的中间环节,避免被拖延、扣押,乃至泄露,又能让皇帝当场阅览和表态,运气好的话,还能被采纳。前提是,你必须先有上朝的资格和机会,否则这些好处就不是你的。"时孙程等坐怀表上殿争功,(顺)帝怒,悉徙封远县,勑洛阳令促期发遣。"所谓"怀表",意即身上携带需要当朝上奏的表章。虽然这里看不出奏书是纸书还是简书,但可以想见当时携书上朝者不少,或是朝臣们的习惯做法。身为司徒府掾吏,周举劝说司徒朱伥,"朝廷在西钟下时,非孙程等岂立?虽韩、彭、吴、贾之功,何以加诸!今忘其大德,录其小过,如道路夭折,帝有杀功臣之讥。及今未去,宜急表之。"朱伥认为,"今诏怒,二尚书已奏其事,吾独表此,必致罪遣。"既然皇帝下诏表明了态度,官员一般不

---

① 《后汉书·来歙列传》。
② 《后汉书·邓禹列传》。

会自找没趣,上书劝谏皇帝。因为这往往会自触霉头,甚至招致不测之祸。但有的官员却认为,迎难而上,激流勇进,才能体现一个官员的正直和忠诚。所以,对皇帝的过激或不当决策明确提出批评,正是一个官员必须要做的事。周举表示,"明公年过八十,位为台辅,不于今时竭忠报国,惜身安宠,欲以何求?禄位虽全,必陷佞邪之讥;谏而获罪,犹有忠贞之名。若举言不足采,请从此辞。"受到鼓励,朱伥表谏,顺帝从之。① 周举自己不上奏,却劝谏上司上书,甚至不惜以辞职要挟。这种做法的心理逻辑是,上书皇帝不仅是臣子的职责所在,更体现出臣子的忠诚度。该说不说就是不忠,说了不从也有忠贞之名。按照这种逻辑,上司劝谏皇帝是忠,下级劝谏上级也是忠。所以,周举坚持劝谏朱伥奏书顺帝,因为这么做体现了自己对上司的忠诚。如果上司不从,自己宁可辞职,以此明志。意思是,我对你表达了足够的忠贞,你却毫不领会,那我也没有必要为你尽忠了。这样,起码我还能保有一个忠贞之名。周举的说法体现了通过奏书获取清誉或美名的官场共识。这个共识其实也是官场游戏的一种规则。

12. 代写奏疏,悲情陈诉。上书奏事绝对是一件充满技巧的技术活。何时上书,如何上书,上书何事,都有讲究。这属于官场游戏的一部分。有时上书是主动出击,有时上书是以退为进。司徒朱伥"以年老,为司隶虞诩所奏,耳目不聪明,见掾属大怒曰:'颠而不扶,焉用彼相? 君劳臣辱,何用为?'"东阁祭酒周举认为,"荧惑比有变异,岂能手书,密以上闻?"意思是,灾异之事,人所共见,上书无需封事隐秘。朱伥表示奏疏"可自力"。周举还是以他的口吻,为他精心撰写了奏疏。"臣经术浅末,不晓天官,见其非常,昭昭再见,诚切怪之。……今变异屡臻,此天以佑助汉室,觉悟国家也。臣诚惧史官畏忌,不敢极言,惟陛下深留圣思,按图书之文,鉴古今之戒,召见方正,极言而靡讳,亲贤纳忠,推诚应人,犹影响也。"尤其最后一句甚是传神且到位,"谨匍匐自力,手书密上。"老眼昏花的年迈丞相还在为君分忧、操劳国事、殷殷上书,一个老骥伏枥的形象跃然纸上。估计就这句话触动了顺帝。"上览伥表,嘉其忠谟,伥目数病,手能细书。"②朱伥眼睛不好,还能坚持亲手"细书"上奏,也就是字写的小、写的密,这让顺帝很是感慨,特予表彰。

---

① 《后汉书·周举列传》。
② 《风俗通义》卷5。

第四节　奏诏模式中的罪与罚

一、奏谏之罪

　　奏诏模式对士大夫素质提出了具体要求,并制定了相关罪名。"书疏不端正,不如诏书,有司奏罪名。"[①]这些罪名主要围绕诏书。比如,"不奉诏,当以不敬论。"[②]"有不如诏书为亏恩,以不道论。"[③]"废诏命,……大不敬。"[④]不奉诏即不敬君,废诏命即大不敬。

　　不落实诏书、不执行诏书即是官员之罪。御史大夫奏王尊"无承用诏书之意,靖言庸违,象龚滔天"。[⑤]

　　王温舒击东越还,"议有不中意,坐以法免。"可见官员回京复命,奏事"不当天子意"[⑥],即被免官是一种法律规定。

　　该奏不奏,坐免官。"时蒸祭高庙,而河南尹、司隶校尉于庙中争论。"大司徒伏湛"不举奏,坐策免。"[⑦]

　　不遵奏诏程序,自作主张,势必严惩。桓帝"以(张)俭郡吏,不先请奏,擅杀无辜,征付廷尉。诏收俭,俭乃亡命逃窜,吏捕之急。"[⑧]

　　官员上书"失旨",是为罪。光禄大夫李法"上疏以为朝政苛碎,违永平、建初故事;宦官权重,椒房宠盛;又讥史官记事不实,后世有识,寻功计德,必不明信。坐失旨,下有司,免为庶人。"[⑨]"失旨"即上书不合皇帝旨意,这就有了"坐失旨"的罪名。而且,惩罚还相当严厉。所谓"下有司",即是交付有关部门处置,甚至罢黜官职。

　　奏书虚妄不实,属欺君之罪。元帝下诏严饬城门校尉诸葛丰"告案无证之

---

① 《后汉书·百官志一》,刘昭注。
② 《汉书·武帝纪》。
③ 《汉书·平帝纪》。
④ 《后汉纪》卷4。
⑤ 《汉书·王尊传》。
⑥ 《汉书·酷吏传》,颜注。
⑦ 《后汉书·伏湛列传》。
⑧ 《后汉纪》卷22。
⑨ 《后汉书·李法列传》。

辞,暴扬难验之罪,毁誉恣意,不顾前言,不信之大者",将其免官。① 谏大夫盖宽饶"劾奏卫将军张安世子侍中阳都侯彭祖不下殿门,并连及安世居位无补。彭祖时实下门,宽饶坐举奏大臣非是,左迁为卫司马。"②

奏诏模式中有一种"奏事不详罪"。官员奏事内容不明,说不清消息来源,有欺君之嫌。"奏事不审,妄有发作自触罪。"意思是,奏事不明,事由不清,是为"妄作",实属奏书之大忌。因为,信息来源不清,轻举妄动,轻率上书,干扰正常奏诏程序,增加奏诏模式的运行成本,皆属于不当奏事的言论罪范畴。博士夏侯常为龚胜"道高陵有子杀母者。胜白之,尚书问:'谁受?'对曰:'受夏侯常。'尚书使胜问常,常连恨胜,即应曰:'闻之白衣,戒君勿言也。奏事不详,妄作触罪。'胜穷,亡以对尚书,即自劾奏与常争言,湾辱朝廷。事下御史中丞,召诘问,劾奏'胜吏二千石,常位大夫,皆幸得给事中,与论议,不崇礼义,而居公门下相非恨,疾言辩讼,惰谩亡状,皆不敬。'"③可见朝廷对官员奏事中"湾辱朝廷"、"不崇礼义"的言行还是非常痛恨的,所以龚胜和夏侯常二人才一并受到"贬秩一等"的惩罚。

如果弹劾官员,有些必要程序必须遵守,比如,"故事有所劾奏,并移宫门,禁止不得入。"意思是,需将奏书抄送宫门,禁止被奏劾的官员入宫。如果没有这么做,"反以此事劾之。"也就是劾奏者反而要被追究罪责,甚至罪过更大。因为它属于放纵罪犯入宫,属死罪。比如,严延年奏劾大司农田延年"持兵干属车,大司农自讼不干属车。事下御史中丞,谴责延年何以不移书宫殿门禁止大司农,而令得出入宫。于是覆劾延年阑内罪人,法至死。"④

"吏持两端"是一个很严重的罪名。它表现出来的后果是,隐瞒事态,贻误时机,蒙蔽皇帝。但其真实含义是,官员左右观望,逢迎君上,宁苟无纵,不能一心一意忠诚事君。不过表面上的理由却是刑讯人员"咸共言妖恶大故,臣子所宜同疾,今出之不如入之,可无后责"。可见,奏诏模式对官员素质和行政能力有着相当高的要求。最重要的一点是,必须随时向皇帝禀报官场上的各种事态和社会上的大小问题。如果知情不报,就是不忠。侍御史寒朗与三府掾属"共考案楚狱颜忠、王平等",牵涉隧乡侯耿建等四人。寒朗"知其诈,乃上言建等无奸,专为忠、平所诬。"明帝质问,"即如是,四侯无事,何不早奏,狱竟而久系至今邪?"寒朗

① 《汉书·诸葛丰传》。
② 《汉书·盖宽饶传》。
③ 《汉书·龚胜传》,颜注。
④ 《汉书·酷吏传》。

回答,"臣虽考之无事,然恐海内别有发其奸者,故未敢时上。"明帝怒骂他"吏持两端",并追问"谁与共为章?"寒朗表示,"臣自知当必族灭,不敢多污染人。"①可见,一旦奏书出现"吏持两端"这类犯忌的事情,皇帝首先关心的是同党是谁。②

二、奏谏之厄

通常情况下,作为公共言论,官员们在朝会或廷议上的话语还是有安全保障的,但也不能完全排除皇帝的"激情震怒"或"冲动斥责"。司徒韩歆"尝因朝会(光武)帝读隗嚣、公孙述相与书,歆曰:'亡国之君皆有才,桀、纣亦有才。'上大怒,以为激发,免归田里。上犹不释,复诏就责,歆及子婴皆自杀。"③

许多时候,臣子因言获罪的源头并非皇帝,而是形形色色的臣子。这里面又有多种情况。有时臣子并非因为某封奏疏获罪,而是因为频繁的直言犯谏肇祸。皇甫规"多所举奏,又恶绝宦官,不与交通,于是中外并怨。"④张衡被顺帝"引在帷幄,讽议左右。……阉竖恐终为其患,遂共谗之。"⑤小黄门吕强"数上书谏净,为中常侍赵忠等所谮死。"⑥侍中刘陶"以数直谏,为权臣所恶,徙为京兆尹。上素重陶才,征为谏议大夫。诸中官谗陶与张角通情,上遂疑之,收陶考黄门北寺。中官讽考,楚毒极至。陶对使者曰:'朝廷前封臣云何?不恒其德,反用佞邪之谮,臣恨不与伊、周同俦,而与三人同辈。今上杀忠謇之臣,下有憔悴之民,亦在不久。然后悔于冤臣,将复何逮?'不食而死。"⑦

还有一种情况较为特殊,官员肇祸虽与奏疏有关,却很离谱。因为它不是来自朝廷的合法惩罚,而是一种挟私报复的个人行凶。给事中申咸因为弹劾前丞相薛宣,其子右曹侍郎薛况担心申咸做了司隶校尉,再举奏薛宣,便雇凶伤人,"遮斫咸宫门外,断鼻唇,身八创。"有司认为薛况行为恶劣,意图"欲以鬲塞聪明,杜绝论议之端。"⑧意即在朝廷制造恐怖气氛,恐吓人们议政。同时,给事中为近臣。所谓近臣,即近于皇帝。"创戮近臣"即是对皇帝大不敬。可见这是一桩言论事件,即由于奏疏而引发的一场血案。

---

① 《后汉书·寒朗列传》。
② 虽然奏书不禁官员联署,但结党营私或朋比为奸终究为皇权政治之大忌。
③ 《东观汉记》卷13。
④ 《后汉书·皇甫规列传》。
⑤ 《后汉书·张衡列传》。
⑥ 司马彪《续汉书》卷5,《八家后汉书》。
⑦ 《后汉纪》卷24。
⑧ 《汉书·薛宣传》。

　　官员依附权臣，而不谏诤，被视作失职。可见，官员上书，特别是抨击权臣，往往能赢得士大夫的清誉。反之则遭鄙视。"窦氏专权骄纵，朝廷多有谏争"，太傅邓彪"在位修身而已，不能有所匡正。又尝奏免御史中丞周纡，纡前失窦氏旨，故颇以此致讥。"①如果官员照着权臣意思诬奏贤臣，更为正直之士不齿。议郎马融"不敢复违忤埶家，遂为梁冀草奏李固，又作《大将军西第颂》，以此颇为正直所羞。"②随着朝局的翻云覆雨，官员常常通过诬奏来进行政治投机。"邓氏被诛，众庶多冤之，"尚书仆射陈忠"数上书，陷成其恶。奏劾司农朱宠。太子之废，诸名臣来历等守阙固争，忠又劾奏，当世以此讥忠。"③

---

① 《后汉书·邓彪列传》。
② 《后汉书·马融列传》。
③ 《后汉纪》卷 17。

第十一章

民众上书

第一节　民众上书与皇权政治

一、民众上书的制度逻辑

秦汉文献中，除了大大小小的民变外，几乎看不到真正的民众身影，即便《刺客》、《游侠》、《方术》、《独行》、《逸民》、《列女》诸传有些民众踪迹，却又很难看见他们在帝国日常事务中的具体作为和影响。唯有在奏诏模式中，能够真切地发现民众介入和参与皇权政治的具体过程和微弱线索。可见，唯独奏诏模式给民众的现实存在和历史作用留下了一席之地。①

现有文献看，凡民众上书，多能引发朝廷迅速反应，而且往往得到皇帝直接处理。比如，平民上书成帝，控告乡吏欺压良善，请求归还王杖。"长安敬上里公乘臣广昧死上书皇帝陛下：臣广知陛下神零，覆盖万民，哀怜老小，受王杖、承诏。臣广未常有罪耐司寇以上。广对乡吏趣未辨，广对质，衣疆吏前。乡吏……不敬重父母所致也，郡国易然。臣广愿归王杖，没入为官奴。臣广昧死再拜以闻皇帝陛下。"成帝下诏，作出了有利于广的判决。"问何乡吏，论弃市，毋须时；广受王杖如故。"②这当然不能简单理解为凡是民众上书，无一例外地

---

① 对民众上书的实际作用作出准确评估，实属不易。但无视民众上书在奏诏机制中的广泛存在确是学界陋习。

② 这里有个细节，广上书时间不明，成帝下诏是在元延三年正月壬申。（武威县博物馆《武威新出土王杖诏令册》，甘肃省文物工作队、甘肃省博物馆编《汉简研究文集》，甘肃人民出版社，1984 年）这年正月丁巳朔，壬申是 16 日，可见过了元旦不久，成帝就对广的上书作出批复。广是长安人，估计二三天便能收到成帝诏书。

都能获得朝廷受理。但至少表明,民众上书渠道畅通无阻。这可以视为汉廷对民众上书相当重视。换言之,民众上书权利得到了充分保障。

这使民众上书客观上成为皇权政治必要的一部分,成为皇权秩序的稳定器,成为汉人观察和评价帝国政教风俗的独特视角。缇萦上书作为汉朝最著名的民众上书案例,不仅被《史》《汉》载入史册,太史公还给予评论,"缇萦通尺牍,父得以后宁。"班固甚至作诗赞颂。"三王德弥薄,惟后用肉刑。太仓令有罪,就递长安城。自恨身无子,困急独茕茕。小女痛父言,死者不可生。上书诣阙下,思古歌鸡鸣。忧心摧折裂,晨风扬激声。圣汉孝文帝,恻然感至情。百男何愦愦,不如一缇萦!"①班固作诗颂扬缇萦上书,也就是歌颂民众上书。可见民众上书是汉帝国的政治常态。

皇权政治固然钳制言论,同时,却又提倡广开言论。这不矛盾。毋宁说是一体两面的制度弹性。换言之,皇权政治诚然是专制政治,这不等于它没有给民众言论表达留下任何空间和渠道。相反,作为皇权政治运行机制的奏诏模式,无论制度、实践还是观念,都为民众上书提供了充分的言论空间和多样化的表达形式。民众既可单独奏书皇帝,亦可和朝臣一同上书陈情。比如,安帝废太子,开封人郑安世连同其他十名官员一并"守阙上书,诉太子之冤"。②

皇权体制中,民众上书言事既是议政,也是参政。③ 它就是皇权政治的一部分。可见,如果没有民众上书参与,皇权政治便是不正常和不完整的。客观上,它恰恰构成了皇权政治的民意基础。就其本质,任何一种政治都需要一定的民意基础。皇权政治亦不例外。即便它是一种高度发达的专制政治。专制政治和民意基础的关系是,它重视民意,但不依靠民意。民意对专制虽有某种形式上的约束作用,却并不具备实质上的决定作用。

奏诏模式从**言论制度**上保障了天高皇帝近的实现。奏诏模式既保证了皇帝向全民发声,又保证了全民向皇帝发言。这样,皇帝和民众同时都能听到对方的声音。可见,奏诏模式已成为连接、维系皇帝和全民直接联系的制度架构和话语实践。

奏诏模式使皇帝和民众之间的直接联系有了一个可操作的制度保障和体制架构。奏诏模式塑造并规范了皇帝和民众之间的关系。换言之,**奏诏模式本身即是皇帝和民众的关系模式**。通过对奏诏模式的分析,可以使人们对皇帝和

① 《史记·仓公列传》,三家注。
② 《后汉纪》卷17。
③ 自然不必对此理想化。事实上,民众上书的初衷还是为了申诉冤情,祈求皇帝作主,给自己一个说法。当然,也可以将此视作一种广义上的言论表达,即议政形式。

民众之间的关系有一个全新的深刻理解。

二、民众上书的制度规定

一方面,民众上书者之身份,并无限制。致仕之官员、流放之官员、太学生、农民、乡绅、商人、豪侠等皆可上书,囚徒、士卒、奴隶、小偷等,亦可上书。另一方面,民众上书内容和方式亦不受限制。民众上书既可以通过官员转呈上达,第五伦就经常将"民奏记言便宜,便封上"[1],也可以通过邮传机构寄送奏书,[2]还可以进京亲自递交奏书,即诣阙上书。诣阙上书是到宫门前亲自递交上书。它显得郑重其事,也表明事态严重,有机会面见皇帝。比如,班超"诣阙上书"时是一介布衣,也能"得召见",似乎表明"诣阙上书"和"得召见"之间存在某种关联。据此,"诣阙上书"或"奉章诣阙"确有机会得见皇帝。当然,这并非必然,只是大概率。诣阙上书亦称"上书守阙",无人数限制,它为民众提供了一个大规模集体情愿的合法途径和公共空间,所以民众经常成百上千地诣阙上书。比如,会稽太守第五伦"诣廷尉,吏民上书守阙者千余人"。[3]

奏诏模式中有一些特殊的上奏方式,并非明确规定,而是实践形成,同时,也不能说专为民众设置,客观上却似乎多为民众所用。一是"告御状",也就是"在道上遮天子行"[4]。告御状通常只有民众使用。因为很难想象官员会半道拦截皇帝。它是皇权体制给民众言论表达提供的合法途径之一。比如,民众半道拦住刘邦,递上告状信,告发萧何强买民田。"上罢(黥)布军归,民道遮行上书,言相国贱强买民田宅数千万。上至,相国谒。上笑曰:'夫相国乃利民!'民所上书皆以与相国,曰:'君自谢民。'相国因为民请曰:'长安地狭,上林中多空地,弃,愿令民得入田,毋收稾为禽兽食。'上大怒曰:'相国多受贾人财物,乃为请吾苑!'乃下相国廷尉,械系之。"[5]又如,杨政从范升受梁丘《易》,其师被前妻所告系狱,杨政肉袒贯耳,"抱升子潜伏道傍,候车驾",为师鸣冤,打动光武帝,下诏"乞杨生师。"[6]如果大臣行使皇权,也会出现类似现象。比如,"人有告(魏)相贼杀不辜,事下有司。河南卒戍中都官者二三千人,遮大将军(霍光),自

① 《东观汉记》卷16。范《书》云:"吏人奏记及便宜者,亦并封上。"(《后汉书·第五伦列传》)可见,"吏人"和"吏民"同义,皆为民。
② 具体手续可能需要民众先将上书递交到官府盖印,然后再转交给邮传机构。
③ 《后汉书·第五伦列传》。
④ 《汉书·萧何传》,颜注。
⑤ 《史记·萧相国世家》。
⑥ 《后汉书·儒林列传上》。

言愿复留作一年以赎太守罪。"① 二是"飞书"。它是一种匿名信。② 飞书是一个很形象的说法。凸显一种凭空而来、凌空飞至的无根无据态势。所谓"无根而至也"。③ 飞书有诸多叫法,如"飞语"④、"飞文"、"飞条"、"飞章"、"饮章"。⑤ 比如,"陵乡侯梁松下狱死"就是因为"坐县飞书诽谤"。⑥ 可见"飞书"即寓诽谤、诋毁之义。故而飞书即"诽书"。飞书多与阴谋有关,它只是用匿名的方式来实施一种可以预期的官场权谋。比如,太尉王龚"患宦官之乱,上疏言其罪,宜罢遣逐之。宦官乃使客作飞章,欲陷龚以罪。"顺帝诏令王龚"亟自实",随后王龚"以疾罢"。⑦ 又如,史弼迁河东太守,"中常侍侯览遣诸生赍书请之,并求假盐税。弼大怒,乃付安邑狱,拷杀之。览遂诈作飞章下司隶,诬弼诽谤,槛车征。"⑧飞章通常也像奏书一样上奏皇帝。⑨ 比如,蔡邕与司徒刘合"素不相平",叔父卫尉蔡质又与将作大匠阳球"有隙"。阳球是中常侍程璜女婿。"璜遂使人飞章言邕、质数以私事请托于合,合不听,邕含隐切,志欲相中。于是诏下尚书,召邕诘状。"⑩有时,飞书或诽书类似现在的"大字报"。它以匿名形式张贴于或直接写在某种公共空间的官方建筑上。其产生的影响绝对具有震动朝野的政治冲击力。客观上,这类"大字报"都是一个令人震惊的搅动朝局的政治事件。

---

① 《汉书·魏相传》。

② 胡三省云:"为飞书以诋毁,若今之匿名书。"(《资治通鉴》卷28)匿名者,不知名也。但有时可能含义更为复杂一些。比如,广陵王刘荆闻"世祖崩,不悲哀,而作飞书与东海王(刘)强,说之,令举兵为逆乱。强得荆书,即执其行书者,封上之。"(《东观汉记》卷7)据此,飞书的严格定义应该是不署名的书信。通常情况下,不署名自然不知名。但在特定情况下,对特定对象来说,不署名依然心知肚明。这么做要么双方过于熟悉而形成默契,要么出于安全考虑。正因此,刘荆虽未署名,刘强却一望而知。所以才会将飞书连同自己的奏书,一块上报朝廷。值得注意的是,范《书》对刘荆的飞书提供了更多的细节。"作飞书,封以方底,令苍头诈称东海王强舅大鸿胪郭况书与强。"(《后汉书·光武十王列传》)所谓"令苍头诈称",恰恰表明这只是一种口头相告,不应理解为飞书署名"大鸿胪郭况"。如果那样,恐怕就要改变犯罪性质了,即诬陷他人谋反。

③ 《汉书·灌夫传》,颜注。

④ 飞语亦作"蜚语",所谓"飞扬诽谤之语"。(《汉书·灌夫传》,颜注)

⑤ 李贤云:"饮犹隐却告人姓名,无可对问。""俗本有不解'饮'字,或改为'报',或改为'款',并非也。"(《后汉书·蔡邕列传》)

⑥ 《后汉书·显宗孝明帝纪》,李贤注。当然,"悬飞书"者未必一定是百姓。但按照奏诏模式的惯例,这种可能性很大。

⑦ 《后汉纪》卷19。

⑧ 司马彪《续汉书》卷4,《八家后汉书》。

⑨ 怪异的是,虽然飞章匿名,皇帝却知道飞章作者,倒是相关官员制作文书需要删削作者姓名。《蔡邕集》云:"光和元年,都官从事张恕,以辛卯诏书,收邕送雒阳诏狱。考吏张静谓邕曰:'省君章云欲仇怨未有所施,法令无此,以诏书又刊章家姓名,不得对相指斥考事,君学多所见,古今如此,岂一事乎?'答曰:'晓是。'吏遂饮章为文书。"(《后汉书·蔡邕列传》,李贤注)

⑩ 《后汉书·蔡邕列传》。

灵帝时,不知何人在北宫朱雀阙,即宫门之外的南司马门阙上书写了"反标"。朝廷虽经侦查搜检,依然"不得书阙主名",只能抓捕上千名太学生草草结案。"窦太后崩,有何人书朱雀阙,言'天下大乱,曹节、王甫幽杀太后,常侍侯览多杀党人,公卿皆尸禄,无有忠言者。'于是诏司隶校尉刘猛逐捕,十日一会。猛以诽书言直,不肯急捕,月余,主名不立。猛坐左转谏议大夫,以御史中丞段颎代猛,乃四出逐捕,及太学游生,系者千余人。"①

　　皇权体制给民众上书提供的制度保障和法律保护并非虚文。② 一方面,地方官如果拒绝受理民众上书,民众可以直接上书朝廷。③ 元帝称,"民多冤结,州郡不理,连上书者交于阙廷。"④朝廷对民众上书必须作出答复,相机处理。比如,"大司马士按章豫州。"这是因为,"有上章相告者,就而按治之。"⑤另一方面,民众上书不用心理负担过重,即言事之后还有自由。第五伦建议章帝对民众上书应该更为宽容。"诸上书言事有不合者,可但报归田里,不宜过加喜怒,以明在宽。"⑥一言不合便暴跳如雷不是皇帝对待民众上书的理性态度。如果官员或诸侯王擅自扣压或销毁民众给皇帝的上书,须严惩不贷。比如,"南海民王织上书献璧皇帝,"淮南国中尉蔯忌"擅燔其书,不以闻"。官员要求淮南王刘长将蔯忌交出来治罪,刘长拒不交人,"谩言曰'忌病'。"⑦丞相等人上书武帝,要求将刘长弃市。如果地方官随意拘押上书者,必须受到惩罚。比如,河内太守寇恂"坐系考上书者免"。⑧ 可见民众上书受到人身保护,至少官员不能因此恐吓或伤害上书的百姓。即便上书指责权臣,亦可安然无事。比如,已为平民之身的梅福"孤远,又讥切王氏,故终不见纳",但也仅此而已,人身安全还是有

① 《后汉书·宦者列传》,李贤注。
② 汉有保障民众上书"言变事"之制。依汉律,民众上言"非常之事",(《汉书·梅福传》,颜注)有权要求官府提供车马帮助。边郡还规定"须按时察问所辖各级官吏及庶民是否有要求言变事者。"固然,"变事"属事态严重者,上言亦包括官民。也正因此,民众上书才得到了切实保障。汉代对"上言变事"的程序有严格规定,各级官府应为"上言变事"提供方便,"不得随意刁难阻留,若不及时向上级转报,满半月以上,将受惩罚。"(连劭名《汉律中的"上言变事律"》,《政法论坛》1988 年第 1 期)
③ 据大庭脩研究,居延汉简中庶民上书"是封以居延丞印。……表明有庶民上书要封以所属县长吏之印的规定。……不难想象,上书的全部内容当时是由县长吏审阅的,因此长吏有可能阻止于己不利的上书。"([日]大庭脩《秦汉法制史研究》第 207 页,中西书局,2017 年)这个推断未必正确。虽然不能完全排除郡县长吏有擅自扣压民众上书之事,但他们无需也无权审查民众上书内容。至于民众上书封以所属县长吏之印,那是因为民众上书不可能亲自送信进京,只能通过官方邮传渠道送达朝廷。这样,就需要办理相应手续,封以丞印作为凭证。
④ 《汉书·于定国传》。
⑤ 《汉书·王莽传下》,颜注。
⑥ 《后汉书·第五伦列传》。
⑦ 《史记·淮南王列传》。班《书》云:"南海王织上书献璧帛皇帝。"(《汉书·淮南王传》)
⑧ 《后汉书·寇恂列传》。

保障的。"是时,福居家,常以读书养性为事。"①总之,奏诏模式作为一项成功的制度设计,对民众言论空间的保护还是相当有效的。一方面,民众告发官员即便没有证据,也无需承担责任。② 此可谓"言者无罪"。③ 比如,朱浮封新息侯,"有人单辞告浮事者",所谓"单辞谓无证据",但明帝依然"赐浮死"。当然,这可以解释为此前"帝以浮陵轹同列,每衔之,惜其功能,不忍加罪"④,此时有人告状,便有了借口,趁机将其除掉。但无论如何,没有证据的告发,不被追究,反而成为一个关键理由,足以表明民众上书的空间之大。或因如此,地方官即便干得好,也可能被人状告施政暴虐。比如,魏相迁河南太守,"禁止奸邪,豪彊畏服。……后人有告相贼杀不辜,事下有司。"⑤另一方面,民众虽可自由上书,倘若收钱上书,则属犯罪。哪怕上书内容属实,也会受到严惩。这似乎属于早期帝国的"程序正义"。比如,江都易王薨,太子刘建"居服舍,召易王所爱美人淖姬等凡十人与奸。建女弟征臣为盖侯子妇,以易王丧来归,建复与奸。建异母弟定国为淮阳侯,易王最小子也,其母幸立之,具知建事,行钱使男子茶恬上书告建淫乱,不当为后。事下廷尉,廷尉治恬受人钱财为上书,论弃市。"⑥可见,这种法律规定的逻辑是,上书是否违法,端在于个人动机。如果仅是单纯告状言事,即便空口白话,不能坐实,也没事;反之,拿人钱财上书指控,属于受人指使,别有用心,应严惩不贷。⑦

当然,民众受制于文化水平,上书被罚,习以为常。"吏民上书,字或不正,辄举劾。"⑧至于因经验所限,民众对奏疏格式的种种讲究和繁文缛节肯定不能

---

① 《汉书·梅福传》。

② 如果事涉大恶不赦者,另当别论。汉《厩律》有"告反逮验"律,"即对告人谋反者,皆先予收捕,经验证确有其事,方可释放。所以贲赫上书之后立即被拘押,直至朝廷接到黥布谋反的报告后才被释。"(连劭名《汉律中的"上言变事律"》,《政法论坛》1988年第1期)

③ 不过这事也不能过于乐观。"言事之人有好妄者,则(特)致之于罪法"的现象并不乏见。至于如何判断上书"奸妄",取决于官员的政治理念和行政素质。比如,"吏民上书言便宜,有异,辄下(杜)延年平处复奏。言可官试者,至为县令,或丞相、御史除用,满岁以状闻,或抵其罪法。"(《汉书·杜周传》,颜注)这表明,民众上书言事并无普遍性的安全保障。

④ 《后汉书·朱浮列传》,李贤注。

⑤ 《汉书·魏相传》。

⑥ 《汉书·景十三王传》。

⑦ 其实,这条刑律并不限于民众。即便官员"受人金钱作章奏",也会受到严惩。比如,陈汤为大将军王凤幕府的从事中郎,深受器重,"莫府事壹决于汤。汤明法令,善因事为势,纳说多从。"他却栽到了拿钱上书这件事上。"皇太后同母弟苟参为水衡都尉,死,子伋为侍中,参妻欲为伋求封,汤受其金五十斤,许为求上奏。弘农太守张匡坐臧百万以上,狡猾不道,有诏即讯,恐下狱,使人报汤。汤为讼罪,得踰冬月,许谢钱二百万,皆此类也。"史称,"常受人金钱作章奏,卒以此败。"(《汉书·陈汤传》)

⑧ 《汉书·艺文志》。

熟悉掌握,自然难免出现形形色色的"触讳以犯罪者"。想必这类犯罪者不在少数,致使宣帝专门下了一道赦免百姓"上书触讳"无罪的诏书。"闻古天子之名,难知而易讳也。今百姓多上书触讳以犯罪者,朕甚怜之。其更讳询。诸触讳在令前者,赦之。"①宣帝明确要求,除了自己名字"询"一字之外,其余一律不必避讳。这等于大大缩小了避讳的内容范围和名称数量,减轻了百姓上书的心理恐慌,避免了堵塞百姓言路的不利后果,从而尽可能地消除了妨碍和限制百姓上书言事的体制弊端,使奏诏模式得以更为高效地运行。史称"昭宣中兴",必然与民情上达、政令畅通密切相关。就此而言,宣帝这道"上书触讳无罪诏"无疑起到了关键作用。②

应该说,朝廷对处理民众上书早已形成了一整套固定而成熟的程序和做法。"吏民上书言便宜,有异,辄下(杜)延年平处复奏。"意即杜延年"先平处其可否,然后奏言"。进而,"言可官试者,至为县令,或丞相、御史除用,满岁以状闻,或抵其罪法,常与两府及廷尉分章。"所谓"吏民上书言便"不仅确证吏民就是民,而且显示出吏民上书的经常性和内容的广泛性。或伸冤,或自荐。所谓"吏民上书言便宜,有异,辄下延年平处复奏",意思是,民众上书出现什么问题或疑问,便交付相关官员或部门进行审核处理,然后再上奏皇帝。所谓"常与两府及廷尉分章",注家略有分歧。如淳曰:"两府,丞相、御史府也。诸章有所疑,使延年决之。"师古曰:"此说非也。上书言事者,其章或下丞相御史,或付延年,故云分章耳,非令决疑也。"③其实,"分章""决疑"并不冲突,颜注否定"分章决疑"过于武断。准确说,这句话的意思是,朝廷对待民众上书郑重其事,毫不轻率,也就是同时交付丞相、御史大夫和廷尉三方分头处理,或提出不同方案。这种做法是因为,两府主要负责民事,廷尉主要负责司法。

三、民众上书的实践效果

奏诏模式的开放性,以及这种开放性的制度性建构对民众广泛参与朝廷事务发挥着积极推动作用。基于这种持续过程,皇权帝国自然而然获得一种深厚

① 《汉书·宣帝纪》。
② 尽管如此,因奏书格式不合或用语不当遭受惩戒的人肯定还大有人在,甚至包括一些身份高贵的皇室成员。梁王刘立"凡杀三人,伤五人,手驱郎吏二十余人。上书不拜奏。谋篡死罪囚。"有司请诛,成帝不忍。(《汉书·文三王传》)在朝廷看来,"上书不拜奏"不仅有罪,而且似乎比"谋篡死罪囚"更严重。因为"上书不拜奏"的意思是,上书不称臣。不称臣即是悖逆不道。
③ 《汉书·杜周传》。

的民意基础和客观的政治稳定。"武帝初即位,征天下举方正贤良文学材力之
士,待以不次之位,四方士多上书言得失,自衒鬻者以千数,其不足采者辄报闻
罢。"①"四方士"即便不全是平民百姓,也必定大部分是普通民众。事实上,正
是从武帝开始,汉帝国和民众之间的关系有了进一步的加强和深化,国家意识
初步形成。某种意义上,汉武帝创造了一个新帝国时代。特点是,民众个人和
皇权帝国之间建立起一种深层的结构性联系。② 帝国本身成为国家剧院。一
个前所未有的开放性政治舞台向人们敞开。修齐治平的高雅剧普及成了"天下
兴亡,匹夫有责"的通俗剧。"是时方事匈奴,兴功利,言便宜者甚众。"③所谓
"言便宜者甚众"并非百官,而是百姓。其实,民众不光上书建言,还直接参与。
比如,民众在武帝开拓西域过程中表现出来的空前热情和冒险精神令人印象深
刻。"自骞开外国道以尊贵,其吏士争上书言外国奇怪利害,求使。天子为其绝
远,非人所乐,听其言,予节,募吏民无问所从来,为具备人众遣之,以广其道。
来还不能无侵盗币物,及使失指,天子为其习之,辄覆按致重罪,以激怒令赎,复
求使。使端无穷,而轻犯法。其吏卒亦辄复盛推外国所有,言大者予节,言小者
为副,故妄言无行之徒皆争相效。"④又如,东汉初,民众主动请缨,报效朝廷,戮

---

① 《汉书·东方朔传》。
② 汉帝国不断扩张领土和势力范围的战略需要,客观上强化了个人对国家的情感,甚至提升了个人对
国家的信念。为国献身,为国牺牲,构成了新帝国战略的民意支持。自觉自愿的平民报国成为现实。
比如,"以田畜为事"的牧羊人卜式,看到"汉方事匈奴",主动上书朝廷,"愿输家财半助边。"《汉书·
卜式传》)卜式后来做了齐相,继续上书,"愿父子死南粤。"《汉书·食货志下》)不难看出,个人与国
家的联系在新帝国时代明显强化甚至内化。可以说,个人与国家之间的紧密联系恰恰是在这种帝国
体系的建构过程中建立起来的。个人与国家的关系不完全等于个人面对国家时的自我意识。它具
有更为复杂的内涵。国家与皇权依然无法剥离。胡三省敏锐地注意到,恰在此时开始"称天子为国
家"。《资治通鉴》卷29)所以,国家权力与皇权依然高度重合。个人力量在成长,但仍然没有摆脱国
家权力的强力控制。怪异的是,个人力量似乎越来越依附于国家权力的扩张。个人行为体现了国家
意志,并最终从属于国家意志。于是,在更大的国际舞台上,国家成为个人的最高崇拜对象。新帝国
战略成功地激发了个人创造力,并将其引向对帝国自身的绝对效忠。个人冒险成为帝国时尚,由此
带来的荣耀、满足和享受也一同成为帝国价值的一部分。国家鼓励人们走出国门,探索外部世界。
个人依托国家,闯荡世界;国家通过个人,改变世界。这种互动双赢给新帝国时代注入了强劲的活
力。它推动新帝国时代获得了一个前所未有的尽可能大的国际舞台。事实上,个人与国家的关系本
质只有在适当的国际舞台上才得以充分展示。所以,个人与国家的关系只能是新帝国时代的必然产
物。它使个人的建功立业和国家的宏图大业以最为直接的方式结合在一起。这种可能只有在新帝
国时代才得以实现。如果说后战国时代建构起皇帝和民众的直接关系,新帝国时代则建构起个人和
国家的直接关系。换言之,新帝国时代同时扩张了国家的空间和个人的空间,并使这两种异质空间
在帝国体系的建构中发生了奇妙的重合。这种重合的本质在于,**个人功名同时意味着国家功德**,立
功域外同时意味着国家成功。这是因为"外事四夷,出爵劝赏"《容斋随笔》卷9,"霍光赏功")已成基
本国策。故而,"汉使西域者益得职。"所谓"赏其勤劳,皆得拜职"。《汉书·西域传上》,颜注)
③ 《汉书·沟洫志》。
④ 《汉书·张骞传》。

力杀敌。光武诏命陈俊"得专征青、徐。俊抚贫弱,表有义,检制军吏,不得与郡县相干,百姓歌之。数上书自请,愿奋击陇、蜀。"①

不仅军国大事有众多民众上策建言,武帝求仙、封禅过程中,同样有不少民众上书。"海上燕齐之间,莫不搤捥而自言有禁方,能神仙矣。"②堪称早期帝国第一次大规模的民众上书活动。第二次是昭宣之际,宣帝即位,"博延贤俊,民多上书言便宜。"③第三次是王莽时期。值得注意的是,这三次都受到了最高统治者的鼓励和操纵。尤其第三次,民众上书人数一波接一波,前赴后继,达到了史无前例乃至空前绝后之规模。先是王莽在国三岁,"吏民上书冤讼莽者百数。"④继而,"庶民、诸生、郎吏以上守阙上书者日千余人,"吁请王太后"采莽女"。接着,"民上书者八千余人,"咸请加赏王莽。史称,"吏民以莽不受新野田而上书者前后四十八万七千五百七十二人。"由此营造出"天下喁喁,引领而叹,颂声洋洋,满耳而入"⑤的盛世狂欢效果。此外,奏诏模式中,虽然民众随时可以上书,灾异上书却是民众大规模上书的最常见的途径。比如,"京师蝗。吏民言事者,多归责有司。"⑥

奏诏模式的开放性为皇帝和民众之间的联系提供了最大的可能性。这套制度性架构表现在方方面面。比如,号召民众捐献书籍。"武帝广开献书之路,……百有余年,书积如丘山。"⑦某种意义上,广开献书也有鼓励臣民上书建言之用意和效果。又如,民众大规模的群集上访,其合法性只有在奏诏模式中才能得到确认,也只有在奏诏模式中才能合理解释。"河南老弱万余人守关欲入上书,关吏以闻。"⑧再如,深居宫中,文帝却能听到民间的歌谣。这或许正是奏诏模式的机制使然。"民有作歌歌淮南王曰:'一尺布,尚可缝;一斗粟,尚可舂。兄弟二人,不相容!'上闻之曰:'昔尧舜放逐骨肉,周公杀管蔡,天下称圣,不以私害公。天下岂以为我贪淮南地邪?'乃徙城阳王王淮南故地,而追尊谥淮南王为厉王,置园如诸侯仪。"⑨文帝不但听到了民谣,还因民谣改变了自己的

---

① 《后汉书·陈俊列传》。

② 《史记·孝武本纪》。

③ 《资治通鉴》卷25。班《书》云,宣帝即位,"多上书言便宜,辄下(萧)望之问状,高者请丞相御史,次者中二千石试事,满岁以状闻,下者报闻,或罢归田里。"(《汉书·萧望之传》)"上书言便宜"无"民"字,但联系下文"下者报闻,或罢归田里",上书者多为民众无疑。可见《通鉴》一字之增,实乃画龙点睛。

④ 《资治通鉴》卷35。

⑤ 《汉书·王莽传上》。

⑥ 《后汉书·孝和帝纪》。

⑦ 《风俗通义》"佚文"。

⑧ 《汉书·魏相传》。

⑨ 《汉书·淮南王传》。

想法和决定。至于民谣可能是通过上书渠道，传进宫中。这个上书者很可能是普通百姓。其实，民众口碑也是奏诏模式中体现民意的一种形式。荆州刺史郭贺"有殊政。百姓便之，歌曰：'厥德仁明郭乔卿，忠正朝廷上下平。'显宗巡狩到南阳，特见嗟叹，赐以三公之服，黼黻冕旒。敕行部去襜帷，使百姓见其容服，以章有德。每所经过，吏人指以示，莫不荣之。"①正因如此，下诏表彰循吏，本身就是对民意的回应。洛阳令王涣"丧西归，道经弘农，民庶皆设盘桉于路。吏问其故，咸言平常持米到洛，为卒司所钞，恒亡其半。自王君在事，不见侵枉，故来报恩。其政化怀物如此。民思其德，为立祠安阳亭西，每食辄弦歌而荐之。"邓太后诏曰："故洛阳令王涣，秉清修之节，蹈羔羊之义，尽心奉公，务在惠民，功业未遂，不幸早世，百姓追思，为之立祠。自非忠爱之至，孰能若斯者乎！今以涣子石为郎中，以劝劳勤。"②

基于奏诏模式，皇帝和民众之间建立起了前所未有的广泛而密切之联系。皇帝的决策和行为许多都源于民众上书言事。比如，"齐人徐市等上书，言海中有三神山，名曰蓬莱、方丈、瀛洲，仙人居之。请得斋戒，与童男女求之。於是遣徐市发童男女数千人，入海求仙人。"③"上欲治明堂奉高旁，未晓其制度。济南人公玉带上黄帝时《明堂图》。""既灭两粤，粤人勇之乃言'粤人俗鬼，而其祠皆见鬼，数有效。昔东瓯王敬鬼，寿百六十岁。后世怠嫚，故衰耗。'乃命粤巫立粤祝祠，安台无坛，亦祠天神帝百鬼，而以鸡卜。""方士多言古帝王有都甘泉者。其后天子又朝诸侯甘泉，甘泉作诸侯邸。勇之乃曰：'粤俗有火灾，复起屋，必以大，用胜服之。'于是作建章宫，度为千门万户。"④

在奏诏模式中，早期帝国民众和朝廷之间得以始终保持密切联系。这种联系对皇帝显然产生了不容低估的政治压力。这种压力表现在两方面。一方面，是对民众上书的被动反应。比如，成帝时，"日蚀地震尤数，吏民多上书言灾异之应，讥切王氏专政所致。上惧变异数见，意颇然之，未有以明见，乃车驾至（张）禹弟，辟左右，亲问禹以天变，因用吏民所言王氏事示禹。"⑤又如，"京师蝗。吏民言事者，多归责有司。"和帝诏曰："蝗虫之异，殆不虚生，万方有罪，在予一人，而言事者专咎自下，非助我者也。朕寤寐恫乡，思弭忧衅。……将何以

① 《后汉书·蔡茂列传》。
② 《后汉书·循吏列传》。
③ 《史记·秦始皇本纪》。
④ 《汉书·郊祀志下》。
⑤ 《汉书·张禹传》。

匡朕不逮，以塞灾变？百僚师尹勉修厥职，……思惟致灾兴蝗之咎。"①百姓上书皇帝，指责官府治蝗不力。和帝为此下诏，把责任揽到自己身上。同时要求地方官尽职尽责，莫要辜负朝廷的期待。在诏书中，和帝特别强调地方官必须"详刑辟，理冤虐"。按照天人感应学说，阴阳灾异大多与司法不公有关。所以，成帝派遣钦差巡视郡国，检查冤狱情况。"刑罚不中，众冤失职，趋阙告诉者不绝。是以阴阳错谬，寒暑失序，日月不光，百姓蒙辜，朕甚闵焉。……临遣谏大夫理等举三辅、三河、弘农冤狱。"②一方面，是对民间谣言的主动姿态。永初元年，司隶校尉部和冀州、并州发生了一次大规模的谣言事件，并引发了民众恐慌和逃亡。安帝特此敕令地方官，"民讹言相惊，弃捐旧居，老弱相携，穷困道路。其各敕所部长吏，躬亲晓喻。若欲归本郡，在所为封长檄；不欲，勿强。"③这场突如其来的谣言声势颇大，致使两个州的百姓惊恐之余，纷纷逃离家园，以至于流离失所，哀号无依。相形之下，朝廷处置民间谣传却显得相当理性和温和。④ 一不追谣，二不查谣，反而要求当地官员安抚民众。听从他们意愿，不强制他们返乡。可见安帝对民间谣言持有一种相当冷静和宽容的态度。永初四年，安帝再次下诏，"自建初以来，诸妖言它过坐徙边者，各归本郡；其没入官为奴婢者，免为庶人。"⑤这等于再次废除了不绝如缕的"妖言罪"。至少是赦免了那些因谣言而备受折磨和饱经摧残的百姓。可见，奏诏模式决定皇权秩序的制度逻辑，使皇帝对民间舆情多能采取一种难得的理智措施。

客观意义上，奏诏模式正是民意的制度基础。某种条件下，民意也确实能对皇权政治产生约束作用。比如，皇帝诏令公卿根据民意举报祸害百姓的地方官，三公却畏惧宦官，反而诬陷良吏，百姓诣阙上书，加之朝臣陈奏真相，灵帝多少纠正了这种荒唐做法。"由是诸坐谣言征者悉拜议郎。"⑥不过，百姓上书数量虽多，其效果似乎不容乐观。有时反而需要官员上书督促和配合，才能产生作用。这样，民众上书和官员上书就发生了联系。比如，顺帝时，"长吏、二千石听百姓谳罚者输赎，号为'义钱'，托为贫人储，而守令因以聚敛。"虞诩上疏，"元年以来，贫百姓章言长吏受取百万以上者，匈匈不绝，谳罚吏人至数千万，而三

① 《后汉书·孝和帝纪》。

② 《汉书·成帝纪》。

③ 《后汉书·孝安帝纪》。

④ 其实和帝时已有此先例。尚书令黄香处置一件谣言案时，不苟不纵，谨慎周全。"东平清河奏訞言卿仲辽等，所连及且千人。香科别据奏，全活甚众。"（《后汉书·文苑列传上》）

⑤ 《后汉书·孝安帝纪》。

⑥ 《后汉书·刘陶列传》。

公、刺史少所举奏。寻永平、章和中,州郡以走卒钱给贷贫人,司空劾案,州及郡县皆坐免黜。今宜遵前典,蠲除权制。"于是,"诏书下谲章,切责州郡。鬵罚输赎自此而止。"①

四、民众上书的危险和威胁

虽然奏诏程序已相当规范和严格,但仍会受到种种干扰。最常见的是皇帝的亲自干预。比如,会稽太守第五伦"坐事征,百姓老小闻府门,皆攀车啼呼,朝发至日中,才行五里。伦乃止亭舍,密乘船去,吏民上书守阙千余人。是时上方案梁松事,多为讼冤者,上患之。有诏公车诸为梁氏及会稽太守书,皆勿受。"②明帝下令公车不得受理为梁氏及会稽太守第五伦求情的百姓上书。可见,民众上书朝廷不是都能有个结果。由于种种原因,皇帝随时可以拒绝接受某些自己不想看的臣民奏书。③

另一方面,民众上书亦非毫无风险,有时,民众诣阙上书,竟被歹徒杀之宫中。比如,郭解徙茂陵。"轵人杨季主子为县掾,举徙解。解兄子断杨掾头。由此杨氏与郭氏为仇。""已又杀杨季主。杨季主家上书,人又杀之阙下。上闻,乃下吏捕解。"④

其实,对民众上书威胁最大的还是皇帝。也只有皇帝才有权处死上书的民众。"河间男子赵腾诣阙上书,指陈得失。(安)帝发怒,遂收考诏狱,结以罔上不道。"太尉杨震上疏救之。"今赵腾所坐激讦谤语为罪,与手刃犯法有差。乞为亏除,全腾之命,以诱刍荛舆人之言。"⑤司空张皓也上疏劝谏,"腾等虽干上犯法,所言本欲尽忠正谏。如当诛戮,天下杜口,塞谏争之源,非所以昭德示后也。"⑥不过对赵腾的处置,同是范《书》,却说法不一。《杨震列传》说"腾竟伏尸都市",《张皓列传》说"减腾死罪一等"。而且,前者说事在安帝,后者说事在顺帝。⑦ 值得注意的是,因为此事,还引发一场株连冤狱。"清河赵腾上言灾变,

---

① 《后汉书·虞诩列传》。
② 《后汉纪》卷10。
③ 比如,"特进窦武为大将军。武移病洛阳都亭,固让至于数十。诏公交车勿复通章,武惶恐不得已就职。"(《后汉纪》卷22)
④ 《史记·游侠列传》。
⑤ 《后汉书·杨震列传》。
⑥ 《后汉书·张皓列传》。
⑦ 袁《纪》所记倒是吻合《杨震列传》。安帝时,"赵腾诣阙上书陈得失,收考治,诏下狱。……腾竟死于都市。"(《后汉纪》卷17)

讥刺朝政,章下有司,收腾系考,所引党辈八十余人,皆以诽谤当伏重法。"①最终,受牵连者皆刑以司寇。① 虽然皇权体制允许并鼓励百姓上书陈情,但这并不妨碍皇帝可以随意处死上书百姓。因为,皇帝连上书官员都会杀,更何况上书百姓。不过,应该承认,两汉皇帝杀的上书官员远比上书百姓更多。

皇权体制赋予皇帝的最大权力就是使他不受任何权力限制。这种权力的奥秘在于,皇帝既可以制定任何法律,又可以破坏自己制定的法律。而且,二者都是皇帝的权力,都具有不容置疑的合法性和权威性。具体到奏诏模式亦是如此。一方面,皇帝需要奏诏模式正常运行,以便掌控政情民意,保持皇权高效统治;另一方面,皇帝又会随时干预奏诏模式的正常运作。

如果奏诏模式失效,就会导致政情不通,严重者将造成持续十数年的社会动乱。比如,民众造反原因之一就是不能下情上达,将地方官盘剥百姓的恶行上书朝廷,让皇帝知道自己冤情。所谓"前后二千石多肆贪暴,故致公等怀愤相聚。"广陵人张婴数万人,"寇乱扬徐间。"张纲为广陵太守,"径造婴垒,"张婴大惊,出而拜之,并表示,"荒裔愚人,不能自通朝廷,不堪侵枉,遂复相聚偷生,若鱼游釜中,喘息须臾闲耳。今闻明府之言,乃婴等更生之(晨)〔辰〕也。既陷不义,实恐投兵之日,不免孥戮。"随后"面缚归降"。② 据此,倘若奏诏模式能够正常运行,客观上有可能减少乃至避免民众造反。概言之,民众造反是因为他们"不能自通朝廷",即无法直接给皇帝写信,禀报冤情。基于这种话语逻辑,一旦民众有机会上达天庭,诉说冤情,就不会造反了。可见民众和皇帝之间的直接联系,是避免暴动的客观保障。问题是,"乡郡远,天子不能朝夕闻也,故民人相聚以避害"③,却是现实常态。这表明,天高皇帝近也不能完全消除奏诏模式的局限性。

五、民众上书中的消极现象

汉帝国人人皆可上书言事,必然导致告密之风盛行。④ 显然,上书言事和告密之风一体两面,密不可分,且互为因果,得失参半。上书言事不仅贯穿了汉

---

① 《后汉书·张皓列传》。
② 《后汉书·张皓列传》。
③ 司马彪《续汉书》卷4,《八家后汉书》。
④ 姑且不论武帝推行的"告缗令"。"汉氏有告缗令,杨可主之。谓缗钱出入有不出算钱者,令得告之也。"(《史记·酷吏列传》,三家注)事实上,从朝廷到地方,一直流行着体制性的告密风气。司隶校尉盖宽饶"家贫,奉钱月数千,半以给吏民为耳目言事者"。(《汉书·盖宽饶传》)

帝国始终,而且构成了汉帝国的显著特点。较之后世,汉帝国的言论空间无疑要大许多。① 因为唐宋明清都不存在这种涉及全体民众的持续不衰的上书言事现象。

事实上,奸佞之人或不轨之徒也会利用奏诏模式诬陷显宦贤良,制造冤狱。比如,贼人上书诬告列侯怨谤朝廷,诅咒皇帝,酿成大狱,牵连百人。光禄大夫宜陵侯息夫躬意外得罪董贤,哀帝下诏免官就国。"奸人以为侯家富,常夜守之。……人有上书言躬怀怨恨,非笑朝廷所进,(侯)〔候〕星宿,视天子吉凶,与巫同祝诅。上遣侍御史、廷尉监逮躬,系雒阳诏狱。欲掠问,躬仰天大謼,因僵仆。吏就问,云咽已绝,血从鼻耳出。食顷,死。党友谋议相连下狱百余人。躬母圣,坐祠灶祝诅上,大逆不道。圣弃市,妻充汉与家属徙合浦。躬同族亲属素所厚者,皆免废锢。"② 又如,术士上书,诬告官员结党营私,遂称党锢之祸。张成"以方伎交通宦官",弟子牢修"因上书诬告(李)膺等养太学游士,交结诸郡生徒,更相驱驰,共为部党,诽讪朝廷,疑乱风俗。"桓帝"班下郡国,逮捕党人,布告天下,使同忿疾,遂收执膺等。"③

"莫谈国事"、"祸从口出"、"多磕头少说话"等俗语,皆为人们经验之谈,也是人们对皇权政治的日常观感。它是专制钳制语言、恐吓人心的直接结果,也是专制和语言之间关系的形象说明。奏诏模式的开放性并未真正缓解人们对言论的恐慌。事实上,皇帝对社会舆论的恐惧和民众对言论表达的恐惧,同时存在,相互激化。

权臣比皇帝对言论正常表达更为恐惧。"诸儒生多窭人子,远客饥寒,喜妄说狂言,不避忌讳,大将军(霍光)常儴之。"④一般情况下,皇帝还会对民众上书予以宽容,听取民意。但权臣从不允许民众正常上书。这是因为,权臣的权力缺乏天命的神圣性和正当性,自然对臣民上书极端恐惧和仇恨,甚至不惜痛下杀手。比如,大将军王凤"专势擅朝,而京兆尹王章素忠直,讥刺凤,为凤所诛。"⑤另一方面,由于种种原因,民众也会上书吹捧权臣。"弘农人宰宣素性佞邪,欲取媚于(梁)冀,乃上言大将军有周公之功,今既封诸子,则其妻宜为邑君。

---

① 清人赵翼对此体会深切。虽说"朝廷尊严,宜与臣民阔绝",但主父偃上书,朝奏而暮见。东方朔上书,自荐"可为天子大臣","其狂肆自举如此,使在后世,岂不以妄诞得罪? 乃帝反伟之,而令待诏金马门,遂以进用。"赵翼感慨不已,"当时禁网疏阔,怀才者皆得自达,亦于此可见矣。"(《廿二史札记》卷2,"上书召见")
② 《汉书·息夫躬传》。
③ 《后汉书·党锢列传》。
④ 《资治通鉴》卷25。
⑤ 《汉书·梅福传》。

诏遂封冀妻孙寿为襄城君,兼食阳翟租,岁入五千万,加赐赤绂,比长公主。"①

第二节　有名有姓的民众上书

民众上书涉及方方面面,而且所言之事许多都已被采用,有的成为法律或政策,有的产生了直接行动或结果,有的引起了皇帝重视,有的改变了皇帝的想法。

一、国事

1. 五德。"孝文时,鲁人公孙臣以终始五德上书,言'汉得土德,宜更元,改正朔,易服色。当有瑞,瑞黄龙见'。事下丞相张苍,张苍亦学律历,以为非是,罢之。"②

2. 祭天和求仙。"亳人薄诱忌奏祠泰一方,曰:'……古者天子以春秋祭泰一东南郊,用太牢具,七日,为坛开八通之鬼道。'於是天子令太祝立其祠长安东南郊,常奉祠如忌方。"③齐人公孙卿有札书曰:"黄帝得宝鼎宛朐,……黄帝仙登于天。"公孙卿"因所忠欲奏之。所忠视其书不经,疑其妄书。……卿因嬖人奏之。上大说,乃召问卿。"④

3. 封禅。武帝与公卿诸生议封禅。"齐人丁公年九十餘,曰:'封者,合不死之名也。秦皇帝不得上封。陛下必欲上,稍上即无风雨,遂上封矣。'上於是乃令诸儒习射牛,草封禅仪。数年,至且行。"⑤

4. 风俗。南越被灭,其国人上书,向武帝说明本国敬鬼习俗。武帝沿用越国风俗。"既灭南越,越人勇之乃言'越人俗信鬼,而其祠皆见鬼,数有效。昔东瓯王敬鬼,寿至百六十岁。后世谩怠,故衰秏'。乃令越巫立越祝祠,安台无坛,亦祠天神上帝百鬼,而以鸡卜。上信之,越祠鸡卜始用焉。"⑥

5. 献计。一是豪绅上书,建议设计伏击匈奴。"雁门马邑豪聂壹因大行王恢言:'匈奴初和亲,亲信边,可诱以利致之,伏兵袭击,必破之道也。'"经过廷议,武帝采纳了王恢的意见,也就是聂壹上书的建议。而且,朝廷还派聂壹假装逃亡匈奴,亲自诱使单于出兵。"阴使聂壹为间,亡入匈奴,谓单于曰:'吾能斩马邑令丞,以城降,

①《后汉书·梁统列传》。
②《史记·历书》。
③《史记·孝武本纪》。
④《史记·封禅书》。
⑤《史记·孝武本纪》。
⑥《史记·孝武本纪》。

财物可尽得。'单于爱信,以为然而许之。聂壹乃诈斩死罪囚,县其头马邑城下,视单于使者为信,曰:'马邑长吏已死,可急来。'于是单于穿塞,将十万骑入武州塞。"遗憾的是,单于"未至马邑百余里,觉之,还去。"①二是民众上书,建议修渠,防备匈奴。齐人延年上书,"可案图书,观地形,令水工准高下,开大河上领,出之胡中,东注之海。如此,关东长无水灾,北边不忧匈奴,可以省堤防备塞,士卒转输,胡寇侵盗,覆军杀将,暴骨原野之患。"书奏,武帝诏报,"延年计议甚深。然河乃大禹之所道也,圣人作事,为万世功,通于神明,恐难改更。"②

6. 议政。梁冀专朝,桓帝无子,"连岁荒饥,灾异数见。"太学生刘陶上疏陈事,"臣敢吐不时之义于讳言之朝,犹冰霜见日,必至消灭。臣始悲天下之可悲,今天下亦悲臣之愚惑也。"书奏不省。③下诏朝野讨论"改铸大钱"。太学生刘陶上议,"愿陛下宽锲薄之禁,后冶铸之议,听民庶之谣吟,问路叟之所忧,瞰三光之文耀,视山河之分流。天下之心,国家大事,粲然皆见,无有遗惑者矣。"桓帝"竟不铸钱"。④北海人郎𫖮上书,"臣闻天垂诫,地见灾异,所以谴告人主,克己修德也。"尚书问状,"𫖮对多言术数、占候之事,大旨以三公非其人,将有饥馑、水旱、地震、盗贼之变。"⑤

7. 筹边。左校令庞参"坐法输作若卢"。凉州先零种羌反,车骑将军邓骘奉命讨伐。庞参"于徒中"使其子庞俊上书,对军事行动提出建议。"车骑将军骘宜且振旅,留征西校尉任尚使督凉州士民,转居三辅。休徭役以助其时,止烦赋以益其财。"书奏,正巧御史中丞樊准也上疏举荐庞参。"今羌戎为患,大军西屯,臣以为如参之人,宜在行伍。"邓太后纳其言。⑥

8. 御敌。"西羌大寇三辅,围安定,征西将军马贤将诸郡兵击之,不能克。(皇甫)规虽在布衣,见贤不恤军事,审其必败,乃上书言状。寻而贤果为羌所没。"⑦

9. 自荐。班超平定西域,上书章帝。"天子览超奏,知西域可成,议欲给超兵卒。平陵人徐干等素善超,上疏愿奋身佐超。上以干为假司马,将弛刑及义从千人诣超。"⑧

---

① 《汉书·韩安国传》。
② 《汉书·沟洫志》。
③ 《后汉书·刘陶列传》。袁《纪》有所差异。一是身份,只说"颍阴人刘陶",并无太学生字样;二是结果,"书奏,上善其言。"(《后汉纪》卷21)
④ 《后汉书·刘陶列传》。
⑤ 《后汉纪》卷18。
⑥ 《后汉书·庞参列传》。
⑦ 《后汉书·皇甫规列传》。
⑧ 《后汉纪》卷11。

10. 献礼。献礼需要将所献之物予以说明,所以献礼必有相应奏书。比如,武帝时,"齐人少翁以鬼神方见上。上有所幸王夫人,夫人卒,少翁以方术盖夜致王夫人及灶鬼之貌云,天子自帷中望见焉。于是乃拜少翁为文成将军,赏赐甚多,以客礼礼之。"①又如,顺帝时,"琅邪宫崇诣阙,上其师干吉于曲阳泉水上所得神书百七十卷,皆缥白素朱介青首朱目,号《太平清领书》。其言以阴阳五行为家,而多巫觋杂语。有司奏崇所上妖妄不经,乃收臧之。"②

11. 捐钱。富人上书,希望把一半家产捐献朝廷。"汉方数使将击匈奴,卜式上书,原输家之半县官助边。"并对武帝钦使表示,"天子诛匈奴,愚以为贤者宜死节於边,有财者宜输委,如此而匈奴可灭也。"③

12. 医病。武帝生病,巫医上书献策。"天子病鼎湖甚,巫医无所不致。游水发根言上郡有巫,病而鬼下之。上召置祠之甘泉。"④

13. 异象。民众上书告知祥瑞或灾异。"汾阴男子公孙滂洋等见汾旁有光如绛,上遂立后土祠于汾阴脽上,如宽舒等议。上亲望拜,如上帝礼。礼毕,天子遂至荥阳。"⑤

二、公事

1. 陈情。民众造反被招安,然后给皇帝上书,为地方官求情挽留。张婴造反,"寇乱扬徐间,积十余年。"广陵太守张纲单车匹马,"径造婴垒。"张纲说:"前后二千石多肆贪暴,故致公等怀愤相聚。二千石信有罪矣,然为之者又非义也。今主上仁圣,欲以文德服叛,故遣太守,思以爵禄相荣,不愿以刑罚相加,今诚转祸为福之时也。"张婴感悟归降。张纲"亲为卜居宅,相田畴;子弟欲为吏者,皆引召之。人情悦服,南州晏然。"顺帝欲擢用张纲,"婴等上书乞留,乃许之。"⑥

2. 伸冤。其例甚多。(1)杨政是范升的弟子,也是京城著名的说经大师。他拦驾上书,为老师伸冤。"范升尝为出妇所告,坐系狱,政乃肉袒,以箭贯耳,抱升子潜伏道傍,候车驾,而持章叩头大言曰:'范升三娶,唯有一子,今适三岁,孤之可哀。'……哀泣辞请,有感帝心,诏曰:'乞杨生师。'即尺一出升。"⑦(2)学

①《史记·孝武本纪》。
②《后汉书·襄楷列传》。
③《史记·平准书》。
④《汉书·郊祀志上》。
⑤《汉书·郊祀志上》。
⑥《后汉书·张皓列传》。
⑦《后汉书·儒林列传上》。

生上书要求替老师伏法。大司徒欧阳歙先在汝南郡"教授数百人",后坐在汝南"臧罪千余万发觉下狱"。平原礼震"闻狱当断,驰之京师,行到河内获嘉县,自系,上书求代歙死。……书奏,而歙已死狱中。"①(3)门生诣阙上书,为老师伸冤。刘文、刘鲔谋立清河王刘蒜为天子,"梁冀因此诬(李)固与文、鲔共为妖言,下狱。门生勃海王调贯械上书,证固之枉,河内赵承等数十人亦要铁锧诣阙通诉,太后明之,乃赦焉。及出狱,京师市里皆称万岁。"②(4)太学生上书,为清官伸冤。宦者赵忠丧父,葬品僭越,冀州刺史朱穆剖棺案验,桓帝将朱穆"输作左校"。太学书生刘陶等数千人诣阙上书,"臣愿黥首系趾,代穆校作。"桓帝"览其奏",赦之。③ (5)中郎将皇甫规讨羌大捷,常侍左悺"私求于规,规执正不许,悺遂以余寇不绝,收规下狱。学生张凤等三百余人守阙讼规,终不省,规竟坐论。"④(6)士人为士大夫"上书讼之,事得明释"。将作大匠翟酺被诬,减死归家。"复被章云酺前与河南张楷等谋反,逮诣廷尉。"杜真早先兄事翟酺,"上檄章救酺,系狱笞六百,竟免酺难,京师莫不壮之。"⑤(7)百姓给能吏伸冤。太山太守苑康"常疾阉官",将中常侍侯览之宗党宾客在泰山者一网打尽。"览大怨之,诬康与兖州刺史第五种及都尉壶嘉诈上贼降,征康诣廷尉狱,减死罪一等,徙日南。颍阴人及太山羊陟等诣阙为讼,乃原还本郡。"⑥

3. 守丧。李固被诛,"梁冀乃露固尸于四衢,令有敢临者,加其罪。固弟子汝南郭亮,年始成童,左提章钺,右秉铁锧,诣阙上书,乞收固尸,不许。因往临哭,陈辞于其前,遂守丧不去。"⑦

4. 控告。民众上书,控告宦官勾结朝官,败坏吏治。中常侍管霸、苏康"憎疾海内英哲",与太常许咏、尚书柳分等"代作唇齿"。河内牢川诣阙上书,"甘陵有南北二部,三辅尤甚。"于是,"传考黄门北寺,始见废阁。"⑧

5. 举荐。丁鸿与鲍俊友善,鲍俊上书"具言鸿至行,明帝甚然之,诏征鸿。"⑨

① 《后汉书·儒林列传上》。
② 《后汉书·李固列传》。
③ 《后汉书·朱晖列传》。
④ 《后汉纪》卷22。
⑤ 《后汉书·翟酺列传》,李贤注。
⑥ 《后汉书·党锢列传》。
⑦ 司马彪《续汉书》卷4,《八家后汉书》。
⑧ 《后汉书·五行志一》。
⑨ 《后汉纪》卷13。

三、私事

1. 求情。齐太仓长淳于意之女为父求情,上书文帝,愿意"赎父刑罪",直接导致文帝废除肉刑。"齐太仓令淳于公有罪当刑,诏狱逮徙系长安。"小女儿缇萦随父至长安,上书文帝。"妾父为吏,齐中皆称其廉平,今坐法当刑。妾伤夫死者不可复生,刑者不可复属,虽复欲改过自新,其道无由也。妾原没入为官婢,赎父刑罪,使得自新。"书奏,文帝下诏,"夫刑至断支体,刻肌肤,终身不息,何其楚痛而不德也,岂称为民父母之意哉!其除肉刑。"①

2. 寻亲。窦后弟窦广国"闻皇后新立,家在观津,姓窦氏。广国去时虽少,识其县名及姓,又尝与其姊采桑,堕,用为符信,上书自陈。皇后言帝,召见问之,具言其故,果是。"②

3. 邀功。"掖庭宫婢则令民夫上书,自陈尝有阿保之功。章下掖庭令考问,则辞引使者丙吉知状。掖庭令将则诣御史府以视(丙)吉。吉识,谓则曰:'汝尝坐养皇曾孙不谨督笞,汝安得有功?独渭城胡组、淮阳郭征卿有恩耳。'"③

4. 自荐。东方朔以普通士人的身份上书自吹,不仅自夸才兼文武,还自赞玉树临风。"朔初来,上书曰:'……年十三学书,三冬文史足用。十五学击剑。十六学诗书,诵二十二万言。十九学孙吴兵法,战阵之具,钲鼓之教,亦诵二十二万言。凡臣朔固已诵四十四万言。又常服子路之言。臣朔年二十二,长九尺三寸,目若悬珠,齿若编贝,勇若孟贲,捷若庆忌,廉若鲍叔,信若尾生。若此,可以为天子大臣矣。臣朔昧死再拜以闻。'"④

5. 荐士。谯庆向朝廷推荐兄长谯玄乱世治经的事迹。"时兵戈累年,莫能修尚学业,玄独训诸子勤习经书。"天下平定,"玄弟庆以状诣阙自陈。光武美之,策诏本郡祠以中牢,勅所在还玄家钱。"⑤

6. 辩诬。班超上书,给兄长班固伸冤。班固续写其父班彪所撰汉史,"既而有人上书显宗,告固私改作国史者,有诏下郡,收固系京兆狱,尽取其家书。……固弟超恐固为郡所核考,不能自明,乃驰诣阙上书,得召见,具言固所

①《史记·孝文本纪》。
②《汉书·外戚传上》。
③《汉书·丙吉传》。
④《汉书·东方朔传》。
⑤《后汉书·独行列传》。

著述意,而郡亦上其书。"明帝奇其才,除班固为兰台令史。①

7.自讼。官员亡命山中,以通缉犯的身份上书皇帝。侍中寇荣"为权门所嫉"而陷以罪,"宗族遂免归故郡。吏持之急,荣惧不免,奔阙自讼。未至,刺史张敬追劾荣以擅去边,有诏捕荣。荣亡命数年,会赦令,不得免,穷困,乃亡命山中上书曰:'……愿陛下使臣一门颇有遗类,以崇天地宽厚之惠。谨先死陈情,临章泣血。'"桓帝不省,"遂灭寇氏。"②

8.说梦。吏民把自己的梦上书灵帝。天下大旱,"祷请名山。"处士苏腾"梦陟首阳,有神马之使在道。明觉而思之,以其梦陟状上闻。天子开三府请雨使者,与郡县户曹掾吏登山升祠。手书要曰:'君况我圣主以洪泽之福。'天寻兴云,即降甘雨也。"③

四、坏事

1.诬告。一是术士上书,诬告清官。张成"以方伎交通宦官,"弟子牢修"因上书诬告(李)膺等养太学游士,交结诸郡生徒,更相驱驰,共为部党,诽讪朝廷,疑乱风俗。于是天子震怒,班下郡国,逮捕党人,布告天下,使同忿疾,遂收执膺等。"④二是乡人上书,诬告清官。"张俭乡人朱并,承望中常侍侯览意旨,上书告俭与同乡二十四人别相署号,共为部党,图危社稷。以俭及檀彬、褚凤、张肃、薛兰、冯禧、魏玄、徐干为'八俊',田林、张隐、刘表、薛郁、王访、刘祇、宣靖、公绪恭为'八顾',朱楷、田盘、蘧耽、薛敦、宋布、唐龙、嬴咨、宣褒为'八及',刻石立墠,共为部党,而俭为之魁。灵帝诏刊章捕俭等。"⑤

2.告密。张角弟子上书告密。张角遣弟子使于四方,"众徒数十万,连结郡国。……未及作乱,而张角弟子济南唐周上书告之,于是车裂元义于洛阳。灵帝以周章下三公、司隶,使钩盾令周斌将三府掾属,案验宫省直卫及百姓有事角道者,诛杀千余人,推考冀州,逐捕角等。"⑥

---

①《后汉书·班彪列传上》。
②《后汉纪》卷21。
③《后汉书·五行志一》,刘昭注。
④《后汉书·党锢列传》。
⑤《后汉书·党锢列传》。
⑥《后汉书·皇甫嵩列传》。

五、欲上书而未上

老师受到政治牵连,门生打算上书为老师辩护,被老师阻止。崔瑗辟车骑将军阎显府。"先是安帝废太子为济阴王,而以北乡侯为嗣。瑗以侯立不以正,知显将败,欲说令废立。"就劝说长史陈禅,"废少帝,引立济阴王。"会北乡侯薨,孙程立济阴王为顺帝。"阎显兄弟悉伏诛,瑗坐被斥。门生苏祗具知瑗谋,欲上书言状,瑗闻而遽止之。时陈禅为司隶校尉,召瑗谓曰:'第听祗上书,禅请为之证。'瑗曰:"此譬犹儿妾屏语耳,愿使君勿复出口。'遂辞归,不复应州郡命。"[1]

以梁冀之权势熏天,垄断朝政,亦不可能阻止孙寿上书。可见即便朝局不堪,臣民上书渠道依然畅通。当然,梁冀夫人上书,虽然没有官职,却有身份和爵位,不能算是普通民众。梁商献美人通期于顺帝。"顺帝以归商,商不敢留而出嫁之。冀即遣客盗通期还。会商薨,冀行服于城西庐,常与之居。冀妻孙寿伺冀出,即多从仓头,篡通期归,治掠之,因言当上书告之。冀大恐,顿首请之于寿母,寿亦不得已而止之,遂幽闭通期。"[2]

第三节　没有姓名的上书者

史书上大凡没有明确身份和姓名的上书者,并非都是匿名者。[3] 但由于史书并未写明其具体身份和名字,根据上书内容,一般可以推断为普通民众。[4] 民众上书议题广泛。有的建议皇帝祭祀天神;有的建议国家修治漕运;有的涉及司法刑狱,其中不乏告密乃至诬告;更多的是为官员请命伸冤,表达对循吏或清官的热爱和感恩之情。

---

① 《后汉书·崔骃列传》。

② 《后汉纪》卷20。

③ 比如,太守葛兴中风,郡功曹韩棱"阴代兴视事",葛兴之子"尝发教欲署吏,棱拒执不从,因令怨者章之",也就是"令上章告言之"。案验结果,"吏以棱掩蔽兴病,专典郡职,遂致禁锢。"(《后汉书·韩棱列传》,李贤注)

④ 有的虽是民,身份却不普通。窦融之子窦穆尚内黄公主,"矫称阴太后诏,令六安侯刘盱去妇,因以女妻之。……盱妇家上书言状,(明)帝大怒,乃尽免穆等官。"(《后汉书·窦融列传》)

一、国事

1. 祭祀。武帝时,"人上书言'古者天子三年一用太牢祠三一:天一、地一、泰一。'天子许之,令太祝领祠之于忌泰一坛上,如其方。后人复有言'古天子常以春解祠,祠黄帝用一枭、破镜;冥羊用羊祠;马行用一青牡马;泰一、皋山山君用牛;武夷君用干鱼;阴阳使者以一牛。'令祠官领之如其方,而祠泰一于忌泰一坛旁。"[1]

2. 求仙。武帝"东巡海上,行礼祠八神。齐人之上疏言神怪奇方者以万数,然无验者。乃益发船,令言海中神山者数千人求蓬莱神人。"[2]

3. 铸币。"有人上书言人所以贫困者,货轻也,欲更铸钱。事下群臣及太学之士。"[3]

4. 修渠。武帝时,"人有上书欲通褒斜道及漕事,下御史大夫张汤。汤问其事,因言:'抵蜀从故道,故道多阪,回远。今穿褒斜道,少阪,近四百里;而褒水通沔,斜水通渭,皆可以行船漕。漕从南阳上沔入褒,褒之绝水至斜,间百馀里,以车转,从斜下下渭。如此,汉中之穀可致,山东从沔无限,便於砥柱之漕。且褒斜材木竹箭之饶,拟於巴蜀。'天子以为然,拜汤子卬为汉中守,发数万人作褒斜道五百馀里。"[4]

二、公事

1. 上书。(1)刘顺拜六安太守,数年,光武"欲征之,吏人上书请留。"[5](2)马成拜骁骑将军,"积数年,上以其勤劳,征归京师。边民多上书请之,〔上〕复以成镇抚之。"[6]

2. 请愿。吏民或戍卒集体向皇帝或钦差表达自己意愿,虽非上书,亦为奏诏模式之一种形式。(1)盖宽饶拜司马,"躬案行士卒庐室,视其饮食居处,有疾病者身自抚循临问,加致医药,遇之甚有恩。及岁尽交代,上临飨罢卫卒,卫卒

---

① 《汉书·郊祀志上》。

② 《史记·孝武本纪》。

③ 《后汉纪》卷 21。

④ 《史记·河渠书》。

⑤ 《后汉书·宗室四王三侯列传》。

⑥ 华峤《汉后书》卷 1,《八家后汉书》。

数千人皆叩头自请,愿复留共更一年,以报宽饶厚德。宣帝嘉之,以宽饶为太中大夫。"①(2)广汉盗起,益州刺史孙宝到部,"亲入山谷,谕告群盗,非本造意。渠率皆得悔过自出,遣归田里。自劾矫制,……益州吏民多陈宝功效。"成帝拜孙宝为冀州刺史。②(3)侯霸为临淮太守,更始遣谒者侯盛、荆州刺史费遂"赍玺书征霸,百姓老弱相携号哭,遮使者车,或当道而卧。皆曰:'乞侯君复留期年。'民乃诫乳妇勿得举子,侯君当去,必不能全。使者虑霸就征,临淮必乱,不敢受玺书,而具以状闻。"③(4)颍川盗贼群起,光武命帝寇恂前往平乱。"盗贼悉降,而竟不拜郡。百姓遮道曰:'愿从陛下复借寇君一年。'乃留恂长社,镇抚吏人,受纳余降。"④(5)耿纯为东郡太守,"坐杀长吏免,以列侯奉朝请。尝从上东征过东郡,百姓老小数千人随车驾啼泣曰:'愿得耿君。'"⑤"上复以纯为东郡太守。"⑥

三、私事

1. 请功。徐福三次上书宣帝,"霍氏泰盛,陛下即爱厚之,宜以时抑制,无使至亡。"其后诛灭霍氏,"告霍氏者皆封。"徐福却无封。有人打抱不平,为其上书表功,"今茂陵徐福数上书言霍氏且有变,宜防绝之。乡使福说得行,则国亡裂土出爵之费,臣亡逆乱诛灭之败。往事既已,而福独不蒙其功,唯陛下察之,贵徙薪曲突之策,使居焦发灼烂之右。"宣帝赐徐福"帛十疋,后以为郎"。⑦

2. 申诉。基层小吏之家人上书自辩,所谓"亭长家上书自治"。"大司空士夜过奉常亭,亭长苛之,告以官名,亭长醉曰:'宁有符传邪?'士以马箠击亭长,亭长斩士,亡,郡县逐之。家上书,(王)莽曰:'亭长奉公,勿逐。'"⑧

3. 告发。(1)汉初,有人上书"告楚王韩信反",刘邦借游云梦而擒韩信。⑨(2)文帝时,有人上书告发齐太仓长淳于意,"以刑罪当传西之长安。"⑩

① 《汉书·盖宽饶传》。
② 《汉书·孙宝传》。
③ 《东观汉记》卷 13。
④ 《后汉书·寇恂列传》。
⑤ 《后汉纪》卷 4。
⑥ 《东观汉记》卷 11。
⑦ 《汉书·霍光传》。
⑧ 《汉书·王莽传中》,颜注。
⑨ 《史记·陈丞相世家》。
⑩ 《史记·仓公列传》。

（3）新垣平上言，"臣望东北汾阴直有金宝气，意周鼎其出乎？兆见不迎则不至。"文帝"使使治庙汾阴南，临河，欲祠出周鼎。人有上书告平所言皆诈也。下吏治，诛夷平。"①（4）李禹有宠于卫太子，李陵兵败，降匈奴。"后人告禹谋欲亡从陵，下吏死。"②（5）光武时，"有人上奏：'诸王所招待者，或真伪杂，受刑罚者子孙，宜可分别。'于是上怒，诏捕诸王客，皆被以苛法，死者甚多。"③

　　4. 诬告。（1）明帝初，"人有上书言（班）固私改史记者，诏收固京兆狱，悉敛家书封上。是时扶风人苏朗伪言图谶事，下狱死。"④观此语境，"苏朗伪言图谶事"亦是被人上书告发。（2）魏郡霍谞舅宋光"为人所诬，引〔以〕刊定诏书系洛阳狱，考讯楚毒。"⑤

四、诣阙上书

　　正像上书皇帝是秦汉人的普遍话语权，诣阙上书也是早期帝国人们的基本参政权。⑥ 对民众而言，诣阙上书更是一种有限的体现其存在的政治空间。"原本象征帝王威仪的门阙，却成为集中展示民众意愿的场所。"⑦这自然是一种别具深意的制度设计。其本质在于，它象征着皇帝对民意的重视，以及时时倾听民意的诚恳姿态。

　　平心而论，诣阙上书的门槛极低，几乎人人可得诣阙上书。⑧ 除了士人、官员、致仕官员，许多诣阙上书者都是来自会稽、河东、汝南乃至凉州等边郡的普通百姓，路途遥远，数百里有之，上千里有之，而且每次上书者都是成群结队，少者几十，多者数百乃至数千。这便涉及几个问题。一是如此声势浩大的跋山涉水，跨境越界，显然充满风险，在官府眼里，甚至有聚众闹事之嫌。但朝廷依然

---

① 《汉书·郊祀志上》。
② 《汉书·李广传》。
③ 《后汉书·五行志六》。
④ 《后汉纪》卷 13。
⑤ 《后汉纪》卷 18。
⑥ 有人从司法角度强调"汉代诣阙上诉制度的虚伪性和欺骗性"。认为，"官吏枉法曲断，冤假错案屡屡发生，"造成诣阙上诉前后不绝。形式上，"似乎人人都有诣阙上诉的机会，"实际上，"真正能诣阙上诉者万无一人。尤其是广大下层人民，根本无力承担赴京师上诉的巨额费用。"即使诣阙，"多数也不能得到受理。"（赵光怀《"告御状"：汉代诣阙上诉制度》，《山东大学学报》2002 年第 1 期)倘若扩展视野，将诣阙上诉置于秦诏模式，肯定会对其政治功能和实际作用有更为全面之理解和真切之体察。
⑦ 曾磊《门阙、轴线与道路：秦汉政治理想的空间表达》，第 15 页，广西师范大学出版社，2020 年。
⑧ 稍举两例。卫飒以桂阳太守归家，"居二岁，载病诣阙，自陈困笃，乃收印绶，赐钱十万。"（《后汉书·循吏列传》)赵相申统为冀州刺史阮况奏"耳目不聪明"，激怒了其属吏，"股肱掾史，咸用忿愤，欲诣阙自理。"（《风俗通义》卷 5)李统属吏最终虽未成行，亦可见郡县小吏随随便便就能赴京奏事，诣阙上书。

允许此类事情反复出现,可见早期帝国对民间的此类行动持有一种宽容态度。比如后汉时,东海郡和凉州一东一西,距离洛阳皆有千里之遥,百姓千里迢迢进京陈情,为自己的父母官向皇帝求情,并且得到了允准。尤其东海郡百姓数千人浩浩荡荡,跨州越郡,千里赴京,上书皇帝,显然不是一件寻常之事。这无疑是早期帝国的群体上访事件。但官府不加阻挠,不作限制,可见朝廷对民众的集体请愿保持一种开放的态度。而且就其结果,似乎达到了民众请愿的目的。① 地方官得以在本郡继续留任。

昭帝时,"蒙人焦贡为小黄令,路不拾遗。诏迁贡,百姓挥涕守阙,求索还贡;天子听增贡之秩千石。"②

宣帝时,周燕为郡决曹掾。"太守欲枉杀人,燕谏不听,遂杀囚而黜燕。囚家守阙称冤。诏遣覆考,燕见太守曰:'愿谨定文书,皆著燕名,府君但言时病而已。'出谓掾史曰:'诸君被问,悉当以罪推燕。如有一言及于府君,燕手剑相刃。'使〔者〕乃收燕系狱。屡被掠楚,辞无屈挠。"③

会稽太守第五伦移风易俗,百姓安宁,"坐法征,老小攀车叩马,啼呼相随,日裁行数里,不得前。……及诣廷尉,吏民上书守阙者千余人。"④

东海相宋均"在郡五年,坐法免官,客授颍川。而东海吏民思均恩化,为之作歌,诣阙乞还者数千人。"⑤

凉州刺史种暠"甚得百姓欢心。被征当迁,吏人诣阙请留之,太后叹曰:'未闻刺史得人心若是。'乃许之。暠复留一年,迁汉阳太守。"⑥

太尉庞参夫人"疾前妻子,投于井而杀之。参素与洛阳令祝良不平,良闻之,率吏卒入太尉府案实其事,乃上参罪,遂因灾异策免。有司以良不先闻奏,辄折辱宰相,坐系诏狱。良能得百姓心,洛阳吏人守阙请代其罪者,日有数千万人,诏乃原刑。"⑦

史弼迁河东太守,拒绝常侍侯览所请。"览后以诬弼谤讪朝政,征诣廷尉,论弃市。平原吏民走诣阙讼弼,得减死一等,刑竟归田里。"⑧

---

① 虽非例外,却也有相反例子。比如,宣帝下诏腰斩京兆尹赵广汉。"吏民守阙号泣者数万人,或言'臣生无益县官,愿代赵京兆死,使得牧养小民。'"(《汉书·赵广汉传》)赵广汉最后还是被杀。
② 《风俗通义》"佚文"。
③ 《后汉书·独行列传》。
④ 《后汉书·第五伦列传》。
⑤ 《后汉书·宋均列传》。
⑥ 《后汉书·种暠列传》。
⑦ 《后汉书·庞参列传》。
⑧ 《后汉纪》卷22。

羌人寇并凉二州，段颎"将湟中义从讨之。凉州刺史郭闳贪共其功，稽固颎军，使不得进。义从役久，恋乡旧，皆悉反叛。郭闳归罪于颎，颎坐征下狱，输作左校。……于是吏人守阙讼颎以千数。朝廷知颎为郭闳所诬，诏问其状。颎但谢罪，不敢言枉，京师称为长者。"①

灵帝诏公卿"以谣言举刺史、二千石为民蠹害者。时太尉许馘、司空张济承望内官，受取货赂，其宦者子弟宾客，虽贪污秽浊，皆不敢问，而虚诬边远小郡清修有惠化者二十六人。吏人诣阙陈诉，（司徒陈）耽与议郎曹操上言：'公卿所举，率党其私，所谓放鸱枭而囚鸾凤。'其言忠切，帝以让馘、济，由是诸坐谣言征者悉拜议郎。"②

汝南太守欧阳歙在郡"教授数百人，……征为大司徒。坐在汝南臧罪千余万发觉下狱。诸生守阙为歙求哀者千余人，至有自髡剔者。"③

第四节　介　入　官　场

奏诏模式深刻地塑造、规范、强制了民众和国家之间的结构性关系，亦即民众对皇权的依附性关系。古代官民对立主要表现在政治权力和经济利益上，同时，官民之间却享有广泛而共同的价值理念和思想共识。其表达方式和表现形式就是奏诏模式。正因此，民众上书似乎很少纯粹意义上的私事，相反，几乎无不与官员、朝廷有关。这使民众上书客观上必然参与到官场游戏，并介入权力博弈。是可知，皇权体制中，民众和皇帝、和国家、和官场、和政治的关系并非单一，而是多方面、多途径、多形式。某种意义上，民众自觉不自觉地参与和介入了朝廷事务的方方面面。但这并非毫无限制。或许只有在奏诏模式中，才能真切看到民众的活跃身影。或许可以说，奏诏模式是允许和容纳民众合法参与帝国事务的唯一管道和舞台。这使民众有权向皇帝直接表达某种政治意愿，并展示自己对皇权政治尤其是官僚政治生态的特殊影响力。在这个过程中，民众不仅强化了自己对皇帝的忠诚、对良吏的爱戴，还发展出了在官场的投机本能和告密嗜好。这样，奏诏模式客观上成为一种以皇帝为中心动员全民相互监控彼

---

① 《后汉书·段颎列传》。
② 《后汉书·刘陶列传》。
③ 《后汉书·儒林列传上》。

此告密的全方位无死角的恐怖网络体系。① 这使早期帝国成为一个普遍告密的国度。这是奏诏体制的必然结果。奏诏体制使臣民拥有广泛的上书权利和直接的上书渠道。理论上，它保证了所有臣民和皇帝之间能够不受妨碍地随时沟通。某种意义上，这可能是早期帝国臣民唯一拥有的合法权利。这种权利内在包含有不受限制的告密的权力。

奏诏体制的合法性和奏诏模式的开放性为告密之风大开方便之门。奏诏模式的副产品是形成了一种告密文化和告密风气。就连汉帝国最高学府的太学亦非净土，颇受其染，竟也不乏告密者。② 比如，孔僖、崔骃同游太学，被人诬告，"事下有司，骃诣吏受讯。"③总之，告密者形形色色。百业之人无不涉足其中。事实上，民众上书多有揭发或告密性质。④ 其效果显然有利于皇帝统治。某种意义上，它是皇帝御臣之术的延伸和扩展。无形中，民众有意无意地参与了皇帝对官员既用且控两手并用的权谋政治中。这样，民众作为最无权势的被统治对象，似乎同时拥有了操控和决定官员仕途和诸侯王命运的特殊权力。这使得民众上书告发官员，揭发诸侯王阴谋，不必有任何道德压力和心理障碍。⑤ 因为，这表明民众自觉站在皇帝一边，充当了皇权监督者的角色，主动替皇帝监控官员和诸侯王，维护皇帝利益，维系皇权秩序。

韩信的两次命运转折，皆因民众告密。"人有上书告楚王（韩）信反。"刘邦以陈平计，巡狩云梦而擒韩信。⑥ 刘邦赦韩信为淮阴侯，韩信又和陈豨通

---

① 早期帝国有着极为发达的全社会告密网络。几乎无人能够置身事外或免受伤害。这种告密网络的最大特点，一是不受任何身份限制，二是保密性强，三是高效及时。显然，这种告密网络高度依赖于信息传送系统。这个系统的核心则是奏诏模式。"焚书令"明文鼓励人们告密。"吏见知不举者与同罪。"（《史记·秦始皇本纪》）专制社会有着难以遏止的告密需求。皇权帝国的建立，使这种需求获得了可靠的制度保障。人人可以得而主之。任何人既可告密，也可能被告发。由此造成一种极度缺乏安全感的环境和氛围。关键是，秦汉人并不认为这是一个问题，也从未意识到告密对人性的戕害。甚至没有一个人稍稍质疑过告密的政治弊端以及可能造成的道德危害性。

② 可见"学生特务"在中国素有传统，渊源极深。

③ 《后汉书·儒林列传上》。

④ 不过，其中有主动有被动。举一个被动的例子。淮南王之孙刘建具知淮南王太子刘迁"欲谋杀汉中尉"，使寿春民严正上书武帝，指控王后和太子谋害自己父子。"建父不害无罪，擅数系，欲杀之。今建在，可征问，具知淮南王阴事。"武帝"以其事下廷尉、河南治。"（《汉书·淮南王传》）

⑤ 但这不等于毫无风险。事实上，就有民众试图上书告发诸侯王淫乱，反被诸侯王谋杀。乐成王刘党"急刻不遵法度。旧禁宫人出嫁，不得适诸国。有故掖庭技人哀置，嫁为男子章初妻，党召哀置入宫与通，初欲上书告之，党恐惧，乃密赂哀置姊焦使杀初。事发觉，党乃缢杀内侍三人，以绝口语。"（《后汉书·孝明八王列传》）

⑥ 《史记·淮阴侯列传》。

谋。"信谋与家臣夜诈诏赦诸官徒、奴，欲发以袭吕后、太子；部署已定，待豨报。其舍人得罪于信，信囚，欲杀之。……舍人弟上变，告信欲反状于吕后。"①

同样，周勃父子的两次命运转折，也起因于民众告发。先是举报周勃企图谋反，导致周勃下狱。"每河东守尉行县至绛，绛侯(周)勃自畏恐诛，常被甲，令家人持兵以见之。其后人有上书告勃欲反，下廷尉。廷尉下其事长安，逮捕勃治之。"继而，工匠上书告发周亚夫之子"盗买县官器"，致使周亚夫下狱。周亚夫之子"为父买工官尚方甲楯五百被可以葬者。取庸苦之，不予钱。庸知其盗买县官器，怒而上变告子，事连汙条侯。书既闻上，上下吏。吏簿责条侯，条侯不对。"景帝"召诣廷尉"。周亚夫"不食五日，呕血而死"。②

霍氏谋逆过程中，民众多次上书揭发霍氏阴谋。这表明民众和皇权政治的关系相当密切和深入。比如，徐福上疏宣帝，"霍氏泰盛，陛下即爱厚之，宜以时抑制，无使至亡。"奏书"三上，辄报闻"。又如，霍光女婿骑都尉赵平门客石夏"善为天官，语平曰：'荧惑守御星，御星，太仆奉车都尉也，不黜则死。'平内忧(霍)山等。(霍)云舅李竟所善张赦见云家卒卒，谓竟曰：'今丞相与平恩侯用事，可令太夫人言太后，先诛此两人。移徙陛下，在太后耳。'"这事被长安男子张章发觉，他先是"以语期门董忠，忠告左曹杨恽，恽告侍中金安上。恽召见对状，"继而"章上书以闻"。最终，"事下廷尉"。③

民众告发表：

事由	过程	出处
谋逆	赵相贯高、赵午等人怨刘邦辱赵王，趁刘邦过赵，"贯高等乃壁人柏人，要之置厕。"刘邦侥幸脱身。"贯高怨家知其谋，乃上变告之。于是上皆并逮捕赵王、贯高等。"	《史记·张耳列传》
私自铸钱	文帝赏赐宠臣邓通"蜀严道铜山，得自铸钱"。景帝立，"邓通免，家居。居无何，人有告通盗出徼外铸钱，下吏验问，颇有，遂竟案，尽没入之。"邓通"寄死人家"。	《汉书·佞幸传》

① 《资治通鉴》卷12。
② 《史记·绛侯周勃世家》。
③ 《汉书·霍光传》。

858

事由	过程	出处
淫乱无道	燕王刘定国"与父康王姬奸",又夺弟妻为姬,"与子女三人奸。定国有所欲诛杀臣肥如令郢人,郢人等告定国。定国使谒者以它法劾捕格杀郢人灭口。"武帝时,"郢人昆弟复上书具言定国事。下公卿,皆议曰:'定国禽兽行,乱人伦,逆天道,当诛。'"刘定国自杀。	《汉书·荆燕吴传》
淫乱无道	邯郸人梁蚡"持女欲献"江都王,太子刘建闻女美,私留用之。"蚡宣言曰:'子乃与其公争妻!'建使人杀蚡。蚡家上书,下廷尉考,会赦,不治。"	《汉书·景十三王传》
淫乱无道	江充为赵王刘彭祖之上客,赵王太子刘丹疑江充"以己阴私告王",逐捕江充不得,"收系其父兄,按验,皆弃市。"江充入关,"诣阙告太子丹与同产姊及王后宫奸乱,交通郡国豪猾,攻剽为奸,吏不能禁。书奏,天子怒,……收捕太子丹,移系魏郡诏狱,与廷尉杂治,法至死。"赵王上书,希望选勇士击匈奴,"以赎丹罪。"武帝不许。	《汉书·江充传》
滥杀无辜	济东王刘彭离"昏莫私与其奴亡命少年数十人行剽,杀人取财物以为好。所杀发觉者百余人,国皆知之,莫敢夜行。所杀者子上书告言,有司请诛,"武帝废刘彭离为庶人,国除。	《汉书·文三王传》
谋逆	霍光夫人霍显"欲贵其小女",指使女医淳于衍趁许皇后生子之际,将其毒杀。"后人有上书告诸医侍疾无状者,皆收系诏狱,劾不道。显恐(事)急,即以状具语光,因曰:'既失计为之,无令吏急衍!'光惊鄂,默然不应。其后奏上,署衍勿论。"①	《汉书·外戚传上》
贪污	"诏征豪吏。"中尉王温舒"匿其吏华成,及人有变告温舒受员骑钱,它奸利事,罪至族,自杀。其时两弟及两婚家亦各自坐它罪而族。……温舒死,家累千金。"	《汉书·酷吏传》
滥杀	淮阳守田云中"敢诛杀,吏民守阙告之,竟坐弃市"。	《汉书·酷吏传》
谋反	高康"以明《易》为郎"。王莽居摄,"东郡太守翟谊谋举兵诛莽,事未发,康候知东郡有兵,私语门人,门人上书言之。后数月,翟谊兵起,莽召问,对受师高康。莽恶之,以为惑众,斩康。"	《汉书·儒林传》

---

① "其后奏上,署衍勿论。"李奇曰:"光题其奏也。"师古曰:"言之于帝,故解释耳,光不自署也。"(《汉书·外戚传上》)两人解释都不对。所谓"署衍勿论",意思是霍光签字批复说,淳于衍这事他了解,无需追究。等于将告发淳于衍这封奏书压下来。

事由	过程	出处
结交王侯	马援之兄的女婿王磐游京师,结交权宦和诸侯王,"坐死洛阳狱"。其子王肃"复出入北宫及王侯邸第"。马援说:"国家诸子并壮,而旧防未立,若多通宾客,则大狱起矣。"有人上书,"以为肃等受诛之家,客因事生乱,虑致贯高、任章之变。帝怒,乃下郡县收捕诸王宾客,更相牵引,死者以千数。"	《后汉书·马援列传》
轻薄妄交	越骑司马杜保"豪侠好义",深得马援赏识。"保仇人上书,讼保'为行浮薄,乱群惑众,伏波将军万里还书以诫兄子,而梁松、窦固以之交结,将扇其轻伪,败乱诸夏'。"书奏,光武帝"召责松、固,以讼书及援诫书示之,松、固叩头流血,而得不罪。诏免保官。"	《后汉书·马援列传》
谋逆	男子燕广告发楚王刘英"与渔阳王平、颜忠等造作图书,有逆谋,事下案验。有司奏英招聚奸猾,造作图谶,擅相官秩,置诸侯王公将军二千石,大逆不道,请诛之。(明)帝以亲亲不忍,乃废英,徙丹阳泾县,赐汤沐邑五百户。"	《后汉书·光武十王列传》
谋逆	济南王刘康"不修法度,通宾客。人有上书告康使中郎将张阳、董臣招来州郡奸猾颜忠、刘子产等,案图书,谋议不轨。有司举奏,明帝以至亲不忍穷竟,削祝阿、隰阴、东〔朝〕(胡)阳、安德、西平昌五县。"	《后汉纪》卷14
谋逆	阜陵王刘延被人上书告发"与姬兄谢弇及姊馆陶主婿驸马都尉韩光招奸猾,作图谶,祠祭祝诅。事下案验,光、弇被杀。"明帝加恩不杀。"复有告延与子男鲂造逆谋者,有司奏请槛车征诣廷尉诏狱。"章帝"赦鲂等罪勿验,使谒者一人监护延国,不得与吏人通。"	《后汉书·光武十王列传》
谋逆	广陵王刘荆"呼相工谓曰:'我貌类先帝。先帝三十得天下,我今亦三十,可起兵未?'相者诣吏告之,荆惶恐,自系狱。(明)帝复加恩,不考极其事,下诏不得臣属吏人,唯食租如故。"	《后汉书·光武十王列传》

　　在民众告发案例中,有一类颇为特殊,这就是被动性告发。它主要是指,由于种种原因,一旦民众利益受到损害或生命受到伤害,往往采取上书揭发的方式自保。举几例。一是,民众被官府通缉,便上书告发梁王阴私。[①] 睢阳人类

[①] 按说诸侯王的言行都在诸侯相、太傅、少傅等一干王国官员的全程掌控之下,他们的主要职责就是规谏和教化诸侯王,本身就负有监控和告发诸侯王不轨言行之责。同时,他们自己也清楚,一旦诸侯王的罪行被告发并查实,他们本人也要承担相应责任,甚至获罪和处死。如果他们不率先主动检举和揭发的话。但这些官员恰恰没有向朝廷告密,任由百姓积极告发。在这个过程中,民众和皇帝的关系变得愈发直接和亲近。虽然民众也可以上书官府,但无一例民众上书诸侯王。可见严禁交通诸侯不限于官员,包括民众。这是为了确保皇帝在民众心中的独尊地位和至高形象。

狎反,"人有辱其父,而与淮阳太守客出同车。太守客出下车,类狎反杀其仇於车上而去。淮阳太守怒,以让梁二千石。二千石以下求反甚急,执反亲戚。反知国阴事,乃上变事,具告知王与大母争樽状。时丞相以下见知之,欲以伤梁长吏,其书闻天子。"武帝"下吏验问",削梁王八城,枭王后之首。① 二是,侠客上书指控丞相之子和皇帝之女私通。丞相公孙贺之子公孙敬声为太仆,"征和中擅用北军钱千九百万,发觉,下狱。是时诏捕阳陵朱安世不能得,上求之急,贺自请逐捕安世以赎敬声罪。上许之。后果得安世。"朱安世乃京师大侠。"闻贺欲以赎子,笑曰:'丞相祸及宗矣。南山之竹不足受我辞,斜谷之木不足为我械。'安世遂从狱中上书,告敬声与阳石公主私通,及使人巫祭祠诅上,且上甘泉当驰道埋偶人,祝诅有恶言。下有司案验贺,穷治所犯,遂父子死狱中,家族。"②三是,富人告发高官贪污腐败。先是大司农田延年借着给昭帝置办丧礼用度之际,查没和搜刮富人财物,富人告发田延年曾贪污朝廷三千万。"茂陵富人焦氏、贾氏以数千万阴积贮炭苇诸下里物。昭帝大行时,方上事暴起,用度未办,延年奏言'商贾或豫收方上不祥器物,冀其疾用,欲以求利,非民臣所当为。请没入县官。'奏可。富人亡财者皆怨,出钱求延年罪。初,大司农取民牛车三万两为僦,载沙便桥下,送致方上,车直千钱,延年上簿诈增僦直车二千,凡六千万,盗取其半。焦、贾两家告其事,下丞相府。丞相议奏延年'主守盗三千万,不道'。"田延年自杀。③ 四是,商贾贿赂宦官,被地方官所杀,宦官指使商贾之妻上书告状。南阳太守成瑨辟岑晊为功曹、张牧为中贼曹吏。"宛有富贾张泛者,桓帝美人之外亲,善巧雕镂玩好之物,颇以赂遗中官,以此并得显位,恃其伎巧,用埶纵横。晊与牧劝瑨收捕泛等,既而遇赦,晊竟诛之,并收其宗族宾客,杀二百余人,后乃奏闻。于是中常侍侯览使泛妻上书讼其冤。帝大震怒,征瑨,下狱死。晊与牧亡匿齐鲁之间。会赦出。"④五是,受害人指控地方官作威作福,滥施刑罚。韦著征拜东海相,"诏书逼切,不得已,解巾之郡。政任威刑,为受罚者所奏,坐论输左校。"⑤

①《史记·梁孝王世家》。
②《汉书·公孙贺传》。
③《汉书·酷吏传》。
④《后汉书·党锢列传》。
⑤《后汉书·韦彪列传》。

第五节 三老上书

作为"非吏而得与吏比者"的帝国民意代表，①三老在奏诏模式中始终是一支能发挥某种不可取代的独特作用的社会基层力量。秦楚之际，陈胜称王，就是接受了三老建议。陈胜至陈，"号召三老豪桀会计事。皆曰：'将军身被坚执锐，伐无道，诛暴秦，复立楚之社稷，功宜为王。'胜乃立为王，号（为）张楚。"②同样，楚汉相争中，正是三老帮助刘邦获得了广泛的道德感召力。刘邦至洛阳，新城三老董公遮说曰："项羽为无道，放杀其主，天下之贼也。夫仁不以勇，义不以力，三军之众为之素服，以告之诸侯，为此东伐，四海之内莫不仰德。"于是刘邦告书诸侯，"天下共立义帝，北面事之。今项羽放杀义帝江南，大逆无道。寡人亲为发丧，兵皆缟素。"③

在落实皇帝诏书的过程中，也能看到三老在基层的活跃身影。王莽遣使者奉玺书，"太子师友祭酒印绶，安车驷马迎（龚）胜。……使者与郡太守、县长吏、三老官属、行义诸生千人以上入胜里致诏。"④三老直接给皇帝上书，常能起到某种意想不到的作用。壶关三老上书，宽慰武帝。"唯陛下宽心慰意，少察所亲，毋患太子之非，亟罢甲兵，无令太子久亡。臣不胜惓惓，出一旦之命，待罪建章阙下。"书奏，武帝"感寤"。⑤ 小黄令焦延寿（字赣）"爱养吏民，化行县中。举最当迁，三老官属上书愿留赣，有诏许增秩留。"⑥湖三老上书称颂王尊"治京兆功效日著。……书奏，天子复以尊为徐州刺史，迁东郡太守"。河水泛滥瓠子金隄，"尊亲执圭璧，使巫策祝，请以身填金隄。……吏民嘉壮尊之勇节，白马三老朱英等奏其状。下有司考，皆如言。"成帝制诏"秩尊中二千石"。⑦

皇权体制中，三老有其独特地位和作用。县乡皆设三老。"举民年五十以上，有脩行，能帅众为善，置以为三老，乡一人。择乡三老一人为县三老，与县令

---

① 参见牟发松《汉代三老："非吏而得与吏比"的地方社会领袖》，《文史哲》2006 年第 6 期；陈明光《汉代"乡三老"与乡族势力蠡测》，《中国社会经济史研究》2006 年第 4 期。

② 《汉书·陈胜传》。

③ 《汉书·高帝纪上》。

④ 《汉书·龚胜传》。

⑤ 《汉书·武五子传》。

⑥ 《汉书·京房传》。

⑦ 《汉书·王尊传》。

丞尉以事相教,复勿繇戍。"①皇帝频频下诏,表彰三老。"三老,众民之师也。……以户口率置三老孝悌力田常员,令各率其意以道民焉。"②"谕三老孝弟以为民师,举独行之君子,征诣行在所。"③尊敬三老是朝廷的礼制。"皇帝使谒者赐县三老、孝者帛,人五匹;乡三老、弟者、力田帛,人三匹。"④

三老"众民之师",似乎是以吏为师的低配形式或另类表述。表面看,以吏为师常指学习法令,⑤士大夫亦有"吏道以法令为师"⑥之说,这和以教化为主的三老迥然相异,究其实,二者相辅相成,共同塑造着皇权帝国的社会秩序。上者以吏为师,下者三老为师。所以三老亦被称作"帅众为善"、"率意道民"之"民师"。客观上,三老言行实乃以吏为师的基层实践和道德示范。以吏为师作为皇权秩序的政教规范,三老承担了朝廷委托的民间责任人和官府指定的合法代言人的双重职能。可见三老最有资格代表官府向民众宣教施化。一方面,以吏为师,三老却似吏非吏;另一方面,身为众民之师,三老确有官方权威。作为官府认可和指派的"民师",三老并非普通百姓,而是和百姓直接打交道的小吏代表,和民众关系至为密切,可谓朝夕相处,体察细微。与此同时,三老作为帝国的基层吏员,始终保持着和皇帝的直接联系。这样,既是基层吏员,又是民众一员,三老得以拥有最贴近民众之便利,通晓民情,且知晓政情,其亦吏亦民的双重身份尤助于官民沟通乃至民意上达。故而,三老上书可视为广义上的民众上书之一种。

值得注意的是,三老上书往往都和本地父母官有关,而且都是向皇帝给父母官伸冤陈情。关键是,皇帝还都接受了三老的奏书规谏。比如,济阳令寒朗"以母丧去官,百姓追思之"。章帝东巡,"过济阳,三老吏人上书陈朗前政治状。帝至梁,召见朗,诏三府为辟首,由是辟司徒府。"⑦

当然,最著名的三老上书有两次。第一次是壶关县三老"令狐茂"⑧给武帝的上书。这应该是汉帝国最重要的一封"民师"奏疏。

---

① 《汉书·高帝纪上》。
② 《汉书·文帝纪》。
③ 《汉书·武帝纪》。
④ 《汉书·武帝纪》。
⑤ 《史记·秦始皇本纪》载"若欲有学法令,以吏为师",徐广云:"一无'法令'二字。"《史记·李斯列传》亦云:"若有欲学者,以吏为师。"可见此处确应存疑。
⑥ 《汉书·薛宣传》。
⑦ 《后汉书·寒朗列传》。
⑧ 《汉书》有名无姓,《汉纪》则有名有姓。颜师古对此存疑。"荀悦《汉纪》云'令狐茂',班史不载其姓,不知于何得也。"(《汉书·武五子传》)

（令）〔今〕皇太子为汉适嗣，承万世之业，体祖宗之重，亲则皇帝之宗子也。江充，布衣之人，闾阎之隶臣耳，陛下显而用之，衔至尊之命以迫蹴皇太子，造饰奸诈，群邪错谬，是以亲戚之路隔塞而不通。太子进则不得上见，退则困于乱臣，独冤结而亡告，不忍忿忿之心，起而杀充，恐惧逋逃，子盗父兵以救难自免耳，臣窃以为无邪心。……往者江充谗杀赵太子，天下莫不闻，其罪固宜。陛下不省察，深过太子，发盛怒，举大兵而求之，三公自将，智者不敢言，辩士不敢说，臣窃痛之。臣闻子胥尽忠而忘其号，比干尽仁而遗其身，忠臣竭诚不顾铁钺之诛以陈其愚，志在匡君安社稷也。……唯陛下宽心慰意，少察所亲，毋患太子之非，亟罢甲兵，无令太子久亡。臣不胜惓惓，出一旦之命，待罪建章阙下。①

壶关三老上书首先有两点值得注意。一是上书时间。"唯陛下宽心慰意，少察所亲，毋患太子之非，亟罢甲兵，无令太子久亡。"可见三老上书写于卫太子死亡之前。但上书时间如此之快，确实令人惊奇。二是上书地点。"臣不胜惓惓，出一旦之命，待罪建章阙下。"可见上书是"令狐茂"本人进京入宫，亲自呈递给朝廷的。

"令狐茂"上书武帝，不见武帝直接回应，却似乎改变了态度。"书奏，天子感寤。"但这态度并没有产生直接效果。所以，"尚未敢显言赦之也。"对司马光这个说法，胡三省有所保留。"以文理观之，不必有'敢'字。"②于是，太子在官吏的追捕中被迫自杀。或许，还有一种可能，壶关三老的上书时间并非当时，而是后来之事，即太子死后，故而未能产生作用。因为，太子起兵，事发突然，时间紧急，朝中未必有人知道真相。所谓"群下忧惧，不知所出"。更别说京城之外的一个级别低得不能再低的地方三老。既不知真相，却又贸然上书，不仅显得突兀，更不会说得如此理直气壮，堂而皇之。自然也就不可能言动武帝，获得"天子感寤"的效果。事实上，武帝真正改变态度是事后很久。"久之，巫蛊事多不信。上知太子惶恐无他意，而车千秋复讼太子冤，上遂擢千秋为丞相，而族灭江充家，焚苏文于横桥上，及泉鸠里加兵刃于太子者，初为北地太守，后族。上怜太子无辜，乃作思子宫，为归来望思之台于湖。"这意味着武帝下了一道给卫太子平反的诏书。这样，才会有后来给救护卫太子的人封侯的诏书。"太子之亡也，东至湖，臧匿泉鸠里。主人家贫，常卖屦以给太子。太子有故人在湖，闻其富赡，使人呼之而发觉。吏围捕太子，太子自度不得脱，即入室距户自经。山

---

① 《汉书·武五子传》。
② 《资治通鉴》卷22。

阳男子张富昌为卒，足蹋开户，新安令史李寿趋抱解太子，主人公遂格斗死，皇孙二人皆并遇害。上既伤太子，乃下诏曰：'盖行疑赏，所以申信也。其封李寿为邘侯，张富昌为题侯。'"①所谓"盖行疑赏，所以申信也"，表明此前武帝已经下过相关诏书。这次下诏，不过是兑现此前承诺。

第二次三老上书是湖县三老上书为京兆尹王尊辩护。京兆尹王尊行县后，遭弹劾免官，"吏民多称惜之。"于是，湖三老公乘兴等上书"讼尊治京兆功效日著"。

> 往者南山盗贼阻山横行，剽劫良民，杀奉法吏，道路不通，城门至以警戒。步兵校尉使逐捕，暴师露众，旷日烦费，不能禽制。二卿坐黜，群盗寖强，吏气伤沮，流闻四方，为国家忧。当此之时，有能捕斩，不爱金爵重赏。关内侯宽中使问所征故司隶校尉王尊捕群盗方略，拜为谏大夫，守京辅都尉，行京兆尹事。尊尽节劳心，夙夜思职，卑体下士，厉奔北之吏，起沮伤之气，二旬之间，大党震坏，渠率效首。贼乱蠲除，民反农业，抚循贫弱，锄耘豪强。长安宿豪大猾东市贾万、城西万章、翦张禁、酒赵放、杜陵杨章等皆通邪结党，挟养奸轨，上干王法，下乱吏治，并兼役使，侵渔小民，为百姓豺狼。更数二千石，二十年莫能禽讨，尊以正法案诛，皆伏其辜。奸邪销释，吏民说服。尊拨剧整乱，诛暴禁邪，皆前所稀有，名将所不及。虽拜为真，未有殊绝褒赏加于尊身。今御史大夫奏尊"伤害阴阳，为国家忧，无承用诏书之意，靖言庸违，象龚滔天。"原其所以，出御史丞杨辅，故为尊书佐，素行阴贼，恶口不信，好以刀笔陷人于法。辅常醉过尊大奴利家，利家捽搏其颊，兄子闳拔刀欲剄之。辅以故深怨疾毒，欲伤害尊。疑辅内怀怨恨，外依公事，建画为此议，傅致奏文，浸润加诬，以复私怨。……臣等窃痛伤尊修身絜己，砥节首公，刺讥不惮将相，诛恶不避豪强，诛不制之贼，解国家之忧，功(岩)〔著〕职修，威信不废，诚国家爪牙之吏，折冲之臣，今一旦无辜制于仇人之手，伤于诋欺之文，上不得以功除罪，下不得蒙棘木之听，独掩怨雠之偏奏，被共工之大恶，无所陈怨愬罪。尊以京师废乱，群盗并兴，选贤征用，起家为卿，贼乱既除，豪猾伏辜，即以佞巧废黜。一尊之身，三期之间，乍贤乍佞，岂不甚哉！……愿下公卿大夫博士议郎，定尊素行。夫人臣而伤害阴阳，死诛之罪也；靖言庸违，放殛之刑也。审如御史章，尊乃当伏观阙之诛，放于无人之域，不得苟免。及任举尊者，当获选举之辜，不可但已。即不如章，饰文深诋以愬无罪，亦宜有诛，以惩谗贼之口，绝诈欺之

(俗)〔路〕。唯明主参详,使白黑分别。①

最底层的帝国小吏因肩负民意代表之责,故能主动为地方高官上书伸冤,关键是还发生了作用,直接影响皇帝决策。书奏,成帝"复以尊为徐州刺史,迁东郡太守。"②

三老上书所言,显然是因为熟读诏书,而诏书引用了御史大夫奏书中的话,所以才能对御史大夫的奏劾作出针锋相对的逐条反驳。这里有几个值得注意的关节点。一是皇帝罢免京兆尹的诏书,至少能下发到京兆尹属县的三老这个相当低阶的基层"官府代表"手中。③ 二是罢免诏书内容翔实,信息量极大,足以使人充分了解皇帝罢免京兆尹的理由。三是这些理由的主要部分,应该是由御史大夫的弹劾奏章构成,所以皇帝才会详细引用。四是即便县三老这种层级很低的县乡属吏兼"民师"也有权利直接上书皇帝,批评诏书,提出意见。④ 五是这道免官诏书应该属于此类诏书的通例,而不具有明显的特异性。就是说,凡是罢免官员的诏书,大体都是按照此种格式撰写和制作的。六是罢官诏书的这种写法和格式,目的不外乎为了使帝国官吏乃至天下百姓都能清楚了解官员罪错的事实,以及皇帝对其作出惩治的充足根据。七是这样做的效果就是能让人们相信皇帝统治的权威性和皇权秩序的公正性。八是根据罢官诏书的格式和意图,可以推断任官诏书的基本格式和内容。

尤可注意的是,三老上书不仅援引了御史大夫弹劾王尊的奏书原文,所谓"伤害阴阳,为国家忧,无承用诏书之意,靖言庸违,象龚滔天",而且还分析了王尊被弹劾的内情和原因。"原其所以,出御史丞杨辅,故为尊书佐,素行阴贼,恶口不信,好以刀笔陷人于法。辅常醉过尊大奴利家,利家捽搏其颊,兄子闳拔刀欲剄之。辅以故深怨疾毒,欲伤害尊。疑辅内怀怨恨,外依公事,建画为此议,傅致奏文,浸润加诬,以复私怨。"这段文字信息量极大。远离京师的湖县三老,何以可能对朝廷官斗党争之过程和细节了如指掌?湖县三老能够公开引用御史大夫弹劾京兆尹的奏章,表明这份奏章是通过正规途径下发到全国郡县基层机构,从而成为三老上书劝谏皇帝的主要证据。尤其对王尊故吏杨辅之品行以及和王尊家奴之私怨的分析,令人震惊。这表明,公卿乃至朝廷大臣的人际关系和私人恩怨几乎都处于透明状态,成为官场尽人皆知的公开秘密。它肆无忌

---

① 《汉书·王尊传》。

② 《汉书·王尊传》。

③ 湖县三老对惊动朝野的重大案情均有翔实掌握。壶关三老令狐茂上书武帝,为卫太子申冤一事,亦可为证。这似乎表明朝廷政情的透明度相当高,以及人们对国家政治信息拥有相当程度的知情权。

④ 而且从事情的最终处置看,成帝也接受了三老的劝谏。

惮地流传于从京城到地方的各级官僚机构。本质上,官员隐私和官场秘闻本身就是官场游戏的一部分。

第六节　小 吏 上 书

小吏上书在奏诏模式中有特殊意义。它既表明官僚体制的行政常态,又表明官场游戏的日常生态。史书上记载的三例小吏上书都具有告密性质。比如,樊哙庶子市人为舞阳侯,卒后谥为荒侯。其子樊他广承爵,侯舍人得罪他广,"怨之,乃上书曰:'荒侯市人病不能为人,令其夫人与其弟乱而生他广,他广实非荒侯子,不当代后。'诏下吏。"景帝废他广为庶人。① 又如,"主猥马吏"作为一个典型的帝国小吏,和前朝廷大臣本来毫无关系,却上书指控前朝廷大臣。"会有日食变,驺马猥佐成上书告恽'骄奢不悔过,日食之咎,此人所致。'章下廷尉案验,得所予(孙)会宗书,宣帝见而恶之。"②虽说任何人都可以借灾异批评朝政,但怪异的是,一个区区的"猥马吏"即官家马夫,为何却将日食言之凿凿地锁定在杨恽身上? 如果胡乱攀咬,又没有准确线索,或搜查不到真实证据,"猥马吏"也会因诬告而受罚。再如,魏成大尹李焉与卜者王况阴谋起事,王况"因为焉作谶书,……又言(王)莽大臣吉凶,各有日期。会合十余万言。焉令吏写其书,吏亡告之。莽遣使者即捕焉,狱治皆死。"③

第七节　致 仕 官 吏

上书人员身份的多样性显示出奏诏模式的开放性。在上书人员的群体中,除了官员之外,还有致仕官员、太学生或士人。他们不是现任官员,但又不是普通民众。前官员之身份颇为特殊,除非犯罪、革职或流放、禁锢,正常致仕或辞官还乡,其身份与一般百姓还是有所不同,但仍属于民之范畴。简言之,辞官即为民,但又似乎不是一般庶人。比如,南昌尉梅福去官还乡,仍能经常通过本县的官吏频频上书言事,"数因县道上言变事",所谓"附县道之使而封奏";甚至要

① 《史记·樊哙列传》。
② 《汉书·杨敞传》。
③ 《汉书·王莽传下》。

求官府提供专车,"求假轺传",所谓"小车之传",赶赴皇帝巡行天下时的临时所在,觐见皇帝,面陈奏事,"诣行在所条对急政",所谓"一一条录而对之"。值得注意的是,梅福上书中,很是强调自己的平民身份。"臣闻'不在其位,不谋其政'。政者职也,位卑而言高者罪也。越职触罪,危言世患,虽伏质横分,臣之愿也。守职不言,没齿身全,死之日,尸未腐而名灭,虽有景公之位,伏历千驷,臣不贪也。故愿壹登文石之陛,涉赤墀之涂,当户牖之法坐,尽平生之愚虑。亡益于时,有遗于世,此臣寝所以不安,食所以忘味也。"梅福虽有妄议朝政之嫌,所谓位卑而言高,身贱而语大,有僭越之罪。尽管如此,梅福并未因此受到威胁。而且,梅福多次上书"宜封孔子后以奉汤祀",最终被采纳,成帝下诏"封孔子世为殷绍嘉公"。①

在马援冤案平凡过程中,也是一个致仕县令起到了关键作用。马援死后,遭人诬陷,"家属惶怖,不敢归旧墓,买城西数亩地,葬其中,宾客故人不敢送葬。故云阳令朱勃诣阙上书。""故云阳令"意味着朱勃上书时,他的实际身份已是平民百姓。朱勃上书,袁《纪》和范《书》大同小异。小异主要表现在后半部分。除了范《书》多出一段文字外,最后一句,两书迥异。袁《纪》云:"夫操孤危之忠,而不能自免于谗,此义士之所悲也。惟陛下思竖儒之言,无使功臣怀恨于黄泉也。"②范《书》云:"臣年已六十,常伏田里,窃感栾布哭彭越之义,冒陈悲愤,战栗阙庭。"③所谓"战栗阙庭",暗示皇帝,我就在这里等候皇帝的裁决。至于光武帝的态度,二书相反。④ 袁《纪》云:"书奏,不报,归田里。"范《书》云:"书奏,报,归田里。""报"即皇帝作出批复。它是皇帝对书奏的回应。这种回应,形式可能多样。或口诏,或书诏,或赠送物品传递某种意图。即便"诣阙上书",皇帝也没有答复。上书和诣阙上书有所区别。这种区别既有上书者的身份,也有上书者的意图,还有上书者的属地。朱勃虽然致仕,但并非普通民众。他的上书就不算是通常的民众上书。另外,朱勃致仕在家,从扶风郡亲赴洛阳,诣阙上书。可见朱勃对这道奏书十分看重,所以不假官府邮政系统,传递上书,而是入京进宫,要将奏书亲自呈送皇帝。据范《书》,好像光武帝很快看到了这封奏书,也很快作出批复。但没有对奏书要求的内容作出明确答复。所谓"报",就是皇帝给朱勃一个含糊其辞的答复,意思是,我知道这事了,你回去吧。所以,朱勃返回乡里。值得注意的是,这件事从头到尾,没有人阻挠、恐吓、威胁、追究朱勃

---

① 《汉书·梅福传》。
② 《后汉纪》卷8。
③ 《后汉书·马援列传》。
④ 据考辨,"袁《纪》'不'字,必系误衍。"转引《后汉纪》卷8注。

的上书。可见朱勃上书有着充分的自由。但上书期待的结果也并未出现。"愿下公卿平援功罪,宜绝宜续,以厌海内之望"这件事没有得到皇帝允准。在这个过程中,皇帝对整个事态有着全面的掌控。他并非不知情,但也确实没有采取相应行动。他唯一的表示就是,上书我看到了。你回家吧。直到二十多年后,章帝即位,这件事才被彻底翻转。同时,章帝还给朱勃所在县的官吏直接下诏。"追赐勃子谷二千斛。"《东观记》对这件事有更详细的记载。"章帝下诏曰:'告平陵令、丞:县人故云阳令朱勃,建武中以伏波将军爵土不传,上书陈状,不顾罪戾,怀旌善之志,有烈士之风。……其以县见谷二千斛赐勃子若孙,勿令远诣阙谢。'"①可见章帝不光认为朱勃在马援平反一事上起了作用,而且认为这种作用具有值得提倡的道德价值,所以朝廷应该下诏表彰和奖励。此外,章帝诏书中特别提及,不要朱勃之子再远赴洛京诣阙谢恩。这似乎暗示,其他那些被皇帝下诏赏赐的人,很有可能都会诣阙谢恩。② 它属于一种自发且自觉的对莫大皇恩的隆重答谢之礼。

---

① 《后汉书·马援列传》。
② 许慎《说文》成,其子许冲上书。召许冲"诣左掖门外会令,并赍所上书。十月十九日,中黄门饶喜以诏书赐召陵公乘许冲布四十匹,即日受诏朱雀掖门,敕勿谢。"(许慎《说文解字》"叙",中华书局,1963年)

第十二章

乱世与秩序

第一节 皇纲解纽

一、皇权失序之特征

皇纲解纽是一个断崖般的过程。它大多有一些普遍特征。

1. 乱世各自行诏。光武"闻更始失城,乃下诏封更始为淮阳王,而赤眉刘盆子亦下诏以圣公为长沙王。更始仍许赤眉,求降,上玺绶,乃封为畏威侯。赤眉谢禄曰:'三辅兵多欲得更始,一旦失之,合兵攻公,自灭之道也。'遂害更始。诏邓禹收葬于霸陵。"[①]

2. 乱世拒诏是常态。"诏徵河东太守王邑。邑以天下未定,心不原徵。……邑佩印绶,径从河北诣许自归。"[②]至于乱臣贼子,不敬诏、不奉诏更是家常便饭。司空张温行车骑将军,"以诏书召(董)卓,卓良久乃诣温。温责让卓,卓应对不顺。"[③]

3. 杀害汉使,自行其是。益州牧刘焉"阴图异计",命张鲁等人"掩杀汉中太守苏固,断绝斜谷阁,杀害汉使",然后上书称"米贼断道,不得复通"。史称,"焉意渐盛,作乘舆车具千余乘。"刘表给朝廷奏称"焉有似子夏在西河疑圣人",意思是,"焉在蜀僭拟,使蜀人疑为天子也。"[④]

---

① 《东观汉记》卷8。
② 《三国志·魏书·锺繇传》,裴注。
③ 《三国志·吴书·孙破虏讨逆传》。
④ 《资治通鉴》卷60,胡注。

4. 地方官吏推举州牧，朝廷下诏认可。益州牧刘焉"痈疽发背而卒。州大吏赵韪等贪璋温仁，共上璋为益州刺史，诏书因以为监军使者，领益州牧，以韪为征东中郎将，率众击刘表。"①

5. 士大夫离心离德，明哲保身。有的官员出京避难，要求任职边郡。比如，董扶拜侍中，"在朝称为儒宗，甚见器重。求为蜀郡属国都尉。扶出一岁而灵帝崩，天下大乱。"②又如，刘焉是汉帝国的一个老资格官员，从地方做到中央。"历雒阳令、冀州刺史、南阳太守、宗正、太常。"这使他对帝国衰落感受的更为真切深微。"焉睹灵帝政治衰缺，王室多故，乃建议言：'刺史、太守，货赂为官，割剥百姓，以致离叛。可选清名重臣以为牧伯，镇安方夏。'焉内求交阯牧，欲避世难。议未即行，侍中广汉董扶私谓焉曰：'京师将乱，益州分野有天子气。'焉闻扶言，意更在益州。"③

6. 权威不再，秩序无存。于是，江湖多匪，朝廷无力剿匪，只能招安流寇。张燕号曰"黑山贼"，"河北诸郡县并被其害，朝廷不能讨。燕乃遣使至京师，奏书乞降，遂拜燕平难中郎将，使领河北诸山谷事，岁得举孝廉、计吏。"④

7. 军阀割据，占山为王，朝廷只能采用怀柔方略，羁縻一番，使其安定一方，尽量维持其秩序，确保皇纲保持最低限度的存在。比如，张鲁取巴郡而势强，"朝廷不能讨，遂就拜鲁镇夷中郎将，领汉宁太守，通其贡献。"⑤与此同时，对混战的各方诸侯，皇帝一并拉拢，下诏封拜，以便保持各方力量平衡，稳定大局。比如，刘虞和公孙瓒交战，"天子遣使者段训增虞封邑，督六州事；拜瓒前将军，封易侯，假节督幽、并、(司)〔青〕、冀。"⑥

二、皇权失序之本质

皇权失序诚所谓"诏令不行，恩泽日损"；亦所谓"群臣共斗，一人劫天子，一人质公卿"。董卓挟持皇帝，劫质公卿，被时人斥为"汝等凶逆，逼劫天子使公卿被害，宫人流离，乱臣贼子，未有此也。"⑦此言不虚。在董卓一干骄兵悍将的裹胁下，献帝成为皇权历史上第一个被迫流亡的皇帝。

---

① 《三国志·蜀书·刘焉传》。
② 《三国志·蜀书·刘焉传》，裴注。
③ 《三国志·蜀书·刘焉传》。
④ 《后汉书·朱儁列传》。
⑤ 《后汉书·刘焉列传》。
⑥ 《后汉书·刘虞列传》。
⑦ 《后汉纪》卷28。

这使献帝和乱臣贼子之间的博弈,充满了无足轻重的戏剧性。"(李)傕对帝,或言'明陛下',或言'明帝',为帝说郭汜无状,帝亦随其意答应之。傕喜,出言'明陛下真贤圣主',意遂自信,自谓良得天子欢心也。"①李傕觐见献帝"带三刀,执一刀。侍中见傕,亦带刀入侍。……傕曰:'侍中皆持刀,欲图我乎?'侍中曰:'军中自尔,国家之故事也。'傕乃安。"②

献帝派人调和李傕和郭汜的关系,凸显出忠臣和权臣之冲突。"遣谒者仆射皇甫郦和傕、汜。郦先诣汜,汜从命。又诣傕,傕不听,曰:'我有诛吕布之功,辅助四年,三辅清净,国家所知也。'"皇甫郦说:"今将军身为上将,抱钺持节,子孙亲族,荷国宠荣。今汜质公卿,而将军胁〔主〕(之),谁轻重乎?"这种冲突的核心是臣子对皇帝诏命的态度。不从诏即是不顺从皇帝,所谓"傕不从诏,乱语不顺。"侍中胡邈告诉皇甫郦,你能当太尉全凭李傕之力。皇甫郦表示,"吾累世受恩,又常在帷幄,君辱臣死,就为李傕所杀,志无顾也。"③

军阀混战,献帝调停无效。"李傕杀樊稠,而郭汜又自疑,与傕相攻,……献帝诏僬与太尉杨彪等十余人譬郭汜,令与李傕和。"④诸侯争斗,各自上奏朝廷告状,朝廷无力节制,只能和稀泥。"刘虞与公孙瓒积不相能,瓒数与袁绍相攻,虞禁之,不可,而稍节其禀假。瓒怒,屡违节度,又复侵犯百姓。虞不能制,乃遣驿使奉章陈其暴掠之罪,瓒亦上虞禀粮不周。二奏交驰,互相非毁,朝廷依违而已。"所谓依违,"甲奏上则依甲而违乙,乙奏上则依乙而违甲,无决然之是非也。"⑤

其实,乱世之秋诸侯上奏朝廷本身就困难重重,充满风险。比如,"(刘)虞欲遣使奉章诣长安,而难其人,众咸曰:'右北平田畴,年二十二,年虽少,然有奇材。'虞乃备礼,请以为掾。具车骑将行,畴曰:'今道路阻绝,寇虏纵横,称官奉使,为众所指。愿以私行,期于得达而已。'虞从之。畴乃自选家客二十骑,俱上西关,出塞,傍北山,直趣朔方,循间道至长安致命。诏拜畴为骑都尉。"⑥

三、皇权下移

史称,"献帝崎岖危乱之间,飘薄万里之衢,萍流蓬转,阴阻备经,自古帝王未之有也。"⑦献帝返回洛阳,真正形成了军阀割据的局面。"州郡各拥兵自为,

---

① 《三国志·魏书·董卓传》,裴注。
② 《后汉纪》卷28。
③ 《后汉纪》卷28。
④ 《后汉书·朱儁列传》。
⑤ 《资治通鉴》卷60,胡注。
⑥ 《资治通鉴》卷60。
⑦ 袁山松《后汉书》卷1,《八家后汉书》。

莫有至者。"至于朝廷完全成了一个难以自足需要诸侯供养的小朝廷。"百官穷困,朝不及夕,尚书已下,自出采樵,或饿死墙壁间,〔或〕为吏兵所杀。暹等各矜其功,任意恣睢,干乱政事。"①

时人普遍观感,"禄去汉室久矣,天下提挈,政在家门。豪雄角逐,分割疆宇。此与周末七国无异,唯强者兼之耳。"②正因此,"袁绍既克公孙瓒,心益骄,贡御稀简。主簿耿包密白绍,宜应天人,称尊号。绍以包白事示军府。僚属皆言包妖妄,宜诛,绍不得已,杀包以自解。"③一般说,当时人还是喜欢拿周季比附汉末,认为就像齐桓、文公等霸主事业一样。"昔姬周政弱,王道陵迟,天子迁徙,诸侯背畔,故齐桓立柯(会)〔亭〕之盟,晋文为践土之会,伐荆楚以致菁茅,诛曹、卫以章无礼。臣虽阗茸,名非先贤,蒙被朝恩,负荷重任,职在铁钺,奉辞伐罪,辄与诸将州郡共讨绍等。若大事克捷,罪人斯得,庶续桓文忠诚之暌。"④

实际上,献帝也有一种周天子心态,下诏希望臣子做晋文公,效忠汉室。某种意义上,这是献帝在衰世自然产生的君臣观念。他无法让臣子们都按照原来的盛世君臣关系那样效忠皇帝。可见这是一种退而求其次的君臣相处模式。这类似东周那种"礼乐征伐自诸侯出"的格局。⑤它表明,君臣关系已经趋向于多样化。人们根据现实中的君臣变化,赋予了君臣观念一些新的涵义。

臧洪原是袁绍部将,却并非严格意义上的君臣关系。他的朋友张超为曹操所灭,袁绍又不同意他想出兵相助,"洪由是怒绍,绝不与通,绍兴兵围之,不能下。"袁绍使陈琳"以书喻洪",臧洪却辨析了自己的真实身份以及和袁绍的关系。"足下徼利于境外,臧洪受命于君亲;吾子托身于盟主,臧洪受命于君亲;吾子托身于盟主,臧洪策名于长安。子谓余身死而名灭,仆亦笑子生而无闻焉。"⑥可见臧洪认为自己是献帝的臣子,袁绍只是自己的盟主,并非自己的君主。在这里,臧洪的态度很明确,他和袁绍之间只是义合,显然他和张超之间也是义交。作为"必不背本"的"天下义士",义是其立身之本。这使臧洪得以确区分君臣关系的根本。他对献帝是忠,对袁绍是义,亦可见衰世人们对君臣关系的看法,以及对汉帝的忠诚。

---

① 《后汉纪》卷 29。
② 《后汉书·袁术列传》。
③ 《资治通鉴》卷 63。
④ 《后汉书·公孙瓒列传》。
⑤ 不过,东汉末不可能成为东周历史的简单重演。因为皇权政体中君臣结构更为紧张,皎然有别于王权体制下那种相对松散的君臣结构。
⑥ 《后汉纪》卷 28。

建安年间,除了袁术,并无其他人称帝。袁术率先称帝,孙策公开反对,曹操奏表孙策讨伐袁术。"时袁术僭号,策以书责而绝之。曹公表策为讨逆将军,封为吴侯。"①它反映出人们对称帝的态度和看法。比如,董卓之所以成为众矢之的,"曩日之举义兵也,天下之士所以响应者,董卓擅废置,害太后、弘农王,略烝宫人,发掘园陵,暴逆至此,故诸州郡雄豪闻声慕义。神武外振,卓遂内歼。"即便如此,董卓亦未曾动称帝之念。可见称帝事大不易。所以,孙策命张纮写了一篇劝阻袁术称帝的文章,②列出九大理由,认为袁术不能称帝。

为何建安年间无人称帝?曹刘孙三人,孙权最缺乏称帝的动力,这从他对曹魏"称臣遣贡"的态度,以及称帝最迟即可一见。"孙权前笺,自诡躬讨虏以补前愆,后疏称臣,以明无二。牙兽屈膝,言鸟告欢,明珠、南金,远珍必至。"③刘备自命汉室正统,只要献帝在位,就不好意思称帝。曹操最有可能称帝,几乎所有人都笃定曹操会称帝,可曹操至死都没有称帝。称帝需要两个条件,实力和时机。曹操虽有实力,却无时机。

有趣的是,公孙瓒因从弟公孙越身中袁绍军中流矢而死,"因此怒绍",上疏朝廷,给袁绍罗列了十大罪状,指控袁绍伪造诏命,僭越皇权,形同莽新。"矫刻金玉,以为印玺,每有所下,辄皁囊施检,文称诏书。昔亡新僭侈,渐以即真。观绍所拟,将必阶乱。"④不过这封奏书,并未得到任何诏报。估计公孙瓒内心也不抱什么期望。可见乱世枭雄已不把皇帝诏书当回事。皇帝下诏与否都不能改变枭雄的决定。枭雄上书只不过是一种形式。但这种形式似乎表明,皇帝权威依然具有某种形式上的道义力量。就其性质而言,它和挟天子以令诸侯还是有所不同。它不是先斩后奏,颠倒了奏诏程序,而是奏了就斩,根本无需皇帝下诏允准。

第二节　奏诏模式的失效与维系

一、诏命断绝

乱世地方官或军阀多给朝廷上书,似乎少见皇帝下诏。这正符合乱世特

---

① 《三国志·吴书·孙破虏讨逆传》。
② "《典略》云张昭之辞。臣松之以为张昭虽名重,然不如纮之文也,此书必纮所作。"(《三国志·吴书·孙破虏讨逆传》,裴注)
③ 《三国志·魏书·王朗传》,裴注。
④ 《后汉书·公孙瓒列传》。

征。这是一种不完整的奏诏模式。尽管残缺,依然体现出人们对皇权秩序的尊重。尽管军阀和地方官早已自行其是,但他们并没有彻底割断自己和朝廷的关系。至少表面上,他们大多数人认为自己仍是汉朝的臣子。

诏书是乱世中唯一能体现秩序的东西。① 人们对诏书的态度,反映了皇权的权威一息尚存。② 比如,即便乱世,地方官吏对诏书依然怀抱敬畏,执行得一丝不苟。曹操"变易姓名,间行东归,过中牟,为亭长所疑,执诣县。时县已被卓书,唯功曹心知是操,以世方乱,不宜拘天下雄隽,因白令释之。"③董卓以诏书名义通缉曹操,诏书下发至各地,亭长和县功曹均能见到,并认真执行。可见乱世奏诏模式之运行和皇权秩序之维系。

帝国衰世,奏诏失效主要表现为两点。一方面,"方今权宦群居,同恶如市,主上不自由,诏命出左右。"④另一方面,"奉辞在外,诏命断绝"⑤;"王涂隔塞,遂无聘命。"⑥比如,任安初仕州郡,"后太尉再辟,除博士,公车征,皆称疾不就。州牧刘焉表荐之,时王涂隔塞,诏命竟不至。"⑦又如,以幽州牧刘虞为太傅,"道路隔塞,王命竟不得达。"⑧由此造成"王涂隔绝,州之牧伯犹七国之诸侯"⑨的历史态势和现实格局。在奏诏模式中,王涂即王命。王涂通畅即王命畅达,由此天高皇帝近;王涂隔绝即王命不达,由此天高皇帝远。是可知,天高皇帝之远近,完全取决于奏诏模式是否正常运作。正因此,虽说"王涂隔塞,诏命不至"是客观形势,士大夫们却不忘强调事情的另一面。"今帝主幼弱,奸臣擅命,表上须报,惧失事机。"⑩可见战乱直接影响到奏诏的上呈下达,亦可见奏诏模式失效和皇权失序基本一个意思。

奏诏作为话语实践,在乱世中却出现了某种悖论,乱世话语更多样更活跃,

---

① 乱世皇帝已不再有权威,诏书的作用体现在何处? 反之,通过人们对诏书的态度,是否也能看出皇帝权威的存在,或皇权秩序的延续?
② 司隶校尉锺繇指控河东太守王邑不奉诏书,要求严惩,"邑虽违科,当必绳正法",并自我弹劾"轻慢宪度,不畏诏令,不与国同心,为臣不忠,无所畏忌,大为不敬。又不承用诏书,奉诏不谨。又聪明蔽塞,为下所欺,弱不胜任。数罪谨以劾。"(《三国志·魏书·锺繇传》,裴注)虽然最后没有追究,但可以看出人们对诏书权威的正当维护以及对奏诏规则的严格坚守。
③《资治通鉴》卷 59。
④《三国志·魏书·贾诩传》,裴注。
⑤《后汉纪》卷 30。
⑥《三国志·魏书·秦宓传》,裴注。
⑦《后汉书·儒林列传上》。
⑧《后汉书·刘虞列传》。
⑨《三国志·蜀书·许靖传》,裴注。
⑩《三国志·魏书·田畴传》,裴注。

所谓乱世多变,乱世多言。[①] 与此同时,奏诏模式却已失效或失灵。奏诏模式失效有三个特点,要么诸侯擅断,奏疏不达朝廷;要么奏书呈送朝廷,皇帝无力裁决;要么诏书下达地方,诸侯置之不理。

奏诏失效首先意味着奏诏模式不能正常运行,进而意味着帝国面临解体,大一统格局逐渐转入小一统局面。事实上,大小一统皆需奏诏模式的正常运行,既然"王涂隔塞,诏命不至"已成现实,那么只能在小范围内实现政令畅通。"献帝迁都西京,(刘)翊举上计掾。是时寇贼兴起,道路隔绝,使驿稀有达者。翊夜行昼伏,乃到长安。诏书嘉其忠勤,特拜议郎,迁陈留太守。翊散所握珍玩,唯余车马,自载东归。出关数百里,见士大夫病亡道次,翊以马易棺,脱衣敛之。又逢知故困馁于路,不忍委去,因杀所驾牛,以救其乏。众人止之,翊曰:'视没不救,非志士也。'遂俱饿死。"[②]

皇纲解纽,人们对皇命采取了实用的投机态度,顺我者从,逆我者不从。诏书实际上只是一个幌子。其实际效果和常世不可同日而语。某种意义上,乱世诏命如同鸡肋。尽管如此,人们依然需要皇权的装潢。因为人人都有皇帝梦。在自己没有实力做皇帝时,先利用现成的皇帝;一旦有了做皇帝的实力,自己直接做皇帝。

献帝虽然只有十五岁,"每事出于胸怀。"车驾至新丰,骠骑将军张济"讽尚书征河西太守刘玄,欲以所亲人代之。上曰:'玄在郡连年,若有治理,迨迁之;若无异效,当有召罚,何缘无故征乎?'尚书皆谢罪。上既罪济所讽也,诏曰:'济有拔车驾之功,何故无有表而私请邪? 一切勿问。'济闻之,免冠徒跣谢。后将军杨定请侍中尹忠为长史,诏曰:'侍中近侍,就非其宜,必为关东所笑。前在长安,李傕专政。今朕秉万机,岂可复乱官爵邪?'"但终究权威不足,命公卿大会,讨论朝廷去向,也众议不决。郭汜欲令车驾幸高陵,公卿认为献帝应该到弘农,"大会议之,不决。"献帝诏尚书郭浦劝谕郭汜,"朕遭艰难,越在西都,感惟宗庙灵爽,何日不叹! 天下未定,厥心不革。武夫宣威,儒德合谋,今得东移,望远若近,视险如夷。弘农近郊庙,勿有疑也。"[③]

二、乱世诏书的有限权威

君无戏言意味着君言必行。所谓言必行行必果,标准就是君言,且只能是

---

① 人们通常只关注乱世事态,甚少注意乱世话语。
②《后汉书·独行列传》。
③《后汉纪》卷28。

君言。通过奏诏模式支撑和规范的皇权秩序成为早期帝国的百年常态。其神圣性和正当性早已深入人心，化为士大夫的政治素质。虽然早在灵帝末，代表皇命的诏书已逐渐失去权威性，但士大夫尚有奏诏程序的基本意识。比如，诏命并州牧董卓把兵权交给皇甫嵩，"卓不从。"皇甫嵩侄子皇甫郦劝他讨伐董卓。"卓被诏委兵，而上书自请，此逆命也。又以京师昏乱，踌躇不进，此怀奸也。"皇甫嵩却认为，"专命虽罪，专诛亦有责也。不如显奏其事，使朝廷裁之。"于是"上书以闻"。① 事实上，尽管皇帝的权威有限，但基本程序还需遵循。比如，董卓挟持献帝至长安，益州牧刘焉之子刘范、刘诞、刘璋"皆从献帝在长安。……献帝使璋晓谕焉，焉留璋不遣"。似见刘焉心里有数，不把以献帝名义下诏的皇命当回事。"董卓所徵发，皆不至。"不过，也有一说："时璋为奉车都尉，在京师。焉托疾召璋，璋自表省焉，焉遂留璋不还。"② 可见刘璋要想离开献帝，必须上表奏请，至少程序上如此。又如，卫臻为汉黄门侍郎，"会奉诏命，聘贵人于魏，因表留臻参丞相军事。"③ 可见曹操想要留下献帝的使臣，需要走正常的奏诏程序。再如，"秘书监、侍中荀悦作《申鉴》五篇，奏之。……时政在曹氏，天子恭己，言恭己南面而已，政事无所预也。悦志在献替，而谋无所用，故作是书。"④即便献帝已被架空，荀悦仍然按照奏诏程序，正常上书言事。

　　值得注意的是，即便乱世，也会延续一些惯例，颁布一些必要的诏书。⑤ 比如，董卓、李傕派人以献帝钦差的名义出使各方，分化诸侯。"大鸿胪韩融、少府阴修、执金吾胡母班、将作大匠吴修、越骑校尉王瑰安集关东。"⑥太傅马日磾、太仆赵岐"俱受诏命"⑦，出使山东。又如，朝廷仍然通过向天下颁布赦诏，来体现皇权秩序的有效存在。"春正月辛酉，大赦天下。甲子，帝加元服。""大赦天下。拜李傕为扬武将军，郭汜为扬烈将军，樊稠等皆为中郎将。"董卓死，李傕等"欲各散归。既无赦书，而闻长安中欲尽诛叙州人，忧恐不知所为。"⑧虽说乱世大赦的权威性颇为可疑，可人们依然需要大赦，所谓"京师不赦我，我当死"，而

---

① 《后汉书·皇甫嵩列传》。
② 《三国志·蜀书·刘焉传》，裴注。
③ 《三国志·魏书·卫臻传》。
④ 《资治通鉴》卷 64。
⑤ 传国玉玺的失而复得经过，似乎象征着皇纲解纽、乱中有序。"(孙)坚人洛，扫除汉宗庙，祠以太牢。坚军城南甄官井上，旦有五色气，举军惊怪，莫有敢汲。坚令人人井，探得汉传国玺，文曰'受命于天，既寿永昌'，方圜四寸，上纽交五龙，上一角缺。初，黄门张让等作乱，劫天子出奔，左右分散，掌玺者以投井中。"（《三国志·吴书·孙破虏讨逆传》，裴注）
⑥ 《后汉书·孝献帝纪》。
⑦ 谢承《后汉书》卷 4，《八家后汉书》。
⑧ 《后汉纪》卷 27。

且朝廷还会恪守大赦的惯例，即"一岁不可再赦"。就此而言，大赦象征着皇权秩序尚可维系。"董卓死，陕中诸将后共相要遣使诣长安相闻，求乞大赦。尚书令王允等以为杀卓时已赦，今复求，一岁不可再赦。李傕等曰：'京师不赦我，我当死，不若决之。若攻长安克之，则可大得天下。不克，则尽钞取三辅妇女财物，西上陇，归乡里，作贼延命，尚可数年。'于是帅兵西向长安。"①

是可知，乱世不等于无法无天打打杀杀，它也需要下达政令诏命，诏书也有某些实际效果。诏书的权威性对各方政治力量产生的客观作用也因人因事而宜。以明确的献帝诏书为例。一是，献帝流亡长安，不过少年，且是傀儡，却能分辨是非，对某些人事有自己的看法，且在力所能及的范围内便宜从事，实施诏命，或搁置奏疏。比如，"司徒王允、尚书仆射士孙瑞、卓将吕布共谋诛（董）卓。是时，天子有疾新愈，大会未央殿。布使同郡骑都尉李肃等，将亲兵十馀人，伪着卫士服守掖门。布怀诏书。卓至，肃等格卓。卓惊呼布所在。布曰'有诏'，遂杀卓，夷三族。"②又如，宫人多无衣，献帝"欲发太府缯以作之"。李傕不欲，"尚书郎吴硕素诣于傕，乃言曰：'关东未平，用度不足，近幸衣服，乃陵轹同寮。'尚书梁绍劾奏：'硕以瓦器奉职天台，不思先公而务私家，背奥媚灶，苟谄大臣。……硕宜放肆，以惩奸伪。若久舍不黜，必纵其邪惑，伤害忠正，为患不细。'帝以硕傕所爱，寝其奏。"③再如，"李傕杀故太尉黄琬、司徒王允及其妻子。众庶为之流涕，莫敢收允，故吏京兆赵戬葬允。上以允为忠，封其孙异为安乐侯。"④二是，献帝命人审狱。"帝使侍御史裴茂之诏狱，原轻系者二百余人，其中有善士为（李）傕所枉者。傕表之曰：'茂之擅出囚徒，疑有奸故，宜置于理。'诏曰：'灾异数降，阴雨为害，使者衔命，宣布恩泽，原解轻微，庶合天心，欲解冤结而复罪之乎？一切勿问。'"⑤三是，献帝命人诵读《孝经》。"尚书令王允奏曰：'太史王立说《孝经》六隐事，令朝廷行之，消却灾邪，有益圣躬。'诏曰：'闻王者当修德尔，不闻孔子制《孝经》，有此而却邪者也。'允固奏请曰：'立学深厚，此圣人秘奥，行之无损。'帝乃从之。常以良日，王允与王立入，为帝诵《孝经》一章，以丈二竹箄画九宫其上，随日时而去入焉。"⑥四是，献帝"以《汉书》为繁"，诏命秘书监荀悦"删取其要，为《汉纪》三十篇"。⑦"因事以明臧否，致有典要；

① 谢承《后汉书》卷4，《八家后汉书》。
②《三国志·魏书·董卓传》。
③《后汉纪》卷27。
④《后汉纪》卷27。
⑤《后汉纪》卷27。
⑥《后汉纪》卷26。
⑦《后汉纪》卷29。

其书大行于世。"①五是，太中大夫孔融上书，"颍川、南阳、陈留、上党，三河近郡，不封爵诸侯。臣愚以为千里国内，可略从周官六乡、六遂之文，分取北郡，皆令属司隶校尉，以正王赋，以崇帝室。役自近以宽远，繇华贡献，外薄四海，揆文旧武，各有典书。"献帝从之。② 六是，献帝下诏讨罪赏功，这诏命应该受到了曹操的支持。"操诣关贡献，禀公卿以下。操陈韩暹、张阳之罪。暹怖，单骑奔走。上以暹、阳有翼驾还洛之功，一切勿罪。于是诛羽林郎侯折，尚书冯硕、侍中台崇，讨有罪也。封卫将军董承、辅国将军伏完、侍中〔丁冲〕种辑、尚书仆射钟繇、尚书郭浦、御史中丞董芬、彭城相刘艾、左冯翊韩斌、东〔郡〕（莱）太守杨众、〔议郎〕罗邵、伏德、赵蕤为列侯，赏有功也。"③

尤其是，虽明知乱臣贼子篡权专朝，但对其以献帝名义发下的征召诏书，有些官员依然充满敬畏。比如，董卓秉政，征皇甫嵩为城门校尉。"嵩将行，长史梁衍说曰：'汉室微弱，阉竖乱朝，董卓虽诛之，而不能尽忠于国，遂复寇掠京邑，废立从意。今征将军，大则危祸，小则困辱。今卓在洛阳，天子来西，以将军之众，精兵三万，迎接至尊，奉令讨逆，发命海内，征兵群帅，袁氏逼其东，将军迫其西，此成禽也。'嵩不从，遂就征。有司承旨，奏嵩下吏。"④又如，尚书令朱隽出奔入洛阳，"李傕等既破长安，惧山东之图己，而畏隽之名。傕用贾诩计，使人征隽。军吏皆不欲应，隽曰：'以君召臣，义不俟驾，况天子诏乎！且傕、汜小竖，樊稠庸儿，无他远略，又势均力敌，内难必作。吾乘其弊，事可图也。'遂就征为太仆。"⑤

不仅如此，即便乱世枭雄也对皇帝权威保持着某种习惯性敬畏。比如，赵岐以钦差身份出使州郡，调和诸侯，颇有效果。"是时袁绍、曹操与公孙瓒争冀州，绍及操闻岐至，皆自将兵数百里奉迎，岐深陈天子恩德，宜罢兵安人之道，又移书公孙瓒，为言利害。绍等各引兵去，皆与岐期会洛阳，奉迎车驾。"⑥皇权秩序和皇帝权威密切相关，但又有所差异。皇权秩序的核心是皇帝权威。但也不尽然。有时皇帝权威荡然无存，但人们依然保持着对皇帝秩序的惯有敬畏。虽然这很大程度上可能是一种心理习惯和言语惯性。董卓被杀，李傕等入城滥杀朝臣。"司徒王允挟乘舆上宣平城门，允谓傕等曰：'臣无作威作福，而乃放兵纵

---

① 《三国志·魏书·荀彧传》，裴注。
② 《后汉纪》卷 29。
③ 《后汉纪》卷 29。
④ 《后汉书·皇甫嵩列传》。
⑤ 《后汉纪》卷 27。
⑥ 《后汉书·赵岐列传》。

横,欲何为乎?'傕曰:'董卓忠于陛下,而无辜为吕布所杀,欲为卓报布,不敢为逆尔。请事竟,诣廷尉受罪。'"①

应该承认,虽在末世,奏诏模式表征的皇权秩序亦未完全解体。某种程度上,它依然行使着对帝国事务的有限控制。它主要表现在皇权对官员仕途命运的安排。一是,征选文武官员。"四方兵起,诏选故刺史、二千石有文武才用者。"②二是,虽然献帝被挟持流亡长安,但仍然遵守和实行灾异罢免三公的惯例。司空杨彪"以地震赐罢",太常赵温为司空,录尚书事;司空赵温"以地震罢",卫尉张喜为司空,录尚书事;太尉朱隽"以灾异策罢",太常杨彪为太尉,录尚书事。③ 三是,朝廷诏书对士大夫依然具有强制力。董卓秉政,诏遣使者,征召荀爽。"爽欲遁去,吏持之急。诏下郡,即拜平原相。行至苑陵,又追拜光禄勋。视事三日,策拜司空。爽起自布衣,九十五日而至三公。"④这种百日三公现象表明,乱世中的奏诏模式依然维系着皇权秩序的脆弱存在。四是,朝廷出使诏拜地方官。"天子使太傅马日磾安集关东,日磾辟(华)歆为掾。东至徐州,诏即拜歆豫章太守,以为政清静不烦,吏民感而爱之。"⑤五是,朝廷依然行使对州郡牧守的任命权,拒绝州牧自作主张,私相授受。⑥ 比如,张猛建安初"仕郡为功曹,是时河西四郡以去凉州治远,隔以河寇,上书求别置州。诏以陈留人邯郸商为雍州刺史,别典四郡。时武威太守缺,诏又以猛父昔在河西有威名,乃以猛补之。"⑦又如,豫章太守周术病卒,荆州牧刘表上奏诸葛玄为豫章太守,治南昌。"汉朝闻周术死,遣朱皓代玄。皓从扬州太守刘繇求兵击玄,玄退屯西城,皓入南昌。"⑧再如,交州刺史朱符被夷人所杀,

> 汉遣张津为交州刺史,津后又为其将区景所杀,而荆州牧刘表遣零陵赖恭代津。是时苍梧太守史璜死,表又遣吴巨代之,与恭俱至。汉闻张津死,赐(士)燮玺书曰:"交州绝域,南带江海,上恩不宣,下义壅隔,知逆贼刘表又遣赖恭窥看南土,今以燮为绥南中郎将,董督七郡,领交阯太守如故。"

---

① 《后汉纪》卷 27。
② 《后汉书·赵岐列传》。
③ 《后汉纪》卷 27。
④ 张璠《后汉纪》,《八家后汉书》。
⑤ 《三国志·魏书·华歆传》。
⑥ 当然,这点不易评价过高。因为此时朝廷和地方之间已进入了争权夺利的新常态。许多时候,双方都是在博弈中达成交易和平衡的。比如,"州大吏赵韪等贪(刘)璋温仁,立为刺史。诏书因以璋为监军使者,领益州牧,以韪为征东中郎将。"(《后汉书·刘焉列传》)
⑦ 《三国志·魏书·庞淯传》,裴注。
⑧ 《三国志·蜀书·诸葛亮传》,裴注。

后燮遣吏张旻奉贡诣京都，是时天下丧乱，道路断绝，而燮不废贡职，特复
下诏拜安远将军。①

六是，袁绍上书献帝，要求给自己部下封赏拜官。他还强调，我不是为自己索要
权位名爵，而是为部属要求报酬。"臣爵为通侯，位二千石。殊恩厚德，臣既叨
之，岂敢窥觊重礼，以希彤弓玈矢之命哉？诚伤偏裨列校，勤不见纪，尽忠为国，
蹟成重怨。"②

三、小一统的奏诏模式

只要称帝，不论疆域大小和国祚长短，均可认为该政权存在着正当的皇权
秩序和适当的奏诏模式。尽管多呈现为某种变异形式。比如，短命的王郎政权
亦有奏诏模式。王郎亡，刘秀"收郎文书，得吏民与郎交关谤毁者数千章。"③又
如，赤眉内部虽混乱至极，毫无规矩可言，但也存在着奏诏模式。"上书封拜者
不关"刘盆子，"赤眉诸将日会争功，各言所欲封，拔剑斫柱。稍得王莽时中黄门
数十人，皆晓故事，颇得差整，数日辄复乱。"④

虽然没有称帝，但事实上割据自立，同样存在着奏诏模式。比如，刘邦为汉
王，萧何守关中，"为令约束，立宗庙、社稷、宫室、县邑，辄奏，上可许以从事；即
不及奏，辄以便宜施行，上来以闻。"这是一种君臣互信相宜相得的奏诏状态。
一方面，"可其所奏，许其所请，依以行事。"一方面，"上来还，乃以所为闻也。"正
因此，"上以此剸属任何关中事。"⑤萧何独享刘邦之授权，宰制关中，奠定刘邦
帝业之基石，也因此成为刘邦称帝之头号功臣。究其然，实乃二人运用奏诏模
式之默契与共识。

即便在新莽末，奏诏模式并未完全荒废。王莽试图收回不便于民众的诏
书。"莽知天下溃畔，事穷计迫，遒议遣风俗大夫司国宪等分行天下，除井田、奴
婢、山泽、六管之禁即位以来，诏令不便于民者皆收还之。"⑥至于诣阙上书仍要
遵从一般程序，即必须等到皇帝批复。刘秀和李通谋议起兵，李通派人"报父李
守"，李守欲逃离长安。李守素与中郎将黄显相善，黄显建议，"不如诣阙自归。

---

① 《三国志·吴书·士燮传》。
② 《后汉书·袁绍列传》。
③ 《资治通鉴》卷39。
④ 《后汉纪》卷3。
⑤ 《汉书·萧何传》，颜注。
⑥ 《后汉纪》卷1。

事既未然,脱可免祸。"李守"即上书归死,章未及报,留阙下。会事发觉,通得亡走,莽闻之,乃系守于狱。"①

　　光武和隗嚣之间的书信往来,显然不属于严格意义上的奏诏模式,但在史家笔下,却被写成了奏诏模式。比如,"关中将帅数上书言蜀可击之状,帝以书示嚣,因使击蜀以效其信。嚣上书,盛言三辅单弱,刘文伯在边,未宜谋蜀。帝知嚣欲持两端,不愿天下统一,于是稍黜其礼,正君臣之仪。"就是说,光武与隗嚣的书信,"初用敌国礼,今黜其礼。"②敌国礼即对等礼,黜其礼即以诏命之,以臣视之。也就是开始用奏诏模式规范双方关系。尽管这是光武帝的一厢情愿。

　　东西二帝之间的书信尤为典型。"公孙述自言手文有奇瑞,数移书中国。上赐述书曰:'瑞应手掌成文,亦非吾所知。'"③"上为书喻公孙述,示以成败。述得书叹息,以示光禄勋张隆。隆劝述降,述曰:'废兴,命也,岂有降天子哉!'"④光武诏谕公孙述,"勿以来歙、岑彭受害自疑,今以时自诣,则宗族完全。诏书手记,不可数得。"⑤"诏书手记"并列,可见二者有别。这种区别的本质在于,手记是诏书中更具权威性和感情色彩之一种。所以,光武帝才会特别暗示公孙述,我的亲笔手诏可不是随便就能给你的。值得注意的是,光武帝最后将诏书作为统战公孙述的关键要点提示出来,表明诏书对结束乱世,一统天下所发挥的特殊作用。

第三节　挟天子以令诸侯

一、制诏权的转移

　　"汉室倾颓,奸臣窃命,主上蒙尘。"⑥如此,挟天子以令天下成为一种时代必然。它使得天子和天下的关系有了一种新的含义。所谓"天子当与天下共

---

① 《后汉纪》卷1。
② 《资治通鉴》卷41,胡注。
③ 《东观汉记》卷21。
④ 《后汉纪》卷6。
⑤ 《资治通鉴》卷43。
⑥ 《后汉纪》卷30。

之"。杨奉、董承、韩暹"挟天子还旧京,粮乏。(张)杨以粮迎道路,遂至洛阳。谓诸将曰:'天子当与天下共之,幸有公卿大臣,杨当捍外难,何事京都?'遂还野王。"①意思是,天子可以在天下任何一处,而不必非在京都。这是因为天子与天下共在。显然,这种理解使天子流亡在外、四海为家获得了一种正当性肯定。就是说,它客观上赋予了挟天子令天下以一种合理性。

何谓挟天子? 程序上,"挟天子以征四方,动以朝廷为辞。"②干什么都打着朝廷旗号。内容上,"诏以(曹)操领冀州牧;操让还兖州。"胡三省解释道,"当时政自操出,领则真领,而让非真让也。"③可见挟天子就是政自己出,领让随意,进退自如。总之,挟天子不是简单绑架天子(就像董卓),而是合法架空天子(就像曹操),使皇帝成为自己的政治工具,成为自己操控的政治玩偶。属性上,挟天子不是单一权力,而是一种复合权力。它不是行使皇权的正常方式,而是变异方式。它是以臣子身份行使皇帝权力。本质上,是以一种不合法的方式分享皇权。所以,挟天子令天下依然属于皇权范畴。

概言之,挟天子令天下即是通过天子掌控天下。它不是天子发号施令,而是让天子替自己发号施令。可见在奏诏模式的外观下,其制诏权和制诏主体已发生实质性变化。诏书体现的不再是真实的皇帝意志。皇帝成为权臣的传声筒。某种意义上,奏诏模式反倒成为掩盖挟天子以令诸侯的合法程序。只要人们还认可和使用这套奏诏程序,自然接受和承认挟天子以令诸侯的正当性存在和客观性现实。

无论挟天子令天下还是令诸侯,都说明天子和天下、诸侯之间已非原有的直线性的二元关系,而是出现了挟天子者这样一个新的变项。如此,天子和天下之间似乎可以脱节和剥离。天子可以不必真正拥有天下,而能依然保有天子名号。天子和诸侯之间可以不再保持实质性的君臣关系,却能依然享有形式上的天子礼仪。就是说,天子和天下之间拉开了距离,出现了空隙,这使权臣得以趁虚而入,居中操控,结构性地改变了天子和天下的原有关系。这不是换汤不换药,而是不换汤不换药。皇帝还是那个皇帝,臣子还是那个臣子,看似一切照旧,实则面貌全非。人人都野心勃勃,人人都蠢蠢欲动。乱世是乱臣贼子的天然舞台。乱世滋润着乱臣贼子野草般的疯长。其中,有些侥幸成了挟天子者。挟天子者固然是权臣,却又非一般之权臣,而是乱世之权臣。这使乱世之权臣

①《三国志·魏书·张杨传》。
②《三国志·吴书·周瑜传》。
③《资治通鉴》卷64。

具有"乱世之枭雄"和"治世之能臣"的双重特质。挟天子者和天子、天下或诸侯三者之间的关系曲曲折折、虚虚实实。挟天子者和天下的关系是实线,天子和诸侯的关系是虚线。真正的主体是挟天子者和诸侯。挟天子者和天子的关系至为奇妙。挟天子者既在天子面前,又在天子身后;看着低于天子,实则高于天子。挟天子者围绕天子旋转,营造出一个巨大的皇权引力场,紧紧吸附着傀儡皇帝,使之难以逃脱。挟天子者最初像罩在天子身上的一张网,天子还想逃;渐渐又像粘在天子身上的一层皮,天子自己也剥不下来了;后来就像附在天子身上的吸血鬼,吸干了天子的血,挟天子者就成精了,转正成为真龙天子。如此,挟天子者彻底终结了早期帝国,使中国历史进入了一个新时代。①

　　东汉末似乎重复了东周天子东迁的历史。② 这样,春秋五霸成为东汉末人们判断时局的首要参照对象。董昭对曹操说:"将军兴义兵以诛暴乱,朝天子,辅翼王室,此五伯之功也。已下诸将,人人殊异,未必服从。今留匡弼,事势不便,唯有移车驾幸许耳。然朝廷播越,新还旧都,远近企望,冀一〔朝〕获安。今复徙车驾,不厌众心。夫行非常之事,乃有非常之功,愿将军策其多者。"与此同时,"高祖东征,为义帝缟素"也成为人们主张挟天子以令天下的历史借鉴。可见在早期帝国,历史经验总会不断反复出现。荀彧建议曹操,"昔高祖东征,为义帝缟素,而天下归心。自天子播越,将军首倡义兵,徒以山东扰乱,未能远赴关右,然犹分遣将帅,蒙险通使,虽御难于外,乃心无不在王室,是将军匡天下之素志也。今车驾旋轸,义士有存本之思,百姓怀感旧之哀。诚因此时,奉主上以从民望,大义也;秉至公以服雄杰,大略也;扶弘义以致英俊,大德也。天下虽有逆节,必不能为累明矣。韩暹、杨奉其敢为害!若不时定,四方生心,后虽虑之,无能及也。"③

---

① 挟天子令天下还可以扩展到"故天子"身上。这是一种乱世称帝的多样化表现。比如,王郎诈称成帝之子刘子舆,同时诳骗赵缪王之子刘林入伙。《后汉纪》卷 1
② 挟天子令天下肇始于春秋,最初是一种霸主策略。霸主行为虽然主动,但有节制,并未过度僭越。天子余威尚在,只是心有余力不足,故顺水推舟,借霸主所为来昭示天子权威。如此,挟天子令天下属于天子与霸主的默契和双赢。至战国,局势顿然一变。比如在张仪话语中,挟天子令诸侯是一种正当王业,符合王道。在这种政治逻辑中,天子本人的真实意愿已无足轻重。关键是能否借天子名号发号施令。显然,这只是一种政治外交的纵横谋略,并非实际的政治状态。因为战国争霸完全是列国之间的事情,与周天子毫无干系,周天子早被撇到一边,没有丝毫权威可言,早已不具有被诸侯挟持的资本和资格。就此言,真正意义上的挟天子令天下作为一种特殊的政治格局,的确正式出现于汉魏之际。
③ 《后汉纪》卷 29。

二、制诏主体的移位

天高皇帝近,乱世皇帝更近。挟天子肇端于董卓,但由于其废立行为和掳掠性质,并未产生相应的以令天下的客观效果。献帝流亡长安是乱臣挟天子以令诸侯的预演和尝试。这使董卓之流还缺乏相应经验和眼光,不懂得利用献帝恢复秩序。董卓之流只是利用献帝颠覆汉朝,毁灭帝国。这表明,作为一种政治策略,挟天子以令天下也需要一个过程和磨合,才能操控自如进退有度。

董卓挟持献帝至长安,"录从入关者功,封侯赐爵各有差。"①史称,"董卓呼三台尚书以下自诣卓启事,然后得行。"董卓挟持献帝,下的诏书皆由蔡邕草拟。"卓重其才,厚遇之,每有朝廷事,常令邕具草。"②

为了避免被董卓挟持献帝所制,关东诸将打算自己也扶持一个皇帝,与之抗衡。史称,"关东诸将议:以朝廷幼冲,迫于董卓,远隔关塞,不知存否,幽州牧刘虞,宗室贤,欲共立为主。"③却遭到曹操、尤其是袁术的坚决反对。

天子是挟天子者最有力的盾牌。"举兵向京师"向来是诸侯的忌讳。"关东诸郡,虽实嫉卓,犹以衔奉王命,不敢玷辱。"可见人们明知董卓是挟天子以令天下,但碍于献帝之尊,依然不敢公然冒犯。董卓遣执金吾胡母班赍诏书给袁绍,袁绍命河内太守王匡杀之。王匡是胡母班的妻兄。"匡受袁绍旨,收班系狱,欲杀之以徇军。班与匡书云:'……仆与太傅马公、太仆赵岐、少府阴修俱受诏命。关东诸郡,虽实嫉卓,犹以衔奉王命,不敢玷辱。而足下独囚仆于狱,欲以衅鼓,此〔何〕悖暴无道之甚者也!'"④虽然诸侯不敢公然伤害献帝,却可以杀掉献帝钦差。"大鸿胪韩融、少府阴修、执金吾胡母班、将作大匠吴修、越骑校尉王瑰安集关东,后将军袁术、河内太守王匡各执而杀之,唯韩融获免。"⑤

不仅董卓,就连其部将也懂得"奉国家以正天下"。在这里,"国家"即天子。董卓死,李傕等"欲各散归。既无赦书,而闻长安中欲尽诛凉州人,忧恐不知所为。贾诩曰:'闻长安中议欲尽杀凉州人,而诸君弃众单行,即一亭长能束君矣。不如率众而西,所在收兵,以攻长安,为董公报仇。幸而事济,奉国家以正天下;

---

① 《后汉纪》卷 26。
② 张璠《后汉纪》,《八家后汉书》。
③ 《资治通鉴》卷 60。
④ 谢承《后汉书》卷 4,《八家后汉书》。
⑤ 《后汉书·孝献帝纪》。

若不济，走未晚也。'众以为然。"①

三、挟天子诏令天下

挟天子以令天下有多种说法。诸如，"奉国家以征天下。"②"奉天子以令不臣。"③"挟天子以征四方。"④"太祖奉天子以号令天下，方招怀英雄以明大信。"⑤"以公神武明哲，而奉以大顺，何向而不济！"⑥"挟天子而令诸侯，畜士马以讨不庭，谁能御之！"⑦"以曹操之明略，又挟天子以为资。"⑧"曹公乘汉相之资，挟天子而扫群桀。"⑨

挟天子以令诸侯实乃一人之上便是万人之上。可见，挟天子即是制天子，其形式上却是尊天子。这样，把天子作为一种奇货可居的战略资源，以促成利益最大化的战略竞争，隐然成为以乱治乱、以暴制暴的最佳选择。等而下之，有人却以权衡手段利用天子权威，通过矫制达成有限的战术目标。"袁绍与公孙瓒连战不决，蹋顿遣使诣绍求和亲，助绍击瓒，破之。绍矫制赐蹋顿、（难）峭王、汗鲁王印绶，皆以为单于。"⑩

人们普遍注意到挟天子以令天下的巨大政治优势，并据此判断天下大势的走向。刘表遣从事中郎韩嵩诣曹操"观望虚实"。所谓"今天下未知所定，而曹操拥天子都许，君为我观其衅。"韩嵩表示，"嵩观曹公之明，必得志于天下。将军若欲归之，使嵩可也；如其犹豫，嵩至京师，天子假嵩一职，不获辞命，则成天子之臣，将军之故吏耳。在君为君，不复为将军死也。惟加重思。"⑪意思是，献帝拜官，我就成了献帝之臣，我只是你的故吏，我们之间不再有隶属关系，我也

---

① 《后汉纪》卷 27。

② 《三国志·魏书·贾诩传》。

③ 《三国志·魏书·毛玠传》。

④ 《三国志·吴书·周瑜传》。

⑤ 《三国志·魏书·郭嘉传》，裴注。

⑥ 《后汉纪》卷 29。

⑦ 《资治通鉴》卷 61。

⑧ 《资治通鉴》卷 63。

⑨ 《三国志·吴书·吕蒙传》。

⑩ 史称，"（袁）绍遣使即拜乌丸三王为单于，皆安车、华盖、羽旄、黄屋、左纛。版文曰：'使持节大将军督幽、青、并领冀州牧阮乡侯绍，承制诏辽东属国率众王颂下、乌丸辽西率众王蹋顿、右北平率众王汗卢维。'"（《三国志·魏书·乌丸传》，裴注）

⑪ 刘表"以为惮使，强之。至许，果拜嵩侍中、零陵太守。及还，盛称朝廷曹操之德，劝遣子入侍。表大怒，以为怀贰，陈兵诟嵩，将斩之。嵩不为动容，徐陈临行之言。"（《后汉书·刘表列传》）

不能为你效力牺牲了。①

　　是否迎天子,也关涉人们对皇权秩序的态度和意识。利用人们对皇帝权威的传统敬畏达到自己的政治目的,也是一种有效的政治策略。其实,挟天子以令天下有两种态度和思路。涉及汉帝还有无可利用之价值。沮授说袁绍,"今且州域粗定,宜迎大驾,安宫邺都,挟天子而令诸侯,畜士马以讨不庭,谁能御之?"郭图则认为,"今迎天子以自近,动辄表闻,从之则权轻,违之则拒命,非计之善也",反对挟天子以令天下的理由,看到了"汉室陵迟,为日久矣"的现实,认为汉室难以复兴,如此,献帝这块牌子便毫无利用价值,挟天子以令诸侯只能给自己找麻烦。但在支持挟天子者看来,挟天子既是大义,又是大计。所谓"今迎朝廷,至义也,又于时宜大计也"。② 况且,当时并未有人意识到这点。只有捷足先登,先下手为强,才能得鹿。可见,对挟天子以令天下这一政治策略的重要性,并非所有人都能明确认识到。无论袁绍那边还是曹操这边,都有人建议挟天子以令天下的争霸策略。

　　"奉天子以令不臣""和"霸王之业可成"之间显然构成一种因果关系。毛玠对曹操说:"今袁绍、刘表,虽士民众强,皆无经远之虑,未有树基建本者也。夫兵义者胜,守位以财,宜奉天子以令不臣,脩耕植,畜军资,如此则霸王之业可成也。"③这可能是人们第一次向曹操提出了挟天子的方略。胡三省认为,"操之所以芟群雄者,在迎天子都许、屯田积谷而已。"④

　　在人们心中,"挟天子以令天下"可"敌百万之众"。曹操将征冀州,袁术问:"今曹公欲以弊兵数千,敌十万之众,可谓不量力矣! 子以为何如?"张承说:"汉德虽衰,天命未改,今曹公挟天子以令天下,虽敌百万之众可也。"⑤

　　挟天子以令天下成为公认的道德优势和政治资源,也成为各方制定作战计划的必要考量,甚至成为人们判断和预测战局走向和战斗成败的关键因素。一方面"天子在许,民望助顺,不可攻也!"一方面"兵加曹操而云无名"。⑥ 袁绍攻

---

① 《傅子》中有一段韩嵩更为详细生动的对话。"圣达节,次守节。嵩,守节者也。夫事君为君,君臣名定,以死守之;今策名委质,唯将军所命,虽赴汤蹈火,死无辞也。以嵩观之,曹公至明,必济天下。将军能上顺天子,下归曹公,必享百世之利,楚国实受其祐,使嵩可也;设计未定,嵩使京师,天子假嵩一官,则天子之臣,而将军之故吏耳。在君为君,则嵩守天子之命,义不得复为将军死也。唯将军重思,无负嵩。"(《三国志·魏书·刘表传》,裴注)

② 《后汉纪》卷28。

③ 《三国志·魏书·毛玠传》。

④ 《资治通鉴》卷60。

⑤ 《三国志·魏书·张范传》。

⑥ 《资治通鉴》卷63。

曹操,沮授劝谏,"宜遣使献捷天子,务农逸民。若不得通,乃表曹操隔我王路。"他又说:"曹氏迎天子,建宫许都,今兴师南向,于义则违。"①意思是,攻曹即为犯帝,有违大义,是谓"无名之兵"。可见挟天子对各路诸侯作战方案的具体影响。②

四、挟天子行使皇权

人们公认,"挟天子为资"是曹操的特殊政治优势。袁绍指责曹操"挟天子以令我乎",可见挟天子对野心勃勃的诸侯内心造成的压力和威慑。袁绍"耻班在太祖下,怒曰:'曹操当死数矣,我辄救存之,今乃背恩,挟天子以令我乎!'"③

士人对曹操挟天子的政治优势有着近乎一致的共识性评价。比如,对人们的选择,曹操有三大优势。头一条就是挟天子。"曹公奉天子以令天下,其宜从一也。"④又如,"惟曹公能拔拯危乱,翼戴天子,奉辞伐罪,所向必克。"这成为士人和诸侯"识废兴之理,审去就之分"⑤即选择政治靠山的关键因素。再如,曹操遣牵招诣柳城游说乌丸不要援助袁谭,碰巧辽东太守公孙康"遣使韩忠赍单于印绶"也在座。牵招一边称赞曹操"允恭明哲,翼戴天子,伐叛柔服,宁静四海",一边痛斥公孙康"君臣顽嚚,今恃险远,背违王命,欲擅拜假,侮弄神器"。⑥ 可见挟天子对背天子的道德优越感。

挟天子的本质在于垄断正统性。它对绝大多数人都具有难以抵御的诱惑。董昭围鄴城,守城者为袁绍同族袁春卿,董昭劝告袁春卿,"足下今日之所讬者乃危乱之国,所受者乃矫诬之命乎? ……若能翻然易节,奉帝养父,委身曹公,忠孝不坠,荣名彰矣。宜深留计,早决良图。"⑦这里凸显了表征王命的曹操正

① 《后汉纪》卷 29。
② 此类例子甚多。曹操将征柳城,张辽劝谏,"夫许,天子之会也。今天子在许,公远北征,若刘表遣刘备袭许,据之以号令四方,公之势去矣。"(《三国志·魏书·张辽传》,裴注)许攸建议袁绍,"曹操兵少而悉师拒我,许下余守,势必空弱。若分遣轻军,星行掩袭,许可拔也。许拔,则奉迎天子以讨操,操成禽矣。"(《资治通鉴》卷 63)袁曹相持官渡,"孙策欲袭许,迎乘舆。"(《后汉纪》卷 29)袁绍叛卒对曹操说:"田丰使绍早袭许,若挟天子以令诸侯,四海可指麾而定。"(《三国志·魏书·武帝纪》,裴注)袁绍兵次延津,崔琰规谏,"天子在许,民望助顺,不如守境述职,以宁区宇。"(《三国志·魏书·崔琰传》)袁绍遣沮授攻刘延,沮授说:"以曹兖州之明略,又挟天子为资,我虽克伯珪,众实疲敝,而将校主锐,军之破败,在此举矣。"(《后汉纪》卷 29)
③ 《三国志·魏书·袁绍传》,裴注。
④ 《资治通鉴》卷 63。
⑤ 《三国志·魏书·刘放传》。
⑥ 《三国志·魏书·牵招传》。
⑦ 《三国志·魏书·董昭传》。

统性权威,否则"所受者乃矫诬之命",意思是,你所受的袁绍之命即为矫命,毫无正统性可言。

诸葛亮之所以坦承曹操"挟天子而令诸侯,此诚不可与争锋",正是因为挟天子以令诸侯使曹操直接成为正统性化身。"曹操比于袁绍,则名微而众寡,遂能克绍,以弱为强,此非唯天时,抑亦人谋也。今已拥百万之众,挟天子而令诸侯,此诚不可与争锋。"①

毫无疑问,人们都明白挟天子以令天下的政治实态。所以,他们指责"曹操虽有无君之心,而有奉主之名"。②"曹氏始于勤王,终至滔天,遂力制群雄,负鼎而趋。然因其利器,假而不反,回山倒海,遂移天日。昔田常假汤武而杀君,操因尧舜而窃国,所乘不同济,其盗贼之身一也。"③正因此,人们把曹操称为"汉贼"或"豺虎"。所谓"曹公豺虎"和"始皇虎狼"差不多一个意思。④可见挟天子以令诸侯的曹操形象在时人心中十分恐怖和可鄙。

五、挟天子重建秩序

曹操认为父亲曹嵩死于陶谦之手,发兵攻打陶谦,同时又想借献帝之手给自己扫平障碍。他先上表献帝,让献帝下诏陶谦,令其罢兵。陶谦接到诏书,又给献帝上书,拒绝诏命。但据裴松之考证,"此时天子在长安,曹公尚未秉政。罢兵之诏,不得由曹氏出。"果真如此,曹操并非挟天子以令诸侯,是献帝主动行使皇权。但以献帝秉性,以及所处境遇,似乎不大可能下此诏书,无故干预。揆度情理,似乎曹操挟天子以令诸侯的可能性更大些。曹操欲伐陶谦"而畏其强,乃表令州郡一时罢兵"。诏曰:"诏书到,其各罢遣甲士,还亲农桑,惟留常员吏以供官署,慰示远近,咸使闻知。"陶谦"被诏",上书,"华夏沸扰,于今未弭,包茅不入,职贡多阙,寤寐忧叹,无日敢宁。诚思贡献必至,荐羞获通,然后销锋解甲,臣之原也。"⑤

围绕迎立天子,滋生出诸多相关观念。打天子牌是人们言行的首要考量,也是人们作出决策的关键要素。梁衍劝说皇甫嵩,"(董)卓在洛阳,天子来西,

① 《后汉纪》卷30。
② 《三国志·蜀书·先主传》,裴注。
③ 袁山松《后汉书》卷1,《八家后汉书》。
④ 曹操南征,对孙权形成威慑。"权延见群下,问以计策。议者咸曰:'曹公豺虎也,然讬名汉相,挟天子以征四方,动以朝廷为辞,今日拒之,事更不顺。'"(《三国志·吴书·周瑜传》)
⑤ 《三国志·魏书·陶谦传》,裴注。

以将军之众,奉迎天子,发命海内。"①曹操迎立献帝,直接占据了道德制高点。这使袁术称帝面临着巨大的道义压力。袁术试图通过联姻和吕布结盟,以便为自己称帝寻求政治奥援。陈珪游说吕布,"曹公奉迎天子,辅赞国政,威灵命世,将征四海,将军宜与协同策谋,图太山之安。今与术结婚,受天下不义之名,必有累卵之危。"正好曹操遣使拜吕布左将军,吕布就让儿子吕登前往曹军,"并令奉章谢恩。"②从这里看,袁术和曹操都想拿吕布儿子作人质,吕登最后还是落到了曹操手里。《英雄记》把这件事记载得更为详细。可见曹操挟天子操控吕布的整个过程。一边封赏吕布,一边讨伐袁术等人。③

曹操为兖州牧,"始遣使上书",和西京的献帝有了直接联系。李傕、郭汜先是觉得,"关东欲自立天子,今曹操虽有使命,非其至实。"经钟繇分析,"方今英雄并起,各矫命专制,唯曹兖州乃心王室,而逆其忠款,非所以副将来之望也。"李傕、郭汜便"厚加答报,由是太祖使命遂得通"。④

献帝还洛,曹操接受荀彧建议,"奉迎天子都许。"⑤曹操和献帝的关系后来居上,这成为曹操逐鹿中原的成功关键。"天子假太祖节钺,录尚书事。"⑥曹操开始挟天子以令诸侯,但最初效果似乎不佳。"帝初都许,(孔)融以为宜略依旧制,定王畿,正司隶所部为千里之封,乃引公卿上书言其义。是时天下草创,曹、袁之权未分,融所建明,不识时务。"⑦

很快,献帝下诏书给袁绍,"责以地广兵多而专自树党,不闻勤王之师而但擅相讨伐。"这是曹操指控袁绍很严厉的两大罪状。袁绍上书辩解,认为自己有除宦官、讨董卓、平北方的三大功德,皆为忠君报国之明证。所谓三验是也。"臣独将家兵百余人,抽戈承明,掖剑翼室,虎叱群司,奋击凶丑,曾不浃辰,罪人斯殄。此诚愚臣效命之一验也。""故冀州牧韩馥怀挟逆谋,欲专权埶,绝臣军粮,不得踵系,至使猾虏肆毒,害及一门,尊卑大小,同日并戮。鸟兽之情,犹知号呼。臣所以荡然忘哀,貌无隐戚者,诚以忠孝之节,道不两立,顾私怀己,不能全功。斯亦愚臣破家徇国之二验也。""太仆赵岐衔命来征,宣明陛下含弘之施,蠲除细故,与下更新,奉诏之日,引师南辕。是臣畏怖天威,不敢怠慢之三验

---

① 《后汉纪》卷 27。
② 《三国志·魏书·张邈传》。
③ 这是献帝、曹操、吕布三方之间的奏诏模式。(参见《三国志·魏书·张邈传》,裴注)
④ 《三国志·魏书·钟繇传》。
⑤ 《三国志·魏书·荀彧传》。
⑥ 《三国志·魏书·武帝纪》。
⑦ 《三国志·魏书·崔琰传》,裴注。

也。"袁绍拒绝曹操假借献帝对自己的封爵,也就是拒绝给曹操的挟天子之权作证和站台。"以绍为太尉,封邺侯。时曹操自为大将军,绍耻为之下,伪表辞不受。操大惧,乃让位于绍。"朝廷先下诏斥责,继而下诏封拜。这一切显然都是在曹操操控下进行的。目的固然是为了拉拢袁绍,稳定局势,但也恰是通过这番操作,曹操得以逐渐掌握了挟天子以令诸侯的政治策略和技巧奥妙。"使将作大匠孔融持节拜绍大将军,锡弓矢节钺,虎贲百人,兼督冀、青、幽、并四州,然后受之。"①

人们评论曹操和袁绍时,常对二人进行比较。所谓"绍有十败,公有十胜",第二条就是"绍以逆动,公奉顺以率天下,此义胜"。这是因为,"奉天子以率天下,于理为顺。"②这种比较的关键是"曹公奉天子诛暴乱"和"袁氏背王命"。所谓"奉天子"和"背王命",即是挟天子和被天子挟。"曹公奉天子诛暴乱,法明国治,上下用命,有义必赏,无义必罚,可谓顺道矣。袁氏背王命,驱胡虏以陵中国,宽而多忌,仁而无断,兵虽强,实失天下心,可谓逆德矣。"一言之,曹操"奉天子诛暴乱"是顺道,袁绍"背弃王命"是逆德。③

顺逆之说,虚虚实实。落实到现实,就是控制天子,也就是控制颁诏之权。虽然袁曹二人对挟天子令诸侯有着英雄所见略同的看法,袁绍终究不如曹操理解得深刻。他只看到了"今迎天子,动辄表闻,从之则权轻,违之则拒命"④这一不利之处,却不明白"得天子者得天下"这一皇权常识和帝国现实。"绍每得诏书,患有不便于己,乃欲移天子自近,使说操以许下埤湿,洛阳残破,宜徙都甄城,以就全实。操拒之。田丰说绍曰:'徙都之计,既不克从,宜早图许,奉迎天子,动托诏令,响号海内,此筹之上者。不尔,终为人所禽,虽悔无益也。'绍不从。"⑤"奉迎天子,动托诏令"之间显然有一种因果关系。"奉迎天子"才能"动托诏令"。是可知,"筹之上者"即是掌控制诏权。

制诏权的本质是制诏。所谓称制即有权制诏。制诏的本质是制天下,⑥更

---

① 《后汉书·袁绍列传》。
② 《资治通鉴》卷 62,胡注。
③ 《三国志·魏书·锺繇传》,裴注。
④ 《后汉书·袁绍列传》。
⑤ 《后汉书·袁绍列传》。郭图、淳于琼曰:"汉室陵迟,为日久矣,今欲兴之,不亦难乎!且英雄并起,各据州郡,连徒聚众,动有万计,所谓秦失其鹿,先得者王。今迎天子自近,动辄表闻,从之则权轻,违之则拒命,非计之善者也。"沮授曰:"今迎朝廷,于义为得,于时为宜,若不早定,必有先之者矣。"胡三省云:"绍不能从授之言,果为曹操所先。帝既都许,乃欲移以自近,不亦晚乎!"(《资治通鉴》卷 61)
⑥ 荀彧云:"昔高祖保关中,光武据河内,皆深根固本,以制天下。"(《后汉书·荀彧列传》)

是制人。[①] 制诏权即制人权。宰制人身,控制人心,是为制诏权之精义和精神。故而,制诏权亦即治人权。制作诏书即是治理臣民。诏书,治人之书;奏书,治于人之书。**下诏治人,上书治于人,是为奏诏模式之统治方式。**

---

① 赵高教唆胡亥矫诏篡位,"臣人与见臣於人,制人与见制於人,岂可同日道哉!"(《史记·李斯列传》)

后 记

　　这本书从 2018 年暑假开始构思，可谓三年辛苦不寻常。此前从未有过类似体验，写书不仅艰辛，还有煎熬。完工之后，粗粗打磨。不枉费一番精神。《图腾》云：

> 毒蛇在胸前蜿蜒而行
> 横扫一切可疑的标点
> 深渊敞开万物之源
> 只为骆驼穿过针眼
>
> 写满大地的甲骨文
> 不再相信真理
> 锤子吞下自己
> 等待剖腹验尸，发现逻辑

　　真理从来不是孤立存在。真理存在于真理中。星星比月亮亮是真理，月亮比星星亮也是真理。看到一个真理是幸福，看到两个真理是自由。真理眼光是真理的一部分，史家的真理眼光是其历史观的一部分。

　　我希望历史学家看待历史的眼光不要因为道路以目而变得鼠目寸光。好多史家一生都没有认真思考过一个像样的问题。他们只信仰泡沫溢出酒杯的啤酒主义。更多史家要么想审判历史，要么想用历史审判。这令人纠结。你要装傻，就撇清历史，让历史变得和自己无关；你想自作聪明，就涂抹历史，让历史变成自己喜欢的样子。总之，要想活得心安理得，必须首先确认自己和历史的关系，即对个人历史作出本体论决断。所谓生存论，其实是历史观；所谓生命哲学，其实是历史主义；所谓生活意义，其实是历史意识。

　　一个人有意思，是说他有故事。故事即历史。历史似乎不是一个好故事。

有意味,无趣味。史之三味,耐人寻味。伪史在口中,秽史在笔下,信史在心里。古圣即古史,圣人即圣史。何止"六经皆史",百家亦皆史。诸子皆王官,亦即诸子皆史。

"诗亡而《春秋》作"不是说没人写诗了,而是说天子看不到诗了。这样,《春秋》派上了用场。诗亡而史作。写史不是无诗时代诗的延续,而是对无诗时代的抗议。诗的空场使史的在场成为必然,成为新的价值尺度。所以,史的价值高于诗的价值。

不惟如是,王夫之在天下大义之上设立了古今通义,似乎表明历史大于天下。不过,古今通义的标准是圣人经义。可见,古今通义之上还有圣人经义。但圣人之经义仍不绝对,故而西人直接设置了上帝之神义。

寻求超验正义和经验道义之间的价值平衡,已然是中国史学的正当路径。"贬天子,退诸侯,讨大夫"标示出一个建构合理秩序的政治命题。"究天人之际,通古今之变"无疑是一个更为宏大而近乎永恒的思想命题,它标识出史学之为史学的最高境界。"关国家盛衰,系生民休戚"将历史视野扩展至百姓民生,创造出一个更具现代感的历史命题。国家和民众第一次被史家摆到了同样重要的位置上。最重要的是,民众的生存成为史家考量历史的一个基本维度和自觉意识。这无关自由,只是人性。

我们可曾意识到需要写出人性史、自由史、真理史?这意味着必须具备历史感和时代意识。"别黑白而定一尊"的时代,语言和思想都是有颜色的。人们说不出"白语言",只能使用"黑思想"。黑思想仿佛透明的黑暗,呈现出历史的朦胧曲线。透明黑暗构成虚假本体论。它意味着,虚假成为存在本身。"漠漠世界黑,驱驱争夺繁。惟有摩尼珠,可照浊水源。"杜甫不知,摩尼珠就在浊水源。这源头世俗且神圣,孕育出既历史又现实的永恒智慧。

神谕时代只有神的智慧。颠倒的神谕仍是神的智慧。即便它是渎神者的语言。古人并非近神而远人,只是以身近神,以心敬神。古人思想是分享神的智慧,今人幻想分享古人的智慧。如此,美化传统乃至神化历史成为学术投机的行为艺术和思想伪善的荒诞时尚。修辞立其诚,修史存其真。伪史横行的时代,真相稀缺,真诚稀少,真理稀释。意识形态霸权虚无历史的同时,也扭曲了虚无主义。

不易察觉且更致命的是,我们忘乎所以地扭曲并篡改了自己的语言、常识和感觉。唇亡齿寒无耻地沦为唇亡臀寒。由此形成逆反性的价值虚无。它掏空意义,伪装信仰。反人性的人类意识和无人性的人文观念是其两大表征。我们无法为自己历史辩护。不仅因为它黑暗无边,还因为它黑得透明。作为黑暗的一部分,我们却自诩光明,惯于标榜黑白颠倒以退为进的反智历史观。国家先是制造国难,继而禁止诉说国难,直至强迫歌颂国难。在一个国难涂抹国耻、国耻表征国家的时代,史家职责不是去伪存真,而是祛言之魅。"语言是存在之家"像一句咒语,挟持人们抹去了战争、锁链、疫情在语言中的一切真实痕迹。即便魔幻主义的历史观也无法解释为何城市在春天里冬眠。人们谈论春眠的历史,遗忘了冬眠的历史,更不知如何言说春天里冬眠的历史。一根针掉在马路/全城都能听见/因为全城人今夜无眠。无眠以至无语。无语滋生谎言。谎言是谋杀。但并非谋杀真相,而是谋杀事实,最终谋杀语言本身。致使语言空无一物,成为空无一物的存在。我们信以为真地认为,语言中的不存在真的不存在。于是,言外无物演绎出史外无史。史书连同史料皆成为"心外无理"的史学注解。

中国历史上向来有一种以历史名义篡改历史的传统。上世纪人们曾将中西问题转换为古今问题。似乎一举解决了历史的统一性和连续性。但这本身就有问题。因为古今问题就是好坏问题。由此建构出今不如昔、今胜于昔和越来越好、越来越坏四种类型的历史观模式。前二者强调历史断裂性,后二者凸显历史连续性。正统历史观完成了今胜于昔的断裂性向越来越好的连续性的模式转换。如此,自我定义的历史合理主义开始对历史跑马圈地,重新标记。

曾几何时,努力改变村庄的人,意外发现他们有了一个山寨版的城市。这个山寨城市不再有"枪口抬高一寸"的人性底线和恻隐之心,只会有"枪口降低一寸"的体制惯性和常规操作。天花板坍塌了,整个楼房的倒塌也就不远了。山寨城市和奥斯维辛只差一个针眼。针眼骆驼能过,真理不能过。他们从不说谎,他们只是把谎言放在了最真实的地方。谎言的最高境界不是站在真实的对立面,也不是和真实打成一片,而是重新定义真实。谎言的定义权决定了谎言的真实意义。"百川沸腾,山冢崒崩。高岸为谷,深谷为陵。"身上长毛并非返祖,心中长草亦非革命。显然,这不是一个进步、倒退、停滞的单项选择,而是一个皆有可能的多项选择。多项选择始终是历史常态。在历史问题上,目的论和决定论就像量子纠缠。但这不意味着只能作出一种整体判断。需要警惕的不仅是判断,还有整体观。所谓思想没有自己的历史,意思是,思想必然有其历史内容。但这不意味着思想史特别需要强调历史主义。相反,过度的历史主义对思想是一种伤害,偏执的历史主义对思想更是一种戕害。如此,写史本身成为思想陷阱。很少有人能在史学沼泽中全身而退。要么被史料淹没,要么被理论窒息。

从黑洞中逃逸出来的猫

　　使最耀眼的恒星也黯然无光

　　它照亮的,岂止是阴暗的宇宙

　　还有人类那颗忧郁的心

　　我记得《原罪》曾说,它不是爱情故事,而是关于爱的故事。套用此语,不妨说,史书不是历史事实,而是关于历史的事实。这使写史成为一种挑战理性极限的智力游戏。正因此,写出不一样的历史,对史家始终是一个致命诱惑。它取决于两个条件。"孔子作《春秋》乱臣贼子惧"的现实主义和"国灭史不可灭"的历史主义。我曾说过,历史主义之上有现实主义,再补充一句,现实主义背后有历史主义。理解现实,需要历史主义;思考历史,需要现实主义。

　　尼采相信,历史主义危机才使生活有意义。其实,历史主义危机反而使人生无意义。因为,人不可能因为历史无意义而幻想人生有意义。不过,确有一种历史主义可以满足信仰幻灭的人生需要。这就是伪历史主义。任何一个不合理的历史事件或现象,都能有一个合理解释。伪历史主义就是历史绝对合理主义。历史即合理。先是合理,进而必然,最终绝对。如此,伪历史主义彻底排除了一切质疑历史和否定历史的可能。同时,伪历史主义可以直接定义伪现实主义。对现实无所判断的所有历史论断都是扯淡。回避现实问题,也发现不了历史问题。不敢触及现时代的问题,也无力思考历史上的问题。

　　历史学家最乐意干的事就是意淫历史,手淫现实。二者具有双重因果性。表面上,意淫历史是为了手淫现实;实际上,手淫现实决定了意淫历史。因为手淫现实,故而意淫历史。你天天手淫现实,能不意淫历史?手淫现实即伪现实主义,意淫历史即伪历史主义。是可知,伪历史主义和伪现实主义一回事,真正的历史主义和真正的现实主义也只能是一种东西。

　　历史主义摧毁了理性主义迷思,实现了自我超越,最终成为现实主义。这样,历史主义的价值不再取决于理性裁决,而取决于现实决断。现实意志决定历史意识。这意味着,人们不是简单意识到了历史,而是现实使人意识到了历史。意识到历史,也就意识到自身。可见,现实创造的历史意识,本质上是现实的自我意识。如此,历史意识本身成为现实意志。历史之变根植于现实之源。历史围绕现实在变。这表明历史的超越,也表明现实的超越,还表明历史-现实的共同超越。

　　所谓以史为鉴、以史为镜,似乎历史是现实的一面镜子。岂不知,现实也是历史的一面镜子。历史-现实互为镜像。历史是现实之镜,现实是历史之镜。历史-现实原本一镜两面,人们将其打碎,制成两面镜子。双方从对方看到的只是自己,由此形成了相互映照的自我循环。这种循环恰是历史-学的本质。其本质在于现实本体论。虽然以古释今的时间秩序和因果逻辑是一种常态模式，但以今观古的现实之镜更为优先和根本。唯有凭借现实之镜，才能明察历史，烛照人心。

历史-现实的互镜性使人得以拥有现实史。现实史的含义是，现实不仅是历史，而且是历史本身。这意味着，历史即现实，未来不存在。所谓超历史，也要回到现实；所谓超现实，仍要回归历史。所以，走在时代之前不是历史学家的目标，和历史相伴而行是史家之愿。千里之行始于足下，千年之思始于当下。信然。

当下是孔子的"所见世"，也是公羊的"据乱世"。我觉得，在"小三世"和"大三世"之间，似乎存在某种微妙的关联和脆弱的平衡。它仿佛诞生深渊的天人感应。它展示出一种开放性的历史视域和可能性的历史境遇。这足以使人不至于沦为不可救药的历史悲观论者。尽管天命之年多事之秋前景愈发黯淡。大道废，有国妖，士人隐而国师出。或许，《春秋》不得而作还需回到诗本身。

诗言志，史言意。有一种诗意独属历史，而无关诗歌。人们相信没有诗意的时代还有历史。如此，历史成为超越诗意的信仰。历史或许拒绝史家，却不会驱逐诗人。诗意沉沦，诗人尚存。不应忘记，正是但丁见证了中世纪的终结。《和氏璧或石头记》云：

> 石砌的房子里住着一只兽
> 他用石铸的头凿开一个窗户
> 询问路人，这是何年何月何处所在
> 路人指指天指指地
> 惊恐地摇头不语
> 石兽突然说：吻吻我吧，或摸摸我吧
> 你会发现我们是同类
> 这话却使行人更加害怕
> 从此人们宁愿绕道远行
> 不知过了多久
> 石屋也不知被谁装上船
> 运到了世界的那一头
> 石头还是石头
> 只是光亮了许多
> 温润了许多

作易者，其有忧患乎？作史者，其无忧患乎？易即史，无即有。史家郁结千年,依然不出方寸之间。人心惟危,道心惟微,史心微乎其微。史心者,心史也。心史即信史。所谓信史,不仅可信,更是信仰。所有信史皆是超越知识铺陈、理论建构乃至思想批判的信仰坚守。知识→理论→思想→信仰,标明史学的四重境界。抵达信仰,史家方可与太史公对话。

问题是,太史公之郁结,最终释怀了吗?

2021 年 9 月 28 日

图书在版编目(CIP)数据

简在帝心照汗青：早期帝国的真理史和权力史/雷戈著. —上海：上海三联书店，2022.9
 ISBN 978 - 7 - 5426 - 7767 - 9

Ⅰ.①简…　Ⅱ.①雷…　Ⅲ.①皇帝－政治制度－研究－中国－秦汉时代　Ⅳ.①D691.2

中国版本图书馆 CIP 数据核字(2022)第 124691 号

简在帝心照汗青
——早期帝国的真理史和权力史

著　　者／雷　戈

责任编辑／郑秀艳
装帧设计／一本好书
监　　制／姚　军
责任校对／王凌霄

出版发行／上海三联书店
　　　　　(200030)中国上海市漕溪北路 331 号 A 座 6 楼
邮　　箱／sdxsanlian@sina.com
邮购电话／021 - 22895540
印　　刷／上海惠敦印务科技有限公司

版　　次／2022 年 9 月第 1 版
印　　次／2022 年 9 月第 1 次印刷
开　　本／710 mm×1000 mm　1/16
字　　数／950 千字
印　　张／59.25
书　　号／ISBN 978 - 7 - 5426 - 7767 - 9/D・540
定　　价／224.00 元(上下册)

敬启读者，如发现本书有印装质量问题，请与印刷厂联系 021 - 63779028